2026 제24회 사회복지사1급 국가시험대비

김진원 사회복지사 1급 🔍

시험에 꼭 나오는
핵심기출 1000제

김진원 편저

- 출제가능성이 높은 기출논점을 담고 있는 핵심기출문제를 엄선 수록!
- 엄선한 기출문제를 진도별·테마별로 정리하여 효율적인 학습이 가능!
- 정확하고 상세한 해설, 오답풀이, 보충설명으로 논점을 완벽하게 이해!

오리지널 전공교수가 '장인정신'으로 집필한
클라쓰가 다른 No.1 핵심기출 바이블!!

머리말

김진원 OIKOS 사회복지사 1급 **2026 핵심기출 1000제**

> 큰 산아 네가 무엇이냐
> 네가 스룹바벨 앞에서 평지가 되리라
>
> Nothing, not even a mighty mountain, will stand in Zerubbabel's way
> ; it will become a level plain before him!
>
> -Zechariah(스가랴) 4:7

2025년 23회 시험에서도 확실히 입증된 경이적이고 독보적인 적중률
클라쓰가 다른 합격생 핵심기출 바이블 !!

"저와 같이 직장을 다니면서 준비하시는데,
사회복지 관련 학과나 분야가 아니시면,
강의를 1회 수강하는 걸 추천드립니다.
강의만으로도 공부의 50%는 완성하는 거 같습니다."
- 제23회 합격 성○○ 선생님 -

수험사회복지학 대한민국 No.1

인화(仁和) 김진원 인사드립니다.

2003년 제1회 사회복지사1급 국가시험이 시행된 이후 2025년 제23회 시험이 치러지는 기간 동안 출제수준 또한 나날이 향상되긴 했지만, 그간 복원되고 공개된 기출문제가 누적되어 있음에도 불구하고 합격률이 높지 않은 가장 큰 이유는 '**수험적합성이 있는 전문화된 교재와 강의의 부재**' 때문입니다. 필자는 제대로 된 수험서적과 최적화된 강의를 통해 누구나 단기합격할 수 있도록 하겠다는 가슴벅찬 소명의식으로 교재집필과 강의를 시작하였습니다.

"시험의 처음과 끝은 기출문제에 있습니다!!" 시험에 있어서 "만고의 진리(?)"는 바로 기출문제에서 문제가 다시 반복출제가 된다는 것입니다. 실제로 시험회차가 쌓일수록 더욱 더 뚜렷이 나타나고 있는 것이 바로 "**6080법칙**"입니다. 즉 60%만 넘기면 되는 시험인데 80%이상의 기출문제에서 1회 이상 출제된 내용이 반복출제 된다는 것입니다. 따라서 기출문제를 심층분석함으로써 **출제가능성이 높은 빈출내용요소를 뽑아 방대한 학습량을 줄이는 것이 최단기간 학습으로 합격할 수 있는 방법**입니다.

제1회부터 제23회까지 전(全)회분 기출문제를 총망라하여 진도별로 심층분석한 『이론기출자습서』의 기출자습서와 『단원별 역대기출문제집(1·2·3교시)』이 입문자부터 고급자까지를 위한 기출간파용 교재라고 한다면, 『시험에 꼭 나오는 핵심기출 1000제』는 핵심기출논점을 빠르게 간파하여 초단기 합격을 할 수 있는 교재로 출간하게 되었습니다.

최단기간 핵심 기출논점과 최신 출제경향 흐름을 완벽히 간파할 수 있는 『핵심기출 1000제』의 특징은 다음과 같습니다.

첫째, 출제가능성이 높은 기출논점을 담고 있는 핵심기출문제를 엄선 수록!
'사회복지수험서적 역사상 국내 유일!!' 2003년부터 2025년까지 전회차(23회차) 최다문제를 총망라하여 진도별·테마별로 심층분석한 기출백과사전인 『단원별 역대기출문제집』에서 출제가능성이 높은 기출논점을 담고 있는 핵심기출문제를 엄선하여 수록하였습니다.

둘째, 엄선한 기출문제를 진도별·테마별로 정리하여 효율적인 학습이 가능!
기출문제를 회차별이 아닌 단원별·진도별로 정리하여 이론공부와 병행할 수 있도록 함으로써 학습효과를 극대화시켰습니다. 유사한 문제들을 함께 공부하는 것이 넝쿨식 이해와 기출논점을 빠르게 간파할 수 있는 방법이기 때문이며, 이를 토대로 이론 학습에 있어서도 "선택과 집중"이 가능합니다.

셋째, 정확하고 명쾌한 해설, 오답풀이, 보충설명으로 논점을 완벽히 이해!
기출문제는 정답만 알아서는 안 되며, 각 지문이 왜 맞고 왜 틀린 지를 제대로 알아야 합니다. 이 책은 상세하고 정확한 해설, 오답풀이, 보충설명으로 이론서를 찾아볼 필요 없이 독학으로도 쉽게 기출문제의 기출논점을 완벽하게 이해할 수 있도록 하였습니다. 또한, 과거 출제된 사회복지법령 문제는 최근 개정되어 현재 시행 중 또는 시행예정인 사회복지법령의 내용을 반영하여 재구성함으로써 최근 경향에 맞게 안심하고 학습을 할 수 있도록 하였습니다.

김진원 Oikos 『시험에 꼭 나오는 핵심기출 1000제』 100% 활용법

01 이 책은 시험에 출제된 이론이 총정리된 『1급 합격생 핵심이론노트』의 이론정리 순서에 맞게 문제가 배열되어 있기 때문에 『1급 합격생 핵심이론노트』 책을 함께 보시기 바랍니다.

02 특히 이론은 반드시 한번은 총정리가 필요하므로, 프라임법학원에서 『1급 합격생 핵심이론노트』 책으로 진행된 핵심이론강의(총48강)를 반드시 들으시길 추천드립니다!!

03 시험 일 1~2개월 전부터는 『족집게 모의고사』(5회분 수록)로 실제 시험을 보듯이 실전연습을 하시고 틀린 문제는 해당 내용의 이론을 다시 공부하여 놓으시길 바랍니다.

김진원 Oikos 사회복지사1급 교재와 강의를 만나게 된 것은 선생님께 큰 행운입니다!!

오리지널로 사회복지를 전공한 정통파 전공교수의 교재와 강의로
최단기간 합격의 기쁨을 경험해 보십시요!
이 책을 보시는 선생님들에게 하나님의 은총이 충만하시길 간절히 기원드립니다.

2025년 4월
oikonomos 인화(仁和) 김진원

합격생의 합격수기

강의를 듣는 것만으로도
문제지문이 외워지곤 했습니다.

성○○ 선생님
(2025년 제23회 합격)

1. 수험정보

회차	23회	필기점수	1교시 사회복지기초	49점
준비기간	3개월		2교시 사회복지실천	61점
응시횟수	1회		3교시 사회복지정책과제도	57점

2. 간단한 자기소개

저는 공공기관 쪽에서 일하고 있는 성○○ 입니다.
대학교는 경영학을 전공하고, 학점은행제로 2024년 사회복지2급을 취득하고,
2024년 10월 경부터 직장일과 병행해서 1급 시험을 준비했습니다.

3. 김진원 Oikos 사회복지사1급 교재와 강의로 공부한 계기

사회복지 1급을 준비하면서,
학은제로 2급을 취득하긴 했지만, 주변에 사회복지 직종도 없고, 1급 취득자도 친한 지인이 없어서 어떻게 공부해야하나 막막했습니다.
그래서 유튜브나 포털 검색을 통해 1급 합격자 후기를 검색해서
제일 많이 나오는 교재를 선택했고, 그게 김진원교수님 '단원별 역대기출문제집'이었습니다.

4. 교수님의 장점

각 과목의 분야별 출제빈도를 세밀하게 분류·정리 해주셔서 집중적으로 공부해야할 파트를 파악할 수 있게 해 주셨고, 기출문제 해설도 상세하고 논리적으로 기술해 주셔서, 문제를 읽고 해설을 읽다보면 자연스레 외워지는 부분이 많았습니다.
아울러 강의도 이해하기 쉽게 강의 해 주시고, 중간 중간 빈출 지문과 유의할 문구를 틈틈히 알려주셔서, 강의를 듣는 것만으로도 문제지문이 외워지곤 했습니다. 이 점에 많은 도움을 받았습니다.

5. 자신만의 슬럼프 극복방법은 무엇일까요?

처음에는 강의를 듣지 않고 독학으로 '합격생 핵심이론노트'와 '단원별 역대기출문제집'으로 공부를 했습니다.

그런데 직장다니면서 독학으로 하다보니, 2개월 공부하고도 8과목 전체를 1회독하지 못하고 이해가 안되니 진도가 나가지 않았습니다.

그 와중에 국가적으로 큰 사태가 터지면서, 시험을 한달 앞두고 '그냥 포기할까.. 내년에 다시 도전할까'하면서 한 2주간 공부를 안했습니다.

그러다가 안되겠서, 2026년에 보더라도 1회독은 하자는 마음으로 교수님의 '핵심이론노트' 46개 강의(프라임법학원)를 급하게 2025년 12월 16일 수강 신청하고 퇴근 후와 주말에 집중적으로 강의만 들었습니다. 2주간 강의를 들으면서 슬럼프를 극복했고, '잘하면 합격 할 수도 있겠다' 싶은 감이 왔습니다.

6. 본인이 생각하는 합격 비결은 무엇인가요?

'핵심이론노트'강의를 듣고 '단원별 역대기출문제집'을 열심히 정독한 점이 합격에 가장 큰 요인인 거 같습니다. 특히 시험 1주일 전부터는 기출문제집을 빠르게 읽어보았습니다.

전체 1.5회독 정도 한 거 같습니다. 아울러 시험 전날과 당일 날 아침이 제일 중요했던 거 같습니다. 시험 전 날 휴가를 내고, 밥 먹는 시간 외에는 공부만 했는데, 이때 공부했던 것들의 구조를 머릿 속에 정리한다는 생각으로 '합격생 핵심이론노트'를 빠르게 기출빈도 높은 순으로 정독 했습니다.

특히 시험 당일 아침에는 5시30분에 기상해서 '합격생 핵심이론노트'에 잘 안외워져서 표기 해 두었던 부분들과 기출빈도 높은사항 위주로 속독했습니다.

시험장에서도 쉬는 시간에 빠르게 속독 했습니다.

기억이 살아 있을때 시험을 보니, 생각보다 시험문제를 빠르게 풀 수 있었습니다.

7. 다른 수험생에게 하고 싶은 한마디

저와 같이 직장을 다니면서 준비하시는데, 사회복지 관련 학과나 분야가 아니시면, 강의를 1회 수강하는 걸 추천드립니다. 강의만의로도 공부의 50%는 완성하는 거 같습니다.

그리고 시간이 없으시다면,

'단원별 역대기출문제집'보다 핵심기출 1000제 같이 요약된 기출문제를 더 추천 드립니다.

저는 시간에 쫓기다보니 막판엔 '단원별 역대기출문제집'을 회독하는게 넘 힘들었습니다. 물론 단원별 역대기출문제집은 매우 훌륭한 교재여서 잘 정독하면 고득점이 가능합니다.

시간적 여유가 있으신 분들께는 이만한 교재가 없다고 생각합니다.

합격생의 합격수기

저처럼 나이가 들어 공부하셔도 교수님의 커리큘럼을 충실히 따라 가시면 꼭 합격하실 수 있으실 겁니다.

김O숙 선생님
(2024년 제22회 합격)

1. 수험정보

회차	22회	필기점수	1교시 사회복지기초	38점
준비기간	7개월		2교시 사회복지실천	58점
응시횟수	1회		3교시 사회복지정책과제도	54점

2. 간단한 자기소개

　저는 10년 전에 사회복지사 공부를 하고 중간에 요양원등에서 2년정도 근무하였고, 육아와 가사를 병행하면서 여러가지 일들을 하였습니다. 사회복지사 1급을 준비하려고 마음먹은 때에는 사회복지기관에서 1년 정도 근무중으로 정책과 법에 대한 궁금증이 생겨서 사회복지사 1급 시험 도전을 너무 쉽게 결정하였습니다.

3. 김진원 Oikos 사회복지사1급 교재와 강의로 공부한 계기

　사회복지사 1급 시험을 치기 위해서 여러 강의를 검색하고 상담도 받았었는데 검색도중 김진원 교수님의 강의가 좋다는 후기를 보게 되었고 심사숙고 끝에 작년 6월에 사회복지사 1급을 시작하였습니다.

4. 교수님의 장점

　김진원 교수님의 강의는 열정이 넘치시고 긍정적인 생각을 심어주셔서 약해지고 부정적으로 변하는 마음을 다잡아주는 힘이 있으십니다. 또한 여러 가지 체계적인 커리큘럼이 있기 때문에 자신의 사정에 맞는 방향을 설정해서 공부를 진행할 수 있습니다.

5. 자신만의 슬럼프 극복방법은 무엇일까요?

　작년 6월에 사회복지사 1급 시험을 시작할 때는 좀더 전문적인 사회복지지식을 습득하고자 하는 마음과 더불어 자격증까지 취득하고자 사회복지사 1급 전과정 끝장 완결팩으로 한번에 붙을 수 있다는 생각에 연장불가상품을 구매하여 이론부터 차근히 2회독하리라는 마음으로 시작하였습니다. 그러나 회사와 집안 대소사로 시간은 부족하고 강의를 듣고 있으나 머리에는 들어오지 않는다는 것을 느끼고 점점 자신감이 떨어졌습니다.

10월 중순 회사를 그만두고 본격적으로 3개월 남은 시점에 기본심화이론을 1/3만 들은 상태로 진도설정을 하였습니다. 강의 목차를 출력하여 10월에 기본심화이론을 모두 듣고(이해는 못한 상태), 11월부터는 교수님께서 말씀해 주신 것과 저의 공부패턴에 맞춰서 단기합격핵심요약강의를 1강 듣고 그 진도만큼 단원별 기출문제풀이(해설까지 모두 봄)를 12월 중순까지 진행하였습니다. 이때까지도 기계적으로 반복하는 정도고 내 머리에 습득이 되는지 계속 의문의 연속이었습니다. 그러나 교수님의 "하면됩니다, 단원별 기출문제 3회독하세요. 무의식에 남아있습니다"에 의지하며 단원별 기출문제풀이 강의를 과목별로 듣고(단기핵심요양강의 간단히 훑어보기), 내가 다시 한번 보기를 하여 3회독을 실행하였습니다. 또한 마지막에 모의고사를 풀어야 하나 고민을 하였으나 공부가 완전히 되어있지 않은 상황에서 무의미하다고 느껴져 기출족보 OX로 마무리를 하였는데 아주 도움이 많이 되었습니다. 시간이 부족하여 반만 자세히 보고 나머지는 중요한 부분만 봐야했는데 마지막에 기출족보 OX를 2회독하면 전체적으로 정리가 되겠다는 생각이 들었습니다. 저는 공부를 할때 내용을 꼭꼭 씹어먹듯이 자세히 해야하는 데, 시간이 부족하여 생쌀을 씹지 않고 삼키듯 하니 몸살이 날 지경이었습니다. 그때마다 교수님과 함께 "화이팅"을 외치며, 부정적인 생각은 외면하면서 포기하지 않고 끝까지 진행할 수 있었습니다.

6. 본인이 생각하는 합격 비결은 무엇인가요?

이번 사회복지사 1급 시험은 방대한 공부량과 시간부족으로 기존에 제가 하던 공부방식과 완전히 다른 교수님께서 제시해주시는 방법으로 진행하였습니다. 하지만 50 나이에 공부한 내용은 뒤돌아 서면 생각이 나지 않고 스마트폰에 익숙해져서 기억하지 않는 일상을 보내왔기 때문에 시험장에 들어갈 때 까지도 내 머리속에 지식이 남아 있을까를 의심하였습니다. 하지만 교수님 말씀대로 무의식에 남아 있는 지식이 있었고 시험전 마지막 3일은 진도를 포기하고 나만의 노트와 교수님께서 주신 '반드시 암기해야할 한국편'등 자료를 보며 엄청난 이론과 모델들의 틀을 정리하였습니다. '마지막 끝장 법령특강'까지 해주셔서 생계급여 비율(30% -> 32%)을 맞출수 있었습니다. 너무 머리가 아파서 외부에서는 강의를 잘 듣지 않았지만 마지막에는 어느정도 공부가 된 상태에서 스마트폰으로 단기합격핵심요약 강의와 유튜브에서 해주시는 연도, 암기자료들를 들으니 도움이 많이 되었습니다. 처음에는 교수님 강의가 귀에 들어오지 않는다고 불평을 하였으나 공부가 되지 않아서이고 어느정도 진도가 나가면 처음에는 외계어 같던 이론들이 이해가 되고 문제에 접목할 수 있었습니다. 방대한 이론과 모델은 중요 키워드를 함께 암기하였으며 교수님의 암기방법도 도움이 많이 되었습니다.

7. 다른 수험생에게 하고 싶은 한마디

제가 공부방법을 두서없이 자세히 나열하듯이 적은 것은 저도 다른 선생님들의 합격후기를 보며 도움을 받았기 때문입니다. 각자 자신의 상황에 따라 공부를 해야 겠지만 저는 짧은 기간에 준비하느라 너무 힘들어서 조금 긴 시간으로 준비하시라고 말씀드리고 싶습니다. 저도 학창시절 공부를 좀 했다고 할 수 있었으나 세월은 거스를 수 없어서 단기기억력이 급격이 줄어들지만 그 동안 사회생활에서 얻은 지식도 도움이 되니 저처럼 나이가 들어 공부하셔도 교수님의 커리큘럼을 충실히 따라 가시면 꼭 합격하실 수 있으실 겁니다. 무한 긍정을 주신 교수님께 감사드립니다.

합격생의 합격수기

**단언컨대 김진원 교수님은 진짜 정리의 신이십니다.
하라는 대로 따라 가기만 하면 진짜 되더라고요.**

황O미 선생님
(2024년 제22회 합격)

1. 수험정보

회차	22회	필기점수	1교시 사회복지기초	47점
준비기간	9개월		2교시 사회복지실천	65점
응시횟수	1회		3교시 사회복지정책과제도	59점

2. 간단한 자기소개

안녕하세요 저는 30대 후반 음악치료사 황O미입니다. 대학원 졸업 후 5년 정도 다양한 장애&비장애인 대상으로 음악치료 프로그램을 진행하였고 이후 5년 정도는 장애아동대상 재활치료센터에서 음악치료사로 일한 경력이 있습니다. 현재는 남편이 주재원으로 해외 파견을 받아서 해외에 거주하면서 만 5세 아이를 육아하며 가정주부의 삶을 살고 있습니다. 이전에 치료센터에서 근무하면서 의료사회복지사와 협업을 많이 하였는데 그때 사회복지사의 길이 참 매력적이란 생각이 들어서 육아를 하는 동안 학점은행제를 통해 2급을 취득했고 올해 열심히 준비해서 한 번에 사회복지사 1급을 취득했습니다.

3. 김진원 Oikos 사회복지사1급 교재와 강의로 공부한 계기

인터넷에 올라온 여러 교수님의 샘플 강의들을 들어보고 비교한 결과, 저에게는 김진원 교수님의 강의 스타일이 저와 너무나도 잘 맞았습니다.

특히 교수님의 진심이 담긴 강의 하나하나가 제 심금을 울렸고 기출논점을 완벽 간파하고 계신 점, 기출 중심의 이론서를 직접 만드신 점, 또한 오이코스 스터디를 통해 학생들을 밀착관리 해주시는 것이 가장 큰 장점이란 생각이 들어 한번도 다른 곳에 눈을 돌리지 않고 오직 교수님 강의, 한 우물만 팠습니다.

4. 교수님의 장점

단언컨대 김진원 교수님은 진짜 정리의 신이십니다. 정신 김진원 교수님!!!을 믿고 하라는 대로 따라 가기만 하면 진짜 되더라고요. 공부를 하면서 여덟 과목이 제 머리 속에 뒤섞여서 정리가 잘 되지 않을 때 교수님께서 한국편 연도, 외국편 연도, 잡다편 1강, 2강 특강을 통해 뒤섞여 있는 내용들을 완!벽!하!게! 정리해 주셨습니다. 그리고 질문 사항이 있어서 질문드려도 이내 친절하게 답변해 주셔서 저의 궁금증을 완벽 해소해 주신 것이 저에게 큰 도움이 되었습니다. 저는 확신합니다. 국내 사회복지사 1급 교수님 중에 8과목을 가장 완벽하게 자신의 것으로 소화시켜서 자유자재로 강의를 진행해 주시는 분은 김진원 교수님 뿐이라는 것을요.

5. 자신만의 슬럼프 극복방법은 무엇일까요?

해외 거주하는 집 근처에 도서관이 없어서 카페를 도서관이라 생각하며 꾸준히 카페 출석 했습니다. 주변에 공부하는 수험생 엄마가 없었기에 너무나도 외롭게 혼자 가야하는 시간들이 많았습니다. '난 여기서 혼자 뭐하고 있지?' 이런 생각이 들때마다 오이코스 스터디 밴드에 들어가서 만난 선생님들과 매일 공부한 인증샷을 올리면서 서로를 격려하는 메시지를 주고 받았습니다. 그것은 제게 아주 큰 위로가 되었습니다. 혼자 가면 편할지 몰라도 멀리 가지 못한다는 것을 알기에...그러기에 저는 23회 사회복지사 1급 국가시험을 준비하시는 선생님들께 오이코스 스터디 밴드를 하시길 강력 추천드립니다.

6. 본인이 생각하는 합격 비결은 무엇인가요?

여기 몇 주만에, 한 두달 만에 합격하신 훌륭한 선생님들도 더러 계시지만 저는 성격상 벼락치기를 하면 불안해서 시험 때 제 실력을 발휘하기 어려운 사람입니다. 제 자신을 알기에 저는 4월 오이코스 스터디가 진행 된 때부터 차근차근 기본이론서 강의부터 들었습니다. 학점은행제로 2급을 취득하였기에 베이스가 부족하여서 강의를 통해 내용을 이해하는 데 시간이 제법 걸렸지만 그래도 포기하지 않고 끝까지 꾸준히 하면 될 것이라고 믿었습니다. 8월까지 기본 이론서 강의 전과목을 한 바퀴 돌렸고, 이후에는 핵심요약강의를 1~2회 수강하면서 이해한 것들을 정리하는 시간을 가졌습니다. 한 과목이 끝나면 교수님이 쓰신 역대 기출문제집을 함께 풀어나가면서 과목별로 기출 논점을 파악하였습니다. 마지막까지 역대기출문제집은 총 3회독 진행했습니다. 무려 4000문제 이상 되는 역대 기출 문제를 돌리는 것이 가장 어려운 일이었습니다. 양이 너무 방대해서 문제 풀다가 토가 나올 뻔 한 적도 있었어요. 그때마다 잠시 브레이크 시간을 가지면서 머리를 식힌 후 다시 역대기출문제집을 열심히 회독했던 것이 이번 시험 때 171점 고득점을 맞을 수 있었던 가장 큰 비결인 것 같습니다.

7. 다른 수험생에게 하고 싶은 한마디

자신이 사회복지사를 공부해야 하는 이유과 그 마음을 가슴에 새기면서 열정을 가지고 꾸준히 준비하신다면 시험 당일에 자신감이 많이 생길 것 같습니다. 그리고 김진원 교수님표 합격 전략 공부 방법을 꾸준히 따라가신다면 아마 충분히 합격하실 수 있을 것 같습니다. 1년에 단 한차례 있는 시험이 주는 압박감과 해이해짐을 저 또한 너무나도 잘 알기에....스터디 밴드를 이용해서 선생님과 함께 격려하며 하루하루 준비하신다면 좋은 결과를 얻을 수 있을 것 같습니다. 그리고 마지막 한 달 정도 남겨두고 막판 스퍼트를 달릴 시간을 어떻게든 확보하시는 게 가장 중요한 것 같습니다. 이 때 가장 전체적으로 정리가 잘 되는 시간이기 때문입니다. 1급 공부량이 너무 방대해서 공부한 내용이 자꾸 휘발되는 문제들을 극복하려면 꾸준히 반복하는 것 밖에 없는 것 같습니다. 많이 회독하면 할수록 정리가 잘 되고 머리속에 오래 기억이 남기 때문입니다. 저는 주변에 이 공부하시는 분들께 김진원교수님 강의를 강력 추천합니다. 다른 것 안보고 김진원 교수님 강의와 교재 하나만 잘 파면 된다고요. 이미 선택하신 분들은 반 이상 이미 성공한 거나 다름 없으니 김진원 교수님과 하나! 둘! 셋! 파이팅 하셔서 꼭 합격하시길 기도드리겠습니다.

합격생의 합격수기

항상 자세히 가르쳐 주시면서, 모든 내용을 쉽게 가르친다는 것은 너무나도 중요합니다.

박진현 선생님
(2023년 제21회 합격)

1. 수험정보

회차	21회	필기점수	1교시 사회복지기초	39점
준비기간	10개월		2교시 사회복지실천	59점
응시횟수	3회		3교시 사회복지정책과제도	62점

2. 간단한 자기소개

저는 컴퓨터를 전공 후 서울에서 20대 후반 및 30대 초까지 프로그램 개발을 하였습니다. 그러나 적성이 너무 맞지 않아 다시 지방으로 가게 되었고, 부모님의 고향 광양까지 내려가게 되었습니다. 처음에는 너무 낙심했지만 부모님 따라 재가복지 사회복지사 및 관리책임자로 일 하게 되었고, 열심히 일하게 된 후 지금은 주간보호센터를 창업까지 하게 되어 제대로 된 사회복지사 1급을 준비하자는 마음을 갖게 되었습니다. 결혼을 늦게 하게 되어 저의 딸이 이제 3살이 되었고, 저의 아내도 일을 하게되어 망설였지만 사회복지 쪽에 일을 하게 된 만큼 사회복지사 1급은 저에게는 너무 매력적이어서 도전하기로 하게 되었습니다.

3. 김진원 Oikos 사회복지사1급 교재와 강의로 공부한 계기

2017년 , 2019년도에는 막무가내로 그냥 동영상 강의를 가입 한 후 공부를 한 10일 하고 시험을 보게 되었습니다. 다른 동영상 강의에서 제가 너무 공부 안한것이 패착이었던 것 같습니다. 그래서 네이버에서 쭈욱 검색하고 동영상 강의부터 내가 흥미를 갖을 수 있을 수 있는 강의를 계속 고민하게 되었습니다. 그 때, 김진원 교수님에게 상담을 신청하고 전화까지 했는데 저는 그냥 단순하게 자격증 공부라고 생각을 한 것 같았습니다. 그래서 교수님과 상담 후 Oikos 동영상 강의를 선택하게 되었고, 어렵더라도 모든 강의는 한번 씩은 무조건 듣자는 의지로 하게 되었습니다.

처음에는 일과 공부 투트랙으로 하는 것은 너무 힘겨웠습니다. 그리고 교수님의 말처럼 저는 전공으로 공부하지 않았고, 학점은행제로 공부했기 때문에 기본 개념이 너무 약해 저의 단점이 너무 확연하게 보이는 것입니다. 그렇지만, 무조건 기초 강의는 1회독을 하자는 의지로 공부 하게 되었고, 8월달까지 이해는 안되지만 무조건 강의를 들었습니다.

4. 교수님의 장점

교수님의 장점은 여기에 글 쓰기에 너무 벅찹니다. 한 두가지가 아니라 너무 많기 때문입니다.

첫 번째의 장점은 너무 큰 장점이기에 글을 적습니다. 학과 대학원 까지 사회복지를 전공하였기 때문에, 다른 타 동영상 강의 교수님과 다르게 정확한 이론을 저희에게 가르치고 있습니다. 이건 너무나도 중요한 것입니다. 정보에 대해 자신있는 교수님은 강의를 할 때 자세한 설명과 쉬운 설명으로 하고 있습니다. 교수님의 모의고사 강의 때 상식은 없다라는 말에 너무 감동이였습니다. 우린 모르기 때문에 강의를 듣지만 그냥 당연히 이건 상식이라는 말로 대충 때우는 강의가 많기 때문입니다. 항상 자세히 가르쳐 주시면서, 모든 내용을 쉽게 가르친다는 것은 너무나도 중요합니다. 두 번째는 열정입니다. 항상 주말만 되시면 줌으로 스터디를 하는데 이건 대단한 열정이 아니고서는 할 수가 없습니다. 저도 몇번은 제 시간에 들었지만, 육아 보고 나면 너무 지쳐 네이버 카페에 들어가서 주중에 들었는데 이건 너무나도 기본 개념에 많은 도움이 되었습니다. 이거 말고도 너무 많은데, 너무 다 적으면 텍스트 용량이 부족할 거 같아 여기까지 적겠습니다.

5. 자신만의 슬럼프 극복방법은 무엇일까요?

슬럼프는 항상 왔던 거 같습니다. 제가 놀기를 너무 좋아해서 공부하다가 운동하러 가고, 놀러도 가고 그랬습니다. 그때마다, 사회복지사 1급 동영상 강의는 매주 들었습니다. 그러다가 1회독을 마쳤을 때, 솔직히 아무것도 기억이 없었습니다. 거의 무의식 수준이였습니다. 그러나 8월 말부터 핵심요약노트를 들었을 때는 무의식에 전의식으로 가는 수준으로 갔었습니다. 그냥 슬럼프 왔을때는 동영상 강의를 그냥 들었던 거 같습니다.

6. 본인이 생각하는 합격 비결은 무엇인가요?

저의 합격비결은 동영상 강의를 듣고 핵심요약 강의 때 부터는 동영상 강의 들은 후 배운 내용을 정독 후 역대 기출문제를 풀었습니다. 역대 기출문제를 동영상 강의 들은 후 핵심요약노트를 다시 정독했습니다. 핵심요약노트만 한 10번 정독한거 같습니다. OX 기출문제 및 스터디 문제 풀기 전에 핵심요약노트를 정독하고 나고 문제를 풀었습니다. 계속 책을 보다 보니까 모든 내용을 점점 익숙해 지는게 저의 합격 비결인거 같습니다. 그리고 적중 모의고사 때 도움이 많이 되었습니다. 그때 핵심요약 노트를 계속 보게 되니 모의고사 때도 점수가 대부분 높았고, 시험이 기다리는게 처음이였습니다.

7. 다른 수험생에게 하고 싶은 한마디

모든 일에는 쉬운 일이 없는 거 같습니다. 이제 느꼈지만 사회복지사 1급 시험도 저에게는 너무나도 어려운 시험인거 같습니다. 자기 자신에게 항상 믿음을 주고 나는 할 수 있다. 항상 120점 커트라인이면 150개를 목표로 저는 도전을 했습니다. 자기가 세운 목표 마인드가 강할 수록 그렇게 노력한거 같습니다. 22회 수험생 여러분들에게 말하고 싶습니다. 22회 수험생 여러분은 할 수 있고, 또 웃는 날이 올 수 있습니다. 자기 자신을 믿으시고 교수님을 믿으시고, 노력은 배신 안한다는 것을 꼭 말하고 싶습니다.

다들 화이팅 하시길 바랍니다. 하나 둘 셋! 화이팅!

합격생의 합격수기

제겐 심야식당+사회복지사1급 맛집 운영자...이십니다.

엄지숙 선생님
(2021년 제19회 합격)

안녕하세요?
저는 경북권에 거주하는 30대 후반 아줌마 사회복지사입니다.

제가 이번 19회 시험에 합격을 하리라 미처 생각하지 못했습니다. 이번에 시험을 준비하며 시험일을 약 보름 앞두고 한 번 더 준비 해야겠구나 라는 생각을 했는데 준비를 한 기간, 다른 분들에 비해 낮은 점수이지만 가답안상 합격점수가 나오게 되어 당혹스러운 마음이 아직까지 있습니다.

저는 전문대 사회복지과를 졸업하고 실무자로 근무하며 부족했던 저의 자존감을 높이고 싶은 마음에 타 수험서를 구입해 두서없이 공부했지만 여러 차례 미끄러지는 것을 반복했습니다. 어린 시절부터 공부에 흥미는 없고, 부적절한 욕심만 많아 책만 쌓아놓고 바라보기만 하다 버리는 일들이 많았습니다. 초, 중, 고등학교시절 저의 성적이 하위권에서 맴돌았기 때문에 과거의 저의 모습을 바라보았을 때에는 1급 합격이라는 것은 사치였을 수도 있습니다.

장교로 군복무를 20년 넘게 하고 있는 남편과 결혼하며 남편의 배려로 4년제 사회복지학과를 편입학 하고 졸업시기에 맞추어 재차 1급 시험에 도전했지만 어린 시절부터 저만의 공부법을 파악하지 못했고, 공부하는 자세가 바로 갖추어져 있지 않았기 때문인지 재차 낙방했습니다.

그러던 가운데 얼떨결에 김진원 교수님의 1급강의를 알게 되어 19년도 봄에 온라인강의 수강신청을 했습니다. 더불어 하반기에는 서울 특정대학교에서 진행해 주시는 1급 기본강의와 기출강의를 수강해 매주 수업을 들으러 가긴 했지만, 직장업무로 인해 받는 스트레스와 제가 교수님의 학습법을 100% 따라가지 못함으로 3점차로 또 낙방을 하게 되었습니다.

남편을 제외한 가족들이 제가 공부로 스트레스를 많이 받으니 이젠 포기하라는 이야기를 던지셨지만 김진원 교수님&바깥양반의 응원과 긍정적인 말씀, 그리고 큰 시험을 앞두고 있는 바깥 양반에게 힘이 되고 싶어 온라인강의를 다시 수강했습니다.

교수님의 배려로 지난 20년 7월부터 오이코스스터디의 일원이 되어 매일 학습량을 인증하는 것이 저에겐 큰 도움이었습니다.

남들에게 포장된 공부만 보여주던 저였기 때문에 준비하던 많은 것들을 작심3일로 끝나 시험에 낙방하고, 준비하는 것들을 포기하는 경우가 많았는데 오이코스스터디 모임 덕택에 공부를 하지 않고 며칠 쉬고 싶은 날에도 인증을 어떻게든 하고 싶은 마음 때문에 조금이라도 공부를 하고 인증글을 올리기도 했습니다. (끈기가 부족한 제겐 오이코스 스터디가 매우 긍정적인 도구였다고 봅니다.)

기본서를 1회독 하고 역대기출문제집 5회독, 동형모의고사 3회독, 9개년 1회독.... 요약노트 약 7회독을 하고 시험을 약 20여일 앞두고 다른 선생님들께서는 저만큼 시간을 할애하고 여러차례 회독을 하면 점수가 잘 나오시는 것 같은데 나는 왜.......라는 생각에 포기를 할까 여러차례 고민을 했습니다.

정말 외워야 할 부분이라고 체크해 주시는 부분도 무한반복을 했지만
정말 시험치는 당일까지 외워지지 않았고요.

하지만 포기하고 싶을 때 마다 교수님과 오프라인 강의 동기이자 합격선배 선생님께서 긍정적인 힘과 응원을 주셨고, 저도 바깥양반에게 긍정적인 영향을 주고 싶은 마음이 올라와 턱걸이로라도 붙었으면 하는 마음으로 시험에 임했습니다.

시험을 모두 치고 일과와 공부로 정신없는 남편을 기다리며
가답안으로 시험지를 매겨보니 142점....

다른 선생님들에 비해 낮은 점수로 합격예정 점수가 나와
매우 부끄러운 마음이 듭니다만
사회복지사로서 활동을 포기하려고 했던 순간에
사회복지사 1급 합격점수를 맞았다는 것이
사회복지사로서의 활동을 다시 생각해 보는 계기가 되었습니다.

김진원 교수님은 제게 영화 '심야식당' 주인과 같은 존재이십니다.
인내로 바라봐주시고 합격의 길에 동반해 주심에 감사드립니다.!

시험제도

시험과목, 시험방법, 시험시간, 합격자 결정기준 등

1. 시험과목 및 시험방법

시험과목(3과목)	시험영역(8영역)	문제수(총점)	문제형식
사회복지기초 (50문항)	○ 인간행동과 사회환경 (25문항) ○ 사회복지조사론 (25문항)	200문제 (1문제 1점, 200점) ※ 2014년 제12회 시험부터 문항수가 영역별 30문항에서 25문항으로 변경	객관식 5지 택1형
사회복지실천 (75문항)	○ 사회복지실천론 (25문항) ○ 사회복지실천기술론 (25문항) ○ 지역사회복지론 (25문항)		
사회복지정책과 제도 (75문항)	○ 사회복지정책론 (25문항) ○ 사회복지행정론 (25문항) ○ 사회복지법제론 (25문항)		

※ 시험관련 법령 등을 적용하여 정답을 구하여야 하는 문제는 시험시행일 현재 시행중인 법령을 기준으로 출제함

2. 시험시간

구분	시험과목		입실시간	시험시간
1교시	사회복지기초 (50문항)	○ 인간행동과 사회환경 ○ 사회복지조사론	09:00	09:30~10:20 (50분)
휴식시간 10 : 20 ~ 10 : 40 (20분)				
2교시	사회복지실천 (75문항)	○ 사회복지실천론 ○ 사회복지실천기술론 ○ 지역사회복지론	10:40	10:50~12:05 (75분)
휴식시간 12 : 05 ~ 12 : 25 (20분)				
3교시	사회복지정책과 제도 (75문항)	○ 사회복지정책론 ○ 사회복지행정론 ○ 사회복지법제론	12:25	12:35~13:50 (75분)

※ 응시편의 제공 대상자 1.2배/1.5배/1.7배 시간 연장

3. 합격(예정)자 결정기준 등

가. 시험의 합격결정에 있어서는 매 과목 4할 이상, 전 과목 총점의 6할 이상을 득점한 자를 합격예정자로 결정

나. 사회복지사 1급 국가시험 합격예정자는 한국사회복지사협회에서 응시자격 서류심사를 실시하며, 응시자격서류를 정해진 기한 내에 제출하지 않거나 심사결과 부적격자인 경우에는 최종불합격 처리함

다. 최종합격자 발표 후라도 제출된 서류 등의 기재사항이 사실과 다르거나 응시자격 부적격 사유가 발견될 때에는 합격을 취소함

현황·분석

1. 연도별 시험현황

구분	5회 07년	6회 08년	7회 09년	8회 10년	9회 11년	10회 12년	11회 13년	12회 14년	13회 15년	14회 16년	15회 17년	16회 18년	17회 19년	18회 20년	19회 21년	20회 22년	21회 23년	22회 24년	23회 25년
시험일자	3월4일	2월3일	2월8일	1월24일	1월23일	2월5일	1월26일	1월25일	1월24일	1월23일	1월21일	1월20일	1월19일	2월8일	2월6일	1월22일	1월14일	1월13일	1월11일
시험요일	일요일					토요일													
접수인원	20,580명	27,017명	29,770명	26,587명	25,471명	28,143명	25,719명	27,882명	26,327명	25,949명	24,674명	27,520명	28,273명	33,788명	35,598명	31,018명	30,544명	31,608명	32,448명
응시인원	16,166명	19,493명	22,753명	23,050명	21,868명	23,627명	20,544명	22,604명	21,393명	20,946명	19,514명	21,975명	22,646명	25,462명	28,391명	24,248명	24,119명	25,458명	25,305명
합격자	4,006명	9,034명	7,081명	9,700명	3,119명	10,254명	5,839명	6,412명	6,820명	9,919명	5,284명	7,422명	7,801명	8,457명	17,295명	8,882명	9,826명	7,633명	9,980명
합격률	25%	46%	31%	42%	14%	43.4%	28.42%	28.4%	31.9%	47.35%	27.07%	33.7%	34.45%	33.21%	60.92%	36.62%	40.7%	29.98%	39.44%
시험과목	필수3과목(8영역) ※ 10회 시험부터 시험문제 공개																		
문항수	240(영역별 30문제)					200(영역별 25문제, 12회부터)													

2. 시험제도 분석

구분	시험과목 (3과목)	시험영역 (8개 영역)	문항수	배점(문항당1점)		과락/합격 커트라인		시험시간
				영역별	과목별			
제1교시	사회복지기초 (50문항)	인간행동과 사회환경	25	25	50점	매 과목 만점의 40%이상	20점 이상	50분
		사회복지조사론	25	25				
제2교시	사회복지실천 (75문항)	사회복지실천론	25	25	75점		30점 이상	75분
		사회복지실천기술론	25	25				
		지역사회복지론	25	25				
제3교시	사회복지정책과 제도 (75문항)	사회복지정책론	25	25	75점		30점 이상	75분
		사회복지행정론	25	25				
		사회복지법제론	25	25				
계	3과목 (8개영역)		200문항	200점		전 과목 총점의 60% 이상 120점이상		문항당 60초

출제경향 분석

1 제1교시 사회복지기초 과목

제1영역 인간행동과 사회환경

이해 틀	목차 (교과목 지침서에 준함)	10회 2012	11회 2013	12회 2014	13회 2015	14회 2016	15회 2017	16회 2018	17회 2019	18회 2020	19회 2021	20회 2022	21회 2023	22회 2024	23회 2025
서 설	제1장 인간행동 발달과 사회복지	3	3	2	2	2	2	1	2	2	1	3	2	1	3
전생애 주기적 발달관점 에서 이해	제2장 태내기, 영아기, 유아기	5	3	3	2	4	3	3	3(1)	3	3(2)	2(1)	3(1)	3(1)	2(1)
	태내기 : 임신~출산	1	1	1	–	1	2	1	1	1	1	–	1	–	–
	영아기 : 0~2세	3	1	1	1	2	–	1	1(1)	1	1(1)	(1)	2	1(1)	1(1)
	유아기 : 3~6세	1	1	1	1	1	1	1	1	1	1(1)	1	1(1)	1	1
	제3장 아동기 : 7~12세	2	1	1	1	1	1	(1)	1(1)	1	1(1)	1	1(1)	1(1)	1(1)
	제4장 청소년기 : 13~18세	3	2	2	1	1	–	2	1(1)	2	1(1)	1(1)	1	1(1)	2(1)
	제5장 청년기 : 19~39세	1	1	–	1	1	(1)	1	1(1)	–	1	1	(1)	1	1
	제6장 중·장년기 : 40~64세	2	1	1	2	1	1	1	1(1)	1	1	1	1	1(1)	1(1)
	제7장 노년기 : 65세 이상	2	1	2	1	1	1	(1)	1	1	2(1)	(1)	1(1)	(1)	1(1)
인간의 성격에 대한 이해	제8장 정신역동이론	11	4	6	5	3	5	6	5(3)	4(2)	4(2)	3(1)	3	4(4)	4(3)
	프로이트의 정신분석이론	4	1	1	1	–	1	2	2(1)	1(1)	1(1)	1	1	1(1)	2(2)
	에릭슨의 심리사회이론	3	1	2	1	2	1	2	1(1)	1	1	–	1	1(1)	–
	융의 분석심리이론	2	1	1	1	1	2	1	1	1(1)	1	1	1	1	(1)
	아들러의 개인심리이론	2	1	2	1	–	1	1	(1)	1	1(1)	1	–	1(1)	2
	제9장 행동주의 이론	4	4	2	3	3	2	2	1(1)	2(1)	2(1)	2(2)	2	2(2)	2
	초기 행동주의와 스키너의 학습이론	4	3	1	1	1	2	1	–	1(1)	1(1)	2(1)	1(1)	1	2
	반두라의 사회학습이론	–	1	1	2	2	–	1	1(1)	1	1	(1)	1	1(1)	(1)
	제10장 인지이론	7	4	2	4	2	3	2	1	1(3)	1(2)	2(1)	1	1(1)	2(2)
	피아제의 인지이론	4	3	1	3	2	3	2	–	1(1)	1(1)	1(1)	1	1	1(2)
	콜버그의 도덕발달이론과 인지치료	3	1	1	1	–	–	(1)	1	(2)	(1)	1	–	(1)	1
	제11장 인본주의 이론	3	2	2	1	3	2	1	(1)	3(1)	2(1)	2(1)	2	1(2)	2(3)
	로저스의 현상학 이론	2	1	1	–	1	1	1	(1)	2	1(1)	1	1	1(1)	1(1)
	매슬로우의 인간동기이론	1	1	1	1	2	1	–	–	1(1)	1	1	1	(1)	1(2)
사회 환경에 대한 이해	제12장 사회체계 이론	1	2	1	–	1	2	3	4	2	4	4	3	4	5(1)
	제13장 사회체계로서의 가족과 집단	1	–	–	–	1	2	1	(2)	–	–	2	–	1	–
	제14장 사회체계로서의 조직·지역사회·문화	1	2	1	2	1	1	1	1(3)	–	–	1	2	2	–

※ 표 안에 ( ) 안의 숫자는 단독 출제되지는 않았으나 문제의 지문상에 해당 부분의 내용이 출제된 것을 의미합니다.
※ 제10회 시험부터 시험문제가 공개되었으며, 제12회 시험부터 영역별 30문제에서 25문제 출제로 변경되었습니다.
 따라서, 장(chapter)별 출제빈도는 12회 시험부터 눈여겨보시기 바랍니다.

제2영역 사회복지조사론

이해 틀	목차 (교과목 지침서에 준함)	10회 2012	11회 2013	12회 2014	13회 2015	14회 2016	15회 2017	16회 2018	17회 2019	18회 2020	19회 2021	20회 2022	21회 2023	22회 2024	23회 2025
사회조사 방법의 기초	제1장 과학과 조사연구방법	4	4	3	2	3	3	4	-	2	2	1(3)	2	3	1(3)
	제2장 사회조사방법의 기본 개념	3	3	3	3	5	3	2(1)	4(1)	3	2	2(3)	2	2	3
	제3장 사회조사방법의 형태와 절차	1	2	2	2	(2)	3	1	1	3	1	2(1)	2	2	2(1)
사회조사 방법의 설계	제4장 질문지 작성	-	1	-	1	-	-	1	-	1	-	(3)	-	-	-
	제5장 측정과 척도	1	2	2	1	1	1	3	2(1)	2	3	3	3	3	2
	제6장 신뢰도와 타당도	1	2	2	2	3	3	2	2(2)	3	2(1)	3(1)	3	2	2
	제7장 표본추출(표집)	3	4	4	4	2	2	3	4	2	2	3(2)	3	2	4(1)
자료수집	제8장 자료수집과 질문지법	4	-	3	1	1	1	1	(2)	1(1)	2	(1)	-	-	1(2)
	제9장 면접법과 관찰법	-	1	-	1	-	(1)	1	(3)	(2)	-	(1)	2	1	1(3)
	제10장 비반응성 자료수집과 내용 분석	2	1	2	1	3	1	1	(2)	1(2)	1	-	-	1	1
	제11장 실험설계(집단설계)	5	4	3	4	5	3	2	4(1)	2	4	3	3	3	4
	제12장 단일사례연구	1	-	1	1	(1)	1	1	1	1	1	-	2	1	1
	제13장 질적 연구방법론	2	5	1	1	1	2	2	4	3	4	3	2	3	2
	제14장 욕구조사와 평가조사	3	1	-	1	1(1)	2	1	(1)	-	1	1	1	-	1
자료 처리/ 보고서 작성	제15장 자료처리 및 연구보고서 작성	-	-	-	-	-	-	-	-	-	-	-	-	-	-

※ 표 안에 ( ) 안의 숫자는 단독 출제되지는 않았으나 문제의 지문상에 해당 부분의 내용이 출제된 것을 의미합니다.
※ 제10회 시험부터 시험문제가 공개되었으며, 제12회 시험부터 영역별 30문제에서 25문제 출제로 변경되었습니다.
 따라서, 장(chapter)별 출제빈도는 12회 시험부터 눈여겨보시기 바랍니다.

출제경향 분석

2 제2교시 사회복지실천 과목

제1영역 사회복지실천론

이해 틀	목차 (교과목 지침서에 준함)	10회 2012	11회 2013	12회 2014	13회 2015	14회 2016	15회 2017	16회 2018	17회 2019	18회 2020	19회 2021	20회 2022	21회 2023	22회 2024	23회 2025
사회복지 실천에 대한 이해	제1장 사회복지 실천의 개념 및 정의	5	2	1	1	1	1	2	1	-	1	1	2	1	2
	제2장 사회복지 실천의 가치와 윤리	3	3	-	2	2	2	2	2	3	3	3	2	4	2
	제3장 사회복지실천의 역사적 발달과정	3	3	3	2	3	3	2	2	2	2	2	2	3	1
	제4장 사회복지 실천의 현장에 대한 이해	2	1	4	4	2	2	2	2	1	2	1	2	1	2
접근 방법	제5장 사회복지 실천의 관점 : 통합적 접근	4	4	3	3	3	4	5	4	4	4	4	3	4	5
관계론과 면접론	제6장 사회복지 실천의 관계론	2	3	4	2	2	3	2	4	3	4	3	4	3	3
	제7장 사회복지 실천의 면접론	3	3	3	2	2	2	2	2	3	2	3	2	2	2
과정론	제8장 접수 및 자료수집	1	3	3	-	2	2	1	2	2	2	2	1	1	1
	제9장 사정단계	2	2	1	2	2	-	2	2	1	1	1	1	1	2
	제10장 계획 수립 단계	1	1	1	2	1	1	1	-	1	-	1	-	1	-
	제11장 개입단계	-	1	1	-	2	2	-	-	1	-	1	2	1	1
	제12장 종결과 평가단계	1	1	-	2	1	-	1	1	1	1	1	-	-	-
사례관리	제13장 사례관리	3	3	2	3	2	3	3	3	3	3	2	4	2	4

※ 표 안에 ( ) 안의 숫자는 단독 출제되지는 않았으나 문제의 지문상에 해당 부분의 내용이 출제된 것을 의미합니다.
※ 제10회 시험부터 시험문제가 공개되었으며, 제12회 시험부터 영역별 30문제에서 25문제 출제로 변경되었습니다.
따라서, 장(chapter)별 출제빈도는 12회 시험부터 눈여겨보시기 바랍니다.

제2영역 사회복지실천기술론

이해 틀	목차 (교과목 지침서에 준함)	10회 2012	11회 2013	12회 2014	13회 2015	14회 2016	15회 2017	16회 2018	17회 2019	18회 2020	19회 2021	20회 2022	21회 2023	22회 2024	23회 2025
사회복지사의 전문성	제1장 사회복지사의 전문성	-	-	-	-	-	-	2	-	3	1	1	1	2	1
사회복지 실천 모델과 개입기술	제2장 정신역동 모델	3	-	1	1	1	1	1	1	1	1	1	1	1	1
	제3장 심리사회 모델	2	3	2	-	1	1	1	1	1	-	1(1)	1	1(1)	1
	제4장 인지행동 모델과 행동수정모델	2	3	3	3	2	3	3	2	2	1	3(2)	4	1(3)	1
	제5장 과제중심 모델	1	1	1	1	1	1	1	1(1)	-	1	1(1)	(1)	1	1
	제6장 역량강화 모델과 위기 개입 모델	-	2	2	2	2	2	2	1(2)	3	3	1(1)	1(3)	1(4)	4
가족대상 사회복지 실천과 기술	제7장 가족에 대한 이해	4	2	3	4	1	1	3	2	2	1	1	2	2	2
	제8장 가족문제 사정	2	3	1	2	1	2	1	-	1	2	1	1	2	-	1
	제9장 가족대상 실천기법: 가족치료의 다양한 접근	5	5	5	4	7	6	3	5(1)	4	8	6	4	5(2)	6
집단대상 사회복지 실천과 기술	제10장 집단대상 실천기법	3	3	2	4	4	2	2(1)	1(1)	2(2)	1	1	2	1	1
	제11장 집단의 역동성	1	3	2	-	-	-	2	2(1)	(3)	3	2	-	2	2
	제12장 집단발달 단계	4	2	2	3	2	4	2	4	2	3	3	3	4	2
기록과 평가	제13장 사회복지 실천기록	1	1	1	1	1	1	1	1	1	1	1	1	1	1
	제14장 사회복지 실천평가	1	2	1	1	1	2	2	1	1	-	1	1	1	1
	※ 사례관리	1	-	-	-	-	-	-	-	-	-	-	-	-	-

※ 표 안에 ( ) 안의 숫자는 단독 출제되지는 않았으나 문제의 지문상에 해당 부분의 내용이 출제된 것을 의미합니다.
※ 제10회 시험부터 시험문제가 공개되었으며, 제12회 시험부터 영역별 30문제에서 25문제 출제로 변경되었습니다.
  따라서, 장(chapter)별 출제빈도는 12회 시험부터 눈여겨보시기 바랍니다.

출제경향 분석

제3영역 지역사회복지론

이해 틀	목차 (교과목 지침서에 준함)	10회 2012	11회 2013	12회 2014	13회 2015	14회 2016	15회 2017	16회 2018	17회 2019	18회 2020	19회 2021	20회 2022	21회 2023	22회 2024	23회 2025
지역사회 복지의 이해	제1장 지역사회에 대한 이해	2	1	1	1	2	2	1	2	1	2	2	1	1	2
	제2장 지역사회복지와 지역사회복지실천의 이해	2	3	1	3	1	1	1	1	2	-	1	2	2	1
	제3장 지역사회복지역사의 이해	3	3	2	3	4	3	5	3	3	3	3	3	4	2
지역사회 복지의 이론과 모델	제4장 지역사회복지의 이론적 기초이해	2	2	3	3	2	3	2	1	2	2	2	3	3	2
	제5장 지역사회복지의 실천모델에 대한 이해	2	6	3	3	2	2	3	2	2	3	3	3	2	4
지역사회 복지 실천의 과정과 기술	제6장 지역사회복지실천의 과정	4	3	2	4	2	3	3	2	1	1	3	2	2	2
	제7장 지역사회복지실천에서의 사회복지사의 역할	1	3	1	1	-	-	1	1	1($\frac{1}{2}$)	-	-	1	2	2
	제8장 지역사회복지실천에서의 사회복지사의 기술	3	1	2	3	6	3	2	3	3($\frac{1}{2}$)	4	2	2	2	2
	제9장 사회행동의 전략과 전술	1	2	-	1	-	-	-	-	1	-	-	-	-	-
지역사회 복지 실천 추진체계	제10장 지역사회보장계획	2	2	-	1	1	1	1	2	1	1	1	1	1	1
	제11장 공공지역사회복지실천의 추진체계	3	-	-	1	1	3	2	2	3	3	2	2	1	3
	제12장 민간지역사회복지실천의 추진체계	5	4	5	1	3	3	3	4	3	4	4	3	4	3
지역사회 복지운동	제13장 지역사회복지운동	-	-	1	-	1	1	1	2	1	2	2	2	1	1

※ 표 안에 ( ) 안의 숫자는 단독 출제되지는 않으나 문제의 지문상에 해당 부분의 내용이 출제된 것을 의미합니다.
※ 제10회 시험부터 시험문제가 공개되었으며, 제12회 시험부터 영역별 30문제에서 25문제 출제로 변경되었습니다.
  따라서, 장(chapter)별 출제빈도는 12회 시험부터 눈여겨보시기 바랍니다.

3 제3교시 사회복지정책과 제도 과목

제1영역 사회복지정책론

이해 틀	목차 (교과목 지침서에 준함)	10회 2012	11회 2013	12회 2014	13회 2015	14회 2016	15회 2017	16회 2018	17회 2019	18회 2020	19회 2021	20회 2022	21회 2023	22회 2024	23회 2025
사회복지 정책의 기초	제1장 사회복지 정책의 이해	1	1	1	2	2	2	2	2	2	3	2	2	3	3
	제2장 사회복지 정책의 가치와 갈등	1	1	2	2	2	1	1	2	1	1	1	2	-	2(1)
사회복지 정책의 역사와 발달이론	제3장 사회복지 정책의 역사적 전개	4	3	4	3	1	4	3	1	3	2	1	2	2	5
	제4장 사회복지 정책의 이론과 사상	4	5	3	6	4	2	4	1	4	2	4	3	3	-
사회복지 정책의 과정과 분석틀	제5장 사회복지 정책의 형성과정	3	3	2	3	2	2	1	2	1	2	1	3	-	1
	제6장 사회복지 정책의 내용분석	7	9	5	4	10	1	5	2	5	7	5	3	7	6
사회 보장의 이해	제7장 사회보장의 이해	1	1	1	-	2	1	1	5	1	1	2	2	3	3
	제8장 빈곤과 공공부조 제도	2	4	3	1	2	4	4	3	4	3	4	5	6	1
	제9장 공적연금 제도의 이해	2	-	2	2	-	3	1	2	1	1	1	1	(1)	1
	제10장 국민건강보장제도의 이해	1	2	1	1	-	2	2	1	2	1	2	1	(2)	2
	제11장 산업재해보상보험제도의 이해	1	1	-	1	-	2	1	1	1	-	1	½	(1)	1
	제12장 고용보험제도의 이해	1	-	1	-	-	1	-	1	-	1	1	½	(1)	-
	제13장 사회서비스정책	-	-	-	-	-	-	-	2	-	1	-	-	-	-

※ 표 안에 ( ) 안의 숫자는 단독 출제되지는 않았으나 문제의 지문상에 해당 부분의 내용이 출제된 것을 의미합니다.
※ 제10회 시험부터 시험문제가 공개되었으며, 제12회 시험부터 영역별 30문제에서 25문제 출제로 변경되었습니다.
따라서, 장(chapter)별 출제빈도는 12회 시험부터 눈여겨보시기 바랍니다.

출제경향 분석

제2영역 사회복지행정론

이해 틀	목차 (교과목 지침서에 준함)	10회 2012	11회 2013	12회 2014	13회 2015	14회 2016	15회 2017	16회 2018	17회 2019	18회 2020	19회 2021	20회 2022	21회 2023	22회 2024	23회 2025
사회복지 행정의 이해	제1장 사회복지행정의 개념과 특성	2	2	1	1	2	1	1	1	2	1	1	2	1	1
	제2장 사회복지행정의 역사	2	1	2	1	1	3	–	1	3	3	3	3	1	2
사회복지 행정 이론과 조직이해	제3장 사회복지행정의 이론적 배경	3	3	2	3	2	3	5	2	3	2(1)	5(4)	5(2)	3	2
	제4장 사회복지 조직의 구조와 조직화	4	2	2	1	1	1	1	2	1	–	1	1	2	2
사회복지 조직 관리와 인사관리	제5장 사회복지조직의 기획과 의사결정	2	3	2	3	4	3	3	1	1	1	1	1	2	2
	제6장 리더십(leadership)	2	1	1	1	1	1	2	1	3	2	3	2	3	1
	제7장 인적자원관리	2	2	1	1	1	3	1	4	4	3	2(1)	3	4	3
	제8장 재정관리	3	2	1	2	2	1	2	2	2	2	2	1	2	3
	제9장 서비스 품질관리와 위험관리	–	–	–	–	–	–	1	1	–	(2)	1	(3)	1	1
	제10장 정보관리시스템	1	1	1	1	1	–	–	–	–	–	–	1	–	1
	제11장 프로그램개발과 평가	3	6	4	5	2	3	2	4	2	2(1)	1	1	1	–
	제12장 사회복지서비스 전달체계	2	3	5	4	6	3	2	3	–	4	1	1	3	3
	제13장 마케팅과 홍보	1	1	1	–	1	1	1	1	1	2	1	3	2	2
평가와 책임성, 변화	제14장 사회복지조직의 책임성과 평가	1	2	1	1	1	1	2	1	2	2	2	–	–	2
	제15장 사회복지조직의 환경변화	1	1	–	1	–	1	2	1	1	1	–	–	–	–

※ 표 안에 ( ) 안의 숫자는 단독 출제되지는 않았으나 문제의 지문상에 해당 부분의 내용이 출제된 것을 의미합니다.
※ 제10회 시험부터 시험문제가 공개되었으며, 제12회 시험부터 영역별 30문제에서 25문제 출제로 변경되었습니다.
따라서, 장(chapter)별 출제빈도는 12회 시험부터 눈여겨보시기 바랍니다.

제3영역 사회복지법제론

이해틀	목차 (교과목 지침서에 준함)	10회 2012	11회 2013	12회 2014	13회 2015	14회 2016	15회 2017	16회 2018	17회 2019	18회 2020	19회 2021	20회 2022	21회 2023	22회 2024	23회 2025
총론	제1장 사회복지법의 개념과 체계	3	3	1	3	2	2	2	1	1	3	1	1	1	2
	제2장 사회복지법의 역사적 형성과 특징	-	-	-	1	1	-	-	-	-	-	-	-	-	-
	제3장 사회복지의 권리성	-	-	-	1	1	-	-	1(1)	1	-	1	1	1	-
	제4장 사회복지의 법률관계	1	2	1	1	-	-	-	-	-	-	1	-	-	-
	제5장 사회복지 주체에 대한 법적 검토	-	-	-	-	-	-	-	-	-	-	-	-	-	-
	제6장 사회복지사 등의 법적 지위와 권한	1	1	-	-	-	1	-	-	-	-	-	-	-	-
	제7장 우리나라 사회복지 입법 변천사	1	-	1	1	1	1	1	1	1	1	1	1	2	1	2
	제8장 국제법과 사회복지	1	-	1	-	-	-	-	-	-	-	-	-	-	-
각론	제9장 사회보장기본법	2	1	1	1	3	4	4	3	2	2	3	3	3	4
	↳ 사회보장급여의 이용·제공 및 수급권자 발굴에 관한 법률	-	-	-	-	-	-	-	1	2	1	3	1	2	1
	제10장 사회복지사업법	4	4	4	4	4	3	4	3	3	3	2	4	4	3
	제11장 공공부조법	4	5	5	5	4	3	3	3	4	3	4	4	4	4
	국민기초생활보장법	2	2	2	2	1	1	1	1	2	2	1	3	2	2
	의료급여법	1	1	1	2	1	1	1	-	-	1	-	-	1	1
	긴급복지지원법	-	1	1	-	1	-	-	1	-	-	-	-	-	-
	기초연금법	1	1	1	1	1	1	1	1	1	-	1	1	1	1
	장애인연금법	-	-	-	-	-	-	-	-	-	-	-	-	-	-
	제12장 사회보험법	5	5	7	6	5	3	5	5	4	4	5	3	5	4
	국민연금법	1	1	2	1	1	1	1	-	1	1	1	-	1	1
	국민건강보험법	1	1	1	2	1	-	1	1	1	1	1	1	1	-
	고용보험법	1	1	1	1	1	-	1	1	1	1	1	1	2	1
	산업재해보상보험법	1	1	2	1	1	1	1	1	-	1	1	1	-	1
	노인장기요양보험법	1	1	1	1	1	1	1	1	1	-	1	-	1	1
	제13장 사회복지서비스법	7	7	4	5	4	3	5	6	7	5	5	5	4	5
	아동복지법	1	1	1	1	-	1	1	1	(2)	1	2	1	1
	노인복지법	1	1	1	1	1	1	1	-	1	1(2)	1	-	1	1
	장애인복지법	1	1	1	1	1	1	1	1	(1)	1	-	-	1
	한부모가족지원법	1	1	-	1	1	-	1	-	(2)	1	1	1	1
	영유아보육법	1	-	1	-	-	-	-	-	-	-	-	-	-
	정신건강증진 및 정신질환자 복지서비스 지원에 관한 법률	1	1	-	-	-	-	-	-	-	-	-	1	-	-
	사회복지공동모금회법	-	1	-	-	-	-	1	1	1	1	-	1	-
	국내입양에 관한 특별법	-	-	-	-	-	-	-	-	-	-	-	-	-	-
	장애인·노인·임산부 등의 편의증진에 관한 법률	-	-	-	-	-	-	-	-	-	-	-	-	-	-
	농어촌주민의 보건복지 증진을 위한 특별법	-	-	-	-	-	-	-	-	-	-	-	-	-	-
	식품등 기부 활성화에 관한 법률	-	-	-	-	-	-	-	-	-	-	-	-	-	-
	다문화 가족지원법	1	1	-	-	-	1	1	-	1	(1)	-	-	-	-
	가정폭력 및 피해자보호 등에 관한 법률	-	-	1	1	1	1	1	1	-	-	-	-	-	1
	성매매방지 및 피해자보호 등에 관한 법률	-	-	-	-	-	1	-	-	-	-	-	-	-	-
	성폭력방지 및 피해자 보호 등에 관한 법률	-	-	-	-	-	-	-	-	-	-	-	-	-	-
	건강가정기본법	-	-	-	-	-	-	-	-	-	-	-	1	-	-
	제14장 사회복지 관련법	1	1	-	-	1	1	-	-	-	1	-	-	-	-
	자원봉사활동 기본법	-	1	-	-	1	1	-	-	-	1	-	-	-	-
	장애인고용촉진 및 직업재활법	1	-	-	-	-	-	-	-	-	-	-	-	-	-
	제15장 판례	-	1	-	1	-	1	-	-	-	-	-	-	-	-

※ 표 안에 ( ) 안의 숫자는 단독 출제되지는 않았으나 문제의 지문상에 해당 부분의 내용이 출제된 것을 의미합니다.
※ 제10회 시험부터 시험문제가 공개되었으며, 제12회 시험부터 영역별 30문제에서 25문제 출제로 변경되었습니다.
따라서, 장(chapter)별 출제빈도는 12회 시험부터 눈여겨보시기 바랍니다.

김진원 Oikos 사회복지사 1급

"과목별 토대구축 입문특강" 강의보기

유튜브 김진원 교수님 페이지

https://www.youtube.com/김진원사회복지학

과목별 토대구축 우선순위

"역대기출문제집의 기출문제에서 출제빈도 및 출제 가능성에 근거하여 1, 2, 3순위로 선별"

1순위 스마일표시(☺), 2순위 당구장표시(※), 3순위 별표(☆)

☺ 1순위	무조건 시험에 출제되는 문제 출제가능성이 높은 문제
※ 2순위	나왔다 안나왔다 하는 문제
☆ 3순위	1~2번 출제 된 문제, 출제될 수는 있지만 비중이 떨어지는 문제

김진원 Oikos 사회복지사 1급

제1과목 제1영역 인간행동과 사회환경
Human Behavior and the Social Environment

이해 틀	목차 (교과목 지침서에 준함)	출제 비중	출제 논점		
			1순위 ☺	2순위 ※	3순위 ☆
서 설	제1장 인간행동 발달과 사회복지	1 2 3	① 발달의 원리 ② 학자별 성격발달단계 구분	① 인간발달이론과 사회복지 실천 관계	① 환경 속의 인간 ② 발달 유사 용어
전생애 주기적 발달 관점에서 이해	제2장 태내기, 영아기, 유아기	2 3 4			
	태내기 : 임신~출산	0 1 2	① 태아의 발달에 영향을 미치는 요인 (유전적 요소 + 환경적 요인)	① 태아의 발달 : 발생학적 + 임신 단계별 구분	① 태내기의 개요
	영아기 : 0~2세	0 1 2	① 신체, 심리, 사회적 발달 ② 감각운동기	① 대상영속성 ② 애착관계 형성과 발달	① 신생아기 발달 : 반사운동
	유아기 : 3~6세	1~1(1)	① 신체, 심리, 사회적 발달 ② 전조작기 특징	① 자아개념 형성 ② 성 역할에 대한 인식 및 학습	① 자아통제 및 자율성 발달
	제3장 아동기 : 7~12세	(1) 1 2	① 신체, 심리, 사회적 발달 ② 구체적 조작기 특징	① 단체놀이의 경험	① 짝패집단 형성
	제4장 청소년기 :13~18세	0 1 2	① 신체, 심리, 사회적 발달 ② 형식적 조작기 특징	① 마르시아의 자아정체감 유형 ② 섭식장애	① 또래집단
	제5장 청년기 :19~39세	0 1 1(1)	① 신체, 심리, 사회적 발달	① 친밀감의 형성과 발달	① 자율성 발달, 애정발달
	제6장 중·장년기 : 40~64세	1~2	① 신체, 심리, 사회적 발달 ② 여성의 갱년기	① 신체적 변화 ② 빈 둥지 증후군	① 직업관리, 성취, 전환
	제7장 노년기 :65세 이상	(1) 1 2 (1)	① 신체, 심리, 사회적 발달 ② 큐블러-로스의 죽음 단계	① 노년기 정서 및 성격변화	① 조부모의 역할
인간의 성격에 대한 이해	제8장 정신역동이론	3 5 6			
	프로이트의 정신분석이론	0~2(1)	① 자아방어기제 ② 연속적 체계: 심리성적 발달단계	① 구조적 체계: 원초아, 자아, 초자아	① 역동적 체계: 정신에너지 리비도 ② 지형학적 모델: 의식, 전의식, 무의식
	에릭슨의 심리사회이론	0 1 2	① 심리사회적 발달단계	① 점성원칙	① 심리사회이론의 개요
	융의 분석심리이론	1~2	① 주요개념: 원형, 집단 무의식, 페르소나...	① 중년기: 개별화, 양성성의 시작	① 심리적 유형
	아들러의 개인심리이론	0 1 2	① 주요개념: 우월에 대한 추구, 열등감...	① 성격의 발달: 출생순위	① 성격의 유형 : 생활양식 태도
	제9장 행동주의 이론	1 2 3			
	초기 행동주의와 스키너의 학습이론	0 1 2(1)	① 주요개념: 조작적 조건화, 소거, 자발적 회복...	① 강화와 처벌 ② 강화계획	① 파블로프, 왓슨, 손다이크
	반두라의 사회학습이론	0~2	① 주요개념: 모델(링), 자기 강화, 자기효능감...	① 관찰학습과정	① 자기규제, 대리학습
	제10장 인지이론	1 2 4			
	피아제의 인지이론	0 1 3	① 인지발달단계와 단계별 특징	① 피아제 이론의 평가	① 주요개념: 도식, 동화, 조절, 평형화
	콜버그의 도덕발달이론과 인지치료	0~1	① 콜버그 도덕발달단계	① 콜버그 이론의 한계점 (vs 길리건 이론)	① 인지치료 : 엘리스의 합리정서치 료, 벡의 인지치료
	제11장 인본주의 이론	1 2 3			
	로저스의 현상학 이론	0~1	① 주요개념: 현상학적 장, 무조건적 긍정적 존중..	① 완전하게 기능하는 사람 특징	① 로저스 이론의 평가
	매슬로우의 인간동기이론	0 1 2	① 욕구단계이론	① 자아실현인의 특징	① 매슬로우 이론의 평가
사회 환경에 대한 이해	제12장 사회체계 이론	0 2 4	① 주요개념: 체계, 홀론, (넥)엔트로피, 환류...	① 생태체계의 구성	① 사회복지실천에의 유용성
	제13장 사회체계로서의 가족과 집단	0 1 2	① 가족체계이론의 기본개념 ② 집단의 유형, 목적에 따른 집단분류	① 사회체계로서의 가족 ② 집단의 유형	① 가족에 대한 기본적 이해 ② 집단의 개념과 특성, 역동성
	제14장 사회체계로서의 조 직·지역사회·문화	0 1 2	① 문화체계 : 구성요소, 개념, 특성, 기능...	① 조직체계 : 집단과 유사점·차이점	① 지역사회체계

김진원 Oikos 사회복지사 1급

제1교시 제2영역 사회복지조사론
Research Methods in Social Welfare

이해 틀	목차 (교과목 지침서에 준함)	출제 비중	출제 논점 1순위 ☺	출제 논점 2순위 ※	출제 논점 3순위 ☆
사회조사 방법의 기초	제1장 과학과 조사연구방법	0 2 4	① 과학적 연구의 특징 ② 사회복지조사의 윤리성	① 과학적 조사 논리 : 연역법, 귀납법 ② 과학철학 : 과학혁명 ③ 사회복지조사의 유용성과 필요성	① 현상을 탐구할 때 일반인이 범하는 오류 ② 사회복지조사의 특징 ③ 사회과학의 특성
	제2장 사회조사방법의 기본 개념	2 **3** 5	① 가설 : 형식, 종류, 통계적 가설 검정 ② 변수(기능에 따른 분류) : 독립, 종속, 매개, 조절...	① 개념적 정의, 명목적 정의, 조작적 정의	① 연구문제의 서술요령
	제3장 사회조사방법의 형태와 절차	1 **2** 3	① 종단조사(패널, 동년배, 경향), 횡단조사	① 탐색적, 기술적, 설명적 조사 ② 조사연구 시 고려사항 : 분석 단위, 해석상 오류	① 사회조사방법의 절차
사회조사 방법의 설계	제4장 질문지 작성	0~1		① 질문의 문항작성 ② 설문 항목들의 배치	① 사전검사(Pre-test, 사전조사) ② 질문의 형태 선정
	제5장 측정과 척도	1 **2** 3	① 측정수준(속성에 따른 변수)	① 척도 기본요건 : 척도 구성 시 고려 사항 ② 리커트 척도(총합척도)	① 누적척도(보가더스 척도, 거트만 척도) ② 써스톤의 척도(유사동간법) ③ 의미분화척도
	제6장 신뢰도와 타당도	2~3(1)	① 신뢰도 측정방법 : 조, 재, 복, 반, 크 ② 타당도 측정방법 : 내용, 기준, 구성타당도	① 신뢰도와 타당도의 관계 ② 측정의 오류 : 체계적 오류 vs 비체계적 오류	① 신뢰도를 높이기 위한 방법
	제7장 표본추출(표집)	2 **3** 4	① 확률표집방법 : 단, 체, 층, 군 ② 비확률표집방법 : 편, 유, 할, 눈	① 표집관련 용어 : 표집오차, 신뢰구간, 신뢰수준 ② 대표성과 표본의 크기	① 표본추출과정 ② 기초통계학
자료 수집	제8장 자료수집과 질문지법	0 1 3	① 질문지법 : 우편조사, 전화조사		① 질문지법의 종류 : 집합, 배포, 전자조사
	제9장 면접법과 관찰법	0(2) 2	① 면접조사의 장·단점 ② 관찰법의 장·단점	① 면접조사의 종류 : 표준화면접, 비표준화면접	① 관찰법의 종류 : 참여관찰, 비참여관찰
	제10장 비반응성 자료수집과 내용분석	0 1 3	① 내용분석 : 특성, 장·단점, 절차	① 비반응성 자료수집 유형 : 2차 자료의 분석	① 비반응성 자료수집 유형 : 물리적 흔적 관찰
	제11장 실험설계(집단설계)	2 **3** 5	① 실험설계의 타당도 : 내적 타당도, 외적 타당도 ② 실험설계의 유형 : 순수실험설계, 유사실험설계	① 실험집단과 통제집단 선정 : 난선화, 배합 ② 실험설계의 유형 : 전실험설계, 비실험설계	① 인과관계 ② 실험설계의 네 가지 기본 요소
	제12장 단일사례연구	0 1 2	① 단일사례연구설계 종류 : 복수요소설계(ABCD설계), 복수기초선(다중기초선) 설계	① 단일사례연구의 기본구조 ② 단일사례연구의 특성	① 개입의 평가 : 통계학적 분석
	제13장 질적 연구방법론	1 **2** 4	① 질적연구 특징 (질적연구와 양적연구 비교) ② 질적연구에서의 표집	① 질적연구의 종류 ② 질적연구 시 특별한 고려 사항	① 질적연구의 엄격성(rigor)을 높이는 전략 ② 삼각측량과 혼합연구
	제14장 욕구조사와 평가조사	0 1 2	① 델파이 기법(전문가의견조사) ② 포커스그룹(초점집단기법) ③ 형성평가, 총괄평가 (효과성 평가, 효율성 평가)	① 브래드 쇼(Bradshow)가 제시한 욕구 ② 명목집단기법(소집단투표방법) ③ 자체평가, 내부평가, 외부평가, 메타평가	① 주요정보제공자서베이, 지역사회포럼 ② 사회네트워크 분석 ③ 프로그램평가의 오류 : 이론적 오류, 실행 오류
자료 처리 / 보고서 작성	제15장 자료처리 및 조사보고서 작성	0~(1)			① 코딩, 부호책(codebook) ② 연구보고서 작성 : 고려 사항, 문체와 양식, 체계

김진원 Oikos 사회복지사 1급

제2교시 제3영역 사회복지실천론
Theories of Social Work Practice

이해 틀	목차 (교과목 지침서에 준함)	출제 비중	출제 논점		
			1순위 ☺	2순위 ※	3순위 ☆
사회복지 실천에 대한 이해	제1장 사회복지 실천의 개념 및 정의	01₂	① 사회복지실천 분류: CT체계 크기 (미시, 중시, 거시), CT 접촉유무 (직접 실천, 간접실천)	① 사회복지실천 목적, 목표, 기능 ② 사회복지실천 이념	
	제2장 사회복지 실천의 가치와 윤리	02₃	① 우리나라 사회복지사 윤리강령 ② 로웬버그와 돌고프의 윤리적 원칙	① 사회복지실천의 가치와 윤리의 관계 ② 윤리적 딜레마가 나타나는 상황 ③ 사회복지실천의 윤리적 쟁점들	① 레비(C. Levy)가 구분한 전문직 가치 ② 윤리강령의 기능
	제3장 사회복지실천의 역사적 발달과정	2~3	① 자선조직협회(COS) vs 인보관 운동(SHM) ② 우리나라 사회복지실천의 역사적 발달과정	① 진단주의 vs 기능주의 ② 서구의 사회복지실천의 역사적 발달과정	
	제4장 사회복지 실천의 현장에 대한 이해	12₄	① 사회복지실천 현장의 분류 ② 사회복지지사의 역할		① 기능에 따른 사회복지사역할 ② 개입수준에 따른 사회복지사역할
접근 방법	제5장 사회복지 실천의 관점: 통합적 접근	34₅	① 핀커스와 미나한의 4체계 모델 ② 콤튼과 갤러웨이의 6체계 모델 ③ 권한부여(Empowerment, 임파워먼트) 모델	① 통합적 접근의 등장 배경 ② 통합적 실천을 특징짓는 주요 요소	① 통합적 접근의 주요 이론 ② 펄만(Perlman)의 문제해결 모델
관계론과 면접론	제6장 사회복지 실천의 관계론	23₄	① 전문적 관계(원조 관계 형성)의 기본요소 ② 비에스텍(Biestek)의 7대 관계원리	① 관계형성 장애요인: 비자발성, 저항, (역)전이...	① 전문적 관계(원조 관계)의 특징
	제7장 사회복지 실천의 면접론	2~3	① 질문기술: 면접에서 피해야 할 질문 ② 면접기술: 명료화, 반영, 해석, 초점화...	① 면접의 종류: 정보수집, 사정, 치료면접 ② 질문기술: 질문의 유형	① 사회복지실천에서의 면접 특징 ② 관찰기술: 관찰의 내용 ③ 경청기술
과정론	제8장 접수 및 자료수집	02₃	① 접수단계의 과업	① 자료수집의 정보출처	① 초기 면접지(intake sheet) 포함 할 내용
	제9장 사정단계	01₂	① 사정의 특성	① 사정단계의 과업	① 사정의 개념과 목적
	제10장 계획 수립 단계	01₂	① 계획수립단계의 과업(계획의 주요 단계)	① 표적문제 선정 지침 ② 목표설정 지침, 목표의 평가 기준 (SMART)	① 계약에 포함될 내용
	제11장 개입단계	01₂	① 개입기술: 직접적 개입 vs 간접적 개입	① 개입단계의 과업	
	제12장 종결과 평가단계	01₂	① 종결단계의 과업	① 사후지도(follow-up sessions, 사후세션, 사후관리)	① 평가단계: 평가방법
사례 관리	제13장 사례관리	23₄	① 사례관리의 등장배경 ② 사례관리의 특징과 목적 ③ 사례관리의 개입원칙 ④ 사례관리의 과정	① 사례관리자의 역할 : 직접 실천 + 간접 실천	

김진원 Oikos 사회복지사 1급

제2교시 제4영역 사회복지실천기술론
Skills and Techniques of Social Work Practice

이해 틀	목차 (교과목 지침서에 준함)	출제 비중	출제 논점		
			1순위 ☺	2순위 ※	3순위 ☆
사회 복지사의 전문성	제1장 사회복지사의 전문성	013		① 사회복지실천의 전문적 기반: 과학성 + 예술성	① 사회복지실천기술의 특징 ② 사회복지지식의 구성수준
사회 복지 실천 모델과 개입 기술	제2장 정신역동 모델	1	① 정신역동모델의 개입목표 ② 정신역동모델의 개입기법	① 정신역동모델의 개요 ② 정신역동모델의 한계점	
	제3장 심리사회 모델	012	① 심리사회모델의 특징, 주요 원칙 (기본 가치) ② 심리사회모델의 개입기법	① 심리사회모델의 이론적 기반 ② 심리사회모델의 한계점	① 역사적 기원과 발전과정
	제4장 인지행동 모델	134	① 인지행동모델의 개입목표 ② 인지행동모델의 개입 기법들: 경험적 학습, 체계적 둔감화, 사회기술훈련, 강화와 처벌...	① 엘리스(Albert Ellis)의 합리적 정서치료 ② 벡(Aron Beck)의 인지치료 ③ 인지행동모델의 한계점	① 인지행동모델의 한계점
	제5장 과제중심 모델	011(1)	① 과제중심모델의 주요 특징	① 과제중심모델의 이론적 배경 ② 과제중심모델의 주요개념 : 표적문 제, 과제 ③ 과제중심모델의 개입 과정	① 과제중심모델의 개요
	제6장 역량강화모델과 위기개입모델	1(1)23	① 역량강화모델실천의 개입 과정 ② 위기개입목표(라포포트 제시), 위기개 입 주요 원칙	① 위기개입모델: 위기의 정의, 특성, 가정 ② 골란(Golan)의 위기발달단계	① 클라이언트 중심 모델
가족 대상 사회 복지 실천과 기술	제7장 가족에 대한 이해	124	① 가족에 대한 이론적 관점 : 사회체계로서의 가족	① 가족에 대한 이론적 관점 : 의사 소통이론, 사이버네틱스	① 가족의 기능(역할), 가족의 변화 ② 가족에 대한 이론적 관점 : 사회구성주의 시각
	제8장 가족문제 사정	012	① 가족사정도구: 가족생활주기(생활주기 표), 가계도, 생태도, 생활력 도표, 사회적 관계망표	① 가족사정에 포함되는 요소 : 가족 의 경계, 가족규칙(family norm, 가족규범)	① 가족사정 시 포함되는 내용
	제9장 가족대상 실천기법: 가족치료의 다양한 접근	358	① 미누친(Minuchin)의 구조적 가족치료 ② 보웬식 가족치료: 세대 간(다세대) 가족 치료 ③ 사티어(Satir)의 경험적 가족치료: 성장모델 ④ 해결중심 가족치료 ⑤ 전략적 가족치료	① 이야기 치료: 외현화	① 가족 외부 환경에 대한 개입 : 가족옹호
집단 대상 사회 복지 실천과 기술	제10장 집단대상 실천기법	124	① 집단사회복지실천의 모델 ② 집단지도자의 기술	① 집단의 유형 ② 공동지도력(co-leader)	① 집단사회복지실천의 원칙, 기본 요건
	제11장 집단의 역동성	013	① 집단역동의 구성요소: 집단응집력, 하위집단, 긴장과 갈등, 집단문화, 집단크기...	① 집단의 치료적 효과	① 집단 슈퍼비전
	제12장 집단발달 단계	234	① 준비단계: 집단구성, 사전 모임 ② 초기단계: 집단사정(도구), SW의 역할	① 중간단계: SW의 역할 ② 종결단계	
기록과 평가	제13장 사회복지 실천기록	1	① 기록의 용도 및 목적 ② 과정기록, 요약기록, 문제 중심기록	① 이야기체기록	① 좋은 기록과 좋지 않은 기록의 특징
	제14장 사회복지 실천평가	012	① 평가방법: 단일사례연구설계	① 평가의 종류 : 형성평가, 총괄평가 ② 평가의 종류 : 효과성평가, 효율 성평가	① 평가방법: 목표달성척도(GAS), 과업성취척도, CT 만족도 설문

제2교시 제5영역 지역사회복지론
Community Welfare & Practice

이해 틀	목차 (교과목 지침서에 준함)	출제 비중	출제 논점 1순위 ☺	출제 논점 2순위 ※	출제 논점 3순위 ☆
지역사회복지의 이해	제1장 지역사회에 대한 이해	1~2	① 지역사회 정의(Ross) : 지리성 + 기능성 ② 지역사회유형 : 퇴니스, 뒤르켐, 던햄	① 지역사회 개념의 변화 ② 지역사회의 기능 ③ 지역사회에 관한 이론 : 상실, 보존, 개방	① 지역사회 기본요소(G.A.Hillery) ② 지역사회 기능 비교척도(Warren) ③ 좋은 지역사회와 역량 있는 지역사회
	제2장 지역사회 복지와 지역사회복지실천의 이해	0 1 3	① 지역사회복지의 이념(원리) ② 지역사회복지실천의 원칙	① 지역사회복지실천의 가치 ② 지역사회복지실천과 관련된 개념	① 지역사회복지의 개념, 속성, 특성 ② 가족주의와 국가주의
	제3장 지역사회 복지 역사의 이해	2 3 5	① 우리나라의 지역사회복지 역사	① 영국의 지역사회복지 역사 ② 미국의 지역사회복지 역사	
지역사회복지의 이론과 모델	제4장 지역사회 복지의 이론적 기초이해	1 2 3	① 사회체계이론과 생태학 이론 ② 사회자본이론	① 기능이론과 갈등이론 ② 자원동원론, 교환이론, 다원주의이론	① 사회구성론과 권력의존이론 ② 사회학습이론
	제5장 지역사회 복지의 실천 모델에 대한 이해	2~3	① 로스만(Rothman)의 모델 ② 웨일과 갬블(Weil & Gamble)의 모델	① 로스만(Rothman)의 변용모델 ② 테일러와 로버츠(Taylor & Roberts)의 모델	① 지역사회복지실천의 목표(Rothman) ② 포플(Popple)의 모델
지역사회복지실천의 과정과 기술	제6장 지역사회 복지 실천의 과정	1 2 4	① 욕구사정을 위한 자료수집 방법 ② 지역사회복지실천과정	① 지역사회사정의 유형	① 정책 및 프로그램의 개발
	제7장 지역사회 복지 실천에서의 사회복지사의 역할	0 1 1(½)	① 안내자(guide) 역할 ② 조력자(enabler) 역할	① 옹호자(advocate) 역할 ② 전문가(expert) 역할	① 사회치료자(social therapist) 역할 ② 행정가(program administrator) 역할
	제8장 지역사회복지 실천에서의 사회복지사의 기술	2 3 6	① 옹호(advocacy, 대변)기술 ② 조직화(organizing) 기술 ③ 연계(network linkages) 기술	① 자원개발 및 자원동원 기술	① 임파워먼트를 높이기 위한 기술 ② 계획 기술과 지역사회교육 기술
	제9장 사회행동의 전략과 전술	0~1	① 타조직과의 협상(협력전술) : 협조, 연합, 동맹	① 사회행동 전술 : 압력, 법적, 항의, 협상전술	① 쟁점의 효과적 정리 ② 사회행동의 토대가 될 수 있는 힘의 원천
지역사회복지실천 추진체계	제10장 지역사회보장계획	0 1 2	① 지역사회보장계획 필요성, 법적근거, 주요 원칙 ② 지역사회보장계획의 수립절차 ③ 지역사회보장계획의 내용		
	제11장 공공 지역 사회복지 실천의 추진체계	1 2 3	① 지방분권의 긍정적 측면과 부정적 측면 ② 지역사회보장협의체 구성 및 주요 역할	① 사회복지전담공무원의 직무, 임상사회복지사로서의 역할과 활동내용	① 재정분권의 장·단점 ② 사회보장사무전담기구와 드림스타트
	제12장 민간지역 사회복지 실천의 추진체계	1 3 4	① 사회복지협의회: 역사, 조직, 법적 근거, 기능 ② 지역사회복지관: 연혁, 운영원칙, 사업내용 ③ 사회복지공동모금회: 조직, 연혁, 배분사업 종류	① 사회적 경제 주체: 사회적기업, 마을기업, 협동조합 ② 지역자활센터, 자활사업	① 지역아동센터, 자원봉사센터, 재가복지봉사센터
지역사회복지운동	제13장 지역사회 복지운동	0 1 2	① 아른슈타인(Arnstein)의 주민 참여 8단계	① 지역사회운동의 의의 ② 지역사회복지운동의 특징과 필요성	

김진원 Oikos 사회복지사 1급

제3교시 제6영역 사회복지정책론
Social Welfare Policy

이해 틀	목차 (교과목 지침서에 준함)	출제 비중	출제 논점		
			1순위 ☺	2순위 ※	3순위 ☆
사회 복지 정책의 기초	제1장 사회복지정책의 이해	12 3	① 사회복지정책의 목적, 목표, 필요성, 특성, 기능, 원리 ② 사회복지의 주체 논의: 시장실패 vs 정부실패	① 사회복지정책의 기능: 소득재분배의 유형 ② 복지다원주의(복지혼합)	① 사회복지정책의 기본원리: 연대 성 ② 보험의 원칙, 공급의 원칙, 부조 의 원칙
	제2장 사회복지정책의 가치와 갈등	1~2	① 평등(equality): 기회의 평등, 비례적 평등, 수량적 평등 ② 자유(freedom): 소극적 자유 vs 적극적 자유	① 사회정의: 롤즈(J. Rawls)의 사회정의론 ② 효율성(efficiency) ③ 사회적 적절성: 욕구(need)	
사회 복지 정책의 역사와 발달 이론	제3장 사회복지 정책의 역사적 전개	13 4	① 베버리지 보고서(Beveridge Report), 1942년) ② 독일의 비스마르크 3대 사회 보험 ③ 미국의 사회보장법(1935년)	① 빈민법 단계: 엘-정-작-길-스-공-신 ② 한국의 사회복지 역사	① 영국의 국민보험법(1911년) ② 복지국가의 황금기, 위기기, 재편기
	제4장 사회복지정책의 이론과 사상	13 6	① 사회복지제도발달이론: 산업화 이론, 시민 권론, 확산이론, 사회양심론, 음모이론 ② 에스핑-앤더슨의 복지국가 유형화 ③ 제3의 길(사회투자국가)	① 복지국가발전이론: 이익집단이론(다원주의 이론), 사민주의, 조합주의, 국가론, 독점자 본주의 ② 조지와 윌딩의 이데올로기 모형	① 제 학자들의 구분: 2분법, 3분법, 4 분법... ② 케인즈주의, 신자유주의와 신보수주의
사회 복지 정책의 과정과 분석틀	제5장 사회복지정책의 형성과정	12 3	① 사회복지정책 형성과정: 사회복지정책의 평가 ② 정책결정의 이론모형: 합, 만, 최, 쓰, 혼, 엘, 공	① 사회복지정책 형성과정: 대안 형성	① 사회복지정책 형성과정: 아젠다 형성, 집행
	제6장 사회복지정책의 내용분석	15 10	① 사회적 할당(급여자격): 보편주의 vs 선별주의, 귀속적 욕구, 보상/기여, 진단적 구분, 자산조사 ② 사회적 급여(급여종류): 현물 vs 현금, 증 서, 권력, 기회	① 재원체계: 공공(일반예산, 사회보험료, 조세 지출) vs 민간(사용자부담, 자발적 기여, 기 업복지, 비공식) ② 전달체계: 공공(중앙/지방) vs 민간(비영리/ 영리)	① 사회복지정책 분석의 3가지 접근방법(3P)
사회 보장의 이해	제7장 사회보장의 이해	0 1 5	① 사회보험과 민간보험의 차이점	① 공공부조와 사회보험의 차이점	① 사회보장의 체계 및 영역
	제8장 빈곤과 공공부조 제도	13 4	① 소득불평등측정: 로렌츠 곡선, 지니계수, 10분위 분배율, 5분위 분배율 ② 국민기초생활보장제도	① 사회적 배제(social exclusion) ② 빈곤의 정도 측정 : 빈곤율, 빈곤갭 ③ 기초연금제도, 근로장려세제	① 빈곤선의 측정: 절대적, 상대적, 주 관적 ② 의료급여제도, 긴급복지 지원제도, 장애인연금제도
	제9장 공적연금제도의 이해	0 1 3	① 국민연금제도 + 특수직역 연금제도	① 적립방식 vs 부과방식 ② 확정급여연금 vs 확정기여연금	① 공적 연금의 선택차원
	제10장 국민건강보장 제도의 이해	0 1 2	① 국민건강보험제도 ② 노인장기요양보험제도	① 진료비 지불방식: 행위별수가제, 포괄수가제	
	제11장 산업재해보상 보험제도의 이해	0 1 2	① 산업재해보상보험제도 + 보험료징수법		
	제12장 고용보험제도의 이해	0~1			① 고용보험제도
	제13장 사회서비스 정책	0~2		① 노인복지정책 ② 장애인복지정책	① 아동복지정책

김진원 Oikos 사회복지사 1급

제3교시 제7영역 사회복지행정론
Social Welfare Administration

이해 틀	목차 (교과목 지침서에 준함)	출제 비중	출제 논점		
			1순위 ☺	2순위 ※	3순위 ☆
사회 복지 행정의 이해	제1장 사회복지 행정의 개념과 특성	1~2	① 사회복지조직의 특수성	① 일반행정과 사회복지행정의 비교	① 사회복지행정의 원칙 ② 사회복지행정의 이념(주요 가치)
	제2장 사회복지 행정의 역사	0 2 3	① 우리나라 사회복지행정의 역사	① 미국 사회복지행정의 역사	
사회 복지 행정 이론과 조직 이해	제3장 사회복지 행정의 이론적 배경	2 3 5(4)	① 과학적 관리론, 관료제론 ② 인간관계이론 ③ 정치경제이론, 자원의존이론, 총체적 품질관리	① 폐쇄체계이론 vs 개방체계이론 ② 맥그리거의 X·Y이론 ③ 상황이론, 체제이론, 조직군생태이론, 제도이론	① 행정관리론(공공행정학파) ② 린드스테드의 Z이론 ③ 목표관리, 학습조직이론, 현대조직이론 기타 기법
	제4장 사회복지 조직의 구조와 조직화	1~2	① 집권화 조직 vs 분권화 조직 ② 네트워크(Network)조직 ③ 매트릭스(Matrix)조직(=행렬조직)	① 공식조직 vs 비공식조직 ② 수직조직 vs 수평조직 ③ 조직의 유형 분류	① 과업의 부문화(업무의 세분화) ② 복합적 직무설계(개인적 차원 vs 조직적 차원) ③ 사회복지조직의 위원회와 이사회
사회 복지 조직 관리와 인사 관리	제5장 사회복지 조직의 기획과 의사결정	1 2 4	① 기획의 특성과 필요성 ② 기획의 기법: 간트, PERT, MBO... ③ 의사결정의 기술: 개인적(의사결정 나무분석, 대안선택흐름도표) vs 집단적(델파이, 시넥틱스...)	① 의사결정의 방법: 직관적, 판단적, 문제해결적 ② 의사결정의 유형: 정형적, 비정형적	① 기획의 유형 ② 기획의 과정
	제6장 리더십(leadership)	1 2 3	① 상황이론: 허쉬&블랜차드, 피들러 ② 거래적 리더십 vs 변혁적 리더십 ③ 칼리슬의 리더십유형: 지시적, 참여적, 자율적	① 행동이론: 아, 오, 미, 관 ② 경쟁적 가치 리더십 모델, 섬김의 리더십 ③ 조직문화	① 특성이론(자질이론) ② 리더십의 수준 ③ 카츠(Katz) 이론: 전문, 인간관계, 개념적
	제7장 인적자원관리	1 2 4	① 동기부여 이론: 허쯔버그, 매슬로우 알더퍼, 아담스, 맥클리랜드, 맥그리거, 목표설정이론 ② 슈퍼비젼(supervision)	① 인적자원관리 과정: 모집(직무분석, 직무기술서), 직무명세서) ② 직무만족과 소진	① 직원개발의 방법: 역할연기, OJT, 계속교육 등 ② 업무환경 질 개선 운동 ③ 갈등관리
	제8장 재정관리	1~2	① 예산수립의 모형: 품목별 예산, 성과주의예산, 계획예산, 영기준예산 ② 사회복지법인 및 사회복지 시설 재무·회계 규칙	① 결산과 회계감사	① 예산수립의 원칙 ② 예산집행과정상 예산통제의 원칙
	제9장 서비스 품질관리와 위험관리	0~1		① 위험관리	① 서비스 질의 구성요소(구성차원)
	제10장 정보관리 시스템	0~1	① 정보관리체계의 유형 (정보기술의 발달과정)	① 정보관리시스템의 의의와 필요성 (논의배경)	① 사회복지기관 정보체계설계 위한 정보유형
	제11장 프로그램개발과 평가	1 3 5	① 프로그램 평가의 기준과 평가요소 ② 논리모델(Logic Model, 로직모델)	① 프로그램 대상자 선정과정 ② 브래드 쇼(Bradshow)가 제시한 욕구	① 욕구의 유형에 따른 프로그램 ② 목표를 규정하는 기준, 목표의 평가 기준
	제12장 사회복지 서비스 전달체계	0 3 6	① 사회복지 서비스 전달체계 구축의 주요 원칙 ② 사회복지서비스 전달체계의 실제	① 전달체계의 통합 방법들	① 사회복지서비스 전달체계의 분류
	제13장 마케팅과 홍보	0 1 2	① 사회복지조직의 홍보(마케팅 기법)	① 마케팅 믹스(marketing mix) ② 시장세분화(segmentation)	① 사회복지마케팅 특성 ② SWOT
평가와 책임성, 변화	제14장 사회복지 조직의 책임성과 평가	0 1 2	① 사회복지기관 평가	① 평가의 유형	① 사회복지행정 책임성의 기준
	제15장 사회복지 조직의 환경변화	0 1 2	① 사회복지조직의 환경: 일반환경 vs 과업환경		① 사회복지조직의 종속관계 극복 대응 전략

김진원 Oikos 사회복지사 1급

제3교재 제8영역 사회복지법제론
Social Welfare and Law

이해 틀	목차 (교과목 지침서에 준함)	출제 비중	출제 논점		
			1순위 ☺	2순위 ※	3순위 ☆
총론	제1장 사회복지법의 개념과 체계	1 2 3	① 법원: 성문법(헌법, 법률, 법규명령, 자치법규, 행정명령, 국제법) + 불문법(관습법, 판례법, 조리법)	① 자치법규(조례와 규칙)	① 법의 효력: 상 → 특 → 신 ② 사회복지법의 개념: 형식적 vs 실질적
	제2장 사회복지법의 역사적 형성과 특징	0~(1)			① 시민법과 사회법의 주요 원리
	제3장 사회복지의 권리성	0 1 1(1)	① 인간다운 생활을 할 권리 (제34조 구조)	① 사회적 기본권 (사회권, 생존권적 기본권)	① 인권, 시민권, 기본권
	제4장 사회복지의 법률관계	0~1	① 사회복지법상의 권리구제 절차		① 사회복지수급권 규범적 구조: 실, 수, 절
	제5장 사회복지 주체에 대한 법적 검토	0			① 공적사회복지주체 vs 사적(민간)사회복지주체
	제6장 사회복지사 등의 법적 지위와 권한	0~1	① 사회복지사 채용: 민간 vs 공공	① 사회복지사의 등급·자격 및 결격사유	① 사회복지사의 법적 지위: 민간 vs 공공
	제7장 우리나라 사회복지 입법 변천사	1~2	① 우리나라 사회복지입법의 전개과정		① 우리나라 사회복지법 입법 과정상의 특징
	제8장 국제법과 사회복지	0~1	① 사회보장 최저기준에 관한 조약 (102호 조약)	① 아동의 권리에 관한 협약 (아동권리협약)	① 국제인권규약(A, B) ② 우리나라와 외국과의 사회보장협정
각론	제9장 사회보장기본법	1 3 4	① 3번 이상 출제되었던 조문	① 2번 출제되었던 조문	① 1번 출제되었던 조문
	↳ 사회보장급여의 이용·제공 및 수급권자 발굴에 관한 법률	0 1 2			① 1번 출제되었던 조문
	제10장 사회복지사업법	3~4	① 3번 이상 출제되었던 조문	① 2번 출제되었던 조문	① 1번 출제되었던 조문
	제11장 공공부조법	3 4 5			
	국민기초생활보장법	1~2	① 3번 이상 출제되었던 조문	① 2번 출제되었던 조문	① 1번 출제되었던 조문
	의료급여법	0 1 2	① 2번 이상 출제되었던 조문	① 1번 출제되었던 조문	
	긴급복지지원법	0~1	① 2번 이상 출제되었던 조문	① 1번 출제되었던 조문	
	기초연금법	1	① 2번 이상 출제되었던 조문	① 1번 출제되었던 조문	
	장애인연금법	0			
	제12장 사회보험법	3 5 7			
	국민연금법	0 1 2	① 3번 이상 출제되었던 조문	① 2번 출제되었던 조문	① 1번 출제되었던 조문
	국민건강보험법	0 1 2	① 3번 이상 출제되었던 조문	① 2번 출제되었던 조문	① 1번 출제되었던 조문
	고용보험법	0~1	① 3번 이상 출제되었던 조문	① 2번 출제되었던 조문	① 1번 출제되었던 조문
	산업재해보상보험법	1~2	① 3번 이상 출제되었던 조문	① 2번 출제되었던 조문	① 1번 출제되었던 조문
	노인장기요양보험법	0~1	① 3번 이상 출제되었던 조문	① 2번 출제되었던 조문	① 1번 출제되었던 조문
	제13장 사회복지서비스법	3 5 7			
	아동복지법	0~1	① 2번 이상 출제되었던 조문	① 1번 출제되었던 조문	
	노인복지법	0~1	① 2번 이상 출제되었던 조문	① 1번 출제되었던 조문	
	장애인복지법	1	① 2번 이상 출제되었던 조문	① 1번 출제되었던 조문	
	제14장 사회복지 관련법	0~1			
	자원봉사활동 기본법	0~1	① 2번 이상 출제되었던 조문	① 1번 출제되었던 조문	
	장애인고용촉진 및 직업재활법	0~1	① 2번 이상 출제되었던 조문	① 1번 출제되었던 조문	
	제15장 판례	0~1	① 1번 이상 출제되었던 판례 결정요지&주요논점		

CONTENTS

1교시 사회복지기초

제1영역 인간행동과 사회환경

제1장 인간행동, 발달과 사회복지 ……………… 40
제2장 태내기, 영아기, 유아기 ………………… 46
제3장 아동기 : 7~12세 …………………………… 54
제4장 청소년기 : 13~18세 ……………………… 56
제5장 청년기 : 19~39세 ………………………… 59
제6장 중·장년기 : 40~64세 …………………… 61
제7장 노년기 : 65세 이상 ……………………… 65
제8장 정신역동이론 ……………………………… 68
제9장 행동주의 이론 ……………………………… 81
제10장 인지이론 …………………………………… 88
제11장 인본주의 이론 …………………………… 94
제12장 사회체계이론 …………………………… 99
제13장 사회체계로서의 가족과 집단 ………… 105
제14장 사회체계로서의 조직·지역사회·문화 ……… 107

제2영역 사회복지조사론

제1장 과학과 조사연구방법 …………………… 114
제2장 사회조사방법의 기본 개념 ……………… 121
제3장 사회조사방법의 형태와 절차 …………… 129
제4장 질문지 작성 ………………………………… 134
제5장 측정과 척도 ………………………………… 137
제6장 신뢰도와 타당도 ………………………… 143
제7장 표본추출(표집) …………………………… 150
제8장 자료수집과 질문지법 …………………… 161
제9장 면접법과 관찰법 ………………………… 163
제10장 비반응성 자료수집과 내용분석 ……… 167
제11장 실험설계(집단설계) …………………… 171
제12장 단일사례연구 …………………………… 182
제13장 질적 연구방법론 ………………………… 185
제14장 욕구조사와 평가조사 …………………… 193
제15장 자료처리 및 조사보고서 작성 ………… 197

2교시 사회복지실천

제3영역 사회복지실천론

제1장 사회복지실천의 개념 및 정의 ········· 200
제2장 사회복지실천의 가치와 윤리 ········· 204
제3장 사회복지실천의 역사적 발달과정 ········· 214
제4장 사회복지실천의 현장에 대한 이해 ········· 220
제5장 사회복지실천의 관점 : 통합적 접근 ········· 225
제6장 사회복지실천의 관계론 ········· 232
제7장 사회복지실천의 면접론 ········· 240
제8장 접수 및 자료수집 ········· 247
제9장 사정단계 ········· 252
제10장 계획수립단계 ········· 256
제11장 개입단계 ········· 259
제12장 평가 및 종결단계 ········· 262
제13장 사례관리 ········· 266

제4영역 사회복지실천기술론

제1장 사회복지사의 전문성 ········· 278
제2장 정신역동모델 ········· 280
제3장 심리사회모델 ········· 285
제4장 인지행동모델 ········· 288
제5장 과제중심모델 ········· 296
제6장 역량강화모델과 위기개입 모델 ········· 299
제7장 가족에 대한 이해 ········· 308
제8장 가족문제 사정 ········· 314
제9장 가족 대상 실천기법 : 가족치료의 다양한 접근
········· 317
제10장 집단 대상 실천기법 ········· 329
제11장 집단의 역동성 ········· 334
제12장 집단발달단계 ········· 339
제13장 사회복지실천 기록 ········· 346
제14장 사회복지실천 평가 ········· 350

CONTENTS

2교시 사회복지실천

제5영역 지역사회복지론

제1장 지역사회에 대한 이해 ········· 356
제2장 지역사회복지와 지역사회복지실천의 이해 ···· 361
제3장 지역사회복지 역사의 이해 ········· 366
제4장 지역사회복지의 이론적 기초 이해 ········· 375
제5장 지역사회복지실천 모델에 대한 이해 ········· 381
제6장 지역사회복지실천의 과정 ········· 390
제7장 지역사회복지실천에서의 사회복지사의 역할 · 395
제8장 지역사회복지실천에서의 사회복지사의 기술 · 399
제9장 사회행동의 전략과 전술 ········· 406
제10장 지역사회보장계획 ········· 408
제11장 공공 지역사회복지실천의 추진체계 ········· 412
제12장 민간 지역사회복지실천의 추진체계 ········· 419
제13장 지역사회복지운동 ········· 430

3교시 사회복지정책과 제도

제6영역 사회복지정책론

제1장 사회복지정책의 이해 ········· 434
제2장 사회복지정책의 가치와 가치 갈등 ········· 439
제3장 사회복지정책의 역사적 전개 ········· 445
제4장 사회복지정책의 이론과 사상 ········· 452
제5장 사회복지정책의 형성 과정 ········· 461
제6장 사회복지정책의 내용분석 ········· 468
제7장 사회보장의 이해 ········· 481
제8장 빈곤과 공공부조제도 ········· 486
제9장 공적 연금제도의 이해 ········· 497
제10장 국민건강보장제도의 이해 ········· 502
제11장 산업재해보상보험제도의 이해 ········· 509
제12장 고용보험제도의 이해 ········· 512
제13장 사회서비스정책 ········· 515

3교시 사회복지정책과 제도

제7영역 사회복지행정론

제1장 사회복지행정의 개념과 특성 ········· 518
제2장 사회복지행정의 역사 ················· 525
제3장 사회복지행정의 이론적 배경 ········· 529
제4장 사회복지 조직의 구조와 조직화 ····· 540
제5장 사회복지 조직의 기획과 의사결정 ··· 545
제6장 리더십(leadership) ··················· 550
제7장 인적자원관리 ·························· 558
제8장 재정관리 ······························· 566
제9장 서비스 품질관리와 위험관리 ········· 574
제10장 정보관리 시스템 ····················· 576
제11장 프로그램 개발과 평가 ··············· 578
제12장 사회복지서비스 전달체계 ··········· 583
제13장 마케팅과 홍보 ······················· 590
제14장 사회복지 조직의 책임성과 평가 ···· 593
제15장 사회복지 조직의 환경변화 ·········· 596

제8영역 사회복지법제론

제1장 사회복지법의 개념과 체계 ··········· 600
제2장 사회복지법의 역사적 형성과 특징 ··· 606
제3장 사회복지의 권리성 ···················· 607
제4장 사회복지의 법률관계 ················· 609
제5장 사회복지 주체에 대한 법적 검토 ···· 612
제6장 사회복지사 등의 법적 지위와 권한 · 613
제7장 우리나라 사회복지 입법 변천사 ····· 614
제8장 국제법과 사회복지 ···················· 618
제9장 사회보장기본법과 사회보장급여의 이용·제공
  및 수급권자 발굴에 관한 법률 ········ 620
제10장 사회복지사업법 ······················ 629
제11장 공공부조법 ··························· 638
제12장 사회보험법 ··························· 653
제13장 사회복지서비스법 ··················· 667
제14장 사회복지관련법 ······················ 680
제15장 판례 ··································· 682

1교시 사회복지기초

제1영역

인간행동과 사회환경
Human Behavior and the Social Environment

교과목 개요

본 과목은 학생들에게 사회복지 실천의 기초지식이라고 할 수 있는 인간 행동 및 인간 발달, 사회체계에 대한 이론적 기반을 형성해 주고자 한다. 구체적으로 인간행동과 사회환경의 다양한 요소와 이들의 상호작용에 관한 지식을 세 차원 – 사회복지 실천에서 많이 활용되어 온 인간행동을 설명하는 주요 이론들 ; 생태체계 이론적 관점에서 본 개인, 가족, 사회, 문화적 요소 간의 상호작용 ; 생애 주기 이론에 입각해서 본 발달단계와 발달과제 – 에 입각하여 검토하고 각각의 이론과 사회복지실천의 연관성도 파악한다.

교과목 목표

1. 사회복지 실천의 주요 관점인 '환경 속의 인간(person-in-environment)'이라는 입장에서 인간행동을 설명하는 대표적인 이론들에 대한 이해
2. 인간과 사회환경의 상호작용을 체계이론과 생태학 이론의 관점에서 이해하고 개인, 가족, 사회, 문화적 요소 간의 상호작용과 상호교류가 인간행동에 미치는 영향을 이해
3. 인간의 발달을 전 생애주기적 관점(태아기~노년기)으로 바라보고, 각 단계에서의 발달의 특성과 과업을 이해
4. 인간행동, 인간발달, 생태체계적 관점에 관한 이론들이 사회복지실천에 갖는 의미와 연관성을 파악

1영역 | 인간행동과 사회환경

이해 틀	목차 (교과목 지침서에 준함)	10회 2012	11회 2013	12회 2014	13회 2015	14회 2016	15회 2017	16회 2018	17회 2019	18회 2020	19회 2021	20회 2022	21회 2023	22회 2024	23회 2025
서 설	제1장 인간행동 발달과 사회복지	3	3	2	2	2	2	1	2	2	1	3	2	1	3
전생애 주기적 발달관 점에서 이해	제2장 태내기, 영아기, 유아기	5	3	3	2	4	3	3	3(1)	3	3(2)	2(1)	3(1)	3(1)	2(1)
	태내기 : 임신~출산	1	1	1	-	1	2	1	1	1	1	-	1	-	-
	영아기 : 0~2세	3	1	1	1	2	-	1	1(1)	1	1(1)	(1)	2	1(1)	1(1)
	유아기 : 3~6세	1	1	1	1	1	1	1	1	1	1(1)	1	1(1)	1	1
	제3장 아동기 : 7~12세	2	1	2	1	1	1	(1)	1(1)	1	1	1	1(1)	1(1)	1(1)
	제4장 청소년기 : 13~18세	3	2	2	1	1	-	2	1(1)	1	1(1)	1(1)	1	1	2(1)
	제5장 청년기 : 19~39세	1	1	-	1	1	(1)	1	1(1)	1	1	1	1(1)	1	1
	제6장 중·장년기 : 40~64세	2	1	1	2	1	1	1	1(1)	1	1	1	1	1(1)	1(1)
	제7장 노년기 : 65세 이상	2	1	2	1	1	1	(1)	1	1	2(1)	(1)	1(1)	(1)	1(1)
인간의 성격에 대한 이해	제8장 정신역동이론	11	4	6	5	3	5	6	5(3)	4(2)	4(2)	3(1)	3	4(4)	4(3)
	프로이트의 정신분석이론	4	1	1	1	-	1	2	2(1)	1(1)	1(1)	1(1)	1	1(1)	2(2)
	에릭슨의 심리사회이론	3	1	2	1	2	1	1	2	1(1)	1	1	-	1(1)	-
	융의 분석심리이론	2	1	1	1	1	2	1	1	1(1)	1	1	1	1(1)	(1)
	아들러의 개인심리이론	2	1	2	1	-	1	1	(1)	1	1(1)	1	-	1(1)	2
	제9장 행동주의 이론	4	4	2	3	3	3	2	2	1(1)	2(1)	2(1)	2(2)	2	2(2)	2
	초기 행동주의와 스키너의 학습이론	4	3	1	1	1	2	1	-	1(1)	1	2(1)	1	1(1)	2
	반두라의 사회학습이론	-	1	1	2	2	-	1	1(1)	1	1	(1)	1	1(1)	(1)
	제10장 인지이론	7	4	2	4	2	4	2	3	2	1	1(3)	1(2)	2(1)	1(1)	2(2)
	피아제의 인지이론	4	1	1	3	2	3	2	-	1(1)	1(1)	1(1)	1	1	1(2)
	콜버그의 도덕발달이론과 인지치료	3	1	1	1	-	-	(1)	1	(2)	(1)	1	-	(1)	1
	제11장 인본주의 이론	3	2	2	1	3	2	1	(1)	3(1)	2(1)	2(1)	2	1(2)	2(3)
	로저스의 현상학 이론	2	1	1	-	1	1	1	(1)	2	1(1)	1(1)	1	1(1)	1(1)
	매슬로우의 인간동기이론	1	1	1	1	2	1	-	-	1(1)	1	1	1	(1)	1(2)
사회 환경에 대한 이해	제12장 사회체계 이론	1	2	2	-	1	2	3	4	2	4	4	3	4	5(1)
	제13장 사회체계로서의 가족과 집단	1	-	-	1	2	1	(2)	2	-	-	1	-	-	-
	제14장 사회체계로서의 조직·지역사회·문화	1	2	1	2	1	1	1	1(3)	-	-	1	2	2	-

※ 표 안에 ( ) 안의 숫자는 단독 출제되지는 않았으나 문제의 지문상에 해당 부분의 내용이 출제된 것을 의미합니다.
※ 제10회 시험부터 시험문제가 공개되었으며, 제12회 시험부터 영역별 30문제에서 25문제 출제로 변경되었습니다.
  따라서, 장(chapter)별 출제빈도는 12회 시험부터 눈여겨보시기 바랍니다.

제1장 인간행동, 발달과 사회복지

제1영역 : 인간행동과 사회환경

01 환경 속의 인간

001 ✓확인 ☐☐☐

'환경 속의 인간(person in environment)'에 관한 설명으로 옳지 않은 것은? • 11회

① 인간을 환경과 지속적인 상호작용을 일으키는 존재로 본다.
② 인간과 환경체계 사이의 유기적 관계를 설명한다.
③ 인간은 사회환경을 지배하는 독립적 존재이다.
④ 인간행동이 사회환경에 의해 영향을 받고 있음을 설명한다.
⑤ 인간과 환경을 하나의 통합적 체계로 이해한다.

해설
인간은 사회환경을 지배하는 독립적 존재라는 것은 옳지 않다. 환경 속의 인간이라는 관점은 인간과 환경 사이의 상호작용 영역에 초점을 두고, 양자 간 상호교환으로 진행되는 일에 관심을 둔다.

정답 ③

OIKOS UP 환경 속의 인간(PIE : Person in Environment)

① 환경 속의 인간 = 이중적 관심(이중적 초점, dual focus)
  ㉠ 사회복지전문직에서는 **인간과 환경**을 분리된 실체가 아니라 적극적이고 능동적인 주체로서 하나의 **통합된 총체로 이해하는 관점유지**를 말한다.
  ㉡ 인간과 환경 사이의 **상호작용 영역에 초점**을 두고, 양자 간 상호교환으로 진행되는 일에 관심을 둔다.
② 인간과 환경의 균형
  ㉠ 환경 속의 인간이라는 관점은 인간과 환경 사이의 상호작용적 관계파악을 중시하지만 **인간과 환경을 종속적으로 보지 않는다.**
  ㉡ 인간을 이해하기 위해서는 인간의 심리 내적인 특성만을 고려할 것이 아니라 **개인의 심리적인 특성 외에도 환경 혹은 상황까지 고려해야 한다**는 관점이다.

02 인간발달에 대한 개요

002 ✓확인 ☐☐☐

인간 발달에 관한 설명으로 옳은 것은? • 12회

① 일정한 속도로 전 생애에 걸쳐 이루어진다.
② 주로 유전적 요인에 의해 주도되는 과정이다.
③ 하부에서 상부로, 말초 부위에서 중심 부위로 진행된다.
④ 인간행동 양식의 전체적인 맥락 안에서 분석되어야 한다.
⑤ 점진적으로 일어나는 체계적 변화이며 질적 변화보다는 양적 변화를 의미한다.

해설
인간은 환경에 적응하는 고도의 능력이 있어 행동양식이나 그 변화는 흔히 그것이 일어난 물리적, 사회적 상황을 반영하고 있기 때문에, 인간의 발달과 행동은 그에 관련된 상황이나 인간관계의 맥락(context)에서 분석되어야 한다.

✗ 오답풀이
① 발달이 전 생애에 이루어지는 것은 맞지만, 일정한 속도로 이루어지는 것은 아니다. 성장률 속도는 시기와 부분에 따라 다르게 나타난다(**속도의 불균등성**).
② 유전적 요인에 의해 주도되는 것이 아니라, **유전인자와 환경 간의 끊임없는 역동적 상호작용**에 의해 이루어진다.
③ 두부(head) → 미부(tail) 방향, 상부 → 하부, 중심부(중심 부위) → 주변부(말초 부위) 방향, 전체 운동 → 특수 운동으로 진행한다.
⑤ 발달은 일생에 걸쳐 점진적으로 일어나는 체계적 변화로, **양적 변화(크기 또는 양에서의 변화)와 질적 변화(본질, 구조, 비율, 기능의 변화) 모두를 포함한다.**

정답 ④

003

✓확인 ☐☐☐

인간발달 및 그 유사개념에 관한 설명으로 옳지 않은 것은?

· 20회

① 성장(growth)은 시간의 경과에 따라 나타나는 양적 변화이다.
② 성숙(maturation)은 환경과의 상호작용에 의한 사회적 발달이다.
③ 학습(learning)은 경험이나 훈련의 결과로 나타나는 행동변화이다.
④ 인간발달은 유전과 환경의 상호작용 결과이다.
⑤ 인간발달은 상승적 변화와 하강적 변화를 모두 포함한다.

해설

성숙(maturation)은 내적·유전적 요인에 의해 발달적 변화가 통제되는 신체적·심리적 변화과정을 말한다. 즉, 인간의 발달은 유전과 환경 사이의 상호작용에 의해 이루어지는 데 반해, **성숙은 부모에게서 받은 유전인자가 지니고 있는 정보에 따라 변화**(예 태아의 모체 내에서의 변화, 사춘기에 나타나는 2차 성징 등)가 일어나기 때문에 경험이나 훈련과는 관계가 없다.

보충설명

① **성장(growth)**은 생리적으로 이미 설계되어 있는 계획표에 따라 **양적 확대**가 이루어지다가 일정한 시기가 지나면 정지되는 인간의 부분적인 측면, 즉 특히 **신체적 부분에 국한된 변화**를 설명할 때 주로 사용한다.
③ **학습(learning)**은 직·간접적 경험, 훈련, 연습의 산물로서 인간의 발달을 이끄는 환경적 요소의 총체를 말한다.
④ 인간발달은 **유전적 요인과 환경적 요인 간의 상호작용**에 의해 이루어지는 것이다.
⑤ 인간발달은 **상승적 변화뿐만 아니라 하강적 혹은 퇴행적 변화까지 모두 포함**한다.

정답 ②

OIKOS UP 발달 유사 용어 : 성장, 성숙, 학습 ⊂ 발달

① 성장(growth)
  ㉠ 신체 크기의 증대, 근력 증가(근육의 세기), 인지의 확장 등과 같은 **양적 확대**를 의미
  ㉡ 생래적으로 이미 설계되어 있는 계획표(programing)에 따라 양적 확대가 이루어지다가 **일정한 시기가 지나면 정지**되는 인간의 부분적 측면
  ㉢ 특히 **신체적 부분에 국한된 변화**를 설명할 때 주로 사용함
② 성숙(maturation)
  ㉠ 경험이나 훈련에 관계없이 인간의 내적 또는 유전적 기제의 작용에 의해 나타나는 체계적이고 규칙적으로 진행되어 가는 **신체 및 심리적 변화**를 의미
  ㉡ 부모로부터 받은 유전인자가 지니고 있는 정보에 따라 일어나는 변화(예 태아의 발달, 영구치의 돌출, 사춘기의 2차적 성 특성의 출현 및 폐경기의 도래 등)를 의미
③ 학습(learning) : 특수한 경험, 훈련 또는 연습과 같은 외부 자극이나 조건의 결과로서 일어나는 개인 내적인 변화

004

✓확인 ☐☐☐

인간 발달단계에 대한 설명으로 올바른 것은?

· 8회

① 이전 발달과업은 언제든지 달성 가능하다.
② 중요하고 의미 있는 변화를 보이는 영역은 발달단계마다 동일하다.
③ 청소년기와 노년기의 발달이 더 중요하다.
④ 인간 발달은 환경 속의 인간이라는 관계 맥락에서 이해되어야 한다.
⑤ 인간 발달과 사회문화적 배경요소와는 관련성이 없다.

해설

인간 발달은 지적, 정서적, 사회적, 신체적 측면 등 전인적 측면에서의 변화이며, 유전과 환경의 상호작용의 결과로 전 생애에 걸쳐 연속적으로 일어나는 변화의 양상과정이다. 따라서 인간 발달은 환경(상황)과의 관계 맥락에서 이해되어야 한다.

✗ 오답풀이

① 어떤 특정한 발달 과업을 성취하는 데 가장 적절한 시기가 있는데, 그 시기를 놓치면 다음 시기에 보완되기가 어렵다는 것이다(**발달의 적기성**). 발달의 최적기를 놓치게 되면, 그 시기 이후에 이를 보완하거나 교정하기가 매우 힘들게 된다(**발달의 불가역성**).
② **발달단계란** 발달상에서 어떤 과제의 성취와 특정한 측면의 발달이 강조되는 삶의 기간을 말하며, **발달단계마다 발달과업은 동일하지 않다.**
③ 아동기는 일생의 기초가 형성되는 기간이다. 즉 아동 발달의 모든 경험은 성인기 행동의 여러 특성을 결정하는 원인이 된다(**발달의 기초성**).
⑤ 발달은 유전과 환경(사회문화적 배경)의 상호작용의 결과로 전 생애에 걸쳐 연속적으로 일어나는 변화의 양상과정이다.

정답 ④

OIKOS UP 발달의 기본 성격

① 발달의 기초성(foundation of whole life) : 어렸을 때의 발달이 이후 모든 발달의 기초가 된다는 것이다. 특히 **아동기는 일생의 기초가 형성되는 기간**이다. 즉 아동 발달의 모든 경험은 성인기 행동의 여러 특성을 결정하는 원인이 된다. '세살 버릇 여든까지 간다'
② 발달의 적기성(critical age) : 어떤 특정한 발달 과업을 성취하는 데 **가장 적절한 시기**가 있는데, 그 시기를 놓치면 다음 시기에 보완되기가 어렵다는 것이다.
③ 발달의 누적성(cumulativeness) : 인간의 성장 발달에서 어떤 결손이 생기면, 그 결손은 다음 시기의 발달에 좋지 못한 장애가 된다. 이 **결손은 계속 누적되어 좀 더 심각한 결손으로 나타날 수 있다**.
④ 발달의 불가역성(irreversibility) : 발달의 최적기를 놓치게 되면, 그 시기 이후에 이를 **보완하거나 교정하기가 매우 힘들게 되는데**, 이러한 성격을 곧 발달의 불가역성이라고 한다.

005

인간발달의 원리에 관한 설명으로 옳은 것은? · 19회

① 무작위적으로 발달이 진행되기 때문에 예측이 불가능하다.
② 발달에는 결정적 시기가 있다.
③ 안정적 속성보다 변화적 속성이 강하게 나타난다.
④ 신체의 하부에서 상부로, 말초부위에서 중심부위로 진행된다.
⑤ 순서와 방향성이 정해져 있으므로 발달속도에는 개인차가 존재하지 않는다.

> **해설**
> 발달에는 결정적인 시기(critical period)가 있기 때문에 그 시기에 이루어야 할 과업을 이루지 못할 경우 성격형성에 결함을 나타낸다.
>
> **✗ 오답풀이**
> ① 성장과 발달의 양상에는 **일정한 규칙성과 보편성이 있어 예측이 가능**하다.
> ③ 발달이라는 개념이 변화와 동등한 개념은 아니다. 발달은 지속성과 안정성과 변화를 모두 포함하는 과정으로, **안정적 속성과 변화의 속성이 모두 나타나는 것**이다.
> ④ 신체의 **상부에서 하부로, 중심부위에서 말초부위로 진행**된다.
> ⑤ 순서와 방향성이 정해져 있으며 **발달속도에는 개인차가 존재**한다.
>
> **정답** ②

006

인간발달에 관한 설명으로 옳지 않은 것은? · 21회

① 영아기에서 노년기까지 시간 흐름의 과정이다.
② 일정한 순서와 방향성이 있어 예측이 가능하다.
③ 생애 전 과정에 걸쳐 진행되는 환경적, 유전적 상호작용의 결과이다.
④ 각 발달단계별 인간행동의 특성이 있다.
⑤ 발달에는 개인차가 있다.

> **해설**
> 발달은 모체 내에서 수정되는 순간부터 그 생명이 소멸되는 순간까지 끊임없이 변화하는 양상과 과정으로, **태내기(수정~출생)에서 노년기까지 시간 흐름의 과정**이다.
>
> **➕ 보충설명**
> ② 발달은 어떤 일정한 순서와 방향성을 가지며, 일정한 규칙성과 보편성이 있다. 이러한 발달원리를 통해 예측이 가능함을 유추해 볼 수 있다.
> ③ 발달은 전 생애에 걸쳐 이루어지며, 유전인자와 환경 간의 끊임없는 역동적 상호작용에 의해 이루어진다.
> ④ 각 발달단계마다 습득해야 할 신체적, 인지적, 심리사회적 발달과업이 있다.
> ⑤ 발달에는 성장률이나 형태, 성장이 끝나는 시기나 성숙에 이르는 시기에 있어 개인차가 있다.
>
> **정답** ①

007

인간발달의 개념과 원리에 관한 설명으로 옳은 것은? · 23회

① 발달에는 개인차가 존재하므로 최적의 시기가 따로 존재하지 않는다.
② 일정한 순서와 방향이 없어서 예측이 불가능하다.
③ 성숙(maturation)은 경험이나 훈련의 결과와 상관없이 진행된다.
④ 발달은 소근육 말초부위에서 대근육 중심부위로 진행된다.
⑤ 성장(growth)은 유전적으로 미리 정해진 정도까지 도달하는 생물학적 변화이다.

해설

성숙(maturation)은 부모에게서 받은 유전인자가 지니고 있는 정보에 따라 변화가 일어나기 때문에 **경험이나 훈련의 결과와 상관없이 진행**된다.

✗ 오답풀이

① 발달에는 개인차가 존재하며, **최적의 시기가 따로 존재**한다. 즉 인간발달은 어느 시기에나 가능한 것이 아니라 발달영역에 따라 발달이 가장 용이하게 이루어지는 최적의 시기 혹은 결정적 시기가 있다.
② 일정한 순서와 방향이 **있어서** 예측이 **가능**하다.
④ 발달은 **대근육 중심부위에서 소근육 말초부위로** 진행된다.
⑤ 유전적으로 미리 정해진 정도까지 도달하는 생물학적 변화는 **성숙**이다. 즉, 성숙은 유전적 기제의 작용에 의해 나타나는 체계적이고 규칙적으로 진행되어 가는 생물학적 과정으로, 유전인자가 지니고 있는 정보에 따라 발달적 변화가 통제된다.

정답 ③

OIKOS UP 발달의 원리

- 연속성/전(全) 생애적 발달
- 성장률의 차이 또는 속도의 불균등성
- 성장률의 개인차, 성장률의 성차, 성장의 개인차
- 유전과 환경의 상호작용
- 분화와 통합의 과정
- 일정한 순서와 방향성 : 두부(head) → 미부(tail) 방향, 상부(상체) → 하부(하체), 중심부(중심 부위) → 주변부(말초 부위) 방향, 전체 운동 → 특수 운동으로 진행
- 점성성(epigenetic principle, 점성적 원리)
- 결정적 시기(critical period, 민감기, 최적기)
- 순응성
- 발달은 예측 가능하지만, 연령 증가시 예측이 어려워짐

008

연령별 발달과업에 관한 설명으로 옳은 것을 모두 고른 것은? · 16회

㉠ 영아기(0~2세) : 사물이 눈에 보이지 않아도 존재하고 있음을 아는 대상영속성(object permanence)이 습득된다.
㉡ 유아기(3~6세) : 콜버그(L. Kohlberg)의 도덕발달단계에서 착한 아이를 지향하여 다른 사람의 인정이나 사회규범을 따르는 인습적 수준에 해당된다.
㉢ 아동기(7~12세) : 보존개념을 획득하며 분류와 조합개념이 점차로 발달한다.
㉣ 노년기(65세 이상) : 죽음과 상실에 대한 심리적 반응으로 퀴블러로스(Kübler-Ross)가 제시한 부정-분노-타협-우울-수용 과정을 경험할 수 있다.

① ㉠, ㉡
② ㉢, ㉣
③ ㉠, ㉢, ㉣
④ ㉡, ㉢, ㉣
⑤ ㉠, ㉡, ㉢, ㉣

해설

㉠ 만 24개월까지 대상영속성(object permanence) 개념을 완전히 확립한다. 숨기는 과정을 눈으로 보지 못한 경우에도 그 숨겨진 물체를 찾아낼 수 있게 된다.
㉢ 아동기(7~12세)는 구체적 조작기로 보존개념을 획득하며 분류와 조합개념이 발달한다.
㉣ 퀴블러로스(Kübler-Ross)는 불치병 환자들과 이야기를 나눈 후, 사람들이 임종하는 순간까지 경험하는 **부정-분노-타협-우울-수용**의 5개의 심리적 단계를 제시하였다.

✗ 오답풀이

㉡ 콜버그(L. Kohlberg)의 도덕발달단계에서 착한 아이를 지향하여 다른 사람의 인정이나 사회규범을 따르는 인습적 수준에 해당하는 것은 **아동기(7~12세)**이다. 유아기(3~6세)의 아동은 전 인습적 도덕기에 머물러 있다고 할 수 있다.

정답 ③

009 ✓확인 ☐☐☐

인생주기별 특징에 관한 설명으로 옳지 않은 것은? •19회

① 영아기(0~2세)에는 주 양육자와의 안정된 정서적 신뢰관계가 다른 사람이나 사물과의 관계를 형성하는데 영향을 미치고 이후의 사회적 발달의 밑바탕이 된다.
② 유아기(3~6세)는 사물을 정신적으로 표상할 수 있는 능력이 발달하여 가장놀이를 즐기며, 이는 사회정서 발달에 영향을 미친다.
③ 아동기(7~12세)는 또래 친구들과 함께 많은 시간을 보내면서 정서 및 사회적 발달에 영향을 받아 도당기라고도 한다.
④ 청소년기(13~19세)는 또래집단의 지지를 더 선호함으로써 부모로부터 독립하려는 경향을 보인다.
⑤ 노년기(65세 이상)는 생물학적으로 노화를 경험하는 시기이면서 경제적으로 안정된 시기이므로 심리적 위기를 경험하지 않는다.

해설
노년기(65세 이상)는 생물학적으로 노화를 경험하는 시기라는 것은 옳은 문장이다. 그러나, 노년기에는 수입이 급격히 줄어들거나 상실되는 반면 지출은 지속적으로 이루어지기 때문에 경제적 어려움을 경험할 가능성이 높아진다. 따라서, 경제적으로 안정된 시기이므로 심리적 위기를 경험하지 않는다는 것은 옳지 않다.

보충설명
① 영아기(0~2세)는 에릭슨(E. Erikson)의 신뢰감 대 불신감의 시기이다. 양육자의 일관되고 적절한 돌봄과 사랑은 기본적인 신뢰감을 형성하며, 거부적이고 부적절한 돌봄은 불신을 야기한다.
② 유아기(3~6세)는 피아제(J. Piaget)의 전조작기에 해당한다. 이 시기 유아는 상징적인 사고능력이 생기면서 외부 세계를 표상하기 위해 상징을 사용하는 표상적 사고능력이 발달하여 가장놀이(pretend play, 가상놀이)를 한다. 이전에 관찰했던 것을 모방하거나, 인형이나 물건을 사람으로 상상하고 가상의 상황을 만들어노는 가상놀이는 사회정서 발달에 영향을 미친다.
③ 아동기(7~12세)는 사회적 행동이 현저하게 증가하면서 또래끼리 어울려 다니기 시작한다고 하여 도당기(gang age)라고 한다.
④ 청소년기(13~19세)는 부모와 성인으로부터의 지지보다 또래들로부터의 지지와 이해를 더 필요하며, 부모나 가족으로부터 분리되어 친구나 자기 자신에게 의존하려는 경향이 높아진다. 청소년들이 부모의 보호로부터 벗어나 자기의 판단에 의해 독립적으로 행동하려는 성향을 심리적 이유라고 부른다.

정답 ⑤

03 인간발달과 사회복지실천의 관계

010 ✓확인 ☐☐☐

인간생애주기의 이해에 관한 설명으로 옳은 것은? •15회

① 성장과 발달은 횡단적으로 일어난다.
② 인간의 삶에는 비지속성 혹은 단절의 특성이 있다.
③ 인간 삶을 전체가 아닌 부분으로 이해하여야 한다.
④ 인간행동 이해를 위하여 환경보다 유전적 원인을 분석하여야 한다.
⑤ 생애주기의 연령구분은 국가와 사회적 상황에 따라 다양하게 나타난다.

해설
생애주기의 연령구분은 국가, 사회적 상황, 학자 등에 따라 다양하며, 단계별 연령구분은 엄격한 구분이 아니다. 참고로 인간의 생애주기(life span)란 임신을 통한 태내기와 출산과정을 거쳐 영아기, 유아기(학령전기), 아동기, 청소년기, 청년기, 중·장년기, 노년기에 이어 죽음에 이르게 되는 인간의 전 생애에 걸친 시간적 변화 상태에 의한 생활주기를 말한다.

오답풀이
① 성장과 발달은 시간의 경과에 따라 종단적으로 일어난다.
② 인간의 삶에는 전 생애에 걸친 인간의 변화와 안정(지속성)의 특성이 있다.
③ 인간 삶을 부분이 아닌 전체로 이해하여야 한다. 즉 인간발달은 신체적, 심리적, 사회적 영역의 상호작용으로 이루어지므로 총체적 인간(전인, whole person)으로 이해해야만 하는 속성을 가진다.
④ 발달은 유전인자와 환경 간에 끊임없는 상호작용에 의해 이루어진다. 따라서 인간행동 이해를 위하여 환경과 유전적 원인을 모두 분석하여야 한다.

정답 ⑤

011

인간발달이론이 사회복지실천에 유용한 이유로 옳지 않은 것은?

· 17회

① 개인 적응과 부적응의 판단 기준이 된다.
② 모든 연령 계층의 클라이언트와 일할 수 있는 기반이 된다.
③ 생애주기에 따른 변화와 안정 요인을 이해하게 한다.
④ 발달단계에 따라 신체, 심리, 사회적 기능을 분절적으로 이해하게 한다.
⑤ 발달단계별 욕구에 따른 사회복지제도의 기반을 제공한다.

해설

발달단계에 따라 신체, 심리, 사회적 기능을 **연속적으로 이해하게** 한다. 인간행동의 발달은 전 생애 동안 신체적, 인지적, 사회적인 측면에서 연속적으로 이루어지고 있으며, 이러한 발달은 개인차, 순서 등과 같은 보편적인 원리에 의해 이루어지고 연령별로 각 단계에 특정한 발달과업을 성취하도록 되어 있다.

보충설명

② 전 생애를 통한 인간행동의 발달은 사회복지사가 모든 연령계층의 클라이언트를 이해하고 그들과 함께 일할 수 있는 기반을 조성해 준다. 이것은 클라이언트의 행동에 영향을 미치는 생물학적·심리적·사회적 영향을 이해하고, 그들의 발달과업의 수행에 필요한 서비스를 제공받아 성장과 발전을 촉진할 수 있게 한다.
⑤ 사회복지학자들은 인간의 발달단계에 따라 나타날 수 있는 욕구, 문제, 그리고 부적응상태를 면밀히 분석하고 이를 충족 또는 해결할 수 있는 이상적이고 규범적인 사회복지대책을 제안하였다.

정답 ④

012

인간발달이론과 사회복지실천에 관한 설명으로 옳은 것은?

· 23회

① 인간발달이론은 문제의 사정단계에서만 유용하다.
② 발달 단계별 욕구를 기반으로 사회복지서비스를 개발할 수 있다.
③ 클라이언트를 둘러싼 환경의 영향력을 평가할 수 없다.
④ 사회환경보다 클라이언트의 생물학적 요소를 더 중시한다.
⑤ 다양한 클라이언트의 발달과업을 획일적으로 이해할 수 있다.

해설

발달 단계별 욕구를 기반으로 특정 단계에서 나타나는 다양한 욕구를 **충족시킬 수 있는 사회복지서비스를 개발할 수 있다.**

오답풀이

① 인간발달이론은 문제의 사정단계에서만 유용한 것이 아니라, 사회복지실천의 원조과정에 유용하다. 특히 **자료수집·조사단계 및 사정단계와 밀접한 관련성**을 지니고 있다.
③ 클라이언트를 둘러싼 환경의 영향력을 평가할 수 있다. 즉 클라이언트의 발달에 영향을 미치는 환경의 영향력을 평가할 수 있는 잣대를 제공해 준다.
④ 인간의 발달과정은 사회환경과 클라이언트의 생물학적 요소에 의해 추진되는 것으로, 클라이언트의 **사회환경과 생물학적 요소 모두 중요함**을 이해하게 한다.
⑤ 인간발달이론을 바탕으로 각각의 발달단계에서 수행해야 할 다양한 클라이언트의 발달과업을 **다양하게 이해할 수 있다.**

정답 ②

제2장 태내기, 영아기, 유아기

제1영역: 인간행동과 사회환경

01 태내기 : 임신~출산

013 ✓확인 ☐☐☐

태내기의 발달에 관한 설명으로 옳지 않은 것은? ·13회

① 배아기는 수정 후 약 2~8주 사이를 말한다.
② 임신 16주경이 되면 산모는 태아의 움직임을 알 수 있다.
③ 터너증후군, 클라인펠터증후군은 염색체 이상으로 나타난다.
④ 임신 2~3개월이 되면 배아는 인간의 모습을 갖추기 시작한다.
⑤ 일반적으로 임신 3개월 혹은 13주가 되면 조산아의 생존이 가능하다.

[해설]
임신 7개월 혹은 30주(210일)가 되면 신경계의 조절 능력이 생기고 조산아 보육기(incubator)에서의 생존이 가능해지므로 이 시기를 **생존 가능 연령**이라고 부른다. 참고로 최옥채 외(2013)에서 "6개월 혹은 26주가 되면 태아는 생존이 가능하다."라고 소개하고 있다.

[+ 보충설명]
① 태아의 발달은 **발생학적 구분**에 의하면 배란기-배아기-태아기 순으로 이루어진다. **배란기**는 수정에서부터 수정체가 나팔관을 거쳐 자궁벽에 착상하기까지의 시기로, 약 2주 내지 15일간을 말한다. **배아기**는 수정란이 자궁벽에 착상한 후(약 2주)부터 임신 약 8주까지의 기간, **태아기**는 수정 후 9주(수정 후 3개월)부터 출산까지의 시기에 해당한다.
② 임신 4개월(16주)경이 되면 임산부는 태동을 느낄 수 있다.
③ 염색체 이상으로 인한 태아 이상에는 터너증후군, 클라인헬터증후군, 다운증후군 등이 있다.
④ 임신 2~3개월이 되면 배아는 인간의 모습을 갖추기 시작한다. 즉 눈, 코, 입을 비롯한 얼굴 전체 모습이 드러나기 시작한다.

[정답] ⑤

014 ✓확인 ☐☐☐

태내기(수정 ~ 출산)에 유전적 요인으로 인해 발생할 수 있는 장애에 관한 설명으로 옳은 것은? ·20회

① 다운증후군은 지능 저하를 동반하지 않는다.
② 헌팅톤병은 열성 유전인자 질병으로서 단백질의 대사장애를 일으킨다.
③ 클라인펠터증후군은 X염색체를 더 많이 가진 남성에게 나타난다.
④ 터너증후군은 Y염색체 하나가 더 있는 남성에게 나타난다.
⑤ 혈우병은 여성에게만 발병한다.

[해설]
클라인펠터증후군은 X염색체를 2개 이상 가진 남성에게 나타난다. 남성의 특성이 약하고 사춘기에 가슴과 엉덩이가 커지는 등 **여성적인 2차 성징**이 나타난다.

[✗ 오답풀이]
① 다운증후군은 지능 저하를 동반한다.
② 열성 유전인자 질병으로서 단백질의 대사장애를 일으키는 것은 페닐케톤요증이다. 참고로 헌팅톤병은 우성 유전인자에 의한 중추신경계 질병이다.
④ 터너증후군은 X염색체 하나만 있는 여성에게 나타난다.
⑤ 혈우병은 남성에게만 발병한다.

[정답] ③

015 ☑확인 ☐☐☐

태아기에 관한 설명으로 옳지 않은 것은? • 17회

① 수정이 이루어지는 순간부터 출생하기까지의 시기를 말한다.
② 태내발달은 어머니의 영양상태, 학력, 질병 등으로부터 영향을 받는다.
③ 임신부 연령은 임신부와 태아 모두에게 영향을 미칠 수 있다.
④ 태아는 임신부의 정서 상태로부터 영향을 받을 수 있다.
⑤ 약물은 태아에게 치명적인 영향을 미칠 수 있다.

해설

① 태아기(Prenatal)는 **수정(임신)에서 출생까지 이르는 기간 동안**을 말하는 것으로 일생 중 가장 빠른 속도로 성장·발달이 이루어지는 시기이다. 이런 측면에서 가답안에서는 옳은 문장이었다. 하지만, 최종정답에서는 틀린 문장으로 처리되었는데, 그 이유는 다음과 같다. 태아의 발달을 발생학적 구분으로 배란기(약 2주 내지 15일간) – 배아기(2주~8주 사이) – 태아기(9주부터 출산까지)로 나눈다. 발생학적 구분에서의 태아기로 본다면, 수정 후 9주(수정 후 3개월)부터 출산까지의 시기이므로 '수정이 이루어지는 순간부터 출생하기까지의 시기'로 보는 것은 올바르지 않다.
② 태내발달은 어머니의 영양상태, 질병 등의 영향을 받지만, **어머니의 학력으로부터는 영향을 받지 않는다.** 임산부의 임신 전 영양상태와 임신기간 중 영양섭취는 태아의 발달에 결정적인 영향을 미치며, **임산부의 질병은 태반을 통해 태아에게 전이되거나 출생 시 태아에게 감염**된다.

+ 보충설명

③ 임산부의 연령은 **임신부 자신과 태아 모두에게 영향을 미칠 수 있다.** 의학적으로 35세 이후에 출산을 할 경우 노산(老産)이라 하는데, 노산의 경우 자연유산, 임신중독증, 난산, 미숙아 출산 그리고 다운증후군의 비율이 높아지게 된다.
④ 임신기간 동안 **임산부가 경험하는 정서 상태는 태아에게 큰 영향**을 미친다. 임산부가 정서장애를 가지고 있거나 불안이 심하거나 혹은 원치 않은 임신을 한 경우에는 그렇지 않은 임산부에 비해 임신기간 중 입덧, 자연유산, 조산이나 난산의 가능성이 높아진다. 또한 이런 임산부에게서 태어난 유아는 지나치게 활동적이거나 많이 울고, 잠을 잘 자지 않으며, 젖도 잘 안 먹는 등 여러 가지 문제를 보인다.
⑤ 술, 담배, 안정제, 감기약, 항생제와 같은 약품이나 물질이 임산부의 체내에 들어가면 태아에게 바로 그 영향이 미치게 된다. **임산부가 복용한 모든 약물은 거의 그대로 태반을 통해 태아에게 전달되**는데, 특히 임신 4~10주(임신 1~3개월)는 태아가 약물에 가장 취약한 시기로, 이 시기 복용하는 약물은 **기형아의 발생률을 높**인다.

정답 ①, ②(복수정답)

016 ☑확인 ☐☐☐

태내기(수정~출산)에 관한 설명으로 옳지 않은 것은? • 19회

① 성염색체 이상증세로는 클라인펠터 증후군(Klinefelter's syndrome), 터너증후군(Turner's syndrome)이 있다.
② 임산부의 심각하고 지속적인 불안은 높은 비율의 유산이나 난산, 조산, 저체중아 출산과 연관이 있다.
③ 태아의 성장, 발육을 위하여 칼슘, 단백질, 철분, 비타민 등을 충분히 섭취하여야 한다.
④ 다운증후군은 47개의 염색체를 가짐으로 나타나는 증후군이다.
⑤ 기형발생물질이란 태내발달에 영향을 미쳐 심각한 손상을 일으키는 환경적 매개물을 말한다.

해설

① 유전적 요인에 의한 태아 이상 중 ① 유전자 이상 장애에는 ⓐ 우성인자에 의한 유전질환인 헌팅턴무도병과 ⓑ 열성인자에 의한 유전병인 페닐케톤요증, ② 염색체 이상 장애에는 ⓐ 상염색체 이상 장애인 다운증후군과 ⓑ 성염색체 이상 장애인 터너증후군, 클라인펠터 증후군, XYY증후군, 다중X증후군 등이 있다.
② 임산부가 심각한 불안 증상이 지속될 경우 유산, 미숙아, 저체중아, 언청이 또는 호흡기 질환을 가진 아기를 출산할 확률이 높아진다.
③ 태아의 성장, 발육을 위하여 칼슘, 단백질, 철분, 비타민 등을 충분히 섭취하여야 한다.
④ 가답안에서는 "다운증후군은 47개의 염색체를 가짐으로 나타나는 증후군이다."는 문장이 틀린 문장이었으나 최종정답에서는 옳은 문장으로 처리되어 전항정답이 되었다. 참고로 47개 염색체를 가짐으로 나타나는 증후군은 다운증후군만 있는 것은 아니다. 성염색체 이상 장애로 X염색체가 2개 이상일 때 나타나는 클라인펠터증후군(남아에게 발생)이나, 아직 1급 시험에 출제된 적은 없지만 Y염색체가 2개 이상일 때 나타나는 XYY증후군(남아에게 발생)와 X염색체가 3개 이상일 때 나타나는 다중X증후군(여아에게 발생)도 47개의 염색체를 가짐으로 나타나는 증후군에 해당된다.
⑤ **기형발생물질이란 태내 발달기에 노출된 결과, 인간의 신체적, 심리적 발달에 부정적 영향을 야기할 수 있는 환경적 요인**을 말하는 것으로, 임신 중 알코올 섭취, 흡연, 마약류, 방사능, 환경 오염 물질에 과다하게 노출되는 것 역시 아기의 이후 발달에 부정적인 영향을 미친다.

+ 보충설명

④ **다운증후군은 가장 흔한 염색체 이상 장애(상염색체 이상 장애)**로, 21번째 염색체가 3개인 삼체형이거나 21번째 염색체 하나가 15번 또는 22번에 길게 누적되어 있는 전위형일 때 나타난다. 즉, 다운증후군은 47개의 염색체를 가짐으로 나타나는 증후군이지만, 46개의 정상 염색체 수를 보이는 전위형 다운증후군도 있다. 다운증후군의 발생빈도는 약 600~800 대 1이고, 이 중 95%가 47개의 염색체를 가지는 삼체형인 경우이다.

정답 전항정답(가답안 ④)

017 ✓확인 ☐☐☐

다음 중 태내기(수정~출산)에 관한 설명으로 옳지 않은 것은?
•22회

① 배종기(germinal period)는 수정 후 수정란이 자궁벽에 착상할 때까지의 시기를 말한다.
② 임신 3개월이 지나면 태아의 성별구별이 가능해진다.
③ 양수검사(amniocentesis)를 통해서 다운 증후군 등 다양한 유전적 결함을 판별할 수 있다.
④ 임신 중 어머니의 과도한 음주는 태아알콜증후군(fetal alcohol syndrome)을 초래할 수 있다.
⑤ 배아의 구성은 외배엽과 내배엽으로 이루어지며, 외배엽은 폐, 간, 소화기관 등을 형성하게 된다.

해설
배아의 구성은 **외배엽, 중배엽, 내배엽**으로 이루어지게 된다. 내배엽은 폐, 간, 소화기관 등을 형성하게 된다. 즉, 배아기(embryonic stage)에 분화하는 유기체를 **배아**(embryo)라고 하며, 배아의 구성은 **외배엽, 중배엽, 내배엽**의 세 개층으로 이루어진다. 폐, 간, 소화기관 등을 형성하게 되는 것은 **내배엽**이다. **외배엽**은 피부의 표피, 손톱, 머리카락, 신경계, 감각기관으로, **중배엽**은 피부의 진피, 근육, 골격, 순환계, 배설기관으로 발달한다.

+ 보충설명
① 배종기(germinal period, 배란기)는 수정 후 수정란이 자궁벽에 착상할 때까지의 시기로, 난자와 정자가 수정된 접합자(배란, zygote)가 자궁벽에 착상하고 세포분열을 거듭하면서 포배낭(blastocyst)을 형성하게 되는 약 2주 내지 15일간을 말한다.
② **임신 3개월(12주)**에는 태아의 모든 기관들이 기본적인 형태를 갖추게 되며, **태아의 성별을 확실하게 구분할 수 있다.**
③ **양수검사**는 가장 광범위하게 사용되는 태아진단법으로, 가느다란 바늘로 자궁 안의 양수를 추출하여 다양한 유전적 결함을 발견해내는 방법이다.
④ 임신 중 알코올을 과도하게 섭취하게 되면 **태아알코올증후군**과 **태아알코올효과**에 걸린 아기를 출산하게 된다. **태아알코올증후군(FAS, fetal alcohol syndrome)**이란 임신 중에 알코올을 섭취했던 임산부 아이는 특이한 얼굴과 작은 머리, 작은 몸, 선천적인 심장질환, 관절상 결함, 정신능력 저하 그리고 이상한 행동패턴을 보이는 것을 말한다.

Q정답 ⑤

02 영아기 : 0~2세

018 ✓확인 ☐☐☐

영아기(0~2세)의 설명으로 옳지 않은 것은?
•11회

① 피아제에 의하면, 통찰기 단계에서 상징적 표상 사고가 시작된다.
② 영아는 움직이는 것보다 정지된 것을 선호하며 지각한다.
③ 신생아의 두개골에는 6개의 숫구멍이 존재한다.
④ 모로반사는 큰 소리가 나면 팔과 다리를 벌리고 마치 무엇인가 껴안으려는 듯 몸 쪽으로 팔과 다리를 움츠리는 반사운동이다.
⑤ 바빈스키반사는 발가락을 펴고 오므리는 반사운동이다.

해설
영아는 정지된 것보다 움직이는 것을 선호한다.

+ 보충설명
① 피아제와 인헬더(Piaget & Inhelder)는 감각운동단계(감각운동기)를 6단계로 구분하였으며, 그 중 **통찰기 단계는 18~24개월**에 해당한다. 이 단계에서는 행동이나 물리적 조작을 통해 실제로 수행해 보지 않고서도, 어떤 행동의 결과를 예측할 수 있는 통찰이 생긴다. 상징적 표상사고는 전조작기의 전개념적 단계에 해당되는 것이지만, 감각운동단계의 마지막 시기인 통찰기부터 시작되는 것이므로 맞는 말이다.

Q정답 ②

019

영아기(0~2세)의 발달 특성으로 옳은 것을 모두 고른 것은?
· 14회

㉠ 애착관계 및 대상영속성이 확립된다.
㉡ 모로반사, 바빈스키반사 등의 반사행동이 나타난다.
㉢ 피아제(J. Piaget)의 감각운동단계로서 목적지향적 행동을 한다.
㉣ 서열화 및 분류화를 획득한다.

① ㉠, ㉡, ㉢   ② ㉠, ㉢   ③ ㉡, ㉣
④ ㉣   ⑤ ㉠, ㉡, ㉢, ㉣

해설
㉠ 애착의 형성이 용이한 민감기(sensitive period)는 생후 1.5개월에서부터 **생후 2년까지** 확대될 수 있으며, 만 24개월이 되면 **대상영속성이 형성(확립)**된다.
㉡ 영아기(0~2세)에 해당하는 **신생아기 주요 반사운동**에는 모로반사(Moro reflex), 바빈스키반사(Babinski reflex) 등이 있다. 반사운동은 생후 1년에 거의 사라지거나 의식적 행동으로 대치된다.
㉢ 피아제(J. Piaget)의 감각운동단계 중 2차 도식의 협응기(8~12개월)에는 새로운 목적을 성취하기 위해 친숙한 행동이나 수단을 사용한다. 이 단계의 행동은 **의도적이고 목적지향적**이다.

오답풀이
㉣ 서열화 및 분류화를 획득하게 되는 것은 **구체적 조작기인 아동기(7~12세)**에 해당한다.

정답 ①

020

영아기(0~2세)의 발달특성으로 옳은 것을 모두 고른 것은?
· 17회

㉠ 외부자극에 주로 반사운동을 한다.
㉡ 주 양육자와 관계를 바탕으로 신뢰감을 형성한다.
㉢ 대상영속성이 발달한다.
㉣ 서열화 사고의 특징을 나타낸다.

① ㉠, ㉡   ② ㉢, ㉣   ③ ㉠, ㉡, ㉢
④ ㉠, ㉢, ㉣   ⑤ ㉠, ㉡, ㉢, ㉣

해설
㉠ 유아는 출생 직후 외부자극에 대해 분명하게 반응하기보다 **무의식적인 반사반응인 반사운동을 주로 한다.** 반사운동은 어떤 특수한 자극에 대하여 반사적이고 불수의적인 본능적 반응으로, 생후 1년에 거의 사라지거나 의식적 행동으로 대치된다.
㉡ 영아기(0~2세)는 에릭슨(Erikson)의 신뢰감 대 불신감의 시기로, 영아는 최초의 사회적 관계인 어머니(주 양육자)를 통해서 신뢰감을 형성하게 된다. 신뢰감은 다른 사람들을 믿을 수 있고 또 그들의 행동이 예측 가능한 것이라고 인식하는 것으로, 영아가 처음으로 갖게 되는 신뢰감은 어머니와 할머니, 또는 보육교사와 같은 모성인물(mother figure)에 대한 기본적인 믿음이다.
㉢ 대상영속성(object permanence)은 유아가 어떤 대상이 시야에서 사라지거나 들리지 않아도 그것이 계속 존재한다고 믿는 것으로, **만 24개월이 되면 대상영속성이 형성(확립)**된다.

오답풀이
㉣ 서열화(seriation)란 '길이'와 같은 '양'적인 차원에 따라 특정한 사물을 차례대로 배열(예 크기가 큰 자동차부터 가장 작은 자동차까지 배열)할 수 있는 능력을 의미하는 것으로, **구체적 조작기인 아동기에 서열화 사고의 특징을 나타낸다.**

정답 ③

021

영아기(0~2세)에 관한 설명으로 옳지 않은 것은? • 21회

① 인지발달은 감각기관과 운동기능을 통해 이루어지며 언어나 추상적 개념은 포함되지 않는다.
② 정서발달은 긍정적 정서를 표현하는 것에서 시작하여 점차 부정적 정서까지 표현하게 된다.
③ 언어발달은 인지 및 사회성 발달과 밀접한 관련이 있다.
④ 영아와 보호자 사이에 애착관계 형성이 중요하다.
⑤ 낯가림이 시작된다.

해설

출생직후 미분화된 흥분만 있게되지만, 3개월 이전에 **불쾌의 반응을** 보이고 3개월 경에는 쾌의 반응이 나타나면서 불쾌와 쾌가 분화된다. **즉 부정적 정서 표현이 긍정적 정서 표현보다 먼저 분화**된다.

+ 보충설명

① 영아는 자신이 직접 보고, 듣고, 느끼고, 행동하는 것을 통해 세상을 이해하고, 이런 감각기관을 통해 받아들인 정보가 인지발달의 중요한 기제가 된다. 언어가 발달하지 않은 영아는 지각과 환경탐색을 통해 개념형성의 기초를 구축하고, 운동기능이 활발해짐에 따라 세상을 이해하고 조작하기 위한 감각운동유형이 복잡해진다.
③ 인간은 언어를 통해 자신의 욕구를 충족하고 다른 사람과 교제하며 주위환경에 적응한다. 따라서, 영아기 언어발달은 인지발달 및 사회성 발달과 밀접한 관련성을 지니고 있다.
④ 영아기에 영아가 부모와 형성하는 초기 애착의 질은 아동기의 인지 발달과 사회·정서적 발달에 지대한 영향을 미친다.
⑤ 낯가림은 생후 5~6개월경이 되면 보이기 시작한다.

정답 ②

03 유아기 : 3~6세

022

2~3세 유아의 특징으로 옳지 않은 것은? • 16회

① 숟가락질을 할 수 있다.
② 혼자 넘어지지 않고 잘 걸으며 뛸 수 있게 된다.
③ 프로이드(S. Freud) 이론의 항문기에 해당되고 배변훈련이 시작된다.
④ 양육자와의 애착관계가 시작되고 분리불안이 늘어난다.
⑤ 언어활동이 급격히 증가하고 낱말을 이어 문장으로 말하기 시작한다.

해설

애착 형성의 단계는 (1) 전 애착 형성 단계(출생 후~8주), (2) **애착 형성 단계는(8주~8개월)**, (3) 애착 단계(8~18개월), (4) 상호적 관계 형성 단계(18개월~2세)로 구분한다. 이 중 **애착 단계(8~18개월)**에서 영아는 어머니에 대한 애착을 분명히 나타내며, 어머니와 떨어지게 되면 매우 불안해하는 **분리불안**을 보인다. **상호적 관계 형성 단계(18개월~2세)**에 영아는 언어와 정신적 표상이 발달하면서 어머니가 다시 돌아온다는 것을 인지하고 결과적으로 **분리불안이 급격히 감소**한다.

+ 보충설명

① 2~3세 유아는 소근육 운동으로 단순한 옷을 입고 벗을 수 있으며, 큰 지퍼를 올리고 내린다. 또한 **수저를 잘 사용한다.**
② 2~3세 유아는 대근육 운동으로 **빠른 걸음이 뛰는 것으로 바뀌고,** 점프하고 던지고 받는 것이 가능하다.
③ 프로이드(S. Freud) 이론의 **항문기(1.5~3세)에 해당**되고, **배변훈련(toilet training)**이 시작되면서 아이의 본능적 충동은 외부(양육자인 어머니)에 의해 통제되며 이때 자아가 발달한다.
⑤ 2~3세 유아는 450단어 정도의 어휘를 사용하여 표현하며, 그보다 더 많은 단어를 이해할 수 있다. 3세경의 유아는 **3개 이상의 낱말을 연결하여 문장을 만들어** 사용할 수 있으며 900~1,000단어 정도의 어휘력과 문법의 초보적 지식을 갖추게 된다.

정답 ④

023

유아기(3~6세)의 설명으로 옳은 것을 모두 고른 것은? ·10회

㉠ 피아제에 의하면 3차 순환반응이 나타나는 시기이다.
㉡ 에릭슨에 의하면 정체감 확립이 가장 중요한 발달과업이다.
㉢ 프로이트의 생식기 단계에 해당되며 이성 부모에게 관심을 가진다.
㉣ 콜버그에 의하면 도덕성 발달 수준이 전인습적 수준에 머물러 있다.

① ㉠, ㉡, ㉢   ② ㉠, ㉢   ③ ㉡, ㉣
④ ㉣   ⑤ ㉠, ㉡, ㉢, ㉣

024

유아기(3~6세)에 관한 설명으로 옳지 않은 것은? ·11회

① 콜버그의 후 인습적 도덕 발달단계에 해당하며 타인과 좋은 관계를 맺는데 치중하는 시기이다.
② 프로이트(S. Freud)의 남근기에 해당하며 이성 부모에게 관심을 갖는 시기이다.
③ 피아제의 전조작기에 해당하며 상징적 사고가 활발한 시기이다.
④ 에릭슨의 주도성 대 죄의식 단계에 해당하며 책임의식이 고취되는 시기이다.
⑤ 융의 아동기에 해당하며 자아가 형성되는 시기이다.

해설

㉣ 콜버그는 도덕 발달 수준을 **전 인습적 수준**(pre-conventional level : 4~10세), 인습적 수준(conventional level : 10~13세), 후 인습적 수준(post-conventional level : 13세 이상)의 3수준으로 나누고 각 수준에 2단계씩 총 6단계를 거쳐 발달한다고 본다.

✗ 오답풀이

㉠ 3차 순환반응이 나타나는 시기는 영아기(0~2세), 즉 감각운동기에 해당한다.
㉡ 정체감 확립이 가장 중요한 발달과업인 것은 청소년기(13~18세)에 해당한다.
㉢ 이성 부모에게 관심을 갖는 것은 **남근기(3~6세), 즉 유아기(3~6세, 학령전기)에 해당**하지만, 프로이트의 생식기에 해당하는 것은 **청소년기에 해당**한다.

정답 ④

해설

유아기(3~6세)는 콜버그의 도덕 발달단계 중 **전 인습적 도덕기에 해당**한다.

＋보충설명

⑤ 융은 생애주기를 아동기, 청소년기와 성인기, 중년기, 노년기로 구분하였으며, **아동기를 출생부터 사춘기까지로 보았다**. 따라서, 영아기(0~2세), 유아기(3~6세), 아동기(7~12세)는 모두 융의 아동기에 해당한다.

정답 ①

025

유아기(3~6세) 때 일반적으로 볼 수 있는 특징으로 옳은 것을 모두 고른 것은?
• 12회

> ㉠ 타율적 도덕성이 발달한다.
> ㉡ 자아개념과 자아존중감을 형성한다.
> ㉢ 프로이트(S. Freud)의 성격발달 단계의 남근기에 해당한다.
> ㉣ 타인의 감정을 수용할 수 있는 사회적 관점이 발달하기 시작한다.

① ㉠, ㉡, ㉢
② ㉠, ㉢
③ ㉡, ㉣
④ ㉣
⑤ ㉠, ㉡, ㉢, ㉣

해설

㉠ 타율적 도덕성은 어른들의 신체적 힘에 대한 두려움과 어른의 권위에 대한 복종에서 시작하는 것으로, 사고의 경향이 아직 자기중심적인 2~6세 동안의 전조작기에 존재하는 도덕적 수준이다.
㉡ 유아기(3~6세)에 자아개념과 자아존중감을 형성한다. 자아개념(self-concept, 자기개념)은 신체적 특성, 개인적 기술, 가치관, 희망, 지위와 역할 등 개인이 자신의 것으로 동일시하는 개인적 특성에 대한 지각이나 느낌으로, 자기상(self-image)과 자아존중감(self-esteem, 자긍심)의 두 가지 요소를 포함한다.
㉢ 프로이트의 남근기(3~6세), 에릭슨의 솔선성(주도성) vs 죄의식 단계(4~6세), 피아제의 전조작기(2~7세)의 직관적 사고단계(5~7세), 콜버그의 도덕 발달 수준 중 전인습적 수준(4~10세)에 해당한다.
㉣ 유아기 아동은 타인의 관점을 수용할 수 있는 능력인 **사회적 관점 수용능력**(social perspective taking ability, 조망수용능력)이 발달하기 시작한다. 다만, 유아기에 속하는 아동은 다른 사람의 기분을 어느 정도 이해할 수 있으나 모든 사람이 자신과 동일한 방식으로 상황을 이해한다고 생각하므로 사회적 관점 수용능력은 매우 낮다.

정답 ⑤

OIKOS UP 자아개념(self-concept, 자기개념)

자아개념(self-concept, 자기개념)은 신체적 특성, 개인적 기술, 가치관, 희망, 지위와 역할 등 개인이 자신의 것으로 동일시하는 개인적 특성에 대한 지각이나 느낌을 말하는 것으로, 자기상(self-image)과 자아존중감(self-esteem, 자긍심)의 두 가지 요소를 포함한다. 따라서 자기상이나 자아존중감은 자아개념 형성에 당연히 밀접한 관련이 있다.

026

유아기(3~6세)의 발달특성에 관한 설명으로 옳지 않은 것은?
• 17회

① 피아제(J. Piaget)의 전조작기의 시기로 분리불안이 나타난다.
② 프로이드(S. Freud)의 오이디푸스 콤플렉스 시기로 이성부모에게 관심을 갖게 된다.
③ 콜버그(L. Kohlberg)의 도덕발달단계에서는 보상 또는 처벌회피를 위해 행동한다.
④ 에릭슨(E. Erikson)의 주도성 대 죄의식 단계로 부모와 가족이 가장 큰 영향을 미친다.
⑤ 성적 정체성(gender identity)이 발달하는 시기이다.

해설

3~6세는 유아기로 피아제(J. Piaget)의 전조작기의 시기에 해당하는 것은 맞지만, **분리불안**(separation anxiety)이 나타나는 것은 감각운동기인 영아기(0~2세)의 발달특성이다. 출생 후 9개월경이 되면 부모와 분리되기 싫어하는 분리불안이 나타나며, 14~18개월에 급증하고 18개월 이후 차츰 감소하다가 20~24개월경(대상영속성의 확립이 이루어지는 시기)이면 사라진다.

+ 보충설명

② 유아기(3~6세)는 프로이트의 항문기(1.5~3세)와 남근기(3~6세)에 해당한다. 남근기에는 오이디푸스 콤플렉스와 엘렉트라 콤플렉스가 나타나는 시기로, 이성부모에게 성적 관심을 갖게 된다.
③ 유아기(3~6세)의 유아는 전인습적 도덕기에 해당하며, 보상 또는 처벌회피를 위해 행동하는 것은 전인습적 도덕기 중 1단계인 복종과 처벌지향의 도덕성에 해당한다. 1단계인 복종과 처벌지향의 도덕성은 인간적인 의미나 가치와 무관하게 보상과 처벌의 기준에 따라 행동을 판단하는 것으로, 착한 행동은 보상을 받고 나쁜 행동은 벌을 받을 것이라는 단순한 논리이다.
④ 유아기(3~6세)는 에릭슨(E. Erikson)의 주도성 대 죄의식 단계에 해당하며, 이 단계에서 부모와 가족이 가장 중요한 영향을 미친다. 특히 부모가 자신의 권위를 절대시하지 않으면서 아동의 주도성을 격려하여 이끌어주면 아동은 자신의 열망과 대범성을 성인기 사회생활의 목표에 맞게 부합시킬 수 있는 반면, 부모가 아이 스스로 어떤 일을 하도록 기회를 주지 않고 지나친 통제를 하면 죄의식을 발달시키게 된다.
⑤ 성적 정체성(gender identity)은 3세경의 유아가 최초로 자신을 남자 또는 여자로 범주화하는 능력이다. 유아기(3~6세)의 유아는 성과 관련된 사회적 관계성향에 관심을 나타내고, 자신의 성에 걸맞은 행동을 함으로써 성역할 정체감을 형성해 가기 시작한다.

정답 ①

027

유아기(3~6세)에 관한 설명으로 옳지 않은 것은? · 19회

① 프로이트(S. Freud)의 오이디푸스 · 엘렉트라 콤플렉스가 나타나는 시기이다.
② 콜버그(L. Kohlberg)의 도덕발달단계에서는 보상 또는 처벌회피를 위해 행동을 하는 시기이다.
③ 에릭슨(E. Erikson)의 주도성 대 죄의식 단계에 해당한다.
④ 성적 정체성(gender identity)이 발달하는 시기이다.
⑤ 영아기(0~2세)에 비해 성장속도가 빨라지는 특성을 보인다.

해설

유아기(3~6세)도 꾸준하게 성장은 하지만, 제1성장 급등기인 영아기(0~2세)보다 급속한 신체발달은 이루어지지 않는다. 즉, 유아기(3~6세)에는 **영아기(0~2세)에 비해 신체의 성장 속도는 둔화**된다.

보충설명

① 유아기(3~6세)는 프로이트(S. Freud)의 항문기와 남근기에 해당한다. 따라서, 남근기에 나타나는 오이디푸스(Oedipus complex)와 엘렉트라 콤플렉스(Electra Complex)가 나타나는 시기이다.
② 유아기(3~6세)는 콜버그(L. Kohlberg)의 도덕발달단계 중 전인습적 도덕기(1단계 : 복종과 처벌지향 도덕성, 2단계 : 욕구충족수단으로서 도덕성)에 해당한다. 따라서, 1단계의 복종과 처벌지향 도덕성에 해당하는 보상 또는 처벌회피를 위해 행동을 하는 시기이다.
③ 유아기(3~6세)는 에릭슨(E. Erikson)의 자율성 대 수치심 단계(2~4세, 초기아동기)와 주도성(솔선성) 대 죄의식 단계(4~6세, 유희기)에 해당한다.
④ 성적 정체성(gender identity)은 3세경의 유아가 최초로 자신을 남자 또는 여자로 범주화하는 능력으로, 유아기(3~6세)는 성적 정체감이 발달하는 시기이다.

정답 ⑤

028

유아기(3~6세)에 관한 설명으로 옳지 않은 것은? · 22회

① 자신의 성을 인식하는 성 정체성이 발달한다.
② 놀이를 통한 발달이 활발한 시기이다.
③ 신체적 성장이 영아기(0~2세)보다 빠른 속도로 진행된다.
④ 언어발달이 현저하게 이루어지는 시기이다.
⑤ 정서적 표현의 특징은 일시적이며 유동적이다.

해설

유아기(3~6세)의 신체적 성장은 제1의 성장급등기인 영아기(0~2세)보다 **느린 속도로 진행**된다. 즉, 영아기(0~2세)에 비해 성장속도가 완만해진다.

보충설명

① 성적 정체성(gender identity)은 3세경의 유아가 최초로 자신을 남자 또는 여자로 범주화하는 능력을 말한다.
② 유아기(3~6세)는 놀이를 통한 발달이 활발한 시기로서, 유아의 사회성은 놀이를 통해 이루어지는 부분이 많다.
④ 유아기(3~6세)는 **언어발달의 결정적 시기**이다. 3~4세가 되면 언어활동이 급속히 증가하는데, 이 시기에 유아가 사용하는 단어의 수가 증가할 뿐만 아니라 성인이 사용하는 복잡한 문장을 그대로 반복하거나 새로운 문장을 만들어 내는 단계로 발달한다.
⑤ 유아기(3~6세)의 정서적 표현은 **일시적이며 유동적이어서 상황이 바뀌면 금새 다른 정서로 변한다.** 또한 자신의 정서를 통제하려는 노력을 하지 않고 느끼는 대로 표현하기 때문에 격렬하고, 그 지속시간이 짧아서 쉽게 변하며 금방 잊게 된다.

정답 ③

제3장 아동기 : 7~12세

제1영역 : 인간행동과 사회환경

029

아동기(7~12세)의 설명으로 옳은 것은? • 10회

① 프로이트의 남근기에 해당한다.
② 단체놀이를 통하여 노동배분의 개념을 익힌다.
③ 제1성장 급등기에 해당된다.
④ 주요과업은 대상 영속성 개념의 획득이다.
⑤ 신체적 성숙이 거의 완성되며 성역할에 대한 정체성이 확고해진다.

해설

아동기(7~12세)에는 단체놀이를 통하여 **상호의존성(협동), 경쟁, 노동의 분화, 협상하는 능력 등**이 향상된다. 노동의 분화란 분업의 원리, 즉 **노동배분의 개념**을 배우게 되는 것을 말한다.

✗ 오답풀이
① 아동기(7~12세)는 프로이트의 **잠재기**에 해당한다.
③ 제1성장 급등기는 **영아기**에 해당한다.
④ 대상 영속성 개념 획득이 주요 과업인 단계는 **영아기**이다.
⑤ 신체적 성숙이 거의 완성되고 **성역할에 대한 정체성이 확고해지는 시기는 청소년기**에 해당한다. 참고로 아동기에서 청소년기 후기에 이르기까지 자신의 성에 대한 정체감이 재개념화되고 확고해진다. 즉 청소년기 후기에 성정체감이 확고해지는 과정을 성적 사회화라고 한다. 성적 사회화란 좋아하는 성적 대상을 선택하는 것, 성정체감을 확립하는 것, 적절한 성인의 성역할을 배우는 것, 성행위에 대해 이해하고 그에 대한 지식을 습득하는 것 등을 말한다.

정답 ②

030

아동기(7~12세)의 특징으로 옳은 것은? • 12회

① 성에너지가 무의식 속으로 잠복하는 시기이다.
② 자기중심적 사고에서 벗어나 추상적 개념을 획득하게 된다.
③ 또래집단과의 상호작용이 줄어들어 혼자 있는 시간이 늘어난다.
④ 신체적 성장과 발달이 급격하게 진행되어 골격이 완성되는 시기이다.
⑤ 학교에서의 성공이나 실패경험이 아동기 자아발달에 중요한 영향을 주지 않는다.

해설

아동기(7~12세)는 프로이트의 잠복기(latency period, 잠재기)에 해당한다. **잠복기는 6세에서 12, 13세(사춘기)까지의 시기로 리비도의 신체적 부위는 특별히 한정된 데가 없고 따라서 성적인 힘도 잠재된다.**

✗ 오답풀이
② 구체적 조작기에 해당하는 **아동기에는 구체적인 수준의 가역적인 논리적 사고로 발달하며, 전조작기의 자기중심적 사고에서 벗어난다.** 다만, 추상적 사고는 형식적 조작기에 해당하는 내용이다.
③ 또래집단과의 상호작용이 늘어나며, 강한 연대성과 소속감을 가진 **또래 친구집단(짝패집단)**을 형성하여 조직적인 활동을 하기 좋아한다.
④ 신체적 성장과 발달이 급격하게 진행되는 것은 청소년기에 해당하며, 골격의 발달은 17~21세경에 완성된다.
⑤ 학교는 아동의 인지발달은 물론 사회적 활동의 장으로서 사회적 발달에도 많은 영향을 미친다. 즉 **학교에서의 성공이나 실패경험이 아동기 자아발달에 중요한 영향을 준다.**

정답 ①

031

아동기(7~12세)의 발달 특성으로 옳은 것을 모두 고른 것은?
• 14회

> ㉠ 자아정체감이 형성되는 결정적인 시기이다.
> ㉡ 유치가 영구치로 바뀌고 보존개념을 획득할 수 있다.
> ㉢ 가설연역적 추리 및 조합적 사고를 할 수 있다.
> ㉣ 한 가지 속성에 따라 대상을 배열하는 서열화가 가능하다.

① ㉠, ㉡, ㉢ ② ㉠, ㉢ ③ ㉡, ㉣
④ ㉣ ⑤ ㉠, ㉡, ㉢, ㉣

해설
㉡ 아동기에는 치아가 유치에서 **영구치**로 바뀌기 시작하며, 아동기는 구체적 조작기로서 **보존개념을 획득**하게 된다.
㉣ 구체적 조작기인 아동기에는 어떤 특정 속성이나 특징을 기준으로 순서대로 배열하는 능력인 **서열화**는 이 시기에 완전히 획득된다.

오답풀이
㉠ 자아정체감이 형성되는 결정적인 시기는 **청소년기(13~18세)의 발달 특성**이다.
㉢ 가설연역적 추리 및 조합적 사고는 형식적 조작기인 **청소년기(13~18세)의 발달 특성**이다.

정답 ③

032

아동기(7~12세)에 관한 설명으로 옳은 것을 모두 고른 것은?
• 21회

> ㉠ 제1의 반항기이다.
> ㉡ 조합기술의 획득으로 사칙연산이 가능해진다.
> ㉢ 객관적, 논리적 사고가 가능해진다.
> ㉣ 정서적 통제와 분화된 정서표현이 가능해진다.
> ㉤ 타인의 입장을 고려하지 못한다.

① ㉡, ㉢ ② ㉠, ㉡, ㉣ ③ ㉡, ㉢, ㉣
④ ㉢, ㉣, ㉤ ⑤ ㉠, ㉢, ㉣, ㉤

해설
㉡ 조합기술은 수(數)를 조작하는 능력으로, 조합기술의 획득으로 더하기, 빼기, 곱하기, 나누기와 같은 사칙연산을 할 수 있게 된다.
㉢ 아동기는 피아제의 구체적 조작기에 해당하는 것으로, 이 시기 아동의 사고능력은 비논리적 사고에서 구체적인 수준의 가역적인 객관적, 논리적 사고로 발달한다.
㉣ 아동기는 비교적 정서적으로 안정된 시기로서, 정서적 통제와 분화된 정서표현이 가능해진다.

오답풀이
㉠ 제1의 반항기는 유아기(3~6세, 학령전기)에 해당된다. 자기주장적이고 반항적인 행동은 3~4세경에 절정에 달하는데, 이를 통해 자율성이라는 중요한 심리적 기제가 발달한다.
㉤ 타인의 입장을 고려할 수 있다. 참고로 타인의 입장, 관점, 사고, 감정을 추론하고, 감정이입적으로 타인의 감정을 이해하는 능력인 **사회적 관점 수용능력**(social perspective taking ability, 조망수용능력)은 유아기(3~6세)부터 발달하기 시작한다. 따라서, 유아기(3~6세)에는 발달수준이 매우 낮지만, 아동기(7~12세)에는 발달수준이 높아져서 타인의 관점으로부터 자신의 생각과 감정을 고려하고 제3자적 입장에서 자신가 타인의 행동을 생각할 수 있다.

정답 ③

제4장 청소년기 : 13~18세

제1영역 : 인간행동과 사회환경

033

청소년기(13~24세)에 관한 용어로 옳지 않은 것은? ·13회

① 질풍노도의 시기
② 심리적 이유기
③ 주변인 시기
④ 제1반항기
⑤ 성장 급등기

해설
부모로부터의 독립을 추구하는 과정에서 부모의 권위에 도전하고 잦은 갈등을 일으킨다하여 뷸러(Buhler)는 **부정기(negative)** 또는 **제2의 반항기(second opposition period)**라고 불렀다.

✗ 오답풀이
① 정서적 변화가 급격히 일어나 갈등으로 가득한 격동의 시기란 의미로 홀(Hall)은 **질풍노도기(storm and stress period)**라 부른다.
② 부모로부터 심리적으로 독립하고 자아정체감을 형성하는 **심리적 이유기(psychological weaning)**이다.
③ 어린이도 성인도 아닌 **주변인(marginal man)** 또는 중간인에 머물러 있는 특징적 발달양상을 보인다.
⑤ 신체적 성장이 급격하게 이루어지는 제2의 **성장급등기(second growth spurt)**이며, 성적 성숙이 급격하게 이루어지는 **사춘기(puberty)**라 불린다.

정답 ④

034

마샤(J. Marcia)의 자아정체감이론에서 다음의 정체감 상태를 설명하는 것으로 옳은 것은? ·16회

> 철수는 어려서부터 변호사였던 아버지의 영향을 받아 법조인이 되는 것을 꿈으로 생각하였고, 사회에서도 유망한 직업이라 생각하여 법학과에 진학하였다. 철수는 법학 전공이 자신의 적성과 잘 맞는지 탐색해보지 못했지만 이미 선택했기에 법조인 외의 직업은 생각해본 적이 없다.

① 정체감 유실(identity foreclosure)
② 정체감 혼란(identity diffusion)
③ 정체감 성취(identity achievement)
④ 정체감 유예(identity moratorium)
⑤ 정체감 전념(identity commitment)

해설
철수는 부모에게서 영향(변호사였던 아버지의 영향)이나 사회의 가치에 영향(사회에서도 유망한 직업)을 받은 자신의 가치에 따라 인생의 방향을 결정하였다. 변호사가 되고 싶어 하는 결정에 있어서 어떤 개인적 이유도 없으며 개인적 탐색과정도 없다. 이와 같이 스스로 심각하게 생각하거나 의문을 갖지 않고 타인의 가치를 받아들이는 상태를 **정체감 유실(identity foreclosure)**이라고 한다.

정답 ①

OIKOS UP — 마르시아의 자아정체감 유형 분류

Marcia는 ㉠ 역할 실험과 대안적 선택 중에서 의사결정을 할 수 있는 능력, 즉 위기(crisis)와 ㉡ 직업활동, 종교, 정치이념 등의 수행에 몰입하는 정도, 즉 전념(commitment)이라는 두 가지 잣대를 활용하여 자아정체감의 발달 상태를 네 가지로 구분한다.

정체감의 범주	위기경험	역할전념	특정 가치/믿음의 형태
정체감 성취	+	+	확고한 개인적 정체성
정체감 유예	+	−	실험 단계
정체감 유실	−	+	부모나 사회의 가치관
정체감 혼란	−	−	부재(不在)

035

청소년기(13~24세)의 발달 특성으로 옳지 않은 것은?
· 9회

① 성장하면서 남녀 모두 체지방이 감소하는 경향이 있다.
② 어느 발달단계보다 신체 이미지가 자아존중감에 중요한 영향을 미친다.
③ 조숙한 남성의 경우 이성 관계에서 긍정적 자아개념을 가지게 된다.
④ 섭식장애의 발병률은 남성보다 여성이 더 높다.
⑤ 초경 이후 약 1년간은 배란이 되지 않아 임신이 가능하지 않을 수 있다.

해설
여자는 체지방이 증가하여 둥근 외모를 지니는 반면, 남자는 오히려 체지방이 감소되어 모가 난 외모를 갖는다.

+ 보충설명
② 청소년기는 신체적 성숙이 뚜렷이 나타나며, 어느 발달단계보다 **신체 이미지가 자아존중감에 중요한 영향을 미치는 시기**이다.
③ 조숙한 남자 청소년의 경우에는 또래들에 비해 더 뛰어난 운동능력이 있어 부러움의 대상이 될 뿐만 아니라 능동적이고 자신감을 갖는다. 또한 이성관계에 있어서도 **조숙한 청소년이 긍정적 자아개념을 형성**한다.
④ **여자 청소년에게 섭식장애가 중요한 정신적 문제가 된다.** 그 이유는 아름다움의 기준이 서구화되면서 '마르고 날씬한 것'을 선호하는 경향 때문이다.
⑤ 여자에게 나타나는 사춘기의 분명한 징후는 생리(menstruation)이다. 초경(menarche)은 일반적으로 12~13세에 시작되는데, 보통 처음에는 배란이 되지 않으므로 **초경 후 12~18개월이 지나야 임신이 가능**하다.

정답 ①

036

청소년기(13~19세)의 성적 성숙에 관한 설명으로 옳은 것은?
· 19회

① 성적 성숙에는 개인차가 있지만 발달의 순서는 일정하다.
② 여성은 난소에서 에스트로겐이 분비되어 초경, 가슴 발육, 음모, 겨드랑이 체모 등의 순으로 성적 성숙이 진행된다.
③ 남성은 고환에서 분비되는 안드로겐의 영향으로 음모, 고환과 음경 확대, 겨드랑이 체모, 수염 등의 순으로 성적 성숙이 진행된다.
④ 일차성징은 성적성숙의 생리적 징후로서 여성의 가슴 발달과 남성의 넓은 어깨를 비롯하여 변성, 근육 발달 등의 변화가 나타나는 것을 말한다.
⑤ 이차성징은 여성의 난소, 나팔관, 자궁, 질, 남성의 고환, 음경, 음낭 등 생식을 위해 필요한 기관의 발달을 말한다.

해설
① 청소년기 성적 성숙은 개인에 따라 발달 속도의 차이는 있지만 그 순서는 동일(발달 순서는 일정)하게 나타난다.
⑤ 이 문장은 가답안에서 옳지 않은 문장이어서 정답이 ①번이었지만, 최종정답에서 옳은 문장으로 처리되어 ①, ⑤번으로 복수정답이 되었다. **일차성징**은 태어나면서 생식기에 의한 남자와 여자를 구분할 수 있는 신체상의 성적 특징이지만, **이차성징**은 사춘기가 시작되면서 성호르몬의 분비에 의해 나타나는 신체상의 성적 특징이다. 여성의 난소, 나팔관, 자궁, 질, 남성의 고환, 음경, 음낭 등 생식을 위해 필요한 기관의 발달은 **일차성징과 이차성징 모두에 해당되는 문장**이다. 청소년기 남성의 경우 남성호르몬인 테스토스테론의 분비로 남성의 성기를 구성하는 고환, 음경, 음낭이 확대되며, 여성의 경우 여성호르몬인 에스트로겐과 프로게스테론의 분비로 자궁과 나팔관등 1차 성징에 해당하는 신체적 기관이 정상적 크기와 기능을 유지할 수 있도록 하며, 임신이 가능하도록 자궁 내벽을 준비한다. 유방의 발육, 자궁과 질의 변화(질, 음순, 음핵이 커짐)가 나타난다.

× 오답풀이
② 여성은 난소에서 에스트로겐이 분비되어 가슴(유방) 발육, 음모, 겨드랑이 체모, **초경** 등의 순으로 성적 성숙이 진행된다.
③ 남성은 고환에서 분비되는 안드로겐의 영향으로 **고환 확대**, 음모, 음경 확대, 겨드랑이 체모, 수염 등의 순으로 성적 성숙이 진행된다.
④ 성적성숙의 생리적 징후로서 여성의 가슴 발달과 남성의 넓은 어깨를 비롯하여 변성, 근육 발달 등의 변화가 나타나는 것은 **이차성징**이다.

정답 ①, ⑤ (가답안 ①)

037 ☑확인 ☐☐☐

엘킨드(D. Elkind)가 제시한 청소년기(13~19세) 자기중심성(egocentrism)에 관한 내용으로 옳지 않은 것은?
• 20회

① 다른 사람이 경험하는 위기가 자신에게는 일어나지 않으리라 믿는다.
② 상상적 관중을 의식하여 작은 실수에 대해서도 번민한다.
③ 자신의 감정이나 경험이 매우 특별하다고 생각한다.
④ 자신과 타인에 대해 객관적으로 이해하고 판단한다.
⑤ 자신이 타인으로부터 집중적인 관심의 대상이 된다고 믿는다.

해설
데이비드 엘킨드(David Elkind, 1967)는 청소년기(13~19세) 자기중심성(egocentrism)은 **상상적 청중과 개인적 우화**의 두 가지 문제로 나타난다고 제안하였다. 자기중심성이란 이기적이고 비사회적인 사고로 인하여 타인을 의식하지 않고 자기 자신을 중심으로 모든 정신생활이나 행동을 영위하는 상태를 말한다.

✗ 오답풀이
④ 자신과 타인에 대해 객관적으로 이해하고 판단하지 **못한다**. 청소년기 자기중심성으로 인해 **자기중심적이고 자의식이 과장되기 쉽다**. 즉 자신의 감정을 과대평가하여 자신의 것만이 독특하며 어느 누구도 자신을 알아주지 못한다고 여긴다.

+ 보충설명
① 다른 사람이 경험하는 위기가 자신에게는 일어나지 않으리라 믿는 것은 **개인적 우화**이다.
② 상상적 관중을 의식하여 작은 실수에 대해서도 번민하는 것은 **상상적 청중**이다.
③ 자신의 감정이나 경험이 매우 특별하다고 생각하는 것은 **개인적 우화**이다.
⑤ 자신이 타인으로부터 집중적인 관심의 대상이 된다고 믿는 것은 **상상적 청중**이다.

🔍정답 ④

OIKOS UP 청소년기 자아중심적 사고(자기중심성)의 예

① 상상적 청중(imaginary audience)
청소년들은 자신은 주인공이 되어 무대 위에 서 있는 것처럼 행동하고, 다른 사람들을 모두 구경꾼이라고 생각하는 등 자신을 관심의 초점에 두고자 한다.
- 예 유치하고 요란한 옷차림을 하고 멋있다고 생각하며, 어른들이 자신의 복장을 못마땅하게 생각한다는 것을 모르는 경우가 이에 해당한다.

② 개인적 우화(personal fable)
자신은 특별한 존재이므로 자신의 감정이나 경험의 세계는 다른 사람과 근본적으로 다르다고 믿는 것으로, 이것은 청소년의 자기 과신에서 비롯된 것이며 자신의 독특성에 대한 비합리적이고 허구적인 관념이다.
- 예 자신은 어느 누구도 경험하지 못한 아름답고 숭고한 첫사랑을 하고 있다고 생각하거나, 위험한 놀이를 하면서도 자신은 절대로 다치지 않을 것이라 믿는 경우를 들 수 있다.

038 ☑확인 ☐☐☐

청소년기(13~19세)의 발달에 관한 설명으로 옳은 것은?
• 23회

① 조합기술(combination skill)이 획득된다.
② 가설연역적 사고에서 경험귀납적 사고로 전환된다.
③ 마샤(J. Marcia)는 자아정체감을 4가지 유형으로 구분했다.
④ 2차 성징은 직접적인 생식기능과 관련된 성적 성숙이다.
⑤ 상상적 청중(imaginary audience)과 개인적 우화(personal fable)를 통해 자아중심성에서 벗어날 수 있다.

해설
마샤(J. Marcia)는 위기(crisis, 정체감을 갖기 위해 노력하는가)와 전념(commitment, 무엇인가에 전념하고 있는가)이라는 두 기준으로 **자아정체감을 4가지 유형(정체감 성취, 정체감 유예, 정체감 유실, 정체감 혼란)으로 구분했다**.

✗ 오답풀이
① 청소년기(13~19세)는 피아제의 인지발달단계 중 형식적 조작기에 해당한다. 조합기술(combination skill) 획득은 **구체적 조작기인 아동기(7~12세)의 특징**이다.
② **경험귀납적 사고에서 가설연역적 사고로 전환된다**. 아동기(7~12세)의 구체적 조작기 사고는 경험귀납적 사고인데 반해서 청소년기(13~19세)의 형식적 조작기 사고는 가설연역적 사고이다. 참고로 경험귀납적 사고는 어떤 문제 상황에 놓이게 되면 과거의 비슷한 상황에서의 문제해결 경험을 토대로 문제를 해결하려고 하는데, 가설연역적 사고는 제시된 문제에 내포된 정보로부터 하나의 가설을 도출하여 논리적으로 연역해 낸다.
④ 직접적인 생식기능과 관련된 성적 성숙은 **1차 성징**이다. 2차 성징은 남자와 여자를 구분하게 해주지만 직접적인 생식기능과 연관되지 않은 것이다. 청소년기에는 2차 성징이 출현된다.
⑤ 상상적 청중(imaginary audience)과 개인적 우화(personal fable)는 **청소년기의 자아중심성으로, 자아중심성에서 벗어날 수 있다는 것은 옳지 않다**.

🔍정답 ③

제5장 청년기 : 19~39세

김진원 Oikos 사회복지사 1급

제1영역 : 인간행동과 사회환경

039 ✓확인 ☐☐☐

하비거스트(R. Havighurst)의 청년기(20~35세) 발달과업으로 옳지 않은 것은? • 19회

① 배우자 선택
② 직장생활 시작
③ 경제적 수입 감소에 따른 적응
④ 사회적 집단 형성
⑤ 직업의 준비와 선택

해설

경제적 수입 감소에 따른 적응은 하비거스트(R. Havighurst)의 **노년기 발달과업** 중 하나이다. 하비거스트는 생의 주기를 6단계로 구분하였으며, 마지막 6단계인 노년기의 발달과업을 다음의 6가지로 제시했다. ① 약화되는 신체적 힘과 건강에 적응하기, ② 퇴직과 **경제적 수입 감소에 적응**하기, ③ 배우자의 죽음에 적응하기, ④ 자기 동년배 집단과의 유대관계 강화하기, ⑤ 사회적 역할을 융통성 있게 수행하고 적응하기, ⑥ 생활에 적합한 물리적 생활환경을 조성하기

+ 보충설명

하비거스트(R. Havighurst)는 **청년기(20~35세) 발달과업**

조흥식 외 공저 (2010)	㉠ **배우자를 선택**한다.(①) ㉡ 배우자와 함께 생활하는 방법을 학습한다. ㉢ 가정을 꾸민다. ㉣ 자녀를 양육한다. ㉤ 가정을 관리한다. ㉥ **직장(직업)생활을 시작**한다.(②) ㉦ 시민의 의무를 완수한다. ㉧ 마음이 맞는 사람과 **사회적 집단을 형성**한다.(④)
김선아 외 공저 (2006)	㉠ 자기의 체격을 인정하고 자신의 성 역할을 수용한다. ㉡ 동성이나 이성의 친구와 새로운 관계를 형성한다. ㉢ 부모와 다른 성인들로부터 정서적으로 독립한다. ㉣ 경제적 독립의 필요성을 느낀다. ㉤ **직업을 선택하고 준비**하며, 직업생활과 유지를 한다.(⑤) ㉥ 유능한 시민이 갖추어야 할 지적 기능과 개념을 획득한다. ㉦ 사회적으로 책임이 있는 행동을 원하고 이를 실천한다. ㉧ 결혼과 가정생활을 준비한다. ㉨ 적절한 과학적 세계관에 맞추어 가치체계를 형성한다.

정답 ③

040 ✓확인 ☐☐☐

청년기(20~35세)에 관한 설명으로 옳지 않은 것은? • 17회

① 부모로부터의 독립에 대한 양가감정에서 해방된다.
② 직업의 준비와 선택은 주요한 발달과업이다.
③ 사랑하고 보살피는 능력이 심화되는 시기이다.
④ 사회적 성역할 정체감이 확립되는 시기이다.
⑤ 친밀감 형성과 성숙한 사회관계 성취가 중요하다.

해설

청년기에는 부모로부터 분리, 독립하여 자율성을 찾는 과정에서 대부분의 **청년들은 양가감정(ambivalence)을 갖는다.** 즉 부모로부터의 독립에 대한 갈망과 함께 부모로부터 분리되는 것에 대한 불안감을 동시에 가진다. 청년기의 진정한 독립은 부모와 분리되는 것에 대한 불안의 극복, 경제적 불확실성 그리고 자율적 의사결정능력의 보유 등과 같은 신체, 심리, 사회적 영역 모두에서 분리가 가능할 때 이루어진다.

+ 보충설명

② 청년기 성취해야 할 가장 중요한 발달과업은 **직업을 선택하고 이에 따른 준비를 하는 것**이다. 직업선택에 따라 성인기의 삶의 방식이 결정될 것이라고 인식하고 있기 때문에, 직업선택에 신중을 기하고 자신이 원하는 직업을 갖기 위하여 노력한다.
③ 청년기는 심리사회적 측면에서 **다른 사람을 사랑하고 보살피는 능력이 심화되는 시기**이다. 즉, 이전 단계에서 자아정체감을 형성한 사람은 이제 타인과의 상호관계에 집중할 수 있다.
④ 청년기는 사회적 성역할 정체감이 확립되는 시기로, **성역할 정체감(sex-role identity)이란** 개인 정체감의 한 부분으로서 사회가 특정 성에 적절하다고 인정하는 특성, 태도, 흥미와 동일시하는 과정으로 성에 따른 사회의 역할기대를 내면화 하는 과정을 의미한다.
⑤ 청년기의 주요한 심리적 발달과업은 가족과 그 외의 사람들과 친근한 관계를 형성하는 것이다. **친밀감(intimacy)은** 상대방과 가깝게 되는 과정에서 자신의 정체성을 잃지 않고 타인과 개방적이고 지지적이며 다정하고 조화로운 관계를 형성하는 능력

정답 ①

041

청년기(20~39세)의 발달에 관한 설명으로 옳은 것은? •23회

① 자아통합이 완성되는 시기로 삶 전체에 대한 평가를 시도한다.
② 전환적 추론이 가능해진다.
③ 부모로부터의 독립에 대한 양가감정에서 해방된다.
④ 피아제(J. Piaget)는 구체적 조작 사고가 발달한다고 보았다.
⑤ 에릭슨(E. Erikson)은 친밀감 대 고립의 심리사회적 위기가 발생한다고 보았다.

해설

청년기(20~39세)는 에릭슨의 심리사회적 발달단계 중 6단계인 **친밀감 대 고립(소외)**에 해당한다.

오답풀이
① 자아통합이 완성되는 시기로 삶 전체에 대한 평가를 시도하는 것은 **노년기**이다. 대부분의 어르신들은 과거의 삶과 미래를 평가 위주로 회상한다.
② 전환적 추론이 가능해지는 것은 **유아기(3~6세)**인 전조작기이다.
③ 부모로부터의 독립에 대한 양가감정에서 해방되는 것이 아니라, **부모로부터의 독립에 대한 양가감정을 갖는다.**
④ 피아제(J. Piaget)는 **아동기(7~12세)에 구체적 조작 사고가 발달**한다고 보았다. 피아제는 최종적인 인지발달이 청소년기가 되면 이루어진다고 보았기 때문에 청소년기까지의 인지발달만 소개하고 있다.

정답 ⑤

042

다음에서 공통으로 설명하는 요소로 옳은 것은? •16회

- 에릭슨(E. Erikson)의 심리사회적 발달단계에서 성인초기의 주요 발달과업이다.
- 스턴버그(R. Sternberg)의 애정발달이론에서 사랑의 세 가지 구성요소 중 하나이다.

① 친밀감 ② 열정 ③ 헌신
④ 만족 ⑤ 정체감

해설

에릭슨(E. Erikson)의 심리사회적 발달단계에서 성인초기의 주요 발달과업은 **친밀감 대 소외(고립감)**이며, 스턴버그(R. Sternberg)의 애정발달이론에서 사랑의 세 가지 구성요소는 **친밀감(intimacy), 열정(passion), 전념(commitment, 헌신)**이다. 따라서 공통으로 설명하는 요소는 **친밀감**이다.

정답 ①

OIKOS UP 스턴버그(R. Sternberg)의 애정발달이론

① 사랑에는 **친밀감(intimacy), 열정(passion), 전념(commitment, 헌신)**의 세 가지 요소가 있으며, 초기에는 열정이 최고조에 달했다가 점차 감소되고 친밀감과 전념은 점차적으로 증가된다.

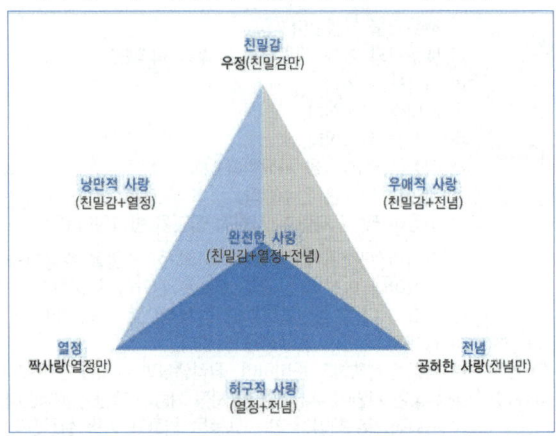

② 세 요소 각각의 존재 여부에 따라 8가지 사랑 유형(비사랑, 우정, 짝사랑, 공허한 사랑, 낭만적 사랑, 허구적 사랑, 우애적 사랑, 완전한 사랑)으로 분류하였다.

제6장 중·장년기 : 40~64세

제1영역 : 인간행동과 사회환경

043 ✓확인 ☐☐☐

청년기 혹은 장년기의 발달과제의 학자와 내용의 연결이 옳지 않은 것은?

· 15회

① 레빈슨(D. Levinson) - 직업 선택, 사회적 역할
② 펙(R. Peck) - 자아분화, 친밀한 관계 활동
③ 굴드(R. Gould) - 자신의 삶에 대한 책임 있는 행동
④ 에릭슨(E. Erikson) - 타인과 조화로운 관계 형성
⑤ 하비거스트(R. Havighurst) - 배우자 선택, 가정관리

해설

자아분화는 펙(R. Peck)이 노년기의 발달과제로 제시한 것이며, 친밀한 관계 활동은 레빈슨(D. Levinson)이 청년기의 발달과제로 제시한 것이다.

정답 ②

OIKOS UP 펙(Peck)이 제시한 장년기 성공 적응 조건 4가지

① 지혜를 중요시하기 대 육체적 힘을 중요시하기 : 육체적 힘이 쇠퇴해져도 평가의 기준과 문제해결의 수단이 되는 정신적 능력인 지혜를 통해 보완
② 대인관계를 사회화하기 대 성적 대상화하기 : 남성과 여성이 서로 간의 관계에 성적 대상으로 가치를 두기보다 개인, 친구, 동료로서 개인적인 인격에 가치를 둠
③ 정서적 융통성을 가지기 대 정서적 빈곤을 경험하기
　㉠ 부모의 사망, 자녀의 독립 등에 의해 정서적 투자의 대상이 되었던 사람들이 사라지게 되어 관계의 단절을 경험 → 감정 재투자를 못하면 **정서적 빈곤**을 경험
　㉡ **정서적 융통성**은 한 사람 또는 한 활동에 집중하던 것에서 다른 사람, 다른 활동으로 정서적 투자를 전환할 수 있는 능력을 말하는 것
④ 지적 융통성을 가지기 대 지적 경직성을 가지기 : 견해나 활동에 대해 융통성이 있어야 하고 새로운 사고에 대해 수용적이어야 함

044 ✓확인 ☐☐☐

중년기(40~64세)의 설명으로 옳은 것은?

· 11회

① 왕성한 직업활동을 수행하고 있으므로 직업전환에 필요한 기술습득을 위한 교육은 필요하지 않다.
② 폐경기 여성은 여성호르몬인 안드로겐의 감소로 인하여 관상동맥질환과 골다공증이 발생하는 경우가 많다.
③ 자아통합이 완성된 시기이므로 자신의 삶과 미래를 평가하려고 한다.
④ 어휘력과 언어능력이 저하되므로 학습과 경험을 통합하여 사고하는 능력이 저하된다.
⑤ 결정성 지능은 중년기에도 계속 발달한다.

해설

사람들이 사용하는 지능을 결정성 지능과 유동성 지능으로 구분할 때, **결정성 지능은 장년기에도 증가**한다. 참고로 결정성 지능은 학교교육이나 일상생활에서 경험을 통해 얻게 되는 지능이며, 어휘력, 일반상식, 사회적 상황에 대한 반응 등이 속한다.

✗ 오답풀이

① 중년기에는 급속한 기술발전으로 기존 직종에 적응이 어려워지고, 이로 인해 사람들은 자발적 혹은 비자발적 실직 상태에 처하기도 한다. 따라서 **직업전환을 위해 새로운 기술을 배워야 한다**.
② **안드로겐(androgen)은 남성호르몬**의 작용을 나타내는 모든 물질을 말하는 것으로 남성의 고환에서 생성되는 테스토스테론이다.
③ 자아통합이 완성되는 시기는 노년기에 해당한다. 에릭슨은 생의 주기 8번째 단계인 노년기(60세~사망)를 **자아통합(integrity) 대 절망(despair)의 시기**라고 했다.
④ 중년기에는 언어능력에 있어서도 어휘력을 발전시킬 수 있으며, 자신의 학습과 경험을 통합하여 사고하는 실천적인 문제해결능력은 다른 시기와 비교되는 탁월성을 나타낸다.

정답 ⑤

045

중년기(40~64세)의 특징으로 옳은 것은? ·13회

① 학습능력은 증가하나 문제해결능력은 감소한다.
② 남성이 여성보다 더 뚜렷한 갱년기를 경험한다.
③ 정서변화가 매우 심하여 전인습적 도덕기라고 부른다.
④ 시각, 청각, 미각, 후각 등의 감각기능이 가장 좋은 시기이다.
⑤ 사회적, 가정적으로 인생의 전성기이지만 갑작스러운 실직을 경험하기도 한다.

해설
중년기는 경제적으로 상당히 안정되어 있고, 다양한 삶의 영역에서의 경험을 통하여 삶의 지혜를 터득한 상태이며, 직장이나 집안에서 높은 지위와 책임을 갖기 때문에 **인생의 전성기**로 규정한다. 하지만 갑작스런 실직을 경험하게 되며, 실직으로 인한 부부갈등, 별거, 이혼, 가출, 폭력 등이 심각한 사회문제가 되고 있다.

✗ 오답풀이
① 중년기에 새로운 것을 학습할 수 있는 능력은 저하되지만, 오랜 경험을 통해 획득한 지혜가 있기 때문에 **문제해결능력은 오히려 높아진다.**
② 남녀 간 차이가 있긴 하지만 남녀 모두 성적 능력의 저하가 이루어지는 갱년기(climacteric)를 경험하게 된다. **갱년기는 남성보다 여성이 좀 더 강렬하게 경험한다.**
③ 정서변화가 매우 심한 것은 청소년기이며, 전인습적 도덕기는 자기중심적이고 이기적인 도덕적 판단을 특징으로 하는 4~10세까지를 말한다. 참고로 장년기에는 갱년기 장애 혹은 중년기 위기로 우울증, 불안감, 초조감 등의 정서적 장애를 경험하기도 하지만, 대부분은 그런 것은 아니다.
④ 시각, 청각, 미각, 후각 등의 감각기능이 가장 좋은 시기는 청년기이다. **청년기는 신체적, 지적 측면에서 가장 정점에 있는 시기이다.**

정답 ⑤

046

중년기에 경험하는 갱년기 증상에 관한 설명으로 옳지 않은 것은? ·16회

① 여성은 안면홍조와 수면장애 등의 증상을 경험하며, 폐경으로 가임기가 끝나게 된다.
② 신체적 변화뿐만 아니라 우울, 무기력감 등 심리적 증상을 동반하게 된다.
③ 남성은 성기능 저하 및 성욕감퇴를 경험하지만 생식능력은 있다.
④ 여성의 경우 에스트로겐의 분비가 감소되며 남성의 경우 테스토스테론의 분비가 감소된다.
⑤ 결정성(crystallized) 지능은 감소하고 유동성(fluid) 지능이 증가하는 인지변화를 경험한다.

해설
유동성(fluid) 지능은 감소하고 **결정성(crystallized) 지능**이 증가하는 인지변화를 경험한다. 즉, 전형적으로 유동성 지능은 청년기에 가장 수준이 높은 반면, 결정성 지능은 중년기를 거쳐 거의 노년기까지도 계속 발달한다. 참고로, **유동성 지능**은 도형의 연속된 패턴을 찾는 것과 같이 지금까지의 지식과는 관계없이 새로운 문제를 해결하는 능력으로 관계의 지각, 개념 형성, 추론 능력 등으로 신경상태에 의해 결정되는 능력이다. 반면 **결정성 지능**은 기억 및 정보 사용 능력으로 동의어를 찾는 것과 같은 능력으로, 주로 어휘검사, 일반적인 정보, 사회적 상황이나 딜레마에 대한 반응, 교육과 문화적 경험에 따른 지적 능력 등을 검사하여 측정한다. 유동성 지능은 유전적 요인에 의해 결정되고, **결정성 지능은 경험과 같은 환경적 요인에 의해 결정**된다.

+ 보충설명
① 폐경(menopause)은 여성이 배란과 월경을 멈추고 더 이상 아이를 임신할 수 없게 되는 것으로 마지막 월경 후 약 1년 정도 걸린다. 폐경기는 갱년기 과정 중에서 1년 이상 월경이 멈추는 과정이 지속되는 것을 의미한다.
② 갱년기 증상은 폐경을 전후하여 나타나는 것으로 폐경보다는 더 포괄적 의미를 내포하며, 안면홍조, 발한 증상, 질과 외음의 위축, 피부 거칠어짐, 관절통, 변비, 설사 등의 **신체적 증상**과 가슴 두근거림, 현기증, 요통, 피로, 두통, 불면증, 불안, 우울, 신경과민, 무기력감 등의 **심리적 증상**을 겪는다.
③ 여성들은 갱년기가 되면 폐경으로 인해 아이를 낳을 수 없게 되어 **생식능력이 종료**되지만, 남성은 성기능 저하 및 성욕감퇴를 경험하고 수정능력이 줄긴 해도 계속해서 **생식능력을 유지**한다.
④ 여성의 경우 여성 호르몬인 에스트로겐과 프로게스테론(progesterone)이 감소되며, 남성의 경우 남성 호르몬인 테스토스테론이 서서히 감소한다.

정답 ⑤

047

중년기(40~64세)에 관한 설명으로 옳지 않은 것은? •19회

① 혼(J. Horn)은 유동적 지능은 증가하는 반면, 결정적 지능은 감소한다고 하였다.
② 레빈슨(D. Levinson)은 성인 초기의 생애 구조에 대한 평가, 중년기에 대한 가능성 탐구, 새로운 생애 구조 설계를 위한 선택 등을 과업으로 제시하였다.
③ 굴드(R. Gould)는 46세 이후에 그릇된 가정을 모두 극복하고 진정한 자아를 찾는 시기라고 하였다.
④ 에릭슨(E. Erikson)은 생산성 대 침체성의 시기라고 하였다.
⑤ 융(C. Jung)은 중년기에 관한 구체적인 개념을 발전시킨 학자이다.

해설
혼(J. Horn)은 **유동적 지능은 감소**하는 반면, **결정적 지능은 증가**한다고 하였다. 혼(Horn)과 도날드선(Donaldson)에 의하면 유동성 지능은 10대 후반에 절정에 도달하고 성인 초기부터 점차 감소하는 반면 결정성 지능은 성인 초기의 교육경험의 결과로 중년기를 거쳐 노년기까지도 계속 증가한다.

+ 보충설명
② 레빈슨(D. Levinson)은 아동기와 청소년기(0~22세), 성인초기(17~45세), 성인중기(40~65세), 성인후기(60세 이후)의 네 시기로 구분(인생주기가 중첩되어 있음)하고, 중년의 성인들의 발달과업으로 성인 초기의 생애 구조에 대한 평가, 중년기에 대한 가능성 탐구, 새로운 생애 구조 설계를 위한 선택 등을 제시하였다.
③ 참고로 **굴드(R. Gould)**는 중년기에 극복해야 할 비합리적 가정으로 ① 안전이 영원히 지속될 것이라는 가정, ② 자신과 자기가 사랑하는 사람들에게 죽음이 일어나지 않을 것이라는 가정, ③ 배우자 없이 사는 것이 불가능하다는 가정, ④ 가족 밖에서는 어떠한 삶이나 변화도 존재할 수 없다는 가정, ⑤ 자신이 순수하다는 가정을 제시했다.

정답 ①

048

중년기(40~64세)에 관한 설명으로 옳은 것은? •21회

① 여성만이 우울, 무기력감 등 심리적 증상을 경험한다.
② 여성은 에스트로겐의 분비가 감소되고 남성은 테스토스테론의 분비가 증가된다.
③ 인지적 반응속도가 최고조에 달한다.
④ 외부세계에 쏟았던 에너지가 자신의 내부로 향한다.
⑤ 친밀감 형성이 주요 과업이며 사회관계망이 축소된다.

해설
융(C. Jung)은 중년기(성인중기, 40~64세)에 외부세계에 쏟았던 에너지를 자기 내부로 돌리며 **개성화(individualization, 개별화) 과정**을 경험한다고 본다.

✗ 오답풀이
① 여성 뿐만 아니라 **남성의 경우도** 우울, 무기력감 등 심리적 증상을 경험한다. 약 5% 정도의 중년기 남성들이 우울증, 피로, 성적 무력감, 약한 번열증 등을 경험한다.
② 여성은 에스트로겐의 분비가 감소되고 남성은 테스토스테론의 분비가 **감소**된다.
③ 인지적 반응속도가 최고조에 달하는 것은 **청년기**이다. 참고로 중년기 인지적 반응속도가 늦어진다는 점에는 대부분 학자들이 동의하고 있으나, 일상생활에 지장을 초래할 정도로 늦어지지는 않는다.
⑤ 친밀감 형성이 주요 과업인 것은 **청년기**이며, 사회관계망이 축소되는 것은 **노년기**에 해당한다.

정답 ④

049

중년기(40~64세)의 설명으로 옳은 것은? ·22회

① 에릭슨(E. Erikson)에 의하면 "생산성 대 침체"라는 심리사회적 위기를 극복하게 되면 돌봄(care)의 덕목을 갖추게 된다.
② 유동성 지능(fluid intelligence)은 높아지며 문제해결능력도 향상될 수 있다.
③ 자아통합이 완성되는 시기로 자신의 삶에 대한 평가를 시도한다.
④ 갱년기 증상은 여성에게 나타나고 남성은 경험하지 않는다.
⑤ 융(C. Jung)에 의하면 남성에게는 아니무스가, 여성에게는 아니마가 드러나는 시기이다.

해설
심리사회적 발달단계의 7단계(중장년기)인 **생산성 대 침체**를 성공적으로 극복하게 되면 **돌봄(care, 배려, 보호)**을 유지할 수 있는 능력이 형성된다.

오답풀이
② **결정성 지능(crystallized intelligence)**은 높아지며 문제해결능력도 향상될 수 있다. 중년기에 실제적인 문제해결능력은 절정에 달한다.
③ 자아통합이 완성되는 시기로 자신의 삶에 대한 평가를 시도하는 것은 **노년기**에 해당한다. 노년기에는 중년기까지 이룩한 축적된 많은 과업들의 결과를 통해 노인은 자신의 결혼생활, 직업, 자녀양육, 대인관계 등의 역할들에서 성취를 평가하게 된다.
④ 갱년기 증상은 **여성과 남성 모두에게 나타나고 남녀 모두 경험한다.** 남성의 갱년기는 여성에 비해 비교적 늦게 찾아오는 것이 일반적이다.
⑤ 융(C. Jung)에 의하면 **남성에게는 아니마가, 여성에게는 아니무스**가 드러나는 시기이다.

정답 ①

050

중년기(40~64세)에 관한 설명으로 옳은 것은? ·23회

① 에릭슨(E. Erikson)의 정체성 대 침체 단계에 해당된다.
② 갱년기는 남성에게는 나타나지 않는다.
③ 여성은 에스트로겐 분비가 증가하고, 남성은 테스토스테론 분비가 감소한다.
④ 시각, 청각, 미각, 후각 등의 감각기능이 가장 좋은 시기이다.
⑤ 결정성(crystallized) 지능은 계속 발달한다.

해설
유동성(fluid) 지능과 달리 **결정성(crystallized) 지능은 전 생애를 통해 증가하기 때문에 중년기에도 계속 증가**한다.

오답풀이
① 에릭슨(E. Erikson)의 **생산성 대 침체** 단계에 해당된다.
② 갱년기는 **남성에게도 나타난다.** 남자는 여자에 비하여 5년이나 10년 늦게 갱년기에 도달하지만 그 속도는 지속적이어서 60대까지도 계속되는 경우가 있다.
③ 여성은 여성 호르몬인 에스트로겐 분비가 **감소**하고, 남성은 남성 호르몬인 테스토스테론 분비가 감소한다.
④ 시각, 청각, 미각, 후각 등의 감각기능이 가장 좋은 시기는 **청년기(20~39세)**이다.

정답 ⑤

김진원 Oikos 사회복지사 1급

제7장 노년기 : 65세 이상

제1영역 : 인간행동과 사회환경

051

노년기(65세 이상)에 관한 설명으로 옳지 않은 것은? · 19회

① 분리이론은 노년기를 노인 개인과 사회가 동시에 상호분리를 시작하는 시기로 보는 이론이다.
② 활동이론은 노년기를 잘 보내기 위해서는 은퇴와 같은 종결되는 역할들을 대치할 수 있는 활동을 발견하는 것이 중요하다는 이론이다.
③ 에릭슨(E. Erikson)은 노년기의 발달과제로 자아통합이 중요하다고 주장하였다.
④ 퀴블러 로스(E. Kübler-Ross)는 죽음과 상실에 대한 심리적 5단계를 제시하였다.
⑤ 펙(R. Peck)의 발달과업이론은 생애주기를 중년기와 노년기로 구분하여 설명하였다.

[해설]
펙(R. Peck)의 발달과업이론에서 펙은 에릭슨의 자아통합 대 절망을 노년기의 주요 발달과업으로 인정하면서 에릭슨의 7단계(생산성 대 침체, 중장년기)와 8단계(자아통합 대 절망, 노년기)를 통합하여 7단계 모델을 제시하였다. 따라서, 생애주기를 중년기와 노년기로 구분하여 설명하였다는 문장은 옳지 않다.

[보충설명]
① 분리이론은 노인의 감소된 사회적 상호작용은 사회와 노인이 서로 후퇴하는 일종의 상호적 과정으로 노인은 사회적 활동의 축소에 대해 수용적이고 나아가 그것을 소망하는 것으로 보는 이론이다.
② 활동이론은 노인의 감소된 사회적 상호작용은 사회가 노인으로부터 후퇴하기 때문에 일어나며, 이것은 사회적 활동에 계속 참여하고 싶어하는 노인의 소망에 상반되게 진행되는 것으로 간주한다. 따라서, 노년기를 잘 보내기 위해서는 장년기에 하던 활동을 가능한 한 유지하고 그러한 활동을 그만 둘 수 밖에 없게 되면 그것에 대한 대체 활동을 발견하는 것이 중요하다는 이론이다.
③ 에릭슨(E. Erikson)은 노년기를 **자아통합**(integrity) 대 **절망**(despair)의 시기라고 했다. 자아통합은 자신의 과거 및 현재의 인생을 바라던 대로 살았다고 받아들이고 만족스럽고 의미있게 생각하며 다가올 죽음을 인정하고 기다리는 태도를 갖는 것이다.
④ 퀴블러 로스(E. Kübler-Ross)는 불치병 환자들과 이야기를 나눈 후, 사람들이 임종하는 순간까지 경험하는 **죽음과 상실에 대한 심리적 5단계(부정, 분노, 타협, 우울, 수용)**를 제시하였다.

[정답] ⑤

052

노년기(65세 이상)에 관한 설명으로 옳지 않은 것은? · 11회

① 자아통합 대 절망의 심리 사회적 위기를 경험한다.
② 치매는 인지기능과 고등정신기능의 감퇴로 일상적 사회활동이나 대인관계에 지장을 준다.
③ 조심성, 경직성, 능동성, 외향성이 증가한다.
④ 남성노인은 생식기능이 저하되고 성교기능이 저하되긴 하지만 여성보다는 기능 저하가 덜하다.
⑤ 일반적으로 단기기억 능력이 감퇴한다.

[해설]
조심성과 경직성이 증가하는 것은 맞다. 하지만, 능동성과 외향성이 증가하는 것이 아니라 **수동성, 내향성**이 증가한다.

[보충설명]
④ 남성의 경우 생식기능이 저하되며, 발기능력과 음경크기의 감소, 음경 강직도의 저하, 발기각도의 변화 등과 같은 불완전한 발기문제로 인하여 **성교능력이 저하되긴 하지만 여성보다는 그 기능저하가 덜하며**, 70대 이상에서도 충분히 성적 관계를 유지할 수 있다는 연구들이 많이 있다. 60~91세 노인을 대상으로 한 조사(Starr & Weiner, 1981)에서 남성의 70%, 여성의 20%는 60세 이상에서도 성적으로 활동적임을 보여주었다.

[정답] ③

OIKOS UP 노년기 성격적 특징

① 우울증 성향의 증가
② 내향성 및 수동성의 증가
③ 성역할 지각의 변화 : 양성화
④ 경직성의 증가
⑤ 조심성의 증가
⑥ 친근한 사물에 대한 애착심
⑦ 유산을 남기려는 마음
⑧ 생에 대한 회상의 경향
⑨ 시간 전망의 변화
⑩ 의존성의 증가

053

노년기(성인후기, 65세 이상)에 관한 설명으로 옳지 않은 것은?
· 18회

① 시각, 청각, 미각 등의 감각기능이 약화되고, 생식기능 또한 점차 약화된다.
② 퀴블러 로스(E. Kübler-Ross)는 인간이 죽음에 적응하는 5단계 중 마지막 단계를 타협단계라고 하였다.
③ 신체변화에 대한 적응, 인생에 대한 평가, 역할 재조정, 죽음에 대한 대비 등이 주요 발달과업이다.
④ 에릭슨(E. Erikson)은 자아통합을 이루지 못하면 절망감을 느낀다고 보았다.
⑤ 신장기능이 저하되어 신장질환에 걸릴 가능성이 증가하고, 방광이나 요도기능의 저하로 야간에 소변보는 횟수가 증가한다.

해설
퀴블러 로스(E. Kübler-Ross)는 인간이 죽음에 적응하는 5단계(부정 → 분노 → 타협 → 우울 → 수용) 중 마지막 단계를 수용단계라고 하였다.

보충설명
⑤ 연령증가에 따라 신장의 크기, 무게, 피질의 양 등이 감소되며 신장 혈관의 경화(硬化)현상이 나타남으로써, 신장기능이 저하된다. 신장에서 노폐물이나 독소를 여과하는 비율이 80세에는 30세의 50% 정도 수준으로 감소함에 따라, 각종 신장질환에 이환될 가능성이 높다. 그리고, 방광이나 요도기능의 저하로 인하여 야간에 소변을 보는 횟수가 증가하게 된다.

정답 ②

054

퀴블러 로스(E. Kübler-Ross)의 죽음에 이르는 5단계에 관한 설명으로 옳지 않은 것은?
· 17회

① 1단계 : 죽음을 사실로 받아들이지 않고 부정한다.
② 2단계 : 주변 사람들에게 화를 내며 분노한다.
③ 3단계 : 죽음의 연기를 위해 특정 대상과 타협을 시도한다.
④ 4단계 : 의사의 오진이라고 생각하며 죽음을 회피한다.
⑤ 5단계 : 죽음을 수용하고 임종을 준비한다.

해설
죽음에 임박한 사람들의 네 번째 심리적 반응은 우울(depression)이다. 이 시기에는 자신의 병세가 더 악화되기 때문에 자신의 죽음을 확신한다. 이 시기에는 말이 없어지고 지인들의 방문을 사절하며 대부분의 시간을 울고 슬퍼하며 보내게 되어 우울에 빠진다.

오답풀이
④ 의사의 오진이라고 생각하며 죽음을 회피하는 것은 1단계인 부정과 고립단계에 해당한다. 부정의 반응으로 "나는 아니야! 아마 검사 결과가 잘못 나왔을 거야. 나에게 이런 일은 있을 수 없는 일이야!"라는 반응을 보인다. 부정은 갑작스러운 충격을 완화시킬 수 있는 역할을 하게 되며 자신의 생각을 스스로 가다듬게 하는 일종의 일시적 수단이다. 또한 자신을 찾아온 가족 또는 친척들도 죽음이라는 문제에 대해 말하는 것을 기피하게 되고, 자신도 애써 부정을 하려고 하기 때문에 더 고립감에 빠지며 소외감을 심하게 느낀다.

정답 ④

OIKOS UP 퀴블러-로스(Kubler-Ross)의 죽음에 대한 적응단계

퀴블러-로스는 불치병을 앓고 있는 환자 200명을 대상으로 심리상태를 살펴본 결과 사람들이 자신의 죽음에 대비하여 5단계의 심리적 단계를 거쳐 다가오는 죽음을 깨닫는다고 하였다.

단계	죽음에 대한 반응 양상
부정	죽음에 자신을 내맡기기를 거부하고 부정하여 스스로 고립상태에 빠지는 단계("내가 그럴 리가 없어.")
분노	죽음의 위협이 닥쳤을 때 더 이상 자신의 죽음을 부정할 수 없게 되어 분노하고 절망하게 되는 단계("왜 하필 내가?", "왜 하필 나에게..?!")
타협	"내가 죽어가고 있구나, 그러나..." 하고 말하는 시기, 죽음을 연장시키기 위한 신과 타협을 하는데 노력하는 단계
우울	"아아 슬프도다."라는 체념과 절망이 섞인 우울 상태로 빠지는 단계
수용	행복한 단계는 아니나 감정이 없는 단계. 환자 자신도 지치고 허약하게 되어 죽음을 수용하는 단계. "이제 떠날 시간이다."

055

손자녀의 양육을 부모에게 맡기고 조부모의 역할에 충실하는 조부모 유형은?
• 4회

① 공식형
② 재미추구형
③ 대리부모형
④ 가족지혜형
⑤ 거리두기형

해설
뉴가르텐과 웨인스타인(Neugarten & Weinstein)은 조부모와 손자녀 관계에서 적극성 여부에 따라 다섯 가지로 역할유형을 구분하였는데, 부모의 책임이나 권위를 침해하지 않기 위해 손자녀의 양육방법에는 관여하지 않고 주어진 조부모 역할만 수행하는 것은 **공식적 조부모형(공식형)**에 해당한다.

정답 ①

OIKOS UP 조부모 역할 : 뉴가르텐과 웨인스타인의 분류

뉴가르텐과 웨인스타인(Neugarten & Weinstein)은 조부모와 손자녀 관계에서 **적극성 여부에 따라** 5가지로 역할유형을 구분한다.

유 형	특 성
공식적 유형	조부모의 1/3에 해당하는 가장 보편적인 유형으로, 이들은 손자녀에게 관심을 보이며 때때로 돌봐주고 부모도 도우나 간섭하지 않도록 조심하는 것으로, 부모의 책임이나 권위를 침해하지 않기 위해 손자녀의 양육방법에는 관여하지 않고 주어진 조부모 역할만 수행한다.
기쁨(재미) 추구형	손자녀들과 유희적 관계를 맺고 여가시간을 손자녀들과 놀아 주는 것을 낙으로 삼는다. 즉 손자녀와 비공식적이고 재미있는 상호작용을 하는 조부모 유형으로 이들은 서로 즐기는 유형이다.
대리 부모형	이 유형은 엄마가 집 밖의 직업을 가진 경우 아이의 양육을 책임지면서 부모와 같은 역할을 하는 유형으로 부모를 대신해서 육아와 교육을 담당해 준다.
가족지혜 원천유형	가족 내에서 최고의 권위를 유지하면서 젊은 세대에게 복종을 요구하고 지식과 기술을 전수한다. 지혜의 원천의 역할을 하며, 조부가 보통 지혜·기술·자원을 베풀고 부모 및 손자녀들은 이에 복종하는 다소 권위적 관계이다.
원거리 유형	공식적 가족 모임 이외에는 손자녀와 모임을 갖지 않는다. 이 유형은 주로 생일이나 명절 때에나 서로 방문하여 보통 손자녀와는 거의 접촉이 없는 유형이다.

056

노년기에 일어날 수 있는 것을 고르시오.
• 8회

㉠ 죽음을 수용하는 단계의 특징은 누구나 똑같이 일어나지 않는다.
㉡ 안락사는 노년기에만 일어날 수 있는 것이다.
㉢ '자기몰두'에서 '자기초월'이라는 심리적 조절이 필요하다.
㉣ 장기기억능력은 떨어지고 단기기억능력은 유지된다.

① ㉠, ㉡, ㉢
② ㉠, ㉢
③ ㉡, ㉣
④ ㉣
⑤ ㉠, ㉡, ㉢, ㉣

해설
㉠ 큐블러-로스의 죽음에 대한 수용단계는 하나의 과정 후에 반드시 다음의 과정이 오는 연쇄적 발생이 아니며, 세상에는 **전형적인 죽음의 과정이 없다.**
㉢ 성공적으로 노화하는 사람은 **자아를 초월**하여 인간의 문화를 영속화하고자 열심히 활동하는 사람이며, 또한 이렇게 함으로써 자신의 생활에서 의미 있고 적극적인 참여가 가능한 것이다.

오답풀이
㉡ 안락사는 노년기에만 일어날 수 있는 것이 아니다.
㉣ 노년기의 기억능력은 일반적으로 노화에 따라 서서히 감퇴된다. 장기기억보다 단기기억과 최근 기억이 더 약화된다.

정답 ②

OIKOS UP 펙(Peck)이 제시한 노년기 발달에 관한 3가지 이슈

① **자아 분화 대 직업역할의 몰두(전념)** : 은퇴(퇴직)의 영향에 관한 것으로 오랫동안 종사해 온 직업을 떠나 새롭게 하는 활동들에서 만족을 얻을 수 있도록 개인적 가치가 재평가되고 재정의되어야 함
② **신체 초월 대 신체 몰두** : 쇠퇴하는 건강에도 불구하고 삶을 즐기는 사람들은, 이들의 가치체계에서 삶의 만족에 대한 사회적, 정신적 요소들이 신체적 요소를 초월하였다고 할 수 있음
③ **자아 초월 대 자아 몰두** : 자아를 초월하여 인간의 문화를 영속화하고자 열심히 활동함으로써 자신의 생활에서 의미 있고 적극적인 참여가 가능한 것임

제8장 정신역동이론

김진원 Oikos 사회복지사 1급

제1영역 : 인간행동과 사회환경

057 ✓확인 ☐☐☐

다음 학자의 주요이론과 기법의 연결이 옳은 것은? •18회

① 스키너(B. Skinner) - 행동주의이론 - 강화계획
② 프로이드(S. Freud) - 정신분석이론 - 타임아웃기법
③ 피아제(J. Piaget) - 분석심리이론 - 합리정서치료
④ 매슬로우(A. Maslow) - 인본주의이론 - 자유연상
⑤ 융(C. Jung) - 개인심리이론 - 행동조성

해설

스키너는 행동주의이론이며, 강화계획(강화스케줄)은 행동주의이론의 기법에 해당한다.

✕ 오답풀이

② 프로이드는 정신분석이론이지만, 타임아웃기법은 행동주의이론의 조작적 조건화 원리를 적용한 기법에 해당된다.
③ 피아제의 이론은 인지이론이며, 분석심리이론은 융의 이론이다. 그리고, 합리정서치료는 엘리스의 인지치료에 해당된다.
④ 매슬로우의 인간동기이론은 인본주의이론에 해당되지만, 자유연상은 정신분석적 치료의 주된 기법 중 하나로 프로이드가 고안해 냈다.
⑤ 융의 이론은 분석심리이론이며, 개인심리이론은 아들러의 이론이다. 행동조성은 스키너 행동주의이론의 기법이다.

정답 ①

OIKOS UP 학자별 주요이론

구 분	학 자	주요이론
정신역동이론	프로이트	심리성적이론, 정신분석이론
	에릭슨	심리사회이론, 자아심리이론
	융	분석심리학, 경험적 심리이론
	아들러	개인심리학
행동주의이론	초기 행동주의	• 파블로프의 이론 : 고전적 조건형성 또는 고전적 조건화 • 왓슨과 레이너의 이론 : 고전적 조건형성 • 손다이크의 이론 : 도구적 조건화
	스키너	행동주의적 학습이론
	반두라	사회학습이론
인지이론	피아제	인지이론
	콜버그	도덕성 발달이론
	캐롤 길리건	• 콜버그의 가설적 딜레마에 대한 문제점 지적 • 돌봄의 도덕
	인지치료이론	• 벡(Beck)의 인지치료이론 • 엘리스(Ellis)의 합리적-정서치료
인본주의이론	로저스	현상학 이론, 인간중심이론
	매슬로우	인간 동기이론, 욕구계층이론, 욕구위계이론

① 인간의 자유의지 부정 : 프로이트(정신결정론), 스키너(환경결정론)
② 여권주의자의 비판 : 프로이트(남근선망), 콜버그(남자 4단계, 여자 3단계)
③ 성격이 불변성 : 프로이트(5~6세경 성격결정), 아들러(4~5세경 생활양식)
④ 점성원칙 가정 : 에릭슨의 심리사회발달단계, 피아제의 인지발달단계, 콜버그의 도덕 발달단계
⑤ 성격 이론을 인간의 발달단계와 연관시켜 설명한 학자 : 프로이트, 에릭슨, 융, 피아제, 콜버그

01 프로이트의 정신분석이론

058

프로이트(S. Freud) 이론에 관한 설명으로 옳은 것은? ·13회

① 거세불안과 남근선망은 주로 생식기에 나타난다.
② 치료의 주요 목표는 개성화(Individuation)를 완성하는 것이다.
③ 자아(ego)는 의식, 전의식, 무의식의 세 측면을 모두 가지고 있다.
④ 리비도는 인생 전반에 걸쳐 작동하는 일반적인 생활에너지를 말한다.
⑤ 초자아(super ego)는 방어기제를 작동하여 갈등과 불안에 대처한다.

해설
원초아는 전적으로 무의식인 반면, 자아와 초자아는 무의식, 전의식, 의식의 세 측면을 모두 가지고 있다.

오답풀이
① 거세불안과 남근선망은 오이디푸스 콤플렉스(Oedipus Complex)를 경험하게 되는 남근기에 나타난다.
② 치료의 주요 목표가 개성화(Individuation, 개별화)를 완성하고자 하는 것은 융의 분석심리이론이다.
④ 프로이트 이론에서는 리비도(libido)를 인간의 성적 에너지라고 주장하지만, 융의 이론에서는 리비도를 성뿐만 아니라 다른 삶의 에너지를 포함한 일반적인 생활에너지(창의적인 생활력)라고 보았다.
⑤ 방어기제를 작동하여 갈등과 불안에 대처하는 것은 초자아(super ego)가 아니라 **자아(ego)**이다.

정답 ③

OIKOS UP 의식수준 및 성격구조

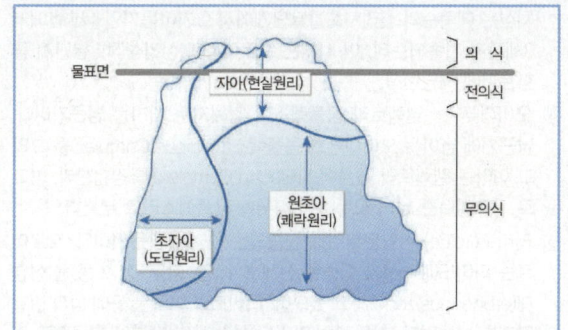

- 원초아는 전적으로 무의식이다.
- 자아와 초자아는 무의식, 전의식, 의식 세 측면을 모두 가지고 있다.

059

프로이트(S. Freud)의 정신분석이론에 관한 설명으로 옳은 것을 모두 고른 것은? ·20회

㉠ 자아(ego)는 일차적 사고과정과 현실원칙을 따른다.
㉡ 잠복기에 원초아(id)는 약해지고 초자아(superego)는 강해진다.
㉢ 신경증적 불안은 자아의 욕구를 초자아가 통제하지 못하고 압도될 때 나타난다.
㉣ 방어기제는 외부세계의 요구로부터 스스로를 보호하고자 하는 무의식적 시도이다.

① ㉢   ② ㉠, ㉢   ③ ㉡, ㉣
④ ㉠, ㉡, ㉣   ⑤ ㉠, ㉡, ㉢, ㉣

해설
㉡ 잠복기에는 원초아(id)는 약해지고 자아(ego)와 초자아(superego)는 강력해진다. 성격에서 이루어지는 주요 발달은 초자아의 기능이다.
㉣ 방어기제는 자아가 원초아와 초자아의 요구, 과거의 기억과 외부세계의 요구 따위로부터 스스로를 보호하기 위해 무의식적으로 작동시키는 심리기제로 갈등의 원천을 왜곡, 대체, 차단한다.

오답풀이
㉠ 자아(ego)는 2차적 사고과정과 현실원칙을 따른다. 반면에 원초아(id)는 1차적 사고과정과 쾌락원칙을 따른다. 참고로 원초아(id)의 1차적 사고과정은 긴장감소와 본능적 충동의 만족에 필요한 대상의 표상(representation)을 만들어내는데 까지만 작동하며, 실제로 그 대상을 발견하는 데 작동하는 것은 자아(ego)의 2차적 사고과정이다.
㉢ 신경증적 불안(neurotic anxiety)은 원초아의 충동이 의식될지도 모른다는 위험을 느낄 때 생기는 정서적 반응으로, 원초아의 욕구를 연약하고 불완전한 자아가 통제하지 못하고 압도될 때 나타난다.

정답 ③

OIKOS UP 자아와 초자아의 형성

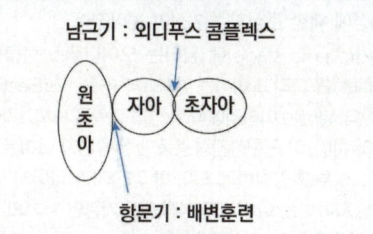

원초아는 출생 시 타고나며, 자아는 원초아로부터, 초자아는 자아로부터 발달한다.

060

프로이드(S. Freud)의 정신분석이론에 관한 설명으로 옳지 않은 것은?
• 16회

① 어린 시절에 겪었던 과거 경험의 중요성을 강조한다.
② 엄격한 배변훈련으로 항문보유적 성격이 형성될 수 있다.
③ 초자아는 성격의 실행자이자 마음의 이성적인 부분이다.
④ 생식기에는 이성에 대한 관심과 호기심이 높아진다.
⑤ 남자아이는 남근기에 오이디푸스 콤플렉스(Oedipus complex)로 인한 거세불안을 경험한다.

해설

성격의 실행자이자 마음의 이성적인 부분은 **자아(ego)**다. 자아는 성격을 지배하고 통제하고 조절하는 실행자이며, 열정을 내포하고 있는 원초아와는 달리 **이성, 상식이라 불리는** 것들을 **내포**하고 있다.

+ 보충설명

① 인간의 기본 성격구조는 **초기 아동기 특히 만 5세 이전 어떠한 경험을 하였는가에 따라 결정**되며, 성인기가 되어서도 변하지 않고 지속된다고 보고 있어 현재보다는 **과거를 중시**한다.
② 부모 혹은 일차적 양육자의 지나치게 엄격한 배변훈련으로 인해 **항문보유적(anal retentive) 성격**이 될 수 있다. 이 경우 고집이 세고, 인색하며, 복종적이고, 시간을 엄수하며, 지나치게 청결한 특징을 가진다.
④ **생식기에는** 호르몬과 생리적 요인들로 인해 그 동안 억압되었던 성적 감정들이 크게 강화되면서 잠복기 동안 억제되었던 성적, 공격적 충동이 자아와 자아의 방어를 압도할 정도로 강해진다. 이로 인해 **이성에 대한 관심과 호기심이 높아진다.**
⑤ **남근기(phallic stage)에 남아는 오이디푸스 콤플렉스(Oedipus Complex)**를 그리고 여아는 엘렉트라 콤플렉스(Electra Complex)를 경험한다. 남아는 어머니에 대한 성적 매력을 느끼고 어머니를 소유하고 싶어 하며, 이 근친상간적 충동과 함께 남자 아이는 아버지에 대한 증오와 질투를 경험하게 되어 이 경쟁자가 없어지기를 바란다. 그 결과 남자아이는 아버지가 성적 활동기관인 자기의 남근을 거세할 것을 두려워하는 **거세불안(castration anxiety)이나 거세 공포(castration fear)**를 경험하게 된다.

정답 ③

061

프로이트(S. Freud)의 심리성적발달단계에 관한 설명으로 옳은 것은?
• 19회

① 남근기 : 동성 부모에 대한 동일시의 기제가 나타나는 시기이다.
② 항문기 : 양육자와의 상호작용과정에서 최초로 갈등을 경험하는 시기이다.
③ 구강기 : 자율성과 수치심을 주로 경험하는 시기이다.
④ 생식기 : 오이디푸스·엘렉트라 콤플렉스가 강해지는 시기이다.
⑤ 잠복기 : 리비도(libido)가 항문부위로 집중되는 시기이다.

해설

남근기의 중요한 결과 중이 하나는 동성의 부모와 동일시하는 것으로, 그 과정에서 초자아의 분화가 이루어진다. 즉 동일시를 통해 유아는 부모의 이상과 가치를 받아들이게 되어, 부모의 도덕적 금지를 수용함으로써 자신의 나쁜 생각이나 행동에 대해 스스로 나무라기도 하고 죄의식을 갖기도 한다.

✗ 오답풀이

② 양육자와의 상호작용과정에서 최초로 갈등을 경험하는 시기는 **구강기**이다. 구강기 후반기에 이유가 시작되면서 이유에 대한 욕구불만으로 인해 **어머니에 대한 애정과 우호적인 태도를 갖는 동시에 적대적이며 파괴적인 태도**를 갖게 된다. 이때 유아는 **최초의 양가감정(ambivalence)을 경험**한다.
③ 자율성과 수치심을 주로 경험하는 시기는 **항문기**이다. 자율성과 수치심은 에릭슨의 심리사회발달단계에서 초기아동기인 1세 반에서 3세까지 지속되는데, 이 시기는 프로이트의 심리성적발달단계 중 항문기에 해당한다.
④ 오이디푸스·엘렉트라 콤플렉스가 강해지는 시기는 **남근기**이다. 남근기에 남아는 오이디푸스 콤플렉스(Oedipus Complex)를 그리고 여아는 엘렉트라 콤플렉스(Electra Complex)를 경험한다. 참고로 프로이트는 남녀 모두 오이디푸스 콤플렉스라고 부른다.
⑤ 리비도(libido)가 항문부위로 집중되는 시기는 **항문기**이다. 프로이트는 리비도(libido)가 집중된 신체 부위(입, 항문, 성기 등)를 성감대(erogenous zone)라고 했으며, 리비도가 머무는 곳에 따라 발달단계를 나누었다. 항문기는 리비도(성감대)의 방향이 항문으로 이동하는 발달단계이다.

정답 ①

062

프로이드(S. Freud)의 정신분석이론에서 불안에 관한 설명으로 옳은 것을 모두 고른 것은? •17회

㉠ 불안 : 공포상태로서 위급한 상황에 적합한 방법으로 반응하지 못하는 것이다.
㉡ 현실적 불안 : 자아가 지각한 현실세계에 있는 위협 상황에 대한 두려움이다.
㉢ 신경증적 불안 : 원초아의 충동이 의식될지도 모른다는 위협을 느낄 때 생기는 두려움이다.
㉣ 도덕적 불안 : 원초아와 초자아 간의 갈등에서 느끼는 양심에 대한 두려움이다.

① ㉠, ㉢　　② ㉡, ㉣　　③ ㉠, ㉡, ㉢
④ ㉡, ㉢, ㉣　　⑤ ㉠, ㉡, ㉢, ㉣

해설
㉡ 현실적 불안(reality anxiety)은 위협에 대한 정서적 반응 또는 외적 환경에서 위협을 지각하는 것을 말하며, 두려움과 같은 현실세계의 어떤 위협이 있을 때 나타나게 된다. 사람이 위험한 것이라고 생각되는 외적 상황에 직면하게 되면, 불안은 어떤 행동을 함으로써 그 위험을 감소시켜야 한다는 것을 알려주는 자극의 역할을 한다.
㉢ 신경증적 불안(neurotic anxiety)은 원초아의 충동이 의식화될 것이라는 것으로 인하여 위협을 받고 이에 따라 생긴 정서반응을 말한다.
㉣ 도덕적 불안(moral anxiety)은 자아가 초자아로부터 벌의 위협을 받을 때 일어나는 정서적 반응을 말한다. 즉, 이것은 자아가 죄책감 또는 수치감을 경험하고 양심으로부터 의식함으로써 발생하는 불안이다.

오답풀이
㉠ 방어기제와 관련된 불안의 개념은 프로이드에 의해 수립되었다. 프로이드는 불안이 각 개인에게 반격하거나 피해야 하는 절박한 위험을 알려주는 자아의 기능이라고 하였다. 따라서 **불안은 개인으로 하여금 위급한 상황에 적합한 방법으로 반응하도록 한다.** 불안은 원초아, 자아, 초자아 사이의 갈등이 정신에너지의 통제를 넘어설 때 생긴다.

정답 ④

063

방어기제와 그 예의 연결이 옳은 것은? •10회

① 부정 - 부모에게 꾸중을 듣고 적대감으로 개를 발로 차는 아이
② 퇴행 - 불치병에 걸렸음을 알고도 미래의 계획을 화려하게 세우는 환자
③ 승화 - 효도를 다하지 못한 죄책감으로 독거노인을 극진히 부양하는 자식
④ 억압 - 입원 중 간호사에게 아기같은 행동을 하며 불안을 감소시키는 노인
⑤ 반동형성 - 남편이 바람피워 데려온 아이를 싫어함에도 오히려 과잉보호로 키우는 부인

해설
반동형성이란 용납할 수 없는 감정이나 충동을 정반대의 감정이나 행동으로 대체시켜 표현하는 방어기제로, 겉으로 나타나는 태도나 언행이 마음 속의 욕구와 반대인 경우이다.

오답풀이
① **전치(displacement)** 는 실제로 있는 어떤 대상에 향했던 감정 그대로를 다른 대상에 표현하는 것이다.
② **부정(denial)** 은 의식화되면 도저히 감당할 수 없는 어떤 생각, 욕구, 충동, 현실적 존재를 무의식적으로 부정하는 것을 말한다.
③ **보상(compensation)** 은 실제적인 노력이든 상상으로 하는 노력이든 간에 자신의 성격, 지능, 외모 등과 같은 이미지의 결함을 메우려는 무의식적인 노력을 말한다.
④ **퇴행(regression)** 은 잠재적 외상(trauma)이나 실패 가능성이 있는 상황에 처할 때 해결책으로 초기의 발달단계나 행동양식으로 후퇴하는 것이다.

정답 ⑤

064

방어기제에 관한 설명으로 옳은 것은? •15회

① 억압(repression) : 고통스런 생각이나 기억을 감정상태와 분리시키는 것이다.
② 반동형성(reaction formation) : 불합리한 태도, 생각, 행동을 정당한 것으로 그럴 듯한 이유를 붙이는 것이다.
③ 투사(projection) : 자신의 부정적인 충동, 욕구, 감정 등을 타인에게 찾아 그 원인을 전가시키는 것이다.
④ 보상(compensation) : 죄의식을 느끼게 하는 일들을 의식으로부터 무의식으로 밀어내는 것이다.
⑤ 전치(displacement) : 심리적인 갈등이 신체적인 증상으로 나타나는 것이다.

해설
투사(projection)는 받아들일 수 없는 충동이나 욕망 등을 타인의 탓으로 돌리거나 자신의 실패를 남의 탓으로 돌리는 것을 말한다. '잘못되면 조상 탓한다.'라는 속담이 바로 여기에 해당한다.

오답풀이
① 고통스런 생각이나 기억을 감정상태와 분리시키는 것은 **격리(isolation, 분리)**이다. 고통스러웠던 사실은 기억하지만, 감정, 정서는 억압함으로써 지각하지 못하게 된다. **억압(repression)**은 의식에서 용납하기 힘든 생각, 욕망, 충동들을 무의식 속으로 눌러 넣어 버리는 것이다.
② 불합리한 태도, 생각, 행동을 정당한 것으로 그럴 듯한 이유를 붙이는 것은 **합리화(rationalization)**이다. **반동형성(reaction formation)**은 용납할 수 없는 감정이나 충동을 정반대의 감정이나 행동으로 대체시켜 표현하는 방어기제이다.
④ 죄의식을 느끼게 하는 일들을 의식으로부터 무의식으로 밀어내는 것은 **억압(repression)**에 해당된다. **죄의식, 창피 또는 자존심의 손상을 일으키는 경험들**은 고통스러운 불안을 일으키므로 특히 억압의 대상이 된다. **보상(compensation)**은 실제적인 노력이든 상상으로 하는 노력이든 간에 자신의 성격, 지능, 외모 등과 같은 이미지의 결함을 메우려는 무의식적인 노력을 말한다.
⑤ 심리적인 갈등이 신체적인 증상으로 나타나는 것은 **신체화(somatization)**이다. **전치(displacement)**는 실제로 있는 어떤 대상에 향했던 감정 그대로를 다른 대상에 표현하는 것이다.

정답 ③

065

방어기제와 그 예시로 옳지 않은 것은? •22회

① 합리화(rationalization) : 지원한 회사에 불합격한 후 그냥 한 번 지원해본 것이며 합격했어도 다니지 않았을 것이라 생각한다.
② 억압(repression) : 시험을 망친 후 성적발표 날짜를 아예 잊어버린다.
③ 투사(projection) : 자신이 싫어하는 직장 상사에 대해서 상사가 자기를 싫어하기 때문에 사이가 나쁘다고 여긴다.
④ 반동형성(reaction formation) : 관심이 가는 이성에게 오히려 짓궂은 말을 하게 된다.
⑤ 전치(displacement) : 낮은 성적을 받은 이유를 교수가 중요치 않은 문제만 출제한 탓이라 여긴다.

해설
낮은 성적을 받은 이유를 교수가 중요치 않은 문제만 출제한 탓이라 여기는 것은 **투사(projection)**이다. **전치(displacement)**는 어떤 대상이나 사물로 향했던 본능적이고 충동적인 감정을 덜 위험하거나 편안한 대상 혹은 사물로 향하게 하여 긴장을 완화시키는 방어기제이다.

보충설명
① **합리화(rationalization)**는 자신의 언행 속에 숨어있는 용납하기 힘든 충동이나 욕구에 대해 사회적으로 그럴듯한 설명이나 이유를 대는 것이다.
② **억압(repression)**은 의식에서 용납하기 힘든 생각, 욕망, 충동들을 무의식 속으로 눌러 넣어 버리는 것이다.
③ **투사(projection)**는 받아들일 수 없는 충동이나 욕망 등을 타인의 탓으로 돌리거나 자신의 실패를 남의 탓으로 돌리는 것을 말한다.
④ **반동형성(reaction formation)**은 용납할 수 없는 감정이나 충동을 정반대의 감정이나 행동으로 대체시켜 표현하는 것이다.

정답 ⑤

066

프로이트(S. Freud)의 이론에 관한 설명으로 옳지 않은 것은?
· 23회

① 초자아(superego)의 특질은 자아이상(ego ideal)과 양심(conscience)으로 구성된다.
② 프로이트(S. Freud)는 실수행위를 통해 무의식이 작용하는 증거를 파악하였다.
③ 내면화(introjection)는 심리적 갈등이 근육계통의 증상으로 나타나는 방어기제이다.
④ 자아(ego)는 2차적 사고과정과 현실원칙에 의해 지배된다.
⑤ 남자아이는 남근기에 오이디푸스 콤플렉스(Oedipus complex)로 인한 거세불안을 경험한다.

해설
심리적 갈등이 근육계통의 증상으로 나타나는 방어기제는 **전환(conversion)이나 신체화(somatization)**가 있다. 전환은 심리적 갈등이 신체감각기관이나 수의근 계통의 증상으로 표출되는 것을 말하고, 신체화는 심리적 갈등이 감각기관, 수의근계를 제외한 기타 신체부위의 증상으로 표출되는 경우를 말한다. 참고로, 내면화(introjection)는 투사와 반대되는 개념으로 외부의 대상을 자기내면의 자아체계로 받아들이는 방어기제이다. 예를 들어 어머니를 미워하는 감정을 수용할 수 없기 때문에 자기 자신을 미워하는 것으로 대치하는 것을 들 수 있다.

+ 보충설명
① 초자아(superego)는 부모의 상으로부터 발달하는 **자아이상(ego ideal)**과 부모에게서 받은 벌을 통해 형성되는 **양심(conscience)**으로 구성된다.
② 프로이트(S. Freud)는 **무의식이 작용하는 증거로 말 실수, 실수로 잘못 쓴 문장, 글자를 잘못 읽는 것, 행동상의 실수** 등을 들고 있다.
④ **자아(ego)**는 2차적 사고과정을 활용하며 현실원칙에 입각하여 작용된다. 반면에 원초아(id)는 1차적 사고과정을 활용하며 쾌락원칙에 입각하여 작용된다.
⑤ 남근기에 오이디푸스 콤플렉스(Oedipus complex)로 인해 **남아는 거세불안을 여아는 남근선망을 경험**한다. 참고로 프로이트(S. Freud)는 여아에서 나타나는 오이디푸스 콤플렉스를 엘렉트라 콤플렉스(Electra Complex)라고 부르기도 하지만, 남녀 모두 오이디푸스 콤플렉스라고 부른다.

정답 ③

067

프로이트(S. Freud)의 이론이 사회복지실천에 미친 영향으로 옳지 않은 것은?
· 11회

① 무의식적 동기의 중요성을 인식하는데 유용하다.
② 인간 자유의지의 중요성을 인식하는데 유용하다.
③ 유아기 경험의 중요성을 인식하는데 유용하다.
④ 방어기제의 중요성을 인식하는데 유용하다.
⑤ 본능의 중요성을 인식하는데 유용하다.

해설
프로이트 이론은 정신결정론으로 인간은 무의식의 지배를 받는 수동적인 존재이다. 즉 프로이트의 인간관은 매우 비관적이어서 인간은 통제할 수 없는 무의식 속의 본능에 의해 지배당한다고 보면서 **인간의 자유의지를 부정**하였다.

정답 ②

02 에릭슨의 심리사회이론

068 ✓확인 ☐☐☐

에릭슨(E. Erikson)의 이론에 관한 설명으로 옳은 것을 모두 고른 것은?
• 16회

> ㄱ. 각 단계의 발달은 이전 단계의 발달을 토대로 이루어진다.
> ㄴ. 사회문화적 환경이 성격 발달에 영향을 미친다.
> ㄷ. 청소년기의 주요 발달과업은 자아정체감 형성이다.
> ㄹ. 인간의 발달은 전 생애에 걸쳐 일어난다.

① ㄱ, ㄴ   ② ㄱ, ㄷ   ③ ㄷ, ㄹ
④ ㄱ, ㄴ, ㄹ   ⑤ ㄱ, ㄴ, ㄷ, ㄹ

해설
ㄱ. 에릭슨의 발달단계는 점성원칙(epigenetic principle)에 따라 일어난다. 즉, 각 단계의 발달은 이전 단계의 발달을 토대로 이루어진다. 이것은 각 단계의 발달이 전 단계의 심리사회적 갈등 해결과 통합을 토대로 이루어진다는 것이다. **예** 1단계에서 기본적 신뢰감이 발달하지 않으면 부모와 떨어져 독립적으로 자율성과 솔선성(주도성)을 발달시키기 어렵다는 것

ㄴ. 에릭슨은 **사회문화적 환경이 성격의 발달에 지대한 영향을 미친다**고 보았다. 그는 어떤 심리적 현상이라도 반드시 생물학적, 행동적, 경험적, 사회적 요인 간의 상호작용으로 이해해야 한다고 하였다.

ㄷ. 심리사회적 발달단계의 다섯 번째 단계는 **자아정체감 대 정체감 혼란**으로 청소년기인 12~22세 사이에 해당한다. 청소년기에는 신체적 성장과 성적 성숙을 통해 부모로부터 신체적·정신적으로 독립한 청소년은 자신의 내적 자아에 대해 관심을 가지게 된다. 즉 청소년은 자신이 누구이며, 어디로 향해 가고 있으며, 어떻게 자신의 목적에 도달할 것인지에 대해 탐색하면서 집중한다. 청소년이 자신의 역할을 정확히 인식하고 뚜렷한 목적의식을 가지며 자신에 대한 통찰력을 갖게 되면 **자아정체감이 확립**된다.

ㄹ. 프로이트는 인간의 성격발달을 5단계로 나누어 설명하며 그 중에서도 초기 아동의 경험의 중요성을 강조한데 반해, **에릭슨은 인간의 전 생애를 총망라(유아기부터 노년기까지 8단계로 설명)**하고 있을 뿐만 아니라 청소년기의 자아정체감 형성기의 중요성을 강조한다.

정답 ⑤

069 ✓확인 ☐☐☐

에릭슨(E. Erikson)의 심리사회적 발달단계에서 긍정적 결과와 주요관계의 연결이 옳지 않은 것은?
• 17회

① 영아기(0-2세, 신뢰감 대 불신감) : 지혜 - 어머니
② 유아기(2-4세, 자율성 대 수치심과 의심) : 의지 - 부모
③ 학령전기(4-6세, 주도성 대 죄의식) : 목적 - 가족
④ 아동기(6-12세, 근면성 대 열등감) : 능력 - 이웃, 학교
⑤ 청소년기(12-19세, 자아정체감 대 정체감 혼란) : 성실 - 또래집단

해설
영아기(0-2세)의 심리사회적 발달단계는 신뢰감 대 불신감으로, 주요 관계 범위는 어머니가 맞다. 다만, 이 시기 심리사회적 위기를 해결하게 되면, 심리사회적 강점으로 **희망**을 성취할 수 있다고 하였다.

오답풀이
① **지혜**는 심리사회적 발달단계의 마지막 단계인 **자아통합 대 절망**인 노년기(60세 이상)에 심리사회적 위기를 해결하게 되면 성취되는 심리사회적 강점이다.

정답 ①

OIKOS UP — 에릭슨의 심리 사회적 발달단계

에릭슨의 심리사회이론에서는 심리사회 위기와 이러한 위기를 성공적으로 해결한 뒤에 얻게 되는 기본적 강점 또는 자아특질(ego quality)이 형성된다고 보았다. 그는 각각의 위기해결은 긍정적 자아특질과 부정적 자아특질을 동시에 만들어낸다는 것을 인식하고 있다.

생활주기	심리 사회적 위기	기본적 강점	주요 병리
유아기	신뢰감 대 불신감	희망	철퇴(고립)
초기 아동기	자율성 대 수치심	의지력	강박(강박증)
학령전기 (유희기)	솔선성 대 죄의식	목적	생각이나 표현의 억제
학령기	근면성 대 열등감	유능성 (능력)	불활동, 타성(inertia)
청소년기	정체감 대 정체감 혼란	성실성 (충성심)	거절(새로운 역할/가치 거절)
초기 성인기	친밀성 대 소외	사랑	배타성
중장년기	생산성 대 침체	돌봄(배려)	거부(이기주의)
노년기	자아통합 대 절망	지혜	경멸감(모욕감)

070

에릭슨(E. Erikson)과 프로이드(S. Freud)의 발달단계의 연결로 옳은 것은?
· 14회

① 근면성 대 열등감 - 구강기(oral stage)
② 친밀감 대 고립감 - 잠복기(latency stage)
③ 주도성 대 죄의식 - 생식기(genital stage)
④ 자율성 대 수치와 의심 - 항문기(anal stage)
⑤ 정체감 대 정체감 혼란 - 남근기(phallic stage)

해설

에릭슨의 심리사회적 발달단계에서 초기 아동기(2~4세) 자율성 대 수치와 의심은 프로이트의 심리성적 발달단계에서의 항문기에 해당한다.

구 분	에릭슨	프로이트
유아기	신뢰감 대 불신감	구강기
초기 아동기	자율성 대 수치심	항문기
학령 전기 (유희기)	솔선성 대 죄의식	남근기
학령기	근면성 대 열등감	잠복기
청소년기	정체감 대 정체감 혼란	생식기

정답 ④

071

에릭슨(E. Erikson)의 심리사회적 위기와 주요관계가 바르게 연결된 것은?
· 15회

① 자율성 대 수치심 - 교사
② 근면성 대 열등감 - 부모
③ 통합성 대 절망감 - 동료
④ 친밀성 대 고립감 - 리더
⑤ 정체감 대 역할혼미 - 또래집단

해설

청소년기에 해당하는 정체감 대 역할혼미(정체감 혼란)에서 주요관계는 또래 집단, 교사, 지도자, 지도력의 모범을 보이는 사람이다.

심리사회적 위기	주요관계 범위
신뢰감 대 불신감	어머니, 양육자
자율성 대 수치심	부모(아버지), 형제, 양육자
솔선성 대 죄의식	가족(조부모를 포함)
근면성 대 열등감	이웃, 학교(친구, 교사)
정체감 대 정체감 혼란	또래 집단, 클럽 및 조직, 종교집단, 교사, 지도자(리더), 지도력의 모범을 보이는 사람
친밀성 대 소외	우정, 애정, 성, 경쟁, 협동의 대상들
생산성 대 침체	동료, 직장과 확대가족
자아통합 대 절망	가까운 친척, 인류, 동족

오답풀이
① 교사는 근면성 대 열등감에 해당한다.
② 부모는 자율성 대 수치심에 해당한다.
③ 동료는 생산성 대 침체에 해당한다.
④ 리더는 정체감 대 역할혼미에 해당한다.

정답 ⑤

03 융의 분석심리이론

072 ☑확인 ☐☐☐

융(C. Jung) 이론의 주요 개념으로 옳지 않은 것은? · 12회

① 페르소나는 자아의 가면으로 개인이 외부에 보이는 이미지이다.
② 음영은 인간의 정신에 존재하는 보편적이고 근원적인 핵이다.
③ 아니무스는 무의식 속에 존재하는 여성의 남성적 측면이다.
④ 자기(self)는 성격의 중심으로 통일성과 안정성을 제공한다.
⑤ 리비도는 인생 전반에 작동하는 생활에너지이다.

해설
음영(shadow)은 **자아나 자기상(self-image)과는 반대되는 개념**으로, 우리 자신이 용납하기 힘든 특징과 감정으로 구성된다. 인간정신의 근저에 존재하는 보편적이고 근원적인 핵은 **원형(原型, Archetype)**이다.

✗오답풀이
① **페르소나(persona, 문화의 가면을 쓴 자아)**는 개인이 사회적 요구들에 대한 반응으로서 밖으로 내놓은 공적 얼굴(사회적 모습)이다. 즉, 사회가 개인에게 요구하는 규범, 사명이나 본분, 윤리를 의미하는 우리말의 체면, 얼굴과 낯에 해당하는 것이다.
③ 남성의 내부에 있는 여성성, 즉 남자의 여성적인 면을 **아니마(anima)**, 여성 내부에 있는 남성성, 즉 여자의 남성적인 면은 **아니무스(animus)**라고 명명했다.
④ **자기(self)**는 성격의 주인으로서, 의식과 무의식 사이의 균형을 유지하고 모든 부분을 통일하고 일체성을 부여한다.
⑤ 프로이트의 리비도 개념을 넓혀 리비도가 생물학적, 성적, 사회적, 문화적, 창조적 모든 형태의 활동에 에너지를 제공하는 전반적인 생명력을 의미한다고 보았다.

정답 ②

073 ☑확인 ☐☐☐

융(C. Jung)의 분석심리이론에 관한 설명으로 옳지 않은 것은? · 16회

① 인간은 생물학적, 심리적, 사회문화적 존재이다.
② 인간은 자신의 일부로 받아들이기 꺼리는 그림자(shadow)를 가지고 있다.
③ 집단무의식을 '조상 대대로의 경험의 침전물'로 보았다.
④ 남자의 여성적인 면을 '아니무스(animus)', 여자의 남성적인 면은 '아니마(anima)'이다.
⑤ 페르소나(persona)는 개인이 외부에 표출하는 이미지 혹은 가면을 의미한다.

해설
융은 인간은 본질적으로 **양성동물**이라고 표현했다. 즉 인간이 남성호르몬과 여성호르몬을 모두 분비하므로 생물학적 의미로 양성의 성질을 가지며, 심리적으로도 인간이 양성적 특징을 갖고 있다고 보았다. 남성의 내부에 있는 여성성, 즉 남자의 여성적인 면을 아니마(anima), 여성 내부에 있는 남성성, 즉 여자의 남성적인 면은 아니무스(animus)라고 명명했다.

＋보충설명
② **그림자(shadow, 음영)**는 개인의 의식적 자아와 상충되는 무의식적 측면으로, 자신이 용납하기 어려운 특징과 감정들로 구성되어 있다. 대체적으로 인간의 어둡거나 사악한 측면을 나타내는 원형으로, 자아가 자신의 **일부로 받아들이기를 꺼리는** 것들이다.
③ 집단무의식은 사람들이 역사와 문화를 통해 공유해 온 모든 정신적 자료의 저장소로, '조상 대대로의 경험의 침전물'로 보았다. 집단무의식을 구성하는 것은 다양한 원형이며, 인류가 사랑과 증오, 어린이, 부모, 노인, 신과 악마, 탄생과 죽음, 남성과 여성 등에 대해 느끼고, 생각하고, 행동해온 모든 것들이 침전된 것이 바로 원형이다.

정답 ④

074

융(C. Jung)의 이론에 관한 설명으로 옳은 것은? · 18회

① 남성의 여성적인 면은 아니무스(animus), 여성의 남성적인 면은 아니마(anima)이다.
② 원초아(id), 자아(ego), 초자아(super-ego)의 중요성을 강조한다.
③ 음영(shadow)은 자기나 자아상과 같은 개념으로 인간의 어둡고 동물적인 측면이다.
④ 페르소나(persona)는 개인이 외부 세계에 보여주는 이미지이며, 사회적 요구에 대한 반응이다.
⑤ 집단무의식(collective unconscious)은 다양한 콤플렉스에 기초한다.

해설
페르소나(persona)는 개인의 사회적 요구들에 대한 반응으로서 밖으로 내놓은 공적 얼굴(사회적 모습)로, 개인이 외부세계에 내보이는 이미지이다.

오답풀이
① 남자의 여성적인 면을 **아니마(anima)**, 여자의 남성적인 면은 **아니무스(animus)**이다.
② 원초아(id), 자아(ego), 초자아(super-ego)의 중요성을 강조한 것은 **프로이드(S. Freud)의 이론**이다.
③ 음영(shadow)은 **자아나 자기상(self-image)과는 반대되는 개념**으로 인간성격의 어둡거나 사악한 동물적 본능으로 이루어져 자아가 자신의 일부로 받아들이기를 꺼리는 것들이다.
⑤ **개인무의식(personal unconsciousness)**은 정서적 색채가 강한 관념과 행동적 충동이라고 하는 콤플렉스를 중심으로 모여 있다.

정답 ④

075

융(C. Jung)이 제시한 성격특성에 관한 설명으로 옳은 것을 모두 고른 것은? · 17회

㉠ 외향형 : 정신에너지(리비도)가 외부세계를 향하고 있다.
㉡ 감정형 : 구체적이고 사실적인 측면에 초점을 두고 매우 일관성 있는 현실수용을 중시한다.
㉢ 사고형 : 객관적인 진실과 원리원칙에 의해 판단하며 논리적, 분석적이고 규범과 기준을 중시한다.
㉣ 직관형 : 미래의 가능성과 육감에 초점을 두어 변화와 다양성을 중시하며 이성을 필요로 한다.

① ㉠, ㉢　　② ㉡, ㉣　　③ ㉠, ㉡, ㉢
④ ㉡, ㉢, ㉣　　⑤ ㉠, ㉡, ㉢, ㉣

해설
㉠ 융은 자아의 태도를 외향성과 내향성으로 구분했다. **외향성은 정신에너지(리비도)가 객관적인 외부 세계를 지향하고 있으며, 내향성은 정신에너지(리비도)가 주관적 세계를 지향하고 있다.**
㉢ 사고 기능은 관념이며 지적인 기능으로 이 기능에 의해 인간은 세계와 자신의 본질을 이해하려고 힘쓴다. 따라서 **사고형의 사람은 객관적인 진실과 원리원칙에 의해 판단하며 논리적, 분석적이고 규범과 기준을 중시한다.**

오답풀이
㉡ 구체적이고 사실적인 측면에 초점을 두고 매우 일관성 있는 현실수용을 중시하는 것은 **감각형**이다. **감각 기능**은 지각적 또는 현실적 기능으로 이것은 외계의 구체적 사실들이나 표상을 낳기 때문이다. **감정 기능**은 주체의 입장에서 사물의 가치를 평가하는 것으로 인간에게 유쾌, 고통, 분노, 공포, 비애, 즐거움, 그리고 사랑 따위의 주관적 경험을 준다. 따라서 **감정형의 사람**은 객관적 진실에 관심을 가지는 사고형과 달리 사람과의 관계, 보편적 선 따위에 관심을 가지며 원칙보다 상황적·우호적 판단을 한다.
㉣ 직관 기능은 무의식적 과정과 잠재적 내용들에 의한 지각기능이다. 따라서 **직관형의 사람은 미래의 가능성과 육감에 초점을 두어 변화와 다양성을 중시한다. 감각과 직관은 비합리적 기능으로 이성을 필요로 하지는 않는다.**

정답 ①

076

융(C. Jung)의 이론에 관한 설명으로 옳은 것은? ・22회

① 정신분석(psychoanalysis)이론이라 불린다.
② 사회적 관심과 활동수준을 기준으로 심리적 유형을 8가지로 구분하였다.
③ 발달단계에 관하여 언급하지 않았다는 특징을 지니고 있다.
④ 개성화(individuation)를 통한 자기실현과정을 중요시하였다.
⑤ 성격형성에 있어서 창조적 자기(creative self)의 역할을 강조하였다.

해설

융은 성격의 궁극적인 목표는 자기실현(self-actualization)이며, 자기실현을 위해서는 성격이 개성화(individuation)를 통해 충분히 발달되어야 한다고 보았다. 개성화란 중년기에 자아를 외적, 물질적 차원으로부터 내적, 정신적 차원으로 전환시키는 것을 말한다.

✕ 오답풀이

① 프로이트(Freud)의 이론은 정신분석(psychoanalysis)이론이라 불리며, 융의 이론은 분석심리학(analytical psychology)이라 불린다.
② 융은 자아의 태도(외향성과 내향성)와 자아의 심리적 기능(사고, 감정, 직관, 감각)을 조합하여 심리적 유형을 8가지로 구분하였다. 사회적 관심과 활동수준을 기준으로 4가지 생활양식 유형으로 구분한 것은 아들러(A. Adler)이다.
③ 융은 생애주기를 아동기, 청소년와 성인기, 중년기, 노년기로 구분하였다. 참고로 아들러(A. Adler)는 발달단계에 관하여 언급하지 않았다.
⑤ 성격형성에 있어서 창조적 자기(creative self)의 역할을 강조한 것은 아들러(A. Adler)이다.

정답 ④

04 아들러의 개인심리이론

077

아들러(A. Adler)의 이론에 관한 설명으로 옳은 것은? ・11회

① 우월의 목표에 긍정적 경향과 부정적 경향 모두가 포함될 수 있다.
② 개인은 환경을 객관적으로 파악하고 객관적 믿음에 따라 행동한다.
③ 치료목표는 증상의 경감이나 제거에 있다.
④ 기본적인 생활양식은 4~5세에 형성되며 그 이후 지속적으로 변화한다.
⑤ 인간은 자신의 삶을 스스로 만들어 나가기 어려운 의존적 존재이다.

해설

우월의 목표는 파괴적 경향이나 건설적 경향을 모두 취할 수 있다. 긍정적 경향은 사회적 관심이나 다른 사람의 행복을 지향하는 이타적 목표이고, 부정적인 경향은 개인적인 우월성을 추구하는 자기 존중, 권력, 개인적 허세와 같은 이기적인 목표라고 보았다.

✕ 오답풀이

② 개인은 환경을 주관적으로 파악하고, 이러한 주관적 신조나 믿음에 따라 행동한다.
③ 증상이나 경감의 제거보다는 기본적인 삶의 전제를 수정하고 왜곡된 삶의 동기를 수정하는 데 초점을 둔다.
④ 생활양식은 4~5세경에 거의 형성되며, 그 이후에는 커다란 변화가 일어나지 않고 어릴 때 정착된 기본구조의 개정이나 확대만 이루어진다고 보았다.
⑤ 유전, 문화적 압력이나 본능적 욕구는 발달에 영향을 미치는 요인이긴 하지만 대부분의 발달은 개인의 능동적 선택에 의하여 이루어진다.

정답 ①

078

아들러(A. Adler) 이론에 관한 설명으로 옳지 않은 것은?

· 13회

① 인간행동의 객관성과 보편성을 강조한다.
② 인간을 하나의 통합된 유기체로 인식한다.
③ 출생순위는 생활양식 형성에 영향을 미친다.
④ 사회적 관심은 선천적이지만 의식적인 개발을 필요로 한다.
⑤ 개인의 성장과 발달은 열등감을 극복하려는 시도에서 나온다.

해설

아들러는 인간을 현실에 대한 주관성을 지닌 존재로 보았다. 즉 개인의 일상적 삶의 모습은 객관적 사실에 근거하여 이루어지는 것이 아니라 개인이 그 사실을 어떻게 지각하고 어떻게 반응하는가에 따라 달라질 수 있다고 보았다. 또한 인간은 미래에 대한 자신만의 목표를 갖고 있고, 이 목표를 달성하기 위해 노력하는 존재로 여겼다.

보충설명

② 정신분석과 같이 원초아, 자아, 초자아와 같이 나누는 것이 아니라 **인간이 통일되고 자아 일치된 유기체로 정신과 육체가 통합된 존재**로 보았다. 참고로 개인심리학에서 '개인(individual)'이라는 말은 '나누어질 수 없다(indivisible)'에서 나온 것으로 **인간을 정신과 신체 혹은 각종 정신기능 따위로 분리하지 않고 하나의 통합된 유기체**로 보는 것이다.
③ 인간이 사회적 존재임을 강조하고, 특히 **가족 내에서의 출생순위에 따라 또는 출생순위에 따른 상황을 아동이 어떻게 바라보느냐에 따라 성격 형성에 중요한 영향을 미친다**고 보았다.
④ **사회적 관심은 선천적으로 타고나지만 계속 훈련되어야 한다**고 보았는데, 태어나서 1차적으로는 어머니에 의해 그리고 가족구성원, 학교에 의해 발달한다.
⑤ 우월을 향한 노력, 즉 개인의 성장과 발달은 열등감을 보상하려는 욕구에서 나온다. **열등감은 모든 사람들에게 더 발전하고자 하는 노력을 하게 만드는 추진력**이 된다고 하였다.

정답 ①

079

아들러(A. Adler)의 이론에 관한 설명으로 옳지 않은 것은?

· 19회

① 개인이 지닌 창조성과 주관성을 강조한다.
② 위기와 전념을 기준으로 생활양식을 4가지 유형으로 구분하였다.
③ 열등감은 모든 인간이 지닌 보편적인 감정이다.
④ 사회적 관심은 선천적으로 타고 나는 것이다.
⑤ 개인이 추구하는 목표는 현실에서 검증하기 어려운 가상적 목표이다.

해설

아들러는 사회적 관심과 활동수준을 기준으로 생활양식을 4가지 유형(지배형, 기행형, 도피형, 사회적 유용형)으로 구분하였다.

보충설명

① 아들러는 심리이론에서 우연성이나 결정론은 있을 수 없는 것이라는 점을 강조하면서, 각 **개인의 성격은 자신의 주관적 선택에 의해 창조**된다고 보았다.
③ **열등감(inferiority feeling)은 모든 인간이 지닌 보편적인 감정**으로, 누구나 어떤 측면에서 열등감을 느끼고 있다.
④ **사회적 관심(social interest)은 선천적으로 타고 나는 것이지만 의식적인 개발을 필요로 한다**고 보았다.
⑤ 개인이 추구하는 궁극적 목적은 현실에서 결코 검증되거나 확인할 수 없는 **가상적 목표(fictional finalism)**라고 했다.

정답 ②

080

아들러(A. Adler)의 이론에 관한 설명으로 옳지 않은 것은?

· 23회

① 인간은 사회적 관심에 의해 동기화된다.
② 출생순위는 성격형성에 영향을 준다.
③ 우월에 대한 추구는 선천적으로 타고 나는 것이다.
④ 성격유형을 태도와 기능의 조합에 따라 구분했다.
⑤ 가상적 목표(fictional finalism)는 어려움에 부딪힐 때 효과적으로 대처하는데 도움이 된다.

해설

성격유형을 **사회적 관심과 활동수준의 조합**에 따라 구분했다. 즉, 아들러는 **사회적 관심과 활동수준을 기준**으로 성격유형(생활양식)을 4가지 유형(지배형, 기행형, 도피형, 사회적 유용형)으로 구분하였다. 성격유형을 자아의 태도와 자아의 기능의 조합에 따라 구분한 것은 **융(C. Jung)**이다.

+ 보충설명

① 아들러는 프로이트와 달리 인간이 성적 충동보다 **사회적 충동에 의해 주로 동기화**된다고 주장하였다. 즉 아들러는 인간은 사회의 이익을 위해서 개인적 이익을 포기하는 **선천적인 사회적 본능에 의해 동기화**된다고 생각했다.
② 아들러는 가족성원간의 정서적 유대, 가족의 크기, 가족의 성적 구성, 출생순위, 가족역할 모델 등을 포함하는 가족분위기가 성격발달에 지대한 영향을 미친다고 보았으며, 이와 같은 복합적인 개념인 **가족형상 중에서 출생순위를 매우 중시**하였다.
③ 아들러는 **우월이나 완성을 향한 추구의 동기는 선천적으로 타고나는 것**으로 보았으며, 이는 출생 시 실재가 아닌 잠재력으로 존재하는 것이어서 자기 나름으로 현실화하는 것은 각 개인에 달려있다고 보았다.
⑤ 개인의 가상적 목표는 현실에 효과적으로 대처하는 데 큰 도움이 된다. 예를 들어 "노력하면 뜻한 바를 이룰 수 있다"라는 목적은 어려움에 부딪혔을 때 유용하고 건전한 노력을 하게 할 수 있다.

정답 ④

081

아들러(A. Adler)의 생활양식 유형 중 '지배형'에 관한 설명으로 옳은 것은?

· 15회

① 사회적 관심이 적고 활동수준이 높아 독단적이고 공격적이며 자신의 욕구를 충족시킨다.
② 사회적 관심과 활동수준이 높아 자신과 타인의 욕구를 동시에 충족시키며 인생과업을 완수한다.
③ 사회적 관심과 활동수준이 낮은 유형으로 성공보다 실패하는 것을 더 두려워한다.
④ 기생적인 방법으로 외부세계와 관계를 맺으며 다른 사람에게 의존하여 자신의 욕구를 충족시킨다.
⑤ 사회적 관심이 많고 활동수준이 낮으며 타인의 안녕에 관심이 많다.

해설

지배형(the ruling type)은 부모가 지배하고 통제하는 독재형으로 자녀를 양육할 때 나타나는 생활양식으로, 사회적 관심이 낮고 활동수준이 높다. 타인에 대한 관심이 부족하여 독단적이고, 공격적이며, 다른 사람을 지배하고 상처를 주며 착취함으로써 자신의 우월성을 성취하려 한다.

생활양식유형	사회적 관심	활동수준
지배형	↓ (낮음)	↑ (높음)
기생형	↓	(중간수준)
도피형	↓	↓
사회유용형	↑	↑

✗ 오답풀이

② 사회적 관심과 활동수준이 모두 높은 유형은 **사회유용형(the socially useful type)**으로, 가장 건강한 유형이다. 이들은 인생과업을 해결하기 위해 기꺼이 다른 사람과 협조하고 그들의 활동은 타인에게 도움이 되며 인류의 이익을 위해 협동할 준비가 되어 있다.
③ 사회적 관심과 활동수준이 모두 낮은 유형은 **도피형(the avoiding type, 회피형)**으로, 삶의 문제에 대하여 직면하여 해결하기보다는 실패의 가능성을 없애기 위해 실제생활에서 참여하지 않으며 회피한다.
④ **획득형(the getting type, 기생형)**은 다른 사람에게 의존하여 대부분의 욕구를 충족하는 유형으로, 할 수 있는 한 많은 것을 소유하려 하고 타인에게 모든 것을 요구하면서도 자신의 것을 양보하려 하지 않는다.
⑤ **사회유용형**은 사회적 관심이 많고 **활동수준이 높으며** 타인의 안녕에 관심이 많다. 즉 타인의 복지에 기여하려는 의지를 갖고 있다.

정답 ①

제9장 행동주의 이론

김진원 Oikos 사회복지사 1급

제1영역 : 인간행동과 사회환경

01 초기 행동주의 이론

082

파블로프(I. Pavlov)의 실험에서 음식을 벨소리와 연합하여 여러 번 제시하자 개는 음식없이 벨소리만 듣고도 타액을 분비하였다. 고전적 조건화와 실험의 연결이 옳은 것을 모두 고른 것은?

· 10회

> ㉠ 무조건 자극 - 음식 제시
> ㉡ 무조건 반응 - 음식 제시 후 타액 분비
> ㉢ 조건 자극 - 벨소리
> ㉣ 조건 반응 - 벨소리만으로도 타액 분비

① ㉠, ㉡, ㉢   ② ㉠, ㉢   ③ ㉡, ㉣
④ ㉣   ⑤ ㉠, ㉡, ㉢, ㉣

해설

파블로프의 고전적 조건형성은 다음과 같다. 개에 대한 실험에서 개의 입에 고기조각(무조건적인 자극, unconditioned stimulus)을 넣으면 항상 침(무조건적 반응, unconditioned response ; 학습되지 않은 반응)을 분비하게 된다는 것을 발견한다. 고기를 주기 전에 매회 종을 울리면, 후에 종소리(조건적인 자극, conditioned stimulus)만 듣고도 침을 흘린다(조건화된 반응, conditioned response). 종소리는 원래 타액분비와는 관계가 없는 중성자극(neutral stimulus)이기 때문에 단지 종소리만으로는 개가 침을 흘리지 않으나, 중성자극을 1차적인 유발자극과 연결시켜서 개에게 투입함으로써 중성자극에도 타액을 분비하는 반응이 유발된다. 중성자극에 반응유발능력을 가지게 하여 조건자극으로 변화시키는 과정이 고전적 조건화이다.

정답 ⑤

083

쥐를 전혀 두려워하지 않는 아동에게 쥐를 보여주는 동시에 큰 소리를 내어 공포를 갖게 하는 것을 반복하면, 이후 아동은 쥐만 보아도 공포심을 느끼게 된다. 이 실험은 어떤 원리에 의해 이루어진 것인가?

· 9회

① 도구적 조건화   ② 조작적 조건화
③ 고전적 조건화   ④ 대리적 조건화
⑤ 강화적 조건화

해설

파블로프가 동물을 대상으로 실시한 조건형성을 인간에게도 적용할 수 있음을 최초로 보여준 사람이 왓슨(John Watson)이다. 왓슨은 그의 연구 조교인 레이너와 '앨버트에게 공포반응 조건형성하기' 실험에서 인간의 정서도 조건형성될 수 있음을 입증하였다. 즉, 11개월 된 앨버트(Albert)의 정서적 공포반응을 조건화시켰다.

정답 ③

02 스키너의 학습이론

084

다음 상황이 설명하는 개념은? · 12회

> 스키너의 상자에서 흰쥐는 계속 움직이면서 환경탐색을 하다가 우연히 지렛대를 눌러 먹이가 먹이통에 떨어지는 것을 보고, 지렛대를 누르는 행동을 계속하게 된다. 이때 먹이로 인하여 지렛대를 누르는 행동이 증가된다.

① 조작적 조건화 ② 고전적 조건화
③ 모방 ④ 소거
⑤ 처벌

해설
스키너는 이전의 고전 행동주의자(Pavlov와 Thorndike)의 조건화 이론을 고전적(또는 반응적) 조건화와 도구적(또는 조작적) 조건화로 분류한 뒤, 이 두 이론을 체계화시켜 행동주의 심리학의 입장을 확고하게 만든 학자이다. **조작적 조건화는 인간이 환경적 자극에 능동적으로 반응하여 나타내는 행동인 조작적 행동을 설명하는 것으로, 즉, 모든 다른 조건이 동일하다면 강화된 행동은 반복되는 반면 비강화되거나 처벌받은 행동은 반복되지 않거나 소거되는 경향을 말한다.**

정답 ①

085

스키너(B. F. Skinner)의 이론에 관한 설명으로 옳은 것은? · 14회

① 인간행동은 내적인 동기에 의해 강화된다.
② 조작적 행동보다 반응적 행동을 중요시한다.
③ 인간행동에 대한 환경의 결정력을 강조한다.
④ 자기효율성을 성취하기 위해 행동을 규제한다.
⑤ 인간은 자신의 행동을 통제할 수 있는 힘을 가지고 있다.

해설
스키너의 이론은 인간의 행동에 대한 환경의 결정론을 지나치게 강조한다. 즉 인간의 행동은 환경적 자극에 의해 동기화되며, 그것에 따르는 강화에 의해 전적으로 행동의 빈도와 강도가 결정된다.

오답풀이
① 인간행동에 영향을 미치는 인간의 내적인 동기를 부정한다.
② 반응적 행동보다 조작적 행동을 중요시한다. 즉 인간이 성장하면서 고전적 조건반응보다 조작적 조건반응인 행동을 주로 하는 것을 주목하였다. 참고로 반응적 행동은 구체적 자극에 의해 유발되는 구체적 행동으로 고전적 조건화에 의해 수동적 반응으로 형성된 것이다. 반면 조작적 조건화에 의해 인간이 환경적 자극에 능동적으로 반응하여 나타나는 행동이 조작적 행동이다. 이는 환경을 조작해서 어떤 결과를 가져오도록 하는 행동이다.
④ 인간행동에 대한 기본가정으로 '인간은 자기효율성을 성취하기 위해 행동을 규제할 수 있다.'고 보는 것은 반두라의 사회학습이론이다.
⑤ 스키너는 '인간은 자신의 행동을 통제할 수 있는 힘이 없다.'고 가정한다.

정답 ③

086

스키너(B. Skinner)의 이론에 관한 설명으로 옳은 것은?
• 19회

① 행동조성(shaping)은 복잡한 행동의 점진적 습득을 설명하는 개념이다.
② 조작적 행동보다 반응적 행동을 강조한다.
③ 변동간격계획은 평균적으로 일정한 수의 반응이 일어난 후에 강화물을 제공하는 것을 말한다.
④ 인간행동은 인간이 지닌 자유의지의 결과이다.
⑤ 부적 강화는 특정 행동의 빈도를 감소시키는 효과를 지닌다.

해설

행동조성(shaping)은 복잡한 행동이나 기술을 학습시키는 데 매우 유용한 방법으로, 기대하는 반응이나 행동을 학습할 수 있도록 기대에 부응하는 행동에 대해서 강화를 함으로써 행동을 점진적으로 만들어가는 것이다.

오답풀이

② 스키너는 인간의 행동을 반응적 행동과 조작적 행동으로 구분하였으며, 반응적 행동보다 **조작적 행동을 강조**한다. 즉 인간이 성장하면서 고전적 조건반응보다 조작적 조건반응인 행동을 주로 하는 것을 주목하였다.
③ 평균적으로 일정한 수의 반응이 일어난 후에 강화물을 제공하는 것은 **고정비율계획**이다. 변동간격계획(가변간격계획)은 일정한 시간의 한도 내에서 강화를 주는 시간 조정을 다양하게 하는 것이다.
④ 스키너는 자율적인 인간이란 존재할 수 없다고 주장하면서 **인간의 자기결정과 자유의 가능성을 완전히 배제**하고 있다. 즉 인간행동에 대한 환경결정론적 가정으로 인간은 자신의 행동을 통제할 수 있는 힘이 없다고 보았다.
⑤ 부적 강화는 강화에 해당되기 때문에 특정 행동의 빈도를 증가시키는 효과를 지닌다. 즉 **부적 강화는 뒤따르는 혐오자극을 제거함으로써 반응의 빈도를 높이는 것이다.

정답 ①

087

숙제하지 않는 행위를 감소시키기 위해, 숙제를 하지 않은 학생의 핸드폰을 압수하는 방법으로 행동을 수정하려고 한다. 이에 해당하는 기법은?
• 9회

① 부적 강화   ② 부적 처벌
③ 대리학습   ④ 행동조성
⑤ 모델링

해설

반응 혹은 행동을 감소(숙제를 하지 않는 행위를 감소시키는 것은 처벌로서, 과정상 기쁨이나 만족을 주는 것을 제거(핸드폰을 압수하는 방법)하는 것이므로 **부적 처벌**에 해당한다.

정답 ②

OIKOS UP 강화와 처벌의 차이

과정	결과	강화 반응 혹은 행동의 증가	처벌 반응 혹은 행동의 감소
정적	제공	• 정적 강화물: 음식, 고기덩어리, 칭찬, 상, 안아주기 등	• 정적 처벌물: 전기쇼크, 신체적 고통, 야단치기 등
부적	제거	• 부적 강화물: 고통스러운 결과를 줄 수 있는 것을 없애줌	• 부적 처벌물: 기쁨이나 만족을 주는 것을 제거시킴.

088

스키너(B. F. Skinner)의 강화에 관한 설명으로 옳은 것은?
· 10회

① 부적 강화의 예로 처벌을 들 수 있다.
② 1차적 강화물은 미소, 칭찬, 점수 등이다.
③ 가변비율 강화계획의 예로 월급을 들 수 있다.
④ 고정간격 강화계획은 반응에 대해 일정한 시간이 지난 후 강화를 주는 것이다.
⑤ 반응율이 높은 강화계획 순서는 가변간격, 고정간격, 가변비율, 고정비율 순이다.

해설

고정간격 강화계획은 특별히 정해진 시간 간격에 따라 강화를 주는 것으로, 예를 들어 10분 안에 다섯 번의 강화를 준다면 매 2분마다 강화를 제공하는 형태이다.

✗ 오답풀이

① 강화에는 긍정적 보상에 의해 뒤따르는 반응의 빈도를 높이는 '**정적 강화(positive reinforcement)**'와 뒤따르는 혐오자극을 제거함으로써 반응의 빈도를 높이는 '**부적 강화(negative reinforcement)**'가 있다.
② **1차적 강화물**은 그 자체로 생리적 만족을 줄 수 있는 강화물로, 예를 들어 배고픈 사람에게 음식을 주는 것에서 음식은 그 자체로 충분한 강화물이 될 수 있다. 반면에 **2차적 강화물(조건적 강화물)**은 1차적 강화물과 연결됨으로써 강화력을 가지게 된 자극을 말하는 것으로, 예를 들어 배고픈 아이에게 음식을 주면서 보여주는 엄마의 웃음 또는 지원의 표시이다.
③ **월급은 고정간격 강화계획에 해당한다. 가변비율 강화계획**은 특정한 반응이 나타날 때마다 강화를 주지만 반응의 빈도를 고정적으로 하지 않고 빈도를 다양하게 정하여 그 빈도에 따라 강화를 주는 것으로 **도박**을 들 수 있다.
⑤ 강화계획은 반응을 나타내는 비율에 영향을 주는데, 최고 높은 비율의 반응을 발생시키는 강화계획의 순서는 **변수비율 강화계획, 고정비율 강화계획, 변수간격 강화계획, 그리고 고정간격 강화계획의 순**이다.

정답 ④

089

스키너(B. Skinner)의 조작적 조건형성을 위한 강화 계획 중 '가변(변동)간격 강화'에 해당하는 사례는?
· 20회

① 정시 출근한 아르바이트생에게 매주 추가수당을 지급하여 정시 출근을 유도한다.
② 어린이집에서 어린이가 규칙을 지킬 때마다 바로 칭찬해서 규칙을 지키는 행동이 늘어나도록 한다.
③ 수강생이 평균 10회 출석할 경우 상품을 1개 지급하되, 출석 5회 이상 15회 이내에서 무작위로 지급하여 성실한 출석을 유도한다.
④ 영업사원이 판매 목표를 10%씩 초과 달성할 때마다 초과 달성분의 3%를 성과급으로 지급하여 의욕을 고취한다.
⑤ 1년에 6회 자체 소방안전 점검을 하되, 불시에 실시하여 소방안전 관리를 철저히 하도록 장려한다.

해설

가변(변동)간격 강화는 일정한 시간의 한도 내에서 강화를 주는 시간 조정을 다양하게 하는 것이다. 1년이란 시간의 한도 내에서 6회 자체 소방안전 점검을 하되, 불시에 실시한다는 것은 다양하게 시간 조정을 하는 것이므로 가변(변동)간격 강화에 해당된다.

✗ 오답풀이

① 매주마다 추가수당을 지급하는 것은 정해진 시간 간격에 따라 강화를 주는 것이므로, **고정간격 강화**에 해당한다. 이와 같이 고정간격 강화를 실시하면, 강화를 제공하는 시간이 임박하면 강화받는 행동이 극대화된다.
② 어린이집에서 어린이가 규칙을 지킬 때마다 바로 칭찬한 것은 반응이 있을 때마다 강화를 주는 **연속적(지속적) 강화**에 해당한다.
③ 수강생이 출석하는 반응이 나타날 때 상품을 지급하는 것을 통해 간격이 아닌 비율임을 알 수 있다. 평균 10회 출석할 경우 상품을 1개 지급하되, 출석 5회 이상 15회 이내에서 무작위로 지급하였으므로 **가변(변동)비율 강화**에 해당한다.
④ 영업사원이 판매 목표를 10%씩 초과 달성하는 반응빈도를 보일 때마다 초과 달성분의 3%를 성과급으로 지급는 것이므로 **고정비율 강화**에 해당한다.

정답 ⑤

03 반두라의 사회학습이론

090 ✓확인 ☐☐☐

반두라(A. Bandura)의 사회학습이론으로 옳지 않은 것은?

• 18회

① 자기강화란 자기 스스로 목표한 일을 달성하고 자신에게 강화물을 주어서 행동을 유지하고 변화해 나가는 과정이다.
② 자기효능감은 자신이 바라는 목적을 이루기 위해 특정 행동을 성공적으로 수행할 수 있다는 신념이다.
③ 관찰학습은 단순한 환경적 자극에 대한 반응을 통하여 행동을 학습하는 것이 아니라 타인의 행동을 관찰함으로써 행동을 습득하는 것이다.
④ 관찰학습의 마지막 단계는 운동재생단계이다.
⑤ 인간의 성격은 개인적, 행동적, 환경적 요소들 간의 지속적인 상호작용에 의하여 발달한다.

해설
관찰학습의 과정은 주의집중단계 → 기억유지과정 → 운동재생단계 → 동기화 단계로, 관찰학습의 마지막 단계는 **동기화 단계**이다.

+ 보충설명
⑤ 반두라는 이를 **상호결정론**이라고 하였다. 환경이 아동의 성격과 행동을 조성한다는 스키너의 연구와 달리, 반두라는 개인, 행동, 환경 간 관계가 양방향적이라고 주장한다.

정답 ④

091 ✓확인 ☐☐☐

반두라(A. Bandura)의 이론에 관한 설명으로 옳지 않은 것은?

• 19회

① 학습은 사람, 환경 및 행동의 상호작용에 의해 이루어짐을 강조한다.
② 특정행동을 성공적으로 수행할 수 있다는 신념을 강조한다.
③ 개인이 지닌 인지적 요인의 영향력을 강조한다.
④ 관찰학습의 첫 번째 단계는 동기유발과정이며, 학습한 내용의 행동적 전환을 강조한다.
⑤ 인간은 스스로 자신의 행동을 강화할 수 있음을 강조한다.

해설
관찰학습의 첫 번째 단계는 **주의과정**(attention process, 주의 집중 단계)이며, 동기유발과정은 마지막 단계이다. 학습한 내용의 행동적 전환을 강조하는 것은 **행동적 재현과정**(motor reproduction process, 운동재생 단계)이다.

+ 보충설명
① 학습은 사람(Person), 환경(Environment) 및 행동(Behavior)의 상호작용에 의해 이루어진다고 보았으며 이를 **상호결정론**이라고 하였다. **사람(P)**은 인지와 지각을 통하여 그 상황을 분석하여 어떤 행동을 선택할 것인지 결정하며, **환경(E)**은 사람이 행동하는 상황을 제공하고, **행동(B)**은 사람의 상황분석과 관련된 정보를 제공하고 그 환경을 수정한다.
② 특정행동을 성공적으로 수행할 수 있다는 신념인 **자기효능감**(self-efficacy)을 강조한다.
③ 전통적 행동주의 관점에 인지적 접근을 추가하여, 개인이 지닌 인지적 요인의 영향력을 강조한다.
⑤ 인간은 스스로 자신의 행동을 강화할 수 있다는 개념인 **자기 강화**(self-reinforcement)를 강조한다.

정답 ④

092

부모가 자녀에게 "너는 할 수 있다." 확신을 주게 되면 자녀는 스스로 그 과업을 잘 해결해 나갈 수 있다는 신념을 가지면서 과업수행에 더 많은 노력을 기울이게 된다. 이는 다음 중 어떤 개념에 해당하는가?
· 7회

① 동일시
② 자기효능감
③ 자기언어
④ 자기규제
⑤ 행동형성

해설

자기효능감(self-efficacy, 자기효율성)은 개인이 특별한 상황에서 자신의 행동능력에 대한 믿음을 말한다. 자기효능감에 대한 지각이 개인이 추구하거나 피하려고 선택하는 활동에 영향을 미쳐서 결과적으로 그가 누구인지, 그가 무엇이 될 것인지를 결정한다. 자기효능감(self-efficacy, 자기효율성)의 형성요인(4가지 주요원천)에는 대리경험, 언어적 설득, 정서적 각성, 성취경험이 있다.

1. **성취경험** : 목표를 달성하기 위한 시도에서 비롯된 성공/실패에 대한 과거 경험은 자기효능감의 가장 중요한 결정요인이다.
2. **대리경험** : 타인의 성공/실패를 목격하는 것은 유사한 상황에서 개인의 유능감을 평가하기 위한 비교 근거를 제공한다. 즉, 개인의 관찰경험이 자아효능감의 중요한 결정요인이 된다는 것이다.
3. **언어적 설득** : 타인으로부터 어떤 과제를 숙달할 수 있는지 혹은 숙달할 수 없는지에 관해 듣는 것은 역시 자아효능감을 증가 혹은 감소시킬 수 있음. 비록 그러한 언어적 설득의 효과는 약하지만 자기효능감의 결정인으로서 작용한다.
4. **정서적 각성** : 개인의 자아효능감은 어떤 주어진 수행상황에서 개인이 느끼는 정서적 각성의 정도와 질에 의해 영향을 받는다. 개인이 느끼는 불안의 정도는 어려움, 스트레스, 그리고 어떤 과제가 나타내는 지속성의 지각된 정도에 대한 중요한 정보를 제공한다. 매우 높은 불안 수준은 개인이 매우 잘 한다고 느끼지 못하는 것을 그에게 알려준다.

정답 ②

093

반두라(A. Bandura)의 사회학습이론의 주요 개념으로 옳지 않은 것은?
· 21회

① 모델이 관찰자와 유사할 때 관찰자는 모델을 더욱 모방하는 경향이 있다.
② 자신이 통제할 수 있는 보상을 자신에게 줌으로써 자기 행동을 유지시키거나 개선시킬 수 있다.
③ 학습은 사람, 환경 및 행동의 상호작용에 의해 이루어짐을 강조한다.
④ 조작적 조건화에 의해 행동은 습득된다.
⑤ 관찰학습은 주의집중과정 → 보존과정(기억과정) → 운동재생과정 → 동기화과정을 통해 이루어진다.

해설

조작적 조건화에 의해 행동은 습득된다고 보는 것은 스키너(B. Skinner)의 이론이다. 반두라(A. Bandura)는 인지적 기능을 강조하여 관찰을 통해 행동이 습득된다고 보았다.

보충설명

① 자기와 동성인 모델의 행동을 이성인 모델의 행동보다 더 잘 모방하며, 연령이나 지위에서 자기와 비슷한 모델을 상이한 모델보다 더 잘 모방하는 경향이 있다.
② 자기 강화(self-reinforcement)에 대한 설명이다. 자기강화란 자기 스스로 목표한 일을 달성하고 자신에게 강화물을 주어서 행동을 유지하고 변화해 나가는 과정이다.
③ 학습은 사람(Person), 환경(Environment) 및 행동(Behavior)의 상호작용에 의해 이루어진다고 보았으며 이를 상호결정론이라고 하였다.
⑤ 관찰학습은 네 가지 과정 즉, 주의집중과정 → 보존과정(기억과정, 파지단계) → 운동재생과정(행동적 재현과정, 생산과정) → 동기화과정(자기강화의 과정)으로 이루어진다고 하였다.

정답 ④

094

반두라(A. Bandura)의 관찰학습의 과정에 해당되지 않는 것은?
・11회

① 주의집중 ② 자기효능평가
③ 운동재생 ④ 동기유발
⑤ 기억

해설
관찰학습과정은 주의집중 → 기억 → 운동재생 → 동기유발이다.

정답 ②

OIKOS UP 관찰학습의 과정(모델로부터 학습하는 과정)

	주의집중단계	파지단계	운동재생단계	동기화단계	
모델이 되는 사상	모델의 행동에 집중하고, 정확하게 지각함.	이전에 관찰된 모델의 행동을 기억함. (장기간 보유)	모델의 행동을 상징적으로 부호화해서 기억한 것을 새로운 반응 유형으로 번역함	만약 정적강화 (외적・대리적 자기강화)가 주어지게 되면 모델의 행동을 수행함.	본 뜨 기 수 행
	모델링자극 독특성 감정가 복잡성 우세성 기능적 가치	기호적 부호화 인지적 조직 기호적 연습 운동적 연습	신체적 능력 요소반응의 가용성 재생에 대한 자기관찰 피드백의 정확성	외적 강화 대리적 강화 자기강화	
	관찰자 특징 감각능력 흥분수준 지각적 자세 과거 강화				

095

반두라(A. Bandura)의 이론에 관한 설명으로 옳은 것을 모두 고른 것은?
・22회

> ㉠ 개인의 신념, 기대와 같은 인지적 요인을 중요시 하였다.
> ㉡ 대리적 강화(vicarious reinforcement)의 중요성을 강조하였다.
> ㉢ 자기효능감을 높이는 가장 효과적인 방법으로 대리적 경험을 제시하였다.
> ㉣ 외부로부터 주어지는 강화의 중요성을 강조하는 자기강화(self reinforcement)의 개념을 제시하였다.

① ㉠ ② ㉡ ③ ㉠, ㉡
④ ㉡, ㉢, ㉣ ⑤ ㉠, ㉡, ㉢, ㉣

해설
㉠ 스키너와 달리 반두라는 환경자극이 인간행동에 영향을 주지만, 개인의 신념, 기대 같은 인지적 요인이 더 많이 행동방식에 영향을 준다고 보았다.
㉡ 반두라는 대리학습과 대리적 강화(vicarious reinforcement)의 중요성을 강조하였다. 모델을 관찰함으로써 이미 알고 있는 행동들이 강화되는 경우를 대리학습이라고 하였으며, 이 같이 모델이 하는 행동을 보고 학습 강화를 받는 것을 **대리적 강화**라고 한다.

오답풀이
㉢ 자기효능감을 높이는 가장 효과적인 방법으로 **성취경험**을 제시하였다. 목표를 달성하기 위한 시도에서 비롯된 성공・실패에 대한 과거 경험을 자기효능감의 가장 중요한 결정요인으로 보았다.
㉣ 반두라가 자기강화(self reinforcement)의 개념을 제시한 것은 맞다. 하지만, 자기강화는 외부로부터 주어지는 강화가 아니라, **자신이 통제할 수 있는 보상 또는 벌을 자기 스스로에게 주어서 자신의 행동을 유지하거나 변화시키는 과정**을 의미한다.

정답 ③

제10장 인지이론

김진원 Oikos 사회복지사 1급

제1영역 : 인간행동과 사회환경

01 피아제의 인지이론

096 ✓확인 ☐☐☐

인지이론의 주요 개념에 관한 설명으로 옳은 것을 모두 고른 것은?
•13회

> ㉠ 동화 - 새로운 정보를 접했을 때 기존의 도식을 변경하는 것
> ㉡ 도식 - 사물이나 사건에 대한 전체적인 윤곽이나 개념
> ㉢ 조절 - 기존의 도식을 활용하여 새로운 자극을 이해하는 것
> ㉣ 평형화 - 동화와 조절을 통해 균형 상태를 이루는 것

① ㉠, ㉡, ㉢ ② ㉠, ㉢ ③ ㉡, ㉣
④ ㉣ ⑤ ㉠, ㉡, ㉢, ㉣

해설
- ㉡ 도식(schema)은 어원으로는 형태라는 의미이며, 일반적으로 사물이나 사건 또는 사실에 대한 전체적인 윤곽이나 개념을 말한다.
- ㉣ 평형화(equilibration)는 동화와 조절이라는 반대성질을 지닌 것의 결과물로, 동화와 조절의 상호작용을 통한 조화를 통해서 유기체가 자신과 환경 간의 균형 상태를 이루는 것을 의미한다.

✗ 오답풀이
- ㉠ 동화(assimilation)는 새로운 경험을 기존의 도식 또는 구조에 통합시키는 과정으로 기존 도식의 관점에서 새로운 경험을 해석하는 경향을 말한다. 새로운 정보를 접했을 때 기존의 도식을 변경하는 것은 조절이다.
- ㉢ 조절(accommodation)은 대상의 새로운 차원 또는 감추어진 사건을 설명하기 위해 기존의 도식을 수정하는 과정이다. 기존의 도식을 활용하여 새로운 자극을 이해하는 것은 동화를 설명한 것이다.

정답 ③

097 ✓확인 ☐☐☐

피아제(J. Piaget)가 제시한 인지발달의 촉진요인이 아닌 것은?
•19회

① 성숙 ② 애착 형성
③ 평형화 ④ 물리적 경험
⑤ 사회적 상호작용

해설
피아제는 인지발달의 단계를 결정하는 인지발달의 촉진요인을 내적 성숙(유전적 요인), 물리적 경험(신체적 경험), 사회적 상호작용(사회적 전달 또는 교육), 평형화(평형상태)이라고 보았다.

인지발달 촉진요인	내 용
내적 성숙 (유전적 요인)	신생아가 외부세계의 문제에 적응하는 최초의 상태를 결정할 뿐 아니라 성장, 발달의 각 시점에서 어떤 새로운 발달 가능성을 전개할 것인지 결정
물리적 경험 (신체적 경험)	유전 혹은 내적 성숙이 발달을 촉진하는 데 필요하지만 그것만으로는 충분하지 않으며, 직접적 경험으로부터 논리나 지능이 발달함
사회적 상호작용 (사회적 전달 또는 교육)	신체적 경험이 정신발달에 본질적이지만 그것만으로는 지적 발달에 불충분하며, 사회적 상호작용이 인지발달의 심리사회적 측면에 기여함
평형화 (평형상태)	내적 성숙, 물리적 경험, 사회적 상호작용은 서로 잘 조화되어야 하고 평형상태가 유지되어야 함

정답 ②

098

피아제(J. Piaget)가 제시한 자기중심성에 관한 설명으로 옳지 않은 것은?
• 10회

① 2차 순환반응기에는 자신과 외부대상의 구별이 가능하다.
② 구체적 조작기에는 놀이와 언어에서 외부의 관점을 고려하기 시작한다.
③ 전조작기에는 자신만의 규칙을 가지고 있어서 타인을 고려하지 않는다.
④ 형식적 조작기에 자기중심성이 다시 나타나지만 추상적·합리적 사고가 가능하다.
⑤ 구체적 조작기에는 자기중심적 사고가 시작되며 사물을 분류하는 것이 가능하다.

> **해설**
> 구체적 조작기에 사물을 분류하는 것이 가능하지만, 자기중심적 사고는 감각운동기에 시작된다. **자기중심성은 자신과 대상을 서로 구분하지 못하는 것으로 정의되며**, 단계별로 이러한 분화의 결핍 상태가 각기 다르다.
>
> **+ 보충설명**
> ① 감각운동기의 2차 순환반응기에 유아는 대상 영속성의 개념이 나타나기 시작하며, 이로 인해 **자신과 대상의 구별이 가능**하다.
> ② 자신 이외의 다른 사람들의 관점을 추측할 수 없었던 전조작기의 자아중심성을 구체적 조작기에는 극복한다. 따라서, **구체적 조작기에는 놀이와 언어에서 외부의 관점을 고려하기 시작**한다.
> ③ **전조작기**에는 다른 사람의 관점이나 관심사를 고려하는 객관성이 획득되지 않았기 때문에 아동은 자신의 지각적 경험이나 자신의 관심사에만 집중하는 것이다. 따라서 **자신만의 규칙을 가지고 있어서 타인을 고려하지 않는다**.
> ④ 형식적 조작기에 나타나는 자기중심성은 자신의 사고와 다른 사람의 사고를 구별하지 못하는 것을 말한다.
>
> **정답** ⑤

OIKOS UP — 인지발달단계에 따른 자아중심성의 발달 과정

단계	목표	성취	자아중심성
감각 운동기	대상의 획득	대상 영속성	자신이 직면하는 외부의 대상과 자신을 구별하지 못함
전 조작기	상징의 획득	언어	자기와 외부대상을 구분할 수 있으나 다른 사람의 관점을 추측할 수 없음
구체적 조작기	현실의 획득	원인과 결과	가정과 사실을 구분하지 못하므로 자기와 사실 간의 불일치가 주로 발생함
형식적 조작기	사고의 획득	현실과 환상 구별	자신의 사고와 다른 사람의 사고를 구별하지 못함

099

피아제(J. Piaget)의 감각운동기의 발달특성에 관한 설명으로 옳은 것은?
• 15회

① 대상을 특징에 따라 분류(classification)한다.
② 대상을 연속(seriation)적인 순서에 따라 배열한다.
③ 대상의 질량 혹은 무게가 형태 및 위치에 따라 변하여도 보존(conservation)될 수 있다고 생각한다.
④ 대상영속성(object permanence)을 획득한다.
⑤ 조합기술(combination skill)을 획득한다.

> **해설**
> **대상영속성(object permanence)**은 사물이 우리의 바람이나 생각과는 상관없이 독립적으로 존재하고 있음을 이해하는 능력으로, **만 24개월이 되면 형성(확립)**된다.
>
> **✗ 오답풀이**
> ① **분류(classification, 유목화)**는 대상을 구분하고, 동시에 2개 이상의 계층을 고려할 수 있는 능력으로 구체적 조작기의 특징이다.
> ② **연속성(seriation, 서열화)**은 크기가 증가하고 감소함에 따라 요소들을 정신적으로 배열할 수 있는 능력으로 구체적 조작기의 특징이다.
> ③ **보존(conservation)**은 형태와 위치가 변화하더라도 물질의 양은 동일하게 유지된다는 개념으로 구체적 조작기의 특징이다.
> ⑤ **조합기술(combination skill)**은 수(數)를 조작하는 능력으로써 일정한 수의 사물이 있으면 그걸 펼치든지 모으든지 또는 형태를 바꾸든지 수가 같다는 것을 이해할 수 있는 능력을 의미하며, 구체적 조작기의 특징이다.
>
> **정답** ④

100

피아제(J. Piaget)의 인지발달이론에서 '전조작기'의 발달 특성으로 옳지 않은 것은?
・20회

① 상징놀이를 한다.
② 비가역적 사고를 한다.
③ 물활론적 사고를 한다.
④ 직관에 의존해 판단한다.
⑤ 다중 유목화의 논리를 이해한다.

해설
전조작기 유아가 단순 유목화만 가능하였다면, **구체적 조작기의 아동은 다중 유목화가 가능하다.** 단순 유목화는 어떤 대상을 한 가지 속성에 따라 단순하게 분류하는 것이며, 다중 유목화는 일정한 대상을 두 개 이상의 속성에 따라 분류하는 것이다. 예 구체적 조작기 아동은 식물이라는 상위범주를 꽃과 나무라는 하위범주로 단순 분류할 수 있을 뿐만 아니라, 꽃이라는 범주를 다시 다양한 하위범주의 꽃(장미, 백합, 팬지 등)으로 재분류할 수 있음

보충설명
① **상징놀이**란 가상적인 사물이나 상황을 실제 사물이나 상황으로 상징화하는 놀이를 말한다.
② **비가역적 사고**란 일련의 논리나 사건을 원래 상태로 역전시킬 수 없다고 생각하는 것이다.
③ **물활론적 사고**란 사물은 모두 살아 있고 각자의 의지에 따라 움직인다고 생각하는 것이다.
④ **직관적 사고**란 사물의 여러 측면에 주의를 기울일 줄 모르고 현재 지각되는 어느 한 사실에만 주의를 기울임으로써 그 대상을 규정짓는 사고 특성이다.

정답 ⑤

101

피아제(J. Piaget)의 인지발달이론에서 '구체적 조작기'에 관한 설명으로 옳은 것을 모두 고른 것은?
・15회

㉠ 인지적 능력이 급속도로 발전하는 단계이다.
㉡ 비논리적 사고에서 논리적 사고로 전환된다.
㉢ 분류화, 서열화, 탈중심화, 언어기술을 획득한다.
㉣ 대상의 형태와 위치가 변화하면 그 양적 속성도 바뀐다.

① ㉠, ㉡   ② ㉠, ㉢   ③ ㉡, ㉢
④ ㉡, ㉣   ⑤ ㉢, ㉣

해설
㉠ 구체적 조작기에는 사고가 안정되고 일관성이 있으며, **논리적 사고가 현저하게 발달**한다. 전조작기 아동들이 할 수 없는 **다양한 지적 과업을 수행**한다.
㉡ 구체적 조작기 아동의 사고능력은 비논리적 사고에서 구체적인 수준의 가역적인 **논리적 사고**로 발달한다.

오답풀이
㉢ 구체적 조작기에 분류화, 서열화, 탈중심화를 획득하는 것은 맞지만, **언어기술이 아니라 조합기술을 획득**한다. 언어기술을 획득하는 것은 **전조작기**에 해당된다.
㉣ 대상의 형태와 위치가 변화하면 그 양적 속성도 바뀐다고 생각하는 것은 아직 보존개념이 형성되지 않은 **전조작기** 아동의 특징이다. **구체적 조작기**에는 보존의 개념을 획득하여 사물을 몇몇 부분에서 변화시킨다고 해도 그것이 결국 같은 사물임을 이해하는 능력이 생겨난다.

정답 ①

OIKOS UP 피아제의 인지발달단계와 특징

단계		연령범위	특징	
감각운동기		출생~2세	• 지능은 감각적 경험에 기초 • 대상불변성(대상 영속성) • 목적지향적 행동의 출현	
전조작기	전개념적 사고단계	2~4세	• 자기중심성 • 인공론적 사고 • 타율성 도덕성 • 집중성	• 물활론 • 상징적 기능 • 꿈의 실재론 • 일방성
	직관적 사고단계	5~7세		
구체적 조작기		7~12세	• 보존개념, 가역성 • 분류(유목화) • 탈중심화 • 조합기술	• 조망수용능력 • 서열화(연속성) • 자율적 도덕성
형식적 조작기		12~15세	• 형식화와 가설검증, 추상적 사고 • 가설-연역적 추론 가능 • 조합적 분석능력	

102

피아제(J. Piaget)의 인지발달이론에 관한 설명으로 옳은 것은?

• 21회

① 전 생애의 인지발달을 다루고 있다.
② 문화적·사회경제적·인종적 차이를 고려하였다.
③ 추상적 사고의 확립은 구체적 조작기의 특징이다.
④ 인지는 동화와 조절의 과정을 통하여 발달한다.
⑤ 전조작적 사고 단계에서 보존개념이 획득된다.

해설
인지발달은 **동화와 조절기제를 활용하여 환경에 적응하는 것이다.** 동화(assimilation)는 새로운 경험을 기존의 도식 또는 구조에 통합시키는 과정으로 기존 도식의 관점에서 새로운 경험을 해석하는 경향을 말하며, 조절(accommodation)은 대상의 새로운 차원 또는 감추어진 사건을 설명하기 위해 기존의 도식을 수정하는 과정이다.

오답풀이
① 전 생애의 인지발달을 **다루고 있지 않다.** 피아제는 최종적인 인지발달이 청소년기가 되면 이루어진다고 보았는데 일부학자들은 성인기에도 인지발달은 계속된다고 주장하였다.
② 문화적, 사회경제적, 인종적 차이를 **충분히 고려하지 않았다.**
③ 추상적 사고의 확립은 **형식적 조작기의 특징이다.**
⑤ **구체적 사고 단계에서 보존개념이 획득된다.**

정답 ④

02 콜버그의 도덕발달이론

103

콜버그(L. Kohlberg)의 후인습적 수준의 도덕성에 관한 설명으로 옳은 것은?

• 17회

① 일반윤리에 의해 자신의 이익에 따라 행동을 판단한다.
② 개인 상호간 대인관계의 조화를 바탕으로 행동한다.
③ 인간의 존엄성과 양심에 따라 자율적이고 독립적 판단이 가능하다.
④ 타인 중심에서 벗어나 개인의 욕구충족을 위해 행동한다.
⑤ 도덕적으로 옳고 법적으로도 타당할 때 충족된다.

해설
인간의 존엄성과 양심에 따라 자율적이고 독립적 판단이 가능한 것은 **후인습적 수준의 도덕성 중 6단계인 보편적 원리 지향의 도덕성에 해당한다.** 6단계는 옳고 그름을 개인의 양심에 비추어 판단하여야 한다는 것으로, 이 양심의 원리는 구체적 규칙이 아니고 법을 초월하는 인간의 존엄성이나 정당성과 같은 보편적 정의의 원리이다.

오답풀이
① 일반윤리는 보편윤리로 후인습적 수준의 도덕성 중 6단계에 해당되지만, 자신의 이익에 따라 행동을 판단하는 것은 전인습적 수준의 도덕성 중 2단계인 상대적 쾌락주의에 해당한다.
② 개인 상호간 대인관계의 조화를 바탕으로 행동하는 것은 **인습적 수준의 도덕성 중 3단계인 착한 아이(소년/소녀) 지향의 도덕성(착한 소녀·소년지향)에 해당한다.**
④ 타인 중심에서 벗어나 개인의 욕구충족을 위해 행동을 하는 것은 전인습적 수준의 도덕성 중 2단계인 상대적 쾌락주의에 해당한다.
⑤ 도덕적으로 옳고 법적으로도 타당할 때 충족되는 것은 **인습적 수준의 도덕성 중 4단계인 법과 질서 지향의 도덕성에 해당한다.**

정답 ③

104

콜버그(L. Kohlberg)의 이론에 관한 설명으로 옳지 않은 것은?
· 11회

① 도덕 발달은 개인의 인지구조와 환경 간 상호작용의 결과이다.
② 도덕적 판단에 위계적 단계가 있음을 강조한다.
③ 남성은 권리와 규칙, 여성은 책임감을 중시하는 형태로 도덕 발달이 이루어진다.
④ 개인이 도달하는 최종 도덕 발달단계는 다를 수 있다.
⑤ 아동은 동일한 발달단계 순서를 거친다.

해설
콜버그의 도덕 발달에 관한 프로젝트에 참여했던 길리건의 주장이다. 즉 남성들이 개인적 권리나 사회적 정의의 실현과 관련된 추론을 하는 것과는 달리 여성은 관계와 책임을 강조하는 돌봄의 도덕을 받아들인다고 보았다.

정답 ③

OIKOS UP 캐롤 길리건(Carol Gilligan, 1936~)의 이론

콜버그의 제자로서 콜버그의 도덕성 발달에 관한 여러 프로젝트에 함께 참여한 길리건은 콜버그의 도덕 발달단계 이론이 소수 특권층의 백인 남성들을 중심으로 이루어졌다는 점과 남성연구 대상자만을 연구함으로써 도덕성 발달에 존재하는 남녀의 성차를 고려하지 않은 점에 의문을 제기하기 시작하였다(이효선 외, 2006).
① 여성들은 남성들과는 상이한 도덕적 추론을 한다고 주장하였다. 즉, 남성들이 개인적 권리나 사회적 정의의 실현과 관련된 추론을 하는 것과는 대조적으로, 여성들은 보살핌이나 동정과 같은 대인관계와 관련된 추론 원리를 사용한다고 하였다.
② 평균적으로 남자들은 규칙과 권리를 강조하는 정의의 도덕을 받아들이는 경향이 강한 것에 비해 여성들은 관계와 책임을 강조하는 '돌봄의 도덕'을 받아들인다고 하였다.
③ 남성들이 개인적 권리나 사회적 정의의 실현과 관련된 추론을 하는 것과는 대조적으로, 여성들은 보살핌이나 동정과 같은 대인관계와 관련된 추론 원리를 사용한다고 하였다.

105

콜버그(L. Kohlberg)의 도덕성 발달 이론에 관한 설명으로 옳지 않은 것은?
· 20회

① 법과 질서 지향 단계는 인습적 수준에 해당한다.
② 피아제(J. Piaget)의 도덕성 발달 이론에 기초를 제공하였다.
③ 전인습적 수준에서는 행동의 원인보다 결과에 따라 옳고 그름을 판단한다.
④ 보편적 윤리 지향 단계에서는 정의, 평등 등 인권적 가치와 양심적 행위를 지향한다.
⑤ 도덕적 딜레마가 포함된 이야기를 아동, 청소년 등에게 들려주고, 이야기 속 주인공의 행동에 대한 도덕적 판단과 그 근거를 질문한 후 그 응답에 따라 도덕성 발달 단계를 파악하였다.

해설
피아제(J. Piaget)의 도덕성 발달 이론이 콜버그의 도덕성 발달 이론에 기초를 제공하였다. 즉, 콜버그(L. Kohlberg)는 피아제(J. Piaget)의 도덕성 발달 이론을 보다 세분화하고 체계적으로 발전시켜 자신의 독자적인 이론을 구축하였다.

보충설명
① 법과 질서 지향 단계는 4단계로 인습적 수준(3단계, 4단계)에 해당한다.
③ 전인습적 수준에서 아동은 행동의 원인보다 행위의 결과가 가져다주는 보상이나 처벌에 따라 옳고 그름을 판단한다.
④ 보편적 윤리 지향 단계는 6단계로 정의, 평등 등 인권적 가치와 양심적 행위를 지향한다.
⑤ '하인츠(Heinz)의 딜레마' 같은 가상적인 도덕적 딜레마를 연령별로 개인이 그러한 상황에 부닥쳤을 때 어떻게 행동할 것인지, 왜 그러한 판단을 하게 되었는지 질문한 후 그 응답에 따라 도덕성 발달 단계를 파악하였다.

정답 ②

106

콜버그(L. Kohlberg)의 이론에 관한 설명으로 옳은 것은?
· 23회

① 전인습적 수준 : 사회적인 인정에 관심을 가지고 착한 행동을 함으로써 타인의 인정을 받고자 한다.
② 인습적 수준 : 개인의 양심에 비추어 옳고 그름을 판단한다.
③ 인습적 수준 : 행동의 결과가 가져오는 보상이나 처벌에 의해 옳고 그름을 판단한다.
④ 후인습적 수준 : 사회질서의 유지를 위해 법과 규칙은 준수되어야 하지만, 민주적인 절차를 통해 바뀔 수 있다고 생각한다.
⑤ 후인습적 수준 : 규칙을 준수하고 사회질서를 유지하는 것이 도덕적 행동이라 생각한다.

해설
후인습적 수준 중 5단계 민주적으로 용인된 법(인권과 사회복지 도덕성)에 해당된다. 법이란 사람들이 화목하게 살기 위해 공동체가 동의한 장치이므로 사람들에게 필요한 바를 충족시키지 못하면 상호 동의나 민주적인 절차를 통해 변경시킬 수 있다고 본다.

오답풀이
① 사회적인 인정에 관심을 가지고 착한 행동을 함으로써 타인의 인정을 받고자 하는 것은 **인습적 수준 중 3단계인 착한 소년/소녀 지향(착한 아이 지향의 도덕성)**에 해당한다.
② 개인의 양심에 비추어 옳고 그름을 판단하는 것은 **후인습적 수준 중 6단계인 보편적 원리**에 해당한다.
③ 행동의 결과가 가져오는 보상이나 처벌에 의해 옳고 그름을 판단하는 것은 **전인습적 수준 중 1단계인 복종과 처벌 지향(복종과 처벌 지향의 도덕성)**에 해당한다.
⑤ 규칙을 준수하고 사회질서를 유지하는 것이 도덕적 행동이라 생각하는 것은 **인습적 수준 중 4단계인 사회질서와 권위의 유지(법과 질서지향의 도덕성)**에 해당한다.

정답 ④

03 인지치료

107

엘리스(A. Ellis)의 '비합리적 신념'의 예로 옳지 않은 것은?
· 11회

① 나는 모든 일에 완벽해야 한다.
② 나는 모든 사람들로부터 인정받고 사랑받아야 한다.
③ 어떤 문제든지 완전한 해결책은 없다.
④ 인간은 자신에게 일어나는 나쁜 일의 외부 원인에 관해서는 통제할 수 없다.
⑤ 삶의 어려움은 직면하기보다는 피해야만 한다.

해설
비합리적 신념은 근거가 없는 비실제적인 믿음으로서 자기 자신이나 다른 사람에 대해서 지나치게 완벽하게 또는 절대적인 신념을 품게 되어 스스로 이기적, 독단적, 모순적인 행동을 만들어내는 원인으로 작용된다. 비합리적 신념에는 '반드시', '절대로', '모든', '완전히', '전혀', '파멸적인'(catastrophic), '해야만 한다' 등이 저변에 깔려 있다.

오답풀이
③ 완벽주의(완전 무결주의)가 비합리적 신념이다. 즉 인간 문제에는 옳고 정확하며 완벽한 해결책이 있으며 이런 해결책을 찾지 못하면 이는 파멸적인 것이다. 따라서, 어떤 문제든지 완전한 해결책은 없다고 한 것은 비합리적 신념이 아니다.

정답 ③

제11장 인본주의 이론

제1영역 : 인간행동과 사회환경

01 로저스의 현상학 이론

108

로저스(C. Rogers)의 인간관에 관한 설명으로 옳지 않은 것은?
· 10회

① 성격발달은 주로 자아(ego)를 중심으로 이루어진다.
② 로저스가 주장한 원조관계의 본질은 상담치료의 기본이 된다.
③ 인간은 통합적 유기체이므로 전체론적 관점에서 접근해야 한다.
④ 인간행동은 인간이 세계를 어떻게 지각하느냐에 따라 달라진다.
⑤ 개인의 존엄과 가치, 사회적 책임에 대한 소신은 사회복지실천 철학과 조화를 이룬다.

해설

성격발달이 주로 자아(ego)를 중심으로 이루어진다고 보는 것은 에릭슨이다. **에릭슨은 자아의 사회와의 상호작용을 강조하였는데**, 인간의 성격발달에 있어서 자아의 환경 또는 사회와의 관계를 성격형성에 있어서 중요한 요소로 고려하고 있다.

오답풀이

② **심리치료와 상담영역에서 상당한 공헌을 하였다. 특히 클라이언트 중심의 비지시적 치료방법을 개발**하여 정서적 장애를 가진 사람들의 치료에 적용되어 왔다.
③ **인간을 통합적 존재로 규정**하고 있으며, **인간에 대한 전체주의적 관점을 지니고 있다.**
④ **인간은 자신이 사건에 대해 어떤 인상을 갖느냐에 따라 행동**한다고 하였다. 이는 인간의 행위를 지배하는 것은 자극 상황에 대한 주관적인 해석과 그것에 대한 개인적 의미이다.
⑤ 로저스가 강조한 개인의 존엄성과 가치, 자기결정권, 사회적 책임과 상호성에 대한 소신은 사회복지실천 철학과 조화를 이루는 원칙이라 할 수 있다.

정답 ①

109

로저스(C. Rogers)의 인본주의 이론에 관한 설명으로 옳지 않은 것은?
· 16회

① 인간의 주관적 경험을 강조한다.
② 인간의 성격발달단계를 제시한다.
③ 인간을 통합적 존재로 규정한다.
④ 인간을 합리적이고 미래지향적 존재로 규정한다.
⑤ 인간 본성의 긍정적인 측면과 자아개념의 중요성을 강조한다.

해설

로저스(Rogers)는 인간의 성격발달단계를 제시하지는 않았다.

보충설명

① 로저스의 인간행동에 대한 기본가정은 **주관적 경험론(subjective experience)에 입각하고 있다.** 즉 모든 인간은 **자신의 사적 경험체계 또는 내적 준거체계와 일치하는 방향으로 객관적 현실을 재구성**하며, 이러한 주관적 현실에 근거하여 행동한다고 본다.
③ 로저스는 인간을 **통합성과 전체성을 향하여 발전해가는 존재**로 보고 있다. 즉 인간은 통합된 유기체로서 행동하기 때문에 전체론적 관점에서 접근해야 한다고 보았다.
④ 인간은 기본적으로 자유로우며 자신의 행동에 책임을 지고, 유목적적이며, **합리적이고 건설적인 방향으로 지속적으로 성장해 나가는 미래지향적 존재**로 본다.
⑤ 로저스의 이론에서 인간 본성의 긍정적인 측면과 자아개념의 중요성을 강조한 것은 많은 공감을 받고 있다. 즉, 로저스는 **인간 본성이 근본적으로 선하며 긍정적으로 지향하는 경향이 있다고 보았다.** 그리고 로저스 이론의 가장 중요한 구성개념인 **자아 또는 자아개념(self-concept)은 개인의 현상학적 장이 분화된 부분으로, 현실자아(real self)와 이상적 자아(ideal self)로 구성되어 있다고 보았다.**

정답 ②

110

로저스(C. Rogers)의 이론에 관한 설명으로 옳은 것을 모두 고른 것은?
• 18회

㉠ 인간은 합목적적이며 건설적인 존재이다.
㉡ 모든 인간에게는 객관적 현실만 존재한다.
㉢ 완전히 기능하는 사람은 자신의 경험에 대해 개방적이다.
㉣ 무조건적인 긍정적 관심이 건강한 성격 발달을 위한 중요한 요소이다.

① ㉠, ㉡　　② ㉡, ㉢　　③ ㉠, ㉡, ㉢
④ ㉠, ㉢, ㉣　　⑤ ㉠, ㉡, ㉢, ㉣

해설

㉠ 로저스는 인간이 기본적으로 유목적이며, 합리적이고, 건설적인 방향으로 지속적으로 성장해 나가는 미래지향적 존재라고 보고 있다.
㉢ 완전히 기능하는 사람이 공통적으로 갖는 다섯 개의 성격 특질을 보면 먼저, 경험에 대해 개방적이고, 실존적인 삶을 영위하며, 유기체적 신뢰가 있고, 경험적 자유가 있으며, 창조성을 지니고 있다.
㉣ 로저스는 건강한 성격의 발달을 위한 중요한 요소가 무조건적인 긍정적 관심이라고 하였다. 이는 어떤 개인에 대해 조건 없이 있는 그대로 그 사람을 수용하거나 존경하는 것을 의미하며, 어떤 경우에서든지 주어지는 완전하고 진실된 사랑과 존중을 의미한다.

오답풀이

㉡ 로저스는 **주관적 경험론(subjective experience)에 입각하고 있다.** 즉 모든 인간은 자신의 사적 경험체계 혹은 내적 준거체계(internal frame of reference)와 일치하는 방향으로 객관적 현실을 재구성하며, 이러한 **주관적 현실에 근거하여 행동하는 것이다.**

정답 ④

111

로저스(C. Rogers)의 현상학 이론에서 '완전히 기능하는 사람'의 성격 특성을 모두 고른 것은?
• 14회

㉠ 창조성　　　　㉡ 경험에 대한 개방성
㉢ 실존적인 삶　　㉣ 선택과 행동의 자유의식

① ㉠, ㉡, ㉢　　② ㉠, ㉢　　③ ㉡, ㉣
④ ㉣　　⑤ ㉠, ㉡, ㉢, ㉣

해설

㉠ 훌륭한 삶을 사는 인간은 그에게서 **창조적 산물과 창조적 삶**이 나타나는 그러한 유형의 사람이다.
㉡ **경험을 완전하게 개방하는 사람**은 그 자신을 들을 수 있으며 그 자신 내부에서 무엇이 일어나고 있는가를 경험할 수 있다.
㉢ **실존적인 삶**이란 인간의 존재의 매 순간을 충분히 만끽하며 사는 것을 뜻한다.
㉣ **자발적인 존재**로서 인간은 어떤 행위가 자신에게 의미 있는가를 스스로 결정하며, 진정한 자신이 되기 위한 자유는 상당한 책임을 수반한다는 것을 아는 존재이다.

정답 ⑤

OIKOS UP 완전히 기능하는 사람이 공통적으로 갖는 성격 특질

① **경험에 대해 개방적(openness to experience)이다.** 경험을 개방한다는 것은 방어성의 반대로, 경험을 완전하게 개방하는 사람은 그 자신을 들을 수 있으며 그 자신 내부에서 무엇이 일어나고 있는가를 경험할 수 있다.
② **실존적인 삶(existential living),** 즉 매순간에 충실한 삶을 영위한다. 실존적인 삶이란 인간의 존재의 매 순간을 충분히 만끽하며 사는 것을 뜻한다.
③ **유기체적 신뢰(organismic trusting)가 있다.** 완전히 기능하는 사람은 자신의 유기체적 경험을 통해 자신이 해야 할 것과 하지 말아야 할 것을 결정한다.
④ **제약 혹은 억제 없이 경험적 자유(experiential freedom)를 지니고 있다.** 주관적인 경험적 자유란 인간이 자기의 세계를 형성하는 데 중요한 역할을 담당할 수 있다는 자신의 의지를 나타내는 감정이다. 경험적 자유는 인간이 자신의 행동과 그 결과에 책임을 지는 것은 자신뿐이라는 의미를 내포하고 있다.
⑤ **창조성(creativity)을 지니고 있다.** 훌륭한 삶을 사는 인간은 그에게서 창조적 산물과 창조적 삶이 나타나는 그러한 유형의 사람이며, 그들은 문화 내에서 건설적으로 살아가는 경향이 있다.

112 ☑확인 ☐☐☐

로저스(C. Rogers)의 이론이 사회복지실천에 미친 영향으로 옳은 것을 모두 고른 것은?
・15회

> ㉠ 클라이언트의 자기결정권의 중요성을 인식하는데 유용하다.
> ㉡ 클라이언트에 대한 비심판적인 태도의 중요성을 인식하는데 유용하다.
> ㉢ 상담사의 지시적인 상담의 중요성을 인식하는데 유용하다.

① ㉠ ② ㉡ ③ ㉠, ㉡
④ ㉡, ㉢ ⑤ ㉠, ㉡, ㉢

해설
㉠ 로저스가 강조한 개인의 존엄성과 가치, **자기결정권**, 사회적 책임과 상호성에 대한 소신은 사회복지실천 철학과 조화를 이루는 원칙이라 할 수 있다.
㉡ 로저스의 이론은 이론보다는 치료기법에 많은 영향을 끼쳤으며, 치료적 관계의 구성요소로서 비위협적 환경, **비심판적 태도**, 공감과 진실성, 무조건적 긍정적 관심, 문제해결자로서의 클라이언트에 중요성을 두고 있다는 점이 장점이다.

✗오답풀이
㉢ 로저스의 이론은 치료자 중심보다는 내담자 중심을 강조했고, **지시적 접근보다 비지시적 접근의 입장을 가졌다.** 특히 클라이언트 중심의 비지시적 치료방법을 개발하여 정서적 장애를 가진 사람들의 치료에 적용되어 왔다. 다만, 실제 사회복지실천 현장에서 어떤 경우에는 비지시적이고 공감적 상담이 원조 대상자에게 부적절할 수도 있다.

정답 ③

02 매슬로우의 인간동기이론

113 ☑확인 ☐☐☐

매슬로우(A. Maslow)의 이론에 관한 설명으로 옳지 않은 것은?
・11회

① 인간의 본성은 본질적으로 선하다고 전제한다.
② 다섯 가지 욕구는 동시에 일어날 수 없다고 전제한다.
③ 위계서열이 낮은 욕구일수록 강도와 우선순위가 높다.
④ 연령에 따른 욕구발달단계를 구체적으로 제시하였다.
⑤ 창조성이란 누구에게나 잠재해 있기 때문에 특별한 자질이나 능력을 요구하지 않는다.

해설
매슬로우는 연령에 따른 접근을 하지는 않았다. 예를 들어 자아실현에 대한 갈망은 거의 모든 연령대에서 발견할 수 있는 보편적인 과정으로 보았다. 다만, 각 연령 집단 사이에 약간씩 상향조정되는 점은 인식했다.

✗오답풀이
② 모든 욕구가 동시에 존재한다고 보고 있지만, **5가지 욕구가 동시에 일어나는 것은 아니므로 맞는 문장이다.**

정답 ④

114

매슬로우(A. Maslow)의 이론에 관한 설명으로 옳지 않은 것은?

• 18회

① 인간의 창조성은 잠재적 본성이다.
② 각 개인은 통합된 전체로 간주된다.
③ 안전의 욕구는 소속과 사랑의 욕구보다 상위단계의 욕구이다.
④ 인간의 욕구는 자신을 성장하도록 동기부여 한다.
⑤ 인간본성에 대해서 낙관적인 태도를 보이고 있다.

해설

매슬로우의 인간욕구단계는 생리적 욕구 - 안전욕구 - 소속과 애정의 욕구 - 자존감의 욕구 - 자기실현의 욕구 순으로 나타나 있으므로 소속과 사랑의 욕구가 안전의 욕구보다 상위단계의 욕구이다.

+ 보충설명

① 매슬로우는 인간의 가장 보편적인 특질은 창조성이라는 사실에 최초로 관심을 가진 사람으로, **창조성은 인간이 태어날 때부터 잠재적으로 가지게 되는 인간본성의 공통적 특질**이라고 하였다.
② 인본주의이론의 가장 중요한 관점 중 하나는 각 개인이 유일하면서도 통합된 전체로서 연구되어야 한다는 것이다. 매슬로우의 연구방법론에 있어 기본적 전제는 **각 개인이 통합된 전체로 간주되어야 한다**는 것이다.
④ 인간의 욕구는 다섯 단계로 구성되어 있으며 낮은 단계에 있는 욕구가 어느 정도 만족되어야 더 높은 단계의 욕구를 의식하거나 동기가 부여된다고 가정하였다. 즉, 자아실현의 욕구 외에 인간은 본능적 요구를 가지고 태어나며, 이러한 본능적 욕구들은 **인간을 성장하게 하고 발달하게 하며 인간 자신을 실현시키고 성숙하게 하는 원동력**이 된다.
⑤ 인간의 본성은 선하다는 낙관적인 태도를 보인다. 즉, 인간의 악하고 파괴적인 요소는 나쁜 환경으로부터 비롯된 것이라는 신념을 가지고 있다.

정답 ③

115

매슬로우(A. Maslow)의 욕구이론에 관한 설명으로 옳지 않은 것은?

• 19회

① 생리적 욕구는 가장 하위 단계에 있는 욕구이다.
② 극소수의 사람들만이 자아실현을 달성할 수 있다.
③ 자아실현의 욕구는 가장 상위단계에 있는 욕구이다.
④ 상위단계의 욕구는 하위단계의 욕구가 완전히 충족된 이후에 나타난다.
⑤ 인간의 욕구는 강도와 중요도에 따라 위계적으로 구성되어 있다.

해설

보편적으로 하위단계 욕구가 완전히 충족된 이후가 아니라 어느 정도 충족된 후 상위단계의 욕구를 충족시키기 위한 노력을 경주한다. 즉, 생리적 욕구가 85% 정도 충족되면, 안전욕구는 70% 정도, 소속과 애정의 욕구는 50%, 자존의 욕구는 40%, 그리고 자아실현의 욕구는 10%가 충족된다.

+ 보충설명

① 인간의 욕구는 생리적 욕구, 안전의 욕구, 소속과 애정의 욕구(사회적 욕구), 자기존중의 욕구(자존감의 욕구), 자아실현의 욕구의 순서로 나타난다. 생리적 욕구는 가장 하위 단계에 있는 욕구로 인간의 욕구 중에서 가장 기본적이고 가장 강렬하며 분명한 욕구이다.
② 자아실현을 위한 움직임은 자동적으로 발생하거나 쉽게 이루어지는 것이 아니기 때문에, 매슬로우에 따르면 **인구의 1% 정도가 자아실현에 근접**한다고 하였다.
③ 자아실현의 욕구는 다섯 가지 욕구단계 중 제일 **가장 상위단계에 있는 욕구**이다.
⑤ 인간의 욕구는 그 중요성과 강도에 따라 위계적으로 배열되어 있어 일반적으로 위계서열이 낮은 욕구일수록 강도와 우선순위가 높다.

정답 ④

116

매슬로우(A. Maslow)의 욕구단계에 관한 설명으로 옳지 않은 것은?
・15회

① 생리적 욕구 – 음식, 수면, 성의 욕구
② 안전의 욕구 – 보호, 의존, 질서, 구조의 욕구
③ 소속감과 사랑의 욕구 – 친분, 우정, 존경의 욕구
④ 자존감의 욕구 – 능력, 신뢰감, 성취, 독립의 욕구
⑤ 자아실현의 욕구 – 자발성, 포부실현, 창조성의 욕구

해설
소속감과 사랑의 욕구는 특정한 사람들과 친밀한 관계를 맺고 어떤 집단에 소속되고자 하는 욕망이다. 친분, 우정은 해당되지만, **존경의 욕구는 자존감의 욕구에 해당**한다.

+보충설명
④ 자존감의 욕구는 2가지 유형이 있는데, 자기에 대한 존중과 타인으로부터의 존경이다. **자기에 대한 존중이란 개인 스스로가 가치 있다고 생각하며 능력, 신뢰감, 개인적인 힘, 적합성, 성취, 독립, 자유 등의 개념을 가지는 것이다. 타인으로부터의 존경이란 수용, 주목, 평판, 인정을 포함하며, 타인들로부터 좋게 인식되고 평가받음으로써 자신이 가치 있는 사람이라고 느끼는 것이다.

정답 ③

117

매슬로우(A. Maslow)의 자아실현자의 특성에 관한 설명으로 옳은 것을 모두 고른 것은?
・13회

㉠ 관대하고 타인을 수용한다.
㉡ 개방적이고 솔직하며 자연스럽다.
㉢ 자율적이고 실수를 두려워하지 않는다.
㉣ 사람과 주변환경을 객관적이고 명확하게 지각한다.

① ㉠, ㉡, ㉢   ② ㉠, ㉢   ③ ㉡, ㉣
④ ㉣   ⑤ ㉠, ㉡, ㉢, ㉣

해설
㉠ 자아실현인은 자신은 물론 그들이 알고 있는 사람들의 결점 및 모든 인류의 결점에 대해서도 관대하다(타인 및 자신에 대한 수용).
㉡ 자아실현인은 삶의 모든 측면에서 **가식이 없고, 솔직하며, 자연스럽고 자발적**이다.
㉢ 자아실현인은 **자율적인 성향**을 띠고 있을 뿐 아니라 물질적·사회적 환경으로부터 비교적 독립적인 태도를 보이고 있다. 이 같은 독립심은 어려운 시기나 좌절 상황에 직면하더라도 비교적 안정감을 갖게 한다.
㉣ 자아실현인은 **사람과 사물을 객관적으로 지각**한다.

정답 ⑤

제12장 사회체계이론

제1영역 : 인간행동과 사회환경

01 일반체계이론(general system theory)

118

사회체계의 주요 개념으로 옳지 않은 것은? · 12회

① 시너지는 체계 내에 유용한 에너지가 증가하는 것이다.
② 경계는 모든 사회체계에서 볼 수 있는 사회적 구조를 말한다.
③ 엔트로피는 체계 내에 질서, 형태, 분화가 있는 상태를 의미한다.
④ 항상성은 시스템이 지속적으로 안정적 균형을 유지하려는 경향이다.
⑤ 균형은 외부환경으로부터 새로운 에너지의 투입없이 현상을 유지하려는 속성이다.

해설

엔트로피(entropy)는 체계 구성요소들 간의 상호작용이 감소함에 따라 유용한 에너지가 감소하는 상태를 말한다. 즉 체계가 해체하는 방향으로 진행하는 경향으로, 체계 내의 질서, 형태, 분화가 없는 무질서한 상태로서 폐쇄 체계의 특징과 관련이 있다. 이것은 본래 열역학 제2의 법칙에서 유래한 것이며, 자연에서 사건의 일반적인 경향이 극도의 무질서의 상태로 향하는 것을 말한다. 즉 엔트로피는 질서가 상실되는 과정이며, 체계가 붕괴하는 과정이다.

정답 ③

119

다음에 제시된 내용과 관계있는 용어는? · 11회

- 고정된 구조를 지닌다.
- 환경과 수직적 상호작용보다는 수평적 상호작용을 선호한다.
- 외부로부터 새로운 에너지의 투입 없이 현상을 유지하는 속성을 지닌다.

① 피드백(feedback) ② 호혜성(reciprocity)
③ 항상성(homeostasis) ④ 안정상태(steady state)
⑤ 균형(equilibrium)

해설

균형, 항상성, 안정상태 구분이 논점사항인 문제로, 폐쇄 체계에서는 균형이 맞다. 참고로, 수평적 상호작용은 체계 내에서 이루어지는 상호작용을 말하며, 수직적 상호작용은 경계를 넘어 두 체계 간에 발생하는 상호작용을 말한다.

정답 ⑤

OIKOS UP 균형, 항상성, 안정상태

균형, 항상성, 안정상태는 **경계의 개방성에서 상이한 정도를 반영**하는 개념이다.

① **균형(equilibrium) : 체계가 고정된 구조**를 가지고 외부환경과 상호작용하지 않고 새로운 에너지를 투입하지 않으며 현상을 유지하고자 거의 교류를 하지 않는 것을 말한다. → **폐쇄체계에서 나타남**
② **항상성(homeostasis) : 위협을 받았을 때 균형을 회복**하려는 경향으로, 이는 환경과 지속적으로 상호작용하면서 정적인 균형보다 역동적인 균형을 이루고 있는 상태이다. → **일정한 수준의 개방체계를 전제**
③ **안정상태(steady state) :** 전체체계가 균형을 이루고 있고, 부분들 간의 관계를 유지시키고 쇠퇴하여 붕괴하지 않게 하기 위해 환경과의 융통성 있는 에너지 교환관계를 유지하고 있는 상태(에너지를 계속해서 사용하고 있는 상태) → **균형이나 항상성보다는 더욱 개방적이며 역동적(가장 개방체계)**

120

사회체계이론의 주요 개념에 관한 설명으로 옳은 것은? · 15회

① 시너지(synergy)는 폐쇄체계의 특징과 관련이 있다.
② 안정상태(steady state)는 환경과의 상호작용에서 부분들 간의 관계를 유지하기 위하여 에너지를 계속적으로 사용하는 상태를 의미한다.
③ 항상성(homeostasis)은 시스템에서 위기가 왔을 때 불균형을 유지하려는 경향을 말한다.
④ 균형(equilibrium)은 주로 개방체계에서 나타나며 외부로부터 새로운 에너지를 투입하여 변화시키려 노력하는 속성이다.
⑤ 피드백(feedback)은 체계 구성 간의 상호작용이 증가함에 따라 유용한 에너지가 감소하는 상태를 의미한다.

[해설]
안정상태(steady state)는 부분들 간의 관계를 유지시키고, 쇠퇴해서 붕괴되지 않도록 **에너지가 계속적으로 사용되는 상태**를 의미한다. 항상성이 체계의 일관성을 유지하기 위해 일정한 범위 내에서만 변화하려고 하는데 비해서, 안정상태는 체계 자체를 변화시키는 노력을 통해 외부자극을 받아들인다.

[오답풀이]
① **시너지(synergy)는** 체계 내에 유용한 에너지가 증가하는 것을 말하며, 체계 구성요소들 사이에 상호작용이 증가하면서 나타난다. 개방체계는 에너지를 고갈시키지 않고 구성요소들의 상호작용을 촉진함으로써 계속해서 에너지를 만들어 내기 때문에, **시너지는 개방적이고 살아 있는 체계에 적합**하다.
③ **항상성(homeostasis)**은 위협을 받았을 때 균형을 회복하려는 경향이다. 즉 시스템에서 위기가 왔을 때 **균형을 유지**하려는 경향을 말한다.
④ **균형(equilibrium)**은 주로 **폐쇄체계**에서 나타나며 외부로부터 새로운 에너지를 투입하지 않으며 현상을 유지하는 속성이다.
⑤ 체계 구성 간의 상호작용이 증가함에 따라 유용하지 않은 에너지가 감소하는 상태는 **넥엔트로피**이며, 체계 구성 간의 상호작용이 감소함에 따라 유용한 에너지가 감소하는 상태는 **엔트로피**이다. **피드백(feedback)**은 체계의 작동을 점검하고, 적응적 행동이 필요한지를 판단하여 이를 수정하는 능력을 말한다.

정답 ②

121

사회체계이론의 주요 개념에 관한 설명으로 옳은 것을 모두 고른 것은? · 17회

㉠ 폐쇄체계가 지속되면 엔트로피 속성이 나타난다.
㉡ 환류(feedback)는 정보의 투입에 대한 반응으로 일종의 적응기제이다.
㉢ 항상성은 외부체계로부터 투입이 없어 체계의 구조변화가 고정된 평형상태를 말한다.
㉣ 체계는 부분성과 전체성을 동시에 가지며 위계질서가 존재하는 경우가 많다.

① ㉠, ㉡   ② ㉢, ㉣   ③ ㉠, ㉡, ㉣
④ ㉠, ㉢, ㉣   ⑤ ㉠, ㉡, ㉢, ㉣

[해설]
㉠ **엔트로피(entropy)는** 체계 구성요소들 간의 상호작용이 감소함에 따라 유용한 에너지가 감소하는 상태로, **폐쇄체계의 특징과 관련**이 있다.
㉡ **환류(feedback)는** 정보의 투입에 반응하는 행동을 가져오며, 새로운 정보에 자신의 행동 결과를 포함시켜 그것에 의하여 다음의 행동을 수정하는 의사소통의 조직망을 의미한다. 환류는 일종의 적응기제로서, 효과적인 환류와 의사소통 양식을 수립하는 것은 그 체계의 적응능력에 관련된다.
㉣ 특정 체계는 그 체계를 구성하고 있는 보다 작은 체계의 입장에서 보면 **전체 체계인 동시에** 그보다 큰 체계의 입장에서 보면, **그 체계의 부분 또는 구성분자**가 된다. 또한, 체계 내에는 일련의 하위체계가 있고, 이런 하위체계는 그 상위체계에 의존하며, 그 역할과 권력·통제의 양에 따라서 등급이 정해지는데 이것을 **위계질서**라고 한다.

[오답풀이]
㉢ 외부체계로부터 투입이 없어 체계의 구조변화가 고정된 평형상태를 말하는 것은 **균형(equilibrium)**이다. 균형은 주로 폐쇄체계에서 나타나는데, 이는 체계가 고정된 구조를 가지고 주위환경과 수직적인 상호작용을 하기보다 수평적인 상호작용을 하면서 거의 교류를 하지 않는 상태이다.

정답 ③

122

체계이론의 개념에 관한 설명으로 옳은 것을 모두 고른 것은?

• 19회

> ㉠ 균형(equilibrium) : 환경과 상호작용하기 위하여 체계의 구조를 변화시키는 과정 또는 상태
> ㉡ 넥엔트로피(negentropy) : 체계내부의 유용하지 않은 에너지가 감소되는 상태
> ㉢ 공유영역(interface) : 두 개 이상의 체계가 공존하는 부분으로 체계 간의 교류가 일어나는 장소
> ㉣ 홀론(holon) : 외부와의 상호작용으로 체계 내의 에너지가 증가하는 현상 또는 상태

① ㉠
② ㉠, ㉣
③ ㉡, ㉢
④ ㉡, ㉢, ㉣
⑤ ㉠, ㉡, ㉢, ㉣

해설
㉡ 넥엔트로피(negentropy)는 체계 내에서 질서, 형태, 분화가 있는 상태를 말하는 것으로, 체계 외부로부터 에너지를 유입함으로써 체계 내부의 유용하지 않은 에너지가 감소되는 상태를 말한다.
㉢ 공유영역(interface)은 두 개 이상의 체계가 공존하는 부분으로 체계 간의 교류가 일어나는 장소로, 어떤 대상체계가 상위체계나 하위체계와 교류하면서 만들어지는 독특한 상호작용의 유형 혹은 공유된 경계이기도 하다.

오답풀이
㉠ 환경과 상호작용하기 위하여 체계의 구조를 변화시키는 과정 또는 상태는 **안정상태(steady state)**이다. 즉 안정상태는 환경과의 교류뿐만 아니라 환경에 적응하기 위해 체계의 구조를 변화시키는 과정 또는 상태다. **균형(equilibrium)**은 외부환경으로부터 새로운 에너지의 투입없이 현상을 유지하려는 체계의 속성이다.
㉣ 외부와의 상호작용으로 체계 내의 에너지가 증가하는 현상 또는 상태는 **시너지(synergy)**이다. **홀론(holon)**은 중간 수준의 체계가 가지고 있는 이중적인 성격(부분이면서 전체인 총체)을 나타내 주는 말이다.

정답 ③

123

다음에 해당하는 개념으로 옳은 것은?

• 22회

> • 한 체계에서 일부가 변화하면 그 변화가 체계의 나머지 부분들의 변화를 초래하게 되는 개념을 말한다.
> • 예시로는 회사에서 간부 직원이 바뀌었을 때, 파생적으로 나타나는 조직의 변화 및 직원 역할의 변화 등을 들 수 있다.

① 균형(equilibrium)
② 호혜성(reciprocity)
③ 안정상태(steady state)
④ 항상성(homeostasis)
⑤ 적합성(goodness of fit)

해설
호혜성(reciprocity)은 체계 내 일부 구성요소들 간의 상호작용은 나머지 구성요소들 간의 상호작용에 영향을 미치고, 그런 변화된 상호작용을 통해 결과적으로 처음의 일부 구성요소들 간의 상호작용에도 영향을 미친다는 것이다. 이러한 호혜성의 원리는 어떤 문제나 현상에 대해 부분요소들 간의 쌍방적 교류과정에서 원인과 결과를 해석하려는 순환적 인과성을 의미하기도 한다.

오답풀이
① 균형(equilibrium)은 외부로부터 새로운 에너지를 투입하지 않으며 현상을 유지하는 속성으로, 주로 **폐쇄체계**에서 나타난다.
③ 항상성이 체계가 생존을 위해 환경과 성공적으로 타협할 수 있는 능력을 말한다면, **안정상태(steady state)**는 부분들 간의 관계를 유지시키고, 쇠퇴해서 붕괴되지 않도록 **에너지가 계속적으로 사용되는 상태**를 의미한다.
④ **항상성(homeostasis)**은 위협을 받았을 때 균형을 회복하려는 경향이다.
⑤ **적합성(goodness of fit)**이란 인간의 욕구와 환경자원이 부합되는 정도를 말한다.

정답 ②

02 생태체계이론(ecological theory)

124

생태학적 이론에 관한 설명으로 옳지 않은 것은? •18회

① 개인을 환경과 상황 속에서 이해한다.
② 성격은 개인과 환경 사이의 상호작용의 산물이다.
③ 적합성은 인간의 욕구와 환경자원이 부합되는 정도를 말한다.
④ 생활상의 문제는 전체적 생활공간 내에서 이해한다.
⑤ 환경과의 상호작용에서 인간을 수동적인 존재로 본다.

해설

생태학적 이론에서는 인간에 대해 **낙관론적 관점**을 지니고 있다. 인간이 환경적 자원과 사회적 지지를 **자율적으로 이용할 수 있으며**, 환경속에서 효과적으로 기능할 수 있는 능력을 지니고 있다고 본다.

+보충설명
생태학적 이론의 기본가정(김동배 외, 2006)

- 환경과 상호작용하고 타인과 관계를 맺는 능력은 타고난 것이다.
- 유전적 및 다른 생물학적 요인은 환경과 상호작용하는 과정에서 다양한 방식으로 표현된다.
- 개인과 환경은 상호영향을 미치는 단일체계를 형성한다.
- 적합성이란 적응적 개인과 양육적 환경 사이의 상호작용을 통하여 형성되는 상호적 인간-환경 과정이다.
- 인간은 목적지향적이고 유목적적이다. 인간은 유능성을 획득하기 위하여 노력한다. 개인의 환경에 대한 주관적 의미는 발달에 매우 중요하다.
- 개인을 자연적 환경과 상황 속에서 이해할 필요가 있다.
- 성격은 개인과 환경 사이의 상호작용의 산물이다.
- 생활경험에 따라 긍정적 변화가 일어난다.
- 생활상의 문제는 전체 생활공간 내에서 이해하여야 한다.
- 내담자를 원조하기 위하여 사회복지사는 내담자의 생활공간에 개입할 준비가 되어 있어야 한다.

정답 ⑤

125

브론펜브레너(U. Bronfenbrenner)의 중간체계(meso-system)에 관한 설명으로 옳지 않은 것은? •17회

① 미시체계 간의 상호작용으로 구성된다.
② 개인이 새로운 환경으로 이동할 때마다 형성되거나 변화된다.
③ 개인이 다양한 역할을 동시에 수행한다는 의미가 내포된다.
④ 신념, 태도, 문화를 통해 인간에게 간접적으로 강력한 영향력을 행사한다.
⑤ 여러 미시체계가 각기 다른 가치관을 표방할 때 잠재적 갈등의 위험이 따른다.

해설

신념, 태도, 문화를 통해 인간에게 간접적으로 강력한 영향력을 행사하는 것은 **거시체계(macro system)**이다. 거시체계는 개인의 생활에 직접적으로 개입하지는 않지만 간접적으로도 강한 영향력을 발휘하며, 하위체계에 대한 지지기반과 가치 준거를 제공한다.

+보충설명
① 중간체계는 두 가지 이상의 미시체계 간의 관계 혹은 특정한 시점에서의 미시체계 간 상호작용을 의미한다.
② 사람들이 서로 다른 환경에서 다른 역할을 수행한다는 것, 즉 시간에 따라 그리고 어떤 환경에서 다른 환경으로 옮겨 감에 따라 역할이 바뀐다는 것이 포함된 개념이다.
③ 중간체계의 상호작용은 개인이 자녀, 학생, 회원으로서 동시에 다중적 역할에 참여하는 것을 의미한다.
⑤ 여러 다른 미시체계가 제각기 다른 가치관을 표방할 때에는 잠재적인 위험이 따른다. 예를 들면, 또래집단은 음주, 흡연, 비행행동을 영웅시하고 격려하지만 부모와 교사는 이러한 행동을 부정적으로 보며 처벌한다.

정답 ④

OIKOS UP 사회체계(환경체계)에 대한 이해(생태적 체계의 구성)

환경체계란 개인을 둘러싸고 있는 네 가지 수준의 체계들과 그 체계들 사이의 위계를 말한다.
① **미시체계** : 소속체계라고도 하며, 가족이나 학급 친구들과 같이 개인에게 직접적으로 영향을 미치며, 성장함에 따라 변화하는 생태학적 환경을 의미하는 것이다.
② **중간체계** : 소속체계 간의 연결망에 해당하는 것으로, 중간체계는 소속체계들로 구성된 체계이다. 학교와 가족과 같은 개인을 둘러싼 두 가지 이상의 환경에서 일어나는 과정과 연결성을 말한다.
③ **외체계** : 어린 아동의 경우 부모의 직장, 형제가 속한 학급, 부모의 친구들, 교육청 등이 된다.
④ **거시체계** : 개인이 소속한 문화나 하위문화로 개인에게 간접적 영향을 미치는 교육적, 사회적, 경제적, 법적, 종교적 체계이다.

126

사회체계이론에 관한 설명으로 옳은 것은? · 14회

① 인간행동은 단일체계에 의해 결정된다.
② 인간행동을 원인과 결과라는 단선적 관점으로 이해한다.
③ 인간행동은 체계 간에 에너지를 주고받으면서 변화한다.
④ 체계의 한 부분의 변화는 다른 부분에 영향을 미치지 않는다.
⑤ 거시체계는 인간이 가장 밀접하게 상호작용하는 가족, 친구, 학교 등을 포함한다.

해설

인간행동은 체계 간에 에너지를 주고받으면서 변화한다. 행동하고, 유지하고, 변화를 일으킬 수 있는 체계의 능력을 의미하는 에너지는 체계가 유지·변화될 수 있도록 하는 일종의 정보나 자원이다.

✗ 오답풀이

① 인간행동은 **단일체계가 아닌 여러 가지 체계에 의해 결정**된다. 생물학적 체계, 자아 체계, 사회적 체계 등에 의해 결정된다.
② 인간행동을 단선적 관점이 아닌 **순환적 인과관계로 이해한다**. 순환적 인과관계(circular causality, 순환적 인과성 원칙)는 단선적 또는 직선적 인과관계(linear causality)와 대립되는 개념으로, 결과로 나타난 한 현상은 그 앞의 원인변수에 의해 한 방향으로 영향을 받아서 나타난 것이 아니라 상호영향을 주고받는 순환과정에서 나타난 현상(A ⇌ B)이다.
④ 체계는 호혜성이 있다. **호혜성(reciprocity)이란** 한 체계에서 일부가 변화하면, 그 변화가 모든 다른 부분들과 상호작용하여 나머지 부분들도 변화한다는 개념이다. 또한 체계는 **파문효과(ripple effect)가 있다**. 파문효과는 상호작용의 고리를 형성하고 있는 체계의 한 구성요소에 변화를 주면 그 효과는 다른 구성요소에 영향을 주고 결국 전체체계에 영향을 주게 된다는 것이다.
⑤ 인간이 가장 밀접하게 상호작용하는 가족, 친구, 학교 등을 포함하는 것은 **미시체계(micro system)이다**. **거시체계(macro system)**란 개인이 소속된 문화나 하위문화로 개인에게 간접적 영향을 미치는 것으로, 특정 문화나 하위문화에서 구조적 특징을 갖춘 미시체계, 중간체계, 외체계들로 구성되어 있다.
   예) 일반적인 문화, 정치, 사회, 법, 종교, 경제, 교육에 대한 중심가치관, 그리고 가장 중요한 것으로 공공정책을 포함

정답 ③

127

브론펜브레너(U. Bronfenbrenner)의 생태체계이론에서 다음에 해당하는 개념으로 옳은 것은? · 22회

- 전 생애에 걸쳐 발생하는 변화와 사회역사적인 환경을 포함한다.
- 인간의 생에 단일 사건 뿐 아니라 시간의 경과와 함께 연속적으로 일어나는 사건들이 누적되어 영향을 미친다는 것을 보여주고 있다.

① 미시체계(micro system)
② 외체계(exo system)
③ 거시체계(macro system)
④ 환류체계(feedback system)
⑤ 시간체계(chrono system)

해설

개인의 전 생애에 걸쳐 발생하는 변화와 사회역사적인 환경을 포함하는 체계는 **시간체계**이다. 상술하면 개인은 어떤 시대에 출생하여 성장하였는지에 따라 발달과 삶에 큰 영향을 받는다. 또한, 부모, 가족, 친구, 학교 등 개인을 둘러싼 미시체계에서부터 문화, 관습, 이념 등의 거시체계에 이르기까지 모든 생태체계는 개인에게 영향을 미치며, 이러한 생태환경은 과거, 현재, 미래의 시간체계의 변화 속에서 작용한다.

＋ 보충설명

시간체계(chrono system)는 브론펜브레너가 처음 발표한 생태학적 모델에는 포함되어 있지 않았으나 생태학적 관점에서 아동을 설명하는 데 필요한 체계로 간주되어 후에 새롭게 포함된 것이다. 브론펜브레너(U. Bronfenbrenner)는 인간을 둘러싼 사회환경을 미시체계, 중간체계, 외체계(exo system, 외부체계), 거시체계로 구분했다.

정답 ⑤

128

생태체계이론이 사회복지실천에 유용한 점으로 옳지 않은 것은?
・17회

① 전체 체계를 고려하여 문제를 이해한다.
② 클라이언트와 사회복지사 간의 상호교류를 중시한다.
③ 각 체계들로부터 풍부한 정보의 획득이 가능하다.
④ 환경적 수준에 개입하는 근거를 제시한다.
⑤ 개인의 심리역동적 변화의지 향상에 초점을 둔다.

해설
생태체계이론에서는 개인이나 환경의 어느 한 요소에만 초점을 둘 경우 효과적인 원조가 이루어지기 어렵다고 보며, 개인과 환경간의 적합성을 증진시킬 수 있는 개입방안을 모색하고자 한다.

+보충설명
① 문제를 총체성(wholeness) 속에서 이해하도록 하기 때문에 개입을 할 때에도 어느 한 부분에 치중하지 않고 전체 체계를 변화시키는 전략을 세우도록 해준다.
② 생태체계이론에서는 클라이언트를 수동적 수혜자로 간주하고 사회복지사를 지배적 전문가로 보지 않으며, **사회복지사와 클라이언트의 상호교류과정에서 보다 큰 상호성을 조장할 수 있는 역할을 수행하는 동반자적 관계**로 규정한다.
③ 문제를 사정할 때 문제와 관련된 많은 체계들을 접촉하여 정보를 얻어내므로 개인으로부터 나오는 정보에만 의지하던 과거의 방법보다 훨씬 다양하고 객관적인 정보를 획득할 수 있다.
④ 개인의 행동에 초점을 맞추던 방식에서 벗어나 환경적 수준에 개입하는 근거를 제시한다. 즉, **인간과 환경 간의 상호작용을 살펴보고 그것을 이해할 수 있는 구조**를 제공해 주었다.

정답 ⑤

129

생태체계이론의 유용성에 관한 설명으로 옳지 않은 것은?
・21회

① 문제에 대한 총체적 이해와 조망을 제공한다.
② 각 체계들로부터 다양하고 객관적인 정보획득이 용이하다.
③ 각 환경 수준별 개입의 근거를 제시한다.
④ 구체적인 방법과 기술 제시에는 한계가 있다.
⑤ 개인보다 가족, 집단, 공동체 등의 문제에 적용하는데 유용하다.

해설
개인, 집단, 공동체를 포함한 다양한 크기의 사회체계에 적용(다체계적 접근)되는 이론으로서 특정 대상에 국한하지 않는다.

+보충설명
① 과거 어떤 실천 모델보다 넓은 관점과 관심 영역을 포괄하며 문제에 대한 총체적 이해와 조망을 가능하게 해 준다.
② 문제 사정 시 문제와 관련한 많은 체계들을 접촉하여 정보를 얻어내기 때문에 개인으로부터 나오는 정보에만 의지하던 과거의 방법보다 훨씬 다양하고 객관적인 정보획득이 용이하다.
③ 각 환경 수준별 개입의 근거를 제시함으로써 사회복지사들이 클라이언트를 돕기 위해 다양한 수준의 사람 혹은 체계와 일할 수 있도록 해준다.
④ 특정 개입방법이나 기술을 제시해주는 실천 모델이 아니라 문제 현상을 사정하고 평가하는 이론적 준거틀로 인식되고 있다는 한계가 있다.

정답 ⑤

제13장 사회체계로서의 가족과 집단

제1영역 : 인간행동과 사회환경

01 사회체계로서의 가족

130

가족에 관한 설명으로 옳지 않은 것은? ・9회

① 물리적 또는 지리적 특성에 근거한 하나의 사회체계이다.
② 사회통제와 사회화의 기능을 가진다.
③ 상호의존성이 강한 구조적 특성을 지니고 있다.
④ 아동의 성격발달에 1차적인 영향력을 지닌다.
⑤ 경계선의 침투성 정도가 구성원의 성격과 행동에 영향을 미친다.

해설
물리적 또는 지리적 특성에 근거한 하나의 사회체계는 가족이 아니라 **지역사회**이다.

정답 ①

131

개방형 가족체계에 관한 설명으로 옳은 것을 모두 고른 것은? ・15회

㉠ 가족 체계 내 엔트로피 상태가 지속된다.
㉡ 외부로부터 정보를 통해 체계의 기능을 발전시킨다.
㉢ 지역사회와의 교류가 활발하다.
㉣ 투입과 산출이 거의 없는 상태이다.

① ㉠, ㉡ ② ㉠, ㉢ ③ ㉡, ㉢
④ ㉠, ㉢, ㉣ ⑤ ㉡, ㉢, ㉣

해설
개방체계(open system)는 다른 체계와 에너지, 정보, 자원 따위를 상호교류하는 체계로, 체계 내 사람들이 환경 또는 다른 체계들과 빈번한 상호작용을 하는 경우를 말한다. 환경과의 상호작용 속에서 투입, 전환, 산출, 환류의 역동적 작용을 한다.

오답풀이
㉠ **엔트로피(entropy)**는 체계 내에 질서, 형태, 분화가 없는 무질서한 상태로서 폐쇄체계의 특징과 관련이 있다.
㉣ **폐쇄체계(closed system)**는 다른 외부체계들과 상호 교류가 없거나 혹은 교류할 수 없는 체계로, 다른 체계로부터 투입도 없고 다른 체계에 산출을 전하지도 않는다.

정답 ③

02 사회체계로서의 집단

132

집단의 구성동기에 따른 유형과 그 예가 올바르게 연결된 것을 모두 고른 것은?
· 16회

> ㉠ 자연 집단(natural group) - 또래집단
> ㉡ 1차 집단(primary group) - 과업집단
> ㉢ 형성 집단(formed group) - 치료집단
> ㉣ 2차 집단(secondary group) - 이웃

① ㉠, ㉣   ② ㉠, ㉢   ③ ㉡, ㉣
④ ㉡, ㉢, ㉣   ⑤ ㉠, ㉡, ㉢, ㉣

해설
㉠ 자연 집단(natural group)은 자연발생적으로 일어난 사건, 대인관계상의 매력 또는 구성원의 욕구 등에 근거하여 자연발생적으로 만들어진 집단으로, **가족, 또래집단, 갱집단** 등이 포함된다. 이 집단은 쿨리(Cooley)의 1차 집단과 비슷하다.
㉢ 형성 집단(formed group)은 어떠한 외부의 영향력이나 전문가의 개입을 통하여 의도적으로 구성된 집단으로 후원이나 외부의 협력 없이는 구성될 수 없는 집단이다. 이 집단은 특별한 목적을 위하여 구성되며 **치료집단, 위원회, 클럽, 팀** 등이 포함된다. 이 집단은 쿨리(Cooley)의 2차 집단과 유사한 성격을 지닌다.

오답풀이
쿨리(Cooley)는 성원 간의 상호작용과 정서적 결속정도에 따라 1차 집단(primary group)과 2차 집단으로 분류하였다.
㉡ 1차 집단(primary group)은 성원들이 직접적인 상호작용을 하면서 관계를 맺고 있는 소규모의 집단을 말한다. 이 집단에 속하는 대표적인 집단으로는 가족, 친구, 또래집단 등이 있다. **과업집단은 2차 집단에 속한다.**
㉣ 2차 집단(secondary group)은 정서적 결속이 미약하고, 특별한 목적 성취를 위하여 상호작용하는 집단을 말한다. 이 집단에서는 개인 자체보다는 집단 내에서 수행하는 개인의 기능과 역할을 중시함으로써 집단성원간의 관계는 단지 작업이나 노동활동에 근거를 두고 이루어진다. **이웃은 1차 집단에 속한다.**

정답 ②

133

집단에 관한 설명으로 옳은 것은?
· 18회

① 일차집단(primary group)은 목적 달성을 위해 인위적으로 만들어진 집단이다.
② 이차집단(secondary group)은 혈연이나 지연을 바탕으로 자연발생적으로 이루어진 집단이다.
③ 자연집단(natural group)은 특정위원회나 팀처럼 일정한 목적을 갖는 것이 특징이다.
④ 자조집단(self-help group)은 유사한 어려움과 관심사를 가진 구성원들의 경험을 나누며 바람직한 변화를 추구한다.
⑤ 개방집단(open-end group)은 집단이 진행되는 동안 새로운 구성원의 입회가 불가능하다.

해설
자조집단(self-help group)은 공통된 쟁점(issue)에 대해 개인 또는 환경에 바람직한 변화를 가져오기 위해 뜻을 함께 하는 사람들로 구성된다. 이들은 비슷한 환경에 있으면서 공통의 이익을 도모하기 위해 서로 돕거나 공통의 문제를 함께 해결하려는 사람들이다.

오답풀이
① 이차집단(secondary group)은 목적 달성을 위해 인위적으로 만들어진 집단이다.
② 일차집단(primary group)은 혈연이나 지연을 바탕으로 자연발생적으로 이루어진 집단이다.
③ 형성집단(formed group)은 특정위원회나 팀처럼 일정한 목적을 갖는 것이 특징이다.
⑤ 개방집단(open-end group)은 집단이 진행되는 동안 **새로운 구성원의 입회가 가능**하다.

정답 ④

제14장 사회체계로서의 조직·지역사회·문화

제1영역 : 인간행동과 사회환경

01 사회체계로서의 조직

134

집단과 조직의 차이에 관한 일반 설명으로 옳은 것은? · 7회

① 조직은 특정한 기능을 효율적으로 수행할 수 있도록 분화되어 있다.
② 조직이 집단보다 통제하기 힘들다.
③ 조직이 개인적 성장에 더 관심을 갖는다.
④ 조직의 위계질서는 집단의 위계질서에 비해 뚜렷하지 못하다.
⑤ 집단의 구성원보다 조직의 구성원이 더 자율적이다.

해설
조직은 목적이나 임무를 완수하기 위해 특화되고 상호의존적인 행동에 관여하는 사람들의 집합체로 정의된다. 즉 조직은 **목적을 효율적으로 달성할 수 있도록 분화**되어 있다.

오답풀이
②, ⑤ 집단의 성원은 조직의 성원에 비해 한층 자율적으로 활동하기 때문에 **집단이 조직보다 통제하기 힘들다**.
③ 집단의 목적은 개인적으로 성취할 수 없는 목적을 달성하기 위해 집단에 가담한다. 따라서 **집단이 개인적 성장에 더 관심을 갖는다**.
④ 조직은 단순한 인간 집합체에서 볼 수 없는 조직에서 강조하는 공식적 상위관계, 노동의 정교한 분배, 투명하게 형성된 구조 등과 같은 특성을 지니며, 뿐만 아니라 조직의 형성은 일단의 사람들이 특정한 계기를 거쳐 특정한 목표를 중심으로 위계적으로 결합한다. 따라서 **조직의 위계질서는 집단의 위계질서에 비해 뚜렷하다**.

정답 ①

02 사회체계로서의 지역사회

135

체계로서의 지역사회에 관한 설명으로 옳은 것을 모두 고른 것은? · 22회

㉠ 지역을 중심으로 형성된 공동체적 특징을 지닌다.
㉡ 구성원에게 사회규범에 순응하도록 규제하는 사회통제의 기능을 지닌다.
㉢ 사회가 향유하는 지식, 가치 등을 구성원에게 전달하는 기능을 지닌다.
㉣ 외부와 상호작용을 통하여 엔트로피(entropy) 상태를 유지하는 것이 필요하다.

① ㉠　　② ㉠, ㉡　　③ ㉠, ㉡, ㉢
④ ㉡, ㉢, ㉣　　⑤ ㉠, ㉡, ㉢, ㉣

해설
㉠ **지역사회는 일정한 지리적 공간인 생활권 안에서 사회적 상호작용을 통해 같은 전통, 관습, 규범, 가치 등을 공유하는 공동체**라고 정의할 수 있다.
㉡ 길버트(Neil Gilbert)와 스펙트(Harry Specht)는 지역사회의 기능을 생산·분배·소비의 기능, 사회화의 기능, 사회통제 기능, 사회통합 기능, 상부상조 기능을 제시하였다. 이 중 **사회통제 기능**은 구성원에게 사회의 규범(norms)에 순응하도록 하는 것으로, 사회의 구성단위인 개인이나 집단의 동조와 복종을 확보하는 수단 및 과정을 말한다.
㉢ 사회가 향유하는 지식, 가치 등을 구성원에게 전달하는 기능은 길버트(Neil Gilbert)와 스펙트(Harry Specht)가 제시한 지역사회의 기능 중 **사회화 기능**에 해당한다.

오답풀이
㉣ 외부와 상호작용을 통하여 **넥엔트로피(negentropy)** 상태를 유지하는 것이 필요하다. 넥엔트로피(또는 네겐트로피)는 개방체계의 특징으로 체계 외부로부터 에너지를 유입함으로써 체계 내부에 유용하지 않은 에너지가 감소되는 것이다.

정답 ③

03 사회체계로서의 문화

136

문화의 기능에 관한 설명으로 옳은 것을 모두 고른 것은?

· 11회

㉠ 개인의 생리적·심리적 욕구 충족에 기여한다.
㉡ 인간의 행동과 사고에 직·간접적으로 영향을 미치며 세대 간 전승된다.
㉢ 다양한 생활양식을 내면화시켜 개인이 사회에 적응하며 살아갈 수 있게 한다.
㉣ 사회의 안정과 질서에 악영향을 미치는 문제들을 제거·조절하는 기능을 수행한다.

① ㉠, ㉡, ㉢
② ㉠, ㉢
③ ㉡, ㉣
④ ㉣
⑤ ㉠, ㉡, ㉢, ㉣

해설
문화의 기능 중 ㉠ **욕구충족 기능**, ㉡ **사회존속 기능**, ㉢ **사회화 기능**, ㉣ **사회통제 기능**에 해당한다.

정답 ⑤

137

문화에 관한 설명으로 옳지 않은 것은?

· 11회

① 자연환경적 요인보다 인간의 정신활동을 중시한다.
② 시대적 상황에 따라 변화하지만 사회마다 공통적인 문화형태가 존재한다.
③ 개별 클라이언트에게 영향을 주는 거시체계이다.
④ 동화(assimilation)는 원문화에 관한 정체성을 유지함과 동시에 이주민의 사회참여를 추구하는 유형이다.
⑤ 문화변용(acculturation)은 둘 이상의 문화가 지속적으로 접촉하여 한쪽이나 양쪽에 변화가 일어나는 현상이다.

해설
④ 문화수용에 대한 설명이다. **문화수용**은 두 개의 이질적인 문화가 접촉을 하면서도 각각 자체의 문화의 가치관과 특성을 유지하면서 한 사회 내에서 공존하는 문화현상을 말한다.

보충설명
문화동화(assimilation)는 여러 가지의 독특한 하위문화를 가진 집단이 그 사회의 지배문화로 통합되는 문화현상을 말한다. 즉 한 사회 내의 세력이 약한 문화가 세력이 강한 지배문화와 유사해지거나 지배문화권 속으로 흡수되는 현상을 말한다.

정답 ④

138

√확인 ☐☐☐

베리(J. Berry)의 문화적응모형 가운데 동화(assimilation)의 개념에 관한 설명으로 옳은 것은?   • 13회

① 주류사회와의 관계는 유지하지만 모국의 문화적 가치는 유지하지 않는 상태를 말한다.
② 주류사회와의 관계를 유지하면서 동시에 모국의 문화적 가치를 유지하는 상태를 말한다.
③ 모국과는 강한 유대관계를 지니지만 주류사회와의 관계는 유지하지 않는 상태를 말한다.
④ 두 개 이상의 문화가 지속적 접촉을 통해 한쪽이나 양쪽에 변화가 나타나는 상태를 말한다.
⑤ 주류사회와는 관계를 유지하지 않으면서 동시에 모국의 문화적 가치도 유지하지 않는 상태를 말한다.

해설
주류사회와의 관계는 유지하지만 모국의 문화적 가치는 유지하지 않는 상태는 **동화**이다.

오답풀이
베리(J. Berry)의 문화적응모형 중 ② 통합, ③ 분리, ⑤ 주변화에 해당한다. ④ 문화변용에 대한 설명이다.

정답 ①

OIKOS UP 베리(J. Berry)의 문화적응모형

① 통합(integration)-동화(assimilation)의 개념 틀에 입각하여 이주민들이 주류 문화에 어떤 태도를 취하는가에 초점을 맞춘 분석틀
② 이주민들이 자신의 고유문화를 유지하는가와 새로운 주류 문화를 수용하는가의 여부에 기초해 네 가지 문화적응 형태를 제시
   ㉠ **통합(Integration)** : 이주민이 고유의 문화를 유지하면서 주류 사회의 새로운 문화를 수용하는 형태
   ㉡ **동화(Assimilation)** : 이주민들이 자신 고유의 문화를 포기하고 새로운 문화를 수용하는 형태
   ㉢ **분리(Segregation)** : 이주민이 새로운 문화를 거부하고 자신들의 고유문화를 유지하는 형태
   ㉣ **주변화(Marginalization)** : 새로운 문화도 거부하지만, 고유문화를 유지하는 데에도 성공하지 못하는 가장 나쁜 상황

구 분	고유문화 유지	고유문화 포기
주류문화 수용	통합	동화
주류문화 거부	분리	주변화

139

√확인 ☐☐☐

문화와 관련된 설명으로 옳지 않은 것은?   • 22회

① 문화는 인간집단의 생활양식의 총체로 정의할 수 있다.
② 다문화주의는 다양한 문화나 언어를 공유하고 상호 존중하여 적극 수용하려는 입장을 취한다.
③ 베리(J. Berry)의 이론에서 동화(assimilation)는 자신의 고유문화와 새로운 문화를 모두 존중하는 상태를 의미한다.
④ 문화는 학습되고 전승되는 특징이 있다.
⑤ 주류와 비주류 문화 사이의 권력 차이로 차별이 발생할 수 있다.

해설
베리(J. Berry)의 이론에서 자신의 고유문화와 새로운 문화를 모두 존중하는 상태는 **통합(Integration)**이다. **동화(assimilation)**는 자신의 고유문화는 포기하고 새로운 문화만 존중하는 상태이다.

보충설명
① 문화는 인간집단을 포함하여 제도, 언어, 종교적 이념, 사고의 습관, 예술적 표현, 사회적 개인 간 관계 안에서 **세대를 거치며 이어받은 생활양식의 총체**로 정의할 수 있다.
② **다문화주의(multi-culturalism)**는 서로 다른 문화를 지닌 민족이나 문화집단이 하나의 공동체 속에서 공존하는 형태를 의미하는 것으로, 다양한 문화나 언어를 공유하고 상호 존중하여 적극 수용하려는 입장을 취한다.
④ 문화는 출생과 함께 갖고 태어나는 것이 아니라 **출생 후 후천적 학습을 통해** 그 사회의 문화를 획득한다. 그리고 일시적 현상이 아니라 선조들의 생활양식이 누적되어 **언어와 같은 상징적 수단을 통해 전승되어 온** 사회적 유산이다.
⑤ 주류문화는 한 사회의 성원 대부분이 공유하는 문화를 말하며, 비주류 문화는 특정한 집단의 성원들만이 공유하고 있는 문화이다. 다문화 사회에서 **이민국가의 문화가 주류문화라면 이주민들의 출신국가 문화는 비주류 문화**가 되며, 이들 사이 권력 차이로 차별이 발생할 수 있다.

정답 ③

140

문화와 관련된 내용으로 옳은 것은? • 16회

① 관념문화에는 법과 관습이 포함된다.
② 물질문화에는 신화와 전설이 포함된다.
③ 문화는 중간체계로서 개인에게 영향을 미친다.
④ 비물질문화에는 관념문화와 규범문화가 포함된다.
⑤ 규범문화에는 종교적 신념과 과학적 진리가 포함된다.

해설

문화는 전통적으로 물질문화와 비물질문화로 구별한다. **비물질문화는 가치, 규범, 지식, 언어 등을 말하며, 비물질문화에는 관념문화와 규범문화가 포함**된다.

오답풀이

① **법과 관습은 규범문화에 해당된다. 규범문화는 법률, 명령, 규범, 관습, 민습, 원규, 금기, 유행, 의식, 예절, 인습, 의례** 등이다.
② **신화와 전설은 관념문화에 해당하므로, 비물질문화에 해당된다. 비물질문화는 가치, 규범, 지식, 언어 등을 말하며, 관념문화와 규범문화가 있다.**
③ 문화는 개별 클라이언트에게 영향을 주는 **거시체계**로, 사회구성원들의 내면세계에 영향을 주어 인간행동에 영향을 미친다.
⑤ **종교적 신념과 과학적 진리는 관념문화에 해당**한다. 관념문화는 과학적 진리, 종교적 신념, 신화, 전설, 문학, 미신, 격언, 속담, 민화 등이다.

정답 ④

141

사회체계로서 문화에 관한 설명으로 옳은 것은? • 17회

① 미시체계에 해당된다.
② 후천적으로 습득되기보다는 타고 나는 것이다.
③ 구성원 간 공유되는 생활양식으로 다른 사회 구성원과 구별된다.
④ 규범적 문화는 종교적 신념, 신화, 사상 등으로 구성된다.
⑤ 문화는 외부의 요구와 무관하게 고정되어 있다.

해설

문화는 특정한 인간집단이나 지역에서 특징적으로 나타나는 생활양식으로서, 공유성, 학습성, 누적성 등의 특징을 지니고 있다. 구성원 간 공유되는 생활양식으로 다른 사회 구성원과 구별된다는 것은 **문화의 공유성**을 설명하는 것이다. 공유성은 한 사회의 구성원들 개개인의 독특한 취향이나 버릇이 아니라 다른 사회의 구성원들과 구별되는 어떤 공통적인 경향이다. 문화의 이러한 속성은 집단의 구성원들에게 사회생활을 원활하게 할 수 있는 공동의 광장을 만들어 주며, 언어와 같이 공유하는 문화를 통하여 상대방의 행동과 기대를 예측할 수 있게 함으로써 사회생활을 가능하게 한다.

오답풀이

① 문화는 전체 사회 속에 존재하는 개인, 집단, 조직 및 지역사회에 영향을 미치는 **거시체계**에 해당된다.
② 문화는 인간의 출생과 함께 선천적으로 타고난 것이 아닌 **후천적으로 학습에 의해 획득**된다.
④ **종교적 신념, 신화, 사상 등은 관념적 문화에 해당**한다. **규범적 문화는 법률, 명령, 규범, 관습, 민습, 원규, 금기, 유행, 의식, 예절, 인습, 의례** 등이다.
⑤ 문화가 고정되어 존재하는 것이 아니라, **역동성**을 지니고 특정 문화 내에서뿐만 아니라 문화 간 움직임이 매우 강하게 이루어지고 있다.

정답 ③

142

다문화에 관한 설명으로 옳지 않은 것은? · 13회

① 관심대상은 결혼이주민, 이주노동자, 새터민 등을 포함한다.
② 최근 한국사회에서 사회복지의 중요한 관심영역으로 부상하고 있다.
③ 이주노동자들은 직장, 건강, 자녀교육 등에 걸쳐 다양한 어려움을 겪고 있다.
④ 다문화주의는 인간 사회의 인종적·문화적 동일성과 보편성을 설명하는 용어이다.
⑤ 결혼이주민들은 의사소통, 문화의 이질성, 사회적 편견과 차별 등으로 인한 어려움을 겪는다.

해설

다문화주의(multi-culturalism)는 한 국가나 민족이 하나의 문화를 갖는다는 단문화주의(Mono-culturalism)에 대비되는 개념으로, '서로 다른 문화를 지닌 민족이나 문화집단이 하나의 공동체 속에서 공존하는 형태'를 의미한다. 따라서 인간 사회의 인종적·문화적 동일성과 보편성이 아니라, 문화적 다양성을 의미한다.

정답 ④

143

다문화에 관한 설명으로 옳지 않은 것은? · 21회

① 대표적인 사회문제로 인종차별이 있다.
② 다양한 문화를 수용하고 문화의 단일화를 지향한다.
③ 서구화, 근대화, 세계화는 다문화의 중요성을 표면으로 부상시켰다.
④ 동화주의는 이민을 받는 사회의 문화적 우월성을 전제로 한다.
⑤ 용광로 개념은 동화주의와 관련이 있다.

해설

다양한 문화를 수용하고 문화의 단일화를 **지양**한다. 참고로 **다문화는** 하나 이상의 복수의 문화를 말하는 것으로, 한 나라 안에 몇 가지 문화가 공존하는 것을 말한다. 즉, 기존의 단일문화에 대비되는 개념으로서 동일한 혈통과 문화를 추구하던 단일문화에 다른 문화들이 통합되어 여러 문화가 공존하는 상태를 말한다.

보충설명

① **다문화 사회란** 민족이나 인종, 문화적으로 다원화되어 있는 사회로, 다문화 사회를 향한 사회변동 과정에서 나타나는 대표적인 사회문제는 사회적 편견과 차별의 문제이다.
③ 서구화, 근대화, 개방화, 세계화의 흐름에 따라 **국경을 초월한 단일 규모의 시장이 형성**되면서 한국사회도 다문화사회로 변해가고 있으며 다문화가족이 늘어가고 있다.
④ **동화주의는** 한 문화의 소수민족이나 이민자나 정복당한 민족, 그 외 (자민족 포함) 사회적 소수자들이 지배 문화나 사회 주류 문화로 동화하는 것을 장려하는 사회 구조를 말한다. 이는 이민을 받는 사회의 문화적 우월성을 전제로, 문화적인 다양성과 개성을 존중하지 않고 주류 문화로 편입시키려고 한다.
⑤ **인종의 용광로는** 다양한 문화를 가진 사람들이 섞여 하나의 동질한 문화를 만들어가는 것을 의미하는 것으로 동화주의와 관련되어 있다. 반면에 **인종의 샐러드는** 서로 다양한 문화를 가진 사회 구성원들이 각자의 문화 정체성을 유지하며 사회 내에서 조화로운 통합을 이루어나가게 하는 것으로 다문화주의와 관련이 있다.

정답 ②

1교시 사회복지기초

제2영역
사회복지조사론
Research Methods in Social Welfare

교과목 개요

본 과목은 사회복지 실천현장에서 사용되는 다양한 양적, 질적 조사방법론을 학습한다. 조사방법의 기초지식으로 조사방법의 기본개념, 형태와 절차 등을 다루고, 양적조사방법으로 척도구성, 질문지 작성, 신뢰도 및 타당도 검증, 표본추출 등 사회조사의 설계와 설문지조사, 면접조사, 관찰, 실험, 내용분석, 욕구조사, 평가조사 등 자료수집방법을 다루며, 질적조사방법으로 조사설계, 자료수집 및 분석방법을 다룬다. 한편 실무에 도움이 될 수 있도록 직접 조사 설계를 하여 자료를 수집하고 분석하는 방법을 다룬다.

교과목 목표

1. 과학적 방법 및 사회복지 조사방법에 관한 기본개념과 기초이론을 학습한다.
2. 양적조사방법론의 설계와 자료수집 방법을 학습한다.
3. 질적조사방법론의 설계, 자료수집 및 분석방법을 학습한다.
4. 조사연구의 설계와 실행을 통해 사회복지조사의 실제 수행능력을 학습한다.

2영역 | 사회복지조사론

이해 틀	목차 (교과목 지침서에 준함)	10회 2012	11회 2013	12회 2014	13회 2015	14회 2016	15회 2017	16회 2018	17회 2019	18회 2020	19회 2021	20회 2022	21회 2023	22회 2024	23회 2025
사회조사 방법의 기초	제1장 과학과 조사연구방법	4	4	3	2	3	3	4	-	2	2	1(3)	2	3	1(3)
	제2장 사회조사방법의 기본 개념	3	3	3	3	5	3	2(1)	4(1)	3	2	2(3)	2	2	3
	제3장 사회조사방법의 형태와 절차	1	2	2	2	(2)	3	1	1	3	1	2(1)	2	2	2(1)
사회조사 방법의 설계	제4장 질문지 작성	-	1	-	1	-	-	1	-	1	-	(3)	-	-	-
	제5장 측정과 척도	1	2	2	1	1	1	3	2(1)	2	3	3	3	3	2
	제6장 신뢰도와 타당도	1	2	2	2	3	3	2	2(2)	3	2(1)	3(1)	3	2	2
	제7장 표본추출(표집)	3	4	4	4	2	2	3	4	2	2	3(2)	3	2	4(1)
자료수집	제8장 자료수집과 질문지법	4	-	3	1	1	1	1	(2)	1(1)	2	(1)	-	-	1(2)
	제9장 면접법과 관찰법	-	1	-	1	-	(1)	1	(3)	(2)	-	(1)	2	1	1(3)
	제10장 비반응성 자료수집과 내용 분석	2	1	2	1	3	1	1	(2)	1(2)	1	-	-	1	1
	제11장 실험설계(집단설계)	5	4	3	4	5	3	2	4(1)	2	4	3	3	4	4
	제12장 단일사례연구	1	-	1	1	(1)	1	1	1	1	1	1	-	2	1	1
	제13장 질적 연구방법론	2	5	1	1	1	2	2	4	3	4	3	2	3	2
	제14장 욕구조사와 평가조사	3	1	-	1	1(1)	2	1	(1)	-	1	1	1	-	1
자료 처리/ 보고서 작성	제15장 자료처리 및 연구보고서 작성	-	-	-	-	-	-	-	-	-	-	-	-	-	-

※ 표 안에 ( ) 안의 숫자는 단독 출제되지는 않았으나 문제의 지문상에 해당 부분의 내용이 출제된 것을 의미합니다.
※ 제10회 시험부터 시험문제가 공개되었으며, 제12회 시험부터 영역별 30문제에서 25문제 출제로 변경되었습니다.
따라서, 장(chapter)별 출제빈도는 12회 시험부터 눈여겨보시기 바랍니다.

제1장 과학과 조사연구방법

제2영역 : 사회복지조사론

01 과학이란 무엇인가

001

· 15회

과학적 방법에 관한 설명으로 옳지 않은 것은?

① 잠정적이지 않은 지식을 추구한다.
② 철학이나 신념보다 이론에 기반한다.
③ 경험적인 증거에 기반하여 지식을 탐구한다.
④ 현상의 규칙성에 대한 관심이 높다.
⑤ 허위화(falsification)의 가능성에 대해 개방적이어야 한다.

해설

과학의 역사를 보면 수많은 과거의 이론들이 부정되거나 다른 이론으로 대체되어 오고 있다. 이와 같이 **과학적 결론은 일시적, 잠정적(provisional)이다.** 즉 과학은 진리를 추구하기보다 효용(utility)을 탐색하는 것으로, 당시의 상황에 맞게 수정된다.

+ 보충설명

② '~해야 한다'거나 '~이 옳다' 등과 같은 철학이나 신념 또는 가치나 규범의 표명이 아니라, '무엇이, 어떻게, 왜 존재한다'라는 사실에 대한 설명이 주가 된다.
③ **경험가능성(empiricism, 경험성)**을 갖고 있다. 즉 우리의 감각기관에 의해 지각될 수 있는 것이어야 한다는 의미로, 경험적으로 자료를 모아 분석·검증함으로써 이론이나 법칙을 도출할 수 있다.
④ 과학은 **사회생활의 규칙적인 유형**을 찾으려는 노력으로, 과학적 이론은 자연 및 사회현상 속에 존재하는 논리적이고 지속적인 패턴을 알리는 데 그 목적이 있다.
⑤ 포퍼(Popper)의 반증주의에서는 문제해결을 위해 제시된 이론을 경험적으로 검증한다. 검증의 목적으로 가설의 논박에 있으며, 이론에 의해 예측이 반박되는 경우에 이론은 기각되어 허위화(falsification, 반증)되고 이러한 반증에도 견디어 남게 되는 이론이 채택되게 된다.

정답 ①

002

· 22회

과학적 지식의 특성에 관한 설명으로 옳은 것을 모두 고른 것은?

㉠ 경험적으로 검증 가능하여야 한다.
㉡ 연구결과는 잠정적이며 수정될 수 있다.
㉢ 연구자의 주관적 가치 판단이 연구과정이나 결론에 작용하지 않도록 객관성을 추구한다.
㉣ 같은 절차를 다른 대상에 반복적으로 적용하여 같은 결과가 나오는지 검토할 수 있다.

① ㉠, ㉢
② ㉡, ㉣
③ ㉠, ㉡, ㉢
④ ㉡, ㉢, ㉣
⑤ ㉠, ㉡, ㉢, ㉣

해설

㉠ 경험적으로 검증 가능하다는 것은 **우리의 감각기관에 의해 지각될 수 있는 것이어야 한다**는 의미로, 경험적으로 자료를 모아 분석·검증함으로써 이론이나 법칙을 도출할 수 있다.
㉡ 연구결과(과학적 결론)은 **일시적, 잠정적(provisional)이다.** 따라서, 수정 가능(open to modification)하다.
㉢ **객관성의 추구를 강조한다.** 객관성이란 건전한 감각기관을 가진 여러 사람들이 같은 대상을 인식하여 얻은 인상의 일치를 말하는 것으로, 이를 위해 질문지, 조사표, 채점표, 척도와 같은 객관성을 확보하기 위한 도구들이 개발된다.
㉣ **재생 가능성(reproducibility, 재현 가능성 replication)**이 있다. 즉, 같은 방법을 사용했을 때 누구나 같은 결과를 얻을 수 있는 가능성을 의미하는 것으로, 표준화된 방법에 의해 동일한 결과나 결론을 얻을 수 있는 가능성을 말한다.

정답 ⑤

003

지식을 습득하는 과정에서 발생하는 오류에 관한 설명으로 옳은 것은? · 15회

① 부정확한 관찰은 규칙성을 전제로 이와 부합되는 특수한 사례만을 관찰하는 것이다.
② 과도한 일반화는 관찰된 소수의 사건이나 경험을 근거로 현상의 규칙성을 일반화시키는 것이다.
③ 선별적 관찰은 관찰자의 자아특성이 현상을 이해하는 데 영향을 미치는 것이다.
④ 꾸며진 지식은 의식적 활동의 부재로 현상에 대한 정확한 관찰이 이루어지지 않는 것이다.
⑤ 자아개입은 일반화된 관점을 유지하기 위해 스스로 사실이 아닌 정보를 만들어 내는 것이다.

해설
일반화란 소수의 사실을 다수에게 확대 적용하는 것으로, 이것이 지나칠 때 **과도한 일반화**가 된다. 즉 개인이 우연히 관찰한 몇 가지의 예외적 현상을 마치 전체 현상 속에 내재하는 규칙적 특성으로 일반화해 버리는 오류를 말한다.

오답풀이
① 규칙성을 전제로 이와 부합되는 특수한 사례만을 관찰하는 것은 **선별적 관찰**이다. 부정확한 관찰은 일상생활에서 하는 관찰은 자신의 관점에서 무의식적으로 받아들이기 때문에 부정확한 관찰이 되기 쉬움을 말한다.
③ 관찰자의 자아특성이 현상을 이해하는 데 영향을 미치는 것은 **자아개입**이다. 선별적 관찰은 자신의 결론이나 주장에 대해 들어맞는 사건이나 상황에만 관심을 기울이고 관찰하는 경향이다.
④ 의식적 활동의 부재로 현상에 대한 정확한 관찰이 이루어지지 않는 것은 **부정확한 관찰**이다. 꾸며진 지식은 자신의 편견을 가진 대상이 자신이 기대하는 방향으로 나타나지 않을 때 이를 부정하기 위한 정보를 스스로 조작하는 경우를 말한다.
⑤ 일반화된 관점을 유지하기 위해 스스로 사실이 아닌 정보를 만들어 내는 것은 **꾸며진 지식**이다. 자아개입은 개인적 경험이나 직관에 의한 지식탐구는 현상을 이해하는 데 있어서 자기중심적인 해석을 하게 하는 경향을 말한다.

정답 ②

02 과학적 조사(scientific research)

004

귀납법과 연역법에 관한 설명으로 옳은 것은? · 11회

① 귀납법과 연역법은 상호배타적이다.
② 귀납법은 이론에서 조작화와 관찰로 이어진다.
③ '모든 사람은 죽는다'와 같은 명제에서 시작하는 것은 귀납법이다.
④ 연역법은 개별 사례의 관찰에서 출발한다.
⑤ 경험적 관찰에서 보편적 유형을 찾는 것은 귀납법이다.

해설
귀납법은 경험의 세계에서 관찰된 많은 사람들이 모두 공통적인 유형으로 전개되는 것을 발견하고 이들의 유형을 증명하는 것이다.

오답풀이
① 귀납법과 연역법은 **상호보완적**이다.
② **연역법**은 이론에서 조작화와 관찰로 이어진다.
③ '모든 사람은 죽는다'와 같은 명제에서 시작하는 것은 **연역법**이다.
④ **귀납법**은 개별 사례의 관찰에서 출발한다.

정답 ⑤

OIKOS UP 연역법(deduction)

① 보편적이거나 일반적인 원리나 법칙으로부터 구체적이고 특수한 현상에 대한 지식을 이끌어내는 접근방법, 즉 일반적인(general) 것으로부터 특수한(specific) 것을 추론해 내는 접근방법이다(일반화된 이론을 통해 개별적 사실을 확인).
② 이론에 의해 가설을 세우고 이를 경험적으로 검증한다. 즉, 일정한 연구주제를 연구가설의 형태로 만든 후 이 연구가설을 현실적 경험사회에서 실증적으로 증명할 수 있을 것이라는 가정 하에 출발하는 이론의 형성방법(주로 실증주의자들이 사용하는 방법)이다.
③ 기본적인 연역법의 유형 기본적인 연역변의 유형
가설 → 조작화 → 관찰 → 검증 : 가설 채택 또는 기각

03 과학철학

005

과학철학에 관한 설명으로 옳은 것은?
· 20회

① 논리적 실증주의에 가장 큰 영향을 미친 사람은 영국의 철학자 흄(D. Hume)이다.
② 상대론적인 입장에서는 경험에 의한 지식의 객관성을 추구한다.
③ 쿤(T. Kuhn)에 의하면 과학은 기존의 이론과 상충되는 현상을 관찰하는 데서 출발하여 기존의 이론에 엄격한 검증을 행한다.
④ 반증주의는 누적적인 진보를 부정하면서 역사적 사실들과 더 잘 부합하는 새로운 패러다임을 제시하였다.
⑤ 논리적 경험주의는 과학의 이론들이 확률적으로 검증되는 관찰에 의해서만 정당화될 수 있다고 주장한다.

해설
논리적 경험주의는 관찰을 과학의 출발점으로 간주하고, 과학의 이론들이 확률적으로 검증하는 관찰에 의해서만 정당화될 수 있으며 연속적인 경험적 검증과정을 거쳐 진리로 발전되어 간다고 주장한다.

오답풀이
① 논리적 실증주의에 큰 영향을 미친 철학자는 오스트리아 출신의 영국 철학자 **비트겐슈타인(Ludwig Wittgenstein)**이다. 영국 철학자 흄(D. Hume)은 지식을 경험에서 찾은 전통적 실증주의의 대표이고, 그의 사상이 이후 논리적 실증주의로 발전하는 토대가 되었다.
② 상대론적인 입장에서는 지식을 탐구함에 있어 **연구자 주관의 개입은 필연적이라는 입장**을 취한다. 반면에 실증주의, 경험주의 및 반증주의는 경험적 관찰을 중시하며 지식의 객관성을 추구하는 **절대론적인 입장**이다.
③ **칼 포퍼(Karl Popper)의 반증주의**에 의하면 과학은 기존의 이론과 상충되는 현상을 관찰하는 데서 출발하여 기존의 이론에 엄격한 검증을 행한다.
④ **반증주의는** 과학지식의 누적적 진보를 주장하지만, **쿤(T. Kuhn)**은 누적적인 진보를 부정하면서 역사적 사실들과 더 잘 부합하는 새로운 패러다임을 제시하였다.

정답 ⑤

006

쿤(T. Kuhn)의 과학적 패러다임에 관한 설명으로 옳지 않은 것은?
· 16회

① 현상에 대한 우리의 관점을 조직하는 근본적인 도식을 패러다임이라 한다.
② 과학은 지식의 누적에 의해 점진적으로 진보한다고 본다.
③ 학문 공동체의 사회적 성격이 과학이론 선택에 중요한 역할을 한다.
④ 상이한 과학적 패러다임은 실재의 본질에 대한 다른 입장을 반영한다.
⑤ 기존 패러다임의 위기가 명백해지면 새로운 패러다임으로 전환된다.

해설
쿤(T. Kuhn)에 의하면 과학의 진보는 누적에 의해 점진적으로 이루어지는 것이 아니라 **변칙적으로 어느 한 순간의 급격한 변화에 의해 혁명적으로 이루어진다.** 과학진보의 계기가 되는 혁명은 하나의 이론구조의 포기와 그 자리를 양립 불가능한 다른 이론이 대신하는 것으로 이루어진다는 것이다.

보충설명
① 패러다임(paradigm)이란 관찰과 추론을 조직하기 위해 사용하는 근본적인 모델 혹은 준거틀로, 한 연구 분야에 대한 과학적 연구를 가능케 하는 일정한 지배적 이론 또는 접근방법이 일관성 있게 정립되어 그 분야의 연구문제 해결을 위해 조직하고 방향을 제시해 주는 준거 또는 모형이다.
③ **과학자 공동체의 사회적 성격이 과학적 이론 선택에서 중요한 역할을 수행한다.** 즉 과학적 이론 선택은 과학자 집단의 공동체 의식에 의해 결정된다.
④ 패러다임은 인간의 사회생활을 바라보는 다양한 방법을 제시한다. 각각의 패러다임은 사회적 실체의 본질에 대한 특정한 가정을 하며, **상이한 과학적 패러다임은 실재의 본질에 대한 다른 입장을 반영한다.**
⑤ 기존 패러다임에 근본적인 오류가 내재되어 있음을 발견하게 되면서 과학은 위기에 봉착하게 되므로 그러한 관점에서 완전히 벗어난 새로운 패러다임을 창출하게 되는데 이것이 바로 **과학혁명**이다.

정답 ②

007 ☑확인 ☐☐☐

사회과학의 패러다임에 관한 설명으로 옳지 않은 것은? ・21회

① 실증주의는 연구결과를 해석할 때 정치적 가치나 이데올로기의 영향을 적극적으로 고려한다.
② 해석주의는 삶에 관한 심층적이고 주관적인 이해를 얻고자 한다.
③ 비판주의는 사회변화를 목적으로 사회의 본질적이고 구조적 측면의 파악에 주목한다.
④ 후기실증주의는 객관적인 지식에 대한 직접적 확증은 불가능하다고 본다.
⑤ 포스트모더니즘은 객관적 실재와 진리의 보편적 기준을 거부한다.

해설
비판주의는 연구결과를 해석할 때 정치적 가치나 이데올로기의 영향을 적극적으로 고려한다. **실증주의**는 연구결과를 해석할 때 정치적 가치나 이데올로기의 영향을 최소화하고 중립적 사실에 입각한 방식으로 해석하고자 한다.

➕ 보충설명
② 해석주의 연구자는 사람이 살고 있는 그들의 환경 속에서 그들과 어울리며 그들에 대한 관찰을 하기 쉬운데 그곳에서 연구자는 그들 삶에 대한 심도깊은 주관적 이해를 만들어가려 한다.
③ 비판주의는 사회의 본질적이고 구조적 측면의 왜곡된 모순구조를 파악하여 사회변동을 촉진시키려는 의도를 갖는다.
④ 후기실증주의는 보편적 법칙을 직접적으로 입증하려는 시도 대신, 그것들이 어떤 조건 하에서 특정 개념과 가설이 거짓으로 입증되는지 입증되지 않는지를 조사한다.
⑤ 포스트모더니즘은 상대적 인식론으로 객관적 실재와 진리의 보편적 기준을 거부한다. 즉, 인간의 인식을 통해 형성되는 지식이 보편적이고 객관적인 것이 아니라 상대적이고 주관적이며 항상 변화하는 것이라는 점을 강조한다.

🔍 **정답** ①

04 과학으로서의 사회과학

008 ☑확인 ☐☐☐

사회과학의 특성에 관한 설명으로 옳지 않은 것은? ・19회

① 자연과학에 비해 인과관계에 대한 명확한 결론을 내리기 어렵다.
② 끊임없이 변화하는 사회현상을 규명한다.
③ 관찰대상물과 관찰자가 분명히 구분된다.
④ 인간의 행위를 연구대상으로 한다.
⑤ 사회문화적 특성의 영향을 받는다.

해설
자연과학에서는 관찰대상물과 관찰자가 분명히 구분될 수 있지만, 사회과학에서는 관찰대상물과 관찰자가 대부분 혼연일체되는 경우가 많다. 이를 피란델로 효과(pirandello effect)라고 한다. 이처럼 사회과학에서는 관찰의 대상이 관찰자 자신이 되기도 하므로, 주관이 개입됨으로써 사회현상을 분석하는 과정에서 객관성이 침해될 가능성이 그만큼 크다.

➕ 보충설명
사회과학과 자연과학 방법론 차이

사회과학	자연과학
연구대상 : 인간행위와 사회현상(②, ④)	연구대상 : 자연현상
연구자가 연구대상인 사회의 일부(③)	연구대상이 연구자 외부에 존재
가치개입적	가치중립적
사회문화적 특성에 영향을 받는다.(⑤)	사회문화적인 특성에 영향을 받지 않는다.
명확한 결론을 내리기 어렵다.(①) (하나의 정답이 존재하지 않음)	명확한 결론을 내릴 수 있다. (하나의 정답이 존재)
예측력이 낮다.	예측력이 높다.
제한적 확률적 법칙 존재	보편적, 결정론적 법칙 존재

🔍 **정답** ③

05 사회복지조사방법

009 ☑확인 ☐☐☐

사회과학과 사회복지학에 관한 설명으로 옳은 것을 모두 고른 것은?
· 19회

> ㉠ 사회복지학은 사회문제에 대처하기 위한 학문이다.
> ㉡ 사회과학은 사회복지의 실천적 지식의 제공 및 이론적 발전에 기여할 수 있다.
> ㉢ 사회복지학은 응용 과학이 아닌 순수 과학에 속한다.
> ㉣ 사회복지학은 사회과학에 의해 발전된 개념들을 활용할 수 있다.

① ㉡, ㉢ ② ㉢, ㉣ ③ ㉠, ㉡, ㉢
④ ㉠, ㉡, ㉣ ⑤ ㉠, ㉢, ㉣

해설
사회과학은 과학적 방법을 통해 사회현상에 대한 체계적인 지식을 구축해 나가는 과정으로 **사회복지학은 사회과학의 한 분야이다**. 따라서, 사회문제의 현상과 본질을 객관적이고도 냉철하게 다루는 사회과학은 사회복지의 실천적 지식의 제공 및 이론적 발전에 기여할 수 있으며(㉡), 사회복지학은 사회과학에 의해 발전된 개념들을 활용할 수 있다(㉣). 사회복지학은 **인간의 욕구충족과 그에 따른 사회문제를 대처하기 위한 학문이다**(㉠).

✗ 오답풀이
㉢ 사회복지학은 **경험과학이자 응용과학**으로 사회과학의 한 분야에 속한다. **순수과학**은 자연현상이나 사회현상 그 자체를 이론적, 체계적으로 연구하는 것을 주된 목적으로 하지만, **응용과학**은 순수과학의 이론이나 지식을 이용하여 인간사회에 유용하게 사용할 수 있는 지식, 기술 등을 연구하는 것을 주된 목적으로 한다. 각 학문 분야가 순수과학과 응용과학으로 엄격히 구분되는 것은 아니며, 양자의 특성을 약간씩은 가지고 있다.

🔍 **정답** ④

010 ☑확인 ☐☐☐

사회복지실천을 위한 조사연구의 필요성으로 옳지 않은 것은?
· 23회

① 문제해결을 위한 사회복지 개입방법의 타당성을 검증할 수 있다.
② 사회복지 서비스를 위한 지식과 기술을 제공할 수 있다.
③ 문제의 원인을 설명함으로써 사회복지사의 직관에 의한 실천지식을 강화할 수 있다.
④ 프로그램의 지속여부를 결정하는 객관적 근거를 제공할 수 있다.
⑤ 클라이언트의 욕구를 파악하여 문제해결의 방향을 제시할 수 있다.

해설
문제의 원인을 설명함으로써 사회복지사의 **논리-경험적 실천지식**, 즉 **과학적 실천지식**을 강화할 수 있다. 참고로 직관에 의한 방법은 추론 등을 개입하지 않고 대상을 직접 인식하여 스스로 분명한 명제에 호소하는 방법으로 비과학적 지식 탐구에 해당한다.

✗ 오답풀이
① 조사연구를 통해 효과적인 **개입방법을 탐색**하고 그러한 **개입방법의 타당성도 검증**할 수 있다.
② 조사연구는 일반화를 위한 경험적 증거를 제공함으로써 **지식을 산출**하고, 개입방법의 검증, 수정, 재검증이라는 계속적 과정을 통해 사회복지서비스를 위한 **기술을 발전**시킴에 활용된다.
④ 사회복지프로그램이나 정책에 대한 **평가조사를 통해 효과성을 측정**함으로써 **지속여부를 결정**하는 객관적 근거를 제공할 수 있다.
⑤ 욕구조사를 통해 클라이언트의 **욕구 종류와 수준을 파악**하고, 그러한 욕구 충족을 위해 필요한 프로그램이나 정책을 개발함으로써 **문제해결 방향을 제시**할 수 있다.

🔍 **정답** ③

011

사회과학의 연구윤리에 관한 설명으로 옳지 않은 것은? • 16회

① 수업시간에 조사하는 설문지도 응답자의 동의와 자발적 참여가 필요하다.
② 연구자는 연구대상자에게 피해를 줘서는 안 된다.
③ 응답자의 익명성과 비밀을 보장해야 한다.
④ 연구의 공익적 가치는 일반적으로 연구윤리보다 우선해야 한다.
⑤ 타인의 연구결과를 인용 없이 사용하는 경우를 표절이라 한다.

해설

연구윤리가 연구의 공익적 가치보다 우선해야 한다. 연구자는 가능한 가장 윤리적이기 위해 그들이 계획하는 연구의 윤리성에 대해 동료의 조언을 받을 수 있고, 인간 연구대상자 검토 위원회로부터 승인을 얻을 수 있도록 노력해야 한다.

보충설명

① **연구 참여자들의 동의(연구대상자의 승낙)와 자발적 참여를 보장**하는 것은 연구윤리의 기본원칙이며, 이는 수업시간에 조사하는 설문지도 마찬가지이다.
② 연구참여자들이 자발적으로 참여했더라도 연구자는 **연구대상자들에게 신체적, 심리적, 물질적, 법적, 피해를 끼쳐서는 안 된다.**
③ 연구대상자의 이익과 안녕 보호에서 가장 분명한 목적은 연구대상자의 신원을 보호하는 것으로, 조사연구자는 일차적으로 **응답자의 익명성과 비밀성을 지켜야** 한다. 다만, 윤리적 고려가 비밀보장을 지키지 못하게 만드는 상황을 발생시킬 수 있다(예 면접실시 중 아동이 학대받고 있거나 아니면 응답자가 자신 또는 다른 사람을 심각하게 해칠 절박한 위험에 놓여 있음을 알게 되었을 경우).
⑤ 연구자가 아닌 다른 사람이 **타인의 연구결과를 사용할 때에는 반드시 인용근거를 제시하여야** 하며, 타인의 연구결과를 인용해서 사용하는 경우더라도 연구결과의 대부분을 수정 없이 그대로 사용해야 하는 경우에는 연구자의 사전허가를 얻어야 한다.

정답 ④

012

과학적 탐구에서 제기되는 윤리적 문제에 관한 설명으로 옳지 않은 것은? • 22회

① 어떤 경우라도 연구참여자 속이기는 허용되지 않는다.
② 고지된 동의는 조사대상자의 판단능력을 고려하여야 한다.
③ 연구자는 기대했던 연구결과와 다르더라도 그 결과를 사실대로 보고해야 한다.
④ 사회복지조사에서는 비밀유지가 엄격히 지켜질 수 없는 상황이 발생할 수 있다.
⑤ 연구자는 개인정보 유출 등으로 인해 연구참여자에게 피해를 주지 않도록 신중을 기해야 한다.

해설

연구참여자 속이기는 **허용될 수 있다.** 가령 관찰법 경우 호손효과(hawthorne effect)로 인한 부자연스러운 반응을 보일 수 있는 경우 연구목적이나 방법을 숨기거나 달리 말하는 것이 보다 효과적일 수 있기 때문이다. 다만, 연구대상자가 조금이라도 피해를 입을 여지가 있는 경우 허용될 수 없고, 불가피하게 연구대상을 속여야 한다면 연구가 끝난 후에라도 그 이유를 충분히 설명해야 한다.

보충설명

② 고지된 동의는 동의를 하는 연구참여자에게 스스로 결정할 수 있을 만큼의 능력(판단능력)이 있어야 한다.
③ 연구자는 기대했던 것과 다른 연구결과나 부정적 결과, 조사과정에서 드러난 기술적 문제점이나 실패에 대해서도 정직하게 보고해야 한다.
④ 연구자는 비밀을 지킬 의무가 있지만, 연구결과가 법적인 문제와 관련될 때 법적으로 그 자료원을 밝히도록 의무화된 경우에는 자료원에 대한 비밀보장이 어렵다.
⑤ 연구참여자에게 피해를 주지 않아야 한다. 즉 연구자로서 개인의 신상이나 사생활을 보호하는 것은 의무이며 사생활 보호는 기본적인 인권의 하나이다.

정답 ①

013

✓확인 □□□

사회복지조사의 연구윤리에 관한 설명으로 옳은 것을 모두 고른 것은?

• 15회

> ㉠ 연구대상을 관찰하기에 앞서 그들의 동의를 구해야 한다.
> ㉡ 연구로부터 얻을 수 있는 사회적 이익이 비용을 초과해야만 한다.
> ㉢ 조사과정에서 드러난 문제점과 실패도 모두 보고해야 한다.
> ㉣ 비밀성이 보장되면 익명성도 보장된다.

① ㉠
② ㉡
③ ㉠, ㉢
④ ㉠, ㉢, ㉣
⑤ ㉠, ㉡, ㉢, ㉣

해설

㉠ 사회복지조사는 **연구대상자의 승낙을 얻어야 한다.** 즉 연구대상자에게 조사연구에 대한 정보를 제공한 다음 조사대상자가 아무런 강요도 받지 않고 조사연구에 참여하기로 동의해야 한다.
㉢ 조사과정에서 드러난 **기술적 문제점이나 실패에 대해서도** 그 내용의 부정적 측면과 관계없이 정직하게 보고해야 하며, 긍정적인 결과뿐 아니라 부정적인 결과도 정직하게 보고해야 한다.

✗ 오답풀이

㉡ 연구로부터 얻을 수 있는 사회적 이익이 비용을 초과해야만 하는 것은 아니다. 다만, **조사를 통해 조사대상자가 얻을 수 있는 혜택 또는 사회적 이익이 조사로 말미암아 생길 불이익보다 작지 않아야** 하며, 연구자는 연구로부터 발생할 수 있는 모든 형태의 피해를 인지하고 최소화하도록 노력해야 한다.
㉣ 비밀성이 보장되어야 익명성이 보장되는 것은 아니다. **익명성(anonymity)**은 응답자들이 신원을 밝히지 않고 응답할 수 있도록 하는 것으로, 연구자나 연구결과를 읽는 독자가 특정 응답에 대한 특정 응답자를 확인할 수 없을 때 보장된다. **비밀성(confidentiality)**은 조사자가 응답자에 대해 알고는 있지만 이를 공개하지 않고 지킨다는 것으로, 연구자가 특정인의 응답을 밝힐 수 있지만 그렇게 하지 않겠다고 공개적으로 약속할 때 비밀이 보장된다.

정답 ③

OIKOS UP 익명성과 비밀성

연구대상자의 이익과 안녕 보호에서 가장 분명한 목적은 연구대상자의 신원을 보호하는 것으로, 조사연구자는 일차적으로 익명성과 비밀성을 지켜야 한다.

① **익명성(anonymity)** : 응답자들이 신원을 밝히지 않고 응답할 수 있도록 하는 것으로, 연구자나 연구결과를 읽는 독자가 특정 응답에 대한 특정 응답자를 확인할 수 없을 때 보장된다.

  예 설문조사에서 설문지가 연구실에 되돌아오기까지 설문지에 아무런 신원 파악 번호가 붙어 있지 않는 것

② **비밀성(confidentiality)** : 조사자가 응답자에 대해 알고는 있지만 이를 공개하지 않고 지킨다는 것으로, 연구자가 특정인의 응답을 밝힐 수 있지만 그렇게 하지 않겠다고 공개적으로 약속할 때 비밀이 보장된다.

  예 면접조사에서 연구자는 특정 응답자가 대답한 소득을 공개할 수 있는 위치에 있어도 그렇게 하지 않을 것이라는 점이 응답자에게 보장되어야 하는 것

③ 익명성과 비밀성에 대한 보장은 응답자들은 자신들의 신원이 밝혀지지 않을 것이라는 기대로, 응답자들의 참여가 늘어나며 조사연구의 응답률을 높이는데 기여한다.

  ㉠ **익명성의 단점** : 설문조사에서 익명성의 보장은 누가 설문지에 답했는지? 답하지 않았는지?에 대한 추적을 어렵게 만든다. 즉 응답자와 비응답자들의 성격을 구분해서 파악하기 어렵다.
  ㉡ **비밀성의 단점** : 자료의 신뢰성 여부를 둘러싼 공방을 불러일으킬 수 있다.

④ 연구조사가 익명성이라기보다 비밀성일 때, 조사자는 그 점을 응답자에게 명확히 밝힐 책임이 있으며, 조사자는 비밀성을 목적으로 익명성이라는 용어를 사용해서는 안 된다.

제2장 사회조사방법의 기본 개념

김진원 Oikos 사회복지사 1급

제2영역 : 사회복지조사론

01 연구문제(research question)

014 ✓확인 ☐☐☐

연구문제(research question)의 서술에 관한 설명으로 옳은 것은?
· 14회

① 주로 평서문 형태로 서술되어야 한다.
② 다루는 범위가 넓게 서술되어야 한다.
③ 연구결과의 함의에 맞추어 서술되어야 한다.
④ 연구의 관심이나 의문의 대상이 서술되어야 한다.
⑤ 정(+)의 관계로 서술되어야 한다.

해설
연구문제는 과학적 탐구의 방법으로 답을 구할 수 있으며 지적으로 자극을 유발하는 문제로, 논문에서 다루어질 주요한 문제나 중심이 되는 내용을 말한다. 연구의 관심이나 의문의 대상이 서술되어야 한다.

✗ 오답풀이
① 연구문제들은 평서문의 형태가 아닌 **의문의 형태로 서술되어야** 한다.
② 너무 광범위한 문제를 설정하지 말고 **구체적이고 깊이 있는 문제에 초점을 맞추어** 서술되어야 한다.
③ **연구문제의 설정은 연구의 첫 번째 단계**이므로, 연구결과의 함의에 맞추어 서술한다는 것은 올바르지 않다.
⑤ 변수 간의 관계는 정(+)의 관계나 부의 관계(-) 모두 쓰일 수 있다. 변수 간의 관계는 **정적관계**(positive relationship, 두 변수가 같은 방향으로 변하는 비례적 관계)나 **부적관계**(negative relationship, 두 변수가 각기 다른 방향으로 변하는 반비례적 관계) 모두 쓰일 수 있다.

정답 ④

015 ✓확인 ☐☐☐

사회복지 조사의 연구문제에 관한 설명으로 옳은 것을 모두 고른 것은?
· 16회

㉠ 연구문제는 연구자의 관심이나 의문의 대상을 포함한다.
㉡ 잠정적 결과를 예측하는 연구문제를 제시할 수 있다.
㉢ 모든 사회복지 조사는 연구문제가 있다.
㉣ 문제형성 과정에 다른 연구자의 참여가 가능하다.
㉤ 연구문제가 변수 간의 관계를 예측할 필요는 없다.

① ㉠, ㉤
② ㉡, ㉣
③ ㉠, ㉣, ㉤
④ ㉠, ㉡, ㉢, ㉤
⑤ ㉠, ㉡, ㉢, ㉣, ㉤

해설
㉠ **연구문제(research problem)**는 과학적인 탐구의 방법으로 답을 구할 수 있는 그리고 지적으로 자극을 유발시키는 문제로, 연구문제는 **일종의 의문이다**(예 사회복지가 확대되면 경제성장이 둔화되는가?, 교육수준이 낮은 사람들이 빈곤할 가능성이 높은가?). 무엇이, 어떻게, 왜 그런지에 대한 질문을 던지고, 그 질문에 대한 답을 찾는 것으로, **연구자의 관심이나 의문의 대상이 포함된다**. 참고로 연구목적은 연구의 계기와 결과를 둘러싼 함의에 초점이 맞추어져 있지만, 연구문제는 보다 직접적으로 연구의 관심이나 의문의 대상을 제시하는 것이다.
㉡ 연구문제는 개념이나 변수들의 특성 혹은 그들 간의 관계에 대해 묻는다. 변수 A는 어떻게 분포되어 있을까? B에 따라 A는 어떻게 달라질까? 등의 방식으로 질문을 던진다. 즉 **잠정적 결과를 예측하는 연구문제를 제시할 수 있다**.
㉢ 모든 조사는 연구문제의 설정에서 시작하므로, **모든 사회복지 조사는 연구문제가 있다**.
㉣ 문제를 형성한다는 것은 문제를 상세하게, 정확하게 그리고 체계적으로 표현하는 것으로, **문제형성 과정에 다른 연구자의 참여가 가능하다**.
㉤ 탐색 혹은 기술 목적의 조사연구들에서는 'A는 어떠할까?' 'A는 어떻게 분포되어 있을까?'의 경우처럼 연구 문제가 변수들 간의 관계에 대한 의문까지를 굳이 포함하지는 않는다.

정답 ⑤

OIKOS UP 연구문제 서술요령

① 문제들은 의문의 형태로 서술되어야 한다.
② 단순 명료하게 문제를 지적하는 것이 가장 좋은 방법이다.
③ 변수들 간의 관계에 대해 서술한다.
④ 문제들은 경험적 검증의 가능성이 있어야 한다.
⑤ 적어도 두 가지 이상 답이 나올 가능성이 있어야 한다. 연구문제가 하나의 해답만을 가지고 있다면 연구할 가치가 없게 된다.

02 개념의 정의

016　✓확인 ☐☐☐

개념의 조작화에 관한 설명으로 옳지 않은 것은?　·10회

① 표준화된 척도는 조작화의 산물이다.
② 추상적 세계와 경험적 세계를 연결하는 작업이다.
③ 명목적 정의(nominal definition)로서 충분히 조작화가 가능하다.
④ 개념적으로 정의된 내용이 실제로 관찰되게 정의하는 것이다.
⑤ 양적 조사에서 매우 중요한 과정이다.

[해설]

명목적 정의(nominal definition)는 한 용어에 배정된 정의로, 명목적 정의의 구체화는 관찰할 수 있도록 해주지는 않는다. 다음 단계로 무엇을 관찰하게 될 것인지, 어떻게 관찰할 것인지, 다양한 관찰에 어떤 해석을 부여할 것인지 정확하게 구체화해야 한다. 이런 더 구체화하는 모든 일이 개념의 조작적 정의이다.

정답 ③

OIKOS UP　측정단계의 발달 도식

개념화 ➡ <u>명목적 정의 ➡ 조작적 정의</u> ➡ 실제 세계의 측정
(개념적 정의)　└→ 개념의 구체화(specification, 특정화)

① **개념적 정의 : 연구에서 사용되는 주요 용어들을 개념적으로 정의하는 것이다.** 개념에 대한 구체적인 묘사이기는 하지만, 그것은 여전히 추상적이다. 개념적 정의는 다음에 설명하는 조작적 정의를 위한 전 단계이며, 개념적 정의를 통해 내려진 개념에 대한 대략적 윤곽이나 틀 없이는, 조작적 정의는 실현되기 어렵다.
② **명목적 정의 : 한 용어에 배정된 정의로,** 한 용어가 실제로 무엇을 의미하는지에 대해 일치하지 않고 혼란스러운 가운데서 과학자들은 탐구의 목적을 위해 작업정의를 구체화한다.
③ **조작적 정의 :** 조사하고자 하는 개념들(또는 변수들)이 너무 추상적이어서 직접 조사하기 어려운 경우, 추상적인 개념들을 잘 대변하면서 경험적으로 측정 가능한 대체개념 또는 지수(indicator)를 정립하는 것을 말한다. 개념들에 대한 경험적인 지표로 활용될 특정한 조작 작업을 구체화하는 것이다(**경험적 구체화**).

017　✓확인 ☐☐☐

측정에 관한 설명으로 옳지 않은 것은?　·16회

① 개념의 구체화 과정에서 포괄성의 원칙을 지켜야 한다.
② 개념의 경험화 과정에서 변수를 구성하는 속성들 간의 구분이 분명해야 한다.
③ 신뢰도가 높은 측정을 위해서는 문항 간 내적 일관성을 가져야 한다.
④ 측정은 개념의 현상적 구조와 경험적 측정값들이 일치될수록 정확해진다.
⑤ 개념화가 조작화에 비해 경험적 차원에서의 구체화 정도가 높다.

[해설]

조작화가 개념화에 비해 경험적 차원에서의 구체화 정도가 높다. 개념화(conceptualization, 개념적 정의)는 우리가 연구에서 특정한 용어를 사용할 때 무엇을 의미하는지 정확하게 구체화하는 과정이며, 조작화(operationalization, 조작적 정의)는 한 개념이 어떻게 측정되어야 하는지를 정확하게 구체화하는 것이다.

[+보충설명]

① 개념의 구체화 과정은 변수와 그것을 이루는 속성들에 대해 상세히 구체화하는 과정이다. 변수를 구성하는 속성은 **포괄성의 원칙을 지켜야 하는데,** 이는 모든 관찰내용이 변수를 구성하는 속성 중 어느 하나에 속해질 수 있어야 한다는 것이다.
② 변수를 구성하는 속성들은 **상호배타성의 원칙을 지켜야 하는데,** 이는 모든 관찰은 한 가지 그리고 단지 하나의 속성만 분류되어야 한다는 것이다. 즉 각기 다른 속성들은 서로가 엄격히 구분될 수 있어야 한다는 뜻이다.
③ 측정도구의 신뢰도를 검사하는 방법으로 가장 실용적이고 가장 흔한 것이 내적 일관성을 분석하는 것으로, 반분법과 크론바 알파(Cronbach's Alpha)가 있다. 문항 간 서로 내적 일관성(internal constancy)을 가지고 있어야 신뢰도가 높다.
④ 측정은 개념의 현상적 구조와 측정도구의 경험적 측정값이 일치될수록 **타당도가 높아진다.** 타당도란 측정의 정확성을 말하는 것으로, 경험적 측정이 연구하는 개념에 대한 실질적 의미를 충분히 반영하는 정도를 의미한다.

정답 ⑤

018 ✓확인 ☐☐☐

측정의 개념적 정의와 조작적 정의에 관한 설명으로 옳은 것은?
· 23회

① 조작적 정의는 개념적 정의에 비해 주관적 해석의 수준이 낮다.
② 조작적 정의는 양적 조사에 비해 질적 조사에서 더욱 중요하다.
③ 측정하고자 하는 개념의 의미는 조작적 정의를 통해 확장된다.
④ '조작적 정의 → 개념적 정의 → 측정'의 순서로 이루어진다.
⑤ 개념적 정의를 통해 변수를 직접 측정할 수 있다.

해설
조작적 정의는 개념적 정의를 연구목적에 적합하도록 관찰가능한 지표로 변환시키는 것이다. 따라서 추상적이고 사람마다 다를 수 있는 **개념적 정의에 비해 주관적 해석의 수준이 낮다.**

오답풀이
② 조작적 정의는 질적 조사에 비해 **양적 조사에서 더욱 중요**하다. 순수하게 질적 조사에서는 특정될 개념과 그 조작적 지수를 미리 자세하게 설명하지 않고, 연구조사가 관찰할 수 있는 것을 세는 것보다 더 깊은 주관적 의미를 강조하는 경향이 있기 때문에 조작적 정의라는 용어는 드물게 사용된다.
③ 측정하고자 하는 개념의 의미는 조작적 정의를 통해 **축소**된다. 즉, 조작적 정의는 측정할 수 없는 추상적인 개념을 측정할 수 있는 지표로 전환하는 작업으로, 추상적이고 다의적인 개념이 구체적으로 조작되는 과정에서 본래의 의미를 모두 반영하지 못하기 때문에 본래의 의미가 손실될 가능성이 있다.
④ '**개념적 정의 → 조작적 정의 → 측정**'의 순서로 이루어진다.
⑤ 추상적으로 정의된 개념적 정의로는 변수를 직접 측정할 수 없다. 추상적인 개념들을 경험적으로 측정가능한 지표로 변환시킨 **조작적 정의**를 통해 변수를 직접 측정할 수 있다.

정답 ①

03 가설(hypothesis)

019 ✓확인 ☐☐☐

바람직한 가설에 관한 설명으로 옳지 않은 것은?
· 11회

① 경험적으로 검증할 수 있어야 한다.
② 정(+)의 관계로 기술되어야 한다.
③ 표현이 간단명료하여야 한다.
④ 이론과 연관되어야 한다.
⑤ 변수 간의 관계를 기술하여야 한다.

해설
변수 간의 관계는 **정적관계**(positive relationship, 두 변수가 같은 방향으로 변하는 비례적 관계)나 **부적관계**(negative relationship, 두 변수가 각기 다른 방향으로 변하는 반비례적 관계) 모두 쓰일 수 있다.

보충설명
① 관계에 동원된 변수들은 **경험적인 측정**이 가능해야 한다.
③ 변수들 간의 관계가 **명확하고 간단명료하게** 서술되어야 한다.
④ 가설은 연구 분야의 다른 가설이나 이론과 연관이 있어야 한다.
⑤ 가설은 **구체적으로 측정 가능한 변수들 간의 관계**를 나타내기 때문에 추상적이기 보다는 구체적으로 나타난다.

정답 ②

020

가설에 관한 설명으로 옳은 것을 모두 고른 것은? · 18회

> ㄱ. 이론적 배경을 가져야 한다.
> ㄴ. 변수 간 관계를 가정한 문장이다.
> ㄷ. 가설구성을 통해 연구문제가 도출된다.
> ㄹ. 창의적 해석이 가능하도록 개방적으로 구성되어야 한다.

① ㄱ, ㄴ
② ㄱ, ㄷ
③ ㄱ, ㄴ, ㄹ
④ ㄴ, ㄷ, ㄹ
⑤ ㄱ, ㄴ, ㄷ, ㄹ

해설

ㄱ. 가설은 **연구분야의 다른 가설이나 이론과 연관이 있어야 한다.** 가설은 이론을 활용하고, 검증된 가설은 이론을 발전시킨다.
ㄴ. 가설은 **검증되지 않은 변수 간의 관계를 검증 가능한 형태로 서술**해 놓은 문장이다. 가설은 가능한 한 1개의 독립변수와 종속변수 간의 관계로 기술하는 것이 좋다.

✗ 오답풀이

ㄷ. 가설은 연구문제를 해결해 줄 수 있어야 한다. 가설은 연구를 통해 얻고자 하는 것을 잘 해결할 수 있도록 구성되어야 한다. 따라서, **연구문제로부터 가설구성이 도출**된다.
ㄹ. 가설은 반드시 명확하게 검증 가능해야 하며, **애매하지 않게 서술**되어야 한다. 가설의 명확성은 개념적이고 조작적인 정의를 얼마나 잘 내리느냐에 달려 있다.

정답 ①

OIKOS UP — 가설설정 시 고려사항

① 가설은 가능한 한 2개의 변수 간의 관계로 기술하는 게 좋다.
② 개념 간의 관계에 대한 진술이 분명해야 한다.
③ 가설에서의 개념은 조작적으로 규정되어 있고, 이들은 측정 가능해야 한다.
④ 가설은 경험적으로 검증 가능해야 한다.
⑤ 가설은 연구 분야의 다른 가설이나 이론과 연관이 있어야 한다.
⑥ 가설은 간단명료해야 하며, 연구문제를 해결해 줄 수 있어야 한다.
⑦ 가능한 한 광범위한 적용범위를 가지고 있어야 한다.

021

영가설(null hypothesis)에 관한 설명으로 옳은 것은? · 18회

① 변수 간의 관계가 존재한다는 가설이다.
② 변수 간 관계없음이 검증된 가설이다.
③ 조사자가 검증하고자 하는 가설이다.
④ 영가설에 대한 반증가설이 연구가설이다.
⑤ 변수 간 관계가 우연임을 말하는 가설이다.

해설

영가설(null hypothesis)은 개입의 효과가 우연(표본추출오차)에 의해서 발생하였다고 진술하는 가설이다. 즉, 영가설이란 연구자가 통계적으로 검증하고자 하는 관계가 비록 자신의 연구에서 발견한 바와 상당히 관련이 있어 보일지라도 실제로는 어떤 특정 모집단에 대해서 적용할 수 있거나 혹은 이론적으로 실존하는 관계가 아니라 단순히 '우연'으로 설명될 수 있는 관계라는 것을 의미한다.

✗ 오답풀이

① 영가설은 변수 간의 관계가 존재하지 않는다고 가정하는 가설이다.
② 영가설은 변수 간 관계없다고 진술되는 가설로서 **아직은 검증되지는 않았다.**
③ 조사자가 검증하고자 하는 가설, 즉 조사자가 참으로 증명되기를 기대하는 가설은 **연구가설**이다.
④ **연구가설에 대한 반증가설이 영가설이다.** 참고로 반증(falsification)이란 관찰과 실험의 결과를 가지고 이론을 반박하는 것으로, 어떠한 법칙이나 이론이 참이 아닌 것을 증명하는 특수명제를 찾아 보여주는 작업이다. 대부분의 실험연구에서 실험처치의 효과를 보여주고자 할 때, 연구가설을 보편법칙에 따라 참인 것을 검증하기란 불가능하다. 따라서, 영가설이 거짓임을 증명함으로써 이론을 검증하는 것이다.

정답 ⑤

022

영가설(null hypothesis)과 연구가설(research hypothesis)에 관한 설명으로 옳은 것은? ·22회

① 연구가설은 연구의 개념적 틀 혹은 연구모형으로부터 도출될 수 있다.
② 연구가설은 그 자체를 직접 검정할 수 있다.
③ 영가설은 연구가설의 검정 결과에 따라 채택되거나 기각된다.
④ 연구가설은 수집된 자료에서 나타난 차이나 관계가 표본추출에서 오는 우연에 의한 것으로 진술된다.
⑤ 연구가설은 영가설에 대한 반증의 목적으로 설정된다.

해설
연구가설은 연구자의 이론, 연구의 개념적 틀 혹은 연구모형으로부터 도출된 가설로서 검증될 때까지는 연구문제에 대한 잠정적인 해답으로 간주된다.

오답풀이
② 연구가설은 **영가설을 통해 간접적으로 검증**된다.
③ **연구가설은 영가설**의 검정 결과에 따라 채택되거나 기각된다.
④ **영가설은** 수집된 자료에서 나타난 차이나 관계가 표본추출에서 오는 우연에 의한 것으로 진술된다.
⑤ **영가설은 연구가설**에 대한 반증의 목적으로 설정된다.

정답 ①

023

통계적 가설 검정에 관한 설명으로 옳지 않은 것은? ·15회

① 신뢰수준을 높이면 1종 오류를 줄일 수 있다.
② 유의수준을 낮추면 1종 오류가 늘어난다.
③ 유의확률이 유의수준보다 낮으면 영가설이 기각된다.
④ 2종 오류가 증가하면 통계적 검정력은 감소한다.
⑤ 2종 오류는 실제로는 참이 아닌 영가설을 기각하지 못하는 것을 말한다.

해설
제1종 오류란 영가설이 진인데 그 영가설을 기각하고 연구가설을 채택하는 판단의 오류로 α로 표기하며 유의수준(significant level)이라 한다. 따라서 유의수준을 낮추면 1종 오류는 줄어든다.

보충설명
① 신뢰수준을 높이면 유의수준이 낮아지므로 1종 오류는 줄어들게 된다. **신뢰수준(confidence levels)**은 우리가 추정한 신뢰구간이 옳다고 확신하는 정도로, 표본의 결과를 통해 추정하려는 모수가 어느 정도 신뢰성을 갖는지 말하는 것이다. 즉, 95%의 신뢰수준이라고 할 경우 장기적으로 100번 조사를 할 경우 95번은 우리가 설정한 신뢰구간에 실제 모수가 포함된다는 의미이다.
③ 통계분석 프로그램은 가설 검증에 필요한 검증통계인 p값(영가설 하에서 검증통계치가 나타날 가능성을 측정하는 확률인 probability의 약자)을 유의확률 하에 제시하고 있다. 검증과정에서 p값이 α보다 작으면 영가설은 기각되고, 크면 영가설 하에 검증통계치가 나타날 가능성이 크다고 판단되므로 영가설은 채택된다. **유의확률이 유의수준보다 낮으면 영가설이 기각된다.**
④ **검정력**은 영가설이 진이 아닐 때 영가설을 기각하는 확률을 말하며 1-β로 표기한다. 즉 연구가설이 진일 때 연구가설을 채택하는 확률이다. 따라서 2종 오류인 β가 증가하면 검정력은 낮아진다.
⑤ **제2종 오류란** 영가설이 진이 아닐 때, 즉 연구가설이 진일 때 영가설을 기각하지 않고 채택하는 오판을 말하며 β로 표기한다.

정답 ②

OIKOS UP 통계적 가설 검정

의사결정 \ 영가설 진위	영가설이 맞을 경우	영가설이 틀릴 경우
영가설 채택	1 - α(옳은 결정) 새로운 연구결과를 얻지 못함 = 신뢰수준 ⇩	β오류(제2종 오류) ⇩ ↑
영가설 기각	α오류(제1종 오류) = 유의수준 ⇧	1 - β(옳은 결정) = 검정력 ⇧ ↓ 새로운 연구결과를 얻을 수 있음

024

통계적 가설검증에 관한 설명으로 옳지 않은 것은? • 20회

① 영가설을 기각하면 연구가설이 잠정적으로 채택된다.
② 영가설은 연구가설과 대조되는 가설이다.
③ 통계치에 대한 확률(p)이 유의수준(α)보다 낮으면 영가설이 기각된다.
④ 연구가설은 표본의 통계치에 대한 가정이다.
⑤ 연구가설은 경험적으로 검증이 가능하여야 한다.

해설

추리통계는 알지 못하는 모집단의 속성을 추정하기 위하여 모집단을 대표하는 표본을 추출하여 표본의 속성을 통해 모집단의 속성을 추정하여 확률적으로 의사를 결정하는 방법이다. 따라서, 가설은 모수치에 대한 서술이어야 하며, **연구가설은 모집단의 모수치에 대한 가정이다.**

보충설명

① **영가설을 기각하면 연구가설이 채택되고, 영가설이 채택되면 연구가설이 기각된다.** 즉, 연구가설은 직접적으로 긍정되거나 혹은 부인되지 않으며, 연구 가설은 영가설을 통해 간접적으로 검증된다.
② **영가설은 연구가설에 대한 반증가설**이므로, 영가설은 연구가설과 대조되는 가설이다.
③ 통계치에 대한 확률(p)이 유의수준(α)보다 **낮으면 영가설이 기각되며 높으면 영가설이 채택된다.**
⑤ 가설은 우리가 실제로 현상을 관찰하여 얻은 자료를 이용하여 경험적으로 검증할 수 있어야 한다. 따라서, **연구가설은 경험적으로 검증이 가능하여야 한다.**

정답 ④

025

통계적 가설검증에 관한 설명으로 옳은 것은? • 23회

① 가설의 지지여부는 연구가설을 직접 검증하여 반증한다.
② 신뢰수준을 95%에서 99%로 높이면 제1종 오류의 가능성이 높아진다.
③ 연구가설은 두 변수 간의 관계가 오류에 의해 발생하였음을 가정한다.
④ 유의확률(p)이 설정한 유의수준(α)보다 낮으면 영가설을 기각한다.
⑤ 신뢰수준을 낮추면 제2종 오류의 가능성은 높아진다.

해설

검증과정에서 p(유의확률)값이 α(유의수준)보다 작으면 **영가설은 기각된다.** 반면에 검증과정에서 p(유의확률)값이 α(유의수준)보다 크면 영가설 하에 검증통계치가 나타날 가능성이 크다고 판단되므로 **영가설은 채택된다.**

오답풀이

① 가설의 지지여부는 연구가설을 **간접** 검증하여 반증한다. 즉, 연구가설은 영가설을 통해 간접적으로 검증된다.
② 신뢰수준을 95%에서 99%로 높이면 제1종 오류의 가능성은 **낮아진다.**
③ **영가설은** 두 변수 간의 관계가 오류에 의해 발생하였음을 가정한다. 즉, 영가설은 개입의 효과가 우연(표본추출오차)에 의해서 발생하였다고 진술하는 가설이다.
⑤ 신뢰수준을 낮추면 제1종 오류는 증가되며, 제1종 오류가 증가되면 제2종 오류의 가능성은 **낮아진다.**

정답 ④

04 개념과 변수

026

변수에 관한 설명으로 옳지 않은 것은?　·17회

① 직접 관찰할 수 있는 것들만 측정한 것이다.
② 경험적으로 측정할 수 있는 개념이다.
③ 조작적 정의의 결과물이다.
④ 두 개 이상의 속성을 가져야만 한다.
⑤ 연속형 또는 비연속형으로 측정될 수 있다.

> **해설**
> 개념(concept)은 단순히 정신적 이미지 또는 인식으로, 단어 또는 용어를 사용해서 어떤 현상이나 사물의 의미를 추상적인 용어를 사용하여 관념적으로 구성한 것이다. 개념은 사회정의나 사랑과 같이 직접 관찰할 수 없거나 또는 지체장애나 나무와 같이 쉽게 관찰될 수 있는 대상물을 가지고 있을 수도 있다. 개념은 변수와 상수로 이루어져 있는데, 변수(variables)는 연구를 하는 구체적인 개념 또는 이론적인 개념 구성으로, 성별, 주거의 위치, 민족, 연령과 같이 상대적으로 관찰하기 쉬운 것들도 측정하지만, 자존심의 수준, 사회복지사의 소진, 성차별 등과 같이 직접 관찰하기 어려운 추상적인 것들도 측정한다.
>
> **+보충설명**
> ② 변수란 연구대상이 경험적 속성에 계량적인 수치를 부여하여 **경험적으로 측정 가능하게 한 개념**이다.
> ③ **조작적 정의(operational definition)**란 추상적인 개념을 실증적이고 경험적으로 측정가능하도록 구체화한 정의를 말하는 것으로, **변수는 조작적 정의의 결과물**이다.
> ④ 변수는 둘 이상으로 구분되는 **변수값(value)** 혹은 속성을 갖는다. 예를 들어, 성별이라는 변수는 남성과 여성, 소득수준은 상, 중, 하라는 변수값을 갖는다. 반면, 상수(constant)는 단지 하나의 결코 변하지 않는 값을 가지는 것을 말한다.
> ⑤ 변수는 연속성의 유무에 따라서 비연속적 변수와 연속적 변수로 구분할 수 있다. 비연속적 변수(이산변수)는 명목척도와 서열척도로 측정되는 변수들이며, 연속적 변수는 등간척도와 비율척도로 측정된 변수들이다.
>
> **정답** ①

027

조절변수를 활용한 가설에 해당하는 것은?　·12회

① 소득은 삶의 만족도에 영향을 미친다.
② 소득이 삶의 만족도에 미치는 영향은 성별에 따라 다르다.
③ 소득과 삶의 만족도는 밀접한 관계가 있다.
④ 소득은 의료접근성을 통하여 삶의 만족도에 영향을 미친다.
⑤ 비슷한 소득일 때 거주지역에 따라 삶의 만족도는 차이가 난다.

> **해설**
> A(독립변수)와 B(종속변수)의 관계가 제3의 변수(Z)의 범주에 따라 다르게 된다면 이러한 관계는 상호작용이 있다고 말하면서, 제3의 변수(Z)가 A와 B의 관계를 조건화시킨다고 한다. 이때 A와 B를 조건화시키는 제3의 변수(Z)를 **조절변수(moderator, 조건변수)**라고 한다. 소득(독립변수)과 삶의 만족도(종속변수)의 관계가 '성별'에 따라 달라지므로, 이때 성별은 조절변수이다.
>
> **+보충설명**
> ⑤ '비슷한 소득일 때'라는 것을 통해 **소득은 통제변수**임을 알 수 있다. 소득을 통제하였을 때, **거주지역(독립변수)**이 삶의 만족도(종속변수)에 영향을 미치고 있다. 따라서, 통제변수인 소득은 **억압변수**였음을 알 수 있다. **억압변수(=억제변수)**란 하나의 변수와는 긍정적으로 상관되어 있고 다른 하나의 변수와는 부정적으로 상관되어 있어 독립변수와 종속변수 간의 관계가 없는 것처럼 둘 간의 관계를 누르는 변수를 말한다.
>
> **정답** ②

028

변수에 관한 설명으로 옳은 것은? ·12회

① 독립변수는 모든 형태의 척도(명목, 서열, 등간, 비율)가 활용될 수 있다.
② 매개변수는 독립변수와 종속변수에게 영향을 미친다.
③ 통제변수는 종속변수와 관련성이 없어야 한다.
④ 조절변수는 독립변수에게 영향을 미친다.
⑤ 종속변수의 수는 외생변수의 수에 따라 결정된다.

해설
독립변수(Independent Variable)는 다른 변수를 변화시키는 원인이 되는 변수로, 모든 형태의 척도가 활용될 수 있다.

오답풀이
② **매개변수**는 독립변수의 영향을 받아 종속변수에 영향을 주는 변수이다.
③ **통제변수**는 독립변수와 종속변수 간의 관계를 좀 더 정확히 파악하기 위해 두 변수 간의 관계에 영향을 미칠 수 있는 제3의 변수를 통제할 경우 이 제3의 변수를 말한다. 종속변수와 관련성이 없다는 것은 올바르지 않다.
④ 매개변수와 조절변수가 다른 것은 매개변수는 독립변수와 상관관계가 있어야 하지만, **조절변수는 독립변수와 조절변수가 상관관계가 있을 필요가 없다.**
⑤ **외생변수**는 독립변수(X)와 종속변수(Y)가 각각 제3의 변수(Z)와 밀접한 관계를 갖고 있어 독립변수가 종속변수에 영향을 미치는 것처럼 보이는 경우 이때 제3의 변수(Z)를 말한다. **종속변수의 수가 외생변수의 수에 따라 결정되는 것은 아니다.**

정답 ①

029

가정폭력이 피해 여성의 우울증에 미치는 영향은 여성이 맺고 있는 사회적 네트워크의 수준에 따라 달라진다는 연구 결과가 발표되었다. 이 연구에서 존재하지 않는 변수는? ·18회

① 독립변수 ② 매개변수
③ 종속변수 ④ 조절변수
⑤ 내생변수

해설
'가정폭력이 피해 여성의 우울증에 미치는 영향은 여성이 맺고 있는 사회적 네트워크의 수준에 따라 달라진다.'에서 가정폭력은 **독립변수**, 피해 여성의 우울증은 **종속변수**, 사회적 네트워크의 수준은 **조절변수**이다. 종속변수인 피해 여성의 우울증은 **내생변수**이다.

보충설명
④ 독립변수와 종속변수의 관계가 제3의 변수의 범주에 따라 다르게 된다면, 이 때 제3의 변수를 **조절변수**라고 한다. 즉, 조절변수는 독립변수와 종속변수 사이에서 제2의 독립변수로, 독립변수와 종속변수의 관계를 강화시키거나 약화시킨다.
⑤ **내생변수**는 최소한 한 번은 모델 내의 다른 변수의 결과가 되는 변수로, 변수가 다른 변수로부터 인과적으로 규정되므로 '모델 내부에서 생성된 변수'라는 의미에서 내생변수라 부른다.

정답 ②

제3장 사회조사방법의 형태와 절차

김진원 Oikos 사회복지사 1급

제2영역 : 사회복지조사론

01 사회조사방법의 형태

030 ✓확인 ☐☐☐

다음 연구 상황에 유용한 조사유형은? ・18회

> 일본 후쿠시마 원전 유출이 지역주민들의 삶에 초래한 변화를 연구하고자 하였으나 관련 연구나 선행 자료가 상당히 부족함을 발견하였다.

① 평가적 연구
② 기술적 연구
③ 설명적 연구
④ 탐색적 연구
⑤ 척도개발 연구

해설
관련 연구나 선행 자료가 상당히 부족한 상황에서 유용한 조사는 **탐색적 연구**이다. 탐색적 연구는 연구하고자 하는 주제가 새로운 것이거나 그 주제에 대한 자료가 별로 없을 경우나 앞으로 진행할 조사에 앞서 실시하는 조사를 말한다. **탐색적 연구의 목적은** 연구자가 새로운 관심사에 대해서 연구하거나, 연구주제가 비교적 잘 알려지지 않은 새로운 것이나, 연구자 보다 중요한 연구의 실행 가능성을 알아보고자 하거나 혹은 보다 중요한 연구에서 사용할 방법을 개발하고자 하는 경우에 주로 볼 수 있다.

정답 ④

OIKOS UP 탐색적 조사

① 연구문제를 형성하거나 가설을 개발하려고 할 때 사용하는 조사 연구
② 탐색적 조사의 주된 목적은 문제의 규명이다.
③ 연구대상에 대한 지식이 아주 적기 때문에 연구자는 연구해야 할 속성이 무엇인지를 개념화하고, 이들 개념을 조작화하여 자료 수집을 위한 변수로 전환시키는 것이 중요하다.
④ 연구자가 만약 연구대상에 대해 충분한 지식과 정보가 있으면 기술적, 설명적 조사연구에 바로 들어가도 되기 때문에 탐색적 조사연구를 이들의 예비조사(pilot study)로 보는 경우도 많다.
⑤ 탐색조사의 질문지는 주로 '무엇(what)을'이라는 질문을 많이 사용한다.
⑥ 탐색조사를 하는 방법 : 문헌조사, 경험자 조사 또는 전문가 의견 조사, 특례분석 또는 특례조사

031 ✓확인 ☐☐☐

설명적 조사(explanatory research)에 관한 설명으로 옳지 않은 것은? ・9회

① 가설을 검증하려는 조사
② 특정 현상을 사실적으로 묘사하려는 조사
③ 변수 간의 인과관계를 규명하려는 조사
④ 실험조사설계 형태로 이루어지는 조사
⑤ 특정 변수에 영향을 미치는 요인에 대한 조사

해설
특정 현상을 사실적으로 묘사하려는 조사는 **기술적 조사**이다. **기술적 조사는** 어떠한 사건이나 현상의 모양이나 분포, 크기나 비율 등 단순통계적(simple statistics)인 것에 대한 해답을 구하기 위해 실시되는 조사를 말한다.

정답 ②

OIKOS UP 설명적 조사

① 연구자가 어떤 상황에 대해 이미 알고 있거나 그 상황에 대해 기술하고 있는 자료를 충분히 가지고 있을 때, 어째서 그런 상황들이 존재하며, 그렇게 작용하고 있는가 등을 밝혀내기 위한 조사이다.
② 설명적 조사는 기술적 조사 결과의 축적을 토대로 해서 사실과의 인과관계를 규명하고자 할 때 주로 사용되기 때문에 이를 가설검증 조사(research of testing casual hypothesis)라고 부르기도 한다.
③ 설명이란 '왜(why) 이러한 결과가 발생 하였나'라는 문제의 원인을 묻는 질문에 대해 문제를 어떻게 해결할 것인지에 대한 해답을 제공하는 것이다(설명은 인과관계를 밝히는 과정임).
④ 기술적 조사는 요인들의 특성이 어떠하고, 이들 요인들이 어떻게 상호 관련되어 있는가를 보여주는 데 반해, 설명적 조사는 이 단계를 넘어서 이들 요인들이 어떠한 인과관계를 갖고 있으며 어떻게 미래를 예측하고 있는지를 설명해 준다.
[기술적 조사 : X ↔ Y(상관관계) 설명적 조사 : X → Y(인과관계)]

032

사회조사의 목적에 관한 설명으로 옳지 않은 것은? · 21회

① 지난 해 발생한 데이트폭력사건의 빈도와 유형을 자세히 보고하는 것은 기술적 연구이다.
② 외상후스트레스로 퇴역한 군인을 위한 서비스개발의 가능성을 파악하기 위한 초기면접은 설명적 연구이다.
③ 사회복지협의회가 매년 실시하는 사회복지기관 통계조사는 기술적 연구이다.
④ 지방도시에 비해 대도시의 아동학대비율이 높은 이유를 보고하는 것은 설명적 연구이다.
⑤ 지역사회대상 설문조사를 통해 사회복지서비스의 만족도를 조사하는 것은 기술적 연구이다.

[해설]
외상후스트레스로 퇴역한 군인을 위한 서비스개발의 가능성을 파악하기 위한 초기면접은 **탐색적 연구**로서, 탐색적 연구방법 중 **경험자조사**이다. 참고로 탐색적 조사를 하는 방법에는 문헌조사, 경험자조사 내지 전문가 의견조사, 특례조사 등이 있다. 경험자조사는 관련된 조사문제에 대해 전문적인 지식이나 경험을 소유하고 그런 경험이나 지식을 과학적으로 전달해 줄 수 있는 사람들로부터 필요한 정보를 얻는 방법이다.

[보충설명]
① 기술적 연구는 발생빈도나 비율을 파악하거나 유형이나 행태를 파악하려고 할 때 활용된다.
③ 기술적 연구는 관련 변수간의 상호관계성을 파악한다. 즉 어떤 특성이나 비율을 기술하는 정도를 넘어 둘 이상의 변수간 관계를 통계적으로 파악하는 것이다.
④ 대도시의 아동학대비율이 높은 이유, 즉 문제의 원인을 파악하는 것을 인과관계를 규명하는 설명적 연구이다.
⑤ 기술적 연구는 사회복지 실천분야에서 수혜자의 욕구와 문제 서비스 전달과정에서 사회복지사의 태도, 제공된 서비스 등에 대해 수혜자 만족도를 파악하려할 때 활용된다.

[정답] ②

033

종단적 조사에 관한 설명으로 옳지 않은 것은? · 10회

① 조사대상을 일정한 시간간격을 두고 2회 이상 관찰하는 조사를 말한다.
② 패널조사는 매 조사시점마다 동일인이 조사대상이 되도록 계획된다.
③ 개인의 노동시장활동과 같은 장기적 추이를 분석하는데 활용된다.
④ 경향분석(trend analysis)은 매 조사시점에서 조사대상이 동일인이 아니다.
⑤ 1990년대와 2000년대 10대들의 직업선호도 비교는 동류집단(cohort)조사이다.

[해설]
1990년대 10대들의 직업선호도, 2000년대 10대들의 직업선호도 조사는 각각 횡단조사에 의해 이루어진 것이다. 이를 비교하는 것이므로 동류집단조사가 아니라 **경향분석(추이연구)**이다. **경향분석은 횡단연구를 여러 차례 시행하여 경향을 알아보는 연구이다.**

[정답] ⑤

OIKOS UP 종단적 조사

① 둘 이상의 시점에서 동일한 분석단위를 연구하는 것이다.
② 종단연구의 세 가지 종류
　㉠ 추이(trend) 연구(=경향조사)
　㉡ 동류집단(cohort) 연구(=동년배 조사, 코호트 조사)
　㉢ 패널(panel)연구
③ 패널조사, 동년배 조사, 경향조사 비교

종단조사의 유형	비 교	
패널조사(panel study)	동일 주제 반복 조사	동일한 응답자(응답자고정)
동년배 조사 (동류집단조사, cohort study)		특정한 조건 가진 사람들
경향조사 (추이조사, 추세연구, trend study)		동일하지 않은 응답자

034

패널조사에 관한 설명으로 옳지 않은 것은? • 16회

① 동일 대상을 반복 조사하는 것이다.
② 패널조건화(panel conditioning) 현상으로 연구결과의 정확성이 높아질 수 있다.
③ 조사대상자의 추적과 관리에 비용이 많이 든다.
④ 독립변수의 시간적 우선성을 확보할 수 있어 내적 타당도를 높일 수 있다.
⑤ 조사대상자의 상실로 변화를 확인하기 어려울 수 있다.

해설

패널조건화 현상으로 연구결과의 정확성이 낮아질 수 있다. 패널 조건화(Panel Conditioning)는 응답자 및 면접원의 패널조사에서 나타나는 특수한 형태의 비표집오차로, 응답자가 이전 조사를 한번 이상 해보았기 때문에 발생하는 응답상의 변화(편의)를 말한다. 전검사를 기억하고 의식적으로 일관성을 유지하려고 하여 전검사와 같이 응답하려고 할 수도 있고, 또한 의식적으로 변화를 보이는 방향으로 응답할 수 있어 실질적 변화를 명확히 알 수 없게 될 가능성이 있다.

+보충설명

① 경향조사와 코호트조사에서는 동일한 모집단에서 각기 다른 표본을 조사하는 데 반해, **패널조사는 동일한 표본을 계속적으로 조사하는 것이다.** 즉, 어떤 일정한 표본을 선정하여 같은 표본에 대해서 일정한 시간간격을 두고 계속 관찰하는 조사이다.
③ 동일한 조사대상자를 반복조사하기 위해 **추적과 관리에 비용이 많이 소요된다.**
④ 패널조사는 같은 표본을 계속적으로 관찰하기 때문에 변화요인이 되는 독립변수에의 노출 전과 후의 상태를 관찰하는 것이 되므로 **독립변수와 종속변수의 시간차이 순서를 확립**(독립변수의 시간적 우선성을 확보)할 수 있고 전반적 변화 정도를 알 수 있는 장점이 있다.
⑤ 같은 사람을 대상으로 여러 번 조사를 해야 하기 때문에 조사에 자발적으로 응하는 사람들로 표본이 구성되기 때문에 조사대상자 선택의 편의가 작용하여 내적 타당도를 저해할 수 있으며, **연구기간이 길어지면 조사대상자의 상실현상이 나타나게 되고 이로 인해 내적 타당도를 저해할 수 있다.**

정답 ②

035

종단연구(longitudinal study)에 관한 설명으로 옳지 않은 것은? • 18회

① 시간흐름에 따른 조사 대상의 변화를 측정하는 연구이다.
② 일정기간의 변화에 대해 가장 포괄적 자료를 제공하는 것은 동년배집단연구(cohort study)이다.
③ 조사대상의 추적과 관리 때문에 가장 많은 비용이 드는 것은 패널연구(panel study)이다.
④ 일정 주기별 인구변화에 대한 조사는 경향연구(trend study)이다.
⑤ 동년배집단연구는 언제나 동일한 대상을 조사하는 것은 아니다.

해설

패널연구(panel study)의 경우 동일한 대상을 반복적으로 관찰하기 때문에 일정 기간에 걸쳐 나타나는 변화에 대한 가장 포괄적인 자료를 제공할 수 있고, 따라서 세 종류의 종단연구들 가운데 **가장 정확하고 신뢰할 만한 연구**이다.

+보충설명

① **시간흐름에 따른 조사 대상이나 상황의 변화를 측정하는 연구**로, 일반적으로 수주일, 수개월, 수년간 동안 장기간에 걸쳐 일정한 시간간격을 두고 반복적으로 여러 차례 측정한다.
③ 패널연구는 **조사대상의 추적과 관리 때문에 가장 많은 비용이 많이 들 뿐만 아니라** 상당 기간에 걸쳐 표본의 거처에 대한 지속적인 파악이 필수적이기 때문에 종단연구들 가운데 가장 하기 어려운 연구이다.
④ 경향연구(trend study)는 시간의 흐름에 따라 나타나는 일반적인 대상집단의 변화를 관찰하는 연구로, **일정 주기별 인구변화에 대한 조사는 경향연구이다.**
⑤ 동년배집단연구는 시간의 변화에 따른 특정 동년배(cohort)의 변화를 관찰하는 연구로, **조사대상자는 특정 동년배에 속하기만 하면 되므로 언제나 동일한 대상은 아니다.**

정답 ②

02 사회조사방법의 절차

036 ✓확인 ☐☐☐

조사연구 과정의 일부분이다. 이를 올바르게 나열한 것은?
· 17회

> ㉠ '대학생들의 전공에 따라 다문화수용성이 다를 것이다' 라는 가설설정
> ㉡ 표본을 추출하여 자료수집
> ㉢ 대학생들의 다문화수용성에 관한 선행연구 고찰
> ㉣ 구조화된 설문지 작성

① ㉠ → ㉡ → ㉢ → ㉣
② ㉠ → ㉢ → ㉡ → ㉣
③ ㉠ → ㉢ → ㉣ → ㉡
④ ㉢ → ㉠ → ㉡ → ㉣
⑤ ㉢ → ㉠ → ㉣ → ㉡

해설
㉢ 대학생들의 다문화수용성에 관한 선행연구 고찰 → ㉠ '대학생들의 전공에 따라 다문화수용성이 다를 것이다' 라는 가설설정 → ㉣ 구조화된 설문지 작성 → ㉡ 표본을 추출하여 자료수집 순이다.

보충설명
㉢ 연구문제는 의문으로부터 시작하며 이 의문이 기존의 지식(**선행연구와 같은 문헌연구**, 전문가로부터 의견 개진, 동료들과의 토론 등)을 통해서 검토했을 때 해결되지 못한다면, 의문이 조사연구를 필요로 하는 문제로 바뀌게 된다. 즉, 기존의 연구나 문헌, 전문가나 동료들로부터 의문에 대한 충분한 해답을 찾을 수 없는 경우, 새로운 지식을 직접 개발할 필요성을 갖게 된다. 이런 경우 연구문제가 설정되고, 그에 대한 본격적인 조사연구가 착수된다.

정답 ⑤

03 조사연구를 할 때 고려사항

037 ✓확인 ☐☐☐

다음 연구에 관한 설명으로 옳지 않은 것은?
· 15회

> 17개 시·도에서 2010년부터 2015년까지 매년 수집한 자료를 이용하여 '청년실업률이 범죄율에 미치는 영향과 추세'를 분석하였다.

① 독립변수는 청년실업률이다.
② 종속변수는 비율척도이다.
③ 분석단위는 개인이다.
④ 양적인 자료를 분석한 연구이다.
⑤ 종단연구이다.

해설
분석단위(analysis unit)는 연구결과를 분석할 때 활용된 단위로, 개인, 집단, 공식적 사회조직, 사회적 가공물 등이 있다. '17개 시·도의 청년들'에 대한 자료를 수집하는 것이므로 **분석단위는 '시·도'이다.** 집단을 분석단위로 하는 경우는 부부, 또래집단, 동아리, 읍·면·동, 시·도, 국가 등이 있다. 다만, 주의할 점은 집단 구성원 개개인을 대상으로 하는 경우는 분석단위가 개인이며, **집단 그 자체를 대상으로 할 때 분석단위가 집단이다.** 주어진 연구에서 청년 개개인이 아니라 '17개 시·도의 청년들'의 실업률이므로 분석단위는 집단이다.

보충설명
① 독립변수는 '청년실업률'이며 종속변수는 '범죄율'이다.
② 종속변수인 '범죄율'은 비율척도이다.
④ **연구자가 가설 상에 설정한 변수들의 관계를 확률적으로 규명하기 위해 양적인 자료를 분석하는 양적 연구에 해당한다.**
⑤ 2010년부터 2015년까지 **매년 자료를 수집하여 추세를 분석하였으므로 종단연구이다.**

정답 ③

038

다음에서 설명하는 오류는? · 15회

> 17개 시·도를 조사하여 대학 졸업 이상의 인구비율이 높은 지역이 낮은 지역에 비해 중위 소득이 더 높음을 알게 되었다. 이를 통해 학력수준이 높은 사람이 낮은 사람에 비해 소득수준이 높다는 결론에 도달했다.

① 무작위 오류
② 체계적 오류
③ 환원주의적 오류
④ 생태학적 오류
⑤ 개체주의적 오류

해설
주어진 사례에서 지역(17개 시·도)을 조사하여 얻은 결과를 개인에게 적용하고 있으므로 생태학적 오류이다. 생태학적 오류(ecological fallacy)는 집합단위의 자료를 바탕으로 개인의 특성을 추리할 때 범할 수 있는 오류로, 실제 분석 단위는 개인이 아니라 집단 또는 그 밖의 집합체임에도 불구하고 개인에 대해 어떤 주장을 하는 것이다.

정답 ④

039

분석단위에 관한 설명으로 옳은 것을 모두 고른 것은? · 22회

> ㉠ 이혼, 폭력, 범죄 등과 같은 분석단위는 사회적 가공물(social artifacts)에 해당한다.
> ㉡ 생태학적 오류는 집단에 대한 조사를 기초로 하여 개인을 분석단위로 주장하는 오류이다.
> ㉢ 환원주의는 특정 분석단위 또는 변수가 다른 분석단위 또는 변수에 비해 관련성이 높다고 설명하는 경향이 있다.

① ㉡
② ㉠, ㉡
③ ㉠, ㉢
④ ㉡, ㉢
⑤ ㉠, ㉡, ㉢

해설
㉠ 사회적 가공물(social artifacts)은 인간의 행위로 만들어진 산물이나 사건, 행동으로 분석단위에 해당한다. 즉 사회적 가공물에는 책, 그림, 시, 자동차, 건물, 노래, 농담, 주책 등 주로 문화적 항목으로 불리는 여러 형태의 사회적 대상을 비롯해서 이혼, 비윤리적 행동, 결혼, 교통사고, 비행기 납치, 청문회 등과 같은 사회적 상호작용이 포함되며 이러한 것들 자체도 하나의 분석단위가 될 수 있다.
㉡ 생태학적 오류(ecological fallacy)는 실제 분석 단위는 개인이 아니라 집단 또는 그 밖의 집합체임에도 개인에 대해 어떤 주장을 하는 것이다.
㉢ 환원주의적 오류(축소주의, reductionism)는 어떤 특정 분석 단위나 변수가 다른 분석단위 또는 변수에 비해 높은 관련성이 높다고 설명하는 경향으로 모든 학문에는 환원주의적 경향이 있다. 즉, 자기 분야의 요인(또는 분석단위, 변수)이 다른 분야의 요인보다 더 우월하다고 믿고 다른 분야를 무시하는 태도를 환원주의라고 한다.

정답 ⑤

제4장 질문지 작성

김진원 Oikos 사회복지사 1급

제2영역 : 사회복지조사론

040

✔확인 ☐☐☐

질문지 작성에 관한 설명으로 옳지 않은 것은? • 9회

① 질문 문항은 가치중립적인 용어를 사용해야 한다.
② 질문지의 구성은 적용대상의 특성을 반영해야 한다.
③ 개방형 질문형태는 응답해석에 편견이 개입될 수 있다.
④ 가설은 질문지 조사항목과 세부사항을 결정하는 기준이 된다.
⑤ 사전검사(pre-test)는 연구문제의 핵심요소를 알지 못할 때 실시하는 조사이다.

해설

사전검사는 본조사에 들어가기 전에 초안 질문지를 본조사에서 실시하는 것과 똑같은 절차와 방법으로 시험해 봄으로써 질문의 내용, 질문형태, 문항작성, 질문순서 등에 있을 수 있는 여러 가지 오류를 찾아내는 과정이다. **연구문제의 핵심요소를 알지 못할 때 실시하는 조사는 탐색적 조사(예비조사)이다.**

+ 보충설명

④ 질문지에 포함될 내용을 큰 범주로 나눈 것을 **조사항목(research item)**이라하고, 조사항목별로 포함될 내용을 세부적으로 작성하는 것을 세부사항이라 한다. 필요한 조사항목과 세부사항을 찾아내면 사항들 간의 관계를 규명해 볼 필요가 있으며, 이들 사항들 간의 관계를 규명하는 데 도움을 주는 것이 **가표(mock table)**다. 가표를 만들려면 먼저 가설을 세워야 하고, 가설의 독립변수와 종속변수를 측정할 수 있는 조사항목과 세부사항을 만들면 된다.

정답 ⑤

OIKOS UP 질문 문항 작성 시 유념할 사항

① **보편적이고 상용적인 용어를 사용**하여 그 질문의 내용을 응답자가 정확하게 파악할 수 있도록 하여야 한다.
② 질문은 객관적이어야 하며 긍정적이거나 부정적이어서 **어느 한 방향으로 치우쳐서는 안 된다**. 다만 가능한 한 긍정적인 형태로 질문해야 한다.
③ 질문 용어는 **가치중립적인 것**을 사용해야 한다. 질문이나 응답 항목들에 편견을 내포하는 용어나 서술 등은 지양해야 한다.
④ **위험한 용어, 인기용어(catchy word) 등을 피해야** 한다. 빨갱이, 급진주의, 파시즘, 우방 등의 용어는 감정적 표현을 자아내게 한다.
⑤ 질문의 카테고리 구성에서 **찬반의 응답 선택의 수가 균형이 잡히도록 해야** 한다.
⑥ 질문이나 응답 카테고리(response category)에 **애매하거나 막연한 내용이 포함되지 않도록** 하는 것이 좋다.
⑦ 설문지의 문장은 논문이나 전공서의 문장과는 달리 **구어체 문장을 사용**한다.
⑧ 문항의 수는 필요한 범위 내에서 **최소로** 한다. 너무 많은 내용을 장황하게 묻게 되면 응답자들이 부담을 느껴서 처음부터 응답하는 것을 기피하거나 무성의하게 반응할 우려가 있기 때문이다.
⑨ 하나의 항목에 두 가지 내용이 포함되어서는 안 된다. 즉 **이중의미를 갖는 질문**(이중질문, double-barreled questions, 한 개의 질문이 둘 이상의 내용을 포함하고 있는 질문)**이 되지 않게 하여야** 한다.
⑩ 이중부정의 표현은 응답자가 잘못 읽기 쉽기 때문에 가급적 사용하지 않는 것이 좋으며, 불가피하게 사용해야 할 경우 밑줄이나 강조 표시를 통해 오류를 줄일 수 있다.
⑪ **질문은 명시적이고 직접적으로 한다**. 질문은 추상적이지 않고 직접적이며 명시적인 것이 좋다. 막연한 질문을 하면 응답자마다 그것을 해석하는 데 차이가 있을 수 있다.

041 ☑확인 ☐☐☐

설문지 작성에 관한 설명으로 옳은 것은? • 16회

① 개방형 질문은 응답률을 높이기 위해 주로 설문지의 앞부분에 배치한다.
② 수반형(contingency) 질문이 많아질수록 응답률은 높아진다.
③ 명확한 응답을 얻기 위해 이중(double-barreled)질문을 사용한다.
④ 문항은 응답자의 특성과 무관하게 작성되어야 한다.
⑤ 신뢰도 측정을 위해 짝(pair)으로 된 문항들은 가급적 떨어지게 배치한다.

해설

신뢰도를 측정하기 위한 목적으로 한 설문지 내에 표현은 각기 다르지만 동일한 질문 목적을 가진 문항 짝(pair)들을 배치하는 경우가 있는데, 이런 문항들은 될 수 있는 한 서로 멀리 떨어져 있게 하는 것이 좋다.

✗ 오답풀이

① 개방형 질문은 응답률을 높이기 위해 주로 설문지의 **뒷부분에 배치**하는 것이 바람직하다.
② 수반형(contingency) 질문이 많아질수록 응답자들은 피곤해지게 되고 **응답률은 낮아진다**. 따라서 어쩔 수 없이 연속적인 개연성 질문을 하더라도, 응답자가 쉽게 확인하고 이동할 수 있도록 문항들을 시각적으로 적절히 배치하는 등의 노력이 필요하다. 참고로 수반형(contingency) 질문은 〈문제 1〉에 대해 '예' 혹은 '아니요'로 응답하게 하고, '예'라고 응답한 사람은 〈문제 1-1〉에 답하고 '아니요'로 응답한 사람은 〈문제 1-2〉로 가서 답하도록 하는 것이다.
③ 명확한 응답을 얻기 위해 한 개의 질문이 둘 이상의 내용을 포함하고 있는 **이중(double-barreled)질문을 피하는** 것이 좋다. 이중적인 질문은 그에 따른 응답에 대한 해석과 활용이 어렵기 때문에, 단일 차원의 질문을 해야 한다.
④ 문항은 **응답자의 특성을 반영하여** 작성하여야 한다. 즉, 질문은 가급적 응답자의 지적 능력에 맞추어 이해하기 쉬운 단어나 표현을 사용하도록 한다. 특히 조사자들에게는 익숙한 전문용어들의 사용을 피하는 것이 바람직하다.

정답 ⑤

042 ☑확인 ☐☐☐

설문지 작성에 관한 내용으로 옳지 않은 것은? • 18회

① 개연성 질문(contingency questions)은 사고의 흐름에 따라 배치한다.
② 고정반응(response set)을 예방하기 위해 유사질문들은 분리하여 배치한다.
③ 민감한 주제나 주관식 질문은 설문지의 뒷부분에 배치한다.
④ 명목측정을 위한 질문은 단일차원성의 원칙을 지켜 내용을 구성한다.
⑤ 신뢰도 측정을 위한 질문들은 가능한 서로 가깝게 배치한다.

해설

신뢰도를 측정하기 위한 목적으로 사용되는 질문들은 될 수 있는 한 서로 멀리 떨어져 있게 하는 것이 좋다.

✗ 오답풀이

① 개연성 질문(contingency questions)이 많아질수록 응답자들은 피곤해지므로, **가능한 한 연속되는 질문들이 복잡해지지 않도록 적합한 순서대로 사고의 흐름에 따라 배치한다**.
② 고정반응(response set)이란 응답자가 일으키는 경향성으로, 많은 수의 문항들에 대해 응답자가 질문 내용이나 정확한 응답 유형들을 깊이 고려하지 않은 채 특정한 응답 반응을 무작정 채택해 버리는 경향을 말한다. 고정반응을 막기 위해서는 유사한 질문들은 떼어 놓는 등, 변화가 있게 배치하는 것이 필요하다.
③ 응답자들이 이제까지의 응답에 따른 노력을 생각하여 쉽게 응답을 포기해버리지 못하기 때문에, **응답하기 쉬운 문제들을 앞에 배치하고 응답하기에 까다로운 민감한 주제나 주관식 질문을 설문지의 뒷부분에 배치**하는 것이 좋다.
④ **단일차원성의 원칙이란 척도의 구성 항목은 단일한 차원을 반영해야 한다는 원칙으로, 척도의 모든 항목들은 하나의 동일 차원적 연속선상에 배열되어야 함을 뜻한다. 대부분의 척도는 단일차원성의 원칙에 근거하여 만들어지며**, 다차원으로 구성된 개념을 측정하는 복합지표 척도의 경우도 각 차원의 하위개념들은 각기 단일차원성의 원칙에 따라 척도구성이 되어야 한다.

정답 ⑤

043 ✓확인 ☐☐☐

설문지 작성 방법에 관한 설명으로 옳은 것은? ・19회

① 개방형 질문은 미리 유형화된 응답범주들을 제시해놓은 질문 유형이다.
② 행렬식(matrix) 질문은 한 주제의 응답에 따라 부가질문을 연결해서 사용하는 질문이다.
③ 많은 정보가 필요할 경우 이중질문을 사용한다.
④ 신뢰도 측정을 위해 짝(pair)으로 된 문항들은 이어서 배치한다.
⑤ 다항선택식(multiple choice) 질문은 응답범주들 중에서 하나 또는 그 이상을 선택하도록 하는 질문이다.

해설
다항선택식(multiple choice) 질문은 여러 개의 응답범주들을 나열해 놓고 그 중에서 몇 개를 선택하도록 하는 방법이다.

오답풀이
① 미리 유형화된 응답범주들을 제시해놓은 질문 유형은 **폐쇄형**(closed-ended) 질문이다. 개방형(open-ended) 질문은 응답자가 자신의 응답을 자유롭게 기록할 수 있는 질문 형태로써 미리 정해진 응답의 범주를 제공하기보다는 응답자의 생각, 느낌 혹은 의견 등을 자유롭게 표현하도록 하는 질문이다.
② 행렬식(matrix) 질문은 동일한 응답 항목들을 가진 질문들을 체계적으로 묶어서 하나의 질문세트를 만드는 것이다. 한 주제의 응답에 따라 부가질문을 연결해서 사용하는 질문은 **부수적 질문**(Contingency Question, 개연성 질문, 수반형 질문)이다.
③ 이중질문(double-barreled question, **쌍열질문**)은 한 개의 질문이 둘 이상의 내용을 포함하고 있는 질문으로, 어느 한편만 찬성하거나 반대하는 경우 답변하기 애매하게 되므로 사용하지 않아야 한다.
④ 신뢰도 측정을 위해 짝(pair)으로 된 문항들은 **분리해서(서로 멀리 떨어져 있게)** 배치한다.

정답 ⑤

OIKOS UP 행렬식 질문(matrix question)

동일한 응답 항목들을 가진 질문들을 체계적으로 묶어서 하나의 질문세트를 만드는 것으로, 같은 응답항목을 공유하고 있는 여러 문항들을 나타내는 데 효과적인 형태이다. 리커트 척도가 사용될 때 자주 사용된다. 예를 들어, 생활만족도에 관한 질문이라면 다음과 같다.

문 항	매우 그렇지 않다	그렇지 않았다	그저 그렇다	그렇다	매우 그렇다
1. 지난 삶을 되돌아보면 전반적으로 만족한 삶을 살아온 것 같다.	①	②	③	④	⑤
2. 지금이 내 인생의 가장 좋은 날이다.	①	②	③	④	⑤
3. 내 인생은 지금보다 더 나아질 수 있다.	①	②	③	④	⑤

044 ✓확인 ☐☐☐

설문지 작성과정 중 사전검사(pre-test)를 실시하는 이유로 옳지 않은 것은? ・10회

① 연구하려는 문제의 핵심적인 요소가 무엇인지 확인
② 응답내용 간에 모순 또는 합치되지 않는지 확인
③ 응답이 한쪽으로 치우치지 않는지 확인
④ 질문 순서가 바뀌었을 때 응답에 실질적 변화가 일어나는지 확인
⑤ 무응답, 기타응답이 많은 경우를 확인

해설
본 조사에 들어가기 전에 초안 질문지를 본 조사에서 실시하는 것과 똑같은 절차와 방법으로 시험해 봄으로써 질문의 내용, 질문형태, 문항작성, 질문순서 등에 있을 수 있는 여러 가지 오류를 찾아내는 과정으로, **연구하려는 문제의 핵심적인 요소를 확인하려는 것은 탐색적 조사(예비조사)이다.**

정답 ①

OIKOS UP 사전검사(pre-test)

① 본 조사에 들어가기 전에 초안 질문지를 본 조사에서 실시하는 것과 똑같은 절차와 방법으로 시험해 봄으로써 질문의 내용, 질문형태, 문항작성, 질문순서 등에 있을 수 있는 여러 가지 오류를 찾아내는 과정이다.
② 사전검사는 질문지 시정과 본조사 집행에 필요한 정보를 수집한다는 2가지 목적을 가지고 있다.
③ 사전검사는 반드시 한 번 이상하는 것이 좋다.
  ㉠ 사전검사의 대상은 일반적으로 20~50명 정도가 적당하다고 보는데, 본 조사에서 연구할 표집 대상은 제외하고 다른 사람들을 표본으로 하여 실시하되 표본과 비슷한 대상을 골라야 한다.
  ㉡ 되도록 면접을 통해 사전검사를 실시하는 것이 응답자의 다양한 의견을 참고할 수 있기 때문에 나은데, 자기기입식 사전검사를 할 경우에는 자신의 의견을 개진할 능력이 있는 사람을 대상으로 하는 것이 좋다.
④ 사전검사에서 가장 먼저 분석해 볼 것은 응답자의 특별한 반응 및 의견이다.
⑤ 아울러 사전검사를 통해 조사의 용이성, 조사 소요시간 등도 파악하여 본조사에 대비하는 것이 좋다.

제5장 측정과 척도

제2영역: 사회복지조사론

01 측정(measurement)

045

측정에 관한 설명으로 옳지 않은 것은?
· 19회

① 일정한 규칙에 따라 측정대상에 값을 부여하는 과정이다.
② 이론적 모델과 사건이나 현상을 연결하는 방법이다.
③ 사건이나 현상을 세분화하고 통계적 분석에 활용할 수 있는 정보를 제공한다.
④ 측정도구의 신뢰도를 높이기 위해서는 설문문항 수가 적을수록 좋다.
⑤ 측정의 수준에 따라 명목, 서열, 등간, 비율의 4가지 유형으로 분류한다.

해설
측정도구의 신뢰도를 높이기 위해서는 설문문항 수가 **많을수록 좋다.** 설문문항 수가 많을수록 크론바 알파값이 커지므로 신뢰도가 증가된다.

+ 보충설명
① 측정은 일정한 규칙에 따라 측정대상의 특성이나 속성에 대하여 숫자나 기호를 부여하는 체계적이고 과학적인 과정이다.
② 측정은 추상적인 개념들을 경험적으로 관찰 가능하도록 바꾸어줌으로서 **이론적 세계(개념적·추상적 세계)와 경험적 세계(경험적·실증적 세계)**를 연결시켜주는 수단적인 역할을 한다.
③ 측정은 수(number)가 가지고 있는 속성에 따라 다양한 수준에서 이루어지고 다양한 사건이나 현상에 대해 **구체적이고 정확한 정보**를 제공해 준다. 또한, 숫자는 통계적 조작에 활용될 수 있는 정보를 제공한다.
⑤ 심리학자 **스티븐스(S.S. Stevens)는 측정의 수준을 명목적 측정, 서열적 측정, 등간적 측정, 비율적 측정의 4가지 유형으로 분류**하였다.

정답 ④

046

척도 수준(level of measurement)에 관한 설명으로 옳은 것은?
· 16회

① 연령은 모든 척도 수준으로 분석이 가능하다.
② 표준화된 지능검사점수는 비율척도다.
③ 소득을 비율척도로 질문하면 다른 척도 수준으로 질문 할 때보다 응답률이 높은 편이다.
④ 등간척도는 절대영점이 있다.
⑤ 서열척도는 비율척도로 변환이 가능하다.

해설
연령은 비율척도로 가장 높은 수준의 척도이다. 즉 비율측정이 측정의 가장 높은 수준이고, 그 다음으로 등간측정, 서열측정, 마지막으로 명목측정이 가장 낮은 수준이다. 높은 수준의 척도인 비율척도는 낮은 수준으로 변경이 가능하므로 모든 척도 수준으로 분석이 가능하다.

✗ 오답풀이
② 표준화된 지능검사점수는 **등간척도**다. 그 이유는 지능지수 점수 100과 110점을 분리하는 간격은 지능지수 점수 110점과 120점을 분리하는 간격과 같은 것으로 등간격성은 있지만, 지능검사에서 0점을 받은 사람은 엄격하게 말해 지능이 전혀 없다고 말 할 수 없으므로 절대영점이 아닌 임의적 영점이기 때문이다.
③ 소득을 비율척도로 질문하면 다른 척도 수준으로 질문 할 때보다 응답률이 낮은 편이다. 즉 낮은 수준의 척도일수록 응답이 간편하므로 응답률이 높은 편이다.
④ 등간척도는 영점은 임의적 영점(arbitrary zero point)이 있다. 절대영점(경험세계에서 속성이 존재하지 않음)은 비율척도에 있다.
⑤ 서열척도는 비율척도보다 낮은 수준의 척도이기 때문에, 낮은 수준의 서열척도를 높은 수준의 척도인 비율척도로 변환하는 것은 불가능하다.

정답 ①

047

측정의 수준이 서로 다른 변수로 묶인 것은? · 22회

① 대학 전공, 아르바이트 경험 유무
② 복지비 지출 증가율, 월평균 소득(만원)
③ 온도(℃), 지능지수(IQ)
④ 생활수준(상, 중, 하), 혈액형
⑤ 성별, 현재 흡연여부

해설
생활수준(상, 중, 하)은 **서열변수**이며, 혈액형은 **명목변수**이다.

✗ 오답풀이
① 대학 전공, 아르바이트 경험 유무는 **명목변수**이다.
② 복지비 지출 증가율, 월평균 소득(만원)은 **비율변수**이다.
③ 온도(℃), 지능지수(IQ)는 **등간변수**이다.
⑤ 성별, 현재 흡연여부는 **명목변수**이다.

정답 ④

048

측정의 4등급 - 사례 - 가능한 통계분석의 연결이 옳지 않은 것은? · 17회

① 명목등급 - 베이비붐세대여부 - 백분율
② 서열등급 - 학점(A, B, C....) - 최빈치
③ 등간등급 - 온도(℃) - 중위수
④ 비율등급 - 시험점수(0~100점) - 산술평균
⑤ 명목등급 - 성별, 현재흡연여부 - 교차분석

해설
비율등급의 가능한 통계분석에 산출평균은 맞지만, 시험점수(0-100점)는 비율등급이 아니라 **등간등급**에 해당한다. 측정의 4등급과 가능한 통계분석은 아래의 표와 같이 정리할 수 있다.

구 분	명목등급	서열등급	등간등급	비율등급
수학연산	=	= ><	= >< ±	= >< ± × ÷
통계분석 방법	빈도분석, 최빈치, 백분율, 교차분석	중앙값 (중위수)	산술평균, 범위, 대부분통계	기하평균, 모든 통계

정답 ④

049

다음 변수의 측정 수준에 따른 분석 방법이 옳지 않은 것은?

• 21회

> ㉠ 출신지역 : 도시, 도농복합, 농어촌, 기타
> ㉡ 교육수준 : 무학, 초등학교 졸업, 중학교 졸업, 고등학교 졸업, 대졸 이상
> ㉢ 가출경험 : 유, 무
> ㉣ 연간기부금액 : (   )만원
> ㉤ 연령 : 10대, 20대, 30대, 40대, 50대, 60대 이상

① ㉠ : 최빈값
② ㉡ : 중위수
③ ㉢ : 백분율
④ ㉣ : 범위
⑤ ㉤ : 산술평균

해설

㉤ 연령은 비율변수지만, 연령을 10대, 20대, 30대, 40대, 50대, 60대 이상으로 구분하여 질문하는 것은 **서열변수**이다. 산술평균은 등간적 측정과 비율적 측정 수준으로 가능한 통계분석이며, **서열적 측정 수준으로는 가능한 통계분석이 아니다.**

+보충설명

㉠ 출신지역(도시, 도농복합, 농어촌, 기타)은 **명목변수**로, 명목적 측정은 최빈값 분석이 가능하다.
㉡ 교육수준(무학, 초등학교 졸업, 중학교 졸업, 고등학교 졸업, 대졸 이상)은 **서열변수**로, 서열적 측정은 중위수 분석이 가능하다.
㉢ 가출경험(유, 무)은 **명목변수**로, 명목적 측정은 백분율 분석이 가능하다.
㉣ 연간기부금액[(   )만원]은 **비율변수**로, 비율적 측정은 범위 분석이 가능하다. 참고로 범위(range)는 자료집단 중에서 가장 큰 수치와 가장 작은 수치의 차이(최고값 상한계에서 최저값 하한계를 뺀 값)이다.

정답 ⑤

050

다음 연구주제를 검증하기 위하여 변수를 구성할 때 변수명(측정 방법), 해당 변수의 종류와 분석가능한 통계수치의 연결이 옳은 것은?

• 18회

> 학업중단 청소년의 아르바이트 경험이 삶의 만족에 미치는 영향은 또래집단의 지지정도에 따라 차이가 있을 것이다.

① 아르바이트 경험(유무) - 독립변수, 산술평균
② 아르바이트 경험(종류) - 독립변수, 최빈값
③ 아르바이트 경험(개월 수) - 조절변수, 중간값
④ 또래집단의 지지(5점 척도) - 독립변수, 산술평균
⑤ 삶의 만족(5점 척도) - 매개변수, 산술평균

해설

아르바이트 경험은 독립변수, 삶의 만족은 **종속변수**, 또래집단의 지지는 **조절변수**이다. 독립변수인 아르바이트 경험 종류는 **명목변수**이므로 분석가능한 통계수치에 최빈값이 해당된다.

× 오답풀이

① 아르바이트 경험은 독립변수는 맞지만, **아르바이트 경험의 유무는 명목변수이므로 산술평균는 분석가능한 통계수치가 아니다.**
③ **아르바이트 경험은 독립변수이다.** 아르바이트 개월 수는 **비율변수**이므로, 분석가능한 통계수치에 중간값도 해당된다.
④ **또래집단의 지지는 조절변수이다.** 또래집단의 지지 5점 척도는 **등간변수**이므로, 분석가능한 통계수치에 산술평균이 해당된다.
⑤ **삶의 만족은 종속변수이다.** 삶의 만족 5점 척도는 **등간변수**이므로, 분석가능한 통계수치에 산술평균이 해당된다.

정답 ②

02 척도(scale)

051 ✓확인 ☐☐☐

다음에 제시된 질문의 응답범주에 관한 설명으로 옳은 것은?

·14회

> 사회복지사 1급 국가시험 영역 중 당신이 가장 좋아하는 영역은 무엇입니까?
> ㉠ 인간행동과 사회환경　㉡ 사회복지조사론
> ㉢ 사회복지실천론　　　㉣ 지역사회복지론
> ㉤ 사회복지정책론

① 상호배타적이지 않다.
② 양적 의미를 갖는다.
③ 내적 일관성이 부족하다.
④ 범주들 사이에 서열이 있다.
⑤ 총망라적이지 않다.

해설
제시된 질문의 응답범주들이 응답 가능한 상황들을 모두 포함하고 있지 못하므로, 총망라적이지 않다.

✗오답풀이
① 응답범주들은 서로 다른 범주와의 관계 속에서 **상호배타적**(mutually exclusive)이다.
② '1급 국가시험 영역 중 가장 좋아하는 영역에 대한 질문'은 **명목적 측정**으로 범주화되거나 분류되는 것으로 양적 의미를 갖지 않는다.
③ 응답범주들 간에는 1급 국가시험 영역으로서 서로 **내적 일관성**(internal constancy)을 가지고 있다.
④ 좋아하는 영역을 분류하거나 확인할 목적의 **명목적 측정**으로 범주들 사이에 서열은 없다.

정답 ⑤

OIKOS UP　척도의 기본요건
① 척도에서 분류된 범주는 다른 범주와의 관계 속에서 **상호배타적**(mutually exclusive)이어야 하며, 같은 범주 안에서 포괄적(inclusive)이어야 한다.
② 응답범주들이 응답 가능한 상황들을 모두 포함하고 있어야 한다.
③ 응답범주들이 논리적 연관성을 가지고 있어야 한다.
④ 척도가 여러 개의 문항들로 구성된 경우, 문항들 간에는 서로 내적 일관성(internal constancy)을 가지고 있어야 한다.
⑤ 평정척도(rating scale)의 경우 찬반의 응답범주 수가 균형을 이루어야 한다.

052 ✓확인 ☐☐☐

리커트(Likert) 척도에 관한 설명으로 옳은 것은?

·11회

① 비율척도이다.
② 개별 문항의 중요도는 동등하지 않다.
③ 단일 문항으로 측정하는 장점이 있다.
④ 질적 조사에서 보편적으로 사용된다.
⑤ 척도나 지수 개발에 용이하다.

해설
리커트 척도는 척도구성 시 시간과 비용이 절감되고, 높은 신뢰도와 타당도를 확보할 수 있다.

✗오답풀이
① 비율척도가 아니라 서열척도이다.
② 모든 질문 문항에 가중치를 동일하게 부여한다.
③ 리커트 척도는 한 변수를 측정하기 위해 적절하게 선택된 **한 세트의 다수의 문항**으로 구성된다.
④ **양적 조사**에서 보편적으로 사용된다.

정답 ⑤

053

척도에 관한 설명으로 옳지 않은 것은? • 12회

① 보가더스의 사회적 거리척도는 누적척도의 한 종류이다.
② 의미분화(semantic differential)척도는 한 쌍의 반대가 되는 형용사를 사용한다.
③ 리커트 척도의 각 문항은 등간척도이다.
④ 거트만 척도는 각 문항을 서열적으로 구성한다.
⑤ 서스톤 척도를 개발하는 과정은 리커트 척도와 비교하여 많은 시간과 노력이 요구된다.

해설

리커트 척도(Likert Scale, 총화척도)는 렌시스 리커트(Rensis Likert)가 개발한 것으로 등간척도가 아니라 **서열척도에 해당**한다.

오답풀이

① 보가더스의 사회적 거리척도는 주로 인종 및 소수민족, 가족구성원, 사회집단 간, 사회계급, 직업형태, 사회적 가치 등에 대한 사회적 거리감의 정도를 측정하기 위해 개발된 것으로 누적척도에 해당한다. 누적척도에는 보가더스(Bogardus)의 사회적 거리척도(social distance scale)와 거트만(Guttman)의 척도도식법(scalogram method)이 있다.
② 의미분화척도(Semantic Differential Scale)는 오스굿(Osgood), 수시(Suci), 탄넨바움(Tannenbaum)이 고안한 것으로, 일직선으로 도표화된 척도의 양극단에 서로 상반되는 형용사를 배열하고 양극단 사이에서 해당 속성에 대한 평가를 하는 척도이다.
④ 거트만(Guttman)의 척도도식법(Scalogram Method)은 누적척도로 서열척도에 해당한다. 리커트 척도에서는 개별 항목을 동일하게 취급하여 단순히 합산한 결과를 서열화하지만, **거트만 척도에서는 개별 항목들 자체에 서열성이 이미 부여되는 방식**을 택한다.
⑤ 써스톤(Thurstone)의 척도가 가진 가장 큰 단점은 지표들 사이의 경험적인 구조를 찾아내는데 너무 많은 시간과 노력을 필요로 한다는 것이다.

정답 ③

054

측정에 관한 설명으로 옳지 않은 것은? • 22회

① 측정은 연구대상의 속성에 대하여 일정한 규칙에 따라 숫자나 기호를 부여하는 과정이다.
② 사회과학에서는 개념을 측정하기 위해 특질 자체를 측정하기보다는 특질을 나타내는 지표를 사용하여 간접적으로 측정하는 경우가 많다.
③ 보가더스(Bogardus)의 사회적 거리척도는 등간척도의 한 종류이다.
④ 리커트(Likert) 척도는 각 문항의 점수를 합산하여 전체적인 경향이나 특성을 측정하는 방법이다.
⑤ 측정항목의 수를 많게 하면 신뢰도가 높아지는 경향이 있다.

해설

보가더스(Bogardus)의 사회적 거리척도는 **서열척도**의 한 종류이다.

보충설명

① 측정은 일정한 규칙에 따라 연구대상의 특성이나 속성에 대하여 숫자나 기호를 부여하는 체계적이고 과학적인 과정이다.
② 사회과학에서는 민주주의, 동기, 권력, 만족감 등과 같은 매우 추상적인 개념을 측정하기 때문에 직접적으로 관찰될 수 없다. 즉, 고도의 추상적인 개념들을 직접적인 경험적 특질들로 변환시키는 것이 어렵기 때문에, 그런 특질을 나타낼 것으로 간주되는 여러 지표들을 관찰해서 간접적으로 측정하는 방법을 사용한다.
④ 리커트 척도는 각 문항의 점수를 합산하여 전체적인 경향이나 특성을 측정하는 방법으로, 각 문항별 응답점수의 총합이 측정하고자 하는 개념을 대표한다는 가정에 근거한다.
⑤ 신뢰도는 주로 비체계적 오류와 관련된 것이므로 비체계적 오류의 발생가능성을 최대한 통제하는 것이 신뢰도를 높이는 방법이 된다. 비체계적 오류의 발생가능성을 통제하여 신뢰도를 높이는 방법으로는 측정항목의 수를 많이 늘리는 것이다. 대체로 동일한 개념이나 속성을 측정하기 위한 항목의 수가 많을수록, 측정값들의 평균치는 측정하고자 하는 속성의 실제값에 근접하게 되기 때문이다.

정답 ③

055

다음은 무엇에 관한 설명인가? · 17회

> A연구소가 정치적 보수성을 판단할 수 있는 문항들의 상대적인 강도를 11개의 점수로 평가자들에게 분류하게 한다. 다음 단계로 평가자들 간에 불일치도가 높은 항목들을 제외하고, 각 문항이 평가자들로부터 받은 점수의 중위수를 가중치로 하여 정치적 보수성 척도를 구성한다.

① 거트만(Guttman)척도
② 서스톤(Thurstone)척도
③ 리커트(Likert)척도
④ 보가더스(Borgadus)척도
⑤ 의미차이(sematic differential)척도

해설

정치적 보수성을 판단할 수 있는 광범위한 문항을 수집 또는 작성한 다음에 그 문항들을 다수의 판단자(judge, 사전평가자)들에게 주어 평가하도록 하고 있다. 즉, 사전평가자인 전문가 집단이 각 문항의 태도 강도(보수성 정도)를 등간척도(보통 11점)로 평가하게 하였다. 그리고, 평가자 간의 일관성(합치도)이 낮은 항목은 척도에서 제외하였는데, 이는 서스톤 척도의 표준 절차이다. 서스톤 척도는 각 문항의 중위수 또는 평균 점수를 해당 문항의 척도값(태도 강도값)으로 사용하는데, 그 값을 기준으로 피측정자의 태도를 측정한다. 이와 같이 본 조사대상자가 아닌 별도의 판단자에게 평가시켜서 척도를 구성하고 있는 것은 서스톤(Thurstone)척도이다. 참고로, 리커트(Likert)척도의 경우에는 판단자(judge, 사전평가자)를 따로 쓰지 않고 피조사자의 응답만으로 문항분석을 한다.

정답 ②

056

다음이 설명하는 척도로 옳은 것은? · 19회

> • 사회복지사에 대해 느끼는 감정에 대해 해당 점수에 체크하시오.
>
> 1점 2점 3점 4점 5점 6점 7점
> 1. 친절한 |---|---|---|---|---|---| 불친절한
> 2. 행복한 |---|---|---|---|---|---| 불행한

① 리커트척도(Likert scale)
② 거트만척도(Guttman scale)
③ 보가더스척도(Borgadus scale)
④ 어의적 분화척도(Semantic differential scale)
⑤ 써스톤척도(Thurstone scale)

해설

어의적 분화척도(Semantic differential scale, 의의차별척도, 어의적 분별척도)는 어떤 개념에 함축되어 있는 의미를 평가하기 위해 고안된 것이다. 한 쌍의 반대가 되는 형용사를 사용하며, 응답 범주는 한 극단에서 다른 극단에 이르는 중간 범주가 5개 혹은 7개의 범주로 구성되어 있다.

정답 ④

제6장 신뢰도와 타당도

김진원 Oikos 사회복지사 1급

제2영역 : 사회복지조사론

01 신뢰도(reliability)

057 ·17회

측정도구의 신뢰도에 관한 설명으로 옳은 것은?

① 일관성 또는 안정성으로 표현될 수 있는 개념이다.
② 측정도구가 의도하는 개념의 실질적 의미를 반영하는 정도와 관련이 있다.
③ 검사 - 재검사 신뢰도는 가장 널리 사용되는 신뢰도 유형이다.
④ 사회적 바람직성 편향은 신뢰도를 낮추는 주요 요인이다.
⑤ 특정 개념을 측정하는 문항수가 많을수록 신뢰도는 낮아진다.

해설
신뢰도(reliability)는 장소와 시간에 구애받지 않고 일정한 값을 계속해서 산출해 내고 있는지를 보는 것이다. 즉, **측정의 일관성(consistency) 및 안정성(stability)** 등을 반영하는 개념으로 측정도구의 안전도의 측면을 말한다.

오답풀이
② 측정도구가 의도하는 개념의 실질적 의미를 반영하는 정도와 관련이 있는 것은 **타당도(validity)**이다. 즉, 타당도란 **측정하려고 했던 것을 측정했는지**를 나타내는 것이다.
③ 가장 널리 사용되는 신뢰도 유형은 **크론바 알파(Cronbach's Alpha, 알파 계수)**이다.
④ **사회적 바람직성 편향은 측정의 오류 중 체계적 오류로** 응답자들이 질문자의 의도를 고려함으로써 발생한다. 즉, 자신이 어떻게 생각하는 지와는 무관하게, 응답을 통해 자신이나 자기 집단이 어떻게 비추어질 것인가를 고려해서 대답하는 경우에 사회적 바람직성 편향의 오류가 자주 나타난다. 체계적 오류는 척도의 타당도에 부정적인 영향을 미치므로, **사회적 바람직성 편향은 타당도를 낮추는 주요 요인이다.**
⑤ 크론바 알파는 문항 수에 영향을 받으며, 문항 수가 많을수록 크론바 알파값이 커진다. 따라서, **특정 개념을 측정하는 문항수가 많을수록 신뢰도는 높아진다.** 여러 문항에 의해 한 개념을 측정하면 설사 한 문항에 약간의 문제가 있더라도 다른 문항에 의해 그 질문이 희석될 수 있기 때문이다.

정답 ①

058 ·21회

신뢰도를 측정하는 방법으로 옳지 않은 것은?

① 동일한 상황에서 동일한 측정도구로 동일한 대상을 다시 측정하는 방법
② 측정도구를 반으로 나누어 두 개의 독립된 척도로 구성한 후 동일한 대상을 측정하는 방법
③ 상관관계가 높은 문항들을 범주화하여 하위요인을 구성하는 방법
④ 동질성이 있는 두 개의 측정도구를 동일한 대상에게 측정하는 방법
⑤ 전체 척도와 척도의 개별항목이 얼마나 상호연관성이 있는지 분석하는 방법

해설
상관관계가 높은 문항들을 범주화하여 하위요인을 구성하는 방법은 요인분석으로, 요인분석은 타당도 중 **구성타당도(construct validity)**를 측정하는 방법이다.

보충설명
① 동일한 상황에서 동일한 측정도구로 동일한 대상을 다시 측정하는 방법은 **재조사법(검사-재검사법, Test-retest Method)**이다.
② 측정도구를 반으로 나누어 두 개의 독립된 척도로 구성한 후 동일한 대상을 측정하는 방법은 **반분법(Split-half Method, 이분절 기법)**이다. 반분법은 측정도구를 임의로 반으로 나누어, 같은 시간에 각각 독립된 두 개의 척도로 사용함으로써 신뢰도를 측정하는 방법이다.
④ 동질성이 있는 두 개의 측정도구를 동일한 대상에게 측정하는 방법은 **복수양식법(Multiple Forms Technique, 대안법)**이다.
⑤ 전체 척도와 척도의 개별항목이 얼마나 상호연관성이 있는지 분석하는 방법은 **크론바 알파(Cronbach's Alpha, 내적 일관성 분석법)**이다.

정답 ③

02 타당도(validity)

059 ✓확인 ☐☐☐

다음에서 사용한 타당도는? ・15회

> 새로 개발된 주관적인 행복감 측정도구를 사용하여 측정한 결과와 이미 검증되고 널리 사용되고 있는 주관적인 행복감 측정도구의 결과를 비교하여 타당도를 확인한다.

① 내용(content) 타당도
② 동시(concurrent) 타당도
③ 예측(predictive) 타당도
④ 요인(factor) 타당도
⑤ 판별(discriminant) 타당도

해설
동시적 타당도(Concurrent Validity)는 작성한 측정도구를 이미 존재하고 있는 신뢰할 만한 다른 측정도구와 비교하는 방법이다. 새로 개발된 행복감 측정도구를 이미 검증되고 널리 사용되고 있는 측정도구의 결과를 비교하여 타당도를 확인한다고 하였으므로 동시적 타당도에 해당한다.

정답 ②

060 ✓확인 ☐☐☐

다음에서 설명하는 타당도 유형은? ・17회

> 최근에 개발된 불안척도를 사용하여 불안으로 치료 중인 집단과 일반인 집단의 불안수준을 측정하였다. 측정 결과 치료집단의 평균이 일반인 집단의 평균보다 통계적으로 유의미하게 높아 불안척도는 두 집단을 잘 구별하였다.

① 액면(face)타당도
② 내용(content)타당도
③ 기준(criterion)타당도
④ 이해(nomological)타당도
⑤ 수렴(convergent)타당도

해설
최근에 개발된 불안척도로 '불안으로 치료 중인 집단'과 '일반인 집단'을 구분하여 측정하였다. 이것은 '최근에 개발된 불안척도'의 타당도를 확인하고자 하는 것으로, 불안으로 치료 중인 치료집단의 평균이 일반인 집단의 평균보다 높게 나왔다. 이것은 **기준(criterion)타당도 중 집단비교법(Known-groups Technique)**을 설명하고 있는 것으로, 집단비교법이란 상반된 태도나 특성을 가진 두 개의 집단을 선정하고 그 두 집단에 측정도구를 적용하여 그 결과의 차가 상반된 태도를 나타내는가를 보는 것이다.

정답 ③

OIKOS UP 요인분석

① 요인분석은 다수의 상호 관련된 항목들을 몇 개의 요인(factor)으로 집약하여 묶는 방법으로, 측정도구 또는 변수들 간에 존재하는 상호관계의 유형을 밝혀 이들을 보다 적은 수의 가설적 변수인 요인으로 축소시키기 위한 통계기법이다.
② 요인분석의 기본 원리는 문항들을 상관관계가 높은 것끼리 묶어 요인들을 형성하게 하고, 형성된 각 요인들이 상호 독립적이 되도록 하는 것이다. 따라서 하나의 요인 내에 묶여진 문항들은 동일한 개념을 측정하는 것으로 간주할 수 있다.

061 ☑확인 ☐☐☐

측정 항목들이 적절한 내용을 담고 있는가에 대해 이론에 비추어 경험적으로 검증해 보는 것과 관련된 것을 모두 고른 것은?

· 16회

㉠ 체계적 오류	㉢ 타당도
㉡ 무작위적 오류	㉣ 이분절(split half) 기법
㉢ 신뢰도	㉤ 구성타당도

① ㉠, ㉢ ② ㉠, ㉢, ㉤ ③ ㉠, ㉢, ㉤
④ ㉡, ㉢, ㉣ ⑤ ㉠, ㉢, ㉣, ㉤

해설

측정 항목들이 적절한 내용을 담고 있는가에 대해 관련되는 다른 개념 및 이론적 틀 속에서 경험적으로 검증해 보는 것은 ㉤ **구성타당도**(Construct Validity, 구조적 타당도)이다. 구성타당도는 ㉢ **타당도**를 측정하는 방법 중 하나이다. 신뢰도는 비체계적 오류 혹은 무작위 오류와 관련된 개념인 반면, 타당도는 ㉠ **체계적 오류**와 관련되어 있다. 체계적 오류는 우연한 실수 등으로 측정이 잘못되는 것이 아니라, 잘못된 측정 방법을 채택함으로 인해 그 오류가 지속적이고 체계적으로 발생하는 것이다. 체계적 오류가 발생하면 측정하려는 개념이 아닌 다른 개념이 지속적으로 측정되는 결과를 낳는다.

＋보충설명

㉣ **이분절(split half) 기법**은 신뢰도를 측정하는 방법으로 반분법이라고도 하며, 측정도구의 내적 일관성을 확인하기 위한 것이다. 이 기법은 하나의 측정도구 질문을 무작위적으로 반씩 나누어 둘로 만든 후 이 두 부분을 따로 떼어서 적용하는 것이 아니라, 내용적으로만 갈라놓고 실제로는 본래의 척도를 그대로 한 번 적용하는 것을 말한다.

🔍정답 ③

062 ☑확인 ☐☐☐

다음 사례에서 측정하고자 하는 타당도로 옳은 것은? · 19회

> 연구자는 새로 개발한 우울척도 A의 타당도를 확인하기 위하여 자아존중감 척도 B와의 상관계수를 산출하였다. 그 결과, A와 B의 상관관계가 매우 낮은 것을 확인하였다.

① 동시타당도(concurrent validity)
② 판별타당도(discriminant validity)
③ 내용타당도(content validity)
④ 수렴타당도(convergent validity)
⑤ 예측타당도(predictive validity)

해설

판별타당도(discriminant validity) 는 동일한 측정도구로 상이한 둘 이상의 구성개념을 측정했을 때 얻어진 두 측정치들 간에는 차이가 있어야 한다는 것이다. 우울을 측정하는 새로 개발한 척도 A와 자아존중감을 측정하는 척도 B와의 상관관계가 낮게 나오는 것은 우울을 측정하는 새로 개발한 척도 A(우울척도 A)가 판별타당도가 있다는 것이다.

🔍정답 ②

03 신뢰도와 타당도의 관계

063 ✓확인 ☐☐☐

신뢰도와 타당도에 관한 설명으로 옳은 것은? · 16회

① 측정할 때마다 항상 30분 빠르게 측정되는 시계는 신뢰도가 높은 것이다.
② 측정도구의 신뢰도가 높으면 타당도도 높아진다.
③ 측정도구를 동일 응답자에게 반복 적용했을 때 일관된 결과가 나오면 타당도가 높은 것이다.
④ 동일한 변수를 측정할 때 신뢰도와 타당도를 높이기 위해서는 관련 문항 수를 줄인다.
⑤ 타당도를 검사하기 위해 복수양식법을 활용한다.

해설
신뢰도(reliability)는 측정도구가 측정하고자 하는 현상을 일관되게 측정하는 능력을 말하는 것으로, 같은 대상에 반복적으로 적용된 특정 기법이 매번 같은 결과를 가져오는지 여부의 문제이다. 측정할 때마다 항상 30분 빠르게 같은 결과를 가져오고 있으므로, 이는 신뢰도가 높은 것이다.

✗ 오답풀이
② 측정도구의 타당도가 높으면 신뢰도는 높아지지만, **신뢰도가 높다고 타당도가 반드시 높은 것은 아니다.**
③ 측정도구를 동일 응답자에게 반복 적용했을 때 일관된 결과가 나오면 **신뢰도가 높은 것이다.**
④ 동일한 변수를 측정할 때 신뢰도와 타당도를 높이기 위해서는 관련 문항 수를 적절히 늘려야 한다. 문항들이 동일한 개념을 일관되게 측정한다는 전제하에, 일반적으로 문항 수가 늘어나면 신뢰도는 높아진다. 즉, 신뢰도와 문항 수는 직접적인 관계에 있다. 한편 타당도의 경우에는 문항 수를 늘리면 측정하려는 개념의 다양한 측면을 포함할 수 있어 내용타당도(content validity)가 간접적으로 향상될 수 있다. 그러나 의미 없는 문항이나 중복 문항을 무분별하게 추가할 경우 오히려 타당도가 저하될 수 있으므로, 문항의 양뿐 아니라 질의 적절성이 중요하다.
⑤ **복수양식법은 신뢰도를 측정하는 방법**이다. 복수양식법은 유사한 형태의 두 개의 측정도구를 만들어 이것을 각각 동일한 대상에 차례로 적용(두 차례 실시)하여 봄으로써 신뢰도를 측정하는 방법이다.

Q정답 ①

064 ✓확인 ☐☐☐

측정의 신뢰도와 타당도에 관한 설명으로 옳은 것은? · 18회

① 신뢰도는 일관성으로 표현될 수 있는 개념이다.
② 측정도구의 문항 수가 적을수록 신뢰도는 높아진다.
③ 검사 - 재검사 방법은 타당도를 측정하는 방법이다.
④ 편향(bias)은 측정의 비체계적 오류와 관련된다.
⑤ 측정도구의 신뢰도가 높아지면 타당도도 높아진다.

해설
신뢰도는 장소와 시간에 구애받지 않고 일정한 값을 계속해서 산출해 내고 있는지를 보는 것으로, **측정값들의 일관성**을 의미한다.

✗ 오답풀이
② 측정도구의 문항 수가 **많을수록** 신뢰도는 높아진다. 왜냐하면 여러 문항에 의해 한 개념을 측정하면 설사 한 문항에 약간 문제가 있더라도 다른 문항에 의해 그 잘못이 희석될 수 있기 때문이다.
③ 검사-재검사 방법은 **신뢰도를** 측정하는 방법이다.
④ 편향(bias)은 측정의 **체계적 오류와** 관련된다.
⑤ 측정도구의 **타당도가** 높아지면 **신뢰도도** 높아진다.

Q정답 ①

OIKOS UP 신뢰도와 타당도의 관계
신뢰도와 타당도는 측정도구의 적합성을 평가하는 방법으로 서로 분리된 속성으로 다루어졌지만 서로 밀접히 관련되어 있다.
① 타당성 있는 측정은 항상 신뢰성이 있다.
② 타당성이 없는 측정은 신뢰성이 있을 수도 있고 없을 수도 있다.
③ 신뢰성이 있는 측정은 타당성이 있을 수도 있고 없을 수도 있다.
④ 신뢰성이 없는 측정은 타당성이 없다.

065

신뢰도와 타당도에 관한 설명으로 옳은 것은? • 22회

① 타당도가 있다면 어느 정도 신뢰도가 있다고 볼 수 있다.
② 신뢰도가 높을 경우 타당도도 높다고 할 수 있다.
③ 요인분석법은 신뢰도를 측정하는 방법이다.
④ 신뢰도는 측정하려고 의도된 개념을 얼마나 정확하게 측정하는가를 나타내는 것이다.
⑤ 주어진 척도가 측정하고자 하는 내용을 담고 있다고 일련의 전문가가 판단할 때 판별타당도가 있다고 한다.

해설
타당도가 높으면 신뢰도는 높기 때문에, 타당도가 있다면 어느 정도 신뢰도가 있다고 볼 수 있다.

오답풀이
② 신뢰도가 높을 경우 타당도도 높다고 할 수 **없다**. 즉, 신뢰도가 높다고 타당도가 반드시 높은 것은 아니다.
③ 요인분석법은 **타당도**를 측정하는 방법이다.
④ **타당도**는 측정하려고 의도된 개념을 얼마나 정확하게 측정하는가를 나타내는 것이다.
⑤ 주어진 척도가 측정하고자 하는 내용을 담고 있다고 일련의 전문가가 판단할 때 **내용타당도**가 있다고 한다.

정답 ①

066

측정도구의 타당도와 신뢰도에 관한 설명으로 옳지 않은 것은? • 23회

① 신뢰도는 측정값의 일관성 정도를 의미한다.
② 타당도는 측정하고자 하는 바를 반영하는 정도를 의미한다.
③ 측정항목의 수가 적어지면 신뢰도가 낮아지는 경향이 있다.
④ 신뢰도는 타당도의 필요충분조건이 된다.
⑤ 타당도가 높으면 신뢰도는 높은 경우가 많다.

해설
신뢰도는 타당도의 **필요조건**이 된다. 즉, 신뢰도는 타당도를 높이기 위한 필요조건이지만 충분조건은 아니다.

보충설명
① **신뢰도**는 측정도구가 측정하고자 하는 현상을 일관되게 측정하는 능력을 말한다.
② **타당도**는 측정도구로 측정하고자 의도한 것을 실제 측정해 내는 정도를 말한다.
③ 측정항목의 수가 적어지면 동일한 개념이나 속성을 측정하기 위한 항목의 수가 적어지므로, 측정값들의 평균치는 측정하고자 하는 속성의 실제값에서 멀어지게 되므로 신뢰도가 낮아지게 된다. 또 다른 설명으로 크론바 알파값(Cronbach α)은 0(신뢰도가 전혀없음)에서 1(완벽한 신뢰도) 사이의 값을 가지는데 측정항목수가 적어지면 크론바 알파값이 작아지므로 신뢰도는 낮아진다.
⑤ 어떤 척도의 타당도가 높을 경우 반드시 신뢰도도 높다. 그렇지만, 현실 측정과정을 보면 아무리 타당도가 높은 척도를 사용한다 할지라도 그 척도를 이용하여 동일한 개념이나 대상을 반복측정할 때 매 측정마다 언제나 완전히 동일한 측정값을 얻는 것은 아니다. 그 이유는 측정 오류 혹은 측정 오차가 발생하기 때문이다. 따라서, 지문에서 타당도가 높으면 신뢰도는 반드시 높다고 하지 않고, 신뢰도가 높은 경우가 많다고 한 것이므로 맞는 문장이다.

정답 ④

04 측정의 오류

067 ✓확인 ☐☐☐

측정오류(measurement error)에 관한 설명으로 옳은 것을 모두 고른 것은?
· 9회

> ㉠ 체계적 오류는 측정도구의 구성에서 발생할 수 있다.
> ㉡ 측정오류의 정도는 측정대상과 측정도구의 성격에 따라 차이가 나타난다.
> ㉢ 측정오류는 신뢰도와 타당도가 확보된 측정도구를 이용하여 예방할 수 있다.
> ㉣ 무작위 오류는 수집된 자료를 코딩하는 과정에서 잘못 입력하는 경우에 발생한다.

① ㉠, ㉡, ㉢ ② ㉠, ㉢ ③ ㉡, ㉣
④ ㉣ ⑤ ㉠, ㉡, ㉢, ㉣

해설
㉠ 체계적 오류는 문장의 표현의 문제 등 측정도구 구성에서 발생할 수 있다. 즉 체계적 오류는 측정도구 구성(제작)에서 결정적인 실수로 인하여 나타나며 오류는 상호 상쇄되지 않고 조사결과에 큰 영향을 미칠 수 있다.
㉡ 측정오류는 측정에서 본래의 참값과 측정도구에 의해 측정한 값인 측정치 사이에 나타날 수 있는 불일치 정도 또는 그 차이를 말하는 것으로, 측정대상과 측정도구의 성격에 따라 차이가 나타날 수 있다.
㉢ 측정오류는 신뢰도와 타당도를 가진 도구를 이용하여 오류발생을 줄일 수 있다.
㉣ 무작위 오류란 측정자의 피로, 기억, 감정변화 등과 같이 측정대상, 측정과정, 측정수단, 측정자 등에 전혀 우연적이며 일시적인 사정에 의해 불규칙적으로 일관성 없이 영향을 미침으로써 발생하는 오류로서, 수집된 자료를 코딩하는 과정에서 잘못 입력하는 경우에도 발생한다.

정답 ⑤

068 ✓확인 ☐☐☐

측정의 무작위 오류(random error)에 관한 설명으로 옳은 것은?
· 14회

① 응답자가 자신에 대한 이미지를 좋게 만들기 위해 응답할 때 발생한다.
② 타당도를 낮추는 주요 원인이다.
③ 설문문항이 지나치게 많을 경우 발생하기 쉽다.
④ 연구자가 응답자에게 유도성 질문을 할 때 발생한다.
⑤ 일정한 양태와 일관성을 갖는 오류이다.

해설
무작위 오류는 측정자의 피로, 기억, 감정변화 등과 같이 측정대상, 측정과정, 측정수단, 측정자 등에 전혀 우연적이며 일시적인 사정에 의해 불규칙적으로 일관성 없이 영향을 미침으로써 발생하는 오류이다. 대부분은 측정자, 측정대상자, 측정상황, 측정도구 등의 요인으로 인해 발생한다. 이 중 '설문문항이 지나치게 많을 경우' 조사대상자는 응답이 어렵고 복잡하다.

✗오답풀이
① 응답자가 자신에 대한 이미지를 좋게 만들기 위해 응답하는 것은 사회적 바람직성에 의한 오류로 체계적 오류에 해당한다.
② 무작위 오류가 커질 경우 응답의 일관성에 부정적 영향을 미치게 되어 척도의 신뢰도가 낮아지는 결과를 가져온다. 반면 체계적 오차가 커질 경우 실제 값을 제대로 측정하지 못하는 결과를 가져오게 되어 척도의 타당도에 부정적인 영향을 미친다.
④ 연구자가 응답자에게 유도성 질문을 하여 응답이 긍정적 방향이나 부정적 방향의 편향된 결과를 가져올 수 있으므로, 이는 체계적 오류에 해당한다.
⑤ 측정대상에 대하여 어떤 영향이 체계적으로 미침으로써 그 오류가 항상 일정한 방향으로 일어나는 것은 체계적 오류이다.

정답 ③

069 ✓확인 ☐☐☐

측정 시 나타날 수 있는 체계적 오류에 관한 설명으로 옳지 않은 것은? • 18회

① 코딩 왜곡은 체계적 오류를 발생시킨다.
② 익명의 응답은 체계적 오류를 최소화한다.
③ 편견 없는 단어는 체계적 오류를 최소화한다.
④ 척도구성 과정의 실수는 체계적 오류를 발생시킨다.
⑤ 비관여적 관찰은 체계적 오류를 최소화한다.

해설
비체계적 오류의 영향은 측정을 치우치게 하는 것이 아니라 한 측정과 다음 측정 간에 일관성이 없게 만드는 것이다. 코딩 왜곡은 비체계적 오류를 발생시킨다. 즉, 자료를 코딩하거나 자료를 질문지에서 컴퓨터로 또는 녹음기에서 기록지에 옮기는 사람이 잘못된 숫자를 기록하는 것과 같이 단순한 오기(誤記), 또는 면접자가 응답자의 응답을 잘 못 이해하거나 판독하기 어렵게 기록하여 코딩하는 사람이 그 응답을 다른 것으로 잘못 이해하는 것은 **비체계적 오류에 해당한다.**

+ 보충설명
② 익명의 응답은 응답을 통해 자신이나 자기 집단이 어떻게 비추어질 것인가를 고려해서 답변함으로 인해 발생되는 **사회적 적절성 편향의 오류를 방지하기 때문에 체계적 오류를 최소화한다.**
③ 편견 없는 단어는 체계적 오류를 최소화한다. 그 이유는 **편견은 연구자가 원하는 응답을 하게 만들거나, 사람들에게 그들의 진짜 견해나 행동을 왜곡시키는 방식으로 질문에 대답하게 할 수 있기 때문이다.**
④ 체계적 오류는 문장의 표현의 문제 등 측정도구 구성에서 결정적인 실수로 인하여 나타날 수 있다.
⑤ 비관여적 관찰은 체계적 오류인 **사회적 적절성 편향의 오류를 최소화시키기 위해 사용**된다. 즉, 직접적인 행동을 측정한다면, 관찰되는 것을 클라이언트가 예민하게 느끼지 않아 그에 따라 좋게 보이기 위해 평소와 달리 행동하할 가능성이 적도록 하는 노력을 해야 한다.

정답 ①

070 ✓확인 ☐☐☐

측정의 오류에 관한 설명으로 옳지 않은 것은? • 21회

① 연구자의 의도가 포함된 질문은 체계적 오류를 발생시킨다.
② 사회적으로 바람직한 응답은 체계적 오류를 발생시킨다.
③ 측정의 오류는 연구의 타당도를 낮춘다.
④ 타당도가 낮은 척도의 사용은 무작위 오류를 발생시킨다.
⑤ 측정의 다각화는 측정의 오류를 줄여 객관성을 높인다.

해설
신뢰도는 무작위 오류(비체계적 오류)와 관련된 개념인 반면, 타당도는 체계적 오류와 관련되어 있다. 따라서, **신뢰도가 낮은 척도의 사용은 무작위 오류(비체계적 오류)를 발생시킨다.**

+ 보충설명
① 연구자의 의도가 포함된 질문(유도질문)은 긍정적 방향이나 부정적 방향의 편향된 결과를 가져오게 하기 때문에 체계적 오류를 발생시킨다.
② 사회적으로 바람직한 응답은 자신의 입장과는 다르게 사회적으로 바람직한 것을 택하는 성향으로 **체계적 오류를 발생시킨다.**
③ 측정의 오류는 연구의 신뢰도와 타당도를 낮춘다. 측정의 오류 중 **체계적 오류는 연구의 타당도를, 비체계적 오류는 연구의 신뢰도를 낮춘다.**
⑤ **측정의 다각화(triangulation, 삼각측량)**는 자료수집에서 어떤 오류나 일관적이지 못한 것을 줄이기 위해 다양한 출처와 방법, 여러 관찰자를 활용하는 것이다. 따라서, 측정의 다각화는 측정의 오류를 줄여 객관성을 높일 수 있다.

정답 ④

제7장 표본추출 (표집)

제2영역 : 사회복지조사론

01 표본추출의 의의와 용어

071 ✓확인 ☐☐☐

표본 연구에 관한 설명으로 옳지 않은 것은? · 23회

① 표본 연구는 전수 연구에 비해 시간과 비용 측면에서 효율적이다.
② 모집단이 큰 경우에는 표본 연구가 적합하다.
③ 표본 연구는 전수 연구에 비해 비표본오차가 크다.
④ 전수 연구에서 모수와 통계치의 구분은 필요하지 않다.
⑤ 확률표집은 비확률표집에 비해 정확한 표집틀이 필요하다.

해설
표본 연구는 전수 연구에 비해 비표본오차가 **작다**. 표본 연구는 훈련된 면접자가 소수를 대상으로 조사하므로 다수를 대상으로 한 전수 연구에 비해 조사과정이나 집계과정에서 발생할 수 있는 비표본오차를 줄여 정확성을 높일 수 있다.

+보충설명
① 전수 연구의 경우 막대한 인적, 물적 자원이 소요되기 때문에 조사 비용과 시간을 절약하기 위해 표본을 사용한다. 즉 **표본 연구는 전수 연구보다 시간과 비용 측면에서 효율적**이다.
② 모집단이 큰 경우 연구대상 전체를 조사하려고 할 때 그 수가 무한히 많기 때문에 조사가 현실적으로 불가능할 수가 있다. 따라서, 모집단이 **큰 경우 조사가능하도록 하기 위해 표본이 사용**된다.
④ 모집단을 모두 조사하는 **전수 연구에서는 모집단의 값인 모수가 직접 산출되기 때문에, 통계치와 모수의 구분이 불필요**하다. 반면에 모집단의 일부를 뽑아서 조사하는 표본 연구에서는 모수와 통계치가 구분된다.
⑤ 확률표집은 각각의 사례가 모집단으로부터 표본으로 추출될 확률을 알 수 있는 표집방법이므로, 모집단이 분명하고 정확하게 확정되어야 하며 실제로 표본이 추출될 표집틀을 확보해야 한다.

정답 ③

072 ✓확인 ☐☐☐

표본추출방법과 관련하여 용어와 설명이 잘못된 것은? · 6회

서울시 소재 4개 종합사회복지관 이용자 중에서 2004년부터 2008년 2월 1일 현재까지 부부대상 프로그램을 이용한 경험이 있는 20~40세 미만 남녀를 대상자로 하였다. 조사대상자 선정을 위해, 해당 종합사회복지관의 부부 대상 프로그램 참여자 명부로부터 이용남녀의 성비에 따라 할당표집(quota sampling)하여, 종합사회복지관마다 50명씩 200명의 남녀를 표본으로 추출하였다.

① 모집단 - 서울시 소재 4개 종합사회복지관 이용자
② 표집틀 - 프로그램 참여자 명부
③ 표집방법 - 할당표집
④ 관찰단위 - 20~40세 미만 남녀
⑤ 표집단위 - 개인

해설
모집단(母集團, population)은 시간, 공간, 자격 등의 조건들이 구체적으로 규정되어진 요소의 현실적-한정적 집합체이다. 지문에서 모집단은 2004년부터 2008년 2월 1일 현재까지 부부대상 프로그램을 이용한 경험이 있는 20~40세 미만 남녀이다.

+보충설명
② **표집틀(sampling frame, 표본프레임)**은 표본이 실제 추출되는 연구대상 모집단 전체의 목록 또는 모든 단위의 완전한 목록을 말한다.
④ **관찰단위(observation unit)와 분석단위(analysis unit)**는 무엇을 기준으로 표본을 추출할 것인가에 대한 기준으로, 표집과정의 각 단계에서 표집대상인 요소들의 단위이다. 자료수집의 단위가 관찰단위이고, 자료수집내용에서 실제분석하는 단위가 분석단위이다.
예 장애인 근로자가 근무하는 직장상사(관찰단위)와의 면담을 통해서 장애인 근로자(분석단위)의 직장적응에 관한 정보를 수집할 수 있다.
⑤ **표집단위(sampling unit)**는 무엇을 기준으로 표본을 추출할 것인가에 대한 기준으로, 대체로 표집단위는 개인이 되지만, 경우에 따라서는 개인이 아닌 집합체가 표집단위가 된다.

정답 ①

073

다음 사례에 해당하는 표집용어와 관련한 내용으로 옳은 것은?

· 22회

> A종합사회복지관을 이용하는 노인들을 대상으로 노인맞춤돌봄서비스에 관한 설문조사를 위하여 노인 이용자명단에서 300명을 무작위 표본추출 하였다.

① 모집단 : 표본추출된 300명
② 표집방법 : 할당표집
③ 관찰단위 : 집단
④ 표집틀 : 노인 이용자명단
⑤ 분석단위 : 집단

해설

표집틀(sampling frame)은 표본이 실제 추출되는 **연구대상 모집단 전체의 목록**이다. 주어진 사례에서 모집단은 A종합사회복지관을 이용하는 노인들이므로, A종합사회복지관을 이용하는 노인들의 명단(노인 이용자명단)이 표집틀이다.

오답풀이

① 모집단은 A종합사회복지관을 이용하는 노인들이며, 표본추출된 300명은 표본이다.
② 무작위 표본추출을 했으므로 표집방법은 확률표집이어야 한다. 할당표집은 작위적으로 표본을 추출하는 비확률표집 중 하나이다.
③ 직접적인 조사대상으로 자료가 수집되는 요소 또는 요소들의 집합체이자 자료수집단위이며, 자료수집단위가 관찰단위(observation unit)이다. 관찰단위는 A종합사회복지관을 이용하는 노인으로 개인이다.
⑤ 분석단위(analysis unit)는 자료수집내용에서 실제 분석하는 단위이다. 주어진 사례에서 분석단위는 관찰단위와 동일하게 A종합사회복지관을 이용하는 노인으로 개인이다.

정답 ④

074

다른 조건이 같다면, 확률표집에서 표집오차(sampling error)에 관한 설명으로 옳지 않은 것은?

· 20회

① 표준오차(standard error)가 커지면 표집오차도 커진다.
② 신뢰수준(confidence level)을 높이면 표집오차가 감소한다.
③ 표본의 수가 증가하면 표집오차가 감소한다.
④ 이질적인 모집단 보다 동질적인 모집단에서 추출한 표본의 표집오차가 작다.
⑤ 층화를 통해 단순무작위추출의 표집오차를 줄일 수 있다.

해설

다른 조건이 같다면, 즉 동일한 표본을 가정했을 때는 신뢰수준(confidence level)과 표집오차는 **비례관계**이다. 따라서, 신뢰수준을 높이면 표집오차도 **증가**한다.

보충설명

① **표준오차는 표집오차(표본오차)에 비례**하므로, 표준오차가 커지면 표집오차도 커진다.
③ **표본의 수가 증가**하면 표본의 대표성이 증가하기 때문에 **표집오차는 감소**한다.
④ 모집단의 동질성은 표본의 대표성에 영향을 미친다. 즉, **동질적인 모집단**에서 표본을 추출할 경우 표본의 대표성은 증가되기 때문에 **표본의 표집오차가 작다**.
⑤ 층화는 모집단을 보다 동질적인 몇 개의 층(범주별)으로 나누는 것으로, 동질적인 층으로부터 표본을 추출하기 때문에 표본의 대표성이 증가되어 표집오차를 줄일 수 있다. 이것이 **층화표집을 통해 단순무작위추출의 표집오차를 줄일 수 있는 이유**이다.

정답 ②

075

표집오차(sampling error)에 관한 설명으로 옳지 않은 것은?

· 21회

① 신뢰수준을 높이면 표집오차는 감소한다.
② 모집단의 모수와 표본의 통계치 간의 차이이다.
③ 표본의 크기가 커지면 표집오차는 커진다.
④ 모집단의 동질성에 영향을 받는다.
⑤ 표본으로 추출될 기회가 동등하면 표집오차는 감소한다.

해설
표본의 크기가 커지면 표집오차는 **감소한다**. 즉, 표본크기가 클수록 표집오차는 감소하며, 표본크기가 작을수록 증가한다.

＋보충설명
① 신뢰수준을 높이면 표집오차는 증가되지만, **사전에 표본의 크기를 늘리게 되면 표집오차는 감소될 수 있다.**
② 표집오차(sampling error, 표본오차)는 **모집단 값인 모수와 표본의 값인 통계치 간의 차이**를 말한다.
④ 모집단을 구성하고 있는 개별 요소들이 어느 정도 동일한 속성을 가지고 있는지의 여부가 표본의 대표성에 직접적인 상관관계를 가진다. 즉 **모집단이 동질적일수록 표본의 대표성을 증가되므로 표집오차는 감소한다.**
⑤ 모집단의 모든 구성원들이 표본으로 선택될 기회를 동등하게 하면 표본이 모집단을 대표하게 된다는 것이 바로 동일확률선정법(EPSEM, Equal Probability of Selection Method)이다. 동일확률 선정법으로 표본을 추출하게 되면 표본의 대표성이 증가되므로 표집오차는 감소한다.

정답 ③

076

표본추출에 관한 설명으로 옳지 않은 것은?

· 14회

① 개인과 집단은 물론 조직도 표본추출의 요소가 될 수 있다.
② 표본추출단위와 분석단위가 일치하지 않을 수 있다.
③ 전수조사에서는 모수와 통계치 구분이 불필요하다.
④ 표본의 대표성은 표본오차와 정비례한다.
⑤ 양적연구에서 표본의 크기가 클수록 유의미한 결과를 얻는데 유리하다.

해설
표본오차는 표본의 통계량에서 모집단의 모수를 추정하는 과정에서 발생하는 차이로 표본조사에서 발생한다. 표집오차는 모집단을 대표할 수 있는 전형적인 구성요소를 표본으로 선택하지 못했기 때문에 발생하는 오류이다. 따라서, **표본의 대표성은 표본오차와 반비례한다.**

정답 ④

077

신뢰수준에 관한 설명으로 옳은 것을 모두 고른 것은? · 16회

㉠ 99% 신뢰수준은 1% 유의수준을 사용한다는 의미이다.
㉡ 신뢰수준을 95%에서 99%로 높이면 1종 오류를 줄일 수 있다.
㉢ 95% 신뢰수준은 100번 조사하면 5번 정도는 오차가 허용될 수 있다는 의미이다.
㉣ 99% 신뢰수준에서 모집단의 평균값이 신뢰구간 내에 존재한다는 것을 99% 확신할 수 있다.

① ㉠, ㉡, ㉢
② ㉠, ㉡, ㉣
③ ㉠, ㉢, ㉣
④ ㉡, ㉢, ㉣
⑤ ㉠, ㉡, ㉢, ㉣

[해설]
㉠ 99% 신뢰수준은 1% 유의수준(= 제1종 오류)을 사용한다는 의미이다.
㉡ 신뢰수준을 95%에서 99%로 높이면, 유의수준이 5%에서 1%로 줄어들기 때문에 1종 오류를 줄일 수 있다.
㉢ 95% 신뢰수준은 100번 조사를 할 경우 95번은 우리가 설정한 신뢰구간에 실제 모수가 포함된다는 의미로, 5번 정도는 오차가 허용될 수 있다는 의미이다.
㉣ 신뢰수준은 우리가 추정한 신뢰구간이 옳다고 확신하는 정도로, 99% 신뢰수준에서 모집단의 평균값이 신뢰구간 내에 존재한다는 것을 99% 확신할 수 있다.

[정답] ⑤

02 대표성과 표본의 크기

078

표본의 대표성에 관한 설명으로 옳지 않은 것은? · 17회

① 무작위로 추출된 표본의 크기는 표본의 대표성과 관계가 있다.
② 층화표본추출은 단순무작위 표본추출보다 대표성이 높은 표본을 추출하는 방법으로 알려져 있다.
③ 표본의 대표성은 표본의 질을 판단하는 주요 기준이다.
④ 동일확률선정법으로 추출된 표본은 모집단을 완벽하게 대표한다.
⑤ 모집단의 동질성은 표본의 대표성과 관계가 있다.

[해설]
확률표본추출의 기본 원칙은 모집단의 모든 구성원이 표본으로 선정될 수 있는 기회가 동일하다면 표본이 모집단을 대표하게 된다는 것이다. 그러나, 이와 같이 동일확률선정법(EPSEM, Equal Probability of Selection Method)에 의해 추출된 표본조차도 표본을 뽑은 모집단을 완전하게 대표하는 경우가 거의 없다. 확률표본이 결코 완벽하게 대표적이지는 않지만, 비확률표본 보다 모집단을 대표할 가능성이 더 큰 것이다.

[보충설명]
① 무작위로 추출되면 모집단의 사례가 표본으로 선택되는 데 동등한 기회를 가지게 되고, 모든 요소가 동등하게 추출될 확률을 가지므로 편견이 개입될 확률이 희박하다. 즉, 무작위로 추출된 표본의 크기가 증가할수록 표본이 모집단을 대표할 가능성이 증가한다.
② 층화표본추출 중 비율적 층화표본추출은 각 층의 표집비율을 동일하게 하는 것으로 단순무작위 표본추출이나 계통적 표본추출보다 대표성이 있는 표본을 얻을 수 있다.
③ 표본의 대표성은 추출된 표본의 특성이 모집단의 집합적 특성과 일치하는 정도에 의해 평가된다. 모집단의 속성을 정확하게 반영하는 대표성이 높은 표본이 좋은 표본이다.
⑤ 모집단을 구성하고 있는 개별 요소들이 어느 정도 동일한 속성을 가지고 있는지의 여부, 즉 모집단의 동질성은 표본의 대표성에 직접적인 상관관계를 가진다.

[정답] ④

079

표본크기에 관한 설명으로 옳지 않은 것은? · 19회

① 표본의 크기가 클수록 시간과 비용이 많이 든다.
② 신뢰수준을 높이려면 표본의 크기도 커져야 한다.
③ 표본의 크기가 증가하면 표본오차(sampling error)도 커진다.
④ 모집단이 이질적인 경우에는 표본의 크기를 늘려야 한다.
⑤ 같은 표본추출방법을 사용한다면 표본의 크기가 클수록 대표성은 커진다.

해설
표본의 크기가 증가하면 표본의 대표성이 증가되므로 표본오차(sampling error)는 작아진다. 참고로 표본의 대표성이란 추출된 표본의 특성이 모집단의 집합적 특성과 일치하는 정도에 의해 평가된다.

+ 보충설명
① 전수조사의 경우 막대한 인적, 물적 자원이 소요되기 때문에 조사비용과 시간을 절약하기 위해 표본을 사용한 표본조사를 하게 되는데, **표본의 크기가 작을수록 상대적으로 시간과 비용이 적게 든다.**
② **신뢰수준을 높이려면 표본오차가 커지게 되므로, 표본오차를 줄이기 위해 표본의 크기도 커져야 한다.** 자세히 설명하자면, 연구자가 신뢰수준 높일 때 신뢰구간이 커지게 되는데, 신뢰수준을 손상시키지 않는 상태에서 신뢰구간을 좁히기 위해서는(구간의 크기를 작게 하기 위해서는) 표본오차(표준오차)를 줄이는 방법밖에 없다. 표본오차(표준오차)는 표본의 크기에 민감하게 좌우되기 때문에 표본의 크기를 늘리면 표본오차(표준오차)는 줄어들게 된다.
④ 모집단이 이질적인 경우보다 동질적인 경우 표본의 대표성이 높다. **모집단이 이질적인 경우에는 표본의 대표성이 떨어지므로, 표본의 대표성을 늘리기 위해 표본의 크기를 늘려야 한다.**
⑤ 표본이 모집단을 어느 정도 대표할 수 있는지 여부는 모집단에서 **추출되는 표본크기와 직접적인 상관관계가 있다.** 모집단에 비해 상대적으로 크기가 작은 표본을 추출할 경우 크기가 큰 표본보다 모집단의 특성을 보다 정확하게 반영하지 못하는 요소들을 추출할 확률이 훨씬 높아진다.

정답 ③

080

표본의 크기에 관한 설명으로 옳은 것은? · 23회

① 추정치가 모수에 근접할 확률은 표본의 크기에 반비례한다.
② 모집단 내 편차가 클수록 표본의 크기를 늘려야 한다.
③ 조사비용과 시간의 한계는 표본의 크기와 관련이 없다.
④ 표본의 크기와 표본오차는 비례한다.
⑤ 통계분석방법은 표본의 크기와 관련이 없다.

해설
모집단 내 편차가 클수록 즉 모집단이 이질적일수록 **표본의 크기를 늘려야 한다.** 즉 모집단이 동질적이라면 아주 적은 수의 표본이라 할지라도 대표성이 유지될 수 있지만, **이질적인 경우에는 그 정도를 고려하여 표본의 크기를 증가시켜야 한다.**

✗ 오답풀이
① 추정치가 모수에 근접할 확률은 표본의 크기에 **비례**한다. 추정치가 모수에 근접해진다는 것은 표본오차가 작아진다는 것을 의미하는 것으로, 표본의 크기를 늘리면 표본의 대표성이 증가되므로 표본오차는 작아진다. 즉 표본의 크기가 커질수록 추정치가 모수에 근접할 확률은 높아진다.
③ 조사의 현실적 여건인 소요되는 **조사비용, 시간, 인력 등은 표본의 크기를 결정하는 요인 중 하나이다.**
④ 표본의 크기와 표본오차는 **반비례**한다. 즉 표본의 크기가 커질수록 표본오차는 감소한다.
⑤ 사용하려는 **통계분석방법의 성격을 고려하여 표본의 크기를 결정**한다.

정답 ②

03 표본조사의 설계(표본추출과정)

081 ·17회

표본추출과정을 올바르게 나열한 것은?

- ㉠ 모집단 확정
- ㉡ 표본크기 결정
- ㉢ 표본추출
- ㉣ 표본추출방법 결정
- ㉤ 표집틀 선정

① ㉠ → ㉣ → ㉤ → ㉢ → ㉡
② ㉠ → ㉤ → ㉣ → ㉡ → ㉢
③ ㉡ → ㉤ → ㉠ → ㉣ → ㉢
④ ㉣ → ㉠ → ㉤ → ㉢ → ㉡
⑤ ㉤ → ㉠ → ㉣ → ㉡ → ㉢

해설
표본추출과정은 모집단 확정(㉠) → 표본의 대표성 확인 → 표집틀 선정(㉤) → 표집방법 결정(㉣) → 표본크기 결정(㉡) → 표본추출(㉢)의 순이다.

정답 ②

04 표본추출의 방법

082 ·18회

확률표집에 관한 설명으로 옳지 않은 것은?

① 무작위추출방식으로 표본을 추출한다.
② 의식적이거나 무의식적인 편향(bias)을 방지할 수 있다.
③ 모집단의 규모와 특성을 알 때 사용할 수 있다.
④ 표본오차를 추정할 수 있다.
⑤ 질적 연구에서 주로 사용된다.

해설
확률표집은 양적 연구에서 주로 사용된다. 질적 조사에서 확률표본추출방법이 사용될 수는 있지만, 특정 개인이나 집단에 대해 연구자가 자신의 목적과 의도에 맞는 전형적인 표본을 선정하고자 하는 질적 조사에는 비확률표본추출방법이 최선의 표본추출방법이다.

보충설명
① 확률표집이란 표본을 추출하는 과정에서 **무작위추출방식이 사용되는 표집방법**을 말한다.
② 직관으로 대상을 선정하는 연구조사자는 연구조사로 예상되는 결과 또는 가설을 지지하는 대상을 선택하게 되기 쉬운데, 무작위추출방식으로 하는 **확률표집에서는 이러한 위험을 제거**한다.
③ 확률표집은 모집단의 규모와 특성 등 모집단에 대한 정보를 가지고 있을 때 사용할 수 있다. 다만, 모집단에 대한 정보를 가지고 있다 하더라도 상황에 따라 비확률표집을 사용하기도 한다.
④ 무작위 추출로 확률이론을 사용할 수 있으며, 그로 인해 표본에서 도출되는 통계치와 그에 따른 표본오차의 정보를 이용하여 표본 결과의 모집단에 대한 대표성을 추정할 수 있게 한다.

정답 ⑤

083

표본추출에 관한 설명으로 옳은 것은? ・21회

① 모집단을 가장 잘 대표하는 표본추출방법은 유의표집이다.
② 모집단이 이질적인 경우에는 표본의 크기를 줄여야 한다.
③ 전수조사에서는 모수와 통계치의 구분이 필요하다.
④ 표집오류를 줄이기 위해 층화표집방법(stratified sampling)을 사용할 수 있다.
⑤ 체계적 표집방법(systematic sampling)은 모집단에서 유의표집을 실시한 후 일정한 표본추출 간격으로 표본을 선정한다.

해설
층화표집방법(stratified sampling)에서 **층화의 궁극적인 기능은 모집단을 동질적인 하위집단으로 분류**하며, 각 하위집단에서 적정한 수의 요소를 선정하는 것이다. 모집단이 이질적인 경우보다 동질적인 경우 표집오류(표집오차)가 더 작다. 따라서, 층화표집방법은 표본의 대표성의 정도를 높이기 위한, 즉 표본추출오차를 줄이기 위한 방법이다.

오답풀이
① 모집단을 가장 잘 대표하는 표본추출방법은 **층화표집**이다. 유의표집(의도적 표집)은 비확률표본추출방법으로, **비확률표본추출은 표본의 대표성을 보장할 수 없다.** 따라서, 유의표집은 모집단을 가장 잘 대표하는 표본추출방법이 아니다.
② 모집단이 이질적인 경우에는 동질적인 경우에 비하여 그만큼 표본의 크기를 **늘려야** 한다.
③ 전수조사에서는 모수와 통계치의 구분이 **불필요**하다. 그 이유는 전수조사를 통해 수집된 자료를 통계분석해서 얻어진 통계치는 그것이 모집단의 값인 모수이기 때문이다.
⑤ 체계적 표집방법(systematic sampling)은 모집단에서 **첫 번째 표본 선정은 무작위적으로 추출**하고, 그 후 일정한 표본추출 간격(표집간격)으로 표본을 선정한다.

정답 ④

084

이질적 집단보다 동질적 집단에서 추출한 표본의 표집오차가 작다는 이론에 기초한 표집방법을 모두 고른 것은? ・11회

㉠ 유의(purposive)표집
㉡ 할당(quota)표집
㉢ 단순무작위(simple random)표집
㉣ 층화(stratified)표집

① ㉠, ㉡, ㉢
② ㉠, ㉢
③ ㉡, ㉣
④ ㉣
⑤ ㉠, ㉡, ㉢, ㉣

해설
층화표집과 할당표집은 동질적인 집단(homogeneous group) 내의 표집오차가 이질적인 집단(heterogeneous group)의 표집오차보다 더 작다는 확률분포 논리에 기초하고 있다.

정답 ③

085

표본추출방법에 관한 설명으로 옳은 것을 모두 고른 것은?

· 14회

㉠ 할당 표본추출 - 연구자의 편향적 선정이 이루어질 수 있다.
㉡ 체계적 표본추출 - 주기성(periodicity)이 문제가 될 수 있다.
㉢ 층화 표본추출 - 전체 모집단이 아니라 여러 하위집단에서 표본을 추출한다.
㉣ 군집 표본추출 - 다단계 표본추출이 가능하다.

① ㉠, ㉡, ㉢　　② ㉠, ㉢　　③ ㉡, ㉣
④ ㉣　　⑤ ㉠, ㉡, ㉢, ㉣

해설

㉠ 할당 표본추출은 모집단을 일정한 카테고리로 나눈 다음 이들 카테고리에서 표본을 작위적으로 추출하는 방법이다. 작위적이란 표본을 조사자의 의도가 반영된 가운데 선정한다는 것으로, 할당 표본추출은 연구자의 편향적 선정이 이루어질 수 있다.
㉡ 체계적 표본추출의 경우 목록표가 일정한 **주기성(periodicity)**을 가지고 있을 때는 큰 편견을 가진 표본이 추출될 수 있다.
㉢ 층화 표본추출은 집단을 구분하는 일정한 기준을 설정하고 그 기준에 따라 집단을 분류하여 분류된 집단의 비율만큼 표본을 선정하는 것으로, 전체 모집단이 아니라 여러 하위집단에서 표본을 추출한다.
㉣ 군집 표본추출은 1단계로 모집단에서 군집으로 된 표본요소를 추출하고, 2단계로 선정된 군집으로부터 조사대상자를 선정하는 방식으로, 다단계 표본추출이 가능하다.

정답 ⑤

086

비확률표집에 관한 설명으로 옳은 것을 모두 고른 것은?

· 12회

㉠ 표집틀이 없는 경우 사용된다.
㉡ 연구자의 편견이 개입될 수 있다.
㉢ 질적 연구에 빈번히 활용되는 방법이다.
㉣ 연구결과를 일반화할 수 있다.

① ㉠, ㉡, ㉢　　② ㉠, ㉢　　③ ㉡, ㉣
④ ㉣　　⑤ ㉠, ㉡, ㉢, ㉣

해설

㉠ 표집틀(sampling frame)은 표본이 실제 추출되는 연구대상 모집단 전체의 목록으로, **비확률표집은 모집단 자체의 범위를 한정할 수 없을 경우 사용**된다.
㉡ 비확률표집은 모집단에서 표본을 추출하는 과정에서 확률이론에 근거한 무작위 표집을 전혀 사용하지 않는 표집방법으로, **모집단에 대한 표본의 대표성이 매우 낮으며 연구자의 편견이 개입될 수 있다.**
㉢ 연구자가 현상에 대해 **질적인 연구**를 수행하려 할 때 비확률표집은 유용하다.

오답풀이

㉣ 비확률표집은 조사결과의 일반화가 필요없는 경우 사용하며, 이로 인해 **조사자가 발견한 것을 일반화시킴에 있어서 많은 제한점이 있다는 것이 단점이다.**

정답 ①

087

할당표본추출에 관한 설명으로 옳지 않은 것은? · 17회

① 연구자는 모집단에 대한 사전지식을 가지고 있어야 한다.
② 연구자의 편향적 선정이 이루어질 수 있다.
③ 모집단의 구성요소들이 표본으로 선정될 확률이 동일하지 않다.
④ 표본추출 시 할당틀을 만들어 사용한다.
⑤ 전체 모집단에서 직접 표본을 추출한다.

[해설]
할당표집은 전체 모집단에서 직접 표본을 추출하는 것이 아니라, 전체 모집단을 일정한 카테고리로 나눈 다음 이들 카테고리에서 표본을 작위적으로 추출하는 방법이다. 참고로 작위적이란 표본을 무작위적으로 선정하는 것이 아니라 조사자의 의도가 반영된 가운데 선정한다는 것이다.

[+보충설명]
① 모집단을 연령, 성별, 교육, 소득, 직업 등의 기준을 이용하여 몇 개의 카테고리로 분류하고, 그 변수의 비율에 맞게 표본추출을 하기 때문에 **모집단에 대한 사전지식**을 가지고 있어야 한다. 즉, 연구자가 모집단의 특성 가운데 관심을 가지고 있는 변수에 영향을 미칠 것으로 판단되는 요소들에 대하여 어느 정도 정보를 가지고 있어야 하며, 연구주제와 연관이 있는 변수에 대한 사전정보를 통해 특정 변수에 대한 표본의 구성비율을 미리 할당한다.
② 표본을 작위적으로 추출하므로 연구자가 친구나 친척 등 **접근하기 쉬운 사람들만 조사할 가능성**이 있어 연구자의 편향적 선정이 이루어질 수 있다.
③ **각 사례가 추출될 확률이 다르며 추출될 확률도 정확히 알 수 없기 때문에 조사결과에 대한 정확한 통계적 추론을 할 수 없다.**
④ **표본추출 시 할당틀(quota frame, 다양한 셀들이 나타내는 비율)을 만들어 사용한다.** 할당표본추출은 대상모집단의 특성을 기술하는 일종의 행렬표를 만드는 것으로 시작하는데, 그 집단의 남성과 여성의 비율, 성별 연령대, 교육수준, 민족 등의 비율을 알아야 한다. 행렬의 각각의 셀(cell)에 상대적인 비율을 할당하면, 각 항의 특성을 갖고 있는 사람들로부터 자료를 수집할 수 있다.

[정답] ⑤

088

할당표집방법에 관한 설명으로 옳지 않은 것은? · 21회

① 모집단의 주요 특성에 대한 정보를 활용한다.
② 모집단을 구성하는 주요 변수별로 표본을 할당한 후 확률표집을 실시한다.
③ 지역주민 조사에서 전체주민의 연령대별 구성 비율에 따라 표본을 선정한다.
④ 표본추출 시 할당틀을 만들어 사용한다.
⑤ 우발적표집보다 표본의 대표성이 높다.

[해설]
모집단을 구성하는 주요 변수별로 표본을 할당한 후 **비확률표집**을 실시한다. 즉 할당표에 따라 각 범주에 할당된 표본수를 임의표집하는 방법이다.

[+보충설명]
① 할당표집방법은 모집단의 다양한 속성을 나타내는 여러 가지 단면들을 그대로 대표하는 표본을 얻는데 있다.
③ 할당표집방법은 지역주민 조사에서 전체주민의 연령대별 구성 비율에 따라 표본을 작위적으로 선정한다.
④ 우선 모집단의 주요 속성을 대표할 수 있는 일정수의 범주(category)를 선정하고, 각 범주를 대표하는 사례의 수, 즉 할당량을 결정하여 할당틀(quota frame)를 작성한다. 그리고 각 범주마다 할당된 수의 표본을 추출한다.
⑤ 할당표집방법은 가능한 한 모집단을 대표하는 표본을 얻고자 하는 방법으로, 비확률표집방법 중에서 가장 정교한 기법이다. 우발적표집(임의표집)보다 표본의 대표성이 높다.

[정답] ②

089

표집에 관한 설명으로 옳지 않은 것은? · 22회

① 의도적 표집(purposive sampling)은 비확률표집이다.
② 할당표집(quota sampling)은 동일추출확률에 근거한다.
③ 눈덩이표집(snowball sampling)은 질적연구나 현장연구에서 많이 사용된다.
④ 집락표집(cluster sampling)은 모집단에 대한 표집틀이 갖추어지지 않더라도 사용가능하다.
⑤ 체계적 표집(systematic sampling)은 주기성(periodicity)이 문제가 될 수 있다.

해설

동일추출확률에 근거하는 것은 확률표집으로, 확률표본추출의 기본원칙은 동일확률선정법이다. 이는 모집단의 모든 구성원이 표본으로 선정될 수 있는 기회가 동일하다면 표본이 모집단을 대표하게 된다는 것이다. 할당표집은 비확률표집의 표집방법 중 하나로 동일추출확률에 근거하지 않는다.

+ 보충설명

① 비확률표집의 표집방법에는 **의도적 표집(유의표집, 판단표집)**, 편의표집(임의표집), 할당표집, 눈덩이표집이 있다.
③ **눈덩이표집(snowball sampling)**은 서로 상호작용을 하는 연결망(interconnected network)을 가진 사람들이나 조직들을 대상으로 연구할 때 많이 사용되는 방법으로, **질적연구나 현장연구에서 많이 사용**된다. 참고로 눈덩이(snowball)란 표현은 첫 단계에서 필요한 특성을 갖춘 사람으로 확인된 이들을 최초의 정보제공자로 삼고, 이들을 통해 다른 정보제공자를 계속해 찾아가는 누적 과정을 의미한다.
④ 집락표집은 모든 표집요소들을 대상으로 개인단위의 표집틀을 만드는 것이 현실적으로 어렵거나 불가능할 때 사용가능하다. 즉, 표집단위가 표집요소 그 자체인 표집틀을 형성하는 것이 불가능하거나 비실용적일 경우 우선 집락으로 추출하고 여기에서 다시 개인을 추출하는 방식으로 한다.
⑤ 체계적 표집에 내포되어 있는 위험으로서 만약 **요소들의 목록이 표집간격과 일치하는 주기적인 형태로 배열되어 있다면, 매우 어긋난 표본이 추출될 것이다.** 따라서, 단순무작위표집에서는 표집틀을 무작위화시킬 필요가 없지만, 체계적 표집에서는 표집틀 내의 요소들이 무작위화시킴으로써 일정한 패턴을 유지하지 않도록 예방해야 한다.

정답 ②

090

다음에 해당하는 표집방법은? · 18회

> 빈곤노인을 위한 새로운 사회복지서비스 개발을 위해 사회복지관의 노인 사례관리담당자에게 의뢰하여 자신의 욕구를 잘 표현할 수 있는 빈곤노인을 조사 대상으로 선정하였다.

① 층화 표집
② 할당 표집
③ 의도적 표집
④ 우발적 표집
⑤ 체계적 표집

해설

'사회복지관의 노인 사례관리담당자에게 의뢰하여 선정'하였으므로, 조사자의 판단에 의해 또는 조사목적에 의해 표집을 선정하는 방법인 **의도적 표집**에 해당한다. 의도적 표집은 비확률표집방법으로, 연구자가 적어도 모집단 및 그 요소들에 대해 풍부한 사전지식을 가지고 있을 경우에 유용하게 사용될 수 있다.

+ 보충설명

④ **우발적 표집(편의표집, 우연표집)**은 비확률표집방법으로, 조사자가 임의로 확보하기 쉽고 편리하게 닥치는 대로 일정한 표본크기가 될 때까지 표본을 추출하는 방법이다.

정답 ③

091

다음은 다양한 표집방법이 동원된 질적 연구 사례이다. 이 사례에서 동원된 표집방법이 아닌 것은? · 12회

> 희망복지지원단 사례관리자의 역할을 질적으로 분석하기 위하여 지난 1년간 담당한 사례가 가장 많은(302사례) 지자체와 가장 적은(51사례) 지자체 두 군데를 연구대상지역으로 우선 선정하였다. 아울러 전체 지자체의 연평균 담당 사례수가 약 150사례인 것을 확인하고, 담당사례수가 100사례 정도인 지자체와 200사례 정도인 지자체 두 군데를 추가로 표집하였다.

① 최대변화량 표집
② 예외사례 표집
③ 의도적 표집
④ 준예외적 표집
⑤ 동질적 표집

해설

'지난 1년간 담당한 사례가 가장 많은(302사례) 지자체와 가장 적은(51사례) 지자체 두 군데를 연구대상지역으로 우선 선정한 것은 **최대변화량 표집과 예외사례 표집에 해당**한다. "전체 지자체의 연평균 담당 사례수가 약 150사례인 것을 확인하고, 담당사례수가 100사례 정도인 지자체와 200사례 정도인 지자체 두 군데를 추가로 표집"한 것은 **준예외적 표집에 해당**한다. 이와 같은 표집방법은 모두 **의도적 표집**에 해당한다.

+ 보충설명

① 최대변화량 표집(maimimum variation sampling) : 소규모 표본을 집중적으로 연구하면서 다양한 현상을 찾아내는 것을 말하는 것으로, 이질적인 조건 하에서 하나의 현상을 관찰함으로써 그에 대해 유용한 통찰력을 얻을 수 있다.
  - 예) 사례관리과정 연구 시에 담당건수가 가장 많은 프로그램, 중간인 프로그램 및 적은 프로그램 선정하는 것, 도시지역, 교외지역, 농촌지역에서의 프로그램 선정하는 것, 오래된 프로그램과 새로운 프로그램 선정하는 것 등

② 예외사례 표집(deviant cases sampling) : 일상적이거나 규칙적인 유형에 맞지 않는 사례들을 검토하여 규칙적인 태도와 행위의 유형을 더 잘 이해하게 되는 표집방법이다.
  - 예) 사례관리자의 담당건수가 극단적으로 많다고 알려진 2개 정도의 프로그램과 담당건수가 극단적으로 적다는 2개 정도의 프로그램을 선정하는 것

④ 준예외적 사례 표집(intensity sampling) : 일상적인 것보다는 **약간 예외적이지만 예외적이라고 할 수 있을 정도로 그렇게 특이하지 않은 사례들을 선정하는 것**을 말한다.
  - 예) 노인요양원의 보호에 가장 많이 참여한 가족과 가장 적게 참여한 가족을 선정하는 것보다 대부분의 가족들보다 약간 참여를 더하거나 덜 한다고 알려진 가족을 선정하는 것

⑤ 동질적 표집(homogeneous sampling) : 사례관리자의 과도한 역할부담을 처리하는 방법에 대한 연구 시에 사례관리자의 담당건수가 특히 많은 프로그램들로 표본을 한정하는 것을 말한다.

정답 ⑤

092

질적연구에서 일반적으로 사용되는 표집방법이 아닌 것은? · 22회

① 판단(judgemental) 표집
② 체계적(systematic) 표집
③ 결정적 사례(critical case) 표집
④ 극단적 사례(extreme case) 표집
⑤ 최대변이(maximum variation) 표집

해설

질적연구에서는 대표성을 위한 무작위 표집방법보다 연구목적에 따른 **판단 표집(의도적 표집, 유의표집) 방법을 선호**한다. 판단 표집(의도적 표집, 유의표집) 중 질적 연구에 사용되는 표집방법들에는 **최대변이(maximum variation, 최대변화량) 표집, 기준표집(criterion sampling), 동질적(homogeneous sampling), 이론적(theoretical) 표집, 결정적 사례(critical case) 표집, 확인 및 예외사례 표집(confirming and deviant cases sampling), 준예외적 사례 표집(intensity sampling), 극단적 사례(extreme case) 표집**이 있다.

✗ 오답풀이

② 체계적 표집(Systematic Sampling, 계통적 표집, 계층표집)은 확률표집의 표집방법에 해당한다. 질적 연구에서 확률표본추출방법이 사용될 수는 있지만, 비확률표본추출방법이 최선의 표본추출방법이다.

정답 ②

제8장 자료수집과 질문지법

제2영역 : 사회복지조사론

093

설문조사에 관한 설명으로 옳은 것을 모두 고른 것은? · 10회

㉠ 대단위 모집단의 태도와 성향을 측정할 때 적합한 방법이다.
㉡ 개인, 집단, 사회적 가공물(social artifacts) 등을 분석단위로 사용한다.
㉢ 표본의 소재(location)에 관한 정보가 부족할 때 눈덩이표집으로 할 수 있다.
㉣ 현상의 기술(description)을 목적으로 사용할 수 있다.

① ㉠, ㉡, ㉢
② ㉠, ㉢
③ ㉡, ㉣
④ ㉣
⑤ ㉠, ㉡, ㉢, ㉣

해설
㉠ 설문조사(survey research) 방법은 규모가 매우 큰 모집단의 태도와 성향을 파악하고자 할 때 유효한 방법이다.
㉡ 개인이 분석단위일 때 주로 사용되지만 개인, 집단, 사회적 가공물 등도 분석단위로 사용할 수 있다.
㉢ 표본의 소재에 관한 정보가 부족할 때 비확률표집방법 중 눈덩이표집으로 할 수 있다.
㉣ 현상의 기술, 탐색, 설명 등의 목적으로 사용할 수 있다.

정답 ⑤

094

설문지의 회수율 모니터링에 관한 설명으로 옳지 않은 것은? · 10회

① 추가설문지의 발송시기를 예측한다.
② 비응답자들의 추가응답률을 높이는데 활용된다.
③ 모니터링을 중단하는 시점은 회수율이 50%인 때이다.
④ 여러 시점에서 회수된 설문지를 분석하면 표본추출의 편향을 추정할 수 있다.
⑤ 그래프로 일일 회수빈도와 누적빈도를 기록한다.

해설
서너 번의 독촉엽서나 설문지의 재발송 등을 통해 최초 20% 가량에 머물던 회수율을 70% 전후까지 끌어 올릴 수 있다고 한다. 회수율은 높을수록 좋기 때문에 50%일 때 중단한다는 것은 옳지 않다.

정답 ③

OIKOS UP 설문지 회수율 높이는 기법들

방 법	최적 조건
후속독촉 (우편엽서, 전화)	• 1회 이상의 후속 독촉 필요(보통 3회까지) • 전화와 우편엽서를 3회 가량 섞은 후속 독촉은 매우 큰 효과를 나타냄 • 2회 이상부터는 설문지 자체를 재발송해야 할 필요성 고려
설문내용의 중요성	• 설문 내용이 응답자에게 중요한 것으로 인식될 때 응답률이 높아짐
후원자와 겉표지의 적절성	• 후원자의 권위가 응답자에게 인정될 때 응답률이 상승 • 표지글에서 이타적인 동기에 호소하는 것이 중요
민감한 질문의 처리	• 사적인 비밀이나 개인적인 이해를 침해하는 문제에 대한 응답률은 저조 • 이름이나 신상, 소득, 개인의 사적 정보 등은 가능한 생략하는 것이 응답률을 높이는 데 도움
유인책의 사용	• 금전적인 보상에서 금액의 과소에 따른 차이는 그리 크지 않은 것으로 간주 • 후원자, 대상집단, 설문의 유형 등에 따라 각기 다른 유인책이 필요
회수방법	• 회수용 봉투의 사용은 반드시 필요(회수 기한 기재) • 사전 지불 형식보다는, 우표를 직접 붙인 봉투를 이용하는 것이 회수율에 보다 효과적임
설문지의 도착시간	• 집으로 보내는 것이라면 주말쯤에 도착하게 하는 것이 효과적임
설문지 양식	• 표지글이 매력적이어야 응답 가능성 높임 • 응답자들의 시력을 감안 구성양식에 신경을 씀 • 한눈에 들어오는 질문들을 만들 필요가 있음
설문지 길이	• 될 수 있는 한 짧은 설문지가 좋으나, 조금 더 길고 짧은 것에 따른 차이는 그리 크지 않음

095

우편조사, 전화조사, 대면면접조사에 관한 비교설명으로 옳은 것은?
・12회

① 일반적으로 우편조사의 응답률이 가장 높다.
② 우편조사와 전화조사는 자기기입식 자료수집 방법이다.
③ 대면면접조사에서는 추가질문하기가 가장 어렵다.
④ 원거리 응답자에게는 우편조사보다 대면면접조사가 더 적절하다.
⑤ 어린이나 노인에게는 대면면접조사가 가장 적절하다.

해설
질문지법은 읽고 쓸 줄 알아야 하기 때문에 응답자가 어느 정도 교육을 받은 사람이어야 하는 데 반해, **면접법**은 응답자가 이해하지 못하는 질문에 대해 설명할 수 있는 여유가 있기 때문에 모든 사람에 대해서 할 수 있다. 교육수준이 낮고 노인이 많은 지역에서는 면접법이 적합한 자료수집 방법이 될 수 있다.

오답풀이
① 면접조사의 회수율이 90% 정도인데 비해, 우편조사의 회수율은 20~40% 정도로 회수율이 면접조사에 비해 현저히 떨어진다.
② 우편조사는 자기기입식 자료수집 방법이지만, 전화조사는 자기기입식 자료수집 방법이 아니다.
③ 대면면접조사에서는 적합한 추가질문(예정 이외의 질문)을 할 수 있고, 질문과정에서 유연성이 높다.
④ 원거리 응답자에게는 대면면접조사보다 우편조사가 더 적절하다.

정답 ⑤

096

서베이(survey) 조사에 관한 설명으로 옳은 것을 모두 고른 것은?
・19회

㉠ 전화조사는 무작위 표본추출이 가능하다.
㉡ 우편조사는 심층규명이 쉽다.
㉢ 배포조사는 응답 환경을 통제하기 쉽다.
㉣ 면접조사는 우편조사에 비해 비용이 많이 든다.

① ㉠, ㉡
② ㉠, ㉣
③ ㉡, ㉢
④ ㉠, ㉢, ㉣
⑤ ㉡, ㉢, ㉣

해설
㉠ 전화조사는 전화번호부를 통한 무작위표본추출이 가능하며, 이를 통해 여론조사에 쉽게 활용할 수 있다.
㉣ 면접조사는 훈련, 이동, 슈퍼비전, 면접자들에 대한 비용으로 인해 우편조사보다 시간과 비용이 많이 든다.

오답풀이
㉡ 우편조사는 일단 설문이 응답되고 나면, 그에 따른 추가 질문이나 불확실한 응답에 추가적으로 질의해 들어가는 등의 **심층규명(probing)**이 어렵다.
㉢ 배포조사는 응답상황을 통제할 수 없기 때문에, 피조사자 본인의 의견이 기입되었는지 제3자의 영향을 받았는지 알 수가 없다.

정답 ②

제9장 면접법과 관찰법

제2영역 : 사회복지조사론

01 면접법(interviewing, 면접조사)

097

자료수집방법으로서 면접법에 관한 설명으로 옳지 않은 것은?
· 9회

① 표준화 면접은 비표준화 면접보다 타당도가 높다.
② 면접법은 질문지법보다 응답범주의 표준화가 어렵다.
③ 면접법은 질문지법보다 제3자의 영향을 배제할 수 있다.
④ 표준화 면접에는 개방형 및 폐쇄형 질문을 모두 사용할 수 있다.
⑤ 면접법은 면접목적에 따라 진단적 면접과 조사면접으로 구분된다.

해설
표준화 면접은 응답자의 지식을 충분히 끌어낼 수 있는 융통성이 없기 때문에 타당도가 저하될 수 있다. 면접결과에 대해 표준화 면접은 신뢰도가 높은 데 비하여, **비표준화 면접은 타당도가 높다.**

정답 ①

OIKOS UP — 비표준화 면접(= 비구조화 면접)

① 연구될 문제의 범위만 결정되고 있고, 구체적인 내용은 조사자가 면접상황에 따라 융통성 있게 조사하도록 하는 면접으로, 면접자는 단지 전반적인 면접주제만 가지고, 면접 상황에 따라 적절히 변경될 수 있도록 되어 있는 비교적 자유스러운 면접방법이다.
② 질문 자체가 고정되어 있지 않기 때문에 자유응답식인 경우가 많고, 응답자에게 응답할 내용에 대해 최소한의 지시나 방향을 제시할 뿐이다.
③ 융통성을 가지고 있다. 면접자는 응답자의 개인적인 특수상황에 따라 질문의 어구나 순서를 조절할 수 있다.
④ 면접결과에 대해 표준화 면접은 신뢰도가 높은 데 비하여, 비표준화 면접은 타당도가 높다.
⑤ 비표준화 면접은 미개척 분야에서 가설을 설정하는 데 필요한 자료를 얻는데 많이 사용될 수 있으며, 표준화 면접에서 필요한 질문을 만드는 데 유용한 자료를 제공해 준다.

098

서베이(survey)에서 우편설문법과 비교한 대인면접법의 특성으로 옳지 않은 것은?
· 13회

① 비언어적 행위의 관찰이 가능하다.
② 대리응답의 가능성이 낮다.
③ 질문과정에서의 유연성이 높다.
④ 응답환경을 구조화하기 어렵다.
⑤ 표집조건이 동일하다면 비용이 많이 든다.

해설
대인면접법은 응답환경을 통제, 표준화(구조화)할 수 있다. 면접이 남한테 방해받지 않고 개별적으로 진행될 수 있도록 면접환경을 구조화하여 제3자의 영향을 배제할 수 있다.

보충설명
① 질문지의 문항 이외에도 **비언어적 행위나 표정 등을 통해 면접원이 응답자에 대한 관찰적인 정보를 얻을 수 있다.**
② 면접자가 응답자에 영향을 줄 수 있는 다양한 요인들을 통제할 수 있어, **제3자의 영향을 배제시킬 수 있어 대리응답의 가능성이 낮다.**
③ **질문과정에서 개별적 상황에 따라 높은 신축성과 적응성을 가진다.** 질문을 반복할 수 있고 알아듣기 쉽게 달리 말할 수도 있으며, 응답자의 표정, 태도까지 관찰할 수 있기 때문에 진실이 의심되는 것에 대해 적합한 추가 질문(예정 이외의 질문)을 할 수 있다.
⑤ 면접자가 응답자를 현장에서 일일이 만나 면접을 실시해야 하기 때문에 많은 시간, 경비, 노력이 소요되며, 또한 **면접에서 얻은 자료를 정리하는 데에도 많은 시간과 노력이 요구**된다.

정답 ④

099

피면접자를 직접 대면하는 면접조사가 우편설문에 비해 갖는 장점이 아닌 것은?

• 21회

① 응답자의 익명성 보장 수준이 높다.
② 보충적 자료 수집이 가능하다.
③ 대리 응답의 방지가 가능하다.
④ 높은 응답률을 기대할 수 있다.
⑤ 조사 내용에 대한 심층적 이해가 가능하다.

해설
응답자의 익명성 보장 수준이 높은 것은 **우편설문이 면접조사에 비해 갖는 장점**이다. 즉, 우편설문의 경우에는 응답자가 자신의 신분을 알고 있는 면접자가 없기 때문에, 두려워하거나 꺼리는 견해를 솔직하게 표현하기 용이하다.

+ 보충설명
② 면접을 위해 현장방문을 하기 때문에 응답자의 환경조건이나 개인적인 것에 대한 참고자료를 얻을 수 있으며, 우발적 반응이나 사건들에 대한 보충적 자료나 정보를 얻을 수 있다.
③ 면접조사는 환경을 통제하여 제3자의 영향을 배제할 수 있기 때문에 대리 응답의 방지가 가능하다.
④ 면접조사의 경우 우편설문처럼 회수가 필요없기 때문에 높은 응답률을 나타낸다. 문맹자들도 질문에 대답할 수 있고, 사람들은 구두로 대답하는 것을 서면으로 대답하는 것보다 더 선호한다.
⑤ 면접자와 피면접자간의 언어적 상호작용을 통해 피면접자가 내면에 가지고 있는 자료를 수집할 수 있어서 조사 내용에 대한 심층적 이해가 가능하다.

정답 ①

100

질문 내용 및 방법의 표준화 정도가 낮은 자료수집 유형끼리 바르게 묶인 것은?

• 22회

㉠ 스케줄-구조화 면접
㉡ 설문지를 이용한 면접조사
㉢ 심층면접
㉣ 비구조화 면접

① ㉠, ㉡
② ㉠, ㉣
③ ㉡, ㉢
④ ㉡, ㉣
⑤ ㉢, ㉣

해설
㉢ **심층면접(probing, 프로빙)**은 인터뷰 과정에서 종종 어떤 질문에 대해 응답자가 불충분하게 대답하거나, 엉뚱한 것을 말할 경우 조사연구 목적에 필요한 추가적인 정보를 획득하기 위해 사용되는 것이다. 심층면접은 일반적으로 덜 구조화된 면접조사에서 많이 활용되며, 구조화된 면접조사로 갈수록 심층면접의 중요성은 줄어든다.
㉣ **비구조화 면접(Unstandardized Interview, 비표준화 면접 = 비스케줄 면접)**은 표준화(구조화)의 정도가 가장 약한 면접조사방식으로, 연구될 문제의 범위만 결정되고 있고 구체적인 내용은 조사자가 면접상황에 따라 융통성 있게 조사하도록 하는 면접이다.

✗ 오답풀이
㉠ **스케줄-구조화 면접**은 가장 표준화(구조화)된 면접조사 양식으로, 스케줄은 질문순서, 응답형식 등을 미리 규정해 둔 것을 의미한다. 이 면접법은 질문의 내용과 말 표현, 순서 등이 미리 고정되어 있으며, 모든 면접 조사자(들)는 모든 응답자들에게 똑같이 이를 적용해야 한다.
㉡ 설문지는 연구자가 조사하고자 하는 조사항목을 체계적으로 배열하여 인쇄한 문서로, **설문지를 이용한 면접조사는 표준화된 언어구성, 질문순서, 지시 등으로 인해 조사상황에 따라 변하지 않고 질문의 일관성(uniformity)을 기할 수 있다.**

정답 ⑤

02 관찰법(observational method)

101
☑확인 ☐☐☐

자료수집방법으로서 관찰에 관한 설명으로 옳은 것은? · 9회

① 관찰 신뢰도는 관찰자의 역량과 관련이 없다.
② 관찰 가능한 지표는 언어적 행위에만 국한된다.
③ 관찰은 면접조사보다 조사환경의 인위성이 크다.
④ 관찰은 자연적 환경에서 외생변수의 통제가 용이하다.
⑤ 관찰은 응답과정에서 발생할 수 있는 오류를 줄일 수 있다.

해설
관찰은 자연적 환경(natural environment)에서 일어나는 자연스러운 행동에 관한 자료를 수집한다. 즉 관찰자의 존재로 인해 본래 관찰하고자 하였던 조사대상자의 특성이 다른 조사방법에 비해 영향을 적게 받는다. 또한 관찰은 조사자가 관찰대상이나 행위가 일어나는 현장에서 즉시에 어떤 사실을 포착한다는 것이다. 조사자가 연구대상이나 행위의 진실된 모습을 포착할 수 있다. 이러한 측면에서 **관찰은 응답과정에서 발생할 수 있는 오류를 줄일 수 있다.**

오답풀이
① 관찰을 제대로 수행할 수 있도록 관찰자에 대한 사전훈련이 필요하다.
② 관찰은 언어 문자의 제약으로 측정하기 어려운 비언어적 사실도 조사할 수 있다.
③ 관찰은 자연적 환경(natural environment)에서 일어나는 자연스러운 행동에 관한 자료를 수집한다.
④ 자연적 환경에서 조사자는 종종 자료에 영향을 미치는 외생변수에 대해 거의 통제할 수 없다.

정답 ⑤

102
☑확인 ☐☐☐

관찰법에 관한 설명으로 옳지 않은 것은? · 16회

① 행위가 일어나는 현장에서 즉시 자료수집이 가능하다.
② 관찰자의 주관성이 개입될 수 있다.
③ 비언어적 상황에 대한 자료수집이 가능하다.
④ 서베이에 비해 자료의 계량화가 쉽다.
⑤ 질적연구나 탐색적 연구에 사용하기 용이하다.

해설
관찰 과정은 구두(口頭)로 기록되거나 전체적인 맥락과 연결되어 있는 자료로 구성되므로, **관찰된 사실을 계량화된 자료 형태로 바꾸는 것이 어렵다.** 또는 관찰자의 주관적 판단을 배제할 수 있는 방법이 없고, 사람들의 주관적 판단은 대개 질적으로 구성되어 있어서 사후에 양화하기가 쉽지 않다.

보충설명
① 행동이 이루어지고 난 후에 그 기억을 묻는 것이 아니라, 그런 행동이 나타나고 있는 **상황에서 직접 보고 들은 것을 통해 자료를 수집**한다. 이것은 대상자의 파편적 기억이나 편견에 따른 왜곡 없이 자료를 수집할 수 있게 하는 장점을 준다.
② 관찰의 단점 중 하나는 관찰자의 주관이 개입될 수 있다는 것이다. 즉 관찰은 관찰자의 눈과 의식에 의해 자료가 도출되는 것으로, **관찰자의 주관성에 의해 편향성이 개입될 우려가 있다.** 마치 운동 경기 심판들이 모두 같은 점수를 산출해 내지 않는 것과 같다.
③ 관찰은 **비언어적 상황(nonverbal situation)에 대한 자료 수집을 가능**하게 한다. 즉 말로 표현될 수 없는 행동이나 말을 할 수 없는 대상자에 대한 자료수집방법으로 관찰이 적절하다. 언어구사가 어려운 어린 아이나 장애인, 일반인의 경우에도 의사소통이 불가능하거나 비록 가능하더라도 정확한 의미 전달이 어려운 특정 행동들의 자료수집에는 관찰방법이 유용하다.
⑤ 관찰의 장점 중 하나는 **귀납적 자료 수집**이다. 관찰은 상황에 따른 폭넓은 범위의 자료를 도출하기에 용이하므로, **질적연구나 탐색적 조사연구 등에 많이 쓰인다.** 질적연구에서는 자료수집의 대상과 방법을 미리 엄격하게 제한하지 않은 비구조화된 관찰 방법을 주로 쓰는데, 이러한 자료 수집은 질적 연구의 귀납적 논리 전개를 위해 유용하다. 비슷한 이유로 관찰방법은 탐색적 조사의 목적을 위한 자료 수집에도 용이하게 쓰일 수 있다.

정답 ④

103

관찰을 통한 자료 수집에 관한 설명으로 옳은 것은? · 21회

① 피관찰자에 의해 자료가 생성된다.
② 비언어적 상황의 자료 수집이 용이하다.
③ 자료 수집 상황에 대한 통제가 용이하다.
④ 내면적 의식의 파악이 용이하다.
⑤ 수집된 자료를 객관화하는 최적의 방법이다.

해설

관찰은 비언어적인(nonverbal) 상황에 관한 자료를 수집함에 있어서 서베이조사, 실험, 문서조사보다 훨씬 뛰어나다. 따라서 언어적 기록을 제공할 수 없거나 의미상 자신들의 뜻을 명확하게 표현할 수 없는 개인들에 초점을 맞출 수 있다.

오답풀이
① 관찰자의 눈과 귀 등 감각기관에 의해 자료가 수집되기 때문에 **관찰자에 의해 자료가 생성**된다.
③ 자료 수집 상황에 대해 **거의 통제를 할 수 없다**. 즉, 자연적 환경에서 조사자는 종종 자료에 영향을 미치는 외생변수에 대해 거의 통제할 수 없다.
④ 관찰을 통한 자료수집은 직접적으로 질문에 의하지 않고 간접적으로 보거나 들어서 얻는 방법이므로, 내면적 의식의 파악이 **용이하지 않다**. 내면적 의식의 파악이 용이한 것은 **면접조사**이다.
⑤ 관찰과 관찰시점의 해석상 **관찰자의 주관성이 개입**될 수 있으므로, 수집된 자료를 객관화하는 최적의 방법이라는 것은 올바르지 않다.

정답 ②

104

자료수집방법에 관한 설명으로 옳은 것은? · 23회

① 관찰법은 참여자가 면접에 비협조적인 경우에도 활용가능하다.
② 우편조사법은 대면면접법에 비해 조사자의 편견을 배제하기 힘들다.
③ 전화면접법은 대면면접법에 비해 익명성 보장이 어렵다.
④ 대면면접법은 복잡한 질문의 사용을 배제해야 한다.
⑤ 대면면접법 중 반구조화된 면접은 질문의 순서, 질문 문항 등을 명확하게 제시해야 한다.

해설

관찰법은 조사대상자가 조사연구에 비협조적이거나 면접을 거부할 때, 기타 면접이나 질문을 통해 자료를 얻을 수 없을 때에도 관찰에 의해 자료를 수집할 수 있다.

오답풀이
② **대면면접법은 우편조사법**에 비해 조사자의 편견을 배제하기 힘들다. **대면면접법은** 조사 요원과 응답자 간의 대면적 상호교류과정에서 조사 요원 개개인의 영향력이나 편견 소지가 자료 수집 과정에 포함될 가능성도 있다. 우편조사법의 경우는 이러한 대면 관계가 생략되므로 조사자의 편견 문제는 나타나지 않는다.
③ **대면면접법은 전화면접법**에 비해 익명성 보장이 어렵다. 대면면접은 조사 요원이 자신의 이름과 주소, 전화번호, 얼굴 등을 안다는 사실로 인해서 익명성의 느낌을 응답자들에게 줄 수 없다. 전화면접법은 준대면적이라는 특징으로 인해, 대면면접법보다는 익명성이 보장될 수 있다.
④ **대면면접법은 복잡한 질문의 사용이 가능하다**. 기술과 경험이 있고 잘 훈련된 면접자는 도표나 그림, 화살표, 세부적인 지시사항 등 복잡한 질문들을 잘 다루어 응답자가 응답을 하는데 도움을 줄 수 있다.
⑤ 대면면접법 중 **구조화된 면접**은 질문의 순서, 질문 문항 등을 명확하게 제시해야 한다.

정답 ①

제10장 비반응성 자료수집과 내용분석

제2영역 : 사회복지조사론

01 비반응성 자료수집 방법

105

비반응성 혹은 비관여적 연구조사에 관한 설명으로 옳지 않은 것은?
· 10회

① 관찰현상에 대한 연구자의 영향력을 줄인다.
② 드러난 내용과 숨어있는 내용을 이해한다.
③ 연구자가 타당도와 신뢰도 간의 선택에 따른 딜레마로 고민할 수 있다.
④ 자료수집을 위해 다원측정(triangulation)의 원칙을 활용한다.
⑤ 명목수준의 측정에 국한되는 단점이 있다.

해설
비반응성 자료수집은 연구하고자 하는 사회현상에 영향을 끼치지 않은 상태에서 이루어지는 연구로, 양적 방법과 질적 방법이 모두 가능하다. 명목수준의 측정에 국한되는 것은 아니다. 이론적으로는 비반응성 혹은 비관여적 연구조사에서 4가지 측정 수준 모두 가능하지만, 자료의 종류나 수집 방식에 따라 제한될 수 있다. **실제로는 명목과 서열측정 수준이 가장 일반적이다.**

보충설명
③ 비반응성 연구조사 중 하나인 2차 자료분석의 경우 기존 자료가 연구자의 관심과 일치하지 않을 수도 있으며, 연구자가 관심을 갖는 변수나 개념에 대한 타당한 지표가 아닐 수도 있다. 또한 기존 통계자료가 올바른 자료가 아닐 수 있어 신뢰도는 매우 취약한 셈이다.

정답 ⑤

106

2차 자료 분석에 관한 설명으로 옳은 것을 모두 고른 것은?
· 15회

㉠ 비관여적 방법이다.
㉡ 관찰대상에 대한 연구자의 영향이 크다.
㉢ 통계적 기법으로 자료의 결측값을 대체할 수 없다.
㉣ 신뢰도와 타당도에 관한 문제는 발생하지 않는다.

① ㉠
② ㉠, ㉢
③ ㉠, ㉢, ㉣
④ ㉡, ㉢, ㉣
⑤ ㉠, ㉡, ㉢, ㉣

해설
㉠ 비관여적 자료수집(비개입적 연구) 또는 비반응성 자료수집 방법은 연구 대상자들의 반응성(reactivity)으로 야기되는 오류들을 제거하기 위한 방법이다. **2차 자료**(secondary data) 분석은 이미 나와 있는 통계자료를 이용하여 2차적으로 분석하는 것으로 비관여적 방법이다.

오답풀이
㉡ 관찰대상에 대한 연구자의 영향은 연구 대상자들의 반응성(reactivity)을 말하는 것으로, **2차 자료 분석에서는 반응성의 문제가 크게 나타나지 않는다.**
㉢ 2차 자료 분석은 연구자에 의해 수집되고 처리된 자료가 흔히 다른 목적으로 다른 사람에 의해 재분석되는 조사형태이다. **이미 나와 있는 통계자료를 이용하여 2차적으로 분석하는 것이므로** 자료의 결측값을 추적(복구)할 수 없으나, 통계적 기법으로 자료의 결측값을 대체할 수 있다.
㉣ 2차 자료 분석의 단점 중 하나는 **신뢰도와 타당도의 문제이다.** 즉 기존 자료가 연구자의 관심과 일치하지 않을 수도 있으며, 연구자가 관심을 갖는 변수나 개념에 대한 타당한 지표가 아닐 수도 있다. 또한 기존 통계자료가 올바른 자료가 아닐 수 있어 신뢰도는 매우 취약한 셈이다.

정답 ①

02 내용분석(content analysis)

107 ✓확인 ☐☐☐

다음과 같은 조사방법의 특징으로 옳은 것은?
• 12회

> 보편적 복지에 대한 한국사회의 인식변화를 알아보고자 과거 10년간 한국의 주요 일간지 보도자료를 분석하고자 한다.

① 표집(sampling)이 불가능하다.
② 수량분석이 불가능하다.
③ 보도자료 문장에 나타나지 않는 숨은 내용(latent content)은 코딩할 수 없다.
④ 인간의 모든 형태의 의사소통기록물을 활용할 수 있다.
⑤ 사전조사가 따로 필요치 않다.

해설
지문은 내용분석으로, **내용분석(content analysis)은** 비반응적 자료 수집방법을 활용한 가장 대표적인 조사방법 중의 하나로, **사람들의 모든 의사소통기록물을 대상으로 현재적 및 잠재적 내용을 객관적, 체계적, 양적으로 분석하기 위한 조사방법**이다.

✗ 오답풀이
① 표집단위는 단어, 구(phrase), 문장, 절, 장, 책 전체, 작가 등이 될 수 있고, 어떤 수준에서도 표집이 가능하다.
② 내용분석은 질적인 자료를 양적으로 수량화하여 분석하는 것이다. 수량화를 위한 네 가지 체계(기법)로는 시간-공간체계, 유무 또는 출현 여부, 빈도체계, 강도 등이 있다.
③ 메시지의 현재적(顯在的, manifest) 내용뿐만 아니라 잠재적(潛在的, latent)인 내용도 때로는 분석의 대상이 된다. 현재적인 내용이란 분명하게 파악할 수 있는 내용을 말하고, 잠재적 내용이란 메시지의 내부에 숨어 있는 표면적 의미를 말한다. 내용분석은 현재적 내용(예) 소설의 선정성을 나타내는 지표로 사랑, 키스, 포옹, 애무 등의 단어가 얼마나 사용되었는지 확인) 뿐만 아니라 숨은 내용(예) 소설의 일부 단락이나 쪽을 발췌해서 그 기저에 깔린 의미로 평가)도 코딩할 수 있다.
⑤ 사전조사를 하기도 하므로 사전조사가 따로 필요치 않다는 것은 올바르지 않다.

정답 ④

108 ✓확인 ☐☐☐

내용분석(content analysis)에 관한 설명으로 옳은 것은?
• 13회

① 내용분석의 결과를 양적 분석에 사용할 수 있다.
② 주제를 기록단위로 할 때가 단어를 기록단위로 할 때보다 자료수집 양이 많다.
③ 하나의 단락 안에 두 개 이상의 주제가 들어 있는 경우 단락을 기록단위로 한다.
④ 기록단위가 맥락단위보다 상위단위이다.
⑤ 자료 유형화를 위한 범주가 설정되면 기록단위는 필요치 않다.

해설
내용분석은 질적인 자료를 양적으로 계량화(수량화)하여 분석하는 것이다. 계량화를 위한 네 가지 체계(기법)로는 시간-공간체계, 유무 또는 출현 여부, 빈도체계, 강도 등이 있다.

✗ 오답풀이
② 단어를 단위로 하는 경우에는 선택된 단어가 얼마나 많이 사용되었는가를 분석해봄으로써 내용을 분석하는 것으로, **단어를 기록단위로 할 때가 주제를 기록단위로 할 때보다 자료수집 양이 많다.**
③ 하나의 단락 안에 두 개 이상의 주제가 들어 있는 경우에는 더 중심적인 주제를 가려낸다. 한편 주제는 한 문장으로 표시되지만, 여러 개의 문장, 문단 혹은 전체 본문에 확산적으로 나타나 있을 수 있다.
④ **맥락단위(context unit)란** 기록 단위가 들어 있는 상위단위에 해당하는 것으로, 기록단위의 의미를 파악하는 데 쓰인다. 맥락 단위는 단어를 기록단위로 했을 때, 그 단어가 쓰인 문장이나 단락, 혹은 전체 글이 맥락 단위가 될 수 있다. 참고로 **기록단위 (recoding unit)란** 표본 자료를 설정된 범주에 분류하는 데 사용되는 일종의 분석단위로, 단어, 주제, 인물, 문장이나 문단, 혹은 단락 전체 등이 가능하다.
⑤ 자료 유형화를 위한 **범주를 설정한 후** 연구의 목적과 문헌 자료의 성격을 감안하고 경제성과 연구문제에 대한 적합성을 동시에 고려하여 **기록단위를 설정**한다. 범주가 설정되었다고 자연스럽게 기록단위가 결정되는 것은 아니기 때문이다.

정답 ①

109

지난 20년 동안 A신문의 사회면 기사를 자료로 노인에 대한 인식변화를 알아보기 위해 진행한 연구에 관한 설명으로 옳은 것을 모두 고른 것은?

・16회

> ㄱ. 범주항목들은 신문기사 자료로부터 도출된다.
> ㄴ. 주제보다 단어를 기록단위로 할 때 자료수집 양이 많다.
> ㄷ. 맥락단위는 기록단위보다 더 큰 단위여야 한다.
> ㄹ. 이 연구에서는 양적 분석방법을 사용할 수 없다.

① ㄱ, ㄴ
② ㄱ, ㄷ
③ ㄱ, ㄴ, ㄷ
④ ㄱ, ㄴ, ㄹ
⑤ ㄴ, ㄷ, ㄹ

해설

ㄱ. 내용분석에서 표본으로 추출된 자료를 유형화시키기 위해 범주(category)가 필요한데, 범주의 설정 시에 범주항목들은 해당 문헌자료(지난 20년 동안 A신문의 사회면 기사)로부터 도출한다.

ㄴ. 단어(word)를 기록단위(혹은 분석단위)로 삼으면 단위 간에 명백한 구분이 가능하다는 장점이 있지만, 자료 수집 양이 많아지게 되는 단점이 있다. 반면, 주제(theme)를 기록 단위로 선정하면 자료 수집의 양은 줄어드나, 주제를 구분하는 경계가 불명확해서 주관적 판단이 개입될 여지가 많아진다.

ㄷ. 기록단위(recording unit)란 표본 자료를 설정된 범주에 분류하는 데 사용되는 일종의 분석단위로, 단어, 주제, 특성 인물, 문장이나 문단, 혹은 단락 전체 등이 가능하다. 맥락단위(context unit)는 기록단위가 들어 있는 상위단위에 해당하는 것으로, 기록단위의 의미를 파악하는 데 쓰인다.
> 예) 단어를 기록단위로 했을 때, 그 단어가 쓰인 문장, 단락, 혹은 전체글이 맥락단위가 될 수 있음

× 오답풀이
ㄹ. 내용분석은 양적인 분석방법뿐만 아니라 질적 분석방법을 모두 사용하고 있다.

정답 ③

110

내용분석에 관한 설명으로 옳지 않은 것은?

・18회

① 역사적 분석과 같은 시계열 분석에 어려움이 있다.
② 인간의 의사소통 기록을 체계적으로 분석한다.
③ 분석상의 실수를 언제라도 수정할 수 있다.
④ 양적 조사와 질적 조사에 공통으로 사용할 수 있다.
⑤ 기존 자료를 활용하여 타당도 확보가 어렵다.

해설

내용분석은 역사적 연구에 적용 가능한 유용한 방법으로, 역사적 분석과 같은 시계열 분석이 가능하다. 즉, 장기간에 걸쳐서 발생하는 과정을 연구하는 종단연구를 할 수 있다.

+ 보충설명
② 인간의 모든 형태의 의사소통기록물을 활용할 수 있으며, 이를 체계적으로 분석한다. 체계성이란 분석내용을 명백하고 일관성 있게 적용되는 규칙에 따라 선택하는 것을 의미한다.
③ 실험조사, 서베이 등에서 분석상의 실수를 할 경우 다시 반복하는 것이 불가능한 경우가 많지만, 내용분석에서는 기존의 자료를 다시 한번 검토하는 일이 그리 어렵지 않으므로 실수를 쉽게 보완할 수 있는 안정성이 있다.
④ 내용분석은 양적인 분석방법뿐만 아니라 질적 분석방법을 모두 사용하고 있다.
⑤ 자료수집상의 타당도를 지녔다 하더라도 기록된 내용이 현실을 그대로 반영한다고 할 수 없기 때문에 실제적인 타당도를 확보하는 일이 어렵다.

정답 ①

111

내용분석(content analysis)에 관한 설명으로 옳지 않은 것을 모두 고른 것은? · 19회

㉠ 기존 자료에 의존하기 때문에 연구의 범위가 무제한적이다.
㉡ 선정편향(selection bias)이 발생할 수 있다.
㉢ 연구대상자의 반응성을 배제할 수 있다.
㉣ 기존 자료를 활용하는 질적 조사이기 때문에 가설검증은 필요하지 않다.

① ㉡
② ㉠, ㉡
③ ㉠, ㉣
④ ㉢, ㉣
⑤ ㉠, ㉡, ㉣

해설
㉠ 기록한 것을 가지고 분석해야 하기 때문에 기록된 의사전달만 다룰 수 있으며, 기록되어 있다 하더라도 많은 경우 **자료를 입수하는데 제한이 있어 실제 연구에는 한계가 있다.**
㉣ 내용분석은 **양적인 분석방법뿐만 아니라 질적 분석방법을 모두 사용하며, 가설검증을 한다.** 참고로 내용분석은 연구주제선정, 가설설정 및 조작적 정의, 모집단 선정, 표집, 내용의 범주화, 분석단위 선정, 자료분석 및 해석의 과정으로 진행한다.

+ 보충설명
㉡ 동일하지 않은 요소들로 이루어진 모집단으로부터 표본을 구성할 경우 대표성을 갖는 표본을 추출하지 못할 수 있어 **선정편향(selection bias)이 발생할 수 있다.** 문헌자료는 그 자체로 편향성을 내포하고 있다. 글이나 여타 기록을 남길 수 있는 식자 계급이 그렇지 못한 무식자 계급에 비해 더 많은 문헌 자료를 남길 것이기 때문이다.
㉢ 내용분석은 **비반응적 자료수집방법을** 활용한 가장 대표적인 조사방법 중의 하나이다. 피조사자가 반작용을 일으키지 않으며, 연구조사자가 연구대상에 영향을 미치지 않는다.

정답 ③

112

내용분석에 관한 설명으로 옳지 않은 것은? · 22회

① 반응적(reactive) 연구방법이다.
② 서베이(survey) 조사에서 사용하는 표본 추출방법을 사용할 수 있다.
③ 연구과정에서 실수를 하더라도 재조사가 가능하다.
④ 숨은 내용(latent content)의 분석이 가능하다.
⑤ 양적분석과 질적분석 모두 적용 가능하다.

해설
내용분석은 **비반응적 연구방법**이다. 즉, 피조사자가 반작용을 일으키지 않으며, 연구조사자가 연구대상에 영향을 미치지 않는다.

+ 보충설명
② 서베이(survey) 조사는 모집단을 대상으로 추출된 표본에 대해 설문지나 조사표(면접조사표나 관찰조사표)와 같은 표준화된 조사도구를 사용하여 직접 질문함으로써 필요한 자료를 수집하는 방법이다. **내용분석법에서 표본추출은** 먼저 표본추출단위와 사례수를 결정하고 그 다음 **확률표집방법에 의해 모집단으로부터 표본을 추출**한다. 내용분석에서 모집단이란 연구가 대상으로 하는 전체 문헌자료를 말한다.
③ 내용분석에서는 실수를 하더라도 **연구를 다시 할 수 있으며, 필요하다면 자료의 한 부분만을 다시 작성할 수 있다.**
④ 분석의 측면에서 분명히 파악할 수 있는 현재적 내용 뿐만 아니라 문맥이나 내용 속에 숨어 있는 **숨은 내용(latent content, 잠재적 내용)을 포함**한다.
⑤ **양적인 분석방법뿐만 아니라 질적 분석방법을 모두 사용할 수 있다.**

정답 ①

제11장 실험설계 (집단설계)

제2영역: 사회복지조사론

01 실험설계의 기본 개념

113 ✓확인 ☐☐☐

인과관계를 성립시키기 위한 요건에 해당하는 것을 모두 고른 것은?
• 17회

㉠ 독립변수가 종속변수를 시간적으로 앞서야 한다.
㉡ 독립변수와 종속변수가 일정한 방식으로 같이 변해야 한다.
㉢ 독립변수와 종속변수의 관계가 허위적 관계이어야 한다.

① ㉠
② ㉠, ㉡
③ ㉠, ㉢
④ ㉡, ㉢
⑤ ㉠, ㉡, ㉢

해설

인과관계는 어떤 특정한 현상의 속성 또는 발생(X)이 다른 속성 또는 발생(Y)을 결정하는 요인이라는 것이다. 어떤 요인 X가 있을 때 이 요인 X가 언제든지 다른 요인 Y를 선행하며(antecedent), 항상 요인 Y를 예측가능하게 하는 경우를 말한다. **인과관계의 성립조건에 해당되는 것은 공변성, 시간적 우선성(시간적 선행성), 통제(외부설명의 배제, 경쟁가설배제, 외생변수의 통제)이다.**
㉠ 독립변수가 종속변수를 시간적으로 앞서야 한다는 것은 **시간적 우선성**을 말한다. 즉, 원인과 결과를 추정하기 위해서는 원인이 결과보다 시간적으로 우선하여야 한다.
㉡ 독립변수와 종속변수가 일정한 방식으로 같이 변해야 한다는 것은 **공변성**을 말한다. 즉, 원인으로 추정되는 변수와 결과로 추정되는 변수가 동시에 존재하며, 상호연관성을 가지고 변화하여야 한다.

✗ 오답풀이

㉢ 독립변수와 종속변수의 관계가 **허위적 관계이어서는 안 된다**. 즉, 두 변수간의 관찰된 경험적 상관관계가 두 변수 모두의 원인이 되는 어떤 제3의 변수의 영향 때문에 존재하는 것으로 설명되어서는 안 된다. 이는 통제(외부설명의 배제, 경쟁가설 배제)로, 사회과학에서는 많은 외생변수가 존재하여 이론이 100% 정확히 맞을 수는 없으므로 가능하면 원인과 결과 간에 작용하는 외생변수들을 통제하여야 한다는 것이다.

정답 ②

02 실험설계의 타당도

114 ✓확인 ☐☐☐

다음 연구설계의 내용에서 확인될 수 있는 내·외적 타당도 저해 요인에 관한 설명으로 옳은 것은?
• 12회

> 지진에 의해 정신적 충격에 빠진 재난지역주민 대상 위기개입 프로그램의 효과성을 검증하고자 한다. 이를 위해 위기개입 직전과 개입 후 한 달 만에 각각 동일한 척도로 디스트레스(SCL-90) 정도를 측정하여 비교하였다.

① 우연한 사건이 내적 타당도를 저해하고 있다.
② 도구효과가 내적 타당도를 저해하고 있다.
③ 실험대상자의 상실(attrition)이 외적 타당도를 저해하고 있다.
④ 성숙효과가 내적 타당도를 저해하고 있다.
⑤ 선택효과가 외적 타당도를 저해하고 있다.

해설

성숙은 실험적 처리를 전후한 기간에 피조사자 자체 내에서 일어나는 성장적 변이과정, 즉 시간의 경과에 따라 조사대상자에 나타나는 생리적 또는 심리적 변화를 말한다. 이러한 변화가 실험결과에 영향을 주는 것이 성숙효과이다. 지진으로 인한 정신적 충격은 개입과는 관계없이 시간이 지나면서 완화될 수 있는 것이므로 위기개입 프로그램의 효과만으로 볼 수 없다.

✗ 오답풀이

① **우연한 사건**은 사전검사와 사후검사 사이에 발생한 통제 불가능한 사건을 말하는 것으로 내적 타당도 저해요인이다. 지문의 내용만으로는 우연한 사건은 확인할 수 없다.
② 동일한 척도로 측정하고 있으므로, 사전검사와 사후검사의 측정도구가 상이함으로써 나타나는 **도구효과는 발생하지 않는다**.
③ 실험대상자의 상실은 **내적 타당도 저해요인**이다.
⑤ **선택효과(Selection Factor, 선정요인)는 내적 타당도 저해요인이다**.

정답 ④

115 ✓확인 ☐☐☐

매우 건강한 90대 남성노인들에게 건강서비스를 1년 동안 제공한 후 건강상태를 측정한 결과, 이들의 상태가 나빠졌고 통제집단인 여성노인들에 비해서도 낮게 나타났다. 이 연구에서 영향을 미칠 수 있는 내적 타당도 저해요인을 모두 고른 것은?

• 13회

| ㉠ 성숙효과 | ㉡ 선택(selection)과의 상호작용 |
| ㉢ 통계적 회귀 | ㉣ 위약(placebo)효과 |

① ㉠, ㉡, ㉢
② ㉠, ㉢
③ ㉡, ㉣
④ ㉣
⑤ ㉠, ㉡, ㉢, ㉣

해설

㉠ 성숙효과는 연구기간 중에 개인에게 일어나는 신체적 및 심리적 성숙을 말한다. 매우 건강한 90대 남성노인일지라도 1년 동안 건강은 나빠질 수밖에 없다.

㉡ 선택(selection)과의 상호작용, 즉 지문의 경우에는 선택의 편의(선정요인)와 성숙효과 간의 상호작용이 영향을 미쳤다. 실험집단은 남성노인들로 통제집단은 여성노인들로 구분하여 선택하고, 건강서비스를 실시하였다. 남성노인들의 건강상태가 낮게 나오는 것은, 선천적으로 건강상태가 남성노인들보다 상대적으로 높은 여성노인을 선택한 결과일 수 있다.

㉢ 통계적 회귀현상은 종속변수의 값이 가장 높거나 또는 가장 낮은 극단적인 사람들을 실험집단으로 선택했을 경우 발생하는 오류이다. 건강서비스가 노인들의 건강상태에 영향을 주는 지를 알아보기 위해 90대 노인을 선택한 것은 극단적인 사람을 선택한 것이므로 통계적 회귀에 해당한다.

✗ 오답풀이

㉣ 위약(placebo)효과는 내적 타당도 저해요인이 아니라 외적 타당도 저해요인이며, 지문의 내용으로 위약효과 여부는 파악할 수 없다. 참고로 위약효과(플라시보 효과)는 실제로는 피실험자들에게 실험 처치나 개입이 주어지지 않았는데도 불구하고 마치 그것을 받은 것과 유사한 효과가 나타나는 경우이다.

정답 ①

OIKOS UP 선택과의 상호작용

① 선택의 편의(선정요인)와 다른 내적 타당도 저해요인과의 상호작용이 발생하여 종속변수의 변화가 어떤 원인에 기인한 것인지를 파악하기 어렵게 되는 경우로 내적 타당도 저해요인임
② 예) 선택-우연한 사건의 상호작용과 선택-성숙 간의 상호작용

116 ✓확인 ☐☐☐

내적 타당도 저해 요인 중 통계적 회귀에 관한 설명으로 옳은 것은?

• 22회

① 프로그램의 개입 후 측정치가 기초선으로 돌아가려는 경향
② 프로그램 개입의 효과가 완전한 선형관계로 나타나는 경향
③ 프로그램의 개입과 관계없이 사후검사 측정치가 평균값에 근접하려는 경향
④ 프로그램 개입 전부터 이미 이질적인 두 집단이 사후조사 결과에서도 차이가 나타나는 경향
⑤ 프로그램의 개입 전후에 각각 다른 측정도구로 측정함으로써 차이가 나타나는 경향

해설

통계적 회귀는 모집단에서 표본추출을 하거나 실험집단을 구성할 때 종속변수를 기준으로 너무 낮은 점수나 너무 높은 점수를 보이는 극단적인 집단을 연구대상으로 선정할 경우 이들 집단들은 **실험처치의 효과 여부와 무관하게 사후검사의 측정치가 시간이 지날수록 점차 전체 모집단의 평균값으로 수렴하는 경향**을 보이는 것을 말한다.

✗ 오답풀이

① 통계적 회귀는 프로그램의 개입 후 측정치가 **평균값**으로 돌아가려는 경향을 말한다.
② 선형관계란 두 변수가 일정한 비율만큼 변하는 것을 말하는 것으로, 선형관계에서는 X(프로그램의 개입)가 변할 때 Y(개입 효과) 역시 같은 비율로 변한다. 통계적 회귀는 프로그램 개입과 효과가 선형관계로 나타나는 것을 말하는 것이 아니다.
④ 프로그램 개입 전부터 이미 이질적인 두 집단이 사후조사 결과에서도 차이가 나타나는 경향은 **조사대상자의 선정편향**(selection bias, **선택편의**)을 말한다.
⑤ 프로그램의 개입 전후에 각각 다른 측정도구로 측정함으로써 차이가 나타나는 경향은 **도구 효과**(instrumentation)를 말한다.

정답 ③

117

실험설계에서의 내적 타당도 저해요인으로 옳지 않은 것은?

•23회

① 실험집단과 통제집단의 참여자간 프로그램 내용에 대해 소통하면서 상호작용이 이루어졌다.
② 프로그램 진행과정에서 일부 대상자가 참여를 중단하였다.
③ 사전검사 결과 학교 부적응 학생들이 실험집단에 과도하게 모인 것이 확인되었다.
④ 사전검사와 사후검사 척도가 동일하기 때문에 참여자의 학습효과가 발생하였다.
⑤ 일부 참여자들이 프로그램에 참여하고 있다는 것을 의식해서 평소와는 다르게 행동하였다.

해설

일부 참여자들이 프로그램에 참여하고 있다는 것을 의식해서 평소와는 다르게 행동한 것은 **외적 타당도 저해요인인 조사반응성**에 해당한다.

+ 보충설명

① 실험집단과 통제집단의 참여자간 프로그램 내용에 대해 소통하면서 상호작용이 이루어진 것은 내적 타당도 저해요인 중 **개입의 확산**에 해당된다.
② 프로그램 진행과정에서 일부 대상자가 참여를 중단한 것은 내적 타당도 저해요인 중 **실험 대상의 변동**에 해당된다.
③ 사전검사 결과 학교 부적응 학생들이 실험집단에 과도하게 모인 것이 확인된 것은 내적 타당도 저해요인 중 **선택의 편의**에 해당된다.
④ 사전검사와 사후검사 척도가 동일하기 때문에 참여자의 학습효과가 발생한 것은 내적 타당도 저해요인 중 **검사요인**에 해당된다.

정답 ⑤

118

외적 타당도에 관한 설명으로 옳은 것을 모두 고른 것은?

•11회

㉠ 연구대상의 대표성이 외적 타당도에 영향을 준다.
㉡ 연구대상의 조사 반응성은 외적 타당도를 저해할 수 있다.
㉢ 연구결과의 일반화와 관련이 있다.
㉣ 인과관계의 정도와 관련이 있다.

① ㉠, ㉡, ㉢   ② ㉠, ㉢   ③ ㉡, ㉣
④ ㉣   ⑤ ㉠, ㉡, ㉢, ㉣

해설

㉣ 인과관계의 정도와 관련 있는 것은 내적 타당도에 해당한다.

✗ 오답풀이

㉠, ㉢ 외적 타당도는 일반화 또는 대표성에 대한 문제이다.
㉡ 플라시보 효과처럼 조사반응성이 외적 타당도를 저해하는 요인이 된다.

정답 ①

119

외적 타당도와 내적 타당도에 관한 설명으로 옳지 않은 것은?
· 17회

① 사전검사의 실시가 내적타당도에 부정적으로 영향을 미칠 수 있다.
② 외적타당도를 높이는 중요한 전략 중 하나는 연구를 반복적으로 실시하여 결과를 축적하는 것이다.
③ 내적타당도가 높으면 외적타당도 또한 높다.
④ 자신이 연구대상자라는 인식이 외적타당도를 낮출 수 있다.
⑤ 내적타당도는 인과관계를 추론할 수 있는 정도를 의미한다.

해설

어떤 연구 디자인의 내적 타당도가 높다고 해서 외적 타당도가 저절로 높아지는 것은 아니다. 특정 연구 조건하에서 인과관계가 아무리 높게 검출되어도, 외부 환경에로의 일반화 가능성이 높다는 것과는 별개의 문제다. 내적 타당도를 높이기 위해 연구 디자인이 각종 인위적인 통제들을 실시할 경우, 일반적인 환경 조건과 더 멀어지게 되어 외적 타당성은 오히려 떨어지는 결과를 초래할 수도 있다. 따라서, 연구 디자인을 고려할 때는 내적 타당도와 외적 타당도의 균형을 맞추는 것에 대한 관심도 필요하다.

+ 보충설명

① 사전검사가 사후검사에 영향을 미치게 되어 종속변수에 변화를 초래하게 되는 경우 **내적 타당도 저해요인인 검사요인(Testing Factor, 테스트 효과)이 발생**한다. 뿐만 아니라, 사전검사를 통해 실험집단이 이미 개입에 반응할 준비가 된 상태로 임하게 되는 경우 실험 개입의 효과가 증폭되어 나타날 가능성이 있어, **외적 타당도를 위협**하게 된다. 즉 사전검사를 통해 실험 개입에 대한 인식을 하고 있는 집단이 되어 버렸기 때문에 아무런 선행 경험도 없이 개입을 받아들이게 될 일반집단과는 차이가 있게 되며, 그래서 만약 사전검사 후 개입을 실시하여 개입의 효과성이 있는 것으로 드러나더라도 그것을 사전검사를 받지 않고 개입 받게 될 일반집단에도 마찬가지 효과가 있을 것이라고 일반화하기가 어려워진다.
② 외적 타당도는 일반화시킬 수 있는 정도로, **연구결과를 연구의 조건을 넘어서 보다 많은 상황과 모집단에 적용시킬 수 있는 정도**를 말한다. 연구를 여러 상황과 모집단에 반복적으로 실시하여 결과를 축적하는 것은 외적타당도를 높이는 중요한 전략 중 하나이다.
④ 외적 타당도 저해요인인 **연구조사의 반응성(reactivity) 문제**로, 자신이 연구대상자라는 인식은 실험상황 밖에서는 일반화될 수 없는 종속변수의 변화를 야기할 수 있을지 모른다. 즉, 조사대상자가 실험의 문제나 실험상황 등을 민감하게 반응함으로써, 실험결과가 다른 상황에서는 발생하지 않을 가능성이 있다.
⑤ **내적 타당도는** 실험적 처리가 실제로 의미 있는 차이를 가져왔는가를 검토하는 것으로, **인과관계를 확신할 수 있는 정도를 의미한다.**

정답 ③

120

조사설계의 내적 타당도와 외적 타당도에 관한 설명으로 옳은 것은?
· 21회

① 어떤 변수가 다른 변수의 원인임을 정확하게 기술하는 것이 외적 타당도이다.
② 연구결과를 연구조건을 넘어서는 상황이나 모집단으로 일반화하는 정도가 내적 타당도이다.
③ 내적 타당도는 외적 타당도의 필요조건이지만 충분조건은 아니다.
④ 실험대상의 탈락이나 우연한 사건은 외적 타당도 저해요인이다.
⑤ 외적 타당도가 낮은 경우 내적 타당도 역시 낮다.

해설

내적 타당도가 높다고 외적 타당도가 반드시 높은 것은 아니기 때문에, **내적 타당도는 외적 타당도를 위한 충분조건은 아니다.** 그러나, 내적 타당도는 외적 타당도를 확보하기 위해 필요하므로, **내적 타당도는 외적 타당도를 위한 필요조건이다.**

✗ 오답풀이

① 어떤 변수가 다른 변수의 원인임을 정확하게 기술하는 것이 **내적 타당도**이다.
② 연구결과를 연구조건을 넘어서는 상황이나 모집단으로 일반화하는 정도가 **외적 타당도**이다.
④ 실험대상의 탈락이나 우연한 사건은 **내적 타당도** 저해요인이다.
⑤ 외적 타당도가 낮은 경우라 하더라도, **내적 타당도는 높을 수도 낮을 수도 있다.**

정답 ③

03 실험집단과 통제집단의 선정

121
✓확인 ☐☐☐
• 20회

다음 조사에서 연구대상을 배정한 방법은?

> 사회복지사협회에서 회보 발송 여부에 따라 회비 납부율에 차이가 있는지 알아보고자 한다. 이를 위해 전체 회원을 연령과 성별로 구성된 할당행렬의 각 칸에 배치하고, 절반에게는 회보를 보내고 나머지 절반은 회보를 보내지 않았다.

① 무작위표집(random sampling)
② 할당표집(quota sampling)
③ 매칭(matching)
④ 소시오매트릭스(sociomatrix)
⑤ 다중특질-다중방법(MultiTrait-MultiMethod)

해설

매칭(Matching, 배합)은 설정된 가설상의 독립변수와 종속변수에 영향을 미칠 것이라고 조사자가 사전에 알고 있는 외생변수를 실험집단과 통제집단에 동등하게 배치하여 외생변수의 영향을 동등하게 함으로써 실험집단과 통제집단을 동일하게 만드는 방법이다. **매칭에는 정밀배합방법과 빈도분포배합방법 2가지가 있다.** 주어진 사례에서 회보 발송 여부(독립변수)가 회비 납부율(종속변수)에 영향을 미치는지를 보기 위해, 절반(실험집단)에게 회보를 보내고 나머지 절반(통제집단)은 회보를 보내지 않았다. 실험집단과 통제집단을 연령과 성별로 구성된 할당행렬의 각 칸에 배치한 것은 매칭(Matching, 배합) 중 정밀배합방법이다.

■ 할당행렬 예

구분	남성	여성
60세 이상	22	20
50~59세	14	18
40~49세	18	22
30~39세	24	28
20~29세	10	20

■ 정밀배합결과 예

구분	실험집단		통제집단	
	남성	여성	남성	여성
60세 이상	11	10	11	10
50~59세	7	9	7	9
40~49세	9	11	9	11
30~39세	12	14	12	14
20~29세	5	10	5	10

✗ 오답풀이

④ 소시오매트릭스(sociomatrix)는 소시오메트리의 자료를 나타내는 방법으로, 보통 행(row)은 선택자로, 열(column)은 피선택자로 나타낸다.
⑤ 다중특질-다중방법(MultiTrait-MultiMethod, MTMM)은 구성타당도를 경험적으로 확인하는 데 쓰이는 방법으로, 한 개념이 복수의 특질들과 복수의 방법들로 측정된다면 각 특질 내에서의 항목들 간 상관관계는 다른 특질항목들과의 상관관계보다 높아야 한다는 것이다. 예 자아존중감 개념을 측정하는 데, 자아존중감의 복수의 특질인 자긍심, 자신감, 자기노출, 개방성으로 측정된다고 가정해보자. 자긍심을 측정항목 A, B, C로, 자신감을 측정항목 D, E, F로 구성했다면, A, B, C간의 상관관계는 A·D라든지 A·E 등의 상관관계보다 높아야 한다는 것

정답 ③

04 실험설계의 유형

122

실험설계에 관한 설명으로 옳지 않은 것은? · 14회

① 순수실험설계는 무작위 할당을 활용해야 한다.
② 순수실험설계가 준(유사)실험설계에 비해 내적 타당도가 높다.
③ 준(유사)실험설계에는 사전 측정이 있어야 한다.
④ 준(유사)실험설계에는 두 개 이상의 집단이 필요하다.
⑤ 단일집단사전사후검사설계는 전실험설계이다.

해설

준(유사)실험설계의 유형 중 **단순시계열설계에는 두 개 이상의 집단이 필요하지 않다.** 단순시계열설계는 통제집단(비교집단)을 설정하기 곤란한 경우에 한 집단을 선택해서 독립변수의 조작이나 독립변수의 노출 전에 여러 번 관찰(검사)하고 독립변수 도입 후에 다시 여러 번 관찰하여 전후의 점수 또는 경향을 비교하는 것이다.

보충설명
① 순수실험설계는 실험설계의 네 가지 기본 요소인 **통제집단, 무작위 할당, 독립변수(실험변수)의 조작, 사전-사후검사** 등을 충족하고 있다.
② 순수실험설계가 준(유사)실험설계에 비해 **내적 타당도는 높으며, 외적 타당도는 낮다.**
③ 준(유사)실험설계에는 연구대상자를 임의로 선정하여 배치하고 통제집단이 없기도 하지만, **독립변수(실험변수)의 조작, 사전-사후검사는 충족**하고 있으므로 사전 측정이 있어야 한다.
⑤ 전실험설계에는 단일사례연구(1회 사례연구), **단일집단사전사후검사설계**, 정태적 집단비교설계(비동일집단사후검사설계)가 있다.

정답 ④

123

다음의 연구에서 활용한 연구설계에 관한 설명으로 옳은 것은? · 21회

> 청소년의 자원봉사의식 향상 프로그램의 효과성을 검증하기 위하여 청소년 200명을 무작위로 두 개의 집단으로 나눈 후 A측정도구를 활용하여 사전 검사를 실시하였다. 하나의 집단에만 프로그램을 실시한 후 두 개의 집단 모두를 대상으로 A측정도구를 활용하여 사후 검사를 실시하였다.

① 테스트 효과의 발생 가능성이 낮다.
② 집단 간 동질성의 확인 가능성이 낮다.
③ 사전 검사와 프로그램의 상호작용 효과의 통제가 가능하다.
④ 자연적 성숙에 따른 효과의 통제가 가능하다.
⑤ 실험집단의 개입 효과가 통제집단으로 전이된다.

해설

청소년 200명을 무작위로 두 개의 집단(실험집단과 통제집단)으로 나눈 후 A측정도구를 활용하여 두 개의 집단에 사전 검사를 실시하였다. 그리고 하나의 집단(실험집단)에만 프로그램을 실시한 후 두 개의 집단(실험집단과 통제집단) 모두를 대상으로 사전 검사 측정도구와 동일한 A측정도구를 활용하여 사후 검사를 실시하였다. 이는 순수실험설계 중 **통제집단사전사후검사설계**이다. 통제집단사전사후검사설계에서는 실험집단과 통제집단이 모두 동일한 시간 경과(성숙의 영향)를 겪기 때문에 **실험집단과 통제집단 간의 변화 차이를 비교하면 자연적 성숙에 따른 효과를 상쇄·통제할 수 있다.**

오답풀이
① 동일한 측정도구로 사전검사와 사후검사를 하기 때문에, 테스트효과 발생 가능성이 **높다.**
② 무작위로 두 개의 집단을 나누어서 집단이 동등하게 배치되고, 사전 검사를 통해 정말 두 집단이 동질한지 확인한다. 따라서, 집단 간 동질성의 확인 가능성이 **높다.**
③ 사전 검사와 프로그램의 상호작용 효과의 통제가 **불가능하다.** 즉, 사전검사와 실험처치인 프로그램(독립변수)가 상호작용을 일으켜서 생기는 상호작용시험효과를 제거할 수 없다.
⑤ 실험집단의 개입 효과가 통제집단으로 전이되는 것은 내적 타당도 저해요인인 개입의 확산(모방)을 말한다. 순수실험설계는 실험실 연구로 개입의 확산을 통제할 수 있다. 따라서, 실험집단의 개입 효과가 통제집단으로 **전이되지 않는다.**

정답 ④

124

다음 연구설계에 관한 설명으로 옳지 않은 것은? • 18회

> 노인복지관의 노노케어 프로그램 자원봉사자 40명을 무작위로 골라 20명씩 두 집단으로 배치하고, 한 집단에는 자원봉사 교육을 실시하고 다른 집단에는 아무런 개입을 하지 않았다. 10주 후 두 집단 간 자원봉사만족도를 비교·분석하였다.

① 사전조사를 실시하지 않아 내적타당도를 저해하지 않는다.
② 무작위 선정으로 내적타당도를 저해하지 않는다.
③ 통제집단을 확보하기 어려울 때 사용할 수 있는 설계이다.
④ 사전검사를 하지 않아도 집단 간 차이를 어느 정도 통제할 수 있다.
⑤ 통제집단 전후비교에 비해 설계가 간단하여 사회조사에서 많이 활용된다.

해설
우선 '40명을 무작위로 골라'라는 것을 통해 순수실험설계인 것을 알 수 있다. 그리고, '20명씩 두 집단(실험집단과 통제집단)으로 배치하고, 한 집단(실험집단)에는 자원봉사자 교육을 실시하고 다른 집단(통제집단)에는 아무런 개입을 하지 않았다. 10주 후 비교·분석(사후검사)하였다.'는 것을 통해 **통제집단사후검사설계**임을 알 수 있다.

오답풀이
③ 통제집단사후설계에서는 통제집단이 있다. 따라서 통제집단을 확보하기 어려울 때 사용할 수 있는 설계라는 것은 올바르지 않다. '다른 집단에는 아무런 개입을 하지 않았다.'라는 문장이 나오는데 이때 **다른 집단은 통제집단**을 말한다. **통제집단(control group)**은 독립변수(실험처치, 프로그램)를 작용시키지 않는 집단을 말한다.

정답 ③

125

솔로몬 4집단 설계에 관한 설명으로 옳지 않은 것은? • 23회

① 사회복지 현장에서 실제 활용하기에 용이하다.
② 외부사건을 통제할 수 있다.
③ 내적 타당도가 매우 높은 설계 유형이다.
④ 통제집단 사전사후검사 설계와 통제집단 사후검사 설계를 병행하는 방식이다.
⑤ 순수실험설계 유형이다.

해설
솔로몬 4집단 설계는 순수실험설계 중 하나이다. 현장과 실천 위주의 연구환경을 주로 갖는 사회복지 조사연구들에서는 실험실 연구인 순수실험설계를 적용하기 어렵다. 뿐만 아니라 솔로몬 4집단 설계는 4개의 집단을 무작위로 선정하는 어려움과 복잡성이 있고 비용이 많이 들어 현실적으로 이용하는데 문제가 많으며 사회과학에서는 거의 사용되지 않는 설계방식이다.

보충설명
② 솔로몬 4집단 설계를 사용하게 되면 **외적 타당도 및 내적 타당도를 저해하는 요인을 대부분 제거**할 수 있다.
③ 순수실험설계는 내적 타당도를 저해하는 요인들을 최대로 통제한 설계인데, 순수실험설계 중 **솔로몬 4집단 설계가 내적 타당도가 가장 높은 설계**이다.
④ 솔로몬 4집단 설계는 가장 강력한 실험설계 유형으로 **통제집단 사전사후검사설계와 통제집단 사후검사설계를 결합**한 가장 이상적인 설계이다.
⑤ 순수실험설계 유형에는 통제집단사전사후검사설계, 통제집단 사후검사설계, 솔로몬 4집단설계, 요인설계, 가실험 통제집단 설계가 있다.

정답 ①

126

다음과 같은 절차로 진행된 유사(준)실험설계의 특징으로 옳지 않은 것은?
・20회

> ○ 우울예방 프로그램에 참여할 하나의 집단을 모집함
> ○ 우울검사를 일정한 간격으로 여러 차례 실시함
> ○ 우울예방 프로그램을 진행함
> ○ 우울검사를 동일한 측정도구를 이용해 일정한 간격으로 여러 차례 실시함

① 통제집단을 두기 어려울 때 사용할 수 있다.
② 검사효과가 발생할 수 없다.
③ 정태적 집단비교설계(static-group comparison design)보다 내적 타당도가 높다.
④ 개입효과는 사전검사와 사후검사 측정치의 평균을 비교해서 측정할 수 있다.
⑤ 사전검사와 개입의 상호작용효과가 발생할 수 있다.

해설
유사(준)실험설계 중 하나의 집단(실험집단)에 우울예방 프로그램 진행 전 여러 차례 측정(우울검사)하고 검사 후 다시 동일한 측정도구로 여러 차례 측정(우울검사)를 실시한 것을 통해 **단순 시계열(simple time-series)설계**인 것을 알 수 있다.

오답풀이
② 동일 대상에 대해 빈번한 조사를 실시해 **검사효과나 도구효과가 강하게 나타날 수 있다.**

보충설명
① 단순 시계열설계는 **통제집단을 설정하기 곤란한 경우** 사용할 수 있다.
③ **전실험설계인** 정태적 집단비교설계(static-group comparison design)보다 유사실험설계인 단순 시계열설계가 더 내적 타당도가 높다. **전실험설계는** 난선화에 의해 조사대상자가 선정되지 않고, 비교집단이 선정되지 않거나 선정되어도 집단간 동질성 확보가 되지 않으며, 독립변수의 조작에 의한 변화의 관찰이 한두 번 정도로 제한되어 있어 내적 및 외적 타당도 저해요인이 거의 통제되지 못한다.
④ 개입효과는 사전검사 측정치와 사후검사 측정치의 **절대값의 합을 비교하거나 평균치를 비교**하여 산정한다.
⑤ **사전검사와 개입의 상호작용효과를 통제하기 쉽지 않다.** 그 결과 개입의 효과가 수많은 사전검사를 실시해 본 집단에만 해당되는 효과가 아닌가 라는 의심을 떨칠 수 있는 근거가 없으며, 그 결과 사전검사를 받지 않은 일반 집단에로 확대 해석하려는 일반화에 한계로 작용한다.

정답 ②

127

단순 시계열(simple time-series)설계에 관한 설명으로 옳은 것은?
・13회

① 실험효과를 파악하기 위해 개입 이후에는 1회만 관찰한다.
② 검사(test)와 개입의 상호작용 효과에 대한 통제가 용이하다.
③ 선실험(pre-experimental)설계 중 하나이다.
④ 통제집단을 포함하여 비교한다.
⑤ 종속변수의 변화를 추적・비교할 수 있다.

해설
단순시계열설계는 통제집단(비교집단)을 설정하기 곤란한 경우에 한 집단을 선택해서 독립변수의 조작이나 독립변수의 노출 전에 여러 번 관찰(검사)하고 독립변수 도입 후에 다시 여러 번 관찰하여 전후의 점수 또는 경향을 비교하는 것이다. 따라서, 종속변수의 변화를 추적・비교할 수 있다.

오답풀이
① 실험변수를 노출시키기 전후에 일정한 기간을 두고 정기적으로 몇 차례의 결과변수에 대한 측정을 하는 방법이다.
② 동일대상에 대한 반복된 검사로 인한 검사(test)나 도구사용 효과가 강하게 나타날 수 있어 내적 타당도가 저해될 가능성이 있으며, 이에 대해 통제하기가 쉽지 않다. 즉 개입의 효과가 수많은 사전검사들을 실시해 본 집단에만 해당되는 효과가 아닌가라는 의심을 떨칠 수 있는 근거가 없다.
③ 유사실험설계(quasi-experimental design) 중 하나이다.
④ 단순시계열설계가 **통제집단을 사용하지 않으므로** 인해 내적 타당도가 저해되어 조사결과를 가지고 인과관계를 추론하기 어렵다.

정답 ⑤

128

다음의 조사설계에 관한 설명으로 옳은 것은? • 23회

> A기관에서는 사회복지프로그램의 효과성을 측정하기 위한 조사설계를 진행하였다. 이를 위해 참여자를 실험집단과 통제집단에 무작위로 배정하여 종속변수의 변화를 측정하였다.

① 인과적 추론 정도가 무작위 배정을 하지 않은 실험설계보다 낮다.
② 외생변수 통제, 독립변수 조작, 종속변수의 비교 등에 한계가 있을 때 주로 활용한다.
③ 개입 전에 두 집단의 동질성을 가정할 수 없다.
④ 정태적 집단비교 설계(static-group comparison design)에 해당된다.
⑤ 전실험설계(pre-experimental design)보다 내적타당도가 높다.

해설

참여자를 '무작위로 배정'했다는 것을 통해 **순수실험설계**라는 것을 알 수 있다. 그리고 실험집단과 통제집단에 배정하여 종속변수의 변화를 측정한 것으로 보아 순수실험설계 중 **통제집단 사후검사 설계**임을 알 수 있다. 만약 종속변수의 변화 측정을 사후검사만을 통해서 측정한 것이 아니라, 사전검사와 사후검사를 통해 측정했다고 가정한다면 통제집단 사전사후검사 설계이다.

+ 보충설명
⑤ 순수실험설계는 실험실 연구로 다른 실험설계(유사실험설계, 전실험설계, 비실험설계)에 비해 내적 타당도가 높다.

✗ 오답풀이
① 실험설계 유형 중 순수실험설계만 무작위 배정을 한다. 순수실험설계는 인과적 추론 정도 즉, 내적 타당도가 무작위 배정을 하지 않은 다른 실험설계보다 **높다**.
② 외생변수 통제, 독립변수 조작, 종속변수의 비교 등에 한계가 있을 때 주로 활용하는 것은 **비실험설계**이다. **순수실험설계는** 연구의 대상과 상황에 있어서 독립변수의 조작이 가능하고 대상을 무작위화할 수 있는 경우 적용된다.
③ 개입 전에 두 집단의 동질성을 가정할 수 **있다**. 통제집단 사후검사 설계에서는 연구대상자를 무작위로 배정했기 때문에 사전검사를 하지 않더라도 개입 전 동질성을 가정할 수 있다. 만약 통제집단 사전사후검사 설계라고 가정한다면, 사전검사를 통해 개입 전 두 집단(실험집단과 통제집단)의 동질성을 확인한 것이 된다.
④ 정태적 집단비교 설계(static-group comparison design)는 **전실험설계에 해당**된다.

정답 ⑤

129

다음 내용이 의미하는 조사설계는? • 13회

- 비교를 위한 두 개의 집단이 있다.
- 외부요인의 설명 가능성을 배제하기 어렵다.
- 상관관계 연구와 유사한 성격을 지닌다.
- 집단 간 동질성 보장이 어렵다.

① 정태(고정)집단 비교(static group comparison)설계
② 다중 시계열(multiple time-series)설계
③ 일회검사 사례(one shot case)설계
④ 플라시보 통제집단(placebo control group)설계
⑤ 통제집단 사후검사(posttest control group)설계

해설

전실험설계(선실험설계) 중 정태(고정)집단 비교(static group comparison)설계에 대한 설명이다. 이는 비교를 위한 두 개의 집단이 있으며, 무작위 할당을 하지 않았으므로 집단 간 동질성 보장이 어렵고 외부 요인의 설명 가능성을 배제하기 어렵다. 또한 논리적으로 비실험설계의 상관관계설계와 비슷하다.

+ 보충설명
② 다중 시계열(multiple time-series, 복수 시계열)설계는 단순 시계열설계에 통집제단을 추가한 것으로, 비슷한 특성을 지니고 있는 두 집단을 택해서 실험집단에는 실험변수를 도입하기 전후로 여러 번 관찰하고, 통제집단에 대해서는 실험변수를 도입하지 않고 실험집단의 측정시기에 맞추어 관찰하여 종속변수의 변화상태를 비교하는 유사실험설계이다.
③ 일회검사 사례(one shot case)설계는 단일집단에 대해 실험개입을 실시하고, 사후에 종속변수를 검사하는 **전실험설계(선실험설계)**이다.
④ 플라시보 통제집단(placebo control group)설계는 통제집단 사전사후검사설계나 통제집단 사후검사설계에 플라시보 효과를 측정할 수 있는 한 집단을 추가로 배치하는 것으로 순수실험설계이다.
⑤ 통제집단 사후검사(posttest control group)설계는 통제집단 사전사후검사설계에서 사전검사를 실시하지 않는 **순수실험설계**이다.

정답 ①

130

다음에 해당하는 설계로 옳은 것은? ・17회

> 학교폭력 예방프로그램의 효과를 평가하기 위해 OO시 소재 중학교 중에서 학교와 학생들의 특성이 유사한 A학교와 B학교를 선정하였다. 두 학교 학생들을 대상으로 사전검사를 실시한 다음 A학교에서 학교폭력 예방프로그램을 실시한 후 다시 한 번 두 학교 학생들을 대상으로 사후검사를 실시하였다.

① 비동일 통제집단 설계
② 통제집단 사후검사 설계
③ 정태적 집단(고정집단) 비교 설계
④ 일회검사사례연구
⑤ 솔로몬 4집단 설계

해설
학교폭력 예방프로그램을 실시한 A학교는 실험집단이며, 실시하지 않은 B학교는 통제집단이다. 실험집단인 A학교와 통제집단인 B학교 선정은 무작위할당이 아니라 비슷하다고 판단되는 집단을 임의적으로 하였다. 그리고, 두 집단에 대해 사전검사와 사후검사를 실시하였다. 이것은 유사실험설계 중 **비동일 통제집단 설계**에 해당한다.

정답 ①

131

다음에서 설명하는 설계에 해당하는 것은? ・22회

> 심리상담 프로그램이 시설입소노인의 정서적 안정감에 미치는 영향을 알아보기 위해 사전조사 없이 A요양원의 노인들을 대상으로 프로그램을 실시하였다. 프로그램 종료 후, 인구사회학적 배경이 유사한 B요양원 노인들을 비교집단으로 하여 두 집단의 정서적 안정감을 측정하였다.

① 비동일 통제집단 설계
② 정태적 집단비교 설계
③ 다중시계열 설계
④ 통제집단 사후검사 설계
⑤ 플라시보 통제집단 설계

해설
심리상담 프로그램을 실시한 A요양원의 노인들은 실험집단이며, 프로그램 종료 후, 인구사회학적 배경이 유사한 B요양원은 통제집단(고정집단)에 해당된다. 통제집단에 해당되는 B요양원은 임의적으로 선정된 것이다. 실험집단(A요양원의 노인들)에 대해서는 독립변수(심리상담 프로그램) 도입 후 사후검사(정서적 안점감 측정)를 실시하고, 통제집단(B요양원의 노인들)에 대해서는 독립변수(심리상담 프로그램)를 도입하지 않고 사후검사(정서적 안정감 측정)를 실시한 것이다. 이는 전(선)실험설계에 해당되는 **정태적 집단비교설계**에 해당한다.

정답 ②

132

실험설계에 관한 설명으로 옳지 않은 것은? • 15회

① 통제집단사후검사설계는 무작위할당으로 통제집단과 실험집단을 나누고 실험집단에만 개입을 한다.
② 정태적(static) 집단비교설계는 실험집단과 개입이 주어지지 않은 집단을 사후에 구분해서 종속변수의 값을 비교한다.
③ 비동일통제집단설계는 임의적으로 나눈 실험집단과 통제집단 간의 교류를 통제한다.
④ 솔로몬4집단설계는 통제집단사전-사후검사설계와 통제집단사후검사설계를 결합한 것이다.
⑤ 복수시계열설계는 실험집단과 통제집단에 대해 개입 전과 개입 후 여러 차례 종속변수를 측정한다.

해설

비동일통제집단설계는 실험집단과 통제집단에 대한 구분이 임의적으로 이루어짐으로써 두 집단이 애초에 동질적인 집단으로 구성되었는지에 대한 설명이 약하다. 또한 두 집단 간의 교류 등을 통제하지 못하여 실험집단의 결과가 통제집단으로 모방되거나 확산되는 효과 등을 통제하지 못하는 어려움이 있다.

보충설명

② 전(선)실험설계에 해당되는 **정태적 집단비교설계는 실험집단과 통제집단을 임의적으로 선정하고, 실험집단에 대해서는 독립변수를 도입한 후 사후검사를 실시하고, 통제집단에 대해서는 독립변수를 도입하지 않고 사후검사를 실시한 후 양 집단 간의 사후검사 결과를 비교하는 것이다.**

정답 ③

OIKOS UP 정태집단 비교설계

① 전실험설계(선실험설계) 중 하나로 실험집단과 통제집단(고정집단)을 임의적으로 선정하고, 실험집단에 대해서는 독립변수 도입 후 사후검사를 실시하고, 통제집단에 대해서는 독립변수를 도입하지 않고 사후검사를 실시하는 것
  ㉠ 통제집단사후검사설계에서 무작위 할당만 제외된 형태
  ㉡ 비실험설계의 상관관계설계와 비슷하고 그것의 한 형태로 불리기도 함
② 한계점
  ㉠ 무작위 할당이 이루어지지 않아 양 집단의 초기 상태가 동일한지 여부는 알 수 없음
  ㉡ 선택의 편의가 발생하여 종속변수의 변화가 실험처치의 결과인지 판단할 수 없음, 즉 집단 간 차이에 대한 외부 요인의 설명 가능성을 전혀 배제하기 어려움

133

실험설계의 유형에 관한 설명으로 옳지 않은 것은? • 19회

① 다중 시계열 설계(multiple time-series design)는 통제집단을 설정하지 않는다.
② 단일집단 사전사후검사 설계(one-group pretest-posttest design)는 검사효과를 통제하기 어렵다.
③ 통제집단 사후검사 설계(posttest-only control group design)는 사전검사의 영향을 배제할 수 있다.
④ 시계열 설계(time-series design)는 검사효과와 외부사건을 통제하기 어렵다.
⑤ 정태적 집단 비교설계(static group design)는 두 집단의 본래의 차이를 확인하기 어렵다.

해설

단순시계열설계는 통제집단을 사용하지 않음으로 인해 우연한 사건(history) 등에 의해 내적 타당도가 저해되어 조사결과를 가지고 인과관계를 추론하기 어렵다. 다중시계열설계(multiple time-series design, 복수시계열설계)는 이러한 문제점을 개선하기 위해 단순시계열설계에 통제집단을 추가한 것이다.

보충설명

② 단일집단 사전사후검사 설계(one-group pretest-posttest design)는 조사대상자에 대해서 **사전검사를 실시하고, 독립변수를 도입한 후 사후검사를 실시하기 때문에 검사효과를 통제하기 어렵다.**
③ 통제집단 사후검사 설계(posttest-only control group design)는 **사전검사를 실시하지 않으므로 사전검사의 영향을 배제할 수 있다.**
④ 이 문제에서 시계열 설계(time-series design)는 단순시계열설계를 의미한다. 시계열 설계는 동일대상에 대해 빈번한 조사를 실시해서 검사효과가 강하게 나타날 수 있으며, 통제집단을 사용하지 않기 때문에 외부사건들의 영향일 가능성을 배제하지 못한다.
⑤ 정태적 집단 비교설계(static group design)는 무작위할당이 이루어지지 않아 실험집단과 통제집단의 최초상태가 동일한지 여부는 명확히 파악될 수 없어 **선택의 편의(selection bias)가 발생할 수 있다.**

정답 ①

제12장 단일사례연구

김진원 Oikos 사회복지사 1급

제2영역 : 사회복지조사론

134

•16회

단일사례연구에 관한 설명으로 옳지 않은 것은?

① 기초선 국면과 개입 국면이 있다.
② 연구대상과 개입방법은 여러 개가 될 수 없다.
③ 조사연구 과정과 실천 과정의 통합이 가능하다.
④ 경향과 변화를 파악하도록 반복 관찰한다.
⑤ 통계적 원리를 적용하여 분석할 수 있다.

해설

연구대상과 개입방법은 여러 개가 될 수 있다. 복수기초선(다중기초선) 설계의 경우 여러 연구대상, 표적 문제, 세팅에 적용한다. 그리고, ABCD설계(기초선→서로 다른 개입방법 사용단계)의 경우 하나의 기초선 자료에 대해서 여러 개의 각기 다른 개입방법들을 연속적으로 도입한다.

＋보충설명

① 모든 단일사례연구에는 두 가지의 기본적 국면이 있다. 하나는 개입 전 국면인 기초선 국면(A)과 다른 하나는 개입 국면(B, 또 다른 개입 C, D)이다.
③ 단일사례연구는 조사연구의 과정이 실천과정과 분리되지 않고 통합가능하다는 것이 중요한 특징이다. 기존의 연구는 대개 실천 개입이 끝난 후에야 그 결과를 두고 평가하는 데 사용되지만, 단일사례연구는 실천 개입이 계획되고 실행되는 과정 속에 포함되어져 개입의 효과성에 대한 지속적인 피드백 정보를 제공해 줄 수 있다. 이런 특성으로 인해 직접 실천 서비스뿐만 아니라, 기획 및 행정분야에 종사하는 실천/연구자들에게도 매우 유용한 조사방법이 되고 있다.
④ 단일사례연구는 경향과 변화를 알 수 있도록 시계열적 반복관찰을 하는 것을 중요한 특성으로 삼고 있다. 이와 같은 반복적 복수관찰은 개인전과 개입 도중 또는 개입 후에 이루어지므로 개입 전의 상태와 개입으로 인한 변화의 상태를 알 수 있는 자료를 제공한다.
⑤ 단일사례연구에서 개입결과에 대한 평가는 크게 두 가지로 할 수 있다. 하나는 기초선부터 개입까지 관찰된 표적행동의 변화에 대한 자료를 나타낸 그래프의 형태를 시각적으로 평가하는 방법과 다른 하나는 그래프에 나타난 자료의 분포를 통계적으로 분석(통계적 판단)하는 것이다. 이 중 통계적 판단은 그래프로 나타난 자료를 통계학적 원리를 적용하여 분석함으로써 차이나 변화가 우연히 나타난 것인지 어떤 일정한 체계적 요인의 개입(독립변수)에 의해 나타난 것인지 판단하는 것을 말한다.

정답 ②

135

•10회

단일사례설계 중 ABCD설계에 관한 설명으로 옳은 것을 모두 고른 것은?

㉠ 기초선 형성 후 서로 다른 복수의 개입방법을 연속적으로 도입한다.
㉡ 우연한 사건은 개입효과에 영향을 미치지 않는다.
㉢ 서로 다른 개입방법의 효과성을 비교한다.
㉣ 다중기초선설계는 순서효과(order effect)를 통제할 수 있게 한다.

① ㉠, ㉡, ㉢   ② ㉠, ㉢   ③ ㉡, ㉣
④ ㉣   ⑤ ㉠, ㉡, ㉢, ㉣

해설

ABCD설계는 복수요소설계 혹은 다중요소설계라 한다. 이 설계는 하나의 기초선 자료에 대해서 여러 개의 각기 다른 개입방법들을 연속적으로 도입해 보는 것이다. 즉 하나의 기초선 자료에 대해서 여러 개의 각기 다른 방법(BCD)을 개입하는 방법이다. 이월효과, 순서효과, 우연한 사건과 관련된 제한점들이 있다.

✗오답풀이

㉡ ABCD설계에서 우연한 사건은 개입효과에 영향을 미친다.
㉣ 다중기초선설계는 AB설계와 동일한 과정을 여러 대상, 표적 문제, 세팅에 적용하는데, 기초선 단계는 동시에 시작하되 개입을 도입하는 시기를 달리하여, 그 효과가 서로 다른 대상, 표적문제, 세팅에서 개입시기에 맞추어서 나타나는지를 관찰하는 것이다. ABCD설계에서 나타나는 이월효과, 순서효과, 우연한 사건을 통제하기 위해서는 다른 클라이언트에게 같은 방법으로 결과를 측정하면서 다른 순서로 개입을 도입하며 개입을 재현하는 것이며, 또는 더욱 복잡한 다중요소설계를 하는 것이다.

정답 ②

136

단일사례설계에 관한 설명으로 옳은 것을 모두 고른 것은?

· 21회

㉠ BA설계는 개입의 긴급성이 있는 상황에 적합하다.
㉡ ABAC설계는 선행 효과의 통제가 가능하다.
㉢ ABAB설계는 AB설계에 비해 외부사건의 영향력에 대한 통제력이 크다.
㉣ 복수기초선디자인은 AB설계에 비해 외부사건의 영향력에 대한 통제력이 크다.

① ㉠, ㉡
② ㉡, ㉣
③ ㉢, ㉣
④ ㉠, ㉡, ㉢
⑤ ㉠, ㉢, ㉣

해설

㉠ BA설계는 처음에 기초선기간을 설정하지 않고, 바로 개입단계(B)에 들어가고, 그 다음에 개입을 중단하는 기초선단계(A)를 갖는 설계이다. 따라서, 직접 개입단계에 들어감으로써 조속히 개입하여야 하는 개입의 긴급성이 있는 상황에 적합하다.
㉢ ABAB설계는 외생변수를 보다 효과적으로 통제하기 위해 제2기초선(A)과 제2개입단계(B)를 추가한 것이다. 따라서, AB설계에 비해 외부사건의 영향력에 대한 통제력이 크다.
㉣ 복수기초선디자인은 하나의 동일한 개입방법(AB설계)을 여러 문제, 여러 상황, 여러 사람들에게 적용하여 같은 효과를 얻음으로써 표적행동에 대한 개입효과를 추정하는데 신빙성을 높일 수 있다. 따라서, AB설계에 비해 외부사건의 영향력에 대한 통제력이 크다.

오답풀이

㉡ ABAC설계는 다중요소설계에 해당한다. 만약 C단계에서 개입의 효과가 나타나서 표적행동이 크게 변화하였다고 하더라도, 이전에 도입한 B단계의 프로그램은 필요하지 않다고 섣불리 결론을 내릴 수 없다. B단계의 프로그램의 효과가 이월되었을 수 있기 때문이다. 즉 ABAC설계는 선행 효과의 통제가 불가능하다.

정답 ⑤

137

단일사례설계 중 다중기초선설계에 관한 설명으로 옳지 않은 것은?

· 17회

① 내적타당도 저해요인을 통제하기 위한 주요 수단으로 개입의 철회를 사용한다.
② 일부 연구대상자에게 개입의 제공이 지연되는 문제를 갖는다.
③ 연구대상자의 수가 증가할수록 내적타당도는 증가한다.
④ 동일한 개입을 특정 연구대상자의 여러 표적행동에 적용하여 개입의 효과를 평가할 수 있다.
⑤ 수집된 자료의 분석을 위해 통계적 방법이 사용되기도 한다.

해설

다중기초선설계(multiple baseline design, 복수기초선설계)는 복수의 AB설계들로 구성된 것으로, 여러 대상, 표적 문제, 세팅에 적용한다. 둘 이상의 기초선(A)과 개입단계(B)로 외부사건에 대한 통제를 시도한다. 둘 이상의 기초선을 설정하기 위해 개입을 철회(중단)하는 대신에 둘 이상의 기초선을 동시에 시작한다. ABAB 설계에서는 개입 도중에 기초선을 재확보하려고 개입을 철회(중단)했다가 나중에 다시 재개하는 등의 인위적인 개입 조작으로 비윤리성의 문제가 있지만, 다중기초선설계에서는 그런 문제가 없다는 것이 가장 큰 장점이다.

보충설명

② 각 기초선이 동시에 출발하더라도 **개입은 각 기초선의 서로 다른 시점에 도입되기 때문에**, 일부 연구대상자에게 개입의 제공이 지연되는 문제를 갖는다.
③ 대상자간 다중기초선설계의 경우 특정 개입방법이 같은 상황에서 같은 문제를 가진 두 명 이상의 다른 대상자에게 적용될 때 그 개입방법은 효과가 있는지를 평가하기 위한 것이다. 같은 상황에서 같은 문제를 가진 다른 사람들에게 특정의 개입방법을 적용했을 때 기초선과 개입기간에 있어서 행동변화가 나타났다면 이런 행동변화는 개입으로 인한 것이라는 확신(내적타당도)을 가질 수 있다. 이때 연구대상자 수가 많을수록 내적타당도는 증가하는 것이다.
④ 문제간 다중기초선설계는 하나의 특수한 개입방법이 같은 상황에서 같은 대상자의 다른 문제해결(다른 표적 행동)에 효과가 있는지를 평가하기 위한 것이다.
⑤ 개입의 유의성 분석을 위한 방법으로, 시각적 유의성, 통계적 유의성, 임상적 분석이 있다. 이 중 **통계적 유의성이 통계적 방법을 사용하는 것**으로, 평균비교와 경향적 접근이 있다.

정답 ①

138

단일사례설계방법에 관한 설명으로 옳은 것은? · 19회

① ABCD설계는 여러 개의 개입효과를 개별적으로 증명하기 위한 설계이다.
② AB설계는 외부요인을 충분히 통제할 수 있기 때문에 여러 유형의 문제에 적용가능하다.
③ 복수기초선설계는 기초선 단계 이후 여러 개의 다른 개입방법을 순차적으로 적용한다.
④ ABAB설계는 외부요인을 통제할 수 있어 개입의 효과를 확인할 수 있다.
⑤ 평균비교는 기초선이 불안정할 때 기초선의 변화의 폭과 기울기까지 고려하여 결과를 분석하는 방법이다.

해설

ABAB설계는 AB의 과정이 한 번 더 반복되게 하여 AB설계의 약점이었던 개입 전후 시점에서의 외부 사건 가능성을 확인해 볼 수 있다는 장점이 있다. 즉, 첫 번째 AB과정에서 나타난 개입효과가 두 번째 AB과정에서도 나타난다면, 외부효과가 두 번이나 우연히 반복해서 나타났다고 설명하기 힘들 것이기 때문이다.

✗ 오답풀이

① ABCD설계는 하나의 기초선 자료에 대해서 **여러 개의 각기 다른 개입방법들을 연속적으로 도입**해 보는 것이다.
② AB설계는 개입 시점이 하나이기 때문에 그 시점에 우연히 다른 외부적 사건들이 동시에 관여해서 변화가 발생되었을 가능성을 배제하기 힘들다. 즉, **AB설계는 외부요인을 통제할 수 없다**. 또한, 외부요인을 충분히 통제할 수 있기 때문에 여러 유형의 문제에 적용가능한 것은 **복수기초선 설계(multiple baseline design, 다중기초선 설계)**이다.
③ 기초선 단계 이후 여러 개의 다른 개입방법을 순차적으로 적용하는 것은 **ABCD설계**이다.
⑤ **평균비교는** 기초선(A)에서 나타난 관찰값의 평균과 개입국면(B)에서의 평균값을 비교해 보는 방법이다. 기초선이 불안정할 때 기초선의 변화의 폭과 기울기까지 고려하여 결과를 분석하는 방법은 **경향선 접근**이다.

정답 ④

139

단일사례설계의 개입효과에 관한 설명으로 옳지 않은 것은? · 18회

① 개입 후 변화의 파동이 심하면 효과 판단이 어렵다.
② 기초선이 불안정할 경우 기초선의 경향선을 이용하여 통계적으로 개입효과를 판단한다.
③ 기초선에서 개입기간까지의 경향선을 통해 시각적으로 개입효과를 판단한다.
④ 기초선과 개입기간 두 평균값의 통계적 검증을 통해 개입효과를 판단한다.
⑤ 개입 후 상당한 기간이 지나 최초의 변화가 발생할 경우 개입효과가 있다고 판단한다.

해설

개입 후 상당한 기간이 지나 최초의 변화가 발생할 경우 **개입효과가 없**다고 판단한다. 참고로 **개입(intervention)이란** 기존의 상태를 변화시키는 온갖 종류의 사건, 실험적 자극, 프로그램, 환경 변화 등을 포함하는 것으로, 실천가 입장에서 개입은 조사연구자의 관점에서는 **독립변수**가 된다.

+ 보충설명

① **변화의 파동**은 관찰된 표적행동의 특성이 시간의 경과에 따라 파동을 일으키며 변화되는 정도를 말하는 것으로, 파동이 작으면 개입의 효과를 확실히 알 수 있다. 변화의 파동이 심한 경우 관찰의 횟수가 적으면 그 조사결과를 가지고 개입효과를 파악하는 것이 어렵기 때문에, 변화의 파동이 심한 경우는 관찰의 횟수가 많아야 변화의 일정한 유형을 판단할 수 있다.
② **통계적 접근 중 경향선 접근 방법**은 기초선이 불안정하게 형성되어 일종의 경사를 보이고 있을 때 기초선의 변화의 폭과 기울기까지를 동시에 고려하여 개입효과를 판단하는 것이다.
③ **시각적 유의성(시각적 분석)**은 기초선과 개입단계에서 그려놓은 그래프를 보면서, 개입 이전에 비해 개입 이후의 표적문제에서 눈에 띌만한 변화(파동, 경향, 수준을 고려)가 있었는지를 확인하는 것이다.
④ **통계적 접근 중 평균비교 방법**은 기초선(A)에서 나타난 관찰값의 평균과 개입국면(B)에서의 평균값을 비교해 보는 방법이다.

정답 ⑤

제13장 질적 연구방법론

제2영역 : 사회복지조사론

140

질적 조사에 관한 설명으로 옳지 않은 것은? • 17회

① 실천, 이야기, 생활방식, 하위문화 등이 질적조사의 주제가 된다.
② 자연주의는 질적조사의 오랜 전통이다.
③ 확률표본추출방법이 사용될 수 있다.
④ 일반화 가능성이 양적조사보다 높다.
⑤ 현장연구라고 명명되기도 한다.

해설

양적 조사에서도 일반화의 문제는 존재하지만, 양적 조사에 비해 질적 조사에 의해 도출된 이론은 널리 일반화되는 데 한계가 있다. 그 이유는 질적 조사의 연구조사자가 하는 관찰과 측정은 개인적 성격을 가지고 있어서 다른 연구조사자에 의해 반드시 재현되지 않을 수 있다는 것이다. 또한, 특정한 집단에 관련한 경험을 깊게 다루기 때문에 그 집단에 대해서는 가장 적절한 설명이나 이론이 될 수 있지만 다른 집단에 대해서는 유보적이기 쉽다.

보충설명

① 질적 조사의 주제로 실천(practice), 이야기(episodes), 역할(roles), 관계(relationships), 집단(groups), 조직(organizations), 부락(settlements), 사회적 세계(social worlds), 생활양식 또는 하위문화(lifestyles or subcultures) 등이 된다. 실천(practice)은 다양한 종류의 행위를 말하며, 이야기(episodes)는 이혼, 범죄, 질병과 같은 다양한 사건을 말하며, 생활방식 또는 하위문화(lifestyles or subcultures)는 지배계급 또는 도시 하위계층과 같은 집단인 많은 수의 사람들이 생활에 적응하는 방법에 초점을 맞추는 것을 말한다.
② 질적 조사는 매일의 구체적인 생활이 실제로 자연스럽게 펼쳐질 때 생활을 관찰하는 것을 강조하기 위해 **자연주의적 연구조사(naturalistic research)**라고 한다.
③ 연구결과의 일반화를 극대화하기 위해, 양적 조사에서는 확률표본추출방법을 선호하고 질적 조사에서는 비확률표본추출방법을 선호하지만, **질적 조사에서 확률표본추출방법이 사용될 수는 있다.** 다만, 특정 개인이나 집단에 대해 연구자가 자신의 목적과 의도에 맞는 전형적인 표본을 선정하고자 하는 질적 조사에는 비확률표본추출방법이 최선의 표본추출방법이다.
⑤ 질적 조사는 다양한 이름으로 명명된다. 현장연구조사(Field Research, 현장조사), 근거 이론(grounded theory), 민속지(ethnography), 참여 관찰(participant observation), 현상학(phenomenology), 사례연구(case study), 행동 조사(action research) 등이다.

정답 ④

141

질적 연구에 관한 설명으로 옳지 않은 것은? • 18회

① 풍부하고 자세한 사실의 발견이 가능하다.
② 문제에 대한 통찰력을 제공한다.
③ 연구참여자의 상황적 맥락 안에서 이루어진다.
④ 다른 연구자들이 재연하기 용이하다.
⑤ 현상에 대해 심층적으로 기술한다.

해설

다른 연구자들이 재연하기 용이하지 않다. 즉, 질적 연구에서는 연구조사자가 하는 관찰과 측정이 개인적 성격을 갖고 있어서 다른 별개의 연구조사자에 의해 반드시 재현되지 않을 수 있는 결과가 나올 수 있다. 따라서, 조사결과를 일반화하는 데 어려움이 있다.

보충설명

① 질적 연구는 특정 문제나 현상에 대해 풍부하고 자세한 사실의 발견이 가능하다. 그로 인해 양적 연구에 비해 결정주의나 환원주의적 성향이 적게 나타난다.
② 질적 연구는 문제에 대한 새로운 통찰력(시각)을 제공한다. 즉, 질적 연구에서 관찰은 부분적으로 특정한 관찰자에 의존하기 때문에 관찰은 증명이나 진실보다는 문제에 대한 통찰력의 원천으로서 더 가치가 있다.
③ 질적 연구는 연구참여자의 상황적 맥락 안에서 이루어진다는 점에서 자연적이다. 즉, 행동은 그 상황적, 환경적 맥락 안에서 관찰되어야 가장 잘 이해할 수 있다고 본다.
⑤ 질적 연구는 현상에 대한 탐색과 기술이 주된 관심이다. 무슨 일이 일어나고 있는지, 연구참여자들의 생활상, 그들의 생활 등을 묘사하고 보다 심도있게 이해할 수 있도록 기술하는 것을 특징으로 한다.

정답 ④

142

질적 조사의 자료수집에 관한 설명으로 옳은 것은? · 17회

① 심층면접은 주요 자료수집 방법 중 하나이다.
② 연구자는 자료수집과정에서 배제되는 것이 원칙이다.
③ 완전관찰자로서의 연구자는 먼저 자료제공자들과 라포형성이 요청된다.
④ 가설설정은 자료수집을 위해 필수적 요건이다.
⑤ 표준화된 측정도구를 갖추어야 자료수집이 가능하다.

해설

심층면접(intensive interview)은 면접시간이 길고, 따라서 그 내용도 깊다. 응답의 이유, 의견, 가치, 동기, 경험 등의 정보뿐 아니라 응답자의 비언어적 반응까지도 관찰이 가능하다. 질적 연구와 관련해서 실시되는 심층면접은 거의 전적으로 개방형이며 구조화되어 있지 않을 가능성이 많다.

오답풀이
② 질적 연구에서는 **연구자의 관찰과 통찰 등을 통해 자료를 수집하고 분석하게 되므로**, 연구자는 자료수집과정에서 배제되지 않는다.
③ **완전관찰자(complete observer)**는 관찰자로서의 신분을 노출시키지 않고 관찰대상과 어떠한 접촉이나 역할도 하지 않으면서 객관적인 제3자 입장에서 관찰하는 방법이다. 따라서, 완전관찰자로서의 연구자의 경우에는 자료제공자들과의 라포형성은 필요하지 않다.
④ 양적 연구에서는 연구자가 연구에 앞서 가설을 설정하고 그 가설을 검증하기 위해서 자료를 수집하고 분석하지만, **질적 연구에서는 연구에 앞서 가설을 설정하지 않고, 연구도중에 잠정적인 가설들이 부단히 형성, 기각, 수정된다.**
⑤ 질적 연구에서는 **유연성과 개방성에 기초한 제한되지 않은 다양한 정보의 수집이 중요하기 때문에 표준화된 측정도구를 갖추어야 자료수집이 가능한 것은 아니다.**

정답 ①

143

질적 연구의 조사도구에 관한 설명으로 옳은 것을 모두 고른 것은? · 12회

㉠ 서비스평가에서 정성적 차원을 분석할 수 있다.
㉡ 양적 도구가 아니므로 신뢰도를 따질 수 없다.
㉢ 연구자 자신이 도구가 된다.
㉣ 구조화와 조작화의 과정을 거친다.

① ㉠, ㉡, ㉢   ② ㉠, ㉢   ③ ㉡, ㉣
④ ㉣   ⑤ ㉠, ㉡, ㉢, ㉣

해설

㉠ 양적 연구가 숫자로 측정하고 표현하는 정량적 차원을 분석한다면, **질적 연구는 계량화하기 어려운 정성적 차원을 분석한다.** 즉 양적 연구는 수량적, 계량화 가능성에 따라 연구의 영역이 결정되는 반면, **질적 연구는 정성적 정보, 다의적이고 깊은 수준의 정보획득 가능, 계량화하기 어려운 매우 광범위하고 무제한적인 모든 영역의 연구가 가능하다.**
㉢ 구조화된 설문지를 사용하여 자료를 수집하는 양적 연구와 달리 **질적 연구에서는 연구자의 관찰과 통찰 등을 통해 자료를 수집하고 분석하게 된다.** 질적 연구자는 자료수집도구로서 자신이 가지는 중요성을 인식하고 민감한 관찰도구로서 자신을 활용하기 위해 주의를 기울여야 한다.

오답풀이
㉡ **질적 연구에서도 신뢰도를 따질 수 있다.** 질적 연구자들은 서로 다른 관찰자들 간의 관찰결과의 일치도로서의 일관성이 아니라, 자료로서 그들이 기록하는 내용과 그 상황에서 실제로 일어나는 일 간의 일치되는 정도, 즉 자료의 정확성과 포괄성을 신뢰도로 간주한다.
㉣ 구조화와 조작화의 과정을 거치는 것은 양적 연구에서 이다. **질적 연구에서는 구조화하거나 조작화하지 않는다.** 현상의 체계를 단순하게 만들거나 범위를 제한하지 않고, 복잡한 현상을 가능한 '있는 그대로' 개방적인 상태에서 파악하려 한다.

정답 ②

144

양적조사와 질적조사의 비교로 옳지 않은 것은? · 19회

① 질적조사에 비하여 양적조사의 표본크기가 상대적으로 크다.
② 질적조사에 비하여 양적조사에서는 귀납법을 주로 사용한다.
③ 양적조사에 비하여 질적조사는 사회현상의 주관적 의미에 관심을 갖는다.
④ 양적조사는 가설검증을 지향하고 질적조사는 탐색, 발견을 지향한다.
⑤ 양적조사에 비하여 질적조사는 조사결과의 일반화가 어렵다.

해설
질적조사에 비하여 양적조사에서는 **연역법**을 주로 사용한다. 즉, 결과를 중시하는 **양적조사**는 이론에서 연역적으로 가설을 도출해 자료를 통해서 검증한다면, 과정을 중시하는 **질적조사**는 수집한 자료를 분석하여 이론을 산출해 내는 귀납법을 사용한다.

보충설명
① **양적조사**는 많은 사례와 많은 변수들 간의 관계에 초점을 두지만, **질적조사**는 적은 수의 사례에 대한 포괄적이고 다양한 자료들을 수집하여 심층적으로 이해를 하는 데 주된 초점을 둔다.
③ **양적조사**는 계량적이고 객관적인 지표를 통해 사회현상의 구조를 개괄적으로 보여주는 반면, **질적조사**는 사회현상의 주관적 의미에 관심을 갖는다. 질적조사는 연구자의 주관적 지각을 강조하기 때문에 사회현상을 관찰하고 해석할 때 주관성이 개입할 수밖에 없다고 본다.
④ **양적조사**는 연구절차가 고도로 조직화되어 미리 설정한 가설의 검증(verification)을 지향하지만, **질적조사**는 연구절차가 융통성이 있고, 탐색적이며, 수집된 자료에서 이론과 가설의 발견(discovery)을 지향한다.
⑤ **양적조사**는 일반화가능성이 높지만, **질적조사**는 일반화 가능성이 낮다고 평가된다. 즉 질적조사는 유연하고 깊이가 있지만 조사결과의 일반화가 어렵다.

정답 ②

145

양적 연구방법에 관한 설명으로 옳지 않은 것은? · 23회

① 논리실증주의에 기반한다.
② 주관적이며 직관적인 관점에서 접근한다.
③ 구조화된 조사표에 대한 활용 빈도가 높다.
④ 변인에 대한 통제와 측정이 가능하다.
⑤ 질적 연구보다 일반화의 가능성이 높다.

해설
주관적이며 직관적인 관점에서 접근하는 것은 **질적 연구방법**이다. 양적 연구방법은 객관적이며 질적 연구방법은 주관적이다. 또한 질적 연구방법은 양적 연구방법에 비해 유연하고 직관적이다.

보충설명
① 질적 연구방법은 해석주의, 자연주의, 현상학적 인식론에 기반한다.
③ 질적 연구방법은 **비구조화된 조사표**에 대한 활용 빈도가 높다.
④ 질적 연구방법에서는 **변인에 대한 통제와 측정이 어렵다**. 양적 연구방법이 통제된 조건하에서 연구를 수행한다면, 질적 연구방법은 자연적 상태에서 연구를 수행하기 때문이다.
⑤ 질적 연구방법은 특정 집단에 관련된 경험을 심층적으로 연구하기 때문에 그 **결과를 모든 집단에 확대하기에는 어려움(일반화의 한계)**이 있다.

정답 ②

146

사회과학에서 추천되는 패러다임 중의 하나인 해석주의(interpretivism)에 관한 설명으로 옳은 것을 모두 고른 것은?

· 10회

㉠ 말이나 행위의 사회적 맥락을 고찰한다.
㉡ 일반화를 전개하는 것이 중시된다.
㉢ 개인의 일상경험을 해석하고 이해하는 것이 목적이다.
㉣ 현상의 원인을 객관적으로 측정한다.

① ㉠, ㉡, ㉢   ② ㉠, ㉢   ③ ㉡, ㉣
④ ㉣   ⑤ ㉠, ㉡, ㉢, ㉣

해설
해석주의에 관한 설명은, 곧 질적 연구에 대한 설명으로 ㉠, ㉢의 내용은 옳다.
오답풀이
㉡, ㉣은 실증주의 즉, 양적 연구방법에 대한 설명이다.

정답 ②

147

다음의 연구에서 활용한 질적 연구방법에 관한 설명으로 옳은 것은?

· 21회

A사회복지사는 가정 밖 청소년들의 범죄피해와 정신건강의 문제를 당사자의 관점에서 이해하고 주체적으로 해결하기 위해 연구를 시작하였다. 연구에 참여한 가정 밖 청소년들은 A사회복지사와 함께 범죄피해와 정신건강과 관련된 사회 구조적인 문제를 해결하기 위한 다양한 방안들을 스스로 만들고 수행하였다.

① 개방코딩-축코딩-선택코딩의 방법을 활용한다.
② 범죄피해와 정신건강을 설명하는 이론 개발에 초점을 둔다.
③ 단일사례에 대한 깊이 있는 분석에 초점을 둔다.
④ 관찰대상의 개인적 설화(narrative)를 만드는 것에 초점을 둔다.
⑤ 사회변화와 임파워먼트에 초점을 둔다.

해설
주어진 사례의 연구에서 활용한 질적 연구방법은 **참여행동연구**이다. 참여행동연구는 문제인식과 해결과정에서 조사자(연구자)와 참여자(연구대상자)가 함께 문제를 분석(해결)하는 조사방법이다. 참여행동연구의 목적은 **사회변화와 임파워먼트**로, 단순히 지역사회문제나 현실을 밝히는 데 그치지 않고 급진적인 변화를 이루는 데 있다.
오답풀이
① 개방코딩-축코딩-선택코딩의 방법을 활용하는 것은 **근거이론**이다.
② 범죄피해와 정신건강을 설명하는 이론 개발에 초점을 두는 것은 **근거이론**이다.
③ 단일사례에 대한 깊이 있는 분석에 초점을 두는 것은 **사례연구**이다.
④ 관찰대상의 개인적 설화(narrative)를 만드는 것에 초점을 두는 것은 **생애사**이다.

정답 ⑤

148

다음에서 설명하는 근거이론의 분석방법은? ・19회

> 수집된 자료에서 나타난 범주들 간의 관계를 파악하기 위해 범주들을 특정한 구조적 틀에 맞추어 연결하는 과정이다. 중심현상을 설명하는 전략들, 전략을 형성하는 맥락과 중재조건, 그리고 전략을 수행한 결과를 설정하여 찾아내는 과정이다.

① 조건 매트릭스
② 개방코딩
③ 축코딩
④ 괄호치기
⑤ 선택코딩

해설
질적연구방법의 하나인 근거이론은 **개방코딩, 축코딩, 선택코딩의 절차적 방법을 이용**하여 자료분석을 하고 이를 통해 자료로부터 의미 있는 구조를 도출해 낸다. ① **개방코딩**이 자료를 검토하여 현상을 명명하고 범주화시키는 분석과정이라면, ② **축코딩**은 중심이 되는 현상을 축으로 각 범주들 간의 관계를 보다 포괄적으로 설명하기 위해 인과적 상황, 중심현상, 맥락적 조건, 중재적 조건, 작용/상호작용 전략, 결과라는 근거이론의 틀에 맞추어 분석한다. 마지막 단계인 ③ **선택코딩**은 이론을 통합시키고 정교화하는 과정으로 이론적 포화와 변화범위에 대한 작업을 진행하며, 모형 내 범주들의 관계를 진술하는 명제를 구체화하거나 범주들을 통합하는 이야기를 서술한다.

정답 ③

149

질적연구방법과 적절한 연구 주제가 바르게 연결된 것을 모두 고른 것은? ・18회

> ㄱ. 현상학 - 늙어간다는 것이 어떤 의미인지를 이해할 수 있다.
> ㄴ. 참여행동연구 - 이혼 가족이 경험한 가족해체 사례를 심층적으로 이해할 수 있다.
> ㄷ. 근거이론 - 지속적 비교 기법을 통해 노인의 재취업경험을 이론화할 수 있다.
> ㄹ. 생애사 - 위안부 피해자 할머니 삶의 중요한 사건을 이해할 수 있다.

① ㄱ, ㄴ
② ㄴ, ㄷ
③ ㄷ, ㄹ
④ ㄱ, ㄷ, ㄹ
⑤ ㄱ, ㄴ, ㄷ, ㄹ

해설
ㄱ. 현상학은 개인의 주관적인 경험의 본질과 의미에 초점을 두는 것으로, 연구자는 연구참여자들을 그들 자신들의 관점에서 이해하려고 한다. 따라서 '늙어간다는 것이 어떤 의미인지를 이해할 수 있다.'는 적절한 연구주제이다.
ㄷ. 근거이론은 귀납적인 과정을 거쳐 현실적인 자료에 근거하여 개발된 이론으로, 체계적으로 수집되고 분석된 자료를 지속적으로 상호 비교·검토함으로써 어떤 이론을 추출하는 방법이다. 따라서 '지속적 비교 기법을 통해 노인의 재취업경험을 이론화할 수 있다.'는 적절한 연구주제이다.
ㄹ. 생애사는 개인 혹은 특정 집단의 생애(일생 동안)적 역사에 대하여 시간대 혹은 순서대로 기록하고, 유추하고, 분석하는 연구방법이다. 따라서 '위안부 피해자 할머니 삶의 중요한 사건을 이해할 수 있다.'는 적절한 연구주제이다.

✕ 오답풀이
ㄴ. 참여행동연구는 문제인식과 해결과정에서 조사자(연구자)와 참여자(연구대상자)가 함께 문제를 분석(해결)하는 조사방법이다. '이혼 가족이 경험한 가족해체 사례를 심층적으로 이해할 수 있다.'는 사례연구에 적절한 연구주제이다. 사례연구란 조사자가 단일사례를 연구하거나 복합적인 사례에 초점을 맞추어 다각적이고 심층적인 분석을 하는 것이다.

정답 ④

150

내용분석과 내러티브 탐구에 관한 비교로 옳지 않은 것은?

· 23회

① 내용분석은 2차적 자료를 분석하고, 내러티브 탐구는 1차적 자료를 분석한다.
② 모두 비관여적 혹은 비반응성 연구이다.
③ 내용분석에 비해 내러티브 탐구는 과정중심적으로 접근할 수 있다.
④ 내용분석은 내러티브 탐구에 비해 보다 많은 사례를 분석할 수 있다.
⑤ 모두 자료를 해석하고 구조화하는데 연구자의 객관성 유지가 필요하다.

해설

내용분석은 비관여적 혹은 비반응성 연구이지만, **내러티브 탐구는** 연구대상의 반응성이 나타나는 관여적 혹은 반응성 연구이다.

보충설명

① **1차적 자료분석은** 연구대상자들로부터 직접 자료를 수집해서 분석하는 방법이지만, **2차적 자료분석은** 기록한 정보를 검토하여 분석하는 방법이다. 내용분석은 문헌연구의 일종으로 기록된 자료인 2차적 자료 분석방법이며, 내러티브 탐구는 질적 연구방법 중 하나로 연구대상자로부터 직접 자료를 수집해서 분석하는 1차적 자료 분석방법이다.
③ **내용분석은** 오랜 기간 동안 변천되는 과정 등을 연구하는 종단분석이 가능하며, **내러티브 탐구도** 개인 혹은 특정 집단의 생애적 역사에 대해 시간대 혹은 순서대로 기록하고 분석할 수 있다.
④ **내러티브 탐구는** 질적 연구방법으로 주로 한 두 사람에 초점을 맞추어 그들의 이야기를 수집하지만, **내용분석은** 해당 문헌자료가 존재하고 접근성이 주어지기만 하면 표본의 크기에 크게 구애받지 않는다.
⑤ **내용분석의 경우** 기록물을 작성한 사람의 편견을 배제하고 객관적인 자료해석을 할 수 있어야 하며, 내러티브 탐구에서도 연구자가 연구대상이나 현상에 너무 몰입하거나 완전히 소외되는 극단적인 상황이 되지 않도록 스스로를 통제하며 객관성을 유지할 수 있어야 한다.

정답 ②

151

혼합연구방법론(mixed methodology)에 관한 설명으로 옳지 않은 것은?

· 16회

① 질적연구 결과와 양적연구 결과는 일치해야 한다.
② 양적연구와 질적연구에 대한 전문적 지식이 모두 필요하다.
③ 연구에 따라 양적연구와 질적연구의 상대적 비중이 상이할 수 있다.
④ 질적연구의 결과에 기반하여 양적연구를 시작할 수 있다.
⑤ 상충되는 패러다임들도 수용할 수 있어야 한다.

해설

질적연구방법과 양적연구방법을 통합하는 혼합연구는 삼각측량의 종류 중 **방법론적 삼각 측정**이다. 양적 연구와 질적 연구방법을 혼합함으로써 복잡한 현상이나 사건에 대한 의미를 보다 복수의 관점에서 명확하게 파악할 수 있다. **질적연구결과와 양적연구결과는 일치해야 하는 것은 아니며 상반될 수 있다.**

보충설명

⑤ 다양한 패러다임 또는 상충되는 패러다임들도 수용할 수 있어야 한다.

정답 ①

152

질적연구의 엄격성(rigor)을 높이는 전략을 모두 고른 것은?

• 14회

㉠ 장기적 관여(prolonged engagement)를 위한 노력
㉡ 연구자의 원주민화(going native)를 경계하는 노력
㉢ 해석에 적합하지 않은 부정적인 사례(negative case) 찾기
㉣ 내부자적(emic) 시각을 유지하기 위해 완전관찰자 역할 지향

① ㉠, ㉡, ㉢ ② ㉠, ㉢ ③ ㉡, ㉣
④ ㉣ ⑤ ㉠, ㉡, ㉢, ㉣

해설

㉠ 조사 대상인 문화 및 집단에 대해 학습할 뿐만 아니라 학습하고 이해한 것을 확인하기 위해 충분한 시간을 투자하며 **장기적 관여**(prolonged engagement)를 해야 한다. 또한 매일 매일 관찰하고 그 관찰한 것을 지속적으로 기록하는 **지속적인 관찰**(persistent observation)이 필요하다.

㉡ 연구자의 원주민화(going native)는 연구자 자신이 참여자의 관심과 관점에 과도하게 집착함으로써 나타난다. 이는 완전한 참여로 연구자가 관찰대상에게 반응성 또는 어떤 방식으로든 관찰대상의 사회과정에 직간접적으로 영향을 끼치게 된다. 이로 인해 **과학적 초연성은 멀어지게 된다**. 따라서 연구자의 원주민화(going native)를 경계해야 한다.

㉢ 질적연구의 과학적 엄중성(scientific rigor)과 연구의 신뢰도를 높이기 위해서 연구자가 연구설계에서부터 자료수집전략, 연구절차, 그리고 분석까지 모든 과정들을 객관화시키기 위한 노력과 전략이 필요하다. 이에 대한 전략들로 부정적 **사례분석**(negative case analysis), 장기적 관여(prolonged engagement, 개입의 연장), 삼각화 기법의 활용(triangulation), 동료 디브리핑(peer debriefing) 등이 있다.

오답풀이

㉣ **완전한 관찰자**(complete observer)는 사회적 상호작용에 전혀 참여하지 않으며 심지어 연구하는 세계에 대해 여타의 관여를 하는 것을 회피한다. 완전관찰자는 완전참여자보다 연구대상에 영향을 미칠 가능성이 적고 '원주민화'될 가능성은 적지만, 연구대상을 완전히 이해하게 될 가능성은 적어진다. 즉 **완전한 관찰자는 완전참여자보다 내부자적(emic) 시각을 유지하는 것이 어렵다**. 이믹(emic)적 시각이란 연구자가 연구대상자들의 관점을 취하는 것을 말하며, 에틱(etic)적 관점은 객관성을 더욱 확보하는 데 관심을 가지고 연구대상자들의 시각에서 일정 거리를 유지하는 것을 말한다.

정답 ①

153

질적연구방법에 관한 설명으로 옳지 않은 것은?

• 15회

① 근거이론의 목적은 사람, 사건 및 현상에 대한 이론의 생성이다.
② 문화기술지(ethnography)는 특정 문화를 이해하기 위한 방법, 과정 및 결과이다.
③ 현상학은 개인의 주관적인 경험의 본질과 의미에 초점을 둔다.
④ 자료 수집원을 다양화하여 연구의 엄격성을 높일 수 있다.
⑤ 부정적 사례(negative case)의 목적은 연구자가 편견에 빠지지 않게 동료집단이 감시기제로서의 역할을 하는 것이다.

해설

연구자가 편견에 빠지지 않게 동료집단이 감시기제로서의 역할을 하는 것은 **동료 디브리핑**(peer debriefing)으로, 이는 연구자의 개인적 선호와 성향을 제거하기 위한 작업으로 연구 주제에 익숙하거나 익숙하지 않은 동료들과 함께 연구 중 떠오르는 주제들을 함께 토론하는 자리를 자주 갖는 것이다.

보충설명

⑤ **부정적 사례**(negative case, 반증사례분석)는 완벽한 귀납적 방법의 달성을 위한 방법으로 연구대상인 모든 사례를 포함할 수 있도록 지속적으로 변화하는 가정의 도출을 요하는 작업이다. 즉 지속적으로 나타나는 오류들을 모두 포함할 수 있는 가정의 재구성 작업을 말한다.

정답 ⑤

154 ☑확인 ☐☐☐

「마을만들기 사업 참여경험에 관한 연구」의 엄격성을 높이는 방법으로 옳은 것을 모두 고른 것은?
• 21회

> ㄱ. 삼각측정(triangulation)
> ㄴ. 예외사례 표본추출
> ㄷ. 장기적 관찰
> ㄹ. 연구윤리 강화

① ㄱ, ㄴ
② ㄷ, ㄹ
③ ㄱ, ㄴ, ㄷ
④ ㄱ, ㄴ, ㄹ
⑤ ㄱ, ㄴ, ㄷ, ㄹ

해설

「마을만들기 사업 참여경험에 관한 연구」는 질적 연구이다. ㄱ, ㄴ, ㄷ, ㄹ 모두 질적 연구의 엄격성(rigor)을 높이는 방법에 해당한다. 참고로 **질적 연구의 엄격성이란** 질적 연구를 통해 얻은 결과와 결과해석을 신뢰할 수 있는 정도를 말한다.

+ 보충설명

ㄱ. **삼각측정(triangulation, 삼각측량 또는 다각화)란** 여러 가지 관점에서 조사대상의 의미를 파악하기 위한 방법으로 연구자나 연구대상자의 주관적 판단이나 오류를 완화하기 위한 것이다.

ㄴ. **예외사례 표본추출은** 의도적 표집방법 중 하나이다. 예외 사례는 이미 나타나고 있는 유형과 일치하지 않는 사례로, 일상적이거나 규칙적인 유형에 맞지 않는 사례들을 검토하여 규칙적인 태도와 행위의 유형을 더 잘 이해할 수 있다.

ㄷ. 인간은 독특성을 지닌 다양하면서도 복잡한 존재이며, 자연적 장면들도 독특성과 복잡성을 가지고 있다. 시간의 변화나 경과에 따라 달라지기도 한다. 따라서, **장기적으로 관찰하는 것은** 연구결과의 신뢰도, 타당도, 일반화 가능성 측면에서의 문제점을 극복하는데 도움이 된다.

ㄹ. 질적 연구는 연구조사자가 연구대상자들과 직접적이고 많은 경우 친밀한 접촉을 하도록 하기 때문에 윤리적 문제들을 극적 수준으로 높인다. 따라서, 질적 연구의 엄격성을 높이기 위해 **연구윤리를 강화해야** 한다.

정답 ⑤

155 ☑확인 ☐☐☐

완전참여자(complete participant)에 관한 설명으로 옳은 것은?
• 22회

① 연구대상이 관찰된다는 사실을 알기에 자연적인 상태에서의 관찰이 불가능하다.
② 관찰대상과 상호작용 없이 연구대상을 관찰할 수 있다.
③ 관찰대상의 승인을 받고 관찰대상과 어울리면서도 객관성을 유지할 수 있다.
④ 관찰대상의 승인을 받지 않고 관찰한다는 점에서 연구윤리문제가 제기될 수 있다.
⑤ 관찰 상황을 인위적으로 통제한 상황에서 관찰을 진행할 수 있다.

해설

완전참여자는 자신의 신분자체를 속이고 대상집단에 완전히 참여하여 **자연스럽게 관찰하는 방법**이기 때문에, 관찰대상의 승인을 받지 않고 관찰한다는 점에서 연구윤리문제가 제기될 수 있다.

✗ 오답풀이

① 완전참여자는 자신의 신분자체를 속이기 때문에 연구대상이 관찰된다는 사실을 **알지 못하기 때문에** 자연적인 상태에서의 관찰이 **가능하다.**
② 관찰대상과 상호작용 없이 연구대상을 관찰하는 것은 **완전관찰자**이다. 완전참여자는 관찰대상과 상호작용을 하면서 관찰한다.
③ 관찰대상의 승인을 받고 관찰대상과 어울리면서도 객관성을 유지하고자 하는 것은 **참여관찰자**이다. 참여관찰자는 연구대상자들에게 연구조사자로서의 신분을 밝히고 참여자들과 상호작용을 하지만, 실제로 전혀 참여자인 척하지는 않는다.
⑤ 완전참여자는 관찰 상황을 **인위적으로 통제하지 않는 상황**에서 관찰을 진행할 수 있다. 어떠한 경우든지 완전참여자의 역할을 맡으면 연구자가 아니라 참여자로 보이도록 하며 자연스럽게 관찰한다.

정답 ④

제14장 욕구조사와 평가조사

제2영역 : 사회복지조사론

01 욕구조사(Needs Assessment)

156

욕구조사의 유형에 관한 설명으로 옳지 않은 것은? • 9회

① 지역주민서베이는 수요자 중심의 욕구사정에 적합하다.
② 지역자원재고조사는 지역사회 서비스 자원에 대한 정보획득이 용이하다.
③ 사회지표조사는 지역사회 주민욕구의 장기적 변화를 파악하기 쉽다.
④ 지역사회포럼은 조사대상자를 상대로 개별적으로 자료를 수집하는 데 유리하다.
⑤ 주요 정보제공자(key informant) 조사는 정보제공자의 편향성이 나타날 수 있다.

해설
지역사회포럼은 관심있는 사람들만 참석하기 때문에 이들만의 욕구가 반영되는 표집자 편의(selection bias)현상을 나타내어 표본의 대표성을 확보하기 어렵다.

정답 ④

157

지역사회보장계획을 수립하기 위해 포함될 수 있는 조사를 모두 고른 것은? • 17회

㉠ 자치단체장의 정책공약 관련 자료의 내용분석
㉡ 지역주민의 욕구파악을 위한 서베이
㉢ 복지 전문가 대상 초점집단면접
㉣ 질적 자료수집을 위한 구청 업무담당자와의 심층면접

① ㉠　　　② ㉡, ㉣　　　③ ㉠, ㉡, ㉣
④ ㉡, ㉢, ㉣　　　⑤ ㉠, ㉡, ㉢, ㉣

해설
지역사회의 복지욕구조사를 위한 자료수집방법은 다양한 기법들이 사용될 수 있다. 즉, 공식 인터뷰, 비공식 인터뷰, 민속학적 방법, 초점집단면접, 심층면접, 델파이기법, 지역사회포럼 등의 질적 접근방법, 그리고 서베이, 모니터링, 사회지표분석 등과 같은 양적 접근방법을 사용할 수 있다. ㉠, ㉡, ㉢, ㉣ 모두 지역사회보장계획을 수립하기 위해 포함될 수 있는 조사에 해당된다.

보충설명
「사회보장급여의 이용·제공 및 수급권자 발굴에 관한 법률」 제35조(지역사회보장에 관한 계획의 수립) 제7항 "보장기관의 장은 지역사회보장계획의 수립 및 지원 등을 위하여 지역 내 사회보장 관련 실태와 지역주민의 사회보장에 관한 인식 등에 관하여 필요한 조사(지역사회보장조사)를 실시할 수 있으며, 시·도지사 및 시장·군수·구청장은 **지역사회보장계획 수립 시 지역사회보장조사 결과를 반영할 수 있다.**" 동법 시행령 제21조(지역사회보장조사의 시기·방법 등) 제1항 "법 제35조제7항에 따른 지역사회보장조사(지역사회보장조사)는 **4년마다 실시한다.** 다만, 필요한 경우에는 수시로 실시할 수 있다." 제2항 "지역사회보장조사의 내용에는 다음 각 호의 사항 전부나 일부가 포함되어야 한다. 1. 성별, 연령, 가족사항 등 지역주민 또는 가구의 일반 특성에 관한 사항, 2. 소득, 재산, 취업 등 지역주민 또는 가구의 경제활동 및 상태에 관한 사항, 3. 주거, 교육, 건강, 돌봄 등 지역주민 또는 가구의 생활여건 및 사회보장급여 수급실태에 관한 사항, 4. 사회보장급여의 이용 및 제공에 관한 지역주민의 인식과 욕구에 관한 사항, 5. 아동, 여성, 노인, 장애인 등 사회보장급여가 필요한 사람의 사회보장급여 이용 경험, 인지도 및 만족도에 관한 사항, 6. 그 밖에 보건복지부장관이 지역주민의 사회보장 증진을 위하여 필요하다고 인정하는 사항" 제3항 "지역사회보장조사는 표본조사의 방법으로 실시하되, **통계자료조사, 문헌조사 등의 방법을 병행**하여 실시할 수 있다."라고 규정하고 있다.

정답 ⑤

158

초점집단(focus group) 조사에 관한 설명으로 옳지 않은 것은?

· 19회

① 집단을 활용한 자료수집방법이다.
② 익명의 전문가들을 패널로 활용한다.
③ 욕구조사에서 활용된다.
④ 직접적인 자료수집 방법이다.
⑤ 연구자의 개입에 의해 편향이 발생할 수 있다.

해설

익명의 전문가들을 패널로 활용하는 것은 **델파이 기법(Delphi technique)**이다. 초점집단(focus group) 조사는 집단적 상호작용을 통해 자료를 수집한다는 점에서 델파이 기법과 유사하지만, **집단참가자의 대면적 물리 회합을 필요로 한다는 점**에서 델파이 기법과 뚜렷이 구분된다. 즉, 초점집단이 대면(face to face)집단의 상호작용을 강조하는 데 반해, 델파이 기법은 익명(anonymous) 집단을 원격으로 상호작용하게 한다.

보충설명

① 초점집단은 **집단을 활용한 자료수집과 분석의 한 방법**이다.
③ **욕구조사**(needs assessment)는 특정 지역사회 또는 집단의 사회문제를 해소하기 위한 서비스의 개발이나 기존 서비스의 보완을 위한 작업에 앞서 대상집단의 욕구를 정확히 파악하기 위해 실시하는 조사로, **초점집단 조사는 욕구조사에서 활용된다**.
④ 초점집단은 조사자에 의해 선발되고 조합된 개인들의 집단으로, **집단을 활용한 직접적인 자료수집 방법**이다.
⑤ 자료수집 과정에서 **연구자의 주관적 개입이 될 수 있어서 연구자의 개입에 의해 편향이 발생할 수 있다**.

정답 ②

OIKOS UP 포커스그룹(= 초점집단기법)

① 집단면접으로 불리는 초점집단 기법은 보통 6~8명(많은 경우 12명 15명 정도까지 가능)이 한 그룹을 형성하고, 이 그룹에 참여하는 구성원에게 어떤 주제에 대한 상호작용을 유발함으로써 참가자로 하여금 의미 있는 제안 및 의견을 도출하도록 하여 자료를 수집하는 방법이다.
② 초점집단은 함께 모여 면접을 하는 피험자 집단으로, 논의의 증진을 위해 일시적으로 소집된다. 토론이 기본 목적이지, 갈등해소, 의사결정, 문제해결 등의 구체적 과제를 위해 구성된 집단이 아니다.
③ 본래는 영리기관에서 주로 상품평가나 서비스에 대한 평가 및 마케팅을 위해 시작되었다.
④ 주로 개방형 질문을 사용하여 참여자의 생각을 자극하고 고무하며, 그들의 아이디어, 태도, 반응, 제안 및 통찰력을 유도한다.

159

델파이 조사에 관한 설명으로 옳지 않은 것은?

· 14회

① 전문가 패널의 의견을 수렴하는 방법으로 활용된다.
② 외형적으로는 설문조사방법과 유사하다.
③ 연구자가 사전에 결정한 방향으로 패널의 의견이 유도될 위험이 있다.
④ 패널의 후광효과를 방지하기 어렵다.
⑤ 반복되는 설문을 통하여 패널의 의견이 수정될 수 있다.

해설

델파이 기법에서 모든 패널 참가자는 익명성을 유지한다. 이와 같은 **익명성 구조**는 집단 역학에 의해 권위나 퍼스낼리티에서 우위에 있는 사람이 논의 과정을 독점하는 것을 방지할 수 있게 함으로써, **시류 편승의 효과(bandwagon effect)나 후광효과(halo effect)를 최소화시키**고 자신의 견해를 자유롭게 개진해 나갈 수 있게 하는 데 도움을 준다. 참고로 시류 편승 효과는 다수의 견해에 쉽사리 동조하는 경향을 의미하고, 후광 효과는 권위 있는 사람의 견해에 쉽사리 현혹되는 경향을 의미한다.

보충설명

③ 델파이 기법은 수집된 자료의 객관성의 문제가 있다. 즉 외부적으로는 집단의 자유로운 의견개진을 표방하고 있지만, **실제로는 조정자가 사전에 결정된 목적과 방향으로 의견을 유도해 나가는 데 사용될 수 있다**. 질문을 제시하고, 수거하고, 정리하고, 다시 배포하고, 수거하고, 재정리해 나가는 반복과정에서 조정자의 역할이 지나치게 개입될 우려가 있다.

정답 ④

OIKOS UP 델파이 기법(= 전문가의견조사)

① 어떤 문제에 대해 올바른 판단을 하기 위해 체계적으로 전문가들의 합의점을 찾는 방법이다.
② 델파이 기법은 광범위하고 장기적인 정책이나 프로그램을 수립하는데 종종 사용된다.
③ 장점 : 익명성으로 인해 특정인의 영향을 줄일 수 있고, 익명으로 하기 때문에 집단의 의견에 개인을 순종시키려는 집단의 압력을 줄일 수 있고, 응답자의 시간을 효율적으로 이용할 수 있다는 점, 전문가의 합의에 의한 욕구파악, 민주적 의사결정 등이다.
④ 단점 : 반복적인 과정을 거치므로 시간과 비용이 많이 들고, 실제 욕구와 반드시 일치하지 않을 수 있으며, 극단적인 의견은 판단합의를 얻기 위해서 제외되는 경향이 있어 창의적인 의견들이 손상될 수 있다. 또한 반복되는 동안 응답자의 수가 줄어드는 문제가 있다.

02 평가조사(Evaluation Research, 평가연구)

160

지역아동센터에서 인지능력개발프로그램을 종료한 후 이를 재진행 할 것인지, 완전히 종결 할 것인지 등을 결정할 때 사용할 수 있는 평가는?

· 7회

① 형성평가 ② 과정평가
③ 총괄평가 ④ 사전평가
⑤ 메타평가

해설
프로그램이 종료된 이후 행해지는 평가로, **총괄평가, 즉 성과평가**에 해당된다.

정답 ③

OIKOS UP 총괄평가(= 성과평가)
① 프로그램이 종료된 이후 행해지는 평가로, 어느 프로그램을 시작할 것인지, 지속할 것인지, 종결할 것인지, 또는 여러 개의 대안적인 프로그램들 가운데 어느 것을 택해야 하는지 등 총괄적인 의사결정을 할 경우 실시하는 평가이다.
② 프로그램의 궁극적인 성공 여부를 가려 그 프로그램을 지속할 것인지와 그 프로그램을 다른 대안적 사항들보다 우선적으로 선택할 것인지를 결정하는 것과 연관된다.
③ 프로그램 운영이 끝날 때 행해지는 평가로서 성질이 비슷한 새로운 프로그램을 다시 시작할 것인지 또는 종결한 것인지 등을 결정 짓는데 유용하다. 프로그램의 효과성과 효율성을 평가하고자 하며, 대개 프로그램 시행이 종결된 후에 실시한다.
④ 성과(outcomes)평가로서, 목적지향적 평가라고도 불린다.

161

제3의 평가자가 여러 복지관에서 완성한 자체평가서들을 신뢰도, 타당도, 유용성, 비용적인 측면에서 다시 점검하는 것은?

· 8회

① 총괄평가 ② 메타평가
③ 능률평가 ④ 과정평가
⑤ 효과성 평가

해설
질문은 **메타평가**(meta-evaluation)를 말한다. 메타평가는 평가의 평가로, 제시된 평가계획서나 완성된 평가를 다른 평가자에 의해 다시 점검을 받는 것을 말한다. 평가의 평가는 형식적으로는 형성평가나 총괄평가로 수행될 수 있다. 평가의 신빙도, 타당도, 유용도 외에 평가의 시기, 보고서의 문체, 적절성, 평가비용 등도 검토대상이 된다.

정답 ②

162

A 복지관에서는 전년 대비 예산축소로 인해 현재 운영하고 있는 서로 다른 프로그램들의 성과를 동일한 가치기준으로 평가하여 차등 지원하였다. 이때 사용된 평가방법은?

• 9회

① 메타(meta)평가
② 형성(formative)평가
③ 비용편익(cost-benefit)평가
④ 비용성과(cost-outcome)평가
⑤ 비용효과(cost-effectiveness)평가

해설

비용편익분석(cost-benefit)은 프로그램에 드는 비용과 효과뿐만 아니라 프로그램의 결과로 얻어지는 이익(사회적 편익)도 고려된다. 즉 프로그램의 성과와 프로그램에서 사용된 비용을 둘 다 고려한다. **프로그램의 비용과 결과(성과)를 모두 금전적 가치로 환산하는 것으로**, 서비스로 인해 나타나는 효과(성과)를 화폐가치로 환산해서 편익으로 두고 이를 비용으로 나눈 값이다.

정답 ③

163

다음 내용에서 프로그램 평가의 오류에 관한 설명으로 옳지 않은 것은?

• 10회

> A 노인복지센터에서는 상담을 통해 노인의 일에 대한 태도를 변화시켜 취업률을 향상시키는 프로그램을 시행하였다. 프로그램 시행 이후 효과성 평가를 실시한 결과, 효과적이지 못한 것으로 나타났다.

① 이론오류 - 노인의 취업기회가 부족하여 취업률이 낮다.
② 이론오류 - 노인의 취업은 노인의 일상생활 수행능력과 관계가 있다.
③ 이론오류 - 노인은 집단상담보다 개별상담을 선호한다.
④ 실행오류 - 노인복지센터 상담자의 연령에 따라 다르게 나타난다.
⑤ 실행오류 - 노인은 밝은 상담장소를 선호한다.

해설

이론오류는 프로그램 개입이 매개변수들의 변화는 정확하게 초래했지만, 개입목표의 성과지표는 변화하지 않는 경우를 프로그램이 이론적 오류에 빠졌다고 한다. 매개변수의 변화가 성과와 연결되지 않는 경우를 프로그램의 이론적 오류라고 한다.
③의 노인은 집단상담보다 개별상담을 선호한다는 것은 이론오류가 아닌 **실행오류에 해당**하는 것이다.

정답 ③

제15장 자료처리 및 조사보고서 작성

제2영역 : 사회복지조사론

164

자료처리 제작과정에서 부호책(coding book)에 고려하지 않아도 되는 것은? • 3회

① 변수의 설명
② 변수의 유형
③ 변수의 값
④ 통계적 유의수준
⑤ 변수의 이름

해설

숫자로 코딩된 자료만으로는 그 숫자가 무엇을 의미하는 지 혼동을 일으킬 수 있으므로, 이를 위해 연구에 이용된 모든 정보 단위들에 대한 변수 이름, 변수의 내용, 자리 수, 변수 값 등을 정리해 놓은 것이 **부호책**이다. 통계적 유의수준은 부호책에 포함되지 않는다.

정답 ④

165

조사보고서 작성에 있어서 옳지 않은 것은? • 5회

① 서론에는 연구목적, 연구결과의 함의가 기술되어야 한다.
② 본론에는 이론적 배경, 연구방법, 연구결과가 제시되어야 한다.
③ 결론에는 본문의 핵심내용, 후속 연구에의 제언이 제시되어야 한다.
④ 정확하고 체계적으로 기술해야 한다.
⑤ 독자들이 충분히 이해할 수 있는 수준으로 기술해야 한다.

해설

서론은 연구의 배경 및 연구의 필요성 및 중요성을 포함한 문제제기, 연구목적 등이 포함되어 이어서 분석단위, 변수, 가설, 조작적 정의 등에 대한 논의가 포함된다. 만약 학술적 성격이 보다 강한 보고서나 학술지에 기재하는 보고서라면 서론 부분에 문헌에 대한 검토와 이론적 배경에 대한 논의를 추가하여야 한다. **연구결과의 함의는 결론에 기술되어야 한다.**

정답 ①

OIKOS UP 조사보고서의 기본구조

① 표제 : 조사제목, 조사자, 기관의 이름, 작성일자
② 목차
③ 개요 : 조사목적, 조사배경, 조사문제, 가설, 조사내용, 조사방법, 주요 조사결과 및 발견사항, 결론
④ 서론 : 조사의 취지, 필요성, 목적, 조사범위, 기존의 연구와 비교, 용어의 설명 등의 서술
⑤ 본문 : 조사의 목적, 문제와 가설, 이론적 배경, 조사설계 및 조사방법, 연구결과 및 분석
⑥ 결론 및 제언 : 결과요약, 이론적 함의(정책적, 실천적 함의), 연구의 제한점, 향후연구를 위한 제언
⑦ 참고문헌
⑧ 부록 : 설문지, 상세한 통계분석 절차, 부수적인 그림이나 표, 사회지표 등

2교시 사회복지실천

제3영역

사회복지실천론
Theories of Social Work Practice

교과목 개요
전문적인 사회복지실천에 필요한 기본적인 개념과 역사적 배경을 살펴보고, 사회복지실천의 이념, 철학 및 기본이론을 이해한다. 다양한 사회복지실천 현장에 대한 이해와 아울러 현장에서 활동하는 사회복지사의 역할과 기본적 가치 및 윤리를 살펴본다. 또한 사회복지실천과정을 단계별로 나누어 각 단계에 필요한 지식과 기술의 습득을 통해 통합적 접근 및 사례관리 실천방법을 이해한다.

교과목 목표
1. 사회복지실천의 개념과 목적에 대한 이해
2. 사회복지실천의 역사적 발달과정에 대한 이해
3. 사회복지실천의 가치와 윤리에 대한 이해
4. 사회복지실천 현장과 사회복지사의 역할에 대한 이해
5. 사회복지실천의 이론적 기반과 통합적 접근 및 사례관리에 대한 이해
6. 사회복지실천과정에 대한 이해

3영역 | 사회복지실천론

이해 틀	목차 (교과목 지침서에 준함)	10회 2012	11회 2013	12회 2014	13회 2015	14회 2016	15회 2017	16회 2018	17회 2019	18회 2020	19회 2021	20회 2022	21회 2023	22회 2024	23회 2025
사회복지 실천에 대한 이해	제1장 사회복지 실천의 개념 및 정의	5	2	1	1	1	1	2	1	–	1	1	2	1	2
	제2장 사회복지 실천의 가치와 윤리	3	3	–	2	2	2	2	2	3	3	3	2	4	2
	제3장 사회복지실천의 역사적 발달과정	3	3	3	2	3	3	2	2	2	2	2	2	3	1
	제4장 사회복지 실천의 현장에 대한 이해	2	1	4	4	2	2	2	2	1	2	1	2	1	2
접근방법	제5장 사회복지 실천의 관점: 통합적 접근	4	4	3	3	3	4	5	4	4	4	4	3	4	5
관계론과 면접론	제6장 사회복지 실천의 관계론	2	3	4	2	2	3	2	4	3	4	3	4	3	3
	제7장 사회복지 실천의 면접론	3	3	3	2	2	2	2	2	3	2	3	2	2	2
과정론	제8장 접수 및 자료수집	1	3	3	–	2	2	1	2	2	2	2	1	1	1
	제9장 사정단계	2	2	1	2	2	–	2	2	1	1	1	1	1	2
	제10장 계획 수립 단계	1	1	1	2	1	1	1	–	1	–	1	–	1	–
	제11장 개입단계	–	1	1	–	2	2	–	–	1	–	1	2	1	1
	제12장 종결과 평가단계	1	1	–	2	1	–	1	1	1	1	1	–	–	–
사례관리	제13장 사례관리	3	3	2	3	2	3	3	3	3	3	2	4	2	4

※ 표 안에 ( ) 안의 숫자는 단독 출제되지는 않았으나 문제의 지문상에 해당 부분의 내용이 출제된 것을 의미합니다.
※ 제10회 시험부터 시험문제가 공개되었으며, 제12회 시험부터 영역별 30문제에서 25문제 출제로 변경되었습니다.
  따라서, 장(chapter)별 출제빈도는 12회 시험부터 눈여겨보시기 바랍니다.

제1장 사회복지실천의 개념 및 정의

제3영역 : 사회복지실천론

01 사회복지실천의 목적과 기능

001

사회복지실천의 목적으로 옳지 않은 것은? · 10회

① 개인의 문제해결능력과 대처능력을 향상시킨다.
② 개인과 환경 간 불균형 발생 시 문제를 감소하도록 돕는다.
③ 개인과 환경 간의 상호작용에 초점을 두고 사회정책을 개발한다.
④ 개인의 욕구 충족을 위해 전적인 책임을 갖고 지속적으로 지원한다.
⑤ 개인과 환경 간의 상호유익한 관계를 증진시킨다.

해설
사회복지실천의 목적은 개인·가족·집단·조직, 그리고 지역사회가 목적을 달성하고 고통을 완화시키며 자원을 활용할 수 있도록 도움으로써 이들의 사회기능을 촉진(promotion), 회복(restoration), 유지(mainte-nance), 향상(enhancement)시키는 것이다.

오답풀이
④ 사회복지사가 전적인 책임을 갖는 것은 아니다. 사회복지사의 전적인 책임은 온정주의적인 것으로 바람직하지 않다. 참고로 온정주의(paternalism)는 사회복지사가 '클라이언트의 이익'을 위해 클라이언트의 희망사항이나 자유를 방해하는 행위이다.

정답 ④

002

사회복지실천의 목표로 옳은 것을 모두 고른 것은? · 14회

㉠ 권위적 관계의 고수
㉡ 사회복지사의 사적 이익 추구
㉢ 이중관계(dual relationship)의 지향
㉣ 클라이언트 삶의 질 향상 제고

① ㉠, ㉡, ㉢
② ㉠, ㉢
③ ㉡, ㉣
④ ㉣
⑤ ㉠, ㉡, ㉢, ㉣

해설
사회복지실천의 궁극적인 목표는 **클라이언트 삶의 질(quality of life) 향상**이다. 매우 간단한 것 같지만 상당히 함축적이며, 사회의 변화와 무관한 궁극의 목적이다.

보충설명
㉠ 사회복지사는 전문지식과 경험으로부터 나오는 전문적 권위를 보유하고 있지만, 그렇다고 권위적 관계를 고수한다는 것은 올바르지 않다. 오히려 클라이언트를 동반자 또는 협조자로 인정한다.
㉡ 사회복지사는 **개인적 사적 이익을 추구하기위해 클라이언트와의 전문적 관계를 이용하여서는 안 된다.** 다만, 클라이언트를 돕다가 자신의 생명이 위태롭다든지 자신의 직업이나 가족 등의 희생이 요구될 때, 사회복지사는 클라이언트의 이익과 사회복지사 자신의 이익을 추구하는 것 사이에서 갈등을 경험하게 된다.
㉢ 사회복지사와 클라이언트의 관계는 전문적 관계로 전문적 관계 이외의 **이중적 관계를 유지하는 것은 비윤리적인 행동으로 간주**된다. 참고로, **이중관계(dual relationship)**란 사회복지사와 클라이언트가 원조목적을 위한 전문적 관계 이외의 또 다른 차원의 관계를 유지하는 것을 의미한다. 예 기관 밖에서 클라이언트와 사적인 만남을 갖는 경우, 원조제공을 담보로 금전적 혹은 사적 이윤을 추구하는 경우, 클라이언트(혹은 이전의 클라이언트)와 정서적으로 관여하거나 혹은 성적 접촉을 갖는 경우 등이 포함된다.

정답 ④

003

사회정의 향상을 위한 사회복지 기능에 해당하는 활동은?

· 8회

① 위기 사례 발굴
② 다문화 가족 인식 개선 활동
③ 가출 청소년 상담
④ 지역 내 서비스 기관 실무자들의 사례회의
⑤ 학대아동 쉼터 연계

해설

포플(Popple, 1992)은 사회복지실천의 기능을 욕구가 있는 개인들의 **사회기능 증진의 기능**과 **사회정의 향상의 기능**으로 크게 2가지로 나눈다. 사회정의는 사회의 모든 구성원이 기본권리, 보호, 기회, 사회적 혜택을 똑같이 갖는 이상적인 상황이다. 사회복지실천은 불의의 결과를 이해하고 개별적 그리고 집단적 사회정의를 달성하도록 개입하는 것인데 사회복지사가 **옹호활동을 하면서 사회정의를 향상**한다.

+보충설명

사회적 기능(social functioning)이란, 기본 욕구를 충족하는 데 필요한 과제와 활동을 달성하고 특정 하위문화나 지역사회에서 필요로 하는 주요 사회적 역할을 수행하기 위한 사람의 능력이다.

정답 ②

OIKOS UP 포플(Popple)이 제시한 사회복지실천의 기능

① 욕구가 있는 개인(들)의 사회기능 증진의 기능
  ㉠ **사례론**(case) : 문제의 근원을 개인에게 둠.
  ㉡ 예방, 재활, 치료의 활동을 통해 사회기능을 증진시킨다.
  ㉢ 욕구를 표출한 사람들이 직접적인 관련이 있는 것으로, 주로 개인이나 가족 및 집단 또는 지역사회 전체가 대상이 된다.
② 사회정의 향상의 기능
  ㉠ **원인론**(cause) : 사회환경의 탓으로 문제를 돌림.
  ㉡ 사회복지사들의 옹호활동(advocacy)을 통해 사회정의 향상을 실천한다.
  ㉢ 표출된 욕구와 직접 관련이 있지 않은 사람들이 대상이 되는 것으로 작게는 개인 및 집단, 크게는 지역사회 및 대사회(지역사회 전체)가 될 수 있다.
  ㉣ 사회복지사들이 사회정의를 실현하는 방법은 사회제도가 제공하는 기회와 자원을 확대시키는 것에 기여하는 것이다.

004

사회복지실천의 목적과 기능으로 옳지 않은 것은?

· 17회

① 사회정의의 증진
② 클라이언트의 삶의 질 증진
③ 클라이언트의 가능성과 잠재력 개발
④ 개인과 사회 간 상호유익한 관계 증진
⑤ 개인이 조직에게 효과적으로 순응하도록 원조

해설

전미사회복지사협회(NASW)가 제시한 사회복지실천의 기능 중에 하나로, 개인이 조직에게 효과적으로 순응하도록 원조하는 것이 아니라 **조직이 사람에게 반응하도록(responsive) 하는 것**이다. 즉 사람의 욕구에 반응하는 조직이 될 수 있도록 하는 것이다.

+보충설명

① **사회정의(social justice)**는 정부, 기업, 권력집단과 같은 사회제도가 모든 사람들의 기본적인 인권을 인식하고 지지하는 방식에서의 공정함과 도덕적 진실과 관련된다. 사회정의의 증진은 법, 정부의 정책, 사회복지프로그램을 모든 사회 구성원에게 동등한 자원과 기회를 줄 수 있도록 노력하는 것이다.
② 사회복지실천의 궁극적인 목적은 모든 사람의 **삶의 질(quality of life)**을 향상시키는 것이다.
③ 클라이언트의 기본욕구를 충족시키고 **클라이언트가 갖고 있는 잠재력 및 가능성을 개발**하는 것을 돕기 위해 필요한 사회정책, 서비스, 지원, 프로그램을 계획, 공식화, 시행하는 것이다. 즉, 클라이언트의 가능성과 잠재력을 현재화함으로써 클라이언트의 자생력을 키워 나갈 수 있도록 해야 한다.
④ 사회복지실천은 클라이언트의 삶의 질을 개선하기 위해 **개인과 사회 간의 유익한 상호작용을 증진시키거나 개선하는 것**을 목적으로 한다.

정답 ⑤

OIKOS UP NASW가 제시한 사회복지실천 기능

사회복지실천의 목적 및 기능에 관한 정리작업을 하면서 사회기능 증진과 사회정의 향상의 기본적인 두 가지 기능을 6가지 기능으로 세분화하였다.
① 사람들의 자신감을 넓혀주고(자신감을 고양) 문제해결과 대처능력을 향상시키도록 돕는다.
② 사람들이 자원을 취득하도록 돕는다.
③ 조직이 사람에게 반응하도록(responsive) 한다.
④ 개인과 환경 내의 다른 사람 및 조직과의 상호관계를 촉진시킨다.
⑤ 조직과 제도 간의 상호관계에 영향력을 행사한다.
⑥ 사회정책과 환경정책에 영향을 미친다.

02 사회복지실천의 분류

005 ✓확인 ☐☐☐

직접적 실천의 예는?
• 9회

① 지역현안 문제 해결을 위해 공청회 개최
② 지역모금 활성화를 위한 홍보활동 전개
③ 외부 프로그램지원사업 신청
④ 성매매 피해 여성을 위한 직업기술교육 제공
⑤ 결식아동 지원을 위한 예산확보운동 참여

해설

직접 실천(direct practice)은 사회복지사가 직접적인 클라이언트와의 접촉을 통해 서비스를 제공하는 것을 말한다. 클라이언트에게 직접 대응하여 서비스를 제공하는 것으로 개별사회사업, 집단사회사업 등이 해당된다. ④번의 성매매 피해 여성을 위해 직업기술교육을 제공하는 것은 직접 클라이언트와 접촉을 통해 서비스를 제공하는 것이므로 직접 실천에 해당한다.

✗ 오답풀이

① 지역현안 문제 해결을 위해 공청회 개최, ② 지역모금 활성화를 위한 홍보활동 전개, ③ 외부 프로그램지원사업 신청, ⑤ 결식아동 지원을 위한 예산확보운동 참여는 모두 간접 실천에 해당한다. **간접 실천(indirect practice)**은 사회복지사가 직접 클라이언트를 대면하지 않으면서 클라이언트의 문제해결에 간접적으로 도움을 제공하는 것을 말한다.

정답 ④

006 ✓확인 ☐☐☐

사회복지실천의 개입수준과 활동이 바르게 연결된 것은?
• 16회

① 중시적(mezzo) 실천 : 사례관리대상자에게 주거환경개선을 위한 청소서비스 제공
② 미시적(micro) 실천 : 사회복지관에서 후원자개발을 위한 행사 진행
③ 거시적(macro) 실천 : 공공부조서비스의 적격성을 파악하기 위한 욕구사정 실시
④ 중시적(mezzo) 실천 : 지역사회보장협의체에서 기관실무자 네트워크 회의 소집
⑤ 미시적(micro) 실천 : 지역특성에 맞는 주민대상 프로그램 개발을 위한 지역조사 실시

해설

중시적(mezzo) 실천은 클라이언트에게 직접적 영향을 미치는 가족, 또래집단, 학급과 같은 체계를 변화시키는 것이다. 클라이언트에게 직접 영향을 미치는 기관실무자들의 네트워크 회의 소집은 **중시적 실천**에 해당한다.

✗ 오답풀이

① 사례관리대상자에게 주거환경개선을 위한 청소서비스 제공은 **미시적 실천**에 해당한다.
② 사회복지관에서 후원자개발을 위한 행사 진행은 **거시적 실천**에 해당한다.
③ 공공부조서비스의 적격성을 파악하기 위한 욕구사정 실시는 **미시적 실천**에 해당한다.
⑤ 지역특성에 맞는 주민대상 프로그램 개발을 위한 지역조사 실시는 **거시적 실천**에 해당한다.

정답 ④

03 사회복지실천의 이념

007

사회복지실천 이념에 관한 설명으로 옳지 않은 것은? · 10회

① 사회진화론에 근거한 사회복지실천은 인보관 활동에서 찾아볼 수 있다.
② 다양화 경향은 다양한 계층과 문제를 인정하는 계기가 되었다.
③ 우애방문자들은 취약계층에게 인도주의적 서비스를 제공하고자 하였다.
④ 시민의식의 확산으로 주는 자 중심에서 받는 자 중심의 서비스로 전환되었다.
⑤ 개인주의 사상은 엄격한 자격요건 하에서 최소한의 서비스만 제공하는 경향을 낳기도 하였다.

[해설]
사회복지에서 사회진화론의 이념을 수용한 것은 사회복지실천의 사회통제 측면에서 나타난다. **사회통제를 주목적으로 한 실천은 자선조직협회의 봉사활동에서부터 두드러지게 보여진다.**

✗ 오답풀이
② **다양화 경향**으로 사회복지실천에서도 다양한 계층에 대한 수용, 다양한 문제 및 접근방식에 대한 허용, 개개인의 독특성을 인정하는 개별화를 추구하게 되었다.
③ **인도주의**는 자선조직협회(COS)의 우애방문자(friendly visitor)들의 철학으로, 기독교사상을 실천하려는 중산층 이상의 사람들이 빈곤한 사람들을 대상으로 인도주의적 구호를 제공한 것이다.
④ **시민의식의 확산**으로 수혜자 중심, 즉 클라이언트 중심의 서비스로 전환되었다.
⑤ **개인주의**는 개인권리의 존중 뿐 아니라 수혜 자격의 축소에도 영향을 주었다. 즉, 빈곤한 사회복지 수혜자는 빈곤하게 살 수 밖에 없어야 한다는 '최소한의 수혜 자격 원칙'과 저임금 노동자보다 더 낮은 보조를 받아야 한다는 '열등 처우의 원칙'을 낳았다.

정답 ①

008

민주주의(democracy)가 사회복지실천에 미친 영향으로 옳지 않은 것은? · 16회

① 서비스 제공자와 소비자의 동등한 관계 강조
② 최소한의 수혜자격 강조
③ 빈곤에 대한 사회적 책임 중시
④ 대상자의 서비스 선택권 강조
⑤ 서비스 이용자의 정책결정 참여

[해설]
최소한의 수혜자격 강조는 개인주의가 미친 영향이다. 개인주의 이념은 빈곤한 사회복지 수혜자는 빈곤하게 살 수밖에 없어야 한다는 '최소한의 수혜 자격 원칙'을 낳았으며, 저임금 노동자보다 더 낮은 보조를 받도록 하는 정책을 펼쳤다. 이는 미국의 경우 사회진화론과 맞물려 더욱 큰 힘을 발휘하였다.

+ 보충설명
③ 사회진화론에 근거를 둔 사회통제의 측면에서 빈곤이나 장애를 전적으로 클라이언트의 책임으로만 돌렸다면, **민주주의 이념은** 사회변화의 측면에서는 그 책임을 사회에게 돌린다. 즉, 모든 인간이 평등하듯 사회복지의 클라이언트들도 동등한 처우를 받을 권리, 빈곤에서 탈피할 동등한 기회를 제공받을 권리를 갖는다는 것이다. 따라서 빈곤에 대한 책임은 이러한 권리를 보장해주지 못한 사회에 있으며, 사회변화를 통해 이를 가능하게 해야 한다는 것이다.

정답 ②

김진원 Oikos 사회복지사 1급

제2장 사회복지실천의 가치와 윤리

제3영역 : 사회복지실천론

01 사회복지실천의 가치

009 ✓확인 ☐☐☐

레비(C. Levy)가 제시한 사회복지전문직의 가치 중 수단에 관한 가치에 해당하는 것은? ·15회

① 소속의 욕구
② 건설적 변화에 대한 능력과 희망
③ 자기결정권 존중
④ 상호책임성
⑤ 인간의 공통된 욕구

해설

레비(C. Levy)는 전문직의 가치를 전문직 수행의 대상인 사람 자체에 대한 전문직이 갖춰야 할 기본적 가치관인 **사람 우선 가치**, 사람에 대해 서비스를 제공했을 때 초래하는 결과에 대한 가치관인 **결과우선 가치**, 서비스를 수행하는 방법 및 수단과 도구에 대한 가치관인 **수단우선 가치**로 구분하였다. 레비(C. Levy)가 구분한 전문직 가치 중 수단에 관한 가치는 서비스를 수행하는 방법 및 수단과 도구에 대한 가치관으로, 예를 들어 **사람은 존경과 존엄으로 다루어져야 하며 자기결정권을 가져야** 하고, 사회변화에 참여하도록 도와줘야 하며, 하나의 독특한 개인으로 인정되어야 한다는 믿음과 같은 것이다.

✗ 오답풀이
① 소속의 욕구, ② 건설적 변화에 대한 능력과 희망, ④ 상호책임성, ⑤ 인간의 공통된 욕구는 모두 **사람 우선 가치**에 해당한다. 사람 우선 가치는 전문직 수행의 대상인 사람 자체에 대한 전문직이 갖춰야 할 기본적 가치관으로, 클라이언트를 개별화된 인간으로 보고, 능력을 인정해 주며, 개별성에 따라 권한을 인정해 주는 가치관으로 사회복지실천의 기본철학과 같은 것이다.

정답 ③

02 사회복지실천의 윤리와 윤리강령

010 ✓확인 ☐☐☐

가치와 윤리에 관한 설명으로 옳지 않은 것은? ·14회

① 가치는 좋고 바람직한 것에 대한 믿음이다.
② 윤리는 옳고 그름을 판단하는 도덕적 지침이다.
③ 가치와 윤리는 불변의 특징을 지닌다.
④ 가치는 신념과 관련이 있고, 윤리는 행동과 관련이 있다.
⑤ 사회복지사 윤리강령은 법적 구속력을 가지지 않는 특징이 있다.

해설

사회복지실천의 가치와 전문가 윤리는 그 시대, 그 사회, 그 문화의 가치관과 윤리관에서 비롯되므로, 가치와 윤리가 불변의 특징을 지닌다는 것은 옳지 않다.

[표] 가치와 윤리 비교

가 치	윤 리
무엇이 좋고 바람직한가	무엇이 옳고 바른가
믿음, 신념 같은 것	어떤 행동의 옳고 그름에 대한 판단
방향제시	행동의 원칙이나 도덕적 지침 제공

정답 ③

011

윤리강령의 기능으로 옳은 것을 모두 고른 것은? ・20회

㉠ 외부통제로부터 전문직 보호
㉡ 윤리적 갈등이 생겼을 때 지침과 원칙 제공
㉢ 사회복지사의 자기규제를 통한 클라이언트 보호
㉣ 전문가로서 사회복지사의 기본업무 및 자세 알림

① ㉠, ㉢ ② ㉠, ㉣ ③ ㉠, ㉡, ㉣
④ ㉡, ㉢, ㉣ ⑤ ㉠, ㉡, ㉢, ㉣

해설

㉠ 사회복지사 스스로 자기규제를 가짐으로써 사회복지전문직의 전문성을 확보하고 **외부통제(정부의 규제나 통제)로부터 전문직을 보호**한다.
㉡ 사회복지사들에게 윤리적 이슈뿐만 아니라 사회복지실천 현장에서 윤리적 갈등이 생겼을 때 지침과 원칙을 제공한다.
㉢ 정직하지 않고 무능력한 사회복지사들이 **자기규제를 하게 함으로써 클라이언트를 보호**한다.
㉣ 일반 대중에게 전문가로서의 **사회복지 기본업무 및 자세를 알리는 1차적 수단으로 기능**한다.

정답 ⑤

OIKOS UP 윤리강령의 기능

① 실천가들에게 윤리적 이슈뿐만 아니라 사회복지실천 현장에서 윤리적 갈등이 생겼을 때 지침과 원칙을 제공한다.
② 정직하지 않고 무능력한 실천가들이 자기규제를 하게 함으로써 클라이언트를(많은 사람들을) 보호한다.
③ **스스로 자기규제를 가짐으로써 사회복지전문직의 전문성을 확보하고 외부통제(정부의 규제나 통제)로부터 전문직을 보호한다.** 즉, 전문직의 자기규제는 정부의 규제보다 더욱 우선된다.
④ 일반 대중에게 전문가로서의 사회복지 기본업무 및 자세를 알리는 일차적 수단으로 기능한다.
⑤ 선언적 선서를 통해 사회복지 전문가들의 윤리적 민감화를 고양시키고 윤리적으로 무장시킨다.
⑥ 전문직의 내부 갈등으로부터 초래되는 자기파멸을 예방하여 전문가들이 조화롭게 일하도록 돕는다.
⑦ **소송으로부터 전문가를 보호**한다. 윤리강령을 따르는 실천가들이 **실천오류**(malpractice, 예 비밀유지 권리 위반, 자살을 막지 못했거나 자살에 기여한 것, 성적인 부정행위, 부모 동의 없이 미성년자에게 낙태 상담을 제공 등)로 인해 제기된 소송에서 일정한 보호를 받도록 한다(소송에 말려들 가능성을 최소화한다).

012

사회복지사 윤리에 관한 설명으로 옳은 것을 모두 고른 것은? ・17회

㉠ 사회복지사는 원조과정에서 자신의 이익을 위해 행동해서는 안됨
㉡ 로웬버그와 돌고프의 윤리원칙 준거틀은 생명보호를 최우선으로 함
㉢ 윤리강령은 윤리적 갈등이 생겼을 때 법적 제재의 근거를 제공함
㉣ 사회복지사는 국가자격이므로 사회복지사 윤리강령은 국가가 채택함

① ㉠, ㉡ ② ㉠, ㉢ ③ ㉠, ㉡, ㉢
④ ㉠, ㉡, ㉣ ⑤ ㉡, ㉢, ㉣

해설

㉠ 사회복지사는 **자신의 이익을 위해 사회복지 전문직의 가치와 권위를 훼손해서는 안 되며**, 개인적 이익을 위해 클라이언트와의 전문적 관계를 이용하여서는 안 된다.
㉡ 로웬버그와 돌고프의 윤리원칙 준거틀에서 제시하고 있는 7가지 윤리적 원칙은 원칙의 번호 순서로 윤리적인 중요도를 나타낸다. 원칙 1이 가장 중요한 윤리적 원칙으로, **제1원칙은 생명보호의 원칙**(principle of the protection of life)이다.

오답풀이

㉢ 윤리강령은 전문가들이 지켜야 할 전문적 행동기준과 원칙을 기술해 놓은 것으로 전문가들이 공통으로 합의한 내용을 담고 있다. 따라서, **법적 제재의 힘을 갖지는 못하지만 사회윤리적 제재의 힘은 갖는다.**
㉣ 사회복지사는 사회복지사업법에 규정된 국가자격이다. 다만, 사회복지사 윤리강령은 국가가 채택한 것이 아니라, **한국사회복지사협회에서 채택한 것이다.**

정답 ①

013 ✓확인 ☐☐☐

인권의 특성으로 옳은 것을 모두 고른 것은? • 19회

> ㄱ. 모든 인간에게 해당되는 보편적인 권리이다.
> ㄴ. 개인, 집단, 국가가 상호 간에 책임을 동반하는 권리이다.
> ㄷ. 사회적 약자를 위하여 지켜지고 확보되어야 하는 권리이다.
> ㄹ. 법이 보장하고 있지 않다 해도 인간의 존엄성 보장에 필요한 권리이다.

① ㄱ, ㄴ
② ㄱ, ㄷ
③ ㄴ, ㄷ
④ ㄴ, ㄷ, ㄹ
⑤ ㄱ, ㄴ, ㄷ, ㄹ

해설
ㄱ. 인권은 보편적인 권리로 **사람은 누구나 개인이 처해있는 신분이나 상황에 상관없이 똑같이 인권을 갖는다.**
ㄴ. 인권은 **책임을 동반한 권리이다.** 즉, 모든 사람이 누려야 할 권리로서의 인권은 타인과의 관계를 고려하지 않을 수 없다. 인권은 국가를 통해 제도적으로 보장되어야 하며, 타인의 권리 존중을 위해 개인, 집단도 인권과 관련하여 **책임을 가진다.**
ㄷ. 인권은 **사회적 약자를 위한 권리이다.** 사회적 약자들은 마땅히 인간으로서 누려야 할 여러 기본 조건을 누리지 못할 경우가 많기 때문에 '인간의 존엄한 삶을 위한 최소한의 조건'인 인권은 사회적 강자에 의해 유린당하기 쉬운 사회적 약자의 존엄한 삶을 지킬 수 있도록 하는 권리로 더 강조된다.
ㄹ. 인권은 인간이 태어날 때부터 자연적으로 가지는 천부의 권리(天賦人權)로서 자연권(自然權, natural rights)이라고도 한다. **천부권(inherency)인 인권은 인간존엄성을 기본으로 한다.** 즉, 인간은 이 세상에 태어나면서부터 존엄성을 가지고 태어났기 때문에 인간의 권리란 인간의 탄생에서 당연시된다는 의미를 담고 있는 개념이다.

정답 ⑤

014 ✓확인 ☐☐☐

인권에 관한 설명으로 옳지 않은 것은? • 22회

① 천부성은 인간이 세상에 태어나면서부터 존엄성을 가지고 태어났다는 의미이다.
② 자유권은 시민적, 정치적 권리이다.
③ 평화권은 국가들 간의 연대와 단결의 권리이다.
④ 보편성은 자기의 인권은 자기만이 소유할 수 있다는 의미이다.
⑤ 평등권은 경제적, 사회적, 문화적 권리이다.

해설
보편성은 누구나 개인이 처해있는 신분이나 상황에 상관없이 **똑같이 인권을 갖는다는** 것이다. 자기의 인권은 자기만이 소유할 수 있다는 의미는 **불가양성이다.**

+ 보충설명
① 인권의 성격 중 **천부성은** 인권은 이미 인간의 존재와 함께 탄생했다는 뜻으로, 인간이 세상에 태어나면서부터 존엄성을 가지고 태어났다는 의미이다.
② **자유권은** 정치적·시민적 권리를 의미하며, 세계인권선언 제2조~제21조에 해당한다.
③ **평화권은** 발전권·환경권·평화권을 포함하는 연대·집단세대로, 이 내용은 아직 세계인권선언에 포함되어 있지 못하고 있다.
⑤ **사회권(평등권)은** 경제·사회·문화적 권리를 의미하며, 세계인권선언 제22조~제29조에 해당한다.

정답 ④

015

인권에 관한 설명으로 옳지 않은 것은? · 23회

① 평등권은 국가의 적극적 책임과 의무를 강조하는 것으로 사회보장의 권리를 의미한다.
② 자유권은 국가의 통치와 간섭으로부터 자유를 보장하기 위한 권리이다.
③ 평화권은 국가들 간의 연대와 단결의 권리이다.
④ 자유권은 국가가 반드시 보호해 주어야 하는 권리이다.
⑤ 평등권은 구속 및 인신매매로부터의 보호를 의미한다.

해설

자유권은 구속 및 인신매매로부터의 보호를 의미한다. 자유권은 정치적·시민적 권리를 의미하며, 자유, 자기결정, 구속 및 인신매매로부터의 보호, 구금 및 고문에서의 보호 등을 통해 이루어진다.

보충설명

① **평등권**은 단순한 형식적 평등을 넘어서, 실질적 평등 실현을 위한 국가의 적극적 조치를 요구한다. 특히 사회적 약자에 대한 배려는 사회권(예 사회보장권)의 성격과도 연결된다.
② **자유권**은 개인이 국가의 부당한 간섭 없이 자유롭게 살아갈 권리로, 고전적 기본권입니다. 가령 신체의 자유, 표현의 자유, 종교의 자유 등은 모두 소극적 자유권에 해당한다.
③ **평화권**은 전쟁과 폭력으로부터 자유롭고 평화로운 삶을 누릴 권리로, 이는 국제적 연대와 협력, 상호 존중을 바탕으로 실현되며, 국가 간의 협력과 공동책임이 필수적이다.
④ **자유권**은 소극적 권리지만, 국가가 이를 보장하고 침해를 방지할 책임이 있다. 가령 경찰권 남용 방지, 언론의 자유 보장 등은 국가의 보호 의무로 뒷받침되어야 한다.

정답 ⑤

03 우리나라 사회복지사 윤리강령 (2023.4.11. 5차 개정)

016

다음 윤리기준은 '한국사회복지사 윤리강령' 중 어디에 속하는가? · 10회

> 사회복지사는 클라이언트의 성, 연령, 정신·신체적 장애, 경제적 지위, 정치적 신념, 종교, 인종, 국적, 결혼 상태, 임신 또는 출산, 가족 형태 또는 가족 상황, 성적 지향, 젠더 정체성, 기타 개인적 선호·특징·조건·지위 등을 이유로 차별을 하지 않는다.

① 기본적 윤리기준
② 클라이언트에 대한 윤리기준
③ 동료에 대한 윤리기준
④ 기관에 대한 윤리기준
⑤ 사회에 대한 윤리기준

해설

우리나라 사회복지사 윤리강령 5차 개정(2023.4.11.) 내용에서 윤리기준 5장 중 **기본적 윤리기준** 1. 전문가로서의 자세 중 1) 인간 존엄성 존중에 해당된다. 참고로 개정 前 한국사회복지사 윤리강령은 전문, 윤리기준 6장(46개 조문), 사회복지사선서로 이루어져 있었으나, 5차 개정(2023.4.11.) 이후 전문, 목적, 가치와 원칙, 윤리기준(5장 69개 조문), 사회복지사 선서로 변경되었다.

정답 ①

017

우리나라 사회복지사 윤리강령의 내용에 해당하지 않는 것은?
• 15회

① 사회복지사는 정치적 영역이 클라이언트의 권익과 사회복지 실천에 미치는 영향을 인식하여 사회정의 실현을 위한 사회정책의 수립과 법령 제·개정을 지원·옹호해야 한다.
② 사회복지사는 평가나 연구 조사를 할 때, 연구 참여자의 권리를 보장하기 위해, 연구 관련 사항을 충분히 안내하고 자발적인 동의를 얻어야 한다.
③ 사회복지사는 클라이언트의 지불 능력에 상관없이 복지 서비스를 제공해야 하며, 이를 이유로 차별해서는 안 된다.
④ 사회복지사는 어떠한 상황에서도 클라이언트와 사적 금전 거래, 성적 관계 등 부적절한 행동을 해서는 안 된다.
⑤ 사회복지사는 기관의 부당한 정책이나 요구에 대해 전문직의 가치와 지식을 근거로 대응하고, 즉시 시·군·구에 보고해야 한다.

해설
사회복지사는 기관의 부당한 정책이나 요구에 대해 전문직의 가치와 지식을 근거로 대응하고, 제반 법령과 규정에 따라 해결하도록 노력해야 한다. ※ ①, ②, ③, ④번의 윤리강령 조문들은 5차 개정(2023.4.11.) 윤리강령 조문으로 변경하였습니다.

정답 ⑤

018

한국사회복지사 윤리강령에서의 동료에 대한 윤리기준으로 옳지 않은 것은?
• 16회

① 슈퍼바이저는 사회복지사의 개인적 문제가 클라이언트에게 부정적 영향을 미칠 경우 그를 직접 치료하여 해결해야 한다.
② 사회복지사는 동료에게 행해지는 어떤 형태의 차별, 학대, 따돌림 또는 괴롭힘과 자신의 전문적 권위를 행사하는 다른 동료와의 부적절한 성적 행동에 가담하거나 이를 용인해서는 안 된다.
③ 슈퍼바이저는 전문적 기준에 따라 슈퍼비전을 수행하며, 공정하게 평가하고 평가 결과를 슈퍼바이지와 공유한다.
④ 사회복지사는 사회복지 전문직의 권익 증진을 위해 동료와 다른 전문직 동료와도 협력하고 협업한다.
⑤ 슈퍼바이저는 개인적인 이익 추구를 위해 자신의 지위를 이용해서는 안 된다.

해설
①번의 내용은 '사회복지사의 동료에 대한 윤리기준'뿐만 아니라 '우리나라 사회복지사 윤리강령' 어디에도 존재하지 않는 조항이다. ※ ②, ③, ④, ⑤번의 윤리강령 조문들은 5차 개정(2023.4.11.) 윤리강령 조문으로 변경하였습니다.

정답 ①

019

한국 사회복지사 윤리강령에서 '사회복지사의 윤리기준' 중 '클라이언트에 대한 윤리기준' 영역에 해당하지 않는 것은?
• 22회

① 서비스의 종결
② 기록·정보 관리
③ 직업적 경계 유지
④ 정보에 입각한 동의
⑤ 이해 충돌에 대한 대처

해설

'클라이언트에 대한 윤리기준' 영역은 1. 클라이언트의 권익옹호, 2. 클라이언트의 자기 결정권 존중, 3. 클라이언트의 사생활 보호 및 비밀 보장, 4. **정보에 입각한 동의(문항④)**, 5. **기록·정보관리(문항②)**, 6. **직업적 경계 유지(문항③)**, 7. **서비스 종결(문항①)**이다.

오답풀이

⑤ 이해 충돌에 대한 대처는 '**기본적 윤리기준**' 영역 중 3. 전문가로서의 실천에 해당된다. '**기본적 윤리기준**' 영역은 1. 전문가로서의 자세[(1) 인간 존엄성 존중, (2) 사회정의 실현], 2. 전문성 개발을 위한 노력[(1) 직무 능력 개발, (2) 지식기반의 실천 증진], 3. 전문가로서의 실천[(1) 품위와 자질 유지, (2) 자기 관리, (3) **이해 충돌에 대한 대처**, (4) 경제적 이득에 대한 실천]이다.

정답 ⑤

020

한국 사회복지사 윤리강령에서 '클라이언트에 대한 윤리기준'에 해당하지 않는 것은?
• 23회

① 서비스의 종결
② 클라이언트의 자기 결정권 존중
③ 클라이언트의 권익옹호
④ 인간 존엄성 존중
⑤ 기록·정보 관리

해설

'클라이언트에 대한 윤리기준' 영역은 1. **클라이언트의 권익옹호(문항③)**, 2. **클라이언트의 자기 결정권 존중(문항②)**, 3. 클라이언트의 사생활 보호 및 비밀 보장, 4. 정보에 입각한 동의, 5. **기록·정보관리(문항⑤)**, 6. 직업적 경계 유지, 7. **서비스 종결(문항①)**이다.

오답풀이

④ 인간 존엄성 존중은 '**기본적 윤리기준**' 영역 중 1. 전문가로서의 자세에 해당된다. '기본적 윤리기준' 영역은 1. 전문가로서의 자세[(1) **인간 존엄성 존중**, (2) 사회정의 실현], 2. 전문성 개발을 위한 노력[(1) 직무 능력 개발, (2) 지식기반의 실천 증진], 3. 전문가로서의 실천[(1) 품위와 자질 유지, (2) 자기 관리, (3) 이해 충돌에 대한 대처, (4) 경제적 이득에 대한 실천]이다.

정답 ④

04 사회복지실천현장의 가치 갈등

021 ✓확인 ☐☐☐

소속기관의 예산 절감 요구로 클라이언트에게 필요한 서비스를 제공하지 못할 때, 사회복지사가 겪게 되는 가치갈등은? ·19회

① 가치상충
② 의무상충
③ 결과의 모호성
④ 힘 또는 권력의 불균형
⑤ 클라이언트 체계의 다중성

해설
예산 절감을 요구하는 소속기관과 클라이언트의 관계에서 겪게 되는 가치갈등이므로 **의무상충**이다. **의무상충(competing loyalties, 상충되는 충성심)**이란 각기 상이한 요구를 하는 기관과 클라이언트의 관계에서 겪게 되는 가치 딜레마로, 사회복지사는 기관에 대한 의무와 클라이언트에 대한 의무가 상충된 상황에서 갈등을 경험한다.

정답 ②

022 ✓확인 ☐☐☐

사회복지사의 가치갈등이나 윤리적 딜레마에 관한 설명으로 옳지 않은 것은? ·17회

① 윤리기준은 지속적으로 변화된다.
② 가치갈등에 대응하는 첫 단계는 가치갈등의 존재를 인식하는 것이다.
③ 윤리적 결정에 따른 결과의 모호성으로 윤리적 딜레마가 발생할 수 있다.
④ 기관의 목표가 클라이언트 이익에 위배될 때 가치상충으로 윤리적 딜레마가 발생할 수 있다.
⑤ 윤리적 결정을 위해 로웬버그와 돌고프(F. Loewenberg & R. Dolgoff)의 일반결정모델을 활용할 수 있다.

해설
기관의 목표가 클라이언트 이익에 위배될 때 **의무상충**으로 윤리적 딜레마가 발생할 수 있다. **의무상충(competing loyalties, 상충되는 충성심)**이란 각기 상이한 요구를 하는 기관과 클라이언트의 관계에서 겪게 되는 가치 딜레마로, 사회복지사들이 그들이 속한 기관의 장과 클라이언트의 관심사가 다를 경우 어느 쪽의 입장을 먼저 고려해야 하는지에 대해 처하게 되는 딜레마이다.

보충설명
① 사회복지실천에서의 윤리는 가치에서 비롯되고, 이 윤리는 실천적인 원칙을 낳으며, 원칙은 옳고 바른 것을 추구하게 하는 윤리기준을 제공한다. 가치와 윤리는 그 시대, 사회, 문화의 변화와 함께 지속적으로 변화하며, **윤리기준도 지속적으로 변한다.**
② 사회복지사와 클라이언트 간에 일어날 수 있는 가치갈등에 대처하기 위한 **첫 번째 단계는 가치딜레마가 있다는 것을 인식하는 것**이다. 그러한 인식을 스스로 가지는 것은 어려운 일이다. 윤리적 문제들은 때론 모호하고 우리들을 불편하게 만든다. 그래서 우리들은 그것을 피하려 한다.
③ **결과의 모호성(ambiguity)**은 사회복지사의 판단이 클라이언트에게 도움이 될 것이라는 확신이 들지 않고 예측이 쉽지 않을 때 딜레마에 처하기 쉽다.
⑤ 윤리적 딜레마와 관련한 의사결정을 하는 방법에는 여러 가지가 있지만, 그 중에서도 윤리적 결정을 위해 **로웬버그와 돌고프(F. Loewenberg & R. Dolgoff)의 일반적 의사결정모델을 활용**할 수 있다.

정답 ④

023

장애인복지관의 사회복지사에게 사회복지사의 이모가 지적 장애를 가진 자신의 딸을 클라이언트로 개입해 줄 것을 요청하였다. 이때 발생할 수 있는 윤리적 쟁점은? ・11회

① 진실성 고수
② 전문적 관계 유지
③ 클라이언트의 알권리
④ 규칙과 정책의 준수
⑤ 제한된 자원의 공정한 분배

해설

사회복지실천의 윤리적 쟁점들에서 출제된 문제로, '전문가의 한계(범위)에 대한 딜레마'에 대한 문제이다. **전문적 관계 유지**란 전문적 도움의 관계를 말하는 것으로, 이는 특별한 문제를 갖고 도움을 요청하는 클라이언트와 그 문제에 초점을 두고 관계를 형성, 유지하는 것을 말한다.

보충설명

④ **규칙과 정책의 준수**는 사회복지사가 기관의 정책이나 규칙을 준수하는 행동을 해야 하지만, 클라이언트의 문제해결을 위해 내린 결정사항이 기관의 정책에 벗어날 때 사회복지사가 갈등상황에 놓이게 되는 경우를 말한다.

정답 ②

024

보호시설 입소를 원하지 않는 클라이언트와 시설 입소가 클라이언트에게 도움이 된다고 믿는 사회복지사 간에 상충되는 가치의 연결로 옳은 것은? ・13회

① 자기결정 - 사생활 보호
② 비밀보장 - 진실성 고수
③ 자기결정 - 온정주의
④ 사생활 보호 - 평등주의
⑤ 진실성 고수 - 온정주의

해설

보호시설 입소를 원하지 않는 클라이언트의 **자기결정권**과 시설 입소가 클라이언트에게 도움이 된다고 믿는 사회복지사의 **온정주의** 간 상충되는 것이다. **온정주의(paternalism)**는 억압당하는 사람의 복지, 행복, 욕구, 이익, 가치 등을 배타적으로 위한다는 근거로 정당화될 수 있는 개인의 자유로운 행위에 대한 간섭으로, 사회복지사가 '클라이언트의 이익'을 위해 클라이언트의 희망사항이나 자유를 방해하는 행위이다. 클라이언트가 원하지 않지만 필요로 하는 서비스를 제공하는 것, 클라이언트가 스스로 위험에 빠지는 것을 방지하는 것, 혹은 클라이언트에게 검열을 거친 수정된 정보를 주는 것 등을 포함한다.

보충설명

② 진실성 고수와 알권리는 비밀보장과 함께 클라이언트에 관한 정보에 대한 클라이언트의 권리를 말하는 것으로, 클라이언트를 상대로 한 말이나 행동을 어떤 사람이 비밀로 하고 있을 때 발생된다. 즉, 사회복지사의 진실성 고수와 클라이언트의 알권리라는 측면에서 사회복지사는 클라이언트에게 진실을 알려주어야 하지만, 모든 사실을 클라이언트에게 사실대로 말하는 것이 항상 바람직한 것은 아니다(양옥경 외, 2010).

정답 ③

05 윤리적 의사결정의 원칙과 자기인식

025 ✓확인 □□□

돌고프, 로웬버그와 해링턴(R. Dolgoff, F. Lowenberg & D. Harrington)의 윤리적 의사 결정과정의 순서로 옳은 것은? ·18회

㉠ 가장 적절한 전략이나 개입방법을 선택한다.
㉡ 해당문제와 관련된 사람과 제도를 확인한다.
㉢ 확인된 목표에 따라 설정된 개입방안의 효과성과 효율성을 평가한다.
㉣ 문제를 해결하거나 문제의 정도를 경감할 수 있는 개입목표를 명확히 한다.

① ㉡ - ㉠ - ㉣ - ㉢
② ㉡ - ㉣ - ㉠ - ㉢
③ ㉡ - ㉣ - ㉢ - ㉠
④ ㉣ - ㉡ - ㉠ - ㉢
⑤ ㉣ - ㉢ - ㉡ - ㉠

해설

돌고프, 로웬버그와 해링턴(R. Dolgoff, F. Lowenberg & D. Harrington)은 윤리적 의사결정 과정을 제시했다. 즉, 윤리적 의사결정 과정은 의사결정과 관련된 일반적인 사고의 절차라고 할 수 있으며, 이 의사결정의 일반적인 가정 모델에 대해서 문제 확인에서부터 평가까지의 체계적인 과정으로 11단계를 제시하고 있다.

단계	내용
1단계	문제가 무엇인지, 그리고 문제를 야기하는 요인이 무엇인지를 확인한다.
2단계	누가 클라이언트로 피해자인지, 지지체계와 다른 전문가 등 해당되는 문제와 관련된 사람과 단체는 누구인지를 확인한다.(㉡)
3단계	2단계에서 확인된 다양한 주체들이 주어진 문제와 관련하여 어떤 가치를 가지고 있는지를 확인한다. 즉, 사회적 가치, 전문가로서의 가치, 클라이언트의 가치, 사회복지사 개인의 가치 등을 확인한다.
4단계	주어진 문제를 해결하거나 최소한 문제의 정도를 경감시킬 수 있는 개입목표를 명확히 한다.(㉣)
5단계	개입수단과 개입대상을 분명하게 확인한다.
6단계	확정된 목표에 따라 설정된 개입방안의 효과성과 효율성을 평가한다.(㉢)
7단계	누가 의사결정에 참여할 것인가를 결정한다.
8단계	가장 적절한 개입방법을 선택한다.(㉠)
9단계	선택된 개입방법을 수행한다.
10단계	선택된 개입방법이 수행되는 것을 검토하여, 예상하지 않았던 결과가 나타나는지를 주시한다. 즉, 실행 중인 개입방법을 검토하며, 의외의 결과가 나타나는지 주의를 기울인다.
11단계	결과를 평가하고 추가적인 문제들이 무엇인지를 확인한다.

정답 ③

026 ✓확인 □□□

로웬버그와 돌고프(Lowenberg & Dolgoff)가 제시한 윤리적 의사결정의 우선순위를 순서대로 바르게 나열한 것은? ·14회

㉠ 생명보호의 원칙
㉡ 자기결정의 원칙
㉢ 삶의 질 향상의 원칙
㉣ 정보개방의 원칙

① ㉠ → ㉡ → ㉢ → ㉣
② ㉠ → ㉢ → ㉣ → ㉡
③ ㉡ → ㉠ → ㉢ → ㉣
④ ㉢ → ㉡ → ㉠ → ㉣
⑤ ㉣ → ㉠ → ㉢ → ㉡

해설

윤리적 의사결정의 우선순위는 ㉠ 생명보호의 원칙(원칙 1) → ㉡ 자기결정의 원칙(원칙 3) → ㉢ 삶의 질 향상의 원칙(원칙 5) → ㉣ 정보개방의 원칙(원칙 7)의 순이다.

정답 ①

OIKOS UP 로웬버그(Lowenberg)와 돌고프(Dolgoff)의 윤리적 의사결정 원칙

① 윤리원칙 1 : 생명보호의 원칙
② 윤리원칙 2 : 평등과 불평등의 원칙
③ 윤리원칙 3 : 자율성과 자유의 원칙
④ 윤리원칙 4 : 최소 손실의 원칙
⑤ 윤리원칙 5 : 삶의 질 원칙
⑥ 윤리원칙 6 : 사생활 보호와 비밀보장의 원칙
⑦ 윤리원칙 7 : 진실성과 정보개방의 원칙(=성실의 원칙)

※ 윤리원칙 1이 가장 중요한 원칙이고 원칙 7은 가장 하위의 원칙이다. 여러 가지 원칙이 충돌하는 경우 상위의 원칙이 우선 적용된다.

027

사회복지사의 자기인식에 관한 설명으로 옳은 것은? · 10회

① 자신의 장점보다 단점을 더 잘 파악해야 한다.
② 개인적 가치관보다 전문적 가치관을 더 분명히 인식해야 한다.
③ 클라이언트의 모든 문제를 해결해야 한다는 자세를 가져야 한다.
④ 자신의 경험보다 클라이언트의 경험을 더 중요하게 생각해야 한다.
⑤ 자신의 신념, 태도, 행동습관을 알고 있어야 한다.

해설

자기인식(self awareness)이란 자신과 자신의 목표에 관하여 깊이 숙고하고, 자기 자신을 믿고 존중하며, 그러면서도 한발 물러서서 자신의 복잡한 원조활동의 중요한 한 부분으로 관찰할 수 있는 능력을 말한다. 사회복지사가 자신을 이해하는 방법으로 자신을 둘러싼 상황의 평가, 자존감의 점검, 타인의 수용 정도, 책임 있는 자기주장, 자기통제의 정도, 자신의 원가족 분석 등을 점검해 보는 것이 있다.

✕ 오답풀이

① 자신의 장점과 단점 모두를 잘 파악해야 한다. 즉 자기인식을 개발하려는 노력은 강점과 한계 모두를 명확히 하는 것에 초점을 두어야 한다.
② 전문적 가치관보다 우선 개인적 가치관을 더 분명히 인식해야 한다. 즉, 사회복지 전문직의 가치는 일단 접어두고, 자연인으로서의 개인 가치에 대한 자기인식에 초점을 맞춰보아야 한다. 두 가치 체계 사이에 큰 차이가 있는 경우, 개인의 가치체계 변화를 위해 노력해야 한다.
③ 클라이언트의 모든 문제를 해결해야 한다는 자세는 올바르지 않다. 사회복지사는 클라이언트와 함께 가능한 대안들을 탐색해야 하며 클라이언트가 선택권을 가지고 스스로 결정할 수 있도록 도와야 한다.
④ 자기인식에서 클라이언트의 경험보다 자신의 경험을 더 중요하게 생각해야 한다. 전문가가 자신의 인생경험과 관련된 감정을 부인하거나 억압하고 과거와 화해할 수 없다면 타인을 돕는 노력은 방해받을 것이다.

정답 ⑤

028

다음에서 설명하고 있는 것은? · 21회

> 사회복지사가 자신의 가치, 신념, 행동습관, 편견 등이 사회복지실천에 어떤 영향을 미치는지 정확하게 이해하는 것이다.

① 자기지시
② 자기규제
③ 자기노출
④ 자기인식
⑤ 자기결정

해설

자기인식(self awareness)이란 자신의 신념, 태도, 행동습관 및 이들이 사회복지 실천의 의사결정과 행동에 미치는 통상적인 영향을 정확하게 인식하는 것을 의미한다. 사회복지실천은 의식적으로 그리고 의도적으로 자기 자신을 도구로 활용하여 클라이언트의 삶에 변화를 주는 활동이다. 따라서 사회복지사는 전문인이기 이전에 한 개인으로서 자신의 삶의 여러 가지 상황들에 대해 어떤 태도나 마음가짐을 갖고 있는가를 스스로 점검해 볼 필요가 있으며, 이는 전문인으로 성장하기 위해 매우 중요한 과정이다. 나아가, 사회복지사는 자신의 자세를 살펴봄으로써 자신에 대해 깊게 이해할 수 있다.

정답 ④

김진원 Oikos 사회복지사 1급

제3장 사회복지실천의 역사적 발달과정

제3영역 : 사회복지실천론

01 서구의 사회복지실천의 역사적 발달과정

029 ✓확인 □□□

자선조직협회(COS)에 관한 설명으로 옳은 것은?
· 18회

① 빈민 지원 시 중복과 누락을 방지하고자 시작되었다.
② 빈곤의 원인을 개인의 도덕 문제가 아니라 산업화의 결과로 보았다.
③ 연구 및 조사를 통하여 사회제도를 개혁하고자 설립되었다.
④ 빈민 지역의 주민들을 이웃으로 생각하여 함께 생활하였다.
⑤ 집단 및 지역사회복지의 태동에 영향을 주었다.

[해설]
자선조직협회(COS)는 자선단체의 난립으로 인한 **서비스의 중복, 누락, 소외, 비효율적 운영, 재원의 낭비 등을 막기 위하여** 민간 사회복지기관들의 활동을 조절할 목적으로 결성되었다.

[오답풀이]
②, ③, ④, ⑤는 인보관운동에 관한 설명이다. ④ 인보운동가들은 "자선도 아니고 친구도 아니고 참된 이웃을"이라는 슬로건과 함께 빈민들에게 진실한 이웃으로서 그들의 경험을 공유하고자 노력했다. 인보관 운동가들은 지역사회주민들과 함께 생활하면서 이들을 위한 사회 교육, 집단활동과 공동 활동과 연구(연구조사), 그리고 지역의 문제들을 상호 의논하여 해결하기 위한 노력을 기울였다.

[정답] ①

030 ✓확인 □□□

사회복지실천이 봉사활동에서 전문직으로 출발하게 된 계기가 아닌 것은?
· 18회

① 우애방문자들의 활동에 보수를 지급하기 시작하였다.
② 우애방문자를 지도·감독하는 체계를 마련하였다.
③ 자선조직협회는 교육 프로그램을 마련하였다.
④ 의사인 카보트(R. Cabot)가 매사추세츠병원에 의료사회복지사를 정식으로 채용하였다.
⑤ 전통적 방법론의 한계로 인하여 통합적 방법론이 등장하였다.

[해설]
사회복지실천이 봉사활동에서 전문직으로 출발은 시기적으로 1900년~1920년대 직후에 해당한다. 전통적 방법론의 한계로 인하여 **통합적 방법론이 등장한 것은 1960년대**이다.

[보충설명]
① 사회복지실천이 봉사의 형태에서 전문직으로 발돋움하게 된 계기는 **보수체계의 정립과 교육 및 훈련제도의 채택**이라는 2가지 측면에서 볼 수 있다. 보수체계의 정립은 우애방문자들의 봉사활동에 대가를 지불하면서 이루어진다. 즉, 보수를 받으면서 봉사가 아닌 일하는 역할로 바뀌고 책임감이 높아짐과 동시에 기능과 활동영역이 넓어졌다.
② 전문가의 창출은 이들을 지도 감독하는 역할을 담당할 관리자를 고용하면서 또 다른 형태의 전문가를 낳게 되었는데, **우애방문자들의 관리를 전문적으로 담당하는 전문가 역할**도 갖게 된 것이다. 이는 현대의 슈퍼바이저의 역할에 해당한다고 할 수 있다.
③ 사회복지사들의 교육 및 훈련제도 채택은 전문직 과정을 견고히 하는 계기가 되었다. 자선조직협회는 도제제도로 훈련을 해오던 것에서 탈피하여 정식교육을 통해 우애방문자들을 교육해야 할 필요성을 느끼고 교육프로그램을 마련하였다.
④ 전문직으로의 발돋움은 1905년 의사인 **카보트(Richard C. Cabot)**가 매사추세츠병원에 의료사회복지사를 정식으로 채용함으로써 공고히 되었다.

[정답] ⑤

031

사회복지실천 전문직으로의 발전과정에서 플렉스너(A. Flexner)의 비판에 대한 반응에 해당하지 않는 것은? • 15회

① 리치몬드(M. Richmond)가 사회진단(Social diagnosis)을 출간하였다.
② 밀포드(Milford)회의에서 개별사회사업 방법론을 기본으로 하는 사회복지실천의 공통요소가 정리되어 발표되었다.
③ 미국사회복지사협회(American Association of Social Workers)가 설립되었다.
④ 의사인 카보트(R. Cabot)가 매사추세츠병원에 의료사회복지사를 정식으로 채용하였다.
⑤ 사회복지사들이 치료자로서의 역할을 강조하면서 위상을 높이고자 하였다.

해설
1915년 의료전문직 평론가이며 전문직 교육의 권위자(의과대학의 교수)인 플렉스너(A. Flexner)의 비판에 대하여 사회복지계는 **두 가지 형태의 반응**을 보였다. 하나는 전문직의 기본틀에 맞는 환경을 조성하는 것이었고, 다른 하나는 전문직으로 인정받을 수 있는 기술을 갖추는 것이었다. 학교설립, 공식적인 책 발간, 전문가 협회 구성을 통하여 대응하였다.

오답풀이
④ 의사인 카보트(R. Cabot)가 매사추세츠병원에 의료사회복지사를 정식으로 채용한 것은 플렉스너(A. Flexner)의 비판이 있기 전인 1905년이다. 즉 1905년 매사추세츠병원에서 의사인 카보트(R. Cabot)가 간호사 펠톤(Pelton)을 고용하여 의료사회복지를 처음 시작한 것을 필두로, 각 병원에서 사회복지사가 채용되기 시작하였다. 카보트(R. Cabot)는 사회복지사의 중요한 역할로 (1) 보조자로서 의사와 환자, 의사와 지역사회 자원을 연계시키는 역할, (2) 환자의 교육을 통하여 의료적인 치료 과정에 협조하는 것으로 보았다.

정답 ④

032

사회복지실천의 발달과정을 순서대로 바르게 나열한 것은? • 14회

㉠ 한국의 사회복지사업법이 제정되었다.
㉡ 리치몬드(M.Richmond)의 사회진단이 출간되었다.
㉢ 밀포드(Milford)회의에서 개별사회사업의 공통요소를 정리하였다.
㉣ 펄만(H.Perlman)의 문제해결모델이 등장하였다.

① ㉡ → ㉢ → ㉣ → ㉠
② ㉡ → ㉣ → ㉠ → ㉢
③ ㉡ → ㉣ → ㉢ → ㉠
④ ㉣ → ㉠ → ㉡ → ㉢
⑤ ㉣ → ㉡ → ㉠ → ㉢

해설
㉡ (1917년) → ㉢ (1929년) → ㉣ (1957년) → ㉠ (1970년) 순이다.

보충설명
㉠ 한국의 **사회복지사업법**은 1970년 1월 1일 제정되어, 동년 4월 15일에 시행되었다.
㉡ 메리 리치몬드(Mary Richmond)의 「사회진단」(Social Diagnosis)은 1917년에 출간되었다.
㉢ 1929년 밀포드(Milford)에서 가진 회의에서 개별사회사업(casework) 방법론을 기본으로 하는 8개 영역을 공통요소로 정리하였다.
㉣ 펄만(Perlman)은 **1957년** 「케이스워크 : 문제해결과정」이라는 책을 통해 진단주의와 기능주의를 혼합시킴으로서 진단주의 대 기능주의 논쟁을 종결짓는데 공헌하였다.

정답 ①

033

사회복지실천의 역사적 발달과정을 발생한 순서대로 옳게 나열한 것은?
· 21회

㉠ 밀포드(Milford) 회의에서 사회복지실천의 공통요소를 발표하였다.
㉡ 사회복지사업법에 따라 국내에서 사회복지사 명칭을 사용하기 시작하였다.
㉢ 태화여자관이 설립되었다.
㉣ 사회복지전문요원이 국내 행정기관에 배치되었다.

① ㉠-㉡-㉢-㉣
② ㉠-㉢-㉡-㉣
③ ㉠-㉢-㉣-㉡
④ ㉢-㉠-㉡-㉣
⑤ ㉢-㉠-㉣-㉡

해설

㉢(1921년) - ㉠(1929년) - ㉡(1983년) - ㉣(1987년) 순으로 발생하였다.

보충설명

㉠ 1929년 밀포드(Milford) 회의에서 개별사회사업(casework) 방법론을 기본으로 하는 8개 영역을 공통요소로 정리하였다.
㉡ 1983년 개정된 「사회복지사업법」에 따라 국내에서 사회복지사 명칭을 사용하기 시작하였다. 1970년에 제정된 사회복지사업법 및 시행규칙에 "사회복지사업종사자"라는 자격제도가 신설되었으며, 1983년 5월 「사회복지사업법」이 개정되어 '사회복지사' 자격제도로 변경되었다.
㉢ 1921년 서울에 최초로 태화여자관 설립되었다.
㉣ 1987년 읍·면·동사무소에 공공사회복지 담당 공무원으로 사회복지전문요원이 배치되었다.

정답 ④

034

1929년 밀포드(Milford) 회의에서 발표한 사회복지사가 갖추어야 할 기본적인 지식 및 방법론에 관한 공통요소에 해당하지 않는 것은?
· 22회

① 사회에서 받아들여지는 규범적 행동에서 벗어난 행동에 관한 지식
② 인간관계 규범의 활용도
③ 클라이언트 사회력(social history)의 중요성
④ 사회치료(social treatment)에 지역사회자원 활용
⑤ 집단사회사업의 목적, 윤리, 의무를 결정하는 철학적 배경 이해

해설

1929년 밀포드(Milford)에서 가진 회의에서 **개별사회사업(casework) 방법론**을 기본으로 하는 8개 영역을 공통요소로 정리하여 발표하는 것으로 마감되었다. 8개 영역의 공통요소는 다음과 같다. ①사회에서 수용하는 규범적 행동에 관한 지식(문항①), ②인간관계 규범의 활용도(문항②), ③클라이언트 사회력(social study)의 중요성(문항③), ④클라이언트 치료를 위한 방법론, ⑤사회치료(social treatment)에 지역사회자원 활용(문항④), ⑥개별사회사업(social casework)이 요하는 과학적 지식과 경험적용, ⑦개별사회사업의 목적, 윤리, 의무를 결정하는 철학적 배경이해(문항⑤), ⑧이상 모든 것을 사회치료에 융합

오답풀이

⑤ 개별사회사업의 목적, 윤리, 의무를 결정하는 철학적 배경 이해

정답 ⑤

035

사회복지 전문직에 관한 설명으로 옳지 않은 것은? • 16회

① 서구에서 전문직 교육과정이 시작된 것은 19세기 후반이다.
② 실천의 가치와 지식은 방법(methods)을 통해 현장에서 구현된다.
③ 한국 사회복지사의 자격 및 처우에 관한 사항은 사회복지사업법에 근거한다.
④ 플렉스너(A.Flexner)는 체계적 이론과 전문적 권위, 윤리강령 등을 전문직의 속성으로 꼽았다.
⑤ 밀포드(Milford)회의에서 사회복지실천의 공통요소를 제시하였다.

[해설]
1957년 그린우드(Greenwood)는 논문 '전문직의 속성'에서 체계적 이론, 전문적 권위, 윤리강령, 사회적 승인, 전문직 문화의 5개 기본 요소를 전문직의 공통적 속성으로 제시하였으며, 이를 사회복지실천에 적용해 볼 때 사회복지실천은 이미 전문직이라고 평가하고 있다. 참고로 플렉스너(Abraham Flexner)는 의료전문직 평론가이며 전문직 교육의 권위자(의과대학의 교수)로, 그는 1915년 '사회사업은 전문직인가'라는 주제의 발표를 하면서 사회사업은 교육적으로 전달할 수 있는 기술을 소유하지 않았으므로 전문직이 될 수 없다고 하였다.

[보충설명]
① 자선조직협회는 당시 도제제도로 훈련을 해오던 것에서 탈피하여 정식교육을 통해 우애방문원들을 교육해야 할 필요성을 느끼고 교육프로그램을 마련하였다. 즉 1898년 리치몬드(Richmond)를 중심으로 자선조직협회의 우애방문원 대상의 6주간의 강습회가 뉴욕에서 개최되었으며, 이는 사회복지교육의 출발점이 되었다. 그 후 1904년부터 1년의 정규과정으로 진행되어오다가, 1910년에 2년의 정규 교육프로그램으로 채택되었다.

[정답] ④

OIKOS UP 그린우드(Greenwood, 1957)가 제시한 전문직의 공통 속성 5개 기본요소

① 체계적 이론(systematic body of theory)
② 전문적 권위(professional authority)
③ 사회적 승인(community sanction)
④ 전문가 윤리강령(code of ethics)
⑤ 전문직 문화(professional culture)

036

사회복지실천의 전문화 과정에서 기능주의와 진단주의에 관한 설명으로 옳은 것은? • 16회

① 기능주의의 대표적인 학자는 메리 리치몬드(M. Richmond)이다.
② 기능주의는 과거의 심리사회적 문제가 현재의 기능에 영향을 미친다는 관점을 갖는다.
③ 기능주의는 인간의 성장가능성과 자유의지를 강조한다.
④ 진단주의는 시간 제한적이고 과제중심적인 단기개입을 선호한다.
⑤ 진단주의는 기관의 기능과 서비스를 최대한 활용하여 문제를 해결하는 것을 선호한다.

[해설]
기능주의는 '성장의 심리학'(psychology of growth)으로, 인간의 성장 가능성을 중시한다. 또한, 클라이언트의 내부의 힘(self will)을 강조하였는데, 클라이언트는 그 자신 내부에 건설적인 방향을 향해 나가고자 하는 힘을 가지고 있으며, 이 힘은 건전한 성장을 위한 의지를 형성한다고 하였다.

[오답풀이]
① 메리 리치몬드(M. Richmond)는 진단주의의 대표적인 학자이다. 반면에, 기능주의의 대표적인 학자는 기능주의를 수립한 오토 랭크(Otto Rank)를 비롯해 타프트(Taft), 로빈슨(Robinson), 스몰리(Ruth Smalley) 등이 있다.
② 과거의 심리사회적 문제가 현재의 기능에 영향을 미친다는 관점을 갖는 것은 **진단주의**이다. 반면에, 기능주의는 과거에 얽매이지 않은 개인의 성장 가능성과 개인의 동기 및 의지에 초점을 둔다. 즉 개인의 미래를 성장 가능성으로 보고 그 가능성을 현재의 경험에서 찾는다.
④ 진단주의는 면접을 중심으로 한 장기적 원조가 주를 이룬다. 반면에, 기능주의에 클라이언트는 자신의 내부의 힘을 활용하여 자신의 성장을 위한 과제를 수행하되, 시간적으로도 제한된 범위 내에서 자신의 긴박한 문제해결과정에만 참여한다. 적절한 시간의 제한은 현재의 시간을 생산적이고도 유익하게 사용하도록 하는 기폭제의 역할을 할 수 있다.
⑤ **기능주의는** 기관의 기능과 서비스를 최대한 활용하여 문제를 해결한다. 즉 사회복지사는 클라이언트의 문제들 중 사회복지기관의 기능과 기준에 부합하는 부분들을 정확하게 찾아내고, 제공될 서비스 내용을 결정하게 된다. 클라이언트도 이 같은 과정을 통해 사회복지기관 서비스의 이용 여부와 방안 등에 대한 것을 결정하게 되며 이러한 가운데 클라이언트의 의지가 발휘된다.

[정답] ③

02 우리나라 사회복지실천의 역사적 발달과정

037　　✓확인 ☐☐☐

한국 사회복지실천의 역사에 관한 설명으로 옳은 것은? ・10회

① 한국전쟁 이후 외원단체들의 지원은 재가 중심의 사회복지를 발전시켰다.
② 1997년 사회복지사업법의 개정으로 2001년부터 사회복지사 1급 국가시험이 실시되었다.
③ 1980년대 후반부터 사회복지전담 공무원이 배치되었고, 1990년대 후반에 사회복지 전문요원으로 명칭이 변경되었다.
④ 1980년대 초반에 개정된 사회복지사업법에서 사회복지관의 설립·운영을 지원하는 근거가 마련되었다.
⑤ 정신보건사회복지사(現, 정신건강사회복지사)와 학교사회복지사는 1990년대 후반부터 법정 국가자격이 되었다.

해설
1983년 개정된 사회복지사업법을 토대로 사회복지관의 설립 및 운영을 지원하는 근거가 마련되었다.

✗ 오답풀이
① 외원단체들의 지원으로 **시설 중심의 사회사업이 발전**하게 된 계기를 만들었다. 즉, 외원단체들은 병원, 학교, 고아원 등과 같은 시설을 설립하여 직접 운영하거나 시설에 필요한 각종 후원물품, 장비, 기술 등을 제공하여 기관의 활동을 간접 지원하였다.
② 1997년 사회사업법 개정으로 사회복지사 1급 국가시험제도가 도입되었으며, **2003년부터 시험이 실시되었다.**
③ 1987년부터 읍·면·동사무소에 공공사회복지 담당 공무원(**사회복지전문요원**)을 배치하기 시작하였고, 1992년 12월 8일 「사회복지사업법」 개정을 통해 **사회복지담당 공무원**이라는 명칭으로 이들에 대한 법적인 근거가 마련되었고, 이들은 전국적으로 확대 임용·배치되었다.
⑤ 1995년 12월에는 국회에서 정신보건법이 제정되면서 정신보건 전문 요원으로서 **정신보건 사회복지사 자격이 규정(도입)**되었다. 학교 사회복지사는 법적인 규정이 없었으나, 2018년 12월 11일 사회복지사업법 개정으로 전문사회복지사제도가 도입되어 2020년 12월 12일 시행됨으로써 학교사회복지사가 법정 국가자격이 되었다.

정답 ④

038　　✓확인 ☐☐☐

한국의 사회복지실천의 역사에 관한 설명으로 옳은 것은? ・14회

① 1987년부터 사회복지전문요원이 공공영역에 배치되었다.
② 2000년에 사회복지사 1급 제1회 국가시험이 시행되었다.
③ 2002년부터 노인장기요양보험제도가 실시되었다.
④ 1975년 한국외원단체협의회(KAVA)가 탄생하였다.
⑤ 1931년 태화여자관이 설립되었다.

해설
1987년 생활보호업무를 효과적으로 수행하기 위하여 '국민복지증진대책의 일환으로 대도시 빈곤지역 **동사무소에 7급 별정직인 사회복지전문요원제도**가 시행되어 공공복지행정의 체계가 마련되었다.

✗ 오답풀이
② 1997년 사회복지사업법 전면개정으로 사회복지사 1급의 국가시험제도가 도입되었으며, **2003년 4월 27일 제1회 사회복지사 1급 자격시험이 시행되었다.**
③ 「노인장기요양보험법」은 2007년 제정되어 **2008년 7월 1일부터** 시행되었다.
④ 한국외원단체협의회(KAVA)는 **1952년 3월 부산에서** 결성되었다.
⑤ 미국 남감리교회의 메리 마이어스(한국명 : 마여수, 馬如秀, Miss Mary D. Myers)에 의해 **태화여자관(현 태화기독교사회복지관)이 1921년 서울에 설립되었다.**

정답 ①

039

한국 사회복지실천의 역사적 발달과정을 발생한 순서대로 나열한 것은?
・19회

㉠ 대학교에서 사회복지 전문 인력의 양성교육을 시작하였다.
㉡ 사회복지사업법에 따라 사회복지사 명칭을 사용하기 시작하였다.
㉢ 사회복지전문요원(이후 전담공무원)을 행정기관에 배치하기 시작하였다.
㉣ 정신건강증진 및 정신질환자 복지서비스 지원에 관한 법률에 따라 정신건강사회복지사 명칭을 사용하기 시작하였다.

① ㉠-㉡-㉢-㉣
② ㉡-㉠-㉣-㉢
③ ㉡-㉣-㉠-㉢
④ ㉢-㉡-㉣-㉠
⑤ ㉣-㉢-㉡-㉠

해설

㉠ (1947년) – ㉡ (1983년) – ㉢ (1987년) – ㉣ (2017년) 순으로 발생하였다.

보충설명

㉠ 1947년 9월 최초로 이화여자대학교에 기독교사회사업학과가 설치되어 대학교에서 사회복지 전문 인력의 양성교육을 시작하였다.
㉡ 「사회복지사업법」에 따라 사회복지사 명칭을 사용하기 시작한 것은 1983년이다. 즉, 1970년에 제정된 사회복지사업법 및 시행규칙에 "사회복지사업종사자"라는 자격제도가 신설되었으며, 1983년 5월 「사회복지사업법」이 개정되어 '사회복지사' 자격제도로 변경되었다.
㉢ 사회복지전문요원(이후 전담공무원)을 행정기관에 배치하기 시작한 것은 1987년이다. 1987년부터 읍·면·동사무소에 공공사회복지 담당 공무원(사회복지전문요원)을 배치하기 시작하였고, 1992년 12월 8일 「사회복지사업법」 개정을 통해 사회복지전담 공무원이라는 명칭으로 이들에 대한 법적인 근거가 마련되었다.
㉣ 「정신보건법」이 2016년 「정신건강증진 및 정신질환자 복지서비스 지원에 관한 법률」(약칭 : 정신건강복지법)로 전부개정(2016.5.29., 2017.5.30. 시행)되어, 정신보건전문요원이 정신건강전문요원으로, 정신보건사회복지사가 정신건강사회복지사로 명칭이 변경되었다. 정신건강복지법은 2017년에 시행되었으므로, 정신건강사회복지사 명칭을 사용하기 시작한 것은 2017년이다.

정답 ①

040

우리나라 사회복지 관련 국가자격제도에 관한 설명으로 옳은 것은?
・12회

① 사회복지사 자격은 1급, 2급, 3급으로 운영되고 있다.
② 정신건강사회복지사는 사회복지사 1급 소지자에 한해 응시자격이 주어진다.
③ 노인복지에 관한 관심의 증가로 노인사회복지사 자격제도가 시행되고 있다.
④ 사회복지사 1급 국가시험은 한국사회복지협의회가 관장하고 있다.
⑤ 1997년부터 학교사회복지사 자격시험이 실시되고 있다.

해설

정신건강사회복지사는 「정신건강증진 및 정신질환자 복지서비스 지원에 관한 법률」에 규정되어 있다. 정신건강사회복지사는 1급과 2급으로 나뉘어 있으며, 2급은 '「사회복지사업법」에 따른 사회복지사 1급 자격소지자로서 보건복지부장관이 지정한 전문요원 수련기관에서 1년 이상 수련을 마친 자'이다.

오답풀이

① 사회복지사자격은 등급이 1급·2급으로 나누어 운영되고 있다(「사회복지사업법」 제11조).
③ 노인사회복지사 자격제도는 시행되고 있지 않으며, 「노인복지법」에 따른 요양보호사 자격제도가 시행되고 있다.
④ 사회복지사 1급 국가시험은 「사회복지사업법」 제12조(국가시험)에서 "국가시험은 보건복지부장관이 시행하되, 시험의 관리는 대통령령으로 정하는 바에 따라 시험관리능력이 있다고 인정되는 관계 전문기관에 위탁할 수 있다."고 규정하고 있다. 현재 위탁 관리하고 있는 곳은 한국산업인력공단이다.
⑤ 1997년 5월에 학교사회사업학회가 창립되었으며, 2000년 한국학교사회사업실천가협회가 창립되었으며, 2005년 학교사회복지사 자격시험제도 시작되었다.

정답 ②

제4장 사회복지실천의 현장에 대한 이해

제3영역 : 사회복지실천론

01 사회복지실천 현장

041 ✓확인 ☐☐☐

사회복지실천 현장에 관한 설명으로 옳은 것은? · 9회

① 노인복지관 - 재가 노인복지 서비스를 제공하는 이용시설
② 사회복지협의회 - 사회복지행정을 담당하는 공공기관
③ 동주민센터 - 국민기초생활보장 업무를 담당하는 사회복지 1차 현장
④ 장애인복지관 - 사회복귀 및 요양서비스를 제공하는 생활시설
⑤ 아동보호전문기관 - 학대 피해 아동의 보호·양육 서비스를 제공하는 양육시설

해설
노인복지관은 재가 노인복지 서비스를 제공하는 이용시설로서, 노인의 교양·취미생활 및 사회참여활동 등에 대한 각종 정보와 서비스를 제공하고, 건강증진 및 질병예방과 소득보장·재가복지, 그 밖에 노인의 복지증진에 필요한 서비스를 제공함을 목적으로 하는 시설이다.

✗오답풀이
② 사회복지협의회는 지역사회 안의 각종 사회복지시설, 사회복지에 관심을 갖고 있는 민간단체나 개인의 연합체(association)로서, 모든 활동에 있어서 상호 협력 및 조정하는 민간단체이다.
③ 동주민센터는 국민기초생활보장 업무를 담당하는 사회복지 2차 현장이다.
④ 장애인복지관은 이용시설로서, 장애인에 대한 각종 상담 및 사회심리·교육·직업·의료재활 등 장애인의 지역사회생활에 필요한 종합적인 재활서비스를 제공하고 장애에 대한 사회적 인식 개선사업을 수행하는 시설이다.
⑤ 아동보호전문기관은 학대받은 아동의 발견, 보호, 치료에 대한 신속처리 및 아동학대 예방을 담당하는 기관으로 이용시설에 해당한다.

정답 ①

042 ✓확인 ☐☐☐

사회복지실천 현장의 예와 분류의 연결로 옳은 것은? · 12회

① 노인전문병원 - 1차 현장이며 생활시설
② 사회복지관 - 2차 현장이며 이용시설
③ 정신건강복지센터 - 1차 현장이며 생활시설
④ 청소년쉼터 - 2차 현장이며 이용시설
⑤ 노인복지관 - 1차 현장이며 이용시설

해설
노인복지관은 노인여가 복지시설로서 1차 현장에 속하며, 이용시설에 해당한다.

✗오답풀이
① 노인을 대상으로 의료를 행하는 시설인 노인전문병원은 2차 현장에 속한다. 참고로 노인전문병원은 2011년 「노인복지법」 개정으로 노인의료복지시설에서 제외되었다.
② 사회복지관은 1차 현장에 속하며, 이용시설에 속한다.
③ 정신건강복지센터는 2차 현장에 속하며, 이용시설에 속한다. 정신건강복지센터는 정신건강(보건) 증진을 1차적 목적으로 하고 정신질환자 복지지원, 재활, 사회복귀 연계 등 복지적 기능을 부수적으로 수행하기 때문에 2차 현장에 속한다. 이용자(정신장애인, 정신장애인 가족, 일반주민 등)가 센터에 방문하거나, 지역사회에서 서비스를 이용하는 형태이므로 이용시설에 속한다.
④ 청소년쉼터는 청소년 복지시설로서 1차 현장에 속하며, 생활시설에 해당한다.

정답 ⑤

043 ✓확인 ☐☐☐

이용시설 – 간접서비스기관 – 민간기관의 예를 순서대로 바르게 나열한 것은? ·17회

① 지역아동센터 - 사회복지협의회 - 주민센터
② 장애인복지관 - 주민센터 - 지역사회보장협의체
③ 청소년쉼터 - 사회복지관 - 사회복지공동모금회
④ 사회복지관 - 노인보호전문기관 - 성폭력피해상담소
⑤ 다문화가족지원센터 - 사회복지공동모금회 - 한국사회복지사협회

해설
우선, 지역아동센터, 장애인복지관, 사회복지관, 다문화가족지원센터는 이용시설이며, 청소년쉼터는 **생활시설**이다. 그리고, 사회복지협의회, 주민센터, **사회복지공동모금회**는 간접서비스기관(=행정기관)이며, 사회복지관, 노인보호전문기관은 **직접서비스기관(=서비스기관)** 중 이용시설에 해당한다. 마지막으로 사회복지공동모금회, 성폭력피해상담소, **한국사회복지사협회는 민간기관**이며, 주민센터, 지역사회보장협의체는 **공공기관**에 해당한다.

보충설명
사회복지실천 현장은 서비스 제공방식에 따라 **직접서비스기관(=서비스기관)과 간접서비스기관(=행정기관)**으로 분류되며, **직접서비스 기관은 주거 제공 여부에 따라 이용시설과 생활시설로 구분**된다.

정답 ⑤

044 ✓확인 ☐☐☐

다음 중 1차 현장이면서 이용시설에 해당하는 것은? ·18회

① 장애인복지관, 보건소
② 노인복지관, 지역아동센터
③ 아동양육시설, 사회복지관
④ 노인요양시설, 장애인공동생활가정
⑤ 정신건강복지센터, 학교

해설
노인복지관, 지역아동센터는 1차 현장이면서 이용시설에 해당한다.

오답풀이
① 장애인복지관은 1차 현장이면서 이용시설에 해당되지만, **보건소는 2차 현장**에 해당한다.
③ 사회복지관은 1차 현장이면서 이용시설에 해당되지만, **아동양육시설은 1차 현장이면서 생활시설**에 해당한다.
④ 노인요양시설과 장애인공동생활가정은 1차 현장이지만 **생활시설**에 해당된다.
⑤ 정신건강복지센터와 학교는 **2차 현장**에 해당된다.

정답 ②

045

사회복지 실천현장의 예와 분류의 연결로 옳은 것은? ㆍ23회

① 지역아동센터 - 1차 현장, 이용시설
② 행정복지센터 - 1차 현장, 생활시설
③ 노인요양공동생활가정 - 1차 현장, 이용시설
④ 아동보호전문기관 - 2차 현장, 생활시설
⑤ 지역자활센터 - 2차 현장, 이용시설

해설

지역아동센터는 「아동복지법」상 아동복지시설 중 하나로 1차 현장이며, 이용시설에 해당한다.

오답풀이
② 행정복지센터는 **2차 현장**이며, **행정기관에 속하므로 생활시설이나 이용시설로 분류하지는 않는다.**
③ 노인요양공동생활가정은 1차 현장이며 **생활시설**에 해당한다.
④ 아동보호전문기관은 **1차 현장**이며 **이용시설**에 해당한다.
⑤ 지역자활센터는 **1차 현장**이며 이용시설에 해당한다.

정답 ①

046

사회복지실천현장 중 보건복지부가 주무부처인 시설은? ㆍ15회

① 청소년쉼터
② 자립지원시설
③ 청소년상담복지센터
④ 다문화가족지원센터
⑤ 건강가정지원센터

해설

자립지원시설은 「아동복지법」상 아동복지시설로, 아동복지시설에서 퇴소한 사람에게 취업준비기간 또는 취업 후 일정 기간 동안 보호함으로써 자립을 지원하는 것을 목적으로 하는 시설이다. 「아동복지법」은 소관주무부처가 **보건복지부**이다.

오답풀이
① 청소년쉼터는 「청소년복지지원법」상 청소년복지시설로, 가출청소년에 대하여 가정·학교·사회로 복귀하여 생활할 수 있도록 일정 기간 보호하면서 상담·주거·학업·자립 등을 지원하는 시설이다. 「청소년복지지원법」은 소관주무부처가 **여성가족부**이다.
③ 청소년상담복지센터는 「청소년복지지원법」상 시설로, 시·도지사 및 시장·군수·구청장은 청소년에 대한 상담·긴급구조·자활·의료지원 등의 업무를 수행하기 위하여 청소년상담복지센터를 설치·운영할 수 있도록 하고 있다. 「청소년복지지원법」은 소관주무부처가 **여성가족부**이다.
④ 다문화가족지원센터는 「다문화가족지원법」상 시설로, 다문화가족을 위한 교육·상담 등 지원사업의 실시, 결혼이민자 등에 대한 한국어교육, 다문화가족 지원서비스 정보제공 및 홍보, 다문화가족 지원 관련 기관·단체와의 서비스 연계, 일자리에 관한 정보제공 및 일자리의 알선, 다문화가족을 위한 통역·번역 지원사업, 그 밖에 다문화가족 지원을 위하여 필요한 사업을 수행한다. 「다문화가족지원법」은 소관주무부처가 **여성가족부**이다.
⑤ 건강가정지원센터는 「건강가정기본법」상 시설로, 국가 및 지방자치단체는 가정문제의 예방·상담 및 치료, 건강가정의 유지를 위한 프로그램의 개발, 가족문화운동의 전개, 가정관련 정보 및 자료제공 등을 위하여 건강가정지원센터를 설치·운영하도록 하고 있다. 「건강가정기본법」은 소관주무부처가 **여성가족부**이다.

정답 ②

047

✓확인 ☐☐☐

실천현장에 관한 설명으로 옳은 것은? · 10회

① 정신건강복지센터 - 만성 정신장애인을 위한 치료·요양시설
② 지역아동센터 - 지역 내 비행아동의 교정 및 선도·보호시설
③ 노인 보호 전문기관 - 노인학대 관련 업무를 수행하기 위해 지방자치단체가 설치한 시설
④ 가정위탁지원센터 - 맞벌이 부부의 아동을 낮 동안 맡아 돌보는 가정을 지원하는 시설
⑤ 공동생활 가정 - 청소년의 건전한 인격형성을 위해 일시적으로 공동생활을 체험하게 하는 시설

해설
노인 보호 전문기관은 학대받는 노인의 발견·보호·치료 등을 신속히 처리하고 노인학대를 예방하기 위한 시설이다.

✗ 오답풀이
① **정신건강복지센터**는 정신건강증진사업 등의 제공 및 연계 사업을 전문적으로 수행하게 하기 위한 시설이다. 기존의 「정신보건법」 제13조의2에 따른 정신보건센터가 2016년 「정신보건법」이 전부개정된 「정신건강증진 및 정신질환자 복지서비스 지원에 관한 법률」 제3조제3호에 따른 정신건강복지센터이다.
② **지역아동센터**는 지역사회 아동의 보호·교육, 건전한 놀이와 오락의 제공, 보호자와 지역사회의 연계 등 아동의 건전육성을 위하여 종합적인 아동복지서비스를 제공하는 시설이다.
④ **가정위탁지원센터**는 보호를 필요로 하는 아동에 대한 가정위탁사업을 활성화하기 위한 시설이다.
⑤ **공동생활 가정**은 보호를 필요로 하는 아동에게 가정과 같은 주거여건과 보호를 제공하는 것을 목적으로 하는 시설이다.

정답 ③

02 사회복지사의 역할

048

✓확인 ☐☐☐

사회복지사의 역할에 관한 설명으로 옳은 것을 모두 고른 것은? · 16회

㉠ 중개자(broker) : 가족이 없는 중증장애인에게 주거시설을 소개해주는 것
㉡ 중재자(mediator) : 갈등으로 이혼위기에 처한 부부관계에 개입하여 상호 만족스러운 합의점을 도출하는 것
㉢ 옹호자(advocate) : 장애학생의 교육권 확보를 위해 학교당국에 편의시설을 요구하는 것
㉣ 조력자(enabler) : 알코올중독자가 자신의 문제를 깨닫고 금주방법을 찾도록 도와주는 것

① ㉠, ㉡   ② ㉠, ㉡, ㉢   ③ ㉠, ㉢, ㉣
④ ㉡, ㉢, ㉣   ⑤ ㉠, ㉡, ㉢, ㉣

해설
㉠ 도움을 필요로 하는 개인이나 가족, 집단에 지역사회의 서비스를 소개(연결)해 주는 것은 **중개자**이다.
㉡ 양자 간의 논쟁(갈등이나 의견차이)에 개입하여 타협, 차이점 조정 혹은 상호 만족스러운 합의점 도출을 이끌어내는 역할은 **중재자**이다.
㉢ 클라이언트 개인이나 가족의 권리를 옹호하고 정책적 변화를 모색하기 위한 활동을 하는 것은 옹호자이다.
㉣ 보다 효과적인 문제해결능력을 스스로 개발하고 향상시키며 필요한 자원을 찾아낼 수 있도록 돕는 역할은 **조력자**이다.

정답 ⑤

049 ✓확인 ☐☐☐

사회복지사의 역할에 관한 설명으로 옳은 것은? · 23회

① 협상가(negotiator) : 갈등상황에 있는 사람들 간의 합의를 이끌어 내기 위해 어느 한쪽과 동맹을 맺고 타협하는 역할
② 중개자(broker) : 불이익을 받는 집단을 위해 특정 제도를 변화, 개선하는 역할
③ 중재자(mediator) : 흩어져 있는 서비스들을 조직적인 형태로 정리하는 역할
④ 조력자(enabler) : 관심을 끌어오지 못한 문제에 대중이 관심을 갖도록 집중시키는 역할
⑤ 교육자(educator) : 권리침해나 불평등 이슈에 관심을 갖고 연대를 통해 변화를 이끄는 역할

해설
협상가(negotiator)는 갈등상황에 놓인 사람들 사이에서 상호합의를 이끌어내기 위해 타협하는 역할로, 양쪽이 모두 잘 되기를 바란다는 점에서 중재자와 유사하나 협상가는 중립을 지키지 않고 어느 한쪽과 동맹을 맺는다.

✗ 오답풀이
② 불이익을 받는 집단을 위해 특정 제도를 비난하거나 비판하는 것이 아니라 정책을 변화, 개선하는 역할은 **옹호자**(advocate)이다.
③ 흩어져 있는 혹은 다양한 기관에서 산발적으로 주어지는 서비스들을 조직적인 형태로 정리하는 역할은 **조정자**(coordinator)이다.
④ 이전에 관심을 끌어오지 못한 문제에 대중이 관심을 갖도록 집중시키는 역할은 **창시자**(initiator)이다.
⑤ 권리침해나 불평등 이슈에 관심을 갖고 연대를 통해 변화를 이끄는 역할은 **행동가**(activist, 활동가)이다.

정답 ①

050 ✓확인 ☐☐☐

유용한 자원에 대한 정보나 이용 능력이 부족한 클라이언트를 위해 사회복지사가 수행해야 할 역할이 아닌 것은? · 13회

① 사례관리자(case manager) ② 옹호자(advocate)
③ 조력자(enabler) ④ 중개자(broker)
⑤ 조직 분석가(analyst)

해설
조직 분석가(analyst)는 서비스 전달에 부정적 영향을 미치는 기관의 구조와 정책절차 등을 분석하고 지적하는 역할로서, 체계 유지와 강화자의 역할에 해당한다.

+보충설명
체계 유지와 강화자는 사회기관의 구성원인 사회복지사가 서비스 전달 체계의 효율성을 저해하는 기관 내 구조, 정책, 기능적 관계를 평가할 책임을 가지고 있으며, 이와 관련된 역할을 의미한다. 여기에는 조직 분석가, 촉진자/추진자, 팀 성원(팀 구성원), 자문가/자문을 받는 사람이 해당된다.

정답 ⑤

OIKOS UP 체계연결자
클라이언트가 사회기관에서 제공할 수 없는 자원을 필요로 할 때 유용한 자원에 대한 정보나 이용 능력이 부족하기 때문에 사람과 다른 자원을 연결하는 체계연결자 역할을 수행
예) 중개자, 중재자, 사례관리자/조정자, 클라이언트 옹호자

OIKOS UP 기능에 따른 사회복지사의 역할

기능	주요 역할	역할의 예
직접 서비스 제공하기	클라이언트에게 직접적으로 서비스를 제공	· 상담가, 가족치료사 · 집단사회복지지도자 · 정보제공 및 교육자
체계와 연결하기	클라이언트를 다른 체계와 연결하는 역할	· 중개자 · 사례관리자/조정자 · 중재자 · 클라이언트 옹호자
연구 및 조사하기	개입방법을 선택하고 그에 대한 효과성을 평가하기 위해 연구 및 조사를 수행하는 역할	· 프로그램 평가자 · 조사자
체계 유지 및 강화하기	서비스 전달 시 효율성을 떨어뜨리는 기관의 정책·기능적 관계를 평가	· 조직 분석가 · 촉진자 · 팀 성원 · 자문가
체계 개발하기	기관의 서비스를 확대·개선하기 위해 체계개발에 관련된 역할 수행	· 프로그램 개발자 · 기획가 · 정책과 절차 개발자

제5장 사회복지실천의 관점 : 통합적 접근

김진원 Oikos 사회복지사 1급

제3영역 : 사회복지실천론

01 통합적 접근방법의 개요

051 ✓확인 □□□

통합적 접근방법이 나타난 배경으로 옳은 것을 모두 고른 것은?

· 9회

> ㉠ 서비스 영역별 분화로 전문직 내 상호협력이 어려워졌다.
> ㉡ 개별이론을 집중적으로 발전시킬 필요성이 대두되었다.
> ㉢ 클라이언트의 문제와 욕구가 복잡하고 다원화되었다.
> ㉣ 전문화 중심의 훈련으로 사회복지사의 분야 이동이 용이해졌다.

① ㉠, ㉡, ㉢
② ㉠, ㉢
③ ㉡, ㉣
④ ㉣
⑤ ㉠, ㉡, ㉢, ㉣

해설
㉡ 개별이론을 집중적으로 발전시킬 필요성이 대두되었다는 것은 **방법론의 분화**에 해당한다.
㉣ 전문화 중심의 교육훈련이 사회복지사들의 분야별 직장 이동에 도움이 안 된다는 점이 통합적 접근방법이 나타난 배경이다.

정답 ②

052 ✓확인 □□□

사회복지실천에서 통합적 방법에 관한 설명으로 옳은 것은?

· 18회

① 사례관리가 실천현장에서 일반화된 이후 등장하였다.
② 다양한 클라이언트 체계와 수준에 접근할 수 있다.
③ 고도의 전문화를 통해 해당 실천영역 고유의 문제에 집중한다.
④ 전통적 방법에 비하여 다양하고 복잡한 문제 상황에 개입하기에 적합하지 않다.
⑤ 다양한 유형의 클라이언트를 통합한다는 의미를 가진다.

해설
통합적 방법의 특징은 상이한 크기의 체계(다양한 클라이언트 체계)에 대해 다양하게 접근할 수 있다는 것이다. 사회복지사는 생태체계적 관점에서 사정된 문제의 초점에 따라 어떤 수준에서도 관여하고 실천할 수 있다.

오답풀이
① 통합적 방법은 **사례관리가 실천현장에서 일반화되기 전에 등장**하였다. 통합적 접근은 1950년대 후반 등장하였으며, 사회복지실천의 통합화 단계인 1960년~1975년에 통합 방법론이 등장하였다. 사례관리는 1960~1970년대 미국과 영국에서 탈시설화에 따른 적절한 대안을 촉진하는 조직적 준거들을 마련하고, 대인서비스의 단편화를 감소시킬 방안 등을 모색하며 등장하였으며, 1980년대에 확대 실시되고 발전이 가속화되었다.
③ 고도의 전문화를 통해 해당 실천영역 고유의 문제에 집중한 것은 **전문직의 분화기(1920년 전후~1950년 전후)**에 해당한다. 통합적 방법은 고도의 전문화로 인한 서비스의 분화가 가져오는 문제에 대한 대응으로 등장하게 된 것이다.
④ **분화된 전통적 방법이 다양하고 복잡한 문제 상황에 개입하기에 적합하지 못함**으로 인해 통합적 방법이 등장하게 된 것이다.
⑤ **통합방법론은** 다양한 유형의 클라이언트를 통합한다는 의미가 아니라, 개인, 집단, 지역사회에서 제기되는 사회문제에 활용할 수 있는 공통된 하나의 원리나 개념을 제공하는 '**방법의 통합화**'를 의미하는 것이다.

정답 ②

053

통합적 접근에 관한 사회복지실천의 특징이 아닌 것은? · 19회

① 생태체계관점을 토대로 한다.
② 클라이언트의 자기결정을 최소화한다.
③ 문제에 대해 광범위하고 포괄적으로 접근한다.
④ 체계와 체계를 둘러싼 환경 간의 관계를 중시한다.
⑤ 사회복지실천과정을 점진적 문제해결과정으로 본다.

해설

통합적 접근의 사회복지실천은 클라이언트의 잠재성을 인정하며, 이들 잠재성이 개발될 수 있다고 보고, 미래지향적인 접근을 강조한다. 또한, 클라이언트의 존엄성을 인정하고, **클라이언트의 참여와 자기결정 및 개별화를 극대화**할 것을 강조한다.

+보충설명

⑤ 사회복지실천과정은 상이한 용어로 진술되지만 이들 사이에 유사성과 중복성이 함께 있다. 즉 통합적 방법론의 제모델들을 살펴보면 **사회복지실천과정은 상이하나 공통적으로 문제해결을 위한 목표달성을 향해 나아가는 점진적 단계로 이뤄져 있다는 것을 알 수 있다.**

정답 ②

OIKOS UP | 통합적 실천을 특징짓는 주요 요소(McMahon)

① **생태체계적 관점유지**(systems perspective, 체계론적 관점) : 일반사회복지실천의 이론적 관점은 일반체계, 사회체계, 생태학적 이론을 결합(체계와 체계의 환경 간의 관계를 중요시, 인간과 환경의 상호작용 중시)하고 있다.
② **포괄적인 문제 초점** : 일반사회복지실천에서의 문제는 이슈, 욕구, 의문 또는 난관 등을 언급하는 매우 광범위하고 포괄적인 개념으로서 받아들여지고 있다. → **일반주의적 접근**(generalist approach)
③ **다양한 수준에서의 접근** → **다중체계 개입**(multi-level intervention)
  ㉠ 상이한 크기의 체계에 대해 다양하게 접근으로 여기에서 클라이언트 체계는 개인, 가족, 집단, 지역사회일 수도 있고, 이 중 하나가 표적체계나 행동체계가 될 수도 있다.
  ㉡ 사회복지사는 생태체계적 관점에서 사정된 문제의 초점에 따라 어떠한 수준에도 관여하고 실천할 수 있다.
④ **이론과 개입의 개방적 선택** : 사회복지사가 어느 하나의 이론적 접근에 국한하지 않고 클라이언트의 문제에 따라 다양한 이론과 개입방법을 선택적으로 활용할 수 있어야 한다는 것을 의미한다.
⑤ **문제해결 과정** : 통합적 방법론의 제모델들의 사회복지실천과정은 상이한 용어로 진술되지만 이들 사이에 유사성과 중복성이 함께 있다. 즉, 공통적으로 문제해결을 위한 목표달성을 향해 나아가는 점진적 단계로 이뤄져 있다는 것을 알 수 있다.

054

통합적 접근 방법에서 사회복지사의 활동 원칙이 아닌 것은? · 15회

① 클라이언트와 협동노력 강조
② 병리보다 강점을 강조
③ 다양한 모델과 기술을 활용
④ 경험적으로 검증된 개입방법을 우선 적용
⑤ 이론에 기초한 개입원리와 기법보다 직관과 창의적 방법 중시

해설

이론에 기초한 개입원리와 기법을 중시하되, 어느 하나의 이론적 접근에 국한하지 않고 **클라이언트의 문제에 따라 다양한 이론과 개입방법을 선택적으로 활용**한다.

정답 ⑤

02 사회복지실천의 통합적 접근 모델

055 ☑확인 ☐☐☐

핀커스와 미나한(A. Pincus & A. Minahan)의 4체계모델에 관한 설명으로 옳은 것은?
· 18회

① 이웃이나 가족 등은 변화매개체계에 해당한다.
② 문제해결을 위해 사회복지사와 상호작용하는 사람들은 행동체계에 해당한다.
③ 비자발적인 클라이언트는 의뢰-응답체계에 해당한다.
④ 목표달성을 위해 변화가 필요한 사람들은 변화매개체계에 해당한다.
⑤ 전문가 육성 교육체계도 전문체계에 해당한다.

해설
행동체계는 변화매개체계인 사회복지사가 문제해결을 위해 상호작용하는 사람들로, 이웃, 가족, 전문가 등이 포함된다.

✕ 오답풀이
① 이웃이나 가족 등은 **행동체계**에 해당한다.
③ 비자발적인 클라이언트는 의뢰-응답체계에 해당하는 것은 맞지만, **의뢰-응답체계는 콤튼과 갤러웨이(Compton & Galaway)의 6체계 모델**에 해당된다.
④ 목표달성을 위해 변화가 필요한 사람들은 **표적체계**에 해당한다.
⑤ 전문가 육성 교육체계도 전문체계에 해당하는 것은 맞지만, **전문체계는 콤튼과 갤러웨이(Compton & Galaway)의 6체계 모델에 해당된다.**

정답 ②

056 ☑확인 ☐☐☐

핀커스와 미나한(A. Pincus & A. Minahan)의 4체계 모델을 다음 사례에 적용할 때 대상과 체계의 연결로 옳은 것은?
· 22회

> 가족센터의 교육 강좌를 수강 중인 결혼이민자 A는 최근 결석이 잦아졌다. A의 이웃에 살며 자매처럼 친하게 지내는 변호사 B에게서 A의 근황을 전해들은 가족센터 소속의 사회복지사 C는 A와 연락 후 가정방문을 하여 A와 남편 D, 시어머니 E를 만나 이야기를 나누었다. C는 가족센터를 이용하면 '바람이 난다'라고 여긴 E가 A를 통제하고 있는 것을 알게 되었다. 또한 D는 A를 지지하고 싶지만 E의 눈치를 보느라 소극적으로 행동하는 것도 파악하였다. A의 도움 요청을 받은 C는 우선 E의 변화를 통해 상황을 개선해보고자 한다.

① 결혼이민자(A) : 행동체계
② 변호사(B) : 전문가체계
③ 사회복지사(C) : 의뢰-응답체계
④ 남편(D) : 변화매개체계
⑤ 시어머니(E) : 표적체계

해설
핀커스와 미나한(Pincus & Minahan)의 4체계 모델에서 체계의 구성은 클라이언트 체계(the client system), 변화매개체계(change agent system), 표적 체계(the target system, 목표체계), 행동체계(the action system)이다. 결혼이민자(A)의 도움요청을 받은 변화매개체계인 사회복지사(C)가 변화시키고자 하는 **시어머니(E)는 표적체계**에 해당한다.

✕ 오답풀이
① 변화매개체계인 사회복지사(C)에게 도움을 요청한 **결혼이민자(A)는 클라이언트체계**이다.
② A의 이웃에 살며 자매처럼 친하게 지내는 **변호사(B)**는 표적체계인 시어머니(E)를 변화시키는데 함께 상호작용할 수 있는 사람에 해당된다면 **행동체계**가 될 수 있다. 참고로 행동체계는 변화매개인들이 변화노력을 달성하기 위해 상호작용하는 사람들을 말하는데 **이웃, 가족, 전문가 등**이 포함된다. 전문가체계는 콤튼과 갤러웨이의 6체계에 해당된다.
③ **사회복지사(C)는 변화매개체계**이다. 의뢰-응답체계는 콤튼과 갤러웨이의 6체계에 해당된다.
④ 표적체계인 시어머니(E)의 아들인 **남편(D)는 행동체계**이다.

정답 ⑤

057

콤튼과 갤러웨이(B. Compton & B. Galaway)의 6체계모델을 다음 사례에 적용할 때 구성체계의 연결이 옳은 것은? · 19회

> 사회복지사 A는 중학생 B가 동급생들로부터 상습적으로 집단폭력을 당하는 것을 알게 되었다. A는 이 문제를 해결하기 위하여 B가 다니는 학교의 학교사회복지사 C와 경찰서의 학교폭력담당자 D에게도 사건내용을 알려, C와 D는 가해학생에게 개입하고 있다. A는 학교사회복지사협회(E)의 학교폭력관련 워크숍에 참가하면서, C와 D를 만나 정기적으로 사례회의를 하고 있다.

① A(사회복지사) - 변화매개체계
② B(학생) - 행동체계
③ C(학교사회복지사) - 클라이언트체계
④ D(경찰) - 전문가체계
⑤ E(학교사회복지사협회) - 표적체계

해설

콤튼(Compton)과 갤러웨이(Galaway)는 사회복지실천체계를 핀커스와 미나한이 제시한 기존의 4체계에 전문가 체계와 문제인식체계(의뢰-응답체계)의 2가지 유형을 첨가하여 6가지 체계로 분류하였다. 주어진 사례에서 **A(사회복지사)는 변화매개체계**에 해당한다.

✗ 오답풀이

② 변화매개체계인 A(사회복지사)가 상습적으로 집단폭력을 당하고 있는 B(학생)의 문제를 해결하기 위해 개입하고 있으므로, B(학생)는 **표적체계**이다.
③ C(학교사회복지사)는 **행동체계**이다. 행동체계(the action system)는 변화매개인이 변화노력을 달성하기 위해 상호작용하는 사람들을 말하는데 이웃, 가족, 전문가 등이 포함된다.
④ D(경찰)는 행동체계이다.
⑤ E(학교사회복지사협회)는 **전문가체계**(professional system, 전문체계)이다. 전문가체계는 사회복지사의 권익과 이익을 대변하며 전문성 신장을 위해 노력하는 **협회 및 학회**를 들 수 있다.

정답 ①

058

다음 사례에서 콤튼과 갤러웨이(B. Compton & B. Galaway)의 사회복지실천대상과 체계의 연결로 옳은 것은? · 23회

> 학교사회복지사 A는 학교 징계위원회로부터 상담명령을 받은 학교폭력 가해자인 학생 B를 만났다. B는 비밀보장을 요청하며 상담을 해달라고 하였다. 그러나 담임교사와 학교는 학생과의 면담을 모두 보고하도록 요구하였다. 결국 A는 이 문제를 학교사회복지사협회와 의논하여 학교에 사회복지사의 비밀보장 의무에 대한 공문을 요청하였다. A는 가해자로 지목된 다른 학생 C, D와 B를 대상으로 집단 프로그램을 운영하였다.

① 학교 징계위원회 - 응답체계
② 학교사회복지사협회 - 전문가체계
③ 학교사회복지사 A - 행동체계
④ 담임교사 - 표적체계
⑤ 가해자 학생 C, D - 변화매개체계

해설

전문가체계는 사회복지사의 권익과 이익을 대변하며 전문성 신장을 위해 노력하는 협회 및 학회를 들 수 있다. 따라서, 주어진 사례에서 학교사회복지사협회는 전문가체계에 해당한다.

✗ 오답풀이

① 학교 징계위원회 - **의뢰체계**
③ 학교사회복지사 A - **변화매개체계**
④ 담임교사 - **행동체계**
⑤ 가해자 학생 C, D - **표적체계**. 참고로 의뢰체계인 학교 징계위원회로부터 상담명령을 받은 학교폭력 가해자인 학생 B는 응답체계이다. 반면, 가해자로 지목된 다른 학생 C, D는 의뢰체계인 학교 징계위원회에 의해 보내어진 사람이 아니기 때문에 응답체계는 아니며, 변화매개체계가 목적을 성취하기 위해 변화시키고자 하는 표적체계에 해당된다.

정답 ②

059

역량강화(empowerment) 실천 활동으로 옳은 것을 모두 고른 것은?   • 15회

> ㉠ 클라이언트와 협력
> ㉡ 생태체계적 관점 적용
> ㉢ 사회변화를 위한 행동에 참여
> ㉣ 억압받는 집단에 대한 역사적 관점 이해

① ㉣ ② ㉠, ㉢ ③ ㉡, ㉣
④ ㉠, ㉡, ㉢ ⑤ ㉠, ㉡, ㉢, ㉣

해설
㉠ 클라이언트는 변화과정에 능동적으로 참여하는 상호 협력적 파트너이며, 클라이언트는 자신이 처한 환경과 능력을 가장 잘 알고 있는 사람으로 간주된다.
㉡ **생태체계적 관점**은 사회복지사가 권한부여적 관계를 형성하고 클라이언트체계의 자원을 발견하며, 클라이언트체계의 역량을 강화하는 **개념적 도구로 활용**된다.
㉢ 사회 내에 존재하는 모든 형태의 억압 현상을 비판하고, **개인적 변화와 사회적 변화를 연결하는 방법과 전략을 개발**해야 한다.
㉣ 역량강화는 사회복지실천의 새로운 경향으로 억압받는 집단에 매우 유용한 개념으로 논의되고 있다. 억압받는 집단과 관련된 사회정책의 비판적, 역사적 분석을 비롯하여 억압의 역사를 학습해야 한다.

정답 ⑤

060

강점관점에 관한 설명으로 옳은 것을 모두 고른 것은?   • 16회

> ㉠ 클라이언트를 희생자로 인식한다.
> ㉡ 대표적인 학자로 샐리비(D. Saleebey)와 밀리(K. Miley)가 있다.
> ㉢ 외상, 학대, 질병 등과 같은 힘겨운 일들을 도전과 기회로 고려한다.
> ㉣ 개입의 초점은 클라이언트의 역기능과 증상의 영향을 감소시키는 것이다.

① ㉡ ② ㉢ ③ ㉡, ㉢
④ ㉠, ㉡, ㉢ ⑤ ㉡, ㉢, ㉣

해설
㉡ 대표적인 학자로 샐리비(D. Saleebey), 밀리(K. Miley), 버거와 루크만(Berger & Luckman) 등이 있다. 특히 샐리비는 강점이론의 실체와 성과를 체계화한 사람으로, 1992년 「사회복지 실천에서의 강점관점」이란 저서를 출간함으로써 이론적 발달의 커다란 기반을 형성하였다.
㉢ **병리관점**은 어린 시절 상처는 성인기의 병리를 예측할 수 있는 전조라고 보지만, **강점관점**은 어린 시절의 상처는 개인을 약하게 할 수도 있고 강하게 할 수도 있다. 즉 외상과 학대경험은 클라이언트에게 도전과 기회의 원천이 될 수 있다고 본다.

✗ 오답풀이
㉠ **병리관점**은 클라이언트체계를 병리적인 요소를 가진 사람들, 즉 비도덕적인 존재로 낙인하여, 희생자로 본다. 반면에 **강점관점**에서는 클라이언트를 독특한 존재, 즉 강점 및 기질, 재능, 자원을 가진 자로 규정한다.
㉣ **병리관점의 개입초점이** 클라이언트의 역기능과 증상의 영향을 감소시키는 것이며, **강점관점**은 클라이언트의 잠재역량 및 자원을 인정하고 클라이언트 내외에 탄력성이 있음을 전제하여, 클라이언트가 자신의 삶을 통제할 수 있도록 권한 혹은 힘을 부여하고자 하는 것이다.

정답 ③

061

임파워먼트모델에 관한 설명으로 옳은 것을 모두 고른 것은?

・17회

> ㉠ 임파워먼트는 개인, 대인관계, 제도적 차원에서 이루어짐
> ㉡ 클라이언트를 문제해결의 협력적 파트너로 인정함
> ㉢ 클라이언트를 위해 자원을 동원하거나 권리를 옹호함
> ㉣ 모델의 이념적 근원은 레이놀즈(B. Reynolds)의 활동에서 찾을 수 있음

① ㉠, ㉡
② ㉡, ㉢
③ ㉢, ㉣
④ ㉠, ㉡, ㉢
⑤ ㉠, ㉡, ㉢, ㉣

해설
㉠ **임파워먼트는 개인적 차원, 대인관계적 차원, 제도적(구조적) 차원**에서 이루어진다. **개인적 차원**은 개인 스스로에 대한 역량감, 지배감, 강점, 변화능력 등을 의미한다. **대인관계적 차원**은 다른 사람에 대한 영향력으로, 대인관계 차원에서 권한부여를 한다는 것은 다른 사람과의 관계에서 효율적인 상호작용을 한다는 것이다. **제도적(구조적) 차원**은 사회구조와의 관계를 의미하는데, 사람들은 자기자신을 변화시킴으로써 힘을 얻기도 하지만, 정치적, 사회적 상황과 같은 사회구조를 바꿈으로써 좀 더 큰 힘을 얻고, 새로운 기회를 창출할 수 있다.
㉡ **사회복지사는 클라이언트와 협력적인 관계를 유지**하면서, 그들 스스로 가능성을 가지고 있는 변화의 주체로 인식하도록 하고, 나아가 실패의 경험을 발전의 기회로 인식할 수 있도록 돕는다.
㉢ 클라이언트 체계가 개인차원 및 사회환경 내에서 **활용 가능한 자원을 동원**하고 **권리 옹호활동**을 한다.

✗ 오답풀이
㉣ 급진주의적 정신의료사회사업가였던 레이놀즈(B. Reynolds)의 활동은 사회복지에서 임파워먼트 실천을 이끈 중요한 역사적 선례에 해당되지만, 임파워먼트모델의 이념적 근원은 아니다. **임파워먼트 모델의 이념적 근원은 인보관 운동**이다. 인보관 운동의 청년들은 빈곤하거나 장애를 가진 소외계층에 대한 임파워먼트를 주장하였다. 즉, 소외계층에게도 자신의 문제를 해결할 수 있는 능력이 있음을 인정하고 그 능력을 발휘할 수 있도록 힘을 북돋우는 역할을 하였다.

정답 ④

062

사회복지사가 현장에서 활용할 수 있는 강점관점 실천의 원리에 해당하지 않는 것은?

・19회

① 모든 환경은 자원으로 가득 차 있다.
② 모든 개인·집단·가족·지역사회는 강점을 가지고 있다.
③ 클라이언트와 협동 작업이 이루어질 때 최선의 도움을 줄 수 있다.
④ 클라이언트의 성장과 변화는 제한적이다.
⑤ 클라이언트의 고난은 상처가 될 수 있지만, 동시에 도전과 기회가 될 수 있다.

해설
병리(pathology) 관점에서는 클라이언트의 성장과 변화는 병리에 의해 제한된다고 가정한다. 그러나, 클라이어트가 성장과 변화를 위한 개별적 잠재능력을 가지고 있다고 보는 **강점(strength) 관점**에서는 클라이언트의 성장과 변화는 항상 개방되어 있다고 본다.

➕ 보충설명
③ **강점관점**에서 **클라이언트는 변화과정에 능동적으로 참여하는 상호 협력적 파트너**이다. 클라이언트와 협동작업이 갖는 장점은 클라이언트와 전문가가 서로의 자원을 상호협력하여 활용하기 때문에 문제해결을 위한 자원의 범위가 넓어진다는 것이다.

정답 ④

063

임파워먼트 모델에 관한 설명으로 옳은 것은? • 22회

① 병리적 관점에 기초를 둔다.
② 어떤 경우에도 환경의 변화를 추구하지 않는다.
③ 클라이언트의 적극적인 참여를 강조한다.
④ 전문성을 기반으로 사회복지사는 클라이언트를 통제한다.
⑤ 클라이언트에 대한 정확한 진단을 최우선으로 한다.

해설

임파워먼트 모델에서는 클라이언트를 개입의 객체가 아니라 주체로 보기 때문에 자기결정권을 강조하며, 클라이언트를 적극적 참여와 권리를 가진 사회적 서비스의 소비자로 본다.

오답풀이

① **강점 관점에 기초를 둔다.** 병리적 관점에서의 문제는 강점관점에서는 변화를 위한 하나의 도전으로 간주된다.
② **환경의 변화를 추구한다.** 발견단계에서 클라이언트의 사회적·물리적 환경을 검토함으로써 그들의 도전에 대한 상호교류적 관점을 확인하고, 발달단계에서 클라이언트체계와 사회적·물리적 환경의 변화를 시작하게 하며 강화하고 안정시킨다.
④ 전문가적 전문성보다는 협력적인 파트너십과 해결지향적 접근을 하며, 사회복지사가 클라이언트를 통제하는 것이 아니라 **클라이언트 자신이 스스로의 삶에 대한 통제력을 증가시키게 하고자 한다.**
⑤ 클라이언트에 대한 정확한 진단을 최우선으로 하는 것은 클라이언트를 진단에 따른 증상을 가진 자로 보고 치료의 초점을 문제에 두는 **병리적 관점**이다. 클라이언트를 강점 및 기질, 재능, 자원을 가진 자로 규정하고 치료의 초점을 가능성에 두는 임파워먼트 모델에서는 클라이언트의 강점과 환경적 자원을 파악하고자 한다.

정답 ③

064

임파워먼트모델에서 클라이언트와 사회복지사에 관한 설명으로 옳지 않은 것은? • 23회

① 클라이언트가 원하는 변화를 위해 양자 간 협력적 관계를 형성한다.
② 클라이언트를 서비스에 대한 권리를 가진 소비자로 본다.
③ 클라이언트를 경험과 역량을 가진 원조과정의 파트너로 본다.
④ 클라이언트의 참여를 중시하고 자기결정권을 강조한다.
⑤ 사회복지사는 치료자이고, 클라이언트는 서비스의 수동적 수혜자로 여긴다.

해설

임파워먼트모델에서 사회복지사는 **협력적 동반자**이고, 클라이언트는 **적극적 권리 행사자**로 여긴다. 즉, 전통적 문제해결 과정에서는 **전문가 중심**이지만, 임파워먼트모델에서는 **협력적 동반자 관계 중심**이다. 또한 전통적 문제해결 과정에서는 클라이언트를 **수동적 수혜자로 인식**하고 전문가에 의해 **통제**된다고 보지만, 임파워먼트모델에서는 **클라이언트를 적극적 권리 행사자, 소비자, 서비스 이용자로 인식**한다.

보충설명

전통적 문제해결 과정과 임파워먼트 과정의 비교

전통적 문제해결 과정	임파워먼트 과정
클라이언트의 문제(욕구, 결함, 증상, 병리) 중심	클라이언트의 강점(재능, 열망, 기술, 지식) 중심
문제를 부정적으로 인식	문제를 도전과 기회로 적극적으로 인식
분석적	총체적
전문가적 관점 중심, 질문식 인터뷰	클라이언트 관점에서 정보수집, 대화적, 목적적
과거와 현재 중심	지금 여기에 두어 미래중심
전문가 중심	협력적 동반자 관계중심

정답 ⑤

 사회복지실천의 관계론

제3영역 : 사회복지실천론

01 전문적 관계의 특징과 기본요소

065 ✓확인 ☐☐☐

전문적 원조관계의 특성으로 옳은 것은? · 17회

① 사회복지사는 클라이언트에 비해 우월적 지위에 있다.
② 클라이언트에게 도움을 주기 위해 정해진 기간 동안 관계를 맺는다.
③ 사회복지사의 욕구에 부응하기 위해 상호 만족스러운 관계를 형성한다.
④ 관계의 전반적인 과정에 대해 사회복지사와 클라이언트가 공동으로 책임진다.
⑤ 전문적 관계를 통해 사회복지사는 클라이언트의 감정과 행동의 변화를 통제한다.

해설
전문적 원조관계는 **시간제한적**이다. 사회복지사와 클라이언트와의 관계는 출발에서부터 시간제한적이다. 사회복지사와 클라이언트가 성취할 목표를 설정하고 이 목표가 달성되면 관계는 종결된다.
✗ 오답풀이
① 사회복지사와 클라이언트는 파트너십 과정이다. 파트너십은 클라이언트를 동반자 또는 협조자로 인정하는 것으로 **클라이언트와 평등한 수평적 관계를 추구함**을 의미한다.
③ **클라이언트의 욕구에 부응**하기 위해 상호 만족스러운 관계를 형성한다. 즉 전문적 관계는 언제나 클라이언트의 입장에서 출발해야 한다.
④ 전문적 관계는 일반적인 인간관계와는 달리 클라이언트는 도움을 요청하고 사회복지사는 전문가로서 도움을 주는 관계이다. 따라서, 관계의 전반적인 과정에 대해 **사회복지사가 전문적 책임을** 지게 된다.
⑤ 전문적 관계는 현재 진행 중인 사례에 대해 객관성을 유지하고 사회복지사가 자신의 감정, 반응, 열망을 자각하고 그 책임을 진다는 의미에서 **통제된** 관계이다. 사회복지사가 클라이언트의 감정과 행동의 변화를 통제하는 것은 아니다.

정답 ②

066 ✓확인 ☐☐☐

사회복지실천의 전문적 관계에 관한 설명으로 옳지 않은 것은? · 21회

① 사회복지사와 클라이언트가 합의하여 목적을 설정한다.
② 사회복지사는 소속된 기관의 특성에 영향을 받는다.
③ 사회복지사의 이익과 욕구 충족을 위한 일방적 관계이다.
④ 사회복지사는 전문성에 바탕을 둔 권위를 가진다.
⑤ 계약에 의해 이루어지는 시간제한적인 특징을 갖는다.

해설
클라이언트의 이익과 욕구 충족을 위한 것으로 일방적 관계이다. 즉 사회복지사는 자신의 이익보다 클라이언트의 이익과 욕구충족을 위해 자신을 헌신해야 한다. 참고로 클라이언트를 동반자 또는 협조자로 인정하는 수평적 관계를 추구한다.
+ 보충설명
① 사회복지사와 클라이언트가 **상호 합의한 의식적인 목적을 성취하고자 하는** 관계이다.
② **특정기관에 소속된 사회복지사**는 소속된 기관의 설립목적과 이념에 준한 실천을 해야 하기 때문에 소속된 기관의 특성에 영향을 받는다.
④ **권위는 클라이언트와 기관에 의해 사회복지사에게 위임된 권한**으로 사회복지사는 전문적 지식과 경험을 보유함으로써, 또한 일정한 지위에 있음으로써 **영향력을 미칠 수 있는 권한**을 가진다.
⑤ 사회복지사는 **계약에 의해 클라이언트와 정해진 기간을 갖고 관계를 맺게 되므로** 목적이 달성되었거나 달성될 수 없다고 생각될 때에는 관계가 종결된다.

정답 ③

067

다음 내용을 모두 충족하는 원조관계의 기본 요소는? • 17회

- 사회복지사와 클라이언트의 책임감을 의미하는 것으로 관계의 목적을 이루기 위해 서로를 신뢰하고 일관된 태도를 유지함
- 클라이언트는 문제와 상황을 솔직하게 말해야 하고, 사회복지사는 클라이언트의 변화와 성장을 위해 노력해야 함

① 수용 ② 존중
③ 일치성 ④ 헌신과 의무
⑤ 권위와 권한

해설
헌신(commitment)과 의무(obligation)는 돕는 과정에서의 책임감을 의미하는 것으로 일관성을 포함하는 개념이다. 상호작용을 함에 있어 책임감을 갖지 않고서는 타인과 의미 있는 관계를 맺을 수 없으므로, 전문적 관계에서 관계의 목적을 이루기 위해서는 사회복지사뿐만 아니라 클라이언트 역시 헌신과 의무로 맺어져야 한다.

보충설명
① 수용(acceptance)은 클라이언트를 자신의 감정과 사고에 대한 권리를 가진 독특한 개인으로서 배려하고 클라이언트에 대한 진실된 관심과 인식, 경청하는 태도, 그들의 행동에 대한 주의 집중, 돕고자 하는 열망의 전달, 클라이언트에 대한 진실된 염려를 의미한다.
② 존중(respect)은 그 어떤 상황에 있는 사람이라도, 상대를 존엄하다고 바라보는 것을 의미한다.
③ 일치성은 사회복지사가 클라이언트와 관계를 맺을 때 일관성 있고 정직한 개방성을 유지하며, 대화의 내용과 행동이 항상 일치하면서도 전문가로서의 자아와 가치체계에 부합하도록 하는 능력을 의미한다.
⑤ 권위(authority)는 클라이언트와 기관에 의해 사회복지사에게 위임된 권한(power)으로 정의된다. 사회복지사는 일정한 지식과 경험을 보유함으로써, 또한 일정한 지위에 있음으로써 영향력을 미칠 수 있는 권한을 가진다.

정답 ④

068

사회복지실천 관계의 요소인 헌신과 의무에 관한 설명으로 옳은 것을 모두 고른 것은? • 22회

- ㄱ. 일관성을 포함하는 개념이다.
- ㄴ. 원조관계에서 책임감과 관련이 있다.
- ㄷ. 원조관계의 목적을 달성하기 위해 필요하다.
- ㄹ. 클라이언트는 헌신을 해야 하나 의무를 갖지는 않는다.

① ㄴ
② ㄱ, ㄴ, ㄷ
③ ㄱ, ㄷ, ㄹ
④ ㄴ, ㄷ, ㄹ
⑤ ㄱ, ㄴ, ㄷ, ㄹ

해설
- ㄱ. 헌신과 의무는 **일관성을 포함하는** 개념이다.
- ㄴ. 헌신과 의무는 돕는 과정에서의 **책임감을 의미하는** 것이다.
- ㄷ. 전문적 관계에서 **원조관계의 목적을 달성하기 위해서는** 사회복지사뿐만 아니라 클라이언트 역시 헌신과 의무로 맺어져야 한다.

오답풀이
- ㄹ. 사회복지사 뿐만 아니라 클라이언트도 관계에 대한 **헌신과 의무를 가져야 한다.** 즉, 클라이언트는 문제와 상황을 솔직하게 말해야 하고, 사회복지사는 클라이언트의 변화와 성장을 위해 노력해야 한다.

정답 ②

069

사회복지사의 자기노출(self-disclosure) 시 적절하지 않은 것은?

· 11회

① 자기노출의 내용과 감정이 일치해야 한다.
② 지나치게 솔직한 자기노출은 자제해야 한다.
③ 자기노출은 비윤리적이므로 피해야 한다.
④ 클라이언트의 반응에 따라 자기노출의 양과 형태를 조절해야 한다.
⑤ 자기노출의 긍정적 면과 부정적 면을 균형있게 사용해야 한다.

해설

자기노출(= 자기개방)은 사회복지사가 도움의 상황에서 적절하다고 생각되는 자신의 경험을 클라이언트와 함께 나눌 수 있는 능력으로서 사회복지실천에서 거의 금기로 정해 놓았던 사적인 대화 내지 역감정 전이가 유발될 수 있는 여지가 있다.

정답 ③

OIKOS UP — 사회복지사가 자기노출 시 주의해야 할 점

① 어느 정도의 라포가 형성되어 클라이언트가 개인적 관계를 맺고자 할 때까지 직접적 경험의 노출은 최소화해야 한다.
② 불안정한 성격, 무능력 등에 대한 지나치게 솔직한 자기노출은 피해야 한다.
③ 노출의 내용과 감정이 일치되어야 한다.
④ 면접의 목적과 관련이 없는 개인적 경험을 사회복지사가 이야기하는 것은 적절하지 못하다.
⑤ 클라이언트의 반응에 따라 자기노출의 양과 형태를 조절해야 한다.
⑥ 자기노출의 긍정적 면과 부정적 면을 균형있게 사용해야 한다.

070

문화적 다양성과 사회복지실천에 관한 설명으로 옳은 것은?

· 17회

① 다문화주의는 문화상대주의이다.
② 다문화사회복지실천에서 기술은 지식보다 중요하다.
③ 다문화주의는 사회통합을 위해 소수자의 동화를 유도한다.
④ 다문화사회복지실천은 클라이언트의 차이점을 고려하지 않는 중립적 실천이다.
⑤ 한국사회복지사 윤리강령에 다문화적 역량증진 의무는 명시되어 있지 않다.

해설

한 국가나 민족이 하나의 문화를 갖는다는 단문화주의(Mono-culturalism)에 대비되는 개념으로, **다문화주의**는 한 사회에서 여러 문화를 인정하는 것이며 다양한 문화를 지닌 소수자들의 삶을 보장하는 데 초점을 맞춘다. **다문화주의는 문화절대주의가 아닌 문화상대주의**로, **문화상대주의**는 다른 문화를 존중하고 그 문화의 시각에서 평가해야 한다는 관점을 말한다. 참고로, 문화절대주의는 자기 입장과 잣대로 남의 문화를 평가하고 비하하는 태도를 말하는 것으로, 자문화중심주의, 문화제국주의, 국내식민주의, 문화사대주의가 포함된다.

오답풀이

② 사회복지실천기술은 **가치와 지식에 기초**하여 클라이언트와 관련된 특별한 상황의 변화를 위하여 심리사회적으로 개입을 할 수 있는 사회복지사의 능력을 의미하는 것이다. 따라서, 기술이 지식보다 중요하다는 것은 올바르지 않다.
③ **문화동화(assimilation)는** 여러 가지의 독특한 하위문화를 가진 집단이 그 사회의 지배문화로 통합되는 문화현상을 말한다. 다문화주의는 사회통합을 위해 소수자의 **문화를 동화가 아닌 문화수용**을 한다. **문화수용이란** 두 개의 이질적인 문화가 접촉을 하면서도 각각 자체의 문화의 가치관과 특성을 유지하면서 한 사회 내에서 공존하는 문화현상을 말한다.
④ 다문화사회복지실천은 다문화사회를 위한 사회복지실천을 의미한다. **다문화 당사자 중심의 지원을 하며, 클라이언트의 차이점을 고려한다.**
⑤ **한국사회복지사 윤리강령에는 다문화적 역량증진 의무는 명시되어 있다.** 기본적 윤리기준 중 1. 전문가로서의 자세 1) 인간 존엄성 존중에서 "사회복지사는 다양한 문화의 강점을 인식하고 존중하며, 문화적 역량을 바탕으로 사회복지를 실천한다."라고 명시되어 있다.

정답 ①

02 사회복지실천 관계의 원칙

071 ☑확인 ☐☐☐

비스텍(F. Biestek)의 관계의 원칙에 관한 설명으로 옳은 것은?
· 16회

① 의도적 감정표현이란 클라이언트와의 라포 형성을 위해 사회복지사의 감정을 주의 깊게 표현하는 것이다.
② 수용이란 클라이언트의 행동변화를 위해 바람직한 가치를 받아들이도록 격려하는 것을 의미한다.
③ 개별화란 클라이언트가 속한 집단적 특성을 탐색하는 과정을 포함한다.
④ 비심판적 태도란 클라이언트의 자기결정능력이 부족한 경우에 판단을 유보하는 것이다.
⑤ 통제된 정서적 관여란 클라이언트가 자기이해를 통해 부정적 감정에 직면하도록 강화할 때 필요하다.

해설

개별화의 원칙을 위해서 사회복지사는 **클라이언트가 속한 특정집단에 대한 편견과 선입관에서 벗어나야 한다**. 편견과 선입관으로 인해 사회복지사는 클라이언트의 문제, 경험, 사고, 행동들에 대해 속단하게 되고 그들의 존엄성을 존중하지 않게 되며 자칫 객관적인 시각을 잃게 된다.

오답풀이
① **의도적 감정표현의 원칙**은 사회복지사의 감정을 주의 깊게 표현하는 것이 아니라, 클라이언트가 자신의 감정, 특히 부정적인 감정을 자유롭게 표현하고자 하는 욕구와 관련된 것이다. 이를 위해 사회복지사는 클라이언트가 표현하는 감정에 의도적으로 귀 기울이고 이를 비난하거나 실망시키지 않아야 하며, 필요한 경우 클라이언트가 감정을 자유롭게 표현할 수 있도록 자극하고 격려해줘야 한다.
② **수용의 원칙**은 클라이언트가 바람직한 가치를 받아들이도록 격려하는 것이 아니라, 사회복지사가 클라이언트의 강점과 약점, 바람직한 성격과 그렇지 못한 성격, 긍정적인 감정과 부정적인 감정, 건설적이거나 파괴적인 태도 및 행동 등을 그대로 인정하고 존중해주는 것을 말한다.
④ **비심판적 태도의 원칙**은 클라이언트의 자기결정능력이 부족한 경우 판단을 유보하는 것이 아니라, 문제의 원인이 클라이언트의 잘못 때문인지 아닌지, 얼마만큼 클라이언트에게 책임이 있는지 등을 심판하지 않으며 클라이언트의 특성 및 가치관을 비난하지 않는다는 원칙이다.
⑤ **통제된 정서적 관여의 원칙**은 사회복지사가 관계를 통해 클라이언트의 감정에 반응을 보임으로써 정서적으로 '관여(involvement)'하는 것으로, 클라이언트가 자기이해를 통해 부정적 감정에 직면하도록 강화할 때 필요한 것이 아니다.

정답 ③

072 ☑확인 ☐☐☐

클라이언트를 개별화하기 위해 사회복지사에게 필요한 역량이 아닌 것은?
· 18회

① 언어적 표현에 대한 경청 능력
② 비언어적 표현에 대한 관찰 능력
③ 질환에 대해 진단할 수 있는 능력
④ 편견과 선입관에 대한 자기인식 능력
⑤ 감정을 민감하게 포착할 수 있는 능력

해설

개별화는 각 클라이언트의 독특한 자질을 인정하고 이해하여, **해당 클라이언트에게 맞는 원리와 방법을 다르게 적용하여 돕고자 하는 것**이다. 질환에 대해 진단하는 것은 사회복지사에게 필요한 역량이 아니다.

보충설명
①, ② 클라이언트의 **언어적·비언어적 표현을 잘 경청하고 관찰**해야 한다.
④ 사회복지사는 **인간에 대한 편견이나 선입관으로부터 벗어나야 하며**, 클라이언트의 문제를 해결하거나 돕기 위해서는 정확한 원인을 확인하고 객관성을 유지해야 한다.
⑤ **클라이언트의 감정에 대해 민감하게 반응**하고, 클라이언트의 감정과 경험을 사회복지사 자신의 경험으로 받아들여 이해하고 느껴야 한다.

정답 ③

073

비스텍(F. Biestek)의 관계의 원칙 중 '의도적 감정표현'에 해당하는 것은? ·21회

① 클라이언트의 부정적 감정을 자유롭게 표현할 수 있도록 지지한다.
② 클라이언트의 감정이나 태도를 있는 그대로 받아들이고 존중한다.
③ 목적달성을 위한 방안들의 장·단점을 설명하고 클라이언트가 스스로 선택하도록 한다.
④ 공감을 받고 싶어 하는 클라이언트의 욕구에 따라 클라이언트에게 공감하는 반응을 표현한다.
⑤ 사회복지사 자신의 생각과 느낌, 개인적인 경험을 이야기한다.

해설
의도적 감정표현은 클라이언트로 하여금 자신의 감정을 자유롭게 표현하도록 돕는 것인데, **부정적 감정일지라도 비난이나 비판의 두려움 없이 자유롭게 표현하도록 해 주는 것**이다.

오답풀이
② 클라이언트의 감정이나 태도를 있는 그대로 받아들이고 존중하는 것은 **수용**이다.
③ 목적달성을 위한 방안들의 장·단점을 설명하고 클라이언트가 스스로 선택하도록 하는 것은 **자기결정**이다.
④ 공감을 받고 싶어 하는 클라이언트의 욕구에 따라 클라이언트에게 공감하는 반응을 표현하는 것은 **통제된 정서적 관여**이다.
⑤ 사회복지사 자신의 생각과 느낌, 개인적인 경험을 이야기 하는 것은 **자기노출**이다. 자기노출은 전문적 관계의 기본요소 중 하나이지만, 비스텍(F. Biestek)의 관계의 원칙에는 해당되지 않는다.

정답 ①

074

'클라이언트의 자기결정'을 돕는데 필요한 사회복지사의 역량으로 옳은 것을 모두 고른 것은? ·18회

㉠ 경청하고 수용하는 태도
㉡ 클라이언트가 활용 가능한 자원을 찾고 분석하도록 지원하는 능력
㉢ 클라이언트의 잠재력을 개발하는데 도움이 되는 환경조성 능력
㉣ 클라이언트에게 필요한 것들을 결정하여 이를 관철시키는 능력

① ㉠, ㉣
② ㉡, ㉢
③ ㉠, ㉡, ㉢
④ ㉡, ㉢, ㉣
⑤ ㉠, ㉡, ㉢, ㉣

해설
㉠ 클라이언트가 사회복지실천 전 과정에 적극적으로 참여할 수 있도록 돕고, **경청하고 수용적 태도**로 클라이언트가 자신이나 자신의 문제에 대해 보다 깊이 이해할 수 있도록 원조한다.
㉡ 클라이언트가 지역사회 내 인적 자원을 포함한 **활용 가능한 자원**이 존재하고 있음을 알려 주는 역할을 한다.
㉢ 클라이언트 자신의 **잠재적 자원을 적극적으로 개발**하고 활용할 수 있도록 자극을 준다.

오답풀이
㉣ 클라이언트에게 필요한 것들을 사회복지사가 결정하여 이를 관철시키는 것은 올바르지 않다. 클라이언트가 자신의 문제와 관련하여 의사결정을 해야 할 경우, 의사결정과정에 참여하여 스스로 판단하고 결정할 수 있도록 돕는다.

정답 ③

075

비밀 보장의 예외에 해당되는 것을 모두 고른 것은? ・12회

㉠ 법정으로부터 클라이언트의 정보공개명령을 받았을 때
㉡ 클라이언트의 치료를 위해 전문가 회의를 할 때
㉢ 클라이언트 자신이나 상대방의 생명에 위협이 될 때
㉣ 제3자로부터 클라이언트에 관한 정보를 제공받았을 때

① ㉠, ㉡, ㉢   ② ㉠, ㉢   ③ ㉡, ㉣
④ ㉣   ⑤ ㉠, ㉡, ㉢, ㉣

해설
㉠ 법정으로부터 클라이언트의 정보공개명령을 받았을 때는 비밀보장의 권한을 유지할 수 없다.
㉡ 클라이언트의 치료를 위한 적절한 서비스를 전달하기 위해 **전문가 회의 및 기관 안팎의 타 전문가와 연계할 경우 필요한 정보를 공유하지 않을 수 없다.**
㉢ 타인이나 클라이언트 자신의 생명을 위협하는 상황이 발생할 위기에 처했을 때 **생명의 보호가 우선되므로 비밀보장의 원리는 유보될 수밖에 없다.**

✕ 오답풀이
㉣ 제3자로부터 클라이언트에 관한 정보를 제공받은 것은 비밀보장의 한계사항에 해당하지 않는다.

정답 ①

076

사회복지실천 관계의 요소인 수용에 관한 설명으로 옳지 않은 것은? ・22회

① 클라이언트를 있는 그대로 이해한다.
② 클라이언트의 부정적인 감정도 받아들인다.
③ 사회규범에서 벗어난 행동도 허용할 수 있다.
④ 편견이나 선입관을 줄여나가면 수용에 도움이 된다.
⑤ 클라이언트가 안도감을 갖게 하여 현실적인 방법으로 문제 대처를 할 수 있도록 돕는다.

해설
수용은 한 인간으로서의 클라이언트의 가치, 그의 있는 그대로의 현실, 그의 감정을 받아들이는 것이지, 사회규범에서 벗어난 일탈적인 태도나 행동을 승인(agreement, 동의)하는 것은 아니다.

+ 보충설명
① **수용은 클라이언트를 있는 그대로 인정하고 이해하며 받아들이려는 노력이다.**
② **긍정적 감정과 부정적 감정**, 건설적이거나 파괴적인 태도 및 행동 등을 있는 그대로 인정하고 존중해준다.
④ **편견과 선입견은 수용의 장애요인 중 하나로** 편견이나 선입관을 줄여나가면 수용에 도움이 된다.
⑤ **수용의 결과 및 효과로 클라이언트는 수용 받는 경험을 통하여 있는 그대로의 자신을 표현하고 안정감을 느낀다.** 클라이언트 자신에 대한 수용과 자신의 문제를 현실적이고 객관적인 방법으로 대처할 수 있게 된다.

정답 ③

077

비스텍(F. Biestek)이 제시한 관계의 기본원칙과 설명이 옳게 연결된 것은?
· 13회

① 개별화 - 편견이나 고정관념 없이 클라이언트 개인의 경험을 존중하는 것이다.
② 비심판적 태도 - 문제의 원인과 상황을 객관적으로 판단하지 않는 것이다.
③ 자기결정 - 클라이언트의 상황에 관계없이 모든 클라이언트의 선택권을 보장하는 것이다.
④ 의도적 감정 표현 - 사회복지사 자신의 감정을 적극적으로 드러내는 것이다.
⑤ 통제된 정서적 관여 - 내적 통찰을 위해 클라이언트 자신의 감정표현을 억제하도록 돕는 것이다.

해설

개별화(individualization)란 모든 클라이언트는 다른 사람과 다르며, 각 클라이언트의 감정, 사고, 행동, 독특한 생활양식, 경험 등은 각기 존중되어야 할 권리가 있다는 것으로, 이를 위해 사회복지사는 특정 클라이언트 집단에 대한 편견과 고정관념에서 벗어나야 한다.

오답풀이

② **비심판적 태도**는 문제나 욕구의 원인이 클라이언트의 잘못 때문인지 아닌지, 혹은 어느 정도의 책임이 있는지 등을 심판하지 않는다는 원칙으로, 사회복지사의 평가적 판단 혹은 객관적 판단은 가능하다.
③ 클라이언트의 상황에 관계없이 **모든 클라이언트의 선택권을 보장하는 데는 한계가 있다.** 즉, 클라이언트의 신체적·정신적 능력, 도덕적 제한, 법률적 제한, 사회기관의 규정을 고려하여야 한다.
④ 의도적 감정표현은 **사회복지사가 아니라 클라이언트로 하여금 자신의 감정을 자유롭게 표현하도록 돕는 것이다.**
⑤ 통제된 정서적 관여는 클라이언트의 감정을 이해하기 위해, **사회복지사의 반응이 목적의식과 자기인식에 의해 통제되고 조절되어야 한다는 것이다.**

정답 ①

078

원조관계에서 사회복지사의 태도에 관한 내용으로 옳은 것은?
· 21회

① 개선의 여지가 있다고 판단된 경우에 한해서 클라이언트와 전문적 관계를 형성하였다.
② 클라이언트의 감정에 이입되어 면담을 지속할 수 없었다.
③ 자신의 생각과 다른 클라이언트의 의견은 관계형성을 위해 즉시 수정하도록 지시하였다.
④ 법정으로부터 정보공개 명령을 받고 관련된 클라이언트 정보를 제공하였다.
⑤ 클라이언트 특성이나 상황이 일반적인 경우와 다르지만 획일화된 서비스를 그대로 제공하였다.

해설

사회복지사는 원조관계에서 알게 된 클라이언트에 관한 정보를 비밀보장해야 한다. 그러나, **법정으로부터 정보공개 명령을 받은 경우에는 비밀보장의 원리는 유보될 수 밖에 없다.**

오답풀이

① 개선의 여지가 있다고 판단된 경우에 한해서라는 조건을 다는 것은 옳지 않다. **사회복지사의 무조건적인 긍정적 관심**은 클라이언트로 하여금 자신이 다른 사람에게 진정한 관심을 받고 있음을 확신함으로써 변화하는 새로운 자기에 대한 긍정적 수용을 하게 된다.
② **감정이입(empathy, 공감)**은 전문적 관계의 기본요소 중 하나로, 감정이입을 통하여 클라이언트는 사회복지사라는 중요한 타인으로부터 충분히 이해받고 있다고 느끼게 된다.
③ **수용(acceptance)**은 클라이언트를 자신의 감정과 사고에 대한 권리를 가진 독특한 개인으로서 배려하는 것이다. 클라이언트의 의견을 수정하도록 지시하는 것이 아니라 클라이언트가 계속해서 자신의 의견을 표현할 수 있도록 하고 경청해야 한다.
⑤ 클라이언트 특성이나 상황에 맞는 서비스를 제공하여야 한다. 비스텍(F. Biestek)의 관계의 원칙 중 **개별화(individualization)** 원칙은 원조과정에서도 클라이언트를 다른 사람과 동일하게 취급하고 적용하는 것이 아니라 해당 클라이언트에게 맞는 원리와 방법을 다르게 적용하여 돕고자 하는 것이다.

정답 ④

03 관계형성의 장애요인 (변화를 방해하는 관계)

079 ☑확인 ☐☐☐

수강명령을 받은 비자발적 클라이언트를 원조과정에 참여시키기 위한 방법으로 옳지 않은 것은? ・9회

① 희망을 갖게 하고 용기를 준다.
② 수강명령에 대한 클라이언트의 저항을 인정한다.
③ 부정적인 감정의 표출에 대해 반응을 보이지 않는다.
④ 수강명령의 당위성을 사실적으로 알린다.
⑤ 다른 노력이 실패한 경우 거래전략을 사용한다.

해설
사회복지사와 강제로 만나게 된 것에 대해 클라이언트가 부정적인 감정을 가질 수 있다고 생각하고, 클라이언트의 부정적 감정을 표현하도록 돕는 기본적 면접기술을 사용하는 것이 좋다.

+보충설명
④ 클라이언트가 참여해야 하는 이유에 대해 사실적인 정보를 밝히고, 클라이언트에게 자기 입장에서 얘기를 하도록 하여 오해라고 여겨지는 것을 바로 잡도록 한다.
⑤ 클라이언트와 관계를 맺고 초보적 수준의 협력을 확립하기 위한 다른 노력들이 실패한 경우, '거래'전략을 사용을 고려한다. 즉, 사회복지사는 클라이언트가 특정한 과업을 완수하거나 협조한 대가로 클라이언트의 불편을 줄여 주는 일을 하거나 클라이언트가 원하는 것(합법적이고 정당한 것)을 얻도록 돕는 데 동의한다.

정답 ③

080 ☑확인 ☐☐☐

클라이언트가 과거에 타인과의 관계에서 경험하였던 소망이나 두려움 등의 감정을 사회복지사에게 보이는 반응은? ・14회

① 불신   ② 양가감정
③ 비자발성 ④ 전이
⑤ 망상

해설
전이(transference)는 클라이언트가 과거에 다른 사람과의 관계에서 겪었던 두려움이나 슬픔, 또는 소망이나 그리움과 같은 감정을 사회복지사에게 투사해 보이는 것이다.

정답 ④

김진원 Oikos 사회복지사 1급

제7장 사회복지실천의 면접론

제3영역 : 사회복지실천론

01 면접의 개념과 특징

081 ✓확인 ☐☐☐

면접에 관한 설명으로 옳은 것은? · 10회

① 클라이언트가 상반된 이야기를 하더라도 관계형성을 위해 그대로 진행한다.
② 초기 면접에서 클라이언트가 불안해하면 안심시키는 것이 필요하다.
③ 사회복지사는 클라이언트의 호기심 해소에 초점을 맞추어 면접을 진행한다.
④ 사회복지사의 관심을 끌기 위한 질문은 관계형성에 도움이 되므로 계속 응대한다.
⑤ 클라이언트가 하고 싶어 하는 이야기는 시간에 관계없이 경청한다.

> **해설**
> 초기 면접에서 클라이언트가 불안해 하면 재보증이나 격려하기 등의 지지기법을 통해 클라이언트가 원조를 요청할 때 느끼게 되는 긴장이나 불안감을 덜어주고 자기의 상황에 대해 솔직하게 이야기할 수 있게 해주며 자기존중감을 증진시킨다.
>
> ✗ **오답풀이**
> ① 클라이언트의 행동과 표현하고 있는 말 사이의 불일치가 있을 경우 **사회복지사는 직면하기를 통해 지적해 준다.**
> ③ 클라이언트의 호기심 해소에 초점을 맞추면 안 되고 오히려, 제한된 시간에 최대의 효과를 가져와야 하는 전문적 관계에서 불필요한 방황과 시간낭비를 막아주는 효과적인 기법으로 **초점화 기법을 사용한다.**
> ④ 사회복지사의 관심을 끌기 위한 사적 질문은 일상적인 맥락의 질문이고, 사회적으로 충분히 수용될 수 있는 질문이라면 **간략하고 직접적으로 대답해 준다.**
> ⑤ 면접은 시간제한적인 대화이다. 면접인은 종결시간이 다가왔음을 알리는 비언어적 행위를 취하여 면접 종결시간이 다 되었음을 클라이언트가 알게 해주는 것이 좋다.

〈정답〉 ②

082 ✓확인 ☐☐☐

사회복지실천에서 면접의 특성을 모두 고른 것은? · 12회

> ㉠ 개입목적에 따라 의사소통 내용이 제한됨
> ㉡ 필요에 따라 여러 장소에서 수행됨
> ㉢ 기관의 상황적 특성과 맥락에서 이루어짐
> ㉣ 특정한 역할 관계가 있음

① ㉠, ㉡, ㉢   ② ㉠, ㉢   ③ ㉡, ㉣
④ ㉣   ⑤ ㉠, ㉡, ㉢, ㉣

> **해설**
> ㉠ 면접은 우연히 만나 정보를 교환하는 것이 아니라 구체적 목표를 달성하기 위해 수행되는 과정(의도적으로 이루어지는 목적 지향적 활동)이며, 의사소통은 개입목적에 관련된 내용들로 제한된다.
> ㉡ 면접장소는 클라이언트의 선호와 사례의 특성에 따라 달라진다.
> ㉢ 면접 내용은 특정상황(맥락)에 한정되어 있어 특정 상황과 관련되지 않는 요인들은 제거된다.
> ㉣ 면접자(사회복지사)와 피면접자(클라이언트)는 각각 정해진 특정한 역할이 있고 그 역할에 따라 상호작용한다.

〈정답〉 ⑤

02 면접의 종류 : 목적에 따른 사회복지실천의 면접

083 ✓확인 ☐☐☐

다음 사례에서 사회복지사가 진행한 면접의 유형은? · 17회

> 학대의심 사례를 의뢰받은 노인보호전문기관의 사회복지사는 어르신을 만나 학대 내용과 정도를 파악하고 어르신의 정서 상태와 욕구를 확인하는 면접을 진행하였다.

① 평가면접
② 치료면접
③ 정보수집면접
④ 계획수립면접
⑤ 정서지원면접

해설
정보수집면접은 클라이언트의 개인적, 사회적 문제와 관련된 인구사회학적 배경과 개인성장 발달사에 관한 정보를 수집하는데, 이것은 클라이언트의 배경을 앎으로써 문제를 좀 더 잘 이해하기 위해서이다. 그러나, 클라이언트의 문제를 제대로 이해하기 위해서는 클라이언트의 유형에 따라, 문제 영역에 따라, 기관의 성격에 따라 초점을 두는 정보가 다를 수 있다. 주어진 사례에서 노인보호전문기관의 사회복지사는 학대내용과 정도, 어르신의 정서적 상태와 욕구에 초점을 두었지만, 정신지체아동을 돕는 장애인복지관의 경우에는 아동의 지능 및 사회성 등에 대한 정보에 더 많은 초점을 두게 될 것이다.

정답 ③

084 ✓확인 ☐☐☐

면담의 유형 중 가정폭력 피해 여성의 자존감 향상을 목적으로 심리적 지지를 제공하는 것은? · 11회

① 관찰 면담
② 치료 면담
③ 진단 면담
④ 사정 면담
⑤ 정보 수집 면담

해설
치료 면담은 클라이언트의 자신감과 자기 효율성 강화, 문제해결능력 증가 등을 목적으로 한다.

정답 ②

085

사정을 위한 면접의 기능에 해당하지 않는 것은? • 16회

① 문제상황에 대한 이해
② 클라이언트의 강점 파악
③ 문제해결과정의 장애물 탐색
④ 클라이언트의 욕구 우선순위 설정
⑤ 클라이언트 환경의 변화 촉진

[해설]
클라이언트 환경의 변화 촉진은 **치료적 면접 중 환경변화(사회상황 변화)를 목적으로 하는 면접**에 해당한다. 치료적 면접은 클라이언트의 변화를 돕기 위한 것과 클라이언트의 더 나은 사회적응을 위해 환경을 변화시키는 것이 있다. 이 중 **클라이언트의 변화를 위한 치료적 면접**은 주로 클라이언트의 자신감과 자기효율성 강화, 필요한 기술훈련, 문제해결능력 증가 등을 목적으로 하며, **환경변화를 목적으로 하는 면접**은 클라이언트와 관련된 중요한 사람들과 이뤄지기도 하고 클라이언트의 권리와 이익을 옹호, 대변하기 위해 사회복지기관, 지역사회, 관련 공무원들과 이뤄지기도 한다.

정답 ⑤

OIKOS UP 목적에 따른 면접 종류

① **정보수집을 위한 면접(사회력 면담)** : 정보 수집을 위한 면접의 목적은 클라이언트와 그의 상황을 이해하는 데 필요한 정보를 수집하거나 사회조사를 위한 것으로, 클라이언트의 개인적, 사회적 문제와 관련된 인구사회학적 배경과 개인 성장 발달사에 관한 정보를 수집한다.
② **사정을 위한 면접** : 사정을 위한 면접은 클라이언트가 기관의 서비스를 받을 수 있는지 여부, 즉 서비스 적격성 여부를 평가하기 위한 면접이다. 즉 사정은 자료를 해석하고 의미를 부여하여 실천방향 및 개입방향을 결정하는 일이므로, 사정을 위한 면접은 서비스에 대한 의사결정을 하기 위한 면접이다.
③ **치료를 위한 면접** : 치료적 면접은 클라이언트가 긍정적 변화를 일으키고 그의 주변 상황까지 변화시킴으로서 클라이언트가 보다 나은 적응을 하도록 하는 것으로, 치료적 면접의 목적에는 클라이언트의 변화를 돕기 위한 것과 클라이언트의 더 나은 사회적응을 위해 환경을 변화시키는 것이 있다.

03 면접의 조건 : 효과적인 면접의 구성요소

086

라포(rapport)를 형성하는 기술을 모두 고른 것은? • 11회

㉠ 클라이언트의 감정을 충분히 이해하고 있다는 것을 언어적·비언어적으로 전달한다.
㉡ 부정적인 감정표출이 도움이 되지 않는다는 사실을 인식시킨다.
㉢ 진실성을 가지고 클라이언트를 대한다.
㉣ 클라이언트가 침묵하는 경우 즉시 이유를 묻는다.

① ㉠, ㉡, ㉢ ② ㉠, ㉢ ③ ㉡, ㉣
④ ㉣ ⑤ ㉠, ㉡, ㉢, ㉣

[해설]
㉠ 클라이언트의 감정을 충분히 이해하고 있다는 것을 언어적·비언어적 메시지로 전달함으로써 라포 형성을 촉진할 수 있다.
㉢ 사회복지사가 보이는 진실성(authenticity)과 순수성(genuiness)이 라포 형성을 촉진하게 된다.

[오답풀이]
㉡ 의도적 감정 표현에 위배된다.
㉣ 침묵에 대한 탐색이 필요하다. 즉 클라이언트가 침묵을 지키고 있을 때 주의를 기울이는 것이 필요하며, 짧은 침묵은 정중한 침묵으로 대응하는 것이 가장 좋다. 만약 침묵이 길어지면 사회복지사는 그 침묵을 탐색해야 한다.

정답 ②

04 면접의 기술

087

면접에서 질문유형의 예로서 옳지 않은 것은? · 9회

① 개방형 질문 : "어제 아드님이 방문했을 때 무슨 일이 있었나요?"
② 폐쇄형 질문 : "어르신은 현재 혼자 살고 계세요?"
③ 복합형 질문 : "폭력을 당하신 부위는 어디였고, 그때 옆에 누가 계셨나요?"
④ 유도형 질문 : "아드님과 평소에 관계가 좋지 않으셨죠?"
⑤ 구조화 질문 : "오늘 무슨 이야기로 시작할까요?"

해설
구조화된 질문은 주제를 제한하되 클라이언트가 원하는 대로 대답하게 하는 것이며, **비구조화된 질문**은 주제의 선택도 클라이언트에게 맡기는 것이다. ⑤번의 질문은 비구조화된 질문이다.

+ 보충설명
① **개방형 질문**은 질문에 대한 대답에 자유로워서 클라이언트의 생각을 무엇이든지 말할 수 있고 광범위한 대답을 요구하는 질문이다.
② **폐쇄형 질문**은 '예', '아니오'로 답할 수 있거나 혹은 이름, 주소, 연령 등과 같은 아주 간략한 답을 할 수 있는 질문이다.
③ **복합형 질문**은 한꺼번에 쏟아 붓는 질문이다.
④ **유도형 질문**은 클라이언트에게 특정한 방향의 응답을 하도록 이끄는 질문이다.

정답 ⑤

088

면접 과정에서의 질문으로 적절한 것을 모두 고른 것은? · 15회

㉠ 부인은 남편의 행동에 대해 어떻게 대응하셨나요?
㉡ 그 민감한 상황에서 왜 그런 말을 하셨지요?
㉢ 이번처럼 갈등이 심각한 적은 몇 번 정도 되나요?
㉣ 그때 아내의 반응은 어땠나요? 죄책감이 들지는 않았나요?

① ㉣
② ㉠, ㉢
③ ㉡, ㉢
④ ㉠, ㉡, ㉢
⑤ ㉠, ㉡, ㉢, ㉣

해설
㉠ 클라이언트의 행동이나 상황에 대해서 "왜?" 대신에 "무엇", "언제", "어디서", "어떻게" 등에 초점을 두는 질문을 사용하는 것이 좋다.
㉢ "이번처럼 갈등이 심각한 적은 몇 번 정도 되는지"를 묻는 것은 문제해결에 도움이 되는 정보를 이끌어 내기 위해 적절한 질문이다.

× 오답풀이
㉡ "왜?"라는 질문은 면접에서 피해야 할 질문이다. 그 이유는 클라이언트를 방어적인 태도로 만드는 경향이 있기 때문에 질문을 받으면 사회적으로 허용하는 대답을 하게 된다.
㉣ 복합형 질문에 해당한다. 복합형 질문은 한꺼번에 쏟아 붓는 질문으로, 한꺼번에 많은 질문을 하면 클라이언트는 피상적인 답을 하게 되는 경우가 많으며, 클라이언트를 당황하게 만들 수 있으므로 면접에서 피해야 할 질문이다.

정답 ②

089 ☑확인 ☐☐☐

클라이언트와의 면접 중 질문에 관한 설명으로 옳은 것은?

• 20회

① 폐쇄형 질문은 클라이언트의 상세한 설명과 느낌을 듣기 위해 사용한다.
② 유도형 질문은 비심판적 태도로 상대방을 존중하기 위해 사용한다.
③ '왜'로 시작하는 질문은 클라이언트의 가장 개방적 태도를 이끌어 낼 수 있다.
④ 개방형 질문은 '예', '아니오' 또는 단답형으로 한정하여 대답한다.
⑤ 중첩형 질문(stacking question)은 클라이언트를 혼란스럽게 만들 수 있다.

> **해설**
> **중첩형 질문(stacking question, 복합형 질문, 폭탄형 질문)**은 대답을 하기 전에 한꺼번에 둘 혹은 세 개의 질문을 하는 것으로, 이 질문은 **클라이언트를 혼란스럽게 만들 수 있으며** 단순히 마지막 물음에 대해서만 이야기할 수 있다.
>
> ✗ **오답풀이**
> ① **개방형 질문**은 클라이언트의 상세한 설명과 느낌을 듣기 위해 사용한다.
> ② **유도형 질문**은 일정 방향으로의 응답을 유도하기 위해 질문하는 것으로, 이 질문은 상당히 위협적이며 모욕적일 수 있다. 비심판적 태도로 상대방을 존중하기 위해 사용되는 것은, 클라이언트에게 선택의 자유를 주고 자신의 생각이나 감정을 자유롭게 표현할 수 있도록 하는 **개방형 질문**이다.
> ③ '**왜**'로 시작하는 질문은 책임을 추궁하거나, 몰아세우는 인상을 주며, 모르는 상황에 대해서 답변을 강요할 수 있으므로 가급적 피해야 한다. 즉, 클라이언트를 방어적인 태도로 만드는 경향이 있다.
> ④ **폐쇄형 질문**은 '예', '아니오' 또는 단답형으로 한정하여 대답한다.
>
> 🔍**정답** ⑤

090 ☑확인 ☐☐☐

사회복지실천 면접의 질문기술에 관한 내용으로 옳은 것은?

• 21회

① 클라이언트가 방어적인 태도를 취할 수 있기에 '왜'라는 질문은 피한다.
② 클라이언트가 자유롭게 대답할 수 있도록 폐쇄형 질문을 활용한다.
③ 사회복지사가 의도하는 특정방향으로 이끌기 위해 유도 질문을 사용한다.
④ 클라이언트에게 이중 또는 삼중 질문을 한다.
⑤ 클라이언트가 개인적으로 궁금해 하는 사적인 질문은 거짓으로 답한다.

> **해설**
> 면접에서 피해야 할 질문에는 모호한 질문, 유도형 질문, "왜?"라는 질문, 복합형 질문(폭탄형 질문, 복수질문, 중첩형 질문)이 있다. '**왜**'로 **시작하는 질문은** 책임을 추궁하거나, 몰아세우는 인상을 주며, 모르는 상황에 대해서 답변을 강요할 수 있으므로 가급적 피해야 한다. 즉, 클라이언트를 **방어적인 태도로 만드는 경향**이 있다.
>
> ✗ **오답풀이**
> ② 클라이언트가 자유롭게 대답할 수 있도록 **개방형 질문**을 활용한다. 개방형 질문을 받은 클라이언트는 보다 자유롭고 개방적으로 말하게 된다.
> ③ 사회복지사가 의도하는 특정방향으로 이끌기 위해 **유도 질문**은 면접에서 피해야 할 질문이다.
> ④ 클라이언트에게 **이중 또는 삼중 질문(복합형 질문)**은 면접에서 피해야 할 질문이다.
> ⑤ 클라이언트가 개인적으로 궁금해 하는 **사적인** 질문은 거짓으로 답하는 것은 옳지 않다. 일상적인 맥락의 질문이고, 사회적으로 충분히 수용될 수 있는 질문이라면 간략하고 **직접적으로 대답하고 초점을 다시 돌리는 것이 좋다**.
>
> 🔍**정답** ①

091 ✓확인 ☐☐☐

사회복지사가 면접기술을 활용할 때 주의할 점으로 옳은 것은?

· 16회

① 클라이언트로부터 사적 질문을 받을 경우 간단히 답하고 초점을 다시 돌리는 것이 좋다.
② 한 번에 다양한 정보를 얻기 위해서는 중첩형 질문을 적극적으로 활용해야 한다.
③ 클라이언트의 침묵은 저항이므로 힘들더라도 대화를 지속하도록 촉구해야 한다.
④ 클라이언트가 받아들이기 어려운 경우에도 자기탐색을 위한 해석을 반복한다.
⑤ 바람직한 결정을 이끌어내기 위해 원하는 방향으로 유도질문을 하는 것이 중요하다.

해설

클라이언트로부터 사적 질문을 받을 경우 일상적인 맥락의 질문이고, 사회적으로 충분히 수용될 수 있는 질문이라면 **간략하고 직접적으로 대답하고 초점을 다시 돌리는 것이 좋다.**

✗ 오답풀이

② 중첩형 질문(복합형 질문, 폭탄형 질문)은 한꺼번에 쏟아 붓는 질문을 말한다. 한꺼번에 많은 질문을 하면 클라이언트는 피상적인 답을 하게 되는 경우가 많으며, **클라이언트를 당황하게 만들 수 있으므로 한 번에 하나씩 질문을 하는 것이 좋다.**
③ 짧은 침묵은 정중한 침묵으로 대응하는 것이 좋다. 만약 **침묵이 길어지면 사회복지사는** 대화를 지속하도록 촉구하기보다 **그 침묵을 탐색해야 한다.** 침묵은 나름대로 의미를 갖고 있게 마련이므로 상황에 따라 각기 다른 의미를 파악하려는 노력이 필요하다. 경우에 따라 어느 정도의 침묵은 클라이언트가 조용히 생각할 수 있는 시간적 여유를 주게 되며, 무엇인가를 생각해 볼 수 있는 무언의 시간이 허용됨으로써 평소 생각해 보지 않았던 세세한 마음속이나 생각이나 감정을 헤아려 볼 수 있는 생산적인 시간이 될 수 있다.
④ **해석은 클라이언트가 받아들일 수 있는 형태여야 한다.** 클라이언트가 자기탐색을 할 준비가 되어 있어야 하고 사회복지사도 정보를 충분히 확보한 다음에 해석기술을 사용하는 것이 좋다. 또한 연속적인 해석은 오히려 클라이언트를 혼란스럽게 할 수 있으므로 해석 후 충분히 생각할 시간을 주는 것이 필요하다.
⑤ 클라이언트에게 특정한 방향의 응답을 하도록 이끄는 **유도질문은 사회복지사가 클라이언트와 논의해야 하는 진정한 관심사를 모호하게 만들기 때문에 면접에서 피해야 할 질문이다.**

정답 ①

OIKOS UP 해석기술을 사용 시 주의점(Hepworth & Larsen)

① 클라이언트가 사회복지사의 동기를 오해하여 방어적인 반응을 할 수 있으므로 어느 정도의 신뢰관계가 형성되어 사회복지사의 좋은 의도를 믿을 수 있을 때까지 기다려서 사용한다.
② 클라이언트가 자기탐색을 할 준비가 되어 있어야 하고 사회복지사도 정보를 충분히 확보한 다음에 해석기술을 사용한다.
③ 연속적인 해석은 오히려 클라이언트를 혼란스럽게 할 수 있으므로 해석 후 충분히 생각할 시간을 주는 것이 필요하다.
④ 해석은 어디까지나 사회복지사의 추론에 의한 것이므로 틀릴 수 있음을 항상 염두에 두어야 한다.
⑤ 클라이언트가 해석에 불쾌해하거나 부정적으로 반응하면 실수가 있을 수 있음을 인정하고 클라이언트의 반응에 공감하며 주제를 더 상세히 탐색하고자 하는 논의를 계속해야 한다.

092

면접 중 침묵을 다루는 사회복지사의 태도로 적절하지 않은 것은?

· 10회

① 침묵하는 이유를 파악한다.
② 침묵을 기다리는 배려가 필요하다.
③ 침묵의 이유를 알 때까지 질문한다.
④ 침묵은 저항의 유형으로 볼 수 있다.
⑤ 침묵이 계속되면 면접을 중단할 수 있다.

해설
짧은 순간의 침묵도 견디기 힘들어 다른 주제로 바꾸려는 시도를 하게 되는데 이는 삼가야 하며, **침묵의 이유를 알 때까지 질문하는 것은 적절하지 않다.**

보충설명
① 침묵은 의미를 가진 행위이며 때때로 그 의미를 밝히는 것이 중요하다.
② 짧은 침묵은 정중한 침묵으로 대응하는 것이 가장 좋다.
④ 저항은 장시간의 침묵이나 중요한 주제를 회피하는 형태로 나타날 수 있다.
⑤ 침묵이 계속되면 면접을 중단하고 **사회복지사는 그 침묵을 탐색해야 한다.**

정답 ③

093

사회복지실천 개입기술에 관한 설명으로 옳은 것을 모두 고른 것은?

· 21회

㉠ 재보증은 어떤 문제에 대해 클라이언트가 부여하는 의미를 수정해 줌으로써 클라이언트의 시각을 긍정적인 방향으로 변화시키려는 전략이다.
㉡ 모델링은 실제 다른 사람의 행동을 직접 관찰함으로써만 시행 가능하다.
㉢ 격려기법은 주로 클라이언트 행동이 변화에 장애가 되거나 타인에게 위협이 될 때, 이를 인식하도록 하기 위한 목적으로 사용한다.
㉣ 일반화란 클라이언트 혼자만이 겪는 문제가 아니라는 것을 인식하게 하는 기법이다.

① ㉠　　② ㉣　　③ ㉠, ㉣
④ ㉠, ㉡, ㉢　　⑤ ㉡, ㉢, ㉣

해설
㉣ **일반화(universalization)**란 클라이언트 혼자만이 겪는 문제가 아니라는 것을 인식하게 하는 기법으로, 클라이언트가 자기 자신을 다른 사람들로부터 소외시키거나 일탈감을 갖는 것을 막아주는 기법이다.

오답풀이
㉠ **재명명(relabeling)**은 어떤 문제에 대해 클라이언트가 부여하는 의미를 수정해 줌으로써 클라이언트의 시각을 긍정적인 방향으로 변화시키려는 전략이다. 재명명은 '재규정(redefinig), 재구성(reframing), 재정의'라고도 한다. 참고로 **재보증(reassurance, 재확신 또는 안심)**은 클라이언트의 능력이나 자질에 대해 사회복지사가 신뢰를 표현함으로써 클라이언트에게 불안과 불확실성을 제거하고 위안을 주는 것이다.
㉡ **모델링(modeling)**은 실제 다른 사람의 행동을 직접 관찰하게 하는 것 뿐만 아니라 영화, 비디오 테이프 혹은 다른 미디어기술을 활용하는 것, 또는 집단상담 상황과 같은 여러 명의 모델링을 제시하는 방법들으로 시행할 수 있다.
㉢ **직면(confrontation)**은 주로 클라이언트 행동이 변화에 장애가 되거나 타인에게 위협이 될 때, 이를 인식하도록 하기 위한 목적으로 사용한다. 참고로 **격려(encouragement)**는 다른 사람이 두려움을 극복하도록 용기를 주는 것을 의미한다.

정답 ②

김진원 Oikos 사회복지사 1급

제8장 접수 및 자료수집

제3영역: 사회복지실천론

01 접수단계

094

✓확인 ☐☐☐

사회복지실천 과정(접수 – 자료수집 및 사정 – 개입 – 평가 및 종결) 중 접수단계의 주요과업으로 옳지 않은 것은?
· 12회

① 클라이언트에게 기관의 서비스와 원조 과정에 관한 안내를 한다.
② 클라이언트가 어떤 문제를 갖고 있는지, 문제와 관련된 욕구가 무엇인지를 파악한다.
③ 클라이언트가 기관에서 제공하는 서비스를 받을 수 있는지에 대해 결정한다.
④ 초기 면접지, 정보제공 동의서, 심리검사 등의 관련 서식을 작성한다.
⑤ 자격요건, 이용절차, 비용 등에 대해 상세하게 설명한다.

해설
초기 면접지(intake sheet)는 접수 내용을 기록하는 양식으로 접수단계에 클라이언트가 주어진 양식의 빈칸에 직접 채우거나 사회복지사가 접수면담 후 기록한다. 또한 다른 기관 혹은 전문가가 갖고 있는 기록에 포함된 클라이언트의 정보를 얻는 것이 중요하다고 결정을 내리는 시기는 접수단계로, 접수단계에 정보제공 동의서를 작성한다. 하지만 심리검사는 접수단계가 아닌 자료수집 단계에 해당되는 내용이다.

정답 ④

095

✓확인 ☐☐☐

접수단계에서 사회복지사가 수행해야 할 과제를 모두 고른 것은?
· 19회

㉠ 개입 목표의 우선순위 합의
㉡ 클라이언트의 강점과 자원 조사
㉢ 욕구에 적합한 기관으로 의뢰
㉣ 기관에서 제공하는 서비스 적격 여부 확인

① ㉠, ㉢
② ㉡, ㉣
③ ㉢, ㉣
④ ㉠, ㉡, ㉢
⑤ ㉠, ㉡, ㉢, ㉣

해설
㉢ 클라이언트의 문제와 욕구를 확인해 본 결과, 기관의 서비스가 클라이언트의 욕구와 부합되지 않는다면 다른 적합한 사회복지기관에 의뢰하는 것도 접수단계에서 사회복지사가 수행해야 할 과제 중 하나이다.
㉣ 접수단계에서 사회복지사는 도움을 받고자 기관에 찾아 온 사람(잠재적 클라이언트)의 문제와 욕구를 확인하고 그것이 기관의 정책 방향과 서비스에 부합되는지의 여부를 판단(클라이언트의 적격성 판단)한다.

오답풀이
㉠ 개입 목표의 우선순위 합의는 계획수립단계에서 사회복지사가 수행해야 할 과제이다.
㉡ 클라이언트의 강점과 자원 조사는 자료수집단계에서 사회복지사가 수행해야 할 과제이다. 자료수집 내용으로는 문제를 해결하는 데 있어 클라이언트 개인 혹은 환경 속에 있는 강점이나 클라이언트의 자원으로 클라이언트가 현재 이용하는 서비스, 활용가능한 자원 등이 포함된다.

정답 ③

096

접수단계의 주요 과업에 해당하지 않는 것은? · 20회

① 관계형성을 통한 클라이언트의 참여 유도
② 클라이언트의 드러난 문제 확인
③ 서비스의 효율성과 효과성 측정
④ 서비스에 대한 클라이언트의 동의 확인
⑤ 클라이언트의 문제가 기관의 자원과 정책에 부합되는지 판단

해설
서비스의 효율성과 효과성 측정은 **총괄평가(결과평가)**에 해당하며, 총괄평가(결과평가)는 종결단계의 주요 과업이다.

+ 보충설명
①, ②, ④, ⑤는 접수단계의 주요 과업에 해당한다. **접수단계의 주요 과업**은 클라이언트의 욕구와 문제 확인, 서비스 수혜 여부의 결정 및 의뢰(referral), 참여유도[클라이언트와의 관계 형성, 즉 라포 형성, 클라이언트의 동기화, 클라이언트의 양가 감정 수용과 저항감 해소], 기관 서비스에 대한 정보 제공, 원조 과정에 대한 안내, 관련 서식[인테이크 기록지(intake sheet, 접수 면접지] 작성 등으로 요약할 수 있다.

정답 ③

097

양가감정(ambivalence)에 관한 설명으로 옳은 것을 모두 고른 것은? · 15회

㉠ 변화를 원하는 것과 원하지 않는 마음이 공존하는 것을 의미한다.
㉡ 클라이언트가 양가감정을 갖는 것은 자연스러운 현상이다.
㉢ 클라이언트의 양가감정을 수용하면 클라이언트의 저항감이 강화된다.
㉣ 양가감정은 초기 접촉단계가 아닌 중간단계에서부터 다루어져야 한다.

① ㉠, ㉢ ② ㉠, ㉡ ③ ㉡, ㉢
④ ㉠, ㉡, ㉣ ⑤ ㉠, ㉢, ㉣

해설
㉠ 양가감정은 변화되고 싶어 하는 마음과 변화를 거부하는 이중적인 **감정 상태**로서, 원조과정에 대한 회의적 태도나 의심, 두려움 등으로 나타나거나 정보제공에 소극적 태도, 집단에 참여하는 경우 다른 사람들의 뒷전에서 구경만 하거나 지루하다는 태도를 보이는 것으로 나타난다.
㉡ 사회복지사는 클라이언트에게 양가감정은 자연스러운 것임을 알려주어 클라이언트가 양가감정을 수용하고 자유롭게 표현할 수 있도록 돕는다.

✕ 오답풀이
㉢ **저항(resistance)**은 사회복지사가 원하는 방향과 반대되는 클라이언트의 행동으로 사회복지사와 클라이언트의 관계에서 변화를 방해하는 힘을 말한다. 저항의 원인 중 하나인 클라이언트의 양가감정을 수용하면 **클라이언트의 저항감이 약화된다.**
㉣ 초기 단계에서 수행되어야 하는 가장 중요한 과제 중 하나는 원조에 대한 **클라이언트의 저항감과 양가감정을 해결**하는 것이다. 즉 초기 접촉단계에서부터 양가감정을 다루어 클라이언트의 변화 동기를 강화시킬 수 있다.

정답 ②

098

의뢰에 관한 설명으로 옳은 것을 모두 고른 것은? · 17회

㉠ 클라이언트가 거부감을 느끼지 않도록 정서적으로 지지함
㉡ 의뢰하는 기관과 서비스의 정보를 클라이언트에게 제공함
㉢ 반드시 클라이언트의 동의가 필요한 것은 아님
㉣ 의뢰된 기관에서 클라이언트가 서비스를 적절히 받는지 확인함

① ㉠, ㉡
② ㉠, ㉢
③ ㉠, ㉡, ㉣
④ ㉡, ㉢, ㉣
⑤ ㉠, ㉡, ㉢, ㉣

해설

의뢰(referral)는 클라이언트의 문제와 욕구를 기관에서 해결할 수 없을 경우 혹은 문제해결에 더 적합한 기관이 있을 경우 다른 기관으로 클라이언트를 보내는 것이다. 의뢰 시에는 반드시 클라이언트의 동의가 필요하므로 다른 기관에서 제공되는 서비스와 기관에 대해 클라이언트와 충분히 토론해야 되고 클라이언트가 거부감을 느끼지 않도록 정서적으로 지지해주어야 하며(㉠) 의뢰하는 기관과 서비스에 대한 적절한 정보를 제공(㉡)해야 한다. 그리고 의뢰된 기관에서 클라이언트가 서비스를 적절히 받는지 반드시 사후 확인해야 한다(㉣).

➕ 보충설명

㉠ 의뢰과정에서 많은 클라이언트들은 스트레스와 좌절을 경험해야 한다. 따라서, 의뢰과정 동안에 클라이언트들은 정서적 지지를 필요로 한다.
㉡ 통상적으로 다른 전문가나 기관을 통하여 활용할 수 있는 자원에 대하여 클라이언트에게 말할 때에 사회복지사는 이들 서비스의 유리한 점과 한계를 설명해야 한다. 또한 클라이언트가 자원에 접하게 되도록 해야 한다. 즉, 그 자원의 이름과 주소, 약속하는 방법, 가는 방법 등을 알려주어야 한다.
㉣ 사회복지사는 클라이언트가 그 기관으로부터 실제로 원하는 것을 받았는지, 클라이언트가 진전을 보이는지 등 의뢰에 대한 사후평가를 하는 것이 중요하다.

정답 ③

099

접수를 위한 초기면접지(intake sheet)에 포함되지 않는 내용은? · 16회

① 동거 중인 가족관계
② 개입방법과 비용
③ 타 기관으로부터의 의뢰 이유
④ 이전의 서비스를 받은 경험
⑤ 기관에 오게 된 주요 문제

해설

초기면접지(intake sheet, 접수 면접지)란 접수단계에 사회복지사가 신청자를 접수한 내용을 기록하는 양식으로, 개입방법과 비용은 내용에 포함되지 않는다.

정답 ②

OIKOS UP 초기 면접지에 포함되어야 할 내용

① 신청자의 기본적인 인적 사항 : 성명, 성별, 생년월일, 주민등록번호, 주소 또는 주거지, 연락처, 학력관계, 가족생활에 관한 기초적이고 간단한 기록
② 원조를 요청하게 된 과정에 대한 기록(기관에 오게 된 동기, 의뢰이유) : 기관을 어떻게 알고 찾아오게 되었는가 하는 것으로서 타 기관의 의뢰인지, 기관 소개 광고를 보고 왔는지, 누구로부터 소개를 받았는지 등
③ 신청자가 요청한 사항(주요 문제) : 고통과 억압을 경험하게 하는 문제상황, 도움을 요청하는 내용이나 충족되기를 바라는 욕구, 신청자가 자기 문제를 보고 느끼는 방식 등
④ 신청자가 이전에 서비스를 받았던 기관과 서비스를 받은 내용
⑤ 기본적인 가족관계 : 현재 동거 중인 가족을 중심으로 가족원의 이름, 나이, 직업, 교육 정도, 종교, 관계 등
⑥ 접수담당 사회복지사의 의견 : 신청자의 문제와 욕구에 관한 의견 진술, 기관과 사회복지사의 기능, 원조 범주와의 일치성 판단 등

02 자료수집단계

100

자료수집단계에 관한 설명으로 옳은 것은? · 20회

① 클라이언트 개인에게만 초점을 두어 정보를 모은다.
② 다양한 정보원으로부터 자료를 수집하므로 검사 도구를 사용하면 안 된다.
③ 초기면접은 비구조화된 양식만을 사용하여 기본적인 정보를 수집해야 한다.
④ 객관적인 자료뿐만 아니라 클라이언트의 주관적인 인식이 담긴 자료도 포함하여 수집한다.
⑤ 클라이언트로부터 얻은 정보가 가장 중요하므로 클라이언트가 직접 작성한 자료에만 의존한다.

해설
클라이언트에 대한 객관적인 자료나 정보에 더하여, 클라이언트가 그가 가진 문제를 직접적으로 진술한 것으로 그의 주관적인 사실에 대한 인식이 담긴 자료도 포함하여 자료를 수집한다.

오답풀이
① 클라이언트 개인에만 초점을 두는 것이 아니라, 클라이언트를 둘러싼 환경에도 초점을 두어 정보를 모은다.
② 다양한 정보원으로부터 자료를 수집하며, 자기보고식 검사지(검사도구), 질문지, 구두면접, 관찰, 가정방문 등을 활용한다. 특히 심리검사는 객관적이고 표준화된 측정을 통해 인간의 내적·심리적 특성을 파악하는 과정으로, 임상사회복지사가 활용하는 검사도구로는 자아존중감, MMPI, MBTI, 사회성숙도, 자아개념검사 등이 있다.
③ 접수 시 초기면접에서 클라이언트에 대한 기본적인 정보를 수집하는 것은 맞지만, 비구조화된 양식만 사용하는 것이 아니라 구조화된 양식도 사용한다.
⑤ 클라이언트로부터 얻은 정보가 가장 중요한 출처이기는 하지만, 그렇다고 클라이언트가 직접 작성한 자료에만 의존한다는 것은 올바르지 않다. 클라이언트 문제상황을 객관적으로 이해하기 위해 이웃, 친구, 친척, 다른 기관, 고용주, 학교 등으로부터 얻게 되는 부수적 정보도 중요한 정보가 될 수 있다.

정답 ④

101

자료 수집에 관한 설명으로 옳지 않은 것은? · 19회

① 클라이언트의 참여가 필요하다.
② 실천의 전 과정을 통해 이루어진다.
③ 상반된 정보를 제공하는 자료는 폐기한다.
④ 문제와 욕구, 강점과 자원을 모두 포함한다.
⑤ 가정방문으로 자연스러운 상호작용을 관찰할 수 있다.

해설
자료수집은 클라이언트의 문제를 이해하고 분석하며 문제를 해결하기 위해 자료를 모으는 것이므로, 다양한 관점과 인식을 반영할 수 있도록 상반된 정보를 제공하는 자료도 수집한다.

보충설명
① 사회복지사는 무의식적으로 클라이언트의 상황을 특정 이론에 끼워 맞추려거나 선입견을 가지고 의학적 진단에 맞추려는 양상을 경계해야 하는데, 이러한 사회복지사의 편향을 막을 수 있는 방법의 하나는 정보의 정리에 클라이언트를 능동적으로 참여시키는 것이다.
② 자료수집은 접수단계에만 국한된 것이 아니라 개입 과정 전체를 통해 이루어진다.
④ 클라이언트의 문제와 욕구, 클라이언트의 강점과 자원은 모두 자료수집에 포함될 요소에 해당한다. 이 외에도 자료수집에 포함될 요소로 개인력, 가족력, 클라이언트의 기능, 클라이언트의 한계 등이 있다.
⑤ 가정방문은 클라이언트가 유의미한 타자와 상호작용을 어떻게 하고 있는지 뿐 아니라 클라이언트에게 영향을 미치는 환경 요인에 대한 정보를 제공한다.

정답 ③

102

자료 수집을 위한 자료 출처에 해당하는 것을 모두 고른 것은?

· 21회

> ㉠ 문제, 사건, 기분, 생각 등에 관한 클라이언트 진술
> ㉡ 클라이언트와 직접 상호작용한 사회복지사의 경험
> ㉢ 심리검사, 지능검사, 적성검사 등의 검사 결과
> ㉣ 친구, 이웃 등 클라이언트의 중요한 타인으로부터 수집한 정보

① ㉠, ㉡, ㉢
② ㉠, ㉡, ㉣
③ ㉠, ㉢, ㉣
④ ㉡, ㉢, ㉣
⑤ ㉠, ㉡, ㉢, ㉣

해설

㉠ 클라이언트의 진술(클라이언트의 구두보고), ㉡ 클라이언트에 대한 사회복지사의 개인적인 경험, ㉢ 심리검사, ㉣ 부수적 정보를 말하는 것으로 모두 자료수집을 위한 자료출처에 해당된다.

+ 보충설명

- ㉠ 클라이언트의 진술은 가장 주요한 1차적 출처이면서 문제를 가지고 있는 클라이언트 자체이다.
- ㉡ 클라이언트가 사회복지사와 상호작용하는 패턴은 그가 다른 사람과 어떻게 상호작용하는지에 대한 실마리를 제공한다.
- ㉢ 심리검사, 지능검사, 적성검사 등은 객관적이고 표준화된 측정을 통해 인간의 내적·심리적 특성을 파악하는 것이다. 이러한 검사는 클라이언트가 응답한 것들을 기초로 훈련된 심리학자가 해석하는 것이므로 전문적 지식 없이 함부로 사용해서는 안 된다.
- ㉣ 클라이언트 문제상황을 객관적으로 이해하기 위해 이웃, 친구, 친척, 다른 기관, 고용주, 학교 등으로부터 얻게 되는 부수적 정보도 중요한 정보가 될 수 있다.

정답 ⑤

103

다음 사례에서 사회복지사가 자료수집과정에서 사용한 정보의 출처가 아닌 것은?

· 22회

> 사회복지사는 결석이 잦은 학생 A에 대한 상담을 하기 전 담임선생님으로부터 A와 반 학생들 사이에 갈등관계가 있음을 들었다. 이후 상담을 통해 A가 반 학생들로부터 따돌림 당하고 있음을 알게 되었다. 상담 과정에서 A는 사회복지사와 눈을 맞추지 못하고 본인의 이야기를 하는 것에 주저하는 모습을 보이며 상담 내내 매우 위축된 모습이었다. 어머니와의 전화 상담을 통해 A가 집에서 가족들과 대화를 하지 않고 방안에서만 지내고 있다는 것을 알게 되었다.

① 클라이언트의 이야기
② 클라이언트의 비언어적 행동
③ 상호작용의 직접적 관찰
④ 주변인으로부터 정보 획득
⑤ 클라이언트와의 직접적 상호작용 경험

해설

주어진 사례에서 클라이언트가 중요한 사람(유의미한 타자 예 가족 구성원, 가까운 친척, 동료, 친구, 선생님, 이웃 등)과의 상호작용을 직접관찰한 내용은 포함되어 있지 않다.

+ 보충설명

① 상담을 통해 A가 반 학생들로부터 따돌림 당하고 있음을 알게 되었다는 것이 **클라이언트의 이야기**에 해당된다. 즉 상담을 통해 클라이언트로부터 관련 이야기를 들어 알게 된 것이다.
② A가 사회복지사와 눈을 맞추지 못하고 본인의 이야기를 하는 것에 주저하는 모습이었다는 것이 **클라이언트의 비언어적 행동**에 해당된다.
④ 학생 A와 상담하기 전 담임선생님으로부터 A와 반 학생들 사이에 갈등관계가 있음을 들었다는 것과 어머니와의 전화 상담을 통해 A가 집에서 가족들과 대화를 하지 않고 방안에서만 지내고 있다는 것을 알게 되었다는 것이 **주변인으로부터 정보 획득**에 해당된다.
⑤ A가 상담 내내 매우 위축된 모습이었다는 것은 **클라이언트와의 직접적 상호작용**을 하면서 사회복지사가 느끼는 것에 해당된다.

정답 ③

김진원 Oikos 사회복지사 1급

제9장 사정단계

제3영역 : 사회복지실천론

01 사정단계의 개요

104

사회복지실천과정 중 사정의 특성으로 옳은 것을 모두 고른 것은?
· 12회

> ㉠ 사정은 지속적인 과정이다.
> ㉡ 클라이언트의 문제와 자원을 함께 다룬다.
> ㉢ 사정과정에는 클라이언트의 관여가 필요하다.
> ㉣ 사정과정에서는 사회복지사의 판단이 보류된다.

① ㉠, ㉡, ㉢
② ㉠, ㉢
③ ㉡, ㉣
④ ㉣
⑤ ㉠, ㉡, ㉢, ㉣

해설
㉠ 사정은 원조 과정 전반에 걸쳐 이루어진다. 초기 사정이 중요하지만 원조 과정 동안 새로운 정보가 발견되기도 하고 새로운 이해가 생기기도 하므로 사정은 항상 계속되는 작업이다.
㉡ 클라이언트의 문제뿐만 아니라 클라이언트가 필요로 하는 외적 자원 및 이용 가능한 자원에 대해서도 함께 다룬다.
㉢ 사정의 기본이 되는 자료수집이 클라이언트와 사회복지사의 상호 과정을 통해 이루어지므로, 클라이언트의 관여가 필요하다는 것은 옳은 내용이다.

✗ 오답풀이
㉣ 어떤 부분들을 고려해야 하는지, 클라이언트의 욕구와 선호도는 무엇인지, 클라이언트를 어떻게 관여시킬 것인지, 문제를 어떻게 규정지을 것인지 등에 대한 **수많은 결정들이 매번 사정에서 이루어져야 한다**. 따라서 사회복지사의 판단이 보류된다는 것은 옳지 않다.

정답 ①

105

사정단계에서 클라이언트가 제시한 '남편의 일중독' 문제를 '자신이 남편에게 중요한 존재임을 느끼고 싶어 하는' 욕구로 바꾸어 진술하는 것은?
· 17회

① 문제발견
② 문제형성
③ 정보발견
④ 자료수집
⑤ 목표설정

해설
문제형성(formulation of problem)은 그 동안 얻어낸 정보들을 분석하여 사회복지사가 전문적 소견으로 판단하는 것이다. 문제형성을 하기 위해서는 첫째, 무엇보다도 우선 충족되지 못한 욕구를 찾아내고, 둘째, 어떤 요인들이 욕구충족을 방해하는지를 고려해야 한다. 이 중 '**충족되지 않은 욕구가 구체적으로 무엇인가?**'라는 질문은 클라이언트가 제시한 문제를 충족되지 못한 욕구와 필요로 바꾸어 재진술해야 클라이언트를 돕기 쉽다. 예를 들어 남편이 일에만 열중하고 대부분의 시간을 직장에서만 보내는 것에 불만을 가지는 클라이언트의 경우, 그녀가 제시한 '남편의 일중독'문제를 '남편에게 존중받고 싶고 남편에게 자신이 중요한 존재임을 느끼고 싶어하는' 그녀의 욕구로 바꾸는 것이다.

정답 ②

106 ✓확인 ☐☐☐

사정의 특성에 관한 내용으로 옳은 것을 모두 고른 것은?
· 14회

㉠ 상황 속의 인간이라는 이중적 관점을 가진다.
㉡ 클라이언트와 사회복지사의 상호과정이다.
㉢ 수집된 정보를 바탕으로 전체적인 상황을 이해하는 사고의 전개과정이다.
㉣ 클라이언트를 완전히 이해하는 것이 가능하다.

① ㉠, ㉡, ㉢   ② ㉠, ㉢   ③ ㉡, ㉣
④ ㉣   ⑤ ㉠, ㉡, ㉢, ㉣

해설
㉠ 수집된 정보를 바탕으로 상황 속의 클라이언트를 이해하고 계획의 근거를 마련하는 **이중 초점**을 갖는다.
㉡ 사회복지사와 클라이언트 간 쌍방적 활동으로, **클라이언트와 사회복지사 간의 상호과정**이며 클라이언트의 관여가 필요하다.
㉢ 사정은 지속적으로 필요한 정보를 수집하고 수집된 정보들을 이용하여 클라이언트 상황을 이해하며, 부분적인 이해를 모아 전체적인 맥락 속에서 통합하여 **사고하는 전개과정**이 포함된다.

오답풀이
㉣ **완벽한 사정은 없으며, 이해상황에는 한계가 있다.** 즉 상황에 대한 완벽한 이해는 불가능할 뿐만 아니라 바람직하지도 않다. 사정은 클라이언트에게 도움을 주기 위해 필요한 정도의 정보와 이해만 있으면 되기 때문이다.

정답 ①

OIKOS UP 사정의 특성
① 전과정에서 지속되는 과정(= 서비스의 최종 국면까지 계속된다.)
② 이중 초점(= 복합적 수준에서 개인적, 환경적 강점을 사정한다.)
③ 상호작용(= 클라이언트와 사회복지사 간의 상호과정이다.)
④ 사고의 전개과정(= 사정의 과정 내에도 일련의 단계들이 있다.)
⑤ 수평적, 수직적 탐색의 중요성(= 횡적 및 종적 탐구 모두 중요하다.)
⑥ 클라이언트 이해를 위한 지식적 근거
⑦ 생활상황 속에서 욕구의 발견과 문제 정의, 의미와 유형을 설명
⑧ 클라이언트 및 생태체계의 강점들을 확인한다.
⑨ 개별화(= 사정은 개별적으로 다루어진다.)
⑩ 판단의 중요성(= 판단은 사정에서 중요한 측면을 이룬다.)
⑪ 클라이언트를 완전히 이해할 수 없는 한계(= 이해상황에는 한계가 있다.)

02 사정도구

107 ✓확인 ☐☐☐

가계도에 관한 설명으로 옳지 않은 것은?
· 17회

① 가족과 환경의 상호작용을 볼 수 있다.
② 가족의 구조적 및 관계적 측면을 볼 수 있다.
③ 여러 세대의 가족에 대한 정보를 얻을 수 있다.
④ 가족의 문제를 체계적으로 이해할 수 있게 한다.
⑤ 세대 간 반복되는 관계유형을 찾고 통찰력을 갖게 한다.

해설
가족과 환경의 상호작용을 볼 수 있는 것은 가족과 환경체계들과의 관계를 이해하기 위한 도구인 **생태도(ecomap)**이다. 즉, 생태도는 가족이나 클라이언트의 삶에 영향을 미치는 조직이나 요인을 원을 사용하여 나타냄으로써 그들을 사회적 맥락 내에 놓는다. 다양한 상징이나 짧은 문구가 이런 상호작용의 특성을 설명하기 위해 사용된다.

보충설명
② 가족 내 하위체계 간 경계의 속성, 가족 내 삼각관계 등의 **가족의 구조적 측면**과 가족 구성원 간 단절 또는 융합, 밀착 등의 **관계적 측면**을 볼 수 있다.

정답 ①

108

생태도 작성에 관한 내용으로 옳은 것을 모두 고른 것은?

・21회

> ㉠ 용지의 중앙에 가족 또는 클라이언트체계를 나타내는 원을 그린다.
> ㉡ 중심원 내부에 클라이언트 또는 동거가족을 그린다.
> ㉢ 중심원 외부에 클라이언트 또는 가족과 상호작용하는 외부체계를 작은 원으로 그린다.
> ㉣ 자원의 양은 '선'으로, 관계의 속성은 '원'으로 표시한다.

① ㉣ ② ㉠, ㉢ ③ ㉡, ㉣
④ ㉠, ㉡, ㉢ ⑤ ㉠, ㉡, ㉢, ㉣

해설
㉠ 백지의 중앙에 가족 또는 클라이언트체계를 상정하는 큰 원을 그린다.
㉡ 큰 원 안에 현 가족의 구성원들이 표시된 간략한 가계도를 그린다.
㉢ 큰 원 주변에 가족 구성원 또는 가족체계에 영향을 미치는 주변 환경체계들을 그린다.

✗ 오답풀이
㉣ 자원의 양은 '원'으로, 관계의 속성은 '선'으로 표시한다. 즉, **원은** 자원의 양을 의미하며, 그 가족이 상호작용하는 주변 환경체계들은 원 안에 표시한다. **선은** 가족 구성원들이 다른 체계와 가지는 관계의 속성을 묘사하기 위한 것이며, **화살표는** 에너지와 자원의 흐름을 나타낸다.

정답 ④

109

클라이언트의 환경 내에 영향을 미치는 중요한 사람이나 체계를 지칭하는 것으로서 소속감과 유대감, 자원 정보, 접촉 빈도 등에 관한 정보를 제공하는 사정도구는?

・9회

① 생태도(ecomap)
② 가계도(genogram)
③ 생활력표(life history grid)
④ 생활주기표(life cycle matrix)
⑤ 사회적 관계망표(social network grid)

해설
사회적 관계망표(social network grid)는 사회적 지지의 유형을 구분하고 가족의 환경과 필요한 자원을 파악하는 데 유용하며, 개인과 가족의 사회적 지지체계의 사정에 사용된다. 사회적 지지에 대한 사정은 클라이언트의 문제 해결을 위해 개입할 영역과 동원 가능한 자원에 대한 정보 수집을 위해서 필요하다.

정답 ⑤

110

사정도구 중 집단성원들 간의 상호작용을 도식화하여 구성원의 지위, 구성원 간의 관계, 하위집단 등을 파악하는데 유용한 것은?

· 14회

① 가계도(genogram)
② 소시오그램(sociogram)
③ 생태도(ecomap)
④ PIE(person in environment)체계
⑤ 생활력표(life history grid)

해설
소시오그램(사회도, sociogram)은 모레노와 제닝스(Moreno & Jennings, 1950)가 개발한 것으로 상징을 사용해서 집단 내 성원 간 상호작용을 표현한 그림으로, 집단 내의 소외자, 집단성원 간 선호도와 무관심, 배척하는 정도와 유형, 하위집단 형성 여부, 연합 등을 파악할 수 있는 유용한 도구이다.

정답 ②

111

사정도구와 파악할 수 있는 정보의 연결이 옳지 않은 것은?

· 19회

① 생태도 - 개인과 가족에 영향을 미치는 주요 환경체계 확인
② 생활력도표 - 개인의 과거 주요한 생애 사건
③ DSM-5 분류체계 - 클라이언트의 정신장애 증상에 대한 진단
④ 소시오그램 - 집단성원 간 상호작용 및 하위 집단 형성 여부
⑤ PIE 분류체계 - 주변인과의 접촉 빈도 및 사회적 지지의 강도와 유형

해설
주변인과의 접촉 빈도 및 사회적 지지의 강도와 유형을 파악할 수 있는 사정도구는 사회적 관계망표(social network grid)다.

보충설명
PIE 분류 체계는 사회복지사를 위해 설계된 것으로 미국의 정신의학협회에서의 DSM 체계와 다르게, 개인의 역할기능수행과 개인주변으로부터의 지지상황 모두를 고려하여 문제를 분류하는 체계이다. PIE 체계는 네 가지 요소를 가지며, 이 중 처음 두 가지 요소는 사회사업의 핵심적 서술로 구성되어 있고, 다음 두 가지 요소는 타 전문직의 분류작업을 사용하여 정신적, 신체적 문제를 확인하도록 되어 있다. 참고로 DSM 체계의 이전 판들은 라틴어 숫자인 Ⅲ, Ⅳ를 사용하였으나 DSM-5부터는 향후 5.1, 5.2 등으로 업데이트를 하기 위해 아라비아 숫자를 사용한다.

정답 ⑤

제10장 계획수립단계

제3영역 : 사회복지실천론

112 ✓확인 □□□

개입 계획을 수립하는 과정 순서로 옳은 것은? •13회

㉠ 문제의 우선순위를 정한다.
㉡ 표적 문제를 찾는다.
㉢ 개입의 성과 목표를 정한다.
㉣ 클라이언트의 과업을 구체화한다.

① ㉠ → ㉡ → ㉢ → ㉣
② ㉠ → ㉣ → ㉡ → ㉢
③ ㉡ → ㉠ → ㉢ → ㉣
④ ㉡ → ㉠ → ㉣ → ㉢
⑤ ㉡ → ㉢ → ㉠ → ㉣

> **해설**
> ㉡ 표적 문제 찾기 → ㉠ 문제의 우선순위 정하기, 즉 표적 문제 선정 → ㉢ 개입의 성과 목표 정하기, 즉 목적설정하기 → ㉣ 목적을 목표로 구체화하기, 즉 클라이언트의 과업을 구체화

+보충설명
개입 계획 수립의 주요 단계

단계 구분	내 용
1단계	표적 문제 찾기(클라이언트와 함께 작업하기)
2단계	문제의 우선순위 정하기(= 표적 문제 선정)
3단계	문제를 욕구로 전환하기
4단계	개입수준 평가하기-전략의 선택
5단계	목적 설정하기(개입의 성과목표 정하기)
6단계	목적을 목표로 구체화하기(클라이언트의 과업을 구체화)
7단계	계약의 공식화

> 정답 ③

01 표적문제 선정

113 ✓확인 □□□

표적문제(target problem) 선정 시 고려할 사항으로 옳은 것은? •15회

① 표적문제는 가능한 많이 선정하는 것이 좋다.
② 사회복지사와 클라이언트 중 어느 한 쪽에서 문제로 인식하는 것을 모두 표적문제로 선정한다.
③ 표적문제의 우선순위를 정할 때 사회복지사의 전문적 판단을 중심으로 한다.
④ 표적문제를 선정할 때 사회복지사 자신의 지식과 기술을 고려한다.
⑤ 표적문제는 전문적 용어로 기술되는 것이 바람직하다.

> **해설**
> 표적문제란 사정과정에서 드러난 복잡한 여러 가지 문제 중에서 가장 중요하고 시급히 해결해야 할 문제를 말하는 것이다. 표적문제를 선정할 때 사회복지사 자신의 지식과 기술을 통해 변화를 가져올 수 있는 것인지 고려해야 한다.

> **✗ 오답풀이**
> ① 주어진 시간 안에 모든 문제를 다루기가 어려우므로 표적문제는 **2~3가지 정도만 선정**하는 것이 좋다.
> ② 사회복지사와 클라이언트 간의 협의가 중요하며, 클라이언트가 진술하고 인식한 문제들에 초점을 맞춘다.
> ③ 표적문제의 우선순위를 정할 때 **클라이언트의 의견을 최대한 반영**하여야 하며, 클라이언트와 사회복지사 모두 표적 문제를 이해하고 동의해야 한다.
> ⑤ 표적문제는 클라이언트의 입장에서 주어와 서술어의 형식으로 구체적으로 서술한다.

> 정답 ④

02 개입 목표 설정

114

사회복지실천과정의 목적과 목표에 관한 설명으로 옳지 않은 것은?
· 12회

① 목표는 사회복지사의 전문적 판단으로 설정해야 한다.
② 목표는 클라이언트가 바라는 바와 연결되어야 한다.
③ 목적은 장기적이고 긍정적인 결과의 형태로 제시되어야 한다.
④ 목표가 여러 개일 경우에는 클라이언트에게 가장 시급한 것을 최우선 순위로 설정한다.
⑤ 목적은 사회복지실천을 통해 변화되기 원하는 방향의 형태로 진술되어야 한다.

해설

무엇을 목표로 할 것인가는 사회복지사의 전문적인 판단이 아니라, **사회복지사와 클라이언트가 합의해야 하는 것**이다.

+보충설명

② 목표는 클라이언트를 위한 바람직한 결과를 나타내 주어야 한다. 따라서 **클라이언트가 바라는 바와 연결될 수 있어야 하고, 결과 지향적으로 설정**되어야 한다.
③ 목적은 **장기적이고 성장을 강조하는 긍정적 형태로 진술되어야 한**다. 목적(goal)은 목표(objective)와 달리 개입의 노력을 통해 얻고자 하는 장기적이고 궁극적인 결과이다. 반면 목표는 목적을 세분화한 것으로 단기적이며 구체적이다.
④ 다양한 목표가 발생할 경우 목표의 우선순위를 정할 때는 **클라이언트에게 가장 시급한 문제를 최우선 순위로 설정**한다.
⑤ 개입의 목적은 **클라이언트가 현 상황에서 벗어나기 위한 바람직한 변화의 방향**이다. 즉, 문제가 해결된 상태, 개입을 통해 일어나기를 바라는 변화를 의미한다.

정답 ①

OIKOS UP 목표 설정을 위한 지침

① 클라이언트가 바라는 결과와 관련이 있어야 한다.
② 구체적이며 측정 가능하도록 설정한다.
③ 목표는 작더라도 성취 가능한 것이 유용하다.
④ 사회복지사 능력 밖의 목표라면 자격이 있는 다른 전문가에게 의뢰한다.
⑤ 긍정적인 표현양식을 갖춘다.
⑥ 사회복지사는 목표가 자신의 가치나 권리에 맞지 않는다면 동의하지 말아야 한다.
⑦ 목표가 기관의 기능에 맞지 않을 경우 다른 기관으로 의뢰한다.

115

에간(G. Egan)의 목표 선정지침인 SMART에 해당하는 것을 모두 고른 것은?
· 13회

㉠ 적합성(adequate)
㉡ 합리성(reasonable)
㉢ 조절 가능성(manageable)
㉣ 구체성(specific)

① ㉠, ㉡, ㉢
② ㉠, ㉢
③ ㉡, ㉣
④ ㉣
⑤ ㉠, ㉡, ㉢, ㉣

해설

목표는 **구체적(specific)으로 명료하게 작성**해야 한다.

+보충설명

에간(G. Egan)의 목표 선정지침 : SMART

구 분	내 용
S(Specific)	구체적으로 명료하게 작성
M(Measurable)	측정 가능하게 양적으로 작성
A(Attainable)	실현 가능하게 작성
R(Result-Oriented)	결과 지향적으로 작성 ※ Relevant : 다른 분야(경영·교육)에서는 '관련성'을 강조할 때 사용됨. Egan은 '관련성'보다는 '성과 중심' 강조한 것임
T(Time frame)	시간 구조를 갖도록(제한시간이 있도록) 작성

정답 ④

03 계약단계

116　　　　　　　　　　　　　　✓확인 □□□

다음 중 계약의 내용에 포함되는 것은?　　　・4회

> ㉠ 클라이언트의 역할
> ㉡ 사회복지사의 역할
> ㉢ 서비스 장소 및 빈도
> ㉣ 기관의 철학과 사명

① ㉠, ㉡, ㉢　　② ㉠, ㉢　　③ ㉡, ㉣
④ ㉣　　⑤ ㉠, ㉡, ㉢, ㉣

해설
계약에 포함되는 내용으로는 목적, 참여자 역할, 개입(기법), 시간적인 조건과 세션 빈도 및 길이, 모니터 과정과 수단, 재계약 조건, 시작 날짜, 세션 변경과 최소 방법, 비용 등을 기록한다. 또한 클라이언트에 관한 정보, 서명, 날짜, 형식, 계약변경 조건 등이 포함된다.

정답 ①

117　　　　　　　　　　　　　　✓확인 □□□

사회복지서비스 계획수립단계에 관한 설명으로 옳지 않은 것은?　　　・21회

① 계획의 목표는 기관의 기능과 일치해야 한다.
② 목표설정은 미시적 수준과 거시적 수준에서 클라이언트의 변화를 고려한다.
③ 계약서는 클라이언트만 작성하여 과업과 의무를 공식화한다.
④ 목표는 클라이언트가 원하는 결과를 포함하여 클라이언트의 적극적인 참여를 유도한다.
⑤ 계획단계의 목표는 클라이언트와 사회복지사가 함께 합의하여 결정한다.

해설
계약(contract)은 **사회복지사와 클라이언트 간의 상호 협약**으로, 사회복지사와 클라이언트가 수립된 목표에 대해 합의를 하고 각자의 역할과 과업에 대해 동의를 하는 것이다. 따라서, 계약서는 **사회복지사와 클라이언트가 함께 작성**하여 과업과 의무를 공식화한다.

+보충설명
① 계획의 목표는 **반드시 기관의 기능과 일치**해야 한다. 만약 일치되지 않을 경우에는 다른 기관으로의 의뢰를 생각해야 한다.

정답 ③

제11장 개입단계

제3영역: 사회복지실천론

01 개입단계의 과제

118 ✓확인 ☐☐☐

사회복지실천과정의 개입단계에서 사회복지사가 수행하는 과업으로 옳은 것을 모두 고른 것은? • 18회

> ㄱ. 계획된 방법으로 서비스를 제공
> ㄴ. 서비스 제공 전략 및 우선순위 결정
> ㄷ. 계획 수정 필요 시 재사정 실시
> ㄹ. 제공된 서비스에 대한 과정 및 총괄평가

① ㄱ   ② ㄱ, ㄷ   ③ ㄴ, ㄹ
④ ㄱ, ㄴ, ㄷ   ⑤ ㄴ, ㄷ, ㄹ

해설
ㄱ. 개입단계는 사회복지사와 클라이언트가 합의하여 결정한 문제를 해결하기 위한 **계획을 실천하는 단계**로, 개입단계에서 사회복지사는 계획된 방법으로 서비스를 제공한다.
ㄷ. 개입단계에서 계획 수정 필요시 재사정을 실시하게 되는데, 재사정은 새로운 자원과의 연결이나 배치, **새로운 개입계획이나 수정된 개입목표와 관련되어** 이루어지게 된다.

✗ 오답풀이
ㄴ. 서비스 제공 전략 및 우선순위 결정은 계획수립단계에서 사회복지사가 수행하는 과업이다.
ㄹ. 제공된 서비스에 대한 **과정평가는 개입단계**에서 사회복지사가 수행하는 과업에 해당되지만, 총괄평가는 **종결단계**에서 사회복지사가 수행하는 과업이다.

정답 ②

02 직접적 개입과 간접적 개입

119 ✓확인 ☐☐☐

클라이언트에 대한 간접적인 개입을 모두 고른 것은? • 12회

> ㄱ. 자원 개발   ㄴ. 서비스 조정
> ㄷ. 프로그램 개발 ㄹ. 옹호

① ㄱ, ㄴ, ㄷ   ② ㄱ, ㄷ   ③ ㄴ, ㄹ
④ ㄹ   ⑤ ㄱ, ㄴ, ㄷ, ㄹ

해설
간접적 개입은 환경적인 자원(개발)을 통해 클라이언트의 변화를 돕는 활동들로, 서비스 조정에 관련된 활동, 프로그램 계획과 개발을 위한 활동, 환경조작, 옹호활동이 있다.
ㄱ, ㄴ, ㄷ, ㄹ 모두 간접적 개입에 해당한다.

정답 ⑤

OIKOS UP 직접 개입과 간접 개입

직접 개입(혹은 직접적 실천)과 간접 개입(간접적 실천)을 구분하는 기준은 클라이언트의 접촉 유무와 변화의 대상이 누구인가 하는 것이다.

① **직접 개입**: 사회복지사가 클라이언트와 직접적인 접촉을 통하여 서비스를 제공하거나 개입하며 클라이언트 자체를 변화시키는 것을 목적으로 한다. 따라서 클라이언트의 사회적 기능을 지원하거나 문제상황을 분석하고 대안을 창출할 수 있게 하는 활동, 대인관계를 변화시키기 위한 활동 등이 직접 개입에 해당된다. 상담, 개별상담, 가족면접 실시, 가족치료, 집단 운영 등이 해당된다.

② **간접 개입**: 사회복지사가 클라이언트를 직접 대면하지 않으면서 클라이언트의 문제 해결에 간접적으로 도움을 제공하거나 클라이언트를 둘러싼 환경에 변화를 주어 클라이언트의 문제를 해결하는 것이다. 의뢰하기는 클라이언트가 필요한 서비스를 받을 수 있도록 자원을 연결하는 활동이므로 간접 개입에 해당된다.

03 개입기술

120

직면(confrontation) 기법에 관한 설명으로 옳지 않은 것은?

· 15회

① 클라이언트의 말과 행동 간에 모순이 있으나 클라이언트가 이를 부인하고 인정하기를 거부하는 경우에 사용될 수 있다.
② 클라이언트가 극심한 정서적 긴장 상태에 있을 때는 사용하지 않는 것이 좋다.
③ 클라이언트에게 방어적 반응을 불러일으킬 수 있다.
④ 클라이언트가 자신의 결정이나 행동이 실제로 합리적임에도 이에 대한 확신을 갖지 못하고 주저할 때 사용된다.
⑤ 클라이언트와 신뢰관계가 충분히 형성된 뒤에 사용하는 것이 유용하다.

해설
합리적인 생각과 결정에 대해 클라이언트가 의구심을 갖거나 자신 없어 할 때, 클라이언트를 안심시키는 기법은 **재보증**(reassurance, 재확신 또는 안심)이다.

정답 ④

121

사회복지실천과정의 간접개입기법 중 환경조정이 필요한 상황에 해당하지 않는 것은?

· 23회

① 아동이 가정에서 성적 학대를 받을 때
② 화재로 장애청소년의 부모가 사망했을 때
③ 직장에서 성폭력 예방을 위한 교육프로그램을 제공할 때
④ 자연재해로 집을 잃었을 때
⑤ 고령의 노인이 가정에서 학대를 받을 때

해설
간접적 개입기법 중 **환경조정**은 클라이언트의 사회적 기능을 향상시키는 수단으로, 클라이언트의 환경에 변화를 일으키는 전략이다. 선지 ①과 선지 ⑤번처럼 학대받는 가족의 경우나 선지 ②번처럼 화재로 인해 부모가 사망한 장애청소년, 그리고 선지 ④번처럼 자연재해로 집을 잃은 경우 클라이언트를 안전한 쉼터나 시설에 입소시키는 것이 환경조정의 형태이다.

오답풀이
③ 직장에서 성폭력 예방을 위한 교육프로그램을 제공하는 것은 사회복지사와 클라이언트 간 대면적 관계를 통한 개입으로 **직접적 개입**에 해당된다. 참고로 **직접적 개입**은 사회복지사와 클라이언트 간 대면관계를 통한 상담, 치료, 교육이 주가 되는 개입이다.

정답 ③

122

개입의 기법과 그에 관한 설명으로 옳은 것은? · 14회

① 타임아웃(time-out) : 남에게 말하지 못한 문제를 클라이언트가 표현할 수 있도록 도와주는 기법이다.
② 환기(ventilation) : 클라이언트가 자신의 문제를 보증하거나 합리화하여 변화를 거부할 때 사용하는 기법이다.
③ 재보증(reassurance) : 사회복지사가 신뢰를 표현함으로써 클라이언트의 자신감을 향상시키는 기법이다.
④ 격려(encouragement) : 클라이언트의 사고, 감정, 행동을 현재의 사건과 연결하여 명료화하는 기법이다.
⑤ 초점화(focusing) : 클라이언트가 겪는 일이 자신만이 가지고 있는 문제가 아니라는 것을 인식하게 하는 기법이다.

해설

재보증(reassurance, 재확신 또는 안심)은 클라이언트가 가진 죄의식, 불안, 분노의 감정에 대해 사회복지사가 클라이언트를 이해하고 있고 그런 감정이 생기는 것이 정상적인 반응임을 재보증함으로써 **클라이언트를 안심시키는 기술이다.**

오답풀이

① 환기(ventilation)에 대한 설명이다. 환기는 남에게 말하지 못한 여러 문제를 클라이언트가 표현하도록 도와주는 기법을 말한다. 혼자서 꾹 참고 있으나 힘들었던 감정을 표현하는 것만으로도 상당한 치료효과가 있다는 것이다. **타임아웃(time-out)**은 원하지 않는 행동을 강화시키는 환경으로부터 클라이언트를 일정기간 이동시킴으로써 문제행동을 감소하거나 제거시키는 것이다.
② 도전(challenge)기술에 대한 설명이다. 도전은 클라이언트가 자신의 문제해결에 있어 상충되거나 왜곡된 것 혹은 불일치하는 상황을 다룰 때 혹은 클라이언트가 문제를 부정하거나 회피하고 합리화할 때 활용하는 기술이다. **환기(ventilation)**는 클라이언트의 억압된 감정, 특히 부정적 감정인 분노, 슬픔, 죄의식 등이 문제 해결을 방해하거나 그러한 감정 자체가 문제가 되는 경우, 이를 표출하도록 함으로써 감정의 강도를 약화시키거나 해소시키는 기술이다.
④ 인간-환경에 대한 고찰(reflection of person-situation configuration)에 대한 설명이다. **격려(encouragement)**는 다른 사람이 두려움을 극복하도록 용기를 주는 것을 의미하는 것으로, 사회복지사의 격려의 말은 진실해야 하고 클라이언트의 상황에 따라 개별화되어야 한다.
⑤ 일반화(universalization)에 대한 설명이다. **초점화(focusing)**는 클라이언트가 자기 문제를 언어로 표현할 때 산만한 것을 점검해주고 말 속에 선입견, 가정, 혼란을 드러내어 자신의 사고과정을 명확히 볼 수 있도록 해준다.

정답 ③

123

사회복지실천 개입기술에 관한 설명으로 옳은 것을 모두 고른 것은? · 21회

㉠ 재보증은 어떤 문제에 대해 클라이언트가 부여하는 의미를 수정해 줌으로써 클라이언트의 시각을 긍정적인 방향으로 변화시키려는 전략이다.
㉡ 모델링은 실제 다른 사람의 행동을 직접 관찰함으로써만 시행 가능하다.
㉢ 격려기법은 주로 클라이언트 행동이 변화에 장애가 되거나 타인에게 위협이 될 때, 이를 인식하도록 하기 위한 목적으로 사용한다.
㉣ 일반화란 클라이언트 혼자만이 겪는 문제가 아니라는 것을 인식하게 하는 기법이다.

① ㉠   ② ㉣   ③ ㉠, ㉣
④ ㉠, ㉡, ㉢   ⑤ ㉡, ㉢, ㉣

해설

㉣ **일반화(universalization)**란 클라이언트 혼자만이 겪는 문제가 아니라는 것을 인식하게 하는 기법으로, 클라이언트가 자기 자신을 다른 사람들로부터 소외시키거나 일탈감을 갖는 것을 막아주는 기법이다.

오답풀이

㉠ **재명명(relabeling)**은 어떤 문제에 대해 클라이언트가 부여하는 의미를 수정해 줌으로써 클라이언트의 시각을 긍정적인 방향으로 변화시키려는 전략이다. 재명명은 '재규정(redefinig), 재구성(reframing), 재정의'라고도 한다. 참고로 **재보증(reassurance, 재확신 또는 안심)**은 클라이언트의 능력이나 자질에 대해 사회복지사가 신뢰를 표현함으로써 클라이언트에게 불안과 불확실성을 제거하고 위안을 주는 것이다.
㉡ **모델링(modeling)**은 실제 다른 사람의 행동을 직접 관찰하게 하는 것 뿐만 아니라 영화, 비디오 테이프 혹은 다른 미디어기술을 활용하는 것, 또는 집단상담 상황과 같은 여러 명의 모델링을 제시하는 방법등으로 시행할 수 있다.
㉢ **직면(confrontation)**은 주로 클라이언트 행동이 변화에 장애가 되거나 타인에게 위협이 될 때, 이를 인식하도록 하기 위한 목적으로 사용한다. 참고로 **격려(encouragement)**는 다른 사람이 두려움을 극복하도록 용기를 주는 것을 의미한다.

정답 ②

제12장 평가 및 종결단계

제3영역 : 사회복지실천론

01 평가

124

청소년을 위한 10주간의 진로집단 활동 전·후에 진로 효능감 검사를 하여 결과를 비교하였다면 이 평가방법은? ·10회

① 형성평가
② 성과평가
③ 과정평가
④ 만족도 평가
⑤ 실무자 평가

해설

프로그램의 전·후, 즉 시작하기 전과 프로그램이 종결된 후의 진로 효능감 검사를 통해 그 결과를 비교하고 있다. 이것은 프로그램 종결 이후 가능한 평가이므로 **성과평가에 해당**한다. 실무자 평가는 사회복지사에 대한 평가로 실천 활동에서 사회복지사의 말이나 행동, 태도, 속성, 노력 정도 등이 클라이언트의 변화에 어느 정도 영향을 미쳤는가를 평가하는 것이다.

정답 ②

OIKOS UP   총괄평가(= 성과평가)

① 프로그램이 종료된 이후 행해지는 평가로, 어느 프로그램을 시작할 것인지, 지속할 것인지, 종결할 것인지, 또는 여러 개의 대안적인 프로그램들 가운데 어느 것을 택해야 하는지 등 총괄적인 의사결정을 할 경우 실시하는 평가이다.
② 프로그램의 궁극적인 성공 여부를 가려 그 프로그램을 지속할 것인지와 그 프로그램을 다른 대안적 사항들보다 우선적으로 선택할 것인지를 결정하는 것과 연관된다.
③ 프로그램 운영이 끝날 때 행해지는 평가로서 성질이 비슷한 새로운 프로그램을 다시 시작할 것인지 또는 종결한 것인지 등을 결정짓는데 유용하다. 프로그램의 효과성과 효율성을 평가하고자 하며, 대개 프로그램 시행이 종결된 후에 실시한다.
④ 성과(outcomes)평가로서, 목적 지향적 평가라고도 불린다.

125

다음 중 개입결과 평가방법으로 맞는 것은? ·8회

㉠ 단일사례설계 - 통제집단을 설정한다.
㉡ 만족도 평가 - 만족도를 확인한다.
㉢ 과업지향성취 - 기초선을 설정해야 한다.
㉣ 목적성취척도 - 개별화된 목적에 도달한 정도를 측정한다.

① ㉠, ㉡, ㉢
② ㉠, ㉢
③ ㉡, ㉣
④ ㉣
⑤ ㉠, ㉡, ㉢, ㉣

해설

㉠ 단일사례설계 : 일반적으로 사회복지실천에서 통제집단을 설정하지 못하기 때문에 사용한다. 대신 기초선단계가 통제집단 역할을 하며, 개입국면이 실험집단의 역할을 하게 된다.
㉢ 과업지향성취 : 사회복지사와 클라이언트가 합의한 개입과제로 성취한 정도를 평가하는 방법이다. 특히 기초선의 설정이나 단일사례연구설계의 적용이 어려울 때, 또는 단기서비스 상황에 적용된다. 따라서 기초선을 설정해야 하는 것은 아니다.

정답 ③

02 종결단계

126
✓확인 ☐☐☐

종결유형에 따른 사회복지사의 반응으로 옳은 것은? •11회

① 사회복지사의 이동으로 인한 종결 - 원망을 듣지 않기 위해 사례를 조기 종결한다.
② 클라이언트의 일방적 종결 - 끝까지 개입을 지속할 것을 강요한다.
③ 시간제한이 없는 종결 - 종결 시기는 클라이언트만이 결정할 수 있다.
④ 시간제한이 있는 종결 - 시간이 중요하기 때문에 목표에 대한 평가를 필요로 하지 않는다.
⑤ 일정기간만 제공되는 서비스의 종결 - 서비스의 특성을 설명하고 필요한 경우 다른 기관에 의뢰한다.

> **해설**
> 일정기간만 제공되는 계획된 종결의 경우, 사회복지사는 종결에 대한 감정처리 이외에 남아있는 문제를 해결하기 위해 다른 기관에 의뢰해야 하는 이중부담을 가지게 된다.
>
> 정답 ⑤

127
✓확인 ☐☐☐

종결단계에서 취해야 할 사회복지사의 활동에 관한 설명으로 옳은 것은? •13회

① 클라이언트의 변화를 촉진한다.
② 클라이언트와의 접촉 빈도를 줄여간다.
③ 클라이언트를 위해 서비스를 조정한다.
④ 클라이언트를 대변하여 자원을 확보한다.
⑤ 개입의 효과를 평가하기 위해 기초선 자료를 수집한다.

> **해설**
> 종결단계에는 접촉 빈도를 조금씩 줄이는 것이 바람직하다. 클라이언트가 매우 의존적일 때에는 클라이언트의 이웃이나 비공식적 자원들과 연결시키도록 노력해야 한다.
>
> **+ 보충설명**
> ①, ③, ④는 개입단계에서의 사회복지사의 활동이다.
> ⑤ 개입의 효과를 평가하기 위해 기초선 자료를 수집하는 것은 자료수집단계에서의 활동이다. 기초선(baseline)이란 실천가(조사연구자)가 개입활동을 실시하기 전에 표적행동의 상태를 관찰하는 기간을 의미하기도 하고, 관찰된 표적행동의 상태를 나타내는 자료를 의미하기도 한다.
>
> 정답 ②

128

종결단계에서 사회복지사의 활동으로 옳은 것을 모두 고른 것은?
· 14회

㉠ 개입목표의 달성 여부를 확인한다.
㉡ 의뢰는 종결유형과 상관없이 실시하는 것이 바람직하다.
㉢ 종결유형에 따라 종결 시기를 조정한다.
㉣ 종결과 관련된 클라이언트의 감정은 다루지 않는다.

① ㉠, ㉡, ㉢
② ㉠, ㉢
③ ㉡, ㉣
④ ㉣
⑤ ㉠, ㉡, ㉢, ㉣

해설
㉠ 사회복지실천에 개입활동이 효과적이었는지 **개입목표달성 여부를 평가하여야** 한다.
㉢ 시기상조의 일방적 종결, 기관의 기능과 관련된 시간적 제약에 의한 계획적 종결, 사회복지사가 직책이나 직장을 떠남으로써 재촉되는 종결 등 종결유형에 따라 **적절한 종결시기를 결정해야** 한다.

✕ 오답풀이
㉡ 사례가 종결되었지만 **클라이언트에게 새로운 서비스가 더 필요하거나 해결되지 않은 문제가 있는 경우 의뢰**한다. 따라서 종결유형과 상관없이 실시한다는 것은 바람직하지 않다.
㉣ 종결로 인해 발생할 수 있는 성취감, 자부심과 함께 발생할 수 있는 감정으로 헤어짐에 따른 슬픔, 상실감을 갖게 된다. 이에 **사회복지사는 종결로 인해 발생되는 정서적 반응을 해결해야** 한다. 즉 종결에 대한 양가감정을 발산하도록 격려하는 것이 종결단계 동안에 사회복지사가 해야 할 주요 과업 중의 하나이다.

정답 ②

129

평가 및 종결단계에서 사회복지사의 역할에 관한 설명으로 옳지 않은 것은?
· 16회

① 변화전략 설정
② 진전수준 검토
③ 사후관리 계획
④ 정서적 반응 처리
⑤ 결과의 안정화

해설
변화전략 설정은 계획 수립단계에 해당한다. 계획 수립 단계에서 중요한 것은 목표를 수립하는 것과 **목표 달성을 위한 효과적인 개입전략을 세우는 것**인데, 이때 사회복지사 단독으로 행하는 것이 아니라 클라이언트를 참여시켜 공동협력을 통해 이루어나가는 것이다.

+ 보충설명
② 종결단계에 사회복지실천에 개입활동이 효율적이고 효과적으로 결과에 작용하였는지를 사정한다. 즉 **클라이언트의 목표가 성취되었는지를 재확인(진전수준 검토)하는 것**이다.
③ 사후관리(follow-up sessions, 사후세션)란 개입 과정에서 얻은 이득을 유지, 강화하기 위해서 시도되는 또 다른 방법으로 종결이 이루어진 후 일정 기간이 지나서 클라이언트가 잘 적응하고 있는지를 점검하는 과정을 말한다. **사후관리 계획은 종결단계에 수립**한다.
④ 종결로 인해 발생할 수 있는 성취감, 자부심과 함께 발생할 수 있는 감정으로 헤어짐에 따른 슬픔, 상실감을 갖게 된다. 이에 **사회복지사는 종결로 인해 발생되는 정서적 반응을 해결해야** 한다.
⑤ 클라이언트를 도와서 그들이 달성한 결과를 안정화시키고 그것을 **클라이언트의 일상생활에 일반화시키는 것도 종결의 중요한 목표**이다.

정답 ①

130

종결단계에서 사회복지사의 과업이 아닌 것은?
・18회

① 사후관리 계획 수립
② 성과유지 전략 확인
③ 필요시 타 기관에 의뢰
④ 종결 기준 및 목표 수립
⑤ 종결에 대한 정서다루기

해설
①, ②, ③, ⑤은 종결단계에서 사회복지사의 과업에 해당하지만, 종결 기준 및 목표 수립은 계획수립단계에서 사회복지사의 과업이다.

보충설명
④ 적절한 종결시기를 결정하는 것(종결 계획하기)은 종결단계의 과업이지만, 계획된 종결의 경우에는 계획수립단계에서 종결기준을 정한다. 참고로 쉬퍼(Sheafor)는 종결단계에서 종결할 때가 되었는지를 판단할 때 고려해야 할 기준으로 첫째, 개입목적의 달성정도, 둘째, 서비스의 시간 내 제공완료여부, 셋째, 클라이언트 문제상황의 해결정도, 넷째, 사회복지사와 기관의 투자노력, 다섯째, 이득체감에 대한 사회복지사와 클라이언트의 합의여부, 여섯째, 클라이언트의 의존성, 일곱째, 클라이언트에 대한 새로운 서비스의 적합성을 제시하고 있다.

정답 ④

03 사후관리(follow-up service)

131

사후관리(follow-up service)에 관한 설명으로 옳지 않은 것은?
・13회

① 개입과정 중에 수시로 실시한다.
② 클라이언트의 적응 상태를 확인한다.
③ 문제가 있는 경우 재개입 할 수 있다.
④ 클라이언트의 변화 유지에 도움이 된다.
⑤ 종결로 인한 클라이언트의 충격을 완화시켜 준다.

해설
사후관리는 종결한 후 2~6개월이 지났을 때 클라이언트의 변화를 평가하고 유지하기 위해 필요한 것으로, 개입과정 중에 실시하는 것이 아니다.

정답 ①

제13장 사례관리

제3영역 : 사회복지실천론

01 사례관리의 등장 배경

132 ✓확인 ☐☐☐

사례관리의 등장배경으로 옳은 것을 모두 고른 것은? ・13회

> ㉠ 지역사회보호 필요성 증가
> ㉡ 분산된 서비스의 조정기능 부재
> ㉢ 사회적 지원망의 중요성 강조
> ㉣ 만성적이고 복합적인 문제를 가진 클라이언트의 증가

① ㉠, ㉡, ㉢   ② ㉠, ㉢   ③ ㉡, ㉣
④ ㉣   ⑤ ㉠, ㉡, ㉢, ㉣

해설
㉠ 탈시설화 된 클라이언트를 지역사회 내에서 지속적으로 보호, 관리할 수 있는 방법으로 대두되었다.
㉡ 서비스 전달의 지방분권화 및 복잡하고 분산된 서비스 체계의 조정기능 부재로 인한 것이다.
㉢ 사회적 지원체계와 지지망의 중요성에 대한 인식 증가로 인해 등장하였다.
㉣ 만성적이고 복합적인 문제를 가지고 지역사회에서 함께 살아가야 할 사람들이 점차 늘고 있는 상황에서, 사회적 통합을 달성하고 지역사회 생활에서의 다양한 욕구를 충족시키기 위한 것이다.

정답 ⑤

133 ✓확인 ☐☐☐

사례관리의 등장 배경으로 옳지 않은 것은? ・19회

① 가족의 보호 부담 증가
② 장기보호에서 단기개입 중심으로 전환
③ 통합적 서비스 지원의 필요성 증가
④ 복합적인 욕구를 가진 클라이언트 증가
⑤ 시설보호에서 지역사회보호로 전환

해설
사례관리의 등장배경 중 하나는 **장기간 서비스를 제공받아야 하는 복합적인 문제를 가진 클라이언트의 증가**이다. 즉, 사례관리는 종결이 어려운 장기적 욕구를 갖는 대상자에게 적절한 것으로 단기개입이 아닌 **장기보호 중심**이다.

+보충설명
③ 통합적 서비스 지원은 다양한 서비스를 결합하여 클라이언트를 원조하는 것으로, 사례관리는 단편적으로 분산되어 있는 서비스를 조정하고 연계할 필요성에 의해 등장하였다.

정답 ②

02 사례관리의 특징과 개입 원칙

134

사례관리의 특성을 모두 고른 것은? · 10회

> ㉠ 단편화되고 파편화된 서비스를 통합적으로 관리
> ㉡ 복합적 욕구를 가진 클라이언트 대신 클라이언트의 삶을 조정·관리
> ㉢ 서비스의 중복 가능성을 낮춰 자원을 효율적으로 사용
> ㉣ 책임서비스 구현을 위해 동기와 능력이 있는 클라이언트의 참여를 요구

① ㉠, ㉡, ㉢
② ㉠, ㉢
③ ㉡, ㉣
④ ㉣
⑤ ㉠, ㉡, ㉢, ㉣

해설
㉡ 클라이언트를 대신 하는 것은 아니며, ㉣ 사례관리에서는 지정된 한 명의 케어매니저 또는 한 기관이 서비스 체계의 전반적인 결과에 대하여 책임을 지도록 하기 때문에 책임성을 증진시킬 수 있게 된다. 즉, **책임서비스의 구현을 위해 클라이언트의 동기와 능력 유무를 통해 선정하지 않는다.**

정답 ②

135

사례관리의 특성에 관한 설명으로 옳지 않은 것은? · 13회

① 자원체계 간 연결, 조정 등의 활동을 한다.
② 투입과 과정에 대한 평가를 한다.
③ 클라이언트 욕구에 초점을 두어 기관 내 서비스로 한정하지 않는다.
④ 공적 책임을 강화하기 위해 비공식적 지지망의 활용을 최소화한다.
⑤ 임상적 욕구를 가진 클라이언트에게는 치료적 상담을 실시한다.

해설
사례관리는 사회복지의 공공부문비용 삭감(복지국가 위기)으로 민간부문 역할이 증대되면서 지역사회에 잠재되어 있는 사회자원 개발 및 활용, 비공식 지원체계의 클라이언트에 대한 보호기능 강화, 제한된 자원 내에서 서비스 전달의 효과 최대화, 서비스 전달의 비용억제 등의 노력이 나타나기 시작하여 사례관리 등장 요인으로 작용하였다. 따라서 **공적 책임을 강화한다는 것은 옳지 않다.** 또한 사례관리자는 서비스를 제공하는 **공식적 지원체계 간의 조정**뿐만 아니라 가족이나 친구, 혹은 친지 같은 **비공식적 지원체계를 통합하고 기능적으로 연결하여 다양하고 체계적인 지지망을 구축**한다. 즉, 비공식적 지지망의 활용을 최소화한다는 것은 옳지 않다.

보충설명
① 클라이언트의 다양한 욕구를 충족시키기 위해 **광범위한 자원체계 간을 연결, 조정, 점검 등의 활동**을 한다.
② 사례관리자는 **투입과 개입과정, 그 행동의 결과를 반드시 평가**하여, 이를 바탕으로 사례관리의 질을 강화시킨다.
③ 클라이언트의 문제 해결과 치료보다는 욕구충족과 보호에 더 중점을 두고 있으며, 기관 내 서비스에 한정하지 않는다.
⑤ 사례관리자는 **직접 실천과 간접 실천의 복합적 기능을 수행한다.** 따라서 직접 실천에 해당하는 임상적 욕구를 가진 클라이언트에게는 치료적 상담을 실시한다.

정답 ④

136

사례관리에 관한 설명으로 옳지 않은 것은? · 17회

① 통합적 방법을 활용한다.
② 직접 서비스와 간접 서비스를 결합한 것이다.
③ 포괄적이고 지속적인 서비스를 제공하는 것이다.
④ 전통적인 사회복지방법론과 전혀 다른 실천방법이다.
⑤ 기관의 범위를 넘은 지역사회 차원의 서비스 제공과 점검을 강조한다.

해설

사례관리는 **전통적 사회복지방법론과 전혀 다른 새로운 실천형태가 아니라 통합적 접근 혹은 모델로서**, 클라이언트에게 좀 더 포괄적이고 지속적인 서비스를 제공한다고 할 수 있다.

+ 보충설명

① 사례관리는 통합적 방법을 활용하고자 하는 모델이다.
② 특정대상을 위한 직접적 서비스 및 지역사회실천에서의 간접 서비스를 합한 것이다.
③ 클라이언트에게 좀 더 포괄적이고 지속적인 서비스를 제공한다는 측면에서 그 의의가 있다.
⑤ 전통적인 사회복지가 기관의 서비스와 프로그램에 기초한 서비스인 반면, 사례관리는 클라이언트의 욕구에 더욱 초점을 두고 기관의 범위를 넘어 지역사회 차원에서 더욱 적극적인 서비스 제공과 점검을 강조한다.

정답 ④

137

사례관리의 원칙으로 옳지 않은 것은? · 13회

① 사례관리자는 클라이언트의 인종, 성별, 계층 등을 이유로 이용자격 및 절차 등에서 어려움을 겪지 않고 서비스를 쉽게 이용할 수 있도록 원조해야 한다.
② 시간의 경과에 따라 변화하는 클라이언트의 욕구에 대해 지속적으로 사정하고 서비스를 제공해야 한다.
③ 클라이언트의 개별적인 욕구와 상황에 맞는 맞춤형 서비스를 제공한다.
④ 클라이언트의 다양한 욕구가 여러 분야에서 충족될 수 있도록 서비스를 제공해야 한다.
⑤ 클라이언트를 위해 전문가 주도의 구조화된 서비스를 제공한다.

해설

사례관리는 사회복지통합방법론의 하나로 Specialist(전문가주의)가 아닌 Generalist(일반주의) 실천에 해당하는 것이다. 일반주의 실천가는 다양한 이론과 모델, 기법을 자유롭게 활용하면서 모든 클라이언트와 상황에 접근할 수 있다. 미시적 수준에서 거시적인 수준에 이르기까지 다양한 개입초점을 갖는다. 이들은 주로 **영역별 전문가(specialist) 사이의 의사소통을 촉진함으로써 그들의 노력을 통합시키고 보호의 연속성을 조성한다.**

+ 보충설명

① 서비스의 접근성, ② 서비스의 지속성, ③ 서비스의 개별화, ④ 서비스 제공의 포괄성 원칙에 해당한다.

정답 ⑤

138

사례관리의 원칙에 해당되지 않는 것은? · 19회

① 다양한 욕구를 포괄
② 개별화된 서비스 제공
③ 클라이언트의 자율성 극대화
④ 충분하고 연속성 있는 서비스 제공
⑤ 임상적인 치료에 집중된 서비스 제공

해설
사례관리의 대상이 되는 클라이언트의 대부분은 만성적 문제들로 인해 고통 받는 경우가 많으며, 이들은 인생 전체의 시기에 걸쳐 도움을 필요로 한다. 따라서, 임상적인 치료에 집중된 서비스를 제공하는 것을 원칙으로 하는 것이 아니라, **클라이언트의 인생 전체시기에 걸쳐 다양한 욕구를 충족시키기 위해 포괄적인 서비스를 지속적으로 제공하는 것을 원칙으로 한다.**

보충설명
② 개별화된 서비스를 제공한다는 것은 **클라이언트의 개별적인 욕구와 상황에 맞는 맞춤형 서비스를 제공한다는 것**으로, 이를 위해 서비스들은 클라이언트의 확인된 욕구들마다 각기 구체적으로 개발되거나 고안되어야 한다.

정답 ⑤

139

다음에서 설명하고 있는 사례관리 개입 원칙은? · 21회

- 변화하는 클라이언트 욕구에 반응하여 장기적으로 서비스를 제공해야 한다.
- 클라이언트에게 필요한 서비스를 중단하지 않고 제공해야 한다.

① 서비스의 체계성　② 서비스의 접근성
③ 서비스의 개별화　④ 서비스의 연계성
⑤ 서비스의 지속성

해설
장기적으로 서비스를 제공하고 필요한 서비스를 중단하지 않고 제공하는 것은 **서비스의 지속성**이다. 사례관리의 대상이 되는 클라이언트의 대부분은 만성적 문제들로 인해 고통 받는 경우가 많으며, 빠른 회복을 기대하기는 어렵기 때문에 이들은 인생 전체의 시기에 걸쳐 도움을 필요로 하며 이에 부응하기 위해 지속적 관리가 필요하다고 할 것이다.

보충설명
① **서비스의 체계성**은 서비스 간 중복을 줄이고 서비스의 비용을 효율적으로 관리하기 위해 서비스와 자원들 간에 조정을 하는 것을 말한다.
② **서비스의 접근성**은 사례관리자가 서비스 제공자와 접촉하여 중개 역할을 하여 좀 더 쉽게 자원에 접근할 수 있게 하는 것을 말한다.
③ **서비스의 개별화**는 클라이언트의 독특한 신체적, 정서적, 사회적 상황에 따라 각각의 클라이언트 욕구에 맞는 서비스를 제공해야 한다는 것이다.
④ **서비스의 연계성**은 복잡하고 분리되어 있는 서비스 전달체계를 연결하는 것을 의미한다.

정답 ⑤

140

사례관리의 원칙에 해당하지 않는 것은? ・22회

① 서비스의 개별화
② 서비스의 접근성
③ 서비스의 연계성
④ 서비스의 분절성
⑤ 서비스의 체계성

해설
분절성(fragmentation)은 파편성 또는 단편성으로 통합성과 상반되는 개념이다. 서비스가 한 장소에서 다 이루어지지 않을 뿐만 아니라 기관들이 그들의 활동을 조화시키기 위해 노력하지 않고 있는 문제를 말한다. 사례관리는 이 분절성의 문제를 해결하기 위해 등장한 것이다. 즉, 사례관리는 지역사회에 분산되어 있는 서비스 정보를 제공하고 서비스들을 서로 연결하여 서비스의 효과성을 높이는 데, 이것이 사례관리 원칙 중 서비스의 연계성 원칙이다.

정답 ④

03 사례관리자의 역할

141

사례관리자에 관한 설명으로 옳은 것을 모두 고른 것은? ・9회

㉠ 사례관리자의 역할은 클라이언트의 욕구에 의해 결정된다.
㉡ 사례관리자는 조언, 상담, 치료 등의 치료적 기능을 담당한다.
㉢ 사례관리자는 중개자, 연결자, 조정자, 옹호자 등의 역할을 수행한다.
㉣ 사례관리자는 기관의 서비스에 맞추어 클라이언트의 문제를 사정한다.

① ㉠, ㉡, ㉢
② ㉠, ㉢
③ ㉡, ㉣
④ ㉣
⑤ ㉠, ㉡, ㉢, ㉣

해설
㉣ 기관의 서비스에 맞추어 클라이언트의 문제를 사정한다는 것은 잘못된 설명이다. 이는 서비스 제공의 포괄성 원칙에도 어긋난다. 사례관리는 클라이언트를 기존의 프로그램에 맞추기보다는 클라이언트 욕구에 기초한 서비스의 개발과 제공을 강조한다.

정답 ①

142

사례관리자의 역할로 옳은 것을 모두 고른 것은? · 15회

㉠ 사례관리는 기관 정책상 클라이언트에게 서비스를 제공해 주기 어려울 때 다른 기관에 의뢰한다.
㉡ 사례관리자는 기관의 정책이 클라이언트에게 불리하다고 판단될 때 기관의 정책에 도전하는 옹호 역할을 수행한다.
㉢ 복합적인 욕구를 갖는 클라이언트를 위해 다양한 서비스를 조정·연계한다.
㉣ 클라이언트의 자기결정이 중요하므로 사례관리자는 어떠한 상황에서도 클라이언트를 대신하여 행동해서는 안 된다.

① ㉠, ㉢ ② ㉡, ㉢ ③ ㉡, ㉣
④ ㉠, ㉡, ㉢ ⑤ ㉠, ㉡, ㉢, ㉣

해설
㉠ 사례관리자는 기관 정책상 클라이언트에게 서비스를 제공해 주기 어려울 때, **클라이언트의 욕구에 적절하고 적정한 서비스를 제공할 수 있는 다른 기관에 의뢰**한다.
㉡ **사례관리자는** 기관이나 조직이 서비스제공을 거부하거나 부적절한 정책과 절차 때문에 접근에 문제가 생기는 등 기관의 정책이 클라이언트에게 불리하다고 판단되면, **기관을 대상으로 논의나 설득·촉구·강요 등의 방법을 활용하여 기관의 정책에 도전하는 옹호 역할을 수행**한다.
㉢ 사례관리자는 클라이언트의 복합적인 욕구를 충족시키기 위해 **다양한 서비스 공급주체의 서비스를 통합·조정·연계함으로써 사례관리의 효과성을 높이는 역할을** 한다.

오답풀이
㉣ 사례관리의 주요 초점 중의 하나는 클라이언트를 가능한 한도 내에서 **최대한으로 자조하도록 함에** 있다. 그러나 **상황에 따라 클라이언트를 대신하여 행동할 수도 있다.** 즉 클라이언트 자기결정 존중은 사례관리자가 아무런 대안이나 선택의 결과에 대한 고려 없이 선택의 전적인 책임을 클라이언트에게 부과하는 것이나, 사례관리자가 클라이언트의 일을 떠맡거나 대신하여 결정을 내리는 극단을 피해야 한다는 것을 의미한다.

정답 ④

143

다음에서 사례관리자가 수행한 역할이 아닌 것은? · 18회

사례관리자는 알코올, 가정폭력, 실직 문제가 있는 클라이언트를 면담하여 알코올 치료와 근로에 대한 동기를 부여하고, 지역자활센터 이용 방법을 설명하였다. 또한, 클라이언트의 배우자와 다른 알코올중독자들의 배우자 5명으로 집단을 구성하고 알코올중독의 영향에 대해서 체계적으로 가르쳐 주었으며, 가정폭력상담소에 연계하여 전문상담을 받도록 하였다.

① 상담가 ② 중재자 ③ 교육자
④ 중개자 ⑤ 정보제공자

해설
주어진 사례에서는 사례관리자는 중재자의 역할은 수행하지 않았다. 참고로 **중재자의 역할은** 양자 간의 논쟁이나 갈등을 일으키고 있는 클라이언트에게 개입하며 타협 또는 외부체계를 조정하여 상호 만족스러운 합의에 도달하도록 하는 것이다.

보충설명
① 알코올, 가정폭력, 실직 문제가 있는 클라이언트를 면담하여 알코올 치료와 근로에 대한 동기를 부여한 것은 **상담가의 역할**이다.
③ 알코올중독의 영향에 대해서 체계적으로 가르쳐 준 것은 **교육자의 역할**이다.
④ 가정폭력상담소에 연계하여 전문상담을 받도록 한 것은 **중개자의 역할**이다.
⑤ 지역자활센터 이용 방법을 설명한 것은 **정보제공자의 역할**이다.

정답 ②

144

다음 설명에서 사례관리자가 수행한 역할은? · 19회

> 클라이언트는 경제적 지원과 건강 지원을 요구하지만, 현재 종합사회복지관, 노인복지관, 경로당, 무료 급식소에서 중복적으로 급식 지원을 제공받고 있으며, 정서 지원도 중복되고 있다. 사례관리자는 사례회의를 통해서 평일 중식은 경로당에서, 주말중식은 무료 급식소를 이용하고, 종합사회복지관은 경제적 지원을, 노인복지관은 건강지원을 제공하는 데 합의하였다.

① 중개자　② 훈련가　③ 중재자
④ 조정자　⑤ 옹호자

해설
주어진 사례에서 사례관리자는 클라이언트가 급식 지원과 정서 지원 서비스를 **중복적으로 제공받고 있는 것을 조정**해주고, 클라이언트가 요구한 경제적 지원과 건강지원 **서비스를 연계**해주고 있다. 이는 **조정자(coordinator)의 역할**을 수행한 것이다.

+ 보충설명
조정자(coordinator = case manager, 사례관리자)는 클라이언트의 욕구를 사정하고 다른 자원에서 제공된 필수재화와 서비스 전달을 **연결·조정**하고 클라이언트가 시의적절한 방식으로 서비스를 제공받을 수 있도록 개입한다.

정답 ④

145

사례관리자의 역할에 관한 예로 옳은 것은? · 22회

① 중개자 : 독거노인의 식사지원을 위해 지역사회 내 무료급식소 연계
② 상담가 : 욕구사정을 통해 클라이언트에 대한 체계적인 개입 계획을 세움
③ 조정자 : 사례회의에서 시청각장애인의 입장을 대변하여 이야기함
④ 옹호자 : 지역사회 기관 담당자들이 모여 난방비 지원사업에 중복 지원되는 대상자가 없도록 사례회의를 실시함
⑤ 평가자 : 청소년기 자녀와 갈등을 겪고 있는 부모와 자녀 사이에 개입하여 상호 만족스러운 합의점을 도출함

해설
중개자는 클라이언트에게 적합한 자원과 서비스를 연결(연계)하는 역할로서, 독거노인의 식사지원을 위해 지역사회 내 무료급식소 연계한 것은 중개자의 역할이다.

✕ 오답풀이
② 욕구사정을 통해 클라이언트에 대한 체계적인 개입 계획을 세운 것은 **계획자의 역할**이다.
③ 사례회의에서 시청각장애인의 입장을 대변하여 이야기한 것은 **옹호자의 역할**이다.
④ 지역사회 기관 담당자들이 모여 난방비 지원사업에 중복 지원되는 대상자가 없도록 사례회의를 실시한 것은 **조정자의 역할**이다.
⑤ 청소년기 자녀와 갈등을 겪고 있는 부모와 자녀 사이에 개입하여 상호 만족스러운 합의점을 도출한 것은 **중재자의 역할**이다.

정답 ①

04 사례관리의 과정

146　　　✓확인 ☐☐☐

사례관리의 사정에 관한 설명으로 옳은 것을 모두 고른 것은?

· 17회

> ㄱ. 클라이언트와 함께 문제 목록 작성
> ㄴ. 클라이언트의 욕구 및 자원 확인
> ㄷ. 계획된 서비스의 전달과정 추적

① ㄱ ② ㄴ ③ ㄱ, ㄴ
④ ㄴ, ㄷ ⑤ ㄱ, ㄴ, ㄷ

해설

사정(Assessment)은 클라이언트의 복합적 욕구와 문제, 현재의 기능, 장점과 잠재능력, 공식·비공식 지원체계의 그들에 대한 보호능력 등에 관하여 전반적 자료를 수집하고 종합적으로 분석하는 과정이다. 사정은 욕구 및 문제사정, 자원사정, 장애물사정으로 이루어진다.
ㄱ. 문제에 대한 정확한 사정을 위해 사례관리자는 **클라이언트와 함께 욕구 및 문제 목록**을 만들고 이 중 우선순위를 정해야 한다.
ㄴ. 클라이언트의 문제와 욕구를 확인한 후 그 문제나 욕구를 해결하는 데 도움이 되는 **공식적·비공식적인 자원**을 클라이언트와 함께 사정해야 한다. 이때 자원을 구체화하는 것은 매우 중요한데, 자원목록의 활용이 효율적이다.

✕ 오답풀이
ㄷ. **점검(Monitoring)**은 클라이언트의 완성된 **계획에서 정해진 서비스와 자원의 전달과정을 추적하는 방법**으로 사례관리자에 의해 행해지는 활동적이고 유동적인 과정을 의미한다.

정답 ③

147　　　✓확인 ☐☐☐

사례관리자의 간접적 개입으로 옳지 않은 것은?

· 16회

① 장애인 인식개선을 위한 지역사회 홍보활동을 한다.
② 가정폭력 피해여성을 위한 모금활동을 한다.
③ 청소년 유해환경을 줄이기 위한 프로그램을 개발한다.
④ 사각지대 발굴을 위해 이웃주민을 조직한다.
⑤ 예비부모를 대상으로 가족교육을 실시한다.

해설

간접적 개입은 클라이언트 주변체계나 클라이언트와 체계 간의 관계를 변화시키기 위해 활동하는 것으로, 이때 사례관리자는 중개자, 연결자, 옹호자로서 기능한다.

✕ 오답풀이
⑤ 예비부모를 대상으로 가족교육을 실시한 것은 직접적 개입에 해당한다. 직접적 개입은 사례관리자가 클라이언트의 기술과 능력을 향상시키거나 문제를 경감시키기 위해 직접적인 활동을 수행하는 것으로, 이때 사례관리자는 실행자, 안내자, 교육자, 정보제공자, 지원자로서 기능한다.

정답 ⑤

148

사례관리 실천과정 중 개입(실행)단계의 과업에 해당하는 것은?
· 18회

① 클라이언트와 서비스 제공자 간의 갈등 발생 시 조정
② 클라이언트의 욕구에 기초하여 구체적이고 명확한 목표수립
③ 서비스 이용 대상자에 대한 적격성 여부 판별
④ 기관 내부 사례관리팀 구축 및 운영 능력 파악
⑤ 클라이언트가 달성한 변화, 성과, 영향 등을 측정하기 위한 도구 개발

해설

개입(실행)단계는 수립한 계획에 따라 **연결, 협상, 대변, 조정, 상담, 중재** 등 일련의 행동 등을 통해 실천하는 과정으로 이루어진다.

오답풀이

② 클라이언트의 욕구에 기초하여 구체적이고 명확한 목표를 수립한 것은 **계획단계**의 과업에 해당한다.
③ 서비스 이용 대상자에 대한 적격성 여부 판별은 **사례발견(접수)단계**의 과업에 해당한다. **사례발견**은 출장원조, 접수, 적격성의 결정, 프로그램에 적절하지 않은 클라이언트에 대한 안내와 의뢰 등을 행하는 과정이다.
④ 사례관리는 **운영체계의 구축**을 통해서 클라이언트의 발굴과 의뢰 또는 연계가 활발하게 진행될 수 있다. 따라서, **사례관리를 실천하기 전에 기관 내부 사례관리팀 구축 및 운영 능력을 파악**해야 한다. 참고로 사례관리 실천을 위한 운영체계에는 크게 7 부분, 즉 (1) 사례관리자, (2) 사례관리팀, (3) 통합사례관리팀, (4) 전문 슈퍼바이저, (5) Solution 위원회, (6) 통합사례관리 지원단, (7) 사례관리 자원망이 포함된다.
⑤ 클라이언트가 달성한 변화, 성과, 영향 등을 측정하기 위한 도구 개발은 사례관리 실천과정과 무관하게 할 수 있다. 다만, **목적달성을 위한 방법의 수행과정과 결과에 대한 평가의 시간 및 절차는 계획단계에 구체화하므로, 계획단계까지는 측정도구 개발 및 선정이 이루어진다.**

정답 ①

149

사례관리의 점검(monitoring)에 관한 설명으로 옳지 않은 것은?
· 17회

① 서비스의 산출결과를 검토
② 서비스의 최종 효과성을 검토
③ 서비스 계획의 목표달성 정도를 검토
④ 서비스 계획이 적절히 실행되고 있는지를 검토
⑤ 클라이언트의 욕구 변화를 점검하여 서비스 계획의 변경 필요성을 검토

해설

점검은 다음과 같은 목적을 갖는다. ① 서비스 계획이 적절하게 이뤄지는지 그 정도를 검토한다(④). ② 클라이언트에 관한 서비스와 지원계획의 목표에 대한 성취를 검토한다(③). ③ 서비스와 사회적 지지의 산출을 검토한다(①). ④ 클라이언트의 욕구 변화를 점검하여 서비스 계획의 변화여부를 검토한다(⑤).

오답풀이

② 서비스의 최종 효과성을 판단하는 것은 평가단계이다. **평가**는 사례관리의 필수적 구성요소로서 클라이언트에게 제공하고 서비스에 대한 진척사항, 보호계획, 서비스 활동 및 서비스 체계의 **효과성과 효율성을 종합적으로 판단하는 과정**이며, 사례관리자의판단에 근거하여 클라이언트에게 서비스가 더 이상 필요하지 않을 때 사례관리의 과정을 종결하는 단계이다.

정답 ②

150

사례관리 과정을 순서대로 바르게 나열한 것은? ·10회

> ㉠ 가족들에게 사례관리에 대해 어떻게 느꼈는지 설문조사 한다.
> ㉡ 자녀에게 인터넷중독 검사를 실시하고, 아버지의 폭력정도에 대해 자녀와 면담한다.
> ㉢ 서비스를 제공하면서 자녀의 학교생활 변화 여부를 점검한다.
> ㉣ 지역사회관련 전문가들이 모여 필요한 서비스목록을 작성한다.

① ㉡ → ㉢ → ㉣ → ㉠
② ㉣ → ㉡ → ㉠ → ㉢
③ ㉡ → ㉣ → ㉢ → ㉠
④ ㉣ → ㉠ → ㉡ → ㉢
⑤ ㉡ → ㉣ → ㉠ → ㉢

해설
사례관리 과정은 사례발견(인테이크 또는 접수) → 사정 → 계획 → 개입 → 점검 → 평가 및 종결이다. ㉡은 사정, ㉣은 계획, ㉢은 개입, ㉠은 평가에 해당한다.

정답 ③

151

사례관리과정과 수행업무의 연결로 옳은 것은? ·23회

① 인테이크 - 상담, 교육, 자원 제공
② 사정 - 사례관리 대상자의 적격성 판정
③ 서비스 계획 - 클라이언트의 욕구와 자원에 관한 정보수집
④ 점검 - 서비스가 계획대로 제공되고 있는지 확인
⑤ 평가 - 서비스가 필요한 클라이언트의 욕구 확인

해설
점검(Monitoring)은 서비스와 지원이 잘 이루어지고 있는가에 대해 점검하는 것으로, 클라이언트의 완성된 계획에서 정해진 서비스와 지원의 전달과정을 추적하는 방법이다.

보충설명
① 개입 – 상담, 교육, 자원 제공. 개입은 클라이언트의 문제해결과 욕구충족을 위한 직·간접적 개입활동을 수행하는 단계이다.
② 인테이크 – 사례관리 대상자의 적격성 판정. 인테이크는 사례관리 기관에서 해당 클라이언트를 정식으로 접수하고 클라이언트의 욕구가 기관의 서비스와 일치하는 지를 검토하는 과정이다.
③ 인테이크 – 클라이언트의 욕구와 자원에 관한 정보수집. 인테이크 과정에서 수집해야 할 클라이언트의 정보에는 클라이언트의 기본적인 정보와 가족, 재정, 주거환경, 건강상태, 심리·정서적 상태, 사회적 관계에 대한 정보, 그리고 클라이언트의 욕구와 강점이 있다.
⑤ 사정 – 서비스가 필요한 클라이언트의 욕구 확인. 사정 과정에서는 인테이크 과정에서 수집한 욕구, 문제, 자원 등에 대한 정보를 다차원적으로 분석하는데, 다차원적인 사정 내용에는 클라이언트의 욕구 확인, 자기보호에 대한 사정(클라이언트의 기능), 전문적 보호의 사정(공식적 휴먼서비스), 상호보호의 사정(사회적 관계망이나 사회적 지지)이 포함된다.

정답 ④

2교시 사회복지실천

제4영역

사회복지실천기술론
Skills and Techniques of Social Work Practice

교과목 개요

사회복지실천의 전문성에 대한 이해와 이러한 전문성을 뒷받침하는 주요 실천모델과 개입기술을 습득한다. 특히 사회복지실천의 대상이 되는 개인, 가족, 집단, 지역사회의 특성과 욕구를 이해하며 사례연구 및 역할연습을 통해 실천기술과 기법, 상담, 관찰, 기록, 지침 등을 실천대상에게 적용하고 평가하는 방법을 익히도록 한다.

교과목 목표

1. 사회복지실천의 전문성에 대한 이해
2. 주요 사회복지실천 모델과 개입기술에 대한 학습
3. 개인, 가족, 집단, 지역사회 개입을 위한 기술 및 기법 등에 대한 학습
4. 개입과정을 기록하고 평가하는 방법에 대한 학습

4영역 | 사회복지실천기술론

이해 틀	목차 (교과목 지침서에 준함)	10회 2012	11회 2013	12회 2014	13회 2015	14회 2016	15회 2017	16회 2018	17회 2019	18회 2020	19회 2021	20회 2022	21회 2023	22회 2024	23회 2025
사회복지사의 전문성	제1장 사회복지사의 전문성	–	–	–	–	–	–	2	–	3	1	1	1	2	1
사회복지 실천 모델과 개입기술	제2장 정신역동 모델	3	–	1	1	1	1	1	1	1	1	1	1	1	1
	제3장 심리사회 모델	2	3	2	–	1	1	1	1	1	–	1(1)	1	1(1)	1
	제4장 인지행동 모델과 행동수정모델	2	3	3	3	2	3	3	2	2	1	3(2)	4	1(3)	1
	제5장 과제중심 모델	1	1	1	1	1	1	1	1(1)	–	1	1(1)	(1)	1	1
	제6장 역량강화 모델과 위기 개입 모델	–	2	2	2	2	2	2	1(2)	3	3	1(1)	1(3)	1(4)	4
가족대상 사회복지 실천과 기술	제7장 가족에 대한 이해	4	2	3	4	1	1	3	2	2	1	1	2	2	2
	제8장 가족문제 사정	2	3	1	1	2	1	–	1	2	1	1	2	–	1
	제9장 가족대상 실천기법: 가족치료의 다양한 접근	5	5	5	4	7	6	3	5(1)	4	8	6	4	5(2)	6
집단대상 사회복지 실천과 기술	제10장 집단대상 실천기법	3	3	2	4	4	2	2(1)	1(1)	2(2)	1	1	2	1	1
	제11장 집단의 역동성	1	3	–	–	–	2	2(1)	(3)		3	2	–	2	2
	제12장 집단발달 단계	4	2	2	3	2	4	2	4	2	3	3	3	4	2
기록과 평가	제13장 사회복지 실천기록	1	1	1	1	1	1	1	1	1	1	1	1	1	1
	제14장 사회복지 실천평가	1	2	1	1	1	2	2	1	1	–	1	1	1	1
	※ 사례관리	1	–	–	–	–	–	–	–	–	–	–	–	–	–

※ 표 안에 ( ) 안의 숫자는 단독 출제되지는 않았으나 문제의 지문상에 해당 부분의 내용이 출제된 것을 의미합니다.
※ 제10회 시험부터 시험문제가 공개되었으며, 제12회 시험부터 영역별 30문제에서 25문제 출제로 변경되었습니다. 따라서, 장(chapter)별 출제빈도는 12회 시험부터 눈여겨보시기 바랍니다.

제1장 사회복지사의 전문성

제4영역 : 사회복지실천기술론

001 ✓확인 ☐☐☐

사회복지실천의 예술적 속성(A)과 과학적 속성(B)이 잘못 짝지어진 것은?
· 실천론 10회

① A : 창의적 사고   B : 경험적 사실의 수집
② A : 적합한 가치   B : 실험적 조사
③ A : 직관적인 능력 B : 이론적 설명
④ A : 건전한 판단력 B : 객관적 관찰
⑤ A : 기술 훈련   B : 사회적 관심

해설

이론을 바탕으로 하는 기술 훈련은 **과학적 속성**에, 다른 사람의 안녕에 대한 관심, 즉 사회적 관심은 **예술적 속성**에 해당한다.

정답 ⑤

OIKOS UP 사회복지실천의 전문적 기반

① 사회복지실천에 있어서 과학적 측면과 동시에 기술적 측면 내지는 예술적 측면의 중요성을 강조하는 중요한 정의 중 하나는 "사회사업은 하나의 기술(skill) 또는 예술(art)인 동시에 과학(science)이다."라는 것이다.
② 사회복지실천의 과학적 기반(과학성) : 사회복지실천에서의 과학적 기반 혹은 과학성은 효과적인 개입을 위해서 사회현상, 사회적 조건과 문제, 사회정책과 프로그램, 사회복지 전문직, 다양한 실천이론과 관련된 지식에 바탕을 두고 이를 적용, 활용하는 것을 의미한다.
③ 사회복지실천의 예술적 기반(예술성) : 사회복지실천의 예술적 기반에 포함되는 요소로는 타인의 고통에 함께 동참하는 동정, 인간의 고통에 직면할 수 있는 용기, 의미 있고 생산적인 원조관계를 형성할 수 있는 능력, 변화를 창조하는 창의성, 변화과정에 에너지와 희망을 불어넣는 능력, 건전한 판단 능력, 개인의 가치, 자신의 전문가 스타일을 형성하는 것이 있다.
④ 사회복지실천은 과학과 예술(art)의 조화이다. 과학성과 예술성은 서로 대립되는 개념이 아니라 **상호보완적이며 상호의존적인 관계**이다. 과학적 지식에만 의존하는 실천은 기계적인 수행에 그치게 되며 과학성이 결여된 예술성만으로는 효과적인 실천이 이루어질 수 없게 된다.

002 ✓확인 ☐☐☐

사회복지실천기술의 전문적 기반에 관한 설명으로 옳지 않은 것은?
· 19회

① 이론과 실천의 준거틀을 적절하게 이용하는 것은 예술적 기반에 해당된다.
② 연구자료를 수집하고 분석하는 것은 과학적 기반에 해당된다.
③ 사회복지 전문가로서 가지는 가치관은 예술적 기반에 해당된다.
④ 감정이입적 의사소통, 진실성, 융통성은 예술적 기반에 해당된다.
⑤ 사회복지사에게는 과학성과 예술성의 상호보완적이고 통합적인 실천역량이 요구된다.

해설

이론과 실천의 준거틀을 적절하게 이용하는 것은 **과학적 기반**에 해당된다. 참고로 실천의 준거틀은 실천관점, 실천이론, 실천모델의 세 가지 유형이 있으며, 대부분의 사회복지사는 다양한 범주의 지향이론과 양립가능하고 상호보완적인 관점들, 이론들, 모델들을 활용한다.

+ 보충설명

⑤ 과학적 지식에만 의존하는 실천은 기계적인 수행에 그치게 되며 과학성이 결여된 예술성만으로는 효과적인 실천이 이루어질 수 없게 된다. 따라서, **사회복지사는 실천을 효과적으로 수행하기 위해서 과학성과 예술성의 상호보완적이고 통합적인 실천역량을 갖추어야 한다.**

정답 ①

003

실천지식의 구성수준을 추상성에서 구체성의 방향으로 순서대로 나열한 것은?
• 16회

① 패러다임 - 관점 - 이론 - 모델 - 실천지혜
② 패러다임 - 이론 - 관점 - 모델 - 실천지혜
③ 관점 - 패러다임 - 이론 - 모델 - 실천지혜
④ 실천지혜 - 모델 - 이론 - 관점 - 패러다임
⑤ 실천지혜 - 이론 - 모델 - 관점 - 패러다임

해설

다양한 분야의 내용으로 구성된 실천지식은 실천에 영향을 주는 구체성의 정도에 따라 패러다임 → 관점/시각 → 이론 → 모델 → 실천지혜의 형태로 구분된다.

정답 ①

OIKOS UP 사회복지지식의 구성수준

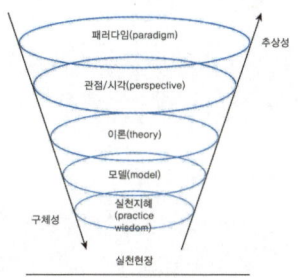

① 패러다임(paradigm)은 한 시대를 지배하는 과학적 인식, 이론, 관습, 사고, 관념, 가치관 등이 결합된 총체적인 틀 또는 개념의 집합체를 의미이다. 패러다임은 개념적 틀로서 세계관을 지배하고 현실에 대한 인식의 방향을 결정하는 데 영향을 미친다.
② 패러다임의 하위 수준에 있는 관점/시각(perspective)은 개념적 준거틀로서 관심영역과 가치, 대상들을 규정하는 사고체계이다.
③ 이론(theory)은 특정 현상을 설명하기 위한 가설이나 개념, 의미의 집합체로서, 관점/시각의 추상성을 한 단계 구체화한 특성을 갖고 있다.
④ 모델(model)은 문제와 상황을 분석하고 개입방법을 계획하고 실천과정을 진행시키는 데 직접적으로 필요한 기술적 적용 방법을 제시함으로써 실천 활동의 원칙과 방식을 구조화하는 데 도움을 준다.
⑤ 실천지혜(practice wisdom) 또는 직관/암묵적 지식도 실천현장에서 널리 활용되는 지식의 종류이다. 이들은 의식적으로 표현되거나 구체화될 수 없는 지식으로서 개인의 포괄적 가치체계와 개인적 경험으로부터 도출된다. 실천을 통한 앎을 강조하는 사회복지실천에서 경험적으로 얻어진다.

004

사회복지실천현장의 지식 유형에 관한 설명으로 옳지 않은 것은?
• 21회

① 이론은 현상을 설명하기 위한 가설이나 개념의 집합체이다.
② 관점은 개인과 사회에 관한 주관적 인식의 차이를 보여주는 사고체계이다.
③ 실천지혜는 실천 활동의 원칙과 방식을 구조화한 것이다.
④ 패러다임은 역사와 사상의 흐름에 영향을 받는 추상적 개념 틀이다.
⑤ 모델은 실천과정에 직접적으로 필요한 기술적 적용방법을 제시한 것이다.

해설

실천 활동의 원칙과 방식을 구조화한 것은 **모델(model)**이다. 즉 모델은 문제와 상황을 분석하고 개입방법을 계획하고 실천과정을 진행시키는 데 직접적으로 필요한 기술적 적용 방법을 제시함으로써 실천 활동의 원칙과 방식을 구조화하는 데 도움을 준다.

보충설명

① 이론(theory)은 특정 현상을 설명하기 위한 가설이나 개념, 의미의 집합체로서, 관점/시각의 추상성을 한 단계 구체화한 특성을 갖고 있다.
② 관점(perspective, 시각)은 개념적 준거틀(conceptual framework)로서 관심영역과 가치, 대상들을 규정하는 사고체계로서, 개인과 사회에 관한 주관적 인식의 차이를 보여준다.
④ 패러다임(paradigm)은 역사와 사상의 흐름에 영향을 받는 추상적 개념 틀로서 세계관을 지배하고 현실에 대한 인식의 방향을 결정하는 데 영향을 미친다.

정답 ③

제2장 정신역동모델

제4영역 : 사회복지실천기술론

01 정신역동모델의 개요

005 ·13회

정신역동 모델에 관한 설명으로 옳은 것은?

① 초자아는 내부세계와 외부세계의 기능이 잘 집행되도록 중재하는 역할을 한다.
② 항문보유적 성격은 의타심이 많고 타인을 지배하려는 성향이 있다.
③ 기능주의 학파의 이론적 기초가 되었다.
④ 클라이언트의 꿈, 자유연상의 의미를 해석하는 목적은 통찰력을 제고하기 위한 것이다.
⑤ 사회복지사가 클라이언트에게 갖는 전이를 치료기법으로 활용한다.

해설
프로이트는 꿈을 자유연상의 보조수단으로 삼았으며, **자유연상을 통해 연상된 자료들의 연관성을 해석해 줌으로써 통찰력을 가질 수 있도록 하였다.**

오답풀이
① **자아가 원초아와 초자아를 중재**하며, 내부세계와 외부세계의 기능이 잘 집행되도록 중재하는 역할을 한다.
② 항문보유적 성격은 부모 혹은 1차적 양육자의 지나친 배변훈련으로 인해 고집이 세고, 인색하며, 복종적이고, 시간을 엄수하며, 지나치게 청결한 특징을 갖는다. **의타심이 많은 것은 구강 전반기의 구강 수동적 성격에 해당**되며, 타인을 지배하려는 성향은 구강 후반기의 구강 공격적 성격에 해당된다.
③ 정신분석이론은 1920년대에 의료적 모델에 기초한 사회복지실천의 **진단주의 학파를 태동시켰다.**
⑤ **사회복지사가 클라이언트에게 갖는 것은 전이가 아니라 역전이**이다. 역전이는 사회복지사가 과거 다른 사람에게 가졌던 감정을 현재의 클라이언트에게서 느끼는 현상을 말한다.

정답 ④

006 ·15회

정신역동모델에 관한 설명으로 옳지 않은 것은?

① 심리적 결정론에 근거한다.
② 발달단계상의 고착과 퇴행을 고려한다.
③ 성장의지가 높은 클라이언트에게 효과적이다.
④ 통찰보다 치료적 처방에 초점을 둔다.
⑤ 원초아와 초자아 사이에 발생하는 불안과 긴장 해소를 위한 방어기제를 사용한다.

해설
정신역동모델에서는 현 문제에 대한 치료적 처방을 제공하기보다는 **클라이언트의 통찰력 혹은 문제인식능력과 이해력을 향상시키는 것에** 초점을 둔다.

보충설명
② **고착**은 각각의 심리성적발달단계에서 더 이상 성숙하지 못하고 특정 단계에 머물러 있는 것을 의미하며, **퇴행**은 후기 생애단계까지 나아갔던 사람이 현재의 스트레스 상황 하에서 초기단계와 관련된 행동으로 되돌아가게 되는 것을 의미한다.
③ 정신역동모델의 접근방법이나 기술은 **자기분석을 통해 성장을 이루고자 하는 의지가 높은 클라이언트에게 적용하기 용이**하다. 특히 자신의 내면적 갈등에 대한 이해와 통찰력을 획득함으로써 현재의 문제에 대한 해답을 찾고자 하는 클라이언트에게 적용할 수 있으며, 자아성장을 위해 오랜 시간 동안 자기분석에 관심을 갖고 있는 클라이언트를 대상으로 장기적인 치료를 제공할 수 있다.

정답 ④

007

정신역동모델에 관한 설명으로 옳은 것은? · 18회

① 통찰보다는 치료적 처방에 초점을 둔다.
② 무의식적 충동과 미래 의지를 강조한다.
③ 사회구성주의적 관점의 영향을 받았다.
④ 기능주의 학파의 이론적 기초가 되었다.
⑤ 자유연상, 훈습, 직면의 기술을 사용한다.

해설

정신역동모델의 개입기법에는 **자유연상, 훈습, 직면**, 꿈의 분석, 명료화, 해석 등이 있다.

오답풀이

① **치료적 처방보다는 통찰에 초점을 둔다.** 클라이언트의 통찰력 혹은 문제인식능력과 이해력을 향상시키는 것에 초점을 둔다.
② **무의식적 충동과 과거의 경험을 강조한다.** 과거를 탐색함으로써 현재의 상황과 유아기의 발달경험 간의 관계를 규명하고 현재와 과거의 연관성을 구성하는 데 주력한다.
③ **사회구성주의적 관점의 영향을 받지 않았다. 프로이트의 정신분석 이론**(psychoanalysis)의 또 다른 이름이 **정신역동모델**이다.
④ 기능주의 학파가 아니라 **진단주의 학파의 이론적 기초**가 되었다. 1920년대에 의료적 모델에 기초한 사회복지실천의 진단주의 학파를 태동시켰다.

정답 ⑤

008

정신역동모델 개입과정을 순서대로 옳게 나열한 것은? · 22회

㉠ 동일시를 위한 자아구축 단계
㉡ 클라이언트의 자기이해를 원조하는 단계
㉢ 관계형성 단계
㉣ 클라이언트가 독립된 자아정체감을 형성하도록 원조하는 단계

① ㉠ → ㉢ → ㉣ → ㉡
② ㉡ → ㉢ → ㉠ → ㉣
③ ㉡ → ㉣ → ㉢ → ㉠
④ ㉢ → ㉠ → ㉣ → ㉡
⑤ ㉢ → ㉡ → ㉠ → ㉣

해설

정신역동모델 개입과정은 4단계로 ㉢ → ㉠ → ㉣ → ㉡ 순이다.

보충설명

㉠ **동일시를 위한 자아구축 단계** : 클라이언트와 사회복지사가 친밀한 관계를 형성하게 되는 단계로, 클라이언트는 사회복지사를 동일시하기 시작하여 사회복지사의 생각과 태도 중 많은 부분을 받아들이기도 하고 자신의 갈등과 관련된 과거의 어떤 중요한 인물에 대한 정서적 반응을 사회복지사에게 옮기는 전이현상을 보이기도 한다. 사회복지사는 동일시와 전이 등의 심리기제를 분석·이해하여 클라이언트가 겪고 있는 갈등의 본질을 잘 파악하고, 클라이언트에게 현실감을 부여해야 한다.
㉡ **클라이언트의 자기이해를 원조하는 단계** : 클라이언트가 자신의 행동과 그 행동의 원인을 이해할 수 있도록 원조하는 단계로, 사회복지사는 클라이언트가 자신의 방어기제에 대해 의식하며 부적합한 정서적 행동에 빠지지 않으면서 좌절과 실패에 대응하는 방법을 찾을 수 있도록 원조한다.
㉢ **관계형성 단계** : 원조과정으로 들어가기 위해 사회복지사와 클라이언트가 라포(rapport, 상호신뢰관계)를 형성하는 시기이다.
㉣ **클라이언트가 독립된 자아정체감을 형성하도록 원조하는 단계** : 클라이언트가 자신의 문제에 대한 통찰이 깊어지는 단계로, 사회복지사는 클라이언트가 독립된 인격체로 성장하는 도전을 이해하고 도와주어야 한다.

정답 ④

02 정신역동모델의 개입기법

009 ✓확인 ☐☐☐

클라이언트가 문제에 대한 통찰수준을 높여 경험적 확신을 갖도록 클라이언트에게 반복적으로 설명하고 분석해 주는 정신역동적 실천기법은?
· 8회

① 해석
② 환기
③ 훈습
④ 명료화
⑤ 자유연상

해설

클라이언트가 자신의 내면적 문제 또는 갈등의 원인과 그 역동성을 통찰하도록 함으로써 클라이언트가 현실상황에서 그와 유사한 문제를 맞게 될 때 이를 스스로 해결해 갈 수 있도록 하기 위해서 사회복지사가 클라이언트와 함께 치료장면에서 이 문제를 반복적으로 경험하도록 하는 과정을 거치는데 이러한 과정을 훈습(working-through)이라고 한다.

정답 ③

OIKOS UP 훈습

① 클라이언트가 전이와 저항을 하고 있다는 것을 이해시키고 이러한 통찰과 이해를 보다 확대하고 반복함으로써 이해의 통합을 가져오는 기법이다.
② 훈습의 목표 : 전이현상이나 생활문제의 갈등, 과거문제의 갈등 등에 대한 클라이언트의 이해 및 관점의 수준을 확장시켜 자신의 문제나 상황을 좀 더 통합적인 관점으로 이해하게 하는 것이다.
③ 사회복지사는 아직 충분히 통합되지 않았지만 점점 의식화되어 가는 자료를 클라이언트가 계속 탐색하고 이해할 수 있도록 반복적으로 상황을 설명하고 이해시킨다.
④ 사회복지사는 클라이언트가 가장 잘 이해하도록 문제에 대해 조리있게 설명을 반복적으로 전달하여 통찰이 발달하고 자아통합이 확대되도록 도와주어야 한다.
⑤ 상투적인 개입을 피해야 한다. 똑같은 말이나 해석을 되풀이하는 것은 클라이언트를 지루하게 하고 개입의 효과를 떨어뜨린다.

010 ✓확인 ☐☐☐

정신역동 모델의 개입 기술에 관한 설명으로 옳지 않은 것은?
· 12회

① 직면 - 핵심이 되는 문제에 초점을 맞춘다.
② 훈습 - 저항이나 전이에 대한 이해를 반복해서 심화, 확장하도록 한다.
③ 자유연상 - 의식에 떠오르는 것이면 모든 것을 이야기하도록 한다.
④ 해석 - 클라이언트의 통찰력 향상을 위해 상담자의 직관에 근거하여 설명하는 것이다.
⑤ 꿈의 분석 - 꿈을 통해 나타나는 무의식적 소망과 욕구를 해석하여 통찰력을 갖도록 한다.

해설

핵심이 되는 문제에 초점을 맞추는 것은 초점화이다. 초점화는 클라이언트가 자기 문제를 언어로 표현할 때 산만한 것을 점검해 주고 말 속에 숨겨진 선입견, 가정, 혼란을 드러내어 자신의 사고과정을 명확히 볼 수 있도록 해준다. 제한된 시간 내에 최대의 효과를 추구해야 하는 전문적 관계에서 불필요한 방황과 시간낭비를 막아주는 효과가 있다.

정답 ①

011

사례관리자들은 A사례관리팀장의 슈퍼비전에 불만이 많다. 다른 사례관리대상자들에게는 허용되지 않는 행동이 B클라이언트에게만 항상 예외다. 서비스 이용규칙이나 계약을 이행하지 않는 B의 불성실한 행동에 대해 "기회를 줘야 한다. 알코올중독자인 아버지에게 당한 학대의 후유증이다. 당해보지 않은 사람은 모른다."고 자신의 경험을 예로 들며 B를 감싸기만 한다. A의 행동 설명에 유용한 개념은?

• 9회

① 방어
② 저항
③ 전이
④ 해석
⑤ 역전이

해설

역전이는 전이와 반대 현상으로 사회복지사가 클라이언트를 마치 자신의 과거 어떤 시점의 인물이나 관계로 느끼고 무의식적으로 그렇게 반응하는 것이다. 질문에서 A사례관리팀장은 자신의 경험에 비추어 B를 감싸고 있는 것은 역전이에 해당한다.

정답 ⑤

OIKOS UP   역전이(count-transference)

① 사회복지사가 과거에 다른 사람에게 가졌던 감정을 현재의 클라이언트에게서 느끼는 현상을 가리켜 역전이라고 한다. 역전이로 인해 사회복지사는 현재의 클라이언트가 갖고 있는 문제를 객관적으로 볼 수 없게 될 뿐만 아니라 치료적 전문적 관계를 위협하기도 한다.
② 사회복지사가 과거에 경험한 관계에서 파생된 감정, 소망, 무의식적 방어유형과 관련이 있는 것으로, 사회복지사의 객관적 인식을 방해하고 클라이언트와의 긍정적인 상호작용을 차단한다.
③ 역전이는 왜곡된 인식과 감추어진 부분, 소망과 치료를 방해하는 감정반응과 행동을 만들어내면서 관계를 악화시킨다.
④ 프로이트에 따르면, 역전이는 치료자의 무의식적인 감정에 클라이언트가 영향을 줌으로써 나타나는 결과라고 보았고, 최대한 신속하게 극복되어야 한다고 지적하였다.
⑤ 역전이는 클라이언트의 사고나 감정을 모니터할 수 있어 개입에 긍정적이고 중요한 역할을 하기도 하지만, 일반적으로 정신분석 과정을 방해하는 부정적 측면이 많기 때문에 치료자는 역전이를 쫓아 행동해서는 안 된다.

012

정신역동모델의 개념과 개입기술에 관한 설명으로 옳은 것을 모두 고른 것은?

• 17회

㉠ 해석의 목적은 통찰력 향상에 있다.
㉡ 훈습은 모순이나 불일치를 직시하도록 원조하는 단회성 기법이다.
㉢ 전이는 반복적이며 퇴행하는 특징을 갖는다.
㉣ 자유연상을 시행하는 경우 주제와 관련 없는 내용은 억제시킨다.

① ㉠, ㉡
② ㉠, ㉢
③ ㉡, ㉣
④ ㉠, ㉡, ㉢
⑤ ㉠, ㉡, ㉢, ㉣

해설

㉠ **해석(interpretation)**을 통해 클라이언트의 무의식적 갈등, 특히 무의식적 성적·공격적 충동과 동기를 의식할 수 있도록 도움으로써 **클라이언트가 자신의 문제상황에 대한 통찰력을 습득하도록 초점**을 두고 있다.
㉢ **전이**는 이전에 알았던 사람과 현재의 사람을 동일시하여 이전에 느꼈던 감정을 현재의 사람에게 옮기는 현상으로, **반복적이고 부적절하며 무의식적으로 일어나고 퇴행하는 특징**을 가지고 있다.
㉡ 모순이나 불일치를 직시하도록 원조하는 단회성기법은 **직면**이다. 즉, **직면(confrontation)**은 클라이언트가 특정 문제에 대한 해결과정에 있어 저항과 비순응적인 태도를 보이거나, 클라이언트의 말과 행동 사이의 불일치나 모순이 있을 때, 그것을 직접적으로 지적하는 것이다. **훈습(working-through)**은 클라이언트가 자신이 겪고 있는 내면적인 문제나 갈등이 전이나 저항과 같은 것으로부터 왔다는 것을 통찰하도록 함으로써 현실상황에서 비슷한 문제가 발생했을 때 능동적으로 대처할 수 있도록 일정 상황을 만들어서 반복 경험하게 하는 개입 기법이다.
㉣ **자유연상(free association)**은 클라이언트 스스로 어떤 이야기를 어디서부터 시작할지 자유롭게 선택하고 이야기하도록 하는 것으로, 주제와 관련 없는 내용이라도 억제시키지 않는다. 별로 도움이 되지 않을 것으로 생각하여 말할 내용을 취사선택해서도 안 된다. 사회복지사는 이 과정에서 클라이언트의 자유연상을 방해하는 어떠한 질문이나 행위를 해서는 안 되며, 클라이언트가 방해받지 않고 자유롭게 말할 수 있는 분위기를 조성하도록 노력한다.

정답 ②

013

정신역동모델의 개념과 개입기법에 관한 설명으로 옳은 것을 모두 고른 것은?

· 19회

> ㉠ 전이는 정신역동 치료에 방해가 되므로 이를 이용해서는 안 된다.
> ㉡ 무의식적 갈등이나 불안을 표현하도록 하여 자신의 문제에 대해 이해하고 통찰할 수 있도록 한다.
> ㉢ 클라이언트와 라포가 형성되기 전에 해석을 제공하는 것이 관계형성에 도움이 된다.
> ㉣ 훈습을 통해 클라이언트의 불안은 최소화되고 적합한 방법으로 자신의 문제를 이해할 수 있는 능력을 기르게 된다.

① ㉠, ㉢　　② ㉡, ㉣　　③ ㉠, ㉡, ㉢
④ ㉡, ㉢, ㉣　　⑤ ㉠, ㉡, ㉢, ㉣

해설
㉡ 무의식적 갈등이나 불안을 표현하도록 하여 의식화함으로써 이러한 것들이 자신의 문제에 어떻게 영향을 주는지 이해하고 통찰할 수 있도록 한다.
㉣ 훈습을 통해 클라이언트의 불안은 최소화되고 클라이언트가 삶의 기쁨을 갖게 되면서 적합한 방법으로 자신의 문제를 이해할 수 있는 능력을 기르게 된다.

✗ 오답풀이
㉠ 정신역동모델에서는 전이감정을 해결하는 것이 목표다. 따라서 사회복지사는 클라이언트가 보이는 전이의 행동과 정서적 반응을 분석하고 해석하여 클라이언트가 자신의 기본적인 반응 형태를 통찰해 볼 수 있도록 돕고 새로운 반응 형태를 모색하고 습득할 수 있도록 돕는다.
㉢ 클라이언트가 해석을 받아들일 준비가 되어 있어야 하므로 클라이언트와 라포가 형성된 후에 해석을 제공하는 것이 관계형성에 도움이 된다.

정답 ②

014

정신역동모델의 개입기법에 관한 설명으로 옳은 것을 모두 고른 것은?

· 21회

> ㉠ 직면 : 클라이언트의 이야기와 행동 간 불일치를 보일 때 자기모순을 직시하게 한다.
> ㉡ 해석 : 치료적 관계에서 나타나는 클라이언트의 특정 생각이나 행동의 의미를 설명한다.
> ㉢ 전이분석 : 클라이언트가 과거의 중요한 인물에 대해 느꼈던 감정을 치료사에게 재현하는 현상을 분석하여 과거 문제를 해석하고 통찰하도록 한다.
> ㉣ 명료화 : 저항이나 전이에 대한 이해를 심화·확장하여 통합적으로 이해하도록 한다.

① ㉠　　② ㉡, ㉣　　③ ㉢, ㉣
④ ㉠, ㉡, ㉢　　⑤ ㉠, ㉡, ㉢, ㉣

해설
㉠ 직면(confrontation)은 클라이언트의 말과 행동 사이의 불일치나 모순이 있을 때 그것을 직접적으로 지적하는 것이다.
㉡ 해석(interpretation)은 클라이언트의 통찰력 향상을 위해 사회복지사의 직관과 직관력에 근거하여 설명을 하는 것으로, 과거의 경험이 현재의 문제와 어떤 연관이 있는가를 이해할 수 있도록 돕는데 초점을 둔다.
㉢ 전이(transference)는 클라이언트가 이전에 알았던 사람과 사회복지사를 동일시하여 이전에 느꼈던 감정을 사회복지사에게 옮기는 현상으로, 클라이언트가 보이는 전이의 행동과 정서적 반응을 분석하고 해석하여 클라이언트가 자신의 기본적인 반응형태를 통찰해 볼 수 있도록 돕는다.

✗ 오답풀이
㉣ 훈습 : 저항이나 전이에 대한 이해를 심화·확장하여 통합적으로 이해하도록 한다.

정답 ④

제3장 심리사회모델

01 심리사회모델의 개요

015

심리 사회 모델에 관한 설명으로 옳은 것은? · 10회

① 정신분석 이론, 자아심리학, 대상관계이론에 영향을 미쳤다.
② 클라이언트의 현재와 미래에 초점을 둔다.
③ 클라이언트의 수용과 자기결정을 강조한다.
④ 외현화 및 인지재구조화 기술을 사용한다.
⑤ 인간의 내적 갈등보다 환경을 강조한다는 비판을 받는다.

해설
심리 사회이론은 클라이언트의 수용(acceptance), 자기지시(self-directive) 또는 자기결정(self-determination), 전문적 관계형성을 중요시 한다.

오답풀이
① 정신분석 이론, 자아심리학, 대상관계이론에 **영향을 받았다.**
② 클라이언트의 **과거와 현재**에 초점을 둔다.
④ **외현화 기술은 이야기치료, 인지재구조화 기술은 인지행동모델의 기술**이다.
⑤ 심리사회모델의 주요 이론적 배경은 정신역동이론이며, '상황 속의 인간'의 시각을 강조하지만 개입의 초점은 역시 **클라이언트의 심리 내적인 과정**에 치중되어 있다. 개인의 외부 환경을 무시한 내면적 갈등을 강조한 정신역동모델의 한계를 넘어선 개입방법으로 평가되고 있지만, 실질적 개입방법에 있어서 환경에 대한 개입기술이나 전략이 미흡하여 궁극적으로 개인에 대한 개입에 비중을 두고 있다.

정답 ③

016

심리사회모델에 관한 설명으로 옳은 것을 모두 고른 것은? · 22회

㉠ 심리사회모델을 체계화 하는데 홀리스(F. Hollis)가 공헌하였다.
㉡ "직접적 영향주기"는 언제나 사용 가능한 기법이다.
㉢ "환기"는 클라이언트의 긍정적 감정을 표출시킨다.
㉣ 간접적 개입기법으로 "환경조정"을 사용한다.

① ㉠, ㉣   ② ㉡, ㉢   ③ ㉢, ㉣
④ ㉡, ㉢, ㉣   ⑤ ㉠, ㉡, ㉢, ㉣

해설
㉠ 심리사회모델을 사회복지실천이론과 접근방법으로 구체화되고 체계적으로 발전한 것은 1960년대 플로렌스 홀리스(Florence Hollis)에 의해서이다.
㉣ 간접적 개입은 환경에 관련된 사람과의 관계에 개입하거나 사회환경적인 변화를 추구하는 활동으로, "환경조정"은 간접적 개입기법에 해당된다.

오답풀이
㉡ "직접적 영향주기"는 언제나 사용 가능한 기법이 **아니다**. 원칙적으로는 클라이언트가 스스로 자신의 문제를 해결하는 결정을 해야 하겠지만 위급한 상황에서 행동이 지연되거나, 아무런 결단을 내리지 못하거나, 지나치게 불안해 하는 경우에 사회복지사가 전문적 판단을 통해 직접적으로 영향을 미칠 수 있다.
㉢ "환기"는 클라이언트의 **부정적 감정**을 표출시킨다. 즉, 클라이언트의 기능에 부정적인 영향을 줄 수 있는 감정을 표현할 수 있도록 돕는 것이다.

정답 ①

02 심리사회모델의 개입기법

017 ✓확인 ☐☐☐

사회복지실천에서 사용되는 기술과 그 예가 옳은 것을 모두 고른 것은? ・10회

㉠ 직접적 영향 : "제 생각에는 담임 선생님을 만나보시는 것이 좋을 것 같아요."
㉡ 외현화 : "며느리에게 심하게 하셨다는데 구체적으로 어떻게 하셨다는 말씀인가요?"
㉢ 발달적 고찰 : "어린시절에도 이런 느낌을 느끼신 적이 있나요?"
㉣ 재보증 : "시어머니가 돌아가셔서 슬프다고 하셨지만 표정은 그렇게 보이지 않습니다."

① ㉠, ㉡, ㉢   ② ㉠, ㉢   ③ ㉡, ㉣
④ ㉣   ⑤ ㉠, ㉡, ㉢, ㉣

해설
㉡ 이야기 치료에서 주로 사용하는 **문제의 외현화(externalization)**는 가족문제를 개별성원 혹은 가족이 아닌 문제 자체로 보고, 가족을 괴롭히는 하나의 별개 존재로서 문제를 이야기하는 것으로, 표출대화(externalization conversation)라고도 한다. "며느리에게 심하게 하셨다는데 구체적으로 어떻게 하셨다는 말씀인가요?"는 명료화에 해당한다.
㉣ **재보증**은 클라이언트가 가진 죄의식, 불안, 분노의 감정에 대해 사회복지사가 클라이언트를 이해하고 있고 그런 감정이 생기는 것이 정상적인 반응임을 재보증함으로써 클라이언트를 안심시키는 기술이다. "시어머니가 돌아가셔서 슬프다고 하셨지만 표정은 그렇게 보이지 않습니다."는 직면이다.

정답 ②

018 ✓확인 ☐☐☐

심리사회모델의 기법에 관한 설명으로 옳지 않은 것은? ・14회

① 지지하기 : 클라이언트가 표현한 표적문제와의 명백한 연관성을 탐색한다.
② 직접적 영향 : 문제해결을 위해 사회복지사의 의견을 강조한다.
③ 발달적 고찰 : 성인기 이전의 생애경험이 현재의 기능에 미치는 영향에 대해 고찰한다.
④ 탐색 - 기술 - 환기 : 클라이언트와 환경과의 상호작용에 대한 사실을 기술하고 감정을 표현하도록 한다.
⑤ 인간 - 상황에 대한 고찰 : 사건에 대한 클라이언트의 지각방식 및 행동에 대한 신념, 외적 영향력 등을 평가한다.

해설
지지하기(sustainment)는 사회복지사가 클라이언트를 수용하고 클라이언트를 원조하려는 의사와 클라이언트의 문제해결능력에 대한 확신감을 표현함으로써 클라이언트의 불안을 줄이고 자아존중감을 증진하기 위한 과정이다.

✗ 오답풀이
⑤ 과제중심모델에서 불필요한 개입을 줄이기 위해서 클라이언트가 표현한 표적문제와의 명백한 연관성을 탐색한다.

정답 ①

019

개인대상 사회복지실천기술에 관한 내용의 연결이 옳지 않은 것은?

• 16회

① 재보증 : 클라이언트의 불안감이나 불확실한 감정을 줄이고 편안한 감정을 가질 수 있도록 돕는 기법
② 명료화 : 클라이언트가 말한 내용을 사회복지사가 잘 이해했는지 확인하는 기법
③ 환기 : 클라이언트의 부정적 감정이 문제해결에 방해가 될 경우 감정의 강도를 약화시키는 기법
④ 인정 : 클라이언트가 어떤 행동을 하거나 중단한 이후 이에 대해 긍정적으로 평가해주는 기법
⑤ 도전 : 클라이언트가 부여하는 의미를 수정해서 클라이언트의 시각을 변화시키는 기법

해설
클라이언트가 부여하는 의미를 수정해서 클라이언트의 시각을 변화시키는 기법은 **재구성(reframing)**으로, 재명명(relabeling) 혹은 재규정(redefinig), 재정의라고도 한다.

오답풀이
⑤ **도전(challenge)**은 클라이언트가 자신의 문제해결에 있어 상충되거나 왜곡된 것 혹은 불일치하는 상황을 다룰 때 혹은 클라이언트가 문제를 부정하거나 회피하고 합리화할 때 활용하는 기술이다.

정답 ⑤

020

심리사회모델의 기법에 관한 설명으로 옳지 않은 것은?

• 18회

① 발달적 성찰 : 현재 클라이언트 성격이나 기능에 영향을 미친 가족의 기원이나 초기 경험을 탐색한다.
② 지지하기 : 클라이언트의 현재 또는 최근 사건을 고찰하게 하여 현실적인 해결방법을 찾는다.
③ 탐색-기술-환기 : 클라이언트의 상황에 관한 사실을 드러내고 감정의 표현을 통해 감정의 전환을 제공한다.
④ 수용 : 온정과 친절한 태도로 클라이언트의 감정이나 주관적인 상태에 감정이입을 하며 공감한다.
⑤ 직접적 영향 : 사회복지사와 클라이언트 간의 신뢰관계를 바탕으로 클라이언트에게 제안과 설득을 제공한다.

해설
클라이언트의 현재 또는 최근 사건을 고찰하게 하여 현실적인 해결방법을 찾는 것은 **인간-상황에 대한 (반성적)고찰**에 해당한다.

보충설명
① **발달적 성찰**은 클라이언트로 하여금 현재의 성적이나 기능에 기여한 원가족과의 경험 혹은 어렸을 때의 삶의 경험을 숙고해 볼 수 있도록 돕는 것을 의미한다.
③ **탐색-기술-환기**는 클라이언트가 자신 및 환경에 대한 자신의 관점을 이해하고 감정을 표현하는 것을 의미한다.
④ **수용**은 클라이언트에게 온정과 친절함을 유지하는 태도로서, 타인의 감정이나 주관적인 상태에 참여하고 받아들이는 감정이입이 중요한 요소가 된다.
⑤ **직접적 영향**은 사회복지사가 자신의 의견을 제시하여 특정 행동을 촉진시키는 것을 목적으로 하고 있으며, 다양하고 주의 깊은 제안이나 충고를 제시해 준다.

정답 ②

제4장 인지행동모델

제4영역 : 사회복지실천기술론

01 인지행동모델의 개요

021 ✓확인 □□□

인지 행동 모델에 관한 설명으로 옳은 것을 모두 고른 것은?
· 13회

㉠ 주관적 경험을 강조한다.
㉡ 비합리적인 신념체계의 변화를 강조한다.
㉢ 대체 사고와 행동을 학습하는 교육적 접근을 강조한다.
㉣ 인지체계 변화를 위한 비구조화 된 접근을 강조한다.

① ㉠, ㉡, ㉢ ② ㉠, ㉢ ③ ㉡, ㉣
④ ㉣ ⑤ ㉠, ㉡, ㉢, ㉣

해설
㉠ 인지 행동 모델에서는 **클라이언트의 주관적 경험의 독특성을 중시**한다.
㉡ 인지 행동 모델 중 엘리스(Albert Ellis)의 합리적 정서치료(Rational Emotive Therapy : RET)에서는 부정적 감정의 뿌리가 되는 **비합리적 신념을 규명하고 도전함으로써** 이를 재구조화하고자 한다.
㉢ 대부분 인지 행동 모델은 문제에 초점을 둔 시간제한적 접근으로서 클라이언트가 자신의 사고와 행동을 통제하기 위한 대처기제를 학습하는 **교육적 접근**을 강조한다.

✕오답풀이
㉣ 인지체계 변화를 위한 구조화된 접근을 강조한다. 즉, 인지 행동 모델에서는 치료자가 문제 해결을 위한 구조적인 절차를 가지고 있으며, 클라이언트와 사회복지사 간의 협조적인 관계와 노력 그리고 적극적 참여를 기반으로 하고 있다.

정답 ①

022 ✓확인 □□□

인지 행동 모델에 관한 설명으로 옳은 것을 모두 고른 것은?
· 14회

㉠ 행동적 과제의 부여를 중요시한다.
㉡ 클라이언트의 주관적 경험과 인식을 강조한다.
㉢ 인지체계의 변화를 위해 구조화된 접근을 한다.
㉣ 불안감을 경험하는 상황에 노출시킨다.

① ㉠, ㉡, ㉢ ② ㉠, ㉢ ③ ㉡, ㉣
④ ㉣ ⑤ ㉠, ㉡, ㉢, ㉣

해설
㉠ 클라이언트는 치료세팅 내외에서 적극적 역할을 수행하도록 기대된다. 즉 치료세팅에서 클라이언트의 자연적인 상황에 이르기까지 성취된 것이 유지되도록 **인지적, 행동적 과제**가 주어진다.
㉡ **주관적 경험 독특성과 인식을 강조**한다. 즉 각 개인이 갖는 삶의 사건과 정서반응의 독특한 의미, 현실을 조직하는 데 작용하는 정보전달과정, 신념, 신념구조와 같은 주관적 경험의 독특성을 의미한다.
㉢ **치료자가 문제해결을 위해 구조적인 절차**를 가지고 있다. 즉 치료자는 일정한 절차가 있는 치료과정을 유지하고 비협조, 힘의 갈등, 종결 등과 같은 이슈를 관리하고, 표적이 되는 문제에 전략적 초점을 유지한다.
㉣ **불안감을 경험하는 상황에 노출시키는 것**은 인지행동모델의 개입기법 중 **체계적 둔감화**를 들 수 있다. 체계적 둔감화는 클라이언트에게 가장 덜 위협적인 상황에서 가장 위협적인 상황까지 상황들을 순서대로 제시하면서, 불안자극과 불안반응 간의 연결이 없어질 때까지 불안을 일으키는 자극들을 반복적으로 이완상태와 짝짓는 것이다.

정답 ⑤

023

인지행동모델의 특성을 모두 고른 것은? · 16회

㉠ 객관적 경험의 일반화
㉡ 사건을 이해하는 신념체계가 감정에 어떤 영향을 주는지 파악
㉢ 문제에 대한 통제력이 자신에게 있다고 전제
㉣ 질문을 통해 자기발견과 타당화의 과정을 거침

① ㉠, ㉣
② ㉡, ㉣
③ ㉠, ㉡, ㉢
④ ㉡, ㉢, ㉣
⑤ ㉠, ㉡, ㉢, ㉣

해설
㉡ 개인이 가지고 있는 비합리적인 신념체계나 인지적 오류, 자기패배적 사고를 변화하게 함으로써 그의 감정이나 행동을 수정하게 하고자 한다.
㉢ 자신의 책임 즉, 클라이언트가 자신의 정서적·행동적 문제를 다른 사람의 탓으로 돌리지 않고 자신의 책임으로 수용하는 것을 의미한다. 즉, 타인이 자신의 문제의 원인이라고 하는 것은 곧 자신의 문제에 대한 통제력이 자신의 내면에 있기보다는 타인에 의해 조정되는 것임을 의미한다.
㉣ 소크라테스적 질문과 접근방법은 클라이언트의 문제를 논박을 통해 인지적 왜곡이나 오류가 있음을 밝혀내고, 질문을 통해 자기발견과 타당화의 과정을 거치게 되어 사건이나 행동의 의미를 재발견하는 것이다.

✕ 오답풀이
㉠ 객관적 경험의 일반화가 아니라 주관적 경험의 독특성이다. **주관적인 경험의 독특성**은 각 개인이 갖는 삶의 사건과 정서반응의 독특한 의미, 현실을 조직하는 데 작용하는 정보전달과정, 신념, 신념구조와 같은 주관적 경험의 독특성을 의미한다. 또한 클라이언트는 정서적·행동적 반응에 관계된 인지적 기능에 대해 경험적으로 탐구하도록 사회복지사와 협력함을 의미한다.

정답 ④

024

인지행동모델에 관한 설명으로 옳지 않은 것은? · 19회

① 구조화된 접근을 한다.
② 클라이언트의 무의식적 행동에 관심을 둔다.
③ 교육적 접근을 강조한다.
④ 클라이언트의 주관적인 경험, 문제 및 관련 상황에 대한 인식을 중시한다.
⑤ 클라이언트와 사회복지사의 협조적인 노력을 중시하고, 클라이언트의 능동적인 참여를 권장한다.

해설
클라이언트의 무의식적 행동에 관심을 두는 것은 정신역동모델이다. 즉, 정신역동모델에서는 개인의 행동과 감정, 생각 등이 우연히 일어난 것이 아니라 무의식적인 성적·공격적 충동에 의한 것으로 본다.

+ 보충설명
① 인지행동모델은 인지체계 변화를 위한 **구조화된 접근**을 강조한다.
③ 인지행동모델은 대체 사고와 행동을 학습하는 **교육적 접근을 강조**하며, 클라이언트 자신이 스스로 치료자가 될 수 있도록 교육하는 것을 목표로 한다.
④ 인지행동모델은 클라이언트의 **주관적 경험의 독특성과 인식을 중시**한다. 이는 각 개인이 갖는 삶의 사건과 정서반응의 독특한 의미, 현실을 조직하는데 작용하는 정보전달과정, 신념, 신념구조와 같은 주관적 경험의 독특성을 의미한다.
⑤ 인지행동모델은 클라이언트와 사회복지사 간의 협조적인 관계와 노력을 중시하고, 클라이언트의 적극적이고 능동적인 참여를 기반으로 하고 있다.

정답 ②

025

인지 행동 모델의 한계점에 관한 설명으로 옳지 않은 것은?

·13회

① 지적능력이 낮은 클라이언트에게는 효과성이 제한적이다.
② 즉각적인 위기개입을 해야 하는 클라이언트에게 적용하기 어렵다.
③ 사회복지사의 적극적 역할수행이 어렵다.
④ 특정 개입기술 사용에서 윤리적 문제가 발생할 수 있다.
⑤ 새로운 시도에 대한 의지가 약한 클라이언트에게 적용이 어렵다.

해설
인지 행동 이론에 입각한 기술을 적용할 때, 클라이언트에게 이들 기술을 활용하는 목적을 분명하게 설명하고 이를 수용할 수 있어야 하는 등 **사회복지사는 개입·치료과정에 있어 적극적이어야 한다.**

+ 보충설명
① 클라이언트가 자신의 사고, 감정, 행동의 관계 및 인지행동이론에서 적용하고자 하는 기술을 충분히 이해할 수 있어야 하기 때문에 **지적능력이 낮은 클라이언트에게는 효과성이 제한적이다.**
② 일반적으로 4~14회기 정도의 치료기간이 소요되므로 **즉각적인 위기개입을 해야 하는 클라이언트에게 적용하기 어렵다.**
④ 새로운 시도를 해보려는 의지가 있어야 하며, 특정 개입기술을 사용에서 윤리적 문제가 발생할 수 있다.
⑤ 문제해결을 위해 클라이언트는 새로운 시도를 해보려는 의지가 있어야 하는데, **의지가 약한 클라이언트에게 적용이 어렵다.**

정답 ③

02 인지행동모델의 개입

026

인지왜곡을 가져오는 자동적 사고에 관한 설명으로 옳지 않은 것은?

·12회

① 이분법적 사고 - 최고가 아니면 모두 실패자인 거야
② 선택적 요약 - 선생님은 나를 미워하니까 성적도 나쁘게 줄 거야
③ 임의적 추론 - 내가 너무 뚱뚱해서 사람들이 다 나만 쳐다보는 것 같아
④ 개인화 - 내가 신고만 빨리 했어도 지하철 화재로 사람이 죽지 않았을 텐데
⑤ 과잉 일반화 - 내가 너무 못생겨서 남자친구가 떠났으니 결혼도 하기 어렵겠지

해설
선택적 요약(selective abstraction, 선택적 추상화)은 '정신적 여과(mental filtering)'라고도 불리는데, 이러한 왜곡은 상황의 긍정적인 양상을 여과하는데 초점이 맞추어져 있고 극단적으로 부정적인 세부사항에 머무르는 것을 말한다. "선생님은 나를 미워하니까 성적도 나쁘게 줄 거야"는 **임의적 추론**에 해당한다.

정답 ②

027

인지적 왜곡이나 오류의 유형에 관한 설명으로 옳은 것은? · 18회

① 과잉일반화는 정반대의 증거나 증거가 없음에도 불구하고 어떤 결론을 내리는 것이다.
② 임의적 추론은 상반된 사고의 경향성을 보이는 것이다.
③ 개인화는 하나 또는 별개의 사건들을 가지고 결론을 내린 후 비논리적으로 확장하는 것이다.
④ 선택적 사고는 상황에 대한 자신의 관점을 지지하기 위해 특정 자료들을 걸러 내거나 무시하는 것이다.
⑤ 과장과 축소는 하나의 사건 혹은 별개의 사건들의 결론을 주관적으로 내리는 것이다.

해설

선택적 사고(선택적 축약)는 상황에 대한 보다 현저한 특성을 무시한 채 맥락에서 벗어난 세부 내용에 초점을 두는 것으로, 사소한 한두 가지 특성만으로 전체를 일반화하는 것이다.

✕ 오답풀이

① 정반대의 증거나 증거가 없음에도 불구하고 어떤 결론을 내리는 것은 **임의적 추론**이다.
② 상반된 사고의 경향성을 보이는 것은 **이분법적 사고**이다. **이분법적 사고**는 모든 경험을 상반되는 양 범주, 즉 결함이 전혀 없는 사람 아니면 결함투성이, 성자 아니면 죄인 등으로 이해하는 경향이다.
③ 하나 또는 별개의 사건들을 가지고 결론을 내린 후 비논리적으로 확장하는 것은 **과잉일반화**이다.
⑤ 하나의 사건 혹은 별개의 사건들의 결론을 주관적으로 내리는 것은 **개인화**이다. **과잉과 축소**는 어떤 사건의 중요성이나 정도를 심하게 왜곡하여 평가하는 오류이다. 예 위궤양이라는 진단을 위암으로 받아들이거나 반대로 위암이라는 진단을 위궤양으로 받아들이며 의사가 분명 오진했을 것이라고 믿는 것이다.

정답 ④

OIKOS UP 인지적 오류

① **임의적 추론(혹은 자의적 유추)**: 충분하고 적절한 증거가 부족하거나 부적절함에도 불구하고 결론에 도달하는 것이다. 기대하는 어떤 것이 이루어지지 않았을 때 그것을 파멸로 생각하는 것과 최악의 상황을 생각하는 것이 포함된다.
② **선택적 요약(혹은 선택적 추론)**: 맥락에서 벗어난 세부사항에 초점을 두는 것으로서 전체적인 상황이나 맥락을 무시한다.
③ **과잉(혹은 과도한) 일반화**: 연관되지 않은 사건에 대한 결론이나 법칙을 끌어내서 관련 없는 상황에 광범위하게 적용하는 것이다.
④ **극대화 및 극소화(확대 및 축소)**: 사건의 의미나 크기를 왜곡하는 것이다.
⑤ **개인화**: 관련된 적절한 원인이 없이 부정적인 사건이나 상황을 개인에게 연결시키는 것이다.
⑥ **이분법적 사고**: 실패나 성공 등 극단적인 흑과 백으로 구분하려는 경향이다.

028

인지적 오류(왜곡)에 관한 예로 옳지 않은 것은? · 21회

① 임의적 추론 : 내가 뚱뚱해서 지나가는 사람들이 나만 쳐다봐.
② 개인화 : 그때 내가 전화만 받았다면 동생이 사고를 당하지 않았을 텐데. 나 때문이야.
③ 이분법적 사고 : 이 일을 완벽하게 하지 못하면 실패한 것이야.
④ 과잉일반화 : 시험보는 날인데 아침에 미역국을 먹었으니 나는 떨어질거야.
⑤ 선택적 요약 : 지난번 과제에 나쁜 점수를 받았어. 이건 내가 꼴찌라는 것을 의미해.

해설

'시험보는 날인데 아침에 미역국을 먹었으니 나는 떨어질거야'는 **임의적 추론**에 해당한다. **과잉일반화**는 하나 또는 별개의 사건들을 가지고 결론을 내린 후 비논리적으로 확장하는 것이다.

＋ 보충설명

① **임의적 추론**은 정반대의 증거나 증거가 없음에도 불구하고 어떤 결론을 내리는 것이다.
② **개인화**는 하나의 사건 혹은 별개의 사건들의 결론을 주관적으로 내리는 것이다.
③ **이분법적 사고**는 상반된 사고의 경향성을 보이는 것이다.
⑤ **선택적 요약(선택적 사고)**는 상황에 대한 보다 현저한 특성을 무시한 채 맥락에서 벗어난 부정적인 세부 내용에 초점을 두는 것이다.

정답 ④

03 인지행동모델의 개입 기법들

029 ✓확인 ☐☐☐

인지 행동 모델의 개입 기법에 관한 설명으로 옳지 않은 것은?
• 11회

① '과제수행'을 통해 새로운 행동을 배우거나 과거의 부정적 반응을 제거할 수 있다.
② '내적 의사소통의 명료화'를 통해 자신의 독백과 생각의 비합리성을 이해할 수 있다.
③ '설명'은 클라이언트의 행동이 어떻게 생각에 영향을 미치는지를 알려주어 인지변화를 유도한다.
④ '경험적 학습'은 왜곡된 인지에 도전하여 변화를 유도하는 것으로 인지적 불일치 원리를 적용한다.
⑤ '인지 재구조화'는 역기능적 사고와 신념을 현실에 맞는 것으로 대치하도록 하여 기능 향상을 돕는다.

해설
'클라이언트의 행동이 생각에 영향~'는 올바르지 않다. 설명은 클라이언트에게 감정이 어떻게 행동에 영향을 미치는지에 대한 ABC모델을 설명하기 위해 사용된다.

정답 ③

030 ✓확인 ☐☐☐

행동수정 모델에서 사용하는 강화와 처벌에 관한 설명으로 옳은 것은?
• 11회

① 부적 강화는 불쾌한 자극을 제거함으로써 행동을 증가시킨다.
② 정적 강화는 강화를 제공함으로써 행동을 감소시킨다.
③ 강화는 바람직하지 않은 행동을 감소시키기 위해 사용하는 방법이다.
④ 정적 처벌은 행동의 결과로 불쾌한 자극을 제거함으로써 이루어진다.
⑤ 부적 처벌은 자극을 주어 잘못된 행동을 수정하는 것이다.

해설
강화는 행동의 빈도수 증가, 부적은 제거(혐오스러운 자극을 제거)를 의미한다.

오답풀이
② 정적 강화는 강화를 제공(유쾌한 자극을 제공)함으로써 행동을 증가시킨다.
③ **처벌**은 바람직하지 않은 행동을 감소시키기 위해 사용하는 방법이다.
④ 정적 처벌은 행동의 결과로 불쾌한 자극을 **제공**(혐오스런 자격을 제공)함으로써 이루어진다.
⑤ 부적 처벌은 자극을 **제거**(유쾌한 자극을 제거)하여 잘못된 행동을 수정하는 것이다.

정답 ①

031

다음 사례에서 활용한 개입 기법에 해당하지 않는 것은?
· 13회

> 고등학생인 영수는 과체중, 자기주장 부족 등의 문제를 호소하고 있다. 또한 담배 가게를 지나칠 때마다 흡연 욕구를 참지 못해 간헐적 흡연을 하고 있다. 사회복지사는 영수를 돕기 위해 음식에 대한 인식을 수정하게 하였고, 자기주장 능력을 개발하기 위해 하기 쉬운 것부터 어려운 것의 순서로 자기주장 행동을 수행하게 하였다. 아울러 등하교 때 담배 가게가 있는 골목을 피해 다니도록 했다. 그리고 흡연 욕구를 참지 못할 때는 껌을 씹게 하였다.

① 선행조건의 회피
② 선행조건의 소거
③ 선행조건의 재인식
④ 대체행동의 사용
⑤ 행동형성

[해설]
행동주의 모델에 관한 문제이다. 행동주의 모델에서는 선행조건이나 행동 그 자체 또는 강화 요인을 관찰하고 통제한다면 행동을 예견할 수 있고 통제할 수 있다고 본다. 주어진 사례에서 선행조건의 소거는 해당 사항이 아니다. **소거는 특정행동을 감소시키는 것으로, 제공되고 있던 강화를 멈추어서 특정행동을 줄이는 것이다.**

[보충설명]
① 등하교 때 담배 가게가 있는 골목을 피해 다니도록 한 것은 **선행조건의 회피**이다.
③ 사회복지사는 영수를 돕기 위해 음식에 대한 인식을 수정한 것은 **선행조건을 재인식**하게 한 것이다.
④ 흡연 욕구를 참지 못할 때 껌을 씹게 한 것은 **대체행동의 사용**에 해당한다.
⑤ 자기주장 능력을 개발하기 위해 하기 쉬운 것부터 어려운 것의 순서로 자기주장 행동을 수행하게 한 것은 **행동형성**에 해당한다.

[정답] ②

032

행동수정모델의 개입기술에 관한 설명으로 옳은 것을 모두 고른 것은?
· 15회

> ㄱ. 처벌받는 행동은 발생빈도가 줄어든다.
> ㄴ. 간헐적으로 강화된 행동은 소거하기 어렵다.
> ㄷ. 긍정적인 강화는 행동의 발생빈도와 정도를 증가시킨다.
> ㄹ. 부적 처벌은 체벌을 제시함으로써 행동의 발생 가능성을 감소시킨다.

① ㄹ
② ㄱ, ㄷ
③ ㄴ, ㄹ
④ ㄱ, ㄴ, ㄷ
⑤ ㄱ, ㄴ, ㄷ, ㄹ

[해설]
ㄱ. **처벌(punishment)**은 어떤 행동에 뒤따르는 결과가 그 행동을 다시 야기하도록 하는 가능성을 감소시키는 자극이다. 따라서 처벌받는 행동은 발생빈도가 줄어든다.
ㄴ. **간헐적 강화**란 간격이나 비율에 따라서 강화를 주며, 고정적으로 주거나 일정치 않게 강화를 제공하는 것을 말한다. 이와 같이 간헐적으로 강화된 행동은 소거하기 어렵다.
ㄷ. **강화(reinforcement)**는 행동재현의 가능성(빈도수)을 높이는 것으로, 어떤 행동에 따르는 결과가 그 행동을 다시 야기하도록 하는 **가능성을 높이는 자극**이다. 따라서 긍정적인 강화는 행동의 발생빈도와 정도를 증가시킨다.

[오답풀이]
ㄹ. **정적 처벌**은 체벌(혐오스러운 자극)을 제시함으로써 행동의 발생 가능성을 감소시킨다. 반면에 **부적 처벌**은 유쾌한 자극을 제거함으로써 행동의 발생 가능성을 감소시킨다.

[정답] ④

033

인지행동모델의 개입기법에 관한 설명으로 옳지 않은 것은?

• 17회

① 행동형성은 강화원리를 따른다.
② 모델링은 관찰학습과정을 통해 이루어진다.
③ 경험적 학습에는 인지불일치원리가 적용된다.
④ 타임아웃은 정적강화원리를 이용한 것이다.
⑤ 체계적 탈감법은 고전적 조건화에 근거한다.

해설

타임아웃(time out)은 신체적 규율에 대한 대안이라고 할 수 있는데, 원하지 않은 행동을 강화시키는 환경으로부터 클라이언트를 일정기간 이동시킴으로써 문제행동을 감소하거나 제거시키는 것이다. 즉, 일정기간 동안 모든 긍정적 자극을 제거해버리는 **부적처벌원리를 이용한 것**이다.

보충설명

① **행동형성(shaping, 행동조성)**은 복잡한 행동이나 기술을 학습시키는데 유용한 방법으로, 기대하는 반응이나 행동을 학습할 수 있도록 기대에 부응하는 목표행동을 세분화하여, **연속적이고 단계적으로 강화함(강화원리를 따름)**으로써 행동을 점진적으로 만들어가는 것이다.
② **모델링(modeling)**은 클라이언트가 사회복지사가 제시한 방법을 따라 직접 해 볼 수 있도록 하는 기술로서, 사회복지사는 클라이언트가 취할 행동을 시범적으로 보여주고 클라이언트가 이를 똑같이 따라해 보도록 한다. 모델링은 관찰학습과정을 통해 이루어진다.
③ **경험적 학습(experiential learning)**은 왜곡된 인지에 도전하고 변화하도록 유도하는 것으로 **인지적 불일치 원리로 설명**된다. 인지적 불일치란 자신의 행동, 행위 또는 생활양식에 부합하지 않는 태도나 신념을 변화시키려는 경향을 의미한다.
⑤ **체계적 탈감법(systematic desensitization, 체계적 둔감화)**은 특정 자극에 대해 조건화된 공포 및 불안 반응을 극복하게 하는 것으로, 이 치료기법은 올페(J. Wolpe)가 파블로브의 고전적 조건형성 이론에 기반(고전적 조건화의 원칙에 근거)해서 만든 기법이다. 클라이언트에게 가장 덜 위협적인 상황에서 가장 위협적인 상황까지 상황들을 순서대로 제시하면서, 불안자극과 불안반응 간의 연결이 없어질 때까지 불안을 일으키는 자극들을 반복적으로 이완 상태와 짝짓는 것이다.

정답 ④

034

사회복지실천의 개입기법에 관한 설명으로 옳지 않은 것은?

• 21회

① 소거 : 부적 처벌의 원리를 이용하여 바람직하지 않은 행동을 중단시키는 것
② 시연 : 클라이언트가 힘들어하는 행동에 대해 실생활에서 실행 전에 반복적으로 연습하는 것
③ 행동조성 : 특정 행동 수준까지 끌어올리기 위해 작은 단위의 행동으로 나누어 과제를 주는 것
④ 체계적 둔감법 : 두려움이 적은 상황부터 큰 상황까지 단계적으로 노출시켜 문제를 극복하도록 하는 것
⑤ 내적 의사소통의 명료화 : 클라이언트가 자신의 생각을 말로 표현하고, 피드백을 통해 사고의 명료화를 돕는 것

해설

부적 처벌의 원리를 이용하여 바람직하지 않은 행동을 중단시키는 것은 **타임아웃(time out, 격리)**이다. 소거(extinction)는 이전에 강화되었던 행동이 더 이상 이전과 같은 결과를 가져오지 않는 것이다.

보충설명

② **시연(rehearsal)**은 클라이언트가 습득한 행동기술을 현실세계에서 직접 실행하기에 앞서 사회복지사 앞에서 습득한 기술을 반복적으로 연습하는 것이다.
③ **행동조성(shaping, 행동형성)**은 기대하는 반응이나 행동을 학습할 수 있도록 기대에 부응하는 목표행동을 세분화하여 과제를 주는 것으로, 원하는 반응에 접근할 때마다 강화가 주어지는 점진적 접근이다.
④ **체계적 둔감법(systematic desensitization, 체계적 탈감법)**은 특정 자극에 대해 조건화된 공포 및 불안 반응을 극복하게 하는 것으로, 클라이언트에게 가장 덜 위협적인 상황에서 가장 위협적인 상황까지 상황들을 순서대로 제시한다.
⑤ **내적 의사소통의 명료화**는 클라이언트 스스로 자신에 대해 독백하고 사고하는 것에 대해 사회복지사가 피드백을 주는 것으로, 피드백을 통해 클라이언트는 자기 자신과 다른 사람에게 하는 말 속에 숨겨진 잘못된 생각과 비합리적인 신념에 대해 더 잘 이해할 수 있게 된다.

정답 ①

035

사회기술훈련(social skills training)에 관한 설명으로 옳지 않은 것은?
· 11회

① 성원이 훈련의 필요성을 이해해야 한다.
② 문제가 발생하는 실제 상황을 자세하게 파악해야 한다.
③ 특정행동의 복잡한 유형을 세분하여 이해하고 훈련해야 한다.
④ 반복적인 예행연습을 통해 원하는 기술 수준에 도달하도록 해야 한다.
⑤ 난이도가 높은 과제로부터 쉬운 과제를 주는 조성화의 원칙을 준수해야 한다.

해설
난이도가 쉬운 과제로부터 높은 과제를 주는 것이다. 사회기술훈련은 사회학습의 원칙에 기반하고 있으며, 클라이언트가 취약하거나 사회적으로 소외되거나 혹은 특정 기술을 익혀야 할 때 제공된다.

정답 ⑤

036

사회기술훈련에 관한 설명으로 옳은 것을 모두 고른 것은?
· 14회

㉠ 사회화 집단에서 많이 사용한다.
㉡ 사회학습이론에 근거한다.
㉢ 사회복귀지원 프로그램에 적용이 가능하다.
㉣ 역할연습을 활용한다.

① ㉠, ㉡, ㉢   ② ㉠, ㉢   ③ ㉡, ㉣
④ ㉣   ⑤ ㉠, ㉡, ㉢, ㉣

해설
사회기술훈련(Social skill training)은 사회학습의 원칙에 기반하고 있으며, 모델링이나 직접적인 지시를 통해 이루어지고 비디오와 행동시연이나 역할연습, 숙제, 코칭, 촉구, 프로그램 변화 등의 방법이 제공된다.

+ 보충설명
㉠ 사회화 집단의 목적은 집단성원으로 하여금 사회에서 수용 가능한 태도와 행동을 습득하도록 돕는 것으로, 크게 사회적 기술훈련 집단, 자치집단, 레크레이션 집단으로 나눌 수 있다.

정답 ⑤

제5장 과제중심모델

제4영역 : 사회복지실천기술론

037

단기개입을 특징으로 하는 사회복지실천모델을 모두 고른 것은?

• 19회

- ㉠ 과제중심모델
- ㉡ 위기개입모델
- ㉢ 해결중심모델
- ㉣ 정신역동모델

① ㉠, ㉢
② ㉡, ㉣
③ ㉠, ㉡, ㉢
④ ㉡, ㉢, ㉣
⑤ ㉠, ㉡, ㉢, ㉣

해설

단기개입을 특징으로 하는 사회복지실천모델에는 **과제중심모델(㉠), 위기개입모델(㉡), 해결중심모델(㉢), 인지행동모델** 등이 여기에 해당된다.

✕ 오답풀이

정신역동모델은 장기개입으로 장기적인 치료를 제공한다. 따라서, 단기간에 궁극적인 해답을 원하는 클라이언트에게는 정신분석을 권장하기 어렵다.

정답 ③

038

과제 중심 모델에 관한 설명으로 옳은 것을 모두 고른 것은?

• 10회

- ㉠ 시간제한, 합의된 목표, 개입의 책무성을 강조한다.
- ㉡ 클라이언트의 성격유형과 심리내적 역동에 초점을 둔다.
- ㉢ 시작-표적문제의 규명-계약-실행-종결단계와 같은 구조화된 접근을 강조한다.
- ㉣ 단일 이론에 근거하여 실천의 효과성 및 효율성을 증진시킨다.

① ㉠, ㉡, ㉢
② ㉠, ㉢
③ ㉡, ㉣
④ ㉣
⑤ ㉠, ㉡, ㉢, ㉣

해설

- ㉠ 과제중심모델은 **시간제한적인 단기치료**이며, **클라이언트와 사회복지사의 합의된 목표**를 강조한다. 또한 이 모델을 개발하기 위한 목적 자체가 **실천의 책무성을 증진하기 위한 것**이었다.
- ㉢ 과제중심모델은 모두 5단계, 즉 시작-표적문제의 규명-계약-실행-종결단계와 같은 **단계별로 구조화된 접근**을 강조한다.

✕ 오답풀이

- ㉡ 과제 중심 모델에서는 **클라이언트의 환경에 대한 개입을 강조**한다. 클라이언트의 성격유형과 심리내적 역동에 초점을 두는 것은 **정신역동모델**이다.
- ㉣ 단일 이론에 근거하는 것이 아니라 **절충적 접근시도**, 즉 다양한 접근방법, 즉 문제해결, 인지적·행동적·구조적 접근 방법 등으로부터 경험적으로 이끌어진 이론과 방법들을 선택적으로 사용한다. 다만, 실천의 효과성 및 효율성을 증진시킨다는 것은 올바르다. 과제중심모델은 제한된 표적 문제에 초점을 두는 단기치료이기 때문에 사회복지실천의 효율적인 실천방법으로 인식되어 왔으며, 치료의 효과성을 검증하는 객관적인 실천방법으로 자주 활용되기도 한다.

정답 ②

039

과제 중심 모델에 관한 설명으로 옳지 않은 것은? • 15회

① 단기간의 종합적인 개입모델이다.
② 클라이언트가 동의한 과제를 중심으로 개입한다.
③ 경험적 자료보다는 발달이론을 중심으로 개입한다.
④ 계약한 구체적인 문제해결에 초점을 두고 접근한다.
⑤ 클라이언트의 문제는 자원 혹은 기술의 부족으로 이해한다.

해설

경험적 자료를 중심으로 개입한다. 즉 과제 중심 모델은 경험적인 조사연구를 토대로 그 체계가 형성된 점을 특징으로 들 수 있는데, 실천을 통한 노하우나 검증되지 않은 이론에서 획득된 지식이 아닌 조사연구에 기반을 둠으로써 지식체계의 우위를 강조하고 있다.

+보충설명

① 시간제한적인 단기개입이며, 어떤 특정 이론이나 개입방법을 고집하지 않고 일반체계이론, 의사소통이론, 인지이론, 학습이론의 기본 원칙들을 통합하는 절충주의적 접근을 시도한다.
② 사회복지사의 관점이 아니라 클라이언트가 인식한 문제를 중심으로 클라이언트와 사회복지사가 표면적으로 계약한 구체적인 문제의 해결에 초점을 둔다.
④ 클라이언트와 사회복지사가 계약한 구체적인 문제해결에 개입의 초점을 두고 구조화된 접근이다.
⑤ 클라이언트의 문제가 자원의 부족 혹은 기술의 부족과 연관되는 것으로 이해하여 심리적 문제만이 아니라 환경적 문제에도 초점을 둔다.

정답 ③

040

과제중심모델에 관한 설명으로 옳지 않은 것은? • 19회

① 개입 초기에 빠른 사정을 한다.
② 구조화된 접근을 한다.
③ 다양한 이론과 모델을 절충적으로 활용한다.
④ 조사에 근거한 경험적 자료를 중심으로 진행한다.
⑤ 사회복지사는 적극적으로 개입하지 않고 클라이언트가 주체적인 역할을 하도록 한다.

해설

사회복지사는 적극적으로 개입하며 클라이언트가 주체적인 역할을 한다. 즉, 클라이언트의 자기결정권은 존중하지만 사회복지사는 적극적으로 개입하여 제한된 기간 내에 가능한 한 건설적으로 자신의 문제를 완화시킬 수 있는 활동을 할 수 있도록 원조한다. 또한, 클라이언트는 과제를 설정하고 실행, 평가하는 문제해결작업에서 주체적인 역할을 수행한다.

+보충설명

① 과제중심모델은 단기치료의 영향을 받아 생성된 모델로, 단기치료에서 사용하는 많은 방법들(시간제한, 제한된 목표, 신속한 초기사정 등)을 이용한다. 개입 초기에 빠른 사정을 하는 것도 단기치료의 공통된 속성 중 하나이다.
② 과제중심모델은 다른 어떤 모델보다 구조화되어 있다. 모두 다섯 단계로 이루어지며, 각 단계에서 사회복지사와 클라이언트가 다루어야 하는 구체적인 내용들이 자세하게 제시된다.
③ 과제중심모델은 하나의 이론적 정향에 기초하기보다는 다양한 이론과 모델을 절충적으로 활용할 수 있는 실천의 틀을 제시한다.
④ 실천을 통한 노하우나 검증되지 않은 이론에서 획득된 지식이 아닌 조사연구에 기반을 둠으로써 지식체계의 우위를 강조하고 있다. 즉, 경험적인 연구에서 지지되고 검증된 방법과 이론들을 선호한다.

정답 ⑤

041 ✓확인 ☐☐☐

과제중심모델에서 과제에 관한 설명으로 옳지 않은 것은?

· 20회

① 사회복지사보다 클라이언트가 제시하는 문제나 욕구를 고려하여 선정한다.
② 조작적 과제는 일반적 과제에 비해 구체적이다.
③ 과거보다 현재에 초점을 둔다.
④ 과제 수는 가급적 3개를 넘지 않게 한다.
⑤ 과제달성 정도는 최종평가 시 결정되므로 과제수행 도중에는 점검하지 않는다.

해설
개입과정을 통해 성취한 과제달성 정도는 최종평가 시 결정되지만, 과제수행이 되는 개입단계에도 과제수행의 정도를 점검한다.

+보충설명
② 일반적 과제는 행동의 방향을 대략적으로 기술하는 과제(예 부모와 자녀 간의 의사소통 증진)이며, **조작적 과제**는 클라이언트가 수행해야 할 구체적인 활동(예 매일 식사 때 자녀에게 한 가지씩 칭찬하기, 식사 때 긍정적인 대화나누기 등)으로 대부분 일반적 과제에서 나온다.

정답 ⑤

042 ✓확인 ☐☐☐

과제중심모델의 개입과정 중 중기(실행)단계에서 해야 할 과업이 아닌 것은?

· 16회

① 표적문제의 변화 과정 확인
② 실질적 장애물의 규명과 해결
③ 표적문제에 대한 초점화된 집중
④ 표적문제의 설정
⑤ 과제 계획과 이행

해설
과제중심모델의 개입과정은 시작하기 → 문제규명단계 → 계약하기 → 중간(실행)단계 → 종결로 이루어진다. 표적문제의 설정은 문제규명단계에서 해야 할 과업이다.

정답 ④

제6장 역량강화모델과 위기개입모델

제4영역 : 사회복지실천기술론

01 역량강화모델

043

다음의 설명에 해당하는 사회복지실천모델은? · 16회

- 의미있는 선택을 할 수 있게 자아효능감을 증진하고 자신의 강점을 찾도록 돕는다.
- 클라이언트를 잠재력 있는 인간이며, 문제해결을 위한 자원으로 인식한다.
- 클라이언트 자신의 삶과 상황에 대해 더 많은 통제력을 갖도록 돕는다.

① 해결중심모델 ② 심리사회모델
③ 임파워먼트모델 ④ 과제중심모델
⑤ 위기모델

해설
임파워먼트모델에 대한 설명이다. 임파워먼트(Empowerment)는 사회적, 조직적 환경에 대한 클라이언트의 통제력을 증가시키고자 하는 임상실제의 과정, 개입, 기술을 의미한다. 클라이언트의 잠재역량(potential competence)을 인정하고 문제해결을 위한 자원으로 인식하며, 자아효능감의 향상과 자신의 강점을 찾도록 돕는다.

정답 ③

044

역량 강화 모델의 세 단계(대화 – 발견 – 발전) 중 대화단계에서 사회복지사가 중점적으로 수행해야 할 과제를 모두 고른 것은? · 11회

㉠ 강점 확인 ㉡ 목표 설정
㉢ 자원능력 사정 ㉣ 협력관계 형성

① ㉠, ㉡, ㉢ ② ㉠, ㉢ ③ ㉡, ㉣
④ ㉣ ⑤ ㉠, ㉡, ㉢, ㉣

해설
㉠ 강점 확인은 발견단계에 사회복지사가 중점적으로 수행해야 할 과제이다.
㉡ 목표 설정은 대화단계에 사회복지사가 중점적으로 수행해야 할 과제이다.
㉢ 자원 능력 사정은 발견단계에 사회복지사가 중점적으로 수행해야 할 과제이다.
㉣ 협력관계 형성은 대화단계에 사회복지사가 중점적으로 수행해야 할 과제이다.

정답 ③

045

임파워먼트 모델의 실천단계 중 발견단계에서의 과업으로 옳은 것은?

· 12회

① 성공을 인정하기
② 달성한 것을 통합하기
③ 새로운 자원 활성화하기
④ 수집된 정보를 조직화하기
⑤ 클라이언트와의 파트너십 형성하기

해설
발견단계에서는 자원 능력의 분석, 즉 변화를 위한 표적과 자원을 구체화하기 위해서 수집된 정보를 조직하고 합성한다.

오답풀이
① 성공 인정하기(목적 달성의 측정, 과정의 효과성 평가, 함께 일한 것 등에 대해 서로 파트너로서 인정하는 작업이 필요하다)는 발전단계에 해당한다.
② 달성한 것을 통합하기(개입을 종결하며 지속적으로 클라이언트가 독립성을 유지할 수 있도록 클라이언트 체계를 권한부여한다)는 발전단계에 해당한다.
③ 새로운 자원 활성화하기(이미 가지고 있거나 접근 가능한 자원을 활용할 수 있는 방향을 모색한다)는 발전단계에 해당한다.
⑤ 클라이언트와의 파트너십 형성하기(사회복지사와 클라이언트는 클라이언트의 권리와 특성을 존중하는 관계를 구축한다)는 대화단계에 해당한다.

정답 ④

046

임파워먼트모델의 실천단계를 대화단계, 발견단계, 발전단계로 나눌 때, 대화단계에서 실천해야 할 과정을 모두 고른 것은?

· 실천론 19회

㉠ 방향 설정 ㉡ 자원 활성화
㉢ 강점의 확인 ㉣ 기회의 확대
㉤ 파트너십 형성 ㉥ 현재 상황의 명확화

① ㉠, ㉡, ㉢
② ㉠, ㉢, ㉣
③ ㉠, ㉤, ㉥
④ ㉡, ㉢, ㉣
⑤ ㉡, ㉢, ㉣, ㉤, ㉥

해설
대화단계(The Dialogue Phase)에서 사회복지사는 대화를 통해 클라이언트의 현재 상황, 주요 욕구, 강점을 파악해야 한다. ㉠ **방향 설정**, ㉤ **파트너십 형성**, ㉥ **현재 상황의 명확화**는 대화단계에서 실천해야 할 과정이다.

오답풀이
㉢ 강점의 확인은 발견단계(The Discovery Phase)에서 실천해야 할 과정이며, ㉡ 자원 활성화, ㉣ 기회의 확대는 발전단계(The Development Phase)에서 실천해야 할 과정이다.

보충설명
임파워먼트모델(역량강화모델)의 개입과정과 과업들

단계	주요 과업
대화단계	클라이언트와 파트너십 형성(협력관계형성), 강점구체화, 방향설정하기(목표설정), 현재 상황의 명확화 등
발견단계	수집된 정보 조직화하기, 강점확인 및 강점사정(자원능력 사정하기), 해결점 형성하기 등
발전단계 (발달단계)	성공을 인정하기, 기회 확장하기(기회의 확대), 달성한 것을 통합하기, 새로운 자원 활성화하기 등

정답 ③

047

임파워먼트 모델에 관한 설명으로 옳은 것을 모두 고른 것은?
· 13회

> ㉠ 해결해야 할 문제를 강조한다.
> ㉡ 클라이언트의 잠재역량과 자원을 인정한다.
> ㉢ 클라이언트를 개입의 객체로 보고 자기결정권을 강조한다.
> ㉣ 사회복지사와 클라이언트 간의 상호 협력적인 파트너십을 강조한다.

① ㉠, ㉡, ㉢ ② ㉠, ㉢ ③ ㉡, ㉣
④ ㉣ ⑤ ㉠, ㉡, ㉢, ㉣

해설
㉡ 클라이언트가 변화를 이끌어내는 **자원과 역량을 이미 가지고 있다**고 인정한다.
㉣ 클라이언트는 전문가적인 파트너로서 **변화과정에 능동적으로 참여하는 파트너**이며, 클라이언트는 자신이 처한 환경과 능력을 가장 잘 알고 있는 사람으로 간주된다. 이로 인해 **사회복지사와 클라이언트 간의 상호협력적인 파트너십**을 갖게 된다.

오답풀이
㉠ 치료의 초점이 문제에 있는 것은 병리적 관점이며, **강점관점에서는 치료의 초점이 가능성**에 있다.
㉢ 자기결정권을 강조하는 것은 맞지만, **클라이언트를 개입의 객체가 아닌 주체로 보며 능동적으로 참여하는 파트너**로 본다.

정답 ③

048

역량강화모델(empowerment model)에 관한 설명으로 옳은 것을 모두 고른 것은?
· 19회

> ㉠ 클라이언트를 자신 문제의 전문가로 인정한다.
> ㉡ 사회복지사와 클라이언트 간의 상호 협력적 파트너십을 강조한다.
> ㉢ 클라이언트를 개입의 객체가 아닌 주체로 보기 때문에 자기결정권이 잘 보호될 수 있다.
> ㉣ 클라이언트가 가진 문제의 원인에 초점을 두고 개입한다.

① ㉠, ㉢ ② ㉡, ㉣ ③ ㉠, ㉡, ㉢
④ ㉠, ㉢, ㉣ ⑤ ㉡, ㉢, ㉣

해설
㉠ 클라이언트는 **전문가적인 파트너로서 자신이 처한 환경과 능력을 가장 잘 알고 있는 사람**으로 간주한다.
㉡ 사회복지사와 클라이언트 간의 상호 협력적 파트너십을 강조하는데, 이러한 협력이 갖는 장점은 클라이언트와 전문가가 서로의 자원을 상호협력하여 활용하기 때문에 문제해결을 위한 자원의 범위가 넓어진다는 것이다.
㉢ 역량강화모델에서는 클라이언트와 사회복지사의 전문적 관계를 위계적 관계로 규정하지 않고, **협력과 파트너십을 강조한 수평적 파트너**로 본다. 즉, 클라이언트를 개입의 객체가 아닌 주체로 보기 때문에 자기결정권이 가장 잘 보호되고 반영될 수 있다.

오답풀이
㉣ 역량강화모델은 클라이언트가 가진 문제의 원인에 초점을 두고 개입하는 것이 아니라, **클라이언트의 강점과 환경적 자원에 초점을 두고 클라이언트의 역량을 향상시키기 위한 해결 중심의 접근**을 한다.

정답 ③

02 위기개입모델

049 ✓확인 ☐☐☐

청소년의 정체성 위기, 결혼, 자녀의 출산, 중년기의 직업 변화, 은퇴 등 개인의 생애주기에 따른 위기는? ·18회

① 실존적 위기
② 상황적 위기
③ 발달적 위기
④ 부정적 위기
⑤ 환경적 위기

> **해설**
> **발달적 위기**는 발달단계에서의 성숙과정에서 발생하는 생활사건(예 청소년의 정체성 위기, 중년의 위기, 노년의 위기, 결혼, 자녀의 출생, 노화 등 개인의 생애주기에 따른 위기와 가족의 생애주기에 따른 위기를 포함)이나 발달단계마다 요구되는 발달과업에 의한 새로운 대처자원이 필요한 성숙위기 등을 말한다.
>
> **× 오답풀이**
> ① **실존적 위기**는 목적, 책임, 독립성, 자유, 헌신 등 인간에게 중요한 이슈를 동반하는 내적 갈등이나 불안과 관련된 위기로, 매슬로우(Maslow)의 자아실현 욕구와 관련된 갈등과 위기로 이해할 수 있다.
> ② **상황적 위기**는 위기상태를 촉발하는 사건을 중심으로 분류한 것으로, 심각한 질병, 외상, 사랑하는 사람과의 사별, 폭력범죄(예 강간, 강도 등) 등과 같이 갑작스럽게 발생하는 외부사건에 의한 위기를 말한다. 인간이 예견하거나 통제할 수 없는 드물고 이례적인 사건이 발생할 때 나타나며, 갑작스럽고 충격적이며 맹렬하고 많은 경우 비극적이라는 점에서 다른 위기와 차이가 있다.
> ⑤ **환경적 위기**는 리차드와 벌(Richard & Burl)이 생태체계이론의 시각에서 추가한 것으로, 일반적으로 자연이나 인간이 야기한 재해가 어떤 잘못이나 행동을 취하지 않은 개인이나 집단 구성원들에게 갑작스럽게 닥칠 때 발생한다(예 태풍, 홍수, 지진, 화산, 폭발, 회오리바람, 눈보라, 산불과 같은 자연재앙 및 전염병이나 기름 유출과 같은 생물학적인 문제 등). 같은 환경에 사는 사람 모두에게 부정적인 영향을 준다는 면에서 상황적, 발달적, 실존적 위기와 다르다.
>
> **정답** ③

050 ✓확인 ☐☐☐

골란(N. Golan)의 위기반응 단계를 순서대로 옳게 나열한 것은? ·14회

㉠ 취약단계
㉡ 위기단계
㉢ 재통합단계
㉣ 위기촉진요인
㉤ 위험한 사건

① ㉠ → ㉡ → ㉣ → ㉤ → ㉢
② ㉠ → ㉤ → ㉣ → ㉡ → ㉢
③ ㉤ → ㉠ → ㉣ → ㉡ → ㉢
④ ㉤ → ㉡ → ㉣ → ㉠ → ㉢
⑤ ㉤ → ㉣ → ㉠ → ㉡ → ㉢

> **해설**
> 골란(Golan)은 **위험사건**(㉤)이 발생하면 **취약상태**(㉠)가 되고, 긴장과 불안을 한층 고조시켜 취약 상태를 불균형 상태로 만드는 **촉발요인**(㉣)이 작용하며, 이어서 혼돈, 불안, 염려, 절망, 분노와 같은 감정을 동반하는 격심한 정서적 혼란 상태, 즉 **위기상태**(㉡)에 빠지고, 위기에 대해서 인지하고, 위기와 관련된 감정을 표현하며, 변화를 수용하고, 새로운 대처 능력을 개발하는 **재통합 단계**(㉢)로 접어든다고 하였다.
>
> **정답** ③

051

위기개입모델에 관한 설명으로 옳지 않은 것은? · 17회

① 다른 모델에 비해 상대적으로 단기 서비스를 제공한다.
② 위기개입의 표적문제는 구체적이어야 한다.
③ 위기에 대한 반응보다 위기사건 자체 해결에 일차적 목표를 둔다.
④ 절망하고 있는 클라이언트에게 희망을 고취시키는 것이 중요하다.
⑤ 위기에 개입하는 사회복지사는 적극적이고 직접적인 역할을 수행한다.

해설
위기는 사건 자체보다는 사건에 대한 개인의 주관적 현실에 기초하며, 위기에 대한 주관적 인식 차이는 정서적 반응차이를 가져온다. 클라이언트의 주관적 반응을 이끌어내고, 클라이언트가 감정을 표현함으로써 보다 합리적, 이성적으로 위기상황에 대처할 수 있도록 원조하는 것이 중요하다. 그리고, **증상의 완화가 1차적 목표**이다.

+ 보충설명
① 위기로 인한 불균형 상태를 회복하기 위하여 일정한 원조수단을 개인, 가족 및 집단 그리고 지역사회 등에 적용하는 **단기치료과정**이라고 할 수 있다.
② 위기개입의 목표는 직접적으로 위기 상황과 관련된 **구체적 문제에 초점을 두고 설정**되어야 한다.
④ 위기에 처해 절망감을 지닌 클라이언트에게 **희망을 고취시킴**은 중요하다.
⑤ 위기개입 초기에 사회복지사는 위기상황에 즉각적으로 초점을 맞추고, 현재 클라이언트의 곤경에 대해 평가하며, 앞으로의 활동에 대해 계약하는 등 **적극적이고 직접적인 역할**을 수행한다. 중기에 클라이언트가 자율성을 회복함에 따라 사회복지사는 소극적인 역할로 전환할 필요가 있으며, 클라이언트의 일상생활에서 활용할 수 있는 자원과 지지체계를 찾아내어 클라이언트가 적극 활용할 수 있도록 지원한다.

정답 ③

052

위기개입모델의 개입 원칙에 관한 설명으로 옳은 것은? · 19회

① 장기적인 개입방법을 사용한다.
② 개입목표는 가능한 한 포괄적으로 설정한다.
③ 사회복지사는 비지시적인 역할을 수행한다.
④ 위기 이전의 기능수준으로 회복하도록 돕는다.
⑤ 문제의 원인에 대한 이해를 위해 클라이언트의 과거 탐색에 초점을 둔다.

해설
위기개입모델은 위기 이전의 기능수준으로 회복하도록 돕는 데 1차적 목표를 둔다.

✗ 오답풀이
① 위기개입모델은 단기간을 통해 집중적인 활동을 하는 것으로 **단기적인 개입방법**을 사용한다.
② 개입목표는 가능한 한 **제한적으로 설정**한다. 위기개입은 시간제한적이며 증상의 완화가 1차적 목표이므로, 위기개입목표는 직접적으로 위기 상황과 관련된 구체적 문제에 초점을 두고 설정되어야 한다.
③ **위기개입모델에서 사회복지사의 역할은** 수동적 혹은 중립적이라기보다 **적극적이다**. 참고로 사회복지사가 비지시적인 역할을 수행하는 것은 **클라이언트중심모델**이다.
⑤ 현재의 스트레스와 과거의 경험 및 갈등과의 연관성을 인식하기는 하지만, 클라이언트의 과거를 탐색하는 데 비중을 두지 않는다.

정답 ④

053

위기개입모델에 관한 설명으로 옳지 않은 것은? · 21회

① 클라이언트에게 실용적 정보를 제공하고 지지체계를 개발하도록 한다.
② 단기개입 서비스를 제공한다.
③ 구체적이고 관찰 가능한 문제에 초점을 둔다.
④ 위기 발달은 촉발요인이 발생한 후에 취약단계로 넘어간다.
⑤ 사회복지사는 다른 개입모델에 비해 적극적이고 직접적인 역할을 수행한다.

해설
위기 발달은 **취약단계가 발생한 후에 촉발요인으로 넘어간다.** 참고로 골란(N. Golan)의 위기반응 단계 순서는 사회적 위험(위험한 사건) → 취약단계 → 촉진요인 → 위기단계(실제위기단계) → 재통합단계(회복) 순이다.

보충설명
① 클라이언트에게 실용적인 정보를 제공하거나 정서적으로 확실한 지지가 주어져야 하며 사회적 지지체계를 개발하고 형성하도록 해야 한다.
② 위기개입모델은 단기치료과정으로 다른 모델에 비해 상대적으로 단기개입 서비스를 제공한다.
③ 직접적으로 위기 상황과 관련된 구체적이고 관찰가능한 문제에 초점을 둔다.
⑤ 위기에 개입하는 사회복지사는 다른 개입모델에 비해 적극적이고 직접적인 역할을 수행한다.

정답 ④

054

자살을 생각하는 클라이언트의 문제에 개입할 때 적절한 내용을 모두 고른 것은? · 16회

㉠ 자살 관련 계획을 직접적으로 묻는 것은 자살을 구체화할 수 있어 피한다.
㉡ 자살을 생각하는 클라이언트가 보여주는 단서에 민감할 필요가 있다.
㉢ 자살 시도 경험을 확인해본다.
㉣ 우울증 가능성이 있을 경우 정신건강 관련 기관에 의뢰한다.

① ㉠, ㉡
② ㉠, ㉣
③ ㉡, ㉢
④ ㉡, ㉢, ㉣
⑤ ㉠, ㉡, ㉢, ㉣

해설
㉡ 자살의 위험이 있는 대부분의 사람들은 **자살로 이끄는 사건들에 대한 반응과 감정에 대해 경고 신호들**을 보낸다. 이런 경고신호들은 말, 신체적 신호, 감정적 반응, 행동적 단서의 형태로 나타난다. 따라서, 자살을 생각하는 클라이언트가 보여주는 단서에 민감할 필요가 있다.
㉢ 이전 자살 행동은 클라이언트가 자살을 문제해결의 방법으로 수용하고 있음을 나타낸다. **자살 시도를 빈번히 한 사람일수록 다시 자살을 시도할 가능성**이 높아진다. 따라서 자살 시도 경험을 확인해 보아야 한다.
㉣ 우울증에 걸렸다고 모두가 자살 사고를 일으키고 자살을 시도하는 것은 아니지만, **우울증의 많은 증상들이 일반인에 비해 자살 사고를 갖게 하고 쉽게 시도**하게 할 수 있다. 따라서, 우울증 가능성이 있을 경우 정신건강 관련 기관에 의뢰한다.

오답풀이
㉠ 자살의 위험이 있는 사람과 자살에 대해 이야기를 함으로써 자살의 위험은 증가하는 것이 아니며, 오히려 감소한다. **자살 가능성을 규명하기 위한 가장 좋은 방법은 자살에 대해 직접 묻는 것**이다. 자살에 대해 생각하고 있는 사람과 이에 대해 개방적으로 이야기하고 솔직한 관심을 보인다면, 자살의 즉각적인 위험을 예방할 수 있다. 하지만, 자살에 대해 회피하고 관심을 보이지 않는다면, 자살 위험이 있는 사람은 더욱 외로움을 느끼게 되고 도움을 요청하기가 더욱 어려워진다.

정답 ④

055

사회복지실천모델에 관한 설명으로 옳은 것을 모두 고른 것은?

· 15회

> ㉠ 권한부여모델에서는 클라이언트를 파트너로 인식한다.
> ㉡ 진단주의와 기능주의의 논쟁 통합이 문제해결모델에서 이루어졌다.
> ㉢ 클라이언트중심모델에서는 과거의 경험보다 현재의 경험을 강조한다.
> ㉣ 위기개입모델에서는 사건에 대한 주관적 인식보다 사건 자체를 중요시한다.

① ㉠
② ㉠, ㉡
③ ㉠, ㉡, ㉢
④ ㉡, ㉢, ㉣
⑤ ㉡, ㉢, ㉣

해설

㉠ 권한부여모델에서 클라이언트는 변화과정에 능동적으로 참여하는 **상호 협력적 파트너**이다.
㉡ 펄만(Perlman)은 1957년 「케이스워크 : 문제해결과정」이라는 책을 통해 진단주의와 기능주의를 혼합시킴으로서 진단주의 대 기능주의 논쟁을 종식시켰다.
㉢ 클라이언트중심모델에서는 과거의 경험보다 '지금-여기'를 강조한다. 즉 지금-여기(here & now)에서 '사람이 어떻게 생각하고 느끼는가'가 행동을 결정하는 유일한 요소라고 본다.

✗ 오답풀이

㉣ 위기개입모델에서는 **사건자체보다 사건에 대한 주관적 인식을 중요시한다**. 위기는 사건 자체보다는 사건에 대한 개인의 주관적 현실에 기초하는데, 같은 상황에서도 어떤 사람은 위기를 느끼는 반면, 다른 사람은 위기를 느끼지 않기 때문이다.

정답 ③

056

사회복지실천모델에 관한 설명으로 옳은 것을 모두 고른 것은?

· 17회

> ㉠ 임파워먼트모델에서는 클라이언트를 일방적 수혜자로 인식하지 않는다.
> ㉡ 과제중심모델은 펄만(H. Perlman)의 문제해결요소의 영향을 받았다.
> ㉢ 위기개입모델에서는 클라이언트의 과거를 탐색하는 데 우선순위를 두지 않는다.
> ㉣ 클라이언트중심모델에서는 사회복지사의 권위적인 역할이 강조된다.

① ㉠, ㉢
② ㉡, ㉣
③ ㉢, ㉣
④ ㉠, ㉡, ㉢
⑤ ㉠, ㉡, ㉢, ㉣

해설

㉠ 임파워먼트모델에서는 클라이언트를 일방적 수혜자로 인식하지 않으며, 변화과정에 능동적으로 참여하는 상호 협력적 파트너로 자신이 처한 환경과 능력을 가장 잘 알고 있는 사람으로 간주된다.
㉡ **과제중심모델은** 펄만(Helen Perlman)의 문제 해결 접근의 요소, 스투트(Elliot Studt)의 클라이언트 과제에 대한 개념, 케이스워크기법의 접목에 대한 앞선 작업들을 통합하여 형성되었다.
㉢ 위기개입모델에서는 사회복지사의 역할은 적극적이며 주로 행동에 초점을 둔다. 따라서, **위기개입은 클라이언트의 과거를 탐색하는 데 비중을 두지 않는다**.

✗ 오답풀이

㉣ 클라이언트중심모델에서는 사회복지사의 권위적인 역할이 아니라, **사회복지사와 클라이언트의 수평적인 관계(협력적 관계)가 강조된다**.

정답 ④

057

사회복지실천모델에 관한 설명으로 옳은 것을 모두 고른 것은?
· 21회

> ㉠ 위기개입모델에서는 사건에 대한 클라이언트의 주관적인 인식보다 사건 자체를 중시한다.
> ㉡ 클라이언트중심모델에서는 현재 직면한 문제와 앞으로의 문제를 극복할 수 있도록 성장 과정을 도와준다.
> ㉢ 임파워먼트모델에서는 클라이언트가 자신의 삶을 스스로 통제할 수 있도록 원조한다.
> ㉣ 과제중심모델에서는 클라이언트가 인식한 문제에 초점을 두고, 클라이언트의 욕구를 최대한 반영한다.

① ㉠
② ㉡, ㉢
③ ㉠, ㉡, ㉢
④ ㉡, ㉢, ㉣
⑤ ㉠, ㉡, ㉢, ㉣

해설
㉡ 클라이언트중심모델에서는 클라이언트가 현재 직면한 문제들과 앞으로의 문제들을 극복할 수 있도록 성장 과정을 도와준다.
㉢ 임파워먼트모델에서는 다른 사람들에 대한 통제력, 권위, 영향력의 소유일 뿐 아니라 스스로의 삶에 대한 통제력을 갖도록 원조한다.
㉣ 과제중심모델에서는 사회복지사의 관점이 아니라 클라이언트가 인식한 문제에 초점을 두고, 클라이언트의 욕구와 의견을 최대한 반영한다.

✕ 오답풀이
㉠ 위기개입모델에서는 **사건 자체보다 사건에 대한 클라이언트의 주관적인 인식을 중시**한다.

정답 ④

058

사회복지실천모델에 관한 설명으로 옳지 않은 것은?
· 22회

① 역량강화모델의 발견단계에서는 사정, 분석, 계획하기를 수행한다.
② 클라이언트중심모델은 문제해결에 대한 클라이언트의 책임을 강조한다.
③ 행동주의모델에서는 인간을 병리적인 관점에서 바라본다.
④ 위기개입모델에서 위기는 사건 자체보다 사건에 대한 개인의 주관적 현실에 기반을 두고 있다.
⑤ 해결중심모델은 사회구성주의 시각을 가진다.

해설
인간을 병리적인 관점에서 바라보는 것은 **정신역동모델**이다. 즉, 정신역동모델에서는 심리적 건강은 이상에 불과하다고 보고, 병리적 관점에서 인간을 이해한다. 참고로 행동주의모델의 초기에는 인간을 기계론적 입장으로 자극에 반응하는, 즉 환경에 수동적으로 반응하는 유기체로 보았다. 그러나 최근에는 인간이 환경을 만들기도 하고 동시에 환경의 영향을 받기도 한다는 인간의 능동적인 면도 인정한다.

➕ 보충설명
① 역량강화모델의 대화단계에서는 권한부여관계를 발전시키고, **발견단계는 사정, 분석, 계획하기를**, 발전단계에서는 실행 및 변화 안정화하기를 수행한다.
② 클라이언트중심모델은 상담의 과정이나 문제해결에 대한 **클라이언트의 책임과 주체성을 강조**한다.
④ 위기개입모델에서 위기는 사건 자체보다는 사건에 대한 **개인의 주관적 현실에 기초**하는데, 같은 상황에서도 어떤 사람은 위기를 느끼는 반면, 다른 사람은 위기를 느끼지 않기 때문이다.
⑤ 해결중심모델에서는 인간의 경험이 사회적 상호작용과 언어에 의해 크게 영향을 받는다고 보는 **사회구성주의 전통에서 그 뿌리를 찾을 수 있다**.

정답 ③

059

클라이언트중심모델의 주요 개념으로 옳지 않은 것은? ·23회

① 실현화 경향   ② 자아실현 욕구
③ 인지적 개입   ④ 조건부 가치
⑤ 긍정적 관심

해설

클라이언트중심모델은 자기실현과 성장을 촉진하는 것이 핵심이며, 이를 위한 주요 개념으로 실현화 경향, 자아실현 욕구, 조건부 가치, 긍정적 관심을 다룬다. **인지적 개입은 인지행동모델의 주요 개념**으로, 부정적인 인지 왜곡을 인식하고 수정하는 과정을 통해 정서적 문제를 해결하는 방법을 의미한다.

+ 보충설명

① **실현화 경향이란** 인간이 자기 자신을 성장시키고 잠재력을 실현하려는 본능적인 동기를 말한다.
② 클라이언트는 자기 자신을 실현하고 더 나은 인간으로 성장하려는 **자아실현 욕구**를 가지고 있다고 본다.
④ **조건부 가치는** 타인의 인정이나 사랑을 받기 위해 사람들이 자신을 특정 조건에 맞추는 행동을 하게 되는 상황(예 '내가 좋은 성적을 얻어야만 사랑받는다.'는 생각을 가지는 경우)을 말한다. 클라이언트가 자기 자신을 평가하는 기준이 외부의 기대나 타인의 평가에 의존하게 되는 경우, 자신을 진정한 모습으로 받아들이지 못하게 되고 자기 수용이 어려워질 수 있다.
⑤ **긍정적 관심은** 타인이 가진 어떤 특성이나 행동에 관계없이 무조건적인 존중과 사랑을 표현하는 개념으로, 조건 없이 사람을 받아들이고 존중하는 태도를 말한다.

정답 ③

060

밀러와 롤닉(W. Miller & S. Rollnick)의 동기강화모델의 원리로 옳지 않은 것은? ·23회

① 불일치감 인식하기   ② 자기효능감 지지하기
③ 저항과 함께하기   ④ 내적 의사소통 명료화하기
⑤ 공감 표현하기

해설

내적 의사소통 명료화하기는 **인지행동모델의 개입기법**이다. 내적 의사소통 명료화는 내면에서 일어나는 생각과 감정의 흐름을 명확히 하고 이해하는 과정으로, 이를 통해 클라이언트는 왜곡된 사고를 조정하고 감정과 행동의 변화를 이끌어낼 수 있게 된다. 이 문제는 신(新)개념 문제로 22회까지 출제되지 않았던 동기강화모델이 출제되었지만, 이 문제의 정답은 이미 출제되고 있는 기출논점(인지행동모델의 개입기법)으로 쉽게 고를 수 있었다.

+ 보충설명

밀러와 롤닉(W. Miller & S. Rollnick)의 동기강화모델(Motivational Interviewing, MI)은 클라이언트가 스스로 변화를 원하고 이를 실현할 수 있도록 돕는 심리학적 상담기법이다. ① 불일치감 인식하기, ② 자기효능감 지지하기, ③ 저항과 함께하기, ⑤ 공감 표현하기는 이 모델의 4가지 핵심원리에 해당한다.

정답 ④

제7장 가족에 대한 이해

제4영역 : 사회복지실천기술론

061 ✓확인 ☐☐☐

가족의 특성에 관한 설명으로 옳은 것을 모두 고른 것은?
• 18회

㉠ 사회변화에 민감한 체계이다.
㉡ 현대 가족은 점차 정서적 기능이 약화되고 있다.
㉢ 가족의 현재 모습은 세대 간 전승된 통합과 조정의 결과물이다.
㉣ 기능적인 가족은 응집성과 적응성, 문제해결력이 높은 가족이다.

① ㉠, ㉢
② ㉡, ㉣
③ ㉠, ㉡, ㉢
④ ㉡, ㉢, ㉣
⑤ ㉠, ㉡, ㉢, ㉣

해설
㉠ 가족체계는 가족을 둘러싼 각종 환경과 끊임없이 교류하면서 생존·적응해가며, **사회변화에 민감하여 사회변화와 함께 늘 변하고 있다.**
㉡ **정서적 기능이 약화**되고 있다. 즉 가족구성원들의 잦은 이동과 이로 인한 가족생활의 불안정, 세대차이, 부모역할 모델의 부족, 대화의 부족은 가족기능 수행에 문제를 일으키고 있으며, 이는 결과적으로 부부불화, 고부문제, 배우자 부정, 배우자 학대와 아동학대를 포함한 가정폭력 문제를 증가시키고 있다.
㉢ 시간적 차원에서 가족은 역사성을 띠고 있다. **가족의 역사성이란** 현재 우리가 속해 있는 가족은 여러 세대를 거쳐 아버지 쪽과 어머니 쪽 가족의 특성들이 전해 내려오면서 통합과 조정의 과정을 거쳐 형성된 결과물이라는 것이다.
㉣ 기능적인 가족은 서로 염려하고 깊이 신뢰하는 분위기가 형성되어 **응집성이 높으며 적응적 경계인 개방형 가족체계로서, 가족생활주기에 요구되는 과업수행에 융통적이며 문제해결력이 높은 가족이다.**

정답 ⑤

062 ✓확인 ☐☐☐

현대사회 가족의 변화에 해당하지 않는 것은?
• 16회

① 규모의 축소
② 권력구조의 불평등 심화
③ 생활주기의 변화
④ 기능의 축소
⑤ 형태의 다양화

해설
가족성원 권력구조가 평등화되었다. 전통적 가족은 가부장적이고 불평등, 부자유의 이념원리에 의하여 지배되는 봉건적 가족이라고 매도되고, 기혼여성의 사회활동참여 증가 등의 현상으로 아버지의 가장으로서의 권위, 남자로서의 권위가 저하되었다.

+ 보충설명

① **가족규모의 축소와 단순화** : 가족분화와 핵가족화 현상, 인위적 출산조절정책으로 인한 출생아 수의 감소, 가족에서의 독립증가, 가족결손이나 가족해체로 인한 단독구구, 부부가족 등 가족규모가 단순화되고 축소되고 있다.
③ **가족생활주기의 변화** : 가장 두드러진 변화는 가족생활주기에 진입하기 이전 기간이 길어지는, 즉 초혼연령의 상승과 출산율 저하로 인하여 가족생활주기가 매우 단축되고 있다는 점과 고령화 현상으로 자녀 결혼의 완료에서 한쪽 배우자의 사망과 나머지 배우자의 사망까지의 주기가 길어지고 있다는 점이다.
④ **가족기능의 축소와 변화** : 가족의 보호기능, 부양기능이 감퇴되는 등 전통적 가족의 기능이 전문적 사회기관 등으로 이전되는 가족기능의 사회화 현상이 뚜렷하다. 가족이 기존에 수행하던 많은 기능을 다른 사회제도에 넘겨주거나 공유하게 되었다(예 자녀의 양육과 사회화는 교육제도의 발달로 보육시설과 학교로, 아동, 노인, 병약자 등 의존적인 가족구성원에 대한 보살핌은 사회복지영역으로 이전).
⑤ **가족에 대한 가치체계의 다양화로 인한 가족형태의 다양화** : 우리나라의 전통적 확대가족과 핵가족, 노인가족, 한부모가족, 재결합가족, 혼합가족, 위탁가족, 공식적으로 결혼식이나 혼인신고를 하지 않고 사는 동거부부, 실험·계약결혼, 독신자가족, 주말가족 등 비동거가족, 공동체거주가족 등 가족의 형태가 다양해지고 있다.

정답 ②

063

가족체계의 순환적 인과성에 관한 설명으로 옳지 않은 것은?

· 16회

① 가족체계 내 문제가 세대 간 전이를 통해 나타남을 의미한다.
② 가족구성원이 많을 때 더욱 복잡한 양상을 띤다.
③ 상호 영향을 주고받는 과정에서 나타나는 현상이다.
④ 가족의 문제가 유지되는 상호작용 과정을 파악하여 문제를 해결한다.
⑤ 증상을 표출하는 성원 또는 다른 성원의 변화를 통해 가족 문제를 해결한다.

해설

순환적 인과성 원칙(circular causality, 순환적 인과관계)은 단선적 또는 직선적 인과관계(linear causality)와 대립되는 개념으로, 결과로 나타난 한 현상은 그 앞의 원인변수에 의해 한 방향으로 영향을 받아서 나타난 것이 아니라 상호영향을 주고받는 순환과정에서 나타난 현상 (A ⇆ B)이다.

✗ 오답풀이

① 가족체계 내 문제가 세대 간 전이를 통해 나타남을 의미하는 것은 보웬의 다세대가족치료에서 가족양상의 다세대 전이를 말하는 것으로, 가족정서과정(분화수준, 삼각관계, 융합 등)이 그 세대에서 그치는 것이 아니라 대를 이어 전개된다는 것이다.

정답 ①

064

가족의 일반적 특성에 관한 설명으로 옳은 것을 모두 고른 것은?

· 13회

㉠ 다세대에 걸친 역사성의 산물이다.
㉡ 가족구성원 간 상호 영향은 지속적이다.
㉢ 가족마다 권력구조와 의사소통 형태를 갖고 있다.
㉣ 가족 내 공식·비공식 역할들이 고정되어 있다.

① ㉠, ㉡, ㉢ ② ㉠, ㉢ ③ ㉡, ㉣
④ ㉣ ⑤ ㉠, ㉡, ㉢, ㉣

해설

㉠ 가족은 시간적 차원에서 역사성을 띠고 있다. **가족의 역사성**은 현재 우리가 속해 있는 가족은 여러 세대를 거쳐 아버지 쪽과 어머니 쪽 가족 특성들이 전해 내려오면서 통합과 조정의 과정을 거쳐 형성된 결과물을 말한다.
㉡ 가족구성원 간에 각 개인의 생각, 정서, 감정, 행동 등에 끊임없이 영향을 미치는 존재가 가족이다. 즉, **가족구성원 간 상호영향은 지속적이다.**
㉢ 가족은 나름대로의 **권력구조**를 갖는다. 즉, 가족구성원 중 누군가가 상대적으로 강한 권력을 갖게 된다. 또한 가족은 공공연하거나 은밀하면서도 복잡한 형태의 **의사소통형태**를 가지고 있다.

+ 보충설명

㉣ 가족의 각 구성원들에게 나름대로 할당되고 부여된 역할들이 있으며, 이런 **역할의 종류와 특성들은 가족이 성장해 가면서 가족 내부 상황 또는 가족 외부 환경의 영향에 따라 생성, 소멸, 분화 또는 변화될 수 있다.**

정답 ①

065

가족에 관한 설명으로 옳지 않은 것은? · 17회

① 사회 변화에 따라 가족의 구조와 기능도 변화한다.
② 위기 시 가족은 역기능적 행동을 보일 수도 있지만 가족탄력성을 보일 수도 있다.
③ 가족은 생활주기를 따라 단계적으로 발달하고 변화한다.
④ 가족은 가족항상성을 통해 다른 가족과 구별되는 정체성을 갖는다.
⑤ 가족은 권력구조를 갖고 있지 않은 애정공동체이다.

해설

가족이란 인류사회 보편적인 제도로서 자녀양육의 기능을 중심으로 특정한 공간과 특정한 애정의 유대로 연결된 특정한 사람들의 집합체(애정공동체)이다. 모든 가족은 그 정도와 형태의 차이는 있지만 일정의 **권력구조를 갖는다**. 가족권력은 한 성원이 다른 가족성원의 행동변화를 지시할 수 있는 힘을 말하며, 가진 자원이 많은 가족성원은 가족 내에서 더 많은 권력을 행사한다.

+ 보충설명

① 사회 변화에 따라 한부모가족, 다세대가족, 핵가족, 노인가족, 독신자 가족, 주말가족 등 **가족의 구조가 다양해지고 있으며**, 가족의 보호기능, 부양기능이 감퇴되는 등 **전통적 가족기능이 전문적 사회기관 등으로 이전되는 가족기능의 사회화 현상이 뚜렷**하다.
② **가족탄력성**(Family Resilience, 회복력)은 어려움의 경험에 직면하여 활성화되고 형성되는 것이며, 도전과 어려움에 긍정적으로 접근하는 가족의 능력과 과정이다. 즉, 기능적 단위로서의 **가족이 위기 상황에 대한 대처와 적응의 과정을 의미**한다.
③ 가족의 생활주기가 어떻게 구성되며 각 단계에서 과업이 무엇이냐 하는 것은 학자에 따라 다소 차이가 있지만, 가족은 가족생활주기가 있다. **가족생활주기**(family life cycle)란 가족이 변해가는 과정으로, 전형적인 가족이 일생 동안 거치게 되는 중요한 단계들의 시간적 연속을 나타낸 것이다.
④ **가족항상성**은 가족 내에서 일어나는 내적이고 지속적인 관계를 유지시켜 주는 상호작용적 과정을 뜻하며 내적인 균형을 보장해 주는 것으로, 가족은 그들이 원하는 고유한 행동양식들만을 유지하면서 나름대로의 안정상태를 유지한 채 살아가게 된다. 가족항상성의 원리 내에서 가족규칙, 의사소통형태, 위기를 다루는 방식 등이 파악될 수 있으며, 이를 통해 다른 가족과는 구별되는 정체성을 갖는다.

정답 ⑤

066

가족관계와 치료에 관한 설명으로 옳은 것은? · 9회

① 이중구속(double binds)은 가족의 유대관계를 강화한다.
② 폐쇄가족체계에서는 외부 환경과 정보의 교환이 자유롭다.
③ 전문가의 객관적 입장을 강조하는 것이 1차 수준의 사이버네틱스(cybernetics)이다.
④ 가족의 순환적 인과관계(circular causality)는 가족을 단선적으로 이해하는 것이다.
⑤ 구두점(punctuation)은 가족 문제의 원인과 결과에 영향을 미치지 않는다.

해설

1차 수준 사이버네틱스는 한 체계의 사이버네틱스 작용현상을 객관적 입장에서 그 작용 자체에 영향을 주지 않으면서 관찰 가능하다고 보는 입장으로, 가족 내부에서 발생하고 있는 여러 가지 행동과정을 전문가가 객관적으로 발견해 낸 후 경우에 따라 일부 또는 전부에 수정을 제안하거나 직접 수정을 위한 행동을 취할 수 있다는 것이다. 반면에, 2차 수준 사이버네틱스는 가족을 대하는 전문가는 자신의 가치, 전문지식, 이론적 관점 등을 통해 가족 내부 행동과정을 파악하려 하기 때문에 동일한 가족의 양상이라 하더라도 **어떤 전문가가 개입하느냐에 따라 다양하게 파악되고 수정될 수 있다는 것**이다.

+ 보충설명

일차적 사이버네틱스와 이차적 사이버네틱스 비교

구 분	일차적 사이버네틱스	이차적 사이버네틱스
전문가 위치	시스템 밖(객관적 관찰자)	시스템 안(상호작용 참여자)
가족	독립된 체계	독립된 실체가 아님
초점	시스템(가족) 내부에 초점	관찰자와 시스템 간 관계에 초점
강조	객관성·문제해결	주관성·상호작용
변화방식	외부에서 변화를 주도	관계 속 상호작용을 통해 변화 발생
핵심질문	이 가족은 왜 이렇게 작용하는가?	내가 이 가족과 상호작용하면서 어떤 변화를 만들어내는가?

정답 ③

067

가족 내부의 역동성에 관한 설명으로 옳은 것은? · 13회

① 이중구속(double binds)은 가족의 응집 정도를 나타내는 것이다.
② 일치형 의사소통은 객관적 사실과 논리에 기초한 의사소통 행위다.
③ 가족 하위체계 간 경계가 모호하면 그 관계가 소원해진다.
④ 전문가의 가족 개입 과정에서 가족의 항상성이 작동될 수 있다.
⑤ 부적 피드백은 가정 내 일탈행동을 증폭시킨다.

해설

항상성이란 가족의 모든 행동양식 가운데 가족이 허용하는 일정선을 넘는 행위를 차단함으로써 유지된다고 볼 수 있는 데, **전문가에 의한 가족 개입 과정에서 변화에 대한 일종의 저항으로 가족의 항상성이 나타날 수 있다.** 가족문제를 해결하기 위해 외부 전문가에게 도움을 요청한 가족이라 할지라도 진정한 변화를 달가워하지 않는 경우가 흔히 나타나는데, 이것은 가족의 항상성에서 유래된다고 볼 수 있다. 즉, 문제가 있는 현재 상태가 외부 전문가의 개입 후 변화된 가족상태보다 더 편하고 익숙하기 때문에 직접적 간접적으로 전문가에 의한 변화시도를 거부하는 것이다.

오답풀이

① 이중구속(double-bind message)은 어떤 한 사람에게 두 개의 상반되는 메시지가 거의 동시에 전달됨으로써 메시지를 받은 사람이 혼돈의 상황에 빠지게 됨을 의미하는 것으로 역기능적인 의사소통에 해당한다.
② 객관적 사실과 논리에 기초한 의사소통은 사티어(Satir)의 의사소통 유형 중 **계산형(초이성형)에 해당되는 것으로, 계산형은 불일치형 의사소통에 해당한다.**
③ 가족 하위체계 간 경계가 모호한 것은 **밀착된 경계선**을 말하는 것이다. 밀착된 경계선에서는 가족구성원들 사이의 경계선이 개방적이며 거리감이 없고 소속감이 강한 반면, 독립과 자율성은 부족하다.
⑤ 부적 피드백은 어떤 상태나 변화, 새로운 행동이 부적절하므로 원래 상태로 돌아가게 하는 환류로, **체계의 이탈을 수정하거나 변화시키는 것이다.** 참고로 가정에서 일어나는 일탈행동이나 위기상황에 적용하면, **정적 피드백은** 최초의 일탈이나 위기상황을 증폭시키는 작용을 하고, **부적 피드백은** 일탈이나 위기상황으로 더 이상 진전되는 것을 멈추고 원래의 상태로 되돌아가게 하는 작용을 한다.

정답 ④

068

가족사회복지실천의 개념에 관한 설명으로 옳은 것을 모두 고른 것은? · 17회

㉠ 1차 수준 사이버네틱스(cybernetics) - 전문가가 가족 내부의 의사소통과 제어과정을 객관적으로 발견한다.
㉡ 환류고리(feedback loop) - 가족규범이 유지되거나 변화되는 과정을 설명한다.
㉢ 가족의사소통 - 내용기능이 관계기능보다 더 중요하다.
㉣ 가족규칙 - 암묵적인 규칙은 역기능적이므로 제거되어야 한다.

① ㉠
② ㉠, ㉡
③ ㉡, ㉢
④ ㉡, ㉢, ㉣
⑤ ㉠, ㉡, ㉢, ㉣

해설

㉠ 1차 수준 사이버네틱스(cybernetics)는 가족 내부에서 발생하고 있는 여러 가지 행동과정을 전문가가 객관적으로 발견해 낸 후 경우에 따라 일부 또는 전부에 수정을 제안하거나 직접 수정을 위한 행동을 취할 수 있다는 것이다.
㉡ 가족은 가족 내 규범을 규정하고 강화함으로써 항상성(homeo stasis)을 유지하려는 속성을 가진다. 가족 성원들은 **환류고리(feedback loop)**에 따라 가족규범을 서로 강화하고, 규범으로부터 지나치게 벗어나려는 행동을 부적(negative) 환류과정을 통해 제지함으로써 항상적 균형에 기여하며 정적(positive) 환류과정을 통해 변화에 대한 적응에 기여한다.

오답풀이

㉢ 가족의사소통은 2가지 기능, 즉 내용(content) 기능과 관계(relationship) 기능을 가지고 있다. 내용(content) 기능은 사실적인 정보, 의견, 감정을 전달하며, 관계(relationship) 기능은 정보가 전달되는 과정에서 관계의 속성을 규정한다. 내용기능과 관계기능은 무엇이 더 중요한 것이 아니라 모두 중요하다.
㉣ 가족규칙(family norm, 가족규범)의 종류에는 가족이 인정하고 인식하며 알고 있는 신념으로 강제력이 있어 가족의 행동을 규제하는 **명시적 규칙**(예 늦으면 반드시 전화할 것, 외출에서 돌아오면 먼저 씻을 것, 매주 일요일이면 교회에 가는 것 등)과 가족원들에 의해 논의되지 않았고 분명히 인식되지 않은 채 숨겨진 **암묵적 규칙**(예 명절은 가족과 함께 지내기, 홀로 되신 부모님은 자식이 모시기 등)이 있다. 암묵적 규칙은 눈에 보이지 않으므로 오히려 더 강한 규칙이 되고 행동지침이 된다. 암묵적인 규칙이라고 역기능적인 것은 아니다. 명시적이든 암묵적이든 그 규칙이 가족의 건강성과 의사소통에 어떤 영향을 미치는가에 따라 기능적 또는 역기능적으로 평가된다.

정답 ②

069

가족대상 사회복지실천에 관한 설명으로 옳은 것은? · 19회

① 누가 가족문제를 일으키는 원인제공자인지 확인하기 위해 순환적 인과관계를 적용한다.
② 동귀결성을 적용하여 어떤 결과에 어떤 하나의 원인이 작용하였는지를 밝힌다.
③ 가족은 사회환경의 하위체계이나 그 내부는 하위체계가 없는 체계다.
④ 가족체계는 성장과 발전을 추구하면서도 지나친 변화는 제어하며 일정한 안정성을 유지하고자 한다.
⑤ 일차적 사이버네틱스에서 가족은 스스로 창조하고 독립된 실제이며 사회복지사를 가족과 완전히 분리된 사람으로 보지 않는다.

해설

가족체계는 성장과 발전을 추구하면서도 지나친 변화는 제어(control)하며 일정한 안정성을 유지하고자 하는 **가족 항상성(homeostasis)**이 있다.

오답풀이

① 누가 가족문제를 일으키는 원인제공자인지 확인하는 것은 **단선적 또는 직선적 인과관계**를 적용하는 것으로, 이것은 결과로 나타난 한 현상은 그 앞의 원인변수에 의해 한 방향으로 영향을 받아서 나타난 현상으로 본다. 반면에 **순환적 인과관계는** 상호적 인과관계로 원인에 의해 결과가 일어나고 그 결과가 다시 원인이 되어 어떤 결과를 가져오는 현상으로 본다.
② **다귀결성을 적용**하여 어떤 결과에 어떤 하나의 원인이 작용하였는지를 밝힌다. 반면에 **동귀결성을 적용**하면 어떤 하나의 결과에 다양한 원인이 작용하였는지를 밝히는 것이다.
③ 가족은 사회환경의 하위체계이며 **그 내부는 하위체계가 있는 체계**다. 즉, 가족을 둘러싸고 있는 사회환경은 가족의 상위체계가 되고 가족은 사회환경의 하위체계가 된다. 가족에는 부모 하위체계, 부부 하위체계, 형제 하위체계, 여성 하위체계, 남성 하위체계, 부녀 하위체계, 모자 하위체계, 부자 하위체계 등 수많은 하위체계가 존재할 수 있다.
⑤ **일차적 사이버네틱스에서** 가족은 스스로 창조하고 독립된 실제이며 사회복지사를 가족과 완전히 **분리된 사람으로 본다**. 가족이 스스로 창조한다는 것은 가족이 외부와 상관없이 자기 규칙과 현실을 만드는 독립적 시스템이라는 의미이다. 반면에 **이차적 사이버네틱스에서** 가족은 스스로 창조하지 않고 독립된 실제가 **아니며**, 관찰하는 사람과 관찰을 당하는 체계 사이에 상호작용이 존재하기 때문에 사회복지사를 가족과 완전히 **분리된** 사람으로 **보지 않는다**. 가족이 스스로 창조하지 않는다는 것은 가족이 외부(관찰자, 사회복지사)와의 상호작용 속에서만 현실이 만들어지므로, 독립적 실체로 존재하지 않는다는 의미이다.

정답 ④

070

가족생활주기에 관한 설명으로 옳은 것을 모두 고른 것은?
· 10회

㉠ 가족은 동일한 단계를 거쳐 발달한다.
㉡ 이혼가족은 부모 자신의 적응과 자녀 양육의 과업 수행을 병행한다.
㉢ 청소년기 자녀를 둔 부모는 훈육과 통제를 강화해야 한다.
㉣ 재혼가족은 새로운 관계에 대한 적응 및 재조정 과업을 수행해야 한다.

① ㉠, ㉡, ㉢
② ㉠, ㉢
③ ㉡, ㉣
④ ㉣
⑤ ㉠, ㉡, ㉢, ㉣

해설

㉠ 가족생활주기는 고정적인 것이 아니며, 각 가족마다의 독특한 생활경험에 따라 달라질 수 있고, 사회와 문화에 따라 다양해질 수 있다.
㉢ 청소년기 자녀를 둔 부모는 자녀의 자립을 인정하는 가족경계의 확대(자녀의 독립과 조부모 노쇠를 수용하기 위한 가족 경계선의 융통성 필요)가 필요하다.

정답 ③

071

가족생활주기에 관한 설명으로 옳지 않은 것은? • 14회

① 가족구조와 발달과업의 변화를 파악하는 데 활용한다.
② 가족생활주기를 파악하기 위해 가족의 생태도를 작성한다.
③ 가족이 형성된 시점부터 배우자 사망에 이르기까지의 생활변화를 볼 수 있다.
④ 가족이 발달하면서 경험하게 될 사건이나 위기를 예측하는 데 도움이 된다.
⑤ 가족생활주기의 단계는 가족유형이나 사회문화적 배경에 따라 상이할 수 있다.

해설
가족생활주기를 파악하기 위해서는 생태도가 아니라 **생활주기표**(life cycle matrix, 생애주기표)를 작성한다.

정답 ②

072

가족대상 사회복지실천의 과정에 관한 설명으로 옳은 것을 모두 고른 것은? • 19회

㉠ 가족과 함께 문제의 우선순위를 설정한다.
㉡ 사회복지사는 한 단계 낮은 자세를 취하여 가족의 정보를 얻는다.
㉢ 가족과의 관계형성을 위해 가족이 있는 곳으로 합류할 필요가 있다.
㉣ 문제가 가족 모두에게 영향을 미치고 있고 가족구성원이 그 문제의 발생과 유지에 영향을 주고 있을 경우 가족단위의 개입을 고려한다.

① ㉣ ② ㉠, ㉢ ③ ㉡, ㉣
④ ㉠, ㉡, ㉢ ⑤ ㉠, ㉡, ㉢, ㉣

해설
㉠ 사회복지사는 가족들로부터 청취한 여러 가지의 문제상황 중에서 가장 먼저 해결해야 하는 문제들부터 나중에 해결해야 할 문제들의 순서로 우선순위를 정하기 위해 가족과 함께 협상하고 그 결과를 바탕으로 개입 우선순위 목록을 작성한다.
㉡ 사회복지사는 가족보다 한 단계 낮은 자세를 취할 때 가족으로부터 풍부하고 자세한 정보를 얻을 수 있다. 즉, 가족의 삶의 양상, 가치, 자원, 문제해결 노력, 문제로 인한 고통의 깊이 등에 대해 사회복지사는 가족보다 잘 모르니 가르쳐 주면 잘 배우겠다는 자세를 말로 표출하는 것이다.
㉢ 합류는 가족과 하나가 되어 가족과 섞이는 방법으로 라포와 비슷한 개념이다. 사회복지사가 개입대상 가족의 세계 속으로 안심하고 자리잡고 들어가는 것이며, 가족의 입장에서는 사회복지사를 자신의 세계(삶, 생각, 느낌) 속에 받아들이는 것이다.
㉣ 문제가 가족 모두에게 영향을 미치고 있고 가족구성원이 그 문제의 발생과 유지에 영향을 주고 있을 경우는 **순환적 인과관계 관점을 가지고 가족단위의 개입을 하는 노력**이 중요하다. 이러한 관점에서 가족단위 개입의 목적은 가족 내부에서 찾아낸 악순환적인 인과관계의 연쇄고리를 건설적이고 긍정적인 연쇄고리로 변화시키는 것이 될 것이다.

정답 ⑤

제8장 가족문제 사정

제4영역 : 사회복지실천기술론

073 ✓확인 ☐☐☐

가족의 구조와 기능에 관한 설명으로 옳은 것을 모두 고른 것은?

• 10회

> ㉠ 부모와 자녀 간의 밀착된 관계는 하위체계 간 균형을 유지하게 한다.
> ㉡ 가족 하위체계 간 경계는 경직된 경계와 모호한 경계의 둘로 구분한다.
> ㉢ 가족규칙이 가족발달 단계에 따라 변화할 때 역기능적이다.
> ㉣ 가족 내 역할을 파악하는 것이 가족을 이해하는 데 도움이 된다.

① ㉠, ㉡, ㉢ ② ㉠, ㉢ ③ ㉡, ㉣
④ ㉣ ⑤ ㉠, ㉡, ㉢, ㉣

해설
가족역할은 '가족의 기대와 규범에 의해 강화되는 개별적으로 규정된 행동패턴'이다. 가족에 있어서 이런 역할은 가족에게 이익이 되는 행동을 포함한다. 가족 내 역할을 파악하는 것은 가족을 이해하는 데 도움이 된다.

✗ 오답풀이
㉠ **밀착된 관계**는 가족 구성원 간의 상호작용에서 그 관계가 지나치게 밀착되어 있고 강력해 서로의 생활에 지나치게 관여하고 과잉염려를 하는 것을 일컫는 것으로 하위체계 간 균형을 유지하지 못한다.
㉡ 미누친(Minuchin)은 하위체계 간의 상호 역동성은 경계선이 밀착되어 있는지, 명확하게 있는지, 분리되어 있는지에 따라 **밀착된 경계, 분명한 경계, 그리고 유리된 경계로 구분**할 수 있다고 했으며, 모든 가족들은 밀착된 경계선과 유리된 경계를 양극으로 하는 연속선상의 어느 지점에 위치한다고 보았다.
㉢ 가족규칙은 가족집단 내에서 무엇이 적절한 행동으로 받아들여지는가를 구체화하는 규칙이다. 잘 기능하는 가족에서 규칙은 **변화하는 상황에 따른 변화**를 고려하며, 모든 가족 구성원들이 자신의 의견을 자유롭게 말할 수 있다.

정답 ④

074 ✓확인 ☐☐☐

가족 경계에 관한 설명으로 옳은 것은?

• 11회

① 개방형 가족은 환경과의 경계가 없다.
② 유연한 경계를 가진 가족은 구성원 간 경계가 모호하다.
③ 밀착가족의 구성원 간 경계는 경직되어 있다.
④ 방임형 가족은 가족 외부와의 구분이 거의 없다.
⑤ 유리된 가족에는 가족 구성원 간 경계가 없다.

해설
가족 외부와의 경계 구분에서 **방임형 가족체계(혼돈된 경계)**는 가족 외부와의 구분이 거의 없다. 참고로 **가족 외부와의 경계로 구분한 가족 유형은 폐쇄형 가족체계, 개방형 가족체계, 방임형 가족체계로 구분하며, 가족체계 내부 경계선은 밀착된 경계(모호한 경계), 유리된 경계(분리된 경계, 경직된 경계), 분명한 경계(명확한 경계)로 구분**한다.

✗ 오답풀이
① 개방형 가족은 **환경과의 경계가 명확**하다. 즉 가족 외부와의 경계가 명확하면서도 침투력이 있는 가족이다.
② **유연한 경계를 가진 가족은 구성원 간 명료한 경계를 가지고 있으며**, 구성원 간 경계가 모호한 것은 밀착된 경계를 가진 가족이다.
③ **유리된 가족의 구성원 간 경계는 경직**되어 있다.
⑤ 유리된 가족에는 가족 구성원 간 경계가 **심하게 분리되어 가족 성원들 사이의 경계는 경직되어 있고, 지나치게 분명하며, 가족 구성원들 간의 상호교류를 하지 않는 것을 의미한다.

정답 ④

075

가족경계(boundary)에 관한 설명으로 옳은 것은? • 21회

① 하위체계의 경계가 경직된 경우에는 지나친 간섭이 증가한다.
② 하위체계의 경계가 희미한 경우에는 감정의 합일현상이 증가한다.
③ 하위체계의 경계가 경직된 경우에는 가족의 보호 기능이 강화된다.
④ 하위체계의 경계가 희미한 경우에는 가족 간 의사소통이 감소한다.
⑤ 하위체계의 경계가 경직된 경우에는 가족구성원이 독립적으로 행동하기 어렵다.

해설

희미한 경계를 갖고 있는 하위체계들 사이에 의사소통이 증가하고 상호 가족구성원에 대한 관심과 관여가 증가하며, 더 나아가 **감정의 합일현상이 증가**한다. 참고로 가족의 하위체계 경계가 희미한 경우는 밀착된 경계선(모호한 경계선, 애매한 경계선)에 해당된다. **밀착된 경계선**은 가족원들이 서로 지나치게 관여하고 간섭하기 때문에 적절한 경계가 결여된 경우로, 피차간에 일치를 요구하고 다른 의견을 용납하지 못한다.

오답풀이

① 하위체계의 경계가 **희미한 경우**에는 지나친 간섭이 증가한다. 하위체계의 경계가 경직된 경우는 경직된 경계선(유리된 경계선, 분리된 경계선)에 해당된다. 하위체계의 경계가 경직된 경우에는 가족구성원들 간의 상호교류를 하지 않는다.
③ 하위체계의 경계가 경직된 경우에는 가족의 보호 기능이 **작동하지 않게 된다**. 경직된 경계선(유리된 경계선, 분리된 경계선)은 꼭 필요한 경우조차 가족으로서의 보호기능을 수행하지 못하게 된다.
④ 하위체계의 경계가 **경직된 경우**에는 가족 간 의사소통이 감소한다.
⑤ 하위체계의 경계가 **희미한 경우**에는 가족구성원이 독립적으로 행동하기 어렵다.

정답 ②

076

가족 사정도구의 설명으로 옳은 것을 모두 고른 것은? • 9회

㉠ 가계도 : 세대 간 유형 반복 분석
㉡ 생활주기표 : 가족 성원의 발달단계별 수행 과제 파악
㉢ 생태도 : 가족에게 부족한 자원과 보충되어야 할 자원 이해
㉣ 생활력표 : 시기별 가족의 중요 사건이나 문제 발견

① ㉠, ㉡, ㉢   ② ㉠, ㉢   ③ ㉡, ㉣
④ ㉣   ⑤ ㉠, ㉡, ㉢, ㉣

해설

㉠ **가계도**는 가족 내 역동을 이해하거나 가족이 여러 세대에 발전시켜 온 가족역할, 유형, 관계 등을 가족과 함께 비위협적이고 상호적인 방법으로 살펴보기 위한 도구이다. 동거가족, 가족의 구조, 가족/구성원 간의 관계, 세대 간의 반복 유형, 가족 구성원 관계의 성격을 알 수 있다.
㉡ **생활주기표(가족생활주기표)**는 사람마다 시간적 흐름에 따라 성장, 발달하듯이 가족도 역시 역사적 전개 과정을 통해 발달단계를 거치며 성장하고 발전하며, 경우에 따라 퇴행을 할 수도 있다는 개념이다. 각 주기마다 가족 구성원들의 역할이 조금씩 변화되어 가는 것을 가족생활주기를 통해서 파악할 수 있다. 가족발달 단계가 개인발달 단계보다 덜 뚜렷하고 보다 가변적이지만, 그런 개념화는 사회복지사가 그 가족이 수행하지 않으면 안 되는 기능이 무엇인지를 이해하게 하고, 보다 넓은 맥락에서 가족의 기능 수행을 사정하며, 가족의 강점과 문제를 보다 잘 이해하는 데 도움을 줄 수 있다.
㉢ **생태도(ecomap)**는 클라이언트의 상황에서 의미 있는 체계들과의 관계를 그림으로 표현함으로써 특정 문제에 대한 개입계획을 세우는데 매우 유용한 도구로, 클라이언트의 양육환경과 유지환경의 종류와 관계의 질, 체계 사이의 에너지의 흐름을 보여줌으로써 가족에 대한 현재 지역사회 자원이나 체계들의 영향과 상호작용의 변화를 보여 준다. 이를 통해 가족 내부에 대한 이해와 외부와의 연결과 적응 정도를 파악(자원동원의 특징을 알 수 있음)할 수 있다.
㉣ **생활력 도표**는 클라이언트의 가족 구성원들이 생활하면서 겪었던 주요 사건을 연대기적으로 서술하되 표를 활용하여 작성한 것을 말한다.

정답 ⑤

077

가족사정방법에 관한 설명으로 옳은 것은? ·15회

① 가계도로 가족과 환경과의 접촉에서 발생하는 정보를 수집하고 정리한다.
② 생태도로 세대 간 반복되는 유형을 파악한다.
③ 사회적 관계망표로 사회적 관계에서의 지지 유형과 정도를 파악한다.
④ 가족지도로 가족생활주기를 파악한다.
⑤ PIE 척도로 종단적 생활사건을 한 눈에 파악한다.

해설
사회적 관계망표(social network grid)는 사회적 지지의 유형을 구분하고 가족의 환경과 필요한 자원을 파악하는 데 유용하다. 사회적 관계망격자를 통해 **사회적 관계망의 중요한 인물, 사회적 지지를 받는 생활영역, 사회적 지지의 특정유형과 중요도, 사회적 지지의 성격(상호적, 일방적), 개인적 친밀감 정도, 접촉 빈도, 관계기간** 등을 알 수 있다.

오답풀이
① 가족과 환경과의 접촉에서 발생하는 정보를 수집하고 정리하는 것은 **생태도**이다.
② 세대 간 반복되는 유형을 파악하는 것은 2~3세대에 걸친 가족관계를 간단한 그림으로 표현하는 **가계도**이다.
④ 클라이언트와 그 가족구성원의 생활주기 및 각 발달단계의 주요 과업을 하나의 도표로 나타낸 것은 **생활주기표(life cycle matrix, 생애주기표)**이다. **가족지도(family map)는** 미누친(Minuchin)이 가족구조를 명확히 하기 위해 사용한 도표로, 면담을 통해 가족 내의 세력관계나 의사소통방법, 정서 등을 관찰하여 이것을 가설로서 조직적으로 도식화하여 가족의 복잡한 문제를 단순화한다. 명료한 경계, 밀착된 경계, 유리된 경계, 협력관계, 지나친 밀착관계, 갈등관계, 연합, 우회 등을 표시한다.
⑤ 종단적 생활사건을 한 눈에 파악할 수 있는 것은 **생활력 도표(life history grid)**이다. 즉 생활력 도표는 클라이언트의 가족 구성원들이 생활하면서 겪었던 주요 사건을 연대기적으로 서술하되 표를 활용하여 작성한 것을 말한다. PIE 척도는 개인의 역할기능수행과 개인주변으로부터의 지지상황 모두를 고려하여 문제를 분류하는 체계이다.

정답 ③

078

가족사정도구에 관한 설명으로 옳은 것을 모두 고른 것은? ·17회

㉠ 생태도는 진행과정과 종결과정에서도 활용한다.
㉡ 생활력표를 활용하여 현재의 기능수행에 영향을 미치는 발달단계상 생활경험을 이해한다.
㉢ 소시오그램은 가족 구성원의 사회적 활동을 측정하는 도구이다.
㉣ 가족조각은 가족역동을 시각적으로 표현하여 구성원의 인식을 파악하는 도구이다.

① ㉠, ㉢   ② ㉠, ㉣   ③ ㉡, ㉢
④ ㉠, ㉡, ㉣   ⑤ ㉠, ㉡, ㉢, ㉣

해설
㉠ 사회복지사는 가족을 사정하기 위한 도구로 생태도를 사용하기도 하지만, **생태도(ecomap)는** 개입을 진행하는 과정에서 혹은 개입을 종결하는 과정에서 변화를 확인하기 위한 도구로 반복적으로 사용하기도 한다.
㉡ **생활력표(life history grid)는** 클라이언트의 가족 구성원들이 생활하면서 겪었던 주요 사건을 연대기적으로 서술하되 표를 활용하여 작성한 것으로, 그 표를 통해 **클라이언트의 현재 기능수행에 영향을 미치는 발달단계상 특정시기의 생활경험을 이해하는 데 도움이** 된다.
㉣ **가족조각(family sculpture)은** 가족끼리의 연합이나 동맹 그리고 갈등 등을 **시각적, 감각적 그리고 공간적으로 구체화시킬** 수 있다. 가족조각을 마친 후 사회복지사는 각 가족구성원에게 가족조각에 대해 어떤 생각과 느낌을 갖고 있는지 물어봄으로써 **가족구성원의 인식을 파악**한다.

오답풀이
㉢ 소시오그램은 집단 성원 간의 개인적 수용과 거부, 집단 내의 대인관계를 평가하기 위한 사정도구이다. 가족 구성원들이 일상생활을 해 나가는 동안 주로 접촉하는 사람들이나 기관들을 파악하고, 사회적, 문화적, 종교적, 그리고 지역활동에 참여를 파악하는 것이 생태도이므로, **가족 구성원의 사회적 활동을 측정하는 도구는 생태도**라고 할 수 있겠다.

정답 ④

제9장 가족 대상 실천기법 : 가족치료의 다양한 접근

제4영역 : 사회복지실천기술론

01 미누친의 구조적 가족치료

079 ·19회

아무리해도 말이 안 통한다고 하는 부부에게 "여기서 직접 한 번 서로 말씀해 보도록 하겠습니까?" 라고 하는 것은 어떤 기법을 활용한 것인가?

① 실연
② 추적하기
③ 빙산치료
④ 치료 삼각관계
⑤ 경계선 만들기

해설

치료자 앞에서 가족의 문제나 갈등 상황을 직접 실행해 보게 한 것이므로 실연 기법을 활용한 것이다. 실연(enactment)은 가족이 경험하고 있는 문제를 사회복지사가 보다 정확히 이해하기 위해 가족들로 하여금 문제상황을 사회복지사 앞에서 실제로 행동을 통해서 연기해 보도록 요구하는 것이다. 사회복지사는 가족의 실연이 진행되는 동안 세심한 관찰을 통해 그 가운데서 문제에 기여하는 역기능적 가족구조(기능)를 찾아낸다.

오답풀이

② 추적하기(tracking)는 가족들이 어떻게 행동하는가, 어떤 방식으로 이야기 하는가 등을 주의 깊게 관찰하고 그 과정을 따라가면서 정보를 수집하는 활동이다. 대화의 내용을 따라가면서 가족들의 상호작용 내용과 그것이 발생하는 맥락, 즉 배후 구조를 파악하는 것이다.
④ 치료 삼각관계(therapeutic triangle)는 가족 내에서 갈등이 있는 가족성원은 안정을 찾기 위해 제3자를 개입시켜 삼각관계를 형성하려는 경향이 있다는 가족치료이론을 전제로 하고 있으며, 사회복지사 또는 치료자가 포함된 관계로서 제3자가 된 치료자가 중립적인 정서적 관계를 만들어내는 것이다.

정답 ①

080 ·9회

가족의 하위체계 간 경계 만들기(boundary making)에 관한 설명으로 옳지 않은 것은?

① 세대 간 경계를 관찰할 때 문화적 가치를 고려해야 한다.
② 유리된 하위체계에서는 개인의 독립성을 고양해야 한다.
③ 가족 간 경계는 가족상담 시 가족이 앉은 위치를 통해 파악이 가능하다.
④ 밀착된 하위체계는 거리를 두어 가족성원의 자율성이 확보되도록 해야 한다.
⑤ 사회복지사가 자신의 신체를 이용해 분리되어야 할 사람끼리 눈 마주치는 것을 방해하는 것도 경계 만들기이다.

해설

유리된 하위체계는 각 체계 간의 소통이 어렵고 분리되어 있어 가족 간의 결속력이 약하고 소외되어 있는 경우가 많다. 따라서 과도한 독립성으로 인해 소외되어 있기 때문에 개인의 독립성을 고양하는 것은 옳지 않다. 가족들의 결속력을 다지기 위한 활동을 통해 소속감을 길러주고 가족 공동체를 회복하도록 도와야 한다.

정답 ②

081

다음 가족사례에 적용된 실천기법은? · 21회

> - 클라이언트 : "저희 딸은 제 말은 안 들어요. 저희 남편이 뭐든 대신 다 해주거든요. 아이가 남편 말만 들어요. 결국 아이문제로 인해 부부싸움으로 번지거든요."
> - 사회복지사 : "아버지가 아이를 대신해서 다 해주시는군요. 어머니는 그 사이에서 소외된다고 느끼시네요. 자녀가 스스로 할 수 있도록 아버지는 기다려주고 어머니와 함께 지켜보는 것이 어떨까요?"

① 합류
② 역설적 지시
③ 경계선 만들기
④ 증상처방
⑤ 가족조각

해설

"아버지가 딸을 대신 해 뭐든 다 해주는 것"을 통해 아버지와 딸이 밀착된 경계인 것을 알 수 있다. 사회복지사가 "자녀가 스스로 할 수 있도록 아버지는 기다려주고 어머니와 함께 지켜보는 것이 어떨까요?"라고 말을 한 것은 아버지와 딸의 밀착된 경계를 어느 정도 거리 두도록 만들기 위한 것으로 **경계만들기(boundary making)**를 적용한 것이다.

정답 ③

082

미누친(S. Minuchin)의 구조적 가족치료의 대표적 기법을 옳게 나열한 것은? · 23회

① 합류하기, 균형 깨뜨리기, 실연
② 합류하기, 경계 만들기, 가족그림
③ 경계 만들기, 탈삼각화, 과제부여
④ 과제부여, 균형 깨뜨리기, 역설적 지시
⑤ 균형 깨뜨리기, 경계 만들기, 순환적 질문

해설

미누친(S. Minuchin)의 구조적 가족치료의 대표적 기법에는 **합류하기, 균형 깨뜨리기, 실연, 경계만들기, 가족지도, 긴장고조시키기, 과제부여** 등이 있다.

오답풀이
② 가족그림은 **경험적 가족치료**의 기법이다.
③ 탈삼각화는 **다세대 가족치료**의 기법이다.
④ 역설적 지시는 **전략적 가족치료**의 기법이다.
⑤ 순환적 질문은 **전략적 가족치료**의 기법이다.

정답 ①

02 보웬식 가족치료 : 다세대 가족치료

083　　　　　　　　　　　✓확인 ☐☐☐

자아 분화에 관한 설명으로 옳은 것은?　　・14회

① 자아분화 수준이 낮을수록 사고와 감정이 균형을 이룬다.
② 자아분화 수준이 높을수록 가족체계의 정서로부터 분화된다.
③ 자아분화 수준이 낮을수록 타인과 융합하려는 경향이 줄어든다.
④ 자아분화 수준이 높을수록 삼각관계가 형성될 가능성이 높다.
⑤ 자아분화 수준이 낮을수록 적응력과 자율성이 커진다.

> **해설**
> 자아분화되면 될수록 개인은 가족체계에서 정서적 접촉을 하는 동안 하나의 개체가 될 수 있다.
>
> **+ 보충설명**
> ① 자아분화 수준이 **높을수록** 사고와 감정이 균형을 이룬다.
> ③ 자아분화 수준이 **높을수록** 타인과 융합하려는 경향이 줄어든다.
> ④ 자아분화 수준이 **낮을수록** 삼각관계가 형성될 가능성이 높다.
> ⑤ 자아분화 수준이 **높을수록** 적응력과 자율성이 커진다.
>
> 🔍 **정답** ②

084　　　　　　　　　　　✓확인 ☐☐☐

보웬(M. Bowen)의 다세대 가족치료의 기법이 적용된 사례에 관한 설명으로 옳지 않은 것은?　　・22회

① 자아분화 : 가족의 빈곤한 상황에서도 아동 자녀가 자율적으로 생각하고 행동함
② 삼각관계 : 아동 자녀가 부모와의 갈등을 피하기 위해 경찰에 신고함
③ 정서적 체계 : 부모의 긴장관계가 아동 자녀에게 주는 정서적 영향을 파악함
④ 가족투사 과정 : 핵가족의 부부체계가 자신들의 불안을 아동 자녀에게 투영하는 과정을 검토함
⑤ 다세대 전이 : 가족의 관계 형성이나 정서, 증상이 여러 세대에 걸쳐 전수되는 것을 파악함

> **해설**
> 삼각관계는 어떤 두 사람이 자신들의 정서적 문제에 또 다른 한 사람을 끌어들이는 형태로 기술하는 개념으로, 가족 관계에서 오는 불안과 긴장을 완화시키기 위해 가족 성원 중 한 사람을 관계로 끌어들이는 행위이다. 예를 들어, 부부가 그들의 문제를 해결하지 않은 채, 자녀를 끌어들여 자녀에게 초점을 맞추면서 긴장을 완화시키는 것을 들 수 있다. 아동 자녀가 부모와의 갈등을 피하기 위해 경찰에 신고한다는 것은 올바르지 않다.
>
> **+ 보충설명**
> ① 아동자녀가 자율적이며 독립적으로 생각하고 행동하는 것은 **자아분화 수준 정도와 관련되어 있다.**
> ③ **정서적 체계**란 가족이 융해(fusion)되거나 감정적으로 하나되는 상태를 이르는 말로, 사람들은 원가족에서 습득한 유형을 반복해서 적용함으로써 똑같은 유형이 그대로 자녀에게 전달된다. 따라서, 정서적 체계 측면에서 부모의 긴장관계가 아동 자녀에게 주는 정서적 영향을 파악하는 것은 올바르다.
> ④ **가족투사 과정**은 부모가 불안이 증가될 때 그들의 갈등을(자신의 미분화된 정서문제를) 자녀에게 전가하는 과정을 말한다. 투사는 어느 가정에서나 일어나는 것인데, 분화수준이 낮은 가정일수록 투사 경향이 심하다.
> ⑤ **다세대 전이(다세대 전수과정)**는 가족정서과정(분화수준, 삼각관계, 융합 등)이 그 세대에서 그치는 것이 아니라 대를 이어 전개되는 것을 의미한다.
>
> 🔍 **정답** ②

085

다음의 사례에서 활용한 개입 기법은? ・13회

> 어머니는 권위적인 아버지와 마찰이 있을 때마다 신경증 증상을 호소하며 분가한 4명의 자녀들을 집으로 불러들인다. 이때 가장 민감한 반응을 보이며 달려가는 것이 막내 경수다. 사회복지사는 경수에게 어머니의 신경증에 자동반사적으로 반응하지 않도록 하면서 자신의 생각과 감정을 명확히 하도록 했다.

① 합류
② 재구성
③ 탈삼각화
④ 균형 깨기
⑤ 경계 만들기

해설

탈삼각화 기법은 가족 내에 형성되어 있는 삼각관계에서 벗어남으로써 가족원의 자아 분화를 향상시키는 방법이다. 사회복지사가 경수에게 어머니의 신경증에 자동반사적으로 반응하지 않도록 하면서 자신의 생각과 감정을 명확히 하도록 한 것은 탈삼각화를 하기 위함이다.

정답 ③

086

보웬(M. Bowen)의 다세대체계이론에 관한 설명으로 옳은 것을 모두 고른 것은? ・15회

> ㉠ 자아분화수준이 낮은 부모는 미분화에서 오는 자신들의 불안이나 갈등을 삼각관계를 통해 회피하려 한다.
> ㉡ 나-입장취하기(I-position)는 타인을 비난하는 대신 자신이 생각하고 느낀 바를 말하며 탈삼각화를 촉진한다.
> ㉢ 가족조각으로 가족에 대한 인식을 시각적으로 표현하고 이해하도록 돕는다.
> ㉣ 가계도를 작성하고 해석하면서 가족의 정서적 과정을 가족과 함께 이야기한다.

① ㉠
② ㉡, ㉢
③ ㉠, ㉡, ㉣
④ ㉡, ㉢, ㉣
⑤ ㉠, ㉡, ㉢, ㉣

해설

㉠ 자아분화 수준이 낮은 사람일수록 그리고 긴장상태가 높은 사람일수록 삼각관계현상을 만들거나 그것에 합류될 가능성이 높다.
㉡ 나-입장취하기(I-position) 즉 나-전달법은 자신의 견해를 직접 표현하는 방법으로 쌍방 간에 정서적 충동에 의해 반응하는 경향을 막는 기법으로, 상대방의 행동을 지적하기보다는 자신의 생각과 느낌을 말하여 정서적 악순환을 깨는 직접적인 방법이다.
㉣ 가계도는 여러 세대에 걸친 가족의 정서체계를 도식화하는 방법으로, 가계도의 작성과 분석은 가족과 함께 이루어진다.

오답풀이

㉢ 가족조각(family sculpture)은 사티어(Satir)의 경험적 가족치료의 개입기법으로, 성원들이 가족에 대해 어떻게 인식하고 있는지를 시각적으로 표현함으로써 가족에 대한 이해를 돕기 위한 기법이다.

정답 ③

03 사티어의 경험적 가족치료 : 성장모델

087

가족조각 기법에 관한 설명으로 옳지 않은 것은? · 16회

① 가족의 상호작용 양상을 공간 속에 배치하는 방법이다.
② 가족 내 숨겨져 표현되지 못했던 감정이나 가족규칙 등이 노출될 수 있다.
③ 조각 후, 사회복지사는 현재의 조각이 어떻게 변화되기 바라는지를 다시 조각으로 표현하게 한다.
④ 조각을 하는 동안 서로 웃거나 이야기하지 않는다.
⑤ 가족을 조각한 사람은 객관성을 유지하기 위해 조각에서 제외되는 것이 일반적이다.

해설
가족을 조각한 사람은 자신을 제외한 다른 가족구성원들을 이용해 가족조각을 마친 후 조각을 만든 개인도 맨 마지막에 자신이 만든 조각의 어느 한 부분에 들어가 동작을 취해야 한다. 참고로 **가족조각(family sculpture)**이란 공간 속에서 가족구성원들의 몸을 이용해 가족의 상호작용 양상을 표현해 내는, 움직이는 형상의 조각이다. 사회복지사는 가족과 어느 정도 신뢰와 안전감이 확보되었다고 판단되었을 때 가족구성원 중 한명으로 하여금 가족의 현재 상호작용 양상을 가족구성원을 공간 속에 배치하는 방법을 통해 표현해 내도록 요구한다.

+보충설명
④ 가족조각을 하는 동안 가족은 서로 이야기를 하거나 웃지 않도록 해야 한다. 웃거나 이야기하는 일 등은 **자기를 드러내지 않으려는 자기방어적 행동**일 수 있기 때문이다.

정답 ⑤

088

사티어(V. Satir)의 의사소통 가족치료 모델에 관한 설명으로 옳지 않은 것은? · 15회

① 자아존중감 향상을 목적으로 한다.
② 개인의 내적 과정을 이끌어내기 위해 빙산기법을 활용한다.
③ 효과적인 의사소통을 위해 솔직하게 표현하고 타인의 생각과 감정을 수용한다.
④ 회유형 의사소통은 기능적 의사소통이다.
⑤ 정서적 경험과 가족체계에 대한 이중적 초점을 강조한다.

해설
사티어(Satir)의 의사소통 유형 중 **기능적 의사소통은 일치형**이다. 회유형(아첨형), 비난형, 계산형(초이성형), 혼란형은 역기능적 의사소통이다.

+보충설명
② **빙산기법**이란 클라이언트의 변화를 촉구하기 위해서는 표면적인 경험뿐만 아니라 잠재되어 있는 내적 과정도 다루어 역동적으로 변화시키기 위해 사용되는 기법이다.
⑤ **이중적 초점**은 가족 구성원 개개인의 내면 감정(정서)과 그 감정들이 얽혀 있는 가족 전체 구조(체계)를 함께 본다는 뜻이다.

정답 ④

089

사티어(V. Satir)의 의사소통유형에 관한 설명으로 옳은 것은?
· 20회

① 회유형은 자신을 무시하고 타인을 떠받든다.
② 일치형은 자신을 보호하기 위해 타인을 비난한다.
③ 산만형은 자신과 타인을 무시하고 상황을 중요시한다.
④ 초이성형은 자신과 상황을 중시하고 상대를 과소평가한다.
⑤ 비난형은 자기 생각을 관철시키려고 어려운 말로 장황하게 설명한다.

해설
회유형(아첨형)은 **자신을 무시하고 타인과 상황을 존중**한다.

오답풀이
② **비난형**은 자신을 보호하기 위해 타인을 비난한다. 즉, **비난형**은 취약한 자신을 보호하기 위해 타인과 주변환경을 괴롭히고 비난한다.
③ **초이성형**은 자신과 타인을 무시하고 상황을 중요시한다.
④ **비난형**은 자신과 상황을 중시하고 상대를 과소평가한다.
⑤ **초이성형**은 자기 생각을 관철시키려고 어려운 말로 장황하게 설명한다. 즉, 초이성형은 완벽하게 생각하고 표현하기 위해 **복잡하고 현학적인 용어**를 사용하여 미세한 사실을 장황하게 설명하려는 성향이 있다.

정답 ①

090

알코올 의존을 겪는 가장과 그 자녀의 상황에 사티어(V. Satir)의 의사소통 유형을 적용한 것으로 옳은 것은?
· 22회

① 회유형 : 모든 것이 자녀 때문이라며 자신이 외롭다고 함
② 초이성형 : 스트레스가 유해하다는 연구를 인용하며 술이라도 마셔서 스트레스를 풀겠다고 침착하게 말함
③ 비난형 : 어려서 고생을 많이 해서 그렇다며 벌떡 일어나 방 안을 왔다갔다 함
④ 산만형 : 살기 힘들어 술을 마신다며 자신의 술 문제가 자녀 학업을 방해했다고 인정함
⑤ 일치형 : 다른 사람들 말이 다 옳고 자신은 아무것도 아니라고 술 문제에 대한 벌을 달게 받겠다고 함

해설
초이성형은 정확하게 분석하여 원인을 규명하고, 논리적으로 비판하고 평가하며 자기주장을 내세운다. 주요 언어적 표현으로 "최근의 연구자료에 의하면...."이라고 말한다. 주요행동으로는 단조로운 목소리 경직된 태도이며, 기계나 컴퓨터 같은 인상이다.

오답풀이
① 모든 것이 자녀 때문이라며 자신이 외롭다고 하는 것은 **비난형**에 해당된다. 비난형은 취약한 자신을 보호하기 위해 타인과 주변환경을 비난한다. 내적 정서상태는 "나는 외롭다."이다.
③ 어려서 고생을 많이 해서 그렇다며 벌떡 일어나 방 안을 왔다갔다 하는 것은 **산만형**에 해당한다. 산만형은 상황과 동떨어진 말을 하며, 주요 행동으로 끊임없이 움직인다.
④ 살기 힘들어 술을 마신다며 자신의 술 문제가 자녀 학업을 방해했다고 인정하는 것은 **일치형**에 해당된다. 일치형은 언어적 메시지와 억양, 표정, 자세, 내부 정서 등이 일치하며, 언어에 진솔한 감정이 묻어난다.
⑤ 다른 사람들 말이 다 옳고 자신은 아무것도 아니라고 술 문제에 대한 벌을 달게 받겠다고 하는 것은 **회유형**에 해당한다. 회유형(아첨형)은 "모두 내 잘못입니다.", "나는 아무것도 아닙니다."라는 언어적 표현을 주로 한다.

정답 ②

04 해결중심 가족치료

091 ·19회

해결중심모델에 관한 설명으로 옳지 않은 것은?

① 사회복지사는 클라이언트를 변화시키는 전문가가 아니라 변화에 도움을 주는 자문가 역할을 한다.
② 문제의 원인과 발전과정에 관심을 두기보다 문제해결 방안을 모색하는 것이 더 효과적이라고 본다.
③ 모든 사람은 강점과 자원, 능력을 가지고 있다고 가정한다.
④ 클라이언트의 견해를 존중한다.
⑤ 클라이언트의 과거에 관해 깊이 탐색하여 현재와 미래에 적응하도록 돕는데 관심을 둔다.

해설
해결중심모델에서는 과거에 관하여 깊이 연구하지 않으며, 현재와 미래에 적응하는 것을 돕는 데 관심을 둔다. 즉, 클라이언트를 과거와 문제로부터 멀리 하고, 미래와 해결방안을 구축하는 데 관심을 집중하도록 한다. 과거에 대한 이해는 현재의 문제를 이해하는 데 도움이 될 경우에 매우 제한적으로 시도한다.

오답풀이
① 사회복지사의 **자문가 역할**이 강조된다. 따라서, 사회복지사는 클라이언트가 원하는 것에 대한 이야기를 경청하는 과정에서 클라이언트와 함께 문제의 해결 가능성 및 기회를 파악하고 탐색하며 이를 공동으로 해결하도록 한다.
② 해결중심모델의 개입과정에서는 문제내용 자체보다는 문제해결방안과 새로운 행동유형을 시작하는 데 초점을 둔다. 이는 문제에 관한 많은 정보를 수집하는 대신 **클라이언트에게 적절한 문제해결 방안을 모색하는 것이 문제해결**에 더 효과적이라는 믿음에 기초한다.
③ 모든 사람은 강점과 자원, 능력을 가지고 있다고 가정하며, **클라이언트가 이미 가지고 있는 강점, 자원, 건강한 특성을 발견하여 치료에 활용**한다.
④ **클라이언트가 표현하는 견해와 불평방법을 그대로 수용**하며, 개별성을 최대한 존중한다.

정답 ⑤

092 ·21회

해결중심모델에 관한 설명으로 옳은 것은?

① 클라이언트에게 대처행동을 가르치고 훈련함으로써 부적응을 해소하도록 한다.
② 탈이론적이고 비규범적이며 클라이언트의 견해를 존중한다.
③ 문제의 원인을 클라이언트의 심리 내적 요인에서 찾는다.
④ 클라이언트의 문제를 자원 혹은 기술 부족으로 본다.
⑤ 문제와 관련이 있는 환경과 자원을 사정하고 개입 방안을 강조한다.

해설
탈이론적이며 비규범적이다. 다른 모델이나 이론에서와 같이 인간행동에 대한 가설적 이론의 틀에 맞추어 클라이언트의 문제를 사정하거나 평가하지 않는다. 그리고, **클라이언트의 견해를 존중한다.** 클라이언트가 표현하는 견해와 불평방법을 그대로 수용하며, 클라이언트의 자기결정권과 잠재력 향상, 그리고 개별성을 최대한 존중한다.

오답풀이
① 클라이언트에게 대처행동을 가르치고 훈련함으로써 부적응을 해소하도록 하는 것은 **인지행동모델**이다.
③ 문제의 원인을 클라이언트의 심리 내적 요인에서 찾는 것은 **정신역동모델**이다.
④ 클라이언트의 문제를 자원 혹은 기술 부족으로 보는 것은 **과제중심모델**이다.
⑤ 문제와 관련이 있는 환경과 자원을 사정하고 개입 방안을 강조하는 것은 **과제중심모델**이다.

정답 ②

093

해결중심모델에서 사용하는 질문 기법과 이에 관한 예로 옳은 것은?
• 19회

① 예외질문 : 그 어려운 상황 속에서도 견딜 수 있었던 것은 무엇이라 생각합니까?
② 관계성 질문 : 남편이 여기 있다면 당신이 어떻게 하는 것이 문제 해결에 도움이 된다고 할까요?
③ 기적질문 : 잠이 안 와서 힘들다고 하셨는데, 잠을 잘 잤다고 느낄 때는 언제인가요?
④ 대처질문 : 지난 1주일간 어떤 변화가 있었나요?
⑤ 척도질문 : 문제가 발생하지 않았던 때는 언제인가요?

해설
관계성 질문(relationship question)은 클라이언트와 밀접한 관계에 있는 다른 사람의 입장에서 자신을 보도록 하는 질문으로 새로운 가능성을 탐색하는 것을 돕는 것이다. 즉, 클라이언트는 문제가 해결되었을 때 자신의 생활에 무엇이 달라질 것인지에 대해 전혀 예측하지 못하는 경우가 있는데, 클라이언트는 자신의 입장에서 자신을 보다가 중요한 타인의 눈으로 자신을 보게 되어 이전에는 없었던 가능성이 생길 수도 있다.

오답풀이
① '그 어려운 상황 속에서도 견딜 수 있었던 것은 무엇이라 생각합니까?'는 **대처질문**이다.
③ '잠이 안 와서 힘들다고 하셨는데, 잠을 잘 잤다고 느낄 때는 언제인가요?'는 **예외질문**이다.
④ '지난 1주일간 어떤 변화가 있었나요?'는 **변화질문**이다.
⑤ '문제가 발생하지 않았던 때는 언제인가요?'는 **예외질문**이다.

정답 ②

094

해결중심모델에서 사용하는 질문기법과 그에 관한 예로 옳은 것은?
• 21회

① 관계성 질문 : 재혼하신 아버지는 이 문제를 어떻게 생각하실까요?
② 기적질문 : 처음 상담했을 때와 지금의 스트레스 수준을 비교한다면 지금은 몇 점인가요?
③ 대처질문 : 어떻게 하면 그 문제가 발생하지 않을 것 같나요?
④ 예외질문 : 당신은 그 어려운 상황에서 어떻게 견딜 수 있었나요?
⑤ 척도질문 : 처음 상담을 약속했을 때와 지금은 무엇이 어떻게 달라졌는지 말씀해 주세요.

해설
재혼하신 아버지 입장에서 자신을 보도록 하고 있기 때문에 **관계성 질문**이다. **관계성 질문**(relationship question)은 클라이언트와 밀접한 관계에 있는 다른 사람들에 대한 질문으로, 자신에게 중요한 타인의 입장에서 자신을 보도록 하여 새로운 가능성을 탐색하는 것을 돕는 것이다.

오답풀이
② 척도질문 : 처음 상담했을 때와 지금의 스트레스 수준을 비교한다면 지금은 몇 점인가요?
③ 예외질문 : 어떻게 하면 그 문제가 발생하지 않을 것 같나요?
④ 대처질문 : 당신은 그 어려운 상황에서 어떻게 견딜 수 있었나요?
⑤ **첫 상담 이전의 변화에 대한 질문** : 처음 상담을 약속했을 때와 지금은 무엇이 어떻게 달라졌는지 말씀해 주세요.

정답 ①

095

해결중심모델의 개입목표 설정 원칙에 관한 설명으로 옳지 않은 것은?
· 22회

① 클라이언트에게 중요한 것을 목표로 하기
② 작은 것을 목표로 하기
③ 목표를 종료보다는 시작으로 간주하기
④ 있는 것 보다 없는 것에 관심두기
⑤ 목표수행은 힘든 일이라고 인식하기

해설
해결중심모델에서 개입목표 설정은 클라이언트가 갖고 있지 않은 것보다는 갖고 있는 것에 관심을 둘 필요가 있다.

보충설명
① 클라이언트가 중요하다고 생각하는 것을 목표로 설정하여야 한다.
② 작고 구체적이며 행동적인 것을 목표로 설정할 필요가 있다.
③ 목표를 문제해결과정의 마지막이라고 보기보다는 시작으로 간주하여야 한다.
⑤ 적절한 시기에 도움을 받으러 왔으며 목표성취가 어려울 것이라는 점을 인식할 수 있도록 도와야 한다.

정답 ④

05 전략적 가족치료 개입기법

096

전략적 가족치료의 치료적 이중구속에 관한 설명으로 옳지 않은 것은?
· 17회

① 증상을 이용한다.
② 빙산기법을 이용한다.
③ 지시적 기법을 이용한다.
④ 역설적 기법을 이용한다.
⑤ 치료자의 지시를 따르지 않아도 문제가 해결될 수 있다.

해설
빙산기법은 사티어(Satir)의 경험적 가족치료에서 사용되는 기법이다. 빙산기법은 클라이언트의 변화를 촉구하기 위해서는 표면적인 경험뿐만 아니라, 잠재되어 있는 내적 과정도 다루어주어 역동적으로 변화시키기 위해 사용되는 기법이다.

보충설명
① 전략적 가족치료의 치료적 이중구속은 역설적 지시(pardoxical directives, 역설적 개입)을 말한다. 역설적 지시에는 증상처방, 제지기법, 시련기법이 있는데, 그 중 증상처방은 클라이언트에게 증상행동을 자발적으로 계속하도록 격려하는 지시나 과제를 주는 기법이다.
③ 역설적 지시는 변화시켜야 하는 증상에 대하여 변화시키지 말라는 지시를 함으로써 클라이언트는 치료적 이중구속의 상황에 빠지게 된다.
④ 역설적 지시는 치료자들은 흔히 가족원에게 상식에 반하는 일을 행하거나 믿게 하려고 노력하는데, 그러한 방법은 역설적인 점이 있으므로 '역설적 개입'이라 불린다.
⑤ 역설적 지시에서 사회복지사가 '변화하지 말라'고 지시한 것을 충실히 따른다면 클라이언트는 이미 증상을 통제할 수 있게 되는 것이고, 만일 사회복지사의 지시를 따르지 않는다면 증상을 포기하게 되는 것이다.

정답 ②

097

가족의 문제가 개선될 때 체계의 항상성 균형이 위험하다고 판단되어 사용하는 전략으로, 변화의 속도가 빠르다고 지적하며 조금 천천히 변화하라고 하는 기법은? ·19회

① 시련
② 제지
③ 재정의
④ 재구조화
⑤ 가족옹호

해설

전략적 가족치료의 개입기법 중 역설적 개입(증상 처방, 제지기법, 시련 기법 등)에서 **제지기법에 해당한다. 제지기법**은 문제해결을 위해 조급해하는 클라이언트 가족에게 변화의 속도가 지나치게 빠르다고 지적하는 방법이다. 즉, "너무 빨리 문제해결을 바라지 맙시다." "문제가 극적으로 갑자기 해결될 리가 없습니다."라고 말하는 것으로, 사회복지사의 말을 들을 가족은 사회복지사의 조심성이나 소극적 사고가 잘못되었음을 증명해 보여 줘야겠다는 마음을 먹게 되고, 자신들의 문제해결을 위해 스스로 서두르게 된다.

보충설명

① **시련기법**은 변화를 원하는 사람에게 증상보다 더 고된 체험을 하도록 과제를 주어 증상을 포기하도록 하는 기법이다. 예 야뇨증이 있는 아동에게 오줌을 싸면 아동을 깨워서 아침마다 받아쓰기를 시킨다. 오줌을 싸지 않았으면 받아쓰기를 시키지 않는다. 아동에게 받아쓰기는 고통스러운 체험이 되고 증상이 소멸되게 된다.
④ **재구조화(reframing)**는 재규정화(redefinig, 재정의) 또는 재구성(relabeling)이라고도 불리며, 클라이언트가 특정 사건, 행동 또는 인생경험에 부여하는 의미를 수정하기 위해 사용되는 기법이다. 이 기법을 통해 클라이언트는 다양하고 긍정적 시각으로 사건이나 행동을 볼 수 있다.
⑤ **가족옹호(family advocacy)**는 공공 혹은 민간기관들이 가족을 위한 기존의 서비스 혹은 서비스 전달을 향상시키거나 새로운 혹은 변화된 형태의 서비스를 개발하도록 하는 것으로, 특정 가족에게 편의를 제공하는 차원이 아니라 가족의 정당한 권리를 요구함으로써 지역사회 조직의 변화를 가져오도록 하는 것이다.

정답 ②

098

다음 예시에서 사회복지사가 활용한 실천기술은? ·19회

- 클라이언트 : "저는 정말 나쁜 엄마예요. 저는 피곤하기도 하지만 성질이 나빠서 항상 아이들한테 소리를 지르고……
- 사회복지사 : "선생님이 자녀에게 어떻게 하는지를 저에게 이야기할 수 있다는 사실은 자녀들과 더 좋은 관계를 가지고 싶다는 뜻이지요."

① 명료화하기
② 초점화하기
③ 재명명하기
④ 재보증하기
⑤ 해석하기

해설

클라이언트는 자신이 '성질이 나빠서 항상 아이들한테 소리를 지르고 있기 때문에 자신을 '나쁜 엄마'라고 말하였다. 이와 같은 클라이언트의 부정적인 생각에 대해 사회복지사는 '클라이언트가 자녀에게 어떻게 하는지를 이야기할 수 있다는 사실은 자녀들과 더 좋은 관계를 가지고 싶다는 뜻'이라며 클라이언트가 부여한 의미를 긍정적으로 수정하고 있다. 사회복지사가 활용한 이와 같은 실천기술은 **재명명(재구성, 재규정, 재정의)**이다.

보충설명

재명명(재구성, 재규정, 재정의)는 클라이언트가 특정 사건, 행동 혹은 인생경험에 부여하는 의미를 수정하도록 돕기 위해 사용되는데, 그 목적은 클라이언트가 다양하고 보다 긍정적인 조망으로 사건이나 행동을 볼 수 있도록 부드럽게 설득하는 데 있다.

정답 ③

099 ✓확인 ☐☐☐

가족개입의 전략적 모델에 관한 설명으로 옳은 것은? · 20회

① 역기능적인 구조의 재구조화를 개입목표로 한다.
② 증상처방이나 고된 체험기법을 비지시적으로 활용한다.
③ 가족문제가 왜 일어났는지 파악하여 원인 제거에 필요한 전략을 사용한다.
④ 가족 내 편중된 권력으로 인해 고착된 불평등한 위계구조를 재배치한다.
⑤ 문제를 보는 시각을 변화시키고 새로운 의미를 발견하는 재명명기법을 사용한다.

해설
재명명(재구성, 재규정, 재정의)기법은 전략적 가족치료의 개입기법으로, 이미 벌어진 상황에 대해 다른 언어를 사용하여 이에 대한 이해와 느낌, 생각이 바뀌도록 도와줌으로써 가족을 변화시키는 방법이다. 클라이언트가 다양하고 보다 긍정적인 조망으로 사건이나 행동을 볼 수 있도록 부드럽게 설득하는 데 있다.

✕ 오답풀이
① 역기능적 구조의 재구조화를 개입목표로 하는 것은 **미누친(S. Minuchin)의 구조적 가족치료**이다.
② 증상처방이나 고된 체험기법(시련기법)을 **지시적**으로 활용한다. 전략적 모델의 개입기법 중 **역설적 개입**(pardoxical directives, **역설적 지시**)에 대한 설명으로, 역설적 개입에는 증상처방, 제지기법, 시련기법이 있다.
③ 가족문제가 왜 일어났는지 파악하여 원인 제거하려는 것이 아니라, 가족이 지금까지 문제상황을 다뤄 온 **방법과는 다른 문제해결방법을 발견해 내고 그것을 시행하기 위한 전략을 구상하며 실행**하고자 한다.
④ 가족 내 편중된 권력으로 인해 고착된 불평등한 위계구조를 재배치하는 것은 **미누친(S. Minuchin)의 구조적 가족치료**이다. 재구조화하려는 **가족구조**는 가족 간 상호작용이 지속적으로 일어나는 형태를 말하는 것으로, 가족의 하위체계, 경계, 가족규칙, 역할, **가족권력 등을 포함**한다.

정답 ⑤

06 이야기 치료

100 ✓확인 ☐☐☐

다음 대화에서 사회복지사 B가 클라이언트 A에게 사용한 기법에 해당하는 것은? · 17회

> A : "저는 조그마한 어려움이 있어도 쉽게 좌절하는 사람이에요."
> B : "좌절감이 당신으로 하여금 새로운 일을 하는 것을 방해하네요."

① 문제의 외현화 ② 재보증
③ 코칭(coaching) ④ 가족지도
⑤ 체험기법

해설
클라이언트(좌절하는 사람)와 문제(좌절감)를 분리하여 이해하도록 하는 것을 문제의 외현화(externalization), 즉 문제를 개별성원 혹은 가족이 아닌 문제 자체로 보고, 개별성원이나 가족을 괴롭히는 하나의 별개 존재로서 문제를 이야기하는 것이다. 문제를 외현화함으로써 문제로부터 벗어난 건강한 모습을 볼 수 있으며, 문제와 대항하기 위한 방법을 모색할 수 있다.

＋ 보충설명
③ **코칭(coaching)**은 운동선수의 코치처럼 지도하는 기법으로서 사회복지사는 먼저, 주체적 변화에 대해 이론적 기반과 개념을 설명하고, 예를 들며 도표로 제시하기도 하고, 질문하기도 하며, 대안도 제시한다. 의자에서 일어나 가족성원 뒤로 가서 속삭이기도 하고, 일방경(one-way mirror) 뒤에서 지켜보면서 지시하기도 한다.

정답 ①

101 ☑확인 ☐☐☐

가족실천 모델과 주요개념, 기법의 연결로 옳지 않은 것은?

· 21회

① 보웬모델 - 자아분화 - 탈삼각화
② 구조적모델 - 하위체계 - 균형깨뜨리기
③ 경험적모델 - 자기대상 - 외현화
④ 전략적모델 - 환류고리 - 재구성
⑤ 해결중심모델 - 강점과 자원 - 예외질문

해설

자기대상은 정신분석적 가족치료의 주요개념이며, **외현화**는 이야기치료의 기법이다. 참고로 자기대상(self object)은 개체가 타인을 자신의 한 부분으로 체험하는 현상을 지칭하는 것으로 하인츠 코헛(Heinz Cohut)가 고안해낸 말이다.

+보충설명

① 보웬모델의 주요개념은 **자아분화**, 삼각관계, 핵가족 정서과정, 가족투사과정, 다세대 전수과정 등이 있다. 자아분화는 개인의 자아가 가족자아덩어리에서 얼마나 분화되어 있는지를 사정하기 위한 이론적 척도이다. 보웬모델의 기법에는 가계도 그리기, 교육, 코칭, **탈삼각화**, 나-전달법(나-입장취하기) 등이 있다.
② 구조적모델의 주요 세 개 개념은 **가족구조, 하위체계, 경계**다. 구조적모델의 이론가들에 따르면, 가족 내에는 세대, 성(gender), 관심 등으로 구분되는 다양한 하위체계가 있으며, 가족성원 간, 하위체계 간 혹은 전체 가족과 외부체계 간의 경계가 존재하는데, 경계가 가족의 상호작용을 이해하는 데 중요하다고 본다. 구조적모델의 기법에는 실연, 경계만들기, 합류하기, 긴장 고조시키기, 과제부여, **균형깨뜨리기** 등이 있다.
④ 전략적 모델 학파 중 MRI(Mental Research Institute) 가족치료학파에서 치료자의 과업은 문제를 해결하려 했지만 오히려 확대시키는 **정적 환류고리를 변화시키는 것**이다. 이를 위해 치료자는 문제 주변의 정적 환류고리를 규정하고, 이러한 상호작용을 유지하는 규칙을 발견하며, 환류고리 혹은 규칙을 변화시키는 방법을 찾는데 초점을 맞춘다. 전략적 모델의 기법에는 역설적 지시(증상처방, 제지기법, 시련기법 등), 순환적 질문하기, **재구성**, 긍정적 의미부여 등이 있다.
⑤ 해결중심모델에서는 클라이언트의 **강점, 자원, 건강한 특성**을 발견하여 치료에 활용한다. 해결중심모델의 기법에는 변화질문, 척도질문, 기적질문, **예외질문**, 대처질문, 관계성 질문 등이 있다.

정답 ③

07 가족 외부 환경에 대한 개입 : 가족옹호

102 ☑확인 ☐☐☐

다음 사례에서 사회복지사의 개입방법에 관한 설명으로 옳은 것은?

· 18회

> 가정폭력으로 이혼한 영미씨의 전 남편은 딸의 안전을 확인해야 양육비를 주겠다며 딸의 휴대폰 번호도 못 바꾸게 하였다. 영미씨는 아버지의 언어폭력으로 인한 고통을 호소하는 딸에게 전화를 계속하여 받도록 하였다. 사회복지사는 이에 대한 사정평가 후, 경제적 어려움에 대한 불안감이 가정폭력을 사실상 지속시킨다고 판단하여 양육비이행지원서비스를 받을 수 있도록 지원하고 아버지의 전화를 차단하도록 하였다.

① 가족 옹호 ② 가족 재구성
③ 재정의하기 ④ 탈삼각화기법
⑤ 균형 깨트리기

해설

가족옹호(family advocacy)는 가족 외부환경에 대한 개입(환경적 개입)으로, 가족이 정당한 권리가 있음에도 권리보장이 이루어지지 않거나, 서비스가 확대되어야 할 필요가 있는 경우 가족의 권리를 대변하고 서비스를 확충하도록 노력하는 것이다. **사회복지사가 양육비이행지원서비스를 받을 수 있도록 지원하고 아버지의 전화를 차단할 수 있도록 한 것은 가족옹호에 해당한다.**

+보충설명

② **가족 재구성**은 구조적 관점의 인식 틀을 가지고, 문제의 원인을 특정 개인에게 있다기보다는 역기능적인 현재 가족구조에 있다고 보고 가족구성원으로 하여금 그들이 갖고 있는 문제 인식을 개인에서 체계 또는 구조로 확대하고 바꾸도록 설득시키는 것이다. 참고로, 재구성은 전략적 치료의 개입기술이지만 구조적 가족치료에서도 자주 사용되는 것이다.
③ **재정의(=재명명, 재규정)하기**는 재구성과 같게 보거나 재구성의 한 방법으로 보기도 하는데, 재정의는 굳이 가족구조와 관련 없이도 가족으로 하여금 문제를 보는 가족의 시각을 변화시키는 방법이다.
④ **탈삼각화기법**은 두 성원들의 감정 영역에서 제3의 성원을 분리시키는 과정으로, 여기서 무엇보다 중요한 것은 가족구성원 개인이 스스로 자신의 삼각관계를 인식하도록 하여 삼각관계에서 벗어날 수 있도록 하는 것이다.
⑤ **균형 깨뜨리기**는 가족 내 하위체계간의 역기능적 균형을 깨뜨리기 위한 기법이다.

정답 ①

제10장 집단 대상 실천기법

제4영역 : 사회복지실천기술론

01 집단사회복지실천에 대한 이해

103

집단 사회복지실천에 관한 설명으로 옳지 않은 것은? · 9회

① 집단 자체가 프로그램이다.
② 모든 집단이 구조화 될 필요는 없다.
③ 집단의 역동성은 개입 효과에 영향을 미친다.
④ 집단에서는 의도적인 집단 경험을 중시한다.
⑤ 집단 내의 인정과 소속감은 응집력을 증가시킨다.

해설
집단과 프로그램은 각기 독립적인 개념일 뿐만 아니라 집단과 집단프로그램을 혼용해서는 안 된다. 프로그램은 집단의 내용 가운데 하나이다.

정답 ①

104

집단유형별 특성에 관한 설명으로 옳지 않은 것은? · 15회

① 치료집단은 자기노출정도가 높아서 비밀보장이 중요하다.
② 과업집단은 구성원의 발달과업 완수를 위해 조직구조의 영향을 최소화한다.
③ 자발적 형성집단은 구성원들이 설정한 목적을 보호하는 것이 중요하다.
④ 자조집단에서 사회복지사의 역할은 공유된 문제에 대한 지지를 하는 것이다.
⑤ 비자발적 집단에서는 협상 불가능영역이 있음을 분명히 한다.

해설
과업집단은 의무사항의 이행, 조직 또는 집단의 과업성취를 위해 구성된 집단으로, 과업집단에는 기관프로그램을 관장하고 정책결정의 책임을 지는 행정집단으로, 이사회, 위원회, 팀, 대의원회의, 사회행동집단 등이 있다. 과업집단은 집단성원들의 개인적인 성장을 주목적으로 하는 것이 아니라, 사회계획이나 서비스의 조정, 정책수립, 집단 문제 해결, 사회행동 등을 주목적으로 한다.

보충설명
① 성원들이 겪는 문제에 따라 차이가 날 수 있지만, **치료집단에서는 집단성원들의 자기노출수준이 가장 높은 편이다.** 따라서 집단 내에서 나온 이야기에 대한 **비밀보장이 중요하다.**
③ **자연집단(natural group)**은 자연발생적으로 만들어진 집단이며, **형성집단(formed group)**은 일정한 목적을 가지며 집단이 추구하는 목적에 따라 치료집단과 과업집단으로 분류된다. 따라서 형성집단에서는 집단구성원들이 설정한 목적을 보호하는 것이 중요하다.
④ **자조집단(self-help group)**은 공통된 쟁점에 대해 개인 또는 환경에 바람직한 변화를 가져오기 위해 같은 뜻을 가진 사람들로 구성된 집단으로, 사회복지사가 자조집단을 형성하는데 도움을 줄 수도 있지만 대부분의 경우 집단의 성원으로서 함께 하는 비전문가들이 이끌어 간다. 집단에 소속된 성원 중 한 사람이 집단지도자 역할을 하며, 사회복지사는 공유된 문제에 대한 지지를 한다.
⑤ 비자발적 집단의 경우는 타인이나 법원, 법무부, 외부기관 등의 압력에 의해 집단에 참여한 경우이므로, 협상 불가능영역이 있음을 분명히 한다. 다만, 비자발적인 집단성원 자신에게 아무런 선택권도 없고 강제로 집단에 참여한다는 압박감을 줄여주기 위해 협상 가능한 부분에 대해서는 다양한 대안을 검토할 필요가 있다.

정답 ②

105

자조집단이 갖는 특징으로 옳은 것을 모두 고른 것은? ·23회

> ㉠ 동병상련의 경험에 기반을 둔다.
> ㉡ 집단사회복지사의 주요 역할은 변화매개인이다.
> ㉢ 집단 내 원활한 의사소통과 상호작용을 위해 공동지도자를 둔다.
> ㉣ 노아방주의 원칙(Noah's ark principle)에 따라 성원을 모집한다.

① ㉠
② ㉡, ㉢
③ ㉡, ㉣
④ ㉡, ㉢, ㉣
⑤ ㉠, ㉡, ㉢, ㉣

해설
㉠ 자조집단은 비슷한 문제나 경험을 가진 사람들이 모여 서로의 경험을 나누고 상호 지원하는 집단으로 **동병상련의 경험이 집단의 핵심적인 기반이 됩니다**.

오답풀이
㉡ 집단사회복지사의 주요 역할은 자기주도적 문제 해결을 지원하는 **지원자나 스스로 해결책을 찾을 수 있도록 돕는 조력자**이다.
㉢ 자조집단은 참여자들 간의 자율적인 활동을 중심으로 이루어지며 동료 간 지원이므로, **집단 내 공동지도자를 두는 것은 자조집단의 철학과 맞지 않다.**
㉣ **노아방주의 원칙(Noah's ark principle)**은 다양한 문제나 특성을 가진 사람들이 서로 균형 있게 모여야 한다는 것이다. 자조집단에서는 비슷한 경험을 가진 사람들이 모여서 공통된 문제나 경험을 공유하는 것이 중요하기 때문에 노아방주의 원칙을 적용하여 성원 모집을 한다는 것은 올바르지 않다.

정답 ①

02 집단사회복지실천의 모델

106

집단의 종류와 모델에 관한 설명으로 옳은 것은? ·11회

① 지지집단 성원의 자기표출 정도는 낮다.
② 사회적 목표 모델은 개인의 치료에 초점을 둔다.
③ 치료 모델은 민주시민의 역량개발에 초점을 둔다.
④ 과업 달성을 목적으로 구성된 집단이 치료집단이다.
⑤ 상호작용 모델에서 사회복지사는 중재자의 역할을 담당한다.

해설
상호작용 모델에서 사회복지사는 **중재자 또는 가능케 하는 사람으로서 기능한다.**

오답풀이
① 지지집단 성원의 자기표출 정도가 **높다**.
② 개인의 치료에 초점을 두는 것은 **치료 모델**이다.
③ 민주시민의 역량개발에 초점을 두는 것은 **사회적 목표 모델**이다.
④ 과업 달성을 목적으로 구성된 집단은 **과업집단**이다.

정답 ⑤

107 ✓확인 □□□

사회목표모델에 관한 내용에 해당하지 않는 것은? • 21회

① 자원 개발의 과제
② 민주적 의사결정 방식
③ 인본주의이론에 근거
④ 사회복지사의 촉진자 역할
⑤ 성원간 소속감과 결속력 강조

108 ✓확인 □□□

토스랜드와 리바스(R. Toseland & R. Rivas)가 분류한 집단 모델에 관한 설명으로 옳은 것은? • 22회

① 치료모델은 집단의 사회적 목표를 강조한다.
② 상호작용모델은 개인 치료를 위한 수단으로 집단을 강조한다.
③ 상호작용모델은 개인의 역기능 변화가 목적이다.
④ 사회적 목표모델은 민주시민의 역량 개발에 초점을 둔다.
⑤ 사회적 목표모델은 집단성원 간 투사를 활용한다.

해설

사회목표모델의 대표적인 학자인 위너(Wiener)는 **사회체계이론을 활용**하고 있으나, 이 모델은 모든 구성 요소가 체계화된 중심이론을 가지고 있지 못하다. 치료모델은 행동수정이론과 자아심리학이 주요한 이론이며, 상호작용모델은 체계이론과 장이론이 이론적 기초이다. 참고로 인본주의이론은 사회목표모델, 치료모델, 상호작용모델에는 직접 포함되어 있지 않으며, 자기성장집단, 감정표현 집단, 비지시적 상담 집단 등에서 핵심 이론적 기반으로 활용된다.

+ 보충설명
① 사회목표모델의 주과제는 필요한 자원 제공(자원 개발의 과제)과 사회적 붕괴의 예방(비공식적 정치 및 사회행동)이다.
② 이 모델은 민주시민의 역량개발에 초점을 두고 민주적 과정의 습득을 주된 목표로 하고 있기 때문에 민주적 의사결정 방식도 해당된다.
④ 사회복지사는 교사, 조력자, 촉진자 역할을 한다.
⑤ 성원간 소속감과 결속력 증대, 그리고 민주적 참여에 대한 훈련을 구체적인 목표로 하며, 토론, 참여, 합의, 집단과제 개발 및 실행 등의 집단활동을 한다.

정답 ③

해설

사회적 목표모델은 개인의 성숙과 민주시민의 역량 개발에 초점을 둔다.

✗ 오답풀이
① **사회적 목표모델은** 집단의 사회적 목표를 강조한다.
② **치료모델은** 개인 치료를 위한 수단으로 집단을 강조한다.
③ **치료모델은** 개인의 역기능 변화가 목적이다.
⑤ **상호작용모델은** 집단성원 간 투사를 활용한다. '투사(projection)'는 심리역동적 접근에 속하는 기법으로, 개인의 무의식적 감정이나 갈등을 집단 내 타인에게 전이하는 과정을 활용한다. 사회적 목표모델은 지역사회 참여, 시민의식 향상, 사회 정의 구현 등 공동의 사회적 목적 달성이 중심이므로, 투사 기법과는 관련이 없다.

정답 ④

03 집단지도력의 요소와 유형

109 ✓확인 ☐☐☐

집단지도자가 지도력을 발휘하는 데 있어 옳지 않은 것은?

• 9회

① 감정이입 등의 민감성 유지
② 열린 관점에서 성원 이해
③ 개별 성원들에게 공평한 관심 표현
④ 집단 목적달성의 방향성 유지
⑤ 지명된 지도력과 위임된 지도력의 경쟁 유도

해설
집단성원에 의해 내부적으로 인정받은 지도자의 집단지도력이 강력하기 때문에, 지명된 지도자가 내부 지도자를 수용하지 못하고 경쟁하게 된다면 지명된 지도자의 집단지도력은 영향력이 약해진다.

정답 ⑤

110 ✓확인 ☐☐☐

다수의 지도자가 집단을 진행할 때 클라이언트가 공동지도력으로부터 얻을 수 있는 것은?

• 11회

① 소진 예방
② 역전이 방지
③ 지도자의 전문적 성장 도모
④ 초보 진행자의 훈련에 유리
⑤ 다양한 갈등해결 방법의 모델링

해설
공동지도력(co-leader)은 두 사람 이상의 상담자가 서로 협조하여 한 집단을 이끄는 형태를 말하는 것으로, 지문에서 ①, ②, ③, ④는 집단 상담자가 얻는 장점이다. 질문은 클라이언트에게 주는 이득에 대한 것이다. ⑤번은 갈등이 생겼을 때 성원들에게 적절한 갈등해결 방법을 보여줄 모델이 될 수 있다.

정답 ⑤

04 집단지도자의 기술

111 ✓확인 ☐☐☐

토스랜드와 리바스(R. Toseland & R. Rivas)가 분류한 세 가지 집단사회복지 실천기술 중 집단과정 촉진 기술에 해당하지 않는 것은? · 13회

① 성원의 말이나 행동에 집중하는 반응을 한다.
② 개방적 의사소통을 위해 사회복지사가 먼저 자기노출을 할 수 있다.
③ 토론범위를 제한하여 집단목표와 관련 없는 의사소통을 감소시킨다.
④ 성원이 문제 상황을 긍정적으로 인식하도록 재정의 한다.
⑤ 성원이 의견을 분명하게 표현하도록 의사소통의 내용을 명확히 한다.

해설
토스랜드와 리바스(R. Toseland & R. Rivas)는 집단사회복지사가 실무에서 활용할 수 있는 개입 기술을 **집단과정 촉진 기술, 자료 수집 및 사정 기술**, 그리고 **행동 기술**의 3가지로 구분하여 각 범주에 해당하는 기술을 제시하고 있다. **집단과정 촉진 기술**에는 집단 성원 참여 촉진, 주의 집중(①), 표현 기술(②), 반응 기술, 집단 의사소통의 초점 유지(③), 집단과정의 명료화, 내용의 명료화(⑤), 집단 상호작용의 지도가 해당된다.

✗ 오답풀이
④ 성원이 문제 상황을 긍정적으로 인식하도록 재정의하는 것은 **행동 기술**에 해당한다.

정답 ④

112 ✓확인 ☐☐☐

집단사회복지실천기술에 관한 설명으로 옳은 것은? · 17회

① 집단과정의 명료화기술은 성원들이 어떻게 상호작용하고 있는지를 인식하도록 돕는 기술이다.
② 사회복지사와의 의사소통을 집단성원들 간 의사소통보다 중시해야 한다.
③ 사회복지사는 특정한 집단과정에 선택적으로 반응해서는 안 된다.
④ 직면은 집단 초반에 구성원의 참여를 촉진하는 기술이다.
⑤ 집단의 목표는 집단과정을 통해 성취하면 되므로 처음부터 설명할 필요는 없다.

해설
토스랜드와 리바스(R. Toseland & R. Rivas)가 제시한 집단사회복지사의 기술(집단과정 촉진 기술, 자료 수집 및 사정 기술, 행동 기술)에서 출제한 문제이다. 집단과정촉진기술 중 **집단과정의 명료화기술**은 성원으로 하여금 그들이 어떻게 상호작용하고 있는가를 인식하도록 도와주는 기술을 말한다. 사회복지사는 집단에 내재하는 규범이나 특정 성원의 역할 또는 특정한 상호작용의 형태를 지적하거나, 성원들에게 특정한 상호작용형태가 만족스러운지 물어볼 수 있다.

✗ 오답풀이
② 행동기술 중 **성원 간 의사소통의 연계기술**은 성원들이 사회복지사와 주로 의사소통을 하도록 하는 것이 아니라 **성원 간에 의사소통을 촉진할 수 있도록 원조**하는 기술을 말한다.
③ 집단과정 촉진기술 중 반응기술은 사회복지사가 특정한 집단과정에 선별적으로 반응하여서 다음에 이루어질 집단과정에 영향을 미칠 수 있다는 것이다. 예 사회복지사의 반응이 집단성원의 노력을 지지한다면 성원은 계속 그 일을 수행할 것이며, 성원의 행동이나 말에 동의하지 않으면 성원은 그 일을 멈출 것이다.
④ **직면은 집단과정을 촉진하는 기술이 아니라, 집단의 목적과 과업을 성취하도록 원조할 때 사용되는 행동기술에 해당**한다.
⑤ 집단이 실패하는 이유 중의 하나는 집단목적의 모호성 또는 목적에 대한 의견의 불일치이다. **집단의 목표는 처음부터 설명해야 한다.** 사회복지사는 목적이나 목표에 대해서 집단성원들이 자신들의 의견이나 관심사를 표현하도록 촉구해야 하며, 그들의 의견을 반영하도록 해야 한다.

정답 ①

제11장 집단의 역동성

제4영역 : 사회복지실천기술론

01 집단역동성(집단역학)

113 ・16회

집단역학(group dynamics)의 구성요소가 아닌 것은?

① 긴장과 갈등
② 가치와 규범
③ 집단목적
④ 의사소통유형
⑤ 지식 및 정보습득

해설

집단 내에서 전문가인 집단지도자를 포함한 집단 성원 사이에서 발생하는 역동적 상호작용을 집단과정(group process)이라 하고, 이러한 집단과정이 전체집단과 성원에게 미치는 힘을 **집단역학(group dynamics)**이라고 한다. 집단역학을 구성하는 요소에는 긴장과 갈등, 가치와 규범, 집단의 목적, 사회적 상호작용(의사소통유형), 대인관계, 지위와 역할, 집단응집력, 하위집단, 집단발달단계, 집단의 크기와 물리적 환경, 집단문화, 피드백 등이 있다. 지식 및 정보습득은 집단역학의 구성요소가 아니다.

정답 ⑤

114 ・19회

집단응집력을 향상하는 요인이 아닌 것은?

① 이질적 집단으로 구성
② 집단에 대한 자부심 고취
③ 집단성원간의 다른 인식과 관점의 인정
④ 집단성원간 공개적이고 활발한 상호작용
⑤ 집단의 참여를 통해 얻게 되는 보상, 자원 제공

해설

집단성원들의 연령, 교육수준, 문제유형 등이 유사한 **동질적 집단으로 구성**할 때 집단성원들 간의 상호작용이 더욱 활발해지고 집단응집력이 향상된다. 이질적 집단의 경우 집단 성원들이 서로 그들의 문제를 노출하고 결속감을 형성하는 데는 시간이 더 오래 걸린다.

보충설명

② 집단성원들이 현재 참여하고 있는 집단에 대한 **자부심을 느끼도록** 돕는다.
③ 집단성원들의 **상이한 인식과 관점을 인정**하면서 성원들이 비경쟁적인 관계를 형성하면 집단응집력을 높이기 때문에 집단성원들이 협력하는 관계를 형성하도록 원조한다.
④ **집단성원들 간 공개적이고 활발한 상호작용**은 집단응집력을 향상시키기 때문에 집단토의와 프로그램 활동들을 적극적으로 활용하여 집단성원들 간의 상호작용을 촉진시키도록 한다.
⑤ 집단의 참여를 통해 얻게 되는 **보상, 자원** 등의 자극제를 집단성원들에게 제공한다.

정답 ①

115

✓확인 ☐☐☐

집단목표에 관한 설명으로 옳은 것은? · 20회

① 목표는 구체적으로 수립한다.
② 한 번 정한 목표는 혼란 방지를 위해 수정하지 않는다.
③ 집단 크기나 기간을 정할 때 목표는 고려하지 않는다.
④ 집단목표는 구성원의 목표와 관련 없다.
⑤ 목표는 집단과정에서 자연스럽게 형성되므로 의도적인 노력은 필요 없다.

해설
목표는 명확하고 구체적으로 수립되어야 한다. 구체적인 목표수립은 집단성원들의 집단참여를 향상시키며, 집단에 대해 갖는 매력도 증가시킨다.

오답풀이
② 한 번 정한 목표는 항상 일정한 형태로 고정된 것이 아니라 변화하는 성향을 가진다.
③ 집단 크기나 기간을 정할 때 **목표를 고려**한다. 집단목표를 달성할 수 있을 만큼 집단 크기는 작아야 하며, 집단목표는 집단활동기간 동안 성취될 수 있는 것이어야 한다.
④ 집단목표는 구성원의 목표와 관련 있다. 구성원의 목표와 집단목표 사이의 일치도가 크면 클수록 성원들의 집단에 대한 매력은 증대되고 집단 목표를 성취하기 위해 그들이 가지고 있는 자원이나 에너지도 기꺼이 제공하게 된다.
⑤ 목표는 개인이나 집단의 도달점으로 집단과정에서 자연스럽게 형성되는 것이 아니라, **집단성원, 사회복지사, 기관 목적의 상호작용**에 의해 수립되므로 의도적인 노력이 필요하다.

정답 ①

116

✓확인 ☐☐☐

집단과정을 촉진하기 위한 피드백에 관한 설명으로 옳지 않은 것은? · 13회

① 집단 성원의 요청이 있을 때 피드백을 제공한다.
② 구체적인 행동이나 관계에 대한 피드백을 제공한다.
③ 집단 성원으로 하여금 상호 간에 피드백을 제공하도록 한다.
④ 집단 성원이 활용할 수 있는 만큼의 피드백을 제공한다.
⑤ 집단 성원의 문제해결능력 향상을 위해 단점에 초점을 둔다.

해설
피드백이란 집단 성원들에게 그들의 역할수행이나 또는 서로를 어떻게 바라보는지에 대해 명확한 정보를 제공하는 것이다. 피드백을 제공할 때 클라이언트의 장점에 초점을 두는 것이 좋다. 즉 클라이언트는 장점으로부터 성장하는 것이지, 단점으로부터 성장하는 것이 아니다.

보충설명
① **클라이언트의 요청이 있을 때 피드백을 제공하는 것이 가장 효과적**이며, 클라이언트가 사용할 수 있는 만큼만 제공하는 것이 좋다.
② 피드백은 구체적이어야 한다. 피드백과 그 행동에 대한 자신의 관점을 비교할 수 있는 기회를 제공하기 위해 **구체적인 행동이나 관계에 대한 구체적인 피드백**을 제공한다.
③ **집단성원들 간에 자발적으로 피드백을 주고받는 것은 집단 내에서 학습이 이루어지는 가장 중요한 방법** 중 하나이므로, 집단성원으로 하여금 상호 간에 피드백을 제공하도록 한다.
④ 클라이언트에게 지나치게 많은 피드백을 동시에 제공하는 것은 효과적이지 못하며, 집단성원이 활용할 수 있는 만큼 **한 번에 한두 가지 정도의 피드백을 제공**하는 것이 적당하다.

정답 ⑤

117

집단과정을 촉진하기 위한 사회복지사의 실천 활동으로 옳은 것은?
· 16회

① 원만한 관계 유지를 위해 추상적이고 우회적인 피드백 제공
② 집단 성원이 전달하는 메시지 사이에 불일치가 있을 경우, 이를 확인
③ 집단 성원의 긍정적 변화를 위해 그의 단점을 중심으로 피드백 제공
④ 자신의 경험, 감정, 생각 등을 집단 성원에게 지속적으로 상세하게 노출
⑤ 다차원적인 내용의 여러 가지 피드백을 한 번에 제공

해설

코리(Corey)는 개입단계 동안 집단이 건설적이고 생산적인 변화를 이루기 위해서 자기노출, 직면, 피드백을 적절하게 사용할 것을 권유하고 있다. 건설적인 직면기술은 개입단계에서 필요한 핵심적인 사회복지 실천기술이다. 불일치를 보이는 집단성원을 직면하는 것은 집단성원이 자신의 행동과 태도를 검토해 볼 수 있는 기회를 제공하기 때문에 집단성원의 성장을 위해 도움이 될 수 있으며, 집단 전체를 보다 생산적으로 만드는 방법이 될 수 있다.

✕ 오답풀이

① 피드백은 **구체적이어야** 한다. 즉, 특정 행동에 대하여 구체적인 피드백을 제공함으로써 피드백과 그 행동에 대한 자신의 관점을 비교할 수 있는 기회를 제공한다. 또한, 가장 의미 있는 피드백의 유형은 **피드백을 제공하는 사람과 제공받는 사람간의 관계를 직접적으로 다루는 피드백**이다.
③ 피드백을 제공할 때는 **클라이언트의 장점에 초점**을 두는 것이 좋다. 클라이언트는 장점으로부터 성장하는 것이지, 단점으로부터 성장하는 것이 아니다.
④ 사회복지사가 자신의 경험, 감정, 생각 등을 집단성원에게 솔직하게 노출하는 것은 집단성원의 자기노출에도 영향을 미칠 뿐만 아니라 사회복지사와 클라이언트 간의 신뢰관계 향상에도 기여한다. 사회복지사가 자신에 대한 정보를 거의 또는 전혀 노출하지 않게 되면 사회복지사와 집단성원 간의 관계가 사무적으로 될 가능성도 있다. 그러나, **사회복지사가 자신에 대해 너무 많이 노출하는 것도 금물**이다.
⑤ 한 번에 한 가지 정도의 변화를 이루는 것이 일반적이기 때문에 클라이언트는 그 정도만 들으려고 한다. 따라서 클라이언트에게 지나치게 많은 피드백을 동시에 제공하는 것은 효과적이기 못하다. 한 번에 한두 가지 정도의 피드백을 제공하는 것이 적당하다.

정답 ②

118

집단역동에 관한 설명으로 옳지 않은 것은?
· 19회

① 하위집단은 집단에 부정적인 영향을 미치기 때문에 사회복지사가 개입하여 만들어지지 않도록 한다.
② 집단성원 간 직접적 의사소통을 격려하여 집단역동을 발달시킨다.
③ 집단응집력이 강할 경우, 집단성원들 사이에 상호 의존하려는 경향이 강해진다.
④ 개별성원의 목적과 집단 전체의 목적의 일치 여부에 따라 집단역동은 달라진다.
⑤ 긴장과 갈등을 적절하고 건설적인 방법으로 해결할 때 집단은 더욱 성장할 수 있다.

해설

집단성원들이 상호 간에 공통점을 발견하거나 매력이 생기면 하위집단을 형성하게 되며, 하위집단은 집단에 긍정적인 영향과 부정적인 영향을 미칠 수 있다. 부정적인 영향을 미치기 때문에 하위집단이 만들어지지 않도록 사회복지사가 개입한다는 것은 옳지 않다. 하위집단의 출현을 평가할 때 가장 주목해야 할 점은 전체집단과의 관계이며, 하위집단의 갈등이 있는지 또는 상호협조적인지 알아야 하며, 이것이 전체집단의 어떤 관계를 달성함에 어떤 기능을 하는지 분명하게 파악하는 것이 중요하다.

＋ 보충설명

② 의사소통의 올바른 유형은 사회복지사나 일부 성원들이 집단의 의사소통을 독점하기보다는 **집단성원들이 모두 참여하면서 집단성원 간 직접적 의사소통을 하는 것**이다.
③ 집단응집력이 강할 경우, 집단성원들 사이에 지나치게 **상호 의존하려는 경향이 강해지고 자아정체감을 상실**하게 될 수도 있다.
④ 개별성원의 목적과 집단 전체의 목적의 일치 여부에 따라 집단역동은 달라지기 때문에, 사회복지사는 **집단성원의 목적과 집단의 목적이 조화를 이룰 수 있도록** 노력할 필요가 있다.
⑤ 집단활동이 진행되면서 성원 간에는 다양한 형태의 긴장 및 갈등관계가 형성될 수 있다. 긴장과 갈등이 집단에 항상 부정적인 영향을 미치는 것은 아니며, **오히려 집단은 긴장과 갈등을 적절하고 건설적인 방법으로 해결할 때 더욱 성장할 수 있다**.

정답 ①

02 집단의 치료적 효과

119

집단을 활용한 사회복지실천의 치료적 효과 요인으로 옳지 않은 것은?
· 17회

① 고유성
② 이타성 향상
③ 실존적 요인
④ 재경험의 기회 제공
⑤ 희망고취

해설
얄롬(Yalom)이 제시한 집단을 활용한 치료적 효과 요인에 고유성은 해당되지 않는다.

보충설명
④ 재경험의 기회 제공은 가족집단의 교정적 재현(corrective recapitulation, 원가족의 교정적 반복)을 말하는 것으로, 집단은 가족과 유사한 환경을 제공하여 집단사회복지사와 다른 집단 성원과의 관계는 부모 및 형제와의 관계를 재현한다. 여기서 집단 성원은 간접적 가족 경험을 통해 자신의 문제를 발견하고 해결할 수 있는 기회를 갖는다.

정답 ①

OIKOS UP 얄롬(Yalom)의 집단치료요소
- 희망의 부여
- 보편성
- 정보전달
- 이타심(사회적 지지)
- 사회기술 발달
- 1차 가족집단의 교정적 반복(혹은 재현)
- 모방행동
- 대인관계 학습
- 집단응집력
- 감정의 정화(카타르시스)
- 실존적 요인

120

다음에서 설명하는 집단의 치료적 효과는?
· 19회

> 집단 내 상호작용 과정에서 그동안 해결되지 않은 원가족과의 갈등에 대해 탐색하고 행동패턴을 수정할 기회를 갖게 된다.

① 정화
② 일반화
③ 희망증진
④ 이타성 향상
⑤ 재경험의 기회 제공

해설
얄롬(Yalom)은 집단치료의 치료요소 중 **가족집단의 교정적 재현(corrective recapitulation)**을 설명하고 있다. 즉, 집단은 가족과 유사한 환경을 제공하여 집단사회복지사와 다른 집단 성원과의 관계는 부모 및 형제와의 관계를 재현한다. 이것을 말레코프(Malekoff)는 집단을 활용하는 집단사회사업의 장점 중 하나로 **재경험의 기회제공**이라고 설명하였는데, 이는 이전의 역기능적인 경험을 집단 내에서 재현할 뿐 아니라 집단성원 간의 역동성 속에서 역기능을 경험하기도 하기 때문에 이를 통해 성장할 수 있는 기회를 갖게 된다는 것이다.

보충설명
① **정화의 기능**: 집단성원들이 자신의 문제에 대한 불안, 감정, 생각, 희망, 꿈 등을 공유하여 공통의 목적을 성취해 가기 때문에 자신의 문제를 보다 객관적으로 해결할 수 있는 기회를 제공한다.
② **일반화**: 집단성원들이 문제로 인해 소외되고 자신을 이해해 주지 못하는 사람들이 많다고 생각하기 때문에 어려움을 겪게 되지만, 집단 내에서 서로 공통된 문제로 인해 이를 일반화시킬 수 있고 하나의 공동체 느낌을 가질 수 있다.
③ **희망증진**: 집단성원들이 여러 가지 문제에 봉착되어 있는 한계를 느낄 때 집단을 통해 문제의 해결점을 찾아갈 수 있고, 자신들이 문제를 해결할 수 있는 능력이 있음을 깨닫게 된다.
④ **이타성 향상**: 자기중심적인 상황에서 벗어나 타인을 위해 도움을 준다는 점에서 이타성을 기를 수 있고, 이로 인해 타인에게 의존해 있던 자신을 보다 독립적인 자신으로 성장시킬 수 있다.

정답 ⑤

121 ✓확인 ☐☐☐

집단 대상 실천의 장점으로 옳지 않은 것은?
· 21회

① 타인의 문제에 관심을 갖고 공감하면서 이타심이 커진다.
② 유사 경험을 가진 사람들을 만나면서 문제의 보편성을 경험한다.
③ 다양한 성원들로부터 새로운 행동을 학습하면서 정화 효과를 얻는다.
④ 사회복지사나 성원의 행동을 모방하면서 사회기술이 향상된다.
⑤ 성원간 관계를 통해 원가족과의 갈등을 탐색하는 기회를 갖는다.

해설
다양한 성원들로부터 새로운 행동을 학습하는 것은 **모방행동**으로, 정화 효과를 얻는 것은 모방행동을 통해서 얻는 것이 아니다. **카타르시스(catharsis, 감정정화)** 는 집단 내의 보호적인 분위기 속에서는 그 동안 다른 곳에서는 불가능한 억눌렸던 감정을 자유롭게 표현함으로써 경험하게 된다.

➕보충설명
① 이타심, ② 보편성, ④ 사회화 기술의 학습, ⑤ 가족집단의 교정적 재현은 집단 대상 실천의 장점에 해당되는 것으로 모두 올바르게 설명되었다.

🔍 정답 ③

122 ✓확인 ☐☐☐

집단 사회복지실천의 장점에 관한 설명으로 옳지 않은 것은?
· 22회

① 모방행동 : 기존의 행동을 고수한다.
② 희망의 고취 : 문제가 개선될 수 있다는 희망을 갖게 한다.
③ 이타심 : 위로, 지지 등으로 서로 도움을 주고 받는다.
④ 사회기술의 발달 : 대인관계에 관한 사회기술을 습득한다.
⑤ 보편성 : 다른 사람들도 비슷한 경험을 하는 것으로 위로를 받는다.

해설
모방행동을 통해 클라이언트는 기존행동을 고수하는 것이 아니라, 유사한 상황에서 다르게 행동하는 집단 성원을 관찰하면서 보다 발전적인 행동을 배울 수 있다.

➕보충설명
② 집단에서 성원들은 자신보다 더 심한 문제를 가진 사람이 회복되는 것을 보면서 혹은 자신과 유사한 문제를 가진 사람이 효과적으로 문제에 대처하는 것을 보면서 희망을 갖게 되기 때문에 커다란 치료적 가치를 갖는다.
③ 집단 성원들끼리 서로 돕는 과정을 통해서 도움을 주는 자는 자신이 누군가에게 지지나 제안 그리고 충고를 해줌으로써 도움을 줄 수 있다는 것을 경험하면서 스스로에게 가치 있는 존재라는 느낌을 갖게 된다.
④ 다른 집단 성원이나 집단지도자의 행동을 모방하고 학습함으로써 기능적인 사회화 기술과 대인관계 기술을 학습하게 된다.
⑤ 집단 프로그램에 참여하게 되면 다른 사람들도 자신과 비슷한 문제를 겪고 있다는 사실을 알게 되면서 자신의 문제가 매우 일반적임을 알게 되어 불안과 긴장 상태에서 안정을 찾을 수 있게 된다.

🔍 정답 ①

제12장 집단발달단계

제4영역 : 사회복지실천기술론

01 준비단계

123

초기면접을 위한 준비로 적절하지 않은 것은? ·18회

① 면접 목적을 잠정적으로 설정한다.
② 모든 질문을 사전에 확정해 놓는다.
③ 슈퍼바이저나 동료에게 미리 조언을 구한다.
④ 클라이언트 특성을 고려하여 시설환경에 대한 준비를 한다.
⑤ 의뢰서에 있는 클라이언트의 문제와 관련한 전문 지식을 보완한다.

해설

면접과정이 반드시 준비된 대로 진행되는 것은 아니므로 **개방적이면서 유연하게 진행될 수 있도록 할 필요가 있다. 따라서, 모든 질문을 사전에 확정해 놓는 것은 적절하지 않다.**

+ 보충설명
① **사전 계획**이란 면접 전에 면접의 목적과 목표를 검토하고, 면접에서 논의할 주요 과제를 임시적으로 설정하는 것을 의미한다.
③ **사전 협의(preparatory consulting)**란 슈퍼바이저나 동료에게 조언을 구하는 것을 의미한다.
④ **사전 정리(preparatory arranging)**란 첫 면접을 위해 체계적인 물리적 준비를 의미하는 것이다. 가구배치, 장애인을 위한 편의시설, 대기실에 최신 잡지 등과 같은 읽을거리와 음료수, 아동의 발달연령에 맞는 장난감 등을 비치한다.
⑤ **사전 탐색(preparatory arranging)**이란 접수나 초기 면접을 담당한 사람과 클라이언트의 의뢰자에게서 클라이언트 및 그의 상황에 대한 질문을 통해 정보를 수집하는 것이다.

정답 ②

124

집단을 구성하는 단계에서 고려할 내용으로 옳지 않은 것은? ·10회

① 목표달성을 위해 집단모임의 기간을 정한다.
② 상호작용을 촉진하기 위해 집단크기를 고려한다.
③ 참여자 만족도를 높이기 위해 모임회기를 늘인다.
④ 집단 연속성을 높이기 위해 폐쇄집단으로 운영한다.
⑤ 공감대 형성을 위해 동질적인 성원들로 구성한다.

해설

모임회기는 어떤 절대적인 규칙은 없으나 회기의 빈도수에 대한 일반적인 원칙이 있다면 집단원들의 주의집중 시간의 길이에 따라 결정하는 것이다. 나이가 어리거나 정신적 기능 수준이 낮은 사람들로 구성된 집단의 회기는 모임 시간의 길이를 짧게 하는 대신 더 자주 모임을 갖는 것이 좋다.

+ 보충설명
④ **폐쇄집단**은 개방집단과는 달리, 집단이 진행되는 동안 새로운 성원을 받아들이지 않는 집단으로, **집단성원의 역할과 집단규범이 안정적**이다.

정답 ③

125 ☑확인 ☐☐☐

집단구성에 관한 설명으로 옳지 않은 것은? ・19회

① 집단이 커질수록 구성원의 참여의식이 증가하고 통제와 개입이 쉽다.
② 집단상담을 위해 가능하면 원형으로 서로 잘 볼 수 있는 공간을 만들 수 있는 장소가 바람직하다.
③ 집단성원의 유사함은 집단소속감을 증가시킨다.
④ 개방집단은 새로운 정보와 자원의 유입을 허용한다.
⑤ 비구조화된 집단에서는 집단성원의 자발성이 더욱 요구된다.

해설
집단이 **작을수록** 집단구성원들의 참여 및 친밀성에 대한 요구가 많아져서 구성원의 참여의식이 증가하고, 집단 성원에 대한 집단지도자의 개별적 접근이 용이하므로 통제와 개입이 쉽다. 반면에 집단이 **커질수록** 구성원의 참여의식이 감소하고 통제와 개입이 어렵다.

보충설명
② 집단상담을 위해 집단성원들 간에 서로 몸을 돌리지 않고도 쉽게 전체가 잘 보일 수 있고 대면할 수 있는 **원형이 일반적으로 바람직**하다.
③ 집단성원이 유사한 동질집단인 경우에 집단성원들 간의 상호작용이 더욱 활발해지고 집단소속감을 증가시킨다. 참고로 집단성원의 동질성이란 성원들의 집단참여 동기, 목적, 문제 등과 함께 인구사회학적 특성들이 유사함을 의미한다.
④ **개방집단은 집단이 진행되는 동안 새로운 집단성원이 참여할 수 있는 집단**을 말하는 것으로, **새롭게 참여한 집단성원을 통해 새로운 정보와 자원이 유입**된다.
⑤ 집단사회복지사가 계획적이고 체계적이며 시간제한적으로 개입하는 구조화된 집단보다 그렇지 않은 **비구조화된 집단에서는 집단성원의 자발성이 더욱 요구**된다. 집단사회복지사가 계획한 틀에 맞추어 운영되는 구조화된 집단의 경우 집단성원들의 자율성과 책임성은 줄어들게 된다.

정답 ①

126 ☑확인 ☐☐☐

집단대상 사회복지실천에 적용되는 원칙과 기술에 관한 설명으로 옳은 것은? ・11회

① 피드백은 동시에 많이 주어야 한다.
② 집단규칙은 사회복지사가 제공해야 한다.
③ 성원의 자기노출 수준은 집단 발달단계와 관련이 있다.
④ 성장집단에서는 낮은 수준의 구조화가 효과적이다.
⑤ 종결단계에서는 이전보다 회합의 빈도는 잦게, 시간은 길게 한다.

해설
집단성원의 자기노출 수준은 집단의 발달단계에 따라 조절한다. **초기단계**에 집단성원이 자신의 문제를 지나치게 빨리 노출시키면 다른 성원들에게 부정적인 영향을 주기 때문에 사회복지사의 적절한 개입이 요구된다. 반면에 **개입단계**에서 집단성원이 자기노출이 지나치게 적으면 사회복지사는 개인성원이 보이는 저항감의 원인이 어디에 있는지 파악하고 이에 대해 개입해야 한다.

✗ 오답풀이
① 피드백(feedback)은 집단 내에서는 집단성원이 그들의 역할수행이나 서로를 어떻게 보는지에 대해서 명확한 정보를 서로 주고받는 것으로, **집단성원이 활용할 수 있는 만큼의 피드백을 제공**한다.
② 집단규칙은 집단 내에서 집단성원의 행동의 표준을 일반화한 것으로 집단성원이 공유하는 기대와 가치체계, 신념 등을 말하며, **집단성원이 동의하여야** 한다.
④ 형성집단은 치료집단과 과업집단으로 분류되며, 치료집단은 지지집단, 교육집단, 성장집단, 사회화집단, 치유집단으로 구분된다. 형성집단인 **성장집단은 자기인식 또는 자아성찰, 잠재력 개발 등과 같은 인간의 내적 개발을 목적으로 하는 집단으로, 설정된 목적을 달성하기 위해 구조화**한다.
⑤ 집단종결단계에서 회합 간의 간격은 길게 그리고 회합은 짧게 하여 집단에 대한 의존성을 감소시키도록 해야 한다.

정답 ③

OIKOS UP 집단 내에서 자기노출을 위한 지침

① 자기 노출은 집단의 목적과 목표와 관련 있어야 한다.
② 집단성원들이 특정 집단성원에 대해 지속적인 반발을 보이고 이로 인해 집단참여 수준이 영향을 받는다면 이를 집단 전체에 공개하도록 한다.
③ 집단성원들은 자신에 관해 무엇을 그리고 얼마나 노출시킬 것인지를 결정해야 하고, 자기노출로 인해 동반되는 위험을 어느 정도 감당해 낼 수 있는지를 결정해야 한다.
④ 자기노출의 수준은 집단 발달단계와 관련이 있다.

02 초기단계

127

다음의 집단사회복지사의 활동이 주로 나타나는 단계는?
· 16회

- 집단 성원의 불안감, 저항감을 감소시키기 위해 노력
- 집단 성원 간 공통점을 찾아 연결시킴
- 집단의 목적을 집단 성원 모두가 공유하게 함

① 준비 단계
② 초기 단계
③ 중간 단계
④ 종결 단계
⑤ 사후관리 단계

해설
초기단계에 참여자들은 잘 알지 못하는 사람들과 함께 참여해야 하므로 집단에 대한 불안과 긴장이 높고 자의식이 강하며, 이와 함께 집단을 통해 자신의 욕구가 충족될 수 있을지에 대한 기대감을 갖고 있다. 초기단계에서의 집단 성원과 집단의 특징 그리고 사회복지사의 역할은 다음과 같다(김성이, 2004).

구 분	내 용
집단 성원의 특성	· 낯선 사람에 대한 불안, 불신 · 사회복지사와 대화시도 · 탐색 및 거리감 유지 또한 친해지려는 노력을 보임 · 성공할 수 있을 것인가에 대한 불안감 · 집단에서 도움을 받아 성공할 수 있을지에 대한 두려움
집단의 특성	· 집단, 사회복지사, 집단 성원에 대한 오리엔테이션 · 집단의 규범, 가치, 대화 양식 등을 설정 · 집단의 목적을 공유 · 집단 성원 간 공통점 모색 : 응집력에 영향을 준다.
사회복지사의 역할	· 비밀보장에 대한 설명 · 집단 성원이 사회복지사에게 의존하므로 사회복지사의 적극적인 개입이 요구됨 · 집단 성원의 불안감 감소시킴 · 집단의 목적을 모두가 공유하게 됨 · 집단 성원 간의 공통점을 찾아 연결시킴 · 집단의 규범이 설정되도록 도움

정답 ②

128

집단 초기단계에 나타나는 특성으로 옳은 것을 모두 고른 것은?
· 19회

㉠ 집단성원의 불안감과 저항이 높다.
㉡ 집단에 대한 오리엔테이션이 필요하다.
㉢ 사회복지사보다는 다른 집단성원과 대화하려고 시도한다.
㉣ 문제해결과정에서 나타나는 갈등과 차이점을 적극적으로 표현한다.

① ㉣
② ㉠, ㉡
③ ㉡, ㉣
④ ㉢, ㉣
⑤ ㉠, ㉢, ㉣

해설
㉠ 초기단계에서 집단성원들은 낯선 사람과 새로운 환경, 즉 집단에 대한 **불안과 불신감, 두려움과 저항감**을 갖는다. 불안과 더불어 초기단계에 흔히 접할 수 있는 집단성원의 특성은 저항으로, 특히 비자발적 집단성원일 경우에 저항의 강도가 더욱 심할 수 있다.
㉡ 초기단계에 사회복지사는 집단성원들을 상대로 **오리엔테이션을 실시**하며 앞으로 진행될 집단에 대한 정보를 제공해 주어야 한다. 오리엔테이션에 포함될 내용은 사회복지사에 대한 소개, 집단성원들의 소개, 집단의 목적에 대한 소개, 집단성원으로서의 역할에 대한 소개, 규칙에 대한 소개로 구성된다.

오답풀이
㉢ 낯선 사람과 새로운 환경에 대한 불안감으로 인해 **새로운 사람과 접촉하기보다는 안면이 있는 사회복지사와 대화**를 시도하려고 하여 주로 사회복지사에게 질문을 많이 한다.
㉣ 문제해결과정에서 나타나는 갈등과 차이점을 적극적으로 표현하는 것은 **중간단계(개입단계)에 나타나는 특성**이다. 초기단계에 비해 개입단계에는 집단성원들이 집단에 대한 소속감이 증가하고, 집단성원과 사회복지사에 대한 신뢰감도 증가하게 된다. 신뢰감이 있다는 것은 자신의 생각과 감정을 집단 내에서 자유롭게 표현할 수 있다는 의미이다.

정답 ②

129 ✓확인 ☐☐☐

집단성원 간의 관계를 파악하는 사정도구에 관한 설명으로 옳은 것은?
· 18회

① 소시오메트리 : 성원 간의 상호작용 빈도를 기록한다.
② 상호작용차트 : 집단성원에 대한 다양한 측면의 인식 정도를 평가한다.
③ 소시오그램 : 성원 간의 관계를 표현한 것으로 하위집단의 유무를 알 수 있다.
④ 목적달성척도 : 목적달성을 위한 집단성원들의 협력과 지지 정도를 측정한다.
⑤ 의의차별척도 : 가장 호감도가 높은 성원과 호감도가 낮은 성원을 파악할 수 있다.

해설

소시오그램(sociogram)은 집단성원들 간의 관계를 선을 통해서 표현한 것으로, 하위집단 형성 여부, 연합, 집단 성원 간의 갈등관계 등을 파악할 수 있는 유용한 도구이다.

✗ 오답풀이

① 성원 간의 상호작용 빈도를 기록하는 것은 **상호작용차트**이다.
② 집단성원에 대한 다양한 측면의 인식 정도를 평가하는 것은 **의의차별척도**이다.
④ **목표 달성 척도(GAS : goal attainment scale, 목적성취척도)** 는 목표를 설정하고 목표 달성 정도를 측정하기 위해 활용할 수 있는 도구로, 클라이언트가 개별화된 목표에 도달한 정도를 측정한다. 즉 개입의 목적이나 목표가 특정 클라이언트에게만 해당하는 고유한 것일지라도 개입의 평가를 가능하게 하는 척도이다.
⑤ 가장 호감도가 높은 성원과 호감도가 낮은 성원을 파악할 수 있는 것은 **소시오메트리**이다.

정답 ③

130 ✓확인 ☐☐☐

집단회기를 마무리하는 방식으로 옳은 것을 모두 고른 것은?
· 17회

㉠ 회기에 대한 사회복지사의 관찰과 생각을 전달한다.
㉡ 회기 중 제기된 이슈를 다 마무리하지 않고 회기를 마쳐도 된다.
㉢ 회기에서 다룬 내용을 집단 밖에서 어떻게 적용할지에 대한 계획을 묻는다.
㉣ 다음 회기에 다루기 원하는 주제나 문제를 질문한다.

① ㉠, ㉢ ② ㉠, ㉣ ③ ㉢, ㉣
④ ㉠, ㉢, ㉣ ⑤ ㉠, ㉡, ㉢, ㉣

해설

집단을 운영하는 사회복지사는 회기를 시작하고 마치는 방법에 대한 기술을 갖추는 것이 필요하다. 사회복지사가 회기를 제대로 시작하지 못한다면 집단성원들이 회기 내에서 이루어지는 후속활동에 적극적으로 참여하지 못하는 결과를 초래할 수도 있으며, 회기에서 다루었던 내용을 정리하거나 평가하는 기회 없이 시간에 쫓겨 갑작스럽게 회기를 종결하게 되면 집단회기의 중요성이 반감될 수 있다. 집단회기를 시작하는 방식과 마무리짓는 방식은 다음과 같다.

구분	내용
집단 회기를 시작 하는 방식	· 집단성원들에게 이번 회기 동안 다루기 원하는 것을 간략하게 질문한다. · 집단성원에게 지난 회기와 관련한 생각과 느낌을 질문한다. · 집단회기 주별로 진행될 경우, 집단성원에게 일주일 동안 경험했던 바에 대해 집단에 보고하도록 요청한다. · 지난 회기에 관한 사회복지사의 관찰, 생각 등을 표현하면서 회기를 시작할 수 있다.
집단 회기를 마무리 짓는 방식	· 회기 중 제기된 이슈를 다 마무리하지 않고 회기를 마쳐도 된다(㉡). · 집단성원에게 각자가 회기에 어느 정도 투자하였는지를 질문한다. · 회기에서 다루었던 내용을 요약하는 것은 회기를 마무리하는 효과적인 방법이다. · 참여도가 높은 집단성원을 인정해 주고 긍정적인 피드백을 제공한다. · 회기에서 다룬 내용을 집단 밖의 문제상황에서 어떻게 적용할지에 대한 계획을 묻는다(㉢). · 집단성원에게 다음 회기에 다루기 원하는 주제나 문제가 있는지를 질문한다(㉣). · 회기에 대한 사회복지사의 관찰과 생각을 전달하면서 세션을 마무리짓는다(㉠).

정답 ⑤

03 중간단계

131 ✓확인 ☐☐☐

사회복지사가 다음의 과업을 수행하는 집단 발달단계는? · 13회

- 집단 성원 간의 공통점과 차이점을 파악한다.
- 집단 성원이 다양한 경험을 할 수 있도록 돕는다.
- 집단의 상호작용, 갈등, 진행상황, 협조체계 등을 파악한다.
- 개별성원의 태도, 관계, 행동, 동기, 목표 등을 평가한다.

① 계획단계 ② 초기 단계 ③ 사정단계
④ 중간단계 ⑤ 종결단계

해설

중간단계는 개입(실행)단계로 성원 간 친밀감과 상호 공유가 증가하고 집단응집력이 증가하는 시기이다. 중간단계에서의 집단 성원과 집단의 특징 그리고 사회복지사의 역할은 다음과 같다(김성이, 2004).

구 분	내 용
집단 성원의 특성	· 집단에 대한 탐색이 점차 감소 · 집단 성원 간 짝을 이루고 하위집단 발생 · 하위집단 간 알력이 발생 · 자신의 지위 및 역할을 모색 · 집단 성원의 독특성 인정, 집단에 대한 공헌 모색 · 집단의 중요성을 내면화 · 사회복지사에게 덜 의존하게 되고 자신의 의사표현 시작
집단의 특성	· 집단의 문화, 행동, 규범, 갈등이 발생하고 이를 해결 · 집단 성원의 지위, 위계질서, 역할, 리더가 형성 · 집단 성원 및 리더를 실험하고 신뢰할 수 있게 됨 · 집단 성원 간의 공통점, 차이점을 인정하고 존중함, 집단의 응집력 발달
사회복지사의 역할	· 집단의 현 위치를 파악(진행 상황, 갈등, 협조체계 등) · 각 성원에 대한 평가(태도, 관계, 행동, 동기, 목표 등) · 집단의 목적, 목표를 재확인하고 성원 모두의 참여 유도 · 집단 성원 간의 공통점 및 차이점 파악 · 집단 리더에 대한 실험을 인정 · 집단 성원이 다양한 경험을 할 수 있도록 도움 · 직면 · 집단의 갈등 해소

정답 ④

132 ✓확인 ☐☐☐

집단사회복지실천의 중간 단계에 해당하는 내용으로 옳은 것을 모두 고른 것은? · 18회

㉠ 성원의 내적 변화를 파악하기 위해 개별상담을 한다.
㉡ 성원들의 참여를 촉진하기 위해 집단의 목적을 상기시킨다.
㉢ 하위집단의 의사소통과 상호작용 빈도를 평가한다.
㉣ 집단에 대한 의존성을 감소시키기 위해 모임주기를 조절한다.

① ㉠, ㉢ ② ㉡, ㉣ ③ ㉠, ㉡, ㉢
④ ㉡, ㉢, ㉣ ⑤ ㉠, ㉡, ㉢, ㉣

해설

㉠ 중간단계에 사회복지사는 **집단성원의 내적인 변화**, 대인관계상의 변화, 환경의 변화를 이끌어 내고 집단성원의 변화를 점검하는 것이 필요하다.
㉡ 집단성원들의 참여를 촉진하고 이를 위해 **집단 성원이 자신의 목적을 인식하도록** 돕는다.
㉢ 사회복지사는 **집단 내의 갈등이나 하위집단의 의사소통, 상호작용 빈도** 등에 대한 사정과 평가를 지속적으로 해 나갈 필요가 있다.

오답풀이

㉣ 집단에 대한 의존성을 감소시키기 위해 모임주기를 조절하는 것은 **종결단계**에 해당한다. 즉 집단종결단계에서 모임(회합) 간의 간격은 길게 그리고 모임시간은 짧게 한다.

정답 ③

133 ✓확인 □□□

집단 중간단계의 개입기술에 관한 설명으로 옳지 않은 것은?

· 22회

① 집단성원 간 상호작용을 향상시킨다.
② 집단성원을 사후관리 한다.
③ 집단의 목표를 달성하도록 원조한다.
④ 집단의 응집력을 향상시킨다.
⑤ 집단성원이 집단과정에 적극 활동하도록 촉진한다.

해설

집단성원을 사후관리하는 것은 종결 이후이다. 즉, **종결 이후 집단성원과 사회복지사 개입 전 과정에서 이룩한 성취를 유지(개입효과를 지속)하기 위한 사후관리가 필요**하다. 이를 위해 개입이 종결된 이후에 **사후모임을 갖는 것이 중요**하다. 문항 ①, ③, ④, ⑤는 집단 중간단계의 개입기술인 집단응집력 향상을 위한 실천기술의 내용들이다.

+ 보충설명

① 집단응집력을 향상시키기 위해 집단토의와 프로그램 활동들을 적극적으로 활용하여 **집단성원들 간의 상호작용을 향상시킨다.**
③ 목표달성과 집단응집력은 밀접한 관계가 있기 때문에 **집단성원들이 목표에 초점을 두고 목표를 달성할 수 있도록 원조한다.**
④ 집단응집력은 집단의 기능을 향상시키는 긍정적 효과를 가지고 있기 때문에 **사회복지사는 집단응집력을 향상시킬 수 있도록 해야 한다.**
⑤ 집단성원들이 집단과정에 적극적으로 참여하고 그들의 목표를 달성하고 변화를 이루어 낼 수 있는 유능한 존재하는 것을 인식할 수 있도록 돕는다. 이는 집단성원들로 하여금 스스로 가치있고 능력 있는 존재라고 믿게 하여 집단에 보다 적극적으로 참여하게 한다.

정답 ②

04 종결단계

134 ✓확인 □□□

집단의 종결단계에서 사회복지사의 역할에 관한 설명으로 옳은 것은?

· 15회

① 계획된 목표달성 여부에 집중하며 의도하지 않은 결과는 확인하지 않는다.
② 참여자 간 서열화 투쟁이 시작되므로 책임을 설정한 계약을 재확인 시킨다.
③ 집단의 목적에 따른 집단구성과 구성원의 목적 성취를 원조한다.
④ 종결에 대한 양가감정을 이해하고 이를 반영하여 다룬다.
⑤ 도움을 많이 받은 사람은 종결의 어려움을 덜 느끼므로 그렇지 않은 사람에게 집중한다.

해설

집단의 종결시점에 이르러서 성원과 사회복지사는 양가감정, 즉 긍정적인 감정과 부정적인 감정을 동시에 느낀다. **사회복지사는 집단의 종결에 따른 자신의 감정을 성원과 공유하며, 성원들의 양가감정을 토론하도록 격려해야** 한다.

✗ 오답풀이

① 종결단계에 실천이 얼마나 효과적이었는지를 평가하는 과정은 서비스 전달자와 사회복지개입의 발전을 위해 중요하므로, 계획된 목표달성 여부에 집중하여야 한다. 또한 **의도하지 않은 긍정적 혹은 부정적 결과도 확인한다.**
② 참여자 간 서열화 투쟁이 시작되므로 책임을 설정한 계약을 재확인 시키는 것은 **중간단계**에 해당한다.
③ 집단의 목적에 따른 집단구성과 구성원의 목적 성취를 원조하는 것은 **중간단계**에 해당한다.
⑤ **도움을 많이 받은 사람이나 그렇지 않은 사람이나 모두 종결의 어려움을 느낀다.** 따라서 집단종결에 대한 부정적인 감정을 완화하기 위해 성원들의 장점을 인식하도록 하고, 집단이 끝나더라도 필요한 경우 사회복지사와 후원기관이 성원들에게 해줄 수 있는 역할이 무엇인지 밝히는 것이 도움이 된다.

정답 ④

135

집단의 종결단계에서 집중적으로 수행해야 하는 과업으로 적절하지 않은 것은?
• 17회

① 집단 의존성 감소
② 의뢰의 필요성 검토
③ 변화노력의 일반화
④ 구성원 간 피드백 교환
⑤ 집단 성원 간 공통점과 차이점 파악

해설

집단 성원 간 공통점과 차이점 파악은 **중간(개입)단계**에서 사회복지사의 역할에 해당한다. 종결단계에서의 집단 성원과 집단의 특징 그리고 사회복지사의 역할은 다음과 같다(김성이, 2004).

구 분	내 용
집단 성원의 특성	• 집단성원이 자신의 성공담을 집단에서 표현함 • 대화가 자유로움 • 집단참여가 저조해짐 • 집단의 종결에 대한 양가감정 및 퇴행 발생 • 집단경험이 자신의 생활에서 준거 틀이 됨
집단의 특성	• 집단의 종결에 대한 논의 • 집단에서 얻은 성과를 일관되게 유지토록 함 • 집단성원, 집단, 사회복지사에 대한 이별 준비 • 집단종결
사회복지사의 역할	• 집단종결을 준비함(집단의 종결이 임박함을 알림) • 집단종결에 대한 욕구와 목표달성 정도, 성과의 유지 정도 등을 점검 • 집단종결에 대한 개별성원의 반응 점검 • 남은 기간 성취해야 할 일과 과정을 토의 • 집단성원의 성과에 대한 논의 • 사회복지사의 감정처리

+보충설명

① 종결단계에서 사회복지사는 **성원의 집단의존성을 줄이기 위하여 성원들이 집단 외부의 지지와 성원 자신의 기술 및 자원을 활용하도록 원조해야 한다.**
② 부가적인 서비스나 자원이 필요한 경우 사회복지사는 같은 기관 내 타 부서나 타 기관으로 성원을 연결시켜 주는 것이 필요하다. 의뢰는 성원과 사회복지사가 모두 동의한 경우에만 이루어져야 한다.
③ 사회복지사는 성원들이 집단참여를 통하여 성취한 변화를 유지하고, **구체적인 변화를 성원의 주요한 생활영역으로까지 일반화할 수 있도록 도와야 한다.**
④ 종결단계에 평가는 개별성원과 집단의 목적달성 정도를 통해 개입의 효과성을 판단할 수 있는 근거를 제공한다. 평가방법으로 **성원들로부터 집단의 장점과 단점에 대해 피드백을 얻는 것을 활용**할 수 있다.

정답 ⑤

136

집단 종결단계에서 사회복지사의 역할로 옳은 것을 모두 고른 것은?
• 22회

㉠ 집단과정에서 성취한 변화를 지속적으로 유지하도록 돕는다.
㉡ 집단성원의 개별 목표를 설정한다.
㉢ 종결을 앞두고 나타나는 다양한 감정을 토론하도록 격려한다.
㉣ 집단에 대한 의존성을 서서히 감소시켜 나간다.

① ㉠, ㉡
② ㉢, ㉣
③ ㉠, ㉡, ㉣
④ ㉠, ㉢, ㉣
⑤ ㉡, ㉢, ㉣

해설

㉠ 집단성원들이 **집단참여를 통해 성취한 변화를 유지**하고, 구체적인 변화를 집단성원의 주요한 생활영역으로까지 일반화할 수 있도록 도와야 한다.
㉢ 사회복지사는 집단의 종결에 따른 자신의 감정을 성원과 공유하며, **성원들의 양가감정을 토론하도록 격려**해야 한다.
㉣ **집단성원의 집단의존성을 줄이기 위해** 성원들이 집단 외부의 지지와 성원 자신의 기술 및 자원을 활용하도록 원조해야 한다.

✕오답풀이

㉡ 집단성원의 개별 목표를 설정하는 것은 **초기단계**에서 사회복지사의 역할이다. 초기단계에 집단성원의 개인별 목적을 명확한 용어로 규정하고 개별 목표를 구체적으로 설정해야 한다.

정답 ④

제13장 사회복지실천 기록

제4영역 : 사회복지실천기술론

137

✓확인 ☐☐☐

기록의 목적과 용도에 관한 설명으로 옳은 것을 모두 고른 것은?

• 19회

㉠ 사회복지사의 전문적 활동을 입증하는 자료로 활용한다.
㉡ 기관 내에서만 활용하고 다른 전문직과는 공유하지 않는다.
㉢ 기관의 프로그램 수행 자료로 보고하며 기금을 조성하는 근거로 활용한다.
㉣ 클라이언트와 정보를 공유하고 의사소통하는 도구로 활용한다.

① ㉢
② ㉠, ㉣
③ ㉠, ㉢, ㉣
④ ㉡, ㉢, ㉣
⑤ ㉠, ㉡, ㉢, ㉣

해설
㉠ 사회복지실천 개시부터 종결단계까지 클라이언트에게 제공한 서비스내용과 과정, 목표달성 여부와 성과 등을 기록으로 남겨 문서화하는 것은 기관 측면에서는 프로그램과 지침을 실제로 수행하고 있음을 보여주는 것이며, **사회복지사도 자신의 전문적 활동을 입증할 수 있는 자료**가 된다.
㉢ 사회복지기관이 약속한 프로그램 및 정책적 지침을 실제로 수행하고 있다는 것을 보여주며, 사회복지 프로그램에 대한 재정지원을 정당화해주고 전달된 서비스에 대한 비용청구와 **프로그램 실시를 위한 기금조성 근거**로 활용한다.
㉣ 기록은 **클라이언트와 정보를 공유하고 의사소통할 수 있는 도구**가 되는데, 오늘날 더 많은 사회복지기관들이 사회복지 서비스의 소비자인 클라이언트에게 기록을 개방하고 있으며 이는 소비자의 권리를 존중하는 사회의 경향과도 관계가 있다.

✗오답풀이
㉡ 기관 내에서만 활용하는 것이 아니라 **서비스를 전달하는 다른 전문직과는 공유하기도 한다**. 즉, 다른 전문직과의 사례회의나 토론을 대신하여 의사소통도구로 활용되어 집단적 의사결정을 도울 수 있으며, 다른 전문직들에 대한 교육 시 교육적 자료로 활용되기도 한다.

정답 ③

138

✓확인 ☐☐☐

과정기록에 관한 설명으로 옳은 것은?

• 12회

① 문제를 목록화한다.
② 시간 및 비용 측면에서 효율적이다.
③ 사회복지실습이나 교육수단으로 유용하다.
④ 클라이언트와의 면담 내용을 요약체로 기록한다.
⑤ 면담에 대하여 클라이언트가 분석한 내용을 기록한다.

해설
과정기록(process recording)은 사회복지실습생을 지도하거나 초임 사회복지사를 교육할 때 유용하게 사용될 수 있다(**사회복지실습, 슈퍼비전이나 교육적 도구로 매우 유용**).

✗오답풀이
①, ⑤는 문제중심기록, ②, ④는 요약기록에 해당한다.

정답 ③

139

다음에 해당되는 기록방법은? · 21회

> - 교육과 훈련의 중요한 수단이며, 자문의 근거자료로 유용
> - 면담전개 과정을 시간의 흐름에 따라 기술하는 방식
> - 사회복지사 자신의 행동분석을 통해 사례에 대한 개입능력 향상에 도움

① 과정기록 ② 문제중심기록
③ 이야기체기록 ④ 정보시스템을 이용한 기록
⑤ 요약기록

해설
과정기록(process recording)은 사회복지학을 공부하는 학생들과 사회복지실습생을 지도하거나 초보 사회복지사들을 지도·감독하면서 기본적인 실천기술을 교육훈련시키는 데 유용한 기록형식이다. 또한 경험이 있는 사회복지사라고 할지라도 어려운 사례를 다룰 때에 동료나 슈퍼바이저로부터 자문을 받기 위한 기초자료로서 활용될 수 있다. 면담전개 과정을 시간의 흐름에 따라 상세하게 기술하며, 사회복지사는 클라이언트의 말과 행동뿐만 아니라 자신의 말과 행동 및 감정을 기록하기 때문에 자신의 행동분석을 통해 사례에 대한 개입능력 향상에도 도움을 받는다.

정답 ①

140

사회복지사나 기관에서 주로 쓰는 기록 형태로서 일정한 간격이나 특정 행동 및 사실 등에 관해 중요한 정보를 조직화해서 기록하는 것으로 장기간의 사례에 유용한 기록 방법은 무엇인가? · 4회

① 요약기록 ② 이야기체 기록
③ 과정기록 ④ 시계열 기록
⑤ 문제중심기록

해설
요약기록은 전체적인 서비스 과정을 고려할 때 짧고 쉽게 이용할 수 있어서 대부분의 사회복지기관에서 많이 활용되는 기록 방법이며, 노인요양원이나 사회복귀시설과 같이 시간의 경과에 따른 계속적인 기록이 필요할 때 시간과 중요사항 중심으로 기록할 수 있어 편리하다.

정답 ①

141

다음을 문제중심기록의 S – O – A – P 순서대로 배치한 것은?

• 17회

> ㉠ 질문에만 겨우 답하고 눈물을 보이며 시선을 제대로 마주치지 못함
> ㉡ "저는 이 문제를 해결할 수 없어요. 저를 도와줄 사람도 없고요."
> ㉢ 우울증 검사와 욕구에 따른 인적, 물적 자원연결이 필요함
> ㉣ 자기효능감이 저하된 상태로 지지체계가 빈약함

① ㉠ – ㉡ – ㉢ – ㉣
② ㉠ – ㉣ – ㉡ – ㉢
③ ㉡ – ㉠ – ㉢ – ㉣
④ ㉡ – ㉠ – ㉣ – ㉢
⑤ ㉡ – ㉣ – ㉠ – ㉢

[해설]
문제중심 기록은 보건 또는 정신보건현장에서 많이 사용되는 기록이며 사회복지기관에서도 사용된다. 개입이 필요할 때 행동을 서술하는 진행기록은 SOAP의 형태를 따르고 있다. ㉠ 객관적 정보(O), ㉡ 주관적 정보(S), ㉢ 계획(P), ㉣ 사정(A)에 해당한다.

정답 ④

142

문제중심기록의 특성으로 옳지 않은 것은?

• 18회

① 현상의 복잡성을 단순화시키고 부분화를 강조하는 단점이 있다.
② 문제유형의 파악이 용이하며 책무성이 명확해진다.
③ 클라이언트의 주관적 진술과 사회복지사의 관찰과 같은 객관적 자료를 구분한다.
④ 클라이언트의 문제 상황을 진단하고 개입계획을 제외한 문제의 목록을 작성한다.
⑤ 슈퍼바이저, 조사연구자, 외부자문가 등이 함께 검토하는데 용이하다.

[해설]
클라이언트의 문제 상황을 진단하고 **개입계획을 포함한 문제의 목록**을 작성한다. 참고로 문제중심기록은 네 가지 요소로 구성되는데, (1) 문제의 파악을 위한 데이터베이스 구축, (2) 문제의 분류 번호가 매겨진 특정한 문제의 목록, (3) 각 문제에 대한 행동계획의 개발, (4) 계획의 실행이다.

[보충설명]
① 부분화를 강조함으로써 통합적이며 체계적인 쟁점들을 왜곡시킬 우려가 있다.
② 팀의 구성원(실무자)들은 목록화된 각 문제에 초점을 맞추어 다루어야 하고 모든 치료계획에 대해 문서화된 추후점검(사후지도)을 할 책임이 있으므로 책무성을 향상시킨다.
③ SOAP에서 S(Subjective Information, 주관적 정보)는 클라이언트의 주관적 진술이며, O(Objective Information, 객관적 정보)는 사회복지사의 관찰이다.
⑤ 기록이 간결하고 형식이 통일(통일성 있음)되므로, 기록 감독자, 조사 연구자, 외부의 자문가 등이 보다 쉽고 질 높은 기록검토를 할 수 있다.

정답 ④

143

사회복지실천 기록에 관한 설명으로 옳지 않은 것은? • 10회

① 과정기록은 사회복지실습이나 교육수단으로 유용하다.
② 과정기록은 시간과 비용이 너무 많이 소요되어 비효율적이다.
③ 이야기체 기록은 사회복지사의 재량에 의존하기 때문에 추후에 원하는 정보를 찾기 어렵다.
④ 문제중심기록은 기록이 간결하고 통일성이 있어 팀 접근 시 활용이 용이하다.
⑤ 문제중심기록은 사회복지사와 클라이언트의 상호작용을 구체적으로 기록한다.

해설

문제중심기록은 병원 또는 정신보건센터의 세팅에서 여러 전문직이 함께 일할 때 사용되는 비교적 최신 형태의 기록이다. 이 방식은 원래 병원에서 의료기록을 표준화하고 수행 정도를 검토하기 위하여 개발된 것으로 단순히 기록 차원을 넘어서 문제 해결에 도움이 되도록 만들어졌다. 의료보건분야에서 많이 활용되며, 심리 사회적 관심보다는 생의학적 관심에 초점을 맞춘다. **문제중심기록의 단점으로** 첫째, 문제의 사정이 부분적이거나 지나치게 단순하며, 클라이언트의 강점, 욕구, 자원은 중요시 하지 않고, 심리 사회적 관심보다는 생의학적 관심에 초점을 맞추고 있고, 문제를 강조함으로써 사회복지실천의 관심 폭을 한정시킬 수 있다. 둘째, 개인과 환경의 상호작용보다는 개인을 강조함으로써 관련 현상의 복잡성을 단순화시킬 우려가 있다. 즉, 서비스 전달의 복잡성을 간과하는 경향이 있다. 셋째, 부분화를 강조함으로써 통합적이며 체계적인 쟁점들을 왜곡시킬 우려가 있다.

정답 ⑤

144

좋은 기록의 특징으로 옳은 것은? • 15회

① 서비스의 결정과 실행에 초점을 둔다.
② 상황묘사와 사회복지사의 견해를 구분하지 않는다.
③ 비밀보장을 위해 정보를 쉽게 분류할 수 없게 한다.
④ 모든 문제나 상황을 가능한 자세하고 풍부하게 기술한다.
⑤ 클라이언트의 관점은 배제하고 전문적 견해를 강조한다.

해설

케글(Kagle)이 제시한 좋은 기록의 특징에 관한 문제이다. 좋은 기록은 **서비스의 결정과 행동(실행)에 초점을 둔다.**

오답풀이
② **상황묘사와 사회복지사의 견해가 명확하게 분리되어** 별도의 제목 하에 씌어져서 읽는 사람들이 사회복지사의 관찰사항과 해석을 구분하여 이해할 수 있다.
③ 구조화되어 있어서 **정보를 효과적으로 문서화할 수 있고 쉽게 분류**해 낼 수 있게 한다.
④ 기록이 **간결하고, 구체적**이어야 한다. 정보가 너무 많이 또는 너무 적게 쓰여지고 조직화되어 있지 않아 필요한 사람에게 정보를 제대로 제공하지 못하는 것은 좋지 않은 기록의 특징이다.
⑤ 전문가의 견해를 담으면서도 **클라이언트의 관점을 무시하지 않아**야 한다.

정답 ①

제14장 사회복지실천 평가

제4영역 : 사회복지실천기술론

145

실천 평가에 관한 설명으로 옳은 것을 모두 고른 것은? ·11회

㉠ 개입과 목표달성 간 상호관련 정도를 알아보기 위해 실시한다.
㉡ 기관, 클라이언트, 전문가 집단 및 사회에 대한 책무성 향상에 도움이 된다.
㉢ 개입의 지속 또는 변경 여부 판단에 필요한 정보를 제공한다.
㉣ 서로 다른 문제나 특성을 가진 클라이언트에게 상대적으로 효과적인 개입방법을 선정하는 데 도움이 되는 정보를 제공한다.

① ㉠, ㉡, ㉢
② ㉠, ㉢
③ ㉡, ㉣
④ ㉣
⑤ ㉠, ㉡, ㉢, ㉣

해설
평가는 전문적인 활동에 대한 서술, 전문적인 활동의 결과에 대한 조사, 새로운 치료개입 형태에 관한 실험 및 보다 효과적인 개입방법을 개발하기 위하여 설계된 조사를 의미하며 변화의 과정과 변화의 성과 모두를 측정하기 위해 객관적인 조사 방법을 적용하는 것이다.

정답 ⑤

146

도벽 습관이 있는 아동에 대한 행동치료 평가 시 활용한 단일 사례 설계의 유형은? ·10회

· 아동의 도벽행동에 대한 치료를 먼저 시행한 후, 문제행동 변화를 측정한다.
· 개입효과를 확인하기 위해 치료를 잠시 중단한다.
· 다시 치료를 시행하면서 아동의 행동변화를 관찰한다.

① AB
② ABA
③ BAB
④ ABC
⑤ ABAB

해설
BAB설계(개입단계 → 기초선 → 2차 개입단계)는 처음에 기초선 기간을 설정하지 않고 바로 개입단계(B)로 들어가고 다시 개입을 중단하는 기초선 단계(A)를 가지고 다시 개입을 재개하는 단계이다. 클라이언트가 위기상황에 있어서 즉각적인 개입이 필요할 경우 사용하면 유용하다. 사례는 아동의 도벽행동에 대한 치료를 먼저 시행한 후(B), 문제행동 변화를 측정한다. 개입효과를 확인하기 위해 치료를 잠시 중단한다.(A) 다시 치료를 시행하면서(B) 아동의 행동변화를 관찰한다. 즉 BAB설계이다.

정답 ③

147 ✓확인 ☐☐☐

다음 사례에 해당되는 단일사례설계의 유형은? · 20회

> 독거노인의 우울감 해소를 위해 5주간의 전화상담(주 1회)에 이어 5주간의 집단활동(주1회)을 진행했다. 참가자 5명을 대상으로 프로그램 시작 3주 전부터 매주 1회 우울증 검사를 실시했고, 프로그램 시작 전, 5주 후, 10주 후에 삶의 만족도를 조사했다.

① AB설계
② ABC설계
③ ABAB설계
④ ABAC설계
⑤ 다중(복수)기초선설계

해설
주어진 사례에서 표적 행동(종속변인)은 독거노인의 우울감으로, 프로그램 시작 3주 전부터 매주 1회 우울증 검사를 실시한 것은 표적 행동(종속변인)의 패턴을 확인하기 위한 것이다. 표적 행동은 독거노인의 우울감이지만 **긍정적인 지수인 삶의 만족도를 조사하고 있다.** 따라서, 프로그램 시작 전 삶의 만족도를 조사한 것은 **기초선단계(A)**에 해당한다. 그리고, 5주간의 전화상담(주1회)은 **첫 번째 개입단계(B)**이고, 5주간의 집단활동(주1회)은 **두 번째 개입단계(C)**에 해당한다. 프로그램 시작 5주 후, 10주 후 삶의 만족도를 조사한 것은 프로그램 진행 중 표적행동(종속변인)을 측정한 것이다. 표적 행동의 측정지수는 문제가 있다는 부정적 지수와 문제가 없다는 긍정적인 지수가 있다. 예 아동학대의 경우 부정적인 지수는 어머니가 아동을 경멸하는 말을 사용하는 빈도가 될 수 있으며, 이 경우 목표는 경멸적인 말의 횟수를 줄이는 것이다. 긍정적인 지수로는 어머니가 아동에게 칭찬하는 횟수가 될 수 있으며, 이 때 목표는 칭찬의 횟수를 증가시키는 것이 된다.

+보충설명
참고로, ② ABC설계와 ④ ABAC설계는 다중요소설계(복수요소설계)에 해당한다. **다중요소설계(복수요소설계)는** ABCD에 국한되지 않고, ABC, ABCDE, ABAC, ABACAD 등으로 덧붙여 나갈 수 있으며, 구성설계, 띠설계, 순환개입설계, 무작위교환설계, 상호작용설계 등의 형태가 있다.

정답 ②

148 ✓확인 ☐☐☐

단일 사례연구의 기초선 자료수집방법으로 적절하지 않은 것은? · 11회

① 형성평가 척도
② 목표 달성 척도
③ 개별화된 척도
④ 표준화된 척도
⑤ 클라이언트의 주관적 감정 강도

해설
단일사례연구의 기초선 자료수집방법은 곧 **개입 이전** 종속변수를 측정하는 것이다. **형성평가는 개입 중에 이루어지는 평가이다.**

정답 ①

OIKOS UP 단일사례연구에서의 종속변수를 측정하는 방법

① 빈도, 지속기간, 강도 또는 양으로 측정 가능 → 클라이언트의 주관적 감정 강도(O)
   예 불안, 우울 등 클라이언트의 감정, 부부가 자녀를 칭찬한 횟수, 음주 및 흡연 욕구 등
② 표준화된 척도
③ 개별화된 평가 척도
④ 목표 달성 척도(GAS)

149

단일 사례설계에 관한 설명으로 옳은 것을 모두 고른 것은?

・12회

㉠ 개입과 개입 철회를 반복할 수 있다.
㉡ 사전자료가 없는 경우 개입 이후에 기초선 자료를 수집할 수 있다.
㉢ 여러 개의 표적행동에 대해 기초선을 설정할 수 있다.
㉣ 한 명 이상의 클라이언트를 대상으로 비교할 수 있다.

① ㉠, ㉡, ㉢
② ㉠, ㉢
③ ㉡, ㉣
④ ㉣
⑤ ㉠, ㉡, ㉢, ㉣

해설

㉠ ABA설계, ABAB설계 혹은 BAB설계 처럼 **기초선 단계(A, 개입 이전, 개입 철회)와 개입단계(B, 개입)를** 반복할 수 있다.
㉡ 개입을 우선하고(B), 기초선 자료를 수집(A)할 수 있다. 즉 BAB설계처럼 처음에 기초선 기간을 설정하지 않고 바로 개입단계(B)로 들어가고 다시 개입을 중단하는 기초선 단계(A)를 가지고 다시 개입을 재개할 수 있다.
㉢ 여러 개의 표적행동에 대해 기초선을 설정하는 것은 **복수 기초선 설계를** 말한다.
㉣ 한 명 이상의 클라이언트를 대상으로 비교할 수 있는 것은 **복수 기초선 설계에 해당한다. 복수 기초선(다중 기초선) 설계(multiple baseline design)는** AB설계와 동일한 과정을 여러 대상, 표적 문제, 세팅에 적용하는데, 기초선 단계는 동시에 시작하되 개입을 도입하는 시기를 달리하여, 그 효과가 서로 다른 대상, 표적문제, 세팅에서 개입 시기에 맞추어서 나타나는지를 관찰하는 것이다.

정답 ⑤

150

단일 사례설계의 활용에 관한 설명으로 옳은 것을 모두 고른 것은?

・13회

㉠ 어떤 개입이 대상문제의 변화를 설명하는지 알 수 있다.
㉡ 둘 이상의 클라이언트, 둘 이상의 상황이나 문제에 적용 가능하다.
㉢ 행동빈도의 직·간접 관찰, 기존 척도, 클라이언트 자신의 주관적 사고나 감정 등의 측정 지수를 사용한다.
㉣ 반복적 시행으로 개입 효과성의 일반화가 가능하다.

① ㉠, ㉡, ㉢
② ㉠, ㉢
③ ㉡, ㉣
④ ㉣
⑤ ㉠, ㉡, ㉢, ㉣

해설

㉠ 기존의 상태를 변화시키는 온갖 종류의 사건, 실험적 자극, 프로그램, 환경 변화 등을 포함한 개입(intervention)이 대상 문제(표적행동)의 변화를 유발하는 지를 설명할 수 있다.
㉡ 둘 이상의 클라이언트, 둘 이상의 상황이나 문제에 적용하는 단일 사례설계는 **복수 기초선(다중 기초선) 설계(multiple baseline design)이다.**
㉢ 표적행동은 실천개입의 목표에 따라 **다양한 행동이 표적으로 가능하며, 생각이나 느낌과 같이 외부적 관찰이 불가능한 개인의 내면적 상태가 표적이 되는 경우도 있다.** 즉 행동빈도의 직·간접 관찰, 기존 척도, 클라이언트 자신의 주관적 사고나 감정 등의 측정 지수를 사용한다.
㉣ 반복적 시행으로 개입국면(B)에서의 변화가 우연히 나타나는 정도에 불과한 것은 아닌지 판단하고, **개입으로 인한 변화 혹은 개입의 효과가 통계학적으로 유의미한지 판단할 수 있다.**

정답 ⑤

151

✓확인 ☐☐☐

단일사례설계에 관한 설명으로 옳지 않은 것은? · 14회

① 개입 이후에 기초선 자료를 수집할 수 있다.
② 다수의 클라이언트의 변화를 점검할 수 있다.
③ 개입의 효과성을 알기 위해 반복측정을 해야 한다.
④ 측정지수에는 긍정적 지표와 부정적 지표가 있다.
⑤ 개입과정에서 개입의 강도나 방식을 바꿀 수 없다.

해설
단일사례디자인은 개입과정에서 개입의 강도나 방식을 바꿀 수 있다. 즉 변화를 관찰하는 과정에서 필요하다고 판단되면 **개입 수준과 방향을 바꿀 수 있다**.

✗ 오답풀이
④ 측정지수에는 긍정적 지표와 부정적 지표가 있다. 즉, 대상문제가 클라이언트의 우울증에 관한 것이라면 울부짖는 기간의 빈도 또는 자기경멸적인 말의 빈도와 같은 **부정적인 지표**를 사용하거나, 친구들과 상호작용을 하는 데 사용하는 시간의 양과 같은 **긍정적 지표**를 사용할 수도 있다.

정답 ⑤

152

✓확인 ☐☐☐

다음 사례에 해당되는 단일사례설계 평가유형은? · 17회

> 대인관계 문제로 어려움을 겪던 재훈이와 수지는 사회성 측정 후 사회기술훈련에 의뢰되었다. 재훈이는 곧바로 사회기술훈련을 시작하여 사회성의 변화추이를 측정해 오고 있으며, 수지는 3주간 시간차를 두고 사회기술훈련을 시작하면서 변화추이를 관찰하였다.

① AB 설계
② ABAB 설계
③ BAB 설계
④ 다중(복수)기초선 설계
⑤ 다중(복수)요소 설계

해설
AB설계와 같은 동일한 개입방법을 여러 대상이나 상황, 표적문제에 적용하여 시행함으로써 개입효과가 다른 대상, 상황, 문제 행동에도 나타나는지 측정하여 표적행동에 대한 개입의 효과를 파악하는 것을 **다중(복수)기초선 설계**라고 한다. 주어진 사례는 **여러 연구대상에 대한 다중(복수)기초선 설계**로, 여러 대상(재훈이와 수지)에게서 동일한 개입방법(사회기술훈련)으로 동일한 대상행위(사회성)를 측정하는 것이다. 각 기초선이 동시에 출발하더라도 개입은 각 기초선의 서로 다른 시점(수지는 3주간 시간차를 두고 사회기술훈련을 시작)에 도입한 것이다.

+ 보충설명
⑤ **다중(복수)요소 설계**는 하나의 기초선 자료에 대해 복수의 각기 다른 개입방법을 연속적으로 도입해 보는 것으로, ABCD에 국한되지 않고 ABC 혹은 ABCDE 등으로 덧붙여 나갈 수 있으며, ABAC, ABACAD 등으로 덧붙여 나갈 수도 있다.

정답 ④

2교시 사회복지실천

제5영역

지역사회복지론
Community Welfare & Practice

교과목 개요

지역사회복지론은 지역사회를 개입의 단위로 삼는 사회복지의 다양한 접근법들을 섭렵하되, 특히 전문적 지역사회복지실천의 과정에 관한 이론과 기술의 학습에 역점을 두는 교과목이다. 따라서 지역사회 및 그 구성원들이 지니는 사회적 문제와 욕구의 해결에 관여하는 사회복지사가 갖추어야 할 자질과 역량을 키우는 데 필요한 내용으로 교과목을 구성한다.

이를 위해 지역사회복지 관련 주요 개념과 역사 및 기초이론 등에 대한 이해를 비롯하여, 전문적 지역사회복지실천의 원칙, 모형, 과정, 기술 및 사회복지사의 역할 등 전문적 접근에 필요한 핵심사항을 전반부에서 다룬다. 이어서 후반부에서는 변화하는 지역사회 현실과 그것이 담고 있는 문제 및 욕구를 규명하고, 거기서 대응하는 다양한 지역사회복지 접근법 및 추진체계들을 비판적으로 검토하면서, 전반부에서 학습한 내용을 적용함으로써 합당한 대안을 강구해 보도록 한다.

교과목 목표

1. 지역사회, 지역사회복지, 지역사회복지실천 및 유관 용어들의 개념 이해
2. 지역사회복지 역사 개관
3. 지역사회복지실천의 기초 이론에 대한 이해
4. 지역사회복지실천의 원칙, 가치, 윤리에 대한 이해
5. 지역사회복지실천의 모형에 대한 이해
6. 지역사회복지실천의 과정과 기술 및 사회복지사 역할에 대한 이해
7. 지역사회복지의 실제와 추진체계 및 발전과제 탐구

5영역 | 지역사회복지론

이해 틀	목차 (교과목 지침서에 준함)	10회 2012	11회 2013	12회 2014	13회 2015	14회 2016	15회 2017	16회 2018	17회 2019	18회 2020	19회 2021	20회 2022	21회 2023	22회 2024	23회 2025
지역사회 복지의 이해	제1장 지역사회에 대한 이해	2	1	1	1	2	2	1	2	1	2	2	1	1	2
	제2장 지역사회복지와 지역사회복지실천의 이해	2	3	1	3	1	1	1	1	2	–	1	2	2	1
	제3장 지역사회복지역사의 이해	3	3	2	3	4	3	5	3	3	3	3	3	4	2
지역사회 복지의 이론과 모델	제4장 지역사회복지의 이론적 기초이해	2	2	3	3	2	3	2	1	2	2	2	3	3	2
	제5장 지역사회복지의 실천모델에 대한 이해	2	6	3	3	2	2	3	2	2	3	3	3	2	4
지역사회 복지 실천의 과정과 기술	제6장 지역사회복지실천의 과정	4	3	2	4	2	3	3	2	1	1	3	2	2	2
	제7장 지역사회복지실천에서의 사회복지사의 역할	1	3	1	1	–	–	1	1	1($\frac{1}{2}$)	–	–	1	2	2
	제8장 지역사회복지실천에서의 사회복지사의 기술	3	1	2	3	6	3	2	3	3($\frac{1}{2}$)	4	2	2	2	2
	제9장 사회행동의 전략과 전술	1	2	–	1	–	–	–	–	1	–	–	–	–	–
지역사회 복지 실천 추진체계	제10장 지역사회보장계획	2	2	–	1	1	1	3	2	1	1	1	1	1	1
	제11장 공공지역사회복지실천의 추진체계	3	–	–	1	1	3	2	2	3	3	2	2	1	3
	제12장 민간지역사회복지실천의 추진체계	5	4	5	1	3	3	3	4	3	4	4	3	4	3
지역사회 복지운동	제13장 지역사회복지운동	–	–	1	–	1	1	1	2	1	2	2	2	1	1

※ 표 안에 ( ) 안의 숫자는 단독 출제되지는 않으나 문제의 지문상에 해당 부분의 내용이 출제된 것을 의미합니다.
※ 제10회 시험부터 시험문제가 공개되었으며, 제12회 시험부터 영역별 30문제에서 25문제 출제로 변경되었습니다.
  따라서, 장(chapter)별 출제빈도는 12회 시험부터 눈여겨보시기 바랍니다.

제1장 지역사회에 대한 이해

김진원 Oikos 사회복지사 1급

제5영역 : 지역사회복지론

001 ✓확인 ☐☐☐

지역사회에 관한 설명으로 옳은 것은? • 10회

① 지리적 지역사회와 기능적 지역사회로 구분한 사람은 로스만(Rothman)이다.
② 장애인 부모회는 지리적 지역사회에 해당한다.
③ 교통 및 통신수단의 발달로 과거에 비해 기능적 지역사회가 더 많이 나타나게 되었다.
④ 지역사회는 의사소통, 교환, 상호작용의 필요성이 점차 줄어들고 있다.
⑤ 산업화 이후 공동사회(Gemeinschaft)가 발전되어 왔다.

해설
산업화 이후 교통과 정보통신 수단의 발달로 지리적 영역을 공유하지 않는 사람들 간에 상호작용이 활발하게 이루어지면서 **지역적 개념이 약화되어 가고 상대적으로 기능적 지역사회의 개념이 필요하게** 되었다.

✕ 오답풀이
① 로스만(Rothman)이 아니라 **로스(Ross)**이다.
② 장애인 부모회는 **기능적 지역사회**이다.
④ 지역사회는 의사소통, 교환, 상호작용의 필요성이 늘어나고 있다.
⑤ 도시화, 산업화가 진행되면서 인간의 삶을 자연스럽게 지탱해 주던 **전통적인 공동사회(Gemeinschaft)는 점차 붕괴되어 나가고 있으며, 치열한 생존경쟁사회인 이익사회(Gesellschaft)에서 우리는 살**고 있다.

정답 ③

002 ✓확인 ☐☐☐

지역사회(community)에 관한 설명으로 옳은 것은? • 13회

① 모든 지역사회는 사회(society)이나, 모든 사회가 지역사회는 아니다.
② 지리적 개념은 사회문화적 동질성과 상호작용성에 기초한다.
③ 퇴니스(F.Tönnies)는 지역사회를 공동사회와 기계적 연대사회로 구분하였다.
④ 인구구성의 사회적 특수성을 기준으로 하여 시·군·구로 구분할 수 있다.
⑤ 상부상조 기능은 지역사회 구성원에게 법규 순응을 강제한다.

해설
파크(Park)와 버제스(Burges)는 "지역사회라는 용어는 한 지역을 구성하는 사람들과 조직들의 지리적 분포라는 견지에서 고려될 수 있는 사회(사회집단)라고 정의하면서, **모든 지역사회는 사회(society)이나, 모든 사회가 지역사회는 아니다.**"라고 주장한다.

✕ 오답풀이
② 사회문화적 동질성과 상호작용성에 기초하는 것은 기능적 의미의 지역사회이다. 지리적 개념은 지역성에 기초한다.
③ **퇴니스(F.Tönnies)**는 공동사회와 이익사회로 구분하였으며, **뒤르켐(Emile Durkheim)**은 기계적 연대 사회와 유기적 연대 사회로 구분하였다.
④ **시·군·구로 구분하는 것은 정부의 행정구역에 따른 구분이며, 인구구성의 사회적 특수성을 기준으로 한 지역사회의 구분**은 도시 저소득층 지역, 외국인촌, 장애인 밀집지역, 차이나타운 등에서 볼 수 있듯이 지역사회구성원 대다수의 경제적·인종적 특성을 중심으로 지역을 유형화하는 것이다.
⑤ 지역사회 구성원에게 법규 순응을 강제하는 것은 **사회통제(social control) 기능**이다. 상부상조(mutual support) 기능은 지역주민들이 기존 사회제도에 의해 기본욕구를 충족할 수 없는 경우 강조되는 사회적 기능이다.

정답 ①

003 ✓확인 ☐☐☐

지역사회(community)에 관한 설명으로 옳지 않은 것은? • 14회

① 로스(M. G. Ross) : 지역사회를 지리적인 지역사회와 기능적인 지역사회로 구분
② 메키버(R. M. MacIver) : 인간의 공동생활이 영위되는 일정한 지역을 공동생활권으로 설명
③ 워렌(R. L. Warren) : 지역적 접합성을 가지는 주요한 사회적 기능수행의 단위와 체계의 결합
④ 길버트와 스펙트(N. Gilbert & H. Specht) : 지리적 영역, 사회·문화적 상호작용, 공동의 유대 등 3가지로 구성
⑤ 던햄(A. Dunham) : 지역사회의 유형을 인구의 크기, 경제적 기반 등의 기준으로 구분

해설

지리적 영역, 사회·문화적 상호작용, 공동의 유대 등 3가지로 구성한 것은 **힐러리(G. A. Hillery)**이다. 길버트와 스펙트(N. Gilbert & H. Specht)는 기능적 요인을 강조하여, 지역사회가 공통적으로 수행하는 핵심기능을 생산·분배·소비, 사회화, 사회통제, 사회통합, 상부상조의 기능을 제시하였다.

+ 보충설명

① 로스(M. G. Ross)는 지역사회를 지역적인 특성을 강조하는 **지리적인 지역사회**와 이와 대조적인 개념으로서 **기능적인 지역사회로 구분**하였다.
② 메키버(R. M. MacIver)는 '지역사회라는 것은 모든 형태의 **공동생활지역**으로서 부락 혹은 읍, 시, 도, 국가 혹은 더 넓은 지역까지도 의미한다. 사람들이 함께 살게 되면 그들은 태도, 전통, 언어양식 등에 뚜렷한 특성을 갖게 되며, 이러한 특성들은 효과적인 공동생활을 영위하기 위한 요소이자 공동생활의 결과라고 할 수 있다.'라고 하였다.
③ 워렌(R. L. Warren)은 '지역사회란 지리적 관련성을 기반으로 하여 주요한 **사회기능을 수행하는 사회단위 및 사회체계들의 결합**'이라고 정의하였다.
⑤ 던햄(A. Dunham)은 지역사회의 유형을 **인구의 크기, 경제적 기반, 정부의 행정구역, 인구구성의 사회적 특수성** 등의 기준으로 구분하였다.

정답 ④

004 ✓확인 ☐☐☐

지역사회(community)에 관한 설명으로 옳지 않은 것은? • 16회

① 기능적 지역사회는 이념, 사회계층, 직업유형 등을 중심으로 이루어진다.
② 지리적 지역사회는 이웃, 마을, 도시 등을 예로 들 수 있다.
③ 던햄(A. Dunham)은 지역사회를 인구크기, 경제적 기반, 행정구역, 사회적 특수성으로 유형화했다.
④ 퇴니스(F. Tönnies)는 지역사회를 공동사회와 이익사회로 구분했다.
⑤ 길버트와 스펙트(N. Gilbert & Specht)는 지역사회의 사회통합기능이 현대의 사회복지제도로 정착되었다고 했다.

해설

길버트와 스펙트(N. Gilbert & Specht)는 **지역사회의 상부상조**(mutual support, 상호부조) **기능이 현대의 사회복지제도로 정착**되었다고 했다. 어느 정도의 결속력과 사기를 전제로 하는 **사회통합기능은 종교제도의 1차적 기능**으로 각종 종교활동이나 사회봉사의 참여를 통하여 사회발전에 기여할 수 있는 기능이다.

+ 보충설명

③ 현대화에 따라 지역사회를 유형화하는 방법은 다양하나 가장 흔히 사용되는 기준은 던햄(Dunham)이 나눈 인구의 크기, 경제적 기반, 정부의 행정구역, 인구구성의 사회적 특수성 등을 들 수 있다.

정답 ⑤

005

던햄(A. Dunham)의 지역사회유형 구분과 예시의 연결로 옳지 않은 것은?
• 19회

① 인구 크기 - 대도시, 중·소도시 등
② 산업구조 및 경제적 기반 - 농촌, 어촌, 산업단지 등
③ 연대성 수준 - 기계적연대 지역, 유기적연대 지역 등
④ 행정구역 - 특별시, 광역시·도, 시·군·구 등
⑤ 인구 구성의 사회적 특수성 - 쪽방촌, 외국인 밀집지역 등

해설
지역사회유형과 관련하여 **던햄(Dunham)**은 인구의 크기, 산업구조 및 경제적 기반, 정부의 행정구역, 인구구성의 사회적 특수성 등의 기준으로 구분하였다.

오답풀이
③ 연대성 수준으로 기계적 연대 사회와 유기적 연대 사회로 구분한 것은 **뒤르켐(Emile Durkheim)**이다.

정답 ③

006

지역사회에 관한 설명으로 옳지 않은 것은?
• 18회

① 지역사회에 대한 정의나 구분은 학자에 따라 매우 다양하다.
② 현대의 지역사회는 지리적 개념을 넘어 기능적 개념까지 포괄하는 추세이다.
③ 지역사회를 상호의존적인 집단들의 결합체로도 볼 수 있다.
④ 펠린(P. F. Fellin)은 역량있는 지역사회를 바람직한 지역사회로 보았다.
⑤ 로스(M. G. Ross)는 지역사회의 기능을 사회통제, 사회통합 등 다섯 가지로 구분하였다.

해설
지역사회의 기능을 사회통제, 사회통합 등 다섯 가지로 구분한 것은 **길버트(Neil Gilbert)**와 **스펙트(Harry Specht)**이다.

보충설명
③ **그린(Green)**은 지역사회란 상호관련되어 있고 상호의존적인 집단들의 결합체(network)이며 지역사회 내의 역동적인 관계는 집단생활과 조직체들에서 찾을 수 있다고 하였다.
④ 펠린(P. F. Fellin)은 **역량 있는 지역사회를 바람직한 지역사회**로 보았으며, 지역사회 역량의 개념은 좋은 지역사회의 한 가지 조건으로 활용된다.

정답 ⑤

007

기능적 공동체에 관한 설명으로 옳은 것을 모두 고른 것은?

· 19회

> ㄱ. 멤버십(membership) 공동체 개념을 말한다.
> ㄴ. 외국인근로자 공동체의 사례가 포함된다.
> ㄷ. 가상공동체인 온라인 커뮤니티도 포함된다.
> ㄹ. 사회문화적 동질성이 기반이 된다.

① ㄱ
② ㄴ, ㄹ
③ ㄷ, ㄹ
④ ㄱ, ㄴ, ㄹ
⑤ ㄱ, ㄴ, ㄷ, ㄹ

해설

ㄱ. 기능적 공동체(기능적인 의미의 지역사회)는 기능 혹은 이해관계나 정체성을 공유하는 집단으로서의 커뮤니티 개념은 지리적 경계와 상관없는 **멤버십(membership) 공동체** 개념을 말한다. 이 개념에서는 구성원들 간의 합의, 일체감, 공동생활양식 혹은 공통적인 관심과 가치 그리고 공동의 노력이 강조되며, 다른 공동체와 구별되는 독특성이 강조된다.
ㄴ. 인종적 특성이나 공동의 정체감과 문화를 유지하면서 상호의존적으로 살아가는 **외국인근로자 공동체**는 기능적 공동체의 사례에 포함된다.
ㄷ. 오늘날 인터넷 등 정보기술이 발달로 새롭게 등장한 **가상공동체**인 온라인 커뮤니티도 직접적인 대면적 특성이 적고 대체로 이해관계나 기능적 특성에 의해 형성된다는 점에서 기능적 공동체에 포함된다.
ㄹ. 기능적 공동체는 사회적·문화적 동질성, 상호작용성, 합의 등의 공통된 이해와 관심으로 형성된 집단이다.

정답 ⑤

008

힐러리(G. A. Hillery)가 제시한 지역사회의 기본요소로 옳게 묶인 것은?

· 17회

① 지역주민, 사회계층, 전통적 가치체계
② 사회적 상호작용, 공동의 유대감, 지리적 영역의 공유
③ 경제, 종교, 교육, 보건과 사회복지
④ 역사적 유산의 공유, 지역 거주, 공동생활양식
⑤ 사회적 유사성, 공동체 의식, 전통과 관습

해설

힐러리(G. A. Hillery)는 지역사회의 기본요소로 **지리적 영역의 공유, 사회적 상호작용, 공동의 유대감**을 제시하였다.
1 **지리적 영역의 공유** : 지리적 영역은 주민들의 정신적인 연계가 이루어질 수 있는 공동의 생활터전을 구축하는 데 필요한 공간적 단위라고 할 수 있다.
2 **사회적 상호작용** : 일정한 지리적 영역 내에서 함께 생활하는 주민들 간의 상호교류작용을 통하여 지역사회가 이루어진다.
3 **공동의 유대감** : 일정한 지역 내에 거주하는 주민들이 심리적, 문화적 공동의 유대감으로서 서로 이해하고 동류의식을 가질 때 구축된다.

정답 ②

009

지역사회복지의 기능과 사례의 연결로 옳지 않은 것은? ·14회

① 상부상조 기능 : 수급자인 독거어르신을 위하여 주민 일촌 맺기를 실시하여 생계비를 연계 지원한다.
② 생산·분배·소비 기능 : 지역주민이 생산한 채소를 마을 공동판매장에 진열하여 판매한다.
③ 사회화 기능 : '갑'마을에서는 인사 잘하는 마을 만들기를 위하여 조례를 제정하고, 위반하는 청소년에게 벌금을 강제로 부과한다.
④ 사회통제 기능 : 지역사회에서 안전한 생활영위를 위하여 법률로 치안을 강제하고, 법과 도덕을 지키게 한다.
⑤ 사회통합 기능 : '을'종교단체가 지역주민 어르신을 대상으로 경로잔치를 개최하고 후원물품을 나누어준다.

해설

길버트(Neil Gilbert)와 스펙트(Harry Specht)는 지역사회의 주요 기능을 생산·분배·소비의 기능, 사회화(socialization)의 기능, 사회통제(social control)의 기능, 사회통합(social integration)의 기능, 상부상조(mutual support)의 기능으로 나누어 설명하고 있다.

오답풀이

③ 조례를 제정하고, 위반 시 벌금을 부과한 것은 사회통제 기능에 해당한다. 사회통제 기능은 지역사회가 그 구성원들에게 **사회의 규범(norms)**에 순응하게 하는 것을 말한다.

정답 ③

010

지역사회기능의 비교 척도로 옳지 않은 것은? ·15회

① 사회성 : 지역사회의 사회적 분화 정도
② 서비스의 일치성 : 지역사회 내 서비스 영역이 동일지역 내에서 일치하는 정도
③ 심리적 동일시 : 지역주민들이 자기 지역을 중요한 준거집단으로 생각하는 정도
④ 자치성 : 지역사회가 타 지역에 의존하지 않는 정도
⑤ 수평적 유형 : 상이한 조직들의 구조적·기능적 관련 정도

해설

지역사회의 특성을 비교할 수 있는 척도로서 워렌(Warren)은 네 가지 차원, 즉 (1) **지역적 자치성**, (2) **서비스 영역의 일치성**, (3) **지역에 대한 주민들의 심리적 동일시**, 그리고 (4) **수평적 유형**을 들고 있다. 사회성은 지역사회의 특성을 비교할 수 있는 척도에 해당되지 않는다.

정답 ①

제2장 지역사회복지와 지역사회복지실천의 이해

제5영역 : 지역사회복지론

01 지역사회복지에 대한 이해

011

✓확인 ☐☐☐

지역사회복지에 관한 설명으로 옳지 않은 것은? · 13회

① 전문 또는 비전문 인력이 지역사회 수준에서 개입한다.
② 지역성과 기능성을 포함하는 지역사회 내에서 이루어진다.
③ 지역사회 내에 존재하는 각종 제도에 영향을 준다.
④ 공공과 민간의 협력이 강조되고 있는 추세이다.
⑤ 개인 및 가족 등 미시적 수준의 사회체계와 대립적인 위치에 있다.

해설
지역사회복지는 전문 또는 비전문인력이 지역사회 수준에 개입하여 지역사회에 존재하는 각종 제도에 영향을 주고 지역사회의 문제를 해결하고자 하는 일체의 사회적 노력이다.
✗ 오답풀이
⑤ 개인 및 가족 등 미시적 수준의 사회체계와 대립적인 위치라는 것은 올바르지 못하다. **지역사회복지는 개별 또는 가정복지보다 광범위한 개념**이며, 아동복지·청소년복지·노인복지라는 특정 대상층 중심의 복지활동보다는 지역성(locality relevance)이 강조된다는 점이 그 특성이라 할 수 있다.

정답 ⑤

012

✓확인 ☐☐☐

지역사회복지 이념에 대한 설명으로 옳은 것은? · 9회

① 뒤르켐의 기계적 연대는 산업사회의 기능적 분화의 산물이다.
② 국가주의는 가족이 아닌 다른 형태의 보호를 부정적으로 평가한다.
③ 가족주의에서 비가족적인 형태는 비정상적인 것으로 간주된다.
④ 국가주의에서 집합적 책임이 작용하는 영역은 공적 영역에 국한된다.
⑤ 가족주의는 상호의존에 관한 인식을 강조하며, 국가주의는 개인의 독립성과 자율성을 강조한다.

해설
가족주의 이데올로기 하에서는 비가족적인 형태는 비정상적인 것으로 간주되며, 가족이 아닌 다른 형태의 보호를 부정적으로 평가한다.
✗ 오답풀이
① 뒤르켐의 **유기적 연대**는 산업사회의 기능적 분화를 고려한 개념이다.
② **가족주의**는 가족이 아닌 다른 형태의 보호를 부정적인 것으로 평가한다.
④ 국가주의에서 집합적 책임이 작용하는 영역은 **공적, 사적 영역을 모두 포괄**한다.
⑤ **가족주의**는 개인의 독립성과 자율성을 강조하며, **국가주의**는 상호의존에 관한 인식을 강조한다.

정답 ③

013

지역사회복지 이념에 관한 설명으로 옳은 것은? · 14회

① 정상화는 1950년대 덴마크를 비롯한 북유럽에서 시작된 이념이다.
② 탈시설화는 무시설주의를 지향하는 것이다.
③ 네트워크를 통하여 지역구성원의 개인정보를 누구나 공유할 수 있다.
④ 주민참여 이념은 주민자치, 주민복지로 설명되며 지역유일주의를 지향한다.
⑤ 사회통합은 세대 간, 지역 간 차이에서 발생하는 경제적 우위를 추구하기 위하여 노력한다.

해설
정상화는 덴마크의 정신지체장애인 부모운동의 일환으로 거대한 시설에 격리되어 있는 아동들을 지역사회로 되돌려 보내는 운동에서 시작되었다. 즉 1959년 덴마크의 정신지체법에 '정상화'(Nomalization)라는 용어가 처음으로 포함되었다.

오답풀이
② 탈시설화는 **무시설주의, 즉 시설을 없애자는 말이 아니라 시설보호를 패쇄적 체제에서 지역사회가 참여하는 개방적 체제로 전환하자는 것을 말한다.**
③ **네트워크는** 사회적 인간관계의 조직화를 의미하는 것으로 지역사회 주민의 욕구에 적합한 서비스를 제공하기 위하여 지역주민(당사자)의 조직화, 자원봉사자나 주민 리더의 조직화, 보건·의료·복지의 연계, 사회복지기관·시설의 연계 등을 포함한 포괄적 원리를 의미한다. **지역구성원의 개인정보를 누구나 공유한다는 것은 올바르지 않다.**
④ 주민참여 이념은 주민자치, 주민복지로 설명되는 것은 맞지만, **지역유일주의를 지향한다는 것을 올바르지 않다.**
⑤ **사회통합은** 사회계층 간의 격차를 줄이고 사회의 전반적인 불평등을 해소함으로써 삶의 질을 제고해 나가는 것을 의미한다. **세대 간, 지역 간 차이에서 발생하는 경제적 우위를 추구하기 위한 노력은 올바르지 않다.**

정답 ①

014

지역사회복지 관련 개념에 대한 설명으로 옳지 않은 것은? · 16회

① 지역사회조직(community organization)은 전통적인 전문 사회복지실천방법 중 하나이다.
② 지역사회개발(community development)은 지역사회 문제를 해결하기 위해 전문가에 의한 주도적 개입을 강조한다.
③ 지역사회보호(community care)는 가정 또는 그와 유사한 지역사회 내의 환경에서 서비스를 제공하는 사회적 돌봄의 형태이다.
④ 지역사회복지실천(community practice)은 지역사회를 대상으로 하는 사회복지실천을 포괄적으로 일컫는 개념이다.
⑤ 재가보호(domiciliary care)는 대상자의 가정에서 서비스를 받는 것을 의미한다.

해설
지역사회개발(community development)은 일정한 지역단위에서 정부나 다른 외부의 지원이 있든 없든 그 지역사회 **주민들의 공동 또는 협동적 노력으로,** 지역주민들의 공동 참여를 전제로 **지역주민들의 자발적·자조적 조력에 의해 주민들의 공통 욕구를 해결하고 주민들의 공동 운명의식을 토대로 경제적·사회적·문화적 발전을 도모하는 주민생활 향상을 위한 운동이다.** 한편 로스만(Rothman)은 지역사회조직사업의 한 유형으로 지역사회개발을 소개하고 있다.

보충설명
① **지역사회조직(Community Organization, CO)은** 전문사회사업의 한 실천방법으로서 지역사회를 구성하는 개인, 집단, 이웃이 사회적 복리를 향상시키기 위해서 지역사회 수준에서 전개되는 일련의 활동이다. 이 개념은 사회사업의 분류방법인 개별지도, 집단지도, 지역사회조직이라는 3대 방법에서 나온 것이다.
③ **지역사회보호(community care)는** 생활시설보호와 함께 지역사회의 하위 개념으로, 영국을 중심으로 1950년대 말 이후에 생활시설보호에 대한 부정적인 평가(시설보호에 대한 비판)와 함께 발전한 개념으로, 지역사회 자원을 활용하여 사회적 보호를 필요로 하는 지역사회 주민의 욕구나 문제별 유형에 따라 서비스를 제공하는 데 중점을 두고 있다.
④ **지역사회복지실천(community practice)은** 지역사회를 사회복지 전문직의 개입대상이 되는 클라이언트로 간주하며 지역사회조직으로부터 확대된 개념으로 볼 수 있으며, 지역사회복지와 지역사회보호를 위한 구체적인 실천방법이라 할 수 있다.
⑤ **재가보호(domiciliary care)는** 보호를 필요로 하는 사람들이 자신의 가정에서 보호를 받는다는 개념으로서 여기에는 공공과 민간의 공식적 조직에 의한 보호와 가족, 친척, 이웃 등 비공식조직에 의한 보호가 모두 포함된다.

정답 ②

015

다음이 설명하는 것은? · 22회

> 1950년대 영국의 정신장애인과 지적장애인 시설수용보호에 대한 문제제기로 등장하였으며, 지역사회복지의 가치인 정상화(normalization)와 관련이 있다.

① 지역사회보호
② 지역사회 사회.경제적 개발
③ 자원개발
④ 정치.사회행동
⑤ 주민조직

해설

지역사회보호는 영국을 중심으로 1950년대 말 이후에 정신장애인과 지적장애인 **시설수용보호에 대한 부정적인 평가**와 함께 발전한 개념이다. 사회적 보호가 필요한 사람들의 가정 또는 그와 유사한 지역사회 내의 환경에서 서비스를 제공하는 사회적 보호의 형태로, **지역사회복지의 가치인 정상화(normalization)와 관련**이 있다.

정답 ①

02 지역사회복지실천에 대한 이해

016

로스(Ross)가 제시한 바 있는, 추진위원회를 매개로 한 지역사회조직사업의 원칙이 아닌 것은? · 10회

① 지역사회의 조건에 대한 불만으로부터 결성된다.
② 지역사회의 현재적·잠재적 호의를 활용해야 한다.
③ 공식적 지도자는 발굴 및 참여시키고, 비공식적 지도자에 대해서는 가급적 발굴 및 참여를 제한시킨다.
④ 지역주민으로부터 지지를 받을 수 있는 목표와 운영방법을 갖추어야 한다.
⑤ 정서적 내용을 지닌 활동들이 포함되어야 한다.

해설

지역사회의 추진위원회에는 주민의 마음을 사로잡을 수 있는 존경과 신뢰를 받고 있는 풀뿌리 지도자들을 발견해 내는 일이 무엇보다 중요하다. 이들은 지역주민들의 다양한 이익을 대변할 수 있고 또한 주민의 불만을 잘 반영할 수 있기 때문이다. 이를 위해서는 **공식 및 비공식 집단의 리스크를 구성**하여, 다양한 집단에서 직·간접적으로 활동하고 있는 지도자를 발견하여 참여시키는 일이 무엇보다 중요하다.

정답 ③

017 ✓확인 ☐☐☐

지역사회복지실천의 원칙으로 옳지 않은 것은? ・12회

① 지역사회에 대한 지역주민들의 불만을 집약한다.
② 사업추진의 효율성을 위하여 지역사회의 능력 탐색은 보류될 수 있다.
③ 지역사회에서 달성하려는 공동의 목표와 이를 실천할 수 있는 방법을 수립한다.
④ 지역주민들의 의사를 자유롭게 표현하도록 한다.
⑤ 지역사회에서 주민의 공감을 얻을 수 있는 풀뿌리 지도자를 발굴한다.

해설
로스(Murray G. Ross)는 지역사회조직사업을 전개하는 주체로서 어떤 종류의 구조나 사회조직체를 강조하고 있으며, 이러한 조직체를 '추진회'(association, 추진위원회)라 부른다. 이 추진회를 매개로 하여 전개되는 지역사회조직의 제원칙을 묻는 질문이다. ② 사업추진의 효율성을 위해 지역사회의 능력을 탐색하여야 한다.

✗ 오답풀이
① 지역사회의 현존 조건에 대한 불만(discontent)으로부터 추진회의 결성이 이룩되며, **불만과 욕구를 좀 더 집약하고 구체화시킬 수 있**다면 건설적인 행동을 위해 도움이 될 수 있을 것이다.
③ 다양한 이해관계를 갖고 있는 개인이나 집단이 참여하는 추진회를 하나로 묶어 나가는 것은 쉬운 일이 아니다. 이러한 다양성을 해결해 나가기 위해 지역사회 주민들로부터 고도의 지지를 받을 수 있는 **공통의 목표와 운영방법**(methods of procedure)을 가져야 한다.
④ 추진회는 그 자체 회원 상호 간과 또 지역사회와의 활발하고 **효과적인 대화 통로를 개발**해야 한다. 이를 위해 추진회에 참여하는 사람들이 안정감을 가지고 자유롭게 의견을 발표할 수 있는 분위기를 만드는 것이 중요하다.
⑤ 추진회는 주민의 마음을 사로잡을 수 있는 존경과 신뢰를 받고 있는 **풀뿌리지도자들을 발견**해 내는 일이 무엇보다 중요하다.

정답 ②

018 ✓확인 ☐☐☐

지역사회복지실천 원칙에 관한 설명으로 옳은 것을 모두 고른 것은? ・13회

㉠ 지역사회는 개인과 동일하게 자기결정의 권리를 갖는다.
㉡ 지역사회는 있는 그대로 이해되고 수용되어야 한다.
㉢ 개인과 집단처럼 각 지역사회는 상이하다.
㉣ 문제 해결 접근방법에서 다양성은 배제되어야 한다.

① ㉠, ㉡, ㉢ ② ㉠, ㉢ ③ ㉡, ㉣
④ ㉣ ⑤ ㉠, ㉡, ㉢, ㉣

해설
㉠ 지역사회는 자기결정의 원리를 갖기 때문에 지역사회조직에서 사회복지사는 지역사회가 자신의 정책, 계획, 사업을 개발하도록 강요해서는 안 된다.
㉡ 지역사회는 있는 그대로 이해되고 **수용되어야 한다**. 지역사회복지실천 과정이 전개되는 환경을 이해하여야만 그 과정이 성과를 거둘 수 있다.
㉢ **개인과 집단처럼 지역사회도 서로 상이**하기 때문에 지역사회를 효과적으로 돕기 위해서는 지역사회의 특성에 따른 **개별화의 원칙을 준수해야** 한다.

✗ 오답풀이
㉣ 문제해결을 위한 접근방법에 있어서 **다양성을 존중**하도록 해야 하며 접근 방법을 결정짓는 요소는 지역사회의 욕구이어야 한다.

정답 ①

019 ✓확인 ☐☐☐

지역사회복지실천의 원칙으로 옳지 않은 것은?
· 21회

① 지역사회 기관 간 협력관계 구축
② 지역사회 특성을 반영한 계획 수립
③ 지역사회 문제 인식의 획일화
④ 욕구 가변성에 따른 실천과정의 변화 이해
⑤ 지역사회 변화에 초점을 둔 개입

해설
'지역사회 문제 인식의 **개별화**'라고 해야 맞다. 개인과 집단처럼 지역사회도 서로 상이하기 때문에 지역사회를 효과적으로 돕기 위해서는 지역사회의 특성에 따른 개별화의 원칙을 준수해야 한다.

+ 보충설명
④ 욕구의 가변성에 따른 사업과정의 변화에 대해 이해하는 것인데, 이는 개인의 욕구는 계속 변화하고 집단들 간의 관계도 지속적으로 변화한다는 현실이 지역사회활동에서 인식해야 함을 뜻한다.

정답 ③

020 ✓확인 ☐☐☐

지역사회복지실천 가치에 관한 설명으로 옳지 않은 것은?
· 18회

① 상호학습이 없으면 비판적 의식은 제한적으로 생성됨
② 억압을 조장하는 사회구조 및 의사결정과정을 주시하고 이해함
③ 억압적이고 정의롭지 못한 사회현실 개혁을 위한 끊임없는 노력이 필요함
④ 실천가가 주목해야 할 역량강화는 불리한 조건에 처한 주민들의 능력 고취임
⑤ 다양한 문화에 대한 이해를 바탕으로 특수 문화가 있는 지역에서 일어나는 억압은 인정됨

해설
지역사회복지실천은 소외된 문화적 집단구성원들을 위한 정책결정과정에 대한 참여와 지원에 대한 **동등한 접근을 촉진시키기 위한 행동을** 필요로 한다. 다양한 문화에 대한 이해를 바탕으로 특수 문화가 있는 지역에서 억압이 일어나지 않도록 해야 한다.

+ 보충설명
① **상호학습**은 실천가가 조직화의 과정에서 파트너인 대상자 집단의 문화적 배경에 대해 배우고자 하는 적극적 학습자가 되어야 함을 말하며, **상호학습이 없으면 비판의식은 제한적으로 생성**된다.
② 실천가가 억압을 조장하는 사회의 메커니즘을 인식할 뿐 아니라, 그러한 사회의 구조 및 의사결정 과정을 주시하고 이해해야 한다.
③ **자원의 균등한 배분과 사회정의(배분적 사회정의) 실현**으로, 이는 억압적이거나 정의롭지 못한 사회현실을 바꿀 책임을 지역사회복지실천가가 포기하지 말 것을 말한다.
④ **역량강화**란 대상자 집단의 의사결정 참여를 대단히 소중한 것으로 여기는 것을 말하는 것으로, 대상자 집단의 주체의식을 키우고 능력을 고취시키며 부정적 자아상을 불식시키는 것이다.

정답 ⑤

김진원 Oikos 사회복지사 1급

제3장 지역사회복지 역사의 이해

제5영역 : 지역사회복지론

01 영국의 지역사회복지 역사

021 ✓확인 ☐☐☐

영국의 지역사회보호 역사 중 다음의 특성 모두와 관련 있는 것은?
• 15회

- 사회서비스 부서 창설 제안
- 지역사회를 사회서비스 제공자로 인식
- 대인사회서비스
- 서비스의 협력 및 통합

① 시봄(Seebohm)보고서
② 하버트(Harbert)보고서
③ 바클레이(Barclay)보고서
④ 그리피스(Griffiths)보고서
⑤ 베버리지(Beveridge)보고서

해설

시봄(Seebohm)보고서는 1968년 영국 사회복지제도의 개혁을 지향한 '지방자치단체 및 관련 대인사회서비스' 위원회의 보고서로서 새로운 사회서비스 부서 창설을 제안하고 서비스 협력 및 통합의 중요성을 강조하였다. 이 보고서는 1971년 지방정부의 사회서비스국(SSD, Social Service Department)을 창설함으로써 대인서비스의 효율적인 조정을 도모하였으며, 이를 계기로 사회서비스의 수혜자이자 서비스 제공자로서의 지역사회복지의 역할이 강조되었다.

정답 ①

022 ✓확인 ☐☐☐

영국의 그리피스 보고서(Griffiths Report, 1988)에서 강조하고 있는 지역사회보호에 관한 설명으로 옳은 것을 모두 고른 것은?
• 16회

㉠ 지역사회보호를 위한 권한과 재정을 지방정부에 이양할 것을 주장하였다.
㉡ 지역사회보호를 위한 지방정부의 서비스 공급자 역할을 강조하였다.
㉢ 서비스의 적절성 확보를 위한 케어 매니지먼트(care management)를 강조하였다.
㉣ 지역사회보호 실천주체 다양화를 추구하였다.

① ㉠, ㉡
② ㉠, ㉣
③ ㉡, ㉢
④ ㉠, ㉢, ㉣
⑤ ㉡, ㉢, ㉣

해설

㉠ 지역사회보호에의 이행을 강조하고, **지역사회보호를 위한 권한과 재정을 지방자치단체에 이양할 것을 제안**하였다. 이는 공공부문이나 지방행정당국의 역할축소와 민간부문의 역할부상이라는 당시 사회정책 기초를 그대로 반영하는 것이라 할 수 있다.
㉢ 소비자의 선택과 서비스 제공자 간의 경쟁을 통해 지역사회보호서비스의 수준을 향상시키고, **케어 매니지먼트(care management)의 도입으로 적절한 서비스를 제공**하려고 하였다.
㉣ 경쟁을 통한 **서비스 제공의 다양화를 도모**해야 한다고 하였다. 즉, 지역사회보호의 개념이 더 다양한 장에서의 광범위한 서비스의 발전을 추구하면서 지방당국의 역할뿐만 아니라 가족 등의 비공식 부문, 민간부문, 자원부문의 역할이 강조되었다. 이러한 지역사회보고 실천주체의 다양화는 신보수주의 이념의 경향 하에서 좁게는 케어의 혼합경제, 넓게는 복지다원주의 논리에 의하여 뒷받침되고 있다.

✗ 오답풀이

㉡ 지방당국은 대인사회서비스의 직접적인 제공자가 아닌 **계획, 조정, 구매자로서 역할을 수행한다는 점을 강조**하였다.

정답 ④

023

영국 지역사회복지의 발달에 영향을 미친 주요 사건을 순서대로 나열한 것은?

· 17회

> ㉠ 토인비홀(Toynbee Hall) 설립
> ㉡ 정신보건법(Mental Health Act) 제정
> ㉢ 그리피스(Griffiths)보고서
> ㉣ 하버트(Harbert)보고서
> ㉤ 시봄(Seebohm)보고서

① ㉠ - ㉡ - ㉢ - ㉤ - ㉣
② ㉠ - ㉡ - ㉤ - ㉣ - ㉢
③ ㉠ - ㉤ - ㉣ - ㉡ - ㉢
④ ㉡ - ㉠ - ㉤ - ㉣ - ㉢
⑤ ㉡ - ㉢ - ㉤ - ㉣ - ㉠

해설

㉠ 토인비홀(Toynbee Hall) 설립(1884년) – ㉡ 정신보건법(Mental Health Act) 제정(1959년) – ㉤ 시봄(Seebohm)보고서(1960년대) – ㉣ 하버트(Harbert)보고서(1970년대) – ㉢ 그리피스(Griffiths)보고서(1980년대)

+보충설명

㉡ 1957년 지역사회보호(community care)라는 용어를 공식적으로 사용하기 시작한 왕립정신병법위원회(Royal Commission on the Law Relating to Mental Illness and Mental Deficiency)는 정신건강문제를 가진 사람들을 병원에서 장기간 보호하는 것보다는 지역사회에서 보호하는 것이 바람직하다고 권고하였다. 이 위원회가 제출한 보고서의 영향으로 1959년 『정신보건법(Mental Health Act)』이 제정되어 지역사회보호라는 용어가 법적으로 명확하게 규정되었다.

정답 ②

024

영국의 지역사회복지 역사에 관한 설명으로 옳지 않은 것은?

· 21회

① 중복구호 방지를 위해 자선조직협회가 설립되었다.
② 1884년에 토인비홀(Toynbee Hall)이 설립되었다.
③ 정신보건법 제정에 따라 지역사회보호가 법률적으로 규정되었다.
④ 하버트(Harbert) 보고서는 헐하우스(Hull House) 건립의 기초가 되었다.
⑤ 그리피스(Griffiths) 보고서는 지역사회보호의 일차적 책임주체가 지방정부임을 강조하였다.

해설

하버트(Harbert) 보고서는 영국 지역사회복지 역사에 해당되지만, 헐하우스(Hull House)는 미국 지역사회복지 역사에 해당한다. 더욱이 하버트(Harbert) 보고서는 1971년에 작성된 것이지만, 미국의 헐 하우스(Hull House)는 제인 아담스(Jane Addams)와 엘렌 스타(Ellen Gates Starr)에 의해 1889년 시카고에 세워진 것이다.

+보충설명

① 중복구호 방지를 위해 1869년 영국 런던에 자선조직협회(COS)가 설립되었다.
② 바네트(Samuel Barnett) 목사에 의해 1884년 영국 런던시 화이트채플 슬럼에 토인비 홀(Tonybee Hall)이 설립되었다.
③ 1959년 『정신보건법(Mental Health Act)』이 제정되어 지역사회보호라는 용어가 법적으로 명확하게 규정되었다.
⑤ 그리피스 보고서(Griffiths Report, 1988)의 핵심내용은 복지다원주의 또는 복지 주체의 다원화로, 지역사회보호의 일차적 책임을 지방당국이 가진다는 점을 강조하였다.

정답 ④

025

영국의 지역사회복지 역사에 해당하지 않는 것은? · 22회

① 자선조직협회(COS)는 사회진화론에 영향을 받았다.
② 토인비홀은 사무엘 바네트(S. Barnett) 목사가 설립한 인보관이다.
③ 헐하우스는 제인 아담스(J. Adams)에 의해 설립되었다.
④ 시봄(Seebohm)보고서는 사회서비스의 협력과 통합을 제안하였다.
⑤ 그리피스(Griffiths)보고서는 지방정부의 책임을 강조하였다.

해설

헐하우스(Hull House)는 미국 지역사회복지 역사에 해당된다. 즉, 미국의 헐 하우스(Hull House)는 제인 아담스(Jane Addams)와 엘렌 스타(Ellen Gates Starr)에 의해 1889년 시카고에 세워진 것이다.

+ 보충설명

① 자선조직협회(COS)는 **사회진화론의 영향을 받아서** 사회통제를 주목적으로 한 봉사활동을 하였다.
② 토인비홀은 아놀드 토인비(Arnold Toynbee)가 사망한 후 그의 헌신적이었던 인보운동을 기리기 위해 **사무엘 바네트(Samuel Barnett) 목사가 설립한 인보관**이다.
④ 시봄(Seebohm)보고서에서는 여러 부서에 산재되어 있는 사회서비스의 협력과 통합을 통해 가족의 총체적 욕구의 측면에서 각각의 문제를 인식하는 서비스의 제공을 주장하였다.
⑤ 그리피스 보고서(Griffiths Report, 1988)는 **지역사회보호의 일차적 책임을 지방당국이 가진다는 점을 강조**하였으며, 지역사회보호를 위한 권한과 재정을 지방자치단체에 이양할 것을 제안하였다.

정답 ③

02 미국의 지역사회복지 역사

026

미국의 지역사회복지 역사에 관한 설명으로 옳은 것은? · 9회

① 1960년대 시봄(seebohm)보고서 이후 지역사회보호가 주류를 이루었다.
② 레이거노믹스 이후 복지예산 삭감에 대한 압력이 줄었다.
③ 미국 지역공동모금과 사회복지기관협의회의 발전 시기는 대공황 이후이다.
④ 지역사회조직사업은 1960년대 들어와서 사회사업 전문분야의 위치를 확고히 하였다.
⑤ 미국에서 자선조직협회는 인보관 활동보다 15년 뒤에 시작되었다.

해설

1960년대 지역사회조직사업이 사회사업전문분야의 위치를 확고히 하였다. 이 시기 시대적 상황에서 지역사회복지실천은 사회정의와 관련된 이슈에 대해 직접적인 조직화가 이루어졌으며, 다양한 전략과 접근을 활용한 사회행동 및 옹호계획이 개발되었다.

✗ 오답풀이

① 시봄(seebohm)보고서 이후 지역사회보호가 주류를 이룬 것은 **영국의 지역사회복지 역사에 대한 설명**이다.
② 레이거노믹스라 불리는 신보수주의의 세력화 과정에서 **복지예산 삭감에 대한 압력은 늘어났다.**
③ 미국 지역공동모금과 사회복지협의회의 발전 시기는 1914년~1929년 사이이다.
⑤ 미국에서 인보관은 COS보다 15년 뒤에 시작되었다. 최초의 주단위 COS는 1872년 뉴욕에 설립된 State Charities Aid Association이고, 시단위 COS는 1887년의 Buffalo COS이다.

정답 ④

027

미국의 지역사회복지 발달 과정을 빠른 연대 순으로 배치한 것은? ・12회

> ㉠ 헐 하우스(Hull house) 건립
> ㉡ 자선조직협회 창설
> ㉢ 지역공동모금을 위한 상공회의소의 자선연합회 출현
> ㉣ '작은 정부' 지향으로 복지에 대한 지방정부 책임 강조
> ㉤ '빈곤과의 전쟁' 선포로 사회복지에 대한 연방정부 역할 증대

① ㉠ - ㉡ - ㉢ - ㉣ - ㉤
② ㉠ - ㉡ - ㉢ - ㉤ - ㉣
③ ㉠ - ㉢ - ㉡ - ㉣ - ㉤
④ ㉡ - ㉠ - ㉢ - ㉤ - ㉣
⑤ ㉡ - ㉢ - ㉠ - ㉤ - ㉣

해설

㉠ 1889년에는 미국의 대표적인 인보관이라 할 수 있는 헐 하우스(Hull House)가 제인 아담스(Jane Addams)와 엘렌 스타(Ellen Gates Starr)에 의해 시카고에 세워지게 되었다.
㉡ 미국에서는 1877년 뉴욕 버팔로(New York Bufflalo)시에서 영국 성공회 소속인 거틴(Samuel H. Gurteen)목사가 처음 조직하였다.
㉢ 제1차 세계대전이 진행되는 동안 지역사회에 **전시모금기구(War Chest)**를 설립하였으며, 이는 공동모금제 발전의 촉진제가 되었다. **상공회의소는 1913년에 '자선연합회'를 세웠으며**, 이는 미국 지역공동모금 역사상 가장 획기적인 것이다.
㉣ 1980년대 레이건 행정부에 들어와서는 복지에 대한 보수주의적 시각이 지배적이 되었다. 즉 **'작은 정부'의 지향과 함께 복지에 있어서도 연방정부의 책임 하에서 지방, 민간기업, 가족에 중심을 두는 방향으로 선회하게 되었다.**
㉤ 1960년대 미국의 존슨 행정부는 '빈곤과의 전쟁(war on poverty)'을 선언하여 '지역사회 개혁프로그램(Community Action Program ; CAP)'을 실시하였다.

정답 ④

028

미국 지역사회복지의 역사적 특징으로 옳은 것은? ・16회

① 대공황 이전에는 공공이 지역사회복지실천의 주요 전달체계를 담당하였다.
② 케네디와 존슨 행정부의 '빈곤과의 전쟁'은 사회복지의 지방정부 역할과 책임을 강조하였다.
③ 1970년대 인종차별 금지와 반전(反戰)운동은 지역사회조직사업을 촉진하였다.
④ 1990년대 '복지개혁(Welfare Reform)'은 풀뿌리 지역사회 조직활동을 강조하였다.
⑤ 오바마 행정부는 연방정부 중심의 지역사회복지 프로그램 평가에 주안점을 두었다.

해설

1950년대 중반 이후 1970년대에는 학교에서 흑백차별 금지를 하는 대법원의 결정이 내려지고, 민권운동, 학생운동, 베트남 참전 반대 운동 등 진보적 사회운동이 활발하게 일어났던 시기이다. 이러한 사회정의를 추구하고자 하는 이들 중 지역사회 문제에 관심을 가진 활동가들이 많았는데, 이 활동들을 통해 다양한 전략과 접근을 활용한 **사회행동 및 옹호활동에 대한 개발이 이루어짐으로써 지역사회조직사업을 촉진**하였다.

오답풀이

① 경제대공황과 제2차 세계대전을 거치면서(대공황 이후) 정부의 역할이 확대되었고, 기존의 민간 사회복지관련 단체 중심에서 국가중심으로 그 역할이 전환되게 되었다.
② 1960년대 케네디와 존슨 행정부에 의해 이루어진 '빈곤과의 전쟁'은 사회복지의 **연방정부 역할과 책임**을 강조하였다. 즉, 사회문제를 해결하는 데 있어서 연방정부의 역할이 크게 증가되어, 사회복지서비스에 대한 연방정부 지출은 1965년에서 1970년까지 5년만에 약 3배에 달했다.
④ 1970년대 초반에 국가 지향적 대규모 운동에서 물러나 보다 참여적이고, 평등적이고, 공동사회를 건설하기 위한 수단으로 **풀뿌리 지역사회조직화로** 복귀하였다. 1996년 **복지개혁(Welfare Reform)**은 개인적 책임과 근로 연계를 강화하는 생산적 복지를 강조하였다. 복지개혁은 그 효과에 대한 논란도 있지만, 지역 수준에서 사회복지실천에 대한 새로운 활동모색과 더불어 사회복지서비스의 효율성, 평가 등을 증진시키는 계기가 되었다고 평가된다. 또한 지역사회 중심의 민간비영리조직의 양적 확산과 함께 프로그램의 목표, 조직간 협력관계에 많은 영향을 미친다.
⑤ 오바마 행정부는 **지방정부 차원**에서 각 지방정부 특성에 따라 독자적으로 성과지표 등을 개발하여 지역사회복지 프로그램을 평가 하는 것에 주안점을 두었다.

정답 ③

03 우리나라의 지역사회복지 역사

029 ✓확인 ☐☐☐

우리나라 지역사회복지 역사에 관한 설명으로 옳지 않은 것은?
· 13회

① 오가통(五家統)은 지역이 자율적으로 주도한 인보 제도이다.
② 두레는 촌락 단위의 농민 상호 협동체이다.
③ 향약은 지역민의 순화, 덕화, 교화를 목적으로 한 자치적 협동조직이다.
④ 계(契)는 조합적 성격을 지닌 자연발생적 조직이다.
⑤ 품앗이는 농민의 노동력을 서로 차용 또는 교환하는 것이다.

해설
오가통(오가통제도, 五家統制度)은 조선시대 정부에 의해 어느 정도 강제성을 지닌 인보 제도로, 국가가 인보(隣保)·구빈(救貧)과 함께 지역통제의 목적으로 실시한 제도이다.

+보충설명
⑤ 품앗이는 부락 내 농민들이 노동력을 서로 차용 또는 교환하는 조직을 말하는데, 우리나라 농촌의 가장 대표적인 노동협력의 양식이다.

정답 ①

030 ✓확인 ☐☐☐

우리나라의 지역사회복지 역사에 관한 설명으로 옳지 않은 것은?
· 22회

① 향약은 주민 교화 등을 목적으로 한 지식인 간의 자치적인 협동조직이다.
② 오가통 제도는 일제강점기 최초의 인보제도이다.
③ 메리 놀스(M. Knowles)에 의해 반열방이 설립되었다.
④ 태화여자관은 메리 마이어스(M. D. Myers)에 의해 설립되었다.
⑤ 농촌 새마을운동에서 도시 새마을운동으로 확대되었다.

해설
오가통 제도(五家統 制度)는 조선시대 인보제도로 어느 정도 강제성을 지녔다. 즉, 인보복지의 성격을 갖고 있었으나 지역의 질서유지, 범죄자 색출, 세금징수, 주민의 동태 파악, 부역의 동원 등 오늘날의 반·통 조직과 유사한 점이 많아 지방행정이 편의를 도모하는 데 공헌하였다.

+보충설명
① 향약(鄕約)은 지역사회의 발전과 지역주민들의 순화, 덕화, 교화를 목적으로 한 지식인들 간의 자치적인 협동조직이다.
③ 1906년 미국의 감리교 여선교사였던 메리 놀스(Miss Mary Knowles)가 원산에 6평 정도의 초가집을 구입하여 설립한 반열방(班列房)은 사회복지관사업의 태동이다.
④ 1921년 미국 남감리교회의 메리 마이어스(한국명 : 마여수, 馬如秀, Miss Mary D. Myers)에 의해 서울에 태화여자관(태화사회관, 현 태화기독교사회복지관)이 설립되었다.
⑤ 농촌중심의 새마을운동은 1977년에는 공장 새마을운동으로, 1979년에는 도시새마을운동으로 확대되면서 전국, 전 직장으로 새마을운동이 전개되었다.

정답 ②

031

지역사회복지 전달체계 개편 과정을 순서대로 바르게 나열한 것은? · 11회

㉠ 사회복지통합관리망 출범
㉡ 보건복지사무소 시범사업
㉢ 주민생활지원 서비스 시행
㉣ 희망복지 지원단 운영
㉤ 사회복지사무소 시범사업

① ㉠-㉡-㉢-㉣-㉤
② ㉡-㉤-㉠-㉢-㉣
③ ㉡-㉤-㉢-㉠-㉣
④ ㉤-㉡-㉠-㉢-㉣
⑤ ㉤-㉡-㉢-㉠-㉣

해설
㉠ **사회복지통합관리망 출범** : 2010년 1월 4일부터 사회복지통합관리망 '행복e음'이 개통
㉡ **보건복지사무소 시범사업** : 1995부터 1999년까지 4년 동안 전국 5개 지역에서 시범사업 실시
㉢ **주민생활지원서비스 시행** : 2006년 7월부터 복지서비스 전달체계가 주민생활지원서비스 제공방식으로 개편
㉣ **희망복지 지원단 운영** : 2012년 4월부터 시·군·구별로 조직 및 운영시기 등의 차이가 있으나 상반기 준비기간을 거쳐 하반기부터는 전국 203개 시·군·구에서 희망복지지원단이 설치·운영
㉤ **사회복지사무소 시범사업** : 2004년 7월부터 2006년까지 6월까지 서울 서초구, 강원 춘천시, 충북 옥천국 등 9개 시·군·구 지역에 사회복지사무소 시범사업 실시

정답 ③

032

우리나라의 지역사회복지 발달에 관한 설명으로 옳은 것을 모두 고른 것은? · 12회

㉠ 1950년대 - 외국공공원조단체 한국연합회 조직
㉡ 1960년대 - 최초 사회복지관 건립
㉢ 1970년대 - 재가복지봉사센터 설치 및 운영
㉣ 1990년대 - 16개 광역 시·도에 사회복지공동모금회 설립

① ㉠, ㉡, ㉢
② ㉠, ㉢
③ ㉡, ㉣
④ ㉣
⑤ ㉠, ㉡, ㉢, ㉣

해설
㉣ 1998년 전국 16개 광역시와 도에 사회복지공동모금회가 설립되었다.

오답풀이
㉠ 외국민간원조기관 한국연합회(KAVA)가 1952년 3월 부산에서 결성되었다. 외국공공원조단체라고 하여서 틀렸다.
㉡ 1906년 반열방 혹은 1921년 태화여자관(現 태화기독교사회복지관)을 최초의 사회복지관으로 본다. 따라서 1960년대와는 거리가 멀다.
㉢ 1992년부터 재가복지봉사센터 전국에 설치·운영되었다.

정답 ④

033

우리나라 지역사회복지의 역사적 흐름에 관한 설명으로 옳지 않은 것은? · 16회

① 1950년대 외국원조기관은 구호 및 생활보호 등에 기여하였다.
② 1970년대 사회복지관 국고보조금 지침이 마련되었다.
③ 1980년대 민주화 운동으로 전개된 지역사회 생활권 보장을 위한 활동은 사회행동모델에서 비롯되었다.
④ 1990년대 재가복지서비스의 확대가 이루어졌다.
⑤ 2000년대 도입된 지역사회서비스투자사업의 사회서비스이용권 비용 지급·정상은 사회보장정보원(現, 한국사회보장정보원)이 담당한다.

해설

1970년대까지의 사회복지관은 사회복지관련법의 규정에 근거가 없이 사업을 추진하여 왔기 때문에 정부보조금을 받는 데 애로가 많았다. **1983년 개정된 사회복지사업법을 토대로 사회복지관의 설립 및 운영지원근거 마련**되고, 사회복지관은 종합사회복지관 가형과 나형 그리고 사회복지관으로 나누어지면서 공식적으로 국가의 지원(국고보조금)을 받게 되었다. 그리고, **1986년에는 사회복지관의 운영과 관련된 국고보조지침이 마련되었다.**

오답풀이

① 1950년대 외국민간원조기관 한국연합회 카바(Korea Association of Voluntary Agencies)의 지원으로 국내에 보건사업, 교육사업, **생활보호, 재해구호** 또는 지역사회개발 등의 사회복지사업이 시작되었다.
③ 1980년대 후반에는 민주화 운동과 더불어 생활권 보장이라는 차원에서 사회운동적 성격의 각종 지역사회복지운동, 즉 **지역사회행동모델이 확대되는 시기였다.**
④ 1980년대 지역사회 중심의 사회복지서비스로써 재가복지가 도입되었으며, 1990년대 재가복지서비스의 확대가 이루어졌다.
⑤ 2014년 제정된 「사회보장급여의 이용·제공 및 수급권자 발굴에 관한 법률」에 의해 2015년 사회보장정보원(現, 한국사회보장정보원)이 출범하였다. **한국사회보장정보원의 업무(제29조제3항)**는 "1. 사회보장정보시스템의 구축 및 유지·기능개선·관리·교육·상담 등 운영에 관한 사항, 2. 제12조제1항에 따른 자료 또는 정보의 처리 및 사회보장정보의 처리, 3. 사회보장급여의 수급과 관련된 법령 등에 따른 신청, 접수, 조사, 결정, 환수 등 업무의 전자적 처리지원, 4. 「사회서비스 이용 및 이용권 관리에 관한 법률」 등 관계 법령 등에 따른 사회서비스이용권의 이용·지급 및 정산 등에 필요한 정보시스템의 운영, 사회서비스이용권을 통하여 사회서비스를 제공하는 사업의 관리에 관한 사항, 5. 사회보장 관련 민간법인·단체·시설에 대한 전자화 지원, 6. 사회보장제도의 운영에 필요한 정책정보 및 통계정보의 생산·분석, 제공과 사회보장정책 지원을 위한 조사·연구, 7. 제25조에 따른 대국민 포털의 운영에 관한 사항, 8. 그 밖에 이 법 또는 다른 법령에 따라 보건복지부장관, 국가 또는 지방자치단체로부터 위탁받은 업무"이다.

정답 ②

034

한국 지역사회복지 역사에 관한 설명으로 옳은 것은? · 18회

① 2001년 국민기초생활보장제도 시행으로 정부의 책임성 강화
② 2007년 「협동조합기본법」의 제정으로 자활공동체가 보다 쉽게 협동조합을 결성할 수 있게 됨
③ 2010년 사회복지통합관리망(행복e음) 구축
④ 2015년 시·군·구 희망복지지원단 운영으로 통합사례관리 시행
⑤ 2018년 주민자치센터를 행정복지센터로 명칭 변경

해설

2010년 1월 4일부터 기존 새올행정시스템(시·군·구 업무지원시스템) 중 복지분야를 분리하여 중앙에 통합구축하는 정보시스템으로서 **사회복지통합관리망 '행복e음'이 개통**되었다.

오답풀이

① **2000년 국민기초생활보장제도 시행으로 정부의 책임성이 강화**되었다. 1999년 9월 7일 「국민기초생활보장법」이 제정되고, 2000년 10월 시행되었다.
② **2012년 「협동조합기본법」의 제정**으로 자활공동체가 보다 쉽게 협동조합을 결성할 수 있게 되었다. 참고로 「국민기초생활보장법」 개정에 따라 2012년 7월 1일부터 '자활공동체'를 '자활기업'으로 명칭을 변경하였다.
④ 2012년 4월부터 시·군·구별로 조직 및 운영시기 등의 차이가 있으나 상반기 준비기간을 거쳐 하반기부터는 전국 203개 **시·군·구에서 희망복지지원단이 설치·운영**되고 있으며, 공공영역의 통합사례관리방법을 바탕으로 지역사회가 보유한 자원과 서비스를 총괄적으로 조정하는 컨트롤타워로서의 역할을 수행하고 있다.
⑤ **2016년 읍면동 주민자치센터를 「행정복지센터」로 명칭 변경**하였다. 찾아가는 복지상담과 맞춤형 통합 복지서비스 제공 등을 통해 주민의 복지체감도를 제고하는 「읍·면·동 복지허브화」 추진을 위해 읍면동 사무소(읍·면 사무소, 동 주민센터) 명칭을 「행정복지센터」로 전환하였다.

정답 ③

035

한국의 지역사회복지 역사에 관한 설명으로 옳지 않은 것은?

· 19회

① 새마을 운동은 정부 주도적 지역사회 개발이었다.
② 사회복지관 운영은 지역사회 기반의 복지서비스를 촉진시켰다.
③ 복지사각지대 발굴의 효과를 제고하고자 읍·면·동 복지허브화를 추진하였다.
④ 시·군·구 지역사회보장협의체는 지역사회복지협의체로 대체되었다.
⑤ 국민기초생활보장제도의 시행은 지역사회 중심의 자활사업을 촉진시켰다.

해설

시·군·구 지역사회복지협의체가 지역사회보장협의체로 대체되었다. 즉, 2014년 제정된 「사회보장급여의 이용·제공 및 수급권자 발굴에 관한 법률」이 2015년 시행되면서 지역사회복지계획이 지역사회보장계획으로 변경되고 지역사회복지협의체가 지역사회보장협의체로 명칭이 변경되었다.

＋보충설명

① 우리나라의 전형적인 **지역사회개발사업인 새마을운동은 관 주도의 운동**이라는 점에서 지역사회복지의 자발성 원칙에서 벗어난다.
② **사회복지관이란 지역사회를 기반으로 하는 시설**로서, 지역사회를 기반으로 한다는 것은 지역사회를 위한 시설이면서 지역사회의 각종 자원을 활용하는 시설이라는 점을 의미한다.
③ 복지사각지대 발굴의 효과를 제고하고자 **2016년 2월부터 읍·면·동 복지허브화를 추진**하였다.
⑤ **2000년에 국민기초생활보장제도가 시행**됨에 따라 지역사회 중심의 자활사업이 본격적으로 시행되었다.

정답 ④

036

최근 지역사회복지 동향으로 옳지 않은 것은?

· 20회

① '찾아가는 동주민센터' 사업 실시
② 읍·면·동 맞춤형 복지 전담팀 설치
③ 지역사회통합돌봄사업의 축소
④ 행정복지센터로의 행정조직 재구조화
⑤ 지역사회복지계획이 지역사회보장계획으로 변경

해설

지역사회통합돌봄사업이 확대되고 있다. 2018년 11월 지역사회통합돌봄 기본계획을 발표하고 2019년 4월에 16개 지방자치단체를 선정하여 2년간의 선도사업을 추진하였으며, 이 선도사업을 통하여 지역의 실정에 맞는 다양한 통합돌봄 모형을 개발·검증·보완하고 초고령 사회에 진입하는 2025년부터 전국적으로 통합돌봄을 시행할 계획이다.

＋보충설명

① 찾아가는 동주민센터 사업은 **2016년부터 실시된 읍·면·동 복지허브화 사업**을 말한다.
② 읍·면·동 맞춤형 복지 전담팀 설치는 **2016년부터 실시된 읍·면·동 복지허브화 사업**을 말한다.
④ 「읍·면·동 복지허브화」 추진을 위해 2016년 읍면동 사무소(읍·면사무소, 동 주민센터) 명칭을 「**행정복지센터**」로 행정조직을 재구조화하였다.
⑤ 2014년 12월 30일 「사회보장급여의 이용·제공 및 수급권자 발굴에 관한 법률」의 제정(2015.7.1.시행)으로 **지역사회복지계획이 지역사회보장계획으로 변경**되고, **지역사회복지협의체가 지역사회보장협의체로 명칭이 변경**되었다.

정답 ③

037

한국 지역사회복지의 최근 동향으로 옳은 것을 모두 고른 것은?

• 18회

㉠ 중앙정부의 '사회서비스원' 운영
㉡ '시·군·구 복지 허브화' 실시
㉢ '읍·면·동 찾아가는 보건복지서비스' 실시
㉣ 사회적 경제 주체들의 다양화

① ㉠, ㉡   ② ㉡, ㉣   ③ ㉢, ㉣
④ ㉠, ㉢, ㉣   ⑤ ㉠, ㉡, ㉢, ㉣

해설
㉢ 2016년 읍·면·동 복지허브화 사업이 실시되어 노인·장애인 등 거동 불편 대상 집중 방문·상담, 취약계층 방문 또는 유선 확인을 통한 모니터링 등 찾아가는 보건복지서비스가 활성화되었다.
㉣ 사회적 기업, 협동조합, 마을기업 등 사회적 경제 주체들이 다양화되었다. 사회적 기업은 2007년 제정된 「사회적 기업육성법」, 협동조합은 2012년 제정된 「협동조합기본법」, 마을기업은 「마을기업 육성사업 시행지침」(사업시행 : 2011년~)에 근거하여 시행되었다.

보충설명
㉠ 지방정부의 '사회서비스원' 운영이라고 해야 옳은 문장이다. 참고로 사회서비스원은 「지방자치단체 출자·출연 기관의 운영에 관한 법률」(약칭 : 지방출자출연법)에 따라 시·도지사가 설립하는 공익법인으로, 보건복지부는 2019년 공모를 통해 2019년 사회서비스원 시범사업 지역으로 서울특별시, 대구광역시, 경기도, 경상남도를 선정하여 시범사업을 추진하였다.
㉡ 읍·면·동을 중심으로 찾아가는 방문 상담, 사례 관리, 민관 협력 등 지역 복지 기능을 강화하기 위해 2016년 2월부터 전국 33개 선도지역을 시작으로 읍·면·동 복지허브화 사업이 실시되었다.

정답 ③

038

최근 지역사회복지의 변화과정을 순서대로 옳게 나열한 것은?

• 19회

㉠ 사회서비스원 시범사업
㉡ 희망복지지원단 운영
㉢ 사회복지통합관리망(행복e음) 구축
㉣ 찾아가는 보건복지서비스

① ㉠-㉡-㉢-㉣   ② ㉡-㉢-㉠-㉣
③ ㉡-㉢-㉣-㉠   ④ ㉢-㉡-㉣-㉠
⑤ ㉢-㉣-㉡-㉠

해설
최근 지역사회복지의 변화과정 순서는 ㉢(2010년) - ㉡(2012년) - ㉣(2016년) - ㉠(2019년) 순이다.

보충설명
㉠ 보건복지부는 2019년 공모를 통해 2019년 사회서비스원 시범사업 지역으로 서울특별시, 대구광역시, 경기도, 경상남도를 선정하여 시범사업을 추진하였다. 사회서비스원이란 「지방자치단체 출자·출연 기관의 운영에 관한 법률」(약칭 : 지방출자출연법)에 따라 시·도지사가 설립하는 공익법인으로 긴급돌봄 제공, 안전점검 및 노무·재무 컨설팅 등 민간기관 지원, 종합재가서비스 제공과 국공립시설 수탁·운영 등을 통해 사회서비스의 공공성을 제고하고, 종사자 처우 개선을 통해 사회서비스 품질향상을 목적으로 설립된 지방자치단체 출연기관이다.
㉡ 2012년 4월부터 시·군·구별로 조직 및 운영시기 등의 차이가 있으나 상반기 준비기간을 거쳐 하반기부터는 전국 203개 시·군·구에서 희망복지지원단이 설치·운영되고 있으며, 공공영역의 통합사례관리방법을 바탕으로 지역사회가 보유한 자원과 서비스를 총괄적으로 조정하는 컨트롤타워로서의 역할을 수행하고 있다.
㉢ 2010년 1월 4일부터 기존 새올행정시스템(시·군·구 업무지원시스템) 중 복지분야를 분리하여 중앙에 통합구축하는 정보시스템으로서 사회복지통합관리망 '행복e음'이 개통되었다.
㉣ 찾아가는 보건복지서비스는 2016년 2월부터 시작된 읍·면·동 복지허브화 사업으로, 읍·면·동에 맞춤형복지 전담팀 설치 및 전담인력 배치를 통해 찾아가는 복지상담, 복지사각지대 발굴, 통합사례관리, 지역자원 발굴 및 지원 등의 서비스를 제공한다.

정답 ④

제4장 지역사회복지의 이론적 기초 이해

제5영역 : 지역사회복지론

039 ✓확인 ☐☐☐

지역사회복지 이론에 관한 설명으로 옳지 않은 것은? · 14회

① 지역사회상실이론 : 과거의 지역사회공동체는 이상적인 것으로 복구될 수 없는 잃어버린 세계로 간주한다.
② 사회체계이론 : 지역사회를 하나의 체계로 간주하고 지역사회와 환경의 관계를 설명한다.
③ 생태이론 : 지역사회의 변화과정을 역동적으로 설명하기 위해 경쟁, 중심화, 분산, 분리 등의 다양한 개념들을 사용한다.
④ 갈등이론 : 사회적으로 구성된 지식을 교환 가능한 자원을 매개로 사회적 행동을 추구하고자 한다.
⑤ 지역사회개방이론 : 사회적 지지망의 관점에서 비공식적인 연계를 강조한다.

해설

갈등이론에서는 지역사회 내의 정치·경제·권력·재산 등이 불평등한 배분관계에 의해 지역주민들 간에 갈등이 발생하고, 이러한 갈등관계를 통해 지역사회제도의 변화를 증진하고자 한다.

+ 보충설명

① **지역사회상실이론**에서는 지역사회공동체를 이상적이고, 또 복구될 수 없는 잃어버린 세계로 이해한다. 이 이론이 함의하는 바는 상실된 지역사회의 기능을 대체할 수 있는 새로운 장치가 필요하다는 것이다.
⑤ **지역사회개방이론**은 순수한 좁은 의미의 지역성에 기초한 개념에서 벗어나 다양한 사회적 관계망의 관점에서 비공식적 연계를 강조한다.

정답 ④

040 ✓확인 ☐☐☐

지역사회에 관한 기능주의 관점을 설명한 것으로 옳은 것을 모두 고른 것은? · 14회

㉠ 사회는 항상 불안하다고 전제한다.
㉡ 조화, 적응, 안정, 균형을 중시한다.
㉢ 소수엘리트에 의한 주도적 가치판단을 중시한다.
㉣ 사회변화가 점진적으로 이루어진다고 전제한다.

① ㉠, ㉡, ㉢   ② ㉠, ㉢   ③ ㉡, ㉣
④ ㉣   ⑤ ㉠, ㉡, ㉢, ㉣

해설

㉡ 지역사회가 여러 제도로 구성되어 있으며, 각 제도들은 합의된 가치와 규범에 따라 변화하며 **조화, 적응, 안정, 균형**을 강조한다.
㉣ 사회변화는 점진적이고 누적적으로 진행(점진적·개량주의적)되며, 사회체제의 유지를 위해 사회구성원들의 공동체 의식을 강조한다.

✗ 오답풀이

㉠ 사회는 항상 불안하다고 전제하는 것은 **갈등이론**이다. 기능주의이론에서는 사회의 모든 구성요소는 **균형 또는 안정지향적**이며, 각 요소들은 상호의존적이고 통합적인 기능을 한다.
㉢ 소수엘리트에 의한 주도적 가치판단을 중시하는 것은 **엘리트이론**이다. 기능주의이론에서는 **사회는 각 부분들은 합의된 가치와 규범에 따라 변화**한다. 소수엘리트에 의한 주도적 가치판단을 중시하지 않는다.

정답 ③

041

갈등이론에 관한 설명으로 옳은 것을 모두 고른 것은? ·18회

㉠ 갈등현상을 사회적 과정의 본질로 간주한다.
㉡ 사회나 조직을 지배하는 특정 소수집단의 역할이 중요하다.
㉢ 사회관계는 교환적인 활동을 통해 이익이나 보상이 주어질 때 유지된다.
㉣ 사회문제는 사회변화가 아닌 개인의 사회적응을 통해 해결할 수 있다.

① ㉠
② ㉠, ㉡
③ ㉡, ㉢
④ ㉠, ㉡, ㉢
⑤ ㉡, ㉢, ㉣

해설
㉠ 사회체계는 갈등을 일으키며, 사회에 있어서 갈등은 보편적인 현상이라고 가정한다.

오답풀이
㉡ 사회나 조직을 지배하는 특정 소수집단의 역할이 중요하다고 보는 것은 **엘리트이론**이다.
㉢ 사회관계는 교환적인 활동을 통해 이익이나 보상이 주어질 때 유지된다고 보는 것은 **교환이론**이다.
㉣ 사회문제는 사회변화가 아닌 개인의 사회적응을 통해 해결할 수 있다고 보는 것은 **기능이론**이다.

정답 ①

042

다음 설명에 해당하는 지역사회복지 실천이론은? ·17회

A사회복지사는 결혼이주여성들을 지원하는 과정에서 그들의 행동에 영향을 미쳤던 자국의 사회, 경제 및 정치적 구조를 이해하고 그들의 문화적 가치와 규범에 대한 의미를 해석해야 한다.

① 사회연결망이론
② 사회교환이론
③ 사회구성론
④ 권력의존이론
⑤ 갈등이론

해설
사회구성론에서는 개인이 처한 사회문화적 맥락에 따라서 현실의 문제나 생활을 구성 또는 재구성할 수 있다고 보기 때문에, 클라이언트를 원조하기 위해서는 **클라이언트의 문화적 가치와 규범을 이해해야 한다**고 주장한다. 즉, 사회복지사는 클라이언트들의 주체성을 인정하고 그들이 자신의 권익의 주선자로서 서도록 도와야 하며 사회복지사와의 교류에 있어 새로운 의미부여를 통한 사회적 현실을 창조하는 데 참여할 기회를 제공해야 한다.

정답 ③

043 ✓확인 ☐☐☐

자원동원 이론에 관한 설명으로 옳은 것은? · 11회

① 사회적 불만의 팽배가 사회운동의 직접적 원인이다.
② 지역사회의 신뢰, 네트워크, 호혜성을 강조한다.
③ 의사결정 시 각 조직 간의 자원 불균형을 고려하지 않는다.
④ 자원동원 이론은 힘의존이론(power dependency theory)에 영향을 받았다.
⑤ 자원에는 연대성이 포함되지 않는다.

해설
자원동원 이론(resource mobilization theory)은 자원동원이 조직의 발전에 영향을 미칠 수 있다고 보는 이론으로, 어떻게 힘을 얻고, 어떻게 분산할 것인가를 강조하였던 힘의존이론(power dependency theory, 권력의존이론)에 의해 영향을 받은 이론이다.

✗ 오답풀이
① 사회적 불만의 팽배를 사회운동의 직접 원인으로 보는 **전통적 시각을 비판**하고, 사회행동으로써 집합행동이 일어나기 위해서는 계기가 필요하다고 주장한다.
② **사회자본이론**에서 사회적 자본은 사회구성원 개개인에게서 일어나는 신뢰, 상호 호혜의 규범, 공유된 가치, 사회적 연계 등의 지역주민 개개인의 상호 연계와 연관이 있다.
③ 자원동원 이론은 지역사회자원(물질적·인적 자원) 동원이 지역사회발전에 가장 중요한 요인이 됨을 강조한다. 자원의 부족은 다양한 정책이나 사업을 수행하거나 지역사회문제를 해결하는데 어려움을 준다. 이를 통해 **의사결정 시 자원 불균형을 고려하고 있음**을 알 수 있다.
⑤ 자원에는 지역사회의 돈, 정보, 사람, **조직원 간의 연대성**, 사회운동의 목적과 방법에 대한 정당성이 포함된다.

정답 ④

044 ✓확인 ☐☐☐

사회교환론에 대한 설명으로 옳은 것은? · 9회

㉠ 교환자원이 고갈되면 지역사회 문제가 발생할 수 있다.
㉡ 교환자원에는 상담, 기부금, 정보, 의미 등이 포함된다.
㉢ 권력불균형을 시정하기 위한 힘의 균형 전략에는 재평가, 경쟁, 호혜성, 연합 등이 있다.
㉣ 사회복지 조직은 생존을 위해 외부의 재정적 자원에 의존한다.

① ㉠, ㉡, ㉢   ② ㉠, ㉢   ③ ㉡, ㉣
④ ㉣   ⑤ ㉠, ㉡, ㉢, ㉣

해설
사회복지 조직은 생존을 위해 외부의 재정적 자원에 의존한다는 관점은 **권력의존이론**이다. 교환이론은 사람들 사이에 이루어지는 교환과정에 초점을 두고, 사회적·물질적 자원의 교환을 인간 상호작용의 근본형태로 파악한다.

정답 ①

045

지역사회복지를 권력의존이론의 관점에서 설명한 것을 모두 고른 것은?
· 21회

> ㉠ 장애인 편의시설 설치를 위해 다양한 장애인 단체가 의사결정에 참여하도록 한다.
> ㉡ 노인복지관은 은퇴 노인의 재능을 활용한 봉사활동을 기획한다.
> ㉢ 사회복지관은 지방정부로부터 보조금 집행에 대한 지도 점검을 받았다.

① ㉠　　② ㉢　　③ ㉠, ㉡
④ ㉠, ㉢　　⑤ ㉠, ㉡, ㉢

[해설]
㉢ **권력의존이론**에 의하면, 어떤 조직이 자원을 보유하고 있는 조직의 권력에 의존하지 않으려면 **스스로 자원을 보유함**으로써 권력을 가지면 되지만 그렇지 못한 경우 외부권력에 의존함으로써 조직을 운영하게 된다. 사회복지관은 지방정부의 보조금을 받기 때문에 **자원 획득을 위해 지방정부의 권력에 의존**할 수 밖에 없고, 지방정부로부터 보조금 집행에 대한 지도점검을 받는 것이다.

[오답풀이]
㉠ 장애인 편의시설 설치를 위해 다양한 장애인 단체가 의사결정에 참여하도록 한 것은 **다원주의이론**의 관점에 해당된다. 다원주의이론(Pluralism)은 다원화된 현대사회에서 개인은 특정 목표를 중심으로 여러 집단과 조직을 구성하면서 이익을 표출하는 것을 통해 정책과정에 영향을 미칠 수 있다고 주장한다.
㉡ 노인복지관은 은퇴 노인의 재능을 활용한 봉사활동을 기획한 것은 **사회자본이론**의 관점에 해당된다. 사회자본이론은 시민참여, 사회적 연대감, 상호 혜택을 위한 협동을 촉진하도록 개인들 간의 네트워크와 호혜성, 규범과 신뢰를 뜻한다.

[정답] ②

046

다음 사례에 해당하는 지역사회복지이론은?
· 23회

> A사회복지기관은 지방정부로부터 보조금을 지원 받은 후 지방정부의 요구와 통제를 수용하였다.

① 갈등이론　　② 엘리트주의이론
③ 사회체계이론　　④ 권력의존이론
⑤ 사회자본이론

[해설]
권력의존이론은 참여자들의 관계를 활용 가능한 자원의 크기에 의해 결정되는 권력균형의 교환과정으로 파악한다. 이 이론을 지역사회복지실천 과정에 적용하면, 지역사회복지실천기관들이 필요한 자원을 외부에 의존하는 비중이 클수록 자원제공자의 요구에 따를 수 밖에 없게 된다는 것이다. 즉, **지방정부로부터 보조금을 받는 A사회복지기관은 지방정부의 요구와 통제를 수용할 수 밖에 없는 것이다.**

[정답] ④

047

사회적 자본에 관한 설명으로 옳지 않은 것은? • 19회

① 지역사회 문제해결 능력과는 무관하다.
② 네트워크는 사회적 자본의 전제가 된다.
③ 지역사회의 집합적 자산으로서 의미를 가진다.
④ 한 번 형성된 후에도 소멸될 수 있다.
⑤ 신뢰는 공동체의 문제를 해결할 수 있는 자원이다.

해설
사회적 자본의 확충, 즉 지역사회구성원들이 공유된 가치를 추구하고 상호호혜에 기초하여 행동하고 상호 간에 신뢰하며 집합적 행동을 추구하고 사회적 지지를 확산하게 된다면, **지역사회 문제해결 능력은 강화될 것이다.**

+ 보충설명
② 사회자본의 주요 구성요소는 크게 네트워크와 규범이라는 두 개 차원으로 구분된다. 네트워크(network)는 개인 간 또는 집단 내 사회적 관계와 상호작용을 의미하며, 규범(norm)은 한 집단의 구성원들이 가지는 행동규칙이나 기준 및 공통된 가치 등을 말하는 것으로서 신뢰, 상호호혜성 등을 포함한다.
③ 사회자본은 사람들로 하여금 더욱 쉽게 집합적인 문제를 해결하는 것을 허락하기 때문에 **지역사회의 집합적 자산으로서 의미를** 가진다.
④ 한번 획득되면 소비할 때까지 계속 소유할 수 있는 자본이 아니라, **한번 획득되더라도 언제든지 사라질 수 있는 것으로 지속적으로 유지하려는 노력이 필요한 자본이다.**
⑤ 신뢰, 네트워크 등의 사회자본이 **공동체 의식을 확장시켜 집단행동의 딜레마를 해결할 수 있다.**

정답 ①

048

다음 사례에 해당하는 지역사회복지 실천이론이 올바르게 짝지어진 것은? • 18회

> A사회복지관은 지역의 B단체로부터 많은 후원금을 지원받았고 단체 회원들의 자원 봉사 참여가 많았다. 그러나 최근에는 B단체의 후원금과 자원봉사자가 감소하여 교육을 통해 주민들의 역량을 강화시켜 복지관 사업에 함께 참여하도록 하고 있다. 또한, 다양한 후원기관을 발굴하고자 노력 중이다.

① 사회학습이론, 권력의존이론
② 권력의존이론, 사회구성이론
③ 사회구성이론, 다원주의이론
④ 다원주의이론, 엘리트이론
⑤ 엘리트이론, 사회학습이론

해설
교육을 통해 주민들의 역량을 강화시켜 복지관 사업에 함께 참여하도록 하고 있는 것은 **사회학습이론에 해당한다. 사회학습이론**은 지역주민이나 집단들에 영향을 주는 주변환경에 대한 학습을 통해 지역주민이나 집단구성원들의 역량이 강화되고, 결국 그들의 역량강화는 지역사회를 발전시킬 수 있는 요인이 됨을 강조한다. 또한, 다양한 후원기관을 발굴하고자 노력하는 것은 **권력의존이론에 해당한다. 권력의존이론**에 의하면, 지역사회복지 실천기관들이 필요한 자원을 외부에 의존하는 비중이 클수록 자원제공자의 요구에 따를 수밖에 없게 되어 조직이 지니고 있는 고유의 목적을 달성하기 어려울 수 있기 때문에, 자원동원 과정에서 힘의 균형이 일어날 수 있도록 다양한 자원출처 개발을 위해 노력해야 한다고 주장한다.

정답 ①

049

지역사회복지이론에 관한 설명으로 옳은 것을 모두 고른 것은?
· 23회

㉠ 사회체계이론 - 지역사회 내 갈등이 변화의 원동력이다.
㉡ 갈등이론 - 자원의 불평등한 분배로 인해 이해관계의 대립이 발생한다.
㉢ 자원동원이론 - 인간행동은 타인이나 사회환경과 상호작용하는 동안에 학습된다.
㉣ 사회자본이론 - 신뢰와 네트워크를 통해 지역사회 문제해결을 위한 규범 등이 형성된다.

① ㉠, ㉢
② ㉡, ㉣
③ ㉢, ㉣
④ ㉡, ㉢, ㉣
⑤ ㉠, ㉡, ㉢, ㉣

해설
㉡ 갈등이론은 지역사회 내의 정치·경제·권력·재산 등이 불평등한 분배관계에 의해 지역주민들 간에 갈등이 발생한다고 본다.
㉣ 사회자본이론에서 규범(norm)은 한 집단의 구성원들이 가지는 행동규칙이나 기준 및 공통된 가치 등을 말하는 것으로, 개인들 간의 신뢰와 네트워크를 통해 형성된다.

✗ 오답풀이
㉠ 갈등이론 - 지역사회 내 갈등이 변화의 원동력이다.
㉢ 사회학습이론 - 인간행동은 타인이나 사회환경과 상호작용하는 동안에 학습된다. 사회학습이론의 기본가정은 인간행동이 다른 사람, 그리고 사회환경과 상호작용하는 동안 학습된다는 것이다.

정답 ②

050

다음 설명과 관련된 지역사회복지 이론은?
· 15회

· 다양한 집단과 조직이 이익을 표출함으로써 정책과정에 영향을 미칠 수 있다.
· 지역사회복지정책은 이익집단들 간의 갈등과 타협의 산물로 간주된다.
· 지역사회복지정책 결정은 이익집단들의 상대적 영향력 정도에 따라 달라진다.

① 구조기능론
② 교환이론
③ 상호작용론
④ 역할이론
⑤ 다원주의이론

해설
다원주의이론(Pluralism)은 다원화된 현대사회에서 개개인은 특정 목표를 중심으로 여러 집단과 조직을 구성하면서 이익을 표출하는 것을 통해 정책과정에 영향을 미칠 수 있다고 주장하며, 지역사회복지정책은 정부가 개개인과 집단의 이익대결과 갈등을 공정하고 종합적인 입장에서 조정한 결과를 의미한다. 지역사회복지정책의 내용과 형태는 이익집단들의 상대적 영향력의 정도에 따라 달라질 수 있다.

정답 ⑤

제5장 지역사회복지실천 모델에 대한 이해

제5영역 : 지역사회복지론

01 로스만의 모델

051 ·15회

로스만(J. Rothman)의 지역사회복지 실천모델 중 지역사회개발모델에 관한 설명으로 옳은 것은?

① 사회복지사의 역할은 분석전문가이다.
② 수급자 역할의 개념을 소비자로 본다.
③ 변화전술과 기법은 합의와 집단토의이다.
④ 수급자 체계의 범위는 약물중독과 같은 특정 집단이다.
⑤ 제도의 변화를 목표로 한다.

해설

지역사회개발모델의 기본 변화전략은 자신의 문제결정 및 해결에 다수의 사람이 참여하는 것이며, **변화전술과 기법으로 합의와 집단토의**를 사용한다.

오답풀이

① 사회복지사의 역할이 분석전문가인 것은 **사회계획모델**이다. 지역사회개발모델에서 사회복지사는 안내자, 조력자, 조정자, 문제해결 기술훈련자의 역할을 담당한다.
② 수급자 역할의 개념을 소비자(consumers)로 보는 것은 **사회계획모델**이다. 지역사회개발모델에서 수급자 역할의 개념을 **시민**(citizens)으로 본다.
④ 수급자 체계의 범위가 약물중독과 같은 특정 집단인 것은 **사회계획모델**이다. 지역사회개발모델은 수급자 체계의 범위를 지리적 측면에서 **전체 지역사회**로 보지만, 사회계획모델은 전지역사회도 될 수 있고 지역사회 내의 특수지역(기능적인 지역사회 내포)이나 일부계층이 될 수도 있다.
⑤ 제도의 변화를 목표로 하는 것은 **사회행동모델**이다. 즉 사회행동모델에서 사회복지사는 지역사회의 기존 제도(교육, 취업, 복지, 보건, 가치관 등)와 현실에 대한 근본적인 변화를 추구한다. 지역사회개발모델에서는 지역사회가 기능적으로 통합을 이루고, 자조적으로 협동적인 문제해결에 참여토록 하고, 민주적인 절차를 이용하도록 하는 능력배양에 그 목적을 둔다.

정답 ③

052 ·9회

사회계획 모형에 대한 설명으로 옳은 것은?

㉠ 정책집행의 효과성과 효율성을 강조한다.
㉡ 과정보다 과업 완수에 초점을 둔다.
㉢ 사회복지사의 전문적 역할이 강조된다.
㉣ 지역사회 자원의 재분배에 관심을 갖는다.

① ㉠, ㉡, ㉢   ② ㉠, ㉢   ③ ㉡, ㉣
④ ㉣   ⑤ ㉠, ㉡, ㉢, ㉣

해설

㉣ 지역사회 권력·자원의 재분배에 관심을 갖는 것은 **사회 행동 모델**이다. 사회계획 모델은 각종 지역사회문제를 해결하는 데 있어 합리적인 면을 강조한다. 이 모델은 예를 들어 범죄, 주택, 정신문제와 같은 구체적인 사회문제를 해결하는 기술적 과정을 중시한다. 공식적인 계획과 정책 준거 틀에 대한 설계가 핵심적이며, 계획이나 정책집행의 효과성과 효율성을 강조하기 때문에 과업중심 목표에 초점을 두고 있다.

정답 ①

053

로스만(J. Rothman)의 사회행동모델에 관한 설명으로 옳은 것은?
· 11회

① 조사와 분석기술이 주로 사용되는 전술이다.
② 지역사회는 전통을 고수하며, 소수의 전통적 지도자에 의해 지배된다고 본다.
③ 갈등이나 대결의 전술이 이용된다.
④ 권력을 가진 사람들도 전 지역을 향상시키는 목적을 위해 공동의 노력을 기울인다고 본다.
⑤ 클라이언트를 아직 완전히 개발되지 않은 잠재력을 가진 정상인으로 간주한다.

해설
사회 행동 모델에서는 갈등이나 대결(contest)의 전술이 이용되는데 정면대결(confrontation), 직접적인 실력행사 등의 방법이 사용된다. 즉, 지역사회에서 발생한 갈등 요인을 대상자와 직접 접촉하여 교섭하고 대결하여 문제를 해결해 나가는 갈등 전술을 활용한다. 성토(rallies), 시위(marches), 협력 거부(boycotts)와 피케팅(picketing) 등의 집단행동이 사용되기 때문에 비교적 다수의 대중을 규합할 수 있는 능력이 요청된다.

오답풀이
① **사회계획 모델**에 해당되는 내용이다. 사실발견(fact-finding)과 분석상의 기술이 중요시된다. 전문가의 상황분석에 따라 갈등(conflict)이나 합의의 전술이 사용될 수 있다.
② 지역사회는 전통을 고수하고 소수의 전통적 지도자들에 의해 지배되고 있으며, 문제해결의 기술이 없고, 민주적 과정에 대한 이해가 없는 무지한 주민들로 구성되어 있다고 보는 것은 **지역사회개발 모델**이다.
④ 지역사회 전체를 대상집단(client system)으로 보며, 권력을 쥔 사람들도 전 지역을 향상시키는 목적을 위해 공동의 노력을 기울인다고 보는 것은 **지역사회개발 모델**이다.
⑤ 클라이언트는 보통의 지역주민들로 아직 완전히 개발되지 않은 상당한 잠재력을 지닌 정상인으로 보며, 그들이 이 잠재력을 발휘할 수 있도록 전문가로부터 도움을 필요로 한다고 보는 것은 **지역사회개발 모델**이다.

정답 ③

054

로스만(J. Rothman)의 사회행동모델에 해당하지 않는 것은?
· 22회

① 클라이언트 집단을 소비자로 본다.
② 변화를 위한 기본 전략은 '억압자에 대항하기 위한 규합'을 추구한다.
③ 지역사회 내 불평등한 권력구조의 변화를 지향한다.
④ 변화 매개체로 대중조직을 활용한다.
⑤ 여성운동, 빈민운동, 환경운동 등 시민운동에도 활용될 수 있다.

해설
클라이언트 집단을 소비자로 보는 것은 **사회계획모델**이다. 사회행동 모델에서는 클라이언트 집단을 '체제'의 희생자로 본다. 이 경우 체제란 차별 그 자체도 될 수 있고, 정부나 기업 등 클라이언트 집단에 불이익을 준다고 생각되는 일체의 조직과 제도를 포함한다.

보충설명
② 사회행동모델의 기본전략은 "우리들의 억압자를 분쇄하기 위해 규합하자"라고 표현될 수 있다. 즉 불리한 처지에 놓여 있는 주민들의 합법적인 적이 누구인가를 찾아내고, 집단행동을 조직하여 선택된 적대집단(기관, 시장과 같은 개인, 기업인들로 구성된 연합회 등)에 대해 압력을 가하는 것이다.
③ 사회 행동 모델은 지역사회에는 자원과 권력의 배분에 있어서 불평등이 존재한다는 갈등론적 시각을 갖는 유형으로, **지역사회 내 불평등한 권력구조의 변화**를 지향한다.
④ 사회행동모델은 **대중조직과 정치적 과정의 조종을 변화의 매개체**로 설정하고 있다.
⑤ 사회행동모델의 예로는 **빈민운동, 여권신장운동, 환경보호운동**, 소수인종집단, 학생운동, 노동조합운동, 복지권운동, 보육조례제정운동 등을 들 수 있다.

정답 ①

055

로스만(J. Rothman)의 지역사회복지 실천모델에 관한 설명으로 옳은 것을 모두 고른 것은? · 21회

> ㉠ 지역사회개발모델은 지역사회 구성원의 조직화를 주요 실천과정으로 본다.
> ㉡ 지역사회개발모델의 변화 매개체는 공식적 조직과 객관적 자료이다.
> ㉢ 사회계획모델에서 사회복지사의 핵심 역할은 협상가, 옹호자이다.
> ㉣ 사회행동모델에서는 지역사회 내 집단들이 갈등관계로 인해 타협과 조정이 어렵다고 본다.

① ㉠, ㉢ ② ㉠, ㉣ ③ ㉡, ㉢
④ ㉠, ㉡, ㉣ ⑤ ㉠, ㉢, ㉣

해설
㉠ **지역사회개발모델**은 지역사회의 통합과 지역주민이 협동적으로 문제를 해결해 나갈 수 있는 과정에 초점을 두며, 지역사회 구성원의 조직화를 주요 실천과정으로 본다.
㉣ **사회행동모델**에서는 지역사회의 자원은 대개 특정한 권력이나 집단들이 지배하고 있기 때문에, 지역사회 내 이해관계는 다양하며 쉽게 타협되지 않는다고 본다.

✕ 오답풀이
㉡ **사회계획모델**의 변화 매개체는 공식적 조직과 객관적 자료이다. 지역사회개발모델의 변화 매개체는 과업지향적 소집단들의 조직과 지도이다.
㉢ **사회행동모델**에서 사회복지사의 핵심 역할은 협상가, 옹호자이다. 사회계획모델에서 사회복지사의 핵심 역할은 전문가, 계획가, 분석가, 행정가이다.

정답 ②

056

로스만(J. Rothman)의 지역사회복지 실천모델에 관한 설명으로 옳은 것을 모두 고른 것은? · 23회

> ㉠ 지역사회개발모델은 지역사회 역량강화, 통합, 자조를 활동 목표로 둔다.
> ㉡ 사회계획모델에서는 변화의 매개체로 과업지향적인 소집단을 활용한다.
> ㉢ 사회행동모델에서 사회복지사의 핵심 역할은 옹호자, 선동가, 협상가이다.
> ㉣ 지역사회개발모델은 지역사회 문제 해결을 위해 전문가의 주도적 개입을 강조한다.

① ㉠, ㉢ ② ㉡, ㉢ ③ ㉡, ㉣
④ ㉠, ㉡, ㉢ ⑤ ㉠, ㉡, ㉣

해설
㉠ 지역사회개발모델은 지역사회주민이 **스스로 지역사회문제를 해결**할 수 있도록 지역사회문제에 대한 이해의 폭을 넓히고, 지역사회문제해결을 위해 필요한 **역량을 개발**함으로써 **지역사회 전체의 통합적 능력을 향상**시키고자 한다.
㉢ **사회행동모델**에서 사회복지사의 핵심 역할은 **옹호자(대변자), 선동가, 협상가, 행동가, 중개자** 등이다.

✕ 오답풀이
㉡ **지역사회개발모델**에서는 변화의 매개체로 과업지향적인 소집단을 활용한다. 사회계획모델에서는 변화의 매개체로 **공식조직과 객관적 자료**를 활용하고, 사회행동모델에서는 변화의 매개체로 **대중조직과 정치과정**을 활용한다.
㉣ **사회계획모델**은 지역사회 문제 해결을 위해 전문가의 주도적 개입을 강조한다. 즉, 사회계획모델은 지역사회의 문제를 해결하기 위해 전문가들이 주도적으로 개입하고, 체계적이고 과학적인 방법으로 문제를 분석하고 해결책을 제시하는 모델이다.

정답 ①

057

다음 내용에서 사용되어지고 있는 로스만(J. Rothman)의 지역사회복지실천모델의 적용으로 옳은 것은?

・14회

> 사회복지사로 종사하는 '갑'은 지역 내에 독거노인들이 급격히 증가하면서 여러 가지 생활 어려움에 직면해 있는 현실을 직시하고, 동시에 관련 자료의 수집 및 분석과 분야의 전문가들을 만나서 설명과 그 문제해결을 위한 모임을 갖기로 하였다. 그리고 지역주민들이 참여하는 토론회 개최 등을 통해 문제해결방안을 모색한다.

① 사회행동모델, 지역사회개발모델
② 사회행동모델, 사회계획모델
③ 지역사회개발모델, 사회계획모델
④ 지역사회개발모델, 사회운동모델
⑤ 사회운동모델, 사회계획모델

해설
자료의 수집 및 분석과 분야의 전문가들을 만나서 설명과 그 문제해결을 위한 모임을 갖는 것은 **사회계획모델에 해당된다면, 지역주민들이 참여하는 토론회 개최 등을 통해 문제해결방안을 모색한 것은 지역사회개발모델에 해당한다.**

정답 ③

02 테일러와 로버츠의 다섯 가지 모델

058

지역사회복지실천 모델 중 테일러와 로버츠(Taylor & Roberts) 모델에 해당하는 것을 모두 고른 것은?

・12회

> ㉠ 로스만(Rothman)의 기본 3가지 모델을 분화하여 지역사회복지실천 모델을 5가지 유형으로 구분하였다.
> ㉡ 이 모델의 특징은 후원자의 의사결정 영향 정도를 구체적으로 구분하였다는 것이다.
> ㉢ 정치적 권력 강화 모델은 로스만의 사회 행동 모델과 유사하다.
> ㉣ 지역사회연계 모델은 후원자가 클라이언트보다 더 많은 결정권한이 있다.

① ㉠, ㉡, ㉢
② ㉠, ㉢
③ ㉡, ㉣
④ ㉣
⑤ ㉠, ㉡, ㉢, ㉣

해설
㉠ 테일러와 로버츠(Taylor & Roberts)는 자신들의 저서 『Theory and practice of community social work(1985)』에서 로스만(Rothman)의 기본 모델을 중심으로 2모델(프로그램 개발 및 조정 모델, 지역사회 연계모델)을 추가하여 5모델을 제시하였다.
㉡ 실천방법의 각 변인, 대안적인 전략, 의사결정의 영향 정도 등에 있어 후원자(sponsors)와 클라이언트(clients)가 어느 정도의 영향력 비중, 즉 결정권한이 있느냐에 따라 지역사회실천을 구분하였다.
㉢ 정치적 권력강화 모델(Political Empowerment Model)은 로스만(Rothman)의 사회 행동 모델과 밀접히 관련된 것이다.

오답풀이
㉣ 지역사회연계 모델(Community Liaison Model)은 후원자의 영향력과 클라이언트의 영향력이 동등하게 약 2분의 1 정도씩 적용될 수 있는 모델이다.

정답 ①

059

다음 설명에 해당하는 테일러와 로버츠(S. Taylor & R. Roberts)의 지역사회복지실천모델은? ·16회

- 갈등이론과 다원주의 사회에서의 다양한 이익집단의 경쟁원리에 기초한다.
- 시민의 참여를 보장하고 극대화하는데 중요한 목적이 있다.
- 전문가들은 교육자, 자원개발자, 운동가의 역할을 한다.

① 프로그램 개발 및 조정
② 계획
③ 지역사회연계
④ 지역사회개발
⑤ 정치적 권력강화

해설
정치적 권력강화 모델(Political Empowerment Model)은 로스만(Rothman)의 사회행동모델과 밀접히 관련된 것으로, 갈등이론과 다원주의 사회에서의 다양한 이익집단의 경쟁원리에 기초하고 있다. 의도된 시민참여에 의한 정치적 권력강화에 초점을 두고 있다. 전문가들은 교육자, 자원개발가, 운동가로서의 역할을 하게 되며, 이러한 경향은 합법적으로 위임된 조직이나 자생조직으로 진전될 수 있다.

정답 ⑤

060

테일러와 로버츠(S. Taylor & R. Roberts)의 지역사회복지 실천모델에 관한 설명으로 옳지 않은 것은? ·21회

① 프로그램 개발과 조정 : 지역주민의 역량강화 및 지도력 개발에 관심
② 계획 : 구체적 조사전략 및 기술 강조
③ 지역사회연계 : 지역사회 문제해결을 위한 관계망 구축 강조
④ 지역사회개발 : 지역주민의 참여와 자조 중시
⑤ 정치적 역량강화 : 상대적으로 권력이 약한 시민의 권한 강화에 관심

해설
지역주민의 역량강화 및 지도력 개발에 대한 관심은 **지역사회개발모델**이다. 지역사회개발모델은 지역사회의 자체적 역량을 개발하여 지역사회 문제를 스스로 해결할 수 있도록 지지하고 지원하는 것에 초점을 맞추고 있다. 수행해야 할 과업은 지역구성원 중에서 리더십을 개방하여 자체적 리더십을 갖게 하는 것과 지역사회 변화를 위해 지속적 활동을 전개할 수 있도록 실행구조를 조직화하는 것이 있다.

보충설명
② **계획모델**은 조사연구와 객관적 분석 등 기술적 능력에 상당히 큰 비중을 두는 지역사회문제해결 방식이다.
③ **지역사회연계모델**은 클라이언트의 문제해결을 위해 지역사회와의 관계형성, 관계개발, 관계조정활동에 상당히 큰 비중을 두면서 지역사회를 대상으로 접근해나가는 것을 핵심특징으로 한다.
④ **지역사회개발모델**은 지역주민의 적극적 참여와 자조적 활동을 중시한다.
⑤ **정치적 역량강화모델**은 상대적으로 권력이 약한 사회적으로 배제된 집단의 역량강화를 통해 지역사회의 변화를 추구한다.

정답 ①

061 ☑확인 ☐☐☐

다음에서 설명하는 테일러와 로버츠(S. Taylor & R. Roberts)의 지역사회복지 실천모델은? · 23회

> - 지역사회의 문제해결을 위해 관계망을 형성하거나 조정
> - 사회복지사, 자원봉사자, 행정가 등 다양한 구성원이 참여
> - 지역사회복지 실천 과정에서 클라이언트와 후원자의 영향력이 동등

① 계획모델
② 지역사회연계모델
③ 지역사회개발모델
④ 정치적 역량강화모델
⑤ 프로그램 개발 및 조정모델

해설
지역사회복지 실천 과정에서 후원자의 영향력과 클라이언트의 영향력이 동등하게 약 2분의 1 정도씩 적용될 수 있는 모델은 **지역사회연계모델**이다. 이 모델은 지역사회의 문제를 해결하기 위해 **사회복지사, 자원봉사자, 행정가, 지역 주민 등 다양한 구성원들이 협력**하고 관계망을 형성하거나 조정하는 방식에 초점을 둔다.

정답 ②

03 웨일과 갬블의 모델

062 ☑확인 ☐☐☐

웨일과 갬블(M.Well & D.Gamble)의 지역사회복지실천 모델에 관한 설명으로 옳은 것을 모두 고른 것은? · 11회

> ㉠ 프로그램 개발과 지역사회 연결 모델의 목적은 특정 대상집단이나 이슈에 대한 사회 정의를 실현하는 것이다.
> ㉡ 정치·사회 행동 모델은 선거권자와 공무원 등을 표적체계로 하고 특정 대상자를 위한 서비스 개발을 목적으로 한다.
> ㉢ 연합모델의 관심영역은 지역사회의 사회적 욕구통합과 사회서비스 관계망 조정 등이다.
> ㉣ 근린 지역사회조직 모델은 지역사회개발 모델에서 그 원형을 찾을 수 있다.

① ㉠, ㉡, ㉢   ② ㉠, ㉢   ③ ㉡, ㉣
④ ㉣   ⑤ ㉠, ㉡, ㉢, ㉣

해설
웨일과 갬블은 지역사회조직화와 **지역사회개발의 측면에서** 대상과 활동의 내용을 구분하여 '근린 지역사회조직 모델', '기능적 지역사회조직 모델', '지역사회의 사회·경제개발 모델'을 제시하였다.

오답풀이
㉠ 특정대상 또는 이슈에 대해 사회 정의를 실현하는 것은 **사회운동 모델(Social Movement Model)**이다.
㉡ 정치·사회 행동 모델(Political and Social Action Model)은 정책 또는 정책결정자를 변화시키는 데 있으며, 특히 저소득집단에 불이익을 야기시키는 정부당국의 조치를 변화시키는 데 초점을 둠으로써 사회적, 정치적 그리고 경제 정의를 위한 행동이라 할 수 있다. 특정 대상자를 위한 서비스 개발을 목적으로 하는 것은 프로그램 개발과 지역사회 연계 모델이다.
㉢ 지역계획에 사회적 욕구통합, 휴먼서비스 네트워크 조정하는 것은 **사회계획 모델(Social Planning Model)**이다.

정답 ④

063

웨일과 갬블(M. Weil & D. Gamble)의 근린지역사회조직모델에 관한 설명으로 옳지 않은 것은? · 23회

① 조직화를 위한 구성원의 능력개발에 초점을 둔다.
② 일차적 구성원은 지역사회 이웃주민이다.
③ 사회복지사의 주요 역할은 조직가, 교육자, 촉진자, 코치이다.
④ 지방정부, 외부개발자, 지역주민을 변화의 표적체계로 본다.
⑤ 관심영역은 공통 관심사나 특정 이슈에 대한 정책, 행위, 인식의 변화이다.

[해설]
관심영역이 공통 관심사나 특정 이슈에 대한 정책, 행위, 인식의 변화에 있는 것은 **기능적 지역사회조직모델**이다. 기능적 지역사회조직모델에서는 지역사회의 문제를 해결하기 위해서 단순히 정책이나 규제의 변화만으로 끝나지 않고, 지역사회의 구성원들의 행위과 사회적 인식이 변화해야 한다고 본다.

[보충설명]
① 근린지역사회조직모델은 **지역주민의 능력개발과 과업수행이라는 두 가지 목표를 강조한다.** 즉, 지역사회주민이 조직활동에 참가하면 조직하는 기술, 문제분석, 계획, 리더십을 발전시키기 때문에 주민의 능력을 개발할 수 있다는 것이다.
② 근린지역사회조직모델에서 일차적 구성원은 **이웃, 지역사회주민**이다.
③ 근린지역사회조직모델에서 사회복지사는 **조직가(organizer), 교육자(teacher, 교사), 촉진자(facilitator), 코치(coach)로서 역할을** 수행한다.
④ 근린지역사회조직모델에서 변화의 표적체계는 **지방정부(시와 같은 공공행정기관), 외부개발자(개발계획의 추진 기업), 지역사회주민**이다.

[정답] ⑤

064

웨일과 갬블(M. Weil & D. Gamble)의 지역사회복지실천모델에 관한 설명으로 옳은 것을 모두 고른 것은? · 16회

㉠ 사회운동모델 : 성취목표는 특정 대상집단 또는 이슈 관련 사회정의를 위한 행동이다.
㉡ 근린지역사회조직모델 : 사회복지사의 역할은 정보전달자, 관리자 등이다.
㉢ 사회계획모델 : 관심영역은 특정 욕구를 가진 대상자를 위한 서비스 개발이다.
㉣ 정치·사회행동모델 : 일차적 구성원은 선출된 공무원, 사회복지기관 등이다.

① ㉠
② ㉠, ㉡
③ ㉡, ㉢
④ ㉢, ㉣
⑤ ㉠, ㉢, ㉣

[해설]
㉠ 사회운동모델의 목적은 취약집단들을 위해 진보적 변화를 선도하는 것이고, 특정 인구집단이나 사회적 현안 문제에 대응하는 사회나 사회단체에게 새로운 패러다임을 제공함으로써 사회변화를 위한 행동을 자극하는 운동이다. 즉 이 모델의 바람직한 성과는 특정 대상집단 또는 이슈에 대해 사회정의를 위한 행동이다.

[오답풀이]
㉡ 근린지역사회조직모델에서 사회복지사의 역할은 **조직가, 교사, 코치, 촉진자**이다. 사회복지사의 역할이 정보전달자, 관리자 등인 것은 **사회계획모델**이다.
㉢ 사회계획모델의 관심영역은 휴먼서비스의 관계망을 계획하고 조정하는 데 있으며, 공공영역의 지역계획에 사회적 욕구를 통합시키는 일이다. 관심영역이 특정 욕구를 가진 대상자를 위한 서비스 개발인 것은 **프로그램 개발과 지역사회 연계모델**이다.
㉣ 정치·사회행동모델의 일차적 구성원은 **특정 정치적 권한이 있는 시민이거나 특정 사안에 책임이 있는 시민**이 된다. 선출된 공무원, 사회복지기관 등이 일차적 구성원은 **사회계획모델**이다.

[정답] ①

065

다음의 설명에 해당되는 웨일과 갬블(M.Weil & D. Gamble)의 실천모델은?
· 20회

- 기회를 제한하는 불평등에 도전
- 사회적·정치적·경제적 정의를 위한 행동
- 표적체계에 선출직 공무원도 해당

① 근린·지역사회 조직화 모델
② 지역사회 사회·경제개발 모델
③ 프로그램 개발과 지역사회연계 모델
④ 정치·사회행동 모델
⑤ 사회계획 모델

해설

웨일과 갬블(M.Weil & D. Gamble)의 실천모델 중 **정치·사회행동모델**에 대한 설명이다.
- 지역사회에서 기회를 제한하는 불평등을 극복하거나 지역사회의 욕구를 무시하는 의사결정자에 대항하고, 조직의 효과성에 대한 신념을 강화하고 불공정한 조건을 변화시키려는 기술을 개발함으로써 사람들의 권한을 부여하는 것을 주요 내용으로 한다.
- 저소득 집단에 불이익을 야기시키는 정부 당국의 조치를 변화시키는데 초점을 둠으로써 **사회적, 정치적 그리고 경제 정의를 위한 행동**이라 할 수 있다.
- 변화를 위한 주요 표적대상은 잠재적 참여자와 **선거로 선출된 공직자와 행정관료**가 될 수 있다.

정답 ④

066

다음에서 설명하는 웨일과 갬블(M. Weil & D. Gamble)의 지역사회복지 실천모형에 해당하는 것은?
· 19회

- 대면접촉이 이루어지는 가까운 지역사회에 초점을 둔다.
- 조직화를 위한 구성원의 능력개발, 지역주민의 삶의 질 증진을 목표로 한다.
- 사회복지사의 역할은 조직가, 촉진자, 교육자, 코치 등이다.

① 근린지역사회조직 모형   ② 프로그램개발 모형
③ 정치사회적행동 모형   ④ 연합 모형
⑤ 사회운동 모형

해설

근린지역사회조직 모형에 대한 설명이다. **근린지역사회조직 모형**(Neighborhood and Community Organizing Model)은 지리적으로 대면접촉이 이루어지는 가까운 지역사회조직에 초점을 두고 있으며, 사회적·경제적 환경의 변화를 위한 구성원의 능력개발과 과업수행이라는 두 가지 목표를 강조한다. 주요 관심영역은 지역주민의 삶의 질에 있으며, 사회복지사는 조직가(organizer), 교사(teacher, 교육자), 촉진자(facilitator), 코치(coach)로서 역할을 수행한다.

정답 ①

04 포플(Popple)의 모델

067 ☑확인 ☐☐☐

다음 사례에 해당하는 지역사회복지 실천모형은? ・19회

> 행복사회복지관은 지역 내 노인, 장애인, 아동을 위해 주민 스스로 돌봄과 자원봉사활동을 활성화 하도록 자조모임 지원 등 사회적 관계망을 확충하였다.

① M. Weil & D. Gamble의 연합 모형
② J. Rothman의 합리적계획 모형
③ K. Popple의 커뮤니티케어 모형
④ J. Rothman의 연대조직 모형
⑤ M. Weil & D. Gamble의 기능적 지역조직 모형

해설
포플(K. Popple)의 커뮤니티케어(community care, 지역사회보호) 모형은 노인, 장애인, 아동 등 지역주민의 복지를 위한 사회적 관계망과 자발적 서비스를 증진하는 데 목적이 있으며, 복지욕구를 충족시키기 위한 자조개념을 개발하는 데 집중시키고 있다.

정답 ③

068 ☑확인 ☐☐☐

포플(K. Popple, 1996)의 지역사회복지실천 모델을 모두 고른 것은? ・22회

| ㉠ 지역사회개발 | ㉡ 지역사회보호 |
| ㉢ 지역사회조직 | ㉣ 지역사회연계 |

① ㉠, ㉡
② ㉢, ㉣
③ ㉠, ㉡, ㉢
④ ㉠, ㉡, ㉣
⑤ ㉠, ㉡, ㉢, ㉣

해설
포플(K. Popple, 1996)은 영국의 경험을 보호(care)와 행동(action)의 연속선을 기준으로 지역사회복지실천모델을 ① **지역사회개발모델**(community development), ② **지역사회보호모델**(community care), ③ **지역사회조직모델**(community organization), ④ 사회/지역계획모델(social/community planning), ⑤ 지역사회교육모델(community education), ⑥ 지역사회행동모델(community action), ⑦ 여권주의적 지역사회사업모델(feminist community work), ⑧ 인종차별 철폐 지역사회사업모델(black and anti-racist community work) 8가지로 유형화하고 있다.

✗오답풀이
㉣ 지역사회연계 모델(Community Liaison Model)은 테일러와 로버츠(Taylor & Roberts)의 다섯 가지 모델 중 하나이다.

정답 ③

김진원 Oikos 사회복지사 1급

제6장 지역사회복지실천의 과정

제5영역 : 지역사회복지론

069 ✓확인 □□□

지역사회복지실천 과정에 관한 설명으로 옳은 것은? ・11회

① 실행단계에서는 지역사회 고유상황을 파악하고 표적집단에 대해 확인한다.
② 문제 확인 단계에서는 실천 모델을 결정해야 한다.
③ 개입하고자 하는 문제에 대한 토착지도자의 시각을 알기 위해 초점 집단 인터뷰(FGI)기법을 사용하는 것은 평가단계에서 진행한다.
④ 형성평가는 평가대상이 최종 성과물이기 때문에 결과평가를 의미한다.
⑤ 사회지표는 문제의 확인, 욕구사정, 평가에 유용하게 사용되는 자료이다.

해설

사회지표분석은 정부기관 또는 사회복지 관련 조직에 의해 수집된 기존 자료를 이용하여 지역사회구성원의 욕구나 문제를 분석하는 방법이다. 우리나라의 경우 통계청에서 발행하는 각종 통계자료, 보건복지부나 지방자치단체, 사회복지기관에서 발행하는 자료를 이용할 수 있다.

✗ 오답풀이

① 실행단계가 아니라 **문제 확인 단계**이다.
② 문제를 파악·분석·정의하게 되면 다음 단계로 정책을 수립하고, 정책을 실현하기 위한 프로그램을 개발하게 된다. 따라서 **실천 모델을 결정하는 것은 정책 및 프로그램의 개발 또는 실천 계획 수립 단계**에 해당된다.
③ 평가단계가 아니라 자료수집을 하는 **문제 확인 단계**이다.
④ 형성평가가 아니라 **총괄평가**에 대한 설명이다.

정답 ⑤

070 ✓확인 □□□

지역사회복지실천 단계에 관한 설명으로 옳은 것은? ・13회

① 문제 발견 및 분석 단계는 계획을 행동으로 변환시키는 실행단계 이후에 진행한다.
② 평가단계에서 총괄평가는 모든 실천과정이 종료된 이후에 실시한다.
③ 자원계획 및 동원 단계는 실행단계 이후에 진행한다.
④ 목적 및 목표 설정 단계는 지역주민 욕구사정 이전에 진행한다.
⑤ 지역사회 포럼은 실행단계에서 진행한다.

해설

평가단계에서 총괄평가는 변화의 종결 시, 즉 모든 실천과정이 종료된 이후 평가하는 것으로 **최종적인 결과 자료를 포함한 완성된 자료를 사용한다.**

✗ 오답풀이

① 문제 발견 및 분석 단계는 지역사회복지 실천단계 중 가장 먼저 하는 것이다. 문제 발견(확인)은 지역사회에 바람직하지 못한 사회적 조건이 무엇인지, 그 사회적 조건이 어느 인구집단의 욕구로 존재하는지를 조사함으로써 문제의 특성을 알아내는 것이다. 문제 분석 단계는 문제가 왜 생기게 되었으며, 어떤 역동성을 가지고 있고 어떤 의미를 가지고 있는가를 명확히 밝혀내는 것이다.
③ 자원계획 및 동원 단계는 **실행단계 바로 직전에 진행**한다.
④ 목적 및 목표 설정단계는 **지역주민 욕구사정 이후에 진행**한다.
⑤ 지역사회 포럼은 문제 발견(확인)에 필요한 자료를 수집하는 방법으로 **문제 발견 및 분석 단계에서 진행**한다.

+ 보충설명

지역사회복지실천과정은 총 8단계로 서술할 수 있다.
㉠ 문제 발견(확인)하기, ㉡ 문제 원인 분석하기, ㉢ 목적과 목표 설정하기, ㉣ 실행 계획하기, ㉤ 자원계획 및 동원하기, ㉥ 실행하기, ㉦ 실행과정 점검하기, ㉧ 평가하기이다.

정답 ②

071

지역사회복지실천 과정에 관한 설명으로 옳은 것을 모두 고른 것은?
• 13회

㉠ 평가단계에서는 개입방향과 수준을 정한다.
㉡ 실행단계에서는 참여자를 적응시키고 활동을 조정하는 것은 필요하지 않다.
㉢ 자원계획 및 동원단계에서는 문제의 우선순위를 결정한다.
㉣ 지역사회 사정은 지역사회의 욕구와 자원을 파악하는 과정이다.

① ㉠, ㉡, ㉢ ② ㉠, ㉢ ③ ㉡, ㉣
④ ㉣ ⑤ ㉠, ㉡, ㉢, ㉣

해설
㉣ **지역사회의 욕구 파악**은 지역주민이 필요로 하는 복지문제는 무엇인지, 충족되어야 할 욕구는 무엇인지를 발견하여 그 해결방법을 제시하는 것을 말하며, **지역사회의 자원 파악**은 인적, 물적 자원을 파악, 공공기관 및 비공식을 파악, 정보자원을 파악하는 것이다.

오답풀이
㉠ 목적과 목표 설정 단계는 변화 기회에 대한 **개입 방향과 수준을 정하는 과정**으로 변화노력의 성공 여부를 결정하는 데 중요한 요소이다.
㉡ 실행은 행정 및 관리 측면에서 계획을 진행해 나가고, 실제의 변화를 위해 업무에 착수하는 것을 말한다. **실행단계에서 중요한 과제는 바로 '참여자 적응시키기'와 '활동 조정하기'**이다. 참여자 적응시키기 과제는 오리엔테이션 등의 기본 교육을 통해 변화를 추구하는 가치와 의도, 그리고 철학에 대해 명확하게 메시지를 전달함으로써 달성할 수 있다. 활동 조정하기는 활동들을 통합하고 조화시키는 행위를 말한다.
㉢ 계획단계에서 문제의 우선순위를 결정하고 구체적인 계획을 수립한다. **자원계획 및 동원단계**는 실행 이전 단계로, 변화노력을 위한 자원을 어디서 구할 것이며, 어떠한 방법들을 통해 변화노력과 자원의 연결을 보다 효과적이고 효율적으로 이루어낼 것인가를 결정하는 것이다.

정답 ④

072

지역사회복지 실천의 '실행 단계'에 해당하지 않는 것은?
• 20회

① 재정자원 집행
② 참여자 간의 갈등 관리
③ 클라이언트의 적응 촉진
④ 실천계획의 목표 설정
⑤ 협력과 조정을 위한 네트워크 구축

해설
실천계획의 목표 설정은 **목적 및 목표 설정 단계**에 해당한다. 목적과 목표 설정은 지역사회의 문제 혹은 욕구에 대해 실천의 방향과 수준을 정하는 과정으로 변화노력의 성공 여부에 필수적이다.

보충설명
① 실행 단계는 행정 및 관리 측면에서 계획을 진행해 나가고 재정자원을 집행한다.
② 실행과정에서 대인관계 활동으로는 '저항과 갈등을 관리하기'와 '자기 규제 및 통제 개발하기'가 있다.
③ 실행과정에서 기술적 활동으로는 활동 계획에 착수하여 **참여자를 적응시키고 활동들의 조정을 통해 조화를 이루게 하고 적응과 조정을 촉진**하는 내용 등으로 구성될 수 있다.
⑤ 기술적 활동에서 활동 조정하기는 활동들을 통합하고 조화시키는 행위이다. 즉 구성원들이 수행하는 활동들을 통합함으로써 각 요소들간 유기적 결합을 이루고, 목적과 목표를 향해 일관적으로 나아갈 수 있도록 **협력과 조정을 위한 네트워크를 구축**해야 한다.

정답 ④

073

지역사회복지실천 과정에 관한 설명으로 옳은 것을 모두 고른 것은?

・15회

> ㉠ 실행과정 점검단계(monitoring)에서는 실행과 결과를 추적함으로써 프로그램의 진척도를 파악한다.
> ㉡ 목적·목표설정단계에서는 갠트 차트(Gantt chart)를 활용하기도 한다.
> ㉢ 평가단계에서는 결과평가만 실시한다.
> ㉣ 욕구조사단계에서는 주요 정보제공자 인터뷰, 지역사회 포럼 개최, 사회지표 등을 활용할 수 있다.

① ㉠, ㉡
② ㉡, ㉣
③ ㉢, ㉣
④ ㉠, ㉡, ㉣
⑤ ㉠, ㉢, ㉣

해설
㉠ 실행과정 점검단계(monitoring)에서는 실행과 결과를 추적함으로써 **프로그램의 양적, 객관적 진척도를 파악**한다.
㉡ 목적·목표설정단계에 목적과 목표를 설정하고 난 후 활동계획을 구성해야 하는데, 활동계획서 중 대표적인 것으로 **갠트 차트(Gantt chart)를 활용**한다.
㉣ 욕구조사단계에서는 주요 정보제공자 인터뷰, 지역사회포럼 개최, **통계자료 등 사회지표, 지역사회 설문조사 등을 활용**할 수 있다.

✕ 오답풀이
㉢ 평가단계에서 **평가**는 변화의 장점이나 가치에 대해 판단을 내리는 사회적 과정으로, 점검의 과정에서 모아진 투입, 처리, 산출 그리고 결과에 대한 내용을 판단하는 것이다. 평가의 영역으로 결과(성과) 뿐만 아니라 노력 및 활동, 성과의 적절성, 효율성 평가, 실행과정 평가가 있다. 실행과정 평가에는 **형성적 과정평가(형성평가)와 총괄적 과정평가(결과평가)**가 있다.

정답 ④

074

지역사회복지 실천 과정과 실행내용의 연결로 옳지 않은 것은?

・16회

① 문제와 표적 집단의 이해 : 지역사회 상황 확인과 인구집단에 대한 이해
② 지역사회 문제 분석 : 인과관계에 근거한 개입가설의 개발
③ 개입전략 개발 : 개입목적과 목표의 설정
④ 지역사회 개입 : 프로그램 기획과 실행
⑤ 평가 : 효율성 및 효과성 평가

해설
지역사회 문제 분석은 문제가 왜 생기게 되었으며, 어떤 역동성을 가지고 있고 어떤 의미를 가지고 있는가를 명확히 밝혀내는 것이다. 개입가설을 개발하는 것은 **개입전략 개발**에 해당된다.

정답 ②

075

지역사회복지 실천과정에 관한 설명으로 옳지 않은 것은?
· 17회

① 지역사회문제해결 과정으로 볼 수 있다.
② 문제발견은 다양한 정보수집과 자료수집과정을 통해 이루어진다.
③ 문제를 어떻게 개념화하느냐에 따라 해결방안과 실천전략이 달라진다.
④ 총괄평가는 프로그램 수행과정 중에 실시되어 프로그램의 문제점을 관찰·수정하는데 유용하다.
⑤ 정책목표를 수립할 때 실현가능성을 고려할 필요가 있다.

해설

프로그램 수행, 전달되는 과정 중에 실시하는 평가로, 프로그램의 문제점을 관찰하여 수정, 확대, 개선에 도움이 되는 정보를 제공하는데 유용한 것은 **형성평가**이다. **총괄평가**는 프로그램이 달성하고자 했던 목표를 얼마나 잘 성취했는가의 여부를 평가하는 데 목적이 있다. 따라서 프로그램의 결과와 효과를 평가하는 데 초점이 있으며, 대개 **프로그램 시행이 종료된 후에 실시한다.**

보충설명
① 던햄(Dunham)은 지역사회복지 실천과정을 **문제해결의 과정(problem-solving process)**으로 보았다.
② 문제발견과 관련된 과업들은 객관적이고도 명확한 **여러 형태의 정보수집과 자료수집과정을 통해** 이루어진다.
③ 문제를 어떻게 개념화하느냐에 따라 정책수립을 위한 구성이 달라지고 그에 따른 **구체적인 해결방안과 실천전략이 달라지는 것**이다.
⑤ 문제해결을 위한 **정책목표를 설정할 때 사회복지사가 고려해야 할 점**은 그 정책이 실현가능하냐 하는 것이다. 아무리 이상적인 정책목표도 그 실천을 뒷받침해 줄 수 있는 자원(물적·인적)과 지식 및 기술이 충분히 개발되어 있지 못하다면 달성될 가능성은 그만큼 적어진다.

정답 ④

076

지역사회복지실천 단계와 활동의 연결로 옳지 않은 것은?
· 18회

① 지역사회 욕구조사 단계 - 초점집단면접(FGI) 진행
② 목적·목표 설정 단계 - 스마트(SMART) 기법 활용
③ 실행 계획 단계 - 프로젝트 활용
④ 자원 계획 단계 - 실행예산 수립
⑤ 평가 단계 - 저항과 갈등 관리

해설

저항과 갈등 관리는 **실행 단계**에 해당된다. 실행과정은 기술적 활동과 대인관계 활동으로 구분되며, 대인관계활동으로는 '저항과 갈등을 관리하기'와 '자기 규제 및 통제 개발하기'가 있다.

보충설명
① 초점집단면접(FGI)은 지역사회 욕구를 조사하는 **자료수집방법**으로 지역사회문제에 대한 공통의 관점을 확인하는 데 사용된다.
② 스마트(SMART) 기법은 목표 선정 및 기술지침으로 목적·목표 설정 단계에서 활용할 수 있다. 목적·목표 설정 단계는 앞 단계(문제 원인 분석하기)에서 정의되고 분석된 지역사회의 문제 혹은 욕구에 대해 실천의 방향과 수준을 정하는 과정이다.
③ 실행 계획 단계에 설계·구조화의 접근방법에는 **정책 접근법, 프로그램 접근법, 프로젝트 접근법**이 있으며, 프로젝트 접근법에서 프로젝트란 환경이나 사회문제, 욕구, 갈등하고 있는 쟁점 등에 대해 구체적인 서비스를 지시하거나 지원하는 활동이다. 프로젝트 접근법은 단기적이고 결과 중심적인 활동이다.
④ 자원 계획 과정의 산출물은 **예산 계획서 또는 자원 계획서라는 형태로 가시화**될 수 있다. 따라서, 자원 계획 단계에 실행예산을 수립한다.

정답 ⑤

077

지역사회의 사정방법에 관한 설명으로 옳은 것은? · 13회

① 비공식적 인터뷰는 자료수집과정에서 신뢰도와 일관성을 높이는 방법이다.
② 하위체계사정은 하위체계의 정태적인 이해를 높이는데 활용된다.
③ 민속학적(ethnographic) 방법은 일반적으로 표준화된 면담 도구를 사용한다.
④ 명목 집단 기법은 문제 이해, 목표 확인, 행동 계획 개발 등에 활용된다.
⑤ 델파이 기법은 명목 집단 기법을 대신하여 지역사회 포럼 맥락 내에서 사용된다.

해설

명목 집단(nominal group) 기법은 지역사회문제에 대한 이해를 높이고 목표확인과 행동계획의 개발에 활용되는 방법이다.

오답풀이

① 공식적 인터뷰에서 질문자는 표준화된 인터뷰 도구를 사용하므로, **자료수집 과정에서 신뢰도와 일관성을 높일 수 있다.** 반면에 비공식적 인터뷰에서는 조사하려는 주제가 있더라도, 사전에 어떤 질문도 준비하지 않는다.
② **하위체계 사정(subsystem assessment)**은 전체 지역사회를 사정하는 것이 아니라 지역의 특정 부분이나 일면(예 학교, 종교기관, 보호기관 등 클라이언트와 관련된 지역사회의 하위체계)을 조사하는 것을 의미하며, 하위체계를 정태적 또는 평면적으로 이해하기보다는 하위체계의 역동성을 고려한다.
③ **민속학적(ethnographic) 방법**은 사회적 약자계층의 문화적 규범과 실천행위를 규명하는 데 활용할 수 있는 방법으로, **조사자의 관찰과 심층 인터뷰가 함께 사용**된다.
⑤ 델파이 기법은 지역사회포럼의 외부에서 사용되며, 우편이나 이메일을 통해서 수행될 수 있는 기법으로 전문가 중심의 주요 정보 제공자를 활용하는 방법이다. 명목 집단 기법이나 대화기법을 대신하여 지역사회 포럼 맥락 내에서 사용될 수 있는 것은 초점 집단 기법이다.

정답 ④

078

지역사회 욕구사정 방법에 관한 설명으로 옳은 것은? · 21회

① 명목집단기법 : 지역주민으로부터 설문조사를 통해 직접적으로 자료를 획득
② 초점집단기법 : 전문가 패널을 대상으로 반복된 설문을 통해 합의에 이를 때까지 의견을 수렴
③ 델파이기법 : 정부기관이나 사회복지관련 조직에 의해 수집된 기존 자료를 활용
④ 지역사회포럼 : 지역주민이 참여할 수 있는 공개 모임을 개최하여 구성원의 의견을 모색
⑤ 사회지표분석 : 지역사회 문제를 잘 파악하고 있는 사람들을 대상으로 정보를 확보

해설

지역사회포럼은 지역사회구성원이 특정 시간의 모임에 초대되어 지역사회문제에 대해 자신의 입장을 개진할 수 있는 방법이다.

오답풀이

① **구조화된 서베이** : 지역주민으로부터 설문조사를 통해 직접적으로 자료를 획득
② **델파이기법** : 전문가 패널을 대상으로 반복된 설문을 통해 합의에 이를 때까지 의견을 수렴
③ **사회지표분석** : 정부기관이나 사회복지관련 조직에 의해 수집된 기존 자료를 활용
⑤ **공식적 인터뷰** : 지역사회 문제를 잘 파악하고 있는 사람들을 대상으로 정보를 확보

정답 ④

제7장 지역사회복지실천에서의 사회복지사의 역할

제5영역 : 지역사회복지론

079 ✓확인 □□□

사회계획 모델에서 샌더스(I. T. Sanders)가 주장한 사회복지사의 역할이 아닌 것은? · 22회

① 분석가　　② 조직가
③ 계획가　　④ 옹호자
⑤ 행정가

해설
사회계획 모델에서 샌더스(I. T. Sanders)가 주장한 사회복지사의 역할은 ① 전문가(professional), ② 분석가(analyst), ③ 계획가(planner), ④ 행정가(program administrator), ⑤ 조직가(organizer)이다.

오답풀이
④ 옹호자는 사회행동모델에서의 사회복지사 역할이다.

보충설명
학자들이 주장한 지역사회 복지실천 모델에 따른 사회복지사의 역할은 아래의 표와 같다.

모델	학자	사회복지사의 역할
지역사회 개발	로스(Ross)	안내자, 조력자, 전문가, 사회치료자
	리피트(Lippitt)	촉매자, 실천가, 전문가, 조사자
사회계획	모리스(Morris)와 빈톡스(Binstock)	계획가
	샌더스(Sanders)	전문가, 분석가, 계획가, 행정가, 조직가
사회행동	그로서(Grosser)	중개자, 옹호자, 행동가, 조력자
	그로스만(Grossman)	행동조직가

정답 ④

080 ✓확인 □□□

지역사회복지실천에서 안내자로서의 역할로 옳은 것은? · 9회

㉠ 자신의 역할에 대한 설명
㉡ 문제에 대한 분석
㉢ 객관적 입장 견지
㉣ 지배세력 주요 관심사 발견

① ㉠, ㉡, ㉢　　② ㉠, ㉢
③ ㉡, ㉣　　④ ㉣
⑤ ㉠, ㉡, ㉢, ㉣

해설
안내자의 역할 : 문제 해결 과정에서 주도적 능력 발휘, 지역사회와 동일시, 자기역할 수용, 자기역할에 대한 설명, 지역사회 조건에 대한 객관적 입장 견지

오답풀이
㉡, ㉣은 계획가의 역할에 해당한다.

정답 ②

081

지역사회복지실천에서 조력자의 역할로 옳은 것을 모두 고른 것은?
· 17회

> ㉠ 지역사회 내 다양한 집단들에 의해 표출된 불만의 집약
> ㉡ 지역사회문제의 조사 및 평가
> ㉢ 지역사회 내 불이익을 당하는 주민의 옹호와 대변
> ㉣ 지역사회조직 과정에서 지역주민들에게 공동의 목표 강조

① ㉠, ㉡
② ㉠, ㉢
③ ㉠, ㉣
④ ㉡, ㉢
⑤ ㉡, ㉢, ㉣

해설
조력자(enabler)는 지역사회조직의 과정을 용이하게 하는 사회복지사의 역할을 말하며, 이 역할은 사회복지사가 **지역사회의 불만을 집약**(㉠)하고 이를 바탕으로 조직화를 격려하며 조직 내에서 주민 상호간의 좋은 대인관계를 육성하고 **공동목표를 강조**(㉣)하는 활동을 포함한다.

✕ 오답풀이
㉡ 지역사회문제의 조사 및 평가는 **전문가로서의 역할**에 해당한다.
㉢ 지역사회 내 불이익을 당하는 주민의 옹호와 대변은 **옹호자로서의 역할**에 해당한다.

정답 ③

082

지역사회개발 모델 중 조력자로서의 사회복지사 역할이 아닌 것은?
· 22회

① 좋은 대인관계를 조성하는 일
② 지역사회를 진단하는 일
③ 불만을 집약하는 일
④ 공동의 목표를 강조하는 일
⑤ 조직화를 격려하는 일

해설
조력자(enabler)는 지역사회조직의 과정을 용이하게 하는 사회복지사의 역할을 말하며, 이 역할에서 강조하는 활동은 ① 불만을 집약하는 일, ⑤ 조직화를 격려하는 일, ① 좋은 대인관계를 육성하는 일(좋은 인간관계 조성), ④ 공동 목표를 강조하는 일이다.

✕ 오답풀이
② 지역사회를 진단하는 일은 **전문가 또는 사회치료자의 역할**에 해당된다. **전문가로서의 사회복지사**는 지역사회의 구조와 특성, 공동사업의 추진을 방해하는 장애요인 등에 대한 분석 및 진단을 수행할 수 있다. 그리고, **사회치료자로서 사회복지사**는 지역사회 수준에서 적절한 지역사회 진단을 실시하고 진단을 통해서 규명된 성격과 특성을 주민들에게 제시해서 그들의 이해를 도와주어야 한다.

정답 ②

083

사회복지사가 지역사회개발 모델에 근거하여 아래와 같은 실천을 하였다. 이를 모두 충족하는 사회복지사의 역할은? · 13회

> 사회복지사는 낙후된 도시지역을 대상으로 지역 진단을 실시하고, 해당 지역에 대한 주민들의 이해를 높였다. 그리고 주민 간의 협력을 방해하는 요인을 제거하도록 도왔다.

① 안내자　　　② 조정자
③ 사회치료자　④ 촉매자
⑤ 조사자

해설
지역사회개발 모델에서 사회복지사의 역할에 해당하는 **사회치료자(social therapist)**는 진단을 통해서 규명된 성격과 특성을 주민들에게 제시해서 그들의 이해를 도와주며, 사회복지사의 치료는 주민들이 그러한 성격을 이해해서 긴장을 해소하게 하고, 협력적인 작업을 방해하는 요인을 제거하도록 도와준다.

정답 ③

084

다음에서 설명하는 사회복지사의 역할은? · 12회

> P 사회복지사는 사회복지관 평가에 대비하여 업무를 조정하고 준비를 위한 계획표를 작성하였다. 그리고 해당 기간 동안의 문서를 정리하고 직원들이 각 분야별로 역할을 분담하도록 하였다. 이는 사회복지관이 우수하게 평가받을 수 있도록 하기 위한 노력이다.

① 행정가　　② 조직가
③ 계획가　　④ 분석가
⑤ 치료자

해설
행정가(program administrator)의 역할은 계획이 추진되는 자체보다는 이 계획을 수행하기 위해 마련된 프로그램이나 기관의 운영에 주로 관심을 갖는 것이다. 행정가는 프로그램이 계획에서 설정한 목표를 효과적이고 효율적으로 달성하게 하기 위해서 모든 인적·물적 자원을 적절히 관리해야 한다. 여기서 유의해야 할 점은 프로그램을 운영하는 규칙과 절차를 적용함에 있어서, 항상 목표를 유념해야 하고, 지나치게 형식적인 면을 강조하지 말고 융통성을 발휘해야 한다는 점이다. 행정가는 사회계획 모델에서의 사회복지사의 역할에 해당한다.

정답 ①

085

다음에 해당하는 사회복지사의 역할은? · 9회

> 지역 내 환경문제를 해결하기 위해 주부들을 모집하여 환경봉사단을 결성하고 교육 훈련 프로그램에 참여하도록 하여 지역사회의 환경문제를 스스로 해결해 나갈 수 있도록 원조하였다.

① 행정가
② 분석가
③ 조직가
④ 옹호자
⑤ 계획가

해설
조직가는 지역사회 내 집단이나 단체를 참여시키기 위해 그들의 역할을 분명히 하고, 그 역할을 효과적으로 수행할 수 있도록 훈련시킨다.

오답풀이
① **행정가**: 계획에서 설정한 목표의 효율적·효과적 달성을 위해 각종 자원을 관리한다.
② **분석가**: 사회문제에 영향을 미치는 요인들에 관한 조사, 사회변화를 위한 프로그램 과정 분석, 계획수립의 과정 분석, 유도된 변화에 대한 평가를 실시한다.
④ **옹호자**: 지역사회 주민들 입장의 정당성을 주장하고, 이들을 방어하고, 개입하고 지지하고 권고한다.
⑤ **계획가**: 목표를 달성하기 위한 수단을 검토한 후 이를 위한 수단과 과정을 계획한다.

정답 ③

086

조직가의 역할과 기술이 바르게 연결되지 않은 것은? · 18회

① 교사 - 능력개발
② 옹호자 - 소송제기
③ 연계자 - 모니터링
④ 평가자 - 자금 제공
⑤ 협상가 - 회의 및 회담 진행

해설
평가자는 프로그램의 효과성, 효율성 및 비용효과성을 검토하기 위해 서비스과정 전반에 관한 정보와 자료를 수집하고 분석하는 역할이다. 자금 제공은 평가자의 기술이 아니다.

보충설명
① **교사**는 문제해결능력을 향상시키는 데 도움이 되는 적절한 정보를 제공하며 적응기술을 익히도록 가르치는 역할로서, 다양한 과업을 어떻게 수행할 것인가를 가르친다. 능력개발은 교사의 기술이다.
② **옹호자**는 필요한 정보를 끌어내고, 주민들 입장의 정당을 주장하고, 기관의 입장에 도전할 목적으로 지도력과 자원을 제공해야 하는 역할로서, 소송제기는 옹호자의 기술이다.
③ **연계자**는 서비스의 중복을 방지하고 자원을 효율적으로 관리하기 위해 서비스 제공에 있어서 팀 접근을 시도하는 역할로서, 자원 연결이 원활이 되고 있는지 모니터링 하는 것은 연계자의 기술이다.
⑤ **협상가**는 특정인이나 집단의 편에 서서 관계 당사자 사이의 이견과 논란을 해결하는 사람으로, 회의 및 회담 진행은 협상가의 기술이다.

정답 ④

제8장 지역사회복지실천에서의 사회복지사의 기술

제5영역 : 지역사회복지론

01 옹호기술

087

옹호(advocacy) 기술의 특성 중 옳은 것을 모두 고른 것은?
· 15회

㉠ 사회정의를 지키고 유지하는 목적
㉡ 조직 구성원의 경제적 자립 강조
㉢ 표적 집단에 대한 강력한 영향력이나 압력 행사
㉣ 정당한 처우나 서비스를 받지 못하는 경우에 활용

① ㉠, ㉡ ② ㉠, ㉢ ③ ㉡, ㉢
④ ㉠, ㉢, ㉣ ⑤ ㉠, ㉡, ㉢, ㉣

해설
옹호는 사회정의를 지키고 유지하려는 목적(㉠)으로, 옹호는 클라이언트가 권리를 가지고 있으며, 그 권리의 보장은 법적으로 요구할 수 있는 것이라는 가정에서 출발한다. 옹호기술은 **지역사회의 클라이언트가 정당한 처우나 서비스를 받지 못하는 경우에 활용(㉣)**되며, 표적 집단에 대한 강력한 영향력이나 압력 행사(㉢)를 포함한다. 조직 구성원의 경제적 자립 강조는 옹호기술의 특성에 해당되지 않는다.

오답풀이
㉡ 조직 구성원의 경제적 자립 강조는 **자원개발 및 자원동원기술**의 특성에 해당한다.

정답 ④

088

자기옹호(self-advocacy)에 관한 설명으로 옳은 것은? · 11회

① 희생자 집단을 위한 옹호자의 활동
② 특정 법안의 통과를 저지하는 활동
③ 성평등을 이루기 위한 여성운동
④ 자조집단이 스스로 돕는 것
⑤ 근본적인 제도상의 변화를 추구

해설
하드캐슬(Hardcastle)이 제시한 옹호의 유형에 대한 설명이다. **자기옹호(self-advocacy)**는 클라이언트 개인 및 집단이 스스로 자신을 옹호하는 활동으로, 때로는 자조집단 및 지지집단을 구성해서 활동한다.

오답풀이
① 집단옹호(group advocacy)에 해당한다.
② 정치 또는 정책적 옹호(political/policy advocacy)에 해당한다.
③, ⑤ 체제변환적 옹호(advocacy for systems change)에 해당한다.

정답 ④

089 ✓확인 □□□

사회복지사가 클라이언트를 위한 옹호를 할 때, 옹호의 구체적 전술에 해당하지 않는 것은?
・12회

① 설득
② 증언청취
③ 표적을 난처하게 하기
④ 정치적 압력
⑤ 의뢰

해설
의뢰는 연계기술에 해당한다. 옹호의 전술에는 설득(persuasion), 대변(representation), 증언청취(fair hearings), 고충처리(grievances), 이의신청(complaints), 변화의 표적을 궁지에 몰기(embarrassing the target), 정치적 압력(political pressure), 청원(petitioning, 탄원서 서명)이 있다.

✕ 오답풀이
① 설득(persuasion)은 대상자 또는 어떤 명분에 대해 호의적인 해석을 얻어내기 위한 제반활동으로, 우리의 목적을 반영하는 쪽으로 의사결정을 변경하거나 방향을 틀도록 노력하는 활동을 말하는 것이다.
② 증언청취(fair hearings)는 혜택이나 권리에 대한 수혜자격이 있는 클라이언트나 클라이언트 집단이 공정한 대우를 받도록 하기 위해 의도한 행정절차다.
③ 표적을 난처하게 하기(embarrassing the target)는 상대방을 당혹스럽게 만든다는 뜻으로, 그렇게 함으로써 특정사안에 대한 상대방의 태도나 입장을 흔들 수 있기 때문에, 직접적 도전이나 공격이 어려울 때 쓸 수 있는 효과적 전술이다.
④ 정치적 압력(political pressure)은 주로 공공조직, 즉 선출직 공무원이나 정부의 지원을 받는 기관을 대상으로 펼치는 옹호활동이다.

정답 ⑤

090 ✓확인 □□□

지역사회복지실천에서 옹호(advocacy)활동에 해당하지 않는 것은?
・19회

① 지역사회 내 복지자원을 조정하고 연계한다.
② 시의원 등에게 정치적 압력을 행사한다.
③ 피케팅으로 해당 기관을 난처하게 한다.
④ 행정기관에 증언 청취를 요청한다.
⑤ 지역주민으로부터 탄원서에 서명을 받는다.

해설
정치적 압력(②), 표적을 난처하게 하기(③), 증언청취(④), 탄원서 서명(⑤)은 옹호의 전술에 해당된다.

✕ 오답풀이
① 지역사회 내 복지자원을 조정하고 연계한 것은 네트워크(network) 활동에 해당한다.

정답 ①

02 조직화 기술

091

✓확인 ☐☐☐

지역사회복지실천기술 중 조직화 기술에 대한 설명으로 옳지 않은 것은?
· 9회

① 지역사회복지운동은 조직화 기술을 활용한 것이다.
② 클라이언트 문제 해결을 위해 필요 인력이나 서비스를 규합한다.
③ 지역사회의 문제 해결을 위해 전체 주민을 대표하는 주민을 선정하여 모임을 구성한다.
④ 효과적인 조직화를 위해서 갈등과 대립을 의도적으로 피한다.
⑤ 사회복지관을 비롯한 다양한 지역사회기관에서 활용된다.

해설
효과적인 조직화를 위해서 때로는 갈등이론의 시각에서 **갈등과 대립을 의도적으로 활용**한다.

+보충설명
③ **조직화(organizing)**는 클라이언트의 문제를 해결하기 위해 필요로 하는 인력이나 서비스를 규합하고 나아가 조직의 목표를 성취하도록 합당하게 운영해 나가는 과정이다. 즉, 지역사회의 당면 문제를 해결하기 위해 전체 주민을 대표하는 일정 수의 주민을 선정하여 모임을 구성하는 것을 의미한다.

정답 ④

092

✓확인 ☐☐☐

지역사회복지실천기술에 관한 설명으로 옳지 않은 것은?
· 13회

① 계획·프로그램 : 욕구분석, 대안모색, 단계별 실행 계획, 평가 등을 포함한다.
② 연계 : 참여조직들에 대한 업무의 배분과 조정에 초점을 둔다.
③ 임파워먼트 : 대화, 강점 확인, 자원 동원 기술 등을 포함한다.
④ 자원개발·동원 : 기존 집단, 개인의 직접적인 참여, 네트워크 등을 활용한다.
⑤ 자조 : 집단의 역동성을 불러일으키며 갈등을 활용한다.

해설
집단의 역동성을 불러일으키며 갈등을 활용하는 것은 조직화 기술이다. **조직화(organizing) 기술**은 지역사회복지실천에서 가장 기본이라고 할 수 있는 기술로서 **지역사회 전체 또는 일부 집단을 하나의 역동적인 실체(unity)로 만들어 나가는 과정**에서 활용된다. 조직화 과정에서 필연적으로 갈등과 대결의 문제와 직면하게 되며, 지역사회 조직의 목표를 달성하기 위해 상대방에 대한 압력과 도전이 필요하게 된다.

정답 ⑤

093

사회복지사가 활용하는 조직화 기술에 해당하지 않는 것은?

· 15회

① 회의 기술
② 협상 기술
③ 지역문제 이슈설정 기술
④ 지역사회지도자 발굴 기술
⑤ 주민통제 기술

해설

조직화(organizing) 기술은 지역사회복지실천에서 가장 기본이라고 할 수 있는 기술로서 지역사회 전체 또는 일부 집단을 하나의 역동적인 실체(unity)로 만들어 나가는 과정에서 활용된다. **조직화의 주요 내용**은 사람과 자원을 끌어 모으고(**동원**), 모인 사람이 조직의 목표와 방법을 논의하여(**회의**), 조직을 이끌 사람들을 찾아내는 일(**리더십 개발**) 등을 말한다.

오답풀이

⑤ 조직화 단계는 준비 단계, 계획화 단계, 조직화 단계, 지역활동 및 복지운동 단계, 평가 및 과제전환 단계 등 다섯 단계로 구분해 볼 수 있다. 이 중 지역활동 및 복지운동 단계는 조직화 단계에서 개입활동을 의미하는데, 이는 **민주적 의사결정을 거치면서 주민들의 합의에 의해 주민자치적으로 지역사회의 복지향상을 위한 일체의 활동**이다.

정답 ⑤

094

지역사회복지 실천기술 중 조직화 기술에 해당하지 않는 것은?

· 23회

① 주민의 효율적 통제 기술
② 주민회의, 토론 등을 통한 의사소통
③ 구성원 간 갈등조율을 위한 대인관계기술
④ 주민지도력 발굴 및 향상 교육
⑤ 지역사회 문제와 이슈에 대한 정보수집 및 분석

해설

조직화 기술은 지역사회 주민들이 자발적으로 참여하고 협력하여 공동의 문제를 해결하고 목표를 달성할 수 있도록 자원과 역량을 동원하고 조정하는 기술 조직화 기술은 **주민들의 자율적 참여와 협력적 문제해결을 강조**하는 것이기 때문에, 주민들의 자율성을 억제하고 강제로 특정 행동을 유도하는 주민의 효율적 통제 기술은 해당하지 않는다.

보충설명

② **주민회의, 토론 등을 통한 의사소통**은 주민들이 의견을 나누고 공동체 문제를 해결하기 위한 과정에서 중요한 기술이다.
③ **구성원 간 갈등조율을 위한 대인관계기술**은 주민들이 효과적으로 협력하고, 공동의 목표를 달성하는 데 중요한 역할을 한다.
④ **주민지도력 발굴 및 향상 교육**은 주민들을 리더로서 훈련시키고 지역사회를 보다 효과적으로 조직화할 수 있도록 해준다.
⑤ **지역사회 문제와 이슈에 대한 정보수집 및 분석**은 지역사회의 문제와 이슈를 정확하게 이해하고, 문제를 해결하기 위한 전략을 세우는 데 필요하다.

정답 ①

03 네트워크(연계)와 네트워킹 기술

095 ✓확인 ☐☐☐

지역사회복지실천에서 연계기술(networking)에 관한 설명으로 옳지 않은 것은? · 17회

① 사회복지기관의 서비스 제공과정에서 효율성 증대
② 사회복지사의 연계망 강화 및 확장
③ 이용자 중심의 통합적 서비스 제공
④ 서비스 계획의 공동 수립과 서비스 제공에서 팀 접근 수행
⑤ 지역사회 복지의제 개발과 주민 의식화

해설

연계(network linkages) 기술은 서비스 중복을 방지하고 자원의 효율적 관리를 위해 정기적인 모임 및 회의를 통해 서비스 계획을 공동으로 수립한 후 개별 기관들이 각각 서비스를 제공하는 것이다. 지역사회 복지의제 개발과 주민 의식화는 **임파워먼트 기술**에 해당한다.

+보충설명

① 연계기술을 활용함으로써 **서비스 제공과정에서 여러 사회복지 관련기관과 시설의 중복된 서비스를 효율적으로 제공**할 수 있다.
② 사회복지사는 연계기술을 활용함으로써 **연계망 강화 및 확장**할 수 있다. 사회적 연계망(social network)은 개인 간의 접촉 통로 또는 연결망으로서 교회, 부모-교사회, 동료, 이웃 등 다양한 조직과 관련되어 있다.
③ 연계기술을 활용함으로써 이용자인 클라이언트의 욕구에 초점을 두고, 클라이언트의 복합적인 욕구를 해결하기 위한 **통합적인 서비스**를 제공할 수 있다.
④ 연계기술은 개별 기관들이 각각 서비스를 제공하는 것으로 개별 기관의 정체성은 유지하되 **서비스 계획의 공동 수립과 서비스 제공에 있어서 팀 접근(team approach)**을 시도하는 것을 말한다.

🔍 정답 ⑤

096 ✓확인 ☐☐☐

네트워크 기술의 특성으로 옳지 않은 것은? · 19회

① 자원의 효율적 관리
② 사회정의 준수 및 유지
③ 서비스의 중복과 누락 방지
④ 참여를 통한 시민 연대의식 강화
⑤ 지역주민에게 필요한 자원이나 서비스 연결

해설

네트워크란 서로 의존적인 사회행위자들 간에 다양한 물질적, 비물질적 자원이 연결된 상태와 이를 둘러싼 환경, 그리고 행위자들 간의 관계가 지속적으로 유지되는 형태를 말한다.

① 매일 쓰지 않는 자이들을 공동 구매하여 함께 활용하고, 자원개발과 대상자 발굴을 위한 노력을 공동으로 수행함으로써 소요되는 비용을 최소화하고 이를 직접 서비스 비용에 재투입함으로써 **자원을 효율적으로 관리**할 수 있다.
③ 지역사회복지기관 간의 협의를 통해 **서비스 중복과 누락을 막고** 서비스를 위한 새로운 인프라 구축을 위한 시간과 비용의 절감을 가져온다.
④ 참여자들 간의 호혜성과 상호의존성의 증진, 목적과 관련된 환경에 대한 공동의 인식과 합의로 인해 **시민 연대의식이 강화**된다.
⑤ 다양한 자원의 동원이 용이해짐으로 인해 **지역주민에게 필요한 자원이나 서비스를 연결**할 수 있다.

✗ 오답풀이

사회정의 준수 및 유지는 **옹호 기술**에 해당한다. 즉, 옹호기술은 **사회정의를 지키고 유지하려는 목적**으로, 옹호는 클라이언트가 권리를 가지고 있으며, 그 권리의 보장은 법적으로 요구할 수 있는 것이라는 가정에서 출발한다.

🔍 정답 ②

04 자원개발 및 자원동원 기술

097

사회복지사들이 지역사회자원을 개발하거나 동원하는 기술로서 옳지 않은 것은?

· 10회

① 클라이언트, 기부자들과 같은 이해당사자들의 욕구를 규명한다.
② 자원 개발은 자연발생적 상황에 따라 대처한다.
③ 자원동원의 원천이나 특성에 따라 서로 다른 방법들을 사용한다.
④ 자원 개발을 위한 기법에는 이벤트, 대중매체 광고, ARS 등이 있다.
⑤ 명분연계마케팅(CRM)은 기업이미지 제고와 사회복지기관의 자원 개발에 기여하고 있다.

해설
현금이나 물품을 효과적으로 확보하기 위해서 자연발생적 상황에 따라 대처하는 것이 아니라 **마케팅 전략**이 필요하다.

정답 ②

098

지역사회복지 실천 과정에서 사회복지사가 활용한 기술은?

· 19회

사회복지사A는 가족캠핑을 희망하는 한부모 가족 10세대를 대상으로 프로그램을 계획하고 있다. A는 개인적으로 참여하고 있는 수영 클럽을 통해 프로그램 운영에 필요한 예산과 자원봉사자를 확보하고자 운영진에게 모임 개최를 요청하였고, 성공적인 결과를 얻었다.

① 옹호
② 조직화
③ 임파워먼트
④ 지역사회교육
⑤ 자원개발 및 동원

해설
A가 개인적으로 참여하고 있는 수영 클럽을 통해 프로그램 운영에 필요한 예산과 자원봉사자를 확보한 것은 **자원개발 및 동원 기술**을 활용한 것이다. 자신이 개인적으로 참여하고 있는 수영 클럽, 즉 자신이 속해 있어 이미 알고 있는 네트워크의 구성원들을 통해 인적 자원과 물적 자원을 확보하였다.

정답 ⑤

05 임파워먼트 기술

099

임파워먼트 기술에 해당하는 것을 모두 고른 것은? · 18회

- ㉠ 권력 키우기
- ㉡ 의식 고양하기
- ㉢ 공공의제 만들기
- ㉣ 지역사회 사회자본 확장

① ㉣
② ㉠, ㉢
③ ㉡, ㉣
④ ㉠, ㉡, ㉢
⑤ ㉠, ㉡, ㉢, ㉣

해설

㉠ 권력 키우기(building power, 힘 키우기) : 자원동원을 통해 지역사회주민의 힘을 키우는 과정이다. 사람의 수와 열정이 가장 중요한 힘의 원천이다.
㉡ 의식 고양하기(consciousness raising, 의식제고) : 무력감을 느끼는 개인을 한데 모아 문제의 원인이 자신들에게 있는 것이 아니라는 점을 알게 한다.
㉢ 공공의제로 만들기(framing the agenda, 공공의제의 틀을 갖추기) : 공공의 데모나 캠페인을 통하여 쟁점을 공공의 의제가 되게 하는 것이며, 공공의 데모나 캠페인을 통하여 쟁점을 사람들에게 알리는 것이다.
㉣ 지역사회 사회자본 확장(creating social capital, 사회자본의 창출) : 사회자본은 지역사회구성원의 사회적 관계에 바탕을 둔 자원으로서 물리적 자본과는 상대적 개념이다.

정답 ⑤

06 계획기술

100

다음에서 설명하는 사회복지사의 활동방법은? · 18회

- 업무 설계 기재
- 구체적인 실행방법 명시
- 개별 사회복지기관이 다룰 수 있는 영역과 범위 안에 있는 이슈를 해결하기 위함

① 사회지표 분석
② 프로그램 기획
③ 커뮤니티 프로파일링(community profiling)
④ 지역사회 지도 그리기
⑤ 청원

해설

프로그램 기획(program planning)은 현재와 미래의 환경변화에 대응하기 위한 것으로 프로그램의 목적 설정, 수단의 선택, 실행, 평가에 이르는 제반 프로그램 과정에서의 합리적인 의사결정과 활동들을 말한다.

오답풀이

① 사회지표 분석은 정부기관 또는 사회복지 관련 조직에 의해 수집된 기존 자료를 이용하여 지역사회구성원의 욕구나 문제를 분석하는 방법이다.
③ 커뮤니티 프로파일링(community profiling)은 지역사회개발의 도구로, 해당 지역사회의 삶의 질을 향상시키는 실행계획이나 기타 수단을 개발할 목적으로 지역사회라고 정의되거나 스스로 지역사회라고 정의한 곳의 주민들의 욕구와 그 지역사회 안에 존재하는 자원에 대해 지역사회의 적극적인 관여로 수행되는 포괄적인 설명을 의미한다.
④ 지역사회 지도 그리기(community mapping)는 지역사회시설이나, 공원, 빌딩의 위치, 사회복지기관 등을 도표로 나타내기 위하여 근린지역의 거리나 영역에 대한 지도를 이용하는 것이다.
⑤ 청원(petitioning, 탄원서 서명)은 특정 조직이나 기관이 일정한 방향으로 조치해 줄 것을 요청하는 다수인의 서명지를 전달하는 활동이다.

정답 ②

제9장 사회행동의 전략과 전술

김진원 Oikos 사회복지사 1급

제5영역 : 지역사회복지론

101 ✓확인 ☐☐☐

사회행동의 전략과 전술에 관한 설명으로 옳지 않은 것은?
· 9회

① 피해를 입힐 수 있는 잠재력도 힘의 원천이 된다.
② 사회행동 전술들의 혼합사용을 피해야 한다.
③ 추상적 논쟁이 아니라 대상 집단과의 힘겨루기다.
④ 힘의 원천은 상대방의 약점을 들추어내어 수치감을 갖게 하는 것도 포함된다.
⑤ 다른 조직과의 협력관계는 협조, 연합, 동맹 등의 유형이 있다.

해설
사회행동의 전략에는 대상집단을 이기기 위한 힘의 전략, 사회행동의 합법성 확보, 타조직과의 협력 전략, 전술 연결의 전략, 협상을 전개하는 전략 등이 있으며 이러한 전략 하에서 **다수의 전술을 적절하게 혼합 사용한다.**

정답 ②

102 ✓확인 ☐☐☐

다음 중 협상 전술에 대한 설명으로 옳은 것은?
· 8회

㉠ 양보와 타협의 완급을 조절한다.
㉡ 상대방에게 확실한 응집력을 보여주면서도, 융통성을 발휘한다.
㉢ 상대방의 취약점을 노출시킨다.
㉣ 협상시한을 정하지 않는다.

① ㉠, ㉡, ㉢　　② ㉠, ㉢
③ ㉡, ㉣　　　　④ ㉣
⑤ ㉠, ㉡, ㉢, ㉣

해설
협상시한을 정한다. 즉 협상에 시한을 두어야 한다.

정답 ①

OIKOS UP 협상전술 : 프루이트(Pruitt)가 제시한 기술들

① 협상에 시한을 두어야 한다.
② 요구하는 입장을 확고히 해야 한다.
③ 언제 어떻게 양보를 할 것인가를 배워야 한다(양보와 타협의 완급을 조절할 수 있어야 한다).
④ 상대방의 제안(counter-proposals)에 대응함에 있어서 신중해야 한다.
⑤ 협상이 계속 진행되도록 해야 한다.
⑥ 중재자(mediator)를 개입시킬 필요가 있는지를 고려해야 한다.

103

지역사회 내 조직 간 협력전략에 관한 설명으로 옳은 것은?

· 13회

① 동맹(alliance)은 조직의 자율성을 중시하면서 힘을 증대시키는 방식이다.
② 협조(cooperation)는 특정 이슈에 관해 유사 조직들의 일시적 연결방식이다.
③ 연합(coalition)은 전문가를 둔 영속적 조직구조를 갖고 있다.
④ 동맹, 협조, 연합은 정책결정과 관련하여 개별조직의 승인이 있어야 한다.
⑤ 조직 간의 협력체계 정도는 협조 → 동맹 → 연합 순으로 갈수록 강화된다.

해설

협조(cooperation)관계는 타조직과 최소한의 협력을 유지하는 관계유형으로, 이 관계 속에서 **특정 이슈에 관해 유사 조직들이** 자체의 계획대로 운동을 전개하면서 필요에 따라 **일시적인 협력을 하는 것**이다.

오답풀이

① 조직의 자율성을 중시하면서 힘을 증대시키는 방식은 **협조관계**이다. 즉 협조관계에 참여하는 조직들은 운동의 효과는 늘리면서 자체의 기본적인 목표나 계획을 바꾸지는 않는다.
③ 전문가를 둔 영속적 조직구조를 갖고 있는 것은 **동맹관계**이다. 동맹관계는 유사한 목적을 지닌 조직들이 영구적이고 전문적인 직원을 둔 대규모의 조직관계망을 갖는 것이다.
④ **연합관계**는 정책결정과 관련하여 개별조직의 승인이 있어야 하지만, **동맹관계**에서는 정책결정을 할 수 있는 힘이 중앙위원회나 전문직원이 갖게 된다. **협조관계**는 참여하는 조직들이 서로 협의하는 정도의 관계를 맺는다.
⑤ 조직 간의 협력체계 정도는 협조 → **연합** → **동맹** 순으로 갈수록 강화된다.

정답 ②

OIKOS UP 사회 행동조직이 타조직과 맺을 수 있는 협력적인 관계 3가지 유형

① 협조(cooperation)관계는 일시적 협력관계, 타조직과 최소한의 협력을 유지하는 관계유형이다. 협조관계에 참여하는 조직은 운동의 효과는 늘이면서 자체의 기본적인 목표나 계획을 바꾸지 않는다.
② 연합(coalition)관계는 참여하는 조직들 간에 이슈와 전략을 합동으로 선택하는 보다 조직적인 협력관계를 말한다.
③ 동맹(alliance)관계는 회원조직들의 회원을 훈련하고, 캠페인을 준비하는 등 전문적인 활동을 필요로 한다.

104

협상(negotiation) 기술에 관한 설명으로 옳지 않은 것은?

· 18회

① 협상 범위를 면밀히 분석한다.
② 사회행동모델에 사용할 수 없다.
③ 협상 과정에 중재자가 개입할 수 있다.
④ 재원확보와 기관 간 협력을 만드는데 유리하다.
⑤ 협상 시 양쪽 대표들은 이슈와 쟁점에 대해 토의해야 한다.

해설

협상기술은 사회행동모델에서 사용할 수 있다. 일반적으로 **사회행동**에서는 협상을 해야 하는 상황이 형성되게 되는데 이러한 상황에서 쌍방은 상대가 취하는 조치에 대해 영향을 미치려고 하는 것이다. 협상을 하는 데 있어서 사용되는 전술은 도덕적인 설득에서부터 노골적인 폭력에 이르기까지 다양하다.

보충설명

① 실제적인 협상에 임하기 전에 협상의 구조를 이해하는 것이 필요하다. 협상구조란 쌍방이 양보하고 협상할 수 있는 여지 혹은 범위가 어느 정도인가를 가늠하는 것으로, 협상에 임하기 전에 협상의 구조를 이해하는 것이 필요하다.
③ 협상 과정에 **중재자(mediator)**를 개입시킬 필요가 있는지를 고려해야 한다. 중재자는 쌍방이 신뢰할 수 있고 협상에 참여하기를 원하는 사람이어야 한다. 중재자가 개입함으로써 절차에 관한 사소한 오해로 협상이 결렬될 가능성을 줄일 수 있는 것이다.
④ 협상기술은 필요한 재원을 획득하고 유사한 분야에서 활동하는 다른 조직과 기관들로부터 협력을 얻어내는 데 있어서 중요한 것이다.
⑤ 협상에서는 **양쪽 대표들 간의 이슈와 쟁점에 대한 토의**가 있게 되고, 토의 중에는 요구사항이 제시되고 이에 대응하는 요구사항이 제시되게 된다.

정답 ②

제10장 지역사회보장계획

제5영역 : 지역사회복지론

105

지역사회보장계획의 수립 과정을 순서대로 옳게 나열한 것은?

• 17회

- ㉠ 세부사업 계획 수립
- ㉡ 지역사회보장협의체 심의
- ㉢ 지역사회보장조사
- ㉣ 행·재정계획 수립
- ㉤ 의회 보고
- ㉥ 추진 비전 및 목표 수립

① ㉠ - ㉡ - ㉤ - ㉣ - ㉥ - ㉢
② ㉡ - ㉣ - ㉠ - ㉤ - ㉥ - ㉢
③ ㉢ - ㉣ - ㉥ - ㉠ - ㉡ - ㉤
④ ㉢ - ㉥ - ㉣ - ㉠ - ㉡ - ㉤
⑤ ㉢ - ㉥ - ㉠ - ㉣ - ㉡ - ㉤

해설

지역사회보장계획의 수립 과정은 ㉢ 지역사회보장조사 - ㉥ 추진 비전 및 목표 수립 - ㉠ 세부사업 계획 수립 - ㉣ 행·재정계획 수립 - ㉡ 지역사회보장협의체 심의 - ㉤ 의회 보고 순이다.

정답 ⑤

OIKOS UP 지역사회보장계획 수립의 기본 절차

구 분	주 요 내 용
(1) 계획준비 단계 – 계획 수립을 위한 기획	• 지역사회보장계획 수립을 위한 기획, 예산 확보 및 활용계획 등을 총괄하여, 계획 수립을 준비함 • 지역사회보장계획의 계획(안)의 작성을 담당하는 '지역사회보장계획수립 TF팀'을 구성·운영함
(2) 지역분석 단계 – 지역사회보장조사 실시	• 지역주민의 사회보장 욕구와 활용 가능한 자원을 파악하는 지역의 사회보장조사단계는 전문성이 요구되는 과정이므로, 지역의 전문연구기관이나 내·외부 전문가가 주도적인 역할을 하며, 시·도 및 시·군·구는 이에 필요한 사항을 지원함 • 시·도, 시·군·구는 지역 관련하여 기 확보된 기초자료를 제공함
(3) 계획 작성 단계 – 지역사회보장(계획안) 마련	• 계획(안)의 작성은 계획수립 TF팀을 중심으로 진행하며, 이 단계의 중요 사항은 다음과 같음 – 지역사회보장계획의 목표와 추진전략 결정 – 추진전략, 우선순위, 복지자원(예산), 복지욕구와의 적절한 비교분석을 통해서 집중해야 할 중점추진사업 선정 – 세부사업의 선정과 세부사업의 중기 및 연차별 계획 수립 – 행정·재정계획 수립
(4) 의견수렴 단계 – 의견 수렴 (공고 등)	• 지역사회보장계획의 지역성과 정당성을 확보하기 위해 지역주민의 의견을 수렴함 • 법률에서 정하고 있는 공고절차 뿐만 아니라 공청회, 간담회, 공모 등 다양한 방식으로 의견을 수렴하여야 함
(5) 계획확정 단계 – 심의·확정	• 사회보장위원회(시·도), 지역사회보장협의체(시·군·구)에서 지역사회보장계획을 심의하고 계획안을 확정하는 과정을 거침
(6) 제출 단계 – 보고	• 심의를 거쳐 확정된 지역사회보장계획을 지방의회에 보고함으로써 향후 계획의 내용과 예산 편성의 연계성을 제고함 • 최종 확정된 시·군·구 지역사회보장계획은 시·군·구청장에게 보고 후, 시·도지사에게 제출함 • 최종 확정된 시·도 지역사회보장계획은 시·도지사에게 보고 후 보건복지부 장관에게 제출함
(7) 권고·조정 사항 반영 – 최종 단계	• 보건복지부장관 또는 시·도지사가 제시한 권고·조정 사항이 있는 경우, 이를 논의하여 지역사회보장계획에 반영하고 계획안을 수정하여 이를 확정함

106

시·군·구 지역사회보장계획에 포함되어야 하는 사항을 모두 고른 것은?
• 20회

㉠ 지역사회보장 전달체계의 조직과 운영
㉡ 사회보장급여의 사각지대 발굴 및 지원 방안
㉢ 지역사회보장에 관련한 통계 수집 및 관리 방안
㉣ 지역사회보장에 필요한 재원의 규모와 조달 방안

① ㉠, ㉡
② ㉠, ㉢
③ ㉡, ㉢
④ ㉠, ㉡, ㉣
⑤ ㉠, ㉡, ㉢, ㉣

해설

「사회보장급여의 이용·제공 및 수급권자 발굴에 관한 법률」(약칭 : 사회보장급여법) 제36조(**지역사회보장계획의 내용**) 제1항에서 "제35조 제2항에 따른 시·군·구 지역사회보장계획은 다음 각 호의 사항을 포함하여야 한다. 1. 지역사회보장 수요의 측정, 목표 및 추진전략, 2. 지역사회보장의 목표를 점검할 수 있는 지표(지역사회보장지표)의 설정 및 목표, 3. 지역사회보장의 분야별 추진전략, 중점 추진사업 및 연계협력 방안, 4. **지역사회보장 전달체계의 조직과 운영**(㉠), 5. **사회보장급여의 사각지대 발굴 및 지원 방안**(㉡), 6. **지역사회보장에 필요한 재원의 규모와 조달 방안**(㉣), 7. **지역사회보장에 관련한 통계 수집 및 관리 방안**(㉢), 8. 지역 내 부정수급 발생 현황 및 방지대책, 9. 그 밖에 대통령령으로 정하는 사항"이라고 규정하고 있다.

정답 ⑤

107

지역사회보장계획에 관한 설명으로 옳은 것을 모두 고른 것은?
• 14회

㉠ 최근 지역사회복지계획이 「사회보장급여 이용·제공 및 수급권자 발굴에 관한 법률」에 의거하여 지역사회보장계획으로 변경되었다.
㉡ 사회보장급여의 사각지대 발굴 및 지원방안 등을 포함한다.
㉢ 지역사회보장협의체에서 지역사회보장계획을 심의한다.
㉣ 시·도지사 및 시장·군수·구청장은 4년마다 지역사회보장계획을 수립하여야 한다.

① ㉠, ㉡, ㉢
② ㉠, ㉢
③ ㉡, ㉣
④ ㉣
⑤ ㉠, ㉡, ㉢, ㉣

해설

㉠ 「사회복지사업법」에 규정되어 있던 지역사회복지계획의 수립·시행 규정이 「**사회보장급여 이용·제공 및 수급권자 발굴에 관한 법률**」이 2014년 12월 30일 제정되어 2015년 7월 1일 시행되어 이 법으로 옮겨졌다. 또한 기존의 지역사회복지계획이 지역사회보장계획으로 변경되었다.
㉡ **시·군·구 지역사회보장계획**은 1. 지역사회보장 수요의 측정, 목표 및 추진전략, 2. 지역사회보장의 목표를 점검할 수 있는 지표(지역사회보장지표)의 설정 및 목표, 3. 지역사회보장의 분야별 추진전략, 중점 추진사업 및 연계협력 방안, 4. 지역사회보장 전달체계의 조직과 운영, 5. 사회보장급여의 사각지대 발굴 및 지원 방안, 6. 지역사회보장에 필요한 재원의 규모와 조달 방안, 7. 지역사회보장에 관련한 통계 수집 및 관리 방안, 8. 지역 내 부정수급 발생 현황 및 방지대책, 9. 그 밖에 대통령령으로 정하는 사항을 포함하여야 한다.
㉢ 시·군·구의 지역사회보장계획 수립·시행 및 평가에 관한 사항을 **지역사회보장협의체에서 심의·자문**한다.
㉣ 시·도지사 및 시장·군수·구청장은 지역사회보장에 관한 계획("지역사회보장계획")을 4년마다 수립하고, 매년 지역사회보장계획에 따라 연차별 시행계획을 수립하여야 한다. 이 경우 「사회보장기본법」 제16조에 따른 사회보장에 관한 기본계획과 연계되도록 하여야 한다.

정답 ⑤

108

지역사회보장계획에 관한 설명으로 옳지 않은 것은? · 15회

① 사회보장급여의 사각지대 발굴 및 지원 방안을 모색한다.
② 지역사회보장 수요를 측정하고, 목표 및 추진전략을 수립한다.
③ 주택, 고용, 문화를 제외한 보건과 의료영역에 초점을 둔다.
④ 시·도 및 시·군·구에서 계획을 수립한다.
⑤ 지역사회보장서비스의 수급조정과 안정적 공급을 도모한다.

해설

지역사회보장계획을 수립하는 과정에서 **보건과 의료영역 뿐만 아니라 복지, 주택, 고용, 문화 등**에 관련된 공공 및 민간 기관, 공동모금이나 기부금 등의 물적 자원, 그리고 사회복지시설 종사자와 일반주민 등의 인적 자원을 개발·조달하는 방안이 제시되고 이것을 효율적으로 배분하기 위한 노력이 이루어진다. 참고로 「사회보장급여의 이용·제공 및 수급권자 발굴에 관한 법률」 시행 이전 지역사회복지협의체가 보건의료 및 사회복지서비스 중심이었다면, 2015년 7월 시행된 지역사회보장협의체에서 보건의료 및 사회복지 뿐만 아니라 고용·주거·교육·문화·환경 등의 영역으로 확대되었다.

+ 보충설명

① 시·군·구 지역사회보장계획의 내용에 **사회보장급여의 사각지대 발굴 및 지원 방안**을 포함하여야 한다.
② 시·군·구 지역사회보장계획의 내용에 **지역사회보장 수요의 측정, 목표 및 추진전략**을 포함하여야 한다.
④ 시·도지사 및 시장·군수·구청장은 **지역사회보장에 관한 계획을 4년마다 수립**하고, 매년 지역사회보장계획에 따라 연차별 시행계획을 수립하여야 한다.
⑤ 지역사회보장계획을 통해 지역의 복지문제나 과제를 해결하는 데에 필요한 인적·물적 자원을 조달하여 적절히 분배하고 서비스의 수요와 공급의 균형을 조절함으로써 **사회복지 대상자에게 안정적·지속적으로 서비스를 공급**할 수 있다.

정답 ③

109

지역사회보장계획에 관한 설명으로 옳지 않은 것은? · 16회

① 지역사회보장서비스의 수급조정과 안정적 공급을 위해 필요하다.
② 시·군·구 및 시·도는 4년마다 지역사회보장계획을 수립해야 한다.
③ 시·군·구 지역사회보장계획은 시·군·구 의회의 심의와 지역사회보장협의체의 보고를 거쳐야 한다.
④ 「사회보장급여의 이용·제공 및 수급권자 발굴에 관한 법률」에 근거한다.
⑤ 시·군·구 지역사회보장계획은 시행연도의 전년도 9월 30일까지 시·도지사에게 제출되어야 한다.

해설

시장·군수·구청장은 해당 시·군·구의 지역사회보장계획(연차별 시행계획을 포함)을 지역주민 등 이해관계인의 의견을 들은 후 수립하고, **지역사회보장협의체의 심의와 해당 시·군·구 의회의 보고**를 거쳐 시·도지사에게 제출하여야 한다.

+ 보충설명

⑤ 시장·군수·구청장은 법 제41조 제1항에 따른 지역사회보장협의체의 심의와 해당 시·군·구 의회에 대한 보고를 거쳐 확정된 시·군·구 지역사회보장계획을 **시행연도의 전년도 9월 30일까지**, 그 연차별 시행계획을 시행연도의 전년도 11월 30일까지 각각 시·도지사에게 제출하여야 한다.

정답 ③

110

지역사회보장계획에 관한 설명으로 옳은 것은? •19회

① 시·군·구 지역사회보장계획은 변경할 수 없다.
② 사회보장에 관한 기본계획과 연계되도록 하여야 한다.
③ 3년마다 수립하고, 매년 연차별 시행계획을 수립하여야 한다.
④ 시·군·구 지역사회보장계획은 사회보장위원회의 심의를 거쳐야 한다.
⑤ 지역사회보장계획의 평가, 지원 등을 위한 지역사회보장지원센터를 설치·운영할 수 있다.

해설

「사회보장급여의 이용·제공 및 수급권자 발굴에 관한 법률」 제35조(지역사회보장에 관한 계획의 수립) 제1항에서 "특별시장·광역시장·특별자치시장·도지사·특별자치도지사(이하 시·도지사라 한다) 및 시장·군수·구청장은 지역사회보장에 관한 계획(이하 지역사회보장계획이라 한다)을 4년마다 수립하고, 매년 지역사회보장계획에 따라 연차별 시행계획을 수립하여야 한다. 이 경우 「사회보장기본법」 제16조에 따른 사회보장에 관한 기본계획과 연계되도록 하여야 한다."라고 규정하고 있다.

오답풀이

① 시·군·구 지역사회보장계획은 변경할 수 있다. 동법 제38조(지역사회보장계획의 변경)에서 "시·도지사 또는 시장·군수·구청장은 사회보장의 환경 변화, 「사회보장기본법」 제16조에 따른 사회보장에 관한 기본계획의 변경 등이 있는 경우에는 **지역사회보장계획을 변경할 수 있으며**, 그 변경 절차는 제35조를 준용한다."라고 규정하고 있다.
③ **4년마다 수립하고, 매년 연차별 시행계획을 수립하여야 한다.** 동법 제35조(지역사회보장에 관한 계획의 수립) 제1항에서 "특별시장·광역시장·특별자치시장·도지사·특별자치도지사(이하 시·도지사라 한다) 및 시장·군수·구청장은 지역사회보장에 관한 계획(이하 지역사회보장계획이라 한다)을 **4년마다 수립하고, 매년 지역사회보장계획에 따라 연차별 시행계획을 수립하여야 한다.** 이 경우 「사회보장기본법」 제16조에 따른 사회보장에 관한 기본계획과 연계되도록 하여야 한다."라고 규정하고 있다.
④ 시·군·구 지역사회보장계획은 **지역사회보장협의체의 심의를 거쳐야 한다.** 동법 제35조(지역사회보장에 관한 계획의 수립) 제2항에서 "**시장·군수·구청장은** 해당 시·군·구의 지역사회보장계획을 지역주민 등 이해관계인의 의견을 들은 후 수립하고, 제41조에 따른 **지역사회보장협의체의 심의와 해당 시·군·구 의회의 보고를 거쳐** 시·도지사에게 제출하여야 한다."라고 규정하고 있다.
⑤ 지역사회보장계획의 평가, 지원 등을 위한 **지역사회보장균형발전지원센터를 설치·운영할 수 있다.** 동법 제46조(지역사회보장균형발전지원센터) 제1항에서 "보건복지부장관은 시·도 및 시·군·구의 사회보장 추진 현황 분석, 지역사회보장계획의 평가, 지역 간 사회보장의 균형발전 지원 등의 업무를 효과적으로 수행하기 위하여 **지역사회보장균형발전지원센터를 설치·운영 할 수 있다.**"라고 규정하고 있다.

정답 ②

111

시·군·구 지역사회보장계획에 관한 설명으로 옳은 것을 모두 고른 것은? •21회

㉠ 시·군·구 지역사회보장협의체의 보고와 의회의 심의를 거쳐야 한다.
㉡ 사회보장급여의 이용·제공 및 수급권자 발굴에 관한 법률에 의거한다.
㉢ 시행연도의 전년도 11월 30일까지 수립하여 제출하여야 한다.
㉣ 4년마다 수립하고 매년 연차별 시행계획을 수립해야 한다.

① ㉠, ㉡ ② ㉠, ㉢ ③ ㉡, ㉣
④ ㉠, ㉡, ㉣ ⑤ ㉡, ㉢, ㉣

해설

㉡ 2014년 12월 30일 「**사회보장급여의 이용·제공 및 수급권자 발굴에 관한 법률**」의 제정(2015.7.1.시행)으로 「사회복지사업법」 제1장의2 지역사회복지계획의 수립·시행 규정이 삭제되어 옮겨졌다.
㉣ 「사회보장급여의 이용·제공 및 수급권자 발굴에 관한 법률」 제35조(지역사회보장에 관한 계획의 수립) 제1항에서 "특별시장·광역시장·특별자치시장·도지사·특별자치도지사(이하 시·도지사라 한다) 및 시장·군수·구청장은 지역사회보장에 관한 계획(이하 지역사회보장계획이라 한다)을 **4년마다 수립하고, 매년 지역사회보장계획에 따라 연차별 시행계획을 수립하여야 한다.** 이 경우 「사회보장기본법」 제16조에 따른 사회보장에 관한 기본계획과 연계되도록 하여야 한다."라고 규정하고 있다.

오답풀이

㉠ 시·군·구 지역사회보장협의체의 **심의**와 의회의 **보고**를 거쳐야 한다. 동법 제35조(지역사회보장에 관한 계획의 수립) 제2항에서 "시장·군수·구청장은 해당 시·군·구의 지역사회보장계획을 지역주민 등 이해관계인의 의견을 들은 후 수립하고, 제41조에 따른 지역사회보장협의체의 **심의**와 해당 시·군·구 의회의 **보고**를 거쳐 시·도사에게 제출하여야 한다."라고 규정하고 있다.
㉢ 시행연도의 전년도 **9월 30일**까지 수립하여 제출하여야 한다. 동법 시행령 제20조(지역사회보장계획의 수립 절차 및 제출시기) 제3항에서 "시장·군수·구청장은 법 제41조제1항에 따른 지역사회보장협의체의 심의와 해당 시·군·구 의회에 대한 보고를 거쳐 확정된 **시·군·구 지역사회보장계획을 시행연도의 전년도 9월 30일까지**, 그 연차별 시행계획을 시행연도의 전년도 11월 30일까지 각각 시·도지사에게 제출하여야 한다."라고 규정하고 있다.

정답 ③

제11장 공공 지역사회복지실천의 추진체계

제5영역 : 지역사회복지론

01 지방분권화와 지역사회복지

112
· 19회

지방자치제에 관한 설명으로 옳지 않은 것은?

① 민주주의 사상에 기초를 두고 있다.
② 지방자치단체의 장은 선거로 선출한다.
③ 지역문제에 대한 자기통치 원리를 담고 있다.
④ 우리나라에서는 1990년에 처음으로 실시되었다.
⑤ 지방자치단체의 행정사무가 주민참여에 의해 이루어져야 한다.

해설
우리나라에서는 1952년에 처음으로 실시되었다. 즉, 1948년 제헌헌법에 지방자치 관련 조항의 신설과 1949년 「지방자치법」의 제정에 따라, 1952년 제1차 지방선거를 통해서 기초 및 광역의회의 의원을 선출함으로써 시작되었다.

보충설명
① "나라의 주인은 국민이며 그 국가와 권력은 국민으로부터 나온다."라는 민주주의사상에 그 이론적 기초를 두고 있다.
② 1995년 7월 지방자치단체의 장을 지역주민이 직접 선거로 선출함으로써 본격화되어 현재에 이르고 있다.
③ "지역문제를 지역주민이 스스로 처리하고 다스린다."는 자기통치의 원리를 담고 있다.
⑤ 지방자치단체의 행정사무가 지역 주민의 직접 또는 간접적인 참여에 의해 이루어져야 한다.

정답 ④

113
· 15회

지방자치가 지역사회복지에 미친 긍정적 영향을 모두 고른 것은?

㉠ 지역사회복지에 대한 주민의 주체적 참여기회 제공
㉡ 주민욕구 맞춤형 복지 프로그램 제공
㉢ 지방행정부서의 역할 강화
㉣ 비정부조직(NGO)의 자원 활용

① ㉠, ㉡ ② ㉡, ㉢ ③ ㉠, ㉡, ㉢
④ ㉠, ㉢, ㉣ ⑤ ㉠, ㉡, ㉢, ㉣

해설
㉠ 조직의 효율성을 높이고 지역주민들이 지역사회 문제에 적극적이고 주체적으로 참여할 수 있다.
㉡ 지역주민의 욕구표출기회가 향상되어 지역주민의 욕구에 보다 신속하게 부응할 수 있는 복지프로그램 실험이 가능해진다.
㉢ 사회복지 기능의 강화를 위하여 지방행정부서의 사회복지 관련 전문성과 역할이 강화되고 활동범위가 넓어지게 된다.
㉣ 서비스 공급에 있어서 민간기관, 자원봉사단체 등 다양한 비정부조직(NGO)의 자원 활용을 최대화할 수 있다.

정답 ⑤

114

지방분권에 관한 설명으로 옳지 않은 것은? • 19회

① 주민참여 기회가 확대된다.
② 중앙정부의 책임성이 강화된다.
③ 지역 특성에 맞는 정책을 수립할 수 있다.
④ 지역 간 복지수준의 격차가 발생할 수 있다.
⑤ 지방자치단체의 역할과 책임을 강화시킬 수 있다.

해설
지방분권은 중앙정부와 지방정부 간의 권력관계 재조정으로 지방정부의 권한(역할)과 책임을 강화시키지만, 사회복지행정업무와 재정을 지방에 이양함으로써 중앙정부의 사회복지책임성 약화를 초래할 수 있다. 즉, 지방분권은 중앙정부로 하여금 사회복지에 대한 국가의 의무를 다하지 못하게 하거나 중앙정부의 사회복지재정 감소를 초래하여 결국 지방정부의 사회복지재정 부담의 증가를 불러올 수 있다.

+보충설명
① 지역주민은 지역사회복지에 대하여 보다 적극적으로 그들의 의견을 표출하고 자발적으로 참여하는 등 **주민의 주체적 참여기회를 제공**한다.
③ 지역의 특수성과 지역주민의 실제 욕구에 근거한 복지사업 기획 및 복지정책 수립을 가능하게 함으로써 **지역사회의 욕구와 지역 특성에 맞는 정책을 수립**할 수 있다.
④ 복지행정 역량의 차이와 복지재정의 불균등성에 따라 일정한 복지행정수준에 미달되는 지방정부가 나타나게 되고, 이로 인해 **지역 간 복지발전의 불균형**을 심화시켜 국민의 복지권적인 측면에서 전국적인 통일성을 저해할 수 있다.
⑤ 지방정부 중심의 복지행정체계로 전환될 수 있어 **지방자치단체의 역할과 책임을 강화**시킬 수 있다. 이러한 지방정부의 역할과 책임성 강화는 지방정부가 지역주민의 욕구에 보다 효율적이고 적극적으로 대응하게 한다.

정답 ②

115

지방분권에 관한 설명으로 옳은 것은? • 21회

① 사회보험제도의 지방분권이 확대되고 있다.
② 주민참여로 권력의 재분배가 이루어진다.
③ 지역주민의 욕구에 대한 민감성이 약화된다.
④ 복지수준의 지역 간 균형이 이루어진다.
⑤ 중앙정부의 사회적 책임성이 강화된다.

해설
지방분권은 지역사회복지에 대한 주민의 **주체적 참여기회**를 제공하며, 주민참여를 통해 **권력의 재분배**가 가능한 주민권력이 이루어진다.

오답풀이
① 사회보험제도는 지방자치단체(지방정부)가 아닌 **국가(중앙정부)**에서 운영하고 있다.
③ 지역주민의 욕구에 대한 민감성이 **강화**된다. 지방분권화는 지역주민의 욕구표출기회가 향상되어 지역주민의 욕구에 보다 신속하게 부응할 수 있다.
④ 복지수준의 지역 간 **불균형**이 이루어진다. 지방자치단체들 간의 재정력 격차로 인해 지역 및 계층 간에 사회·경제적 불평등이 심화될 수 있다.
⑤ 중앙정부의 사회적 책임성이 **약화**된다. 사회복지행정업무와 재정을 지방에 이양함으로써 중앙정부의 사회복지책임성 약화를 초래할 수 있다.

정답 ②

116

지방분권화가 지역사회복지에 미치는 영향으로 옳지 않은 것은?

· 23회

① 지역 간의 경쟁이 심화되어 지역 이기주의가 나타날 수 있다.
② 지역사회복지에 대한 자기통치 원리가 중요시된다.
③ 지역주민의 의사를 반영한 행정서비스가 강화된다.
④ 지역 간 상대적 박탈감으로 사회적 형평성 문제가 발생된다.
⑤ 지방의회의 사회적 책임성이 약화된다.

해설

지방분권화가 진행되면 지방의회의 역할과 권한이 커지므로, 지방의회의 사회적 책임성이 **강화**된다. 다만, 지방의회가 제대로 된 역할을 수행하지 못하는 경우에는 약화될 수도 있다.

+ 보충설명

① 지방정부 간 재정 격차심화, 자원확보 경쟁 등으로 인해 지역 간의 경쟁이 심화되어 **지역 이기주의가 나타날 수 있다**.
② 지방분권은 지방에 대해서 어느 정도의 자치권을 인정하는 것으로, 지역문제를 지역주민이 스스로 처리하고 다스린다는 **자기통치의 원리가 중요시**된다.
③ 지방분권화는 지역주민들의 의견과 요구를 반영하여 지역에 맞는 정책을 개발하고 실행하는 데 중점두기 때문에 **지역주민의 의사를 반영한 행정서비스가 강화**된다.
④ 지방분권화는 지역별 자원의 배분과 행정능력 차이에 따라 지역 간 경제적·사회적 격차가 커지면서 **상대적 박탈감과 불평등이 심화**될 수 있다. 또한, 재정적 차이가 정책 실행의 효율성을 좌우하며 **사회적 형평성 문제를 일으킬 수 있다**.

정답 ⑤

02 지역사회 공공복지 실천주체의 전문인력 : 사회복지전담공무원

117

사회복지전담공무원에 관한 설명으로 옳지 않은 것은? · 18회

① 2000년 별정직에서 일반직인 사회복지직렬로 전환
② 국민기초생활보장제도의 시행으로 인원 확대
③ 1992년 서울, 부산, 대구 3곳에서 처음으로 임용·배치
④ 사회복지전문요원에서 사회복지전담공무원으로 명칭 변경
⑤ 취약계층에 대한 상담과 지도, 생활실태의 조사 등 사회보장급여 관련 업무 담당

해설

1987년부터 서울, 부산, 대구, 인천, 광주, 대전 등 전국의 6대 도시 저소득층 밀집지역의 동사무소에 별정직 공무원인 사회복지전문요원이 신규로 임용·배치되기 시작하였다.

+ 보충설명

① 1999년 9월 행정자치부(現 행정안전부)에서 사회복지전문요원의 일반직 전환 및 신규 채용지침을 승인하였으며, 2000년 1월 별정직에서 일반직인 사회복지직렬로 전환하였다.
② 1987년 49명이 최초로 배치되었으며, 국민의 복지수요가 증가하고 **국민기초생활보장제도의 시행으로 채용인원이 급속히 증가**하였다.
④ 1987년 사회복지전문요원제도가 시행되었으며, 1992년 12월 8일 「사회복지사업법」 개정을 통해 사회복지전담공무원이라는 명칭으로 이들에 대한 법적인 근거가 마련되었다.
⑤ 「사회보장급여의 이용·제공 및 수급권자 발굴에 관한 법률」 제43조(사회복지전담공무원) 제3항에 "사회복지전담공무원은 **사회보장급여에 관한 업무 중 취약계층에 대한 상담과 지도, 생활실태의 조사 등** 보건복지부령으로 정하는 사회복지에 관한 전문적 업무를 담당한다."라고 규정하고 있다.

정답 ③

118 ✓확인 ☐☐☐

지역사회복지실천에서 다음의 모든 활동과 관계되는 사회복지전담공무원의 역할은? ·15회

- 잠재적 수급권자 파악
- 서비스 및 시설입소 의뢰
- 자산조사 및 수급권자 욕구조사
- 취업정보 제공 및 알선

① 자문가
② 옹호자
③ 조력자
④ 상담가
⑤ 자원연결자

해설
사회복지전담공무원은 복지행정가적 접근을 넘어서 **임상사회복지사로의 역할을** 요구받고 있으며, 양자의 역할을 효과적으로 수행할 경우 지역사회복지실천가로서 위상을 정립할 수 있다. 잠재적 수급권자 파악, 서비스 및 시설입소 의뢰, 자산조사 및 수급권자 욕구조사, 취업정보 제공 및 알선은 임상사회복지사로서의 **자원연결자**에 해당한다.

🔍정답 ⑤

03 지역사회보장협의체

119 ✓확인 ☐☐☐

지역사회보장협의체에 관한 설명으로 옳지 않은 것은? ·16회

① 사회보장 관련 서비스 제공 기관과의 연계·협력을 강화할 목적으로 운영된다.
② 공공과 민간의 적극적이고 자발적인 참여가 전제되어야 한다.
③ 2015년 지역사회복지협의체가 지역사회보장협의체로 명칭이 변경되었다.
④ 실무협의체는 시·군·구의 사회보장급여 제공에 관한 사항을 심의·자문한다.
⑤ 사회보장 관련 기관·법인·단체·시설 간 연계와 협력 강화를 위해 실무분과를 운영한다.

해설
시·군·구의 사회보장급여 제공에 관한 사항을 심의·자문 역할을 수행하는 것은 **대표협의체**이다. **실무협의체**는 협의체 업무를 효율적으로 수행하기 위해 설치하고 공동사업개발 및 건의, 지역사회서비스 제공 및 연계협력에 대한 협의, **대표협의체 심의안건 사전 검토** 등의 역할을 수행한다.

+보충설명
① 지역사회보장협의체의 목적 중 하나가 **지역사회 내의 다양한 서비스 제공기관 간 연계와 협력으로 지역복지자원이 효율적으로 활용될 수 있도록 해야 하는 것**이다.
② 지역사회보장협의체 운영의 원칙은 지역성, 참여성, 협력성, 통합성, 연대성, 예방성이 있다. 이 중 **참여성**은 지역사회복지문제 해결을 위해 지역사회 내 공공과 민간의 다양한 분야에서 대표성을 가진 관계기관과 법인, 단체, 시설 등의 적극적이고 자발적 참여를 이끌어내는 것을 말한다.
③ 2005년 8월부터 시·군·구에 설치·운영해 오던 지역사회복지협의체는 「사회보장급여의 이용·제공 및 수급권자 발굴에 관한 법률」이 2015년 시행(2014년 제정)됨으로써 지역사회보장협의체로 명칭이 변경되었다.
⑤ **실무분과**는 지역사회보장관련 기관, 법인, 단체, 시설 간 연계와 협력을 강화하고 분야별 사례회의, 서비스 제공 및 연계 등의 역할을 수행한다.

🔍정답 ④

120

지역사회보장협의체의 구성 조직 및 역할을 적절하게 연결하고 있는 것은?
• 17회

① 대표협의체 : 통합사례관리 지원
② 실무협의체 : 지역사회보장계획의 의회 보고
③ 실무분과 : 사회복지법인 이사의 추천과 선임 조정
④ 실무분과 : 지역사회보장계획의 연차별 시행계획 모니터링
⑤ 읍·면·동 지역사회보장협의체 : 실무협의체 업무 지원

해설

지역사회보장계획의 연차별 시행계획 모니터링은 **실무분과의 역할**이다. 모니터링은 연차별 투입과 추진상황을 계획 단계에서 설정된 것과 비교하여 당초의 의도대로 집행되었는지를 판단, 당초 의도한 결과를 달성하지 못한 경우에 그 원인을 찾아 수정·보완하는 것이다. 참고로 **실무분과는** 지역주민이 필요로 하는 욕구와 기능에 맞게 다양한 형태의 분과 구성이 가능하며, 사회보장분야 확대영역을 반영, 소득보장, 보건의료, 고용·주거, 문화·체육, 복지 위기가구 발굴, 지역사회통합돌봄, 통합사례관리, 자원동원·배분, 자살예방(특히 지역 내 빈곤 가구의 자살을 선제적으로 예방하기 위한 자살예방 분과설치 권고), 사회적 경제, 마을 분과 등 구성 가능하다.

오답풀이

① 통합사례관리 지원은 **실무협의체(실무분과 포함)와 읍·면·동 지역사회보장협의체의 역할**이다.
② 지역사회보장계획의 의회 보고는 **시장·군수·구청장의 역할**이다. 즉 **시장·군수·구청장**은 해당 시·군·구의 지역사회보장계획을 지역주민 등 이해관계인의 의견을 들은 후 수립하고, 지역사회보장협의체의 심의와 해당 **시·군·구 의회의 보고**를 거쳐 시·도지사에게 제출하여야 한다.
③ 사회복지법인 이사의 추천과 선임 조정은 '사회복지법인 관리안내' 및 지자체의 업무처리지침으로 정하도록 되어 있으며, 사회복지법인 관리안내에 추천기관의 업무처리지침 마련 시 고려사항으로 "지역사회보장협의체의 경우 **대표협의체를 통한 이사추천후보자명단이 확정되었을 경우, 업무의 효율성을 고려하여 실무협의체가 중심이 되어 추천 가능**"이라고 되어 있다.
⑤ 실무협의체 업무 지원은 **실무분과의 역할**이다.

정답 ④

121

읍·면·동 지역사회보장협의체의 역할로 볼 수 없는 것은?
• 17회

① 복지대상자 발굴
② 지역특화사업 추진
③ 지역자원의 발굴 및 연계
④ 지역인적안전망 구축
⑤ 지역사회보장지표의 생성

해설

읍·면·동 지역사회보장협의체의 역할은 복지대상자 발굴(①), 지역 특화사업 추진 및 자체 특화사업의 지원대상자 결정(②), 민·관 협력을 바탕으로 한 지역사회 자원발굴 및 연계(후원, 자원봉사, 사회공헌 등)(③), 맞춤형 지원을 위한 지역사회 인적 안전망 구축 등 지역사회보호 체계 구축·운영(④) 등이다.

오답풀이

⑤ 「사회보장급여의 이용·제공 및 수급권자 발굴에 관한 법률」 제36조(지역사회보장계획의 내용)에 시·군·구 지역사회보장계획과 특별시·광역시·도·특별자치도 지역사회보장계획에 포함하여야 하는 내용 중 하나로 지역사회보장의 목표를 점검할 수 있는 지표(= **지역사회보장지표**)의 설정 및 목표가 있다. 지역사회보장지표의 생성은 **시·군·구 지역사회보장협의체에서 하는 역할**이다.

정답 ⑤

122

지역사회보장협의체에 관한 설명으로 옳은 것은? ・19회

① 사회복지사업법에 법적 근거를 두고 있다.
② 10명 이상 25명 이하의 위원으로 구성하고, 임기는 2년이다.
③ 관할 지역의 사회복지사업에 관한 중요사항을 심의·건의한다.
④ 민·관 네트워크를 통한 지역복지 거버넌스 구조와 기능을 축소시킨다.
⑤ 실무협의체, 실무분과, 읍·면·동 협의체 간 수평적 네트워크 관계를 형성한다.

해설

지역사회보장협의체는 **실무협의체, 실무분과, 읍·면·동 협의체의 수평적 네트워크**를 통해 지역사회보장증진을 위한 단위별 역할을 수행한다.

오답풀이

① **사회보장급여의 이용·제공 및 수급권자 발굴에 관한 법률**에 법적 근거를 두고 있다.
② 위원장을 포함하여 10명 이상 40명 이하의 위원으로 구성하고, 위원의 임기는 2년이다.
③ 관할 지역의 사회복지사업에 관한 중요사항을 심의·건의한 것은 지역사회복지협의체였고, 현재 지역사회보장협의체는 **지역사회보장계획, 지역사회보장조사 및 지표, 사회보장급여, 사회보장 추진 사항 등**에 관한 중요사항을 **심의·자문**한다.

[표] 지역사회보장협의체 성격 및 기능변화 추이

구분	'05.7.31. 이전	'05.7.31. ~ '15.6.30.	'15.7.1. 이후
명칭	사회복지위원회	지역사회복지협의체	지역사회보장협의체
법적 근거	사회복지사업법 제7조	사회복지사업법 제7조의2	사회보장급여법 제41조
목적	사회복지사업에 관한 중요 사항을 심의 또는 건의	・관할 지역의 사회복지사업에 관한 중요 사항과 지역사회복지계획 심의/건의 ・사회복지서비스 및 보건 의료서비스 연계·협력 강화	・지역사회보장계획, 지역사회보장조사 및 지표, 사회보장급여, 사회보장추진사항 등 심의·자문 ・지역 사회보장 증진 ・사회보장 관련 기관 등과 연계·협력 강화
기타	시·도 및 시·군·구에 설치·운영	공공과 민간의 네트워크 강화를 통한 지역복지 거버넌스의 구조와 기능 확대	사회복지에서 사회보장으로 범주 확대

④ 민·관 네트워크를 통한 지역복지 거버넌스 구조와 기능을 확대시킨다.

정답 ⑤

123

시·군·구 지역사회보장협의체가 심의·자문하는 내용이 아닌 것은? ・18회

① 시·군·구 사회보장 추진
② 시·군·구 사회보장급여 제공
③ 시·군·구 지역사회보장계획 수립·시행 및 평가
④ 읍·면·동 단위 지역사회보장협의체의 구성 및 운영
⑤ 특별자치시의 사회보장과 관련된 서비스를 제공하는 관계 기관·법인·단체·시설과의 연계·협력 강화

해설

특별자치시의 사회보장과 관련된 서비스를 제공하는 관계 기관·법인·단체·시설과의 연계·협력 강화는 **시·도사회보장위원회**가 심의·자문한다. 「사회보장급여의 이용·제공 및 수급권자 발굴에 관한 법률」 제40조(시·도사회보장위원회) 제2항에 "시·도사회보장위원회는 다음 각 호의 업무를 심의·자문한다. 1. 시·도의 지역사회보장계획 수립·시행 및 평가에 관한 사항, 2. 시·도의 지역사회보장조사 및 지역사회보장지표에 관한 사항, 3. 시·도의 사회보장급여 제공에 관한 사항, 4. 시·도의 사회보장 추진과 관련한 중요 사항, 5. 제41조제7항에 따른 읍·면·동 단위 지역사회보장협의체의 구성 및 운영에 관한 사항(특별자치시에 한정한다), 6. **사회보장과 관련된 서비스를 제공하는 관계 기관·법인·단체·시설과의 연계·협력 강화에 관한 사항(특별자치시에 한정한다)**(⑤)"이라고 규정하고 있다. 또한,

보충설명

「사회보장급여의 이용·제공 및 수급권자 발굴에 관한 법률」 제41조(지역사회보장협의체) 제2항에 "지역사회보장협의체는 다음 각 호의 업무를 심의·자문한다. 1. **시·군·구의 지역사회보장계획 수립·시행 및 평가에 관한 사항(③)**, 2. 시·군·구의 지역사회보장조사 및 지역사회보장지표에 관한 사항, 3. **시·군·구의 사회보장급여 제공에 관한 사항(②)**, 4. **시·군·구의 사회보장 추진에 관한 사항(①)**, 5. **읍·면·동 단위 지역사회보장협의체의 구성 및 운영에 관한 사항(④)**, 6. 그 밖에 위원장이 필요하다고 인정하는 사항"이라고 규정하고 있다.

정답 ⑤

124

지역사회보장협의체의 실무협의체 운영에 관한 설명으로 옳은 것은?
・21회

① 사회보장업무를 담당하는 공무원은 제외된다.
② 위원장 1명을 포함하여 10명 미만의 위원으로 구성한다.
③ 지역사회보장계획과 관련된 조례를 제정한다.
④ 시・군・구의 사회보장급여 제공에 관한 사항을 심의・자문한다.
⑤ 전문성 원칙에 따라 현장 전문가를 중심으로 구성한다.

해설

지역사회보장협의체 구성원칙에 있어 대표협의체는 대표성을, 실무협의체는 전문성을, 실무분과는 참여성을 원칙으로 한다. **실무협의체 위원은 지역사회에서 활동하고, 지역사회보장 주체들 중에서 해당 분야 종사자**로 민주적 절차와 방법을 통해 선출한다.

오답풀이

① 사회보장업무를 담당하는 공무원은 **포함**된다.
② 위원장 1명을 포함하여 **10명 이상 40명 이하**의 위원으로 구성한다.
③ 지역사회보장계획과 관련된 조례를 제정하는 것은 **지방의회에서** 하는 일이다. 조례(條例)란 지방자치단체가 법령의 범위 내에서 그 사무에 관하여 지방의회의 의결을 거쳐 제정하는 법규를 말한다.
④ 시・군・구의 사회보장급여 제공에 관한 사항을 심의・자문하는 것은 **대표협의체에서** 하는 일이다.

정답 ⑤

125

지역사회보장협의체의 구성 및 역할에 관한 설명으로 옳은 것은?
・23회

① 대표협의체는 사회보장급여 제공과 관련된 조례를 제정한다.
② 대표협의체 위원에는 공무원이 포함되지 않는다.
③ 실무협의체는 사회보장급여 제공에 관한 사항을 심의・자문한다.
④ 실무협의체 위원은 10명 이상 40명 이하로 구성한다.
⑤ 읍・면・동 지역사회보장협의체는 지역사회보장계획의 시행결과를 평가한다.

해설

『사회보장급여의 이용・제공 및 수급권자 발굴에 관한 법률 시행규칙』 제6조(지역사회보장협의체에 두는 실무협의체의 구성 및 운영) 제1항에서 "법 제41조제4항에 따른 **실무협의체는 위원장 1명을 포함하여 10명 이상 40명 이하의 위원으로 구성한다.**"라고 규정하고 있다.

오답풀이

① **지방의회는** 사회보장급여 제공과 관련된 조례를 제정한다. 즉, 조례는 지방의회 의원들이 제정한다. 「지방자치법」 제28조(조례) 제1항에서 "지방자치단체는 법령의 범위에서 그 사무에 관하여 조례를 제정할 수 있다. 다만, 주민의 권리 제한 또는 의무 부과에 관한 사항이나 벌칙을 정할 때에는 법률의 위임이 있어야 한다."라고 규정하고 있다.
② 대표협의체 위원에는 공무원이 **포함된다.** 대표협의체의 위원은 시・군・구 사회보장 관련 주요 구성주체인 공공부문대표・민간부문대표・이용자부문대표 등으로 구성한다.
③ **대표협의체는** 사회보장급여 제공에 관한 사항을 심의・자문한다.
⑤ **보건복지부장관과 시・도지사는** 지역사회보장계획의 시행결과를 평가할 수 있다. 『사회보장급여의 이용・제공 및 수급권자 발굴에 관한 법률』 제39조(지역사회보장계획 시행결과의 평가) 제1항에서 "보건복지부장관은 시・도 지역사회보장계획의 시행결과를, 시・도지사는 시・군・구 지역사회보장계획의 시행결과를 각각 보건복지부령으로 정하는 바에 따라 평가할 수 있다."라고 규정하고 있다.

정답 ④

제12장 민간 지역사회복지실천의 추진체계

제5영역 : 지역사회복지론

01 사회복지협의회

126

사회복지사업법령상 우리나라 사회복지협의회에 관한 설명으로 옳지 않은 것은? • 14회

① 사회복지 소외계층 발굴 및 민간사회복지자원과의 연계·협력 업무를 수행한다.
② 사회복지에 관한 조사·연구 및 정책건의를 수행한다.
③ 사회복지관련 기관·단체 간의 연계·협력·조정 업무를 수행한다.
④ 시·군·구 기초자치단체에 의무적으로 설립해야 하는 것은 아니다.
⑤ 민간 사회복지의 증진을 위한 법정단체이다.

해설
시·군·구 기초자치단체에 의무적으로 설립해야 한다. 「사회복지사업법」이 개정(2024. 1. 2, 일부개정, 시행 2025. 1. 3)되어 시·군·구 단위의 시·군·구 사회복지협의회 설치를 의무화하였다. 즉, 시·군·구 기초자치단체에 사회복지협의회를 설립하는 것도 임의규정이 아니라 의무규정이다.

보충설명
「사회복지사업법」이 개정(2024. 1. 2, 일부개정, 시행 2025. 1. 3)되어 시·군·구 단위의 시·군·구 사회복지협의회 설치를 의무화하였다. 즉, 「사회복지사업법」 제33조(사회복지협의회) 제1항에서 "사회복지에 관한 다음 각 호의 업무를 수행하기 위하여 전국 단위의 한국사회복지협의회(이하 중앙협의회), 시·도 단위의 시·도 사회복지협의회(이하 시·도협의회) 및 시(「제주특별자치도 설치 및 국제자유도시 조성을 위한 특별법」 제10조제2항에 따른 행정시를 포함한다. 이하 같다)·군·구(자치구를 말한다. 이하 같다) 단위의 시·군·구 사회복지협의회(이하 시·군·구협의회)를 둔다."라고 규정하고 있다.

정답 ④

127

사회복지협의회에 관한 설명으로 옳은 것은? • 17회

① 읍·면·동 중심의 공공부문 전달체계와 지역사회보호체계를 구축하고 운영한다.
② 관계법령에 따라 10명 이상 40명 이하의 규모로 위원회를 구성해야 한다.
③ 시·군·구 단위에 의무적으로 설치해야 하는 것은 아니다.
④ 사회복지시설 및 기관 중심의 지역사회복지 증진을 위한 법정단체이다.
⑤ 사회보장급여의 이용·제공 및 수급권자 발굴에 관한 법률에 근거하여 설립된다.

해설
사회복지협의회는 지역사회 안의 각종 사회복지시설, 사회복지에 관심을 갖고 있는 민간단체나 개인의 연합체(association)로서, 「사회복지사업법」에 근거하여 설립되는 법정단체이다.

오답풀이
① 사회복지협의회는 전국 혹은 지방 단위의 민간차원 사회복지를 협의·조정하는 조직으로, 전국 단위의 한국사회복지협의회(중앙협의회)와 시·도 단위의 시·도 사회복지협의회(시·도협의회), 시·군·구 단위의 시·군·구 사회복지협의회(시·군·구협의회)를 둔다. '읍·면·동 중심의 공공부문 전달체계'라는 것은 올바르지 않다.
② 중앙협의회, 시·도협의회 및 시·군·구협의회는 임원으로 대표이사 1인을 포함한 15인 이상 30인 이하(시·군·구협의회의 경우에는 10인 이상 30인 이하)의 이사와 감사 2인을 둔다.
③ 시·군·구 기초자치단체에 사회복지협의회를 설립하는 것은 의무규정이다.
⑤ 「사회복지사업법」에 근거하여 설립된다.

정답 ④

128

사회복지협의회에 관한 설명으로 옳지 않은 것은? · 18회

① 민간 사회복지 증진을 위한 법적 단체
② 사회복지 소외계층 발굴 및 민간사회복지자원과의 연계·협력
③ 시·도와 시·군·구에서 모두 임의적 설치
④ 1970년 사회복지법인 한국사회복지협의회로 명칭 변경
⑤ 사회복지에 관한 조사·연구 및 정책 건의

해설

시·도와 시·군·구에서 모두 의무설치이다. 즉, 「사회복지사업법」 제33조(사회복지협의회)에 "전국 단위의 한국사회복지협의회(중앙협의회)와 시·도 단위의 시·도 사회복지협의회(시·도협의회), 시·군·구 단위의 시·군·구 사회복지협의회(시·군·구협의회)를 둔다."고 규정하고 있다.

보충설명

① 사회복지협의회는 지역사회 안의 각종 사회복지시설, 사회복지에 관심을 갖고 있는 민간단체나 개인의 연합체(association)로서, 「**사회복지사업법**」에 근거하여 설립되는 법적 단체이다.
②, ⑤ 사회복지협의회는 1. **사회복지에 관한 조사·연구 및 정책 건의**, 2. 사회복지 관련 기관·단체 간의 연계·협력·조정, 3. **사회복지 소외계층 발굴 및 민간사회복지자원과의 연계·협력**, 4. 대통령령으로 정하는 사회복지사업의 조성 등의 업무를 수행한다.
④ 1970년 5월 한국사회복지사업연합회의 명칭을 사회복지법인 한국사회복지협의회로 변경하였다.

정답 ③

129

사회복지협의회에 관한 설명으로 옳지 않은 것은? · 19회

① 사회복지사업법에 근거를 둔 법정단체이다.
② 민·관 협력을 위해 시·군·구에 설치된 공공기관이다.
③ 한국사회복지협의회는 기타 공공기관으로 지정되었다.
④ 사회복지기관 간 연계·협력·조정 등의 업무를 수행한다.
⑤ 광역 및 지역 단위 사회복지협의회는 독립적인 사회복지법인이다.

해설

사회복지협의회란 민·관 협력이 아니라 **민간단체나 개인의 연합체로서, 중앙, 시·도, 시·군·구에 설치된 민간기관이다.** 「사회복지사업법」 제33조(사회복지협의회)에 "전국 단위의 한국사회복지협의회(중앙협의회)와 시·도 단위의 시·도 사회복지협의회(시·도협의회), 시·군·구 단위의 시·군·구 사회복지협의회(시·군·구협의회)를 둔다."고 규정하고 있다.

보충설명

① 사회복지협의회는 「사회복지사업법」에 근거하여 설립되는 법적 단체이다.
③ 2009년 한국사회복지협의회가 보건복지부 산하 기타공공기관으로 지정되었다.
④ 사회복지협의회는 1. 사회복지에 관한 조사·연구 및 정책 건의, 2. 사회복지 관련 기관·단체 간의 연계·협력·조정, 3. 사회복지 소외계층 발굴 및 민간사회복지자원과의 연계·협력, 4. 대통령령으로 정하는 사회복지사업의 조성 등의 업무를 수행한다.
⑤ 1998년 「사회복지사업법」 개정으로 **시·도 단위 사회복지협의회는 독립 법인화되었으며**, 2003년 「사회복지사업법」 개정으로 **시·군·구 사회복지협의회가 법정 단체화되었다.**

정답 ②

02 지역사회복지관

130

우리나라 사회복지관에 관한 설명으로 옳지 않은 것은? · 15회

① 사회복지관 사업이 지방이양사업으로 선정되어 재정지원방법이 변경되었다.
② 사회복지관 5대 사업이 사례관리기능, 서비스제공기능, 지역조직화기능 등 3대 기능으로 개편되었다.
③ 사회복지관 운영은 사회보장기본법에 근거한다.
④ 사회복지관 평가제도가 실시되고 있다.
⑤ 사회복지관의 운영원칙으로 지역성, 전문성, 책임성 등이 있다.

해설

사회복지관 운영은 「사회복지사업법」에 근거한다. 참고로 1983년 개정된 사회복지사업법을 토대로 사회복지관의 설립 및 운영을 지원하는 근거가 마련되었다.

+보충설명

① 사회복지관은 국고보조금 및 지방비와 법인 자부담이라는 재정구조를 가지고 있었으나, 2005년부터 지방재정운용의 자율성을 높이기 위하여 국고보조금이 분권교부세로 전환되었으며 사회복지관의 운영은 **지방자치단체의 일반재정에 의해 운영**되게 하였다. 분권교부세는 2015년부터 보통교부세로 통합되었다. 즉 **종전 분권교부세 지원사업 중 정신요양, 장애인생활시설, 양로시설사업(3개)은 국고 지원으로 환원**되고, 그 외 지방이양사업은 2015년부터 보통교부세로 통합 지원되고 있다.
② 2012년 「사회복지사업법」 개정으로 **사회복지관 5대 분야사업**(가족복지사업, 지역사회보호사업, 교육·문화사업, 자활사업, 지역사회조직사업)이 사례관리 기능, 서비스제공기능, 지역조직화기능의 **3대 기능으로 개편**되었다.
④ 1997년 「사회복지사업법」 개정으로 사회복지관을 포함하여 사회복지시설을 3년에 1회 이상 평가하게 되었으며, **2014년 사회복지사업법 개정으로 3년마다 사회복지시설에 대한 평가를 실시**하고 있다.
⑤ 사회복지관의 운영원칙에는 **지역성, 전문성, 책임성, 자율성, 통합성, 자원활용, 중립성, 투명성의 원칙**이 있다.

정답 ③

131

다음 사회복지관에 관한 설명으로 옳지 않은 것은? · 19회

> 행복시(市)에서 직영하고 있는 A사회복지관은 노인, 장애인 등 취약계층의 욕구 충족과 사회적 지지체계 구축을 위한 자원봉사 프로그램을 개발하였고, 이를 심의하기 위해 운영위원회를 개최하였다.

① 운영위원회는 프로그램 개발, 평가에 관한 사항을 심의한다.
② 자원봉사자 개발·관리는 지역조직화 기능에 해당한다.
③ 취약계층 주민에게 우선적인 서비스를 제공하여야 한다.
④ 운영위원회는 5명 이상 15명 이하의 위원으로 구성한다.
⑤ 사회복지법인, 기타 비영리법인에 한하여 설치·운영할 수 있다.

해설

사회복지관은 **지방자치단체, 사회복지법인 및 기타 비영리법인**이 설치·운영할 수 있다.

+보충설명

① 운영위원회는 프로그램 개발, 평가에 관한 사항을 **심의한다**. 「사회복지사업법」 제36조(운영위원회) 제1항에서 "시설의 장은 시설의 운영에 관한 **다음 각 호의 사항을 심의하기 위하여** 시설에 운영위원회를 두어야 한다. 다만, 보건복지부령으로 정하는 경우에는 복수의 시설에 공동으로 운영위원회를 둘 수 있다. 1. 시설운영계획의 수립·평가에 관한 사항, 2. **사회복지 프로그램의 개발·평가에 관한 사항**, 3. 시설 종사자의 근무환경 개선에 관한 사항, 4. 시설 거주자의 생활환경 개선 및 고충 처리 등에 관한 사항, 5. 시설 종사자와 거주자의 인권보호 및 권익증진에 관한 사항, 6. 시설과 지역사회의 협력에 관한 사항, 7. 그 밖에 시설의 장이 운영위원회의 회의에 부치는 사항"라고 규정하고 있다.
② 자원봉사자 개발·관리는 **지역조직화 기능 중 자원개발 및 관리에** 해당된다.
③ 사회복지관 사업의 대상은 사회복지서비스 욕구를 가지고 있는 **모든 지역주민으로 하되, 취약계층 주민에게 우선적인 서비스를 제공하여야 한다**.
④ 운영위원회는 5명 이상 15명 이하의 위원으로 구성한다. 「사회복지사업법 시행규칙」 제24조(운영위원회의 설치 및 운영 등) 제1항에서 "법 제36조제1항에 따른 운영위원회의 위원은 **위원장을 포함하여 5명 이상 15명 이하의 위원으로 구성**한다. 다만, 법 제36조제2항 각 호 중 같은 호에 해당하는 위원이 2명을 초과하여서는 아니 된다."라고 규정하고 있다.

정답 ⑤

132

사회복지사업법령에 명시된 내용으로 옳지 않은 것은? · 12회

① 사회복지시설의 수용인원은 300명을 초과할 수 없다.
② 사회복지법인의 감사는 법인의 이사, 법인이 설치한 사회복지시설의 장 또는 그 직원을 겸할 수 없다.
③ 사회복지시설 평가는 매 3년마다 실시하여야 한다.
④ 사회복지법인 이사의 임기는 3년으로 하고 연임할 수 있다.
⑤ 사회복지시설의 위탁계약기간은 3년 이내로 한다.

해설

「사회복지사업법」 제34조 제4항에서 "국가나 지방자치단체가 설치한 시설은 필요한 경우 사회복지법인이나 비영리법인에 위탁하여 운영하게 할 수 있다."라고 규정하고 있으며, 동법 시행령 제21조의2(시설의 위탁) 제2항에서 "위탁계약기간은 5년으로 한다."라고 규정하고 있다.

오답풀이

③ 보건복지부장관 및 시·도지사는 3년마다 시설에 대한 평가를 실시하여야 한다(동법 시행규칙 제27조의2). → 2014.12.24. 개정으로 '3년마다 1회 이상'을 '3년마다'로 변경
④ 이사의 임기는 3년으로 하고 감사의 임기는 2년으로 하며, 각각 연임할 수 있다(동법 제33조의4).

정답 ⑤

133

사회복지관 사업 내용 중 지역조직화 기능에 해당하는 것은? · 21회

① 독거노인을 위한 도시락 배달
② 한부모 가정 아동을 위한 문화 프로그램 제공
③ 아동 자립생활 지원을 위한 후원자 개발
④ 학교 밖 청소년을 위한 직업기능 교육
⑤ 장애인 일상생활 지원을 위한 서비스 제공

해설

아동 자립생활 지원을 위한 후원자 개발은 지역조직화 기능 중 자원 개발 및 관리 사업에 해당한다.

오답풀이

① 독거노인을 위한 도시락 배달은 급식서비스로 서비스제공 기능 중 지역사회보호 사업에 해당한다.
② 한부모 가정 아동을 위한 문화 프로그램 제공은 문화복지사업으로 서비스제공 기능 중 교육문화 사업에 해당한다.
④ 학교 밖 청소년을 위한 직업기능 교육은 직업기능훈련으로 서비스제공 기능 중 자활지원 등 기타 사업에 해당한다.
⑤ 장애인 일상생활 지원을 위한 서비스 제공은 일상생활 지원으로 서비스제공 기능 중 지역사회보호 사업에 해당한다.

정답 ③

03 사회복지공동모금회

134

우리나라의 사회복지공동모금회에 관한 설명으로 옳은 것은?

• 13회

① 설립 근거법은 사회복지사업기금법이다.
② 조직은 시·도별 지회형식에서 독립법인형식으로 변경되었다.
③ 모금방식은 기간을 기준으로 크게 연말집중모금과 연중모금으로 분류한다.
④ 배분사업은 신청사업과 지정기탁사업의 2가지로 구성된다.
⑤ 전체 모금액 중 개인 모금액이 차지하는 비중이 법인 모금액보다 크다.

해설

모금은 연말 집중 모금과 연중 모금 캠페인으로 이루어진다. 참고로 「사회복지공동모금회법」 제18조(기부금품의 모집)에서 "모금회는 사회복지사업이나 그 밖의 사회복지활동을 지원하기 위하여 **연중 기부금품을 모집·접수**할 수 있으며, 모금회는 효율적인 모금을 위하여 기간을 정하여 **집중모금**을 할 수 있다."고 규정하고 있다.

오답풀이

① 설립 근거법은 「**사회복지공동모금회법**」으로, 동법 제4조(사회복지공동모금회의 설립)에서 "사회복지공동모금사업을 관장하도록 하기 위하여 사회복지공동모금회를 둔다."고 규정하고 있다.
② **사회복지공동모금회의 조직은** 전국 단위의 모금사업을 관장하는 **중앙회와 지역단위의 모금사업을 관장하는 특별시·광역시 및 도의 17개 지역공동모금회(지회)**가 있다.
④ **배분사업은 신청사업(일반사업), 기획사업(제안기획, 테마기획), 긴급지원사업, 지정기탁사업의 4가지로 구성**된다.
⑤ 전체 모금액 중 개인 모금액이 차지하는 비중이 법인 모금액보다 **작다**. 선진국에서는 개인모금이 많은 비중을 차지하고 있지만, 우리나라는 대기업에 의한 기부금액이 큰 비중을 차지하고 있다.

정답 ③

135

자원 동원 기관에 관한 설명으로 옳지 않은 것은?

• 17회

① 사회복지공동모금회의 신청사업은 프로그램사업과 긴급지원사업으로 나누어 공모형태로 진행된다.
② 기업의 사회공헌센터를 통한 기여 형태는 현금, 물품, 인력 등으로 다양하다.
③ 기부식품등 제공사업은 이용자에게 기초푸드뱅크·마켓을 통해 기부물품을 제공하고 있다.
④ 자원봉사센터는 자원봉사활동기본법에 근거하여 자원봉사자를 양성·배치하는 역할을 수행한다.
⑤ 사회복지공동모금회는 노블레스 오블리주 실천을 위한 아너소사이어티(honor society)를 운영하고 있다.

해설

사회복지공동모금회의 배분사업은 신청사업, 기획사업, 긴급지원사업, 지정기탁사업으로 구분되며, 이 중 **기획사업이 제안기획과 테마기획으로 나누어 진행**된다. **신청사업은** 지역복지 증진 및 문제해결을 위해 사회복지관, 단체, 시설 등에서 사업내용을 정해 **자유주제 공모형태로 신청 받아 배분하는 사업**이다.

보충설명

② **기업의 사회공헌활동**은 협의적으로는 단순히 기업의 이득 및 소득의 일부를 사회에 환원하는 것이며, 광의적으로는 기업이 가진 재능, 능력, 재원 등을 이용하여 사회 전반에 산재해 있는 문제들을 해결하고, 공익을 위해 활동하는 것을 말한다. 기업의 사회공헌센터를 통한 **기여 형태는 현금, 물품, 인력, 장비, 기술 등으로 다양**하다.
③ 「식품등 기부 활성화에 관한 법률」 제2조(정의) 제2호에 "**기부식품 등**"이란 생활이 어려운 자에게 지원할 목적으로 제공된 식품 등을 말한다. **기초자치단체에 기초푸드뱅크와 기초푸드마켓을 통해** 복지소외계층(결식아동, 독거어르신, 재가장애인, 조손가정 등)에게 식품 등(식품 및 생활용품)을 전달하거나 복지소외계층 본인이 직접 방문하여 식품 등을 선택 이용할 수 있게 하고 있다.
④ 자원봉사센터는 「**자원봉사활동기본법**」**에 설치 및 운영 규정**이 있다. **특별시·광역시·도 자원봉사센터**는 지역 내 자원봉사 활성화를 위하여 자원봉사 관리자 및 지도자의 교육훈련, 자원봉사 프로그램의 개발 및 보급 등의 사업을 수행하며, **시·군·자치구 자원봉사센터**는 지역 내 자원봉사 활성화를 위하여 자원봉사자의 모집 및 교육·홍보, 자원봉사 수요기관 및 단체에 자원봉사자 배치 등의 사업을 수행한다.
⑤ 사회복지공동모금회는 2007년 12월 사회지도층의 나눔 참여를 선도하고 한국형 고액기부 문화를 창출하려는 목적으로 1억 원 이상 고액기부자들의 모임인 아너 소사이어티(honor society)를 결성했다. 기부는 1억 원 이상 기부 또는 5년 이내에 1억 원 이상을 납부하기로 약정하는 방식이다.

정답 ①

136

사회복지공동모금회에 관한 설명으로 옳지 않은 것은? · 19회

① 기획, 홍보, 모금, 배분 업무를 수행한다.
② 사회복지사업법에 의한 사회복지법인이다.
③ 지정기부금 모금단체이다.
④ 사회복지 프로그램의 전문성 제고에 기여할 수 있다.
⑤ 지역사회의 자원을 동원하는 민간운동적인 특성이 있다.

해설

2010년 기부금 세제개편 시 기부문화 활성화를 위하여 전문모금기관 및 공공기관 중 공공성 등 일정요건을 충족하는 기관을 법인세법 시행규칙에서 법정기부금단체로 규정하는 제도가 신설되었으며, **2011년 사회복지공동모금회가 법정기부금단체로 규정**되었다. 참고로 법정기부금단체는 지정기부금단체보다 세제혜택 범위가 높다.

보충설명

① 「사회복지공동모금회법」 제13조(분과실행위원회) 제1항에서 "모금회의 **기획·홍보·모금·배분 업무**에 관한 사항을 심의하기 위하여 해당 분야의 전문가와 시민대표 등으로 구성되는 기획분과실행위원회, 홍보분과실행위원회, 모금분과실행위원회 및 배분분과실행위원회 등 분과실행위원회를 둔다."라고 규정하고 있다.
② 동법 제4조(사회복지공동모금회의 설립) 제1항에서 "사회복지공동모금사업을 관장하도록 하기 위하여 사회복지공동모금회(이하 모금회라 한다)를 둔다." 제2항에서 "모금회는 「**사회복지사업법**」 제2조제3호의 **사회복지법인으로 한다.**"라고 규정하고 있다.
④ 공동의 모금과 배분과정을 통해서 사회복지 전문화에도 상당부분 기여할 수 있다.
⑤ 공동모금을 통하여 산발적인 자선모금활동을 줄이고 법이 보장하는 제도적인 틀 안에서 지역사회의 자원을 동원하는 민간운동적인 특성이 있다.

정답 ③

137

사회복지공동모금회법상 사회복지공동모금회에 관한 설명으로 옳지 않은 것은? · 22회

① 사회복지공동모금회는 사회복지법인이다.
② 특별시·광역시·특별자치시·도·특별자치도 단위 사회복지공동모금지회를 둔다.
③ 임원의 임기는 2년으로 하며, 한 차례만 연임할 수 있다.
④ 모금회가 아닌 자는 사회복지공동모금 또는 이와 유사한 명칭을 사용하지 못한다.
⑤ 사회복지활동 등을 지원하기 위한 재원을 조성하기 위하여 복권을 발행할 수 있다.

해설

「사회복지공동모금회법」 제7조(**임원**) 제2항에서 "임원의 임기는 **3년**으로 하며, 한 차례만 연임할 수 있다."라고 규정하고 있다.

보충설명

① 동법 제4조(**사회복지공동모금회의 설립**) 제2항에서 "모금회는 「사회복지사업법」 제2조제3호의 사회복지법인으로 한다."라고 규정하고 있다.
② 동법 제14조(**지회**) 제1항에서 "모금회에 지역단위의 사회복지공동모금사업을 관장하기 위하여 특별시·광역시·특별자치시·도·특별자치도(이하 시·도라 한다) 단위 사회복지공동모금지회(이하 지회라 한다)를 둔다."라고 규정하고 있다.
④ 동법 제29조(**유사명칭 사용금지**)에서 "모금회가 아닌 자는 사회복지공동모금 또는 이와 유사한 명칭을 사용하지 못한다."라고 규정하고 있다.
⑤ 동법 제18조의2(**복권의 발행**) 제1항에서 "모금회는 사회복지사업이나 그 밖의 사회복지활동 등을 지원하기 위한 재원을 조성하기 위하여 복권을 발행할 수 있다."라고 규정하고 있다.

정답 ③

04 지역자활센터

138 ✓확인 ☐☐☐

자활사업에 관한 설명으로 옳은 것은? ·12회

① 자활사업은 생활보호법이 시행되면서 본격적으로 이루어졌다.
② 광역자활센터는 2013년 12월 기준 16개 광역 시·도에 설치되어 있다.
③ 자활사업 활성화를 위해 민관협력체계인 자활기관협의체가 운영되고 있다.
④ 자활센터에서는 사례관리가 시행되고 있지 않다.
⑤ 자활사업 참여 대상자는 차상위계층만 해당된다.

139 ✓확인 ☐☐☐

지역사회 복지기관의 역할로 옳지 않은 것은? ·23회

① 사회복지협의회 : 사회복지기관 간의 연계·협력·조정
② 자원봉사센터 : 자원봉사 프로그램 개발·보급
③ 지역자활센터 : 자활기금 설치·운영
④ 사회복지공동모금회 : 모금 및 배분의 운용·관리
⑤ 사회복지관 : 지역사회 복지문제 예방·해결

해설

자활기관협의체는 시장·군수·구청장이 조건부수급자 등 저소득층에 대한 자활지원사업의 효율적인 추진을 위하여 직업안정기관·자활사업실시기관 및 사회복지시설 등의 장으로 구성된 상시적인 협의체이다. 자활기관협의체의 목적은 조건부수급자 등 저소득층의 자활을 위한 사업 의뢰 및 사후관리체계 구축, 지역자활지원사업의 활성화를 위한 공공·민간자원의 총체적 활용 도모, 수급자의 자활 및 복지욕구 충족을 위한 지역사회 중심의 복지서비스 연계시스템을 마련함으로써 실질적인 사례관리(Case Management)체계를 구축하는 것이다.

✗ 오답풀이

① 자활사업은 김영삼 정부(문민정부) 시기인 1995년 3월 한국보건사회연구원의 '저소득층의 실태변화와 정책과제'에 의해 필요성이 제기되었으며, '국민복지기획단'에서 설치를 건의하여 **1996년 6월 자활지원센터가 시범적으로 5개소가 출범하여 운영**되었다. 시범사업 실시 후 2000년까지 70개소가 지정·운영되었다.
② 2004년~2006년까지 광역자활센터(3개소) 시범사업을 실시하였으며, 2008년 3개소 확대 설치, 2009년 1개소 확대 설치, 2012년 **광역자활센터(7개소)가 법적 근거를 마련**하였으며, 2013년 7개소에서 **10개소로 확대 설치**(2019년 15개소로 확대설치되어 2023년 현재 16개소임)하였다.
④ 자활센터에서는 **자활사업 참여자 사례관리를 통해 지역밀착형 취업 지원**을 한다.
⑤ **자활사업의 참여 대상자**는 조건부수급자, 자활급여특례자, 일반수급자, 급여특례가구원, 차상위계층, 근로능력이 있는 시설수급자이다.

정답 ③

해설

자활기금의 설치 및 운영주체는 **시·도지사 및 시·군·구청장**이다. 「국민기초생활보장법」 제26조의2(자활기금의 적립) 제1항에서 "법 제18조의7제1항에 따라 특별시장·광역시장·특별자치시장·도지사·특별자치도지사(이하 시·도지사라 한다) 또는 시장·군수·구청장이 적립해야 하는 자활기금의 적립금액은 시·도지사 또는 시장·군수·구청장이 정한다."라고 규정하고 있다.

+ 보충설명

① 사회복지협의회는 **사회복지 관련 기관·단체 간의 연계·협력·조정** 역할을 한다(「사회복지사업법」 제33조).
② 특별시·광역시·도 자원봉사센터는 **자원봉사 프로그램의 개발 및 보급 사업**을 수행하며, 시·군·자치구 자원봉사센터는 **자원봉사 프로그램의 개발·보급 및 시범운영**을 수행한다(「자원봉사활동기본법」 제15조).
④ 사회복지공동모금회는 **공동모금재원의 운용 및 관리, 공동모금재원의 배분 등**의 사업을 수행한다(「사회복지공동모금회법」 제5조).
⑤ 사회복지관이란 지역사회를 기반으로 일정한 시설과 전문인력을 갖추고 지역주민의 참여와 협력을 통하여 **지역사회의 복지문제를 예방하고 해결**하기 위하여 종합적인 복지서비스를 제공하는 시설을 말한다(「사회복지사업법」 제2조의5).

정답 ③

05 지역아동센터

140 ✓확인 ☐☐☐

지역사회복지 추진기관에 관한 설명으로 옳은 것은? · 15회

① 빈곤아동의 통합사례관리를 하는 드림스타트 사업은 민간영역의 사업이다.
② 희망복지지원단은 지역주민 맞춤형 통합서비스체계 구축을 목적으로 지역사회가 보유한 자원과 서비스를 총괄적으로 조정한다.
③ 사회복지공동모금회의 지정기탁사업은 개별 사회복지 기관이나 시설에서 공모사업에 신청함으로써 배분된다.
④ 지역사회아동의 돌봄서비스를 제공하는 지역아동센터는 보호프로그램만 제공한다.
⑤ 지역주민 맞춤형 가족지원서비스를 제공하는 건강가정지원센터는 읍·면·동에 설치되어 있다.

해설
2012년부터 시·군·구에 설치·운영된 **희망복지지원단**은 공공영역의 통합사례관리방법을 바탕으로 **지역사회가 보유한 자원과 서비스를 총괄적으로 조정**하는 컨트롤타워로서의 역할을 수행하고 있으며, 세부적인 업무내용으로는 기초지방자치단체의 읍·면·동 주민센터에서 발굴한 대상자에 대한 초기상담을 실시하고 통합사례관리체계 내에서 지역사회의 복지자원을 바탕으로 대상자 욕구충족을 위한 **맞춤형 서비스를 제공**한다.

✗ 오답풀이
① 시·군·구 단위를 사업실시 지역으로 하는 드림스타트는 보건복지가족부에서 2007년 희망스타트라는 이름으로 전국적인 시범사업을 시작했고, **2008년부터 드림스타트(Dream-Start)라는 이름으로 추진**되고 있다. 빈곤아동의 통합사례관리를 하는 드림스타트 사업은 민간영역의 사업이 아니라, **시·군·구청장이 운영에 대한 책임**을 지고 있다.
③ 사회복지공동모금회의 지정기탁사업은 기부자가 지역, 대상, 사용용도 등을 지정한 배분사업이며, 개별 사회복지 기관이나 시설에서 공모사업에 신청함으로써 배분되는 것은 "신청사업"이다.
④ 지역사회아동의 돌봄서비스를 제공하는 지역아동센터는 **보호프로그램, 교육프로그램, 문화프로그램, 정서지원프로그램, 지역사회 연계 프로그램을 제공**한다.
⑤ 지역주민들의 특성을 고려한 맞춤형 가족지원서비스를 제공하는 건강가정지원센터는 **시·도 및 시·군·구에 설치**되어 있다. 참고로 현행 「건강가정기본법」 제35조(건강가정지원센터의 설치) 제1항에서 "국가 및 지방자치단체는 가정문제의 예방·상담 및 치료, 건강가정의 유지를 위한 프로그램의 개발, 가족문화운동의 전개, 가정관련 정보 및 자료제공 등을 위하여 건강가정지원센터를 설치·운영하여야 한다."라고 규정하고 있다.

정답 ②

06 자원봉사센터

141 ✓확인 ☐☐☐

우리나라의 자원봉사센터에 관한 설명으로 옳지 않은 것은? · 10회

① 한국자원봉사협의회는 보건복지부장관의 인가를 받아 설립한다.
② 시·군·구 자원봉사센터는 자원봉사 수요기관 및 단체에 자원봉사자 배치 사업을 한다.
③ 자원봉사활동을 효율적으로 추진하기 위하여 필요하다고 인정할 때에는 국가기관 및 지방자치단체가 운영할 수 있다.
④ 지방자치단체는 자원봉사센터의 조직 및 운영 등에 관한 사항을 조례로 정한다.
⑤ 자원봉사센터는 자원봉사활동을 개발·장려·연계·협력 등의 사업을 수행하기 위하여 설치된 기관이다.

해설
한국자원봉사협의회는 정관을 작성하여 **행정안전부장관의 인가**를 받아 등기함으로써 설립된다(「자원봉사활동기본법」 제17조 제3항).

정답 ①

142 ✓확인 ☐☐☐

자원봉사활동 추진체계의 역할로 옳지 않은 것은? · 21회

① 보건복지부 : 자원봉사활동의 진흥을 위한 국가기본계획 수립
② 지방자치단체 : 자원봉사센터 운영을 위한 예산 지원
③ 중앙자원봉사센터 : 자원봉사센터 정책 개발 및 연구
④ 시·도 자원봉사센터 : 자원봉사 프로그램 개발 및 보급
⑤ 시·군·구 자원봉사센터 : 지역 자원봉사 거점역할 수행

해설

자원봉사활동의 진흥을 위한 국가기본계획 수립은 **행정안전부**에서 한다. 「자원봉사활동기본법」 제9조(자원봉사활동의 진흥에 관한 국가기본계획의 수립) 제1항에서 "**행정안전부장관은** 관계 중앙행정기관의 장과 협의하여 자원봉사활동의 진흥을 위한 국가기본계획을 5년마다 수립하여야 한다."라고 규정하고 있다.

➕ 보충설명

자원봉사활동 추진체계의 역할은 아래 표와 같다.

[표] 자원봉사활동 추진체계

구 분	역 할
행정안전부	• 자원봉사활동 기본법 및 시행령 관리 • 자원봉사진흥 국가 기본계획 수립 • 자원봉사진흥 시행계획 수립 • 자원봉사센터 운영지침 수립 • 중앙 및 지역 자원봉사센터 지원 • 1365자원봉사포털 개발·보급
지방자치단체	• 자원봉사센터 예산 지원 및 업무협조 • 자원봉사센터 지도 및 감독
한국중앙자원봉사센터	• 자원봉사 정책개발 관련 연구 및 조사 • 시도/시군구 자원봉사센터 지원 • 국정·현안 사업추진 지원 • 자원봉사센터 운영지침 운영·지원 • 1365자원봉사포털 운영·지원
시·도 자원봉사센터	• 광역 단위 자원봉사활성화 기본계획수립 • 시군구 자원봉사센터 업무 지원 • 자원봉사 프로그램의 개발 및 보급 • 자원봉사와 관련한 자원 발굴 • 1365자원봉사포털 활용
시·군·구 자원봉사센터	• 기초 단위 자원봉사활동 추진 • 자원봉사 거점 역할 수행 • 자원봉사자 및 수요처 관리 • 1365자원봉사포털 활용

※ 출처 : 「2023년 자원봉사센터 운영지침」, 행정안전부

🔍정답 ①

07 사회적 경제 주체

143 ✓확인 ☐☐☐

사회적 경제의 주체에 관한 설명으로 옳은 것을 모두 고른 것은? · 15회

ㄱ. 마을기업은 지역공동체 이익을 추구하고 지역자원을 활용한다.
ㄴ. 사회적 기업은 사회적 목적을 추구하며, 영업활동을 하는 기업은 아니다.
ㄷ. 협동조합은 조합원의 권익 향상과 지역사회 공헌을 목적으로 한다.
ㄹ. 지역자활센터는 수급자와 차상위계층의 자활을 촉진하며, 사회복지법인만이 신청할 수 있다.

① ㄱ, ㄷ   ② ㄴ, ㄷ   ③ ㄴ, ㄹ
④ ㄱ, ㄴ, ㄷ   ⑤ ㄱ, ㄴ, ㄷ, ㄹ

해설

ㄱ. **마을기업**은 마을 주민들이 스스로 각종 지역사회 자원을 활용한 수익사업을 통하여 지역공동체를 활성화하고 지역주민들에게 안정적인 소득과 일자리를 제공함으로써 궁극적으로 지역사회 발전에 기여하는 **마을 중심의 기업**을 의미한다.

[표] 마을기업 선정요건

선정요건	내 용
조직형태	조직형태는 법인, 출자는 최소 5인 이상
지역성	마을이 보유한 자원을 활용해야 함
공공성	운영과정에서 현행법을 지켜야 하고, 행정관련 기관의 지도감독을 받아야 함
중복성	마을기업으로 지원받은 이후 사회적 기업 등으로 전환 안 됨

ㄷ. 2012년 제정된 협동조합기본법에서는 **협동조합**을 재화나 용역의 구매, 생산, 판매, 제공 등의 행위를 협동의 방식으로 영위하여 **조합원의 권익을 향상하고 지역사회에 공헌하는 사업조직으로 명시**하고 있다.

❌ 오답풀이

ㄴ. 2007년에 제정된 사회적 기업 육성법에 의해 설치된 **사회적 기업**은 취약계층에게 사회서비스 또는 일자리를 제공하거나 지역사회에 공헌함으로써 지역주민의 삶의 질을 높이는 등의 사회적 목적을 추구하면서 **재화 및 서비스의 생산·판매 등 영업활동을 하는 기업**으로서 **고용노동부장관의 인증**을 받은 기관이다.

ㄹ. 지역자활센터는 수급자와 차상위계층의 자활을 촉진하는 것은 맞지만, 사회복지법인만이 신청할 수 있다는 것은 올바르지 않다. 국민기초생활보장법 제16조(지역자활센터 등) 제1항에서 "보장기관은 수급자 및 차상위자의 자활 촉진에 필요한 사업을 수행하게 하기 위하여 **사회복지법인, 사회적 협동조합 등 비영리법인과 단체**를 법인 등의 신청을 받아 지역자활센터로 지정할 수 있다."고 규정하고 있다.

🔍정답 ①

144

사회적 경제 영역에 관한 설명으로 옳지 않은 것은? · 17회

① 협동조합은 협동조합기본법에 따라 조합원의 권익옹호와 지역사회에 공헌하는 사업조직을 말한다.
② 마을기업은 주민이 지역자원을 활용한 수익사업을 통해 지역공동체를 활성화한다.
③ 사회적 기업은 취약계층에게 일자리를 제공하며 사회적기업육성법에 따라 영리를 추구하지 않는다.
④ 자활기업은 저소득층이 상호 협력하여 공동사업자의 형태로 탈빈곤을 도모한다.
⑤ 사회적 경제는 사회적 목적과 민주적 운영 원리를 가진 호혜적 경제활동조직이다.

해설

「사회적기업육성법」 제2조(정의) 제1호에서 "**사회적기업이란 취약계층에게 사회서비스 또는 일자리를 제공**하거나 지역사회에 공헌함으로써 지역주민의 삶의 질을 높이는 등의 사회적 목적을 추구하면서 재화 및 서비스의 생산·판매 등 **영업활동을 하는 기업**으로서 제7조에 따라 인증받은 자를 말한다."라고 규정하고 있다. 즉, 영리를 추구할 수 있다. 다만, 회계연도별로 배분 가능한 이윤이 발생한 경우에는 **이윤의 3분의 2 이상을 사회적 목적을 위하여 사용**해야 한다.

보충설명

① 「협동조합기본법」 제2조(정의) 제1호에서 "**협동조합이란** 재화 또는 용역의 구매·생산·판매·제공 등을 협동으로 영위함으로써 **조합원의 권익을 향상하고 지역 사회에 공헌하고자 하는 사업조직**을 말한다."라고 규정하고 있다.
② 마을기업은 지역주민이 각종 지역자원을 활용한 수익사업을 통하여 **지역공동체를 활성화**하고 지역주민들에게 안정적인 소득과 일자리를 제공함으로써 궁극적으로 지역사회 발전에 기여하는 마을 중심의 기업을 의미한다.
④ 자활기업은 수급자나 저소득계층이 조합이나 공동사업자의 형태로 공동창업하는 경우로써 빈곤탈피를 목적으로 하는 자활사업체를 의미한다.
⑤ 사회적 경제는 자본보다 사람과 사회적인 목적을 우선시하며, 조직구성원은 타의에 의한 수동적 참여가 아니라 자발적이고 개방적 참여가 가능해야 하고 구성원들에 의해 조직이 민주적으로 통제되어야 한다. 또한 사회적 경제조직에서 발생한 **이익은 조직의 지속적인 발전과 함께 조직 구성원과 사회의 이익을 위해 사용**되어야 한다.

정답 ③

145

사회적기업에 관한 설명으로 옳은 것을 모두 고른 것은? · 21회

㉠ 유급근로자를 고용하여 영업활동을 해야 사회적기업으로 인증받을 수 있다.
㉡ 조직형태는 민법에 따른 조합, 상법에 따른 회사, 특별법에 따른 법인 등이 있다.
㉢ 보건복지부로부터 사회적기업으로 인증을 받아야 활동할 수 있다.
㉣ 서비스 수혜자, 근로자 등 이해관계자가 참여하는 의사결정 구조를 갖추어야 한다.

① ㉠, ㉡   ② ㉠, ㉢   ③ ㉡, ㉢
④ ㉠, ㉡, ㉣   ⑤ ㉠, ㉢, ㉣

해설

「사회적기업육성법」 제8조(사회적기업의 인증 요건 및 인증 절차) 제1항에서 "사회적기업으로 인증받으려는 자는 다음 각 호의 요건을 모두 갖추어야 한다."라고 규정하고 있다.
1. 「민법」에 따른 법인·조합, 「상법」에 따른 회사·합자조합, 특별법에 따라 설립된 법인 또는 비영리민간단체 등 대통령령으로 정하는 조직 형태를 갖출 것(㉡)
2. 유급근로자를 고용하여 재화와 서비스의 생산·판매 등 영업활동을 할 것(㉠)
3. 취약계층에게 사회서비스 또는 일자리를 제공하거나 지역사회에 공헌함으로써 지역주민의 삶의 질을 높이는 등 사회적 목적의 실현을 조직의 주된 목적으로 할 것. 이 경우 그 구체적인 판단기준은 대통령령으로 정한다.
4. 서비스 수혜자, 근로자 등 이해관계자가 참여하는 의사결정 구조를 갖출 것(㉣)
5. 영업활동을 통하여 얻는 수입이 대통령령으로 정하는 기준 이상일 것
6. 제9조에 따른 정관이나 규약 등을 갖출 것
7. 회계연도별로 배분 가능한 이윤이 발생한 경우에는 이윤의 3분의 2 이상을 사회적 목적을 위하여 사용할 것(「상법」에 따른 회사·합자조합인 경우만 해당한다)
8. 그 밖에 운영기준에 관하여 대통령령으로 정하는 사항을 갖출 것

오답풀이

㉢ 동법 제7조(사회적기업의 인증) 제1항에서 "사회적기업을 운영하려는 자는 제8조의 인증 요건을 갖추어 **고용노동부장관의 인증을 받아야 한다**."라고 규정하고 있다.

정답 ④

146

✓확인 ☐☐☐

다음 설명을 모두 충족하는 것은?

· 22회

- 지역공동체에 기반하여 활동한다.
- 도시재생 활성화 및 지원에 관한 특별법에 근거를 두고 있다.
- 주민이 지역자원을 활용한 수익사업을 통해 지역공동체를 활성화한다.

① 사회적 기업　　② 마을기업
③ 자활기업　　　④ 협동조합
⑤ 자선단체

147

✓확인 ☐☐☐

사회적 경제에 관한 설명으로 옳은 것을 모두 고른 것은?

· 23회

ㄱ. 사회적 경제주체는 정부와 시장이다.
ㄴ. 사회통합과 공동체의식 증진에 기여할 수 있다.
ㄷ. 호혜와 연대에 기초한 사회적 자본으로 시장경제의 대안이 된다.
ㄹ. 사회적 경제조직의 유형에는 협동조합, 마을기업, 자활기업 등이 있다.

① ㄱ　　② ㄱ, ㄴ　　③ ㄴ, ㄷ
④ ㄱ, ㄷ, ㄹ　　⑤ ㄴ, ㄷ, ㄹ

해설
○ 마을기업은 기업의 구성·운영에 있어 **지역공동체를 중심으로** 자발적 참여, 민주적 운영, 상호신뢰를 바탕으로 공동체 회복 및 사회통합에 이바지해야 한다.
○ 마을기업은 행정안전부의 〈마을기업 육성사업 시행 지침〉에 의하여 시행되고 있으며, 「도시재생 활성화 및 지원에 관한 특별법」(약칭: 도시재생법)에 마을기업이 규정되어 있다.
○ 지역주민이 **각종 지역자원을 활용한 수익사업**을 통해 공동의 지역문제를 해결하고 소득 및 일자리를 창출하여 지역공동체 이익을 효과적으로 실현한다.

+보충설명
「도시재생 활성화 및 지원에 관한 특별법」 제2조(정의) 제1항 9호에서 "마을기업이란 지역주민 또는 단체가 해당 지역의 인력, 향토, 문화, 자연자원 등 각종 자원을 활용하여 생활환경을 개선하고 지역공동체를 활성화하며 소득 및 일자리를 창출하기 위하여 운영하는 기업을 말한다."라고 규정하고 있다.

정답 ②

해설
ㄴ. 사회적 경제는 이윤 극대화가 아닌 취약계층 지원, 지역공동체 활성화, 경제적 양극화 완화, 협력과 연대의 문화 형성 등의 사회적 가치 실현을 목표로 하기 때문에, **사회통합과 공동체의식을 강화하는** 데 중요한 역할한다.
ㄷ. 사회적 경제는 **호혜와 연대의 원칙**을 바탕으로 사회적 자본을 형성하며, 양극화, 환경문제, 공동체 붕괴 등 기존 시장경제가 해결하지 못하는 문제를 보완하는 대안적인 경제 시스템입니다.
ㄹ. 사회적 경제의 주요 주체는 **사회적 기업, 마을기업, 협동조합, 자활기업, 비영리단체(NGO, NPO)** 등 민간주체이다.

✕오답풀이
ㄱ. **정부와 시장**은 사회적 경제를 지원하거나 보완하는 보조적인 역할을 수행하지만, **사회적 경제의 핵심 주체는 아니다.**

정답 ⑤

제13장 지역사회복지운동

제5영역 : 지역사회복지론

01 지역사회복지운동

148

지역사회복지운동에 관한 설명으로 옳지 않은 것은? ・17회

① 지역사회복지서비스 제공기관의 주도성을 강화하기 위해 필요하다.
② 지역주민, 지역사회활동가, 사회복지전문가 등이 운동의 주체가 될 수 있다.
③ 지역사회문제를 해결하기 위한 목적지향성을 가진다.
④ 국민기초생활보장법 시행 이후 자활후견기관(지역자활센터)이 설치·운영되어 자활운동이 공적 전달체계에 편입되었다.
⑤ 지역주민의 삶의 질과 관련된 생활영역을 포함한다.

해설
지역사회복지운동은 지역사회복지서비스 제공기관의 주도성 강화가 아니라, **지역사회주민의 주체성과 역량을 강화**하고 지역사회 변화를 주도하는 민주적 조직운동이다. 즉, **지역사회주민의 주체적 참여 확대** 그리고 지역사회주민 간 연대의식을 높이는 지역사회의 민주적 실천과정을 의미한다.

보충설명
② 지역사회복지운동의 주체는 지역사회주민에 초점을 두어야 하지만, 실제 운동을 주도하는 관점에서 보면 **지역사회활동가, 사회복지전문가, 사회복지실무자, 지역사회복지이용자, 일반 지역사회주민** 등이 주체가 될 수 있다. 운동의 주체가 다양한 이유는 무엇보다 사회복지의 전문성 측면에 기인하며, 각 주체의 역할 수행에 따라 지역사회복지운동의 성과가 좌우될 수 있기 때문이다.
③ 지역사회복지운동은 지역사회주민의 복지와 관련된 주민운동으로, 지역 내에서 생활근거지를 갖는 주민이 주체가 되어 **주민으로서의 일상생활상의 요구와 이의 궁극적 해결을 위해 전개하는 대중운동**이다. 따라서, **지역사회문제의 해결을 위해 목적지향적**이다.
④ 1997년 말 외환위기를 계기로 본격적으로 자활운동과 실업극복운동을 전개하기 시작하였으며, 이는 1997년 생활보호법 개정으로 자활지원센터로 제도화되기 시작하였다. 그 이후 2000년 **국민기초생활보장법**이 시행되면서 본격적으로 **자활후견기관(지역자활센터)**가 확대 설치·운영되어 자활운동은 공적 전달체계에 대부분 편입되었다.
⑤ 지역사회복지운동의 주된 관심사가 **지역사회주민의 삶의 질과 관련된 생활영역**에 두고 있기 때문에 지역사회복지의 확산과 발전을 위한 생활운동으로서 의미를 가지고 있다. 즉, 지역사회복지운동은 단순히 복지적 욕구뿐만 아니라 **지역사회 전반의 삶의 질을 높이는 생활운동**이며, 주민운동이라 할 수 있다.

정답 ①

149

지역사회복지운동에 관한 설명으로 옳은 것은? ・19회

① 계획되지 않은 조직적 활동이다.
② 사회복지 전문가 중심의 활동이다.
③ 개인의 성장과 변화에 우선적인 초점을 둔다.
④ 노동자, 장애인 등 일부 주민을 대상으로 한다.
⑤ 복지권리·시민의식을 배양하는 사회권 확립운동이다.

해설
지역사회복지운동은 주민 참여 활성화에 의해 **복지권리의식과 시민의식을 배양**하는 사회권(복지권) 확립운동이다. 지역사회복지운동이 추구하는 목표는 지역사회주민의 복지권리를 확보하고 시민의식을 고취시킴으로써 지역사회의 통합을 추진하는 데 있으며, 특히 사회적 약자의 생존권 보장에 초점을 두고 있어 사회권의 확립과 밀접히 관련되어 있다.

오답풀이
① 사회구성원의 삶의 질을 높이기 위한 **목적의식적이고 계획된 조직적 활동**이다.
② 지역사회주민의 주체성과 역량을 강화하고, 지역사회 변화를 주도하는 민주적 조직운동으로, **사회복지대상자뿐만 아니라 사회복지실무자나 전문가 넓게는 모든 지역사회주민이 주체적인 참여와 행동을 하는 사회운동**으로서의 성격을 지닌 활동이다.
③ 지역사회복지운동은 지역사회 전반의 삶의 질을 높이는 생활운동으로, 시민사회의 성장과 사회변화와 함께 사회적 관심의 초점으로 부각되고 있는 운동이다.
④ 노동자, 장애인 등 일부 주민을 대상으로 하는 것이 아니라 **지역사회주민 전체에 두고 있어 포괄적**이다.

정답 ⑤

02 주민참여

150 ☑확인 ☐☐☐

지역사회복지운동에서 아르슈타인(Arnstein)의 주민참여 단계 중 형식적 참여에 속하는 것은?
· 12회

① 대책치료(therapy)
② 여론조작(manipulation)
③ 주민회유(placation)
④ 주민통제(citizen control)
⑤ 권한위임(delegated power)

해설
아르슈타인(Arnstein)은 주민참여 단계에서 참여 효과가 보통 이하인 형식적 참여는 가장 흔히 사용되는 참여 형태로써 **3단계의 정보제공, 4단계의 주민상담, 5단계의 주민회유**가 여기에 속한다. 즉 주민은 정보를 제공 받고 상담을 받으며 회유를 통해 참여가 이루어져 주민의 영향력이 매우 미약하고 권력배분이 아주 미약하기 때문에 형식적인 참여로 본다.

정답 ③

151 ☑확인 ☐☐☐

다음 사례에서 설명하는 아른스테인(S. Arnstein)의 주민참여 수준은?
· 19회

> A시(市)는 도시재생사업과 관련하여 주민들과 갈등을 겪고 있다. B씨는 A시의 추천으로 도시재생사업 추진위원회에 주민대표로 참여하였다. 하지만 회의는 B씨의 기대와는 달리 A시가 의도한 방향대로 최종 결정되었다.

① 조작　　　　　② 회유
③ 주민통제　　　④ 권한위임
⑤ 정보제공

해설
주어진 사례에서 B씨는 A시의 추천으로 도시재생사업 추진위원회에 주민대표로 참여하였지만, 회의는 A시가 의도한 방향대로 최종 결정되었다. 이것은 아른스테인(Arnstein)의 주민참여 8단계 중 **(주민)회유단계**에 해당한다. **주민회유(placation)**는 각종 위원회 등을 통해 주민의 참여범위가 확대되지만 최종적인 판단은 행정기관이 한다는 점에서 제한적이다.

정답 ②

3교시 사회복지정책과 제도

제6영역

사회복지정책론
Social Welfare Policy

교과목 개요

사회복지정책 강의를 통하여 사회복지정책이 갖는 개념을 이해한다. 이러한 이해를 기초로 사회복지정책이 여타 공공정책(경제정책, 외교정책, 국방정책 등)과 어떻게 다른 지를 파악하는 한편, 사회사업실천론과 사회복지정책의 긴밀한 관계성을 이해한다. 더 나아가 사회복지정책을 이론적(theoretical) 측면과 실제적(practical) 측면에서 분석할 수 있는 능력을 배양함으로써 정책 결정 과정, 정책 수행 과정, 정책 비용, 정책 결과 등을 이해할 수 있도록 한다. 이러한 과정에 대한 이해는 정책 대안 제시 능력 배양으로 이어질 수 있도록 교육한다.

교과목 목표

1. 사회복지정책에 관한 기본적인 개념의 이해
2. 사회복지정책의 목표와 가치에 대한 이해
3. 사회복지의 공급 주체 간 역할분담과 국가의 역할에 대한 이해
4. 사회복지정책 발달 이론에 대한 이해
5. 사회복지정책의 형성 과정에 대한 지식을 습득하고 활용하는 능력 획득 : 사회적 욕구나 사회문제들이 왜 생기며, 어떤 욕구나 문제들이 사회문제로 수용되고, 어떤 과정을 통해서 사회적 쟁점으로 부각되어 사회복지정책으로 전환되는지에 대한 지식 획득
6. 사회복지정책 분석을 위한 준거 틀(framework)을 습득하고 활용하는 능력획득
7. 실제 사회복지정책을 분석하고 욕구와 문제 해결을 위한 대안제시 능력 배양

6영역 | 사회복지정책론

이해 틀	목차 (교과목 지침서에 준함)	10회 2012	11회 2013	12회 2014	13회 2015	14회 2016	15회 2017	16회 2018	17회 2019	18회 2020	19회 2021	20회 2022	21회 2023	22회 2024	23회 2025
사회복지정책의 기초	제1장 사회복지정책의 이해	1	1	1	2	2	2	2	2	2	3	2	2	3	3
	제2장 사회복지정책의 가치와 갈등	1	1	2	2	2	1	1	2	1	1	1	2	–	2(1)
사회복지정책의 역사와 발달이론	제3장 사회복지정책의 역사적 전개	4	3	4	3	1	4	3	1	3	2	1	2	2	5
	제4장 사회복지정책의 이론과 사상	4	5	3	6	4	2	4	1	4	2	4	3	3	–
사회복지정책의 과정과 분석틀	제5장 사회복지정책의 형성과정	3	3	2	3	2	2	1	2	1	2	1	3	–	1
	제6장 사회복지정책의 내용분석	7	9	5	4	10	1	5	2	5	7	5	3	7	6
사회보장의 이해	제7장 사회보장의 이해	1	1	1	–	2	1	1	5	1	1	2	2	3	3
	제8장 빈곤과 공공부조 제도	2	4	3	1	2	4	4	3	4	3	4	5	6	1
	제9장 공적연금 제도의 이해	2	–	2	2	–	3	1	2	1	1	1	1	(1)	1
	제10장 국민건강보장제도의 이해	1	2	1	1	–	2	2	1	2	1	2	1	(2)	2
	제11장 산업재해보상보험제도의 이해	1	1	–	1	–	2	1	1	1	–	1	$\frac{1}{2}$	(1)	1
	제12장 고용보험 제도의 이해	1	–	1	–	–	1	–	1	–	1	1	$\frac{1}{2}$	(1)	–
	제13장 사회서비스 정책	–	–	–	–	–	–	–	2	–	1	–	–	–	–

※ 표 안에 ( ) 안의 숫자는 단독 출제되지는 않으나 문제의 지문상에 해당 부분의 내용이 출제된 것을 의미합니다.
※ 제10회 시험부터 시험문제가 공개되었으며, 제12회 시험부터 영역별 30문제에서 25문제 출제로 변경되었습니다.
  따라서, 장(chapter)별 출제빈도는 12회 시험부터 눈여겨보시기 바랍니다.

제1장 사회복지정책의 이해

김진원 Oikos 사회복지사 1급

제6영역 : 사회복지정책론

01 사회복지정책의 개념, 특성, 기능, 원리

001
✓확인 ☐☐☐

사회복지정책에 관한 설명으로 옳지 않은 것은? · 14회

① 사회복지정책은 국민의 복지 증진을 위해 복지국가가 사용하는 수단이다.
② 개인의 잠재능력 향상, 사회통합은 소득재분배와 함께 사회복지정책의 주된 기능이다.
③ 사회복지정책은 사회구성원의 기본욕구를 해결하기 위한 정책이므로 가치중립적이어야 한다.
④ 북유럽국가들의 사회복지정책은 영미권 국가들의 사회복지정책에 비해 보편주의·연대주의적 성격이 강하다.
⑤ 사회복지정책을 통한 결과의 평등 지향은 일부 사회구성원의 소극적 자유를 침해하는 결과를 가져올 수 있다.

해설
사회복지정책은 사회구성원의 기본욕구를 해결하기 위한 정책은 맞지만, 가치중립적이어야 한다는 것은 옳지 않다. 사회복지정책은 **사회적 선택성**, 즉 사회구성원들의 선호나 가치를 반영해야 하는 특성이 있다.

정답 ③

002
✓확인 ☐☐☐

사회복지정책의 특성에 관한 설명으로 옳지 않은 것은? · 16회

① 가치판단적 특성을 가진다.
② 국민의 최저생활을 보장한다.
③ 개인의 자립성을 증진시킨다.
④ 능력에 비례한 배분을 원칙으로 한다.
⑤ 경제의 자동안정장치(built-in-stabilizer) 기능을 수행한다.

해설
배분의 원칙 중 **능력의 원칙**은 사회적 부가가치의 분배가 생산과정에서 개인이 수행한 기여도에 비례하도록 하는 사상을 바탕으로 하고 있다. 즉 개인별로 생산의 기여도와 분배의 몫이 상호 일치하도록 하는 것을 의미한다. 반면에 **필요의 원칙**은 소득의 분배가 생산과정에서 개인의 기여도에 상관없이 인간의 욕구수준에 준하여 평등하게 이루어질 수 있도록 하는 사상을 바탕으로 하고 있다. 즉 인간의 사회적 공존을 목표로 하는 사회철학으로서 우리가 생각하고 있는 전형적인 분배정책의 사상적 기초를 제공하고 있다. **사회복지정책은 필요의 원칙에 입각한 분배정책으로 개인의 능력에 상관없이 모든 인간이 최저생계의 유지에 필요로 하는 소득수준까지 평등할 수 있도록 하는 목표를 수행한다.**

보충설명
① 사회복지정책은 가치의 규범적 기준을 정하고, 그러한 가치기준을 논의의 대상으로 삼아야 한다. 즉, **사회복지정책의 문제는** 문화적 가치와 영역에 속하는 것이기 때문에 **규범의 기준으로서 가치의 문제가 논쟁의 대상이 될 수 있을 뿐만 아니라 반드시 논의되어야 한다.**
② 좁은 의미의 사회복지정책은 일반적으로 사회복지정책의 적용범위를 빈곤층의 기본적 욕구충족으로 정의하고, 인간다운 **최저생활을 영위하도록 소득이나 사회서비스를 제공하는 지침, 계획, 과정으로 정의한다.** 즉 좁은 의미에서 국가는 빈곤층에게 의료, 교육, 주택, 고용과 관련된 사회서비스를 제공하여 자립을 지원하고, **노동력이 없거나 부족한 극빈층에게 최저생계비를 지급**하며, 최저생활을 초과하는 복지는 개인의 자유에 맡겨야 한다는 자유주의 사상과 결합되어 있다.
③ **개인의 자립성 혹은 자율성 증진의 목표**는 한 개인이 의존에서 벗어나 스스로 자신의 생활을 결정하고 영위할 수 있는 데까지 이르도록 하는 것을 말한다. 자립성의 증진을 위해서는 경제적 자립과 더불어 요보호자에게 내재해 있는 잠재적 능력을 개발하는 것이 필요한데 이것을 위해 사회복지정책이 필요하다.
⑤ **경제의 자동안정장치(built-in-stabilizer) 기능**, 즉 경기가 상승하면 경기가 과열되지 않도록 막고 경기가 하락하면 지나치게 하락하지 않도록 막아주는 역할을 한다.

정답 ④

003

소득재분배에 관한 설명으로 옳지 않은 것은? · 15회

① 소득재분배는 세대 내 재분배와 세대 간 재분배로 구분할 수 있다.
② 소득재분배는 시장의 기능에 따라 1차적으로 소득이 분배되는 것이다.
③ 정부가 조세정책과 사회복지정책 등을 통해 실현한다.
④ 개인의 자발적 기부와 같이 민간에 의해 이루어질 수도 있다.
⑤ 시간적 소득재분배는 한 개인이 안정된 근로생활 시기에서 불안정한 소득시기로 소득을 이전하는 것을 의미한다.

해설

소득재분배는 개인의 최초 소득상태가 시장기능의 한계로 인해 정당치 못하다고 판단할 때에, 소득재분배 이전의 소득은 진정한 소득이 아니기 때문에 이를 재조정하기 위해 **2차적으로 소득이 분배되는 것**이다. 참고로 이와 같이 전체 국민의 소득이 정당화될 수 있도록 하는 역할을 수행하는 것이 **사람 간 소득재분배**이다. 사람 간의 소득재분배 형태는 수직적 재분배, 수평적 재분배, 세대 간 재분배로 구분하여 설명할 수 있다.

+ 보충설명

① 젊은 시절의 소득을 적립해 놓았다가 노년기에 되찾는 것과 같은 한 세대 안에서의 재분배인 **세대 내 재분배**와 한 세대에서 다음 세대로의 소득이전인 **세대 간 재분배**로 구분할 수 있다.
③ 정부가 조세정책과 사회복지정책 등을 통해 소득재분배를 실현한다. 특히 **사회복지정책의 기능보다 조세정책이 소득재분배에 더욱 중요한 위치**를 차지하고 있으며, 이는 소득재분배 관점에서 볼 때 조세정책과 사회복지정책 상호 간에 중요한 조화를 이루어야 한다는 점을 시사한다.
④ 민간부문 안에서 자발적인 동기에 의해 이루어지는 현금의 이전인 **사적 재분배**에 대한 설명이다.
⑤ **시간적 소득재분배**는 한 개인(또는 가계)의 생활 소득에 따른 시간적인 소득재분배를 뜻한다. 즉 근로자가 자신의 일생의 소득을 전체 인생으로 나누어 소득을 재분배하는 의미를 갖는 것으로 인생의 기간 중 높은 소득 시기에서 낮은 소득 시기로, 건강한 시기에서 병약한 시기로, **안정적 근로생활 시기에서 불안정한 소득시기로 소득을 이전함**으로써 소득재분배에 의해 생애 전반에 걸쳐 안정적인 생활을 영위하도록 하는 기능을 말한다(김태성·김진수, 2001 : 76).

정답 ②

004

소득재분배에 관한 설명으로 옳은 것을 모두 고른 것은? · 19회

㉠ 조세를 재원으로 하는 공공부조제도에서 일반적으로 나타난다.
㉡ 사회적 취약계층을 대상으로 하는 사회복지서비스는 수직적 재분배 효과가 있다.
㉢ 위험 미발생집단에서 위험 발생집단으로 소득이 이전되는 것은 수평적 소득재분배에 해당한다.
㉣ 재원조달 측면에서 부조방식이 보험방식보다 재분배 효과가 크다.

① ㉠, ㉡
② ㉠, ㉡, ㉢
③ ㉠, ㉢, ㉣
④ ㉡, ㉢, ㉣
⑤ ㉠, ㉡, ㉢, ㉣

해설

㉠ 조세는 사회보장성 조세나 조세지출에 비해서는 **누진적이라는 점에서 소득재분배를 이루는데 적합**하다. 따라서, 재원조달을 조세를 통해 마련하는 공공부조제도에서 소득재분배가 일반적으로 나타난다.
㉡ **수직적 재분배**는 부유한 계층의 소득 가운데 일정 부분을 가난한 **사회적 취약계층의 소득으로 지원해주는 정책**이므로, 사회적 취약계층을 대상으로 하는 사회복지서비스는 수직적 재분배 효과가 있다.
㉢ **수평적 재분배**는 유사한 총소득을 가진 집단 내에서 위험발생에 따른 **재분배 형태**로, 위험 미발생집단에서 위험 발생집단으로 소득이 이전되는 것은 수평적 소득재분배에 해당한다.
㉣ 보험의 원칙은 특정한 위험을 집단적 노력으로 극복할 수 있도록 고안된 제도적 장치로, 재원조달 측면에서 보험방식은 민간보험이나 사회보험이 여기에 해당된다. 반면에 부조의 원칙은 빈곤문제를 해결하여 국민의 생존권을 보장하기 위한 수단으로 활용되는 것으로 국민기초생활보장제도가 여기에 해당된다. 따라서, **재원조달 측면에서 부조방식이 가격을 지불하지 않은 사람의 경우 아무런 혜택이 제공되지 않는 보험방식보다 소득의 재분배 효과가 크다**.

정답 ⑤

02 사회복지의 주체 논의 : 공공부문과 민간부문

005 ✓확인 ☐☐☐

국가가 시장에 개입하는 근거로 옳은 것을 모두 고른 것은?

· 17회

> ㉠ 긍정적 외부효과　　㉡ 부정적 외부효과
> ㉢ 비대칭적 정보　　　㉣ 역선택

① ㉠, ㉢　　② ㉡, ㉣　　③ ㉠, ㉢, ㉣
④ ㉡, ㉢, ㉣　　⑤ ㉠, ㉡, ㉢, ㉣

해설

국가가 시장에 개입하는 근거는 **시장실패(= 시장비효율성)**의 이유로 긍정적 외부효과(= 외부경제)(㉠), 부정적 외부효과(= 외부불경제)(㉡), 정보의 비대칭성(= 비대칭적 정보)(㉢), 역의선택(㉣), 도덕적 해이, 불완전한 경쟁, 규모의 경제 등이 있다.

정답 ⑤

OIKOS UP　공공부문의 필요성
(시장실패, 시장 비효율성, 국가 개입의 정당성)

① 외부효과(external effect) : 어떤 사람의 행동이 다른 사람의 복지에 시장기제 밖에서 영향을 주는 것
　㉠ 긍정적 외부효과(= 외부경제) → 사회복지를 통한 긍정적 외부효과가 크기 때문
　㉡ 부정적 외부효과(= 외부불경제)
② 사회복지재화의 공공재(public goods)적 성격
③ 정보의 비대칭성 : 정보를 많이 가지고 있는 자가 적게 가진 자에게 손해되는 행동을 하는 것
　㉠ 불완전한 정보[공급자(의료, 법률) > 수요자]
　㉡ 역의 선택(adverse selection) [공급자(민영) < 수요자] : 보험에서 사고 발생 가능성이 높은 사람들이 가입하는 현상
　㉢ 도덕적 해이(moral hazard) [공급자(민영) < 수요자] : 보험 가입자가 위험발생을 예방 회피하는 행위를 적게 하여 위험발생이 높아지는 현상
④ 규모의 경제(economy of scale)
⑤ 소득분배의 불공평
⑥ 위험발생의 상호의존성(= 위험의 비독립성) 예 실업, 노령
⑦ 물품 평등주의(commodity egalitarianism)

006 ✓확인 ☐☐☐

실업보험을 민간 시장에서 제공할 때 발생할 수 있는 문제점을 모두 고른 것은?

· 18회

> ㉠ 역의 선택(adverse selection)이 나타난다.
> ㉡ 가입자의 도덕적 해이가 발생할 가능성이 크다.
> ㉢ 위험발생이 상호의존적이기 때문에 보험료율 계산이 어렵다.
> ㉣ 무임승차자 문제가 발생한다.

① ㉣　　② ㉠, ㉢　　③ ㉡, ㉣
④ ㉠, ㉡, ㉢　　⑤ ㉠, ㉡, ㉢, ㉣

해설

실업보험을 민간 시장에서 제공할 때 발생할 수 있는 문제점은 시장 실패의 근거를 묻는 문제이다. 실업보험을 민간 시장이 제공하면 정보의 비대칭성[공급자(민영)<수요자]으로 인해 **역의 선택**(㉠), **도덕적 해이**(㉡)가 발생할 수 있다. 또한, 실업이나 노령의 경우에는 어떤 사람의 위험발생과 다른 사람의 위험발생이 관련되는 대표적인 경우로, **위험발생이 상호 의존적임으로 인해 보험회사의 재정안정이 이루어지기 어렵다**(㉢).

✗ 오답풀이

㉣ **무임승차현상**(free-rider phenomanon)이란 개인들은 공공재에 대한 욕구가 있더라도 숨겨서, 일단 이 재화가 제공되면 비용을 지불하지 않고 혜택을 보는 것을 말한다. 실업보험을 민간 시장에서 제공하더라도, 가입자는 보험료를 지불하므로 무임승차현상이 발생되지는 않는다.

정답 ④

007 ✓확인 ☐☐☐

사회복지정책의 주체 및 그 역할에 관한 설명으로 옳지 않은 것은?
· 21회

① 긍정적 외부효과가 큰 영역은 민간부문이 담당하는 것이 바람직하다.
② 사회복지정책의 주체는 국가, 지방자치단체, 공공복지기관 등 다양하다.
③ 공공재적 성격이 강한 재화나 서비스는 공공부문이 개입하는 것이 바람직하다.
④ 정보의 비대칭성이 강한 영역은 정부가 개입하는 것이 바람직하다.
⑤ 민간복지기관은 정부 및 공공기관에 의하여 권한을 위임받은 경우 사회복지정책의 주체가 될 수 있다.

해설
긍정적 외부효과가 큰 영역은 **공공부문**이 담당하는 것이 바람직하다. 긍정적 외부효과(=외부경제, 이웃효과)는 어떤 사람의 행위를 통해 다른 사람들이 어떤 대가를 지불하지 않고도 이득을 보는 것을 의미한다.

+ 보충설명
② 사회복지정책의 주체는 국가와 지방자치단체, 공공 및 민간복지기관, 공사의 혼합체계 등 **다양하다.**
③ 공공재적 성격이 강한 재화나 서비스는 시장에만 맡길 경우 아무도 공급을 하려고 하지 않을 것이므로 공급이 바람직한 수준으로 이루어지지 않는다. 따라서, **공공부문이 개입하는 것이 바람직하다.**
④ 정보의 비대칭성이란 정보를 많이 가지고 있는 자가 적게 가진 자에게 손해되는 행동을 하는 것을 말하는 것으로, 불완전한 정보, 역의 선택, 도덕적 해이가 있다. 정보의 비대칭성이 강한 영역은 정부가 개입하는 것이 바람직하다.
⑤ **민간복지기관은 정부 및 공공기관으로부터 국가가 해야 할 사업을 권한 위임을 받아 사회복지서비스를 공급한다.**

정답 ①

008 ✓확인 ☐☐☐

복지 혼합의 문제점을 모두 고르시오.
· 9회

㉠ 소득계층 간 서비스 이용의 불평등 증가
㉡ 공공부문의 책임성 축소
㉢ 재정불안 가능성 증대
㉣ 욕구에 대한 탄력적 대응 가능성 증대

① ㉠, ㉡, ㉢ ② ㉠, ㉢ ③ ㉡, ㉣
④ ㉣ ⑤ ㉠, ㉡, ㉢, ㉣

해설
복지 혼합(welfare mix)은 복지 혼합경제(mixed economy of welfare) 또는 복지 다원주의(welfare pluralism)를 말하는 것으로, 한 사회는 한 사회에서 복지의 원천은 다양하며, 복지 제공 주체로서 국가 이외에 시장, 비공식 부문, 자원 부문 등의 역할을 포괄적으로 고려할 것을 강조한다. 좀 더 자세히 보면 복지 다원주의란 복지의 주체를 다원화하자는 것인데, 기존의 중앙정부 중심의 복지공급을 지양하고 비영리부분(제3부문), 기업, 지방정부 등도 그 주체로 삼자는 게 요지이다. 즉, **민영화를 통해 정부의 복지지출을 최대한 억제, 소비 선택권을 강조함으로써 서비스 제공주체의 경쟁을 유도하려는 특성**을 지니고 있다.

✗ 오답풀이
㉣ 욕구에 대한 탄력적 대응 가능성 증대는 민간부문의 장점이므로 복지 혼합으로 인한 문제점이 아니라 개선점에 해당된다.

정답 ①

009

복지혼합경제(mixed economy of welfare)의 예가 아닌 것은?

· 14회

① 시립사회복지관의 민간 위탁
② 사회복지기관에서 사회적 기업 운영
③ 바우처 방식을 이용한 보육서비스 제공
④ 국민기초생활보장제도의 통합급여에서 개별급여로의 전환
⑤ 노인장기요양보험을 활용한 노인요양병원 운영

해설
복지혼합경제(mixed economy of welfare)는 복지다원주의를 말하는 것으로, 공공부문과 민간부문의 역할분담, 즉 공공재원과 민간재원의 혼합을 말한다.

✗ 오답풀이
④ 국민기초생활보장제도의 통합급여가 개별급여로 전환되었어도 급여는 공공재원에 의해 지급된다.

정답 ④

010

복지다원주의 또는 복지혼합에 관한 설명으로 옳지 않은 것은?

· 22회

① 국가는 복지의 주된 공급자로 인정하면서도 불평등을 야기하는 시장은 복지 공급자로 수용하지 않는다.
② 국가를 포함한 복지제공의 주체를 재구성하는 논리로 활용된다.
③ 비공식부문은 제도적 복지의 발달에도 불구하고 존재하는 비복지 문제에 대응하는 복지주체이다.
④ 시민사회는 사회적 경제조직을 구성하여 지역사회에서 공급주체로 참여하는 역할을 한다.
⑤ 복지제공의 주체로 국가 외에 다른 주체를 수용한다는 점에서 복지국가를 비판하는 논리로 쓰인다.

해설
복지다원주의는 복지혼합(welfare mix) 또는 복지혼합경제(mixed economy of welfare)라고도 하며, **공공부문과 민간부문에서 적절한 역할분담을 통해 제공되어야 한다는 관점이다.** 국가를 복지의 주된 공급자로 인정하면서도 불평등을 야기하는 시장은 복지 공급자로 **수용한다.**

+ 보충설명
② 복지제공주체로서 **국가 이외에 시장, 비공식부문, 자원부문 등의 역할을 포괄적으로 고려할 것을 강조한다.**
③ 가족, 친구, 이웃이 중심이 되는 **비공식부문**은 제도적 복지 발달에도 불구하고 사라져 없어지는 것이 아니라 다른 부문에 비해 상대적으로 축소된 것이다. 여전히 비복지 문제에 대응하는 복지 주체이다. 참고로, 개인의 복지를 저해하면서도 그 원인이 개인에게 있기보다는 사회 전체에 있을 때 그런 요인들을 티트머스(Titmuss)는 비복지(diswelfare)라고 명명하였다.
④ **사회적 경제조직**은 사회적 기업, 마을기업, 자활기업, 협동조합, 농촌공동체회사 등으로 지역사회에서 새로운 일자리 창출과 국민들의 다양한 삶의 욕구를 충족하는 등 공급주체로 참여하는 역할을 한다.
⑤ 복지다원주의가 국가의 핵심복지이념의 하나로 자리잡은 것은 복지국가위기기의 신자유주의 정부인 대처보수당 정부시절이다. 복지국가의 비대화에 따른 지나친 관료주의와 재정팽창을 극복하기 위해, 그리고 국가의 시장경제에 대한 과도한 개입을 줄이기 위해 **국가의 복지기능을 축소하고 다른 부문(비공식적, 자발적, 상업적 부문)의 기능을 강화하는 것을 주된 내용으로 한다.**

정답 ①

제2장 사회복지정책의 가치와 가치 갈등

제6영역 : 사회복지정책론

011 ✓확인 ☐☐☐

평등에 관한 설명으로 옳지 않은 것은? • 17회

① 보험료 수준에 따라 급여를 차등하는 것은 비례적 평등으로 볼 수 있다.
② 드림스타트(Dream Start) 사업은 기회의 평등을 반영하는 것으로 볼 수 있다.
③ 공공부조의 급여는 산술적 평등을, 열등처우의 원칙은 비례적 평등을 반영하는 것이다.
④ 모든 사람에게 동등한 의료서비스를 제공하는 영국의 국민보건서비스(NHS)는 결과의 평등을 반영하는 것으로 볼 수 있다.
⑤ 비례적 평등은 결과의 평등이다.

해설

비례적 평등은 개인의 업적, 공헌도, 능력 및 기여 등에 따라 사회적 자원을 배분하는 것으로 **형평(= 공정한 처우)**라고도 한다.

＋보충설명

① 보험료 수준에 따라 급여를 차등, 즉 보험료를 많이 낸 사람에게 보다 많은 급여의 혜택이 돌아가게 하는 것은 **비례적 평등**이다.
② 기회의 평등은 과정상 기회만을 똑같이 평등하게 해주는 것으로, **드림스타트(Dream Start) 사업은 기회의 평등에 해당**된다.
③ **공공부조의 급여는** 수급권자의 능력과 보험료 납부 또는 사회적 기여와 관계없이 급여를 제공하는 것으로 **산술적 평등(= 결과의 평등, 수량적 평등)을 반영**한 것이며, 정상적인 노동을 권장하기 위해 구제의 수준을 지역사회 내 최하급 극빈 노동자의 생활수준보다 낮은 수준에서 정하는 원칙인 **열등처우의 원칙(less eligibility, 열등수급의 원칙)은 비례적 평등을 반영**하는 것이다.
④ 결과의 평등은 가장 적극적인 평등개념으로, 모든 사람에게 그들의 욕구나 능력의 차이에 관계없이 사회적 자원을 똑같이 분배하는 것을 말한다. 모든 영국 국민들에게 무상으로 제공되는 의료서비스인 NHS(National Health Service)는 결과의 평등을 반영한 것이다.

정답 ⑤

012 ✓확인 ☐☐☐

재분배와 파레토(Pareto) 효율에 관한 설명으로 옳지 않은 것은? • 17회

① 파레토 개선이란 다른 사람들의 효용을 감소시키지 않으면서 어떤 사람들의 효용을 증가시키는 것이다.
② 파레토 효율의 정의상 소득재분배는 매우 효율적이다.
③ 재분배를 통하여 빈곤층의 소득이 늘어나도 개인의 효용은 증가할 수 있다.
④ 파레토 개선의 예로 민간의 자선활동을 들 수 있다.
⑤ 파레토 효율은 완전경쟁시장에서 개인의 자발적인 선택을 전제로 한다.

해설

사회복지정책에 의한 소득재분배는 시장기제에서 결정된 배분을 수정하여 평등의 가치를 구현하는 것을 목표로 하고 있기 때문에, 이러한 목표를 추구하는 과정에서 특정한 사람들의 효용을 높이기 위해서는 다른 사람들의 효용을 줄여야 하므로 **파레토 효율의 정의상 이런 소득재분배는 비효율적인 것**이 된다.

＋보충설명

① **파레토 개선(Pareto improvement, 파레토 향상)**이란 어떠한 자원의 배분이 특정 사람들의 효용을 줄이지 않으면서도 다른 사람들의 효용을 높일 수 있는 것을 말한다.
③ 시장기제를 통한 자원배분이 비효율적일 수 있는 시장실패의 원인들이 다양한데, 그 중 긍정적 외부효과의 경우 특정 재화의 제공에 긍정적 외부효과가 존재하게 되면 시장기제에서는 이러한 재화의 공급이 불충분하게 된다. 그 이유는 자신이 이러한 재화를 공급하지 않더라도 타인의 공급에 의해 이득을 볼 수 있기 때문이다. 국가가 재분배를 통해 빈곤층의 소득을 늘리면 그로 인한 **긍정적 외부효과로 개인의 효용은 증가할 수 있다.**
④ **민간의 자선활동으로** 다른 사람의 효용을 감소시키지 않으면서 어떤 사람들의 효용을 증가시킬 수 있다. 즉, 가난한 사람들이 빈곤을 벗어나게 된다면 전혀 그러한 행위에 기여하지 않은 사람들까지도 빈곤이 감소됨으로써 범죄율의 감소, 집값 상승 등과 같은 이익을 볼 수 있다.
⑤ 파레토 효율적인 사회적 자원의 배분은 원론적으로 볼 때 완전경쟁의 시장에서 개인의 효용을 극대화하려고 하는 이기적인 사람들이 충분한 정보를 바탕으로 합리적이고 자발적인 선택에 의한 교환이 이루어질 때 자동적으로 달성된다고 본다.

정답 ②

013 ☑확인 □□□

사회복지의 가치 중 '자유'에 관한 설명으로 옳은 것은? ·18회

① 자유지상주의 관점에서는 적극적 자유를 옹호한다.
② 소극적 자유 보장을 위해서는 국가의 역할이 많을수록 좋다.
③ 적극적 자유의 관점에서 자유의 침해는 개인에게 필요한 자원이나 기회를 박탈당한 것을 의미한다.
④ 적극적 자유의 관점에서는 임차인의 주거 안정을 위해 임대인의 자유를 제약할 수 없다.
⑤ 개인의 행동에 대한 외적 강제가 없는 상태는 적극적 자유의 핵심이다.

해설

개인에게 필요한 자원이나 기회를 박탈당하여 **자신이 원하는 것을 할 수 없다면** 이는 적극적 자유의 관점에서 자유를 침해받은 것이다. **적극적 자유는** 더 적절한 생활수준을 위해 결핍으로부터 해방, 교육을 받을 권리, 자신의 잠재력을 개발하고 실현할 수 있는 자유, 착취 없이 적절한 노동을 할 권리 등 개인이 원하는 것을 현실적으로 추구할 수 있는 능력과 직결되고, 국가와 사회의 개입과 투자가 많이 필요하다.

✗ 오답풀이

① 자유지상주의 관점에서는 **소극적 자유**를 옹호한다. 소극적 자유는 (신)보수주의 또는 자유주의자들이 강조하는 자유의 개념이다.
② **적극적 자유** 보장을 위해서는 국가의 역할이 많을수록 좋다. 반면에 **소극적 자유**는 국가나 사회가 개인의 삶에 관여하지 않으면 않을수록 자유는 확대된다.
④ **소극적 자유**의 관점에서는 임차인의 주거 안정을 위해 임대인의 자유를 제약할 수 없다. 국가가 시장기제에 개입하여 개인들의 자유로운 선택의 기회를 제한할 때는 소극적 자유를 침해하는 것이 된다.
⑤ 개인의 행동에 대한 외적 강제가 없는 상태는 **소극적 자유**의 핵심이다. 즉, 소극적 자유는 자유의 기회 측면을 강조하는 표현으로서, 사람들이 자신의 활동을 간섭하지 않는다면 자유로운 것이다.

정답 ③

014 ☑확인 □□□

사회적 적절성에 관한 설명으로 옳은 것은? ·10회

① 사회적 적절성은 '원하는 것(want)을 얼마나 얻을 수 있게 할 것인가'에 관한 것이다.
② 사회적 적절성에 기초하여 자원을 배분하는 데에는 시장이 국가보다 효과적이다.
③ 국민기초생활보장제도의 최저생계비는 사회적 적절성에 근거하여 정한 비용이다.
④ 사회적 적절성과 형평성은 상충하지 않는다.
⑤ 사회적 적절성은 욕구의 객관성보다 주관성을 더 중시한다.

해설

최저생계비는 사회적 적절성, 즉 절대적 욕구를 만족시키기 위해 정해진 비용이다.

✗ 오답풀이

① 시장기제에서 자원 배분은 사람들이 주관적으로 원하기 때문에(want) 혹은 바라기 때문에(desire) 이루어지는데, 이때 분배되는 자원들이 실제로 그 사람들에게 만족을 주는지의 여부는 불확실하다. 사회적 적절성은 '원하는 것'의 만족이 아니라 **'욕구(need)'의 만족을 의미한다.**
② 사회적 적절성에 기초하여 자원을 배분하는 데에는 국가가 시장보다 효과적이다. 즉 욕구를 어디까지 인정하느냐는 욕구에 대한 상이한 가치관의 차이들이 합의되는 정치적 과정을 통해 결정되는 경향이 있으므로 국가에서 공공의 욕구(public interest)로 다루는 것이 유리하다. 즉 공공의 욕구를 만족시키면 사회 전체의 이익(public interest)이 증대될 수 있는 것이다.
④ **사회적 적절성은 최대한 욕구수준을 맞추려는 노력을 하는 것으로, 형평성과 상충된다.** 상술(詳述)하면 형평성의 대표적인 예로서 '열등수급의 원칙(less eligibility)'에 따라 국민기초생활보장법의 급여액이 결정되는 것은 욕구수준에 맞게 제공된다는 사회적 적절성의 의미와 상충되는 것이다.
⑤ 시장에서의 원하는 것(want) 혹은 바라는 것(desire)은 주관적인 것이라면, **사회적 적절성은 욕구의 객관성이 더 중시된다.**

정답 ③

015 ✓확인 ☐☐☐

사회복지정책 급여의 적절성에 관한 설명으로 옳지 않은 것은?
· 21회

① 인간다운 생활을 할 수 있는 수준의 급여를 제공하는 것을 말한다.
② 기초연금 지급액 인상은 적절성 수준을 높여줄 수 있다.
③ 급여를 받는 사람의 삶의 질에 대한 관심의 표현이다.
④ 일정한 수준의 물질적, 정신적 복지를 제공해야 한다는 것과 관련된다.
⑤ 적절성에 대한 기준은 시간과 환경에 따라 변하지 않는다.

해설
적절성에 대한 가치와 기준은 시간과 환경에 따라 **변화하는 성격을 지닌다**. 가령 중세시대에 농노들은 자신들의 건강을 유지하고 생산성을 유지하기 위해 필요한 만큼의 급여를 제공받았다. 오늘날 적절성의 수준을 정하는 데 사용되는 가장 일반적인 통계치는 빈곤선이다.

+보충설명
① 적절성은 인간다운 삶을 보장할 수 있는 수준의 급여를 제공하는 것을 말한다.
② 적절성은 사회복지급여가 개인이 살아가고 있는 사회적 수준에 적절한 정도가 되어야 한다는 것으로, 기초연금 지급액을 인상하는 것은 적절성 수준 높여줄 수 있다.
③ 적절성은 급여를 받는 사람의 삶의 질 향상에 대한 관심까지 포함한다.
④ 적절성은 급여수준이 신체적·정신적 안녕에 적절한 정도가 되어야 한다는 것을 말한다.

정답 ⑤

016 ✓확인 ☐☐☐

롤즈(J. Rawls)의 사회정의론에 관한 설명으로 옳은 것을 모두 고른 것은?
· 13회

㉠ 개인의 기본적 자유 보장을 제1원칙으로 한다.
㉡ 개인의 자유를 중시한다는 점에서 자유주의적 전통에 속한다.
㉢ 최소 극대화 원칙(maximin rule)을 통해 평등주의적 분배의 근거를 제공한다.
㉣ 원초적 상황(original position)에서 사회구성원 간의 사회적 계약의 원칙을 도출하고자 하였다.

① ㉠, ㉡, ㉢   ② ㉠, ㉢   ③ ㉡, ㉣
④ ㉣   ⑤ ㉠, ㉡, ㉢, ㉣

해설
㉠ 롤즈가 제시한 정의의 두 원칙 중 **제1원칙은 평등한 자유의 원칙**으로 "각자는 다른 사람들의 유사한 자유의 체계와 양립할 수 있는 평등한 **기본적 자유의 가장 광범위한 체계에 대하여 평등한 권리를 가져야 한다.**"는 것이다.
㉡ 롤즈는 **자유주의 정의론의 대표적인 학자**로 개인의 자유를 중시한다.
㉢ **정의의 제2원칙은 불평등의 원칙**으로 사회적·경제적 불평등은 두 조건을 만족시키도록 분배 및 재분배되어야 한다는 것이다. 첫째, **공정한 기회균등의 원칙**으로 한 사회에서 사회적·경제적 불평등을 결과할 수 있는 지위와 직책은 모든 사람에게 개방되어 접근의 기회가 평등하게 제공되어야 한다는 것이다. 둘째, **차등의 원칙**으로 한 사회에서 허용되는 사회적·경제적 불평등은 최소수혜자에게 최대의 이익이 되는 경우에 한해 인정될 수 있다는 것(maximin rule, 최소 극대화 원칙)이다. 최소 극대화 원칙(maximin rule)은 롤즈의 분배정의론의 전체 체계 내에서 가장 핵심적인 조건이다. 참고로 정의의 원칙들이 충돌할 때 제1원칙이 제2원칙에 우선하며, 제2원칙 내에서는 '공정한 기회균등의 원칙'이 '차등의 원칙'에 우선되어 적용된다.
㉣ 롤즈는 사회계약설적 입장에서의 당사자들이 여러 대안을 선택할 것인가를 논의할 때에 그들이 갖추어야 할 자격요건을 '**원초적 상황(original position, 원초적 입장)**'이라 불렀다.

정답 ⑤

017 ✓확인 ☐☐☐

롤스(J. Rawls)의 정의론(공정으로서의 정의)에 관한 설명으로 옳은 것은?
・21회

① 제1원칙은 기본적 자유에 대한 동등한 권리이다.
② 기회의 균등보다는 결과의 평등이 더 중요하다.
③ 사회경제적 불평등은 어떠한 경우라도 허용될 수 없다.
④ 최대다수의 최대행복을 추구한다.
⑤ 정당한 소유와 합법적인 이전은 정의로운 결과를 가져온다.

해설
롤스(J. Rawls)의 정의론은 공정성으로서의 정의를 강조하며, 제1원칙은 자유우선의 원칙, 즉, 개개인이 기본적 자유를 동등하게 누릴 수 있는 **기본적 자유의 평등원칙**이다.

✗ 오답풀이
② 결과의 평등보다는 **기회의 균등**이 더 중요하다. 제2원칙 내에서는 공정한 기회균등의 원칙(기회의 균등)이 차등의 원칙(결과의 평등)에 우선되어 적용된다.
③ 사회경제적 불평등은 **허용될 수 있다**. 즉 제2원칙이 바로 정당한 사회·경제적 불평등의 원칙으로 2가지 조건(① 기회 균등의 원칙, ② 차등의 원칙)을 만족시키도록 분배 및 재분배되어야만 정당화될 수 있다는 것이다.
④ 제2원칙 내 차등의 원칙은 **최소극대화의 원칙을 추구**하는 것으로, 이는 한 사회에서 허용되는 사회적·경제적 불평등은 최소 수혜자(불평등이 가장 불리한 처지에 놓여있는 사람들)에게 최대의 이익이 되는 경우에 한해 인정될 수 있다는 것을 의미한다. 롤스(J. Rawls)는 공시설처럼 전체적으로 더 많은 이익을 가져온다고 하여 일부 사람들을 희생시킨다든지 아니면 다른 사람들이 더 잘살도록 하기 위해 어떤 사람을 더 적게 가지게 하는 것은 허용될 수 없다고 본다.
⑤ 정당한 소유와 합법적인 이전이 정의로운 결과를 가져온다고 보는 것은 **자유지상주의학자인 로버트 노직(Robert Nozick)의 소유권 중심의 정의론**이다. 반면 존 롤스(John Rawls)는 정당한 소유나 이전이 있었더라도 그 결과가 사회적 약자에게 도움이 되지 않는다면 정의롭지 않다고 본다.

🔍 정답 ①

018 ✓확인 ☐☐☐

사회복지정책 관련 원칙과 가치를 연결한 것으로 옳지 않은 것은?
・14회

① 보충성 원칙 - 자력구제 우선
② 열등처우원칙 - 비례적 평등
③ 보험수리원칙 - 개인적 형평성
④ 소득재분배 원칙 - 능력에 따른 부담
⑤ 최소 극대화(maximin) 원칙 - 개인적 자유

해설
롤즈(J. Rawls)의 사회정의론에서 **최소 극대화(maximin) 원칙은 제2원칙 중 차등의 원리**로, 한 사회에서 허용되는 사회적·경제적 불평등은 최소수혜자에게 최대의 이익이 되는 경우에 한해 인정될 수 있다는 것이다. 이 원칙은 복지정책이 추구하는 평등주의를 강력하게 요청하고 있으며, 사회·경제적 가치의 분배에 관한 공정성 여부는 가장 불우한 사람의 입장에서 판단해야 한다는 것이다. 개인적 자유는 롤스의 정의 제1원칙에 해당한다.

➕ 보충설명
① **보충성의 원칙(= 후순위성의 원리)**은 최저한도의 생활유지가 어려운 경우 최종적으로 국가가 개입하여 부족분을 보충한다는 것으로, 생활의 개인책임 내지 자기책임을 기초로 한 자본주의사회의 최종적 또는 포괄적 생활보장수단으로서의 공공부조의 본질을 가장 잘 나타내는 것이다. 개인적으로 가능한 한 모든 자원을 동원하여 생활유지에 최대한 노력해야 하고 그렇게 노력한다고 하더라도 부족한 경우 그 부족 부분을 보충해준다는 것이다.
④ **능력에 따른 부담은 누진성의 개념**이다. 즉 소득이 올라갈수록 소득에 부과하는 세율(tax rate)이 높아지는 것으로 이는 소득재분배를 의미한다.

🔍 정답 ⑤

OIKOS UP 롤즈의 정의원칙(자유주의 정의론)

한 사회의 사회적 자원이 충분치 못한 상황에서 그 구성원이 합리적 개인들이라면 개별적으로 살아가기보다는 사회적 협동체를 건설하고자 하며, 사회적 협동에서 개인들 간의 이익과 부담의 적절한 분배를 규정하는 규칙이 '정의의 원칙'에 합의하는 계약이다.

① 제1원칙 : 자유우선의 원칙, 즉, 개개인이 기본적 자유를 동등하게 누릴 수 있는 **기본적 자유의 평등원칙**
   ㉠ 복지를 명목으로 기본적 자유를 침해하는 것은 바람직하지 않음
   ㉡ 경제적 자유는 기본적 자유에 포함시키지 않음
② 제2원칙 : 정당한 사회 경제적 불평등의 원칙(정당한 불평등) → 2가지 조건을 만족시키도록 분배 및 재분배
   ㉠ **공정한 기회 균등의 원리** : 사회 경제적 상승기회가 모든 사람에게 개방되어야 함
      예 장애인에게 직업 기회, 노인에게 일자리 제공, 여성 취업 확대 등
   ㉡ **차등의 원리** : 불평등이 가장 불리한 처지에 놓여 있는 사람들인 최소 수혜자의 이익에 최대한의 이익이 되어야 함 → 정당한 불평등이 아닌 부당한 불평등(출생이나 천부적 재능의 불평등)을 시정

019 ✓확인 ☐☐☐

사회복지정책의 가치에 관한 설명으로 옳은 것을 모두 고른 것은? ·14회

㉠ 사회적 적절성(adequacy)은 모든 사람에게 사회적 자원을 똑같이 분배하는 것을 말한다.
㉡ 벌린(I. Berlin)이 말하는 적극적 자유(positive freedom)는 국가 개입이 감소할수록 보장이 용이하다.
㉢ 사회적 자원 배분이 평등적이고 동시에 파레토 효율적(Pareto efficient)이라면 평등과 효율은 상충적일 수밖에 없다.
㉣ 비례적 평등(proportional equality)은 형평 또는 공평(equity)이라고도 불린다.

① ㉠, ㉡, ㉢
② ㉠, ㉢
③ ㉡, ㉣
④ ㉣
⑤ ㉠, ㉡, ㉢, ㉣

해설
비례적 평등(proportional equality)은 형평성(equity, 공평)이라고도 하며, 공정한 처우(fair treatment)와 연관된다.

✗ 오답풀이
㉠ 모든 사람에게 사회적 자원을 똑같이 분배하는 것은 **수량적 평등**이다.
㉡ 벌린(I. Berlin)이 말하는 적극적 자유(positive freedom)는 국가 개입이 **증가할수록 보장이 용이**하다.
㉢ 사회적 자원 배분이 평등적이고 동시에 파레토 효율적(Pareto efficient)이라면 **평등과 효율은 상충적이지 않다**.

🔍정답 ④

020 ✓확인 ☐☐☐

사회복지정책의 가치에 관한 설명으로 옳지 않은 것은? ·20회

① 소극적 자유는 자신이 원하는 것을 할 수 있는 자유를 강조한다.
② 평등을 추구하는 사회복지정책은 선택의 자유를 제한한다는 비판이 있다.
③ 형평성이 신빈민법의 열등처우원칙에 적용되었다.
④ 적절성은 일정한 수준의 신체적·정신적 복리를 제공하는 것을 의미한다.
⑤ 기회의 평등의 예로 사회적으로 취약한 아동을 위한 적극적 교육 지원을 들 수 있다.

해설
적극적 자유는 자신이 원하는 것을 할 수 있는 자유를 강조한다. **적극적 자유는** 자신이 선택한 대로 행동할 수 있는 힘을 의미하며, 강압의 부재가 아니라 행동할 수 있는 능력이다. 반면에 **소극적 자유는** 강요와 강압의 부재를 의미하는 것으로, 다른 사람의 간섭 혹은 의지(will)로부터의 자유이다.

+ 보충설명
② 평등을 강조한 사회복지정책이 확대되면 선택의 자유(소극적 자유)가 침해되기 때문에, 기득권층은 사회복지정책의 확대를 반대하는 경향이 있다.
③ 1834년 신빈민법의 **열등처우원칙(less eligibility, 열등수급의 원칙)**은 형평성(비례적 평등)을 반영하는 것이다. 열등처우원칙은 구제대상 빈민의 생활수준은 최하층의 독립노동자의 생활수준과 같아서는 안 되는 조건에서만 구제가 제공되어야 한다는 것을 말한다.
④ 적절성은 급여수준이 신체적·정신적 복리에 적절한 정도가 되어야 한다는 것을 의미한다. 즉, 사회복지급여는 개인이 살아가고 있는 사회적 수준에 적절한 정도의 수준이어야 한다는 것을 의미한다.
⑤ 기회의 평등은 기회를 모든 사람에게 균등하게 제공하는 것으로, 사회적으로 취약한 아동에게 적극적으로 교육을 지원하여 빈곤을 탈피할 수 있는 능력을 갖도록 하는 것은 기회의 평등에 해당된다.

🔍정답 ①

021

마이클 샌델(M. Sandel)의 정의에 관한 설명으로 옳지 않은 것은?
• 23회

① 절차적 장치로써 무지의 베일 활용
② 도덕에 기초하는 정치
③ 불평등 해소방법, 연대, 시민의 미덕
④ 시장의 도덕적 한계를 인정
⑤ 시민의식, 희생, 봉사

해설
절차적 장치로써 무지의 베일 활용은 **롤즈(J. Rawls)의 사회정의론**에 해당된다. 참고로 무지의 베일은 공정성을 확보하기 위한 가상의 조건적 전제로서, 개인이 자신의 사회적 지위, 능력, 성별 등을 모르는 상태에서 정의의 원칙을 선택하도록 하는 절차적 장치이다.

보충설명
마이클 샌델(M. Sandel)은 단순히 공정한 분배나 자원 배분으로 그치지 않고, 공동체와 시민의 도덕적 책임, 연대와 봉사를 중시하며, 시장 경제의 한계를 인정하는, 도덕적·윤리적인 가치에 기초한 사회적 정의를 추구한다.
② 정치적 결정을 내릴 때, 합리적 선택만이 아니라 공동체의 도덕적 의무와 상호의존성을 반영해야 한다고 강조한다.
③ 사회적 불평등을 해소하려면 시장경제의 한계를 인정하고 공정하고 도덕적 방식으로 자원을 분배해야 한다고 주장하며, 시민은 공동체의 일원으로서 공공의 이익을 위해 헌신하고, 다른 사람들과 협력하는 태도를 가져야 한다고 주장한다.
④ 시장의 도덕적 한계를 인정하고, 시장이 인간의 존엄성을 침해하거나 도덕적 가치를 훼손할 때는 그 한계를 넘어설 필요가 있다고 강조한다.
⑤ 시민은 단순히 투표를 하는 것을 넘어서 사회적 문제에 대해 깊이 고민하고 공동체의 가치를 실현하는 데 참여해야 한다고 주장하며, 개인의 자유와 권리가 중요한 가치를 차지하지만 그보다 더 중요한 것은 공동체의 이익을 위한 봉사와 희생이라고 본다.

정답 ①

022

사회복지정책 가치인 연대에 관한 설명으로 옳지 않은 것은?
• 23회

① 사람들이 서로 의무감과 책임감을 느끼고 함께 하려는 상태를 의미한다.
② 일반적으로 동질성과 동등성을 갖지 못한 대상에 대한 배타성을 갖게 된다.
③ 이질성과 개인화가 강조되는 상태에서 유지되는 연대를 유기적 연대라고 한다.
④ 최근 우리나라에서는 노동시장의 변화로 노동자들 간 동질성이 더욱 강화되었다.
⑤ 장애인의무고용은 연대를 제도화한 것이다.

해설
최근 우리나라에서는 노동시장의 변화로 노동자들 간 **이질성이 더욱 강화**되었다. 이로 인해 서로를 같은 집단으로 인식하기 어려워져, 공통된 이해관계에 기반한 노동자 간 연대형성이 어려워지게 되었다.

보충설명
① 연대(solidarity)는 서로의 삶이 연결되어 있다는 인식 아래 타인의 어려움에 대해 공동으로 책임지고자 하는 태도를 의미하는 것으로, 이는 **의무감과 책임감을 바탕으로 함께 해결하고자 하는 협력의 상태를 의미**한다.
② 연대성의 강도는 조직 구성원 내부의 동질성과 밀접한 관련을 가지고 있기 때문에, **일반적으로 동질성과 동등성을 갖지 못한 다른 집단에 대한 배타적 태도로 이어질 위험**이 있다.
③ 이질성과 개인화가 강조되는 사회에서 자발적이고 상호의존적인 방식으로 형성되는 연대를 유기적 연대라고 하고, 유사성에 기반한 동질적인 사회에서 형성되는 연대를 기계적 연대라고 한다.
⑤ 장애인 의무고용제도는 장애인이 일할 기회를 갖도록 **사회가 공동 책임을 지는 방식**으로, 사회적 연대의 가치를 법과 제도를 통해 실현한 사례에 해당한다.

정답 ④

제3장 사회복지정책의 역사적 전개

제6영역 : 사회복지정책론

01 사회복지의 역사적 전개 과정

023

중상주의에 관한 설명으로 옳은 것을 모두 고른 것은? • 23회

㉠ 15세기 중반부터 18세기 중반까지 유럽대륙을 지배하였던 경제사상을 지칭하는 용어이다.
㉡ 국가유지에 필요한 비용을 마련하기 위해 식민지 개척과 무역정책을 추진하였다.
㉢ 식량부족으로 인구증가 억제정책을 추진하였다.
㉣ 빈민들의 근면성을 위해 임금수준을 낮게 유지하고자 하였다.

① ㉠   ② ㉡, ㉢   ③ ㉠, ㉡, ㉣
④ ㉡, ㉢, ㉣   ⑤ ㉠, ㉡, ㉢, ㉣

[해설]
㉠ 중상주의는 근세 절대주의 국가의 성립 이후부터 산업혁명 개시까지의 기간, 즉 **대략 15세기 중반부터 18세기 중반까지 약 300년간 유럽대륙을 지배하던 경제정책이자 경제사상을 지칭하는 용어이다.**
㉡ 원료 공급지, 제품 소비시장, 군사적·정치적 거점의 역할을 하는 **식민지를 개척했으며, 국부 축적을 위해 수출을 늘리고 수입을 억제하는 무역정책을 추진하였다.**
㉣ 중상주의 국가는 빈민들이 쉬지 않고 일하도록 유도하기 위해 임금을 낮게 유지하고자 하였는데, 이는 **노동자들의 근면성과 국가 산업생산성을 높이려는 전략이었다.**

[오답풀이]
㉢ 식량 부족이 있어도 노동력 확보를 위해 **인구장려정책을 추진하였다.** 즉, 중상주의 시대 국가는 많은 인구를 국가의 부와 생산력의 원천으로 보았기 때문에 인구 증가를 장려했지 억제하지 않았다.

정답 ③

024

영국 구빈제도의 역사에 관한 설명으로 옳지 않은 것은? • 21회

① 1601년 엘리자베스 빈민법은 빈민을 노동능력 있는 빈민, 노동능력 없는 빈민, 빈곤 아동으로 분류하였다.
② 1662년 정주법은 부랑자들의 자유로운 이동을 금지하였다.
③ 1782년 길버트법은 원외구제를 허용하였다.
④ 1795년 스핀햄랜드법은 열등처우의 원칙을 명문화하였다.
⑤ 1834년 신빈민법은 노동능력이 있는 빈민에 대한 원외구제를 폐지하였다.

[해설]
1834년 신빈민법은 열등처우의 원칙을 명문화하였다. 1834년 신빈민법에 명문화된 4가지 원칙은 ① 열등 처우의 원칙, ② 작업장 제도(작업장 수용)의 원칙, ③ 전국적 통일의 원칙(균일처우의 원칙), ④ 작업장 심사의 원칙이다.

[보충설명]
① 1601년 엘리자베스 빈민법은 빈민을 노동능력 유무를 중심으로 노동능력 있는 빈민, 노동능력 없는 빈민, 빈곤 아동(요보호아동)으로 분류하여 대상자의 선정기준을 규정하였다.
② 1662년 정주법은 빈민들이 자유롭게 이동할 수 있는 권한을 금지시키는 것으로, 농촌 노동력의 이농을 막기 위한 봉건제도의 산물(노동자들의 이동권 제한)이었다.
③ 1782년 길버트법은 실질적 원외구제의 효시로, 노동 가능 유무에 따라 자신의 집에서 거주하면서 도움을 받을 수 있도록 원외구제(out-door relief, 거택보호)의 개념을 도입하였다.
⑤ 1834년 신빈민법은 길버트법에 의한 노동능력자에 대한 원외구제를 폐지(시설 외 구제 금지)하였는데, 이것이 작업장 제도(작업장 수용)의 원칙이다.

정답 ④

025

사회복지 역사에 관한 설명으로 옳은 것을 모두 고른 것은?

· 20회

> ㉠ 길버트법은 작업장 노동의 비인도적인 문제에 대응하여 원외구제를 실시하였다.
> ㉡ 신빈민법은 특권적 지주계급을 위한 법으로 구빈업무를 전국적으로 통일하였다.
> ㉢ 미국의 사회보장법(1935)은 연방정부의 책임을 축소하고 지방정부의 책임을 확대하였다.
> ㉣ 비스마르크는 독일제국의 사회통합을 위해 사회보험을 도입하였다.

① ㉠, ㉡ ② ㉠, ㉢ ③ ㉠, ㉣
④ ㉡, ㉢ ⑤ ㉢, ㉣

해설
㉠ 길버트법은 작업장 빈민의 비참한 생활과 착취를 개선할 목적(일괄청부제도 폐지)으로 제정되었으며, 빈민의 원외구제(out-door relief, 거택보호)방식을 적극 채용하였다.
㉣ 비스마르크(Bismark)는 영토통일에 이어 독일민족의 내부적 통일, 즉 사회통합을 위해 '채찍과 당근' 정책에 착수했으며, 사회보험은 당근정책으로 도입하였다.

✗ 오답풀이
㉡ 신빈민법에서 구빈업무를 전국적으로 통일한 것은 맞지만, 신빈민법은 전제군주와 특권적 지주계급을 위한 빈민법이 아니라 **자본가계급을 위한 법**이다. 즉, 신빈민법은 국가 - 자본가계급의 지배연합이 자본주의적 정치경제 질서를 효과적으로 지탱하기 위한 사회정책적 수단을 제공하게 되었다.
㉢ 미국의 사회보장법(1935)은 **연방정부의 책임을 확대**하고, **지방정부(주정부)가 긴밀히 협조**하도록 하였다. 사회보장법은 미국 최초의 연방정부차원의 복지 프로그램으로, ① 연방정부가 관장하는 노령연금, ② 주정부가 관장하고 연방정부가 재정을 보조하는 실업보험, ③ 주정부가 관장하고 연방정부가 재정을 보조하는 공공부조와 사회복지서비스로 구성되어 있었다.

정답 ③

026

1942년 베버리지보고서에서 구상한 복지국가 모형의 특징이 아닌 것은?

· 15회

① 빈곤계층을 대상으로 하는 선별적 복지를 강조한다.
② 정액부담과 정액급여의 원리를 바탕으로 한다.
③ 베버리지는 결핍(궁핍), 질병, 무지, 불결, 나태를 5대 악으로 규정한다.
④ 정액부담의 원칙은 보험료의 징수와 관련한 행정비용을 절감할 수 있는 효과가 있다.
⑤ 노령, 장애, 실업, 질병 등과 같은 사회적 위험들을 하나의 국민보험에서 통합적으로 운영한다.

해설
베버리지가 제안한 것은 보편적이고 통일된 사회보험체계로, 강제적인 사회보험을 국민최저선 달성을 위해 가장 중요한 제도로 보았다. 즉 베버리지는 국민들로부터 빈곤을 추방하는 데 있어 강제적인 사회보험을 1차적인 안전망으로 상정하였으며, 이에 포괄되지 못하는 경우를 대비하여 국민부조(national assistance) 장치를 마련하였다. 나아가 국민최저선을 넘어서는 욕구에 대해서는 사보험(민영보험)이나 개인적인 차원의 저축 문제로 남겨 놓았다.

➕ 보충설명
④ **정액부담(정액기여, flat-rate contribution)의 원칙**은 소득의 높고 낮음에 상관없이 동일한 보험료를 내는 것으로 정액급여의 원칙과 연결되는 것이다. 즉 모든 사람이 균일한 급여를 받는 대가로 균일한 기여금을 지불해야 한다는 것이다. 이는 보험료의 징수와 관련한 행정비용을 절감할 수 있는 효과가 있다.

정답 ①

027

영국 사회복지정책의 역사에 관한 설명으로 옳은 것을 모두 고른 것은?
• 22회

> ㉠ 길버트법은 빈민의 비참한 생활과 착취를 개선하기 위해 원외구제를 허용했다.
> ㉡ 스핀햄랜드법은 빈민의 임금을 보충하기 위해 가족 수에 따라 보조금을 지급할 수 있게 했다.
> ㉢ 신빈민법은 열등처우의 원칙을 적용하였고 원내구제를 금지했다.
> ㉣ 왕립빈민법위원회의 소수파보고서는 구빈법의 폐지보다는 개혁을 주장했다.
> ㉤ 베버리지보고서를 근거로 하여 가족수당법, 국민부조법 등이 제정되었다.

① ㉠, ㉢ ② ㉢, ㉤ ③ ㉠, ㉡, ㉤
④ ㉡, ㉢, ㉣ ⑤ ㉡, ㉣, ㉤

해설
㉠ 길버트법은 작업장 빈민의 비참한 생활과 착취를 개선할 목적으로 제정되었으며, 빈민을 무조건 작업장에 수용하지 않고 노동 가능 유무에 따라 자신의 집에서 거주하면서 도움을 받을 수 있도록 **원외구제(out-door relief)** 를 허용하였다.
㉡ 스핀햄랜드법은 **구빈세 재정으로 저임금을 보충해주려던 인도주의적 제도**로, 근로자의 가족 수와 물가 수준을 고려하여 일정 수준 이하의 모든 근로자의 임금에 대해 보조금을 지급하였다.
㉤ **베버리지보고서를 근거로** 보고서의 권고사항들이 1945년의 가족수당법, 1946년의 산업재해 국민보험법과 국민보험법 및 국민보건서비스법, 1948년의 국민부조법 등으로 **입법화되었다.**

× 오답풀이
㉢ 신빈민법은 열등처우의 원칙을 적용하였고 **원외구제를 금지**했다. 즉, 길버트법에 의한 노동능력자에 대한 원외구제를 중지(시설 외 구제 금지)하였다.
㉣ 왕립빈민법위원회의 **다수파보고서는 구빈법의 폐지보다는 개혁을 주장했다.** 반면에 소수파보고서는 현행 구민법의 완전한 해체(폐지)를 주장하였다.

정답 ③

028

독일 비스마르크의 사회입법에 관한 설명으로 옳은 것은?
• 11회

① 1883년 제정된 질병(건강)보험은 세계 최초의 사회보험이다.
② 1884년 산재보험의 재원은 노사가 반씩 부담하였다.
③ 1889년 노령폐질연금이 전 국민을 대상으로 시행되었다.
④ 사회민주당이 사회보험 입법을 주도하였다.
⑤ 질병(건강)보험은 전국적으로 일원화된 통합적 조직에 의하여 운영되었다.

해설
비스마르크 3대 사회보험 중 1883년에 제정된 질병보험법은 육체노동자와 저임금 화이트칼라 노동자 전원을 대상으로 하였다. **세계 최초의 사회보험**이다.

× 오답풀이
② 1884년 산재보험의 재원은 **사용자가 전적으로 부담**하였다.
③ 1889년의 폐질 및 노령연금법은 **육체노동자와 저임금의 화이트칼라 노동자 전원을 대상으로 한 보험제도이다.**
④ **비스마르크**는 국가가 적극적으로 노동자들의 사회복지를 제공함으로써 사회주의의 영향력을 완화시키고 군주제에 대한 충성심을 고취시키려는 의도로 사회보험을 제정하였다.
⑤ 비스마르크의 사회보험제도는 소속 계급집단의 지위를 유지시키고, **지역별·직능별로 보험관리 대상을 분리하는 현재 사회보험 원칙의 토대가 되었다.**

정답 ①

OIKOS UP 비스마르크 3대 사회보험: 의료보험·산재보험·연금

① 1883년에 제정된 질병보험법: 육체노동자와 저임금 화이트칼라 노동자 전원을 대상으로, 보험료는 노동자가 2/3, 사용자가 1/3을 부담하였다. **세계 최초의 사회보험이다.**
② 1884년의 산업재해보험법(노동재해보험법): 질병보험과 동일한 집단을 적용대상으로 하여 사용자만의 보험료 부담(**보험료는 사용자가 전적으로 책임**)으로 운영되었다. 임의적 사회보험의 형태로 1871년 산재보험이 있었다.
③ 1889년의 폐질 및 노령연금법(노령 폐질 유족연금보험법): 육체노동자와 저임금의 화이트칼라 노동자 전원을 대상으로 한 보험제도로 노동자와 사용자가 동일한 보험료를 지불하고, 폐질의 경우 혹은 70세 이상의 경우 보험료 지불기간에 따라 근로소득의 15~40%에 상당하는 연금을 지불하는 것이었다.

029

독일의 비스마르크 사회보험에 관한 설명으로 옳지 않은 것은?

· 12회

① 세계 최초의 사회보험제도를 도입하였다.
② 상호부조 조직인 공제조합을 기원으로 하였다.
③ '자조'의 원칙을 강조한 자유주의자의 주도로 입법되었다.
④ 사회주의자는 노동자를 국가복지의 노예로 만드는 것으로 보아 산재보험 도입을 반대하였다.
⑤ 노동자의 충성심을 국가로 유도하기 위해 기획되었다.

해설
'자조'의 원칙을 강조한 자유주의자의 주도로 입법된 것은 **영국의 사회보험**이며, 독일의 경우는 지주귀족계급인 비스마르크의 입장에서 노동자 세력을 보호한다는 명목으로 노동자의 국가에 대한 충성심을 확보한다는 본래의 입법의도 이외에, 부르주아(자본가계급)를 견제한다는 정치적 계산이 있었다. **영국의 경우** 노동자 정당인 노동당과 일시적이나마 우호적 관계에 있었던 자유당 정권에 의해서 포괄적 개혁정책의 일환으로 사회보험제도가 채택되었으나, 독일의 경우 권위주의적 정치권력에 의하여 노동자 세력을 통제하기 위해(노동자계급을 국가권력에 의해 결속시키기 위해) 사회보험제도를 도입하였다.

정답 ③

030

1935년 미국의 사회보장법에 관한 설명으로 옳지 않은 것은?

· 12회

① 빈곤의 사회구조적 원인에 관한 인식 증가
② 실업보험은 주정부가 운영
③ 노령연금은 연방정부가 재정과 운영을 담당
④ 사회주의 이념 확산에 따른 노동자 통제 목적
⑤ 공공부조에 대한 연방정부의 재정 지원

해설
미국 사회보장법의 태동 배경은 경제 대공황으로 인한 것이다. 사회주의 이념 확산에 따른 노동자 통제를 목적으로 제정된 것은 독일 비스마르크의 사회보험이다.

정답 ④

OIKOS UP — 미국의 1935년 사회보장법 구성

① 사회보험(2개의 사회보험) ↔ 산재(×), 의료보험(×)
  ㉠ 노령연금(Old Age Insurance, OAI) : 연방직영
  ㉡ 실업보험(Unemployment Insurance, UI) : **연방과 주가 함께**
② 공공부조(3가지 종류) : 연방의 지원
  ㉠ 노인부조(Old Age Assistance, OAA)
  ㉡ 시각장애인부조(Aid to Blind, AB)
  ㉢ 요보호아동부조(Aid to Dependent Children, ADC) → 1950년 **요부양아동가족부조제도**(Aid to Families with Dependent Children, **AFDC**) → 1997년 **TANF**
③ 사회복지서비스(모자보건, 지체장애아동, 아동복지서비스, 직업재활 및 공중보건 서비스 등) : 연방보조금

031

복지국가의 형성과 발달에 관한 설명으로 옳은 것을 모두 고른 것은?
• 16회

㉠ 독일의 재해보험법(1884)에서 재정은 노사가 반반씩 부담하였다.
㉡ 영국의 국민보험법(1911)은 건강보험과 실업보험으로 구성되었다.
㉢ 미국은 대공황을 경험하면서 총공급관리에 초점을 둔 국가정책을 도입하였다.
㉣ 스웨덴은 노동계급과 농민 간 적녹동맹(red-green alliance)을 통해 복지국가 발전의 기틀을 마련하였다.

① ㉠, ㉡　　② ㉠, ㉣　　③ ㉡, ㉢
④ ㉡, ㉣　　⑤ ㉢, ㉣

해설

㉡ 영국의 국민보험법(1911)은 제1부와 제2부로 나뉘어져 있고, 제1부는 국민건강보험(의료보험, National Health Insurance), 제2부는 실업보험(Unemployment Insurance)을 그 내용으로 하고 있다.
㉣ 스웨덴의 경우 1932년 선거에서 노동계급과 농민당과의 **적-녹 동맹(red-green alliance)**을 통하여 사민당이 집권하면서, 복지국가의 발전이 가속화되어 고용창출을 위한 프로그램, 다자녀 가정을 위한 주택 지원 프로그램, 생계비와 연금의 연동, 무료 출산과 모자보건 서비스, 신혼 가정을 위한 국가 대출 프로그램 등의 다양하고 광범위한 복지 서비스를 제도화하였다.

오답풀이

㉠ 독일의 1884년의 **재해보험법(산업재해보험법)**은 질병보험과 동일한 집단을 적용대상으로 하여 **사용자만의 보험료부담(보험료는 사용자가 전적으로 책임)**으로 운영되었다.
㉢ 미국은 대공황을 경험하면서 **총수요관리에 초점을 둔 케인스(J. M. Keynes) 경제이론에 기반을 둔 국가정책을 도입하였다. 뉴딜(New Deal) 정책이 보여주는 것처럼 총수요를 자극할 수 있는 대규모 공공사업을 벌여 실업을 줄이고 이를 통해 수요를 진작시켰다.

정답 ④

032

길버트(N. Gilbert)가 주장한 권능부여국가(enabling state)의 주요 요소에 해당하는 것은?
• 23회

① 사회적 지원, 노동의 재상품화, 공공기관에 의한 제공, 권리의 공유를 통한 연대
② 사회적 포섭, 노동의 탈상품화, 민간기관에 의한 제공, 사회권으로서의 급여
③ 사회적 포섭, 노동의 재상품화, 민영화, 사회권으로서의 급여
④ 근로촉진, 선별적 표적화, 민영화, 사회적 의무와 연계된 급여
⑤ 근로촉진, 생활임금, 공적 운영, 사회적 의무와 연계된 급여

해설

길버트(N. Gilbert)가 주장한 **권능부여국가(Enabling State)**는 국민이 국가에 의존하지 않고 스스로 자립할 수 있도록 여건과 기회를 제공하는 복지국가 모델로, 복지 급여는 근로 유인, 조건부 지원, 민간 협력 등을 통해 능동적인 복지참여를 유도하는 방식으로 설계한다.

보충설명

④ **근로촉진(Work Activation)**은 복지수급자에게 노동시장 참여를 유도하고, 자립을 목표로 복지를 설계하는 방식이다. **선별적 표적화(Selective Targeting)**는 복지자원을 '모두에게'가 아니라, '정말 필요한 사람'에게 집중해서 지원하는 방식이다. **민영화(Privatization)**는 사회복지 서비스의 제공 주체를 국가에서 민간(비영리·영리 포함)으로 전환하는 경향을 말하며, **사회적 의무와 연계된 급여(Conditional Benefits)**는 복지 급여를 무조건 제공하지 않고, 일정한 '책임' 또는 '의무' 이행을 조건으로 급여를 제공하는 방식을 말한다.

오답풀이

① 노동의 재상품화는 맞지만, 사회적 지원은 → **사회적 포섭**으로, 공공기관에 의한 제공은 → **민간기관에 의한 제공**으로, 권리의 공유를 통한 연대는 → **공유된 가치와 시민적 의무의 결합**으로 변경해야 한다.
② 사회적 포섭과 민간기관에 의한 제공은 맞지만, 노동의 탈상품화는 → **노동의 재상품화**로, 사회권으로서의 급여는 → **사회적 의무와 연계된 급여**로 변경해야 한다.
③ 사회적 포섭과 노동의 재상품화, 민영화는 맞지만, 사회권으로서의 급여는 → **사회적 의무와 연계된 급여**로 변경해야 한다.
⑤ 근로촉진과 사회적 의무와 연계된 급여는 맞지만, 생활임금은 → **최저생계보장보다 노동유인 강조**로, 공적 운영은 → **민영화 또는 민간중심 운영**으로 변경해야 한다.

정답 ④

02 한국의 사회복지 역사

033

1997년 외환위기 이후의 한국 사회복지제도 변화에 해당하지 않는 것은? · 10회

① 국민기초생활보장법 제정
② 노인장기요양보험제도 시행
③ 국민건강보험법 제정
④ 기초노령연금제도 시행
⑤ 고용보험법 제정

해설
고용보험법은 1993년 12월 27일 제정되어 1995년 7월 1일 시행되었다.

오답풀이
① 국민기초생활보장법은 1999년 9월 7일 제정되었다.
② 노인장기요양보험제도는 2007년 4월 27일 제정되어 2008년 7월 1일 시행되었다.
③ 국민건강보험법은 1999년 2월 8일 제정되었다.
④ 기초노령연금법은 2007년 4월 25일 제정되어 2008년 1월 1일부터 시행되었으며, 이 법의 시행으로 과거 국민기초생활보장법상의 경로연금은 폐지되었다. 기초노령연금법은 다시 2014년 5월 20일 제정되고 2014년 7월 1일 시행된 기초연금법으로 바뀌었다.

정답 ⑤

034

사회복지정책의 역사에 관한 설명으로 옳지 않은 것은? · 14회

① 1883년 독일의 질병(건강)보험은 최초의 사회보험이다.
② 우리나라의 건강보험과 국민연금 중 적용범위가 농·어민으로까지 먼저 확대된 것은 국민연금이다.
③ 1980년대 미국에서는 의료부조(Medicaid), 요보호아동가족부조(AFDC) 등의 공공부조 급여수준이 삭감되었다.
④ 우리나라의 최저임금제도는 1986년에 최저임금법이 제정되어 1988년에 시행되었다.
⑤ 영국의 베버리지보고서(Beveridge Report)에서는 아동수당, 포괄적 보건의료서비스 뿐만 아니라 완전고용도 강조하였다.

해설
건강보험의 적용범위가 농어민으로 확대된 것은 1988년 1월 1일 농어촌 지역의료보험이 실시되면서이다. 반면에 국민연금은 정부가 신경제 5개년 계획 및 WTO 체제하의 농어촌발전대책의 일환으로 1995년 7월 1일부터 농어촌 지역으로 확대 실시하였다.

보충설명
④ 우리나라는 헌법 제32조 제1항 "국가는 법률이 정하는 바에 의하여 최저임금제를 시행하여야 한다."라는 근거 규정에 입각하여, 1986년 12월 31일에 「최저임금법」이 제정·시행되고 1988년 1월 1일부터 최저임금제도가 시행되고 있다.

정답 ②

035

최근 10년간 우리나라 사회복지정책의 변화에 관한 설명으로 옳은 것은?
· 15회

① 고용불안정의 심화로 사회보험제도의 기반이 견고해지고 있다.
② 사회복지정책의 총 지출이 감소하는 추세에 있다.
③ 근로빈곤층 지원제도가 약화되고 있다.
④ 지방자치단체의 자체적인 복지사업이 증가하는 추세에 있다.
⑤ 복지정책 대상의 초점이 극빈층으로 변화하고 있다.

해설

지방분권화로 사회복지사무가 지방자치단체로 이양되면서 **지방자치단체의 자체적인 복지사업이 증가**하는 추세이다.

오답풀이
① 고용불안정의 심화로 사회보험제도의 기반이 **약해지고** 있다.
② 사회복지정책의 총 지출이 **증가**하는 추세에 있다.
③ 근로빈곤층 지원제도가 **강화**되고 있다.
⑤ 복지정책 대상의 초점이 **모든 국민**으로 변화하고 있다.

정답 ④

036

최근 논의되는 사회복지정책 이슈들에 관한 설명으로 옳지 않은 것은?
· 18회

① 생태주의 관점에서는 복지국가의 '성장' 패러다임을 옹호한다.
② 4차 산업혁명, 일자리 감소, 소득 양극화 심화 등의 이슈는 '기본소득' 도입의 필요성과 관련되어 있다.
③ 민달팽이유니온, 복지국가청년네트워크 등은 청년 세대운동 조직이 출현한 사례에 해당한다.
④ '마을만들기' 사업은 주민참여형 복지라고 할 수 있다.
⑤ '커뮤니티 케어'는 탈시설화와 관련되어 있다.

해설

생태주의 관점에서는 복지국가의 **성장** 패러다임을 거부하고 **공생**의 패러다임을 옹호한다. 즉 성장위주의 정책과정에서 소외된 인간성을 회복하고 진정한 복지사회를 완성하기 위한 대안으로 성장주의적 패러다임을 거부하고 공생의 패러다임을 구축하고자 한다.

보충설명
② **기본소득**은 자산조사와 근로에 대한 요구 없이 모든 개인에게 무조건 교부되는 주기적인 현금으로, 4차 산업혁명으로 인한 노동의 양적 변화(일자리의 미래에 대한 비관론과 낙관론), 노동의 질적 변화(플랫폼 경제), 불안정한 노동의 일상화, 소득 양극화 심화 등이 기본소득 도입의 필요성과 관련된다. 기본소득은 노동중심에서 권리중심으로 재분배 시스템을 수정함으로써 인간의 진정한 탈상품화를 가능하게 하는 복지국가 혁명이다.
③ 2011년 창립된 **민달팽이유니온(Minsnail Union)**은 사회경제적 불평등으로 새롭게 주거취약계층으로 대두된 청년층의 당사자 연대로 비영리주거모델을 실험하고, 제도 개선을 실천해 '청년주거권 보장', '주거불평등 완화'에 기여한다는 것을 목적으로 한다. 2012년 창립된 **복지국가청년네트워크**는 청년당사자들이 겪고 있는 사회문제(교육, 일자리, 주거, 의료, 노후, 사회안전망 등)를 청년의 시각에서 바라보고 해결방안을 적극적으로 모색하는 단체이다.
④ **마을만들기 사업**은 주민 스스로 지역사회의 문제를 풀어가는 풀뿌리 주민자치운동으로, 주민조직 발굴, 주민역량 강화, 주민활동 지원 등의 활동을 모두 포함한다. 한국의 마을만들기는 1990년대까지 시민운동영역에 국한됐으나 2006년 참여정부가 들어서면서 '살기 좋은 지역 만들기' 사업에 이어 민간 차원으로 확대되었다.
⑤ 보건복지부는 2018년 11월 지역사회통합돌봄(커뮤니티케어) 기본계획을 발표한 이후 2019년 4월 16개 지자체를 선정하여 사업을 추진하고 있다. **커뮤니티케어(Community Care)는** 돌봄(Care)을 필요로 하는 주민들이 자택이나 그룹홈 등 지역사회(Community)에 거주하면서 개인의 욕구에 맞는 복지급여와 서비스를 누리고, 지역사회와 함께 어울려 살아가며 자아실현과 활동을 할 수 있도록 하려는 혁신적인 사회서비스 체계를 의미한다.

정답 ①

제4장 사회복지정책의 이론과 사상

김진원 Oikos 사회복지사 1급

제6영역 : 사회복지정책론

01 사회복지정책의 이론

037 ✓확인 ☐☐☐

사회복지정책 발달이론에 관한 설명으로 옳지 않은 것은?

· 19회

① 사회양심론은 인도주의에 기초하고 있다.
② 음모이론은 사회복지정책을 사회안정과 질서유지를 위한 통제수단으로 보는 이론이다.
③ 확산이론은 한 지역의 사회복지정책이 다른 지역으로 전파되어 나간다는 이론이다.
④ 시민권론은 참정권, 공민권, 사회권 순으로 발전했다고 설명한다.
⑤ 산업화이론은 사회복지정책발달은 그 사회의 산업화 정도에 따라 결정된다고 보는 이론이다.

해설
시민권론은 공민권, 참정권, 사회권 순으로 발전했다고 설명한다. 즉, 마샬(T. H. Marshall)에 의하면 영국의 경우 18세기에서 19세기에 자유와 평등과 같은 공민권(civil right)이 확립되었고, 19세기와 20세기 사이에 참정권과 같은 정치권(political right)이 그리고, 20세기 중반까지 복지권과 같은 사회권(social right)은 조성되었다고 한다.

+ 보충설명
① 사회양심론은 **인도주의 사상에 기초**하여 이타주의와 사회적 책임성 맥락에서 사회복지제도의 발달을 설명한다.
② 음모이론은 지배계층이 기존의 사회질서가 위협받고 있다고 느낄 때 **사회안정과 질서유지를 위한 통제수단으로** 사회복지정책을 제시한다고 본다.
③ 확산이론은 한 지역의 사회복지정책이 그 주변에 있는 인접한 다른 **지역으로 전파**되어 나간다는 이론이다.
⑤ 산업화이론은 사회복지정책발달은 그 사회의 **산업화 정도에 따라 결정**된다고 보는 이론으로, 일단 산업화가 비슷한 수준에 도달하면 유사한 사회복지체계를 가지게 된다고 보는 시각이다.

정답 ④

038 ✓확인 ☐☐☐

복지국가 발달이론에 관한 설명으로 옳지 않은 것은?

· 9회

① 국가 중심주의 이론은 국가 관료들의 자기이익 추구행위가 복지국가발전을 가져온다고 본다.
② 사회 양심 이론은 사회복지정책을 국가의 자선활동으로 본다.
③ 확산 이론은 사회복지의 발달이 국가의 지리적 위치와 관계가 있다고 본다.
④ 수렴이론은 산업화로 인해 발생한 사회문제의 해결을 위해 사회복지가 발달한다고 본다.
⑤ 시민권론은 불평등한 계층구조와 평등주의적 시민권이 양립할 수 없다고 본다.

해설
시민권의 개념은 **자본주의의 경제적 불평등과 모순되지 않는 것이라**고 주장한다. 즉 시민권은 사회적 불평등 구조의 전제 위에 발생한 것으로써 사회적 불평등과 시민권은 밀접한 관련이 있으며, **사회적 불평등의 완화제가 바로 사회복지정책이다.**

+ 보충설명
① 국가 중심주의 이론에 의하면, 국가관료는 자신들의 권한 확대, 예산 증가, 조직 유지 등을 원한다. 그리고, 관료들은 자신의 영향력, 정치적 입지, 정책 주도력을 강화하려는 동기로 새로운 복지 프로그램을 개발하거나 확대하는 경향이 있다. 그 결과 복지국가가 발전하게 된다. 1960~70년대 프랑스와 독일 등 일부 유럽국가에서, 노동계급의 압력 없이도 국가 관료 엘리트 주도로 복지정책이 확대된 사례가 있다.

정답 ⑤

039

복지국가 발전 이론에 관한 설명으로 옳은 것은? • 14회

① 산업화 이론 - 산업화는 가족구조의 변화를 초래하여 복지에 대한 국가의 역할을 증대시킴
② 독점자본 이론 - 자본주의는 노동력을 상품화시켰고 질병, 노령, 산업재해 등으로 상품화될 수 없는 노동력을 국가가 책임지게 됨
③ 사회민주주의 이론 - 서로 다른 유형의 복지국가라도 시간이 지날수록 유사한 유형으로 수렴함
④ 이익집단 이론 - 계급갈등의 정치적 과정을 중요시하고, 갈등의 정치화 과정을 통해 복지국가가 발전함
⑤ 국가중심적 이론 - 이익집단이나 노동자 계급의 정치적인 힘이 국가차원에서 결합될 때 복지국가로 발전함

해설

산업화 이론에서는 사회복지정책이 산업화 과정에서 필연적으로 나타난 새로운 욕구와 사회문제를 경제성장으로 확보된 자원을 통해 해결하는 방안으로 등장하였다고 본다. 즉 '**산업화로 인해 초래된 가족구조의 변화**'는 산업화 과정에서 나타난 새로운 욕구와 사회문제 중 하나로, 이는 복지에 대한 국가의 역할을 더욱 증가시킨다.

✗ 오답풀이

② 상품화될 수 없는 노동력이라는 표현은 올바르지 않다. 즉, 노동력이 상품이 안 되는 게 아니라, 노동 불능 상태가 된 사람이라고 해야 한다. **독점자본 이론**에 따르면, 자본주의는 노동력을 상품화하여 이윤을 추구하지만, 질병·노령·재해 등으로 **노동력 재생산이 불가능해진 계층**에 대해서는 자본이 책임을 회피하고, 국가가 복지를 통해 이를 대신하게 되었다고 설명한다.
③ 서로 다른 유형의 복지국가라도 시간이 지날수록 유사한 유형으로 수렴한다는 것은 **수렴이론(산업화 이론)**이다.
④ 계급갈등의 정치적 과정을 중요시하고, 갈등의 정치화 과정을 통해 복지국가가 발전한다고 설명하는 것은 **사회민주주의 이론**이다.
⑤ 이익집단이나 노동자 계급의 정치적인 힘이 국가차원에서 결합될 때 복지국가로 발전한다고 설명하는 이론은 **이익집단 이론**이다.

정답 ①

040

사회복지발달이론에 관한 설명으로 옳지 않은 것은? • 18회

① 사회양심이론 - 사회복지는 이타주의가 제도화된 것임
② 수렴이론 - 산업화를 이룬 나라들은 사회복지제도를 도입하게 됨
③ 시민권론 - 마샬(T. H. Marshall)은 사회권(social right)을 복지권(welfare right)이라 함
④ 권력자원론 - 사회복지정책은 권력 엘리트의 산물임
⑤ 구조기능주의론 - 사회복지는 산업화, 도시화에 따른 사회문제에 대한 적응의 결과임

해설

코르피(Korpi)의 **권력자원론(Power Resource Theory)**은 사회민주주의 이론으로, **사회복지정책은 자본과 노동의 계급투쟁에서 노동이 획득한 승리의 전리품**이라고 본다. 사회복지정책을 권력 엘리트의 산물로 보는 것은 **엘리트 이론**이다.

+ 보충설명

① **사회양심이론**에서는 인간이 타인에 대한 사랑을 가지고 있다는 것을 기초로 하고 있으며, **사회복지는 사회적 이타주의(Social Altruism)의 변화가 제도화된 것**이라고 한다.
② **수렴이론**에서는 사회복지제도의 형성에 **산업화의 역할을 강조**하고 있다. 수렴이론은 현대사회를 이해하기 위한 중요한 변수로서 산업화를 들고 있기 때문에 **산업화이론**이라고도 불린다.
③ **시민권론**에서 마샬(T. H. Marshall)은 시민권을 공민권(civil right), 정치권(political right), 사회권(social right)으로 구분하였으며, **사회권을 복지권(welfare right)**이라 하였다. 사회권은 최소한의 경제적 복지 및 보장과 더불어 사회적 유산을 충분히 공유하고 사회의 보편적 기준에 맞는 시민적 존재로서 생활을 누릴 권리를 말한다.
⑤ **산업화이론**은 '유기체의 항상성(homeostasis)'라는 관점에서 사회를 보기 때문에 **구조기능주의이론**이라고 불리기도 한다. 산업화이론에서는 사회복지가 산업화 과정에서 필연적으로 나타난 새로운 욕구와 사회문제를 해결하는 방안으로 등장하였다고 본다.

정답 ④

041

사회복지정책의 발달을 설명하는 이론으로 옳은 것을 모두 고른 것은?
· 22회

> ㉠ 시민권이론은 정치권, 공민권, 사회권의 순서로 발달한 것으로 본다.
> ㉡ 권력자원이론은 노동조합의 중앙집중화 정도, 좌파정당의 집권을 복지국가 발달의 변수로 본다.
> ㉢ 이익집단이론은 다양한 이익집단들의 정치적 활동을 통해 복지국가가 발달한 것으로 본다.
> ㉣ 국가중심이론은 국가 엘리트들과 고용주들의 의지와 능력에 의해 결정된다고 본다.
> ㉤ 수렴이론은 그 사회의 기술수준과 산업화 정도에 따라 사회복지의 발달이 수렴된다고 본다.

① ㉠, ㉡, ㉣
② ㉠, ㉢, ㉤
③ ㉡, ㉢, ㉣
④ ㉡, ㉢, ㉤
⑤ ㉢, ㉣, ㉤

해설

㉡ 권력자원이론은 강한 그리고 중앙집권화된 노동조합, 사회민주당과 같은 좌파정당의 지속적인 집권 등을 복지국가 발달의 변수로 본다.
㉢ 이익집단이론은 **다양한 이익집단들의 정치적 힘에 초점**을 맞춘다. 즉, 복지국가의 발전은 다양한 이익집단들 사이에서 사회적 자원의 배분을 둘러싼 경쟁이 치열해지고, 이러한 집단들의 정치적 힘이 중요해져서 정치가들이 이들의 요구를 수용하는 데에서 나온 결과라고 본다.
㉤ 수렴이론(산업화이론)은 서로 다른 정치이념과 정치문화를 가진 국가들도 그 사회의 **기술수준과 산업화 정도에 따라 사회복지의 발달이 유사한 사회복지체제로 수렴**된다고 본다.

× 오답풀이

㉠ 시민권이론은 **공민권, 정치권, 사회권의 순서로 발달**한 것으로 본다. 18세기에서 19세기에 걸쳐 공민권이, 19세기와 20세기 사이 정치권이, 20세기 중반까지 사회권이 조성되었다고 본다.
㉣ 국가 엘리트들과 고용주들의 의지와 능력에 의해 결정된다고 보는 것은 **엘리트론**이다. 엘리트론은 사회복지정책이 탁월한 능력을 소유한 소수의 지도자 또는 개인에 의해 마련되어진다고 보는 이론이다. **국가중심이론은** 국가관료기구를 맡고 있는 개혁적인 정치가나 전문관료들에 의하여 국가발전의 장기적 안목을 가진 **전문화된 관료기구의 바탕에서 사회복지정책의 발달**이 이루어진다고 본다.

정답 ④

042

복지국가 유형화 연구의 연구자와 유형을 옳게 연결한 것은?
· 13회

① 티트머스(Titmuss)는 '사회적 시장경제'와 '사회주의적 시장경제'로 구분하였다.
② 미쉬라(R. Mishra)는 '분화된 복지국가'와 '통합된 복지국가'로 구분하였다.
③ 퍼니스와 틸톤(N. Furniss & T. Tilton)은 '소극적 국가', '적극적 국가', '사회투자국가'로 구분하였다.
④ 조지와 윌딩(V. George & P. Wilding)은 '프롤레타리아 복지국가'와 '부르조아 복지국가'로 구분하였다.
⑤ 윌렌스키와 르보(H. Wilensky & C. Lebeaux)는 '선발 복지국가'와 '후발 복지국가'로 구분하였다.

해설

미쉬라(R. Mishra)는 사회복지와 경제 관계에 따라 '**분화된**(differentiated) 복지국가'와 '**통합된**(integrated) 복지국가'로 구분하였다.

구 분	내 용
분화된 복지국가	• 사회복지는 경제와 구분되고 대립 • 경제에 나쁜 영향을 주는 사회복지는 제한되며 잔여적 역할
통합된 복지국가	• 사회복지와 경제는 구분되지 않고 상호의존적이고 상호 관련된 관계 • 복지정책은 경제집단들 혹은 계급 간의 상호협력하에 추진(집합적 책임 강조)

× 오답풀이

① 티트머스(Titmuss)는 윌렌스키와 르보(Wilensky and LeBeaux)가 제시한 잔여적 모형과 제도적 모형에 산업성취-업적 모형을 추가하여, **잔여적 모형, 산업상 업적과 수행능력(Industrial Achievement-Performance) 모형, 제도적 재분배 모형**으로 구분하였다.
③ 퍼니스와 틸톤(N. Furniss & T. Tilton)은 적극적 국가(positive state), 사회보장국가(social security state), 사회복지국가(social welfare state)로 구분하였다.
④ 조지와 윌딩(V. George & P. Wilding)은 초기 모형(1976년)에는 반집합주의, 소극적 집합주의, 페이비안 사회주의, 마르크스주의로, 수정된 모형(1994년)에서는 신우파, 중도노선, 사회민주주의, 마르크스주의, 페미니즘, 녹색주의로 구분하였다.
⑤ 윌렌스키와 르보(H. Wilensky & C. Lebeaux)는 보충적(residual, 보완적, 잔여적, 선별적) 모형과 제도적(institutional, 보편적) 모형으로 구분하였다.

정답 ②

043

에스핑-안데르센(Esping-Andersen)이 분류한 사회민주주의 복지체제에 관한 설명으로 옳지 않은 것은? ·11회

① 대표적인 국가는 스웨덴, 덴마크, 노르웨이 등이다.
② 적극적 노동시장정책을 강조한다.
③ 중산층을 중요한 복지의 대상으로 포괄한다.
④ 주로 종교단체나 자원봉사조직과 같은 민간부문이 사회서비스를 전달한다.
⑤ 탈상품화 정도가 매우 높다.

해설
주로 종교단체나 자원봉사조직과 같은 민간부문이 사회서비스를 전달하는 것은 **자유주의적 복지국가**에 해당한다. 사회민주주의 복지체제는 복지에 대한 국가책임이 가장 높은 유형이다.

정답 ④

044

에스핑-엔더슨(G. Esping-Anderson)의 복지국가 유형 중 조합주의 복지국가에 관한 설명으로 옳지 않은 것은? ·14회

① 사회복지 급여는 계급과 사회적 지위에 밀접하게 관련되어 있다.
② 사회보험원리를 강조하는 복지정책을 주로 활용한다.
③ 여성의 노동시장 참여를 강조한다.
④ 가족의 중요성을 강조하는 종교와 문화적 신념의 영향력이 강하다.
⑤ 오스트리아, 프랑스, 독일 등이 이 유형에 속한다.

해설
여성의 노동시장 참여를 강조한다는 것은 **탈가족화**를 말하며, 이는 **사회민주적 복지국가**에 해당한다. 에스핑-앤더슨(Esping-Andersen)은 가족 중심의 책임을 강조하는 **가족주의(familialism)**와 가족에 대한 사회적 책임을 강조하는 **탈가족화(de-familization)**의 양축을 중심으로 서구 국가들을 분석하였다. 탈가족화 정도 가장 큰 국가는 사회민주적 복지국가이다.

보충설명
① 조합주의적 복지국가에서의 사회복지 급여는 **직업별, 계층별로 다른 종류의 복지급여**가 제공된다.
② 조합주의적 복지국가에서의 소득보장은 주로 **사회보험을 통해 제공**된다.
④ 조합주의적 복지국가는 각종 복지제도가 남성가구주 중심으로 되어 있으며, 가족을 서비스 제공자로 간주할 뿐 아니라 가족구성원의 복지에 대한 궁극적 책임소재지로 삼는다.
⑤ 조합주의적 복지국가에는 독일, 오스트리아, 프랑스, 이탈리아 등이 대표적이다.

정답 ③

OIKOS UP 보수주의적 복지국가의 특징

보수주의적 복지국가는 제국주의, 권위주의, 가톨릭교리의 영향을 많이 받는 형태로, **조합주의, 군주제 국가주의, 그리고 가족주의**와 같은 세 가지 특징을 갖고 있다.
① 사회보험제도가 직종이나 계층에 따라 수백, 수 천개의 기금으로 분리되고 각기 독립재정으로 관리되는 것은 신분분할적 조합주의를 잘 말해준다.
② 국가주의 특징은 공무원을 특권계층으로 분리시켜 각종 사회보장제도를 따로 운영하는 데서 잘 나타나며, 그들의 수급자격이나 급여수준이 파격적으로 유리하게 되어 있는 사실에서도 잘 반영되어 있다.
③ 가족주의의 특징의 실제 사례로서는 각종 복지제도가 남성가구주 중심으로 되어 있다는 것, 즉 가족을 서비스 제공자로 간주할 뿐 아니라 가족구성원의 복지에 대한 궁극적 책임소재지로 삼는다.

045

에스핑-앤더슨(G. Esping-Andersen)의 세 가지 복지체제에 관한 설명으로 옳지 않은 것은? ・20회

① 보수주의 복지체제 국가는 가족의 중요성을 강조한다.
② 자유주의 복지체제 국가에서 탈상품화 정도가 가장 높다.
③ 사회민주주의 복지체제 국가는 보편주의를 강조한다.
④ 보수주의 복지체제 국가의 예로 독일, 프랑스, 이탈리아가 있다.
⑤ 자유주의 복지체제 국가의 사회보장급여는 잔여적 특성이 강하다.

해설

사회주의 복지체제 국가에서 탈상품화 정도가 가장 높다. 반면에, 자유주의 복지체제 국가에서 탈상품화 정도가 가장 **낮다**. 즉, 자유주의 복지체제 국가는 탈상품화 정도 매우 미약(최소화)하고, 계층화 정도는 높다.

+보충설명

① 에스핑 앤더슨(G ø sta Esping-Andersen)은 탈상품화 정도, 계층화 정도, 그리고 **수혜제공과 관련된 국가-시장-가족의 관계**를 주요 분류기준으로 복지국가 유형을 구분하였다. 보수주의 복지체제 국가는 **가족이 중심적인 역할**을 하며 **연대의 근거**이다. 즉, 가족을 서비스제공자로 간주할 뿐 아니라 가족구성원의 복지에 대한 궁극적 책임소재지로 삼는다.

구분	자유주의적 복지국가	보수주의적 복지국가	사회민주주의적 복지국가
탈상품화 정도	매우 낮음	높음	매우 높음
계층화 정도	계층 간 대립 심화	계층 간 차이 유지	계층 간 통합 강화
국가의 역할	주변적	보조적	중심적
가족의 역할	주변적	중심적	주변적
시장의 역할	중심적	주변적	주변적
연대근거	시장	가족	국가
전형적인 국가	미국, 캐나다	프랑스, 독일	스웨덴, 덴마크

정답 ②

046

에스핑-안데르센(G. Esping-Andersen)의 복지국가 유형에 관한 설명으로 옳지 않은 것은? ・21회

① 탈상품화 정도, 계층화 정도 등에 따라 복지국가를 3가지 유형으로 분류하였다.
② 탈상품화는 돌봄이나 서비스 부담을 가족에게 의존하지 않는 정도를 의미한다.
③ 사회민주주의 복지국가는 탈상품화 정도가 높고 보편적 사회서비스를 제공한다.
④ 보수주의 복지국가에서 사회보험은 직업집단 등에 따라 분절적으로 운영된다.
⑤ 자유주의 복지국가는 공공부조의 역할이 크고 탈상품화 정도는 낮다.

해설

탈가족화는 돌봄이나 서비스 부담을 가족에게 의존하지 않는 정도를 의미한다. 탈가족화(de-familization)는 가족의 복지 부담을 덜고 가족에 대한 개인의 복지의존을 감소시키는 정도로, 여성들이 가족에 대한 책임으로부터 자유로워 상품화될 수 있는 정도를 의미한다.

+보충설명

④ 보수주의 복지국가에서 사회보험이 분절적으로 운영된다는 것은 **신분분할적인 조합주의 운영방식**을 말하는 것으로, 보수주의 복지국가에서는 사회보험제도가 직종이나 계통에 따라 수백, 수천 개의 기금으로 분리되고 각기 독립재정으로 관리한다.

정답 ②

02 사회복지정책의 사상

047 ☑확인 ☐☐☐

반집합주의가 선호하는 가치 영역이 아닌 것은?
· 17회

① 개인 ② 시장
③ 평등 ④ 가족
⑤ 경쟁

해설
우파에 해당되는 반집합주의(anti-collectivism)와 소극적 집합주의(reluctant collectivism)에서는 동일하게 개인(개인주의), 선별주의, 가족, 시장, 경쟁, 불평등, 자조의 가치를 선호한다. 다만, 반집합주의와 소극적 집합주의의 차이는 중심가치에 대한 신뢰의 강도이다. 소극적 집합주의는 중심가치들을 절대적 가치로 믿지 않으며, 조건부로 신봉한다.

구분	이념의 연속선			
	극 우	중도 우	중도 좌	극 좌
	반 집합주의	소극적 집합주의	페이비안 사회주의	마르크스 주의
갈등적 사회가치	개인주의		집합주의	
	선별주의		보편주의	
	자유(소극적 자유)		자유(적극적 자유)	
	효율, 불평등옹호		평등	
	경쟁		협동(우애),	
	자조		이타심(인도주의)	

✗ 오답풀이
③ 반집합주의에서는 불평등을 옹호하는 입장으로, 불평등은 경제성장에 기여할 수 있다고 본다. 즉, 경제성장을 위해서는 불평등이 반드시 필요하기 때문에 평등에 우선권을 두는 것은 개인의 책임과 정부의 도덕적 기준을 훼손하고 경제성장을 저해한다고 본다.

🔍정답 ③

048 ☑확인 ☐☐☐

조지와 윌딩(George & Wilding)이 말한 '신우파'에 관한 설명으로 옳은 것을 모두 고른 것은?
· 12회

㉠ 국가 개입은 경제적 비효율 초래
㉡ 민영화를 통한 정부 역할 축소
㉢ 전통적 가치와 국가 권위의 회복 강조
㉣ 노동 무능력자에 대한 국가 책임 인정

① ㉠, ㉡, ㉢ ② ㉠, ㉢ ③ ㉡, ㉣
④ ㉣ ⑤ ㉠, ㉡, ㉢, ㉣

해설
㉠ 자유시장이 경제를 조직하는 가장 효율적인 방법이며, 국가 개입은 경제적 비효율을 초래한다고 본다.
㉡ 신우파가 생각하는 이상적인 복지사회는 **국가의 역할이 축소되는 대신 시장이 더 많은 역할을 수행하는 행태**이다.
㉢ 복지혜택은 **국가 온정주의적 차원**에서 정치적 안정유지를 위해 **최소한으로** 주어져야 한다.
㉣ **노동 무능력자에 대한 국가 책임은 인정한다.** 복지 혜택은 최저생계비 이하의 빈곤층에게만 최소한으로 주어져야 한다고 본다.

🔍정답 ⑤

049

조지(V.George)와 윌딩(P.Wilding)이 제시한 사회복지이념에 관한 설명으로 옳은 것을 모두 고른 것은? •11회

> ㉠ 반집합주의 – 빈곤은 경제적 비효율을 초래하므로 국가에 의해 제거되어야 함
> ㉡ 마르크스주의 – 자본주의 사회에서 빈곤 문제는 필연적으로 발생함
> ㉢ 페이비언 사회주의 – 빈곤은 민간의 자선에 의해 해결되어야 함
> ㉣ 소극적 집합주의 – 시장체계의 약점을 보완하는 정부의 개입을 인정함

① ㉠, ㉡, ㉢   ② ㉠, ㉢   ③ ㉡, ㉣
④ ㉣   ⑤ ㉠, ㉡, ㉢, ㉣

해설
㉡ 마르크스주의자들은 자본주의를 착취체제로 보았고, 자본주의의 비인간성을 비판하였다. 이러한 자본주의 사회에서 빈곤 문제는 필연적으로 발생한다.
㉣ 소극적 집합주의에서는 자본주의의 자기규제적이지 못한 결함을 직시하고 이의 해결을 위해 일정한 수준에서의 **국가개입이 불가피**하다고 보는 실용주의적 입장이다.

오답풀이
㉠ 반집합주의에서는 정부 개입이 유해하다고 주장한다. 즉 복지국가는 경제체계와 사회체계를 불안정하게 하며, 매우 비효율적인 시스템이다.
㉢ 페이비언 사회주의는 영국 노동당의 기본 노선이 되었고, 노동당이 복지국가를 건설하는데 가장 영향력 있는 이념으로 작용했다. **정부 역할(정부 개입)을 적극적으로 인정**한다.

정답 ③

050

조지(V. George)와 윌딩(P. Wilding)이 제시한 이념 중 소극적 집합주의에 관한 설명으로 옳은 것은? •21회

① 시장에 대한 국가개입을 최소화하고 개인의 소극적 자유를 극대화하는 것이 바람직하다.
② 개인의 적극적 자유를 보장하기 위해서는 철저한 계획경제와 생산수단의 국유화가 필요하다.
③ 환경과 생태의 관점에서 자본주의의 성장과 복지국가의 확대는 지속가능하지 않다.
④ 복지국가는 노동의 성(gender) 분업과 자본주의 가부장제를 고착화시키는 역할을 한다.
⑤ 시장의 약점을 보완하고 불평등과 빈곤에 대응하기 위하여 실용적인 국가개입이 필요하다.

해설
소극적 집합주의는 자본주의의 자기규제적이지 못한 결함을 직시하고 이의 해결을 위해 일정한 수준에서의 국가개입이 불가피하다고 보는 실용주의적 입장이다.

보충설명
① 반집합주의에 관한 설명이다.
② 마르크스주의에 관한 설명이다.
③ 녹색주의(생태주의)에 관한 설명이다.
④ 페미니즘에 관한 설명이다.

정답 ⑤

051

신자유주의가 지향하는 정책적 특성으로 옳은 것을 모두 고른 것은?
• 13회

> ㉠ 시장의 자율적 경쟁을 강조한다.
> ㉡ '작은 정부'를 지향한다.
> ㉢ 복지국가는 국민의 책임보다 권리를 강조한다고 비판한다.
> ㉣ 복지제공에서 보편주의를 주장한다.

① ㉠, ㉡, ㉢ ② ㉠, ㉢ ③ ㉡, ㉣
④ ㉣ ⑤ ㉠, ㉡, ㉢, ㉣

해설
복지제공에서 **선별주의의 강화**를 강조하며, 최소한의 급여수준과 응급적이고 일시적인 **잔여적 복지모델**을 추구한다.

× 오답풀이
㉠ 시장의 자율적 경쟁을 강조하고 시장의 기능과 민간의 자유로운 활동을 중시하는 이론으로 시장지상주의 또는 자본주의 중심의 경제논리를 뒷받침한다.
㉡ 시장경제 체제에 대한 국가의 간섭 자제(정부의 역할 축소), 즉 작은 정부를 지향한다.
㉢ 복지국가는 국민의 책임보다 권리를 강조한다고 비판한다. 즉 국가의 과잉책임이 개인의 책임의식, 가족과 공동체의 연대의식 등을 약화시켰다고 보고, 국민의 책임과 의무를 강조하였다.

정답 ①

052

'제3의 길'이 강조한 복지개혁의 방향으로 옳지 않은 것은?
• 11회

① 권리와 의무의 조화
② 근로와 복지의 연계
③ 사회복지 공급주체의 다원화
④ 전통적 사회민주주의의 복원
⑤ 사회투자국가

해설
제3의 길에서는 **사회민주주의**라는 제1의 길도 지양하고 제2의 길인 **신자유주의**도 지양하고, 양자의 단점을 배제하고 장점만을 받아들여 융화시킨 합(合)으로서 창안된 새로운 복지정책의 기본 틀을 제시한 것이다. 따라서 전통적 사회민주주의(제1의 길)의 복원은 옳지 않다.

정답 ④

OIKOS UP — 제3의 길에서 내세우는 대안, 즉 적극적 복지(active welfare)

① 국민들에게 경제적 혜택을 직접 제공하기보다는 인적자원에 투자하는 복지국가, 즉 **사회투자국가**(social investment state)로 개편하는 것(예 노령인구대책과 실업대책)
② **복지 다원주의**(welfare pluralism)이다. 복지 다원주의란 복지의 주체를 다원화하자는 것인데, 기존의 중앙정부 중심의 복지공급을 지양하고 비영리자발부분(제3부문), 기업, 지방정부 등도 그 주체로 삼자는 게 요지이다. → 제3섹터와 지역사회의 역할 강조
③ **의식전환**이다. 위험성의 긍정적, 활력적 측면을 이용하고, **위험의 감수에 대해 자원을 제공하는 것**을 의미한다. 혜택을 포기하고 직업을 찾는 것, 혹은 특정한 산업에서 일자리를 얻는 것은 위험성으로 고취된 활동이다.

053

사회투자전략에 관한 설명으로 옳지 않은 것은? · 15회

① 아동 세대에게 교육기회를 제공하여 미래의 근로능력을 향상시킨다.
② 사회정책과 경제정책을 통합적으로 실시하여 사회적 목표를 추구한다.
③ 사회투자모형에서 인적자원에 대한 투자는 결과의 평등을 지향한다.
④ 인적자본의 근본적 육성을 통해 사회참여 촉진을 목표로 한다.
⑤ 경제활동 참여를 활성화한다.

해설
사회투자모형에서는 결과의 평등보다는 기회의 평등에 관심을 가지며 불평등의 해소보다는 사회적 포섭에 더 관심을 갖는다.

오답풀이
① 아동 세대에게 교육기회를 제공하여 미래의 근로능력을 향상시키는 영국의 'Sure-Start' 프로그램, 우리나라의 '위스타트', '희망 스타트'는 사회투자전략에 예이다.

정답 ③

054

사회투자전략에 관한 설명으로 옳은 것은? · 20회

① 인적자원에 대한 투자는 결과의 평등을 목적으로 한다.
② 사회적 약자 집단에 대한 현금이전을 중시한다.
③ 현재 아동세대에 대한 선제적 투자를 중시한다.
④ 사회정책과 경제정책을 분리한 전략이다.
⑤ 소득재분배와 소비 지원을 강조한다.

해설
현재 아동세대에 대한 선제적 투자를 통해 미래의 근로능력을 향상시킨다. 참고로 사회투자의 핵심은 인적 자본 및 사회적 자본 투자이다. 이때 **인적 자본 투자의 핵심대상은 아동**이며, 사회적 자본은 좋은 인적 자원을 만들어 내는 사회적 맥락, 경제활동의 포괄적 기반이다.

오답풀이
① 인적자원에 대한 투자는 **기회의 평등**을 목적으로 한다.
② 사회적 약자 집단에 대한 현금이전(직접적인 경제적 혜택)보다는 교육과 직업훈련 등 **인적 자원에 대한 투자를 중시**한다.
④ 사회정책과 경제정책을 **통합한** 전략이다. 즉, 사회정책과 경제정책을 통합적으로 실시하여 사회적 목표를 추구한다.
⑤ 소득재분배를 통한 결과의 평등보다 **인적자원 개발을 통한 기회의 평등**에 관심을 가진다. 그리고, 사회지출을 소비적 지출과 투자적 지출로 나누어 **소비적 지출을 가능한 한 억제**하고, 대신 자산조사를 통해 찾아낸 특정 목표집단을 대상으로 **투자적 지출 프로그램을 만든다**.

정답 ③

제5장 사회복지정책의 형성 과정

제6영역 : 사회복지정책론

01 사회복지정책 형성과정

055 ✓확인 ☐☐☐

사회복지정책 아젠다 형성과정에 대한 설명으로 옳지 않은 것은?
• 9회

① 정책 아젠다 형성에 관한 동원모형은 선진국에 주로 적용할 수 있다.
② 아젠다 형성과정은 정치적 성격이 강하다.
③ 이슈나 문제가 공공정책으로 전환되는 과정을 의미한다.
④ 클라이언트도 사회복지 아젠다 형성에 참여할 수 있다.
⑤ 사회복지문제가 이슈화되어도 모두 정책이 되는 것은 아니다.

해설
동원모형(mobilization model)은 정치적 민주화가 이루어지지 않은 후진국의 정치체제에서 나타나는 경향이 있지만, 선진국에서도 이 모형으로 설명할 수 있는 정책들이 있다. 아프리카의 경제개발이나 우리나라 군부독재 시절은 동원모형에 의한 정책들이 주로 시행되었다.

정답 ①

056 ✓확인 ☐☐☐

사회복지정책의 대안을 개발할 때, 활용할 수 있는 방법을 모두 고른 것은?
• 15회

㉠ 과거의 정책을 검토한다.
㉡ 해외 정책사례를 검토한다.
㉢ 사회과학적 지식을 활용한다.
㉣ 직관적 방법을 활용한다.

① ㉠
② ㉡, ㉢
③ ㉢, ㉣
④ ㉠, ㉡, ㉣
⑤ ㉠, ㉡, ㉢, ㉣

해설
㉠ **과거의 정책이나 현존 정책**은 정책분석가들이 고려하는 가장 중요한 정책대안의 원천이 된다.
㉡ **외국 또는 다른 지방정부의 정책** 사례에서 많은 아이디어를 얻어 정책대안을 개발할 수 있다.
㉢ 사회복지학, 심리학, 경제학, 사회학, 정치학 등 **사회과학적 지식**이나 이론모형으로부터 정책대안을 만들어 낼 수 있다.
㉣ **직관적 방법**은 정책대안을 주관적인 판단 하에 만들어 내는 방법으로, 보통 정책대안에 관한 선례나 전문지식 및 상황에 대한 정보가 부족할 때 사용하는 방법이다.

정답 ⑤

057

정책대안을 비교분석하는 기준에 관한 설명으로 옳은 것은?

· 10회

① 사회적 효과성은 정책대안이 가진 사회통합 기능에 주안점을 둔다.
② 정치적 실현 가능성은 정책대안이 사회계층 간 불평등을 얼마나 시정할 수 있는지와 관련된다.
③ 효율성은 정책대안이 가진 기술적 문제와 집행 가능성 모두와 관련된다.
④ 사회적 형평성은 정책대안이 가진 정치적 수용 가능성을 중요시 한다.
⑤ 기술적 실현 가능성은 정책대안이 문제해결을 위한 복지서비스를 최대한으로 창출해 낼 수 있는지를 중요시 한다.

해설

사회적 효과성(social effectiveness): 사회복지정책의 시행 결과 나타나는 사회적 유대감의 달성 등 **사회복지의 사회적 통합 기능에 관한 것**이다. 사회복지에서는 인간의 존엄성을 전제로 하는 까닭에 능률이나 효과성보다는 사회적 효과성을 중요시하는 경우가 많다.

오답풀이

② 사회적 형평에 관한 설명이다. 즉 **사회적 형평(social equity)이란** 사회복지정책이 시행되는 경우 사회계층 사이의 불평등이 어느 정도 시정될 수 있는가에 관한 것이다. 따라서 사회계층 가운데 특히 불리한 입장에 있는 층에 대한 정책적 고려를 통해 진정한 공정을 이룰 수 있는가에 관한 것이다.
③ 기술적 실현 가능성에 관한 설명이다. **기술적 실현 가능성(technical feasibility)이란** 좁은 의미의 기술적 문제뿐만 아니라 집행 가능성을 포함하여 사용된다. 따라서 이 기준은 집행기관이 그 문제를 다룰 수 있는 능력과 깊이 관련된다.
④ 정치적 실현 가능성에 대한 설명이다. **정치적 실현 가능성(political feasibility)이란** 정책대안이 정치적으로 받아들여질 수 있는가에 관한 것이며, 이 외에도 사회, 윤리적으로 받아들여질 수 있는가, 그리고 법적으로 저촉되는 것은 아닌가에 관한 사항도 넓게는 이 기준 속에 포함된다.
⑤ 효율성에 대한 설명이다. **효율성(efficiency)이란** 기준은 투입과 산출의 비율을 의미한다. 투입이 일정하면 산출을 최대한으로 만드는 것이 효율적인 것이고, 산출이 일정하다면 투입을 최소화하는 것이 효율적인 것이다.

예 사회복지문제의 해결에 동원할 수 있는 자원이 한정되어 있는 경우, 그 자원을 가지고 문제의 해결을 위한 복지서비스를 최대한도로 창출 제공하는 것이 능률적인 것이며, 만약 현재 제공되는 복지서비스의 수준이 만족스러운 것이라면, 그러한 복지서비스를 창출 제공하는 데 드는 자원을 최소한으로 줄이면서 같은 수준의 복지서비스를 창출 제공하는 것이 능률적이다.

보충설명

효과성(effectiveness): 자원의 절약이라는 측면에서의 능률성이라는 기준 이외에도, 사회복지정책의 목표 달성도와 관련된 수단 지향적 기준이다. 효과성은 문제 해결에 동원되는 자원과 이로부터 나타나는 복지서비스의 관계, 곧 투입과 산출의 관계에서, 투입에 상관없이 산출을 최대한으로 만드는 것을 말한다.

정답 ①

058

사회복지정책평가에 관한 설명으로 옳은 것을 모두 고른 것은?

· 10회

㉠ 정책평가는 가치지향적 성격을 띠지 않는다.
㉡ 정책평가란 정책활동의 가치를 가늠하기 위한 정보수집 분석 해석활동이다.
㉢ 정책평가의 유용성은 정책담당자의 평가결과 사용의지 유무에 영향을 받지 않는다.
㉣ 좁은 의미의 정책평가는 정책이 원래 해결하고자 했던 문제를 얼마나 해결했는지 평가하는 것이다.

① ㉠, ㉡, ㉢   ② ㉠, ㉢   ③ ㉡, ㉣
④ ㉣   ⑤ ㉠, ㉡, ㉢, ㉣

해설

㉡ 정책평가는 **정책활동의 가치를 따져보기 위해서 정보를 수집, 분석, 해석하는 활동**이다. 여기서 정책활동의 범위를 어떻게 잡느냐에 따라 좁은 의미의 정책평가와 넓은 의미의 정책평가로 나눈다.
㉣ 좁은 의미의 정책평가는 정책집행의 결과에 대한 평가, 곧 정책이 원래 의도한 문제의 해결에 얼마만큼 영향을 미쳤는가에 대한 평가 **활동을 의미한다.**

오답풀이

㉠ 정책평가의 결과는 본질적으로 무엇이 잘되고 무엇이 잘못되었는지에 대한 **가치판단을 포함**한다.
㉢ 정책평가 결과가 유용하게 쓰일 수 있으려면 우선 질적으로 우수한 정책평가가 이루어져야 하며, 적시에 되돌릴 수 있도록 정책평가가 이루어져야 한다. 또한, **정책결정자나 집행자가 정책평가의 결과를 이해하고 그것을 반영시키려는 의지가 있어야 하며**, 정책 시행을 담당하는 조직이나 기관이 정책평가 결과를 되돌릴 수 있도록 제도화되어 있는가 여부도 정책평가 결과의 사용에 영향을 미친다.

정답 ③

059

사회복지정책평가에 관한 설명으로 옳은 것을 모두 고른 것은?
• 11회

㉠ 평가유형의 결정은 평가목표나 평가대상의 결정 이전에 선행되어야 한다.
㉡ 평가목표는 정책 평가자 결정이나 평가의 기준 설정에 영향을 미친다.
㉢ 일반적으로 과정평가는 양적 평가 방법에, 총괄평가는 질적 평가 방법에 주로 의존한다.
㉣ 평가는 정책 담당자, 정책 대상자 및 지역주민 등 다양한 인적 요인에 영향을 받는다.

① ㉠, ㉡, ㉢   ② ㉠, ㉢   ③ ㉡, ㉣
④ ㉣   ⑤ ㉠, ㉡, ㉢, ㉣

해설
- ㉡ 평가목표가 어디에 있느냐에 따라 정책평가자가 결정되고, 평가의 기준 및 평가의 범위가 뚜렷해진다. 따라서, **정책평가의 목표를 뚜렷이 하는 것은 정책평가의 방향을 결정해 주는 나침반의 역할**을 한다.
- ㉣ 사회복지정책의 평가에 영향을 미치는 인적 요인이란 정책평가 활동에 작용하는 정책꾼들의 영향력을 의미한다. **정책평가에 영향을 미치는 인적 요인에는 정책평가자, 정책담당자, 클라이언트, 주민, 일반국민** 등이 있다.

✗ 오답풀이
- ㉠ 평가유형의 결정은 평가목표와 평가대상의 **결정 이후**에 이루어진다.
- ㉢ 정책평가는 정책집행이 끝난 후에 정책집행 과정에 나타난 집행계획, 절차, 자원, 집행 활동을 검토하는 **과정평가**(Process Evaluation)와 집행 후에 과연 의도했던 정책 효과가 나타났는지를 확인하는 **총괄평가**(Summative Evaluation)로 구분할 수 있다. 양적 평가와 질적 평가는 둘 다에 사용될 수 있다.

정답 ③

060

사회복지정책평가에 관한 설명으로 옳은 것을 모두 고른 것은?
• 12회

㉠ 평가설계의 형태와 기법을 결정하기 위해 인과모형을 설정하여야 한다.
㉡ 정책평가는 정책활동에 대한 책임성이나 근거를 확보하기 위해 필요하다.
㉢ 통계기법 및 분석기법 등이 요구된다는 점에서 정책평가는 기술적(技術的) 성격을 띤다.
㉣ 정책평가는 가치판단을 배제한다는 점에서 객관적이다.

① ㉠, ㉡, ㉢   ② ㉠, ㉢   ③ ㉡, ㉣
④ ㉣   ⑤ ㉠, ㉡, ㉢, ㉣

해설
- ㉠ 정책평가를 위해 사회복지정책 프로그램의 내용이 파악되면, 그 정책 프로그램이 영향을 미치는 과정에 관한 인과모형을 형성한다. **인과모형은 평가설계의 형태와 평가기법의 결정에 기초**가 된다.
- ㉡ 정책평가를 통해 사회복지정책 프로그램의 목표를 어느 정도나 달성하였는지를 파악할 수 있고, 그에 대한 **책임의 소재를 찾아낼 수 있다.** 반면 실제로 정책평가 결과 나타난 정책의 영향이 원래 목표를 달성하는 데 유용한 것이 증명된 경우, 그러한 정책평가는 **정책 프로그램의 존립 근거**가 되기도 한다.
- ㉢ 정책을 평가하기 위해서는 평가기법 등의 기술을 필요로 한다. 곧, 통계기법 및 그것을 분석하는 기법 등이 요구된다는 점에서 정책평가는 **기술적(技術的) 성격**을 띤다.

✗ 오답풀이
- ㉣ 정책평가의 결과는 본질적으로 무엇이 잘되고 무엇이 잘못되었는지에 대한 **가치판단을 포함한다.** 곧, 평가연구는 정책 프로그램의 문제점을 지적할 뿐만 아니라, 정책 프로그램이 나아가야 할 새로운 방향을 제시해 주는 역할을 한다는 점에서 볼 때 **가치지향적인 성격**을 띤다.

정답 ①

061

사회복지정책 평가가 필요한 이유를 모두 고른 것은? ・17회

> ㉠ 문제해결을 위한 정책결정에 필요한 정보를 얻기 위함
> ㉡ 기존 정책의 개선에 필요한 정보를 얻기 위함
> ㉢ 정책의 정당성 근거를 확보하기 위함
> ㉣ 정책평가는 사회복지정책 이론의 형성에 기여함

① ㉠, ㉡, ㉢
② ㉠, ㉡, ㉣
③ ㉠, ㉢, ㉣
④ ㉡, ㉢, ㉣
⑤ ㉠, ㉡, ㉢, ㉣

해설

㉠ 사회복지정책의 평가를 통해 시행된 정책의 성공 및 실패 원인을 밝혀 냄으로써 기존의 정책을 지속할 것인가 중단할 것인가 또는 확장할 것인가 축소할 것인가, 그리고 그 내용을 어떻게 변경할 것인가를 결정짓는 데 필요한 정보가 제공된다. 이런 점에서 볼 때 **사회복지정책의 평가는 정책의 성공을 위한 원칙, 자원, 수단, 방법 등을 제시해주며, 사회복지 프로그램의 결정에 기초적인 자료가** 된다.
㉡ 사회복지정책의 평가를 통해 그 정책프로그램의 시행에 필요한 정보를 얻을 수 있으며, 이러한 정보를 활용하여 **사회복지정책 프로그램의 시행이나 관리방법 등을 개선함으로써 정책프로그램의 효과성을 증진시킬 수 있다.**
㉢ 정책평가 결과 나타난 정책의 영향이 원래 목표를 달성하는 데 유용한 것이 증명된 경우, 그러한 정책평가는 **정책프로그램 존립의 정당성 근거가** 되기도 한다.
㉣ 사회복지정책의 평가를 통하여 제시되는 자료를 기초로 하여 기존의 정책이론이 수정되거나 강화되기도 하며, **사회복지정책의 형성이나 집행에 관한 고유 이론을 개발하는 데 이바지하기도 한다.** 참고로 정책평가는 정책이 실행된 이후의 결과를 다루기 때문에, 정책이 어떻게 또는 왜 선택되었는가를 분석하는 과정을 다루는 **정책결정이론 형성에는 직접적으로 기여하지 않는다.**

정답 ⑤

062

사회복지정책 평가유형에 관한 설명으로 옳은 것은? ・19회

① 과정평가는 정책집행 후에 평가하는 활동을 말한다.
② 결과평가는 정책집행 중간의 평가로 전략 설계의 수정보완을 하지 못한다.
③ 총괄평가는 정책이 집행되고 난 후 정책이 사회에 미친 영향을 평가하는 것이다.
④ 효율성평가는 정책집행의 결과에 따라 정책의 목적이 달성되었는지를 평가하는 것이다.
⑤ 효과성평가는 정책의 효과를 투입된 자원과 대비하는 평가이다.

해설

총괄평가는 정책이 집행되고 난 후 정책이 사회에 미친 영향(정책효과)을 평가하는 것으로, 정책영향평가라고도 한다.

오답풀이

① 총괄평가는 정책집행 후에 평가하는 활동을 말한다.
② 과정평가는 정책집행 중간의 평가로 전략 설계의 수정보완할 수 있지만, 결과평가는 정책집행 후에 하는 평가로 전략 설계의 수정보완을 하지 못한다.
④ 효과성평가는 정책집행의 결과에 따라 정책의 목적이 달성되었는지를 평가하는 것이다.
⑤ 효율성평가는 정책의 효과를 투입된 자원과 대비하는 평가이다.

정답 ③

02 정책결정에 관한 이론

063

정책결정이론에 관한 설명으로 옳은 것을 모두 고른 것은?

• 10회

> ㄱ. 최적모형 - 정책결정은 과거의 정책을 점증적으로 수정하는 방식으로 이루어진다.
> ㄴ. 합리모형 - 목표달성을 극대화할 수 있는 최선의 정책대안을 찾을 수 있다.
> ㄷ. 혼합모형 - 정책결정에 드는 비용보다 효과가 더 커야 한다.
> ㄹ. 만족모형 - 정책결정자가 완전한 합리성을 가지고 있지는 않다.

① ㄱ, ㄴ, ㄷ   ② ㄱ, ㄷ   ③ ㄴ, ㄹ
④ ㄹ   ⑤ ㄱ, ㄴ, ㄷ, ㄹ

해설
ㄴ. 합리모형에서는 목표의 효과적인 달성을 위해 **정책결정자가 최선의 대안을 선택하기 위하여 분석적 절차를 밟는 것을** 의미한다.
ㄹ. 만족모형에서는 제한된 합리성을 추구하게 되면 최선의 대안을 선택하기보다는 만족할 만한 대안을 선택하게 된다고 주장한다.

오답풀이
ㄱ. 점증모형에 대한 설명이다. 점증모형은 조금씩 기존 정책을 수정, 보완해 나가는 수준에서 정책결정을 하는 계속적인 정책결정을 함축하고 있다.
ㄷ. 최적모형에 대한 설명이다. 최적모형은 **정책결정을 체계론적 시각에서 파악하고 정책성과를 최적화하려는 정책결정모형으로, 여기에서 정책성과를 최적화 한다는 의미는 정책결정과정에서 투입보다 산출이 커야 한다는 의미이다.** 즉 정책결정에 드는 비용보다는 효과가 높아야 한다는 것을 전제로 한다.

정답 ③

064

정책결정 이론모형에 관한 설명으로 옳은 것은?

• 12회

① 합리모형 - 인간의 제한적 합리성을 전제로 하여 정책대안을 선택한다.
② 만족모형 - 주어진 상황에서 목표 달성을 극대화하는 최선의 정책대안을 찾아낼 수 있다.
③ 점증모형 - 과거의 정책을 약간 수정한 정책결정이 이루어지고, 여론의 반응에 따라 정책수정을 반복한다.
④ 최적모형 - '조직화된 무정부상태' 속에서 정책이 우연히 결정된다.
⑤ 쓰레기통 모형 - 합리적 요소와 초합리적 요소를 바탕으로 한 질적 모형이다.

해설
점증모형은 **정책결정자는 희소한 자원과 부족한 정보지식으로 인해 분석 능력에 한계가 있고 가치기준도 불분명한 경향이 있으므로 기존 정책에서 소폭의 변화만을 시도한 정책을 채택하고 정책의 적용과 평가과정에서 나타나는 문제점을 지속적으로 수정 · 보완하게 된다.**

보충설명
① 만족모형에 대한 설명이다.
② 합리모형에 대한 설명이다.
④ 쓰레기통 모형에 대한 설명이다.
⑤ 최적모형에 대한 설명이다.

정답 ③

065

정책결정 이론모형과 설명의 연결이 옳은 것을 모두 고른 것은?
· 14회

> ㉠ 합리모형 - 주어진 상황 속에서 주어진 목표를 해결하기 위해 최선의 정책대안을 찾을 수 있다고 가정한다.
> ㉡ 만족모형 - 합리모형보다 혁신적이고 진보적인 정책결정이 이루어진다.
> ㉢ 최적모형 - 체계론적 시각에서 정책성과를 최적화하려는 정책결정 모형이다.
> ㉣ 점증모형 - 경제적 합리성과 초합리성을 바탕으로 하는 질적 모형이다.

① ㉠, ㉡, ㉢ ② ㉠, ㉢ ③ ㉡, ㉣
④ ㉣ ⑤ ㉠, ㉡, ㉢, ㉣

해설
㉠ 합리모형에서는 정책결정자나 정책분석가가 고도의 합리성을 가지고 있고, 주어진 상황하에서 주어진 목표의 달성을 극대화할 수 있는 최선의 정책대안을 찾아낼 수 있다고 보는 정책결정모형이다.
㉢ 최적모형은 정책결정을 체계론적 시각에서 파악하고 정책성과를 최적화하려는 정책결정모형으로, 정책성과를 최적화한다는 의미는 정책결정과정에서 투입보다 산출이 커야 한다는 의미이다.

오답풀이
㉡ 만족모형에서는 만족할 만한 정책대안이 나타나는 경우 더 이상의 대안에 대한 탐색이 중단되므로, 더 훌륭한 정책 대안이 있어도 그대로 사장되어 보수적인 성향을 띨 수밖에 없다.
㉣ 경제적 합리성과 초합리성을 바탕으로 하는 질적 모형은 **최적모형**이다.

정답 ②

066

정책결정 이론모형에 관한 설명으로 옳지 않은 것은?
· 16회

① 합리모형 : 인간의 이성과 합리성을 전제로 최선의 정책대안을 찾을 수 있다고 가정한다.
② 혼합모형 : 조직화된 무정부 상태 속에서 정책이 우연히 결정된다고 가정한다.
③ 최적모형 : 체계론적 시각에서 정책성과를 최적화하려는 정책결정 모형이다.
④ 만족모형 : 사람은 자신의 제한된 능력과 환경적 제약으로 모든 대안이 초래할 결과를 완전히 예측할 수는 없다.
⑤ 점증모형 : 과거의 정책을 약간 수정한 정책결정이 이루어지고, 여론의 반응에 따라 정책수정을 반복한다.

해설
조직화된 무정부 상태(organized anarchies, 조직화된 무정부 상태) 속에서 나타나는 몇 가지 흐름에 의하여 정책이 우연히 결정된다고 가정하는 것은 **쓰레기통모형**(garbage can model)이다.

정답 ②

067

정책결정 모형 중 드로어(Y. Dror)가 제시한 최적모형에 관한 설명으로 옳은 것을 모두 고른 것은? · 21회

㉠ 합리모형과 점증모형의 단순혼합이 아닌 정책성과를 최적화하려는 데 초점을 둔다.
㉡ 합리적 요소와 초합리적 요소를 다 고려하는 질적 모형이다.
㉢ 초합리성의 구체적인 달성 방법에 대한 명확한 설명이 제시되었다.
㉣ 정책결정을 체계론적 시각에서 파악한다.
㉤ 정책결정 과정에서 실현가능성이 낮다는 비판이 있다.

① ㉠, ㉡
② ㉠, ㉢, ㉣
③ ㉠, ㉡, ㉣, ㉤
④ ㉠, ㉢, ㉣, ㉤
⑤ ㉡, ㉢, ㉣, ㉤

해설

㉠ 에찌오니(A. Etzioni)의 혼합모형은 합리모형과 점증모형의 단순혼합이지만, 드로어(Y. Dror)의 최적모형은 합리모형과 점증모형의 단순합계적 혼합이 아니라 **합리성과 초합리성을 동시에 고려하는 최적치 중심의 규범적 최적 모형**을 제시하고 있다.
㉡ 최적모형은 합리적 요소와 초합리적 요소, 곧 **경제적 합리성과 초합리성을 바탕으로 하는 질적 모형**이다.
㉣ 정책결정을 **체계론적 시각**에서 파악하고 정책성과를 최적화하려는 정책결정모형이다.
㉤ 정책결정에 있어 사회적 과정에 대한 고찰이 불충분하고, **너무나 유토피아적인 모형으로서 정책결정 과정에서 실현가능성이 낮다는 비판**이 있다.

× 오답풀이

㉢ 초합리성의 구체적인 달성 방법에 대한 명확한 설명이 **제시되지 못했다**. 즉, 그 동안 무시되었던 최합리적 요소를 정책결정모형에 삽입함으로써 이들이 실제 정책결정과정에서 사용되고 있음을 밝혀냈다는 점에서 크게 이바지하였으나 초합리성의 구체적 달성방법이 명확하지 않다.

정답 ③

068

사회복지조직의 의사결정모형에 관한 설명으로 옳은 것은? · 행정론 21회

① 점증모형은 여러 대안을 평가하여 합리적 평가 순위를 정하는 모형이다.
② 연합모형은 경제적·시장 중심적 시각에서 이루어지는 모형이다.
③ 만족모형은 주로 해결해야 할 문제가 분명하고 단순한 의사결정에 적용된다.
④ 쓰레기통모형은 조직의 목표가 모호하고, 조직의 기술이 막연한 경우에 적용되는 모형이다.
⑤ 공공선택모형은 시민들을 공공재의 생산자로 규정하고 정부를 소비자로 규정한다.

해설

쓰레기통모형은 조직화된 무정부상태, 즉 불확실성을 내포하고 있는 조직에서 이루어지는 의사결정 모형으로, 조직의 의사결정은 불명확, 불확실, 복잡, 혼란한 상황을 고려해서 이루어져야 한다고 주장한다.

× 오답풀이

① **합리모형**은 여러 대안을 평가하여 합리적 평가 순위를 정하는 모형이다. 합리모형은 의사결정과정을 합리적인 의사결정자가 합리적으로 대안을 분석 비교 선택하는 과정으로 보며, 의사결정자는 이성을 가지고 합리적인 까닭에 여러 정책대안들 가운데 문제해결을 위해 최선의 대안을 선택한다고 본다.
② **연합모형(회사모형)**은 **경제적·시장 중심적 설명에서 벗어나** 회사라는 일종의 조직구조와 목표의 변화, 기대의 형성 및 선택이라는 관점에서 설명하는 모형이다.
③ **최적모형**은 주로 해결해야 할 문제가 분명하고 단순한 의사결정에 적용된다. 즉, 최적모형은 문제가 단순하고 정보가 확실할 때 그리고 조직구성원들의 선호가 분명할 때 적용된다.
⑤ **공공선택모형**은 정부를 공공재의 생산자로 규정하고 **시민들을 소비자로 규정**한다.

정답 ④

OIKOS UP 연합모형(회사모형)

① 개인의 의사결정보다 조직 내부의 집단적 의사결정 측면을 자세히 취급하고 발전시킨 모형으로, 경제학적인 시장 중심적 설명에서 벗어나 회사라는 일종의 조직구조와 목표의 변화, 기대의 형성 및 선택이라는 관점에서 설명한다.
② 이 모형을 구성하는 세 가지 범주는 조직의 목표, 조직의 기대, 조직의 의사결정으로, 의사결정이란 조직의 기대에 의해 형성되는 조직의 목표를 성취시키는 과정으로 본다.
③ 조직의 연합체는 조직의 구성원과 조직과 관련이 있는 외부 인사들로 구성되며, 이들은 조직의 기대를 형성하고, 이것에 의해 조직의 목표를 설정해서 의사결정에 영향을 미치게 된다. 이런 의미에서 연합모형이라고 한다.

제6장 사회복지정책의 내용분석

제6영역 : 사회복지정책론

01 사회복지정책의 분석

069

정책분석을 과정 분석, 산물 분석, 성과분석으로 구분할 때, 이에 관한 설명으로 옳은 것은? • 12회

① 과정 분석은 정책의 운영과 관련된다.
② 산물 분석은 정책의 계획과 관련된다.
③ 성과분석은 정책의 행정과 관련된다.
④ 정책분석틀을 할당, 급여, 재정, 전달체계로 구분하는 것은 산물분석에 적합하다.
⑤ 세 가지 분석 중 조사방법론의 이론적 지식에 가장 밀접하게 연관된 것은 과정 분석이다.

해설
산물분석(studies of product, 산출 분석)은 정책 선택(Policy Choice)과 관련된 여러 가지 쟁점을 분석하는 접근을 말하는 것으로, 선택의 차원(dimensions of choice)에는 할당 체계(급여 대상), 급여체계(급여 내용), 전달 체계, 재정(재원)체계가 있다.

오답풀이
① 과정 분석은 정책의 계획과 관련(계획가)된다. 즉 과정 분석은 계획에 관련된 각종 정보와 다양한 정치조직, 정부 조직, 기타 여러 조직들 간의 관계 및 상호작용이 정책형성에 어떻게 영향을 미치는가를 분석하는데 가장 많은 관심을 둔다.
② 산물 분석은 정책의 운영이나 행정과 관련(행정가)된다.
③ 성과분석은 정책의 조사연구(조사연구자)와 관련된다. 즉 성과분석은 특정한 정책선택에 의해 실행(운영)된 프로그램이 낳은 결과를 분석한다. 정책에 관한 조사연구와 관련된 문제를 다룬다.
⑤ 세 가지 분석 중 조사방법론의 이론적 지식에 가장 밀접하게 연관된 것은 **성과분석**이다. 즉 조사방법론은 성과를 측정하는데 관련된 중요한 기술적 · 이론적 지식과 기법을 제공한다.

정답 ④

070

사회복지정책을 분석하는 접근방법에 관한 설명으로 옳은 것은? • 18회

① 산물분석은 특정정책이 실행된 이후 그 결과를 분석·평가하는 데 관심을 둔다.
② 산물분석은 정책이 형성되는 사회정치적 맥락을 고찰한다.
③ 성과분석은 정책결정이라는 정책활동의 결과물에 대한 내용을 분석하는 것이다.
④ 과정분석은 정책 기획과정(planning process)을 거쳐 이끌어 낸 여러 정책대안을 분석한다.
⑤ 과정분석은 정책사정(policy assessment)이 어떻게 이루어지는지를 이해하기 위한 목적에서 이루어진다.

해설
정책사정(policy assessment)이란 넓은 의미의 정책평가 전반을 의하는 것으로, 평가가 어떻게 이루어지는지, 무엇이 평가 대상이 되는지, 어떤 정치적 · 행정적 맥락에서 평가가 이루어졌는지까지 포함한다. 즉 정책사정이 평가 전체과정을 말한다면, 성과분석은 그 중에서도 정책의 결과, 효과성, 효율성 등에 초점을 두는 분석이다. 정책사정이 성과 자체가 아닌 '정책 평가의 과정', 즉 어떤 맥락, 어떤 기준, 어떤 과정에서 이루어졌는지를 분석하는 행위이기 때문에 '과정분석'에 해당한다. 반면 성과분석은 정책이 목표를 달성했는가? 문제 해결에 효과적이었는가?에 관심을 둔다. 성과분석은 무엇을 평가하느냐(결과)에 초점을 둔다면, 과정분석은 그 평가가 어떻게 이루어졌는가(절차)에 초점을 둔다.

오답풀이
① 특정정책이 실행된 이후 그 결과를 분석 · 평가하는 데 관심을 두는 것은 **성과분석**이다.
② 정책이 형성되는 사회정치적 맥락을 고찰하는 것은 **과정분석**이다.
③ 정책결정이라는 정책활동의 결과물에 대한 내용을 분석하는 것은 **산물분석**이다.
④ 정책 기획과정(planning process)을 거쳐 이끌어 낸 여러 정책대안을 분석하는 것은 일반 정책학에서 정책 대안분석에 해당되지만, 이는 길버트와 테렐의 정책분석 3분류 안에서는 **산물분석**에 해당된다.

정답 ⑤

071

사회복지정책분석에서 산물(product) 분석의 한계에 관한 설명으로 옳은 것은? ・21회

① 정해진 틀에 따라 사회복지정책 내용을 분석함으로써 적용된 사회적 가치를 평가하기 쉽다.
② 사회복지정책의 방향성을 제시하기가 용이하다.
③ 현행 사회복지정책에서 배제되고 차별받는 사람들의 욕구를 파악하기 쉽다.
④ 산물분석 결과는 기존의 사회주류적 입장을 대변할 가능성이 높다.
⑤ 사회복지정책의 구체적인 대안을 담아내기 쉽다.

해설

산물분석은 설계된 정책에 포함되어 있는 정책선택의 형태와 내용이 무엇인지 파악하는 것으로, 기존의 사회주류적 입장을 대변할 가능성이 높다. 즉 산물분석의 과제는 정책이 형성되는 사회정치적 맥락을 고찰하거나 정책의 결과를 평가하는 데 있지 않고, **정책설계의 중요한 구성요소들을 구분하고 분해하는 데 있다.** 상술하면, 정책은 이미 특정한 정치·경제적 힘에 의해 형성된 결과이지만, 산물분석은 이런 비판 없이 사회 주류의 이해를 반영한 정책 내용을 그대로 단순 분석하기 때문에 주류 논리를 강화할 위험이 있다(예 기초생활보장제도의 산물분석에서 "근로능력자는 자활프로그램 참여를 조건으로 급여를 받는다"는 규정만 분석하면 이 정책이 자립을 중시하고 근로를 전제로 한 설계라는 점만 강조한다. 하지만 이 제도의 이념적 전제나 취약계층에게 미치는 실제 영향, 왜 그렇게 설계되었는지의 정치적 맥락은 간과될 수 있음).

오답풀이

① 산물분석은 가치 판단보다는 기술적 분석 중심이며, **가치 평가에는 한계가 있다.** 정해진 틀에 따라 사회복지정책 내용을 분석하는 것은 산물분석에 해당되지만, **적용된 사회적 가치를 평가하는 것은** 성과분석에 해당되는 내용이다.
② 산물분석은 이미 정해진 정책 내용 분석이지, **새로운 방향 제시는 어렵다.** 참고로 성과분석은 실행된 프로그램이 낳은 결과와 영향를 기술하고 평가함으로써 사회복지정책의 **방향성을 제시하기가 용이하다.**
③ 산물분석은 현행 사회복지정책에서 배제되고 차별받는 사람들의 욕구를 파악하기 어렵다. 즉, 제도화된 내용에 포함되지 못한 사람들을 보기 어렵다는 것이 한계가 있다.
⑤ 산물분석은 기존 정책 내용을 해석하는 것이므로, 대안 제시는 해당되지 않는다. 과정분석도 정책 형성 절차를 개선하는 간접적인 대안을 제안함으로써 대안 도출에 기여할 수는 있지만, **성과를 바탕으로 직접적인 새로운 대안 제시는 성과분석에서 가능하다.** 성과분석은 사회복지정책이 얼마나 잘 실행되었는지 성과를 측정함으로써 결과분석을 통한 사회복지정책의 구체적인 대안을 담아낼 수 있다.

정답 ④

02 사회적 할당의 기반

072

급여 할당의 원칙으로서 선별주의와 보편주의에 관한 설명으로 옳은 것을 모두 고른 것은? ・11회

㉠ 선별주의는 목표효율성을 강조한다.
㉡ 선별주의는 욕구를 스스로의 능력으로 해결할 수 없는 사람으로 정책대상을 제한한다.
㉢ 일반적으로 선별주의 자격 기준에 비해 보편주의 자격 기준의 설정이 용이하다.
㉣ 보편주의는 재분배 기능을 중요하게 고려하지만 효과성은 고려하지 않는다.

① ㉠, ㉡, ㉢
② ㉠, ㉢
③ ㉡, ㉣
④ ㉣
⑤ ㉠, ㉡, ㉢, ㉣

해설

㉠ 선별주의(selectivism)에서는 특정 욕구가 있는 대상들에게 집중적으로 자원을 할당하기 때문에 비용효과적이고 **목표효율성이 높**다고 할 수 있다.
㉡ 선별주의에서는 제한적인 급여를 제공한다. 즉 자신의 능력으로 욕구를 해결할 수 있는 사람은 사회복지 급여를 받아서는 안 된다고 본다.
㉢ 보편주의에서는 특정 위험에 처한 사람 뿐 아니라 모든 국민이 보편적으로 누릴 수 있는 권리라는 것을 강조한다. 따라서 **선별주의에 비해 자격기준의 설정이 까다롭지 않으며 용이**하다.

오답풀이

㉣ 보편주의에서 제한된 자원을 꼭 필요한 부분에 효과적으로 사용하는 데 한계가 있지만 효과성을 고려하지 않는 것은 아니다. 선별주의는 비용효과성을 고려하는 반면, 보편주의는 **사회적 효과성을 고려한다.** 소득재분배 효과는 보편주의보다 선별주의에서 더 높게 나타난다.

정답 ①

073

길버트(N. Gilbert)와 테렐(P. Terrell)이 제시한 사회적 효과성에 관한 설명으로 옳은 것은? · 21회

① 수급자격을 얻기 위해 개인의 특수한 욕구가 선별적인 세밀한 조사에 노출될 수밖에 없다.
② 사람들이 사회의 평등한 구성원으로 어느 정도나 대우받는가에 따라 판단하는 것이다.
③ 시민권은 수급권을 얻을 수 있는 자격이 안 된다.
④ 급여를 신청할 때 까다로운 행정절차가 반드시 필요하다.
⑤ 사회적 효과성은 단기적 비용절감을 목표로 한다.

해설
사회적 효과성이란 모든 개인들이 사회조직체구성원으로서 대우받는 정도를 말하는 것으로, 이러한 개념에 따르면 **사회적 할당은 보편적**이어야 한다. 즉, 보편주의 프로그램이 사회적 효과성이 높다.

✕ 오답풀이
① 수급자격을 얻기 위해 개인의 특수한 욕구가 선별적인 세밀한 조사에 노출될 수밖에 없는 것은 **비용효과성으로 선별주의 프로그램**이다. 비용효과성은 욕구가 가장 많은 사람이지만, 구매할 능력이 가장 적은 사람에게 얼마나 할당되었는가에 관한 것으로, 자원의 낭비가 없어야 하며 고도의 선별성이 요구된다.
③ 사회적 효과성에서 시민권은 수급권을 얻을 수 있는 자격이 **된다**. 즉, 시민권에 입각해서 하나의 권리로 복지서비스를 제공하는 것은 보편주의 프로그램에 해당하는 것이다.
④ 급여를 신청할 때 까다로운 행정절차가 반드시 필요한 것은 **비용효과성을 중시하는 선별주의 프로그램**이다.
⑤ 사회적 효과성은 **장기적 비용절감**을 목표로 한다. 즉, 보편주의자들은 장기적으로 보면 사전예방적인 보편주의 프로그램이 비용을 절감하는 효과가 있다고 본다. 단기적 비용절감을 목표로 하는 것은 **비용효과성을 중시하는 선별주의 프로그램**이다.

정답 ②

074

할당의 원리에 관한 설명으로 옳지 않은 것은? · 12회

① 귀속적 욕구의 원리에서 욕구는 규범적 기준에 의해 정해진다.
② 공헌 혹은 피해 집단에 속하는가에 따른 할당은 보상의 원리에 해당한다.
③ 진단적 구분은 재화 혹은 서비스의 필요성에 대한 전문가의 판단에 의존한다.
④ 귀속적 욕구의 원리는 보편주의보다는 선별주의 할당 원리에 가깝다.
⑤ 자산조사 원리는 욕구에 대한 경제적 기준과 개인별 할당이라는 두 가지 조건에 근거한다.

해설
귀속적 욕구의 원리는 선별주의보다는 보편주의 할당 원리에 가깝다.

+ 보충설명
① **귀속적 욕구**는 인구학적 요건(성별, 연령), 결혼 여부, 거주지역과 같은 특정한 집단 구성원으로서 조건을 갖춘 사람을 대상으로 하는 것을 말하며, **욕구는 규범적 기준에 의해 정해진다**.
② **보상(compensation)**은 사회적·경제적으로 특별한 혹은 일정한 **공헌을 한 사람들의 집단 또는 사회로부터 부당한 피해를 입은 사람들의 집단에 속할 것을 조건으로 하는 할당 원리**이다.
③ **진단적 구분(diagnostic differentiation, 진단적 차별, 등급 분류)**은 각 개별적 사례에 대한 **전문가(사회복지사, 의사와 같은 전문가나 행정관료)**가 어떤 재화 혹은 서비스를 특별히 필요로 하는가를 판단할 것을 조건으로 하는 할당 원리이다.
⑤ **귀속적 욕구**[인구학적 요건(성별, 연령), 결혼 여부, 거주지역과 같은 특정한 집단 구성원으로서 조건]와 **보상**[일정 기간 동안 일정한 액수의 보험료 납부, 국가에 사회적 혹은 경제적 기여 여부]은 범주적 할당에 해당되지만, 전문가(사회복지사, 의사와 같은 전문가나 행정관료)가 어떤 재화 혹은 서비스를 특별히 필요로 하는 가로 판단되어지는 **진단적 구분**과 한 개인이 필요한 재화나 서비스를 구입할 능력이 없음을 나타내는 증거를 기초로 하여 수급자격을 판정하는 **자산조사에 의한 욕구**는 개인적(개별) 할당에 해당된다.

정답 ④

075

우리나라 사회복지정책의 대상 선정에 관한 설명으로 옳은 것은? ・18회

① 소득이나 자산을 조사하여 대상을 선정하는 것은 보편주의 원칙에 부합한다.
② 아동수당은 인구학적 기준을 적용한 제도이다.
③ 장애수당은 전문가의 진단을 고려하지 않는다.
④ 긴급복지지원제도는 보편주의 원칙에 부합한다.
⑤ 기초연금의 대상 선정기준에는 부양의무자 유무가 포함된다.

해설
「아동수당법」 제4조(아동수당의 지급 대상 및 지급액) 제1항에서 "아동수당은 8세 미만의 아동에게 매월 10만원을 지급한다."라고 규정하고 있다. 8세 미만이라는 연령을 고려하고 있으므로 인구학적 기준을 적용하고 있음을 알 수 있다.

오답풀이
① 소득이나 자산을 조사하여 대상을 선정하는 것은 **선별주의 원칙**에 부합한다.
③ 장애수당은 **전문가의 진단을 고려한다.** 「장애인복지법」 제49조(장애수당) 제1항에서 "국가와 지방자치단체는 **장애인의 장애 정도와 경제적 수준을 고려하여** 장애로 인한 추가적 비용을 보전(補塡)하게 하기 위하여 장애수당을 지급할 수 있다."라고 규정하고 있다. 장애인의 장애 정도는 전문가의 진단이 고려된다.
④ 긴급복지지원제도는 **선별주의 원칙**에 부합한다. 긴급복지지원제도는 공공부조제도이며, 긴급복지지원대상자는 소득 또는 재산 등 대통령령으로 정하는 기준에 해당되어야 한다.
⑤ 기초연금의 대상 선정기준에는 **부양의무자 유무가 포함되지 않는다.** 「기초연금법」에서 기초연금의 대상자는 65세 이상인 사람으로서 소득인정액이 선정기준액 이하인 사람이다. 소득인정액이란 본인 및 배우자의 소득평가액과 재산의 소득환산액을 합산한 금액을 말한다.

정답 ②

03 사회적 급여의 성격

076

사회복지 급여 형태에 관한 설명으로 옳은 것은? ・12회

① 현금급여는 선택권을 제한하는 단점이 있다.
② 현물급여는 대상 효율성이 높다.
③ 현금급여는 인간의 존엄성을 유지하는데 취약하다.
④ 현물급여는 '규모의 경제' 효과에 취약하다.
⑤ 증서(voucher)는 현금급여에 비해 소비자 선택권이 높은 반면 현물급여에 비해 낮다.

해설
현물급여는 운영의 효율성은 낮지만, **목표효율성(target efficiency, 대상 효율성)은 높일 수 있다.**

오답풀이
① 현금급여는 수급자들의 선택의 폭을 넓혀주고, **자기결정(self-determination)권리를 보호**해 준다.
③ 현금급여는 수급자의 권리를 인정하여 인간의 존엄성을 유지시켜 줄 수 있다.
④ 현물급여는 규모의 경제 측면에서 유리하다. 즉 현물급여가 현금급여보다 대량생산과 대량소비로 인한 규모의 경제효과가 커 프로그램 비용을 줄일 수 있다.
⑤ 증서(voucher)는 현금급여와 현물급여의 중간적 성격의 급여방법으로, **현물급여에 비해 소비자 선택권이 높은 반면 현금급여에 비해 낮다.**

정답 ②

077

사회복지서비스 이용권에 관한 설명 중 옳은 것은? · 9회

① 오남용 문제를 원천적으로 막을 수 있다.
② 현물급여보다 소비자의 선택권이 제한된다.
③ 서비스 공급자가 특정 소비자를 선호, 회피하는 현상이 발생하지 않는다.
④ 급여 양에 대한 통제는 없다.
⑤ 공급자에게 보조금을 지급하는 방식보다 공급자 간 서비스 질 경쟁을 유도하는 데 용이하다.

해설
공급자에게 보조금을 지급하는 방식은 현물급여를 말하는 것으로, 이용권(증서)은 현물급여보다 재화나 서비스 공급자들 사이의 경쟁을 유발시켜 재화나 서비스의 질은 높일 수 있다.

오답풀이
① 현금급여의 성격을 가지고 있으므로 오남용의 문제를 원천적으로 막을 수 없다. 즉 현물급여의 장점인 목표효율성을 이루는데 어려움이 있다.
② 현물급여보다 비록 제한적이나마 소비자의 선택권, 즉 수급자들의 효용을 높일 수 있다.
③ 서비스 공급자가 특정 소비자를 선호, 회피하는 현상이 발생하지 않는 것은 현금급여에서이다.
④ 현금급여의 무제한 선택의 자유에서 발생하는 '비합리적 선택'의 문제를 어느 정도 줄일 수 있다.

정답 ⑤

078

우리나라 사회서비스 전자바우처 제도에 관한 설명으로 옳지 않은 것은? · 14회

① 전자바우처 방식의 사회서비스는 2007년에 최초로 도입되었다.
② 사회서비스 전자바우처 도입으로 인해 공급자 지원방식에서 수요자 직접지원방식으로 전환이 가능해졌다.
③ 2012년 4개의 사회서비스 전자바우처 사업이 지정제에서 등록제로 전환되었다.
④ 임신출산 진료비지원사업은 전자바우처 사회서비스사업 중 하나이다.
⑤ 전자바우처 도입에 의한 지불·정산업무 전산화로 지방자치단체의 사회서비스 행정부담이 대폭 증가했다.

해설
전자바우처 도입(사업의 전자화)으로 행정관리비용 감소 및 재정운영의 효율성과 투명성이 제고되었다.
(1) 지불·정산업무 전산화로 **지방자치단체의 사회서비스 행정부담이 대폭 경감**되었다.
(2) 기존 수작업의 종이바우처는 지불소요기간이 1~2개월인 반면, 전자바우처는 지불소요기간이 10일 내로 지불소요기간이 단축되었다.
(3) 중앙정보 집적체계로 사업실적을 실시간 파악할 수 있게 되었으며, 행정비용이 절감되었다.

보충설명
② 바우처(서비스 이용권) 제도는 수요자 중심의 직접 지원방식으로, 공급기관의 허위·부당 청구 등 도덕적 해이를 최소화 할 수 있다. 「전자식 바우처」는 금융기관 시스템을 활용하는 것으로 자금흐름의 투명성, 업무 효율성 확보, 정보 집적 관리를 통한 사회서비스 발전기반을 마련하기 위해 도입하였다.
③ 2012년 지정제에서 등록제로 전환된 4개 사회서비스 전자바우처 사업은 노인 돌봄(종합), 산모신생아 도우미, 지역사회서비스투자사업, 가사간병방문사업이다.
④ 임신·출산 진료비지원사업은 전자바우처 사회서비스사업 중 하나이며, 지원대상은 임신확인서로 임신이 확진된 건강보험 가입자 또는 피부양자 중 임신·출산 진료비 지원 신청자이다.

정답 ⑤

079

사회보험제도의 급여와 급여형태에 관한 설명으로 옳지 않은 것은? · 19회

① 고용보험법상 구직급여는 현물급여이다.
② 산업재해보상보험법상 요양급여는 현물급여이다.
③ 노인장기요양보험법상 재가급여는 현물급여이다.
④ 국민연금법상 노령연금은 현금급여이다.
⑤ 국민건강보험법상 장애인 보조기기에 대한 보험급여는 현금급여이다.

해설
고용보험법상 구직급여는 근로자가 실직하였을 때 일정기간 생계유지에 필요한 소득을 보전해 주는 **현금급여**이다.

보충설명
② 산업재해보상보험법상 요양급여는 근로자가 업무상 사유로 부상을 당하거나 질병에 걸릴 경우 지급하는 **현물급여**이다.
③ 노인장기요양보험법상 급여 중 재가급여와 시설급여는 **현물급여**, 특별현금급여는 **현금급여**이다.
④ 국민연금법상 노령연금은 가입자의 노후소득을 보장하기 위한 급여로 **현금급여**이다.
⑤ 국민건강보험법상 장애인 보조기기에 대한 보험급여는 장애인복지법에 의하여 등록된 장애인인 가입자 및 피부양자가 장애인보조기기를 구입할 경우 구입금액 일부를 국민건강보험공단에서 보험급여비로 지급하는 제도로 **현금급여**이다.

정답 ①

080

사회복지정책의 급여형태 중 기회(opportunity)에 관한 설명으로 옳은 것은? · 14회

① 수급자가 직접 급여에 대한 결정이나 그와 관련된 정책결정에 참여한다.
② 목표효율성(target efficiency)이 가장 높은 급여형태로 평가받는다.
③ 빈곤층 자녀의 대학입학정원 할당, 장애인 의무고용제 등이 해당된다.
④ 수급자가 일정한 용도 내에서 원하는 재화나 서비스를 선택할 수 있다.
⑤ 취약계층의 경제적 문제를 근본적으로 해결할 수 있다.

해설
기회(opportunity)는 바람직한 어떤 목적을 성취하기 위해 활용되는 유인과 재가(裁可)를 말하는 것으로 무형의 급여형태로, 장애인의무고용제도, 여성고용할당제도 등과 같이 사회의 불이익집단들(소수인종, 여성, 노인, 장애인 등)에게 진학, 취업, 진급 등에서 유리한 기회를 주어 시장의 경쟁에서 평등한 기회를 주는 형태가 해당된다.

오답풀이
① 수급자가 직접 급여에 대한 결정이나 그와 관련된 정책결정에 참여하는 것은 **권력**이다.
② 목표효율성(target efficiency)이 가장 높은 급여형태는 **현물급여**이다.
④ 수급자가 일정한 용도 내에서 원하는 재화나 서비스를 선택할 수 있는 것은 **증서(vouchers)**이다.
⑤ 취약계층의 경제적 문제를 근본적으로 해결할 수 있는 것은 **현금급여**이다.

정답 ③

04 전달체계의 구조

081 ✓확인 ☐☐☐

사회복지전달체계에 관한 설명으로 옳은 것을 모두 고른 것은?
• 10회

㉠ 경쟁은 사회복지기관을 클라이언트의 욕구에 민감하게 만들 수 있다.
㉡ 사례관리는 클라이언트에게 맞는 재화와 서비스를 계획·전달하는 방법의 하나이다.
㉢ 클라이언트의 적극적 의견 개진을 장려하는 것은 사회복지기관의 비책임성을 줄일 수 있다.
㉣ 사회복지기관 간 협력 강화는 전달 체계의 단편성을 줄일 수 있다.

① ㉠, ㉡, ㉢   ② ㉠, ㉢   ③ ㉡, ㉣
④ ㉣   ⑤ ㉠, ㉡, ㉢, ㉣

해설

㉠ 재화나 서비스를 여러 제공자가 경쟁적으로 제공할 때 기관들은 클라이언트의 욕구에 민감하게 반응하게 된다.
㉡ **사례관리(case management)** 는 다양한 서비스를 필요로 하는 클라이언트에게 그에 맞는 서비스를 계획하여 전달하기 위한 한 방법이다.
㉢ **비책임성(unaccountability)의 문제** 는 서비스를 받는 사람들과 정책결정자들 간의 관계와 관련된 문제로(예 도움을 필요로 하는 사람들이 그들의 조건에 영향을 미칠 수 있는 정책결정에 영향력을 행사할 수 있는가, 정책결정자들이 클라이언트의 욕구와 관심에 무관심하고 무반응적인가 등), 클라이언트와 소비자들로 하여금 전달 체계에 관한 의견을 개진할 수 있게끔 새로운 수단을 마련하고 그들의 의사결정 권한을 강화시켜 줌으로써 비책임성을 감소시킨다.
㉣ **단편성(fragmentation)의 문제** 는 조직의 특성이나 조직의 내부적 관계 혹은 조직들 간의 관계와 관련된 것으로, 특히 조정, 조직의 지리적 위치, 전문화, 그리고 서비스의 중복 등과 연관된다. 사회복지기관 간 협력 강화는 전달 체계의 단편성을 줄일 수 있다.

정답 ⑤

082 ✓확인 ☐☐☐

길버트(N. Gilbert)와 테렐(P. Terrell)이 주장한 사회복지전달체계 재구조화 전략으로 옳지 않은 것은?
• 21회

① 수급자 수요 강화
② 기관들의 동일 장소 배치
③ 사례별 협력
④ 관료적 구조로부터의 전문가 이탈
⑤ 시민 참여

해설

길버트(N. Gilbert)와 테렐(P. Terrell)은 서비스의 분열성, 불연속성, 무책임성, 비접근성 등의 전달체계 문제점들을 감소시키기 위해 사회복지전달체계 재구조화 전략을 아래 표와 같이 주장하였다.

전략 구분	주요 내용
정책결정에 관련된 권한과 통제력 재구조화 전략	① 조정 : 집중화, 연합, 사례별 협력 ② 시민참여 : 비배분적 참여, 정상적 참여, 재분배적 참여
과업할당 재구조화 전략	① 역할부과 ② 전문가 이탈
전달체계의 구성 변화 전략	① 전문화된 접근 구조 ② 의도적 중복 : 경쟁, 분리

보충설명

② 기관들의 동일 장소 배치는 **의도적인 중복** 의 2가지 형태 중 하나인 **경쟁** 의 형태에 해당된다. 경쟁은 기존의 전달체계 안에서 기관들이 서로 경쟁하도록 기관을 중복시키는 것이다. 의도적 중복 중 또 다른 형태인 분리는 기존의 전달체계외부에 새로운 기관을 조직하는 것이다.
③ **사례별 협력(case-level collaboration)** 은 조정을 위한 접근 방법 중 하나로, 사회복지기관과 기관의 직원들 간의 상호작용을 분산시키는 것을 말한다.
④ 관료적 구조로부터의 **전문가 이탈** 은 서비스 전달을 향상시키기 위해 관료적 구조를 개혁하기보다 관료적 구조로부터 이탈하는 것이다.
⑤ **시민참여(citizen participation)** 는 기관과 클라이언트 사이에 의사결정권한을 재분배하려는 목적을 가진 전략으로, 클라이언트가 영향력을 행사해야 보다 책임있고 효과적인 서비스를 제공받을 수 있다는 논리에 근거한 것이다.

오답풀이

① 수급자의 수요를 강화하는 것은 길버트와 테렐이 주장한 사회복지전달체계 재구조화 전략에 해당되지 않는다.

정답 ①

083

길버트와 테렐(Gilbert & Terrell)이 주장한 전달체계의 개선전략 중 서비스에 대한 접근성 자체를 중요하게 간주하여 독자적인 서비스를 제공하려는 재구조화 전략은 무엇인가? · 22회

① 중앙집중화(centralization)
② 사례수준 협력(case-level cooperation)
③ 시민참여(citizen participation)
④ 전문화된 접근구조(specialized access structure)
⑤ 경쟁(competition)

해설

서비스에 대한 접근성 자체를 중요하게 간주하여 독자적인 서비스를 제공하려는 재구조화 전략은 **전문화된 접근구조**이다. 전문화된 접근구조는 클라이언트가 서비스에 접근하는 것 자체를 하나의 독자적인 사회복지서비스로서 제공한다는 것으로, 기관의 전문성을 유지하면서 클라이언트의 접근성을 높이기 위한 방안으로 전달체계에 '공평무사한 전문적 접수창구'라는 새로운 구조를 첨가하는 것이다.

보충설명

① 중앙집중화(centralization)는 행정적 통합을 통한 조정 전략으로 가장 강력한 조정절차 중 하나로, 서비스의 단편성을 감소시키는 데에 기여할 수 있다. 서비스의 중앙화는 클라이언트의 서비스 접근성을 저해할 수 있으며, 예전에는 조직들 간의 문제였던 것을 조직 내의 문제로 내부화시켜 문제를 더욱 커지게 할 우려도 있다.

정답 ④

084

사회복지전달체계에서 제공되는 재화나 서비스의 속성 등에 관한 설명으로 옳은 것은? · 19회

① 사회복지 재화나 서비스는 단일한 전달체계에서 독점적으로 제공하는 것이 바람직하다.
② 공공재적인 성격이 강한 재화나 서비스는 민간에서 제공하는 것이 바람직하다.
③ 사회복지의 재화나 서비스는 정보의 불완전성으로 인해 소비자들의 합리적 선택에 차이가 난다.
④ 공공부문의 전달체계는 경쟁체제가 이루어지기 때문에 효율적이다.
⑤ 사회복지 재화나 서비스는 수급자들에 의한 오용과 남용의 문제가 발생하지 않는다.

해설

사회복지의 재화나 서비스인 사회보험, 의료서비스, 교육서비스, 주택서비스 등은 대개 매우 복잡한 기술적인 정보를 갖고 있어야만 합리적 선택이 이루어지기 때문에 시장기제에서 소비자들의 선택에 맡겨 이러한 재화나 서비스의 배분이 이루어지게 되면 비효율적이 될 수 있다. 즉, 정보의 불완전성은 공급자가 수요자보다 정보를 많이 갖게 되는 경우로, 이런 상황에서 제3자(국가의 전문관료)가 개입하여 공급자와 수요자 간 불균형적 정보에서 나오는 문제를 해결해야 한다.

오답풀이

① 사회복지 재화나 서비스를 공공부문에 의한 단일한 전달체계에서 독점적으로 제공하게 되면, **경쟁체제가 이루어지기 어렵게 되고, 소비자들의 서비스에 대한 수요의 질과 양의 변화에 대해 신속하고 융통성이 있는 대응이 어려워지며, 창의적인 프로그램 개발의 노력**이 미흡해지는 등의 문제가 발생될 수 있다. 오늘날은 순수한 공공부문과 민간부문보다 이 둘의 혼합형태가 지배적이다.
② 공공재적인 성격이 강한 재화나 서비스는 **공공에서 제공하는 것이** 바람직하다. 즉, 공공재는 무임승차가 가능하므로 사회적으로 바람직한 정도로 제공되기 위해서는 국가에 의해 세금의 형태로 강제적으로 국민들에게 그 재화에 대한 사용을 지불토록 해야 한다.
④ **민간부문의 전달체계는 경쟁체제가 이루어지기 때문에 효율적이**다. 반면에 공공부문의 전달체계는 대개 독점적 성격을 갖고 있기에 그 재화의 질은 낮아지고 가격은 높아질 수 있고, 정부는 관료제 조직으로 생존과 경쟁의 압박이 거의 없으며 비효율적이다.
⑤ 사회복지 재화나 서비스는 수급자들에 의한 오용과 남용의 문제가 **발생할 수 있다.** 즉, 사회복지재화나 서비스는 시장기제에서의 쌍방적 교환과 달리 **일방적으로 지급되기 때문에** 오용과 남용의 문제가 발생할 수 있다.

정답 ③

085 ☑확인 ☐☐☐

우리나라 사회적 경제 주체에 관한 설명으로 옳은 것을 모두 고른 것은?
· 14회

> ㉠ 사회적 협동조합은 영리를 목적으로 하는 법인이다.
> ㉡ 마을기업은 기획재정부장관의 허가를 받아 설립한다.
> ㉢ 협동조합기본법에 근거한 협동조합의 설립은 고용노동부장관의 허가를 필요로 한다.
> ㉣ 사회적 기업은 취약계층에게 사회서비스 또는 일자리를 제공하거나 지역사회에 공헌하는 기업이다.

① ㉠, ㉡, ㉢ ② ㉠, ㉢ ③ ㉡, ㉣
④ ㉣ ⑤ ㉠, ㉡, ㉢, ㉣

해설
사회적 기업이란 취약계층에게 사회서비스 또는 일자리를 제공하거나 지역사회에 공헌함으로써 지역주민의 삶의 질을 높이는 등의 사회적 목적을 추구하면서 재화 및 서비스의 생산·판매 등 영업활동을 하는 기업으로서 인증받은 자를 말한다(「사회적 기업 육성법」 제2조).

✕ 오답풀이
㉠ **사회적 협동조합**은 협동조합 중 지역주민들의 권익·복리 증진과 관련된 사업을 수행하거나 취약 계층에게 사회서비스 또는 일자리를 제공하는 등 **영리를 목적으로 하지 아니하는 협동조합**을 말한다(「협동조합기본법」 제2조). **사회적 협동조합 등은 비영리법인으로** 한다(동법 제4조 제2항).
㉡ 마을기업은 지역주민이 각종 지역자원을 활용한 수익사업을 통해 공동의 지역문제를 해결하고, 소득 및 일자리를 창출하여 지역공동체 이익을 효과적으로 실현하기 위해 설립·운영하는 **마을단위의 기업**이다. 마을기업의 주관부처는 행정안전부로 현재까지 법령이 제정되지 않아 근거법령은 없으며, 행정안전부의 〈마을기업 시행 육성지침〉에 근거한다. 〈마을기업 시행 육성지침〉에서 마을기업은 시·도에서 추천한 기업을 대상으로 행정안전부에서 마을기업을 지정하도록 되어 있다.
㉢ 「협동조합기본법」에 근거한 **협동조합을 설립**하려는 경우에는 5인 이상의 조합원 자격을 가진 자가 발기인이 되어 정관을 작성하고 창립총회의 의결을 거친 후 주된 사무소의 소재지를 관할하는 **시·도지사에게 신고**하여야 한다. 반면 사회적 협동조합을 설립하고자 하는 때에는 5인 이상의 조합원 자격을 가진 자가 발기인이 되어 정관을 작성하고 창립총회의 의결을 거친 후 **기획재정부장관에게 인가**를 받아야 한다.

정답 ④

05 재정양식

086 ☑확인 ☐☐☐

사회보험료와 조세에 관한 설명으로 옳은 것을 모두 고른 것은?
· 18회

> ㉠ 정률의 사회보험료는 소득세에 비해 역진적이다.
> ㉡ 사회보험료는 조세에 비해 징수에 대한 저항이 적다.
> ㉢ 소득세와 사회보험료 모두 소득이 높은 사람이 더 많이 부담한다.
> ㉣ 조세는 지불능력(capacity to pay)과 관련되어 있다.

① ㉠, ㉡ ② ㉠, ㉢ ③ ㉡, ㉣
④ ㉠, ㉡, ㉢ ⑤ ㉠, ㉡, ㉢, ㉣

해설
㉠ 사회보험요율은 소득의 대소에 관계없이 정률인 반면 소득세는 누진세이므로, 정률의 사회보험료는 소득세에 비해 역진적이다.
㉡ 사회보험료는 용도를 명확하게 알 수 없는 조세와는 달리 **사용되는 용도가 비교적 명확**하고, 미래에 받을 수 있는 '**권리**'를 갖는 것으로 인식되어 조세저항을 상대적으로 줄일 수 있다.
㉢ 소득세와 사회보험료는 소득이 많은 사람이 더 많이 부담한다는 점에서 모두 누진적 요소를 갖고 있다는 공통점이 있다.
㉣ 조세는 **지불능력**(capacity to pay)과 관련되어 있지만, 사회보험료는 지불능력이 아니라 **급여가치**(the value of the benefits)에 관련되어 있다.

정답 ⑤

087

우리나라 중앙정부의 지방정부 재정지원방식에 관한 설명으로 옳은 것을 모두 고른 것은?
· 16회

> ㄱ. 일반보조금(general grant)은 지역 간 재정 격차를 해소하려는 데 목적이 있다.
> ㄴ. 범주적 보조금(categorical grant)은 복지서비스의 전국적 통일성과 평등한 수준을 유지하는 데 적합하다.
> ㄷ. 범주적 보조금(categorical grant)의 매칭 펀드는 지방정부의 재정운영을 어렵게 만들 수 있다.

① ㄴ
② ㄱ, ㄴ
③ ㄱ, ㄷ
④ ㄴ, ㄷ
⑤ ㄱ, ㄴ, ㄷ

해설

ㄱ. 일반보조금(general grant)은 무조건 보조금(unconditional grants)으로 아무런 조건 없이 중앙정부의 예산 가운데 일정 부분을 지방정부에 넘겨주는 것이다. 자체 재원조달 능력이 부족한 지방정부들이 있으므로 지방정부간 수평적 재정력 격차를 줄이고(지역 간 재정 격차 해소), 지역 주민들이 누릴 수 있는 공공서비스의 양적, 질적 격차를 완화하기 위해 중앙정부가 무조건 보조금을 지급할 필요가 있다.

ㄴ. 범주적 보조금(categorial grants)은 재원이 사용될 세부적인 항목(대상 인구집단, 프로그램의 목표 등)을 지정하여 제공하는 것으로, 복지서비스의 전국적 통일성과 평등한 수준을 유지하는 데 적합하다.

ㄷ. 범주적 보조금은 재정적 규제방법에 따라 세 가지로 나눌 수 있다. 첫째, 무제한 매칭(matching) 펀드의 방법으로 중앙정부가 지원하는 액수의 일정한 비율을 지방정부에 부담시키는 것(예 중앙정부가 어떤 프로그램에 100억 원을 보조하면 지방정부도 100억 원을 부담), 둘째, 제한적 매칭 펀드의 방법으로 중앙정부의 지원 상한액이 있어 그 안에서 매칭이 이루어진다. 셋째, 마지막 방법(non-matching)은 주어진 항목에 사용하도록 단순히 일정한 액수를 주는 것이다. 제한적이든 무제한적이든 매칭 펀드가 필요한 이유는 첫째, 중앙정부의 재정부담을 줄이는 효과가 있고, 둘째, 중앙정부가 바라는 목표를 이루는 데 지방정부의 좀더 적극적인 협조를 유발시킬 수 있다는 점이다. 다만, 지방정부도 일정한 부담을 하기 때문에 지방정부의 재정운영을 어렵게 만들 수 있다.

정답 ⑤

088

사회복지 재원 중 이용료에 관한 설명으로 옳지 않은 것은?
· 16회

① 정부의 재정 부담을 완화하는 효과가 있다.
② 정액의 이용료는 소득재분배에 역진적이다.
③ 서비스 이용자의 도덕적 해이를 방지할 수 있다.
④ 저소득층의 서비스 접근성을 향상시킬 수 있다.
⑤ 이용자의 권리의식을 높여 서비스 질을 향상시킬 수 있다.

해설

이용료(사용자부담)는 사회복지급여나 서비스를 이용하는 사람들이 그 이용의 대가를 지불하는 방법으로 재원을 조달하는 것이다. 사용자 부담 액수가 크지 않더라도 저소득층에게 부담이 되어 필요한 서비스의 이용이 억제될 수 있다. 즉, 사회복지서비스는 저소득층이 주로 이용하게 되는데 사용자 부담액에 부담을 느끼게 됨으로써 서비스 이용에 제한을 줄 수 있으므로, **저소득층의 서비스 접근성을 향상시킬 수 없다.**

보충설명

② 이용료(사용자부담)는 크게 보면 두 가지 형태로 나눌 수 있다. 하나는 사용자의 소득계층에 상관없이 단일률 혹은 일정액을 부과하는 형태로 서비스 부담의 역진성이 매우 크다. 다른 하나는 서비스 사용자들 가운데 소득계층에 따라 차등을 두어 소득이 낮은 계층은 적게 부담시키고, 상대적으로 높은 계층에게는 많이 부담시키는 형태이다. 이 경우도 저소득층이 부담하는 한 일반예산에서의 재원에 비하여 소득재분배상 역진적이 될 수밖에 없다.

정답 ④

089

이용료(본인부담금) 부과 방식에 따른 소득재분배 효과가 작은 것에서 큰 순서로 나열한 것은?
· 18회

① 정액제 - 정률제 - 연동제(sliding scale)
② 정률제 - 연동제(sliding scale) - 정액제
③ 정률제 - 정액제 - 연동제(sliding scale)
④ 연동제(sliding scale) - 정액제 - 정률제
⑤ 연동제(sliding scale) - 정률제 - 정액제

해설

이용료(본인부담금) 부과방식(fee charging)에 따른 소득재분배 효과가 작은 것에서 큰 순서는 **정액제 - 정률제 - 연동제(sliding scale)** 순이다.

○ **정액제(copayment)**는 서비스 비용에 관계없이 일정액을 부담시키는 방법으로, 가입대상자 모두에게 동일한 액수의 비용을 징수하기 때문에 소득재분배효과가 정률제와 연동제에 비해 작다.

○ **정률제(coinsurance)**는 이용료를 그 부담 능력에 따라 징수하는 것으로, 능력비례원칙을 따르므로 정액제에 비해서 소득재분배효과가 크다.

○ **연동제(sliding scale)**는 서비스 이용자의 경제적 능력에 따라 차등화하여 요금을 부과하는 것으로, 이렇게 부과된 요금은 더 가난한 사람들을 도와주는 역할을 하기 때문에 정액제와 정률제에 비해 소득재분배효과가 크다.

정답 ①

090

기업복지의 장점에 해당하지 않는 것은?
· 20회

① 조세방식보다 재분배효과가 크다.
② 노사관계의 안정화 기능을 수행한다.
③ 근로의욕을 고취하여 생산성이 향상하는 효과가 있다.
④ 기업에 대한 사회적 이미지를 제고하는 기능이 있다.
⑤ 기업의 입장에서 임금을 높여주는 것보다 조세부담의 측면에 유리하다.

해설

기업이 기업복지를 하는 이유는 노사관계의 안정(②), 생산성 향상(③), 기업에 대한 사회적 이미지 제고(④), 우수한 인력의 확보와 유지, 기업에 대한 근로자의 충성심 강화 등이 있다.

오답풀이

① **기업복지**는 민간재원 중 하나로 공공재원인 조세방식보다 재분배 효과가 **작다**. 임시직은 배제되고 정규직에게만 제공되며, 고소득층일수록 기업복지의 급여수준이 높아지기 때문에 소득재분배에 역행하는 특성이 있다.

보충설명

⑤ 기업의 사용자 입장에서 보면, 피고용자들에게 직접적인 임금 대신 **기업복지 형태의 지급이 우선 세제상 유리**하다. 즉, 선진 산업국가들에서 사용자들은 피고용자들을 위해 각종 사회보장성 조세(국민연금, 산재보험, 건강보험, 실업보험)를 부담하게 되는데, 이때 피고용자들의 임금이 높아지면 사회보장성 조세도 커진다. 그러나, 임금 대신 기업복지의 형태로 지급하게 되면 이러한 조세부담이 줄어든다. 또한 기업연금과 같이 기업복지에 사용할 재원의 축적에서 발생하는 이자소득에 대한 세금감면으로도 이득을 볼 수 있다.

정답 ①

091

사회복지 재원에 관한 설명으로 옳지 않은 것은? · 18회

① 일반세 중 재산세의 계층 간 소득재분배 효과가 가장 크다.
② 목적세는 사용목적이 정해져 있어 재원 안정성이 높다.
③ 이용료는 저소득층의 서비스 이용을 저해할 수 있다.
④ 고용주가 부담하는 사회보험료는 수직적 소득재분배 성격을 지닌다.
⑤ 기업이 직원들에게 제공하는 기업복지는 소득역진적 성격이 강하다.

[해설]

일반세는 조세의 지출용도를 정하지 않고 징수하는 세금으로, 소득세, 소비세, 부세가 있으며 부세에는 재산세, 종합부동산세, 상속세 및 증여세가 있다. 일반세 중 **개인소득세의 계층 간 소득재분배 효과가 가장 크다**. 재산세(property tax)는 대개 단일세율을 부과하고, 세금부과대상이 되는 재산의 가치평가액이 시장가격의 변화에 따라 빨리 변화하지 못하며, 또 많은 재산들을 포괄적으로 세금부과대상에 포함시키는 것이 어렵기 때문에, **일반적으로 재산이 많은 사람들이 없는 사람들에 비해 재산세에 대한 실질 조세부담률이 적다**.

[보충설명]

② 목적세는 일반세와 달리 지출용도를 정해놓은 세금으로, **사용목적이 정해져 있어 다른 정책부문과 경합되지 않기 때문에 재원으로서의 안정성이 있다**.
③ **이용료는** 클라이언트와 제3자(공공사회복지기관, 사회보장기관, 직업재활, 보험회사 등)가 사회복지기관의 서비스를 사용한 대가로 지불하는 돈으로, **서비스가 필요한 시점에 서비스를 필요로 하는 저소득층에게 경제적 부담을 주어 서비스 이용을 제한**하는 문제점이 있다.
④ **고용주가 부담하는 사회보험료는** 고용주 자신의 피용자 집단을 위해 지불하는 노동비용이기 때문에 **자본으로부터 노동으로의 재분배, 즉 수직적 재분배를 가져온다**.
⑤ 기업이 직원들에게 제공하는 **기업복지의 급여수준은 임금에 비례하는 경향이 있기** 때문에 기업 내에 지위가 높은 사람이 낮은 사람보다 유리하며, 임시직은 배제하고 정규직에게만 제공되며, 실업자는 대상에서 제외된다는 점에서 **소득역진적인 성격이 강하다**.

정답 ①

092

사회복지의 민간재원에 관한 설명으로 옳은 것은? · 22회

① 사회복지의 민간재원에는 조세지출, 기부금, 기업복지, 퇴직금 등이 포함된다.
② 기부금 규모는 국세청이 추산한 액수보다 더 적을 것으로 추정된다.
③ 이용료는 클라이언트가 직접 지불한 것을 제외하고 사회보장기관 등의 제3자가 서비스 비용을 지불한 것을 의미한다.
④ 기업복지는 기업이 그 피용자들에게 제공하는 임금과 임금 외 급여 또는 부가급여를 의미한다.
⑤ 기업복지의 규모가 커질수록 노동자들 사이의 불평등이 증가한다.

[해설]

기업복지는 소득재분배를 악화시킬 수 있다는 문제점이 있다. 그 이유는 기업복지에 사용되는 재원은 대부분 조세감면을 받는데 이때 고소득층일수록 조세감면 혜택이 크기 때문이다. 둘째, 기업복지의 급여가 저소득층 근로자보다 대부분 고소득층 근로자에게로 집중되기 때문이다. 따라서, 기업복지의 규모가 커질수록 **고소득층 노동자와 저소득층 노동자들 사이 불평등이 증가**하는 것이다.

[오답풀이]

① 사회복지의 민간재원에는 기부금, 기업복지, 퇴직금 등이 포함된다. 그러나 **조세지출은 공공재원에 해당**된다. 참고로 기업복지에 기업연금(퇴직금), 자녀교육비, 유급휴가, 주택지원, 차량유지비 등이 포함된다.
② 기부금 규모는 국세청이 추산한 액수보다 **더 많을 것으로 추정**된다. 그 이유는 국세청이 추산하는 기부금 액수는 비공식적인 다양한 기부는 빠져 있고, 기부금 영수증을 발급한 금액만 포함하기 때문이다.
③ 이용료는 클라이언트가 **직접 지불한 것을 포함**한다. 즉, 이용료는 사회복지급여나 서비스를 이용하는 클라이언트와 제3자(공공사회복지기관이나 사회보장기관, 보험회사 등)가 사회복지기관의 서비스를 이용한 대가를 지불하는 방법으로 재원을 조달하는 것이다.
④ 기업복지는 기업이 그 피용자들에게 제공하는 **임금은 제외**되며, 임금 외 급여 또는 부가급여를 의미한다.

정답 ⑤

093

사회복지 공공재원에 관한 설명으로 옳지 않은 것은? ・23회

① 조세는 다른 재원에 비해서 평등을 구현하는데 용이하다.
② 사회보험료는 소득세에 비해 상대적으로 조세저항이 약하다.
③ 사회보험료는 조세와 비교해 상대적으로 소득재분배 효과가 약하다.
④ 소득세 누진성이 낮을수록 재분배효과가 크다.
⑤ 조세는 재원의 안정성과 지속성이 가장 강하다.

해설

소득세 누진성이 **높을수록** 재분배효과가 크다. 누진성이란 소득이 높은 사람일수록 조세부담률(세율)이 높아지는 것을 의미한다.

+ 보충설명

① 정부의 조세를 통한 재원이 다른 재원에 비해 평등(소득재분배)이나 사회적 적절성을 이루기가 쉽다. 그 이유는 다른 재원과는 달리 조세는 누진적이어서 소득이 높은 사람들이 조세부담률이 높으며, 다른 재원들에 비해 소득재분배적 급여를 하는 데 제한이 적기 때문이다.
② 사회보험료는 소득세와 달리 미래에 받을 수 있는 급여액에 대한 '권리'를 갖는다고 생각하기 때문에 상대적으로 조세저항이 약하다.
③ 조세는 고소득자에게 더 많은 세금을 부과하는 누진성으로 인해 소득재분배 기능이 강하지만, 사회보험료는 동일 비율로 부과되거나 상한선이 있어 고소득자에게 부담이 상대적으로 적기 때문에 소득재분배 효과가 약하다.
⑤ 정부의 조세는 경기침체 등의 이유로 조세수입의 양이 다소 변동이 있더라도, 국가가 망하지 않는 한 국가의 공권력에 의해 조세부과가 이루어지기 때문에 재원이 안정적이고 지속적으로 공급된다.

정답 ④

094

복지혼합(welfare-mix)의 유형 중 서비스 이용자의 선택권이 작은 것에서 큰 순서로 나열한 것은? ・18회

① 세제혜택 - 계약 - 증서
② 세제혜택 - 증서 - 계약
③ 증서 - 계약 - 세제혜택
④ 계약 - 증서 - 세제혜택
⑤ 계약 - 세제혜택 - 증서

해설

복지혼합(welfare-mix)의 유형에는 ① 계약(contract), ② 재정보조, ③ 증서(voucher), ④ 상환(reimbursements), ⑤ 세제혜택 이 있다. 이러한 유형들은 공공부문과 민간부문의 혼합유형들로 직접적이든 간접적이든 정부의 재정지출이 필요한 유형들이며, 서비스의 조정자와 지출자는 정부이고 서비스 제공자만이 민간부문에서 이루어진다. 서비스 이용자의 선택권이 작은 것에서 큰 순서는 **계약 - 증서 - 세제혜택** 순이다.

○ **계약(contract)**은 정부가 특정의 서비스를 지정하여 민간기관으로 하여금 소비자에게 제공토록하고 그 때 소요되는 재원을 정부가 부담하는 방법이므로 증서와 세제혜택에 비해 **서비스 이용자의 선택권이 작다.**
○ **증서(voucher)**는 정부가 특정의 사회복지 재화나 서비스를 구입할 수 있는 증서를 소비자에게 제공하여 소비자들이 민간부문에서 서비스를 이용하게 하는 방법이므로, **소비자들의 서비스 선택의 자유는 더 넓혀진다.**
○ **세제혜택**은 정부의 간접적인 지출의 형태로, 겉으로는 서비스에 대한 지출이 민간부문에서 이루어진 것처럼 보이지만 궁극적인 지출의 부담자는 정부이다. 계약과 증서에 비해 **서비스 이용자의 선택권이 크다.**

정답 ④

제7장 사회보장의 이해

제6영역 : 사회복지정책론

01 사회보장의 개념과 목적

095

사회보장기본법상의 사회보장에 관한 설명으로 옳지 않은 것은?
· 14회

① 사회보장이란 사회보험, 공공부조, 사회서비스를 말한다.
② 국가와 지방자치단체는 사회보장에 관한 책임과 역할을 합리적으로 분담한다.
③ 사회보장 증진을 위해 보건복지부장관은 5년마다 사회보장기본계획을 수립한다.
④ 지방자치단체의 장은 사회보장제도를 신설하거나 변경할 경우, 보건복지부장관과 협의해야 하며 협의가 이루어지지 않을 경우 사회보장위원회가 조정한다.
⑤ 공공부조는 국가의 책임으로 시행하고, 사회서비스는 국가와 지방자치단체의 책임으로 시행하는 것을 원칙으로 한다.

해설
사회보험은 국가의 책임으로 시행하고, 공공부조와 사회서비스는 국가와 지방자치단체의 책임으로 시행하는 것을 원칙으로 한다. 다만, 국가와 지방자치단체의 재정 형편 등을 고려하여 이를 협의·조정할 수 있다(「사회보장기본법」 제25조).

정답 ⑤

096

우리나라 사회보장제도 운영주체의 책임에 관한 원칙으로 옳은 것은?
· 17회

① 사회보험은 국가의 책임으로 시행한다.
② 공공부조는 지방자치단체가 전적으로 책임지고 시행한다.
③ 사회서비스는 지방자치단체만의 책임으로 시행한다.
④ 국가는 사회보장에 관하여 민간단체의 참여를 제한한다.
⑤ 사회보험에 드는 비용은 국가가 전담한다.

해설
사회보험은 국가의 책임으로 시행하는 것을 원칙으로 한다(「사회보장기본법」 제25조 제1항).

오답풀이
② 공공부조는 **국가와 지방자치단체의 책임**으로 시행하는 것을 원칙으로 한다(「사회보장기본법」 제25조 제1항).
③ 사회서비스는 **국가와 지방자치단체의 책임**으로 시행하는 것을 원칙으로 한다(「사회보장기본법」 제25조 제1항).
④ **국가와 지방자치단체는 사회보장에 대한 민간부문의 참여를 유도**할 수 있도록 정책을 개발·시행하고 그 여건을 조성하여야 한다(「사회보장기본법」 제27조 제1항).
⑤ 사회보험에 드는 비용은 사용자, 피용자(被傭者) 및 자영업자가 부담하는 것을 원칙으로 하되, 관계 법령에서 정하는 바에 따라 **국가가 그 비용의 일부**를 부담할 수 있다(「사회보장기본법」 제28조 제2항).

정답 ①

02 사회보장의 체계 및 영역

097 ✓확인 ☐☐☐

사회보험제도에 관한 설명으로 옳지 않은 것은? ・19회

① 사회보험제도는 위험의 분산이라는 보험기술을 사용한다.
② 사회보험 급여를 받을 권리 여부는 자산조사 결과에 근거하여 결정된다.
③ 한국의 사회보험제도는 의무가입 원칙을 적용한다.
④ 사회보험은 위험이전과 위험의 광범위한 공동분담에 기초하고 있다.
⑤ 사회보험은 피보험자의 욕구에 기초하지 않고 사전에 결정된 급여를 제공한다.

해설
사회보험은 사회적 위험을 보험방식으로 대처하여 국민의 건강과 소득을 보장하는 제도로, 위험분산(pooling of risks)과 공동부담이라는 보험기술을 사회적 보호수단으로 사용한다.
✗ 오답풀이
② 공공부조 급여를 받을 권리 여부는 자산조사 결과에 근거하여 결정된다. 반면에 사회보험 급여를 받을 권리 여부는 **수혜자의 과거 기여금 지불 실적에 근거하여 결정**된다.

정답 ②

098 ✓확인 ☐☐☐

사회보험과 비교할 때 공공부조가 갖는 장점은? ・16회

① 높은 비용효과성
② 근로동기의 강화
③ 재정 예측의 용이성
④ 수평적 재분배의 효과
⑤ 높은 수급률(take-up rate)

해설
비용효과성이란 욕구가 가장 많은 사람이지만, 구매할 능력이 가장 적은 사람에게 얼마나 할당되었는가를 말하는 것이다. 보편주의제도인 사회보험보다 **선별주의제도인 공공부조에서 비용효과성이 높다.**
✗ 오답풀이
② 공공부조는 일정한 소득, 자산 이하인 사람에게 급여를 제공하기 때문에 **근로의욕이나 저축동기를 약화**시킬 수 있다.
③ 재정 예측성은 사회보험이 공공부조보다 더 용이하다. 즉 사회보험에 비해 공공부조는 재정 예측이 곤란하다.
④ 공공부조는 수직적 재분배 효과가 있으며, 사회보험은 수평적 재분배 효과가 있다.
⑤ 수급자격을 가진 사람이 실제로 수급하는 비율(수급률, take-up rate)은 사회보험이 높다. 공공부조제도의 수급률은 낮은데, 그 이유는 정보의 부족, 공공부조제도의 낙인감(stigma) 등에 기인하는 것으로 판단된다. OECD(2004)에 따르면 주요 국가들의 공공부조 수급률(take-up rate)은 국가 및 제도에 따라 약간씩 차이가 있지만 약 52~95%이며, 우리나라의 경우 국민기초보장제도 수급률은 38.3% (2005)로 추정되고 있다.

정답 ①

099

✓확인 ☐☐☐

사회보험과 민영보험에 관한 설명으로 옳은 것은? • 17회

① 사회보험급여는 철저한 보험수리원칙에 따라 납부한 보험료에 비례한다.
② 민영보험의 보험료는 평균적인 위험에 비례하여 결정된다.
③ 사회보험은 가입자의 개별 위험에 따라 보험료가 책정된다.
④ 사회보험의 보험료와 급여는 개별적 공평성과 사회적 적절성을 반영한다.
⑤ 민영보험의 재정운영방식으로 적립방식과 부과방식이 있다.

해설

민영보험의 보험료와 급여는 **개별적 공평성(형평성)**에 의해 결정된다. 즉, 가입자의 보험료 납부액이 많으면 보험급여액도 비례적으로 많아진다. 반면, **사회보험의 보험료와 급여는 개별적 공평성보다는(개별적 공평성도 고려하지만) 사회적 적절성에 의해 결정(사회적 적절성도 고려)**된다. 즉, 법령에서 정한 급여산정방식에 의해 결정되어, 모든 가입자에게 최저생계 수준 이상을 유지토록 급여를 제공하고자 한다. 이는 저소득층, 대가족, 노령층 등이 더 유리하도록 배려하는 것이다.

오답풀이

① **철저한 보험수리원칙에 따라 납부한 보험료에 비례하는 것은 민간보험급여이다.** 국가의 강제력에 입각한 사회보험에서는 그렇지 않다. 사회보험은 보험요소(개별적 공평성) 외에 복지요소(사회적 적절성)를 가지고 있다. 즉, 노인과 같은 특정집단은 자신이 낸 보험료 크기에 관계없이 그 이상의 급여혜택을 받는 것인데, 이는 사회적 적절성에 근거를 두고 있으며 저소득층을 배려하고 있는 것이기도 하다.
②, ③ 민영보험의 보험료가 개인적 위험의 정도나 개인의 의사에 의해 결정되는데, **사회보험에서는 보험료가 평균적인 위험이나 소득에 비례해서 결정되며 법령으로 정해진다.** 예를 들면, 민영보험 중 자동차 보험의 경우 자동차 사고가 날 확률이 높은 사람의 보험료가 높고, 자동차 사고가 날 확률이 낮은 사람은 보험료가 낮다. 그러나, 사회보험에서는 소득에 비례해서 기여금을 부과하거나 평균적 위험에 따라 정액기여금을 부과하며 법령으로 정한다.
⑤ **민영보험은 언제든지 종료될 수 있기 때문에 반드시 완전적립방식이 필요하다.** 반면에, 사회보험은 일정 기간만 운용되는 것이 아니라 영속적인 프로그램이기 때문에 완전적립이 불필요하며 바람직하지 않다. 또한 사회보험은 법에 의해 의무적으로 기여금을 징수할 수 있기 때문에 미래에 지급해야 할 지출액을 현재 적립하지 않아도 된다. **사회보험의 재정운영방식은 부분적립방식을 취하거나 부과방식을 취하고 있다.**

정답 ④

OIKOS UP 사회보험과 민간보험의 차이점

구 분	사회보험	민간보험(사보험)
제도의 목적	최저생계(최저생활) 또는 의료보장	개인적 필요에 따른 보장
가 입	강제적 적용	임의적, 자발적 참여
원 리	사회적 적절성(적합성)의 원리	개인적 공평성의 원리(형평성)
보험자와 피보험자의 관계	법적 권리 (사회적 권리)	계약 권리 (계약준수)
보험료의 부과	위험률 상당 이하 요율 (평균적 위험 정도와 소득수준에 따라)	경험율 (개별적 위험 정도와 급여수준에 따라)
독점 및 경쟁	정부 및 공공기관의 독점	자유경쟁
보험자의 보험 선택	불필요	필요
인플레이션 대책	가능	취약
보호 수준 (보험료 산정)	최저소득을 보장	개인의 의사와 지불능력에 따라 보장
성 격	사회적 위험의 분산 (예측하지 못한 위험 해결)	영리추구의 성격 (계약에 규정된 위험발생에 대한 서비스)
공동 부담 여부	공동 부담의 원칙	본인 부담 위주
차별요소	복지요소로서 사회적 적절성과 보장성을 강조	보험요소로서 개인적 공평성과 효율성을 강조

100
✔확인 ☐☐☐

사회보험과 공공부조의 차이에 관한 설명으로 옳지 않은 것을 모두 고른 것은?
· 17회

		사회보험	공공부조
㉠	재원	사회보험료	조세
㉡	대상자 범주	보편주의	선별주의
㉢	권리성	추상적이고 약함	구체적이고 강함
㉣	수급자격	기여금	자산조사
㉤	특징	사후적	사전적

① ㉠, ㉡
② ㉢, ㉤
③ ㉠, ㉡, ㉢
④ ㉡, ㉢, ㉣
⑤ ㉢, ㉣, ㉤

해설
㉢ 사회보험은 수혜자의 직접적인 기여가 있기 때문에 **급여에 대한 강한 권리성**이 부여되지만, 공공부조의 경우 수혜자의 직접적인 기여가 없기 때문에 급여가 응당 받아야할 권리라는 수급권에 대한 권리성이 약하다. 사회보험의 경우 수급권이 **구체적인 법적 권리**로서 인정이 되지만, 공공부조의 경우 법적 권리라기보다 프로그램 규정적인 차원에서의 권리로 인정되거나, 아니면 법적 권리로 인정되더라도 **구체적 권리라기보다 추상적인 권리**로 인정되고 있다.

㉤ 사회보험은 **사전적 대책으로 빈곤을 예방(prevent)**하는 것이라면, 공공부조는 **사후적 대책으로 빈곤을 완화(alleviative)**하는 데 목적이 있다.

보충설명
㉠ 공공부조 프로그램의 재원은 **일반조세수입으로 충당**되는데 비해, 사회보험의 경우 재원은 주로 **수혜대상자의 기여금과 사용자의 부담금으로 충당**되고 보험관리비용은 국가가 부담한다.

㉡ 수혜대상자를 선정함에 있어서 **공공부조는 선별적**인데 반해 **사회보험은 보편적**이다. 즉, 공공부조는 수혜대상자를 선정함에 있어 소득과 재산상태를 파악하는 자산조사를 통해 일정 수준 이하의 소득과 재산을 가진 자들을 선정해 이들만을 수혜 대상으로 하는 데 반해, 사회보험은 소득과 재산에 대한 자산조사를 실시하지 않고 일정 요건을 갖춘 모든 사람들에게 급여를 제공한다.

㉣ 공공부조의 경우 **자산조사**를 통해 그 수급자가 빈민임을 증명해야 급여를 받을 수 있지만, 사회보험의 경우에는 미래위험에 대비하여 **기여금을 지불한 후 일정한 법적 조건에 해당되면(해당되는 위험이 발생하면)** 급여를 받는다.

정답 ②

OIKOS UP — 공공부조와 사회보험의 차이점

구 분	공공부조	사회보험
기 원	빈민법	공제조합
주 체	국가(지방자치단체)	국가(관리운영기구)
목 적	구빈, 사후적 대책, 빈곤완화	예방, 사전적 대책, 빈곤예방
이 념	선별주의	보편주의
원 리	평등주의	형평주의 (비례원리 강조)
객 체	저소득층 (소수빈곤층)	모든 국민 (국민전체, 다수)
자격요건	자산조사, 소득조사	기여금, 사회적 위험에 처한 자
조 사	상태조사(○), 자산조사(○)	상태조사(○), 자산조사(×)
재 원	일반조세	보험료
급여 수준	국민적 최소한 (National Minimum)	적정선
수급권의 성격	법적 권리성 약하고 추상적	법적 권리성 강함
재정 예측성	곤란	용이

101

공공부조, 사회보험, 사회수당의 특성에 관한 설명으로 옳지 않은 것은?

· 18회

① 공공부조는 다른 두 제도에 비해 권리성이 약하다.
② 사회수당은 수평적 재분배 효과가 있다.
③ 사회보험의 급여조건은 보험료 기여조건과 함께 사회적 위험에 직면해야 하는 조건이 부가된다.
④ 사회수당은 기여 여부와 무관하게 지급된다.
⑤ 운영효율성은 세 제도 중 공공부조가 가장 높다.

해설

보편주의에 입각한 정책들은 비교적 운영비용이 적게 들어 운영 효율성이 좋다. 따라서, **운영효율성은 세 제도 중 선별주의제도인 공공부조가 가장 낮으며**, 보편주의제도인 사회보험과 사회수당 중 사회수당이 더 높아서 세 제도 중 **사회수당이 가장 높다.**

보충설명

① **공공부조**는 수혜자의 직접적인 기여가 없기 때문에 급여가 응당 받아야 할 권리라는 **수급권에 대한 권리성이 약하게 부여되는 대신**, 대가를 지불하지 않고 무료로 얻게 된다는 시혜성이 강하다. 사회수당도 공공부조처럼 기여 없이 급여를 받지만, 공공부조와는 달리 부자나 가난한 사람에게 모두 급여가 제공되며 사회권(social right)으로 가질 수 있어서 낙인문제가 발생하지 않는다.
② 사회수당 중 아동수당(가족수당)을 예로 들면, **자녀가 없는 계층으로부터 자녀가 있는 계층으로 수평적 재분배 효과가 있다.**
③ **사회보험**은 사회적 위험을 보험방식으로 대처하여 국민의 건강과 소득을 보장하는 제도로, **기여-비소득·자산조사 프로그램이다.**
④ **사회수당은 비기여-비소득·자산조사 프로그램으로**, 기여금을 지불하지 않고 수급자의 소득, 고용, 재산과 관계없이(일정한 인구학적 조건만 갖추면) 급여를 받는다.

정답 ⑤

102

사회서비스에 관한 설명으로 옳은 것은?

· 17회

① 사회복지기관의 운영을 지원하는 서비스이다.
② 이윤추구를 일차적 목적으로 한다.
③ 사회적 욕구 충족에 초점을 둔다.
④ 사회서비스 대상자의 노동시장 참여를 강조하지 않는다.
⑤ 사회서비스의 수요자보다 공급자 지원을 증가시켰다.

해설

사회서비스(social services)는 협의로는 대인적(對人的) 사회복지서비스(personal social service)를 말한다. 이럴 때 협의의 사회서비스는 개인, 특정집단, 지역사회를 대상으로 보호, 치료 및 예방 등의 수단들을 투입하여 **인간의 사회적 욕구를 충족시키는 것을** 말한다.

오답풀이

① 「사회보장기본법」제3조(정의) 제4호에서 "**사회서비스란 국가·지방자치단체 및 민간부문의 도움이 필요한 모든 국민에게 복지, 보건의료, 교육, 고용, 주거, 문화, 환경 등의 분야에서 인간다운 생활을 보장하고 상담, 재활, 돌봄, 정보의 제공, 관련 시설의 이용, 역량 개발, 사회참여 지원 등을 통하여 국민의 삶의 질이 향상되도록 지원하는 제도를 말한다.**"라고 규정하고 있다.
② 사회복지는 이윤의 추구가 아닌 사회의 공공선(公共善)을 달성하고자 하는 목적을 지닌다. 사회서비스는 사회보험, 공공부조와 함께 광의의 사회복지의 중심을 이루고 있는 서비스의 일종이므로 이윤추구를 일차적 목적으로 한다는 것은 올바르지 않다.
④ 사회서비스는 영국 연방권(Commonwealth)에서 많이 사용되고 있으며, 영국의 사회서비스는 사회부조, 사회보험, 아동복지, 교정(correction), 정신위생, 공중보건, 교육, 오락, 노동보호, 주택제공 등을 포함한다는 점에서 매우 광범위한 개념이다. 즉, **광의의 사회서비스는 노동시장정책도 포함하는 개념이다.**
⑤ 영리 또는 비영리 사회서비스 생산자로부터 서비스를 선택해서 구매할 수 있도록 **바우처(이용권, voucher)형태로 공급됨으로써 수요자 지원을 증가시켰다.** 즉, 공급자 지원방식의 현물급여와 달리 바우처는 수요자 지원방식이다.

정답 ③

제8장 빈곤과 공공부조제도

제6영역 : 사회복지정책론

01 빈곤과 소득불평등

103

사회적 배제의 개념적 특성에 관한 설명으로 옳지 않은 것은?

· 18회

① 개인과 집단의 다차원적 불이익에 초점을 두고, 다층적 대책을 촉구한다.
② 특정 집단이 경험하는 배제는 정태적 사건이 아니라 동태적 과정으로 본다.
③ 사회적 배제 개념은 열등처우의 원칙으로부터 등장하였다.
④ 소득의 결핍 그 자체보다 다양한 배제 행위가 발생하는 과정에 초점을 둔다.
⑤ 사회적 관계망으로부터의 단절과 차별 문제를 제기한다.

해설
1960년대 유럽에서는 사회적 배제를 '사회적 부적응'의 문제로 제기하면서 전통적인 의미의 '빈곤'개념을 대체하는 개념으로 등장하였다. 참고로 열등처우의 원칙은 개정빈민법(The Poor Law Reform Act, 1834)의 원칙이다.

보충설명
① 사회적 배제는 소득빈곤의 영역을 넘어서는 **불이익의 다양한 차원**을 포괄하는 개념으로, **다층적인 대책**을 촉구한다.
② 사회적 배제는 결과적 상태를 나타내는 빈곤 개념과는 달리 **빈곤화에 이르는 역동적이고 동태적인 과정**을 강조한다.
④ 사회적 배제 개념은 기본적으로 소득빈곤 개념의 협소성에 대한 비판의 결과로, 소득의 결핍뿐 아니라 사회적, 심리적 측면 등 다양한 배제 행위가 발생하는 과정에 초점을 둔다.
⑤ 사회적 배제는 **복지권리, 고용에 대한 접근성, 차별문제, 사회적 관계망, 사회참여 능력** 등에 초점을 맞춘다.

정답 ③

104

빈곤의 개념에 관한 설명으로 옳지 않은 것은?

· 18회

① 절대적 빈곤은 육체적 효율성을 유지하기 위한 최소한의 생활필수품을 소비하지 못하는 상태이다.
② 최저생계비를 계측하여 빈곤선을 설정하는 방식은 절대적 빈곤개념을 적용한 것이다.
③ 국민기초생활보장제도는 절대적 빈곤개념을 적용하고 있다.
④ 상대적 빈곤은 한 사회의 평균적인 생활수준과 비교하여 빈곤을 규정한다.
⑤ 중위소득을 활용하여 상대적 빈곤선을 설정할 수 있다.

해설
국민기초생활보장제도는 **상대적 빈곤개념**을 적용하고 있다. 2014년 12월 30일 「국민기초생활보장법」 개정(2015.7.1.시행)으로 수급자 선정 및 급여 기준이 전물량 방식(절대적 빈곤개념)에서 중위소득(상대적 빈곤개념)으로 변경되었다.

보충설명
① 절대적 빈곤은 **최소한의 신체적 효율성(physical efficiency)**을 유지하는 데 필요한 의, 식, 주를 가지지 못한 수준과 관련된다.
② 최저생계비 계측은 **절대적 빈곤선을 측정하는 방법인 전물량 방식**으로 계측하고 있다. 현재 국민기초생활보장제도에서 수급자 선정 및 급여 기준으로 최저생계비 기준을 활용하지 않더라도 기준 중위소득이 수급자의 최저생활을 보장하는지 여부를 확인하기 위하여 최저생계비를 3년마다 계측하고 있다.
④ 상대적 빈곤은 사회의 다른 사람들과 비교해 **상대적으로 적게 가지고 있는 상태**를 의미하는 것이다.
⑤ 상대적 빈곤선을 측정하는 방법에는 평균 혹은 **중위소득 비율**, 소득분배상 일정 비율, 타운센드(Townsend) 방식 등이 있다.

정답 ③

105

빈곤의 기준을 정하는 방법에 관한 설명으로 옳은 것은? • 19회

① 전(全)물량 방식은 식료품비를 계산하고 엥겔수의 역을 곱해서 빈곤선을 기준으로 측정하는 방식이다.
② 기초생활보장제도의 수급자 선정기준은 상대적 빈곤 개념을 반영하고 있다.
③ 라이덴 방식은 상대적 빈곤 측정방식이다.
④ 반물량 방식은 소득분배 분포 상에서 하위 10%나 20%를 빈곤한 사람들로 간주한다.
⑤ 중위소득 또는 평균소득을 근거로 빈곤선을 측정하는 것은 절대적 빈곤 측정방식이다.

해설
2014년 12월 30일 「국민기초생활보장법」 개정(2015.7.1.시행)되어 수급자 선정 및 급여 기준이 절대적 빈곤 측정방식인 전물량 방식에서 **상대적 빈곤 측정방식인 중위소득으로** 변경되었다. 즉, 기준 중위소득이 급여종류별 선정기준과 생계급여 지급액을 정하는 기준이고, 부양의무자의 부양능력을 판단하는 기준이다.

✕ 오답풀이
① **반물량 방식(=오샨스키 척도)**은 식료품비를 계산하고 엥겔수의 역을 곱해서 빈곤선을 기준으로 측정하는 방식이다.
③ 라이덴 방식은 **주관적 빈곤** 측정방식이다.
④ **소득분배상 일정 비율 방식**은 소득분배 분포 상에서 하위 10%나 20%를 빈곤한 사람들로 간주한다.
⑤ 중위소득 또는 평균소득을 근거로 빈곤선을 측정하는 것은 **상대적 빈곤** 측정방식이다.

정답 ②

106

빈곤에 관한 설명으로 옳은 것을 모두 고른 것은? • 16회

㉠ 사회적 배제는 빈곤·박탈과 관련된 사회문제를 나타내는 새로운 접근법이다.
㉡ 빈곤율(poverty rate)은 빈곤선 이하의 사람들 간의 소득분포 상태를 파악할 수 있는 방법이다.
㉢ 국민기초생활보장제도에서 생계급여 선정기준은 기준 평균소득 32%이하의 가구이다.
㉣ 상대적 빈곤은 박탈지표방식과 소득·지출을 이용한 상대적 추정방식으로 측정할 수 있다.

① ㉠, ㉢   ② ㉠, ㉣   ③ ㉡, ㉢
④ ㉢, ㉣   ⑤ ㉡, ㉢, ㉣

해설
㉠ 사회적 배제는 정상적 사회활동의 참여에 장애를 겪고 있거나 기능할 수 없는 상태로, 기존의 빈곤현상 뿐만 아니라 변화하는 경제구조 속에서의 사회적 차별과 소외 현상에 이르기까지 관심 영역을 확장하였다.
㉣ 상대적 빈곤은 사회의 다른 사람들과 비교해 상대적으로 적게 가지고 있는 상태를 의미하는 것으로, 타운센드(Townsend) 방식, 평균 혹은 중위소득 비율, 소득분배상 일정 비율 등으로 측정할 수 있다.

✕ 오답풀이
㉡ 빈곤율(poverty rate)은 전체가구 중 몇 퍼센트가 빈곤가구인가를 밝히는 방법으로, 빈곤의 규모를 측정하는 간단한 방법이다. 빈곤선 이하의 사람들 간의 소득분포 상태를 파악할 수 있는 방법은 **빈곤갭(poverty gap, 소득갭비율)**이다.
㉢ 국민기초생활보장제도에서 2025년 현재 생계급여 선정기준은 기준 **중위소득 32%이하**의 가구이다.

정답 ②

107

다음은 어떤 연구의 결과를 정리한 것이다. 이에 대한 해석이 바르게 된 것은? ·6회

구 분	시장소득 지니계수	가처분소득 지니계수
A국가	0.443	0.230
B국가	0.430	0.383

㉠ B국가의 사회보장지출 수준이 A국가보다 크다.
㉡ A국가는 B국가에 비해 가처분소득에서 공적이전소득이 차지하는 비중이 높다.
㉢ B국가는 A국가보다 평등한 국가이다.
㉣ A국가의 사회보장제도와 조세제도의 소득재분배 효과는 B국가보다 크다.

① ㉠, ㉡, ㉢   ② ㉠, ㉢   ③ ㉡, ㉣
④ ㉣   ⑤ ㉠, ㉡, ㉢, ㉣

해설
㉡ A국가는 B국가에 비해 가처분소득에서 공적이전소득이 차지하는 비중이 높다.
㉣ A국가가 B국가에 비해 가처분소득 지니계수가 더 낮다. 따라서 A국가의 소득재분배 효과가 더 크다.

✗ 오답풀이
㉠ A국가의 사회보장지출 수준이 B국가보다 크다.
㉢ A국가가 B국가보다 평등한 국가이다.

정답 ③

OIKOS UP 시장소득과 가처분소득
① **시장소득** = 근로소득 + 사업소득 + 재산소득 + 사적이전소득
② **가처분소득** = 시장소득 + 공적이전소득(연금 실업 산재급여, 생계급여, 장애수당 등) - 공적 비소비지출(조세, 사회보험료 등)
③ 상위층의 경우에는 시장소득이 가처분소득보다 클 것이고, 하위층의 경우에는 가처분소득이 시장소득보다 클 것이다.
④ 시장소득 기준 지니계수에서 가처분소득 기준 지니계수를 차감한 값은 소득재분배 정책으로 인해 변화된 개선 효과를 의미한다.

108

소득불평등 정도의 측정에 관한 설명으로 옳은 것은? ·12회

① 지니계수는 상대적 빈곤선을 기초로 만들어진다.
② 한 개인이 모든 소득을 독점하고 나머지는 소득이 없는 상태의 지니계수는 '0'이다.
③ 10분위 분배율이 클수록 소득분배가 불평등하다.
④ 모든 개인이 동일한 수준의 소득을 가지고 있다면 로렌츠 곡선은 대각선의 형태가 된다.
⑤ 5분위 분배율이 클수록 소득분배가 평등하다.

해설
모든 개인이 동일한 수준의 소득을 가지고 있다면 로렌츠 곡선은 완전평등선인 대각선의 형태가 된다.

✗ 오답풀이
① 지니계수는 로렌츠 곡선을 기초로 만들어진다.
② 한 개인이 모든 소득을 독점하고 나머지는 소득이 없는 상태의 지니계수는 '1'이다.
③ 10분위 분배율이 클수록 소득분배가 평등하다
⑤ 5분위 배율이 클수록 소득분배가 불평등하다.

정답 ④

109

빈곤 또는 불평등의 측정에 관한 설명으로 옳지 않은 것은?

• 17회

① 로렌츠곡선은 가로축에는 소득이 낮은 인구로부터 가장 높은 순으로 비율을 누적하여 표시하고, 세로축에는 각 인구의 소득수준을 누적한 비율을 표시한 후 그 대응점을 나타낸 곡선이다.
② 지니계수가 1에 가까울수록 평등한 상태를 의미한다.
③ 10분위 분배율에서는 수치가 클수록 평등한 상태를 의미한다.
④ 5분위 분배율에서는 수치가 작을수록 평등한 상태를 의미한다.
⑤ 빈곤율은 빈곤인구가 전체 인구에서 차지하는 비율로 정의된다.

해설

지니 계수(Gini Coefficient)는 0과 1 사이의 값으로 나타나며 **0에 가까울수록 소득이 균등하게 배분됨을 의미**하며, 1에 가까울수록 불평등도가 높다는 것을 의미한다.

보충설명

① 로렌츠 곡선의 **수평축(가로축)**은 최저소득자로부터 최고소득자의 순으로 인구의 비율을 나타내고 **수직축(세로축)**은 소득의 비율을 나타낸다.
③ 10분위 분배율의 **비율 값이 높으면 소득 격차가 작고**, 반대로 낮으면 소득 격차가 큰 것이다.
④ 5분위 분배율의 비율 값이 높으면 소득 격차가 크고, **반대로 낮으면 소득 격차가 작은 것이다**.
⑤ **빈곤율(poverty rate)**은 **전체가구 중 몇 퍼센트가 빈곤가구인가를 밝히는 방법**으로, 빈곤의 규모를 측정하는 간단한 방법이다.

정답 ②

110

빈곤과 불평등 측정에 관한 설명으로 옳은 것은?

• 18회

① 완전 평등 사회에서 로렌츠곡선은 45°각도의 직선과 거리가 가장 멀어진다.
② 지니계수의 최대값은 1, 최소값은 -1이다.
③ 빈곤갭은 빈곤선 이하에 속하는 인구가 전체인구에서 차지하는 비율을 의미한다.
④ 빈곤율은 빈곤선과 실제소득과의 격차를 반영한다.
⑤ 센(Sen) 지수는 빈곤집단 내의 불평등 정도를 반영한다.

해설

센(Sen) 지수는 빈곤율과 빈곤갭(소득갭 비율)에 빈자들의 소득분배 지니계수를 결합하여 만들어진 빈곤척도 지수로, 모든 사람들의 소득이 빈곤선 위에 있을 때 센(Sen) 지수는 0이고 모든 사람의 소득이 0일 때 1이 된다.

오답풀이

① 완전 평등 사회에서 로렌츠곡선은 45° 각도의 직선(**대각선**)과 일치한다.
② 지니계수의 최대값은 1, **최소값은 0이다**.
③ **빈곤율**은 빈곤선 이하에 속하는 인구가 전체인구에서 차지하는 비율을 의미한다.
④ **빈곤갭**은 빈곤선과 실제소득과의 격차를 반영한다.

정답 ⑤

02 공공부조제도의 이해

111 ✓확인 ☐☐☐

공공부조에 관한 설명으로 옳은 것을 모두 고른 것은? ·15회

㉠ 신청과정을 거치지 않는다.
㉡ 자산조사를 거쳐 대상을 선정한다.
㉢ 중앙정부가 단독으로 공공부조의 책임을 지는 것은 세계적 현상이다.
㉣ 사회보장제도 중 공공부조는 투입 재원 대비 소득재분배 효과가 가장 낮다.

① ㉠ ② ㉡ ③ ㉡, ㉢
④ ㉠, ㉢, ㉣ ⑤ ㉠, ㉡, ㉢, ㉣

해설
공공부조는 비기여-소득·자산조사 프로그램으로, 기여금을 지불하지 않았으나 소득조사(income test), 자산조사(means test)를 거쳐 그 조건에 해당하는 사람에게 소득을 지원하는 제도이다.

오답풀이
㉠ 신청과정을 거친다. 즉 **신청주의 원칙과 직권주의 보완**이다. 공공부조제도인 국민기초생활보장법에서 "수급권자와 그 친족, 그 밖의 관계인이 관할 시장·군수·구청장에게 수급권자에 대한 급여를 신청할 수 있으며, 사회복지 전담공무원이 급여를 필요로 하는 사람이 누락되지 아니하도록 하기 위하여 관할지역에 거주하는 수급권자에 대한 급여를 직권으로 신청할 수 있다."라고 규정하고 있다.
㉢ 중앙정부가 단독으로 책임을 지는 것이 아니라, **지방정부와 분담하여 책임을 지는 것이 세계적 현상이다.**
㉣ 사회보장제도 중 공공부조는 기여 없이 국가의 일반예산으로 가난한 사람을 선별하여 급여를 제공하기 때문에 **소득재분배효과가 가장 크다.**

정답 ②

112 ✓확인 ☐☐☐

우리나라의 사회보장급여 중에서 공공부조에 해당되는 것은? ·17회

① 장애연금
② 장해연금
③ 장애인연금
④ 상병보상연금
⑤ 노령연금

해설
장애인연금은 공공부조법인 「장애인연금법」의 급여에 해당된다.
오답풀이
① 장애연금은 사회보험법인 「국민연금법」의 급여에 해당된다.
② 장해연금은 존재하지 않는 급여이다. 참고로 **장해급여는 사회보험법인 「산업재해보상보험법」의 급여에 해당된다.**
④ 상병보상연금은 사회보험법인 「산업재해보상보험법」의 급여에 해당된다.
⑤ 노령연금은 사회보험법인 「국민연금법」의 급여에 해당된다.

정답 ③

03 국민기초생활보장법

113

국민기초생활보장제도의 특징으로 옳은 것은? ·15회

① 대상 가구당 행정관리비용이 사회보험보다 저렴하다.
② 재원은 기금에 의존한다.
③ 재원부담을 하는 자와 수급자가 동일하다.
④ 대상 선정에서 부양의무자 존재 여부는 고려되지 않는다.
⑤ 선정기준으로 기준중위소득을 활용한다.

해설
2014년 12월 30일 국민기초생활보장법 개정(2015.7.1.시행)으로 선정기준이 최저생계비에서 **기준중위소득으로 변경**되었다. 즉 기준 중위소득은 급여종류별 선정기준과 생계급여 지급액을 정하는 기준이고, 부양의무자의 부양능력을 판단하는 기준이다.

오답풀이
① 국민기초생활보장제도는 공공부조로서 사회보험보다 **운영효율성이 낮다**. 따라서 대상 가구당 행정관리비용이 사회보험보다 많이 든다.
② 재원은 정부의 **일반예산(일반조세)**에 의한다. 즉 국가, 시·도, 시·군·구가 국민기초생활보장제도 실시에 따른 비용을 부담한다.
③ 대상자들이 미리 지불한 기여금에 의해 급여를 지급하는 사회보험과 달리, **공공부조는 재정은 정부의 일반세입(general revenues)에서 충당하지만 수급자는 재정의 직접적인 기여가 없다.** 따라서, 재원부담을 하는 자와 수급자가 동일하지 않다.
④ 대상 선정에서 **소득인정액과 부양의무자 존재 여부를 고려한다.** 참고로 「국민기초생활보장법」상 "부양의무자란 수급권자를 부양할 책임이 있는 자로 수급권자의 1촌의 직계혈족 및 그 배우자를 말한다. 다만, 사망한 1촌의 직계혈족의 배우자는 제외한다."라고 규정하고 있다.

정답 ⑤

114

우리나라의 국민기초생활보장제도에 관한 설명으로 옳은 것은? ·16회

① 의료급여는 국가가 진료비를 지원하는 공공부조제도로서 본인부담금이 없다.
② 희망저축계좌는 자산형성지원사업이다.
③ 중위소득은 가구 경상소득 중간값에 전년도 대비 가구소득 증가율을 곱하여 산정한다.
④ 노숙인은 의료급여 2종 수급권자의 대상에 포함된다.
⑤ 생계급여, 의료급여, 주거급여, 교육급여는 부양의무자 기준이 적용된다.

해설
희망저축계좌Ⅰ, 희망저축계좌Ⅱ, 청년내일저축계좌는 모두 일하는 수급자가구 및 비수급 근로빈곤층의 자활을 위한 자금으로써의 목돈마련을 할 수 있도록 돕는 **자산형성지원제도**로 본인이 매월 일정하게 저축한 금액에 정부와 지자체가 지원금을 추가로 지원해준다.

오답풀이
① **의료급여제도(medicaid)**는 소득이 없거나 일정한 소득이 있어도 생계유지가 곤란한 저소득층을 대상으로 국가재정으로 의료혜택을 제공하는 의료부조 제도로서 공공부조 제도의 일환으로 실시된다. 다만, **수급권자가 부담하는 본인부담금이 있다.** 즉 「의료급여법」 제10조(급여비용의 부담)에서 "급여비용은 대통령령으로 정하는 바에 따라 그 전부 또는 일부를 제25조에 따른 의료급여기금에서 부담하되, 의료급여기금에서 일부를 부담하는 경우 그 나머지 비용은 본인이 부담한다."고 규정하고 있다.
③ 「국민기초생활보장법」 제6조의2(기준 중위소득의 산정)에서 "기준 중위소득은 「통계법」 제27조에 따라 통계청이 공표하는 통계자료의 가구 경상소득의 중간값에 **최근 가구소득 평균 증가율, 가구규모에 따른 소득수준의 차이 등을 반영**하여 가구규모별로 산정한다."고 규정하고 있다.
④ 의료급여 수급권자는 1종수급권자와 2종수급권자로 구분하는데, **노숙인은 의료급여 1종 수급권자의 대상에 포함된다.**
⑤ 의료급여는 부양의무자 기준이 적용되지만, 생계급여, 주거급여, 교육급여는 부양의무자 기준이 적용되지 않는다. 참고로 생계급여는 2021.10.1. 이후 부양의무자 기준이 폐지되었다. 단, 2025년에는 부양의무자가 연 소득 1.3억원 및 일반재산 12억원을 초과하는 경우 생계급여 대상에서 제외된다. 2021년 부양의무자 기준 폐지는 '예외가 남아있는 전면 폐지'였으나, 2027년에는 예외조항까지 폐지될 예정이다.

정답 ②

115

우리나라 자활사업에 관한 설명으로 옳은 것은? · 14회

① 한국자활복지개발원(개정 前: 중앙자활센터)는 시·도별로 설치한다.
② 일반수급자는 자활근로사업에 참여할 수 없다.
③ 기초생활보장급여 산정 시 소득인정액에서 자활소득의 30%를 공제하여 소득인정액을 산정하는 것이 폐지되었다.
④ 광역자활센터의 운영주체는 광역지방자치단체이다.
⑤ 희망저축계좌(Ⅰ)은 일하는 기초수급자를 위한 자산형성지원사업이다.

해설

일하는 수급자가구 및 비수급 근로빈곤층의 자활을 위한 자금으로써의 목돈 마련을 할 수 있도록 돕는 자산형성지원 제도로 **가입대상에 따라 희망저축계좌 Ⅰ·Ⅱ, 청년내일저축계좌**가 있다. 본인이 매월 일정하게 저축한 금액에 정부와 지자체가 지원금을 추가로 지원하여 자립을 위한 목돈을 마련할 수 있도록 지원해준다. 참고로 2022년 자산형성지원사업(희망키움 Ⅰ·Ⅱ, 내일키움, 청년희망키움, 청년저축)을 개편하여 희망저축계좌 Ⅰ·Ⅱ(2022년.上) 및 청년내일저축계좌(2022년.下)가 도입되었다.

희망저축계좌 Ⅰ	희망저축계좌 Ⅱ	청년내일저축계좌	
일하는 생계·의료급여 수급가구	일하는 주거·교육급여 수급 가구 및 차상위계층 가구	일하는 생계·의료·주거·교육급여 수급 가구 및 차상위 가구의 청년 (만15~39세)	일하는 기준중위 50% 초과 100% 이하 가구의 청년 (만19~34세)

오답풀이

① 시·도별로 설치하는 것은 광역자활센터이다. 보장기관은 수급자 및 차상위자의 자활촉진에 필요한 다음 각 호의 사업을 수행하게 하기 위하여 사회복지법인, 사회적 협동조합 등 비영리법인과 단체를 법인 등의 신청을 받아 **특별시·광역시·특별자치시·도·특별자치도 (시·도) 단위의 광역자활센터**로 지정할 수 있다. 한국자활복지개발원(개정 前: 중앙자활센터)는 현재 서울시에 설치되어 있다.
② 일반수급자도 참여 희망자는 자활근로사업에 참여할 수 있으며, 일반수급자 중 만 65세 이상 등 근로무능력자도 희망시 참여 가능하다.
③ 2022년에는 자활장려금 별도지급이 종료되었으나 생계급여 소득공제로는 적용된다. 기초생활보장급여 산정 시 소득인정액에서 자활소득의 30%를 공제하여 소득인정액을 산정한다. 자활근로소득의 30%를 현금으로 별도 지급되었던 자활장려금은 폐지되었고, 자활근로소득의 30%를 소득인정액에서 제외하는 자활근로소득 공제는 운영 중이다.
④ 광역자활센터는 보장기관이 **사회복지법인, 사회적 협동조합 등 비영리법인과 단체를 법인 등의 신청을 받아 시·도 단위의 광역자활센터로 지정**할 수 있으며, 보장기관은 광역자활센터의 설치 및 운영에 필요한 경비의 전부 또는 일부를 보조할 수 있다.

정답 ⑤

116

자활지원사업에 관한 설명으로 옳지 않은 것은? · 19회

① 자활급여는 근로능력이 있는 국민기초생활보장 수급자의 자활을 위한 각종 지원을 제공하는 급여이다.
② 자활기업은 조합 또는 「부가가치세법」상의 사업자로 한다.
③ 자활기관협의체의 구성 및 운영 등에 필요한 사항은 보건복지부령으로 정한다.
④ 자산형성지원으로 형성된 자산은 수급자의 소득환산액 산정 시 이를 포함한다.
⑤ 지역자활센터는 참여자의 자활의욕 고취를 위한 교육을 행한다.

해설

자산형성지원으로 형성된 자산은 수급자의 소득환산액 산정 시 이를 포함하지 않는다. 「국민기초생활 보장법」(약칭: 기초생활보장법) 제18조의4(**자산형성지원**) 제1항에서 "보장기관은 수급자 및 차상위자가 자활에 필요한 자산을 형성할 수 있도록 재정적인 지원을 할 수 있다."고 규정하고 있으며, 제3항에서 "제1항에 따른 지원으로 형성된 자산은 대통령령으로 정하는 바에 따라 **수급자의 재산의 소득환산액 산정 시 이를 포함하지 아니한다.**"라고 규정하고 있다.

보충설명

① 동법 제15조(**자활급여**) 제1항에서 "자활급여는 수급자의 자활을 돕기 위하여 다음 각 호의 급여를 실시하는 것으로 한다. 1. 자활에 필요한 금품의 지급 또는 대여, 2. 자활에 필요한 근로능력의 향상 및 기능습득의 지원, 3. 취업알선 등 정보의 제공, 4. 자활을 위한 근로기회의 제공, 5. 자활에 필요한 시설 및 장비의 대여, 6. 창업교육, 기능훈련 및 기술·경영 지도 등 창업지원, 7. 자활에 필요한 자산형성 지원, 8. 그 밖에 대통령령으로 정하는 자활을 위한 각종 지원"이라고 규정하고 있다.
② 동법 제18조(**자활기업**) 제2항 제1호에 규정된 내용이다.
③ 동법 제17조(**자활기관협의체**) 제1항에서 "시장·군수·구청장은 자활지원사업의 효율적인 추진을 위하여 제16조에 따른 지역자활센터, 「직업안정법」 제2조의2제1호의 직업안정기관, 「사회복지사업법」 제2조제4호의 사회복지시설의 장 등과 **상시적인 협의체계(이하 자활기관협의체라 한다)를 구축하여야 한다.**"라고 규정하고 있으며, 제2항에서 "**자활기관협의체의 구성 및 운영 등에 필요한 사항은 보건복지부령으로 정한다.**"라고 규정하고 있다.
⑤ 동법 제16조(**지역자활센터 등**) 제1항에서 "보장기관은 수급자 및 차상위자의 자활 촉진에 필요한 다음 각 호의 사업을 수행하게 하기 위하여 사회복지법인, 사회적협동조합 등 비영리법인과 단체(이하 이 조에서 법인등이라 한다)를 법인등의 신청을 받아 **지역자활센터로 지정**할 수 있다. 이 경우 보장기관은 법인등의 지역사회복지사업 및 자활지원사업 수행능력·경험 등을 고려하여야 한다. 1. **자활의욕 고취를 위한 교육**, 2. 자활을 위한 정보제공, 상담, 직업교육 및 취업알선, 3. 생업을 위한 자금융자 알선, 4. 자영창업 지원 및 기술·경영 지도, 5. 제18조에 따른 자활기업의 설립·운영 지원, 6. 그 밖에 자활을 위한 각종 사업"이라고 규정하고 있다.

정답 ④

04 의료급여법

117 ✓확인 ☐☐☐

우리나라의 의료급여에 관한 설명으로 옳지 않은 것은? · 20회

① 의료급여 수급권자는 1종과 2종으로 구분한다.
② 의료급여기금에는 지방자치단체의 출연금도 포함된다.
③ 의료급여 수급권자의 1촌 직계혈족 및 그 배우자는 원칙적으로 부양의무가 있다.
④ 국민기초생활보장제도 수급자 중 보장시설에서 급여를 받는 자는 2종수급자로 구분된다.
⑤ 「약사법」에 따라 개설등록된 약국은 의료급여를 실시하는 의료기관이다.

해설
국민기초생활보장제도 수급자 중 보장시설에서 급여를 받는 자는 1종 수급자로 구분된다(「의료급여법 시행령」 제3조 제2항).

+ 보충설명
① 「의료급여법 시행령」 제3조(수급권자의 구분) 제1항에 "수급권자는 법 제3조제3항에 따라 **1종수급권자와 2종수급권자로 구분한다**."라고 규정하고 있다.
② 「의료급여법」 제25조(의료급여기금의 설치 및 조성) 제2항에 "기금은 다음 각 호의 재원으로 조성한다. 1. 국고보조금, 2. **지방자치단체의 출연금**, 3. 제21조에 따라 상환받은 대지급금, 4. 제23조에 따라 징수한 부당이득금, 5. 제29조에 따라 징수한 과징금, 6. 기금의 결산상 잉여금 및 그 밖의 수입금"라고 규정하고 있다.
③ 동법 제2조(정의) 제3호에 "**부양의무자란 수급권자를 부양할 책임이 있는 사람으로서 수급권자의 1촌 직계혈족 및 그 배우자를 말한다**."라고 규정하고 있다.
⑤ 동법 제9조(의료급여기관) 제1항에 "의료급여는 다음 각 호의 의료급여기관에서 실시한다. 이 경우 보건복지부장관은 공익상 또는 국가시책상 의료급여기관으로 적합하지 아니하다고 인정할 때에는 대통령령으로 정하는 바에 따라 의료급여기관에서 제외할 수 있다. 1. 「의료법」에 따라 개설된 의료기관, 2. 「지역보건법」에 따라 설치된 보건소·보건의료원 및 보건지소, 3. 「농어촌 등 보건의료를 위한 특별조치법」에 따라 설치된 보건진료소, 4. **「약사법」에 따라 개설등록된 약국** 및 같은 법 제91조에 따라 설립된 한국희귀·필수의약품센터"라고 규정하고 있다.

정답 ④

05 긴급복지지원법

118 ✓확인 ☐☐☐

긴급복지지원제도에 관한 설명으로 옳지 않은 것은? · 19회

① 주소득자가 사망, 가출, 행방불명, 구금시설에 수용되는 등의 사유로 소득을 상실한 경우 긴급 지원대상자가 될 수 있다.
② 긴급지원은 위기상황에 처한 사람에게 일시적으로 신속하게 지원하는 것을 기본원칙으로 한다.
③ 긴급지원의 종류에는 금전 또는 현물 등의 직접지원과 민간 기관·단체와의 연계 등의 지원이 있다.
④ 사회복지사업법에 따른 사회복지시설의 종사자는 긴급지원을 요청할 수 있다.
⑤ 국민기초생활 보장법에 따른 지원을 받고 있는 경우에 긴급복지지원법을 우선 적용한다.

해설
「긴급복지지원법」 제3조(기본원칙) 제2항에서 "「재해구호법」, 「**국민기초생활 보장법**」, 「**의료급여법**」, 「**사회복지사업법**」, 「**가정폭력방지 및 피해자보호 등에 관한 법률**」, 「**성폭력방지 및 피해자보호 등에 관한 법률**」 등 다른 법률에 따라 이 법에 따른 지원 내용과 동일한 내용의 구호·보호 또는 지원을 받고 있는 경우에는 이 법에 따른 지원을 하지 아니한다."라고 규정하고 있다.

+ 보충설명
① 동법 제2조(정의) 제1호에 규정된 내용이다. 참고로 제2조(정의)에서 "위기상황"에 해당되는 사유를 규정하고 있다.
② 동법 제3조(기본원칙) 제1항에 규정된 내용이다.
③ 동법 제9조(긴급지원의 종류 및 내용) 제1항에 "이 법에 따른 지원의 종류 및 내용은 다음과 같다. 1. 금전 또는 현물(現物) 등의 직접지원, 2. 민간기관·단체와의 연계 등의 지원"이라고 규정되어 있다.
④ 동법 제7조(지원요청 및 신고) 제3항 제3호에 규정된 내용이다.

정답 ⑤

119

다음에서 ㄱ, ㄴ을 합한 값은? • 22회

> 긴급복지지원제도의 생계급여 지원은 최대 (ㄱ)회, 의료급여 지원은 최대 (ㄴ)회, 주거급여는 최대 12회, 복지시설 이용은 최대 6회 지원된다.

① 4
② 6
③ 8
④ 10
⑤ 12

해설

「긴급복지지원법」 제10조(긴급지원의 기간 등)에 따라 긴급복지지원제도의 생계급여 지원은 최대 (ㄱ : 6)회, 의료급여 지원은 최대 (ㄴ : 2)회, 주거급여는 최대 12회, 복지시설 이용은 최대 6회 지원된다. ㄱ과 ㄴ을 합한 값은 8이다.

종류		지원내용	최대횟수
금전·현물지원	위기상황 주지원	생계지원	식료품비, 의복비, 냉방비 등 생계 유지비	6회
		의료지원	각종 검사 및 치료 등 의료서비스	2회
		주거지원	국가·지자체 소유 또는 타인 소유의 임시거소 제공	12회
		복지시설 이용지원	사회복지시설 입소 또는 이용서비스	6회
	부가지원	교육지원	가구원 내 초·중·고등학생의 학용품비 등	2회 (4회)**
		그 밖의 지원	위기사유 발생으로 생계유지가 곤란한 사람에게 연료비, 해산비 등 지원	1회 (연료비 6회)
민간기관·단체 연계지원 등		• 사회복지공동모금회, 대한적십자사 등 민간의 긴급지원프로그램으로 연계 • 상담 등 기타 지원	횟수제한 없음

** 주거지원(최대 12개월)대상자의 교육지원 횟수는 최대 4회 (분기)로, 분기별 지원해야 함에 주의

정답 ③

06 기초연금제도

120

기초연금제도에 관한 설명으로 옳은 것은? • 18회

① 65세 이상 모든 고령자에게 제공하는 사회수당이다.
② 무기여방식의 노후 소득보장제도이다.
③ 기초연금액의 산정 시 국민연금급여액을 고려하지 않는다.
④ 기초연금액은 가구유형, 소득과 상관없이 동일하다.
⑤ 기초연금의 수급권자가 사망하면 유족급여를 지급한다.

해설

연금이라는 용어를 사용하지만 국민연금과 같이 보험료를 납부하는 것이 아니라 **기여 여부와 관계없이** 노인의 생활안정을 위해 국가에서 제공하는 기초연금의 성격인 **무기여 연금**이다.

오답풀이

① 65세 이상 전체 고령자 중 **소득하위 70%이하에 해당되는 대상**에게 제공하는 것으로, 선진국과 같이 소득이나 자산조사가 없는 것이 아니기 때문에 사회수당식 공적연금이 아닌 **사회부조식 공적연금**이다.
③ 「기초연금법」 제5조(기초연금액의 산정) 제1항에서 "기초연금 수급권자에 대한 기초연금의 금액은 제2항 또는 제5조의2제1항에 따른 기준연금액과 **국민연금 급여액** 등을 고려하여 산정한다."라고 규정하고 있다. 기초연금액의 산정 시 국민연금급여액을 고려한다.
④ 기초연금액은 **가구유형**(단독가구, 부부1인 수급가구, 부부2인 수급가구), 소득인정액을 고려하여 결정한다. "소득인정액"이란 본인 및 배우자의 소득평가액과 재산의 소득환산액을 합산한 금액을 말한다.
⑤ 기초연금의 수급권자가 사망하면 기초연금 수급권은 상실되며 **유족급여를 지급하지 않는다**.

정답 ②

07 장애인연금제도

121 ✓확인 ☐☐☐

우리나라에서 시행 중인 소득보장제도에 관한 설명으로 옳지 않은 것은? · 21회

① 기초연금은 노인의 생활안정 지원을 목적으로 한다.
② 장애정도가 심하지 않은 장애인은 장애인연금을 받을 수 없다.
③ 장애수당은 장애로 인해 발생하는 추가비용을 보전하기 위해 도입되었다.
④ 만 10세 아동은 아동수당을 받을 수 있다.
⑤ 저소득 한부모가족에게는 아동양육비가 지급될 수 있다.

해설

「아동수당법」 제4조(아동수당의 지급 대상 및 지급액) 제1항에서 "아동수당은 **8세 미만의 아동에게 매월 10만원을 지급한다.**"라고 규정하고 있다.

+ 보충설명

① 「기초연금법」 제1조(목적)에서 "이 법은 노인에게 기초연금을 지급하여 안정적인 소득기반을 제공함으로써 **노인의 생활안정을 지원**하고 복지를 증진함을 목적으로 한다."라고 규정하고 있다.
② 「장애인연금법」 제4조(수급권자의 범위 등) 제1항에서 "수급권자는 **18세 이상의 중증장애인**으로서 소득인정액이 그 중증장애인의 소득·재산·생활수준과 물가상승률 등을 고려하여 보건복지부장관이 정하여 고시하는 금액 이하인 사람으로 한다."라고 규정하고 있다.
③ 「장애인복지법」 제49조(장애수당) 제1항에서 "국가와 지방자치단체는 장애인의 장애 정도와 경제적 수준을 고려하여 **장애로 인한 추가적 비용을 보전(補塡)**하게 하기 위하여 장애수당을 지급할 수 있다."라고 규정하고 있다.
⑤ 「한부모가족지원법」 제12조(복지 급여의 내용) 제2항에서 "이 법에 따른 지원대상자가 「국민기초생활 보장법」 등 다른 법령에 따라 지원을 받고 있는 경우에는 그 범위에서 이 법에 따른 급여를 하지 아니한다. 다만, 제1항제4호의 **아동양육비는 지급할 수 있다.**"라고 규정하고 있다.

🔍**정답** ④

08 근로장려세제 (Earned Income Tax Credit, EITC)

122 ✓확인 ☐☐☐

우리나라의 근로장려세제에 관한 설명으로 옳은 것은? · 16회

① 조세환급제도의 일종에 해당한다.
② 급여신청 접수는 행정복지센터에서 담당한다.
③ 자격기준은 근로소득, 부양부모, 재산, 부채이다.
④ 근로기준법 개정을 근거로 2006년부터 시행되었다.
⑤ 신청방식은 신청주의와 직권주의가 혼용되고 있다.

해설

근로장려세제(Earned Income Tax Credit, EITC)는 근로소득 빈곤층(working poor)이 일할 경우에 정부가 현금을 지급하는 **일종의 마이너스 조세제도(세액공제제도, refundable tax credit)**이며, 근로연계형 소득지원제도이다. 국민기초생활보장제가 현금급여와 현물급여인데 비해 근로장려세제는 **조세환급금**이다.

✗ 오답풀이

② 「조세특례제한법」 제100조의6(근로장려금의 신청 등) 제1항에서 "근로장려금을 받으려는 거주자는 근로장려금신청서에 근로장려금 신청자격을 확인하기 위하여 필요한 대통령령으로 정하는 증거자료를 첨부하여 **납세지 관할 세무서장에게 근로장려금을 신청하여야 한다.**"고 규정하고 있다. 급여신청 접수는 세무서 방문 신청이나 인터넷(국세청 홈택스), 전화(ARS) 신청, 모바일 앱 신청으로 한다.
③ 자격기준을 고려할 때 **부채는 고려하지 않는다.** 급여신청자격은 근로소득 또는 사업소득(전문직 제외)이 있는 가구로서 **가구요건, 총 소득 요건, 재산 요건을 모두 충족**하는 경우에 신청할 수 있다.
④ 2006년 12월 26일 근로장려세제 시행을 규정한 「조세특례제한법」이 국회를 통과함에 따라 근로장려세제가 신설되었으며, **2009년부터 시행되어 근로장려금이 지급되었다.**
⑤ 국민기초생활보장제는 신청주의와 직권주의가 혼용되고 있지만, **근로장려세제는 신청주의이다.**

🔍**정답** ①

123

우리나라의 근로장려세제에 관한 설명으로 옳지 않은 것은?
· 18회

① 근로장려금 신청 접수는 보건복지부에서 담당한다.
② 근로능력이 있는 빈곤층에 대해 근로의욕을 고취한다.
③ 미국의 EITC를 모델로 하였다.
④ 근로장려금은 근로소득 외에 재산보유상태 등을 반영하여 지급한다.
⑤ 근로빈곤층에게 실질적 혜택을 제공하여 빈곤탈출을 지원한다.

해설
근로장려금 신청 접수는 **주소지 관할세무서**에서 담당한다. 근로장려세제 제도를 담당하는 중앙행정기관은 국세청이며, 소관부처는 기획재정부이다.

+ 보충설명
② 근로장려세제의 목적은 **근로소득 빈곤층(working poor)의 근로동기를 제고**하기 위함이다.
③ 1975년 미국의 포드 정부에서 도입한 EITC 제도가 성공적인 사회복지제도로 평가받고 있으며, 우리나라도 미국의 EITC를 모델로 하여 2006년 12월 26일 근로장려세제 시행을 규정한 조세특례제한법이 국회를 통과(2006년 12월 30일 개정)함에 따라 제도가 마련되었다.
④ 근로장려금은 본인과 배우자의 소득이 **근로소득으로만 구성된 거주자**로서, 근로소득 외에 재산보유상태 등을 반영하여 지급한다.
⑤ 근로소득 빈곤층(working poor)이 일할 경우에 정부가 현금을 지급하는 일종의 마이너스 조세제도로, 근로빈곤 계층의 빈곤 감소와 빈곤함정 탈출을 지원한다.

정답 ①

124

우리나라 근로장려세제(EITC)에 관한 설명으로 옳지 않은 것은?
· 22회

① 소득재분배 효과를 기대할 수 있다.
② 근로능력이 있는 저소득층의 근로유인을 제고한다.
③ 소득과 재산보유상태 등을 반영하여 지급한다.
④ 근로장려금 모형은 점증구간, 평탄구간, 점감구간으로 되어 있다.
⑤ 사업자는 근로장려금을 받을 수 없다.

해설
사업자는 근로장려금을 받을 수 있다. 근로장려세제(근로장려금)는 소득과 재산이 일정 금액 미만인 **근로자, 종교인 또는 사업자(전문직 제외)가구**를 대상으로 한다.

+ 보충설명
① 근로소득 빈곤층(working poor)에게만 세액공제를 통해 지원을 해주는 것으로서, 저소득층의 소득 증대를 통한 **소득재분배 효과**를 기대할 수 있다.
② 근로능력이 있는 빈곤계층이 노동에 참여하여야만 지원을 받을 수 있기 때문에 근로동기 유인을 제고한다.
③ **가구원 요건, 소득요건, 재산요건** 등을 모두 충족하는 경우 신청할 수 있다.
④ 급여방식은 **구간별(점증·평탄·점감구간) 차등제**를 적용하고 있다.

정답 ⑤

김진원 Oikos 사회복지사 1급

제9장 공적연금제도의 이해

제6영역 : 사회복지정책론

01 우리나라 공적연금제도

125 ✓확인 ☐☐☐

우리나라 사회보험방식의 공적연금에 관한 설명으로 옳은 것을 모두 고른 것은? ・21회

> ㉠ 국민연금과 특수직역연금으로 구분하여 운영되고 있다.
> ㉡ 국민연금이 가장 먼저 시행되었다.
> ㉢ 2022년 12월말 기준 공적연금 수급개시연령은 동일하다.
> ㉣ 가입자의 노령(퇴직), 장애(재해), 사망으로 인한 소득중단 시 급여를 지급한다.

① ㉠, ㉡ ② ㉠, ㉣ ③ ㉠, ㉡, ㉣
④ ㉠, ㉢, ㉣ ⑤ ㉡, ㉢, ㉣

해설
㉠ 우리나라 사회보험방식의 공적연금은 **국민연금과 특수직역연금(공무원연금, 군인연금, 사립학교교직원연금, 별정우체국연금)으로 구분하여 운영되고 있다.**
㉣ 공적연금제도는 소득감소 또는 상실을 초래하는 여러 가지 사회적 위험들 중 노령(퇴직), 장애(재해), 사망으로 발생하는 경제적 비보장에 대응하는 대책이다.

✗ 오답풀이
㉡ **공무원연금이 가장 먼저 시행되었다.** 공적연금 제정 및 시행 순서는 공무원연금법(1960.1.1.제정・시행) → 군인연금법(1963.1.28.제정, 1963.1.1.시행) → 사립학교원연금법(1973.12.20.제정, 1974.1.1.시행) → 국민연금법(1986.12.31.제정, 1988.1.1.시행) 순이다.
㉢ 2022년 12월말 기준 공적연금 수급개시연령은 **동일하지 않다.** ① 국민연금의 경우 2013년부터 5년마다 1세씩 노령연금 수급개시연령을 상향조정하고 있으며, 2022년 12월 말 기준으로 62세이다. ② 공무원연금과 사립학교교직원연금의 경우는 1996년 이후 임용자부터 65세로 단계적으로 연장하고 있으며, 2022년 12월 말 기준으로 61세이다. ③ 군인연금의 경우는 수급개시연령이 없으며, 연금 급여의 사유가 발생한 날이 속하는 달의 다음 달부터 지급된다.

정답 ②

02 연금재정의 운영방식

126 ✓확인 ☐☐☐

공적연금제도에 관한 설명으로 옳은 것을 모두 고른 것은? ・13회

> ㉠ 적립방식에 비해 부과방식(pay-as-you-go)이 인구 구성의 변동에 더 취약하다.
> ㉡ 확정급여식 연금은 주로 과거의 소득 및 소득활동 기간에 의해 결정된다.
> ㉢ 완전적립방식은 퇴직 후 생활보장을 위해 현재 소득의 일부를 저축하는 구조이다.
> ㉣ 부과방식에서는 현재의 근로세대가 은퇴세대의 연금 급여에 필요한 재원을 부담한다.

① ㉠, ㉡, ㉢ ② ㉠, ㉢ ③ ㉡, ㉣
④ ㉣ ⑤ ㉠, ㉡, ㉢, ㉣

해설
㉠ 부과방식은 적립방식에 비해 **인구 구성의 변동에 더 취약하다.**
㉡ 확정급여식 연금 하에서 급여액은 통상 임금 또는 소득의 일정 비율 또는 일정한 금액으로 급여산정공식에 의해 미리 확정되어 있지만 원칙적으로 기여금은 확정되어 있지 않다. **연금액은 종종 과거의 소득 및 소득활동기간에 의해 결정된다.**
㉢ 완전 적립방식은 어떤 기준시점에서 기여금 및 기여금의 투자수익을 합한 총액이 그 시점까지 발생한 미래누계 급여의 총현재가치를 지불하는 데 충분한 수준의 기금을 축적하는 방식으로, 현재 근로세대는 임금을 통해 스스로를 부양하고 퇴직 후 생활보장을 위해 **현재 생산물의 일부를 저축하는 구조이다.**
㉣ 부과방식은 현재 근로세대의 퇴직 후 연금 급여 지출에 필요한 재원은 미래의 근로세대가 부담할 것이라는 기대 하에서 현재의 근로세대가 현재 은퇴세대의 연금 급여 지출에 필요한 재원을 부담하는 방식이다.

정답 ⑤

127

연금제도의 적립방식과 부과방식에 관한 설명으로 옳은 것을 모두 고른 것은?
• 19회

㉠ 적립방식은 부과방식에 비해 세대 내 소득재분배 효과가 크다.
㉡ 부과방식은 적립방식에 비해 자본축적 효과가 크다.
㉢ 부과방식은 적립방식에 비해 기금확보가 더 용이하다.

① ㉠　　② ㉡　　③ ㉢
④ ㉠, ㉡　　⑤ ㉠, ㉢

해설
㉠ 적립방식은 부과방식에 비해 **세대 내 소득재분배** 효과가 크고, 부과방식은 적립방식에 비해 **세대 간 소득재분배** 효과가 크다.

✗ 오답풀이
㉡ **적립방식**은 **부과방식**에 비해 자본축적 효과가 크다. 적립방식은 막대한 누적된 적립금으로 자본축적 효과가 있다.
㉢ **적립방식**은 **부과방식**에 비해 기금확보가 더 용이하다. 적립방식을 채택하는 경우 거대기금이 형성되고 유지되는데, 이는 마치 기금을 담을 수 있는 거대한 호수를 만들어 일정한 기여금이 유입되고 일정한 급여가 유출되게 하는 형태이다.

정답 ①

128

사회보장제도가 국민경제에 미치는 효과에 관한 설명으로 옳은 것을 모두 고른 것은?
• 12회

㉠ 자동안정장치의 기능을 통해 경기 불안정을 조정한다.
㉡ 공적연금이 은퇴준비 필요성을 인식시켜 자발적 저축을 증가시키는 효과가 발생할 수 있다.
㉢ 공적연금이 미래자산으로 인식되어 자발적 저축을 감소시키는 효과가 발생할 수 있다.
㉣ 부과방식 공적연금의 경우 자본축적 효과를 발생시킨다.

① ㉠, ㉡, ㉢　　② ㉠, ㉢　　③ ㉡, ㉣
④ ㉣　　⑤ ㉠, ㉡, ㉢, ㉣

해설
㉠ 경기가 상승하면 경기가 과열되지 않도록 막고 경기가 하락하면 지나치게 하락하지 않도록 막아주는 역할이 중요하다. 정부는 재정정책을 통하여 이러한 역할을 자동적으로 하게 되는데, 이를 **자동안전장치, 또는 자동안정화 기능**이라 한다. 예 실업급여 지출은 경기가 호황일 때는 보험료 수입을 늘려 경기가 과열되는 것을 막아주고, 경기가 불황일 때는 급여지출을 늘려 국민들의 유효수효를 증대시킴으로써 경기에 상관없이 국민들의 유효수요를 일정하게 유지할 수 있는 것이다.
㉡ 공적연금이 저축할 여유가 있는 **중산층의 저축습관을 강화시켜 저축을 늘리는 효과**를 가질 수 있다.
㉢ 공적연금에 가입하고 나면, **노후대비를 위한 저축의 필요성이 감소하기 때문에 개인의 자발적 저축은 감소될 수도 있다.**

✗ 오답풀이
㉣ 부과방식(pay as you go system)은 현재의 근로세대가 현재 퇴직세대의 연금 급여 지출에 필요한 재원을 부담하는 방식이다. **자본축적 효과를 발생시키는 것은 적립방식(capitulation system)이다.**

정답 ①

03 국민연금제도

129

국민연금의 연금보험료와 연금급여액에 관한 설명으로 옳은 것을 모두 고른 것은?

· 15회

> ㉠ 저소득층에게 유리하게 설계되어 있다.
> ㉡ 기본연금액의 균등부분에서 소득재분배기능이 나타난다.
> ㉢ 2008년 이후 급여수준을 결정하는 비례상수는 매년 0.5%씩 감소한다.
> ㉣ 연금액은 지급사유에 따라 기본연금액과 부양가족연금액을 기초로 산정한다.

① ㉠, ㉡   ② ㉡, ㉣   ③ ㉢, ㉣
④ ㉠, ㉡, ㉣   ⑤ ㉠, ㉡, ㉢, ㉣

해설

국민연금의 연금액은 지급사유에 따라 기본연금액과 부양가족연금액을 기초로 산정한다(㉣). 기본연금액 산정방식 중 A는 **소득균등부분(연금수급 전 3년간의 가입자 전원의 표준소득월액의 평균액)**으로 A에 곱해주는 계수가 커지면 커질수록 소득재분배효과가 높아진다(㉡). 따라서 저소득층에게 유리하게 설계되어 있다(㉠).

오답풀이

㉢ 2007년 국민연금법 개정에 의해 2008년에는 급여수준이 평균소득액의 50%로 하고, 2009년부터 매년 0.5%씩 낮추어 2028년에는 40%로 인하하도록 한 것이다. 즉 2008~2028년 기간의 경우 급여수준을 결정하는 **비례상수(계수)**는 2008년 1.5를 시작으로 2009년부터 **매년 0.015씩 인하**하여 대입(2028년 이후부터는 1.2로 하향 조정)한다.

정답 ④

130

국민연금제도에 관한 설명으로 옳은 것을 모두 고른 것은?

· 23회

> ㉠ 국민연금공단은 관리운영과 보험료 징수를 담당한다.
> ㉡ 기본연금액의 균등부분은 연금수급 전 3년간 전체 가입자 평균소득월액의 평균액이다.
> ㉢ 기본연금액의 균등부분에서 소득재분배 효과가 나타난다.
> ㉣ 기본연금액의 소득비례부분은 전체 가입자의 기준소득월액의 평균액이다.
> ㉤ 2026년 이후 국민연금의 소득대체율은 40년 가입 기준 43%이다.

① ㉠, ㉢   ② ㉡, ㉣   ③ ㉠, ㉣, ㉤
④ ㉡, ㉢, ㉤   ⑤ ㉠, ㉡, ㉢, ㉣, ㉤

해설

㉡ 기본연금액의 균등부분(A)은 연금 수급 전 3년간 전체 가입자의 평균소득월액의 평균값을 기준으로 산정되며, 이 평균소득월액의 평균값을 A값이라고 부른다.
㉢ 기본연금액의 균등부분(A)은 전체 가입자의 평균소득을 기준으로 정해져 고소득자와 저소득자 모두 동일한 금액을 지급하므로, **상대적으로 저소득자의 급여 수준이 높아지는 소득재분배 효과를 발생**시킨다.
㉤ 2028년 이후 국민연금의 소득대체율이 40년 가입 기준 40%였다. 그 이유는 2007년 「국민연금법」 개정으로 2008년 급여 수준을 평균소득의 50%(소득대체율 50%)로 설정하고, 2009년부터 매년 0.5%포인트씩 인하하여 2028년에는 40%에 도달(**2028년 이후 40%로 고정**)하도록 정했기 때문이다. 그러나, 2028년 기준 40%로 예정되었던 소득대체율은, 2026년부터 다시 상향되어 43%로 고정된다. 참고로 보험료율의 경우도 현행 9%에서 13%로 인상한다. 국민 부담을 고려해 2026년부터 매년 0.5%p씩 단계적으로 인상하며, 2033년 13%에 도달하게 된다. 보험료율은 1988년 국민연금 제도 도입 당시 3%였으나, 1993년 6%, 1998년 9%로 조정된 이후 계속 유지되어 왔다.

오답풀이

㉠ 국민연금은 **국민연금공단이 제도의 관리 및 운영**을 맡고 있으며, **보험료의 징수는 국민건강보험공단이 담당**하고 있다.
㉣ 기본연금액의 소득비례부분(B)은 가입자 개인의 전체 가입기간 동안의 **기준소득월액 평균액**을 기준으로 산정된다.

정답 ④

131

국민연금 보험료 부과체계상 소득상한선과 소득하한선에 관한 설명으로 옳지 않은 것은? ㆍ15회

① 소득하한선은 일정수준 이하의 저소득계층을 제도의 적용으로부터 제외시키는 기능을 한다.
② 소득하한선을 높게 설정할 경우 국민연금 가입자 규모가 감소할 수 있다.
③ 소득상한선을 낮게 유지할 경우 고소득계층의 부담은 그만큼 더 커지게 된다.
④ 소득상한선은 국민연금 가입자들 상호 간 연금급여의 편차를 일정수준에서 제한하는 기능을 하게 된다.
⑤ 소득상한선은 그 이상의 소득에 대해서는 더 이상 보험료가 부과되지 않는 소득의 경계선을 의미한다.

해설

국민연금 보험료 부과체계상 **하한액(소득하한선)과 상한액(소득상한선)**이 있다. 소득하한선은 소득이 아무리 적어도 최소 납부액을 내야 하는 것을 의미하고, 소득상한선은 소득이 아무리 많아도 최고 납부액보다 많이 내지 않는 것을 말한다. 2023년 7월 1일부터 적용되고 있는 국민연금 기준소득월액 상한선은 590만원이며, 기준소득월액 하한선은 37만원이다. 소득상한선을 낮게 유지한다면 일정수준 이상의 고소득자의 부담은 낮아지게 된다.

+ 보충설명

① 소득하한선이 있는 이유는 소득이 작다고 그 소득에 따라 적은 보험료를 내다보면 추후 연금을 수령하게 될 때 '노후 소득보장'이라는 사회보장제도의 역할을 할 수 없기 때문이다. 하지만, 소득하한선으로 인해 일정수준 이하의 저소득계층을 제도의 적용으로부터 제외시키는 기능을 한다.
② 소득하한선을 높게 설정하면 일정수준 이하의 저소득계층은 제외되므로 국민연금 가입자 규모가 감소할 수 있다.
④ 소득상한제는 일정수준 이상이 고소득자의 부담을 제한함으로써 급여수준의 상한선을 동시에 통제할 수 있다는 것이다. 만약 고소득자에게 상한선을 두지 않고 소득에 비례해서 보험료를 내도록 한다면 연금지급시기에 지급해야 하는 액수가 더 많아져서 고소득자들에게 연금혜택이 집중될 수 있기 때문이다. 하지만, 이는 소득재분배의 강도를 약화시키는 즉 보험료의 역진성을 초래하는 요인이기도 하다.
⑤ 소득상한선은 소득이 아무리 많아도 상한액 이상의 소득에 대해서는 보험료가 면제되어 부과되지 않는 소득의 경계선을 의미한다.

정답 ③

132

우리나라의 국민연금제도에 관한 설명으로 옳은 것은? ㆍ16회

① 실업기간 중에는 가입기간을 추가로 산입할 수 없다.
② 출산크레딧은 3명 이상의 자녀가 있을 때부터 가능하다.
③ 농ㆍ어업인에 대해 연금보험료를 국가가 보조할 수 없다.
④ 노령연금 수급권자가 소득활동을 하면 최대 3년 동안 연금액이 감액된다.
⑤ 군복무자에게는 노령연금수급권 취득 시 복무기간을 가입기간에 추가로 산입한다.

해설

「국민연금법」 제18조(군 복무기간에 대한 가입기간 추가 산입) 제1항에서 "다음 각 호의 어느 하나에 해당하는 자가 노령연금 수급권을 취득한 때(이 조에 따라 가입기간이 추가 산입되면 노령연금 수급권을 취득할 수 있는 경우를 포함한다)에는 **복무기간(12개월을 초과하면 12개월로 한다)을 가입기간에 추가로 산입**한다. 다만, 「병역법」에 따른 병역의무를 수행한 기간이 6개월 미만인 경우에는 그러하지 아니한다. 1. 「병역법」 제5조제1항제1호에 따른 현역병, 2. 「병역법」 제2조제1항제7호에 따른 전환복무를 한 사람, 3. 「병역법」 제2조제1항제8호에 따른 상근예비역, 4. 「병역법」 제2조제1항제10호에 따른 사회복무요원"이라고 규정하고 있다.

✕ 오답풀이

① 실업기간 중에는 가입기간을 추가로 **산입할 수 있다**. 「국민연금법」 제19조의2(실업에 대한 가입기간 추가 산입) 제1항에서 "다음 각 호의 요건을 모두 갖춘 사람이 「고용보험법」 제37조제1항에 따른 구직급여를 받는 경우로서 **구직급여를 받는 기간을 가입기간으로 산입하기 위하여 국민연금공단에 신청하는 때에는 그 기간을 가입기간에 추가로 산입**한다."라고 규정하고 있다.
② 출산크레딧은 **1명 이상의 자녀가 있을 때부터 가능하다**. 「국민연금법」 제19조(출산에 대한 가입기간 추가 산입) 제1항에서 "자녀가 있는 가입자 또는 가입자였던 자가 노령연금수급권을 취득한 때(이 조에 따라 가입기간이 추가 산입되면 노령연금수급권을 취득할 수 있는 경우를 포함한다)에는 다음 각 호에 따른 기간을 가입기간에 추가로 산입한다. 1. 자녀가 2명 이하인 경우 : 자녀 1명마다 12개월을 더한 개월 수, 2. 자녀가 3명 이상인 경우 : 첫째 및 둘째 자녀에 대하여 인정되는 24개월에 2자녀를 초과하는 자녀 1명마다 18개월을 더한 개월 수"라고 규정하고 있다.
③ 농ㆍ어업인에 대해 연금보험료를 **국가가 보조할 수 있다**. 「국민연금법」 부칙 제7조(농어업인에 대한 연금보험료 보조)에서 "지역가입자인 농어업인과 지역가입자에서 임의계속가입자로 된 농어업인에게는 제88조제4항의 개정규정에도 불구하고 2031년 12월 31일까지 본인이 부담할 연금보험료 중 100분의 50의 범위 내에서 대통령령으로 정하는 바에 따라 농어촌구조개선특별회계에서 지원한다."라고 규정하고 있다.
④ 노령연금 수급권자가 소득활동을 하면 최대 **5년 동안 연금액이 감액**된다. 즉, 재직자 노령연금은 가입기간이 10년 이상이며 **60세 이상 65세 미만**(특수직종근로자는 55세 이상 60세 미만)인 자가 소득이 있는 업무에 종사하고 있는 경우 기본연금액에서 일정한 금액을 빼고 연금이 지급된다.

정답 ⑤

133

국민연금의 가입기간 추가 산입에 관한 내용으로 옳지 않은 것은?
• 17회

① 「병역법」에 따라 현역병으로 병역의무를 수행한 경우 가입기간을 추가 산입한다.
② 가입기간의 추가 산입에 따른 비용은 국가와 사용자가 2분의 1씩 부담한다.
③ 자녀가 두 명인 경우 24개월을 추가 산입한다.
④ 「고용보험법」에 따른 구직급여를 받는 경우 구직급여를 받는 기간을 가입기간에 추가 산입한다.
⑤ 사용자가 근로자의 임금에서 기여금을 공제하고 연금보험료를 내지 아니한 경우에는 그 내지 아니한 기간의 2분의 1에 해당하는 기간을 근로자의 가입기간으로 산입하되, 1개월 미만의 기간은 1개월로 한다.

해설

군 복무기간에 대한 가입기간을 추가로 산입하는데 필요한 재원은 **국가가 전부를 부담**하며, 출산에 대한 가입기간을 추가로 산입하는데 필요한 재원은 **국가가 전부 또는 일부를 부담**한다. 그리고, 실업에 대한 가입기간 추가 산입의 경우, 국가가 연금보험료의 전부 또는 일부를 일반회계, 제101조에 따른 국민연금기금 및 「고용보험법」 제78조에 따른 고용보험기금에서 **지원할 수 있다**.

보충설명

① 「국민연금법」 제18조(군 복무기간에 대한 가입기간 추가 산입) 제1항 다음 각 호의 어느 하나에 해당하는 자가 노령연금 수급권을 취득한 때(이 조에 따라 가입기간이 추가 산입되면 노령연금 수급권을 취득할 수 있는 경우를 포함한다)에는 복무기간(12개월을 초과하면 12개월로 한다)을 가입기간에 추가로 산입한다. 다만, 「병역법」에 따른 병역의무를 수행한 기간이 6개월 미만인 경우에는 그러하지 아니한다.
  1. 「병역법」 제5조제1항제1호에 따른 현역병
  2. 「병역법」 제2조제1항제7호에 따른 전환복무를 한 사람
  3. 「병역법」 제2조제1항제8호에 따른 상근예비역
  4. 「병역법」 제2조제1항제10호에 따른 사회복무요원

③ 「국민연금법」 제19조(출산에 대한 가입기간 추가 산입) 제1항 자녀가 있는 가입자 또는 가입자였던 자가 노령연금수급권을 취득한 때(이 조에 따라 가입기간이 추가 산입되면 노령연금수급권을 취득할 수 있는 경우를 포함한다)에는 다음 각 호에 따른 기간을 가입기간에 추가로 산입한다.
  1. 자녀가 2명 이하인 경우: 자녀 1명마다 12개월을 더한 개월 수
  2. 자녀가 3명 이상인 경우: 첫째 및 둘째 자녀에 대하여 인정되는 24개월에 2자녀를 초과하는 자녀 1명마다 18개월을 더한 개월 수

④ 「국민연금법」 제19조의2(실업에 대한 가입기간 추가 산입) 제2항 다음 각 호의 요건을 모두 갖춘 사람이 「고용보험법」 제37조제1항에 따른 구직급여를 받는 경우로서 구직급여를 받는 기간을 가입기간으로 산입하기 위하여 국민연금공단에 신청하는 때에는 그 기간을 가입기간에 추가로 산입한다. 다만, 추가로 산입하는 기간은 1년을 초과할 수 없다.
  1. 18세 이상 60세 미만인 사람 중 가입자 또는 가입자였을 것
  2. 대통령령으로 정하는 재산 또는 소득이 보건복지부장관이 정하여 고시하는 기준 이하일 것

⑤ 「국민연금법」 제17조(국민연금 가입기간의 계산) 제2항 가입기간을 계산할 때 연금보험료를 내지 아니한 기간은 가입기간에 산입하지 아니한다. 다만, 사용자가 근로자의 임금에서 기여금을 공제하고 연금보험료를 내지 아니한 경우에는 그 내지 아니한 기간의 2분의 1에 해당하는 기간을 근로자의 가입기간으로 산입한다. 이 경우 1개월 미만의 기간은 1개월로 한다.

정답 ②

제10장 국민건강보장제도의 이해

제6영역 : 사회복지정책론

01 국민건강보험제도

134

건강보험제도에 관한 설명 중 옳은 것은? · 9회

① 개별 의료행위마다 가격을 지불하는 제도는 질병군별로 미리 정해진 일정액의 진료비만을 부담하는 제도보다 필요 이상의 진료서비스를 제공할 가능성이 높다.
② 포괄수가제는 진찰, 검사, 수술, 주사, 투약 등 진료의 종류나 양에 따라 가격이 지불되는 방식이다.
③ 총액계약제는 행위별수가제보다 의료비 절감효과가 낮다.
④ 질병군별로 정해진 비용을 지불하는 것은 개별 행위마다 가격을 지불하는 것보다 환자의 비용부담을 높일 수 있다.
⑤ 포괄수가제는 과다한 진료와 진료비 상승을 초래할 가능성이 높다.

해설
행위별 수가제(fee for service)의 단점 중 과잉진료에 대한 우려에 대한 설명이다.

✗ 오답풀이
② 포괄수가제(fee for diagnosis related group)는 환자 특성과 진료특성에 따라 임상적 진료내용과 자원의 소모량이 유사하도록 질병을 분류한 후(예 백내장 수술, 치질 수술, 맹장염 수술 등), 진료받은 진찰, 검사, 주사, 투약 등의 종류나 양에 관계없이 일정액의 진료비만 결재하는 방식이다.
③ 총액계약제(global negotiation system)는 연간 건강보험 급여비 총액을 정한 뒤 각 병원에 연간 급여비를 일괄 지급하여 급여비 범위에서 진료를 하도록 하는 것을 의미하며, 행위별 수가제와 비교할 때 의료비 절감효과가 높다.
④ 포괄수가제는 행위별 수가제보다 환자의 비용 부담이 적다.
⑤ 포괄수가제는 과잉진료 및 의료서비스 남용을 억제하도록 제도 자체를 유인하므로 적정량의 의료서비스를 실현할 수 있다.

정답 ①

135

우리나라 의료보장제도(국민건강보험, 의료급여)에서 시행하고 있는 것 중 의료비 절감효과와 관련이 가장 적은 것은? · 21회

① 포괄수가제
② 의료급여 사례관리제도
③ 건강보험급여 심사평가제도
④ 행위별 수가제
⑤ 본인일부부담금

해설
행위별 수가제는 의사 또는 의료기관은 수입을 극대화하기 위하여 과잉투약 또는 불필요한 검사 및 처치로 많은 진료를 유도하게 된다. 그리고, 진료효과를 높이기 위해 새로운 기술 또는 신약을 개발하여 의료서비스개발에 기여를 하지만 일반적으로 **국민 의료비 증가를 유인**하게 된다.

+ 보충설명
① 포괄수가제는 과잉진료 및 의료서비스 남용을 억제하도록 제도 자체를 유인하므로 적정량의 의료서비스를 실현할 수 있어 환자의 의료비 부담을 줄인다.
② 의료급여 사례관리제도는 의료급여수급권자의 건강관리 능력 향상과 적정 의료이용을 위한 상담, 의료급여제도 안내 및 의료기관 이용 상담을 제공하는 제도이다.
③ 건강보험급여 심사평가제도는 건강보험심사평가원에서 진료비 심사 기능을 담당하는 제도를 말한다. 진료비 심사란 의료기관에서 건강보험심사평가원에 청구한 진료비의 적정성을 평가하여 과잉진료, 부당청구 등의 명목으로 청구된 진료비를 감액·조정하는 제도이다.
⑤ 본인일부부담금은 사람들이 받지 않아도 되는 의료서비스를 방지할 수 있게 하고, 이용자 부담을 줄이기 위해 질병에 걸리지 않도록 노력하게 한다.

정답 ④

136

건강보험 진료비 지불제도에 관한 설명으로 옳은 것은?

• 23회

① 행위별 수가제는 질병 범주별로 구분하여 고정금액을 보수로 지불하는 방식이다.
② 포괄수가제는 의사가 담당하는 환자 수에 비례하여 일정 금액을 지급하는 방식이다.
③ 행위별 수가제는 행정절차가 간소하여 비용절감효과가 있다.
④ 우리나라는 포괄수가제를 일부 질병군에 적용하고 있다.
⑤ 포괄수가제는 의료기관의 1년간 운영비를 포괄적으로 지불하는 제도이다.

해설

우리나라는 포괄수가제를 모든 질병에 적용하지 않고 **일부 질병군에 적용**하고 있다. 참고로 우리나라에서 포괄수가제가 적용되는 7개 질병군은 ① 백내장 수술(수정체 수술), ② 편도 및 아데노이드 절제술, ③ 충수절제술(맹장 수술), ④ 서혜 및 대퇴부 탈장 수술, ⑤ 항문 수술(치질 등), ⑥ 자궁 및 자궁부속기(난소, 난관 등) 수술(악성종양 제외), ⑦ 제왕절개 분만이다.

오답풀이

① **포괄수가제는** 질병 범주별로 구분하여 고정금액을 보수로 지불하는 방식이다.
② **인두제는** 의사가 담당하는 환자 수에 비례하여 일정 금액을 지급하는 방식이다.
③ **포괄수가제는** 행정절차가 간소하여 비용절감효과가 있다. 즉, 포괄수가제는 진료 행위별로 청구하지 않고 질병군별로 정해진 금액만 청구하면 되기 때문에 청구·심사 과정이 간단해지고 행정비용이 줄어드는 비용절감 효과가 있다.
⑤ **총액계약제는** 의료기관의 1년간 운영비(진료비 총액)를 포괄적으로 지불하는 제도이다. 즉, 의료기관에 대해 일정 기간(보통 1년) 동안 지출할 총 예산을 사전에 정해 그 범위 내에서 전체 진료비를 포괄적으로 지급하는 방식이다.

정답 ④

137

우리나라 국민건강보험제도에 관한 설명으로 옳지 않은 것은?

• 12회

① 진료비 지불방식은 행위별수가제를 기본으로 하고 있다.
② 질병으로 인해 상실된 근로소득을 보전해주는 현금급여가 있다.
③ 조합방식이 아닌 통합방식으로 운영되고 있다.
④ 직장가입자의 보험료 산정대상인 보수월액은 상·하한선이 있다.
⑤ 국내에서 업무에 종사하는 직장가입자 보험료율은 1천분의 80 범위 안에서 정한다.

해설

질병으로 인해 상실된 근로소득을 보전해주는 현금급여인 **상병수당(상병급여)은 우리나라에서는 미실시** 되고 있다. 참고로 상병수당은 2025년 도입을 목표로 2022년 7월부터 6개 지역(시·군·구)에서 3개 모형으로 시범사업이 시작되었으나, 2024년 2월 제2차 건강보험 종합계획을 발표하면서 시범 사업 기간을 연장하고 상병수당 도입 시기를 2027년으로 미뤘다.

보충설명

④ 직장가입자 월별 보험료액 중 보수월액 보험료는 [보수월액 × 보험료율]이며, 보수월액은 상·하한선이 있다. 「국민건강보험법」 제69조(보험료) 제4항에서 "직장가입자의 월별 보험료액은 다음 각 호에 따라 산정한 금액으로 한다. 1. 보수월액보험료: 제70조에 따라 산정한 보수월액에 제73조제1항 또는 제2항에 따른 보험료율을 곱하여 얻은 금액, 2. 소득월액보험료: 제71조에 따라 산정한 소득월액에 제73조제1항 또는 제2항에 따른 보험료율을 곱하여 얻은 금액"라고 규정하고 있다.

정답 ②

138

국민건강보험제도에 관한 설명으로 옳은 것은? · 13회

① 적용대상은 국내·외에 거주하는 모든 국민이다.
② 보험자는 국민건강보험공단이다.
③ 현금급여로는 요양급여, 요양비 및 장제비가 있다.
④ 피부양자는 소득수준과 무관하게 직장가입자에 의해 생계를 유지하는 자이다.
⑤ 사립학교교원의 경우 보험료는 가입자 30%, 사용자 30%, 국가 40%를 각각 부담한다.

해설
「국민건강보험법」 제13조(보험자)에서 "건강보험의 보험자는 **국민건강보험공단**으로 한다."라고 규정하고 있다.

✗ 오답풀이
① **국내에 거주하는 국민**을 대상으로 하고 있으며, 「의료급여법」에 따라 의료급여를 받는 사람과 「독립유공자예우에 관한 법률」 및 「국가유공자 등 예우 및 지원에 관한 법률」에 따라 의료보호를 받는 사람은 **제외한다**(「국민건강보험법」 제5조 제1항).
③ **현금급여로는 요양비, 임신·출산진료비, 장애인보조기기 급여비, 본인 부담 상한액**이 있으며, **현물급여로 요양급여와 건강검진**이 있다. 장제비는 2008년 이후 부터는 지급되지 않는다.
④ 피부양자는 **직장가입자에게 주로 생계를 의존하는 사람으로서 보수나 소득이 없는 사람**을 말한다(「국민건강보험법」 제5조 제2항).
⑤ 사립학교교원의 경우 보험료는 **가입자 50%, 사용자 30%, 국가 20%**를 각각 부담한다(「국민건강보험법」 제76조 제1항).

정답 ②

139

우리나라의 국민건강보험제도에 관한 설명으로 옳지 않은 것은? · 16회

① 본인부담상한액은 가입자의 소득수준 등에 따라 정한다.
② 월별 보험료의 총체납횟수가 6회 이상일 경우 급여가 제한될 수 있다.
③ 외래의 본인부담금은 의료기관 및 질병의 종류에 따라 달라진다.
④ 직종조합, 지역조합 등이 통합되어 운영되고 있다.
⑤ 진료비 지불방식 중 포괄수가제(diagnosis related groups)를 2002년 7개 질병군에 한해 시행하였다.

해설
본인이 부담할 비용의 부담률 및 부담액은 입원진료와 외래진료에 따라 다르며, 외래의 본인부담금은 **의료기관(요양기관)의 종류 및 지역(소재지), 총액에 따라 달라진다**(「국민건강보험법 시행령」 별표 2). 즉, 질병의 종류에 따라 달라지는 것은 아니다(③). 우리나라는 기본적으로 행위별 수가제 방식을 취하고 있으며, **2002년 1월부터 포괄수가제로 시범사업운영**을 거쳐 2012년 7월1일부터 전국 병·의원에서 제왕절개분만 등 7개 질병군에 대해 포괄수가제가 도입되어 시행되었다(⑤).

➕ 보충설명
① 「국민건강보험법」 제44조(비용의 일부부담) 제3항에서 "제2항에 따른 본인부담상한액은 가입자의 소득수준 등에 따라 정한다."고 규정하고 있다.
② 「국민건강보험법」 제53조(급여의 제한) 제3항에서 "공단은 가입자가 대통령령으로 정하는 기간 이상 보험료를 체납한 경우 그 체납한 보험료를 완납할 때까지 그 가입자 및 피부양자에 대하여 보험급여를 실시하지 아니할 수 있다. 다만, 보험료의 체납기간에 관계없이 **월별 보험료의 총체납횟수**(이미 납부된 체납보험료는 총체납횟수에서 제외다)가 **대통령령으로 정하는 횟수** 미만인 경우에는 그러하지 아니하다."고 규정하고 있다. 그리고 「국민건강보험법 시행령」 제26조(**보험료의 체납기간 등**) 제1항에서 "법 제53조제3항 각 호 외의 부분 본문에서 "대통령령으로 정하는 기간"이란 1개월을 말한다." 제2항에서 법 제53조제3항 각 호 외의 부분 단서에서 "대통령령으로 정하는 횟수"란 6회를 말한다."고 규정하고 있다.
④ 1977년 건강보험을 처음 시작할 때 조합방식을 채택하여 직장조합 145개와 지역조합 227개의 많은 의료보험조합으로 분리되었다가 1999년 「국민건강보험법」 제정으로 행정이 통합(통합실시는 2000년)되어 조합방식에서 통합방식으로 전환되었다.

정답 ③, ⑤ (가답안: ③, 최종정답: ③, ⑤)

140

국민건강보험제도에 관한 설명으로 옳지 않은 것은? · 18회

① 사립학교교원의 보험료는 가입자 본인, 사용자, 국가가 분담한다.
② 직장가입자의 보수월액은 직장가입자가 지급받는 보수를 기준으로 하여 산정한다.
③ 직장가입자의 보험료율은 건강보험정책심의위원회에서 심의·의결한다.
④ 부가급여로 임신·출산 진료비, 장제비, 상병수당을 지급하고 있다.
⑤ 국민건강보험공단의 회계연도는 정부의 회계연도에 따른다.

해설

「국민건강보험법」 제50조(부가급여)에서 "공단은 이 법에서 정한 요양급여 외에 대통령령으로 정하는 바에 따라 **임신·출산 진료비, 장제비, 상병수당**, 그 밖의 급여를 실시할 수 있다."라고 규정하고 있다. 임신·출산 진료비는 지급되고 있지만, **장제비는 2008년 1월 1일 이후부터 지급하지 않고 있으며, 상병수당은 미실시되고 있다.** 참고로 상병수당은 2025년 도입을 목표로 2022년 7월부터 6개 지역(시·군·구)에서 3개 모형으로 시범사업이 시작되었으나, 2024년 2월 제2차 건강보험 종합계획을 발표하면서 시범 사업 기간을 연장하고 상병수당 도입 시기를 2027년으로 미뤘다.

+ 보충설명

① 동법 제76조(보험료의 부담) 제1항에서 "직장가입자의 보수월액보험료는 직장가입자와 다음 각 호의 구분에 따른 자가 각각 보험료액의 100분의 50씩 부담한다. 다만, 직장가입자가 교직원으로서 **사립학교에 근무하는 교원**이면 보험료액은 그 **직장가입자가 100분의 50**을, 제3조제2호다목에 해당하는 **사용자가 100분의 30**을, **국가가 100분의 20을 각각** 부담한다."라고 규정하고 있다.
② 동법 제70조(보수월액) 제1항에 규정된 내용이다.
③ 동법 제4조(**건강보험정책심의위원회**) 제1항에서 "건강보험정책에 관한 다음 각 호의 사항을 **심의·의결하기 위하여** 보건복지부장관 **소속으로 건강보험정책심의위원회를 둔다.** 1. 제3조의2제1항 및 제3항에 따른 종합계획 및 시행계획에 관한 사항(심의에 한정한다), 2. 제41조제3항에 따른 요양급여의 기준, 3. 제45조제3항 및 제46조에 따른 요양급여비용에 관한 사항, 4. 제73조제1항에 따른 **직장가입자의 보험료율**, 5. 제73조제3항에 따른 지역가입자의 보험료부과점수당 금액, 6. 그 밖에 건강보험에 관한 주요 사항으로서 대통령령으로 정하는 사항"라고 규정하고 있다.
⑤ 동법 제35조(회계) 제1항에 규정된 내용이다.

정답 ④

141

국민건강보험제도에 관한 설명으로 옳은 것은? · 19회

① 본인의 의사에 따라 임의가입할 수 있다.
② 조합방식 의료보험제도가 통합방식으로 전환되어 국민건강보험제도로 변경되었다.
③ 건강보험료는 수직적 소득재분배 기능을 하지 않는다.
④ 국민건강보험의 보험자는 보건복지부이다.
⑤ 직장가입자의 보험료는 평균보수월액에 보험료율을 곱하여 얻은 금액이다.

해설

1977년 의료보험제도로 처음 시작할 때 조합방식을 채택하여 많은 의료보험조합으로 분리운영되었다가, 1999년 「국민건강보험법」이 제정(1999.2.8.제정)되고 2000년 시행(2000.7.1.시행)되면서 관리운영조직이 조합주의에서 통합주의 방식으로 변경되었다.

✗ 오답풀이

① 본인의 의사에 따라 가입하는 임의보험이 아닌 **법률에 의해 강제가입하는 보험**이다.
③ 소득수준에 따라 보험료가 차등부과되지만 필요에 따라 보험료가 균등하게 부과되는 수직적 소득재분배 기능이 강한 사회보험이다.
④ 국민건강보험의 보험자는 **국민건강보험공단**이다. 「국민건강보험법」 제13조(보험자)에서 "건강보험의 보험자는 국민건강보험공단(이하 공단이라 한다)으로 한다."라고 규정하고 있다.
⑤ 직장가입자의 **보수월액 보험료는 보수월액**에 보험료율을 곱하여 얻은 금액이다. 「국민건강보험법」 제69조(보험료) 제4항에서 "**직장가입자의 월별 보험료액**은 다음 각 호에 따라 산정한 금액으로 한다. 1. **보수월액보험료**: 제70조에 따라 산정한 보수월액에 제73조제1항 또는 제2항에 따른 보험료율을 곱하여 얻은 금액, 2. **소득월액보험료**: 제71조에 따라 산정한 소득월액에 제73조제1항 또는 제2항에 따른 보험료율을 곱하여 얻은 금액"라고 규정하고 있다.

정답 ②

142

우리나라 사회보험제도에 관한 설명으로 옳은 것은? · 22회

① 기여방식 공적연금은 국민연금, 특수직역연금, 기초연금으로 구분하여 운영된다.
② 고용보험의 고용안정 및 직업능력개발사업 보험료는 노사가 1/2씩 부담한다.
③ 노인장기요양보험의 시설급여 제공기관에는 노인요양공동생활가정과 노인전문요양병원이 포함된다.
④ 국민건강보험의 직장가입자 보험료는 노사가 1/2씩 부담하지만 사립학교 교직원은 국가가 20% 부담한다.
⑤ 산업재해보상보험의 급여에는 상병수당과 상병보상연금이 있다.

해설

④번 문항은 가답안에서 옳은 문장이었지만, 최종정답에서 틀린 문장이 되었다. 따라서, 옳은 문장이 없음으로 인해 전항정답 처리가 된 것이다. 국민건강보험의 직장가입자 보험료는 노사가 1/2씩 부담하는 것은 맞지만, **사립학교 교직원은 국가가 20% 부담한다는 것은 올바르지 않다.** 그 이유는 직장가입자가 교직원으로서 사립학교에 근무하는 교원이면 보험료액은 그 직장가입자가 100분의 50을, 사용자가 100분의 30을, 국가가 100분의 20을 각각 부담하지만, 직장가입자가 사립학교에 근무하는 교원을 제외한 교직원인 경우에는 50%를 본인이 부담하고 사용자가 50%를 부담하기 때문이다. 참고로 동법 제3조(정의) 제5호에서 "교직원이란 사립학교나 사립학교의 경영기관에서 근무하는 교원과 직원을 말한다."라고 규정하고 있다.

✗ 오답풀이

① 국민연금과 특수직역연금은 기여방식 공적연금이지만, **기초연금은 무기여방식 공적연금이다.** 참고로 공적연금이란 소득감소 또는 상실을 초래하는 여러 가지 사회적 위험들 중 노령, 장애, 사망으로 발생하는 경제적 비보장에 대응하는 대책이다.
② 고용보험의 고용안정 및 직업능력개발사업 보험료는 **사업주가 전액 부담**한다.
③ 노인장기요양보험의 시설급여 제공기관에는 노인요양공동생활가정과 **노인요양시설이** 포함된다. 노인전문요양병원은 포함되지 않는다.
⑤ 상병보상연금은 산업재해보상보험의 급여에 해당되지만, **상병수당은 국민건강보험의 급여에** 해당된다. 국민건강보험의 상병수당은 2027년 도입을 목표로 시범사업 시행 중이다.

정답 전항정답(가답안 ④)

02 노인장기요양보험제도

143

노인장기요양보험제도에 대한 설명으로 옳지 않은 것은? · 9회

① 급여종류에는 재가급여, 시설급여, 특별현금급여 등이 있다.
② 수혜대상은 65세 이상 노인 또는 65세 미만의 자로 1, 2, 3, 4, 5등급, 장기요양인지지원등급을 받은 자에 한정한다.
③ 장기요양급여를 받는 자는 대통령령으로 정하는 바에 따라 비용의 일부를 본인이 부담한다.
④ 중복수급 금지를 원칙으로 하나 가족요양비 수급자가 주·야간보호를 받을 시 일부 감액하여 인정한다.
⑤ 장기요양보험료는 건강보험료에 장기요양보험료율을 곱하여 산정한다.

해설

「노인장기요양보험법 시행규칙」 제17조(장기 요양급여 중복수급 금지) "수급자는 재가급여, 시설급여 및 특별현금급여를 중복하여 받을 수 없다. 다만, 가족요양비 수급자 중 기타 재가급여를 받는 경우에는 그러하지 아니하다."라고 규정하고 있다. 주·야간보호는 재가급여 중 하나로 기타 재가급여가 아니므로, 중복수급이 되지 못한다.

➕ 보충설명

① 「노인장기요양보험법」 제23조(장기 요양급여의 종류) 재가급여(방문요양, 방문목욕, 방문간호, 주·야간보호, 단기보호, 기타 재가급여), 시설급여, 특별현금급여(가족요양비, 특례요양비, 요양병원간병비)가 있다.
② 「노인장기요양보험법 시행령」 제7조(등급판정기준 등) 장기 요양 1등급(장기 요양인정점수가 95점 이상인 자), 장기 요양 2등급(장기 요양인정점수가 75점 이상 95점 미만인 자), 장기 요양 3등급(장기 요양인정 점수가 60점 이상 75점 미만인 자), 장기 요양 4등급(장기 요양인정 점수가 51점 이상 60점 미만인 자), 장기 요양 5등급(치매환자로서 장기 요양인정점수가 45점 이상 51점 미만인 자), 장기요양인지지원등급(치매환자로서 장기요양인정 점수가 45점 미만인 자)으로 정하고 있다.
③ 「노인장기요양보험법」 제40조(본인일부부담금) 제1항 "제23조에 따른 장기요양급여(특별현금급여는 제외한다. 이하 이 조에서 같다)를 받는 자는 대통령령으로 정하는 바에 따라 비용의 일부를 본인이 부담한다. 이 경우 장기요양급여를 받는 수급자의 장기요양등급, 이용하는 장기요양급여의 종류 및 수준 등에 따라 본인부담의 수준을 달리 정할 수 있다."
⑤ 「노인장기요양보험법」 제9조(장기요양보험료의 산정) "장기요양보험료는 「국민건강보험법」 제69조 제4항 및 제5항에 따라 산정한 보험료액에서 같은 법 제74조 또는 제75조에 따라 경감 또는 면제되는 비용을 공제한 금액에 장기요양보험료율을 곱하여 산정한 금액으로 한다."

정답 ④

144

✓확인 ☐☐☐

노인장기요양보험제도에 관한 설명으로 옳지 않은 것은?

• 11회

① 단기보호는 시설급여에 속한다.
② 장기 요양인정의 유효기간은 최소 1년 이상으로 한다.
③ 노인 요양공동생활 가정도 시설급여를 제공할 수 있다.
④ 장기요양기관을 설치·운영하고자 하는 자는 시장·군수·구청장의 지정을 받아야 한다.
⑤ 65세 이상의 노인 또는 65세 미만으로 특정 노인성 질병을 가진 자로 6개월 이상 장기요양을 요하는 자가 대상이 된다.

해설

단기보호는 수급자를 보건복지부령으로 정하는 범위 안에서 일정 기간 동안 장기요양기관에 보호하여 신체활동 지원 및 심신기능의 유지·향상을 위한 교육·훈련 등을 제공하는 장기 요양급여로서, **시설급여가 아닌 재가급여에 속한다**(「노인장기요양보험법」 제23조 제1호).

➕보충설명

② 동법 제19조(**장기요양인정의 유효기간**) 제1항에서 "제15조에 따른 장기요양인정의 유효기간은 **최소 1년이상**으로서 대통령령으로 정한다."라고 규정하고 있으며, 참고로 동법 시행령 제8조(장기요양인정 유효기간) 제1항에서 "법 제19조제1항에 따른 장기요양인정 유효기간은 2년으로 한다."라고 규정하고 있다.
③ 동법 시행령 제14조(**장기요양기관의 지정 대상**)에서 "법 제31조제2항에서 '대통령령으로 정하는 시설'이란 「노인복지법」 제34조에 따른 **노인의료복지시설** 및 같은 법 제38조에 따른 **재가노인복지시설**을 말한다."라고 규정하고 있다.
④ 동법 제31조(**장기요양기관의 지정**) 제1항에서 "제23조제1항제1호에 따른 재가급여 또는 같은 항 제2호에 따른 시설급여를 제공하는 장기요양기관을 운영하려는 자는 소재지를 관할 구역으로 하는 특별자치시장·특별자치도지사·**시장·군수·구청장으로부터 지정을 받아야 한다**."라고 규정하고 있다.
⑤ 동법 제2조(정의) 제1호에서 "'노인등'이란 **65세 이상의 노인 또는 65세 미만의 자**로서 치매·뇌혈관성질환 등 대통령령으로 정하는 **노인성 질병을 가진 자**를 말한다. 제2호에서 "'장기요양급여'란 제15조제2항에 따라 **6개월 이상** 동안 혼자서 일상생활을 수행하기 어렵다고 인정되는 자에게 신체활동·가사활동의 지원 또는 간병 등의 서비스나 이에 갈음하여 지급하는 현금 등을 말한다."라고 규정하고 있다.

🔍정답 ①

145

✓확인 ☐☐☐

우리나라의 노인장기요양보험제도에 관한 설명으로 옳은 것은?

• 16회

① 단기보호는 시설급여에 해당한다.
② 가족에게 요양을 받을 때 지원되는 현금급여가 있다.
③ 보험료는 건강보험료와 분리하여 징수한다.
④ 장기요양인정의 유효기간은 3개월 이상으로 한다.
⑤ 보험료율은 보건복지부령으로 정한다.

해설

노인장기요양보험제도의 장기요양급여종류 중 현금급여에는 **가족요양비, 특례요양비, 요양병원간병비**가 있다. 「노인장기요양보험법」 제24조(가족요양비) 제1항에서 "공단은 다음 각 호의 어느 하나에 해당하는 수급자가 가족 등으로부터 제23조제1항제1호가목에 따른 **방문요양에 상당한 장기요양급여를 받을 때 대통령령으로 정하는 기준에 따라 당해 수급자에게 가족요양비를 지급할 수 있다.** 1. 도서·벽지 등 장기요양기관이 현저히 부족한 지역으로서 보건복지부장관이 정하여 고시하는 지역에 거주하는 자, 2. 천재지변이나 그 밖에 이와 유사한 사유로 인하여 장기요양기관이 제공하는 장기요양급여를 이용하기가 어렵다고 보건복지부장관이 인정하는 자, 3. 신체·정신 또는 성격 등 대통령령으로 정하는 사유로 인하여 가족 등으로부터 장기요양을 받아야 하는 자"라고 규정하고 있다.

❌오답풀이

① 단기보호는 재가급여에 해당한다. 장기요양급여 중 재가급여에는 **방문요양, 방문목욕, 방문간호, 주·야간보호, 단기보호, 기타재가급여**가 있다.
③ 「노인장기요양보험법」 제8조(장기요양보험료의 징수) 제1항에서 "장기요양보험료는 「국민건강보험법」 제69조에 따른 보험료(건강보험료)**와 통합하여 징수한다**. 이 경우 공단은 장기요양보험료와 건강보험료를 **구분하여 고지**하여야 한다."라고 규정하고 있다.
④ 「노인장기요양보험법」 제19조(**장기요양인정의 유효기간**) 제1항에서 "제15조에 따른 장기요양인정의 유효기간은 **최소 1년이상**으로서 대통령령으로 정한다."라고 규정하고 있다.
⑤ 「노인장기요양보험법」 제9조(장기요양보험료의 산정) 제2항에서 "제1항에 따른 **장기요양보험료율**은 제45조에 따른 장기요양위원회의 심의를 거쳐 **대통령령으로 정한다**."라고 규정하고 있다.

🔍정답 ②

146

노인장기요양보험제도에 관한 설명으로 옳은 것은? · 18회

① 장기요양보험사업의 보험자는 보건복지부장관이다.
② 등급판정에 따른 장기요양인정의 유효기간은 최소 6개월 이상으로서 대통령령으로 정한다.
③ 통합 징수한 장기요양보험료와 건강보험료를 각각의 독립회계로 관리하여야 한다.
④ 장기요양급여를 받는 자는 비용의 일부를 본인이 부담하지 않는다.
⑤ 수급자는 시설급여와 특별현금급여를 중복하여 받을 수 있다.

해설
「노인장기요양보험법」 제8조(장기요양보험료의 징수) 제3항에 규정된 내용이다.

오답풀이
① 장기요양보험사업의 보험자는 **국민건강보험공단이다**[동법 제7조(장기요양보험) 제2항].
② 등급판정에 따른 장기요양인정의 유효기간은 **최소 1년 이상**으로서 대통령령으로 정한다[동법 제19조(장기요양인정의 유효기간) 제1항].
④ 제23조에 따른 장기요양급여(특별현금급여는 제외한다. 이하 이 조에서 같다)를 받는 자는 대통령령으로 정하는 바에 따라 **비용의 일부를 본인이** 부담한다. 이 경우 장기요양급여를 받는 수급자의 장기요양등급, 이용하는 장기요양급여의 종류 및 수준 등에 따라 본인부담의 수준을 달리 정할 수 있다[동법 제40조(본인부담금) 제1항].
⑤ 수급자는 시설급여와 특별현금급여를 중복하여 받을 수 **없다**. 동법 시행규칙 제17조(장기요양급여 중복수급 금지) 제1항에서 "**수급자는 재가급여, 시설급여 및 특별현금급여를 중복하여 받을 수 없다**. 다만, 가족요양비 수급자 중 기타재가급여를 받는 경우에는 그러하지 아니하다."라고 규정하고 있다.

정답 ③

147

노인장기요양보험제도에 관한 설명으로 옳지 않은 것은? · 23회

① 가족요양비는 신체·정신 등의 사유로 인하여 가족에게 요양을 받아야 하는 자에게 지급할 수 있다.
② 재가급여로 분류되는 단기보호의 급여기간은 월 9일 이내를 원칙으로 하되 특별한 사유가 있는 경우 연장 가능하다.
③ 장기요양등급판정을 받은 65세 이상 노인은 소득수준과 상관없이 장기요양보험 급여를 받을 수 있다.
④ 일반 노인장기요양보험 가입자는 재가급여를 이용할 경우 15%의 본인부담금을 부담하여야 한다.
⑤ 노인요양공동생활가정은 5인 이상 15인 이하로 운영된다.

해설
노인요양공동생활가정은 **입소정원 5명 이상 9명 이하**로 운영된다. 참고로 노인요양시설은 입소정원 10명 이상으로 운영되며, 노인요양시설안에 치매전담실을 두는 경우에는 치매전담실 1실당 정원을 16명 이하로 한다.

보충설명
① 「노인장기요양보험법」 제24조(가족요양비) 제1항에서 "공단은 다음 각 호의 어느 하나에 해당하는 수급자가 가족 등으로부터 제23조제1항제1호가목에 따른 방문요양에 상당한 장기요양급여를 받은 때 대통령령으로 정하는 기준에 따라 해당 수급자에게 가족요양비를 지급할 수 있다. 1. 도서·벽지 등 장기요양기관이 현저히 부족한 지역으로서 보건복지부장관이 정하여 고시하는 지역에 거주하는 자, 2. 천재지변이나 그 밖에 이와 유사한 사유로 인하여 장기요양기관이 제공하는 장기요양급여를 이용하기가 어렵다고 보건복지부장관이 인정하는 자, 3. **신체·정신 또는 성격 등 대통령령으로 정하는 사유로 인하여 가족 등으로부터 장기요양을 받아야 하는 자**"라고 규정하고 있다.
② 동법 시행규칙 제11조(단기보호 급여기간) 제1항에서 "법 제23조제1항제1호마목에 따른 단기보호 급여를 받을 수 있는 기간은 **월 9일 이내**로 한다. 다만, 가족의 여행, 병원치료 등의 사유로 수급자를 돌볼 가족이 없는 경우 등 보건복지부장관이 정하여 고시하는 사유에 해당하는 경우에는 1회 9일 이내의 범위에서 연간 4회까지 연장할 수 있다."라고 규정하고 있다.
③ 장기요양 1~5등급 또는 인지지원등급을 판정받은 65세 이상 노인은 소득 수준과 무관하게 장기요양보험 급여를 이용할 수 있다.
④ 일반 노인장기요양보험 가입자는 **재가급여를 이용할 경우 급여비용의 15%**, 시설급여를 이용할 경우 급여비용의 20%를 본인부담금으로 부담하여야 한다.

정답 ⑤

제11장 산업재해보상보험제도의 이해

김진원 Oikos 사회복지사 1급

제6영역 : 사회복지정책론

148 ✓확인 ☐☐☐

산업재해보상보험제도의 도입에 관한 이론을 모두 고른 것은?

· 16회

㉠ 배상책임이론
㉡ 사회적 타협이론
㉢ 산업위험이론
㉣ 사회비용최소화이론

① ㉠, ㉢
② ㉡, ㉣
③ ㉠, ㉡, ㉣
④ ㉠, ㉢, ㉣
⑤ ㉡, ㉢, ㉣

해설

산재보험제도의 도입을 합리화하는 이론들은 일반적으로 사회적 타협이론(사회적 협약이론), 산업위험이론(직업위험이론), 사회적 비용 최소화이론(최소 사회비용 이론)으로 구분하여 설명될 수 있다.

+ 보충설명

㉡ 사회적 타협이론(social compromise theory, 사회 협약 이론)에 의하면, 산재는 자본주의적 생산양식에서 필연적으로 발생하는 사고이고, 산재보험제도의 도입은 사업주와 근로자 모두에게 이익이 되기 때문에 양측은 산재보험제도의 도입에 대한 사회적 협약을 체결하는 것이다.

㉢ 산업위험이론(occupational risk theory, 직업 위험 이론)에 의하면, 산업재해는 자본주의 생산체제 하에서 필연적으로 발생하며, 이에 대한 배상은 사업주의 과실여부와 관계없이 당연히 이루어져야 한다. 따라서, 산재보험료는 생산비용의 일부라고 본다.

㉣ 사회비용최소화이론(least social cost theory, 최소 사회비용 이론)에 의하면, 산재보험제도는 산재위험을 보험 방식에 의해서 무과실책임으로 전환하기가 용이하다. 반면에 과실책임주의는 민사소송에 의해서 재해의 원인과 과실 책임을 판결해야 하기 때문에 비용 및 시간이 많이 소요된다. 그래서 산재보험제도를 도입하는 것이 민사소송에 의해 과실책임을 판결하는 것보다 경제적 손실을 최소화함으로써 효율적이라고 본다.

✕ 오답풀이

㉠ 배상책임이론이 아니라 무과실배상책임이론이다. **무과실배상책임이론**은 자본주의 경제, 더 나아가 대기업의 발전에 따라 직장의 위험을 내재하면서 조업하여 막대한 이익을 올리는 기업에 대하여 고의·과실을 묻지 않고 근로자가 입은 재해에 대하여 배상책임을 지우는 것이 공평과 정의에 부합한다는 것이다.

정답 ⑤

149 ✓확인 ☐☐☐

우리나라 산업재해보상보험에 관한 설명으로 옳지 않은 것은?

· 9회

① 무과실책임주의 원칙에 입각한 제도이다.
② 평균임금을 기초로 하는 정률보상방식으로 보험급여를 제공한다.
③ 급여 청구에 대한 공단의 결정에 불복하는 경우 산업재해보상심사위원회에 심사청구를 할 수 있다.
④ 제3자의 행위에 따른 재해로 보험급여를 지급한 경우에는 그 급여액의 한도 안에서 급여를 받은 자의 제3자에 대한 손해배상청구권을 대위(代位)한다.
⑤ 국민연금의 장애연금 또는 유족연금을 받는 수급권자가 산재보험의 장해급여, 유족급여를 받게 되는 경우 일정기간 지급이 정지된다.

해설

⑤ 국민연금의 중복급여의 조정(「국민연금법」 제113조)에 관한 내용으로 국민연금의 장애연금 또는 유족연금을 받는 수급권자가 산재보험의 장해급여, 유족급여를 받게 되는 경우 **장애연금액이나 유족연금액은 그 2분의 1에 해당하는 금액을 지급**한다.

✕ 오답풀이

③ 「산업재해보상보험법」 제103조(심사 청구의 제기) 제1항에서 "다음 각 호의 어느 하나에 해당하는 공단의 결정 등(이하 "보험급여 결정등"이라 한다)에 불복하는 자는 공단에 **심사 청구**를 할 수 있다."라고 규정하고 있다. 그리고, 제104조(산업재해보상보험심사위원회) 제1항에서 "제103조에 따른 심사 청구를 심의하기 위하여 **공단에 관계 전문가 등으로 구성되는 산업재해보상보험심사위원회를 둔다**."라고 규정하고 있다.

정답 ⑤

150

산업재해보상보험에 관한 설명으로 옳지 않은 것을 모두 고른 것은? · 10회

> ㉠ 산업재해를 입은 근로자는 사용자가 보험관계 성립을 신고한 후에 재해보상을 받을 수 있다.
> ㉡ 보험료는 통상임금에 근거하여 산정한다.
> ㉢ 요양 중인 산업재해 근로자가 근로할 경우, 휴업급여를 지급하지 아니한다.
> ㉣ 산재보험의 피보험자는 근로자이다.

① ㉠, ㉡, ㉢ ② ㉠, ㉢ ③ ㉡, ㉣
④ ㉣ ⑤ ㉠, ㉡, ㉢, ㉣

해설
㉠ 당연적용사업의 사업주는 자신의 가입의사와는 관계없이 당연히 보험가입자가 되며 보험료의 신고·납부의무가 주어진다. 산재보험의 당연가입자가 되는 사업의 경우에는 그 사업이 시작된 날(「산업재해보상보험법」 제6조 단서에 따른 사업이 제5조 제3항에 따라 사업주가 산재보험의 당연가입자가 되는 사업에 해당하게 된 경우에는 그 해당하게 된 날) 보험관계가 성립된다. 그러나 임의적용사업장의 사업주는 공단의 승인을 받아 산재보험에 가입할 수 있으며, 보험관계의 성립일은 보험에 가입한 사업의 경우에는 공단이 그 사업의 사업주로부터 보험가입승인신청서를 접수한 날의 다음 날이 되기 때문에, 재해발생 당일 가입신청을 하더라도 다음 날부터 적용되므로 보호를 받을 수 없다(고용보험 및 산업재해보상보험의 보험료징수 등에 관한 법률 제5조, 제7조).
㉡ 보험료는 근로자의 평균임금에 근거하여 산정한다.
㉢ 부분휴업급여(「산업재해보상보험법」 제53조), 즉 요양 또는 재요양을 받고 있는 근로자가 그 요양기간 중 일정 기간 또는 단시간 취업을 하는 경우에는 그 취업한 날 또는 취업한 시간에 해당하는 그 근로자의 평균임금에서 그 취업한 날 또는 취업한 시간에 대한 임금을 뺀 금액의 100분의 90에 상당하는 금액을 지급할 수 있다.
㉣ 산재보험은 노동자가 아니라 고용주가 보험가입자이며(고용주 보험), 피보험자를 별도로 규정하고 있지 않다. 수급자인 근로자(피재자)를 피보험자라고 하지 않는 이유는 산재보험에서는 사용자가 재해보상의 책임을 이행한다는 책임보험적 성격에서 비롯된 것이다. 참고로 고용보험에서 근로자를 피보험자라고 한다.

정답 ⑤

151

산업재해보상보험제도에 관한 설명으로 옳은 것은? · 13회

① 보험료 부담은 사용자와 근로자가 각각 절반씩 부담한다.
② 5인 이하 근로자를 사용하는 모든 사업장을 대상으로 한다.
③ 급여의 종류로는 요양급여, 구직급여 및 간병급여 등이 있다.
④ 근로자의 고의·과실에 의해 발생한 부상·질병·장애도 업무상의 재해에 포함된다.
⑤ 60세 이상인 부모 또는 조부모는 유족보상연금의 수급자격자가 될 수 있다.

해설
「산업재해보상보험법」 제63조(유족보상연금 수급자격자의 범위)에서 '유족보상연금을 받을 수 있는 자격이 있는 자는 **근로자가 사망할 당시 그 근로자와 생계를 같이 하고 있던 유족 중 배우자와 다음 각 호의 어느 하나에 해당하는 자**로 한다. 1. 부모 또는 조부모로서 각각 **60세 이상인 사람**, 2. 자녀로서 25세 미만인 사람, 2의2. 손자녀로서 19세 미만인 사람, 3. 형제자매로서 19세 미만이거나 60세 이상인 사람, 4. 제1호부터 제3호까지의 규정 중 어느 하나에 해당하지 아니하는 자녀·부모·손자녀·조부모 또는 형제자매로서 「장애인복지법」 제2조에 따른 장애인 중 고용노동부령으로 정한 장애 정도에 해당하는 사람'이라고 규정하고 있다.

오답풀이
① 산재보험은 다른 사회보험과는 달리 **보험료를 전액 사업주에게 부담하도록 하고 있다.**
② 산재보험은 2000년 7월 1일부터 1인 이상 사업으로 적용대상이 **확대되어 거의 모든 사업에 산재보험이 적용되었다.**
③ 급여의 종류에 요양급여와 간병급여는 맞지만, **구직급여는 고용보험의 급여에 해당한다.** 참고로 산재보험의 급여에는 1. 요양급여, 2. 휴업급여, 3. 장해급여, 4. 간병급여, 5. 유족급여, 6. 상병(傷病)보상연금, 7. 장례비(개정 前: 장의비), 8. 직업재활급여가 있다.
④ 근로자의 고의·**자해행위나 범죄행위 또는 그것이 원인이 되어 발생한 부상·질병·장해 또는 사망은 업무상의 재해로 보지 아니한다**(「산업재해보상보험법」 제37조).

정답 ⑤

152

산업재해보상보험제도에 관한 설명으로 옳지 않은 것은? · 18회

① 근로복지공단은 보험급여를 결정하고 지급한다.
② 업무상의 재해란 업무상의 사유에 따른 근로자의 부상·질병·장해 또는 사망을 말한다.
③ 직장 내 괴롭힘, 고객의 폭언 등으로 인한 업무상 정신적 스트레스가 원인이 되어 발생한 질병은 업무상 재해로 인정되지 않는다.
④ 업무상 질병의 인정 여부를 심의하기 위하여 근로복지공단 소속 기관에 업무상질병판정위원회를 둔다.
⑤ 국민건강보험공단이 보험료를 징수한다.

해설

직장 내 괴롭힘, 고객의 폭언 등으로 인한 업무상 정신적 스트레스가 원인이 되어 발생한 질병은 **업무상 재해로 인정**된다. 「산업재해보상보험법」 제37조(업무상의 재해의 인정 기준) 제1항 제2호 업무상 질병에서 "가. 업무수행 과정에서 물리적 인자(因子), 화학물질, 분진, 병원체, 신체에 부담을 주는 업무 등 근로자의 건강에 장해를 일으킬 수 있는 요인을 취급하거나 그에 노출되어 발생한 질병, 나. 업무상 부상이 원인이 되어 발생한 질병, 다. **「근로기준법」 제76조의2에 따른 직장 내 괴롭힘, 고객의 폭언 등으로 인한 업무상 정신적 스트레스가 원인이 되어 발생한 질병**, 라. 그 밖에 업무와 관련하여 발생한 질병"라고 규정하고 있다.

보충설명

① 산재보험 업무를 직접적으로 관장하는 집행기관은 **근로복지공단**이다. 동법 제11조(**공단의 사업**) 제1항 "공단은 다음 각 호의 사업을 수행한다. 1. 보험가입자와 수급권자에 관한 기록의 관리·유지, 2. 보험료징수법에 따른 보험료와 그 밖의 징수금의 징수, 3. **보험급여의 결정과 지급**, 4. 보험급여 결정 등에 관한 심사 청구의 심리·결정, 5. 산업재해보상보험 시설의 설치·운영, 5의2. 업무상 재해를 입은 근로자 등의 진료·요양 및 재활, 5의3. 재활보조기구의 연구개발·검정 및 보급, 5의4. 보험급여 결정 및 지급을 위한 업무상 질병 관련 연구, 5의5. 근로자 등의 건강을 유지·증진하기 위하여 필요한 건강진단 등 예방 사업, 6. 근로자의 복지 증진을 위한 사업, 7. 그 밖에 정부로부터 위탁받은 사업, 8. 제5호·제5호의2부터 제5호의5까지·제6호 및 제7호에 따른 사업에 딸린 사업"라고 규정하고 있다.
② 동법 제5조(정의) 제1호에 규정된 내용이다.
④ 동법 제38조(업무상질병판정위원회) 제1항에 규정된 내용이다.
⑤ 「고용보험 및 산업재해보상보험의 보험료징수 등에 관한 법률」 제4조(보험사업의 수행주체)에 "「고용보험법」 및 「산업재해보상보험법」에 따른 보험사업에 관하여 이 법에서 정한 사항은 고용노동부장관으로부터 위탁을 받아 「산업재해보상보험법」 제10조에 따른 근로복지공단이 수행한다. 다만, 다음 각 호에 해당하는 **징수업무는 「국민건강보험법」 제13조에 따른 국민건강보험공단이 고용노동부장관으로부터 위탁을 받아 수행한다**. 1. 보험료등(제17조 및 제19조에 따른 개산보험료 및 확정보험료, 제26조에 따른 징수금은 제외한다)의 고지 및 수납, 2. 보험료등의 체납관리"라고 규정하고 있다.

정답 ③

153

우리나라 산업재해보상보험제도의 특징이 아닌 것은? · 15회

① 보험료는 업종별로 상이한 보험료율을 적용하고 있다.
② 보험료는 개별 사업장의 산재사고실적에 따라 보험료를 증감한다.
③ 당연적용사업장 중 미가입 사업자에서 발생한 산재사고에 대해서는 보상받을 수 없다.
④ 보험료는 개산보험료와 확정보험료로 구성되어 있다.
⑤ 산업재해보상보험에서는 근로자의 과실 여부에 상관없이 산재사고에 대한 보상이 이루어진다.

해설

당연적용사업은 사업이 개시되거나 사업개시에 필요한 일정한 요건에 도달하게 되면 사업주의 의사와 관계없이 법률적으로 당연히 보험관계가 성립하는 사업을 의미한다. 즉, **사용자가 보험관계 성립신고를 하였는지 여부와 관계없이** 사업이 개시되거나 사업개시에 필요한 일정요건에 도달하게 된 날 이후에 재해를 당한 근로자는 산재보험법에 의해 보상을 받을 수 있다.

보충설명

① 보험료 산정방식은 **업종별 차등요율체계를 기본**으로 하고 있다. 업종별 차등요율은 재해발생의 위험성과 경제활동의 동질성 등을 기초로 분류한 사업 종류별로 구분하여 고용노동부장관이 정하여 고시한다. 산재보험료를 사업장의 임금총액에 각 사업장(또는 사업)이 속하는 업종의 보험료율을 곱해 결정한다.
② 보험료 산정방식은 부분적으로 **개별실적요율을 적용**한다. 개별실적요율은 산업 또는 업종 내에서 개별 고용주의 과거 재해발생 정도에 의해 보험료율이 조정되는 방식으로, 같은 산업 또는 업종에 속하더라도 과거의 재해발생이 적은 사업장은 보험료율이 낮아지고 재해발생이 많은 사업장은 보험료율이 높아지도록 하는 방식이다.
④ 산재보험 보험료는 **개산보험료와 확정보험료**가 있다. 각 사업장은 전년도 임금총액을 기준으로 개산보험료를 산정하고 신고·납부하고, 다음 보험연도에 정확한 임금총액을 기준으로 확정보험료를 산정하여 신고한 후, 확정보험료와 개산보험료의 차이를 추가 지급하거나 환급받는다.
⑤ 산재보험은 과실자기책임주의가 아닌 **무과실 책임주의**를 택하고 있다. 이는 근로자의 재해에 대하여 우선적으로 사용자의 책임을 원칙으로 하되 사용자가 산재의 원인이 순수한 근로자의 부주의나 과실에 기인하였음을 증명하여야 배상책임에서 벗어날 수 있다는 것이다. 또한 산재보험은 **원인주의(principle of coursality)에 입각**하고 있다. 즉 산재보험의 보상을 업무기인성에 의하여 결정하는 것으로, 이는 산재의 책임을 사용자 또는 근로자의 과실여부를 따지는 것이 아니라 사고의 원인 기준에 의한 요건만 충족하면 산재 근로자에게 산재배상을 지급하는 무과실책임주의에 입각한 원칙을 적용하는 것을 의미한다.

정답 ③

제12장 고용보험제도의 이해

제6영역 : 사회복지정책론

154

✓확인 ☐☐☐

우리나라 고용보험제도에 관한 설명으로 옳지 않은 것은?

· 12회

① 고용안정·직업능력개발사업의 보험료는 근로자와 사업주가 절반씩 부담한다.
② 구직급여의 소정급여일수는 보험가입기간과 연령에 따라 120일에서 270일까지이다.
③ '실업의 인정'이란 근로의 의사와 능력을 가지고 적극적으로 구직노력을 했음을 인정받는 것이다.
④ 구직급여를 받기 위해서는 이직일 이전 18개월 동안 180일 이상 근무하여야 한다.
⑤ 육아휴직급여의 육아휴직대상자는 남녀근로자 모두 해당된다.

해설

고용안정·직업능력개발사업의 보험료는 사업주가 전액 부담한다.

+보충설명

② 고용보험법 제50조(소정급여일수 및 피보험기간) 제1항 하나의 수급자격에 따라 구직급여를 지급받을 수 있는 날(이하 "소정급여일수"라 한다)은 대기기간이 끝난 다음날부터 계산하기 시작하여 **피보험기간과 연령에 따라 별표 1[120~270일](개정 前 : 90~240일)**에서 정한 일수가 되는 날까지로 한다.

③ 고용보험법 제2조(정의) 4호 '실업의 인정'이란 직업안정기관의 장이 제43조에 따른 수급자격자가 실업한 상태에서 적극적으로 직업을 구하기 위하여 노력하고 있다고 인정하는 것을 말한다.

④ 고용보험법 제40조(구직급여의 수급 요건) 제1항 구직급여는 이직한 피보험자가 다음 각 호의 요건을 모두 갖춘 경우에 지급한다. 다만, 제5호와 제6호는 최종 이직 당시 일용근로자였던 자만 해당한다.
  1. **이직일 이전 18개월간(이하 "기준기간"이라 한다) 제41조에 따른 피보험 단위기간이 통산(通算)하여 180일 이상일 것**
  2. 근로의 의사와 능력이 있음에도 불구하고 취업(영리를 목적으로 사업을 영위하는 경우를 포함한다. 이하 이 장에서 같다)하지 못한 상태에 있을 것
  3. 이직사유가 제58조에 따른 수급자격의 제한 사유에 해당하지 아니할 것
  4. 재취업을 위한 노력을 적극적으로 할 것
  5. 제43조에 따른 수급자격 인정신청일 이전 1개월 동안의 근로일수가 10일 미만일 것
  6. 최종 이직일 이전 기준기간의 피보험 단위기간 180일 중 다른 사업에서 제58조에 따른 수급자격의 제한 사유에 해당하는 사유로 이직한 사실이 있는 경우에는 그 피보험 단위기간 중 90일 이상을 일용근로자로 근로하였을 것

⑤ 고용보험법 제70조(육아휴직 급여) 제1항 고용노동부장관은 「남녀고용평등과 일·가정 양립 지원에 관한 법률」 제19조에 따른 육아휴직을 30일(「근로기준법」 제74조에 따른 출산전후휴가기간과 중복되는 기간은 제외한다) 이상 부여받은 피보험자 중 다음 각 호의 요건을 모두 갖춘 피보험자에게 **육아휴직 급여를 지급한다**. 참고로 남녀고용평등과 일·가정 양립 지원에 관한 법률 제19조(육아휴직) 제1항 사업주는 근로자가 만 8세 이하 또는 초등학교 2학년 이하의 자녀(입양한 자녀를 포함한다)를 양육하기 위하여 휴직(이하 "육아휴직"이라 한다)을 신청하는 경우에 이를 허용하여야 한다. 다만, 대통령령으로 정하는 경우에는 그러하지 아니하다.

정답 ①

155

우리나라 자영업자의 고용보험에 관한 설명으로 옳지 않은 것은?
• 15회

① 본인의 희망에 따라 가입이 가능하다.
② 구직급여를 받기 위해서는 재취업을 위해 적극적으로 노력하여야 한다.
③ 자영업자도 직업능력개발훈련을 받을 수 있다.
④ 구직급여는 120일~270일까지 받을 수 있다.
⑤ 보험료를 체납한 사람에게는 실업급여를 지급하지 아니할 수 있다.

해설

구직급여를 지급받을 수 있는 날(소정급여일수)은 대기기간이 끝난 다음날부터 계산하며, 피보험기간과 연령에 따라 다르다. 소정급여일수(수급기간)는 120~270일(개정 前 : 90~240일)사이이지만, 자영업자인 피보험자로서 폐업한 수급자격자에 대한 소정급여일수(구직급여를 지급받을 수 있는 날)는 연령과 상관없이 피보험기간(가입기간)에 따라 120~210일 동안(개정 前 : 90~180일)받을 수 있다.

보충설명

③ 자영업자도 실업급여(구직급여와 취업촉진수당)를 받을 수 있다. 구직급여 중 연장급여(훈련연장급여, 개별연장급여, 특별연장급여)와 취업촉진수당(조기재취업 수당, 직업능력개발 수당, 광역구직활동비, 이주비) 중 조기재취업 수당은 제외한다. 따라서 소정급여기간 중 직업능력개발훈련을 받은 기간에 지급하는 급여인 직업능력개발수당을 받을 수 있으므로, 직업능력개발훈련을 받을 수 있다는 것은 올바르다.

정답 ④

156

고용보험제도에 관한 설명으로 옳은 것은?
• 18회

① 실업급여를 받을 권리는 양도 또는 압류하거나 담보로 제공할 수 없다.
② 구직급여의 급여일수는 대기기간을 포함하여 산정한다.
③ 육아휴직 시작일로부터 3개월까지는 월 통상임금의 100분의 50에 해당하는 금액을 지급한다.
④ 자영업자인 피보험자의 실업급여에는 구직급여, 연장급여, 조기재취업수당이 포함된다.
⑤ 65세 이후에 자영업을 개시한 사람에게도 구직급여를 적용한다.

해설

「고용보험법」 제38조(수급권의 보호) 제1항에 규정된 내용이다.

오답풀이

② 동법 제50조(소정급여일수 및 피보험기간) 제1항에서 "하나의 수급자격에 따라 구직급여를 지급받을 수 있는 날(이하 "소정급여일수"라 한다)은 **대기기간이 끝난 다음날부터 계산하기 시작**하여 피보험기간과 연령에 따라 별표 1[120~270일(개정 前 : 90~240일)]에서 정한 일수가 되는 날까지로 한다."라고 규정하고 있다. 구직급여의 급여일수는 대기기간을 **제외**하여 산정한다.
③ 동법 시행령 제95조(육아휴직 급여) 제1항이 개정 전에는 "법 제70조제1항에 따른 육아휴직 급여는 다음 각 호의 구분에 따른 금액을 월별 지급액으로 한다. 1. **육아휴직 시작일부터 3개월까지: 육아휴직 시작일을 기준으로 한 월 통상임금에 해당하는 금액**. 다만, 해당 금액이 250만원을 넘는 경우에는 250만원으로 하고, 해당 금액이 70만원보다 적은 경우에는 70만원으로 한다. 2. 육아휴직 4개월째부터 6개월까지: 육아휴직 시작일을 기준으로 한 월 통상임금에 해당하는 금액. 다만, 해당 금액이 200만원을 넘는 경우에는 200만원으로 하고, 해당 금액이 70만원보다 적은 경우에는 70만원으로 한다. 3. 육아휴직 7개월째부터 종료일까지: 육아휴직 시작일을 기준으로 한 월 통상임금의 100분의 80에 해당하는 금액. 다만, 해당 금액이 160만원을 넘는 경우에는 160만원으로 하고, 해당 금액이 70만원보다 적은 경우에는 70만원으로 한다."라고 규정하고 있다.
④ 동법 제69조의2(자영업자인 피보험자의 실업급여의 종류)에서 "**자영업자인 피보험자의 실업급여의 종류는 제37조에 따른다. 다만, 제51조부터 제55조까지의 규정에 따른 연장급여와 제64조에 따른 조기재취업 수당은 제외한다**."라고 규정하고 있다. 자영업자인 피보험자의 실업급여에는 구직급여는 포함되지만, **연장급여, 조기재취업수당이 제외**된다.
⑤ 동법 제10조(적용 제외) 제2항에서 "**65세 이후에 고용(65세 전부터 피보험 자격을 유지하던 사람이 65세 이후에 계속하여 고용된 경우는 제외한다)되거나 자영업을 개시한 사람에게는 제4장(실업급여) 및 제5장(육아휴직 급여 등)을 적용하지 아니한다**."라고 규정하고 있다. 65세 이후에 자영업을 개시한 사람에게는 **구직급여를 적용하지 않는다**.

정답 ①

157

우리나라의 고용보험에 관한 설명으로 옳은 것을 모두 고른 것은?
• 20회

> ㉠ 직업능력개발 훈련을 실시하는 사업주를 지원할 수 있다.
> ㉡ 예술인은 고용보험 가입대상이 아니다.
> ㉢ 실업 신고를 한 이후에 질병·부상 또는 출산으로 취업이 불가능하여 구직활동을 할 수 없는 경우 상병급여를 지급할 수 있다.
> ㉣ 고용안정 및 직업능력개발사업의 보험료는 사업주와 근로자가 공동으로 부담한다.

① ㉠, ㉡
② ㉠, ㉢
③ ㉢, ㉣
④ ㉡, ㉢, ㉣
⑤ ㉠, ㉡, ㉢, ㉣

해설

㉠ 「고용보험법」 제27조(사업주에 대한 직업능력개발 훈련의 지원) 제1항에 "고용노동부장관은 피보험자등의 직업능력을 개발·향상시키기 위하여 대통령령으로 정하는 **직업능력개발 훈련을 실시하는 사업주에게** 대통령령으로 정하는 바에 따라 그 훈련에 필요한 **비용을 지원할 수 있다.**"라고 규정하고 있다.
㉢ 동법 제63조(질병 등의 특례) 제1항에 "수급자격자가 제42조에 따라 실업의 신고를 한 이후에 질병·부상 또는 출산으로 취업이 불가능하여 실업의 인정을 받지 못한 날에 대하여는 제44조제1항에도 불구하고 그 수급자격자의 청구에 의하여 제46조의 **구직급여일액에 해당하는 금액(상병급여)을 구직급여를 갈음하여 지급할 수 있다.**"라고 규정하고 있다.

× 오답풀이

㉡ 예술인은 고용보험 가입대상**이다.** 동법 제2조(정의) 제1호에서 규정하고 있는 피보험자에 해당하는 사람을 규정하고 있는데, 가목에서 "「고용보험 및 산업재해보상보험의 보험료징수 등에 관한 법률」 제5조제1항·제2항, 제6조제1항, 제8조제1항·제2항, 제48조의2제1항 및 제48조의3제1항에 따라 보험에 가입되거나 가입된 것으로 보는 **근로자, 예술인 또는 노무제공자**"라고 규정하고 있다.
㉣ 고용안정 및 직업능력개발사업의 보험료는 **사업주가 전액 부담한**다(「고용보험 및 산업재해보상보험의 보험료징수 등에 관한 법률」 제13조 제4항).

정답 ②

158

우리나라 고용보험과 산업재해보상보험에 관한 설명으로 옳은 것은?
• 21회

① 소득활동 중 발생할 수 있는 소득상실 위험에 대한 사회안전망이라는 공통점을 가지고 있다.
② 구직급여는 구직활동 여부와 관계없이 지급된다.
③ 고용형태 및 근로시간에 관계없이 모든 근로자는 두 보험의 적용을 받는다.
④ 장해급여는 산업재해를 입은 모든 근로자에게 지급된다.
⑤ 두 보험의 가입자 보험료율은 동일하다.

해설

고용보험은 노동자의 실업에 의해 상실된 소득을 보전하기 위함이며, 산업재해보상보험은 업무상 재해와 질병으로 인한 소득상실을 보전하는 것이다. 구체적으로 「고용보험법」 제1조(목적)에서 "이 법은 고용보험의 시행을 통하여 **실업의 예방**, 고용의 촉진 및 근로자 등의 직업능력의 개발과 향상을 꾀하고, 국가의 직업지도와 직업소개 기능을 강화하며, **근로자 등이 실업한 경우에 생활에 필요한 급여를 실시하여 근로자 등의 생활안정과 구직 활동을 촉진함으로써** 경제·사회 발전에 이바지하는 것을 목적으로 한다."라고 규정하고 있다. 그리고, 「산업재해보상보험법」 제1조(목적)에서 "이 법은 산업재해보상보험 사업을 시행하여 **근로자의 업무상의 재해를 신속하고 공정하게 보상**하며, 재해근로자의 재활 및 사회 복귀를 촉진하기 위하여 이에 필요한 보험시설을 설치·운영하고, 재해 예방과 그 밖에 근로자의 복지 증진을 위한 사업을 시행하여 근로자 보호에 이바지하는 것을 목적으로 한다."라고 규정하고 있다.

× 오답풀이

② 구직급여는 **구직활동을 해야 지급**된다. 「고용보험법」 제40조(구직급여의 수급 요건) 제1항에서 "구직급여는 이직한 근로자인 피보험자가 다음 각 호의 요건을 모두 갖춘 경우에 지급한다. 4. 재취업을 위한 노력을 적극적으로 할 것"이라고 규정하고 있다.
③ 두 보험 모두 보험적용 여부에 고용형태 및 근로시간이 관련된다. 「고용보험법」 제10조(적용 제외) 제1항에서 "다음 각 호의 어느 하나에 해당하는 사람에게는 이 법을 적용하지 아니한다. 2. 해당 사업에서 소정(所定)근로시간이 대통령령으로 정하는 시간 미만인 근로자", 제2항에서 "65세 이후에 고용(65세 전부터 피보험자격을 유지하던 사람이 65세 이후에 계속하여 고용된 경우는 제외한다)되거나 자영업을 개시한 사람에게는 제4장 및 제5장을 적용하지 아니한다."라고 규정하고 있다. 「산업재해보상보험법」 제6조(적용 범위)에서 "이 법은 근로자를 사용하는 모든 사업 또는 사업장(이하 "사업"이라 한다)에 적용한다. 다만, 위험률·규모 및 장소 등을 고려하여 대통령령으로 정하는 사업에 대하여는 이 법을 적용하지 아니한다."라고 규정하고 있다.
④ 「산업재해보상보험법」 제57조(장해급여) 제1항에서 "장해급여는 근로자가 업무상의 사유로 부상을 당하거나 질병에 걸려 **치유된 후 신체 등에 장해가 있는 경우에** 그 근로자에게 지급한다."라고 규정하고 있다.
⑤ **산재보험의 보험료율은 업종별로 매년 고시**하며, **고용보험료율은 2.05~2.65%(규모별 차등)**이다.

정답 ①

제13장 사회서비스정책

제6영역 : 사회복지정책론

159

민간의 사회복지에 대한 우리나라 사회복지정책의 내용이 아닌 것은?
・17회

① 국가와 지방자치단체는 국가 및 지방자치단체의 사회복지사업과 민간부문의 사회복지 증진활동이 원활하게 연계될 수 있도록 노력하여야 한다.
② 국가와 지방자치단체는 사회복지를 필요로 하는 사람의 인권이 충분히 존중되는 방식으로 사회복지서비스를 제공하여야 한다.
③ 보건복지부장관은 사회복지시설에서 제공하는 사회복지서비스의 최저기준을 마련하여야 한다.
④ 국가나 지방자치단체가 설치한 사회복지시설은 사회복지법인이나 비영리법인에 위탁하여 운영하게 할 수 있다.
⑤ 국가나 지방자치단체는 사회복지법인에 우선하여 사회복지시설을 설치·운영할 수 없다.

해설
사회복지법인이 국가나 지방자치단체에 우선하여 사회복지시설을 설치·운영해야 하는 것은 아니다. 「사회복지사업법」 제34조(사회복지시설의 설치)에는 "**국가나 지방자치단체는 사회복지시설을 설치·운영할 수 있다. 국가 또는 지방자치단체 외의 자가 시설을 설치·운영**하려는 경우에는 보건복지부령으로 정하는 바에 따라 **시장·군수·구청장에게 신고하여야 한다.**"라고 규정하고 있다.

보충설명
① 국가와 지방자치단체는 민간부문의 사회복지 증진활동이 활성화되고 **국가 및 지방자치단체의 사회복지사업과 민간부문의 사회복지 증진활동이 원활하게 연계될 수 있도록 노력하여야 한다**(「사회복지사업법」 제4조 제5항).
② **국가와 지방자치단체는 사회복지를 필요로 하는 사람의 인권이 충분히 존중되는 방식으로 사회복지서비스를 제공**하고 사회복지와 관련된 인권교육을 강화하여야 한다(「사회복지사업법」 제4조 제6항).
③ 보건복지부장관은 시설에서 제공하는 서비스의 최저기준을 마련하여야 한다(「사회복지사업법」 제43조 제1항).
④ 제1항에 따라 **국가나 지방자치단체가 설치한 사회복지시설은** 필요한 경우 **사회복지법인이나 비영리법인에 위탁하여 운영하게 할 수 있다**(「사회복지사업법」 제34조 제5항).

정답 ⑤

160

아동학대의 예방 및 방지에 관한 설명으로 옳은 것을 모두 고른 것은?
・19회

㉠ 아동학대를 예방하고 수시로 신고를 받을 수 있도록 아동보호전문기관은 긴급전화(1391)를 설치하여야 한다.
㉡ 아동학대의 예방과 방지에 관한 관심을 높이기 위하여 아동학대 예방의 날을 지정하였다.
㉢ 아동보호전문기관은 아동학대 신고접수, 현장조사 및 응급보호 등의 역할을 한다.
㉣ 아동보호전문기관의 장은 피해아동의 가족에게 상담, 교육 및 의료적·심리적 치료 등의 필요한 지원을 제공하여야 한다.

① ㉠, ㉣ ② ㉡, ㉢ ③ ㉠, ㉡, ㉢
④ ㉡, ㉣ ⑤ ㉠, ㉡, ㉢, ㉣

해설
㉡ 「아동복지법」 제23조(아동학대예방의 날) 제1항에서 "아동의 건강한 성장을 도모하고, 범국민적으로 **아동학대의 예방과 방지에 관한 관심을 높이기 위하여 매년 11월 19일을 아동학대예방의 날로 지정**하고, 아동학대예방의 날부터 1주일을 아동학대예방주간으로 한다."라고 규정하고 있다.
㉣ 동법 제29조(피해아동 및 그 가족 등에 대한 지원) 제1항에서 "보장원의 장 또는 **아동보호전문기관의 장은** 아동의 안전 확보와 재학대 방지, 건전한 가정기능의 유지 등을 위하여 **피해아동 및 보호자를 포함한 피해아동의 가족에게 상담, 교육 및 의료적·심리적 치료 등의 필요한 지원을 제공하여야 한다.**"라고 규정하고 있다.

오답풀이
㉠ 동법 제22조 (아동학대의 예방과 방지 의무) 제2항에서 "**지방자치단체는 아동학대를 예방하고 수시로 신고를 받을 수 있도록 긴급전화를 설치하여야 한다.**"라고 규정하고 있다.
㉢ 동법 제22조(아동학대의 예방과 방지 의무) 제3항에서 "시·도지사 또는 시장·군수·구청장은 피해아동의 발견 및 보호 등을 위하여 다음 각 호의 업무를 수행하여야 한다. 1. **아동학대 신고접수, 현장조사 및 응급보호**, 2. 피해아동, 피해아동의 가족 및 아동학대행위자에 대한 상담·조사, 3. 그 밖에 대통령령으로 정하는 아동학대 관련 업무"라고 규정하고 있다.

정답 ④

3교시 사회복지정책과 제도

제7영역

사회복지행정론
Social Welfare Administration

교과목 개요

사회복지행정론에서는 사회복지행정의 필요성과 발달에 대한 이해를 기초로 하여, 효과적이고 효율적인 조직 구조와 서비스 관리를 위해 필요한 이론과 지식 및 기술을 습득케 하는 것을 목적으로 한다. 이를 위해 사회복지 조직의 환경과 구조 및 조직 문화와 관련된 중요한 이론과 지식들을 습득하고, 사회복지서비스 전달체계의 원칙과 현실태를 고찰해 본다. 아울러 사회복지 조직의 관리운영에 필요한 기획과 의사결정, 인적자원관리, 서비스 질 관리, 재정관리, 정보관리, 홍보 및 마케팅에 관한 이론과 기술을 학습하고 활용해 본다. 또한 프로그램의 설계와 평가방법에 관한 지식과 기법을 습득하여 사회복지현장에서 실제로 응용해 보도록 한다.

교과목 목표

1. 사회복지행정의 특성과 필요성 이해
2. 사회복지행정의 발달과 변화에 대한 이해와 대응 능력의 습득
3. 사회복지 조직의 이론과 구조 및 전달체계에 대한 이해
4. 사회복지 조직 관리에 필요한 기초 지식 및 관리기법의 습득
5. 사회복지프로그램의 기획과 평가방법의 실무능력 함양

7영역 | 사회복지행정론

이해 틀	목차 (교과목 지침서에 준함)	10회 2012	11회 2013	12회 2014	13회 2015	14회 2016	15회 2017	16회 2018	17회 2019	18회 2020	19회 2021	20회 2022	21회 2023	22회 2024	23회 2025
사회복지 행정의 이해	제1장 사회복지행정의 개념과 특성	2	2	1	1	2	1	1	1	2	1	1	2	1	1
	제2장 사회복지행정의 역사	2	1	2	2	1	3	–	1	3	3	3	3	1	2
사회복지 행정이론 과 조직이해	제3장 사회복지행정의 이론적 배경	3	3	2	3	2	3	5	2	3	2(1)	5(4)	5(2)	3	2
	제4장 사회복지조직의 구조와 조직화	4	2	2	1	1	1	1	2	1	–	1	1	2	2
사회복지 조직관리 와 인사관리	제5장 사회복지조직의 기획과 의사결정	2	3	2	3	4	3	3	1	1	1	1	1	2	2
	제6장 리더십 (leadership)	2	1	2	1	1	1	2	1	3	2	3	2	3	1
	제7장 인적자원관리	2	2	1	1	1	3	1	4	4	3	2(1)	3	4	3
	제8장 재정관리	3	2	1	2	2	1	2	2	2	2	2	2	1	2	3
	제9장 서비스 품질관리와 위험관리	–	–	–	–	–	–	1	1	–	(2)	1	(3)	1	1
	제10장 정보관리 시스템	1	1	1	1	1	–	–	–	–	–	–	1	–	1
	제11장 프로그램 개발과 평가	3	6	4	5	2	3	2	4	2	2(1)	1	1	1	–
	제12장 사회복지 서비스 전달체계	2	3	5	4	6	3	2	3	–	4	1	1	3	3
	제13장 마케팅과 홍보	1	1	1	–	1	1	1	1	2	1	3	2	2
평가와 책임성, 변화	제14장 사회복지 조직의 책임성과 평가	1	2	1	1	1	1	2	1	2	2	2	2	–	–	2
	제15장 사회복지 조직의 환경변화	1	1	–	1	–	1	2	1	1	–	–	–	–

※ 표 안에 ( ) 안의 숫자는 단독 출제되지는 않았으나 문제의 지문상에 해당 부분의 내용이 출제된 것을 의미합니다.
※ 제10회 시험부터 시험문제가 공개되었으며, 제12회 시험부터 영역별 30문제에서 25문제 출제로 변경되었습니다.
 따라서, 장(chapter)별 출제빈도는 12회 시험부터 눈여겨보시기 바랍니다.

김진원 Oikos 사회복지사 1급

제1장 사회복지행정의 개념과 특성

제7영역 : 사회복지행정론

01 사회복지행정의 개념

001 ✓확인 ☐☐☐

사회복지행정의 개념에 관한 설명으로 옳지 않은 것은? ·18회

① 사회복지정책을 개별적이고 구체적인 서비스로 전환시키는 과정이다.
② 사회서비스 활동으로 민간조직을 제외한 공공조직이 수행한다.
③ 관리자가 조직목표를 달성하기 위해서 수행하는 과정, 기능 그리고 활동이다.
④ 사회복지 과업수행을 위해서 인적·물적 자원을 체계적으로 결합·운영하는 합리적 행동이다.
⑤ 사회복지제도와 정책을 서비스 급여, 프로그램으로 전환시키기 위한 전달체계이다.

해설

사회복지행정은 사회복지정책으로 표현된 추상적인 것을 구체적인 유·무형의 서비스로 전환하여 수혜자에게 전달하는 공·사적 전 과정을 의미한다. 즉 공공이나 민간부문에서 공식조직들에 의해 이루어지는 모든 사회복지적 활동을 관리하는 것이다.

+보충설명

① 사회복지정책을 개별적이고 구체적인 서비스로 전환시키는 복지조직의 총체적 활동이다.
③ 패티(Patti)는 사회복지행정을 조직목표를 달성하기 위해서 관리자가 수행하는 상호의존적인 과업, 기능, 활동 등의 체계적이고 개입적인 과정이라고 하면서 사회복지행정을 사회복지실천의 한 방법으로 개념화했다.
④ 사회복지조직의 목표를 달성하기 위해서 인적·물적 자원을 체계적으로 결합·운영하는 합리적 행동이다.
⑤ 사회복지제도와 정책으로 표현된 추상적인 것을 구체적인 유·무형의 서비스, 프로그램으로 전환하여 수혜자에게 전달하는 공·사적 전 과정을 의미한다.

🔍정답 ②

002 ✓확인 ☐☐☐

사회복지행정의 개념에 관한 설명으로 옳은 것은? ·23회

① 정부조직만을 대상으로 한다.
② 조직의 효과성보다 효율성이 중요하다.
③ 정부 재정 외에 민간자원 활용은 배제한다.
④ 사회문제 해결과정에서 가치판단을 배제한다.
⑤ 사회복지정책을 서비스로 전환하는 과정이다.

해설

사회복지행정은 사회복지정책을 구체적인 프로그램과 서비스로 구현·실행하는 과정을 의미합니다.

✗오답풀이

① 사회복지행정은 **공공기관뿐 아니라 민간기관(사회복지법인, 비영리조직 등)도 포함**한다.
② 사회복지행정은 **효율성(자원의 절약)뿐 아니라, 효과성(목표 달성, 실질적 변화)도 중요**하게 다룬다. 특히 클라이언트의 복지 향상이라는 궁극적 목적을 고려할 때, 효과성이 핵심 기준이 된다.
③ 정부 재정 만으로는 한계가 있기 때문에, **민관 협력과 민간자원의 동원은 중요한 전략**이다.
④ 사회복지행정은 인간 존엄성, 공정성, 평등 등 **가치 판단에 기반한 실천영역**이다.

🔍정답 ⑤

02 사회복지행정의 원칙

003 ✓확인 ☐☐☐

사회복지행정의 실천원칙에 관한 설명으로 옳지 않은 것은?

• 15회

① 기관 목적의 원칙 : 기관의 사회적 목적을 명확하게 설정
② 기관 전체성의 원칙 : 기관을 하나의 유기체로 인식
③ 조직화의 원칙 : 직무에 대한 조직의 연대책임 강조
④ 변화의 원칙 : 기관은 지속적 변화과정을 추구
⑤ 평가의 원칙 : 기관 목표성취를 위한 지속적 평가

해설

조직화의 원칙은 많은 사람들의 업무는 조직화의 방식에 따라 정돈되어야 하고 또한 책임과 관계가 명확히 규정될 수 있도록 구조화되어야 한다는 것이다.

+ 보충설명

트레커(Trecker, 1971)는 다양하게 제시된 실천 원칙들을 종합하여 다음의 18가지 원칙을 제시하였다.

원 칙	내 용
사회복지가치의 원칙	전문적 가치들은 서비스가 개발되고 그것이 필요한 사람들에게 이용할 수 있도록 하는 과정에서 가장 근본이 됨
지역사회와 client의 욕구의 원칙	지역사회 및 소속 개인들의 욕구는 언제나 사회적 기관과 프로그램 제공의 기초가 됨
기관 목적의 원칙	기관의 사회적 목적은 분명하게 공식화되어 진술되고 이해되고 활용되어야 함
문화적 환경의 원칙	지역사회의 문화는 욕구가 표현되고 서비스가 인정·지지·활용되는 방식에 영향을 미치는 한도 내에서 이해되어야 함
합목적적인 관계성의 원칙	행정가, 이사회, 직원, 지역사회 주민들 간에는 효과적이고 합목적적인 업무관련성이 확립되어야 함
기관 전체성의 원칙	기관은 전체성의 관점에서 이해되어야 하며, 그것은 상호 연관된 부분들로 이루어진 살아있는 매개체로 봐야 함
전문적 책임성의 원칙	행정가는 전문적 실천의 기준에 근거한 고품질의 전문적 서비스의 제공에 책임을 져야 함
참여의 원칙	동태적인 참여의 지속적인 과정을 통해 이사회, 직원, 지역주민의 적절한 기여가 모색되고 활용되어야 함
커뮤니케이션의 원칙	인적 자원의 완벽한 기능을 위해서 개방적인 커뮤니케이션의 통로가 필수적임
리더십의 원칙	목표달성 및 전문적 서비스의 제공을 위해 행정가는 기관의 리더십에 대한 주된 책임을 다해야 함
기획의 원칙	지속적인 기획의 과정은 가치 있는 서비스의 개발의 근본을 이룸
조직화의 원칙	많은 사람들의 업무는 조직화의 방식에 따라 정돈되어야 하고 책임과 관계가 명확히 규정될 수 있도록 구조화 되어야 함
위임의 원칙	다른 전문가들에 대한 책임과 권위의 위임은 필수적임
조정의 원칙	개개인의 기여가 기관의 주된 임무에 관련되고 모든 에너지가 수행될 임무에 적절하게 집중될 수 있도록 많은 사람들의 위임업무들은 알맞게 조정되어야 함
자원활용의 원칙	예산, 장비, 인적자원 등은 기관의 사회적 신뢰를 유지하면서 신중하게 형성되고, 보존되고, 활용되어야 함
변화의 원칙	지역사회에서나 기관에서나 변화의 과정은 지속적임
평가의 원칙	과정과 프로그램의 지속적인 평가는 기관 목표의 실현에 필수적임
성장의 원칙	행정가는 도전적인 업무배정, 세심한 슈퍼비전, 개인과 집단의 학습을 위한 기회 등을 제공하여 모든 참여자들의 성장과 발전을 지향해야 함

Q정답 ③

03 사회복지행정의 특성

004 ✓확인 ☐☐☐

일반행정과 비교하여 사회복지행정의 특징이 아닌 것은? ·12회

① 클라이언트의 욕구충족을 기본으로 한다.
② 인간의 가치와 관계성을 기반으로 한다.
③ 자원의 외부 의존도가 높다.
④ 전문인력인 사회복지사에 대한 의존도가 높다.
⑤ 실천표준기술의 확립으로 효과성 측정이 용이하다.

해설
사회복지 조직에는 그 효과성을 신뢰성 있고 타당성 있게 측정할 척도가 부족하다. 사회복지 조직이 효과성 측정에 어려움을 겪는 원인으로 조직 목표의 다양성과 모호성, 서비스 기술의 불확실성, 그리고 인간 속성의 관찰과 측정의 본질적인 어려움 등을 들 수 있다.

정답 ⑤

005 ✓확인 ☐☐☐

휴먼서비스 사회복지행정의 특성을 결정하는 요소가 아닌 것은? ·13회

① 환경에의 의존성
② 대립적 가치의 상존성
③ 조직 간 연계의 중요성
④ 성과평가의 용이성
⑤ 인본주의적 가치지향성

해설
성과평가의 용이성은 올바르지 않다. 오히려 사회복지 조직에는 그 효과성을 신뢰성 있고 타당성 있게 측정할 척도가 부족하다. 이것은 복잡미묘한 인간을 다루는 지식과 기술이 완전할 수 없기 때문에 나타나는 현상이다.

보충설명
① 사회복지서비스는 다양한 환경요소들에 대한 의존성향이 강하다. 사회복지 조직은 **사회·경제적 변화**와 같은 외부환경요소들에 매우 의존적이다.
② 휴먼서비스의 실천현장에서는 **대립적이고 갈등적인 가치들이 항상 존재**할 수 있다. 사회복지행정은 다원화된 가치들을 조정하거나 관리할 수 있어야 한다.
③ 휴먼서비스는 독자적으로 기능을 발휘하는 개별조직들의 단순집합이 아니라, **상호보완적 기능을 발휘하는 조직들 간, 전문직들 간 혹은 분야들 간의 상호의존적인 조직망(네트워크)**으로 이해되어야 한다.
⑤ 사회복지행정은 인간 존재를 직접 다루며 그들의 가치를 구현하기 위한 것으로, **인간존재와 휴머니즘(humanism, 인본주의)의 가치를 지향**한다.

정답 ④

006

사회복지행정의 특성에 관한 설명으로 옳지 않은 것은? · 18회

① 조직들 간의 통합과 연계를 중시한다.
② 지역사회 욕구를 충족시키기 위한 조직관리 기술을 필요로 한다.
③ 모든 구성원들이 조직운영 과정에 참여하여 일정 부분 영향을 미친다.
④ 조직내부 부서 간의 관료적이고 위계적인 조직관리 기술을 필요로 한다.
⑤ 사회복지조직의 관리자는 조직의 운영을 지역사회와 연관시킬 책임이 있다.

해설
조직 내부 부서간의 참여적이고도 수평적인 조직구조를 통해 창의성과 역동성이 서비스 관계에 극대화되도록 하는 조직관리 기술을 필요로 한다.

+ 보충설명
① 사회복지행정은 **초조직적이며 개방적인 조직체계의 구축과 조직들 간의 통합 및 연계를 중요시**하는 사회복지행정의 원리를 구축하는 것이 중요하다.
② 사회복지행정은 **지역사회 내 클라이언트의 욕구충족을 위한 독특한 성격의 서비스를 산출한다.**
③ 사회복지행정은 행정가와 관리자를 포함한 모든 **구성원들이 행정에 참여**하며 이 과정이 조직의 목표달성에 크게 영향을 미친다.
⑤ 사회복지행정가는 사회복지조직의 운영에 있어서 **지역사회에 대한 책임감을 가지고 있어야 하며 지역사회와 밀접한 관련을 가져야 한다.**

정답 ④

007

사회복지행정의 특징에 관한 설명으로 옳은 것은? · 21회

① 서비스 성과를 평가하기 어렵다.
② 사회복지행정가는 가치중립적이어야 한다.
③ 서비스 효율성은 고려하지 않는다.
④ 재정관리는 사회복지행정에 포함되지 않는다.
⑤ 직무환경에 관계없이 획일적으로 운영된다.

해설
사회복지조직은 서비스의 효과를 확실하고 타당하게 측정할 수 있는 단일한 표준 척도를 만들기 어렵기 때문에 성과평가가 용이하지 않다. 따라서, 결과에 대한 논란이 많고 변화와 혁신에 대한 저항이 다른 조직보다 강할 수 있다.

✗ 오답풀이
② 사회복지행정가는 인간의 가치와 도덕성을 중시해야 한다. 서비스 대상으로서의 **인간을 가치중립적 존재가 아니라 문화적 가치를 부여받고 사회적·도덕적 정체성을 지니고 있는 존재로 보아야 한다.**
③ 서비스 효율성은 고려한다. 사회복지행정과 일반행정은 둘 다 효율성과 효과성을 높이기 위해 프로그램, 서비스 및 직원들을 조직화하는 데 관심을 기울인다.
④ 안정적인 재원확보는 무엇보다 중요과제로서 **재정관리는 사회복지행정에 포함**된다.
⑤ 일반행정처럼 법령이 정한 업무만 처리하는 것이 아니라, **직무환경에 맞게 다양하고 광범위하게 운영**된다.

정답 ①

04 사회복지조직의 특수성

008 ☑확인 ☐☐☐

사회복지 조직의 특징으로 옳은 것은? · 14회

① 도덕적 정당성에 민감하다.
② 이해관계 집단의 구성이 단순하다.
③ 성과에 대한 평가가 용이하다.
④ 일선전문가의 재량을 인정하지 않는다.
⑤ 주된 기술이 단순하고 확실하다.

해설

사회복지 조직은 **클라이언트의 가치에 대해 도덕적 판단**을 한다. 즉 클라이언트의 가치판단이 클라이언트에게는 어떤 의미를 주고 그들의 사고와 행동에 어떠한 영향을 주는지 심각하게 고려해야 한다.

✗ 오답풀이

② 사회복지 조직은 외부의 많은 공사(公私)의 사회복지 조직과 관련을 가지고 활동하고 있고, 외부적인 재정원천에 의존하고 있기 때문에 **이해관계 집단의 구성이 복잡**하다.
③ 사회복지 조직에는 그 효과성을 신뢰성 있고 타당성 있게 **측정할 척도가 부족**하다는 것이다. 사회복지 조직이 효과성 측정에 어려움을 겪는 원인으로 조직 목표의 다양성과 모호성, 서비스 기술의 불확실성, 그리고 인간 속성의 관찰과 측정의 본질적인 어려움 등을 들 수 있다.
④ 사회복지 조직들은 **전문성을 갖고 있는 직원들에 점점 더 크게 의존**한다.
⑤ 사회복지 조직은 명료하지 않고 잘 알 수 없는 요소들로 이루어져 **결과를 예측하기 어려운 서비스 기술**을 가지고 운영되고 있다.

정답 ①

009 ☑확인 ☐☐☐

사회복지조직의 특성으로 옳은 것은? · 17회

① 클라이언트와 직접 접촉을 피한다.
② 정부 이외의 지원을 받지 않는다.
③ 조직성과의 객관적 증명이 쉽지 않다.
④ 법률과 규칙에 의해 운영되므로 전문성은 중요하지 않다.
⑤ 기업조직과 비교할 때 대표적 차별성은 효율성을 중요하게 여긴다는 점이다.

해설

사회복지조직은 **서비스의 효과를 확실하고 타당하게 측정할 수 있는 단일한 표준 척도를 만들기 어렵기 때문에 성과평가가 용이하지 않고 조직성과의 객관적 증명이 쉽지 않다.**

✗ 오답풀이

① 일반행정의 관리는 관리자 중심이지만, 사회복지조직은 변화해야 할 속성을 지니고 있는 **클라이언트와 직접 접촉하면서 활동**하고 있다.
② **정부 뿐만 아니라 민간의 다양한 자원제공자로부터 지원을 받는다.** 즉, 국고보조금이나 지자체보조금, 혹은 바우처나 서비스구매계약 등과 같은 정부지원 뿐만 아니라, 민간단체(사회복지공동모금회, 기업사회공헌재단 등)이나 기업, 개인기부자, 자원봉사자 등으로부터 후원을 받는다.
④ 사회복지조직의 직원들은 자신의 업무수행에 있어서 재량권과 자율성이 많기 때문에 같은 사안에 대해서도 서로 다른 판단과 결정을 할 수 있으므로 직원들의 전문성이 중요하다.
⑤ 기업조직은 생산성과 효율성을 중시하지만, 사회복지조직은 **효율성과 효과성에 대한 균형잡힌 시각이 필요**하다.

정답 ③

010 ☑확인 ☐☐☐

하센펠트(Y. Hasenfeld)가 제시한 휴먼서비스 조직의 특성으로 옳지 않은 것은?
· 21회

① 인간을 원료(raw material)로 한다.
② 클라이언트와의 직접적 관계 속에서 활동한다.
③ 조직의 목표가 불확실하며 모호해지기 쉽다.
④ 조직의 업무과정에서 주로 전문가에 의존한다.
⑤ 목표 달성을 위해 명확한 지식과 기술을 사용한다.

해설
목표 달성을 위해 **불명확하고 불완전한** 지식과 기술을 사용한다. 즉 사회복지의 전반적인 사회과학적 지식의 불확실성과 원조관계에 대한 지식의 불확실성 때문에 서비스 결과의 성공률이 높지 않다.

보충설명
① 사회복지조직은 투입되는 원료가 도덕적 가치를 지닌 인간이다.
② 사회복지조직은 변화해야 할 속성을 지니고 있는 클라이언트와 직접 접촉하면서 활동하고 있다.
③ 대상이 인간이기 때문에 목표달성을 위한 직원 간의 합의점을 찾아내기가 쉽지 않고, 사회집단의 상이한 목표들을 모두 수용하려는 과정에서 자칫 목표설정이 모호하고 불확실해지기 쉽다.
④ 사회복지조직의 핵심적 활동은 직원과 서비스 대상자인 클라이언트와의 관계로 이루어진다. 따라서, 현장에서 활동하는 전문 사회복지사의 활동이 중요하다.

정답 ⑤

011 ☑확인 ☐☐☐

사회복지조직의 특성에 관한 설명으로 옳지 않은 것은?
· 22회

① 사회복지사의 전문성과 자율성을 인정한다.
② 클라이언트와 사회복지사의 관계에 따라 서비스의 효과성이 좌우된다.
③ 서비스의 효과성을 객관적으로 입증하기가 용이하다.
④ 다양한 상황에서 윤리적 딜레마와 가치 선택에 직면한다.
⑤ 조직의 목표가 명확하거나 구체적이기 어렵다.

해설
효과성을 신뢰성 있고 타당성 있게 측정할 척도가 부족하기 때문에, 서비스의 효과성을 객관적으로 입증하기가 **용이하지 않다**.

보충설명
① 사회복지사와 클라이언트 관계가 핵심적 활동이기 때문에 사회복지사들의 지위와 역할은 대단히 중요하고 많은 재량권을 행사하게 된다.
② 사회복지사와 클라이언트 관계의 성격과 질은 조직이 성공하느냐 실패하느냐를 가늠하는 중요한 요인이 된다.
④ 휴먼서비스의 실천현장에서는 대립적이고 갈등적인 가치들이 항상 존재할 수 있기 때문에 다양한 상황에서 윤리적 딜레마와 가치 선택에 직면한다.
⑤ 사회복지조직은 목표와 관련하여 과업환경 및 직원들의 합의를 찾기가 쉽지 않고, 과업환경은 이들 나름대로의 특별한 가치체계를 가지고 있어 이들의 기대를 모두 다 수용하려고 하다보니 목표설정이 불확실하고 애매모호하게 되기 쉽다. 따라서 사회복지조직은 조직의 목표가 명확하거나 구체적이기 어렵다.

정답 ③

04 사회복지행정의 이념

012 ✓확인 ☐☐☐

사회복지행정에서 효과성(effectiveness)에 관한 설명으로 옳은 것은?
· 19회

① 조직의 목표 달성 정도
② 투입에 대한 산출의 비율
③ 사회복지기관의 지역적 집중도
④ 서비스 이용의 편의성 정도
⑤ 서비스 자원의 활용가능성 정도

해설
효과성(effectiveness)은 욕구충족을 위해 제공된 서비스나 프로그램이 적절하고 효과적이었는지, 즉 **목표의 달성 정도**를 판단하는 가치이다.

✗ 오답풀이
② 투입에 대한 산출의 비율은 **효율성**이다.
③ 사회복지기관의 지역적 집중도는 사회복지기관이 공간적으로 얼마나 밀집되어 있는지에 관한 것(공간적 밀도)으로, 이는 대상집단에게 접근기회가 동등하게 주어졌는지, 특정지역에 서비스가 집중되거나 소외되었는지를 판단하는 **형평성**에 해당한다.
④ 서비스 이용의 편의성 정도는 **접근성 또는 편의성**이다.
⑤ 서비스 자원의 활용가능성 정도은 **접근성 또는 편의성**이다. 클라이언트가 서비스 자원을 활용하는데 아무런 장애가 없도록 하는 것이 접근성을 높이는 것이다.

정답 ①

05 사회복지행정가의 역할

013 ✓확인 ☐☐☐

사회복지행정가가 가져야 할 능력이 아닌 것은?
· 20회

① 배타적 사고
② 대안모색
③ 조직이론 이해
④ 우선순위 결정
⑤ 권한위임과 권한실행

해설
사회복지행정가는 배타적 사고가 아니라 **수용(accepting)**할 수 있어야 한다. 즉, 자신과 더불어 일하는 지역사회내의 타 전문직원 및 지도자뿐만 아니라 직원 및 클라이언트들을 있는 그대로 받아들여야 한다.

+보충설명
⑤ 유능한 사회복지행정가는 사회복지조직의 책임이 분담되어야 한다는 것을 깨닫고 **다른 직원들에게 기꺼이 책임과 권한을 줄 기회**를 제공해야 한다. 그러나, 책임과 권한을 위임할 여지가 없는 경우에는 책임과 권한을 떠맡아 실행할 수 있도록 해야 한다.

정답 ①

제2장 사회복지행정의 역사

제7영역 : 사회복지행정론

01 미국 사회복지행정의 역사

014 ✓확인 ☐☐☐

미국 사회복지행정의 발달과정에 관한 설명으로 옳은 것은?

· 10회

① 개별사회사업의 지식과 실천의 발달은 사회복지행정의 기초 위에서 가능했다.
② 1930년대 초 경제 대공황 이후 사회복지행정에 대한 관심이 이전보다 감소되었다.
③ 빈곤과의 전쟁시기 동안 사회복지행정의 발달이 가속화되었다.
④ 신보수주의의 등장으로 민간 사회복지기관들의 행정에 대한 관심이 증대되었다.
⑤ 민영화 이후 사회복지전달체계가 다원화되면서 공공과 민간 조직의 구분이 명확해졌다.

해설
1970년대 초에는 석유파동과 극심한 인플레이션 등으로 신보수주의의 새로운 사상이 대두하였으며, 1980년대 레이건 행정부에 들어와서는 복지에 대한 보수주의적 시각이 지배적이 되었다. 프로그램 예산의 삭감과 사회복지부문의 민영화가 심화되었으며, 민영화로 인해 급증하는 민간기관과 프로그램은 사회복지행정의 전문지식과 기술을 가진 인력을 필요로 하게 되었다.

✗ 오답풀이
① 개별사회사업의 지식과 실천의 발달은 사회복지행정의 개념과 이론이 정립되기 이전에 이루어졌다. 즉, 제2차 세계대전을 전후로 한 1950년대에 들어서서 행정학의 발전이 가속화됨에 따라 사회복지의 기본적인 가치, 지식, 기술의 토대로 일반행정의 이론과 기법을 접목시켜 사회복지행정을 체계화하려는 노력이 이루어졌다. 그 결과 사회복지행정은 일반행정과 구별되는 속성이 있다는 것이 인정되었고 개별사회사업적 지식인 대인관계 기술들이 행정에도 적용되어 리더십과 직원의 동기부여에 활용되었고 사회복지행정은 일반적으로 민주적이고 참여적인 특성이 강조되는 개념으로 인정되었다.
② 경제대공황기의 사회문제를 해결하기 위해 공공복지정책과 연계되면서 사회복지행정의 토대가 마련되었다.
③ 1960년대는 사회복지행정 발달과정에 있어 정체기라 할 수 있는데, 그 원인은 빈곤투쟁 정책 수행에 따른 커다란 사회적 변화요구에 사회복지기관들이 적절히 대처하지 못함으로 인해 국민들의 불신과 사회복지행정의 대안으로 지역사회조직사업이 급격히 발달했기 때문이다.
⑤ 민영화 이후 미국의 사회복지서비스 제공과 전달체계에 있어서 민간의 적극적 참여로 나타난 변화 중 하나로 **공공기관과 민간기관이라는 전통적 구분을 어렵게 만드는 복합적인 복지조직들이 출현**하였다.

정답 ④

015 ✓확인 ☐☐☐

미국 사회복지행정 역사에서 1990년대 이후 일어난 변화는?

· 12회

① 사회복지행정 교육의 필요성이 주장되었다.
② 자선조직협회(COS)가 조직되었다.
③ 공공기관과 민간기관의 기능이 유사해졌다.
④ 지역사회정신건강센터(Community Mental Health Center)가 크게 늘었다.
⑤ 사회복지분야의 민영화가 시작되었다.

해설
1990년대 이후 미국 사회복지행정의 변화에 있어 핵심은 사회복지서비스의 제공과 전달체계에서의 **민영화**에 관한 것이다. 민간의 적극적 참여로 인해 공공기관과 민간기관이라는 전통적인 구분을 어렵게 하는 제3섹터적인 복지조직이 출현하였다. 그리고 전통적인 중앙집권적인 공공 관료조직들은 기능적 혹은 지리적으로 탈집중화되어 느슨한 공공서비스 조직들로 대체되었다.

✗ 오답풀이
① 경제대공황기의 사회문제를 해결하기 위해 공공복지정책과 연계되면서 사회복지행정의 토대가 마련되었다. 즉 1935년 사회보장법 제정에 따른 연방과 주에서 공공부조제도가 생겨나면서 공무담당 인력수요가 급증하는 등의 추세로 사회사업대학에 많은 지원자가 몰리면서 교과과정을 재검토할 필요성이 생겨났다.
② 1869년 영국에서 탄생한 자선조직협회(COS)가 미국으로 건너가 1877년 뉴욕 주 버팔로(Buffalo) 시에서 영국 성공회 소속인 거틴(Stephen H. Gurteen)목사에 의해 창설되어 미국 전역으로 확산되었는데, 1893년경에는 미국 전역에 55개소로 증가하였으며 1904년에는 모두 150개의 지부가 생겨났다.
④ 1960년대 연방정부에 의해 선포된 '빈곤과의 전쟁(War on Poverty)'과 관련해서 각종 시범프로젝트들이 지원되었으며, 이러한 프로젝트를 효과적으로 관리·실천하기 위해 경제원조국(OEO : Office of Economic Opportunity)과 지역사회행동기관(CAA : Community Action Agency)을 비롯한 수많은 기관들을 설립했다. 이 시기 정부가 지원하는 지역사회정신건강센터(CMHC : Community Mental Health Center)가 시작되었다.
⑤ 사회복지서비스 전달체계의 '민영화'가 시도가 본격화 된 것은 1980년대로, 이 시기 들어서는 레이건 행정부에 의해 중앙정부의 사회복지 역할 축소에 대한 시도가 가속화되어 사회복지행정에 중대한 변화를 초래하게 되었다.

정답 ③

02 우리나라 사회복지행정의 역사

016 ✓확인 □□□

1950년대 우리나라 사회복지행정 역사에 관한 설명으로 옳지 않은 것은?
• 18회

① 외국민간원조기관협의회(KAVA, Korea Association of Voluntary Agencies)는 구호물자의 배분을 중심으로 사회복지행정 활동을 하였다.
② KAVA는 구호 활동과 관련된 조직관리 기술을 도입했다.
③ 사회복지기관들은 수용·보호에 바탕을 둔 행정관리 기술을 사용하였다.
④ KAVA는 서비스 중복, 누락, 서비스 제공자 간의 협력체계 구축에 초점을 두었다.
⑤ KAVA는 지역사회 조직화나 공동체 형성을 위한 조직관리 기술을 적극적으로 활용하였다.

해설
1952년 결성된 외국민간원조기관한국연합회(KAVA)를 비롯해 1950년대 이후 1970년대까지의 한국 초기 사회복지정책과 실천은 대개 단순히 수용시설을 운영하거나, 외원 받은 구호물자들을 배분하는 데 치중되었다. 즉, 1950년 이후로 사회복지공급방식을 주도했던 외원은 개인에 대한 자선이나 박애, 선교 등에 일차적 목적이 있었으며, 지역사회적 조직화나 공동체 형성에 큰 관심을 보이지 않았다.

+ 보충설명
① KAVA는 **전쟁이재민에게 구호물자나 양곡을 배급하고 긴급의료서비스를 제공**하였다.
② KAVA의 사회복지활동은 단순히 물질적 지원에 그치지 않고, **구호 활동과 관련한 조직 체제와 기술 등까지를 들여왔다.**
③ 수용시설을 중심으로 하는 대부분의 사회복지서비스 기관들은 국내 자원보다 외원에 주로 의존하고 있었으며, 그로 인해 이런 기관들에서의 행정업무란 **사회통제의 목적이 보다 강한 수용시설의 유지와 운영**에 초점이 맞추어져 있었다.
④ KAVA는 서비스 제공자 간 상호교환을 통해 원조의 중복과 누락을 피하고, 서비스 제공자 간의 협력과 조정기능을 강화하고자 하였다.

정답 ⑤

017 ✓확인 □□□

우리나라 사회복지행정의 역사에 관한 설명으로 옳지 않은 것은?
• 10회

① 1960년대 - 이용시설보다는 생활시설이 주를 이루었다.
② 1970년대 - 외원기관의 원조가 감소하면서 민간사회복지시설은 시설운영에 필요한 자원이 부족하였다.
③ 1980년대 - 사회복지전담 공무원 제도가 도입되면서, 공적 전달 체계 내에 사회복지 독립 조직이 설치되었다.
④ 1990년대 - 사회복지학과가 설치된 거의 모든 대학에서 사회복지행정을 필수과목으로 책정하였다.
⑤ 2000년대 - 시·군·구에 배치된 사회복지통합서비스 전문 요원의 사례관리 역할이 강조되었다.

해설
1992년 12월 8일 「사회복지사업법」 개정을 통해 사회복지전담 공무원과 복지사무 전담기구(사회복지사무소)를 설치할 수 있는 법적 근거를 마련하였다. 복지사무 전담기구는 1995년부터 1999년까지 그리고 2004년 7월부터 2006년 6월까지 시범사업을 실시하였으나 2006년 6월 운영 종료되었다.

✕ 오답풀이
⑤ 2012년 4월부터 설치·운영된 희망복지 지원단과 관련하여, 시·군·구 통합사례관리 전담기구에 배치된 **사회복지통합서비스 전문요원**의 업무내용은 통합사례관리 업무(취약계층 발굴, 위기가구에 대한 종합상담, 지역자원 서비스 발굴·연계, 사례관리대상 가구와 욕구조사 및 서비스 계획수립, 서비스자원 연계 의뢰 및 제공 여부 지속적 점검 등) 수행, 이관콜 업무(복지부 중앙콜센터와 연계한 상담시스템을 통해 보건복지콜센터와 희망복지지원팀 내 전문요원 간 상담전화·데이터 이관을 통한 종합상담 및 서비스 연계·대상자 모니터링) 수행, 기타 사회복지통합서비스 관련 업무를 수행한다.

정답 ③

018

우리나라 사회복지전달체계의 변화 과정을 순서대로 나열한 것은?

・19회

> ㉠ 사회복지사무소 시범사업
> ㉡ 지역사회 통합돌봄
> ㉢ 읍・면・동 복지허브화
> ㉣ 사회복지통합관리망(행복e음) 개통
> ㉤ 보건복지사무소 시범사업

① ㉠ - ㉤ - ㉢ - ㉣ - ㉡
② ㉡ - ㉠ - ㉣ - ㉤ - ㉢
③ ㉢ - ㉡ - ㉤ - ㉣ - ㉠
④ ㉣ - ㉤ - ㉠ - ㉢ - ㉡
⑤ ㉤ - ㉠ - ㉣ - ㉢ - ㉡

해설

우리나라 사회복지전달체계의 변화 과정은 ㉤(1995년부터 2000년까지) - ㉠(2004년부터 2006년까지) - ㉣(2010년) - ㉢(2016년) - ㉡(2019년) 순이다.

+보충설명

㉠ 2004년 7월부터 2006년 6월까지 서울 서초구, 강원 춘천시, 충북 옥천군 등 9개 시・군・구 지역에 **사회복지사무소 시범사업**을 실시하였다.

㉡ 2018년 11월 **지역사회 통합돌봄** 기본계획을 발표하고 2019년 4월에 16개 지방자치단체를 선정하여 사업을 추진하고 있다.

㉢ 읍・면・동을 중심으로 찾아가는 방문 상담, 사례 관리, 민관 협력 등 지역 복지 기능을 강화하기 위해 2016년 2월부터 전국 33개 선도지역을 시작으로 '읍・면・동 복지허브화' 사업이 실시되었다.

㉣ 2010년 1월 4일부터 기존 새올행정시스템(시・군・구 업무지원시스템) 중 복지분야를 분리하여 중앙에 통합구축하는 정보시스템으로서 **사회복지통합관리망 '행복e음'**이 개통되었다.

㉤ 1995년부터 1999년 12월까지 4년 6개월 동안 전국 5개 지역에서 **보건복지사무소 시범사업**을 실시하였다.

정답 ⑤

019

우리나라 사회복지행정의 변화과정과 주요 정책에 관한 설명으로 옳지 않은 것은?

・15회

① 사회복지시설평가제 도입은 자원의 효율적 운영에 대한 관심을 확대시키는 계기가 되었다.
② 주로 지방정부에서 운영되는 사회복지사업이 국고보조사업으로 이양되었다.
③ '읍・면・동 복지허브화' 전략은 맞춤형 통합서비스를 제공하기 위한 민・관 협력을 기반으로 한다.
④ 희망복지지원단은 공공영역에서의 사례관리 기능을 담당한다.
⑤ 국민기초생활보장제도는 복지가 국민의 권리로서 인정받기 시작했다는 의미를 갖는다.

해설

국고보조사업으로 운영되는 사회복지사업이 지방화(분권화)로 인해 **지방정부로 이양**되었다. 지방화(localization)는 중앙정부가 주도해오던 사회복지서비스 업무를 지방정부로 이양하는 것을 의미하는데, 2004년 「지방교부세법」 개정으로 신설된 분권교부세(2005년부터 시행된 분권교부세는 2015년 보통교부세로 통합)와 2003년 「사회복지사업법」 개정으로 규정된 **지역사회복지계획의 수립, 지역사회복지협의체 설치 의무화**가 좋은 예이다.

+보충설명

③ 읍・면・동을 중심으로 찾아가는 방문 상담, 사례 관리, 민관 협력 등 지역 복지 기능을 강화하기 위해 **2016년 2월**부터 전국 33개 선도지역을 시작으로 '읍・면・동 복지허브화' 사업이 실시되었으며, 2018년까지 전국 읍・면・동에 확대 적용되었다.

정답 ②

020

최근 사회복지행정의 환경 변화로 옳지 않은 것은? ·18회

① 지역사회 주민운동의 활성화
② 사회서비스 공급의 주체로서 영리부문의 참여
③ 지역사회보장협의체를 통한 민·관 협력체계 구축
④ 사회적 경제에 의한 비영리조직의 시장경쟁력 강화 필요
⑤ 복지다원주의 패러다임 등장으로 국가 주도의 복지서비스 공급

해설

복지다원주의는 중앙정부 중심의 복지공급을 지양하고, 지방정부, 비영리부문(제3섹터), 기업 등으로 복지공급의 주체를 다원화하는 것이다. 따라서, 복지다원주의 패러다임 등장으로 복지서비스 공급에 있어 지방정부의 역할과 책임이 강화되는 지방화(localization)가 이루어졌다.

보충설명

① 지역주민의 자주적인 역량강화와 복지권의 실현을 위해 **주민참여를 통한 지역복지운동이 다양하게 전개**되고 있다. 2005년에 전국에서 활동하고 있는 지역사회복지운동단체의 경험과 비전을 공유하고 공동 실천의제를 논의하기 위해 '지역복지운동단체네트워크'가 공식적으로 발족하고 활동을 전개하고 있다.
② 사회서비스 전략을 앞세운 **시장화와 영리화의 허용으로 인해 영리조직들의 사회복지서비스 시장진입**이 이루어지고 있다.
③ 2003년 「사회복지사업법」이 개정됨에 따라 시·군·구에 지역사회복지협의체가 설치되었고, **2015년에는 지역사회보장협의체로 확대개편되어 민·관 주체들의 적극적 참여를 통한 지역사회보장계획**이 수립될 수 있게 되었다.
④ 최근 지역사회 안에 **사회적 기업, 마을기업, 협동조합 등 사회적 경제조직이 급속도로 확대**되고 있다.

정답 ⑤

021

사회복지행정 환경의 동향에 관한 설명으로 옳지 않은 것은? ·19회

① 사회서비스 확대로 사회적 일자리가 창출되고 있다.
② 지방자치단체에서 주민참여를 활성화하고 있다.
③ 주민센터를 행정복지센터로 개편하는 추세이다.
④ 지역사회 통합돌봄 추진에 따라 생활시설 거주자의 퇴소를 금지하고 있다.
⑤ 지역사회 통합돌봄 도입으로 전문직종 간 서비스를 연계하여 제공한다.

해설

지역사회 통합돌봄 추진에 따라 생활시설 거주자의 **퇴소를 지원**하고 있다. 즉 2018년 지역사회통합돌봄 기본계획을 발표하고 2019년부터 추진하고 있다. **지역사회 통합돌봄**이란 돌봄이 필요한 주민(노인, 장애인, 정신장애인 등)들이 살던 곳(자기 집, 그룹홈 등)에서 개개인의 욕구에 맞는 서비스를 누리고, 지역사회와 함께 어울려 살아갈 수 있도록 하는 지역주도형 정책이다.

보충설명

① 2019년 최초 설립·운영하고 있는 **사회서비스원**에서 서비스 종사자들을 직접 고용하고 있으며, **사회서비스분야 사회경제조직(사회적 기업, 사회적 협동조합, 자활기업, 마을기업 등)**을 활용한 사회서비스 제공 등으로 사회적 일자리가 창출되고 있다.
② 정부와 지방자치단체에서는 주민참여를 활성화하여 지방자치의 본래적 취지를 실현하고 실질적인 자치분권을 강화하기 위해 다양한 노력을 하고 있다. 참고로 보건복지부에서는 2020년 사회서비스분야 사회적 경제 육성지원 사업으로 주민이 직접 사회적 협동조합을 구성하여 공공 돌봄사업 간 틈새 지원하는 '**주민참여형 돌봄조합**' 시범사업을 실시하였다.
③ 「읍·면·동 복지허브화」 추진을 위해 **2016년부터 읍·면·동 사무소(읍·면 사무소, 동 주민센터) 명칭을 「행정복지센터」로 전환**하였다.
⑤ 지역사회 통합돌봄 도입으로 **다(多)직종 연계협력을 통해 대상자를 발굴하고 서비스를 연계하여 제공**한다. 즉 민(多직종기관·전문가)-관(多부서·기관)이 통합돌봄의 관점에서 대상자를 중심에 두고 다양한 서비스 간 연계를 통해 서비스를 통합적으로 제공한다.

정답 ④

제3장 사회복지행정의 이론적 배경

제7영역 : 사회복지행정론

01 폐쇄체계이론

022 ✓확인 ☐☐☐

베버(M. Weber)의 관료제이론에 관한 설명으로 옳은 것을 모두 고른 것은?
・16회

┌─────────────────────────────────────┐
│ ㉠ 조직 내 비공식 집단의 중요성을 인식한다.
│ ㉡ 조직이 수행해야 할 과업이 일상적·일률적인 경우 효율
│   적이다.
│ ㉢ 조직외부의 정치적 상황에 주목한다.
│ ㉣ 조직운영의 권한양식이 합법성·합리성을 띠고 있다.
└─────────────────────────────────────┘

① ㉠, ㉢   ② ㉠, ㉣   ③ ㉡, ㉣
④ ㉠, ㉡, ㉣   ⑤ ㉡, ㉢, ㉣

해설
㉡ 관료제이론은 **조직이 수행해야 할 과업이 일상적이고 일률적인 경우 효율적이고 합리적이다.**
㉣ **합법성**이란 조직의 구성과 운영이 보편적이면서 객관적 규정에 근거함을 뜻하며, **합리성**은 목적 성취에 최적의 수단이 선택되는 것을 말한다.

✗오답풀이
㉠ 조직 내 비공식 집단의 중요성을 인식하는 것은 **인간관계이론**이다. 인간관계이론에 의하면 조직에는 비공식 집단이 별도로 존재하며 이러한 비공식 집단이 개인의 태도와 생산성에 강력한 영향을 미친다.
㉢ 관료제이론은 폐쇄체계이론으로 조직외부의 정치적 상황에 주목하지 않는다.

정답 ③

023 ✓확인 ☐☐☐

베버(M. Weber)가 제시한 이상적 관료제형으로 옳지 않은 것은?
・21회

① 공식적 위계와 업무처리 구조
② 전문성에 근거한 분업구조
③ 전통적 권위에 의한 조직 통제
④ 직무 범위와 권한의 명확화
⑤ 조직의 기능은 규칙에 의해 제한

해설
합법적 권위에 의한 조직 통제. 즉 관료제형은 합법적 권위에 기초하고 있다. 권위는 전통적 권위, 카리스마적 권위, 합법적 권위 3가지 유형이 있다. ① 전통적 권위는 왕이나 황제 등 세습적 리더가 통치하는 권위이다. ② 카리스마적 권위는 통치자 자신이 가지는 비범한 개인적인 자질로 피지배자들로부터 복종심과 경이로움을 자아내게 하는 권위이다. ③ 합법적 권위는 규칙과 절차에 의해 부여된 정당성과 전문성으로부터 발생되는 권위이다.

+보충설명
① 공적인 지위에 기반을 둔 위계적인 권위구조와 업무처리 구조를 가진다.
② 조직의 효율적인 과업수행을 위해 직무를 적절히 분담하고 분업화하고 전문화한다.
④ 직무범위와 권한이 법규나 행정명령과 같은 규칙에 의해 명확하게 규정된다.
⑤ 규칙은 조직의 기능을 제한하는 기능을 하며, 규칙에 의한 규제는 조직에 가장 중요한 계속성과 안정성을 제공한다.

정답 ③

024

과학적 관리론(scientific management)에 관한 설명으로 옳은 것을 모두 고른 것은?
· 19회

> ㄱ. 조직 구성원의 업무를 과학적으로 분석하여 활용한다.
> ㄴ. 집권화를 통한 위계구조 설정이 조직 성과의 결정적 요인이다.
> ㄷ. 호손(Hawthorne) 공장에서의 실험결과를 적극 반영하였다.
> ㄹ. 경제적 보상을 통해 생산성을 극대화할 수 있다.

① ㄱ, ㄴ ② ㄱ, ㄷ ③ ㄱ, ㄹ
④ ㄴ, ㄷ ⑤ ㄷ, ㄹ

해설
ㄱ. 업무의 과학적 분석이란 전 생산공정을 최소단위로 분해하여 각 요소별 동작의 형태·순서·소요시간 등을 시간연구와 동작연구 등에 의해서 표준화·전문화·단순화하는 것을 말한다.
ㄹ. 경제적 보상이란 개별적으로 달성된 직무를 성실히 수행한 사람과 그렇지 못한 사람을 구별하여 임금과 다른 경제적 보상을 달리하는 것을 말한다.

오답풀이
ㄴ. 집권화를 통한 위계구조 설정이 조직 성과의 결정적 요인이라는 것은 **관료제이론에 해당**된다. 즉 관료제는 권한과 책임을 집권화한 위계구조인 계층제를 특징으로 한다.
ㄷ. 호손(Hawthorne) 공장에서의 실험결과를 적극 반영한 것은 **인간관계이론**이다. 인간관계이론은 하버드 대학의 메이요(Elton Mayo) 교수를 중심으로 호손공장에서 1924년~1932년 사이(8년간)에 실시된 실험연구를 계기로 전개된 조직이론이다.

정답 ③

025

테일러(F. W. Taylor)의 과학적 관리론에 관한 설명으로 옳은 것을 모두 고른 것은?
· 22회

> ㄱ. 직무의 과학적 분석 : 업무시간과 동작의 체계적 분석
> ㄴ. 권위의 위계구조 : 권리와 책임을 수반하는 권위의 위계
> ㄷ. 경제적 보상 : 직무성과에 따른 인센티브 제공
> ㄹ. 사적 감정의 배제 : 공식적인 원칙과 절차 중시

① ㄱ, ㄴ ② ㄱ, ㄷ ③ ㄴ, ㄹ
④ ㄱ, ㄴ, ㄷ ⑤ ㄱ, ㄷ, ㄹ

해설
ㄱ. 과학적 관리방법의 4단계는 목표설정, 직무의 과학적 분석, 관리의 원칙 수립, 경제적 보상으로, **직무의 과학적 분석 단계에서 생산공정을 최소단위로 분해하여 각 요소별 동작의 형태·순서·소요시간 등을 시간연구와 동작연구 등에 의해서 표준화·전문화·단순화**한다.
ㄷ. 과학적 관리방법의 4단계 중 경제적 보상은 직무성과에 따른 인센티브 제공을 위해 **개별적으로 달성된 직무를 성실히 수행한 사람과 그렇지 못한 사람을 구별**하여 임금과 다른 경제적 보상을 달리한다.

오답풀이
ㄴ. 권위의 위계구조와 ㄹ. 사적 감정의 배제는 **관료제의 특성**에 관한 설명이다.
ㄴ. **권위의 위계구조**란 권한과 책임을 집권화한 위계구조로 하위직은 상위직의 감독과 통제를 받는 것으로 계층제를 말한다.
ㄹ. **사적 감정의 배제**란 합리적인 결정을 위해 상위자는 하위자나 고객과 감정적인 교류를 피해야 하는 것으로 공식적인 원칙과 절차를 중시한다.

정답 ②

026

다음 설명에 해당하는 사회복지행정 기능은? ・16회

- 조직의 공식구조를 통해 업무를 규정한다.
- 조직목표와 과업 변화에 부응하여 조직구조를 확립한다.

① 조정(coordinating) ② 인사(staffing)
③ 지휘(directing) ④ 조직화(organizing)
⑤ 기획(planning)

해설
조직화(organizing)는 권한의 공식적 구조를 확립하는 기능으로, 공식적 구조의 확립은 정해진 목표를 달성하기 위해 업무단위를 배열하고, 규정하며, 조정하는 방식으로 이루어진다.

+ 보충설명
① 조정(coordinating)은 업무의 여러 부분을 관련시키는 모든 중요한 의무를 지칭한다.
② 인사(staffing)는 직원을 충원, 훈련하고 호의적인 작업조건을 유지하는 모든 인사기능을 말한다.
③ 지휘(directing)는 의사결정을 수행하고, 결정을 구체적이고 일반적인 명령과 지시로 구현하는 동시에 조직의 안내역할을 하도록 만드는 지속적인 기능이다.
⑤ 기획(planning)은 조직목표를 달성하기 위하여 수행해야 할 개괄적인 윤곽과 업무수행 방법을 작성하는 것을 말한다.

정답 ④

027

사회복지행정의 기능에 관한 설명으로 옳은 것을 모두 고른 것은? ・21회

ㄱ. 기획(planning) : 조직의 목적과 목표달성 방법을 설정하는 활동
ㄴ. 조직화(organizing) : 조직의 활동을 이사회와 행정기관 등에 보고하는 활동
ㄷ. 평가(evaluating) : 설정된 목표에 따라 성과를 평가하는 활동
ㄹ. 인사(staffing) : 직원 채용, 해고, 교육, 훈련 등의 활동

① ㄱ, ㄴ ② ㄱ, ㄷ ③ ㄱ, ㄷ, ㄹ
④ ㄴ, ㄷ, ㄹ ⑤ ㄱ, ㄴ, ㄷ, ㄹ

해설
ㄱ. 기획(planning)은 목표의 설정과 목표를 달성하기 위한 과업 및 활동, 과업을 수행하기 위해 사용되는 방법을 결정하는 단계이다.
ㄷ. 평가(evaluating)는 설정된 기준과 실적을 비교하여 평가하는 활동이다. 참고로 버나드(Barnard)는 귤릭(Gulick)이 제시한 POSDCoRB에 평가를 추가하여 조직의 행정과정을 POSDCoRBE로 제시하였다. 즉 기획(Planning), 조직(Organizing), 인사(Staffing), 지시(Directing), 조정(Coordinating), 보고(Reporting), 재정(Budgeting), 평가(Evaluating)으로 분류하였다.
ㄹ. 인사(staffing)는 직원의 채용과 해고, 직원의 훈련, 우호적인 근무조건의 유지 등이 포함되는 활동이다.

× 오답풀이
ㄴ. 조직의 활동을 이사회와 행정기관 등에 보고하는 활동은 **보고(Reporting)**이다. 조직화(organizing)는 권한의 공식적 구조를 확립하는 기능으로, 공식적 구조의 확립은 정해진 목표를 달성하기 위해 업무단위를 배열하고, 규정하며, 조정하는 방식으로 이루어진다.

정답 ③

028

인간관계 이론에 관한 설명으로 옳은 것을 모두 고른 것은?

· 9회

㉠ 조직에서 규칙을 강조하고 능률을 최우선시 한다.
㉡ 인간의 심리 사회적 욕구를 중요시하는 이론이다.
㉢ 맥그리거(McGregor)의 X이론과 유사한 관점의 이론이다.
㉣ 조직 구성원의 자율성과 책임성을 강조한다.

① ㉠, ㉡, ㉢　　② ㉠, ㉢　　③ ㉡, ㉣
④ ㉣　　⑤ ㉠, ㉡, ㉢, ㉣

해설
㉡ 인간관계 이론은 인간의 사회적·심리적 욕구와 구성원의 사회적인 상호작용을 중요시한다.
㉣ 일을 자연스러운 활동으로 받아들이고 자신의 책임 하에 스스로 일의 방향을 정하고 창의적으로 활동하며 조직의 목표를 달성하기 때문에 관리자는 그들의 능력과 가능성을 믿고 **자율성을 부여하는 민주적 의사결정**이 필요하다.

오답풀이
㉠ 조직에서 규칙을 강조하고 능률을 최우선시 하는 것은 **과학적 관리론**이다.
㉢ 맥그리거(McGregor)의 X이론과 유사한 관점의 이론은 **고전적 관리이론**이다.

정답 ③

029

메이요(E. Mayo)가 제시한 인간관계이론에 관한 설명으로 옳은 것은?

· 22회

① 생산성은 근로조건과 환경에 의해서만 좌우된다.
② 심리적 요인은 생산성 향상에 영향을 미친다.
③ 사회적 상호작용은 생산성 향상에 부정적인 영향을 미친다.
④ 공식적인 부서의 형성은 생산성 향상으로 이어진다.
⑤ 근로자는 집단 구성원이 아닌 개인으로서 행동하고 반응한다.

해설
인간관계이론에서는 경제적인 욕구나 동기에 입각한 합리적 행동보다도 비경제적 요인인 심리적 욕구나 동기가 생산성에 영향을 미친다고 본다.

오답풀이
① 생산성은 근로조건과 물리적 환경조건에 의해 좌우되는 것이 아니라 **집단 내의 동료 또는 윗사람과의 인간관계에 의해 크게 좌우**된다.
③ 구성원의 사회적인 상호작용은 생산성 향상에 **긍정적인 영향**을 미친다.
④ 공식적인 부서의 형성이 아니라 조직에 별도로 존재하는 **비공식 집단**이 개인의 태도와 생산성에 강력한 영향을 미친다.
⑤ 근로자는 개인이 아닌 **집단 구성원으로서 행동하고 반응**한다. 즉, 근로자는 개인으로서가 아니라 집단의 일원으로서 행동한다.

정답 ②

030 ✓확인 ☐☐☐

사회복지조직 이론에 관한 설명으로 옳은 것을 모두 고른 것은?
· 23회

> ㉠ 과학적 관리론 : 직무에 관한 과학적 연구와 분석
> ㉡ 관료제이론 : 표준 운영 절차를 통한 합리성과 전문성 추구
> ㉢ 인간관계론 : 조직 내 인간을 심리적, 사회적 욕구를 가진 전인격적 존재로 파악
> ㉣ 상황이론 : 조직의 상황에 관계없이 효율성을 극대화할 수 있는 이상적 방법 추구

① ㉠, ㉡ ② ㉢, ㉣ ③ ㉠, ㉡, ㉢
④ ㉡, ㉢, ㉣ ⑤ ㉠, ㉡, ㉢, ㉣

해설
㉠ **과학적 관리론**은 직무에 대한 과학적 연구와 분석을 통해 작업의 효율성을 극대화하고자 하는 이론이다.
㉡ **관료제이론**은 위계구조와 명확한 규칙, 표준화된 운영 절차를 통해 조직의 합리성과 전문성을 추구하는 이론이다.
㉢ **인간관계론**은 조직 내 인간을 심리적·사회적 욕구를 가진 전인격적 존재로 인식하고, 인간적인 관계와 만족이 조직 성과에 중요한 영향을 미친다고 보는 이론이다.

✗오답풀이
㉣ 조직의 상황에 관계없이 효율성을 극대화할 수 있는 이상적 방법을 추구하는 것은 **과학적 관리이론**이다. **상황이론**은 조직의 효과적인 관리 방식은 조직이 처한 상황에 따라 달라지며, 상황에 무관한 보편적 이상적 방법은 없다고 전제한다.

정답 ③

02 개방체계이론

031 ✓확인 ☐☐☐

다음에서 설명하고 있는 조직이론은?
· 19회

> · 효과적인 조직관리 방법은 조직이 처한 환경과 조건에 따라 달라진다.
> · 경직된 규칙과 구조를 가진 조직이 효과적일 경우도 있다.
> · 어느 경우에나 적용되는 최선의 조직관리 이론은 없다.

① 상황이론   ② 관료제이론
③ 논리적합이론 ④ 인지이론
⑤ 인간관계이론

해설
○ 효과적인 조직관리 방법은 조직이 처한 환경과 조건에 따라 달라진다고 보는 조직이론은, 조직화의 최선의 유일한 방법은 없으며 조직화는 상황에 따라서 결정되어야 할 사항으로 보는 **상황이론(contingency theory)**이다.
○ 상황이론에서는 효과적인 조직은 다양할 수 있다고 보기 때문에, **경직된 규칙과 구조를 가진 조직이 당면한 상황에 적합하다면 효과적일 경우도 있는** 것이다.
○ 상황이론가들은 특정한 조직구조와 관리방법이 다른 구조와 방법보다 효과적이라는 가정을 부정하기 때문에, 어느 경우에나 적용되는 최선의 조직관리 이론은 없다고 본다.

정답 ①

032

다음은 체계이론 중 어떤 하위체계에 관한 설명인가? ·15회

- 주요 목적은 개인의 욕구를 통합하고 조직의 영속성을 확보하는 것이다.
- 업무절차를 공식화하고 표준화한다.
- 직원을 선발하여 훈련시키며 보상하는 제도를 확립한다.

① 관리 하위체계 ② 적응 하위체계
③ 생산 하위체계 ④ 경계 하위체계
⑤ 유지 하위체계

해설
유지 하위체계(maintenance subsystem)는 조직의 현재 상태대로 조직의 계속성을 확보하고 그 주요한 역동성은 조직을 안정상태로 유지하는 것으로, 이를 위해 사용되는 메커니즘으로는 업무절차의 공식화, 보상체계의 확립, 새로운 구성원의 사회화, 교육, 직원선발과 훈련 등이 있다.

정답 ⑤

033

다음에서 설명하고 있는 이론은? ·18회

- 서비스 전달체계에서 업무환경을 강조한다.
- 생존을 위해서 환경으로부터 합법성을 부여받아야 한다.
- 조직의 내·외부 환경의 역학 관계가 서비스 전달체계에 영향을 미친다.

① 관료제이론 ② 정치경제이론
③ 인간관계이론 ④ 목표관리이론(MBO)
⑤ 총체적 품질관리(TQM)

해설
정치경제이론(political economy theory)에 대한 설명이다. 정치경제이론에 의하면 조직의 생존과 발전(서비스 생산)에는 두 가지 기본적인 자원, 즉 정치적 자원과 경제적 자원이 필수불가결하다.
○ 조직이 서비스 전달체계를 형성하는데 있어서 환경의 중요성, 특히 **업무환경(task environment)의 중요성**을 부각시킨다.
○ 환경으로부터 합법성을 부여받는 것은 정치적 자원과 관련된다. 조직에서의 합법성은 조직의 설립기반과 모든 활동의 근거가 되는 중요한 요소이다.
○ 사회복지조직의 내·외부 정치경제적 관계가 조직의 서비스 전달체계에 어떤 영향을 미치는지를 잘 설명해준다.

정답 ②

034

다음을 공통적으로 중요시하는 조직 이론은? ·13회

- 개방체계적 관점에서 조직에 대한 환경의 영향력을 설명한다.
- 사회복지 조직과 관련된 법적 규범이나 가치 체계를 주요 설명요인으로 다룬다.
- 유사 조직 간의 동형화(isomorphism) 현상을 모범사례에 대한 모방과 전이 행동으로 설명한다.

① 제도이론
② 관료제 이론
③ 정치 경제이론
④ 자원의존 이론
⑤ 조직군 생태학 이론

해설
제도이론은 조직 그 자체의 규범과 조직을 둘러싼 사회적 가치와 규범의 결집체인 제도적 환경(institutional environment)이 조직의 특성과 행태를 좌우한다는 점을 강조한다. 사회복지 조직의 주요 제도적 환경으로는 활동과 관련된 사회적 규범과 가치체계, 정부의 법과 정책, 여론 등을 들 수 있다. **유사 조직 간의 동형화(isomorphism) 현상이란** 제도적 환경에 대해 많은 조직들이 합리적이고 인지적 적응을 하기 보다 다른 조직들의 성공적 실천사례에 대한 모방적 행동(적응 관행의 모방)을 통해 적응해 나가는 경향을 말한다.

정답 ①

035

사회복지 조직 이론과 그 특징의 연결이 옳은 것은? ·14회

① 상황이론 : 모든 조직의 이상적 관리방법은 같다.
② 제도이론 : 조직의 생존을 위한 적응기제를 주목한다.
③ 정치·경제이론 : 외부 자원에 의존이 강한 사회복지 조직에는 설명력이 약하다.
④ 행정적 관리이론 : 조직 내 인간적 요소를 강조한다.
⑤ 동기·위생이론 : 조직외부 환경의 영향을 중요하게 인식한다.

해설
제도이론은 조직이 생존을 위해 환경에서 요구하거나 스스로 만든 제도화된 규칙을 받아들이고 지키며 적응한다고 보았다.

오답풀이
① 상황이론은 **조직화하는 데 유일한 최선의 방법이 없으며**, 조직의 상황에 따라 적절한 조직화 방법을 결정하여야 한다고 전제한다.
③ 정치·경제이론은 외부 자원에 의존이 강한 사회복지 조직에는 설명력이 **강하다**.
④ 조직 내 인간적 요소를 강조하는 것은 **인간관계이론**이다.
⑤ **동기·위생이론은 동기부여이론**으로, 조직에서 동기유발을 위해 2가지 조건, 즉 직무에 만족을 주는 동기유발요인의 충족과 불만을 초래하는 위생요인의 제거가 되어야 한다고 본다.

정답 ②

03 현대조직이론

036 ✓확인 ☐☐☐

구성원의 참여를 강조하면서, 명확한 목표 설정과 책임 부여에 초점을 두어 생산성을 높이고자 하는 조직관리 접근은? · 11회

① 학습조직
② Z이론
③ 인간관계론
④ 과학적 관리론
⑤ MBO

해설

목표관리(Management By Objectives, MBO)의 구성요소는 **명확한 목표 설정, 참여, 피드백(환류)**이다.
(1) 명확한 목표 설정 : 측정 가능하고 수개월에서 1년 정도의 비교적 단기적인 목표(objectives)를 설정한다.
(2) 참여 : 참여의 과정을 통한 목표의 설정을 강조하며, 참여를 통해 의사결정을 도모하고 직무만족도를 상승시킬 수 있다.
(3) 환류 : 활동의 과정과 결과를 평가하고 이를 환류시킨다. 그리하여 환류는 집단의 문제해결 능력을 증진시키고 개인의 직무수행 능력을 향상시킨다.

정답 ⑤

037 ✓확인 ☐☐☐

총체적 품질관리(TQM)에 관한 설명으로 옳지 않은 것은? · 15회

① 고객중심 관리를 강조한다.
② 지속적인 서비스 품질향상을 강조한다.
③ 서비스 품질은 마지막 단계에 고려한다.
④ 의사결정은 자료분석에 기반한다.
⑤ 품질향상은 모든 조직구성원들의 헌신을 필요로 한다.

해설

서비스 품질은 **모든 단계에서 고려한다.** 즉 서비스나 제품의 설계·제조·판매·사후관리에 이르기까지 **모든 단계에 걸쳐 품질향상** 노력이 총체적으로 이루어진다.

정답 ③

038

총체적 품질관리(TQM)에 관한 설명으로 옳은 것은? • 16회

① 최고책임자의 의사결정권을 강조한다.
② 조직관리 및 업적평가 방식으로 고안되었다.
③ 맥그리거(D. McGregor)의 X이론을 발전시켰다.
④ 서비스 생산 과정과 절차를 지속적으로 개선한다.
⑤ 작업시간 단축을 목표로 둔다.

해설
품질은 투입과 과정에 대한 지속적 개선을 요구한다. 즉, 투입과 과정에 대한 지속적인 개선노력이 질적 우월성을 가져다준다.

오답풀이
① 전체적인 품질을 개선하기 위해 조직 내 다양한 부서 간 협력 문화를 구축하는 데 초점을 두며, 직원의 역량 강화를 요구하고 **직원들이 언제나 상사의 의견을 확인하지 않고서도 결정을 내릴 권한을 부여**하도록 강조한다. 또한 서비스의 질은 궁극적으로 **고객이 결정**한다.
② 내부 경쟁이 품질을 저하시킨다고 보기 때문에 **팀워크를 강조**한다.
③ 맥그리거(D. McGregor)의 **X이론은 고전적 조직관리이론**과 그 맥락을 같이하고 있다.
⑤ **장기적이며, 끝이 없는 과정**으로, 뛰어난 품질을 달성하기 위해 필요한 변화를 만드는 데 시간이 걸린다.

정답 ④

039

총체적 품질관리(TQM) 원칙에 관한 설명으로 옳은 것은? • 18회

① 조직구성원들의 집단적 노력을 강조한다.
② 현상 유지가 조직의 중요한 관점이다.
③ 의사결정은 전문가의 직관을 기반으로 한다.
④ 구성원들과 각 부서는 경쟁체제를 형성한다.
⑤ 품질결정은 전문가가 주도한다.

해설
조직구성원들의 개인 노력보다는 집단적 노력을 강조한다. 즉 고품질의 서비스는 조직의 다양한 직원의 협력적 활동의 결과로 나타난다.

오답풀이
② **지속적인 개선**이 조직의 중요한 관점이다.
③ 의사결정은 **자료분석에 기반**하며, 어떤 것이 잘못되기보다는 안 하는 것이 낫다고 본다.
④ 조직 구성원들과 부서는 **서로 협동관계**를 형성한다.
⑤ 품질결정은 **고객**이 주도한다.

정답 ①

OIKOS UP 전통적인 미국의 관리 원칙과 TQM 원칙 비교 (신복기 외, 2013)

전통적인 관리 원칙	TQM 원칙
• 조직은 경쟁하는 다양한 목적들을 가짐 • 재정에 대한 관심이 조직을 주도 • 품질을 결정하는 것은 조직관리자와 전문가 • 현상유지에 초점 • 변화는 뜻밖의 일이며 관료적 체계에 도전하는 우승자에 의해 수행된다. • 구성원들과 각 부서는 서로 경쟁 • 의사결정은 감각에 기반함 (안 하는 것보다 무언가 하는 것이 낫다) • 구성원의 훈련은 사치스러운 것이며 비용이 든다는 인식 • 조직 내 의사소통은 기본적으로 상의하달식 • 계약자들은 가격에 기초하여 서로 간에 경쟁하도록 장려함	• 질은 조직의 일차적 목적 • 고객만족이 조직을 주도 • 품질의 결정은 고객 • 지속적인 개선이 초점 • 변화는 지속적이며 팀워크에 의해 수행됨 • 조직 구성원들과 부서는 서로 협동 • 의사결정은 자료 분석에 기반함 (어떤 것이 잘못되기보다는 안 하는 것이 낫다) • 구성원의 훈련은 필수적이고 투자라는 인식 • 조직 내 의사소통은 상향, 하향, 그리고 양방향으로 진행 • 질 높은 상품과 서비스를 제공하는 계약자들과 장기적인 관계를 발전시킴

040 ☑확인 ☐☐☐

학습조직 구축요인에 관한 설명으로 옳은 것은? · 20회

① 자기숙련(personal mastery) : 명상 활동
② 공유비전(shared vision) : 개인적 비전 유지
③ 사고모형(mental models) : 계층적 수직구조 이해
④ 팀학습(team learning) : 최고관리자의 감독과 통제를 통한 학습
⑤ 시스템 사고(systems thinking) : 전체와 부분 간 역동적 관계 이해

해설
시스템 사고(systems thinking)는 조직에 다양한 요소가 상호관련을 맺고 역동적으로 작용하고 있다는 인식을 바탕으로 이러한 요소 간의 마찰과 대립도 있을 수 있다는 것을 인정하는 동시에 타협과 협력으로 전체조직의 목표달성에 기여한다고 생각하는 것이다.

✕ 오답풀이
① 자기숙련(personal mastery, 개인적 통제감)은 단순히 지식의 습득과 능력의 신장을 넘어 조직구성원이 진실로 원하는 성과를 창조적으로 획득할 수 있는 능력을 확장시키는 것을 말한다.
② 공유비전(shared vision)은 조직구성원 개인의 제각기 다른 목표와 지향점이 생산적인 학습과정을 통해 통합되는 것을 말한다.
③ 사고모형(mental models, 정신적 모델)은 조직구성원이 상호 간의 대화, 성찰, 질문을 통한 지속적인 학습과정에서 최선의 해결책을 강구하고 현재의 상황과 미래에 대한 사고의 틀을 형성하는 것을 말한다.
④ 팀학습(team learning)은 팀 구성원들이 자유롭게 의견을 교환하여 다른 사람의 생각과 아이디어를 교환하고 학습함으로써 문제해결능력을 신장시키는 것을 말한다.

🔍 **정답** ⑤

041 ☑확인 ☐☐☐

현대조직운영 기법에 관한 설명으로 옳지 않은 것은? · 20회

① 리스트럭처링(restructuring) : 중복사업을 통합하여 조직 경쟁력 확보
② 리엔지니어링(re-engineering) : 업무시간을 간소화시켜 서비스 시간 단축
③ 벤치마킹(benchmarking) : 특수분야에서 우수한 대상을 찾아 뛰어난 부분 모방
④ 아웃소싱(outsourcing) : 계약을 통해 외부전문가에게 조직 기능 일부 의뢰
⑤ 균형성과표(balanced score card) : 공정한 직원채용을 위해서 만든 면접평가표

해설
균형성과표(balanced score card)는 Robert Kaplan과 David Norton에 의해 1990년대 초반 개발된 것으로, 재무, 고객, 내부프로세스, 학습과 성장 등 4대 주요 관점을 통한 균형적이고 혁신적인 성과관리 기법이다.

➕ 보충설명
① 리스트럭처링(Restructuring, 구조조정)은 기존 사업구조나 조직구조를 보다 효과적으로 그 기능 또는 효율을 높이고자 실시하는 구조 개혁작업으로, 조직개편이나 비대해진 조직을 간소화하거나 혹은 기존의 프로그램을 통폐합 혹은 축소시켜 나가는 것이다.
② 리엔지니어링(Re-engineering, 업무재구축)은 기업 체질 및 구조의 근본적인 변혁을 가리키는 것으로, 기업경영에서 업무처리 절차(process)를 혁신적으로 재설계하는 개념이다.
③ 벤치마킹(Benchmarking)은 성공적인 조직운영을 위해 최고의 실제 사례를 찾아 그것을 표적으로 자기 조직과 비교하고 그 차이를 극복하기 위해 노력함으로써 부단히 자기 혁신을 추구하는 기법이다.
④ 아웃소싱(outsourcing)은 기업 업무의 일부 프로세스를 경영 효과 및 효율의 극대화를 위한 방안으로 제3자에게 위탁해 처리하는 것을 말한다.

🔍 **정답** ⑤

042

신공공관리론(New Public Management)에 관한 설명으로 옳지 않은 것은?
· 21회

① 공공서비스 공급에 있어 정부실패를 해결하기 위해 대두하였다.
② 신자유주의에 이론적 기반을 둔다.
③ 시장의 경쟁원리를 공공행정에 도입하였다.
④ 민간이 공급하던 서비스를 정부가 직접 공급하도록 하였다.
⑤ 정부, 시장, 시민사회의 협치를 추구한다.

해설

정부가 직접 공급하던 서비스를 민간이 공급하도록 하였다. 서비스 공급에 있어서 전통적인 관료제 정부가 독점적으로 직접적인 서비스를 제공했다면, 신공공관리론에서 정부(기업가적 정부)는 민영화 민간위탁 등의 방법으로 서비스를 제공한다. 참고로 신공공관리론은 전통적인 관료제 정부 모형을 새로운 정부 모형으로 전환하기 위한 행정개혁 전략의 개발을 지향하고 있는데, 그 새로운 정부 모형을 '기업가적 정부'로 규정하고 있다.

보충설명

① 신공공관리론은 1970년대를 정점으로 복지국가에 기인한 과도한 정부규모의 비대화 및 재정적자 등 정부실패를 해결하기 위해 대두되었다.
② 신공공관리론은 신보수주의나 신자유주의 측면을 대표하는 개념으로 행정의 혁신과 관련된 행정적 측면의 이론이다.
③ 시장의 경쟁 원리를 공공행정에 도입하여 행정서비스 공급의 경쟁력을 제고하고자 한다.
⑤ 이 지문은 신공공관리론이 아니라, 신공공서비스에 해당되는 문장이기 때문에 옳지 않은 문장이다. 복수정답이 되어야 했던 문제이다. 협치(governance)란 공공문제를 정부가 단독으로 해결하는 것이 아니라, 시민, 민간, 지역공동체와 협력하여 공동으로 해결하고자 하는 방식을 의미한다. 정부, 시장, 시민사회 간의 협치를 추구하는 것은 신공공관리론(NPM)의 한계를 비판하며 등장한 대안적 이론, 즉 **신공공서비스(New Public Service, NPS)의 핵심**이다. 반면, **신공공관리론은 신자유주의에 기반하여 민간 참여는 확대했지만, 수평적 협력인 협치(governance)를 지향하지 않는다.** 오히려 신공공관리론은 정부와 민간 간의 역할 분담과 경쟁 구조를 강조하며, 시민을 고객(customer)으로 간주하는 소비자 중심 참여를 추구한다.

정답 ④

043

신공공관리(New Public Management)에 관한 설명으로 옳지 않은 것은?
· 23회

① 공공부문 조직운영에 시장원리를 적용한다.
② 조직규모 확장과 중앙집권화를 지향한다.
③ 행정 효율성과 고객에 대한 대응성을 중시한다.
④ 규제완화와 조직원 참여를 중시한다.
⑤ 시민과 고객을 중심으로 서비스의 질적 수준 제고에 중점을 둔다.

해설

신공공관리(New Public Management)는 1980년대 이후 정부개혁의 흐름 속에서 등장한 행정철학으로, 정부의 비효율성을 개선하고 민간 부문(시장)의 운영방식과 경쟁원리를 공공부문에 도입하려는 움직이다. 조직규모 확장과 중앙집권화가 아니라 **작고 유연한 정부, 분권화와 민영화를 지향한다.**

보충설명

① 공공부문의 비효율성을 개선하기 위해 **민간기업처럼 경쟁과 성과 중심의 운영방식을 도입**하려는 것으로, 이를 통해 행정의 효율성과 서비스 품질을 높이고자 **시장원리를 적용하는 것**이다.
③ 공공부문에서도 성과와 효율성을 중시하며 시민을 '고객'으로 인식하기 때문에, **고객 만족과 신속한 대응성**이 행정 서비스의 주요 목표가 된다.
④ 경직된 관료제적 운영에서 벗어나 유연하고 자율적인 조직 운영을 위해 **규제를 완화하고 조직원의 자율성과 참여를 강조한다.**
⑤ 시민을 단순한 수혜자가 아닌 서비스의 고객으로 인식하며, **고객 만족과 서비스 품질 향상**을 행정의 핵심 목표로 삼는다.

정답 ②

제4장 사회복지 조직의 구조와 조직화

제7영역 : 사회복지행정론

01 조직의 구조

044

조직 내 비공식 조직의 순기능으로 옳은 것은? · 18회

① 조직의 응집력을 높인다.
② 공식 업무의 신뢰성과 일관성을 높인다.
③ 정형화된 구조로 조직의 안정성을 높인다.
④ 파벌이나 정실인사의 부작용이 나타난다.
⑤ 의사결정이 하층부에 위임되어 직원들의 참여의식을 높인다.

해설
비공식 조직은 조직의 응집력을 향상시킨다. 즉, 행정가는 비공식적인 자리에서 대화와 제의를 받아들임으로써 조직의 응집력을 향상시킨다.

오답풀이
② 공식 업무의 신뢰성과 일관성을 높이는 것은 **공식조직의 순기능**이다. 정형화(formalization, 공식화)란 업무 수행의 신뢰성과 일관성을 높일 목적으로 개별 업무자들의 재량이나 임의적인 행동반경을 축소하고, 의사결정 과정을 일상화하려는 시도이다.
③ 정형화된 구조로 조직의 안정성을 높이는 것은 **수직조직의 장점**이다. 조직구조의 수직적 위계 정도는 정형화와 밀접하게 관련되어 있다.
④ 파벌이나 정실인사의 부작용이 나타나는 것은 **비공식 조직의 역기능**에 해당한다.
⑤ 의사결정이 하층부에 위임되어 직원들의 참여의식을 높이는 것은 **분권화 조직의 장점**에 해당한다.

정답 ①

045

조직의 분화 정도를 의미하는 복잡성(complexity)에 관한 설명으로 옳은 것은? · 10회

① 통제범위가 넓으면 상대적으로 수직적 조직구조를 갖는다.
② 분권화와 대칭되는 개념이다.
③ 조직활동의 효율성과 예측성을 높여준다.
④ 수평적 분화가 증가하면 조정의 필요가 높아진다.
⑤ 사적인 요소의 영향력을 줄인다.

해설
수평적 분화(수평적 조직)란 조직이 상이한 부서나 전문화된 하위 단위로 나누어지는 과정으로, 수평적 분화가 증가하면 권한과 책임을 둘러싸고 각 부서 간에 갈등이 야기될 수 있으므로 **조정하고 통제해야 할 필요성**이 있다.

오답풀이
① 통제범위가 넓으면 상대적으로 수평적 조직구조를 갖는다.
② 복잡성은 분화(differentiation)와 관련, 즉 복잡성은 조직 내의 분화의 정도를 의미한다. 분권화와 대칭되는 개념은 집권화이며, 분권화와 집권화는 권한의 배분 정도에 따른 구분이다.
③ 조직활동의 경제성과 예측성을 높이기 위해 중요한 것은 공식화이다.
⑤ 사적인 요소의 영향력을 줄이는 것은 공식화와 관련되어 있다.

정답 ④

046

조직구조의 선택에 관한 설명으로 옳은 것은? · 10회

① 환경이 단순할수록 분권식이 적합하다.
② 표준화된 기술일수록 분권식이 적합하다.
③ 일반적으로 사회복지 조직은 표준화 정도가 높을수록 적합하다.
④ 사회복지 조직의 경우 외부 상황에 따른 선택이 적합하다.
⑤ 모든 사회복지 조직은 분권식이 적합하다.

해설
집권화와 분권화는 어느 하나의 일방적인 선택이 아니라 **조직의 상황에 대한 이해를 기반으로** 조직의 활동을 어떻게 분화하고 통합하는 것이 가장 효율적이고 효과적인가를 파악해 내면서 이러한 틀 속에서 선택해야 하는 것임을 깨닫고 이러한 노력을 실행하는 것이라고 말할 수 있다.

오답풀이
① 환경이 단순하고 표준화되어 있다면 **집권화 조직이 더 적합**하다.
② 기술이 표준화되어 있다면 **집권화 조직이 더 적합**하다.
③ 사회복지 조직의 경우 일반적으로 서비스의 내용을 표준화하기 어렵고 유연성 등이 필요하므로 분권식이 더 적합하다.
⑤ 모든 사회복지 조직이 분권화 조직에 적합하다고 보는 것은 적절하지 않으며, **조직의 상황을 고려하여 구성해야** 한다.

정답 ④

047

조직 분권화의 특성에 관한 설명으로 옳지 않은 것은? · 23회

① 최고관리자의 업무와 책임을 감소시킬 수 있다.
② 직원들의 자발적 협조를 유도할 수 있다.
③ 부서 간 협조가 늘어날 수 있다.
④ 위기와 갈등을 신속하게 해결할 수 있다.
⑤ 하위부서 재량권을 강화하는 효과가 있다.

해설
집권화는 의사결정이 상위 관리자에게 집중되어 있으므로, **중요한 사안이나 위기 상황 발생 시 빠르게 결정하고 일관되게 대처할 수 있다.** 반면에 분권화는 새로운 정보에 신속하게 대응하기 용이하다.

보충설명
① 분권화는 의사결정 권한을 하위 조직에 위임함으로써, **최고관리자의 일상적 업무 부담과 책임을 경감시킨다.** 이를 통해 최고관리자는 보다 전략적이고 거시적인 관리에 집중할 수 있게 된다.
② 분권화는 구성원에게 권한과 책임을 부여함으로써 자율성과 주인의식을 높이고, 그 결과 **직원들의 자발적 협조와 참여를 유도하는 효과**를 갖는다.
③ 분권화된 조직에서는 각 부서가 자율적으로 업무를 수행하면서도 목표 달성을 위해 상호 조정과 협력이 필요해진다. 따라서 **상호 의존적인 관계가 형성되면 부서 간 협조가 오히려 촉진될 수도 있다.** 다만, 일반적으로는 분권화가 부서 간 조정을 어렵게 할 수 있다는 시각도 있어, 문항의 맥락에 따라 양면적으로 해석될 수 있다. 즉, 분권화는 각 부서가 자기 책임 아래 독립적으로 업무를 수행하게 되므로, 각 부서가 자기 일만 함으로써 부서 간 협조나 조정이 오히려 어려워질 수 있습니다.
⑤ 분권화는 의사결정 권한을 상위 조직에서 하위 부서로 이전함으로써, **하위부서가 자율적으로 판단하고 집행할 수 있는 재량권이 확대된다.**

정답 ④

02 조직의 유형 분류

048 ✓확인 ☐☐☐

사회복지조직에 관한 설명으로 옳지 않은 것은? · 16회

① 에치오니(A. Etzioni)의 권력 형태에 따른 분류 중 사회복지조직은 규범적 조직에 속한다.
② 블라우(P. Blau)와 스콧(W. Scott)이 제시한 호혜적 조직은 조직 구성원들이 주요 수혜자인 조직을 말한다.
③ 스미스(G. Smith)는 업무통제에 따라 사회적 경제조직, 사업조직, 공공조직으로 분류하였다.
④ 지벨만(M. Gibelman)은 운영주체에 따라 공공조직, 준공공조직, 준민간조직, 민간조직으로 분류하였다.
⑤ 하센필드(Y. Hasenfeld)는 사회복지조직의 조직기술을 인간식별기술, 인간유지기술, 인간변화기술로 구분하였다.

해설
스미스(G. Smith)는 업무통제에 따라 관료조직, 일선조직, 전면적 통제조직, 투과성 조직으로 분류하였다.

+ 보충설명
④ 지벨만(M. Gibelman)은 운영주체에 따라 공공조직, 준공공조직, 준민간조직, 민간조직으로 분류하였다. 공공조직과 민간조직은 운영주체, 설립근거, 운영체계 등에서 상호구별되는 차이점이 있지만, 오늘날 그 경계가 점차 모호하여 중간형태의 조직인 하이브리드(hybrid) 조직이 출현하고 있다. 하이브리드조직은 공공조직과 민간조직의 특성이 상호 융합된 중간형태의 혼합조직을 말하며, 준공공기관과 준민간조직이 있다. 지벨만(M. Gibelman)은 미국에서 이와 같은 하이브리드조직이 출현하게 되는 이유를 비정부조직에 대한 선호와 정부의 서비스 구매로 설명하고 있다.

정답 ③

03 조직구조의 유형

049 ✓확인 ☐☐☐

행렬조직(matrix organization)에 관한 설명으로 옳은 것은? · 17회

① 직무 배치가 위계와 부서별 구분에 따라 이루어지는 전형적 조직이다.
② 조직운영을 지원하는 비공식 조직을 의미한다.
③ 합리성을 강조하기 때문에 조직 유연성을 저하시킬 수 있다.
④ 직무별 분업을 인정하면서 동시에 사업별 협력을 강조한다.
⑤ 현실에서 작동하지 않는 가상의 사업조직을 일컫는다.

해설
행렬조직의 장점은 조직을 구조화하는 데 집권화와 분권화를 동시에 가능케 한다는 것으로, 분업의 장점을 살리면서도 통합적인 서비스 목적을 유지하기에 비교적 적합한 구조로 고려되고 있다.

✗ 오답풀이
① 전통적 기능 조직과 프로젝트 조직이 결합된 구조로, 기존의 계층제조직을 세로에 두고 여기에 프로젝트 팀 조직을 가로에 배치한 조직이다.
② 프로젝트 조직이 임시조직이 아니라 공식조직으로 전환된 경우, 즉 한시조직인 프로젝트 팀 조직을 정규조직으로 전환하는 형태이다.
③ 수직적이고 정형화된 구조가 주는 장점인 안정성과 수평적 구조의 장점인 유연성(탄력성)을 동시에 갖출 수 있다.
⑤ 대부분의 사회복지서비스 조직들은 행렬조직의 구조를 일정 정도 갖추고 있다. 즉, 기능별 분과에 직원들이 배치되어 있으면서 프로그램 운영을 위해 팀이 꾸려지는 경우가 많다.

정답 ④

050 ☑확인 ☐☐☐

지역의 복지 네트워크를 강화하는 방법으로 옳지 않은 것은?

· 12회

① 참여자들 사이의 갈등을 대비하여 미리 협상규칙을 세워 둔다.
② 네트워크 환경과 목적에 대한 참여자들의 공동인식을 강화한다.
③ 참여하는 조직의 수를 최대한 늘린다.
④ 자원배분과 교환에서 균등도를 높인다.
⑤ 참여자들 사이의 개인적인 유대를 강화한다.

해설

네트워크는 사회적 교환을 위한 구조를 제공하는 지지체계로, 사회복지 네트워크는 사회복지적 목적 달성을 위해 상호작용을 통한 교환에 참여하는 개인, 집단, 기관 등의 사회적 단위들의 집합체로 정의된다. **네트워크의 크기(참여하는 조직의 수)가 커지면** 네트워크상에서 활용 가능한 자원의 양은 늘어나지만, **밀도(네트워크 내에서 실제로 교환이 일어나는 관계의 수)가 낮아질 확률이 높고 밀도가 낮아지면 응집력이 떨어진다**(이봉주 외, 2012).

＋보충설명
① 갈등을 잘 해소하는 **건강한 네트워크 구축을 위해**, 협상규칙의 수립 즉, 협상의 절차, 방식 등에 관해 협상 전에 미리 규칙을 세워둔다.
② 네트워크의 성립을 위해서는 이루고자 하는 목적과 관련된 환경에 대한 **공동의 인식과 합의**가 필요하다.
④ 균등도(= 균형도)는 네트워크 내에서 자원이 얼마나 균등하게 배분되고 교환되는가를 나타낸다. **균등도가 높을수록 네트워크의 안정성과 응집력은 높다.**
⑤ 응집력이 높은 네트워크는 개인적 유대가 강한 네트워크이다. 밀도와 응집력이 높은 네트워크 구축을 위해서 개인적 유대를 강화해야 한다.

정답 ③

051 ☑확인 ☐☐☐

다음에서 설명하는 조직구조는?

· 22회

- 일상 업무수행기구와는 별도로 구성
- 특별과업이나 문제해결을 위한 전문가 중심 조직
- 낮은 수준의 수직적 분화와 공식화

① 기계적 관료제 구조   ② 사업부제 구조
③ 전문적 관료제 구조   ④ 단순구조
⑤ 위원회 구조

해설

위원회(committee) 구조는 조직이 목표달성을 위한 특별과업이나 문제를 해결하기 위해 조직의 일상업무를 수행하는 기구와는 별도로 구성한 전문가 중심 조직 또는 업무관련자들의 활동기구이다. 낮은 수준의 수직적 분화와 공식화, 합의성, 분권성, 민주성을 특징으로 한다.

＋보충설명
① **기계적 관료제 구조**는 매우 일상적인 과업들로 구성되어 있는 경우 더욱 용이하게 관찰할 수 있는 형태로, 이 구조는 높은 수준의 분화, 높은 수준의 공식화 및 집권화를 특징으로 한다.
② **사업부제 조직**은 사업부별(제품별, 지역별, 시장별)로 이익 중심점을 설정하여 독립채산제를 실시하고 각 사업부는 모든 과업의 계획과 집행, 성과 분석까지 하나의 개별조직처럼 운영되는 구조이다.
③ **전문적 관료제 구조**는 조직구성원들이 상당히 높은 수준의 전문성을 견지하는 경우, 이들의 전문성을 존중하고 살리면서 관료제의 장점을 지향하고자 하는 형태이다.
④ **단순구조**는 복잡성의 수준과 공식화의 수준이 낮고, 집권화의 수준은 높은 형태의 구조로, 조직의 규모가 작을 때 혹은 조직을 창업하는 시기에 적절하다.

정답 ⑤

04 사회복지조직의 조직구조설계

052 ✓확인 ☐☐☐

사회복지 조직에서 업무를 구분하여 인력을 배치하는 부문화(departmentation) 방법에 관한 설명으로 옳은 것은?
· 9회

① 관리자가 통솔할 수 있는 조직 구성원의 수를 기준으로 하는 방법은 업무단위 간 개인들의 능력차를 반영한다.
② 2교대 또는 3교대 등과 같이 업무시간을 기준으로 하는 방법은 일반사회복지 조직에서도 광범위하게 활용된다.
③ 서비스 제공, 모금, 프로그램 기획 등 기능을 기준으로 하는 방법은 업무단위 간 협조를 끌어내기 어려울 수 있다.
④ 서비스 대상자의 거주지역을 기준으로 하는 방법은 업무단위 간 업무량 격차를 해소한다.
⑤ 가족문제, 비행 문제 등 문제 유형을 기준으로 하는 방법은 다양한 문제를 가진 클라이언트에게 서비스를 효과적으로 전달하는데 유리하다.

해설
기능 기준의 부문화는 조직요원의 능력, 선호도, 관심 등에 근거하여 직무상 적성에 맞는 분야에 사람을 배치하는 식으로 부문화하는 방법으로, 업무단위 간의 협조가 부족해질 수 있으며, 조직의 목표보다 자신이 속한 업무단위에만 집중하는 경우가 발생할 수 있는 단점이 있다.

✕ 오답풀이
① **수기준 부문화**는 개인의 능력의 차를 고려하지 못하는 단점이 있기 때문에 다른 부문화 기준과 같이 혼합하여 적용하는 것이 바람직하다.
② **시간기준 부문화**는 1주일 내내 또는 매일 24시간 서비스를 제공해야 하는 사회복지 생활시설이나 요양원, 의료 및 보건서비스 조직 등이나 야간 및 주말 시간에도 서비스를 제공해야 하는 사회복지 조직에서 유용하게 사용할 수 있는 방법으로, 광범위하게 활용되지는 않는다.
④ **지리적 영역기준 부문화**는 지리적 엄격성으로 인해 인근지역이면서도 다른 업무단위에서 서비스를 제공하거나 같은 지역이라도 부서·부문이 달라 서비스를 받지 못하는 사람이 나오는 등의 비효율적인 문제도 발생할 가능성이 있다.
⑤ **클라이언트의 문제를 기준으로 부문화를 하는 경우** 한 클라이언트의 문제가 다양한 경우 한 사람의 서비스 제공자의 제한된 지식과 기술로서는 다룰 수 없는 문제가 있는 경우는 효과적으로 서비스를 제공할 수 없다.

정답 ③

053 ✓확인 ☐☐☐

업무 세분화에 따른 단점을 보완하는 방법으로 옳지 않은 것은?
· 9회

① 치료팀은 조직단위별로 다루어지는 클라이언트 문제를 조직 공동의 노력을 통해 해결하는 방법이다.
② 직무순환은 주기적으로 다른 업무를 수행하도록 인력을 배치하는 방법이다.
③ 직무확대는 개별 업무자가 담당하는 과업의 종류나 수를 확대하는 방법이다.
④ 사례관리는 사정·연계·옹호 등을 통해 클라이언트 문제를 통합적으로 해결하는 방법이다.
⑤ 직무순환과 사례관리는 개별 업무자 차원의 노력보다는 조직단위 간 연결을 강조한다.

해설
과도한 업무 세분화로 인한 부정적인 영향을 상쇄하기 위한 대안적인 접근 방법으로, **집단적인(조직적인)** 차원에서 사례관리, 사례 옹호, 치료팀 등의 방법을 들 수 있다. 이와 달리 **개별 업무자들**을 대상으로 하는 방법으로는 **직무확대, 직무순환** 등이 있다.

정답 ⑤

제5장 사회복지 조직의 기획과 의사결정

제7영역 : 사회복지행정론

01 사회복지조직의 기획

054

기획에 관한 설명으로 옳지 않은 것은? · 16회

① 연속적이며 동태적인 과업이다.
② 효율성 및 효과성 모두 관련이 있다.
③ 타당한 사업 추진을 하기 위함이다.
④ 미래의 환경 변화에 대응하기 위한 의사결정과정이다.
⑤ 목표지향적이나 과정지향적이지는 않다.

해설
기획을 하는 이유는 목적을 달성하기 위해서이므로 **목표지향적**이며, 기획은 일련의 체계화된 의사결정 과정이기 때문에 **과정지향적**이다.

정답 ⑤

055

기획의 유형에 관한 설명으로 옳은 것은? · 15회

① 최고관리층은 조직의 사업계획 및 할당 기획에 관여한다.
② 중간관리층은 구체적인 프로그램 기획에 관여한다.
③ 감독관리층은 주로 1년 이상의 장기 기획에 관여한다.
④ 전략적 기획은 조직의 기본적인 결정과 행동계획을 수립하기 위해 이루어진다.
⑤ 운영기획은 외부 환경과의 경쟁에 관한 사정을 포함한다.

해설
전략적 기획은 조직의 정체성을 명확히 설정하고 무엇을, 왜 해야 하는지를 지시해 주는 기본적인 결정과 행동계획을 수립하기 위한 노력이다. 즉, 조직의 바람직한 미래상의 비전을 개발하는데 초점을 두고 이를 통해 행동에 옮길 수 있는 행동단계를 수립하는데 강조점을 둔다.

오답풀이
① 중간관리층은 조직의 사업계획 및 할당 기획에 관여한다.
② 감독관리층은 구체적인 프로그램 기획에 관여한다.
③ 최고관리층은 주로 1년 이상의 장기 기획에 관여한다.
⑤ 전략적 기획은 외부 환경과의 경쟁에 관한 사정을 포함한다.

정답 ④

056 ✔확인 □□□

스키드모어(R. Skidmore)의 7단계 기획과정에 관한 설명으로 옳은 것을 모두 고른 것은? ・16회

> ㉠ 구체적 프로그램수립단계는 도표 작성 등의 업무를 포함한다.
> ㉡ 결과예측단계는 발생 가능한 일을 다각도에서 예측해 보는 것이다.
> ㉢ 자원고려단계는 기획과정 중 첫 번째 과정으로 기관의 자원을 고려하는 것이다.
> ㉣ 개방성유지단계에서 보다 나은 절차가 없는 경우 기존 계획이 유지된다.

① ㉠, ㉣　　② ㉡, ㉢　　③ ㉢, ㉣
④ ㉠, ㉡, ㉣　　⑤ ㉠, ㉡, ㉢, ㉣

해설
스키드모어(R. Skidmore)는 (1) 구체적인 목표의 설정, (2) 관련정보 수집 및 가용자원 검토(자원 고려), (3) 목표달성을 위한 대안적 방법 모색(대안모색), (4) 대안의 실시조건 및 기대효과 평가(결과예측), (5) 최종대안의 선택(계획 결정), (6) 구체적 실행계획 수립(구체적 프로그램 수립), (7) 개방성 유지의 7단계 기획과정을 제시했다.

+ 보충설명
- ㉠ **구체적 프로그램수립단계**는 목표달성을 위해 선택된 프로그램을 실시하기 위하여 시간과 활동이 연관된 구체적인 계획을 수립하는데, 이 단계에서는 단계별 행동이 기록된 청사진 만들기에 해당되며 대표적인 프로그램 기획방법으로는 시간활동계획도표(Gantt Chart), 프로그램평가검토기법(PERT), 월별활동계획카드(Shed-U Graph) 등이 있다. 따라서 이 단계에서 도표 작성 등의 업무를 포함한다.
- ㉡ **결과예측단계**는 목표달성을 위한 각각의 대안들을 택해서 실시할 경우 실시에 관련되는 여러 가지의 조건은 어떠한가와 기대효과는 어느 정도 될 것인가를 검토하고 장점과 단점도 찾아내어 평가한다. 즉 발생 가능한 일을 다각도에서 예측해 본다.
- ㉣ 개방성유지단계에서 보다 나은 절차가 없는 경우 기존 계획이 유지된다. 개방성 혹은 융통성이야말로 전체 기획과정에서 매우 중요하다. 사실 변하지 않았거나 목표를 향한 보다 나은 절차가 개발되지 않았을 경우에는 원래의 계획이 그대로 진행된다.

✗ 오답풀이
- ㉢ 기획과정 중 첫 번째 과정은 구체적인 목표의 설정단계이다. 자원고려단계는 기획과정 중 두 번째 과정으로 기관의 자원 즉 프로그램을 실시하는 데 필요한 인적, 물적, 사회적 자원 등을 고려하는 것이다.

정답 ④

057 ✔확인 □□□

전략적 기획에서 기관의 장 단점에 대한 내부분석과 현재와 미래의 기관 활동에 영향을 줄 수 있는 외부환경에 대한 분석을 할 때 유용한 기법은? ・9회

① PERT　　② SWOT
③ Gantt Chart　　④ Shed-U Graph
⑤ MBO

해설
SWOT기법은 조직의 내부분석과 외부환경에 대한 분석방법으로, 내부환경을 분석하여 조직의 강점(Strength)과 약점(Weakness)을 발견하고, 외부환경을 분석하여 기회(Opportunity)와 위협(Threat)요인을 찾아내는 것이다.

정답 ②

058

시간별 활동계획도표(Gantt Chart)의 설명으로 옳은 것을 모두 고른 것은?
· 18회

㉠ 시간별 활동계획의 설계는 확인-조정-계획-실행의 순환적 과정으로 이루어진다.
㉡ 헨리 간트(H. Gantt)에 의해 최초로 개발되었다.
㉢ 목표달성 기한을 정해놓고 목표달성을 위해 설정된 주요 활동과 시간계획을 연결시켜 도표로 나타낸 것이다.
㉣ 활동과 활동 사이의 상관관계를 파악하기 힘들다.

① ㉠, ㉡   ② ㉠, ㉢   ③ ㉡, ㉢
④ ㉡, ㉣   ⑤ ㉢, ㉣

해설
㉡ 1910년대 산업공학자인 헨리 간트(H. Gantt)에 의해 최초로 개발되었다.
㉣ 많은 활동들을 필요로 하는 복잡한 기획활동의 경우 활동과 활동 사이의 상호관계를 도표로 나타내는 것에는 한계가 있는 기법이다.

오답풀이
㉠ 계획(Plan)-실행(Do)-확인(Check)-조정(Action)의 순환적 과정에 따른 프로그램 기획 기법은 **방침관리기획**이다. 계획(Plan)에 근거하여 실시(Do)하고 결과를 확인(Check)하며 확인결과에 근거하여 계획을 조정(Action)하는 순서로 반복적으로 진행한다.
㉢ 목표달성 기한을 정해놓고 목표달성을 위해 설정된 주요활동과 시간계획을 연결시켜 도표로 나타낸 것은 **프로그램 평가검토 기법(PERT)**이다.

정답 ④

059

프로그램평가검토기법(PERT)에 관한 설명으로 옳지 않은 것은?
· 15회

① 목표달성의 기한을 정해 놓고 진행한다.
② 과업별 소요시간을 계산하여 추정한다.
③ 최종 목표를 달성하는데 있어 필요한 최단 기간을 제시할 수 있는 기법이다.
④ 주요 세부목표 또는 활동의 상호관계와 시간계획을 연결시켜 나타낸 것이다.
⑤ 갠트 차트(Gantt chart)에 비해 활동 간의 상관관계를 파악하는데 유용하지 않다.

해설
갠트 차트(Gantt chart)는 활동들 간의 선후관계를 명확히 나타낼 수 있지만, 활동들 간의 상관관계(상호연관성)를 알 수 없다. 반면 PERT는 활동들 간의 연속성과 상관관계를 파악할 수 있다.

보충설명
① PERT는 **목표달성의 기한을 정해 놓고** 프로젝트의 목표에 따라 이와 관련된 과업과 활동, 세부활동 간의 관계를 논리적으로 시간 순서에 따라 도식화한 것이다.
② PERT 도표에서 각 원들은 완수돼야 할 사건(단계)들을 표시한다. 각 원 위의 숫자는 그 사건이 완료될 때까지 걸릴 것으로 예상되는 시간을 표시하며, 화살표(활동) 위의 숫자들은 한 사건에서 다음 사건까지 걸릴 것으로 예상되는 시간이다.
③ PERT 연쇄망 속에서 가장 많은 시간이 걸리는 통로인 **임계경로(critical path)**는 조사활동을 수행하기 위해 최소한 확보해야 할 시간을 의미하는 것으로, 최종 목표를 달성하는데 있어 필요한 최단 기간을 의미한다.
④ PERT는 설정된 **주요 세부목표나 활동의 상호관계와 시간계획을 연결시켜 도표로 나타내는 것**이다.

정답 ⑤

060

기획의 모델과 기법에 관한 설명으로 옳지 않은 것은? · 19회

① 논리모델은 투입-활동-산출-성과로 도식화하는 방법이다.
② 전략적 기획은 과정을 강조하므로 우선순위를 설정하고 단계적인 계획을 수립한다.
③ 방침관리기획(PDCA)은 체계이론을 적용한 모델이다.
④ 간트 도표(Gantt Chart)는 사업별로 진행시간을 파악하여 각각 단계별로 분류한 시간을 단선적 활동으로 나타낸다.
⑤ 프로그램 평가 검토기법(PERT)은 일정한 기간에 추진해야 하는 행사에 필요한 복잡한 과업의 순서가 보이도록 하고 임계통로를 거친다.

해설
논리모델은 체계이론을 적용한 모델이다. 체계이론을 적용한 모델은 조직과정을 생명을 가진 유기적인 체계로 이해하며 투입, 전환, 산출, 피드백의 단계로 나누어 상호 관련성을 연결시킨다. 참고로 방침관리기획은 PDCA(Plan-Do-Check-Act) 사이클에 따른 프로그램 기획 기법이다.

+보충설명
② **전략적 기획**은 조직 차원에서 이루어지는 장기적이고 거시적인 기획으로, 과정을 강조하므로 구성원의 참여를 통해 방향을 제공해주고 기대되는 결과와 이를 달성할 수 있게 해주는 경로를 확인하게 한다. 또한 우선순위를 설정하고 단계적으로 과업행동에 옮길 수 있는 계획을 수립하는 데 관심이 있다.

정답 ③

02 사회복지조직의 의사결정

061

의사결정에 관한 설명으로 옳지 않은 것은? · 14회

① 직관적(intuitive) 방법은 합리성보다는 감정이나 육감에 근거하여 결정된다.
② 문제해결적(problem-solving) 방법은 정보수집, 연구, 분석과 같은 합리적인 절차를 통해 이루어진다.
③ 판단적(judgemental) 방법은 비정형적 방법이며 기존 지식과 경험에 의해 기계적으로 결정하는 것이다.
④ 정형적(programmed) 의사결정은 절차, 규정, 방침에 따라 규칙적인 의사결정행위가 전개된다.
⑤ 비정형적(non-programmed) 의사결정은 사전에 결정된 기준 없이 이루어지며 보통 단발적이고 예상하지 못한 상황에 대한 결정이다.

해설
판단적(judgemental) 방법은 개인이 가지고 있는 지식과 경험에 의하여 결정하는 것으로, 기계적 방법이라고도 한다. 즉, 기존에 행정가가 가지고 있는 지식이나 경험에 의존해 상황이 발생했을 때 거의 기계적으로 결정을 내리는 방법이다. 다만, **판단적 방법은 비정형적 방법이 아니라 정형적 의사결정에 해당한다. 정형적 의사결정**은 일상적이거나 반복적인 업무의 경우 그 대안과 방법을 표준화하여 일정한 절차와 방법에 따라 기계적으로 의사결정이 이루어지는 것을 말한다.

정답 ③

062

의사결정 방법에 관한 설명으로 옳지 않은 것은? · 14회

① 브레인스토밍은 아이디어의 양보다 질이 중요하며 능동적 참여가 중요하다.
② 변증법적 토의는 사안의 찬성과 반대를 이해함을 기본으로 한다.
③ 델파이 기법은 전문가로부터 정보를 수집하여 합의를 얻으려 할 때 적용할 수 있다.
④ 대안선택 흐름도표는 '예'와 '아니오'로 답할 수 있는 연속적 질문을 통해 예상되는 결과를 결정한다.
⑤ 명목집단기법은 감정이나 분위기상의 왜곡현상을 피할 수 있다.

해설

브레인스토밍(brainstorming)은 가능한 많은 아이디어를 자유롭게 도출하기 위하여 제기된 아이디어에 대한 개선을 담지 않는 한 비판을 자제하는 것이다. 따라서 **아이디어의 질보다 양이 중요하며 능동적 참여**가 중요하다.

+보충설명

② **변증법적 토의**는 헤겔의 변증법적 사고방식(dialectical inquiry model)에 기초한 기법으로 반대가 있어야 새로운 개선이 있다는 진리를 이용한 것이다. **사안에 따라 구성원들을 둘로 나누어 찬반을 토론케 하면 각 대안에 대해 장점과 단점이 모두 드러나는데 이런 내용을 모두 이해한 다음 의견을 개진하면서 토의 하는 방법**이다. 이 기법은 반대할 사람들을 미리 공개적으로 나눠 놓기 때문에 정보를 많이 검토할 수 있으며 찬성자의 눈치를 보지 않고 안심하고 반대.비판할 수 있다는 장점이 있다.

정답 ①

063

의사결정방법 및 기술에 관한 설명으로 옳은 것은? · 15회

① 대안선택흐름도표는 집단적 의사결정기법에 해당한다.
② 브레인스토밍은 지도자만 주제를 알고 그 집단에는 문제를 제시하지 않은 상태에서 장시간 자유롭게 토론하는 방법이다.
③ 판단적 결정은 정보수집, 연구, 분석과 같은 합리적이고 과학적인 절차를 통해 이루어진다.
④ 직관적 결정은 개인의 지식과 경험에 의해 이루어진다.
⑤ 비정형적(non-programmed) 의사결정은 의사결정자의 직관과 판단에 의해 이루어진다.

해설

비정형적(non-programmed) 의사결정은 새로운 사태의 발생을 비롯하여 예측이 어려운 중대한 사건 등에 대처하기 위한 정책대안의 수립과 결정에 관한 것으로, 자주 일어나지는 않지만 그 의사결정이 조직에 미치는 영향이 큰 경우에 문제해결 방식으로 내리는 의사결정이다. 이는 **조직의 상부로 갈수록 그 필요성이 커지며, 의사결정자의 직관, 판단, 창의성에 의해 이루어진다.**

✗오답풀이

① 대안선택흐름도표는 **개인적** 의사결정기법에 해당한다.
② 브레인스토밍은 어떤 한 가지 주제에 관하여 관계된 **여러 사람들이 모여 집단의 효과를 살려** 아이디어 연쇄반응을 일으키게 함으로써 자유분방하게 아이디어를 내는 방법이다. 지도자만 주제를 알고 그 집단에 문제를 제시하지 않는다는 것은 **시네틱스(synectics)**이다. 시네틱스는 고든(Gordon)이 제시하여 고든 테크닉이라고 불리기도 하는데, 집단토의를 하지만 지도자 혼자서만 주제를 알고 그 집단에는 문제를 제시하지 않으며 장시간 자유롭게 토론하도록 함으로써 문제해결에 접근한다.
③ 정보수집, 연구, 분석과 같은 합리적이고 과학적인 절차를 통해 이루어지는 것은 **문제해결적 의사결정**이다.
④ 개인의 지식과 경험에 의해 이루어지는 것은 **판단적 의사결정**이다.

정답 ⑤

제6장 리더십 (leadership)

제7영역 : 사회복지행정론

01 전통적 리더십 이론

064

( )에 들어갈 리더십에 대한 접근 방식과 그 설명의 연결이 옳은 것은?
・12회

- (㉠) - 바람직한 리더십 행동은 훈련을 통해서 개발된다.
- (㉡) - 업무의 환경 특성에 따라서 필요한 리더십이 달라진다.
- (㉢) - 리더십은 타고나야 한다.
- (㉣) - 리더십은 지도자와 추종자가 협력하는 과정에서 형성된다.

	㉠	㉡	㉢	㉣
①	행동이론	상황이론	특성이론	변혁이론
②	상황이론	행동이론	특성이론	경쟁가치이론
③	행동이론	상황이론	경쟁가치이론	변혁이론
④	경쟁가치이론	행동이론	상황이론	특성이론
⑤	행동이론	상황이론	변혁이론	경쟁가치이론

해설

㉠ 바람직한 리더십 행동은 훈련을 통해 개발된다고 보는 것은 **행동이론**(Behavioral Theory, 행태이론)에 해당한다.
㉡ 업무의 환경 특성에 따라서 필요한 리더십이 달라진다고 보는 것은 **상황이론**(Situational Theory)이다. 행동이론 역시 조직의 특정한 상황에 부합하는 이상적인 리더십 규정에 한계를 보여, 1960년대 말부터 1970년대에 이르면서 리더십 연구자들은 새로운 접근방법을 개발하기 시작하였는데 이것이 바로 복합적인 상황이론이다.
㉢ 리더십은 타고나야 한다고 보는 것은 리더의 특성에 초점을 두었던 **특성이론**(Trait Theories, 자질이론)에 해당한다. 1940~1950년대 초기의 리더십 연구들은 리더의 특성에 초점을 두었다.
㉣ 변혁 이론은 변혁적 리더십을 말하는 것으로, 지도자와 추종자가 서로 합의하는 목표를 위해 함께 일하는 일치된 노력이라는 이상에 근거를 두고 있다. 변혁적 리더십의 중심 개념은 '변화'라고 볼 수 있고, 리더는 조직원에 대해서는 권한부여(empowerment)를 하고 업무에 자신감을 갖도록 동기부여를 하면서, **업무결과에 대한 욕구를 자극하여 조직원 스스로의 노력을 통한 목표 달성을 지향**한다.

정답 ①

065

리더십 이론에 관한 설명으로 옳은 것은?
・10회

① 상황이론은 주어진 상황에 따라 요구되는 지도자의 행태와 자질이 달라진다고 본다.
② 행위이론에서 성공적 리더십은 조직이나 집단의 상황에 따라 상이할 수 있다고 본다.
③ 관리격자 이론에서는 중도형이 최적의 리더십 스타일이다.
④ 자질 이론에서 효과적인 리더는 생산과 인간에 대한 행동유형으로 구별된다.
⑤ 거래적 리더십은 높은 도덕적 가치와 이상에 호소하여 추종자의 의식을 변화시킨다.

해설

행동이론 역시 조직의 특정한 상황에 부합하는 이상적인 리더십 규정에 한계를 보여, 1960년대 말부터 1970년대에 이르면서 리더십 연구자들은 새로운 접근 방법을 개발하기 시작하였는데 이것이 바로 복합적인 **상황이론**이다. 리더십 효과가 어느 상황에서나 일률적으로 적용되는 것이 아니라, 특정한 상황(리더의 권한, 리더가 수행하는 과제의 성격, 부하의 능력과 동기, 외부 환경의 속성 등)에 따라서 리더십의 효과성은 다르게 나타나며 **성공적 리더십도 조직이나 집단의 상황에 따라 상이할 수 있음을 전제**로 한다.

오답풀이

② **상황이론**에 해당하는 설명이다.
③ 관리격자 이론에서 중도형이 아니라, 생산과 인간에 대한 관심을 보이는 **팀지향적 리더십**이 가장 높은 성과를 올릴 수 있는 최적의 리더십이다.
④ **행동이론**에 해당하는 설명이다.
⑤ **변혁적 리더십**(Transformational leadership, 변형적/변환적 리더십)은 거래적 리더십의 개인적 관심보다는 좀 더 고차원인 도덕적인 가치와 이상에 호소하여 조직원의 의식을 변화시키는 리더십 유형을 말한다.

정답 ①

066

리더십이론에 관한 설명으로 옳지 않은 것은? · 18회

① 관리격자이론은 조직원의 특성과 같은 상황적 요소를 고려하고 있다.
② 특성이론의 비판적 대안으로 행동이론이 등장하였다.
③ 섬김의 리더십(servant leadership)은 힘과 권력에 의한 조직지배를 지양한다.
④ 거래적 리더십은 교환관계를 기반으로 하여 조직성과를 높이고자 한다.
⑤ 상황이론은 과업환경에 따라 적합하게 대응하는 리더십이 효과적이라고 가정한다.

해설

블레이크와 머튼(R. P. Blake & J. S. Mouton)의 관리격자이론은 행동이론으로, 행동이론은 리더의 행동에 관심을 두고 행동유형에 따라 성공적인 리더와 그렇지 않은 리더가 구분된다고 본다. 행동이론은 리더십 효과성에 영향 미치는 상황변수를 고려하지 못했다는 한계를 인식하게 되어 그 이후 상황이론이 탄생하였다.

+ 보충설명

② 행동이론은 1950~1960년대 주장된 이론으로 1950년대 행동과학자들은 특성이론에 대한 불만으로 실제적인 리더의 행동에 관심을 두기 시작하였다.
③ 섬김의 리더십(servant leadership)은 부하들의 성장을 도우며 팀워크(teamwork)와 공동체를 형성하는 리더십으로, 힘과 권력에 의한 조직지배를 지양한다.
④ 거래적 리더십(Transactional leadership)은 리더와 추종자 간 사회적, 개인적 가치의 교환관계를 기반으로 조직성과를 높이고자 한다.
⑤ 상황이론은 리더십 효과가 어느 상황에서나 일률적으로 적용되는 것이 아니라, 특정한 상황에 따라서 리더십의 효과성은 다르게 나타나며 성공적 리더십도 조직이나 집단의 상황에 따라 상이할 수 있음을 전제로 한다.

정답 ①

067

상황적(contingency) 리더십 이론에 관한 설명으로 옳은 것은? · 11회

① 참여적 리더십 스타일을 선호한다.
② 블레이크-모튼(Blake-Mouton)의 관리격자 이론이 대표적이다.
③ 효과적인 리더십을 리더의 개인적 상황이나 행동적 특성으로 설명한다.
④ 경쟁-가치 리더십도 특정한 리더십 스타일의 선택을 강조하므로, 상황적 리더십 이론에 해당한다.
⑤ 리더는 팔로워(follower)의 성숙도에 따라 리더십 행동을 변화시켜 나간다.

해설

허쉬와 블랜차드(Hersey & Blanchard)의 상황이론에서는 리더십 유형이 단 한 가지 상황요인, 즉 하급자의 성숙도 수준(하급자들의 성숙도 수준은 그들이 어느 정도의 자질과 책임의식, 자신감 등을 가지고 있느냐의 문제)에 의해서 결정된다고 보았다.

정답 ⑤

OIKOS UP | 허시와 블랜차드의 상황이론

이 이론에서 강조하는 상황요인은 팔로워들의 팔로워십에 대한 준비 정도 혹은 성숙도(maturity)이다. 리더는 개인이나 집단으로서의 팔로워(부하)가 특정 과업에서 드러내는 성숙도 수준에 맞추는 리더십 유형과 행동을 선택해야 하며, 리더십 행동은 과업 행동이나 관계 행동의 분량 배합에 따라 달라진다.

상황			효과적인 리더유형
부하의 성숙도	정의		
	능력	의지	
낮음	×	×	지시형
중간	×	○	설득형(제시형)
	○	×	참여형
높음	○	○	위임형

02 최근의 리더십 이론

068
✓확인 ☐☐☐

변혁적 리더십에 관한 설명으로 옳은 것을 모두 고른 것은?
· 18회

> ㉠ 새로운 비전제시 및 지적 자극, 조직 문화 창출을 지향한다.
> ㉡ 성과에 대한 금전적인 보상이 구성원의 높은 헌신을 가능하게 한다.
> ㉢ 조직목표 중 개인의 사적이익을 가장 우선시 한다.

① ㉠ ② ㉡ ③ ㉠, ㉢
④ ㉡, ㉢ ⑤ ㉠, ㉡, ㉢

해설
㉠ 변혁적 리더십은 환경 변화에 민감하게 대처하여 **새로운 비전제시 및 지적 자극, 조직문화, 규범을 창출**하고, 그것이 새로운 현실이 되도록 추종자들의 지지와 신뢰를 확보하는 리더 활동을 강조한다.

✗ 오답풀이
㉡, ㉢은 거래적 리더십에 관한 설명이다. 거래적 리더십에서는 **구성원은 이기적(타산적)이고 개인적 관심에 주의를 기울이기 때문에 조직원의 보수나 지위를 보상하는 것과 같은 거래를 통해 조직원의 동기 수준도 높일 수 있다**고 본다.
㉡ 변혁적 리더십은 좀 더 고차원인 도덕적인 가치와 이상에 호소하여 조직원의 의식을 변화시키는 것이 구성원의 높은 헌신을 가능하게 하는 것이라고 본다.
㉢ 변혁적 리더십은 **집단의 이익과 목적을 위해 개인의 사적 이익을 초월하도록** 하고, 욕구수준을 상승시켜 상위 욕구를 중시여기도록 한다.

정답 ①

069
✓확인 ☐☐☐

변혁적 리더십에 관한 설명으로 옳은 것을 모두 고른 것은?
· 20회

> ㉠ 구성원들에게 봉사하는 것을 핵심적 가치로 한다.
> ㉡ 구성원들에 대한 상벌체계를 강조한다.
> ㉢ 구성원들 스스로 혁신할 수 있도록 비전을 제시해주는 것을 강조한다.

① ㉠ ② ㉡ ③ ㉢
④ ㉠, ㉡ ⑤ ㉡, ㉢

해설
㉢ 변혁적 리더십은 구성원들의 신념과 요구, 가치를 변화시켜 새로운 기회를 창출하기 위해, 구성원들의 높은 이상과 비전, 그리고 도덕적 가치에 호소하여 의식까지 변혁시키고자 한다.

✗ 오답풀이
㉠ 구성원들에게 봉사하는 것을 핵심적 가치로 하는 것은 **섬김의 리더십**이다.
㉡ 구성원들에 대한 상벌체계를 강조하는 것은 **거래적 리더십**이다. 거래적 리더십은 조직원들의 복종(compliance)을 강조하면서 이에 대한 보상을 강조한다.

정답 ③

070

리더십이론에 관한 설명으로 옳은 것은? • 17회

① 블레이크와 머튼(R. Blake & J. Mouton)의 관리격자이론에 의하면 과업형(1.9)이 가장 이상적인 리더이다.
② 피들러(F. E. Fiedler)의 상황이론에 의하면 상황의 호의성이 모두 불리하면 리더가 인간중심의 행동을 해야 효과적이다.
③ 허시와 블랜차드(P. Hersey & K. H. Blanchard)의 상황이론에 의하면 구성원의 성숙도가 낮을 경우 위임형 리더십이 적합하다.
④ 퀸(R. Quinn)의 경쟁적 가치 리더십에 의하면 동기부여형 리더십은 목표달성가 리더십과 상반된 가치를 추구한다.
⑤ 배스(B. M. Bass)의 변혁적 리더십에 의하면 변혁적 리더는 구성원의 욕구와 보상에 주된 관심을 갖는다.

해설

퀸(R. Quinn)의 경쟁적 가치 리더십에 의하면 내부 지향-유연성에 근거한 인간 관계(human relations) 기술을 사용하는 **동기부여형 리더십**은 외부 지향-통제에 근거한 지시(directing, 지휘) 기술을 사용하는 **목표달성가 리더십과 상반된 가치를 추구**한다.

오답풀이

① 블레이크와 머튼(R. Blake & J. Mouton)의 관리격자이론에 의하면 **팀형(9.9)이 가장 이상적인 리더**이다.
② 피들러(F. E. Fiedler)의 상황이론에 의하면 상황의 호의성이 모두 불리하면 리더가 **과업중심의 행동을 해야 효과적**이다.
③ 허시와 블랜차드(P. Hersey & K. H. Blanchard)의 상황이론에 의하면 구성원의 성숙도가 낮을 경우 **지시형 리더십이 적합**하다.
⑤ 구성원의 욕구와 보상에 주된 관심을 갖는 것은 **거래적 리더십**이다. 변혁적 리더십은 1980년대 이후 가장 많이 연구되고 있는 리더십 이론이며 배스(B. M. Bass) 등에 의해 연구되었다. 변혁적 리더십은 높은 이상과 비전을 바탕으로 큰 목표달성을 위해 리더와 구성원이 연결되며, 리더는 구성원을 완전한 인격체로서 관리하고, 자아실현을 위한 수준 높은 인간욕구를 구성원들에게 자극하여 더 나은 변혁된 모습으로 바꿀 것을 주문하는 것이다.

정답 ④

071

리더십 이론에 관한 설명으로 옳은 것은? • 20회

① 블레이크와 머튼(R. Blake & J. Mouton)의 관리격자 모형은 자질이론 중 하나이다.
② 블레이크와 머튼의 관리격자 모형에서 가장 바람직한 행동유형은 극단에 치우치지 않은 중도형이다.
③ 허시와 블랜차드(P. Hersey & K. H. Blanchard)의 상황적 리더십 모형에서는 구성원의 성숙도를 중요하게 고려한다.
④ 퀸(R. Quinn)의 경쟁가치 리더십 모형은 행동이론의 대표적 모형이다.
⑤ 퀸의 경쟁가치 리더십 모형에서는 조직환경의 변화에 따라 리더십이 달라져서는 안 된다는 것을 강조한다.

해설

허시와 블랜차드(P. Hersey & K. H. Blanchard)의 상황적 리더십 모형에서는 **구성원(follower, 하급자)의 성숙도**에 따라 과업과 관계행위의 비중을 조정하는 것이 필요하다고 주장한다. 구성원(하급자)의 성숙도는 지식, 경험, 기술의 보유 등을 포괄하는 능력의 차원과 믿음, 헌신, 동기 등을 포괄하는 의지의 차원으로 나누어 이 두 차원에 따라 구성원(하급자)의 네 가지 형태의 성숙도를 제시하였다.

오답풀이

① 블레이크와 머튼(R. Blake & J. Mouton)의 관리격자 모형은 **행동이론** 중 하나이다.
② 블레이크와 머튼의 관리격자 모형에서 가장 바람직한 행동유형은 생산과 인간에 대한 관심을 보이는 **팀형(9.9)**이다.
④ 퀸(R. Quinn)의 경쟁가치 리더십 모형은 **통합적 관점에서의 리더십 모형**이다. 특성이론, 행동이론 및 상황이론들은 과업중심과 관계중심의 두 가지 형태로 구분하여 리더의 역할을 규정하고 있으나, 퀸(R. Quinn)의 경쟁가치 리더십 모형은 실제 조직 관리의 상황에 들어가면 다양한 리더십 스타일들이 전반적으로 모두 필요하다는 점을 강조한다.
⑤ 퀸의 경쟁가치 리더십 모형에서는 **조직환경의 변화에 따라 리더십이 달라져야 된다는 것을 강조**한다. 즉, 상반된 가치의 리더십(비전제시형 리더십 vs 분석형 리더십, 동기부여형 리더십 vs 목표달성가형 리더십)을 주어진 상황에 맞게 적절히 구사해야 한다는 것이 이 이론의 핵심이며, 이런 점에서 퀸의 이론을 상황이론의 하나로 규정할 수 있다.

정답 ③

072

리더십 이론에 관한 설명으로 옳지 않은 것은? · 21회

① 상황이론에 의하면 상황에 따라 적합하게 대응하는 리더십이 효과적이다.
② 행동이론에서 컨트리클럽형(country club management)은 사람에 대한 관심과 일에 대한 관심이 모두 높은 리더이다.
③ 행동이론에서 과업형은 일에만 관심이 있고 사람에 대해서는 전혀 관심이 없는 리더이다.
④ 서번트 리더십(servant leadership)은 사회복지조직 관리에 적합한 리더십이 될 수 있다.
⑤ 생산성 측면에서 서번트 리더십은 자발적 행동의 정도를 중시한다.

해설
행동이론 중 블레이크와 머튼(R. P. Blake & J. S. Mouton)의 관리격자 모형에서 컨트리클럽형(country club management, 호인형)은 **사람에 대한 관심은 높지만 일에 대한 관심은 낮은 리더이다.** 사람에 대한 관심과 일에 대한 관심이 모두 높은 리더는 팀형(team management, 팀지향적 리더십)이다.

+보충설명
① 상황이론에 의하면 리더십 효과가 어느 상황에서나 일률적으로 적용되는 것이 아니며, 조직이 처한 상황에 따라 요구되는 효과적인 리더십 유형이 달라진다고 전제한다.
③ 행동이론 중 블레이크와 머튼(R. P. Blake & J. S. Mouton)의 관리격자모형에서 과업형은 일에만 관심이 있고 사람에 대해서는 전혀 관심이 없는 리더이다.
④ 서번트 리더십은 주로 비영리조직 등의 서비스 조직의 리더십 연구에 많이 고려되고 있는데, 그 이유는 조직의 속성 자체가 이용자에 대한 섬김과 직원에 대한 섬김을 동시에 필요로 하는 장이기 때문이다.
⑤ 생산성 측면에서 전통적 리더십이 가시적이고 양적 기준을 중시하는 반면, 서번트 리더십은 구성원들의 자발적 행동의 정도를 중시한다.

정답 ②

073

섬김 리더십(servant leadership)에 관한 설명으로 옳은 것을 모두 고른 것은? · 22회

㉠ 인간 존중, 정의, 정직성, 공동체적 윤리성 강조
㉡ 가치의 협상과 계약
㉢ 청지기(stewardship) 책무 활동
㉣ 지능, 사회적 지위, 교육 정도, 외모 강조

① ㉠, ㉢
② ㉡, ㉣
③ ㉢, ㉣
④ ㉠, ㉡, ㉢
⑤ ㉠, ㉡, ㉢, ㉣

해설
㉠ 섬김의 리더십에서 리더는 **인간 존중, 봉사, 정의, 정직성 그리고 공동체 윤리성 강조**의 다섯 가지 원칙에 입각하여 경청하고 공감대를 가지고 고쳐 나가고 깨닫고자 노력하여야 한다.
㉢ 섬김의 리더십에서 리더는 **청지기의식(stewardship)**을 발휘하여 사람을 성장 하도록 하는데 몰입하고 공동체 의식을 구축하도록 노력해야한다.

✗오답풀이
㉡ 가치의 협상과 계약은 **거래적 리더십**에 해당한다. 리더와 구성원 간에 맺은 협상과 계약 관계에 의한 거래적 리더십은 구성원의 바람직한 행동이나 우수한 성과를 유도하기 위해 그들이 가치를 두는 보상을 제공한다.
㉣ 지능, 사회적 지위, 교육 정도, 외모 강조는 리더의 특성에 초점을 둔 **특성이론(Trait Theories, 자질이론)**에 해당한다.

정답 ①

03 리더십의 유형과 수준

074 ✓확인 ☐☐☐

참여적 리더십에 관한 설명으로 옳지 않은 것은? · 16회

① 집단지식과 기술 활용이 용이하다.
② 상급자의 권한과 책임을 포기하는 것이다.
③ 소요시간과 책임소재 문제 등이 단점이다.
④ 기술수준이 높고, 동기부여 된 직원들이 있을 때 효과적이다.
⑤ 직원들을 의사결정에 참여시켜 일에 대한 적극적 동기부여가 가능하다.

해설
상급자의 권한과 책임을 포기하는 것, 즉 상급자가 권한과 책임을 전적으로 하급자에게 위임하는 것은 **위임적 리더십(자율적 리더십)**이다. **참여적 리더십**은 위임적 리더십과는 달리 상급 관리자의 권한과 책임을 포기하는 것이 아니다. 경우에 따라서는 하급자들의 결정을 무효화하거나 수정할 수 있는 궁극적인 권한은 상급 관리자에게 귀속되어 있다.

+ 보충설명
① 참여적 리더십은 **집단의 지식과 기술을 활용하기 용이**하며, 개방적 의사소통으로 보다 많은 정보를 얻고 참여를 통해 개인의 기술을 발전시킬 수 있다.
③ 참여적 리더십에서 참여를 통한 의사결정 방식은 **지시적 리더십에 비해 의사소통을 위한 시간 소모가 많다**. 또한 참여를 통한 집단의 결정에 대한 **책임성 소재가 모호할 수도 있다**.
④ 참여적 리더십은 직원 임파워먼트 전략과 결부되면 생산성과 효과성과 같은 조직의 목적 성취도를 높일 수도 있다고 본다. 특히 기술수준이 높고, 동기 부여된 업무자들에 대해 참여적 의사결정은 효과적이라고 보고된다.
⑤ 참여적 리더십은 직원들을 의사결정 과정에 참여시켜 일에 대한 적극적 동기부여를 할 수 있다. 의사결정에의 참여를 통해 개별 업무자들은 조직의 목표를 스스로에게 내재화하는 경향을 보이고, 그에 따라 직무만족과 업무수행력도 높아진다고 본다.

정답 ②

075 ✓확인 ☐☐☐

카츠의 이론에서, 관리자의 승진에 따라 상대적으로 중요도가 커지는 리더십 기술은? · 8회

① 직접서비스 기술
② 사례관리 기술
③ 전문과업 기술
④ 의사결정 기술
⑤ 대인관계 기술

해설
카츠(Katz)는 행정·관리자가 가져야 할 기술에는 **전문 기술, 인간관계 기술, 그리고 개념적 기술(의사소통 기술)**이 있음을 제시하였다. 높은 수준의 관리자일수록 개념적 기술의 중요도가 커지는데, 개념적 기술이란 조직 내외의 여러 정보를 종합, 체계화하여 조직의 방침을 설정하고, 문제를 분석하며, 조직구조를 형성하거나 의사결정을 하는 등 전체적인 관점에서 종합적으로 판단하고 처리하는 기술을 말한다.

정답 ④

04 조직문화(organizational culture)

076 ✓확인 ☐☐☐

조직문화와 조직성과의 연관성에 관한 설명으로 옳지 않은 것은?
· 12회

① 조직의 핵심가치를 공유하는 조직 구성원이 많을수록 조직성과가 향상된다.
② 조직문화가 조직의 전략과 일치할수록 조직성과를 향상시킨다.
③ 조직문화는 변화가 쉬워 조직성과에 긍정적 영향을 준다.
④ 환경적응적 조직문화는 조직 외부 이해당사자들의 기대실현을 적절한 수준으로 고려하여 조직성과를 향상시킨다.
⑤ 조직문화와 조직성과는 긴밀한 관계를 갖는다.

해설
조직문화는 조직 내적인 측면에서 구성원들이 조직의 정체성을 공유하게 하면서 조직 내에서의 의사소통 방식, 의사결정 방식, 과업 수행 방식에 영향을 미쳐 조직의 통합을 가져오고 이런 과정을 통해 조직성과에 큰 작용을 갖는다. 그리고 조직 환경과의 관계에서도 조직이 행동하는 방식, 즉 고객을 처리하는 방식, 경쟁자에 대응하는 방식 등에 영향을 미쳐 궁극적으로 조직의 성과에 긍정적인 영향을 줄 수 있다. 하지만, 일반적으로 조직문화의 변화는 그렇게 쉽지 않다.

정답 ③

077 ✓확인 ☐☐☐

다음은 어떤 조직 이론에 관한 설명인가?
· 13회

- 조직 구성원의 내적 통합과 변화된 환경에 대한 외적 적응의 관계를 주로 다룬다.
- 조직 구성원의 소속감 및 정체감 형성에 영향을 미치는 요인을 설명한다.
- 새로운 기술도입에 따른 조직의 유연성 정도를 설명한다.
- 최근에는 이직의 원인을 설명해주는 이론으로도 활용된다.

① 행정관리론   ② 조직문화이론
③ 관료제 조직 이론   ④ 사회자본론
⑤ 행렬조직 이론

해설
조직문화(organizational culture)는 어떤 조직이 공유하고 있는 가치, 신념, 행동규범 등을 통칭하는 의미이다. 샤인(Schein)은 조직문화를 어떤 조직이 외부환경에 대한 적응이나 내부 통합의 문제 해결 과정에서 창조하거나, 발견하거나 또는 개발한 기본 가정의 한 형태로 보았다.

정답 ②

078

사회복지조직의 조직문화에 관한 설명으로 옳은 것을 모두 고른 것은?
· 18회

> ㉠ 사회복지서비스 체계의 규범과 가치로서 역할을 한다.
> ㉡ 사회복지서비스 제공자의 상황인식에 중요한 역할을 한다.
> ㉢ 조직구성원의 행태와 인식 그리고 태도를 통해서 조직효과성과 연결하는 역할을 한다.

① ㉠   ② ㉢   ③ ㉠, ㉡
④ ㉡, ㉢   ⑤ ㉠, ㉡, ㉢

해설
㉠ 조직문화는 조직의 가치와 신념, 규범, 관습 및 행동양식이 모두 포함되는 것으로, 사회복지조직의 사회복지서비스 체계 규범과 가치로서의 역할을 한다.
㉡ 조직문화는 사회복지서비스 제공자가 외부환경을 인식하고 그에 따라 적절히 반응하는데 중요한 역할을 한다.
㉢ 조직문화는 조직구성원의 행동과 인식, 그리고 조직분위기에 중요한 요소로 작용하면서 조직효과성 및 조직성과에 많은 영향을 주고 있다.

정답 ⑤

079

다음이 공통적으로 설명하는 것은?
· 13회

> • 사회복지 조직이 혁신과 변화를 시도할 때 저항력으로 작용한다.
> • 조직과 직원들이 기존 업무 분야에 대해 투자했던 시간과 노력, 헌신을 회수받지 못하는 문제이다.
> • 이것이 클수록 조직 차원의 변화 시도에 대항하려는 힘이 커진다.

① 환원주의   ② 기준 행동
③ 매몰 비용(sunk cost)   ④ 레드테이프(red tape)
⑤ 매너리즘(mannerism)

해설
매몰 비용(sunk cost)이란 이미 지출되었기 때문에 회수가 불가능한 비용을 말한다. 매몰 비용이 크면 클수록, 변화에 대한 저항도 그만큼 더 커지게 된다.

보충설명
① 환원주의(reductionism)란 모든 현상은 근원적인 요인들로 환원되어 단순화된 설명이 가능하다고 믿는 입장이다. 즉 인간과 사회에 대한 수많은 현상을 소수의 결정적인 요인들로 축약해서 설명할 수 있다는 결정주의(determinism)를 말한다.
② 기준 행동(criterion behavior)이란 단지 규정에 의거된 정보만을 산출하는 것에 집착하게 되어 나타나는 행동을 말하는 것이다. 기준 행동이 나타나면, 서비스의 본질보다 자료 생성에 필요한 행동을 중시하게 되어 표준화된 도구에 의해 모니터링 되기 어려운 실질적으로는 중요한 서비스 행동들이 억제된다.
④ 레드테이프(red tape, 번문욕례 또는 서면주의)는 불필요한 규제, 까다로운 형식, 해묵은 관행을 의미한다.
⑤ 매너리즘(mannerism)이란 업무에 고정관념이 형성되고, 일 처리 방식이 고착화되는 것을 말한다.

정답 ③

김진원 Oikos 사회복지사 1급

제7장 인적자원관리

제7영역 : 사회복지행정론

01 인적자원관리

080
✓확인 ☐☐☐

인적자원관리(Human Resource Management)에 관한 설명으로 옳지 않은 것은?
• 14회

① 조직구성원의 능력과 성향이 조직성과에 주는 영향이 크기 때문에 인적자원관리가 중요하다.
② 조직구성원의 혁신적 사고와 행동이 조직의 경쟁력이라고 전제한다.
③ 인적자원 확보와 조직구성원에 대한 훈련, 교육, 보상관리 등을 의미한다.
④ 환경 적응을 위하여 전문적 직무의 협력, 통합, 융합수준을 향상시킨다.
⑤ 명문화, 세분화된 직무는 이용자의 욕구와 시장변화에 대한 전략을 세우는 데 도움이 된다.

해설
업무 세분화 및 명문화는 각 업무자들로 하여금 자신의 주어진 한정된 업무에만 집중하게 하고, 일 처리 방식도 고착화시켜 이용자의 욕구와 시장 변화에 대한 전략을 세우는 데 부정적 영향을 준다.

정답 ⑤

081
✓확인 ☐☐☐

사회복지조직의 인적자원관리에 관한 설명으로 옳지 않은 것은?
• 21회

① 동기부여를 위한 보상관리는 해당되지 않는다.
② 직원채용, 직무수행 평가, 직원개발을 포함한다.
③ 목표관리법(MBO)으로 직원을 평가할 수 있다.
④ 직무수행 과정에서 경력을 개발해 나갈 수 있도록 한다.
⑤ 직무만족도 개선과 소진관리가 포함된다.

해설
사회복지조직의 인적자원관리에 동기부여를 위한 **보상관리도 해당**된다. 사회복지조직에서 공통적으로 논의할 수 있는 핵심적인 인적자원관리의 구성요소에는 **성과관리, 개발관리 및 보상관리** 등이 있다.

+ 보충설명
② 인적자원관리 과정에 직원채용, 직원 훈련 및 개발, 업무수행능력 파악을 위한 직무수행 평가 등이 포함된다.
③ 목표관리법(MBO)은 목표들을 세밀하게 세워놓고 그에 따라 일하게 하고, 그에 따라 평가하는 것이다.
④ 직무수행 과정에서 경력을 개발해 나갈 수 있도록 적합한 과업과 활동들을 경험하게 하는 것을 경력관리라고 하며, 경력관리는 인적자원관리의 구성요소 중 개발관리에 해당된다.
⑤ 직무만족도 개선과 소진관리는 업무수행력의 향상을 위해 중요하다. 참고로 직무만족도는 업무자들이 일과 직무환경에 대해 갖는 태도 및 인지를 말하는 것으로, 직무만족도의 개선은 이직률을 줄이는 데 기여한다.

정답 ①

082

다음에서 공통적으로 설명하는 인적자원관리 방식은? • 17회

- 인적자원관리의 기초가 된다.
- 직무에 대한 업무내용과 책임을 종합적으로 분류한다.
- 직무명세서 작성의 전 단계이다.

① 직무평가
② 직무분석
③ 직무순환
④ 직무수행평가
⑤ 직무충실

해설

직무분석(job analysis)은 직무들 간의 구분을 위한 정보를 제공하는 의도적이고 체계적인 과정으로, 각 직무에 부과된 역할과 책임들을 분석하는 것이다. 이 분석은 현재 직무를 수행하고 있는 개인들을 면접하고, 관련 문헌들을 검토하며, 새로운 서비스 체계 모형에 기반해서 이루어질 수 있다. **직무분석이 이루어진 후 직무기술서와 직무명세서를 작성**한다.

+보충설명

① **직무평가**(job evaluation)는 조직 내에서 직무들의 내용과 성질을 고려하여 직무들 간의 상대적 가치를 결정하는 절차를 의미한다. 직무평가의 결과는 조직 내에 존재하는 여러 직무들에 대해 위계를 만들고 서로 다른 임금수준을 결정하기 위한 중요한 정보를 제공한다.
④ **직무수행평가**(performance appraisal)란 직무에 종사하는 직원들의 업무수행에 대한 평가를 설계하고 실행하는 과정을 의미하며, 주로 인사고과라고 표현한다.

정답 ②

OIKOS UP 직무분석, 직무평가, 직무수행평가 간의 관계(황성철 외, 2014)

구분	직무분석	직무평가	직무수행평가
목적	직무내용 및 성질파악	직무의 상대적 가치결정	직원 개개인의 수행을 평가
대상	직무	직무	직무종사원 (직원)
가치판단 개재 여부	개재 안 됨	개재됨	개재됨

083

사회복지 조직의 인사관리에 관한 설명으로 옳지 않은 것을 모두 고른 것은? • 10회

㉠ 직원을 모집하기 위해서는 단기·중기·장기의 충원계획 수립이 필요하다.
㉡ 직무기술서(job description)는 직무 명칭과 개요 등 직무 자체에 관한 내용이다.
㉢ 선발시험 방법은 크게 필기시험, 실기시험, 면접시험 등으로 구분된다.
㉣ 직무명세서를 작성한 후 해당 직무에 대한 직무분석이 이루어져야 한다.

① ㉠, ㉡, ㉢
② ㉠, ㉢
③ ㉡, ㉣
④ ㉣
⑤ ㉠, ㉡, ㉢, ㉣

해설

모집을 위해서는 해당 직무에 대한 직무분석이 이루어져야 하며, **직무분석이 이루어진 후 직무기술서와 직무명세서를 작성**한다.

정답 ④

084

직무를 통한 연수(OJT)에 관한 설명으로 옳은 것을 모두 고른 것은?
· 19회

㉠ 직원이 지출한 자기개발 비용을 조직에서 지원한다.
㉡ 일반적으로 조직의 상사나 선배를 통해 이루어진다.
㉢ 일상적인 업무를 통해 이루어지는 경우가 많다.
㉣ 조직 외부의 전문교육 기관에서 제공된다.

① ㉠, ㉡ ② ㉠, ㉢ ③ ㉠, ㉣
④ ㉡, ㉢ ⑤ ㉢, ㉣

해설
㉡ 직무를 통한 연수(OJT)는 직무설계수행에서 선임자가 피훈련자에게 업무수행의 지식, 기술을 학습하게 하는 방법으로, **직장상사나 선배가 부하(후배)에 대하여 행하는 지도육성 활동**이다.
㉢ 직무를 통한 연수(OJT)는 **근무현장 내에서 이루어지는 훈련으로 일상적인 업무를 통해 이루어지며** 업무에 필요한 지식·기능·태도를 대상으로 이루어지는 지도육성 활동이다.

✕ 오답풀이
㉠ 직원이 지출한 자기개발 비용을 조직에서 지원하는 것은 **자기계발원조제도(SDS)**로, 이는 개별 직원의 직무 내외에 자주적인 자기계발활동을 직장으로서 인지하고, ⓐ 경제적 지원, ⓑ 시간적 지원(직무면제, 조정, 특별 휴가제공 등), ⓒ 시설이나 장비의 제공 및 대여 등을 하는 방법이다.
㉣ 조직 외부의 전문교육 기관에서 제공되는 것은 **직무와 분리된 연수(off-JT)**로, 이는 직장 내 및 직장 외 전문가를 초빙하여 직무현장이 아닌 교실에서 강의식으로 교육하는 방법이다.

정답 ④

085

다음에서 설명하는 직원능력 개발방법은?
· 18회

· 지속적이고 새로운 전문지식 습득 방법
· 지역사회의 필요 및 구성원의 욕구에 따라 융통성 있게 실시 가능
· 사회복지사에게 직무연수 방식으로 제공

① 패널토의(Panel Discussion)
② 순환보직(Job Rotation)
③ 계속교육(Continuing Education)
④ 역할연기(Role Playing)
⑤ 분임토의(Syndicate)

해설
계속교육(Continuing Education)은 학교교육이 끝난 직원들을 대상으로 전문성 유지 및 향상을 위해 계속적으로 필요에 맞게 교육하는 것을 의미하며, 사회복지사에게 직무연수 방식으로 제공된다. 지역사회의 필요 및 직원들의 욕구에 따라 융통성 있게 실시할 수 있다는 장점이 있으나, 장기적인 철저한 계획과 교육기관 및 복지조직의 긴밀한 협조가 요구된다.

+ 보충설명
① **패널토의(Panel Discussion)**는 그 집단이 지니고 있는 문제에 대해 여러 측면에서 원인을 규명하여 공동의 합의점을 찾아내기 위한 회의로 선정된 4~6명의 토론자들이 청중 앞에서 각자의 지식, 전문, 정보 등을 발표하고 토론을 한 후 각자의 의견을 제시하여 협력적으로 숙의를 전개해 나가며 청중의 질문이나 의견을 교환하는 공동토의 방식을 말한다.
② **순환보직(Job Rotation)**은 피훈련자를 일정한 시일로 간격을 두고 직위나 직급에 전보 또는 순환보직시키면서 훈련을 시키는 방법이다.
④ **역할연기(Role Playing)**는 교육대상자들로 하여금 어떤 사례·사건을 구체적인 상황에 근거하여 실제연기로 표현하게 하는 것이다.
⑤ **분임토의(Syndicate)**는 10명 내외의 소집단으로 나누고 각 집단별로 동일한 문제를 토의하여 해결방안을 작성하고 다시 전체가 모인 자리에서 각 집단별로 문제해결 방안을 발표하고 토론하여 하나의 합리적인 문제해결 방안을 모색하는 방법이다.

정답 ③

02 슈퍼비전(supervision)

086

✓확인 ☐☐☐

사회복지서비스 기관에서의 슈퍼비전에 관한 설명으로 옳지 않은 것은?

· 13회

① 카두신(A. Kadushin)은 슈퍼비전을 행정적, 지지적, 교육적 기능으로 설명한다.
② 긍정적 슈퍼비전은 사회복지사의 소진 예방에 도움을 준다.
③ 슈퍼바이지(supervisee) 간 동료 슈퍼비전은 인정되지 않는다.
④ 사회복지사의 관리 및 통제의 수단으로도 활용된다.
⑤ 슈퍼비전의 질은 슈퍼바이저의 역량에 좌우된다.

> **해설**
> 슈퍼비전의 방법 중에는 슈퍼바이지(supervisee) 간 동료 슈퍼비전의 형태로, 지정된 **슈퍼바이저가 없이 동료 사회복지사들이 동등한 자격으로 서로에게 슈퍼바이저의 역할을 수행하는 동료 슈퍼비전의** 형태, 그리고, 동료 슈퍼비전과 비슷한 형태로 두 명의 사회복지사로 구성되어 서로에게 슈퍼바이저 역할을 수행하는 **직렬 슈퍼비전의** 형태도 있다.
>
> **정답** ③

087

✓확인 ☐☐☐

슈퍼비전에 관한 설명으로 옳지 않은 것은?

· 10회

① 슈퍼바이저는 다양한 의무를 가진 사회복지사가 쉽게 찾아올 수 있도록 해야 한다.
② 사회복지 조직에서 슈퍼바이저는 행정적 상급자로서의 역할도 한다.
③ 슈퍼비전의 모형 중 팀형은 동료 사회복지사가 동등한 자격으로 참여하는 형태이다.
④ 슈퍼바이저는 사회복지사의 전문적 지식과 기술을 증진시키는 임무를 가진다.
⑤ 슈퍼비전에는 객관적인 평가와 그에 따른 책임성이 요구된다.

> **해설**
> 슈퍼비전의 모형 중 동료 사회복지사가 동등한 자격으로 참여하는 형태는 **동료 슈퍼비전 모형**이다. 팀 슈퍼비전은 가능한 다양한 구성원들로 팀을 형성하여 의사일정(agenda)이 구성원들에 의해 사전에 제한되고 구성원들의 상호작용을 통해 한 사례에 대한 결론을 도출한다.
>
> **정답** ③

> **OIKOS UP** 슈퍼비전 다양한 방법
>
> ① 개인교사 모델 : 슈퍼바이저와 사회복지사가 1 대 1의 관계를 통해 슈퍼비전이 진행
> ② 케이스 상담 : 사회복지사와 컨설턴트의 1 대 1 관계 또는 일대 다수의 관계를 통해 사회복지사에게 할당된 사례에 대한 슈퍼비전을 실행
> ③ 집단 슈퍼비전 : 개인교사 모델을 확대시킨 형태로써 한 명의 슈퍼바이저와 다수의 사회복지사로 구성되어 진행
> ④ 동료 슈퍼비전 : 지정된 슈퍼바이저가 없이 동료 사회복지사들이 동등한 자격으로 서로에게 슈퍼바이저의 역할을 수행
> ⑤ 직렬 슈퍼비전 : 동료 슈퍼비전과 비슷한 형태로 두 명의 사회복지사로 구성되어 서로에게 슈퍼바이저 역할을 수행
> ⑥ 팀 슈퍼비전 : 가능한 다양한 구성원들로 팀을 형성하여 의사일정(agenda)이 구성원들에 의해 사전에 제한되고 구성원들의 상호작용을 통해 한 사례에 대한 결론을 도출

088

사회복지 슈퍼비전에 관한 설명으로 옳지 않은 것은? · 21회

① 행정적 기능, 교육적 기능, 지지적 기능이 있다.
② 소진 발생 및 예방에 영향을 미친다.
③ 동료집단 간에는 슈퍼비전이 수행되지 않는다.
④ 슈퍼바이저는 직속상관이나 중간관리자가 주로 담당한다.
⑤ 직무를 수행하면서 훈련을 받을 수 있다는 장점이 있다.

해설
동료집단 간에도 슈퍼비전이 수행된다. 동료집단 간 슈퍼비전을 하는 방법으로 동료 슈퍼비전과 직렬 슈퍼비전의 형태가 있다.

+ 보충설명
① 카두신(A. Kadushin)은 슈퍼비전의 기능을 행정적, 지지적, 교육적 기능으로 설명한다.
② 직무만족도를 높이거나 소진을 예방하는 등의 감정적, 정서적 측면에서 슈퍼비전은 막대한 영향을 미친다.
④ 슈퍼바이저는 전문직에 대한 지식과 기관에 대한 종합적인 지식을 갖추고 있는 직속상관이나 중간관리자가 주로 담당한다.
⑤ 전문적 지식과 기술을 증진시키기 위한 훈련은 교육적 슈퍼비전에 해당된다. 근무 현장 내에서 직무를 수행하면서 훈련을 받는 것은 현장실무교육(OJT)이다.

정답 ③

03 동기부여(motivation)

089

동기부여 이론과 주요 학자의 연결이 옳은 것은? · 15회

① 인간관계이론 - 매슬로우(Maslow)
② ERG이론 - 허즈버그(Herzberg)
③ 성취동기이론 - 맥클리랜드(McClelland)
④ 욕구계층이론 - 맥그리거(McGregor)
⑤ X·Y이론 - 알더퍼(Alderfer)

해설
성취동기이론은 맥클리랜드(McClelland)에 의해 주장된 이론으로 동기를 부여시키는 욕구를 권력욕구, 친화(친교)욕구, 성취(달성)욕구의 3가지 형태로 파악하였다.

+ 보충설명
① 인간관계이론 - 메이요(Elton Mayo)
② ERG이론 - 알더퍼(Alderfer), 동기위생이론 - 허즈버그(Herzberg)
④ 욕구계층이론 - 매슬로우(Maslow)
⑤ X·Y이론 - 맥그리거(McGregor)

정답 ③

090

동기부여이론에 관한 설명으로 옳지 않은 것은? • 17회

① 매슬로우(A. Maslow)의 욕구단계이론에서 최상위 단계는 자아실현욕구이다.
② 알더퍼(C. Alderfer)의 ERG이론은 인간의 욕구를 세 가지 범주로 나누었다.
③ 허즈버그(F. Herzberg)의 동기-위생이론에 의하면 감독, 안전은 위생요인에 해당한다.
④ 맥클랜드(D. McClelland)의 성취동기이론에 의하면 성장욕구는 관계욕구보다 상위 단계이다.
⑤ 아담스(J. S. Adams)는 공평성이론에서 조직이 공평성을 실천함으로써 구성원을 동기부여 할 수 있다고 하였다.

해설

성장욕구는 관계욕구보다 상위 단계라는 것은 **알더퍼(C. P. Alderfer)의 ERG이론**이다. **맥클랜드(D. McClelland)의 성취동기이론**에서는 인간에게 기본적으로 동기를 부여시키는 욕구를 성취욕구, 권력욕구, 친교욕구의 세 가지로 분류해서 파악하였다.

+ 보충설명
⑤ **아담스(J. S. Adams)는 공평성이론에** 따르면 종업원이 직무에서 투입하는 노력, 경험, 교육 등과 같은 투입량(input)과 직무에서 임금, 상여금, 승진, 인정과 같은 산출량(output)이 균형을 이룰 때 공평성을 지각하며 그 결과 직무동기도 증가한다고 본다. 따라서, 조직이 공평성을 실천함으로써 구성원을 동기부여 시킬 수 있다.

정답 ④

091

다음 ( )에 들어갈 내용으로 옳은 것은? • 17회

맥클랜드(D. McClelland)의 성취동기이론을 자원봉사자 관리에 적용할 경우 자원봉사자의 욕구 유형에 따라 배정할 업무가 다를 것이다. 가령 (㉠)욕구가 강한 자원봉사자에게는 말벗되기 등 대면서비스를 담당하도록 배정하고, (㉡) 욕구가 강한 자원봉사자에게는 팀장 등 관리 업무를 맡기고, (㉢)욕구가 강한 자원봉사자에게는 후원자 개발 등 다소 어려운 업무를 배정한다.

① ㉠ : 인간관계, ㉡ : 성취, ㉢ : 권력
② ㉠ : 친교, ㉡ : 권력, ㉢ : 성취
③ ㉠ : 관계, ㉡ : 성장, ㉢ : 자아실현
④ ㉠ : 사회적, ㉡ : 권력, ㉢ : 성장
⑤ ㉠ : 친교, ㉡ : 존경, ㉢ : 권력

해설

맥클랜드(D. McClelland)의 성취동기이론에서는 인간에게 기본적으로 동기를 부여시키는 욕구를 성취욕구, 권력욕구, 친교욕구의 세 가지로 분류해서 파악했으며, 주로 이 세 가지 욕구가 인간행동의 80% 이상을 설명하는 대표적인 욕구라고 주장한다.
㉠ **친교욕구(Need for Affiliation)는** 다른 사람들과 친밀한 관계를 형성하고 유지하려는 욕구를 의미하며, 친교욕구를 가진 사람에게는 새롭고 만족할 만한 우정을 형성할 수 있는 기회를 주는 것이 좋다.
㉡ **권력욕구(Need for Power)는** 다른 구성원에게 통제력을 행사하거나 행동에 영향을 미치는 욕구로, 권력욕구를 가진 사람에게는 통제와 힘을 발휘할 수 있는 지위나 권위를 주는 것이 좋다.
㉢ **성취욕구(Need for Achievement)는** 우수한 결과를 얻기 위해서 높은 기준을 설정하고 이를 달성하고자 하는 욕구를 말하는 것으로, 성취욕구를 가진 사람에게는 도전적인 문제해결의 과업을 주는 것이 좋다.

정답 ②

092

다음 사례에서 설명하는 동기이론은? ・18회

> A는 자신보다 승진이 빠른 입사 동기인 사회복지사 B와의 비교로, 보충해야 할 업무역량을 분석하였다. A는 B가 가진 프로그램 기획력과 사례관리 역량의 필요성을 알게 되었고, 직무 향상과 승진을 위해 대학원 진학을 결정하였다.

① 욕구위계이론(A. Maslow)
② 동기위생이론(F. Herzberg)
③ ERG이론(C. Alderfer)
④ 형평성이론(J. S. Adams)
⑤ 기대이론(V. H. Vroom)

해설
A에게 있어서 사회복지사 B는 준거인물이다. 준거인물인 B의 승진(산출)이 프로그램 기획력과 사례관리 역량(투입)임을 알게 되어, 자신도 직무 향상과 승진(산출)을 위해 대학원 진학(투입)을 결정한 것이다. 다른 사람의 투입 대비 산출 비율과 자신의 투입 대비 산출을 비교하여 크거나 작다면 불공평함을 느껴 그 차이를 줄이는 방향으로 동기가 부여된다는 것은 아담스(J. S. Adams)의 형평성이론이다.

보충설명
⑤ 브룸(V. H. Vroom)의 기대이론(VIE이론)에서는 가치(Valence, 유의성), 수단(Instrumentality), 기대(Expectancy)의 세 가지 인지요소의 결합에 의해 사람의 동기가 부여될 수 있다고 설명한다. 즉, [동기의 강도(M) = 가치(V) × 수단(I) × 기대(E)]로, 가치(Valence, 유의성)는 직무의 결과에 대해 개인이 부여하는 가치, 수단(Instrumentality)은 어떤 행동의 결과보상이 주어질 것이라고 믿는 정도를 의미, 기대(Expectancy)는 특정행위 또는 노력이 특정한 성과를 가져오리라는 가능성 또는 주관적 확률과 관련된 믿음이다.

정답 ④

093

목표설정(Goal Setting)이론에 관한 설명으로 옳지 않은 것은? ・16회

① 위계적 욕구이론이다.
② 인지에 초점을 둔 이론이다.
③ 동기 형성을 위한 목표설정이 필요하다고 본다.
④ 목표가 구체적일수록 효과적이라고 본다.
⑤ 의미 있는 목표는 동기유발을 일으켜 조직성과 달성에 기여한다고 본다.

해설
목표설정이론은 욕구중심이론이 아니라 **인지중심이론**이다. 인지중심이론은 종업원들이 자신과 자신을 둘러싼 환경을 적극적으로 인지하고 판단하는 존재로 가정하고 개인의 인지적 판단의 결과가 동기부여에 영향을 미친다고 보는 관점으로, **형평성이론, 목표설정이론, 목표관리(MBO), 기대이론** 등이 있다.

보충설명
② 목표설정이론은 **인지에 초점을 둔 이론**으로, 인지중심이론에 해당한다.
③ 동기를 향상시키기 위해 목표를 조절하는데 초점을 둔다. 즉, **동기 형성을 위한 목표설정이 필요**하다고 본다.
④ **구체적인 목표**가 다른 조건이 동일할 때 막연한 목표를 부여받거나 설정한 사람보다 **보다 더 나은 성과**를 창출한다.
⑤ 직무수행을 위한 과정에서 목표의 구체성, 목표의 도전성, 피드백이 제공되는 경우 동기부여되며 성과에 영향을 준다는 이론이다.

정답 ①

04 직무만족과 갈등관리

094

직무소진(burnout)에 관한 설명으로 옳은 것을 모두 고른 것은?

· 18회

> ㉠ 직무에서 비롯되는 스트레스에 대한 반응이다.
> ㉡ 목적의식이나 관심을 점차적으로 상실하는 과정이다.
> ㉢ 감정이입이 업무의 주요 기술인 직무현장에서 발생하는 현상이다.

① ㉠　　　② ㉡　　　③ ㉠, ㉢
④ ㉡, ㉢　　　⑤ ㉠, ㉡, ㉢

해설
㉠ 인간관계로 인해 표출된 **직무스트레스가 소진의 중요 원인**이다.
㉡ 직무소진으로 인해서 **조직에 대한 이상, 열정, 목적의식이나 관심**을 점차적으로 상실하게 된다.
㉢ 소진은 **감정노동이 주를 이루는 서비스를 제공하는 직무현장에서 발생**하는 현상으로, 단순히 개인문제로 끝나는 것이 아니라 서비스 질의 하락으로 기관에까지 영향을 미친다.

정답 ⑤

095

사회복지조직의 인적자원관리에 관한 설명으로 옳은 것은?

· 17회

① 직무만족은 조직몰입에 부정적인 영향을 미친다.
② 신규채용은 비공개모집을 원칙으로 한다.
③ 브레인스토밍은 제시된 아이디어의 양보다는 질을 더욱 중시한다.
④ 갈등은 조직 내에 비능률을 가져오는 역기능만을 갖는다.
⑤ 소진은 일반적으로 열성-침체-좌절-무관심의 단계로 진행된다.

해설
소진(burn-out)은 과도한 스트레스에 노출되어 신체적, 정신적 기력이 고갈되어 직무수행 능력이 떨어지고 단순 업무에만 치중하게 되는 현상으로, **열성 → 침체 → 좌절 → 무관심의 단계**로 진행된다.

오답풀이
① **직무만족**은 직무 수행과정에서 경험하거나 직무 수행결과로 얻게 되는 성취감 등의 욕구만족 함수를 말하며, **조직몰입(commitment)**은 조직구성원이 자신을 근무조직과 정서적으로 동일시하는 정도를 의미하는 태도적 몰입과 조직구성원이 근무조직에 대한 자신의 소속지위를 지속하려는 정도를 의미하는 행위적 몰입으로 구분된다. 직무만족은 조직몰입에 **긍정적인 영향**을 미친다.
② 채용은 모집과 선발로 이루어진다. 모집은 조직이 적당한 자격 요건을 갖춘 지원자를 확보하는 과정이며, 선발은 지원자의 자격을 검토하고 평가해서 누구를 채용할 것인지를 결정하는 것이다. **신규채용의 모집은 공개모집을 원칙**으로 한다. 즉, 모집 시에 필요한 직위에 대해 모집 광고를 한다. 광고나 정보를 배포하는 수단은 신문이나 방송과 같은 대중매체를 활용하거나 전문잡지나 전문가 집단, 동료집단, 대학 등을 통해 공고하는 방법도 있다.
③ **브레인스토밍(brainstorming)**은 터놓고 논의하는 집단이란 뜻으로, 어떤 한 가지 주제에 관하여 관계된 사람들이 모여 집단의 효과를 살려 아이디어의 연쇄반응을 일으키게 함으로써 자유분방하게 아이디어를 내는 방법이다. **아이디어의 질보다 양이 중요**하며 능동적 참여가 중요하다.
④ **갈등(conflict)**은 조직 내에 비능률을 가져오는 역기능만을 갖는 것이 아니라, **조직의 효과성을 제고하는 순기능적 기능도 갖는다**. 조직에서 갈등이 거의 없거나 반대로 그 정도가 너무 높은 것은 모두 역기능적인 영향을 주는 것으로 모두 바람직한 현상이 아니며, 조직의 유효성을 향상시킬 수 있는 집단의 바람직한 행동유발을 위해 적당한 정도의 갈등을 조성·유지하는 것이 필요하다.

정답 ⑤

제8장 재정관리

제7영역 : 사회복지행정론

01 예산의 수립과 운영

096

보편적인 재정관리의 과정을 순서대로 나열한 것은? · 13회

- ㉠ 심의·의결
- ㉡ 예산편성
- ㉢ 결산 및 회계감사
- ㉣ 예산집행

① ㉠-㉡-㉢-㉣
② ㉠-㉣-㉡-㉢
③ ㉡-㉠-㉣-㉢
④ ㉢-㉡-㉠-㉣
⑤ ㉣-㉢-㉡-㉠

해설
사회복지 조직에 있어 재정관리과정은 조직의 운영목표 달성을 위하여 필요로 하는 재화와 용역을 조달하고 관리·운용하는 제반 경제활동, 즉 재정활동으로 [예산편성(㉡) – 심의·의결(㉠) – 예산집행(㉣) – 결산 및 회계감사(㉢) – 결산보고서 심의 및 승인]의 과정으로 이루어진다.

정답 ③

097

사회복지조직의 예산 수립 원칙으로 옳은 것은? · 17회

① 회계연도 개시와 동시에 결정되어야 한다.
② 수지 균형을 맞춰 흑자 예산이 되어야 한다.
③ 회계연도가 중첩되도록 다년도로 수립하여야 한다.
④ 예산이 집행된 후 즉시 심의·의결을 거쳐야 한다.
⑤ 세입과 세출은 모두 예산에 계상하여야 한다.

해설
법인과 시설의 1회계연도의 모든 수입을 세입으로 하고 모든 지출을 세출로 하며 세입과 세출은 모두 예산에 계상한다는 **총계주의 원칙**을 사회복지조직에서 채택하여 지켜야한다. 「사회복지법인 및 사회복지시설 재무·회계 규칙」 제8조(예산총계주의원칙) 세입과 세출은 모두 예산에 계상하여야 한다.

오답풀이
① **예산사전 의결의 원칙**이다. 즉 예산은 예정적 계획이므로 회계연도가 개시되기 전에 사회복지법인 이사회의 의결을 거쳐야 한다는 원칙이다. "회계연도 개시와 동시에 결정"은 올바르지 않다.
② **건전재정 운영의 원칙**(= **수지균형의 원칙**)은 적자재정을 인정하지 않는 것을 내용으로 한다. 사회복지법인과 사회복지시설은 비영리를 목적으로 하기 때문에 건전한 재정 운영을 위해서는 수지균형을 조화있게 해야 한다는 원칙이다. "흑자 예산"은 올바르지 않다.
③ **회계연도 독립의 원칙**이다. 당해 연도의 경비는 당해 연도 세입으로 하고 세출은 다음 연도에 사용할 수 없다는 것이다. 재정활동의 시간적 구분으로서 세입·세출의 상황을 명확하게 하고 재정을 적절하게 통제하기 위해 설정한 일정기간을 회계연도라고 하며, 일반적으로 1년(1월 1일 ~ 12월 31일)이 한 단위이다. "회계연도가 중첩되도록 다년도로 수립하는 것"은 올바르지 않다.
④ **사전 승인의 원칙**(예산 사전의결의 원칙)이다. 예산은 사전에 심의·의결을 받아야 한다. "예산이 집행된 후 심의·의결"은 올바르지 않다.

정답 ⑤

02 예산수립의 모형

098

품목별 예산에 관한 설명으로 옳지 않은 것은? · 18회

① 예산의 남용을 방지할 수 있다.
② 회계책임을 명백히 할 수 있다.
③ 신축성 있게 예산을 집행할 수 있다.
④ 급여와 재화 및 서비스 구매에 효과적이다.
⑤ 정책 및 사업의 우선순위를 소홀히 할 수 있다.

해설
서비스의 산출이 아닌 투입요소에 초점을 두고 과거 예산을 근거로 예산을 결정하는 점진적 특성으로 인해 **예산운영의 신축성을 저해함과 동시에 재정 운영의 경직성을 가져올 수 있다.**

+ 보충설명
① 예산의 통제기능을 충족시키기 위해 구입하고자 하는 물품(서비스)별로 편성하는 예산으로, **어떠한 자금도 명시된 품목 이외에는 지출할 수 없어 예산의 남용을 방지할 수 있다.**
② 예산 항목별로 지출이 정리되므로 회계작업이 용이하며, **회계책임을 명백히 할 수 있다.**
④ 회계계정에 따라 구입품목별로 편성하므로 **급여와 재화 및 서비스 구매에 효과적이다.**
⑤ 정책 및 사업의 우선순위를 고려하는 것은 영기준예산이다. 품목별예산은 정책 및 사업의 우선순위를 고려하지 않으며, 기관의 사업내용을 구체적으로 알기 어렵고 결과나 목표달성에 대한 고려가 부족하다.

정답 ③

099

성과주의 예산에 관한 설명으로 옳지 않은 것은? · 14회

① 수행하는 업무에 중점을 둔다.
② 각 세부사업을 '단위원가 × 업무량 = 예산액'으로 표시하여 편성을 한다.
③ 간편하고 주로 점증식으로 평가된다.
④ 기관의 사업과 목표를 이해하는 데 도움을 준다.
⑤ 예산집행에 신축성을 부여한다.

해설
간편하고 주로 점증식으로 평가되는 것은 **품목별 예산**이다. 품목별 예산모형은 다가오는 해의 계획된 총비용을 파악하기 위해 기관의 모든 수입과 지출을 단순하게 목록화한 것으로, 가장 기본적이며 널리 사용된다. 전년도의 예산을 근거로 일정한 금액만큼 증가시킨, 즉 액수의 점진적인 증가(incremental)에 기초를 둔 이른바 **점증주의적 예산방식**을 취하고 있다.

정답 ③

100

계획예산제도(PPBS)에 관한 설명으로 옳지 않은 것은? · 12회

① 목표 개발에서부터 시작된다.
② 조직의 통합적 운영이 편리하다.
③ 조직 품목과 예산이 직접 연결되지 않아 환산 작업에 어려움이 있다.
④ 단위원가계산이 쉬워 단기적 예산변경이 유리하다.
⑤ 의사결정에 있어서 과학적이고 합리적 기법을 활용한다.

해설
계획예산제도는 장기적인 계획수립(planning)과 단기적인 예산편성을 프로그램 계획(programming)을 통하여 유기적으로 결합시킴으로써 자원배분에 관한 의사결정을 합리적으로 하기 위한 의도에서 만들어졌다. 실현성 있는 장기계획이 작성되어 장기적 사업계획의 신뢰성이 확보된다.

오답풀이
④ 성과주의 예산에서의 예산액이 성과량과 단위원가를 계산하여 책정한다. 성과주의 예산에서는 비용산출의 단위(시간, 횟수, 클라이언트 수) 설정과 단위비용을 책정하는 데 어려움이 있다(프로그램 단위와 비용 결정 문제).

정답 ④

101

예산에 관한 설명으로 옳은 것은? · 21회

① 영기준 예산(Zero Based Budgeting)은 전년도 예산 내역을 반영하여 수립한다.
② 계획 예산(Planning Programming Budgeting System)은 국가의 단기적 계획 수립을 위한 장기적 예산편성 방식이다.
③ 영기준 예산(Zero Based Budgeting)은 비용-편익분석, 비용-효과분석을 거치지 않고 수립한다.
④ 성과주의 예산(Performance Budgeting)은 전년도 사업의 성과를 고려하지 않고 수립한다.
⑤ 품목별 예산(Line Item Budgeting)은 수입과 지출을 항목별로 명시하여 수립한다.

해설
품목별 예산은 다양한 수입과 지출목록들이 항목별로 명시되고 각 목록마다 예상되는 돈의 양이 명시된다.

오답풀이
① 영기준 예산은 전년도 예산 내역을 반영하지 않고 수립한다. 과거의 예산우선순위나 관행에 구애받지 않고 영(zero)에서 출발하여 예산을 편성하는 방식이다.
② 계획 예산은 국가의 장기적 계획 수립을 위한 단기적 예산편성 방식이다. 목표달성을 위한 장기적 기본계획을 수립하고 기본계획을 연차적으로 실행하기 위해 사업별로 편성하는 예산이다.
③ 영기준 예산은 비용-편익분석, 비용-효과분석을 거치고 수립한다. 비용-편익분석과 비용-효과분석과 같은 척도를 활용하여 각 의사결정 패키지를 비교분석하여 우선순위를 부여한다.
④ 성과주의 예산은 전년도 사업의 성과를 고려하여 수립한다. 전년도 사업에 대한 성과평가결과가 좋은 사업에 예산배분의 우선권을 주어 편성하면 예산의 효율성을 높일 수 있다는 생각에 근거한다.

정답 ⑤

102

예산 유형에 관한 설명으로 옳지 않은 것은? · 23회

① 품목별 예산은 수입과 지출목록마다 예상되는 금액을 명시한다.
② 영기준 예산은 전년도 예산을 고려하지 않고 편성한다.
③ 기획예산제도(PPBS)는 장기적 기획과 단기적 예산 편성을 프로그램 작성을 통해 결합한다.
④ 프로그램 예산은 사업 목적보다 지출 품목을 강조한다.
⑤ 성과주의 예산은 '단위원가 × 업무량 = 예산액'으로 편성한다.

해설

사업 목적보다 지출 품목을 강조하는 것은 **품목별 예산**이다. **프로그램 예산제도(Program Budgeting)는 예산을 사업 목적이나 정책 목표 중심으로 편성하는 방식**이다. 예산의 성과, 효과성, 목표 달성 여부가 핵심이며, 지출 품목은 부차적 요소로 활용된다. 참고로 기획예산제도(PPBS)는 프로그램 예산제도보다 포괄적인 개념이다. 즉, 기획예산제도(PPBS)는 장기적인 계획(기획)과 단기적인 예산 편성을 프로그램 단위로 연결하는 통합적 예산관리 시스템이고, 이 안에서 "프로그램 단위로 예산을 수립하는 것"이 바로 프로그램 예산제도이다.

오답풀이

① **품목별 예산**은 수입과 지출 항목별로 금액을 명시하는 전통적인 방식이다.
② **영기준 예산**은 전년도 예산을 고려하지 않고, 사업의 필요성과 우선순위를 기준으로 매년 새롭게 편성하는 방식이다.
③ **기획예산제도(PPBS)**는 장기적인 기획과 단기적인 예산 편성을 프로그램 단위로 연계하여, 정책 목표와 자원 배분 간의 일관성과 합리성을 높이는 예산제도이다.
⑤ **성과주의 예산**은 단위원가를 기준으로 예산을 산정함으로써, 업무 대비 자원 투입의 효율성을 높이기 위한 예산 방식이다.

정답 ④

03 사회복지기관의 예산집행 활동

103

예산통제의 원칙에 관한 로만(R. Lohmann)의 설명으로 옳은 것을 모두 고른 것은? · 13회

㉠ 강제의 원칙 - 재정통제는 명시적 강제규정에 근거해야 한다.
㉡ 개별화의 원칙 - 예외적인 상황에 적용할 수 있는 예외적 규칙이 있어야 한다.
㉢ 환류의 원칙 - 재정통제의 결과를 환류받아 개정의 기초로 사용해야 한다.
㉣ 보편성의 원칙 - 비용과 활동을 최적화할 수 있도록 통제해야 한다.

① ㉠, ㉡, ㉢ ② ㉠, ㉢ ③ ㉡, ㉣
④ ㉣ ⑤ ㉠, ㉡, ㉢, ㉣

해설

사회복지 조직에서의 예산통제의 기본 원칙은 4가지 요소를 기초로 하고 있다. ① 활동을 허가하고 금지시키는 규칙, ② 한계, 표준, 구체적 요구조건을 정함으로써 규칙을 해석하게 하는 기준, ③ 규칙이나 기준에 따른 이해 혹은 상호 간의 동의, ④ 규칙이나 기준에 의하여 타결된 합의서이다. 이런 요소들을 기초로 예산통제의 원칙들이 나올 수 있다 (최성재, 1995).

보충설명

㉠ 강제의 원칙 : 재정통제 체계는 강제성을 띠는 어떤 명시적 규정이 있어야 한다는 것으로, 강제성이 없는 규칙은 효과성이 없다. 강제성은 때로는 개별성을 무시할 수 있으나 규칙의 동일한 적용을 통한 공평성과 활동을 공식화하는 것이다.
㉢ 환류의 원칙 : 재정통제 체계에 관한 규칙, 기준, 의사소통, 계약 등을 적용할 때 발생할 수 있는 여러 가지의 부작용 및 장단점 등을 관련자들로부터 들어 개정과 개선의 기초가 되어야 한다.

오답풀이

㉡ 예외적인 상황에 적용할 수 있는 예외적 규칙이 있어야 한다는 것은 **예외의 원칙**이다. 개별화의 원칙은 개별기관 그 자체의 제약조건, 요구사항 및 기대사항에 맞게 고안되어야 한다는 것이다.
㉣ 비용과 활동의 최적화가 아니라, 비용과 노력을 최소화하는 정도에서 이루어져야 한다는 것으로 이는 **효율성의 원칙**이다. 보편성의 원칙은 제시하지 않았다.

정답 ②

104

사회복지 조직의 재정관리에 관한 설명으로 옳지 않은 것은?
· 10회

① 재정활동에 대한 보고의 원칙이 없으면 재정관련 행위를 공식적으로 감시하고 통제할 수 없다.
② 발생주의 회계는 수익과 비용을 현금 수입·지출과 관계없이 발생한 시점을 기준으로 처리한다.
③ 관리회계는 행정적 의사결정을 내리는데 필요하도록 재정관계 자료를 정리하는 것이다.
④ 사회복지재정은 민주성을 강하게 띠고 있으며 기획 기능보다 통제 기능이 강조된다.
⑤ 운영회계감사는 조직목표 달성을 위해 규정준수 회계감사의 약점을 보완하는 감사이다.

해설

사회복지 조직의 재정관리를 하는 목적은 예산관리의 통제, 예산관리의 관리, 예산관리의 기획으로 세 가지가 있다. 예산관리의 통제는 재정이 예정대로 쓰이고 있는지에 대하여, 예산관리의 관리는 의도한 산출을 도출했는가에 대하여, **예산관리의 기획은 효과성에 대한 관리이다.** 사회복지재정이 기획 기능보다 통제 기능이 더 강조된다는 설명은 올바르지 않다.

+ 보충설명

① 예산집행과정상 예산통제의 원칙 중 **보고의 원칙**은 재정관련 행위를 공식적으로 감시하고 통제하기 위해 재정활동에 대한 보고의 규정을 두어야 한다는 것이다.
② **발생주의 회계**는 수입이 획득되거나(비록 현금이 아직 들어오지 않더라도), 비용이 발생할 때(비록 현금이 지급되지는 않더라도)에 거래가 모두 기록된다. 즉, 수익과 비용을 현금 수입과 지출에 관계없이 발생한 시점을 기준으로 처리하는 방식이다.
③ **재무회계**는 내부 및 외부 정보 이용자의 경제적 의사결정에 유용하도록 일정 기간 동안의 수입과 지출사항을 측정하여 보고하는 것이며, **관리회계**는 행정책임자가 행정적 의사결정을 하는 데 필요하도록 재정관계 자료를 정리하는 것이다.
⑤ **운영 회계감사**는 예산과 관련하여 바람직한 프로그램 운영의 산출 여부, 조기목표를 달성하는 데 있어서 효과성과 능률성 등의 문제에 관심을 갖는 감사를 말한다.

정답 ④

04 사회복지법인 및 사회복지시설 재무·회계 규칙

105

사회복지법인의 예산과 재정관리에 관한 설명으로 옳은 것은?
· 9회

① 예산안을 회계연도 개시 5일 전까지 보건복지부장관에게 제출해야 한다.
② 동일 관 내의 항 간의 전용은 시장·군수·구청장의 승인을 얻어야 한다.
③ 법인회계, 시설회계, 수익사업회계는 통합하여 예산을 편성한다.
④ 법인의 회계연도는 정부의 회계연도와 다르게 할 수 있다.
⑤ 후원금은 후원자가 지정한 용도 외에는 사용하지 못한다.

해설

「사회복지법인 및 사회복지시설 재무·회계 규칙」제41조의7(후원금의 용도 외 사용금지) 제1항 법인의 대표이사와 시설의 장은 후원금을 후원자가 지정한 사용용도 외의 용도로 사용하지 못한다.

✗ 오답풀이

① 「사회복지법인 및 사회복지시설 재무·회계 규칙」제10조(예산의 편성 및 결정절차) 제2항 법인의 대표이사 및 시설의 장은 제1항에 따라 확정한 예산을 매 회계연도 개시 5일 전까지 관할 시장·군수·구청장에게 제출하여야 한다.
② 「사회복지법인 및 사회복지시설 재무·회계 규칙」제16조(예산의 전용) 제1항 법인의 대표이사 및 시설의 장은 관·항·목 간의 예산을 전용할 수 있다. 다만, 법인 및 시설(소규모 시설은 제외한다)의 **관 간 전용 또는 동일 관 내의 항 간 전용을 하려면 이사회의 의결 또는 시설운영위원회에의 보고를 거쳐야 하되**, 법인이 설치·운영하는 시설인 경우에는 시설운영위원회에 보고한 후 법인 이사회의 의결을 거쳐야 한다.
③ 「사회복지법인 및 사회복지시설 재무·회계 규칙」제6조(회계의 구분) 제1항에서 이 규칙에서의 회계는 법인의 업무전반에 관한 회계('법인회계'), 시설의 운영에 관한 회계('시설회계') 및 법인이 수행하는 수익사업에 관한 회계('수익사업회계')로 **구분한다.**
④ 「사회복지법인 및 사회복지시설 재무·회계 규칙」제3조(회계연도)에서 '법인의 회계연도는 **정부의 회계연도에 의한다.**'라고 규정되어 있다.

정답 ⑤

106

사회복지 조직의 결산에 관한 설명으로 옳지 않은 것은? · 10회

① 법인의 대표이사는 법인회계와 시설회계의 세입·세출 결산보고서를 작성해야 한다.
② 지방자치단체에 결산보고서를 제출한 후 이사회의 의결을 거쳐야 한다.
③ 결산은 예산집행의 경제성, 효율성, 효과성과 같은 평가내용까지 포함한다.
④ 결산심사 결과는 다음 연도 예산편성 및 심의에 반영된다.
⑤ 결산은 회계연도 기간 동안의 재정보고서를 작성하기 위한 과정이다.

해설
「사회복지법인 및 사회복지시설 재무·회계 규칙」 제19조(결산서의 작성 제출) 제1항에서 '법인의 대표이사 및 시설의 장은 법인회계와 시설회계의 세입·세출 결산보고서를 작성하여 각각 이사회의 의결 및 시설운영위원회에의 보고를 거친 후 다음연도 3월 31일까지 시장·군수·구청장에게 제출하여야 한다. 다만, 법인이 설치·운영하는 시설인 경우에는 시설운영위원회에 보고한 후 법인 이사회의 의결을 거쳐 제출하여야 한다.'라고 규정되어 있다.

정답 ②

107

사회복지법인 및 사회복지시설 재무·회계규칙상 준예산 체제 하에서 집행할 수 있는 항목을 모두 고른 것은? · 17회

> ㉠ 직원 급여
> ㉡ 전기요금
> ㉢ 한국사회복지관협회 회비
> ㉣ 국민연금 보험료 사용자 부담분

① ㉠, ㉡
② ㉠, ㉢
③ ㉠, ㉡, ㉣
④ ㉡, ㉢, ㉣
⑤ ㉠, ㉡, ㉢, ㉣

해설
임직원인건비, 운영에 직접 사용되는 필수경비(공공요금, 임대료 등), 법령상 지급의무가 있는 경비(사회보험료, 세금 등), 이월예산 확정금액 등은 전년도에 예산에 준하여 집행할 수 있다. ㉠ 직원 급여는 임·직원의 보수에 해당, ㉡ 전기요금은 법인 및 시설운영에 직접 사용되는 필수적인 경비에 해당, 그리고, ㉣ 국민연금 보험료 사용자 부담분은 법령상 지급의무가 있는 경비에 해당한다.

보충설명
「사회복지법인 및 사회복지시설 재무·회계 규칙」 제12조(준예산) 회계연도 개시전까지 법인 및 시설의 예산이 성립되지 아니한 때에는 법인의 대표이사 및 시설의 장은 시장·군수·구청장에게 그 사유를 보고하고 예산이 성립될 때까지 다음의 경비를 전년도 예산에 준하여 집행할 수 있다.
1. 임·직원의 보수(㉠)
2. 법인 및 시설운영에 직접 사용되는 필수적인 경비(㉡)
3. 법령상 지급의무가 있는 경비(㉣)

오답풀이
㉢ 한국사회복지관협회 회비는 준예산 체제 하에서 집행할 수 있는 항목에 해당되지 않는다.

정답 ③

108

사회복지법인 및 사회복지시설 재무·회계규칙상 사회복지관의 결산보고서에 첨부해야 하는 서류가 아닌 것은? ·18회

① 과목 전용조서
② 사업수입명세서
③ 사업비명세서
④ 세입·세출명세서
⑤ 인건비명세서

해설

「사회복지법인 및 사회복지시설 재무·회계 규칙」 제20조(**결산보고서에 첨부해야 할 서류**) 제1항에서 "중결산보고서에는 다음 각 호의 서류가 첨부되어야 한다. 다만, 단식부기로 회계를 처리하는 경우에는 제1호부터 제3호까지 및 제14호부터 제23호까지의 서류만을 첨부할 수 있고, 소규모 시설의 경우에는 제1호 및 제17호의 서류(노인장기요양기관의 경우에는 제1호부터 제3호까지 및 제16호부터 제21호까지의 서류)만을 첨부할 수 있으며, 「영유아보육법」 제2조에 따른 어린이집은 보건복지부장관이 정하는 바에 따른다. 1. 세입·세출결산서, 2. **과목 전용조서**(①), 3. 예비비 사용조서, 4. 재무상태표, 5. 수지계산서, 6. 현금 및 예금명세서, 7. 유가증권명세서, 8. 미수금명세서, 9. 재고자산명세서, 10. 그 밖의 유동자산명세서(제6호부터 제9호까지의 유동자산 외의 유동자산을 말한다), 11. 고정자산(토지·건물·차량운반구·비품·전화가입권)명세서, 12. 부채명세서(차입금·미지급금을 포함한다), 13. 각종 충당금 명세서, 14. 기본재산수입명세서(법인만 해당한다), 15. **사업수입명세서**(②), 16. 정부보조금명세서, 17. 후원금수입 및 사용결과보고서(전산파일을 포함한다), 18. 후원금 전용계좌의 입출금내역, 19. **인건비명세서**(④), 20. **사업비명세서**(③), 21. 그 밖의 비용명세서(인건비 및 사업비를 제외한 비용을 말한다), 22. 감사보고서, 23. 법인세 신고서(수익사업이 있는 경우만 해당한다)"라고 규정하고 있다.

정답 ④

109

사회복지법인 및 시설 재무·회계 규칙상 사회복지관에서 예산서류를 제출할 때 첨부하는 서류가 아닌 것은? ·20회

① 예산총칙
② 세입·세출 명세서
③ 사업수입 명세서
④ 임직원 보수 일람표
⑤ 예산을 의결한 이사회 회의록 또는 예산을 보고받은 시설운영위원회 회의록 사본

해설

「사회복지법인 및 사회복지시설 재무·회계 규칙」 제11조(예산에 첨부하여야 할 서류) 제1항에서 '예산에는 다음 각 호의 서류가 첨부되어야 한다. 1. **예산총칙**(①), 2. **세입·세출명세서**(②), 3. 추정재무상태표, 4. 추정수지계산서, 5. **임직원 보수 일람표**(④), 6. **예산을 의결한 이사회 회의록 또는 예산을 보고받은 시설운영위원회 회의록 사본**(⑤)'이라고 규정하고 있다.

오답풀이

③ 사업수입 명세서는 「사회복지법인 및 사회복지시설 재무·회계 규칙」 제20조(결산보고서에 첨부해야 할 서류) 제1항에 규정된 **결산보고서에 첨부해야 할 서류**에 해당한다.

정답 ③

110

사회복지조직의 재정관리에 관한 설명으로 옳지 않은 것은?
· 22회

① 「사회복지법인 및 사회복지시설 재무·회계 규칙」을 따른다.
② 사회복지법인과 시설은 매년 1회 이상 감사를 실시한다.
③ 시설운영 사회복지법인인 경우, 시설회계와 법인회계는 통합하여 관리한다.
④ 사회복지법인의 회계년도는 정부의 회계년도를 따른다.
⑤ 사회복지법인이 설치·운영하는 시설의 경우 시설운영위원회에 보고하고 법인 이사회의 의결을 통해 예산편성을 확정한다.

해설

「사회복지법인 및 사회복지시설 재무·회계 규칙」 제6조(회계의 구분) 제2항에서 "법인의 회계는 **법인회계**, 해당 법인이 설치·운영하는 **시설의 시설회계 및 수익사업회계로 구분**하여야 하며, 시설의 회계는 해당 시설의 시설회계로 한다."라고 규정하고 있다.

오답풀이

① 동규칙 제2조의2(**다른 법령과의 관계**)에서 "법인 및 시설의 재무 및 회계 처리에 관하여 다른 법령에 특별한 규정이 있는 경우를 제외하고는 이 규칙이 정하는 바에 따른다."고 규정하고 있다.
② 동규칙 제42조(감사) 제1항에서 "법인의 감사는 당해법인과 시설에 대하여 **매년 1회이상 감사를 실시하여야 한다.**"고 규정하고 있다.
④ 동규칙 제3조(회계연도)에서 "법인 및 시설의 회계연도는 **정부의 회계연도에 따른다.** 다만, 「영유아보육법」 제2조에 따른 어린이집의 회계연도는 매년 3월 1일에 시작하여 다음 연도 2월 말일에 종료한다."고 규정하고 있다.
⑤ 동규칙 10조(예산의 편성 및 결정절차) 제1항에서 "법인의 대표이사 및 시설의 장은 예산을 편성하여 각각 법인 이사회의 의결 및 「사회복지사업법」 제36조에 따른 운영위원회 또는 「영유아보육법」 제25조에 따른 어린이집운영위원회(이하 시설운영위원회)에의 보고를 거쳐 확정한다. 다만, **법인이 설치·운영하는 시설인 경우에는 시설운영위원회에 보고한 후 법인 이사회의 의결을 거쳐 확정한다.**"고 규정하고 있다.

정답 ③

111

사회복지조직의 재무·회계에 관한 설명으로 옳지 않은 것은?
· 23회

① 보건복지부는 「국가재정법」을 적용한다.
② 사회복지시설은 「사회복지법인 및 사회복지시설 재무·회계 규칙」을 적용한다.
③ 사회복지법인 회계는 법인회계, 시설회계, 수익사업회계로 구분한다.
④ 법인회계와 수익사업회계는 필요시 복식부기도 할 수 있다.
⑤ 사회복지법인 대표이사는 관·항·목간 예산을 전용할 수 없다.

해설

「사회복지법인 및 사회복지시설 재무·회계 규칙」 제16조(예산의 전용) 제1항에서 "**법인의 대표이사 및 시설의 장은 관·항·목간의 예산을 전용할 수 있다.** 다만, 법인 및 시설(소규모 시설은 제외한다)의 관간 전용 또는 동일 관내의 항간 전용을 하려면 이사회의 의결 또는 시설운영위원회에의 보고를 거쳐야 하되, 법인이 설치·운영하는 시설인 경우에는 시설운영위원회에 보고한 후 법인 이사회의 의결을 거쳐야 한다."라고 규정하고 있다.

보충설명

① 보건복지부는 중앙정부 소속 행정기관으로서, 「국가재정법」 제1조에 따라 국가의 재정 운용에 관한 기본법인 「**국가재정법」의 적용**을 받는다.
② 「사회복지법인 및 사회복지시설 재무·회계 규칙」 제2조의2(다른 법령과의 관계)에서 "법인 및 시설의 재무 및 회계 처리에 관하여 다른 법령에 특별한 규정이 있는 경우를 제외하고는 **이 규칙이 정하는 바에 따른다.**"라고 규정하고 있다.
③ 「사회복지법인 및 사회복지시설 재무·회계 규칙」 제6조(회계의 구분) 제2항에서 "**법인의 회계는 법인회계**, 해당 법인이 설치·운영하는 시설의 **시설회계 및 수익사업회계로 구분**하여야 하며, 시설의 회계는 해당 시설의 시설회계로 한다."라고 규정하고 있다.
④ 「사회복지법인 및 사회복지시설 재무·회계 규칙」 제23조(회계의 방법)에서 "회계는 단식부기에 의한다. 다만, **법인회계와 수익사업회계에 있어서 복식부기의 필요가 있는 경우에는 복식부기에 의한다.**"라고 규정하고 있다.

정답 ⑤

김진원 Oikos 사회복지사 1급

제9장 서비스 품질관리와 위험관리

제7영역 : 사회복지행정론

112

패러슈라만 등(A. Parasuraman, V. A. Zeithaml & L. L. Berry)의 SERVQUAL 구성차원에 관한 설명으로 옳은 것은?
· 20회

① 신뢰성 : 이용자의 요구에 선제적으로 응대할 수 있는 능력
② 유형성 : 시설, 장비 및 서비스 제공자 용모 등의 적합성
③ 확신성 : 이용자에 대한 관심이나 상황이해 능력
④ 공감성 : 전문적 지식과 기술, 정중한 태도로 이용자를 대하는 능력
⑤ 대응성 : 저렴한 비용으로 서비스를 제공할 수 있는 능력

해설
유형성은 서비스 평가를 위한 외적인 단서로 **시설, 장비 및 종업원의 외모(서비스 제공자 용모), 서비스 제공에 사용되는 도구** 등을 말한다.

오답풀이
① 이용자의 요구에 선제적으로 응대할 수 있는 능력은 **대응성(Responsiveness, 응답성, 즉응성)**이다. 대응성은 고객의 요청에 즉시 서비스를 제공할 준비자세를 말하는 것으로, 서비스의 적시성, 빠른 응답, 신속한 서비스의 제공 등을 말한다.
③ 이용자에 대한 관심이나 상황이해 능력은 **공감성**에 해당된다. 공감성은 고객에게 제공되는 관심도 및 공감성을 말한다.
④ 전문적 지식과 기술, 정중한 태도로 이용자를 대하는 능력은 **확신성**에 해당된다. 확신성은 직원의 지식수준과 정중함, 신뢰와 확신을 심어줄 수 있는 능력을 말한다.
⑤ 저렴한 비용으로 서비스를 제공할 수 있는 능력은 **신뢰성**에 해당된다. 신뢰성은 약속한 것을 신뢰감 있고 정확하게 제공할 수 있는 능력을 말한다.

정답 ②

113

다음에서 설명하는 관리기법은?
· 16회

- 안전 확보는 서비스 질과 연결된다.
- 작업환경의 안전과 사고 예방책이다.
- 이용자 권리옹호가 모든 대책에 포함된다.

① 목표관리법(MBO)
② 무결점운동(Zero Defect)
③ 위험관리(Risk Management)
④ 품질관리(Quality Control)
⑤ 직무만족관리(Job Satisfaction Management)

해설
위험관리(Risk Management)란 위험을 확인(발견), 분석, 평가하여 최적의 위험 처리 방도를 선택하는 것이다. 위험관리에는 두 가지 측면이 있다. 첫째는 **서비스의 관리 측면**으로서 고객과 이용자에 대한 안전 확보가 서비스 질의 향상으로 연결된다는 점과 둘째는 **조직 관리 측면**으로서 직원의 노동 상의 안전대책이나 자연재해 등에 대한 사고대책이다.

정답 ③

114

사회복지기관의 서비스 질에 관한 설명으로 옳지 않은 것은?

· 19회

① 서브퀄(SERVQUAL)에는 신뢰성과 확신성이 포함된다.
② 서비스 질은 사회복지평가의 기준이 될 수 없다.
③ 위험관리(Risk Management)는 이용자에 대한 서비스 관리 측면과 조직관리 측면을 모두 포함한다.
④ 총체적 품질관리(TQM)에서 서비스의 질은 고객의 결정에 의한다.
⑤ 서비스 이용자와 제공자 관점에서 질적 평가가 중요시 되고 있다.

해설
사회복지서비스의 질은 단순한 서비스나 제품을 의미하는 것이 아니라 클라이언트의 욕구에 부응하여 만족시켜 줄 수 있는 질적인 성격을 의미하는 것으로, 사회복지평가의 기준이 될 수 있다.

+ 보충설명
① 서브퀄(SERVQUAL) 구성차원은 **신뢰성, 확신성, 유형성, 응답성(즉응성), 공감성**이다.
③ 위험관리(Risk Management)에서 **이용자에 대한 서비스 관리 측면**은 고객과 이용자에 대한 안전 확보이고, **조직관리 측면**은 직원의 노동상의 안전대책이나 자연재해 등에 대한 사고대책이다.
④ 총체적 품질관리(TQM)에서는 **고객이 품질이 무엇인가라는 것을 결정하는 사람**이다.
⑤ **서비스 이용자 관점에서 서비스의 질 평가는** 고객 개개인의 욕구를 잘 충족시켜 주는 서비스가 가장 좋은 서비스로 인정되며, **제공자 관점에서 질적 평가는** 공급자에게 초점을 맞추어 주로 기술적인 면과 제공방법 면에서 중점을 둔다.

정답 ②

115

사회복지조직의 서비스 질 관리에 관한 설명으로 옳은 것은?

· 21회

① 서비스 질 관리를 위하여 위험관리가 필요하다.
② 총체적 품질관리(TQM)는 기업의 소비자 만족을 극대화하기 위한 기법이므로 사회복지기관에 적용하기에는 적합하지 않다.
③ 총체적 품질관리는 지속적인 개선보다는 현상유지에 초점을 둔다.
④ 서브퀄(SERVQUAL)의 요소에 확신성(assurance)은 포함되지 않는다.
⑤ 서브퀄에서 유형성(tangible)은 고객 요청에 대한 즉각적 반응을 말한다.

해설
위험관리를 통해 사고예방 대책을 하는 것과 사고발생 시 대응책을 강구해 두는 것은 그 자체가 직원 교육과 의식 향상에 연결되어 전체적으로 서비스의 질을 향상하는 것으로 연결된다.

✕ 오답풀이
② 총체적 품질관리(TQM)는 기업의 소비자 만족을 극대화하기 위한 기법으로, 과거 다른 관리기법과 달리 **전통적 사회복지의 가치와 양립한다**. 최근 미국과 캐나다를 중심으로 공·사의 사회복지조직들이 TQM기법을 도입하여 서비스 질의 향상을 꾀하고 있다.
③ 총체적 품질관리는 **현상유지보다는 지속적인 개선**에 초점을 둔다.
④ 패러슈라만 등(A. Parasuraman, V. A. Zeithaml & L. L. Berry)이 주장한 서비스 질 측정도구인 서브퀄(SERVQUAL)의 요소는 유형성, 신뢰성, 대응성(응답성, 즉응성), 확신성, 공감성이다.
⑤ 서브퀄에서 **대응성(Responsiveness, 응답성, 즉응성)**은 고객 요청에 대한 즉각적 반응을 말한다.

정답 ①

제10장 정보관리 시스템

제7영역 : 사회복지행정론

116

사회복지기관의 정보관리에 관한 설명으로 옳지 않은 것은?
· 11회

① 정보관리의 용도가 의사결정의 질을 높이는 방향으로 확장하고 있다.
② 정보관리를 위해서는 전산화가 필수조건이다.
③ 정보관리 시스템 설계에 현장 서비스 인력의 참여가 중요하다.
④ 정보관리에서 조직 간 수준의 개방성이 강조되고 있다.
⑤ 클라이언트 정보의 통합시스템을 대표하는 예가 트래킹 시스템(tracking system)이다.

해설
전산화를 통해 업무의 효율성을 기할 수는 있지만 **반드시 전산화를 해야 정보관리가 되는 것은 아니다.**

정답 ②

117

정보관리체계에 관한 설명으로 옳지 않은 것은?
· 10회

① 포괄적인 의미에서 정보관리체계는 사람·절차·기술의 집합체이다.
② 운영정보시스템(OIS)은 하위관리자의 업무에 필요한 정보를 제공한다.
③ 관리정보체계(MIS)는 지식기반체계(KBS)를 보완하기 위해 개발되었다.
④ 업무수행지원체계(PSS)는 1990년대 정보기술 발달에 힘입어 개발되었다.
⑤ 우리나라의 경우 2010년 1월부터 사회복지통합관리망이 개통·운영되고 있다.

해설
관리정보체계(MIS)는 보고를 목적으로 다양한 자료들을 수집, 저장, 처리하여 유용한 정보로 전환하는 것이며, **지식기반체계(KBS)는 의사결정을 지원하기 위한 것이다.** 역사적 발전과정을 정보기술의 발달과정에 따라 정보체계 유형으로 재구분하면, 자료처리응용(data processing appli-cations), 관리정보체계(MIS : Management Information Systems), 지식기반체계(KBS : Knowledge-Based Systems), 의사결정지원(DSS : Decision Support System), 업무수행지원체계(PSS : Performance Su-pport System)로 설명할 수 있다(황성철 외, 2006).

오답풀이
① 정보관리체계는 엄격한 의미에서 '조직관리와 관련된 기본적인 정보를 처리하기 위해 컴퓨터를 응용하는 것'이라 할 수 있지만, **포괄적인 의미에서의 정보체계는 사람과 절차, 기술의 집합체**라고 할 수 있으며, 이 요소들은 데이터와 정보를 모으고 그 처리과정을 강화하여, 그 결과물들을 활용하기 위해 존재한다.
② **운영정보시스템(OIS : Office Information System)은** 정보의 개인적 분산화로 운영측면에서 필요로 하는 각종 정보들의 처리를 위한 시스템으로 하위관리자의 업무에 필요한 정보를 제공한다.
④ 1990년대의 데이터 관리기술은 정보기술의 발달에 힘입어 특정한 업무의 성과를 향상시키는 데 초점을 둔 **업무수행지원체계(PSS : Performance Support System)의** 개발을 가능하게 하였다.
⑤ 2010년 1월 4일부터 기존 새올행정시스템(시·군·구 업무지원시스템) 중 복지분야를 분리하여 중앙에 통합구축하는 정보시스템으로서 **사회복지통합관리망 '행복e음'이** 개통되었다.

정답 ③

118 ✓확인 ☐☐☐

지식기반시스템(Knowledge-Based System)에 관한 설명으로 옳지 않은 것은? · 12회

① 정보제공과 보고에 초점을 두고 있다.
② 전문가시스템, 사례 기반 추론, 자연 음성 체계 등이 있다.
③ 전문가들 사이에서 의견이 다를 수 있어 의사결정이 모호해질 수 있다.
④ 복잡하고 어려운 정보기술이 필요하다.
⑤ 상황·유형별 다양한 정보의 축적이 필요하다.

해설
정보제공과 보고에 초점을 두고 있는 것은 정보관리시스템(MIS : Management Information System)이다. 정보관리체계는 기초적인 조직 정보를 처리하는 공식적이고 전산화된 응용 프로그램으로, 많은 독립된 자료처리 과정을 통합시키고, 단계별로 조직에게 도움을 주며, 보고의 형식으로 정보를 만들어 낸다.

＋보충설명
② 지식기반시스템은 클라이언트와 임상실천가의 상호작용을 증진할 수 있는 복잡성을 다루고 있으며, 전문가시스템(expert system), 사례 기반 추론(case-based reasoning), 자연 음성 처리(natural language processing)가 있다.
③ 지식기반시스템 중 전문가시스템(expert system)은 사용자가 제공한 사실을 기초로 컴퓨터 안에 저장된 지식을 응용하여 사례에 관한 의사결정을 하는 것이다. 전문가시스템의 한계는 전문가들 사이에서도 동일한 사안에 대해 서로 다른 견해를 가질 수 있어 의사결정이 모호해질 수 있다는 것이다.
④ 지식은 자료 또는 정보, 그리고 지식의 구조 그 이상의 의미를 포함하고 있기 때문에 **복잡하고 어려운 정보처리 기술이 필요하다.**
⑤ **사례 기반 추론(case-based reasoning)**은 수천 개의 클라이언트 사례(인구통계, 서비스, 성과)를 조사하여 저장하고, 이들 저장된 사례자료로부터 지식을 얻어내는 것이다. 따라서 상황·유형별 다양한 정보의 축적이 필요하다.

정답 ①

119 ✓확인 ☐☐☐

사회복지정보화에 관한 설명으로 옳지 않은 것은? · 21회

① 조직의 업무효율성을 증대시킬 수 있다.
② 대상자 관리의 정확성, 객관성을 확보할 수 있다.
③ 클라이언트에 대한 사생활침해 가능성이 높아졌다.
④ 학습조직의 필요성이 감소하였다.
⑤ 사회복지행정가가 정보를 체계적으로 다룰 수 있다.

해설
학습조직의 필요성이 **증가**하였다. 조직이 환류기능을 통해 학습하고 그것이 조직 혁신과 발전의 밑거름이 된다는 학습조직의 개념은 현대 조직이론에서 매우 중요한 기념인데, 정보시스템이 그러한 정보의 환류를 지원한다.

＋보충설명
사회복지정보화로 조직의 업무효율성 증대(①), 대상자 관리의 정확성과 객관성 확보(②), 체계적인 정보관리(⑤) 등의 숱한 장점들이 있지만, 클라이언트 사생활과 비밀성 보장의 원칙이 침해받기 쉽다(③)는 단점이 있다.

정답 ④

제11장 프로그램 개발과 평가

김진원 Oikos 사회복지사 1급

제7영역 : 사회복지행정론

01 프로그램 개발

120
✓확인 ☐☐☐

브래드쇼(J. Bradshaw)의 다차원적 욕구 규정에 관한 설명으로 옳지 않은 것은?
· 13회

① 규범적(normative) 욕구는 지역 주민의 원함에서 파악된 문화적 규준을 따른다.
② 비교적(comparative) 욕구는 집단 간 상대적 수준의 차이를 고려한다.
③ 느껴진(felt) 욕구는 잠재적 대상자들이 스스로 인지하는 것을 기준으로 삼는다.
④ 표현된(expressed) 욕구는 대기자 명단 등에 나타난 사람들의 요구 행위를 근거로 한다.
⑤ 위의 욕구들이 중첩될수록 프로그램화의 필요성은 증가한다.

해설
규범적 욕구(normative need)는 **전문가들이 그들의 경험과 지식으로 어떤 수준이 충족되어야 한다는 전문적 기준(규범)을 설정하고 그 기준과 현실을 비교하여 욕구를 결정하는 것**이다. '지역 주민의 원함'에서 파악된 욕구는 느껴진 욕구(felt need)로, 느껴진 욕구는 대개 사람의 '원함(want)'이 무엇인지를 파악하는 것이다.

보충설명
⑤ 위의 욕구들이 중첩될수록 프로그램화의 필요성은 증가하는 이유는 무엇일까? 브래드쇼의 욕구유형은 욕구를 규정하는 주체에 있어서 차이가 있다. 규범적 욕구와 비교적 욕구는 욕구를 규정하는 주체가 전문가나 일반사회이다. 인지적 욕구와 표출적 욕구는 욕구를 규정하는 주체가 클라이언트 당사자이다. 어떤 상황이 4가지 욕구 유형들로 동시에 규정된다는 것은 전문가도, 일반사회도, 클라이언트 당사자도 그 상황을 욕구를 충족해야 할 상황으로 받아들이고 인정한다는 것을 의미하는 것이다. 따라서, 그 상황에 대한 개입을 위해 프로그램으로 만들 필요성은 증가되는 것이다.

정답 ①

121
✓확인 ☐☐☐

사회복지프로그램 기획과정에서 대상인구 규정에 관한 설명으로 옳은 것은?
· 17회

① 위험인구란 프로그램 수급 자격을 갖춘 사람을 말한다.
② 클라이언트인구란 프로그램에 실제 참여하는 사람을 말한다.
③ 일반인구란 프로그램이 해결하려는 문제에 취약성이 있는 사람을 말한다.
④ 일반적으로 표적인구가 일반인구보다 많다.
⑤ 자원이 부족하면 클라이언트인구가 표적인구보다 많아진다.

해설
클라이언트인구란 해당 프로그램이 실시될 때 실제 그 프로그램을 이용할 수 있는 프로그램 소비자들이다. 즉, 클라이언트 인구는 실제로 프로그램을 이용하는 대상자의 수를 의미하며 일종의 프로그램당 정원이라고 할 수 있다.

오답풀이
① 프로그램 수급 자격을 갖춘 사람은 표적인구와 클라이언트인구이다. 즉, 표적인구는 프로그램의 서비스를 이용할 수 있는 자격을 갖춘 인구이며, 클라이언트인구는 자격을 갖추고 있으며 나아가 서비스를 이용하게 될 집단이다.
③ 프로그램이 해결하려는 문제에 취약성이 있는 사람은 위험인구이다. 위험인구란 일반인구 중에서도 프로그램에서 다루는 사회문제에 특히 취약하거나 문제의 상태나 욕구의 정도가 남들 보다 심각한 사람들의 인구집단이다.
④ 일반적으로 **일반인구가 표적인구보다 많다.** 인구집단의 규모는 일반인구 > 위험인구 > 표적인구 > 클라이언트인구 순이다.
⑤ 표적인구를 결정하는 기준으로 프로그램의 종류, 기관의 설립이념과 가치, 기관의 자원, 프로그램의 기초가 되는 법률이나 규정, 프로그램을 운영하는 데 활용하는 이론, 프로포절을 심사하고 선정하는 재정지원처의 요구사항 등이다. 이상의 조건들이 위험인구를 걸러서 표적인구로 바꾸는 거름망 역할을 하게 된다. 표적인구 중에서도 실현가능성, 윤리성, 서비스 이용자의 능력을 고려해서 프로그램을 기획하는 사람(기관)이 결정하는 것이 클라이언트인구이므로, 자원이 부족여부와 관계없이 클라이언트인구는 표적인구보다 적다.

정답 ②

02 프로그램 평가

122 ✓확인 ☐☐☐

프로그램 평가기준에 관한 내용으로 옳지 않은 것은? • 15회

① 노력성: 비용-효과분석
② 효율성: 비용-편익분석
③ 효과성: 서비스 목표 달성 정도
④ 과정: 프로그램 환경 조건
⑤ 영향: 사회문제 해결에 미친 영향 정도

해설

비용-효과분석은 **효율성**에 해당한다. **노력성**(effort)은 프로그램 운영에 투입된 자원의 정도와 활동의 양을 의미하는 것으로, 프로그램에 투입된 인력과 예산 그리고 수행을 위하여 전개된 활동의 양이 얼마나 되는지에 관한 판단이다. 노력성을 평가하기 위한 자료는 프로그램에 참여한 클라이언트 수, 투입된 자원의 양, 그리고 실행에 소요된 활동의 양과 질 등의 영역에서 수집될 수 있다.

+보충설명

② **효율성**(efficiency)이란 투입자원 대비 산출·성과의 비율을 의미한다. 효율성 평가는 프로그램에 투입된 자원을 금전적으로 환산해야 하며, 산출물 단위당 비용이 얼마인지 파악해야 한다. 또한 프로그램의 성과를 화폐가치로 환산하여 비용-편익분석에 활용하기도 한다.

③ **효과성**(effectiveness)은 설정한 성과목표를 달성하였는가, 즉 의도한 변화가 클라이언트 혹은 표적집단에 일어났는가와 관련된다. 초점은 그런 변화가 다른 요인이 아닌 제공된 프로그램 때문이었는지를 분석한다.

④ **과정**(process)은 노력이 산출로 옮겨지는 중간과정 또는 절차를 평가하는 기준을 말한다. 즉, 프로그램이 특정 결과를 가져오게 된 이유를 설명하는 것과 관련이 있다. 이러한 정보는 프로그램의 변화 방향이나 다른 환경에서도 반복하여 시행할 수 있는지를 판단하는데 쓰인다. 과정기준의 평가는 프로그램의 속성, 서비스 인구, 환경조건, 효과의 본질 등 몇 가지 차원에서 이루어질 수 있다.

⑤ **영향**(impact)은 프로그램이 해당 지역사회의 사회문제해결에 어떤 영향을 주었는지에 관심을 두는 것으로, 원래 의도했던 프로그램 목표가 지역사회의 사회문제해결에 어느 정도 공헌했는지를 따져 보는 평가기준이다.

정답 ①

123 ✓확인 ☐☐☐

사회복지 평가기준과 내용이 바르게 연결된 것은? • 17회

① 노력: 클라이언트의 변화정도로 측정됨
② 효율성: 목표 달성 정도로 측정됨
③ 효과성: 대안비용과의 비교로 측정됨
④ 영향: 서비스가 인구집단에 형평성 있게 배분된 정도로 측정됨
⑤ 과정: 절차나 규정준수 여부 등으로 측정됨

해설

과정(process)은 노력이 산출로 옮겨지는 중간과정 또는 절차를 말하는데, 프로그램이 특정 결과를 가져오게 된 이유를 설명하는 것과 관련이 있으며, 이러한 정보는 프로그램의 변화 방향이나 다른 환경에서도 반복하여 시행할 수 있는지를 판단하는데 쓰인다. **과정은 절차나 규정준수 여부 등으로 측정된다.**

✕오답풀이

① 클라이언트의 변화정도로 측정되는 것은 **효과성**이다. **노력**(effort)은 프로그램을 위해 동원한 자원이 어느 정도인가에 관한 것으로, 사회복지사업에서는 서비스 제공을 위해 양질의 물리적 공간과 인력, 기타 자원을 어느 정도나 사용했는가에 대한 논의이다.

② 목표 달성 정도로 측정되는 것은 **효과성**이다. **효과성**(effectiveness)은 사업의 산출을 말하며, 클라이언트의 변화 정도와 이러한 실적에 관한 정보가 포함된다.

③ 대안비용과의 비교로 측정되는 것은 **효율성**이다. **효율성**(efficiency)은 최소의 자원을 투입하여 최대의 효과를 내는 것을 의미하며, 투입자원(자금, 시간, 인력, 물리적 공간 등)과 산출물(클라이언트의 변화 정도, 서비스 제공 실적 등)의 비율관계를 통해 측정한다.

④ 서비스가 인구집단에 형평성 있게 배분된 정도로 측정되는 것은 **형평성**이다. 접근성이 대상자가 프로그램이나 서비스를 알고 오는 것에 그치는 것이라면, **형평성**(equity)은 보다 광범위하게 프로그램의 효과나 비용이 사회집단이나 지역 간에 얼마나 공평하게 배분되었는지의 문제이다. 이는 보편주의 서비스에 근거한 것으로 대상집단에게 접근기회가 동등하게 주어졌는지, 특정지역에 서비스가 집중되거나 소외되었는지를 판단한다. **영향**(impact)은 하나의 프로그램이 주어진 목표에 대해서 성과를 나타내고 있다면, 그것이 원래 의도했던 사회문제의 해결에는 어느 정도 영향을 미쳤는지를 파악하는 것이다.

정답 ⑤

124

다음 중 효과성을 평가하는 평가방법 또는 도구에 해당하는 것을 모두 고른 것은?
· 12회

> ㉠ 비용-편익분석(Cost-Benefit Analysis)
> ㉡ 노력의 양 측정
> ㉢ 서비스 단위당 비용
> ㉣ 목표 달성 척도(Goal Attainment Scale)

① ㉠, ㉡, ㉢ ② ㉠, ㉢ ③ ㉡, ㉣
④ ㉣ ⑤ ㉠, ㉡, ㉢, ㉣

해설

효과성은 목표 달성의 정도, 즉 조직의 산출이 당초에 의도한 목표를 어느 정도 달성했느냐를 의미한다. 목표 달성 척도(GAS : goal attainment scale, 목적 성취 척도)는 목표를 설정하고 목표 달성 정도를 측정하기 위해 활용할 수 있는 도구이다. 즉 클라이언트가 개별화된 목표에 도달한 정도를 측정하는 것으로서 개입의 목적과 목표들이 특정 클라이언트에게 해당하는 경우에 적용된다.

보충설명
㉠ 비용-편익분석(Cost-Benefit Analysis)은 **효율성**을 평가하는 방법에 해당한다.
㉡ 노력의 양(프로그램 활동의 양) 측정은 **노력성(effort)**을 평가하는 것이다.
㉢ 서비스 단위당 비용(서비스 단위 산출 당 소요비용)은 **효율성**을 평가하는 방법이다.

정답 ④

125

프로그램의 평가방법에 관한 설명으로 옳은 것은?
· 11회

① 성과평가 - 프로그램에 투입된 자원의 양을 평가함
② 모니터링 평가 - 평가방법을 평가함
③ 정성평가 - 프로그램 운영을 목표에 비추어 감시하고, 운영과정에 피드백
④ 메타평가 - 프로그램 종료 후 목표 달성 정도를 평가함
⑤ 형성평가 - 프로그램 운영 과정 중 개선이나 변화 필요성에 대한 결정을 도움

해설

형성평가(formative evaluation, 과정평가)는 프로그램을 형성하는데 초점을 맞춘 평가로, 이는 프로그램의 개발이나 시행 중인 프로그램을 개선(계속되는 프로그램을 수정-보완)하기 위해 프로그램 운영 도중에 이루어지는 평가이다.

오답풀이
① 프로그램에 투입된 자원의 양을 평가하는 것은 정성평가에 해당한다. **정성평가**는 자원 투입이 충분히 이루어지는가, 운영철학, 인적자원 등 운영체제의 질을 평가하는 것이다. 반면 **정량평가**는 운용실적에 대한 평가이다.
② 평가방법을 평가하는 것은 **메타평가**이다.
③ 프로그램 운영을 목표에 비추어 감시하고, 운영과정에 피드백하는 것은 **모니터링**이다.
④ 프로그램 종료 후 목표 달성 정도를 평가하는 것은 **성과평가**이다.

정답 ⑤

126

사회복지평가의 유형에 관한 설명으로 옳은 것은? • 17회

① 총괄평가는 주로 프로그램 개발을 목적으로 한다.
② 형성평가의 대표적인 예는 효과성 평가이다.
③ 총괄평가는 모니터링 평가라고도 한다.
④ 형성평가는 목표달성도에 주된 관심을 갖는다.
⑤ 총괄평가는 성과와 비용에 관심이 크다.

해설

총괄평가는 그 목적에 따라 다시 효과성 평가와 효율성 평가로 세분할 수 있는데, 효과성 평가에서 성과에, 효율성 평가에서 비용에 관심이 크다.

오답풀이

① 주로 프로그램 개발을 목적으로 하는 것은 **형성평가**이다. 형성평가는 프로그램이나 서비스가 새로운 것일 때나 개발단계에 있을 때 유용하게 쓰일 수 있다.
② 총괄평가의 대표적인 예가 효과성 평가이다.
③ **형성평가**를 모니터링 평가라고도 한다. 즉, 형성평가에서 프로그램의 분석은 모니터링(monitering)의 형태를 가지는데, 프로그램 모니터링은 프로그램이 목표와 기준에 비추어 의도한 대로 진행되고 있는지를 체계적으로 기록하는 것이다.
④ 목표달성도에 주된 관심을 갖는 것은 **효과성 평가**로, 효과성 평가는 총괄평가에 해당한다. 효과성평가는 사회문제를 해결하고자 하는 목표 달성 정도의 측정이다.

정답 ⑤

127

프로그램 평가에 관한 설명으로 옳은 것을 모두 고른 것은? • 21회

㉠ 비용-효과분석은 프로그램의 비용과 결과의 금전적 가치를 고려하지 않는다.
㉡ 비용-편익분석은 프로그램의 비용과 결과를 금전적 가치로 환산하여 평가한다.
㉢ 노력성 평가는 프로그램 수행에 투입된 인적·물적 자원 등을 기준으로 평가한다.
㉣ 효과성 평가는 프로그램의 목표 달성 정도를 평가한다.

① ㉠, ㉡   ② ㉠, ㉢   ③ ㉡, ㉣
④ ㉡, ㉢, ㉣   ⑤ ㉠, ㉡, ㉢, ㉣

해설

㉡ 비용편익분석(cost-benefit)은 프로그램의 비용과 결과를 금전적 가치로 환산하는 것으로, 서비스로 인해 나타나는 효과(성과)를 화폐가치로 환산해서 편익으로 두고 이를 비용으로 나눈 값이다.
㉢ 노력성(effort) 평가는 프로그램을 위해 동원된 인적·물적 자원 등을 기준으로 평가하는 것이다.
㉣ 효과성 평가(effectiveness)는 프로그램이 의도했던 목표가 결과적으로 달성되었는지를 평가한다.

오답풀이

㉠ 비용효과분석(cost-effectiveness)은 프로그램의 결과의 금전적 가치를 고려하지 않지만, 프로그램의 비용의 금전적 가치는 고려한다.

정답 ④

128

학교폭력예방 교육 프로그램을 논리 모델(Logic Model)로 구성하였을 때 연결이 옳은 것은? • 12회

> ㉠ 자원봉사자 ㅇㅇ명 및 외부강사 ㅇ명
> ㉡ 학교 내 안전감 증가
> ㉢ 학생 참여율

① ㉠ : 투입, ㉡ : 영향, ㉢ : 산출
② ㉠ : 투입, ㉡ : 활동, ㉢ : 산출
③ ㉠ : 활동, ㉡ : 성과, ㉢ : 영향
④ ㉠ : 산출, ㉡ : 성과, ㉢ : 영향
⑤ ㉠ : 성과, ㉡ : 영향, ㉢ : 투입

해설
㉠ 자원봉사자 및 외부강사는 **투입**에 해당한다. 투입(input)은 프로그램의 목표 달성을 위해 사용하는 자원을 말한다.
 예) 직원, 자원봉사자, 자금, 시설과 장비, 강사 등
㉡ 학교 내 안전감 증가는 **영향**에 해당된다. 영향(impact)은 프로그램에 참여한 개별 클라이언트의 변화에 초점을 두는 것이 아니라, 프로그램이 해당 지역사회의 사회문제 해결에 어떤 영향을 주었는지에 관심을 둔다. 즉 원래 **의도했던 프로그램 목표가 지역사회의 사회문제 해결에 어느 정도 공헌했는지를 따져보는 평가기준이다**. 영향을 측정하기 위해서는 전체 문제나 욕구를 갖는 인구집단 중에서 이 프로그램을 통해 효과를 본 사람들의 비율로 계산할 수 있다.
 예) 지역사회 주민조사로 장애인에 대한 인식개선 정도, 지역사회 장애인 취업률 상승 등
㉢ 학생 참여율은 **산출**에 해당한다. 산출(Output)은 프로그램 활동의 결과로 나타나는 것으로 **프로그램 활동의 직접적인 생산물**이다.
 예) 교육 시행 횟수, 식사배달의 횟수, 배포된 홍보지의 숫자, 참석한 클라이언트의 인원수 등

정답 ①

129

논리모델을 적용하여 치매부모부양 가족원 스트레스 완화 프로그램을 설계했을 때, 옳은 것을 모두 고른 것은? • 17회

> ㉠ 투입 : 스트레스 완화 프로그램 실행 비용 1,500만원
> ㉡ 활동 : 프로그램 참여자의 스트레스 완화
> ㉢ 산출 : 상담전문가 10인
> ㉣ 성과 : 치매부모부양 가족원 삶의 질 향상

① ㉠   ② ㉠, ㉣   ③ ㉡, ㉢
④ ㉢, ㉣   ⑤ ㉡, ㉢, ㉣

해설
㉠ 투입(input)은 프로그램을 시작할 때 투입되는 자원이나 장비, 비용을 의미하는 것으로, 스트레스 완화 프로그램 실행 비용 1,500만원은 투입에 해당된다.
㉣ 성과(outcomes)는 산출 후 클라이언트가 느끼는 변화나 이익과 관련된 것으로, 치매부모부양 가족원 스트레스 완화 프로그램의 클라이언트인 치매부모부양 가족원의 삶의 질 향상은 성과에 해당한다.

오답풀이
㉡ 활동(activities)은 프로그램의 목표 달성을 위해서 이루어지는 실행을 의미하는 것이다. 프로그램 참여자의 스트레스 완화는 성과에 해당한다.
㉢ 산출(output)은 프로그램 활동의 시행이나 실시 후 나타나는 결과를 말하는 것으로, 서비스 인원, 교육시간 등의 수행실적을 의미한다. 상담전문가 10인은 투입에 해당된다.

정답 ②

제12장 사회복지서비스 전달체계

김진원 Oikos 사회복지사 1급

제7영역 : 사회복지행정론

01 사회복지서비스 전달체계의 개념과 분류

130
✓확인 ☐☐☐

사회복지서비스 전달체계에 관한 설명으로 옳지 않은 것은?
· 20회

① 구조·기능 차원에서 행정체계와 집행체계로 구분할 수 있다.
② 운영주체에 따라서 공공체계와 민간체계로 구분할 수 있다.
③ 전달체계의 접근성을 높이기 위해서는 서비스 이용의 장애요인을 줄여야 한다.
④ 사회복지서비스 급여의 유형과 전달체계 특성은 관련이 없다.
⑤ 서비스 제공기관을 의도적으로 중복해서 만드는 것이 전달체계를 개선해 줄 수도 있다.

해설

사회복지서비스 급여의 유형과 전달체계 특성은 관련이 **있다**. 가령, 사회복지 공급의 내용물인 급여 유형이 현물인 경우 정부는 서비스생산자(공급자)에게 보조금을 제공하고 서비스생산자(공급자)가 소비자(수급자)에게 서비스를 제공하지만, 현금이나 증서의 경우는 정부가 소비자(수급자)에게 현금이나 바우처를 지급하고 소비자(수급자)가 서비스생산자(공급자)로부터 서비스 구매하여 서비스 제공을 받는다.

+보충설명

① **구조·기능 차원**은 사회복지서비스 공급자들을 중심으로 그들 간의 구조와 기능이 어떻게 분화되었는가를 살펴보는 방식이며, 행정체계와 집행체계로 구분할 수 있다.
② 운영주체, 즉 **누가 운영하는가**에 의해 공공전달체계와 민간전달체계로 구분할 수 있다.
③ **비접근성**은 클라이언트의 소득, 연령, 이용료 부담, 지리적 위치 등에 따라 **서비스 이용에 제한을 두는 문제**를 말하는 것으로, 접근성을 높이기 위해서는 서비스 이용의 장애요인을 줄여야 한다.
⑤ **의도적 중복 전략**이란 기존 전달체계 내에서 이미 제공되고 있는 서비스의 일부 또는 전부를 새로운 기관으로 하여금 또 다시 제공토록 하는 전략이다. 의도적 중복 전략은 경쟁과 분리의 2가지 형태를 가진다.
① 경쟁은 기존 전달체계 내에 이미 존재하는 서비스를 다른 기관에서 유사하게 제공하여 경쟁하게 함으로써 선택의 폭을 넓히게 되고 클라이언트의 욕구에 더 적합한 서비스 제공이 가능하도록 하는 것이며,
② 분리는 기존의 서비스 전달체계에서 소홀히 다루어졌던 서비스나 대상에 대한 새로운 전달체계를 구축하는 것이다. 예 여성, 동성연애자, 이주노동자 등과 같이 기존의 서비스 체계에서 부재하여 소외되었던 부분에 대해 담당하게 하는 것

🔍 정답 ④

02 사회복지 서비스 전달체계 구축의 주요 원칙

131
✓확인 ☐☐☐

사회복지서비스 전달 체계 구축에 관한 설명으로 옳은 것을 모두 고른 것은?
· 10회

㉠ 서비스의 적절성은 서비스의 양과 질 기간이 클라이언트의 문제해결에 충분한 것을 의미한다.
㉡ 서비스의 평등성은 각종 서비스가 질서 정연하고 체계적으로 제공되어 욕구충족을 효과적으로 달성하는 것을 의미한다.
㉢ 서비스의 포괄성은 다양한 욕구해결을 위해 필요한 서비스를 종합적으로 제공하는 것을 의미한다.
㉣ 서비스의 접근성은 수급자격의 요건을 강화하여 자원을 효율적으로 활용하는 것을 의미한다.

① ㉠, ㉡, ㉢
② ㉠, ㉢
③ ㉡, ㉣
④ ㉣
⑤ ㉠, ㉡, ㉢, ㉣

해설

㉠ **적절성의 원칙**은 그 양과 질과 제공하는 기간이 클라이언트나 소비자의 욕구 충족(또는 문제해결)과 서비스의 목표(자활 및 재활) 달성에 충분해야 한다.
㉢ **포괄성의 원칙**은 복지 수혜 대상자의 욕구에 부응하는 다양한 서비스의 제공이 필요하다는 원칙으로, 사람들의 욕구는 다양할 뿐만 아니라 한 가지 문제는 다른 여러 가지 문제와도 연관되어 있는 것이 일반적이기 때문에 다양한 욕구 또는 다양한 문제를 동시에 또는 순서적으로 해결하기 위해서는 다양한 서비스가 필요하다.

+보충설명

㉡ 각종 서비스가 질서 정연하고 체계적으로 제공되어 문제를 해결하고 욕구충족을 효과적으로 달성하는 것을 의미하는 것은 **통합성의 원칙**이다. 참고로 평등성의 원칙은 모든 복지 수혜 대상자가 성별·연령·지역·종교·지위 및 소득에 관계없이 사회복지서비스를 받을 수 있어야 한다는 원칙이다.
㉣ 수급자격의 요건을 강화하면 자원을 덜 사용하게 되지만 **서비스의 접근성은 낮아지게 된다**.

🔍 정답 ②

132

사회복지전달체계의 주요 원칙들에 관한 설명으로 옳지 않은 것은?
· 14회

① 전문성, 통합성과 같은 전달체계 구축의 원칙들은 상호 영향을 줄 수 있다.
② 거리뿐만 아니라 서비스 이용비용도 접근성에 영향을 준다.
③ 책임성을 높이는 전략이 접근성을 높이기도 한다.
④ 서비스 지속성을 높이려면 서비스 간 연계도 강화되어야 한다.
⑤ 비전문적 업무를 전문가가 담당하면 조직운영의 효율성을 높일 수 있다.

해설

비전문적 업무가 아니라 **전문적인 업무를 전문가가 담당**하면 조직운영의 효율성을 높일 수 있다.

+ 보충설명

① 사회복지전달체계의 원칙들은 상호배타적이기 때문에 특정 원칙을 강조하다 보면 다른 원칙이 잘 지켜지지 않는 경우가 발생한다.
  예) 서비스의 통합성의 원칙을 강조하여 종합복지센터를 한 장소에 설치하면 원거리의 이용자들에게는 접근성이 떨어지며, 사례관리자에 의한 통합적 서비스 제공을 강조하다 보면 전문성이 약화될 우려가 있다.
② 서비스 접근성의 장애요인에는 거리, 즉 지리적 위치 뿐만 아니라 **서비스 이용비용이 높은 것도** 해당된다.
③ 책임성이란 서비스 제공자로서의 책임을 말하는 것으로서 사회에 대한 책임, 복지대상자에 대한 책임 및 전문가에 대한 책임을 의미한다. **책임성이 높아지는 것은 이용자들이 장애 없이 서비스를 쉽게 받을 수 있는 접근성을 높여주기도 한다.**
④ 지속성(연속성)은 서비스가 일정기간 동안 지속적으로 제공되는 것을 말하지만, 시간 개념뿐만 아니라 **조직 간 서비스나 프로그램의 연계 정도를 나타 내는 개념**이 된다. 즉 지속성의 원칙이 제대로 이루어지기 위해서는 **프로그램 상호 간의 연계 뿐만 아니라 지역사회 내의 조직들 간 유기적인 연계**가 잘 이루어져 있어야 한다.

정답 ⑤

133

독거노인을 위한 복지서비스 전달체계 구축 원칙과 내용이 옳지 않은 것은?
· 17회

① 충분성 : 치매예방서비스 양을 증가시킴
② 연속성 : 치매예방 및 관리서비스를 중단 없이 이용하게 함
③ 접근성 : 치매예방서비스 비용을 낮춤
④ 책임성 : 치매예방서비스 불만사항 파악절차를 마련함
⑤ 통합성 : 치매예방서비스를 적극적으로 홍보함

해설

접근성은 사회복지서비스를 필요로 하는 사람이 필요한 때에 편리한 곳에서 해당 서비스를 받을 수 있는가 하는 문제로, 서비스에 관한 낮은 수준의 정보는 접근성의 장애요인이다. 따라서, 치매예방서비스를 적극적으로 홍보하는 것은 **접근용이성(접근성)**에 해당한다.

+ 보충설명

① **충분성(적절성)**은 클라이언트의 욕구충족이나 문제해결의 목표를 달성하는 데 있어 사회복지서비스의 양(quantity)과 질(quality)을 제공하는 기간이 충분해야 한다는 것으로, 치매예방서비스 양을 증가시키는 것은 **충분성**에 해당한다.
② **연속성(지속성)**은 한 개인이 필요로 하는 다른 종류의 서비스와 질적으로 다른 서비스를 조직 또는 지역사회 내에서 연속적이고 지속적으로 받을 수 있어야 한다는 것으로, 치매예방 및 관리서비스를 중단 없이 이용하게 하는 것은 **연속성**에 해당한다.
③ 서비스 이용료의 부담은 서비스 접근의 장애요인이다. 따라서, 치매예방서비스 비용을 낮추는 것은 **접근성**에 해당한다.
④ **책임성**은 전달체계에 주어지는 사회적 위임과 기대들을 전달체계가 적절히 소화하는지의 여부로, 이용자들이 그들의 불만이나 불평을 처리할 수 있는 일련의 과정이 있어야 함을 의미한다. 치매예방서비스 불만사항 파악절차를 마련한 것은 **책임성**에 해당한다.

정답 ⑤

134

사회복지전달체계 구축 시 고려해야 할 사항으로 옳지 않은 것은? • 19회

① 통합성 : 서비스의 중복과 누락을 방지하고 다양한 서비스를 통합적으로 제공해야 한다.
② 포괄성 : 클라이언트의 다양한 욕구 중 한 가지 욕구를 해결하기 위하여 전문가 집단이 개입하는 방식이다.
③ 적절성 : 사회복지서비스의 양과 질이 서비스 수요자의 욕구 충족과 서비스 목표 달성에 적합해야 한다.
④ 접근성 : 서비스 이용자에게 공간, 시간, 정보, 재정 등의 제약이 없는 서비스 제공을 의미한다.
⑤ 전문성 : 충분한 사회복지전문가의 확보가 필요하다.

해설
포괄성은 클라이언트의 다양한 욕구를 동시에 또는 순서적으로 해결하기 위한 것이며, 전문가 집단이 개입하는 방식은 포괄성을 달성하기 위한 방법 중 여러 전문가들이 한 팀이 되어 문제를 해결하는 **집단 접근방법(team approach)**을 말한다.

+ 보충설명
⑤ 전문성의 원칙은 사회복지행정 업무는 그 특성에 따라 반드시 전문가가 행하지 않아도 되는 부분이 있지만 **핵심적 업무는 반드시 전문가가 담당해야 한다는 것이다.**

정답 ②

03 서비스 통합성 증진을 위한 전달체계의 개선전략

135

서비스의 통합성을 증진시키기 위한 전달 체계 개선 전략으로 옳지 않은 것은? • 9회

① 종합적 서비스를 제공하는 별도의 기관을 설치한다.
② 지역사회 수준에서 사례관리체계를 도입한다.
③ 클라이언트의 서비스 이력 정보를 공유한다.
④ 서비스별로 인테이크 창구를 마련한다.
⑤ 통합 정보망을 구축하여 서비스 연계를 강화한다.

해설
서비스의 통합성을 증진시키기 위해 서비스별로 인테이크 창구를 마련하는 것이 아니라, 클라이언트의 다양한 욕구를 종합적으로 평가하여 적절한 서비스 계획을 개발하도록 전달 체계 내의 조직들이 **인테이크를 전담하는 공동 창구를 개발**하여야 한다.

정답 ④

136 ✓확인 ☐☐☐

지역사회에서 사회복지서비스의 분절화 현상을 방지하기 위한 설명으로 옳은 것을 모두 고른 것은?
· 10회

> ㉠ 관료제적 명령방식을 도입해야 한다.
> ㉡ 다양한 복지주체의 참여를 꾀해야 한다.
> ㉢ 공급자 욕구 중심으로 이루어져야 한다.
> ㉣ 사회적 비용 절감을 고려해야 한다.

① ㉠, ㉡, ㉢ ② ㉠, ㉢ ③ ㉡, ㉣
④ ㉣ ⑤ ㉠, ㉡, ㉢, ㉣

해설
사회복지서비스의 분절화 현상을 방지하기 위한 것은, 곧 **서비스의 통합성 증진**과 관련된 것을 묻는 질문이다.
㉡, ㉣은 올바른 것이다.

✗ 오답풀이
㉠ 관료제적인 명령 방식을 도입하는 것보다는 **민주적 명령 방식**이 더욱 필요하다.
㉢ 공급자 욕구 중심보다는 **소비자 욕구**를 중심으로 이루어져야 한다.

정답 ③

137 ✓확인 ☐☐☐

다음 설명에 해당되는 것은?
· 22회

> · 비(非)표적 인구가 서비스에 접근하여 나타나는 문제
> · 사회적 자원의 낭비 유발

① 서비스 과활용 ② 크리밍
③ 레드테이프 ④ 기준행동
⑤ 매몰비용

해설
주어진 문장은 서비스의 과활용을 설명하고 있다. **활용(utilization)**은 단순히 서비스를 이용한 사람들의 수를 헤아리는 것이 아니라, 표적 인구가 적절히 서비스에 접근해서 서비스를 받는지를 말한다. **서비스의 저활용**은 정당한 욕구를 가진 표적인구가 서비스 접근에 어려움을 겪을 때 나타나며, **서비스의 과활용**은 비(非)표적 인구가 서비스에 접근하여 나타나는 문제로 사회적 자원의 낭비 유발한다.

＋보충설명
② 크리밍(creaming) 현상은 기관들이 서비스 접근성 메커니즘을 조정해서 가급적이면 유순하고 저비용-고성과 클라이언트를 선호하는 반면, 비협조적이고 고비용-저성과 클라이언트들을 배척하려는 경향을 보이는 것이다.
③ 레드테이프(red tape, 번문욕례 또는 서면주의)는 불필요한 규제, 까다로운 형식, 해묵은 관행을 의미한다.
④ 기준 행동(criterion behavior)이란 단지 규정에 의거된 정보만을 산출하는 것에 집착하게 되어 나타나는 행동을 말하는 것이다.
⑤ 매몰 비용(sunk cost)이란 이미 지출되었기 때문에 회수가 불가능한 비용을 말한다.

정답 ①

04 사회복지서비스 전달체계의 실제

138 ✓확인 ☐☐☐

사회복지서비스 전달 체계의 주요 구성으로 옳은 것을 모두 고른 것은?
• 13회

> ㉠ 노인장기요양서비스 : 보건복지부 - 국민연금공단 - 서비스 기관 - 이용자
> ㉡ 장애인 활동 지원 서비스 : 보건복지부 - 근로복지공단 - 서비스 기관 - 이용자
> ㉢ 보육서비스(어린이집) : 여성가족부 - 지방자치단체 - 서비스 기관 - 이용자
> ㉣ 자활급여 : 보건복지부 - 지방자치단체 - 서비스 기관 - 수급자

① ㉠, ㉡, ㉢ ② ㉠, ㉢ ③ ㉡, ㉣
④ ㉣ ⑤ ㉠, ㉡, ㉢, ㉣

해설
㉣ 자활급여는 「국민기초생활보장법」에 의한 급여로, **지방자치단체**를 통해 급여 전달이 이루어진다.

✗ 오답풀이
㉠ 노인장기요양서비스는 「노인장기요양보험법」에 의한 급여로, **건강보험공단**을 통해 급여 전달이 이루어진다.
㉡ 장애인 활동 지원 서비스는 법적 근거가 「장애인활동 지원에 관한 법률」에 있으며, **국민연금공단**을 통해 급여 전달이 이루어진다.
㉢ 보육서비스(어린이집)는 법적 근거가 「영유아보육법」에 있으며, 이는 여성가족부가 아니라 **교육부** 소관이다.

🔍 **정답** ④

139 ✓확인 ☐☐☐

우리나라의 공공 사회복지전달체계 현황으로 옳은 것은?
• 14회

① 공공부조의 전달체계에서 시·군·구/읍·면·동이 중요한 역할을 하고 있다.
② 사회보험제도 운영에서 지방자치단체의 책임성이 매우 크다.
③ 서비스 신청과 상담을 위해 시·도청을 방문해야 한다.
④ '사회보장정보시스템'을 활용하여 읍·면·동에서 국민연금의 징수·지급 업무를 수행하고 있다.
⑤ 사회복지청이 복지서비스의 전문적 전달을 지원하고 있다.

해설
공공부조의 경우 보건복지부 → 시·도 → 시·군·구 → 읍·면·동 → 수혜자로 연결되며, 이 중 집행체계에 해당되는 **시·군·구/읍·면·동이 중요한 역할**을 하고 있다.

✗ 오답풀이
② 사회보험제도 운영은 보건복지부나 고용노동부 등 **중앙정부기관에서 직접 관리하는** 공단의 산하기관을 통해서 급여를 지급받으므로, 지방자치단체가 아닌 중앙정부의 책임성이 매우 크다.
③ 사회복지서비스 신청과 상담은 시·도청을 방문해야 하는 것은 아니며, 읍·면·동 행정복지센터나 시청·군청·구청 방문을 통해 할 수 있다. 뿐만 아니라, 온라인(인터넷), 스마트폰, 전화 등 다양한 방법이 있다.
④ **사회보장정보시스템(범정부)**은 각종 사회복지급여 및 서비스 지원 대상자의 자격 및 이력 정보를 통합 관리하여 지자체의 복지업무 처리를 지원하기 위해 구축된 정보시스템이다. **국민연금의 징수업무는 국민건강보험공단에서 수행하며, 국민연금 급여의 결정 및 지급 업무는 국민연금공단에서 수행**한다.
⑤ 우리나라에 **사회복지청은 존재하지 않으며**, 희망복지지원단에서 복합적 욕구를 가진 대상자에 대한 통합사례관리를 통해 공공과 민간의 급여, 서비스, 자원 등을 맞춤형으로 연계·제공하고 있다.

🔍 **정답** ①

140

✔확인 ☐☐☐

한국의 민간 사회복지조직에 관한 설명으로 옳지 않은 것은?

• 17회

① 사회적 기업은 사회서비스 공급에 참여할 수 없다.
② 사회서비스 공급에 영리 기관도 참여하고 있다.
③ 사회복지법인 이외에도 사회복지시설을 운영할 수 있다.
④ 지방자치단체와의 위·수탁 계약을 통해 서비스를 제공하는 경우가 있다.
⑤ 정부보조금, 후원금, 이용료 등 재원이 다양하다.

해설

사회적 기업이란 취약계층에게 **사회서비스 또는 일자리를 제공**하거나 지역사회에 공헌함으로써 지역주민의 삶의 질을 높이는 등의 사회적 목적을 추구하면서 재화 및 서비스의 생산·판매 등 영업활동을 하는 기업으로, **사회서비스 공급에 참여할 수 있다.**

+ 보충설명

② 1991년에 영유아보육법의 제정으로 개인 영리사업자와 법인의 시설운영이 제도적으로 허용되었으며, **사회복지사업법이 1997년에 개정**되면서 일부 수용시설을 제외하고 개인 및 기관의 비영리뿐만 아니라 영리기관들도 사회복지서비스를 제공할 수 있게 되었다. 그리고, 2007년에 바우처 제도를 시작으로 사회서비스를 제도적으로 확대하면서 시장화 정책을 본격적으로 실시했고 영리기관의 시장 진입이 실질적으로 이뤄졌다. 바우처 사업 중 하나인 **지역사회서비스투자사업(지투사업)**은 실시 처음부터 '영리기관'의 시장진입을 허용해서 민간의 시장 참여를 확대하고 사회서비스 제공기관들의 유형을 다각화하였으며, 2012년 등록제를 시행해서 더 적극적으로 진입 규제완화를 통한 시장화 정책을 단행했다.

[표] 지역사회서비스투자사업 변천

구분	2007년	2009년 이후	2013년 이후~현재
사업명	지역사회서비스 혁신사업	지역사회서비스 투자사업	지역자율형사회서비스 투자사업

③ 국가 또는 지방자치단체, 사회복지법인 또는 비영리법인, 개인 등은 결격사유가 없는 한 누구나 사회복지시설을 설치·운영할 수 있다.
④ 국가나 지방자치단체가 설치한 시설은 필요한 경우 **사회복지법인이나 비영리법인에 위탁**하여 운영하게 할 수 있다(「사회복지사업법」 제34조 제5항). 즉, **위탁대상시설은** 국가 또는 지방자치단체가 설치한 시설이며, **수탁자의 자격은** 사회복지법인 또는 비영리법인이다.
⑤ 사회복지서비스를 제공하는 민간사회복지조직들의 재원은 보조금(정부보조금, 지자체보조금, 민간재단으로부터 지원되는 보조금), 후원금(개인 및 기업체 기부금, 유산, 지정기탁, 운영법인의 전입금 등), 서비스 이용료 등 다양하다.

정답 ①

141

✔확인 ☐☐☐

한국 사회복지행정 체계에 관한 설명으로 옳지 않은 것은?

• 21회

① 읍·면·동 중심의 서비스 제공에 노력하고 있다.
② 사회서비스는 단일한 공급주체에 의해 제공된다.
③ 위험관리는 위험의 사전예방과 사후관리를 모두 포함한다.
④ 지역사회 통합돌봄(커뮤니티 케어) 시행으로 지역사회 내 보건복지 서비스 제공이 확대되고 있다.
⑤ 사회서비스의 개념이 기존의 사회복지서비스를 포괄하고 있다.

해설

사회서비스는 **공급의 주체 측면에서 공공과 민간 부문이 섞여져 있고**, 민간 부문 내에서도 비영리뿐만 아니라 영리 조직들에 의해서도 제공되고 있다.

+ 보충설명

① 2016년 실시된 읍·면·동 복지허브화 사업은 행정서비스 중심의 읍·면·동 기능을 지역복지의 중심기관으로 변화시켜 국민의 복지 체감도를 제고하고 복지사각지대를 해소하는 것을 목표로 한다.
③ 위험관리는 사고가 발생하지 않도록 하는 **사전예방대책**과 사고가 발생했을 시 대처로서 **사후관리대책**을 모두 포함한다.
④ **지역사회 통합돌봄(커뮤니티 케어)**은 돌봄이 필요한 주민(노인, 장애인, 정신장애인 등)들이 살던 곳(자기 집, 그룹홈 등)에서 개개인의 욕구에 맞는 서비스를 누리고, 지역사회와 함께 어울려 살아갈 수 있도록 주거, 보건의료, 요양, 돌봄, 일상생활의 지원이 통합적으로 확보되는 지역 주도형 정책이다. 2018년 기본계획을 발표하고 2019년부터 선도사업을 추진하고 있으며, 2025년부터 전국적으로 통합돌봄을 시행할 계획이다.
⑤ 2012년 「사회보장기본법」 개정(2013.1.27. 시행)으로 사회복지서비스가 사회서비스로 변경되었으며, 사회서비스의 개념은 기존의 사회복지서비스를 포괄한다.

정답 ②

142

비영리조직의 특성을 설명한 것으로 옳지 않은 것은? · 19회

① 사적 이익보다는 공동체의 이익을 우선적으로 추구한다.
② 필요에 따라 수익사업을 실시하기도 한다.
③ 회원 조직도 비영리조직에 포함된다.
④ 기부금이나 후원금이 조직의 중요한 재원이다.
⑤ 한국에는 비영리조직에 대한 세제혜택이 없다.

해설

한국에는 비영리조직에 대한 **다양한 세제혜택이 있다**. 비영리조직은 법인세나 지방세 감면, 취득세나 등록세에 대한 비과세 등에 다양한 세제 혜택을 받고 있다.

+ 보충설명

① **비영리조직은** 개인적 이익이나 자산획득, 주주나 구성원들에게 잉여이윤을 배분하지 않으면서 **사회의 일반적인 개발과 발전을 위해 존재하는 조직으로**, 사적 이익보다는 **공동체의 이익을 우선적으로 추구**한다. 병원이나 교육기관, 사회복지기관, 환경단체, 시민단체 등을 운영하는 각종 사회 법인들이나 사회공헌을 목적으로 하는 각종 재단 등이 비영리조직에 해당한다.
② 설립목적과 본질에 반하지 않는 정도의 것으로 **목적사업의 경비충당을 위해 필요한 범위 내에서만 수익사업이 인정**된다.
③ 회원 조직은 블라우와 스콧(Blau & Scott)의 조직유형 중 조직의 회원들에게 1차적인 혜택을 주는 **상호수혜조직으로 종교단체, 노동조합** 등이 있으며, 이는 비영리조직에 포함된다.
④ 기부금이나 후원금이 조직의 중요한 재원이지만, 비영리조직의 재원의 형태는 **정부보조금, 재단지원금, 협찬후원금, 기부금, 수익사업에 의한 이용료, 행사** 등 다양하다.

정답 ⑤

143

비영리 사회복지조직에 관한 설명으로 옳지 않은 것은? · 21회

① 수익성과 서비스 질을 고려하지 않고 조직을 운영한다.
② 정부조직에 비해 관료화 정도가 낮다.
③ 국가와 시장이 공급하기 어려운 서비스를 제공할 수 있다.
④ 특정 이익집단을 위한 서비스를 제공할 수 있다.
⑤ 개입대상 선정과 개입방법을 특화할 수 있다.

해설

비영리 사회복지조직의 경우에도 수익성과 서비스 질을 고려하며 조직을 운영한다. 다만, 비영리 사회복지조직은 영리를 추구하지 않기 때문에 수익성보다는 서비스의 질을 중시한다. 수익성과 관련하여 비영리 사회복지조직의 경우 목적사업의 경비충당을 위해 필요한 범위 내에서 수익사업이 인정된다.

+ 보충설명

② 비영리 사회복지조직은 **공공부문의 문제점인 관료화, 경직성 및 비인격성을 최소화할 수 있다.**
③ 비영리 사회복지조직은 국가와 시장이 공급하지 않는 **상품과 서비스를 제공하기 위해 존재한다.** 이러한 상품과 서비스는 사회가 보편적으로 요구하는 것이 아니라 특수한 공동체만이 필요로 하는 것이기 때문에, 사회가 다양화되면 될수록 비영리 부문의 필요성은 커진다.
④ 비영리 사회복지조직은 **특정한 인종집단이나 이익집단만을 위한 특화된 서비스를 제공한다.** 공공부문은 이러한 특화된 서비스를 제공하기가 어렵다.
⑤ 비영리 사회복지조직은 **영리추구로부터 자유롭기 때문에 개입대상과 개입방법을 특정화할 수 있다.** 그리고, 특수한 욕구를 가진 사람을 대변하고, 자조집단이나 기타 소비자를 보호하기 위한 집단을 조직할 수 있다. 최근 들어 그 중요성이 커진 알코올중독극복집단과 같은 자조집단을 비영리 사회복지조직이 운영한다. 자조집단은 자원봉사자를 활용하고 재정을 자체 충당하며 독특한 프로그램을 운영한다. 공공부문이 이런 조직을 운영할 수는 없다.

정답 ①

제13장 마케팅과 홍보

제7영역: 사회복지행정론

144

사회복지 마케팅에서 고려해야 할 서비스 특성으로 옳은 것은?
· 10회

① 표준화된 서비스로 대량생산할 수 있다.
② 대체로 목표 달성에 대한 측정이 가능하다.
③ 일반적으로 소비자가 서비스를 이용하기 전에 평가한다.
④ 서비스의 생산과 소비는 주로 분리된다.
⑤ 제공된 서비스를 반환하거나 되팔기 어렵다.

해설
사회복지 마케팅은 **서비스의 소멸성(perishability) 특성**이 있다. 즉 사회복지기관의 서비스는 식품이나 가전제품처럼 쌓아두거나 저장할 수 없기 때문에, 서비스를 반환하거나 되팔 수 없다.

오답풀이
① 영리 부문의 상품은 대량소비를 유도하기 위해 표준화를 통한 저비용을 유지하는 경우가 많지만, **사회복지서비스는 개별 욕구를 중시하기 때문에 다양한 서비스가 제공되어야 한다.**
② 조직 목표의 다양성과 모호성, 서비스 기술의 불확실성, 그리고 인간 속성의 관찰과 측정의 본질적인 어려움 등으로 인해 **효과성 측정에 어려움**을 겪는다.
③ **서비스의 무형성(intangibility)**으로 인해 그것을 이용해보기 전에는 서비스를 확인할 방법이 없으며, 서비스는 이용자가 실제 이용을 해본 후에만 평가가 가능하다.
④ 사회복지부문의 서비스는 **생산과 소비가 동시에 일어난다.**

정답 ⑤

145

비영리조직 마케팅에 관한 설명으로 옳은 것은?
· 19회

① 영리추구의 목적으로만 마케팅을 추진한다.
② 비영리조직 간의 경쟁에 대한 대응은 필요없다.
③ 공익사업과 수익사업의 적절한 운영을 위하여 필요하다.
④ 사회복지조직이 제공하는 비물질적인 서비스는 마케팅 대상이 아니다.
⑤ 비영리조직의 재정자립은 마케팅의 목표가 될 수 없다.

해설
비영리조직에서의 마케팅은 **조직의 목표달성을 위해 필요한 재원을 확보하고 동원하기 위한 것**이므로, 공익사업과 수익사업의 적절한 운영을 위하여 필요하다.

오답풀이
① 영리기업에서처럼 영리를 극대화하기 위한 목적이 아니라 **비영리조직 자체의 목적달성**에 있다. 따라서, 영리추구의 목적으로만 마케팅을 추진한다는 것은 옳지 않다.
② 비영리조직 간의 경쟁에 대한 대응도 **필요하다.** 비영리조직의 급속한 팽창은 인적·물적 자원의 획득을 위한 비영리조직 간의 다양한 경쟁이 이루어지게 되었고, 이로 인해 비영리마케팅에 대한 관심이 늘어나고 있다.
④ 사회복지조직이 제공하는 **비물질적인 서비스는 마케팅 대상이다.** 비영리조직인 사회복지조직은 물질적인 서비스인 상품 중심이 아니라 **비물질적인 서비스 중심의 마케팅**이 이루어진다.
⑤ 비영리조직의 재정자립은 마케팅의 목표가 될 수 있다. 비영리조직이 지역사회와 시민의 욕구를 실현하는 데 있어 자원봉사수준의 활동을 넘어서면서 조직의 규모와 활동이 발전·지속되기 위해서 운영에 필요한 재원확보가 가장 중요한 현안으로 대두되면서 재원마련을 위한 마케팅 개념의 도입이 요구되었다.

정답 ③

146

사회복지조직을 포함한 비영리조직 마케팅에 관한 설명으로 옳은 것은?   • 16회

① 생산 후 소비의 발생이 이루어진다.
② 틈새시장 마케팅이 시장세분화 정도가 가장 높다.
③ 사회복지서비스의 표준성은 영리조직 마케팅과의 차이점 중 하나이다.
④ 마케팅믹스의 4P는 유통(place), 촉진(promotion), 가격(price), 문제(problem)를 의미한다.
⑤ 공익연계마케팅을 통해 참여 기업과 사회복지조직 모두 혜택을 얻을 수 있다.

해설

공익연계 마케팅(Cause-Related Marketing, CRM)은 기업의 기부나 봉사활동을 사회복지조직과 연계함으로써 기업은 이윤을 사회에 환원한다는 가치를 확산시켜 긍정적인 기업이미지를 홍보하고, 사회복지조직은 적재적소에 필요한 자원을 효과적으로 연계하여 활용하여 사회적 효율성을 달성하려는 마케팅 기법이다. 따라서, 공익연계마케팅을 통해 참여 기업과 사회복지조직 모두 혜택을 얻을 수 있다.

✕ 오답풀이

① 서비스의 생산과 소비가 동시에 발생한다. 즉, 영리부문에서 상품이 생산되고 난 후 고객에 의한 소비가 발생되지만, 사회복지조직에서는 생산과 소비가 분리되지 않는 경우가 많다.
② 미시적 마케팅(Micro marketing, 원투원마케팅)이 시장세분화 정도가 가장 높다.
③ 사회복지서비스의 다양성과 복잡성은 영리조직 마케팅과의 차이점 중 하나이다. 영리부문의 상품은 대량소비를 유도하기 위해 표준화를 통한 저비용을 유지하는 경우가 많아 다양성이 부족하다. 그러나 사회복지서비스는 이용자의 개별적인 욕구를 중시하기 때문에 다양한 서비스가 제공되어야 하며, 또한 서비스와 관련된 이해집단이 다양하여 욕구를 충족시키는 과정이 매우 복잡한 특징이 있다.
④ 마케팅믹스의 4P는 유통(place), 촉진(promotion), 가격(price), 상품(Product, 제품)을 의미한다.

정답 ⑤

147

아동학대 예방 운동과 같이 대중의 행동 변화를 통해 공익을 실현하기 위한 마케팅 기법은?   • 12회

① 기업 연계 마케팅
② 사회 마케팅
③ 데이터베이스 마케팅
④ 고객관계관리 마케팅
⑤ 인터넷마케팅

해설

사회 마케팅은 정부나 지방지차단체, 시민과 지역사회를 위하여 대중의 행동 변화를 통해 공익을 실현하기 위한 기법으로, 대중의 각성과 참여를 촉구하여 사회문제를 해결하는 것이 목적이다(신복기 외, 2013).

예 치매예방, 금연운동, 생태보호운동, 국제적 기아퇴치, 아동학대 방지 운동 캠페인 등

+ 보충설명

① 기업 연계 마케팅(CRM : Cause-Related Marketing)은 기업의 기부나 봉사활동을 사회복지 조직과 연계함으로써 기업은 이윤을 사회에 환원한다는 가치를 확산시켜 긍정적인 기업 이미지를 홍보하고, 사회복지 조직은 적재적소에 필요한 자원을 효과적으로 연계하여 활용하여 사회적 효율성을 달성하려는 마케팅 기법이다.
③ 데이터베이스 마케팅(Database Marketing)은 기관을 찾는 이용자의 개별 정보, 즉 명단과 주소, 프로그램 이용 횟수와 시기 등의 정보를 활용하여 복지기관의 기부나 봉사활동, 프로그램 참여 등에 활용하는 것이다.
④ 고객관계관리 마케팅(CRM : Customer Relationship Management Marketing)은 신규 후원자의 개발이나 기존 후원자의 관리, 잠재적 후원자의 개발을 위해 그들의 욕구를 파악하여 그에 맞는 서비스를 지속적으로 제공함으로써 기금 확보 효과를 극대화하는 기법이다.

예 가족 봉사 프로그램 제공, 대학 동아리나 직장 동호회의 봉사나 모금 프로그램 개발 등 수요자 욕구에 부응하는 지속 가능한 기부 또는 봉사 프로그램 개발이 성공의 관건

⑤ 인터넷마케팅(Internet Marketing)은 이메일이나 홈페이지, 배너광고 등을 통해 고객에게 정보를 전달하여 모금이나 서비스 이용을 유도하려는 기법이다.

정답 ②

148

다음 ( )에 해당하는 마케팅 기법은? · 15회

> ( )은 고객들이 A기업의 물품을 구입할 경우 A기업이 그 수입의 일정비율을 B복지관에 기부하는 방식이다.

① 공익연계마케팅
② 고객관계관리 마케팅
③ 다이렉트 마케팅
④ 데이터베이스 마케팅
⑤ 사회마케팅

해설

공익연계마케팅(CRM : Cause-Related Marketing)은 기업이나 브랜드를 사회적 명분이나 이슈에 전략적으로 연계시키는 마케팅 도구이다. 기업의 기부나 봉사활동을 사회복지조직과 연계함으로써 기업은 이윤을 사회에 환원한다는 가치를 확산시켜 긍정적인 기업이미지를 홍보하고 사회복지조직은 적재적소에 필요한 자원을 효과적으로 연계하여 활용하여 사회적 효율성을 달성하려는 기법이다.

오답풀이

② 고객관계관리마케팅(CRM : Customer Relationship Management Marketing)은 신규후원자의 개발이나 기존 후원자의 관리, 잠재적 후원자의 개발을 위해 그들의 욕구를 파악하여 그에 맞는 서비스를 지속적으로 제공함으로써 기금확보효과를 극대화하는 기법이다.

정답 ①

149

사회복지관에서 우편으로 잠재적 후원자에게 기관의 현황이나 정보 등을 제공하여 후원자를 개발하는 마케팅 방법은? · 18회

① 고객관계 관리 마케팅
② 데이터베이스 마케팅
③ 다이렉트 마케팅
④ 소셜 마케팅
⑤ 클라우드 펀딩

해설

DM(Direct Marketing, 다이렉트 마케팅 또는 Direct Mail)은 특별히 표적시장에서의 잠재적 후원자나 소비자를 선정하고 서비스 또는 상품내용을 담은 편지나 안내문을 첨부하여 소비자가 참고할 수 있도록 우편발송을 하는 방법이다.

보충설명

① 고객관계관리마케팅(CRM : Customer Relationship Management Marketing)은 신규후원자의 개발이나 기존 후원자의 관리, 잠재적 후원자의 개발을 위해 그들의 욕구를 파악하여 그에 맞는 서비스를 지속적으로 제공함으로써 기금확보효과를 극대화하는 기법이다.
② 데이터베이스마케팅(Database Marketing)은 기관을 찾는 이용자의 개별정보, 즉 명단과 주소, 프로그램 이용 횟수와 시기 등의 정보를 활용하여 복지기관의 기부나 봉사활동, 프로그램 참여 등에 활용하는 것이다.
④ 소셜 마케팅(Social Marketing)은 정부나 지방자치단체, 시민과 지역사회를 위하여 대중의 행동변화를 통해 공익을 실현하기 위한 기법으로, 대중의 각성과 참여를 촉구하여 사회문제를 해결하는 것이 목적이다.
⑤ 클라우드 펀딩(Crowd Funding, 크라우드 펀딩)은 후원, 기부, 대출, 투자 등을 목적으로 웹이나 모바일 네트워크 등을 통해 다수의 개인으로부터 자금을 모으는 행위를 말한다. 소셜 네트워크 서비스(SNS)를 통해 참여하는 경우가 많아 소셜 펀딩이라고도 하며, 크게 대출형, 투자형, 후원형, 기부형으로 나눌 수 있다.

정답 ③

제14장 사회복지 조직의 책임성과 평가

제7영역 : 사회복지행정론

150

사회복지조직의 책임성을 확보하기 위한 노력이 아닌 것은?
· 18회

① 개인정보 보호를 위해 사회복지조직 후원금 사용 정보의 미공개
② 「사회복지사업법」에 따른 사회복지법인 이사회 구성
③ 「사회복지법인 및 사회복지시설 재무·회계규칙」에 근거한 예산 편성
④ 배분사업 공모를 통한 사회복지 프로그램 재정지원 시행
⑤ 사회복지예산 수립을 위한 주민참여제도 시행

해설
책임성 확보를 위해 개인정보는 보호되어야 하며, **사회복지조직 후원금 사용 정보는 공개해야 한다.** 후원금 관리가 명확하고 공정하고 투명하게 이루어져야 한다.

+보충설명
② 「사회복지사업법」에 따른 사회복지법인 이사회를 구성하는 것은 **사회복지시설의 사회적 투명성, 공공성, 민주성을 제고하게 됨으로써** 책임성을 확보할 수 있다.
③ 책임성 확보를 위해 **명문화된 법령에 근거하여 사회복지조직의 행정활동이 충실하게 전개되어야** 한다.
④ 소비자의 욕구에 대응할 수 있는 적절한 프로그램을 개발하고 실천할 수 있도록 배분사업 공모를 하여 해당 프로그램에 재정지원을 시행함으로써 책임성을 확보할 수 있다.
⑤ 책임성 확보를 위해 사회복지조직을 공개하고 조직의 개방성을 높여야 한다. 따라서, **사회복지정책 수립과정과 프로그램 설계과정에 주민들의 적극적인 참여를 유도**해야 한다.

정답 ①

151

다음에서 공통적으로 설명하는 것은?
· 17회

- 사회복지서비스 평가로 인해 발생 가능한 부정적 현상이다.
- 양적 평가지표가 많을 때 증가되기 쉽다.
- 평가지표 충족에만 관심이 집중되어 서비스 효과성이 낮아질 수 있다.

① 레드테이프 ② 모듈화
③ 옴부즈맨   ④ 기준행동
⑤ 분절성

해설
기준행동(criterion behavior)이란 단지 규정에 의거된 정보만 산출하는 것에 집착하게 되어 나타나는 행동을 말한다. 클라이언트의 복지향상이란 본래의 평가목적을 상실하고 평가방법 자체에 충실하게 되는 경향이다. 평가지표들은 단지 성과를 나타내기 위한 기준에 불과하지만, 그런 지표 자체를 목적으로 삼아버리는 것이다. **업무자들에 대한 업적 평가가 양적 평가 지표과 연결되어 있을 때, 이러한 현상이 증폭되어 나타나기 쉬우며**, 그 결과 서비스 과정은 양적 지표 위주로 경직되게 되고 **서비스 효과성은 저해되는** 결과가 초래된다.

+보충설명
① **레드테이프(red tape)**은 번문욕례로, 예전 관공서에서 공문서를 매는 데 쓰는 붉은 끈에서 유래된 말이다. 관공서의 행정절차 또는 형식주의를 지칭하는 말로, 일반적으로 행정사무를 지연시키고 행정비용을 증대시키는 등의 관료제의 병폐를 의미한다.
② **모듈화(modules)**란 정보의 구조를 정보 단위들 간 탈부착이 손쉽게 하는 것이다.
③ **옴부즈맨(Ombudsman)**이란 스웨덴어로 대표자, 대리인, 변호인, 후견인 이라는 뜻한다. 스웨덴 등 북유럽국가에서 국가 기관이나 공무원에 대한 일반 시민의 고충·민원을 처리하는 행정 감찰관을 뜻하는 말로, 잘못된 행정으로 인하여 시민이 억울하게 당할 수 있는 사안을 복잡한 절차나 별도의 추가비용 없이 신속하게 처리하여 줌으로써 시민의 권리와 이익보호를 우선하는 제도이다.
⑤ **분절성(fragmentation)**은 파편성 또는 단편성으로 통합성과 상반되는 개념이다. 서비스가 한 장소에서 다 이루어지지 않을 뿐만 아니라 기관들이 그들의 활동을 조화시키기 위해 노력하지 않고 있는 문제를 말한다.

정답 ④

152

사회복지의 책임성 평가에 관한 설명으로 옳지 않은 것은?

· 19회

① 효과성 평가를 위하여 비용편익분석을 실시한다.
② 형성평가는 과정을 파악하는 동태적 분석으로 프로그램 진행 중에 실시할 수 있다.
③ 사회복지 프로그램 평가를 통하여 프로그램 수정과 정책 개발 등에 활용한다.
④ 사회복지전달체계는 사회복지의 책임성을 이행할 수 있도록 구축되어야 한다.
⑤ 우리나라의 사회복지시설 평가는 사회복지사업법에 근거하여 실시한다.

해설

효율성 평가를 위하여 비용편익분석을 실시한다. 효율성 평가는 최소한의 비용으로 최대한의 효과를 거둘 수 있도록 하는지를 평가하는 조사로, 비용효과분석(cost-effectiveness)과 비용편익분석(cost-benefit)이 있다.

+보충설명

② **형성평가**는 프로그램 실행 과정 중에 이를 개선하기 위해 수행되는 평가로 **과정을 파악하는 동태적 분석**이다.
③ 사회복지 프로그램 평가를 통하여 **프로그램 수정·보완과 정책 기획 및 개발** 등에 활용한다.
④ 사회복지전달체계 구축에 고려되어야 할 원칙 중 **책임성의 원칙**이란 사회복지조직은 국가가 시민의 권리로 인정한 사회복지서비스를 전달하도록 위임받았으므로 사회복지서비스의 전달에 대해 책임을 져야 한다는 것이다.
⑤ 「**사회복지사업법**」 제43조의2(시설의 평가) 제1항에서 "보건복지부장관과 시·도지사는 보건복지부령으로 정하는 바에 따라 시설을 정기적으로 평가하고, 그 결과를 공표하거나 시설의 감독·지원 등에 반영할 수 있으며 시설 거주자를 다른 시설로 보내는 등의 조치를 할 수 있다."라고 규정하고 있다.

정답 ①

153

사회복지사업법령상 사회복지시설 평가에 포함된 서비스 최저기준의 적용 사항이 아닌 것은?

· 13회

① 시설 이용자의 인권
② 서비스의 과정 및 결과
③ 지역사회 연계
④ 시설의 인력 관리
⑤ 시설의 마케팅 역량

해설

「사회복지사업법 시행규칙」 제27조(시설의 서비스 최저기준) 제1항에서 '서비스 최저기준에는 다음의 각호의 사항이 포함되어야 한다. 1. **시설 이용자의 인권**(①), 2. 시설의 환경, 3. 시설의 운영, 4. 시설의 안전관리, 5. **시설의 인력 관리**(④), 6. **지역사회 연계**(③), 7. **서비스의 과정 및 결과**(②), 8. 그 밖에 서비스 최저기준 유지에 필요한 사항'이라고 규정하고 있다. 시설의 마케팅 역량은 포함되어 있지 않다.

정답 ⑤

154

사회복지사업법상 사회복지 시설평가에 관한 설명으로 옳은 것은? · 16회

① 보건복지부장관이 시설의 서비스 최저기준을 고려하여 평가기준을 정한다.
② 1997년 처음으로 시행되었다.
③ 보건복지부장관과 시·군·구의 장이 시설평가의 주체이다.
④ 4년마다 한번 씩 평가를 실시한다.
⑤ 시설평가 결과를 공표할 수 없으나 시설의 지원에는 반영할 수 있다.

해설

「사회복지사업법 시행규칙」 제27조의2(시설의 평가) 제1항에서 "보건복지부장관 및 시·도지사는 법 제43조의2에 따라 3년마다 시설에 대한 평가를 실시하여야 한다." 제2항에서 "제1항에 따른 시설의 평가기준은 법 제43조제1항에 따른 서비스 최저기준을 고려하여 보건복지부장관이 정한다."라고 규정하고 있다.

오답풀이

② 1997년 「사회복지사업법」 개정으로 도입된 **사회복지시설평가제도가 처음 시행된 것은 1999년**이다. 즉 1997년 개정된 「사회복지사업법」에 근거한 **최초의 사회복지시설평가는 1999년 장애인복지관과 정신요양시설을 대상으로 실시**되었다.
③ 보건복지부장관과 시·도의 장이 시설평가의 주체이다.
④ 3년마다 시설에 대한 평가를 실시한다.
⑤ 「사회복지사업법」 제43조의2(시설의 평가) 제1항에서 "보건복지부장관과 시·도지사는 보건복지부령으로 정하는 바에 따라 시설을 정기적으로 평가하고, 그 **결과를 공표하거나 시설의 감독·지원** 등에 반영할 수 있으며 시설 거주자를 다른 시설로 보내는 등의 조치를 할 수 있다."라고 규정하고 있다.

정답 ①

155

사회복지시설평가에 관한 설명으로 옳지 않은 것은? · 18회

① 평가의 근거는 1997년 개정된 사회복지사업법이다.
② 평가의 목적은 시설운영의 효율화 등을 위한 것이다.
③ 이용자의 권리에 관한 지표의 경우 거주시설(생활시설)에 한해서 적용하여 평가한다.
④ 개별 사회복지시설의 고유성이 반영되지 못하는 점은 평가의 한계점으로 여겨진다.
⑤ 평가지표 선정 시 현장의견수렴 절차가 필요하다.

해설

거주시설(생활시설)은 이용자의 권리가 아니라 **시설 거주자 즉 생활인의 권리에 관한 지표로 평가**한다.

보충설명

① 1997년 「사회복지사업법」 개정으로 사회복지시설평가제도가 도입되었다.
② 평가의 목적들 중 하나는 **평가를 통해 효율적이고 효과적인 사회복지시설의 운영기반을 정착시키는 것**이다.
④ 사회복지시설의 설립연도, 규모, 위치, 재정도, 설립목적 등 태생적으로 결정되는 기관의 고유한 특성이 평가체계에 반영되지 못한다면, 공정한 평가가 이루어지기 힘들고 그 결과도 신뢰하기 어렵다는 점이다.
⑤ 평가지표 개발하는 절차에서 온라인 의견수렴 및 현장방문, 평가지표 개선사항 검토 등을 위한 자문회의, 시설유형별 평가지표(안) 현장 적용성 검토를 위한 모의평가, 시설유형별 평가지표(안) 공청회 개최 등 현장의견수렴을 하고 있다.

정답 ③

제15장 사회복지 조직의 환경변화

제7영역 : 사회복지행정론

156 ✓확인 ☐☐☐

사회복지조직의 과업환경에 해당하지 않는 것은? ・15회

① 클라이언트
② 재정자원 제공자
③ 보충적 서비스 제공자
④ 문화적 조건
⑤ 경쟁조직

해설

하센펠트는 홀(Hall)의 환경분류를 기반으로 사회복지조직의 환경을 일반환경과 과업환경으로 구분하고 구체화하였다. **사회복지조직의 일반환경은** 한 사회의 사회인구학적 변동, 정치적 조건, 법적 조건, **문화적 조건**, 경제적 조건, 기술적 조건(테크놀로지의 수준) 등과 같은 거시적 사회환경의 존재를 의미하는 것이다.

+보충설명

사회복지조직의 환경

구분	핵심 내용	
일반환경	① 경제적 조건 ② 사회인구학적 조건 ③ 문화적 조건	④ 정치적・법적 조건 ⑤ 기술적 조건
과업환경 = 업무환경	재정자원의 제공자	재정을 제공하는 국가(중앙 및 지방정부), 기업체, 공동모금, 개인 후원, 유료 클라이언트
	합법성과 권위의 제공자	정부, 전문직 협회, 의회, 운영법인, 시민단체 등
	클라이언트의 제공자	학교, 경찰, 청소년단체, 교회, 사회복지관 등
	보충적 서비스 제공자	지역사회 내 외의 전문복지기관
	조직이 산출한 것을 소비・인수하는 자	클라이언트 자신, 가족, 지역사회, 국가 등이 포함
	경쟁하는 조직들	지역공동모금 후원회 같은 경우

정답 ④

157 ✓확인 ☐☐☐

사회복지 조직환경에 관한 설명으로 옳지 않은 것은? ・16회

① 조직과 상호작용하는 외부요소를 총칭한다.
② 경제적 조건은 조직의 재정적 기반 마련과 관련이 있다.
③ 조직 간의 의뢰・협력체계는 보충적 서비스 제공 역할을 한다.
④ 법적 조건은 조직의 활동을 인가하는 기준이 된다.
⑤ 정치적 조건은 과업환경으로서 규제를 통해 사회적 기반을 형성한다.

해설

정치적 조건은 일반환경이며, 과업환경으로서 규제를 통해 사회적 기반을 형성하는 것은 **합법성과 권위의 제공자**이다. 합법성과 권위 제공자는 조직이 사회적으로 인정받고 활동할 수 있게 만드는 기반을 제공한다. 법적 요건이나 사회적 인증을 제공할 수 있는 조직이나 집단들이 이에 해당한다. 「사회복지사업법」 등에 근거해 특정 사회복지 기관의 설치를 허가하고, 감독하고, 평가하는 정부나 지자체가 대표적인 합법성의 제공자이며, 여타 공공이나 민간 인증협회 등의 규제 기구들도 이러한 역할을 한다.

+보충설명

① **조직환경이란** 조직 외부에 위치하면서 조직과 상호작용하고 조직의 기능수행에 영향을 미치는 모든 조건들을 뜻한다.
② **경제적 조건이란** 국가(중앙정부, 지방정부)나 지역사회의 경제 상태를 의미하며 이것은 복지조직의 자원공급량이나 서비스 수요량에 영향을 미친다.
③ **보충적 서비스 제공자란** 사회복지조직이 과업을 수행하는 데 필요한 일의 일부분을 거들어주거나 대행해 주는 외부 조직들을 말한다. 한 조직이 제공하는 서비스만으로는 클라이언트의 욕구를 충분하게 해결할 수 없을 때, 조직 간의 의뢰・협력체계를 통해 다른 조직이 보충적 서비스 제공자로서 서비스를 제공할 수 있다.
④ 법적 조건은 조직의 활동을 인가하는 기준이 된다. 즉, 법정복지가 증가하는 상황에서 **법률은 사회복지 조직의 활동범위와 활동방식을 규정**하게 된다.

정답 ⑤

158

사회복지조직의 환경에 관한 설명으로 옳지 않은 것은? · 19회

① 다른 기관과의 경쟁은 고려하지 않는다.
② 과학기술의 발전은 사회복지기관의 서비스에도 영향을 미친다.
③ 사회인구적 특성은 사회문제와 밀접한 관계가 있다.
④ 경제적 상황은 서비스 수요에 영향을 미친다.
⑤ 법적 규제가 많을수록 서비스에 대한 클라이언트의 접근이 제한된다.

해설

업무환경(과업환경)의 요소들 중 **경쟁조직(경쟁하는 조직들)**에 해당한다. **다른 기관과의 경쟁을 고려해야 한다.** 사회복지조직들은 복지수요자들을 고객으로 확보하기 위해 또는 서비스 제공에 필요한 자원을 획득하기 위해 서로 경쟁관계에 놓인다. 경쟁에서 우위를 차지하기 위해 **경쟁조직에 대한 분석을 조직관리의 관점에서 면밀하게** 할 필요가 있다.

보충설명

② 일반환경의 조건들 중 **기술적 조건(기술·과학적 조건)**에 해당한다. 가령, 생명공학기술에 의한 의료 및 건강케어기술의 발달, 컴퓨터 및 정보기술에 의한 정보관리기술의 발달, 실버산업 및 장애인·노인 생활보조기기 생산 같은 의료산업 관련 **과학기술의 발달은 사회복지서비스의 양적·질적 수준과 양태를 좌우**할 수 있다.
③ 일반환경의 조건들 중 **사회인구학적 조건**에 해당된다. 사회인구적 특성인 성별분포, 연령, 가족규모 및 구조, 거주지역, 직업, 사회적 지위, 소득 등과 같은 조건들은 다양한 **사회문제 및 사회적 욕구와 밀접한 관계**가 있다. 가령, 고령인구 증가는 노인복지서비스의 증가를 요구하고 이는 노인복지의 예산증가를 요구하게 된다.
④ 일반환경의 조건들 중 **경제적 조건**에 해당한다. 사회의 경제적 상황은 사회복지조직의 복지자원공급을 결정하는 주요 요인일 뿐만 아니라 동시에 수혜자의 수요를 결정하는 주요 요인이 된다. 가령, 대규모 실업사태와 같은 경제적 환경의 변화는 실업자의 **사회복지수요를 증대시킴**과 동시에 사회복지조직으로 하여금 일자리 제공, 직업훈련프로그램, 기초생활보장 확충 등 사회복지공급의 증가 요인이 된다.
⑤ 일반환경의 조건들 중 **법적 조건**에 해당된다. 수많은 법적 규제는 사회복지조직이 클라이언트에게 서비스하는 데 있어서 준수해야 할 많은 조건들을 규정하고 통제하며, **클라이언트의 서비스에 대한 접근의 장애요인**이 된다.

정답 ①

159

다음에서 설명하는 환경의존 대응전략은? · 16회

- 사회적 약자를 대신해 권한을 가진 조직으로부터 양보를 얻는 데 효과적일 수 있다.
- 일시적으로 얻은 이익을 상쇄하는 반작용을 야기할 수 있다.
- 표적조직이 평화적인 요구를 무시할 때 채택할 수 있다.

① 방해전략
② 교환전략
③ 흡수전략
④ 경쟁전략
⑤ 권위주의전략

해설

사회복지조직의 종속관계 극복을 위한 조직의 대응전략, 즉 환경에 의존하지 않고 자율적으로 대응할 수 있는 힘을 발휘할 수 있는 전략 중 **방해전략**에 대한 설명이다. **방해전략**은 경쟁적 위치에 있는 복지조직의 활동을 방해하거나 세력을 약화시키는 전략으로, 권력을 잃은 사람이나 빈민, 어려운 이웃들을 대신하여 사회복지조직으로부터 양보를 얻어내는 데 효과적일 수 있지만 장기적으로는 일시적으로 얻은 이득을 상쇄해 버릴 수도 있다. **방해전략을 활용할 수 있는 조건**은 조직의 과업환경이 정당한 요구를 묵살하거나 방해활동이 실패하더라도 손해볼 것이 없는 경우와 상대조직과의 갈등해소를 위한 상호작용이 불가능한 경우, 그리고 이념적 갈등이 존재하는 경우이다.

정답 ①

3교시 사회복지정책과 제도

제8영역

사회복지법제론
Social Welfare and Law

교과목 개요

사회복지법제론의 학습은 궁극적으로 사회복지실천 현장에서 사회복지법과 관련법을 적용하는 능력을 배양하는 데 있다. 이를 위해서 사회복지법과 그 체계를 이해하고, 사회복지법의 출현 배경과 과정, 그리고 실정법으로서 사회복지법과 관련법을 해석하고 적용하는 능력이 함양되어야 한다. 더 나아가 사회복지법과 관련법의 판례를 학습하고 그 법리를 이해하는데 학습목표를 둔다.

교과목 목표

1. 사회복지 실천 현장에서 사회복지법의 적용에 대한 역량 학습
2. 현행 사회복지법제와 체계에 대한 이해
3. 현행 실정법으로서 사회복지법과 관련법의 이해와 적용 능력 배양
4. 현행 실정법으로서 사회복지법과 관련법의 판례와 법리 이해

8영역 | 사회복지법제론

이해틀	목차 (교과목 지침서에 준함)	10회 2012	11회 2013	12회 2014	13회 2015	14회 2016	15회 2017	16회 2018	17회 2019	18회 2020	19회 2021	20회 2022	21회 2023	22회 2024	23회 2025
총론	제1장 사회복지법의 개념과 체계	3	3	1	3	2	2	2	1	1	3	1	1	1	2
	제2장 사회복지법의 역사적 형성과 특징	-	-	-	1	-	1	-	-	-	-	-	-	-	-
	제3장 사회복지의 권리성	-	-	-	1	1	-	-	1(1)	1	-	1	1	1	-
	제4장 사회복지의 법률관계	1	2	1	1	-	-	-	-	-	1	-	-	-	-
	제5장 사회복지 주체에 대한 법적 검토	-	-	-	-	-	-	-	-	-	-	-	-	-	-
	제6장 사회복지사 등의 법적 지위와 권한	1	1	-	-	-	1	-	-	-	-	-	-	-	-
	제7장 우리나라 사회복지 입법 변천사	1	-	1	1	1	1	1	1	1	1	1	2	1	2
	제8장 국제법과 사회복지	1	-	1	-	-	-	-	-	-	-	-	-	-	-
각론	제9장 사회보장기본법	2	1	1	1	3	4	4	3	2	2	3	3	3	4
	↳ 사회보장급여의 이용·제공 및 수급권자 발굴에 관한 법률	-	-	-	-	-	-	-	1	2	1	2	1	2	1
	제10장 사회복지사업법	4	4	4	4	4	3	4	3	3	3	3	4	4	3
	제11장 공공부조법	4	5	5	5	4	3	3	3	4	3	4	4	4	4
	국민기초생활보장법	2	2	2	2	1	1	1	1	2	2	1	3	2	2
	의료급여법	1	1	1	2	1	1	1	-	-	-	1	-	1	1
	긴급복지지원법	-	1	1	-	1	-	-	1	1	-	1	-	-	-
	기초연금법	1	1	1	1	1	1	1	1	1	1	1	1	1	1
	장애인연금법	-	-	-	-	-	-	-	-	-	-	-	-	-	-
	제12장 사회보험법	5	5	7	6	5	3	5	5	4	4	5	3	5	4
	국민연금법	1	1	2	1	1	1	1	1	-	1	1	-	1	-
	국민건강보험법	1	1	1	2	1	-	1	1	1	1	1	-	1	1
	고용보험법	1	1	1	1	1	-	1	1	1	1	1	1	2	1
	산업재해보상보험법	1	1	2	1	1	1	1	1	1	-	1	1	-	1
	노인장기요양보험법	1	1	1	1	1	1	1	1	1	-	1	1	1	1
	제13장 사회복지서비스법	7	7	4	5	4	3	5	6	7	5	5	5	4	5
	아동복지법	1	1	1	1	-	1	1	1	(2)	1	2	1	1	1
	노인복지법	1	1	1	1	1	1	1	-	1	1(2)	1	-	1	1
	장애인복지법	1	1	1	1	1	1	1	1	1	(1)	1	-	-	1
	한부모가족지원법	1	1	-	1	1	-	1	-	(2)	1	1	1	1	1
	영유아보육법	1	-	-	1	-	-	-	-	-	-	-	-	-	-
	정신건강증진 및 정신질환자 복지서비스 지원에 관한 법률	1	1	-	-	-	-	-	-	-	-	-	1	-	-
	사회복지공동모금회법	-	1	-	-	-	-	1	1	1	1	-	1	-	-
	국내입양에 관한 특별법	-	-	-	-	-	-	-	-	-	-	-	-	-	-
	장애인·노인·임산부 등의 편의증진에 관한 법률	-	-	-	-	-	-	-	-	-	-	-	-	-	-
	농어촌주민의 보건복지증진을 위한 특별법	-	-	-	-	-	-	-	-	-	-	-	-	-	-
	식품등 기부 활성화에 관한 법률	-	-	-	-	-	-	-	-	-	-	-	-	-	-
	다문화 가족지원법	1	1	-	-	-	1	1	-	-	1	(1)	-	-	-
	가정폭력 및 피해자보호 등에 관한 법률	-	-	1	1	-	1	1	1	1	-	-	-	-	1
	성매매방지 및 피해자보호 등에 관한 법률	-	-	-	-	-	1	-	-	-	-	-	-	-	-
	성폭력방지 및 피해자보호 등에 관한 법률	-	-	-	-	-	-	-	1	1	-	-	-	-	-
	건강가정기본법	-	-	-	-	-	-	-	-	-	-	-	1	-	-
	제14장 사회복지 관련법	1	1	-	-	1	-	1	-	-	1	-	-	-	-
	자원봉사활동 기본법	-	1	-	-	1	-	1	-	-	1	-	-	-	-
	장애인고용촉진 및 직업재활법	1	-	-	-	-	-	-	-	-	-	-	-	-	-
	제15장 판례	-	1	1	1	-	1	-	1	-	1	-	1	-	-

※ 표 안에 ( ) 안의 숫자는 단독 출제되지는 않았으나 문제의 지문상에 해당 부분의 내용이 출제된 것을 의미합니다.
※ 제10회 시험부터 시험문제가 공개되었으며, 제12회 시험부터 영역별 30문제에서 25문제 출제로 변경되었습니다. 따라서, 장(chapter)별 출제빈도는 12회 시험부터 눈여겨보시기 바랍니다.

제1장 사회복지법의 개념과 체계

제8영역 : 사회복지법제론

001

사회복지와 관련한 헌법의 내용으로 옳은 것을 모두 고른 것은?

· 15회

> ㉠ 헌법 전문에는 사회복지와 관련된 내용이 없다.
> ㉡ 환경권의 내용과 행사에 관하여는 조례로 정한다.
> ㉢ 모든 국민은 능력에 따라 균등하게 교육을 받을 권리를 가진다.
> ㉣ 여자의 근로는 특별한 보호를 받으며, 고용·임금 및 근로조건에 있어서 부당한 차별을 받지 아니한다.

① ㉠, ㉡
② ㉡, ㉢
③ ㉢, ㉣
④ ㉠, ㉢, ㉣
⑤ ㉡, ㉢, ㉣

해설
㉢ 헌법 제31조 제1항에 "모든 국민은 능력에 따라 균등하게 교육을 받을 권리를 가진다."라고 규정하고 있다.
㉣ 헌법 제32조 제4항에 "여자의 근로는 특별한 보호를 받으며, 고용·임금 및 근로조건에 있어서 부당한 차별을 받지 아니한다."라고 규정하고 있다.

오답풀이
㉠ 헌법 전문에 '국민생활의 균등한 향상을 기하고'라는 규정이 사회복지와 관련된 내용이다.
㉡ 헌법 제35조 제2항에서 "환경권의 내용과 행사에 관하여는 **법률로** 정한다."라고 규정하고 있다.

정답 ③

002

법령의 제정에 관한 헌법의 내용으로 옳은 것은?

· 18회

① 국무총리는 총리령을 발할 수 없다.
② 지방자치단체의 장은 부령을 발할 수 있다.
③ 정부는 법률안을 제출할 수 없다.
④ 법률안은 국무회의의 심의를 거쳐야 한다.
⑤ 법률은 특별한 규정이 없는 한 공포한 날로부터 90일을 경과함으로써 효력을 발생한다.

해설
「헌법」 제89조에서 "다음 사항은 **국무회의의 심의를 거쳐야 한다**. 1. 국정의 기본계획과 정부의 일반정책, 2. 선전·강화 기타 중요한 대외정책, 3. 헌법개정안·국민투표안·조약안·법률안 및 대통령령안, 4. 예산안·결산·국유재산처분의 기본계획·국가의 부담이 될 계약 기타 재정에 관한 중요사항, 5. 대통령의 긴급명령·긴급재정경제처분 및 명령 또는 계엄과 그 해제, 6. 군사에 관한 중요사항, 7. 국회의 임시회 집회의 요구, 8. 영전수여, 9. 사면·감형과 복권, 10. 행정각부간의 권한의 획정, 11. 정부안의 권한의 위임 또는 배정에 관한 기본계획, 12. 국정처리상황의 평가·분석, 13. 행정각부의 중요한 정책의 수립과 조정, 14. 정당해산의 제소, 15. 정부에 제출 또는 회부된 정부의 정책에 관계되는 청원의 심사, 16. 검찰총장·합동참모의장·각군참모총장·국립대학교총장·대사 기타 법률이 정한 공무원과 국영기업체관리자의 임명, 17. 기타 대통령·국무총리 또는 국무위원이 제출한 사항"이라고 규정하고 있다.

오답풀이
① **국무총리**는 소관사무에 관하여 법률이나 대통령령의 위임 또는 직권으로 **총리령을 발할 수 있다**(「헌법」 제95조).
② 행정각부의 장은 소관사무에 관하여 법률이나 대통령령의 위임 또는 그 직권으로 **부령을 발할 수 있다**(「헌법」 제95조).
③ 국회의원과 정부는 법률안을 제출할 수 있다(「헌법」 52조).
⑤ 법률은 특별한 규정이 없는 한 공포한 날로부터 20일을 경과함으로써 효력을 발생한다(「헌법」 53조 제7항).

정답 ④

003 ☑확인 ☐☐☐

법률의 제정에 관한 헌법의 내용으로 옳은 것은? • 16회

① 법률은 국무회의의 의결을 거쳐 대통령이 제정한다.
② 대통령은 법률안의 일부에 대하여 재의를 요구할 수 있다.
③ 국무회의에서 의결된 법률안은 지체없이 대통령이 공포한다.
④ 법률은 특별한 규정이 없는 한 공포한 날로부터 20일을 경과함으로써 효력을 발생한다.
⑤ 대통령이 15일 이내에 재의 요구를 하지 아니한 때에는 그 법률안은 폐기된다.

해설
「헌법」 제53조 제7항에 규정된 내용이다.

오답풀이
① 법률은 헌법상 입법권을 가진 국회에서 제정하거나 행정부에서 제출(「헌법」 제52조 국회의원과 정부는 법률안을 제출할 수 있다)하여 **국회의 의결**을 거쳐 대통령이 공포한다.
② 대통령은 법률안의 **일부에 대하여** 또는 법률안을 수정하여 **재의를 요구할 수 없다**(「헌법」 제53조 제3항).
③ **국회에서 의결된** 법률안은 정부에 이송되어 **15일 이내에 대통령이 공포한다**(「헌법」 제53조 제1항).
⑤ 대통령이 15일 이내에 공포나 재의의 요구를 하지 아니한 때에도 그 **법률안은 법률로서 확정된다**(「헌법」 제53조 제5항).

🔍**정답** ④

OIKOS UP 「대한민국 헌법」상 법률의 제정에 관한 조문 정리

제40조	입법권은 국회에 속한다.
제42조	국회의원의 임기는 4년으로 한다.
제51조	국회에 제출된 법률안 기타의 의안은 회기 중에 의결되지 못한 이유로 폐기되지 아니한다. 다만, 국회의원의 임기가 만료된 때에는 그러하지 아니하다.
제52조	국회의원과 정부는 법률안을 제출할 수 있다.
제53조	① 국회에서 의결된 법률안은 정부에 이송되어 15일 이내에 대통령이 공포한다. ② 법률안에 이의가 있을 때에는 대통령은 제1항의 기간 내에 이의서를 붙여 국회로 환부하고, 그 재의를 요구할 수 있다. 국회의 폐회 중에도 또한 같다. ③ 대통령은 법률안의 일부에 대하여 또는 법률안을 수정하여 재의를 요구할 수 없다. ④ 재의의 요구가 있을 때에는 국회는 재의에 붙이고, 재적의원과반수의 출석과 출석의원 3분의 2 이상의 찬성으로 전과 같은 의결을 하면 그 법률안은 법률로서 확정된다. ⑤ 대통령이 제1항의 기간 내에 공포나 재의의 요구를 하지 아니한 때에도 그 법률안은 법률로서 확정된다. ⑥ 대통령은 제4항과 제5항의 규정에 의하여 확정된 법률을 지체 없이 공포하여야 한다. 제5항에 의하여 법률이 확정된 후 또는 제4항에 의한 확정법률이 정부에 이송된 후 5일 이내에 대통령이 공포하지 아니할 때에는 국회의장이 이를 공포한다. ⑦ 법률은 특별한 규정이 없는 한 공포한 날로부터 20일을 경과함으로써 효력을 발생한다.

004 ✔확인 ☐☐☐

사회복지법의 법원(法源)에 관한 설명으로 옳은 것은? · 15회

① 대통령의 긴급명령은 법원이 될 수 없다.
② 국무총리는 사회복지에 관하여 총리령을 직권으로 제정할 수 없다.
③ 법률의 위임에 의한 조례는 법률과 동등한 자격을 가진다.
④ 법령의 범위를 벗어난 조례는 법적 구속력이 없다.
⑤ 관습법은 사회복지법의 법원이 될 수 없다.

해설
조례는 수직적 법 단계의 질서에 따라 법률과 명령보다 하위 규범에 위치하므로, 법령의 범위를 벗어난 조례는 법적 구속력이 없다.

✗ 오답풀이
① 대통령의 긴급명령은 법원이 될 수 있다. 「헌법」제76조 제1항에서 "**대통령은** 내우·외환·천재·지변 또는 중대한 재정·경제상의 위기에 있어서 국가의 안전보장 또는 공공의 안녕질서를 유지하기 위하여 **긴급한 조치가** 필요하고 국회의 집회를 기다릴 여유가 없을 때에 한하여 최소한으로 필요한 재정·경제상의 처분을 하거나 이에 관하여 **법률의 효력을 가지는 명령을 발할 수 있다.**" 제2항에서 "**대통령은** 국가의 안위에 관계되는 중대한 교전상태에 있어서 국가를 보위하기 위하여 **긴급한 조치가** 필요하고 국회의 집회가 불가능한 때에 한하여 **법률의 효력을 가지는 명령을 발할 수 있다.**"라고 규정하고 있다.
② 국무총리는 사회복지에 관하여 총리령을 직권으로 제정할 수 있다. 「헌법」제95조에서 "**국무총리 또는 행정각부의 장은** 소관사무에 관하여 법률이나 대통령령의 위임 또는 **직권으로 총리령 또는 부령을 발할 수 있다.**"라고 규정하고 있다. 총리령 또는 각 부령(部令)은 **시행규칙을** 의미한다.
③ 법률의 위임에 의한 조례일지라도 **조례는 법률보다 하위규범이다.**
⑤ 관습법은 영·미 불문법주의 국가에서는 법원의 주종을 이루고 있고, 성문법주의 국가에서도 제정법이 정비됨에 따라 **관습법의 역할이** 줄어들고 있지만 법원이 되고 있다. 우리나라는 관습법을 법원으로 인정하고 있으므로, 사회복지수급권과 관련된 민사분쟁 시에 성문법 규정이 없으면 **관습법이** 법원이 된다.

정답 ④

005 ✔확인 ☐☐☐

우리나라 법체계에 관한 설명으로 옳지 않은 것은? · 19회

① 법규범 위계에서 최상위 법규범은 헌법이다.
② 법률은 법규범의 위계에서 헌법 다음 단계의 규범이다.
③ 법률은 국회에서 제정하거나 행정부에서 제출하여 국회의 의결을 거쳐 제정된다.
④ 시행령은 국무총리나 행정각부의 장이 발(發)하는 명령이다.
⑤ 명령에는 시행령과 시행규칙이 있다.

해설
시행령은 대통령령으로 대통령이 발하는 명령이며, 시행규칙은 총리령 또는 부령으로 국무총리나 행정각부의 장이 발하는 명령이다. 「대한민국 헌법」제75조에서 "**대통령은** 법률에서 구체적으로 범위를 정하여 위임받은 사항과 법률을 집행하기 위하여 필요한 사항에 관하여 **대통령령을 발할 수 있다.**"라고 규정하고 있으며, 제95조에서 "**국무총리 또는 행정각부의 장은** 소관사무에 관하여 법률이나 대통령령의 위임 또는 직권으로 **총리령 또는 부령을 발할 수 있다.**"라고 규정하고 있다.

+ 보충설명
① **헌법은** 국가와 국민 간의 권리와 의무에 관한 **최고 기본법(근본법)으로, 모든 법의 최상위법이다.**
② **법률은** 법규범의 위계에서 헌법 다음가는 법원으로, 헌법에 위반해서 제정될 수 없고 하위법인 명령, 규칙에 대해서는 상위의 지위를 가짐으로서 명령과 규칙을 지배한다.
③ **법률은** 헌법상 입법권을 가진 국회에서 제정하거나 행정부에서 제출하여 **국회의 의결을 거쳐 대통령이 공포한 법을** 말한다.
⑤ 명령, 구체적으로는 **법규명령에는 시행령과 시행규칙이 있다.**

정답 ④

006

자치법규에 관한 설명으로 옳지 않은 것은? • 10회

① 조례는 법률이나 명령보다 하위의 법규범이다.
② 주민의 권리 제한 또는 의무 부과에 관한 사항을 정할 때는 법률의 위임 없이 조례를 제정할 수 있다.
③ 조례는 지방의회가 제정한다.
④ 관련 법령에 따라 일정한 요건을 충족한 주민은 조례를 제정·개정·폐지할 것을 청구할 수 있다.
⑤ 지방자치단체는 법령의 범위 안에서 자치에 관한 규정을 제정할 수 있다.

해설

지방자치단체는 법령의 범위 안에서 '그 사무에 관하여' 조례를 제정할 수 있다. 다만, 주민의 권리 제한 또는 의무 부과에 관한 사항이나 벌칙을 정할 때에는 법률의 위임이 있어야 한다(지방자치법 제22조). 지방자치단체가 별도의 형벌을 부과하는 조례를 제정하는 것은 죄형법정주의의 원칙에 위배되기 때문에 금지되지만, 지역의 질서를 바로 잡기 위하여 조례 위반행위에 대한 벌칙으로서 과태료 등의 행정벌을 부과하는 수단에만 적용하도록 했다.

정답 ②

OIKOS UP | '법령의 범위 안에서'의 두 가지 의미

① 법령에 의해 구체적으로 위임된 사항을 조례로 정하는 경우
② 법령에 규정이 없다 하더라도 '법령에 위반되지 않는 범위 내에서' 조례를 제정하는 경우로, 이것은 조례를 제정할 수 있는 법령상의 근거가 별도로 존재하지 않는다 하더라도 법령을 위반하는 것이 아니라면 조례를 제정할 수 있다는 의미이다.

007

사회복지 자치법규에 관한 설명으로 옳지 않은 것은? • 11회

① 자치법규로는 조례와 규칙을 들 수 있다.
② 대외적 구속력 있는 법규범에 해당한다.
③ 법체계상 지방자치단체장의 전속 권한에 속하는 것으로서 규칙으로 정하여야 하는 사항을 조례로 정하더라도 위법은 아니다.
④ 주민은 복지조례의 제정을 청구할 수 있다.
⑤ 원칙적으로 상위법령의 위임이 없더라도 사회복지에 관한 수익적인 조례를 제정할 수 있다.

해설

자치법규 중에서 **조례는 규칙의 상위에, 규칙은 조례의 하위에 있다.** 즉 규칙은 **지방자치단체장이 법령 또는 조례의 위임된 범위 안에서 그 권한에 속하는 사무에 관하여 제정한 명령**을 말한다.

오답풀이

① **자치법규란** 지방자치단체인 광역자치단체(특별시·광역시·도)와 기초자치단체(시·군·구)가 법률의 범위 안에서 제정하는 자치에 관한 규범으로, 조례와 규칙이 있다. **조례는 지방의회의 의결을 거쳐서 제정하는 법규이며, 규칙은 지방자치단체장이 제정하는 명령**을 말한다.
② 대외적 구속력이란 국민에 대한 구속력을 말하는 것으로, **자치법규(조례와 규칙)는 지방자치단체의 해당 지역 내에서만 효력을 발생**한다.
④ 일정 주민 수 이상의 연서(連署)로 당해 지방자치단체의 장에게 조례의 제정이나 개정·폐지를 청구할 수 있다(**주민 조례 제정·개폐 청구제도, 「지방자치법」 제15조**).
⑤ 주민의 복지증진에 관한 사무(「지방자치법」 제9조 제2항 제2호) 규정은 열거 규정이 아닌 예시규정으로 사회복지 관련 사무에 관한 지방자치단체에게 많은 선택의 범위를 제공하고 있다. 따라서 **지방자치단체는 법령에 위반되지 않는 한 사회복지에 관한 조례를 폭넓게 제정할 수 있다.**

정답 ③

008

자치법규에 관한 설명으로 옳지 않은 것은? · 19회

① 조례는 지방의회에서 제정하는 자치법규이다.
② 지방자치단체는 법령의 범위와 무관하게 조례를 제정할 수 있다.
③ 규칙은 지방자치단체의 장이 법령이나 조례가 위임한 범위에서 그 권한에 속하는 사무에 관하여 제정할 수 있는 자치법규이다.
④ 시·군 및 자치구의 조례나 규칙은 시·도의 조례나 규칙을 위반하여서는 아니 된다.
⑤ 조례안이 지방의회에서 의결되면 의장은 의결된 날부터 5일 이내에 그 지방자치단체의 장에게 이를 이송하여야 한다.

해설
지방자치단체는 **법령의 범위안에서 조례를 제정할 수 있다.** 「대한민국헌법」 제117조 제1항에서 "지방자치단체는 주민의 복리에 관한 사무를 처리하고 재산을 관리하며, **법령의 범위안에서 자치에 관한 규정을 제정할 수 있다.**"라고 규정하고 있다.

보충설명
① **조례는** 지방자치단체가 법령의 범위 내에서 그 사무에 관하여 **지방의회의 의결을 거쳐 제정하는 자치법규를** 말한다. 「지방자치법」 제28조(조례) 제1항에서 "지방자치단체는 법령의 범위에서 그 사무에 관하여 조례를 제정할 수 있다. 다만, 주민의 권리 제한 또는 의무 부과에 관한 사항이나 벌칙을 정할 때에는 법률의 위임이 있어야 한다."라고 규정하고 있다.
③ 「지방자치법」 제29조(규칙)에 규정된 내용이다.
④ 「지방자치법」 제30조(조례와 규칙의 입법한계)에 규정된 내용이다.
⑤ 「지방자치법」 제32조(조례와 규칙의 제정 절차 등)에 규정된 내용이다.

정답 ②

009

자치법규에 관한 설명으로 옳지 않은 것은? · 21회

① 지방의회는 규칙 제정권을 갖고 지방자치단체의 장은 조례 제정권을 갖는다.
② 시·군 및 자치구의 조례는 시·도의 조례를 위반해서는 아니 된다.
③ 사회복지시설의 설치·운영 및 관리는 주민의 복지증진과 관련된 지방자치단체의 사무이다.
④ 지방자치단체는 법령의 범위안에서 자치에 관한 규정을 제정할 수 있다.
⑤ 주민은 지방자치단체의 조례를 제정할 것을 청구할 수 있다.

해설
지방의회는 **조례** 제정권을 갖고 지방자치단체의 장은 **규칙** 제정권을 갖는다. 「**지방자치법**」 제22조(조례)에서 "**지방자치단체는** 법령의 범위 안에서 그 사무에 관하여 조례를 제정할 수 있다." **제23조(규칙)**에서 "지방자치단체의 장은 법령이나 조례가 위임한 범위에서 그 권한에 속하는 사무에 관하여 규칙을 제정할 수 있다."고 규정하고 있다.

보충설명
② 「지방자치법」 제30조(조례와 규칙의 입법한계)에 규정된 내용이다.
③ 「지방자치법」 제13조(지방자치단체의 사무 범위) 제2항 제2호 나목에 규정된 내용이다.
④ 「헌법」 제117조 제1항에서 "**지방자치단체는** 주민의 복리에 관한 사무를 처리하고 재산을 관리하며, **법령의 범위 안에서 자치에 관한 규정을 제정할 수 있다.**"라고 규정하고 있다.
⑤ 「지방자치법」 제19조(조례의 제정과 개정·폐지 청구) 제1항에 "주민은 **지방자치단체의 조례를** 제정하거나 개정하거나 폐지할 것을 청구할 수 있다."라고 규정하고 있다.

정답 ①

010

사회복지법의 법원(法源)에 관한 설명으로 옳은 것은? · 11회

① 사회복지법의 근거가 되는 헌법규정은 선언적일 뿐 규범적 효력은 없다.
② 사회복지법령은 임의법규이다.
③ 우리나라의 경우 단일 사회복지법전은 존재하지 않고 여러 개별 법률로 구성되어 있다.
④ 위헌·위법인 사회복지법령은 무효 또는 취소가 된다.
⑤ 사회복지행정기관의 내부 문서 정리를 위한 지침은 법규명령에 해당한다.

해설
우리나라의 경우 형식적 의미의 사회복지, 즉 **외적 형식을 단일 사회복지법전이 존재하지 않는다.**

오답풀이
① 헌법에 규정된 생존권의 법적 성격에 관한 우리나라의 다수설은 **추상적 권리설**이다. 추상적 권리설에 따르면, 생존권은 비록 추상적일지라도 법적 권리이며, 또 국가의 의무이행이 사법적 방법에 의하여 강제될 수 없을지라도 사회적 기본권 보장의 국가적 의무는 헌법에 의거한 법적 의무라고 보는 것이다.
② 법률 또는 법조문의 적용이 '강제적이냐, 임의적이냐'에 따라 강행법과 임의법으로 구별된다. 사회복지법령은 법조문에 강행규정과 **임의규정이 모두 포함**되어 있다.
④ 위헌(違憲)이란 개개의 법률이 헌법에 위반하거나 행정기관이나 공권력의 주체로서의 일반인의 행위가 헌법에 위반된다는 의미이며, 위법(違法)이란 제정법규(명령)에 위반하는 것을 의미한다. 위헌·위법으로 결정된 사회복지법령은 일반적으로 소급하여 무효가 되는 것이 아니라, 위헌 또는 위법으로 결정된 시점부터 효력을 상실한다. 이는 법적 안정성을 유지하기 위한 원칙으로, 위헌 결정 이전까지의 법령은 유효한 것으로 간주된다. 한편, '취소'란 행정기관이 행한 행정처분(예 명령, 허가 등)에 대해 사후적으로 효력을 철회하는 것을 의미한다. **법령은 행정처분이 아닌 입법행위이므로, '취소'라는 개념은 법령에는 적용되지 않는다.**
⑤ 사회복지행정기관의 내부 문서 정리를 위한 지침은 법규명령이 아니라 행정명령(행정규칙)에 해당된다. 행정규칙(행정규칙)은 그 형식에 따라 훈령, 예규, 통첩, 지침, 고시, 기준 등과 같은 명칭으로 사용되며, 단지 행정부 내부에서 법에 따른 행정적 집행을 위해 필요한 사항들을 정리한 자신들의 방침이다.

정답 ③

011

사회복지법의 체계와 적용에 관한 설명으로 옳은 것은? · 13회

① 사회보장기본법과 사회복지사업법의 규정이 상충하는 경우에는 사회보장기본법이 우선 적용된다.
② 사회서비스 영역의 법제는 실체법적 규정만 두고 있고 절차법적 규정은 두고 있지 않다.
③ 국민연금법은 공공부조법 영역에 속한다.
④ 구법인 특별법과 신법인 일반법 간에 충돌이 있는 경우에는 구법인 특별법이 우선 적용된다.
⑤ 헌법은 법률에 의해 구체화되기 이전에는 사회복지법의 법원(法源)이 될 수 없다.

해설
법의 효력과 관련하여 **상위법 우선의 원칙 – 특별법 우선의 원칙 – 신법 우선의 원칙** 순으로 적용된다. 따라서 구법인 특별법과 신법인 일반법 간에 충돌이 있는 경우에는 구법인 특별법이 우선 적용된다.

보충설명
① 특별법 우선의 원칙에 따라 사회보장기본법과 사회복지사업법의 규정이 상충하는 경우에는 **사회복지사업법이 우선 적용**된다.
② 실체법은 법의 실체인 권리·의무를 규율하는 법이고, 절차법은 권리·의무의 실질적 내용을 실현하기 위한 절차를 규율하는 법이다. 사회복지급여 수급권의 규범적 구조는 실체적 권리, 수속적 권리, 절차적 권리로 분류된다. 따라서 사회서비스 영역의 법제는 **실체적 규정과 절차법적 규정을 모두 두고 있다.**
③ 국민연금법은 사회보험법 영역에 속한다.
⑤ 헌법 전문을 비롯해서 제10조 인간의 존엄성 보장과 행복추구권, 그리고 제31조에서 제36조에 이르는 생존권적 기본권(복지권, 사회권) 규정은 **사회복지의 범위와 내용을 규정한 최상위의 규범으로 인정되고 있다.**

정답 ④

김진원 Oikos 사회복지사 1급

제2장 사회복지법의 역사적 형성과 특징

제8영역 : 사회복지법제론

012 ✓확인 ☐☐☐

우리나라의 수정된 시민법적 권리에 속하는 것은 무엇인가?
· 4회

㉠ 소득재분배
㉡ 인간다운 생활을 할 권리
㉢ 경제적 민주화
㉣ 직업선택의 자유

① ㉠, ㉡, ㉢
② ㉠, ㉢
③ ㉡, ㉣
④ ㉣
⑤ ㉠, ㉡, ㉢, ㉣

해설
수정된 시민법적 권리에 속하지 않는 것은 ㉣ 직업선택의 자유이다. 즉 자유권은 시민법적 권리에 해당한다.

✗ 오답풀이
㉠, ㉡, ㉢은 수정된 시민법적 권리, 즉 사회법적 권리(사회권, 복지권)에 속한다.

정답 ①

013 ✓확인 ☐☐☐

우리나라 사회복지법에 관한 설명으로 옳지 않은 것은? · 15회

① 헌법상의 생존권을 구체적으로 실현하기 위한 법이 사회복지법이다.
② 사회복지법은 단일 법전 형식이 아니라 개별법 체계로 구성되어 있다.
③ 최저임금법은 실질적 의미의 사회복지법에 포함된다.
④ 사회복지법은 사회법으로서 과실책임의 원칙에 기초하고 있다.
⑤ 사회복지법에는 공법과 사법의 요소들이 공존하고 있다.

해설
사회복지법은 사회법(수정된 시민법)으로서 **무과실책임(집합적 책임)의 원칙**에 기초하고 있다. 자본주의의 구조적 모순의 심화와 그에 따른 사회문제의 대두·심화로 사용자(자본가)의 과실책임주의에서 무과실책임주의로의 전환이 이루어졌다.

+ 보충설명
④ **사회법은** 공법과 사법의 어느 것에도 속하지 않는 양자의 중간에 있는 **양자의 성질을 동시에 겸유**하고 있는 제3의 법 영역이며, 대표적인 사회법으로 경제법, 노동법, **사회복지법** 등이 있다.

정답 ④

제3장 사회복지의 권리성

제8영역 : 사회복지법제론

014 ✓확인 ☐☐☐

헌법 제10조의 일부이다. ( )에 들어갈 내용으로 옳은 것은?

· 22회

모든 국민은 인간으로서의 존엄과 가치를 가지며, ( )을 추구할 권리를 가진다.

① 자유권　　　② 생존권
③ 인간다운 생활　　　④ 행복
⑤ 인권

해설

「대한민국 헌법」 제10조에서 "모든 국민은 **인간으로서의 존엄과 가치**를 가지며, **행복을 추구할 권리**를 가진다. 국가는 개인이 가지는 불가침의 기본적 인권을 확인하고 이를 보장할 의무를 진다."라고 규정하고 있다.

정답 ④

015 ✓확인 ☐☐☐

헌법 규정의 내용 중 사회적 기본권으로 보기 어려운 것은?

· 17회

① 모든 국민은 신체의 자유를 가진다.
② 모든 국민은 근로의 권리를 가진다.
③ 모든 국민은 인간다운 생활을 할 권리를 가진다.
④ 모든 국민은 능력에 따라 균등하게 교육을 받을 권리를 가진다.
⑤ 모든 국민은 건강하고 쾌적한 환경에서 생활할 권리를 가진다.

해설

사회권적 기본권은 「헌법」 제34조 인간다운 생활을 할 권리, 제31조 교육을 받을 권리, 제32조 근로의 권리, 제33조 근로3권, 제35조 환경권, 제36조 혼인·가족제도 및 보건의 권리이다. '모든 국민은 신체의 자유를 가진다.'는 제12조 제1항으로 **자유권적 기본권**에 해당한다.

+ 보충설명
② 「헌법」 제32조 제1항으로 사회권적 기본권 중 **근로의 권리**에 해당한다.
③ 「헌법」 제34조 제1항으로 사회권적 기본권 중 **인간다운 생활을 할 권리**에 해당한다.
④ 「헌법」 제31조 제1항으로 사회권적 기본권 중 **교육을 받을 권리**에 해당한다.
⑤ 「헌법」 제35조 제1항으로 사회권적 기본권 중 **환경권**에 해당한다.

정답 ①

OIKOS UP 사회적 기본권(생존권)의 구조

헌법이 규정하고 있는 일련의 사회적 기본권(생존권)은 이념적 사회권과 수단적 사회권으로 구성되어 있다.

① 이념적 사회권 : 사회적 기본권의 이념 내지 목적에 해당하는 제34조 제1항의 인간다운 생활권(생존권)으로, 일련의 사회적 기본권(생존권)들 중 핵심이다.
② 수단적 사회권 : 헌법은 교육을 받을 권리(제31조), 근로의 권리(제32조), 근로3권(제33조), 사회보장수급권(제34조 제2항~제6항), 환경권(제35조), 보건권(제36조 제3항) 등 사회적 기본권의 이념과 목적을 구체적으로 실현하기 위한 개별적 사회권들이다.

016

헌법 제34조에서 규정하고 있지 않은 것은? · 14회

① 국가는 사회보장·사회복지의 증진에 노력할 의무를 진다.
② 국가는 여자의 복지와 권익의 향상을 위하여 노력하여야 한다.
③ 국가는 노인과 청소년의 복지향상을 위한 정책을 실시할 의무를 진다.
④ 국가는 장애인 및 질병·연령의 사유로 근로능력이 없는 모든 국민을 경제적으로 보호할 의무를 진다.
⑤ 국가는 재해를 예방하고 그 위험으로부터 국민을 보호하기 위하여 노력하여야 한다.

해설
「헌법」 제34조 제5항 신체장애자 및 질병 노령 기타의 사유로 생활능력이 없는 국민은 법률이 정하는 바에 의하여 국가의 보호를 받는다.

정답 ④

OIKOS UP — 생존권에 대한 규정(헌법 제34조)

① 모든 국민은 인간다운 생활을 할 권리를 가진다.
② 국가는 사회보장·사회복지의 증진에 노력할 의무를 진다.
③ 국가는 여자의 복지와 권익의 향상을 위하여 노력하여야 한다.
④ 국가는 노인과 청소년의 복지 향상을 위한 정책을 실시할 의무를 진다.
⑤ 신체장애자 및 질병·노령 기타의 사유로 생활능력이 없는 국민은 법률이 정하는 바에 의하여 국가의 보호를 받는다.
⑥ 국가는 재해를 예방하고 그 위험으로부터 국민을 보호하기 위하여 노력하여야 한다.

017

헌법 제34조 규정의 일부이다. ㉠~㉢에 들어갈 내용으로 옳은 것은? · 21회

- 국가는 (㉠)·(㉡)의 증진에 노력할 의무를 진다.
- 신체장애자 및 질병·노령 기타의 사유로 생활능력이 없는 국민은 (㉢)이 정하는 바에 의하여 국가의 보호를 받는다.

① ㉠ : 사회보장, ㉡ : 사회복지, ㉢ : 법률
② ㉠ : 사회보장, ㉡ : 공공부조, ㉢ : 법률
③ ㉠ : 사회복지, ㉡ : 공공부조, ㉢ : 헌법
④ ㉠ : 사회복지, ㉡ : 사회복지서비스, ㉢ : 헌법
⑤ ㉠ : 공공부조, ㉡ : 사회복지서비스, ㉢ : 법률

해설
「대한민국 헌법」 제34조 제2항에 "국가는 **사회보장**(㉠)·**사회복지**(㉡)의 증진에 노력할 의무를 진다." 제5항에 "신체장애자 및 질병·노령 기타의 사유로 생활능력이 없는 국민은 **법률**(㉢)이 정하는 바에 의하여 국가의 보호를 받는다."라고 규정하고 있다.

정답 ①

제4장 사회복지의 법률관계

제8영역 : 사회복지법제론

018

권리구제의 내용으로 옳은 것은? • 9회

① 국민기초생활보장 수급자는 그 결정의 통지를 받은 날로부터 60일 이내에 시장·군수·구청장의 처분에 대하여 이의가 있는 경우에는 당해 보장기관을 거쳐 보건복지부장관에게 서면 또는 구두로 이의를 신청할 수 있다.
② 장애인복지법상 장애인 또는 장애인의 법정대리인은 이 법에 따른 복지조치에 이의가 있으면 해당 복지실시기관에 신고할 수 있다.
③ 한부모가족지원법상 보호 대상자 또는 그 친족이나 그 밖의 이해관계인은 이 법에 따른 복지 급여 등에 대하여 이의가 있으면 그 결정을 통지받은 날부터 90일 이내에 서면 또는 구두로 해당 복지실시기관에 심사를 청구할 수 있다.
④ 기초연금법상 이 법에 따른 처분에 이의가 있는 자는 보건복지부장관 또는 지방자치단체의 장에게 그 처분이 있음을 안 날부터 60일 이내에 서면 또는 구두로 이의신청을 할 수 있다.
⑤ 노인장기요양보험법상 장기요양인정·등급·급여·보험료 등에 관한 공단의 처분에 이의가 있는 자는 공단에 심사청구를 할 수 있으며, 심사청구에 대한 결정에 불복하는 자는 장기요양재심사위원회에 재심사청구를 할 수 있다.

해설

노인장기요양보험법 제55조(심사청구) 제1항 장기요양인정·장기요양등급·장기요양급여·부당이득·장기요양급여비용 또는 장기요양보험료 등에 관한 공단의 처분에 이의가 있는 자는 공단에 심사청구를 할 수 있다. 제56조(재심사청구) 제1항 제55조에 따른 심사청구에 대한 결정에 불복하는 사람은 그 결정통지를 받은 날부터 90일 이내에 장기요양재심사위원회(이하 "재심사위원회"라 한다)에 재심사를 청구할 수 있다.

오답풀이

① 수급자나 급여 또는 급여 변경을 신청한 사람은 특별자치도지사·시장·군수·구청장의 처분에 대하여 이의가 있는 경우에는 그 결정의 통지를 받은 날부터 90일 이내에 해당 보장기관을 거쳐 시·도지사(특별자치도지사의 처분에 이의가 있는 경우에는 해당 특별자치도지사를 말한다)에게 서면 또는 구두로 이의를 신청할 수 있다(국민기초생활보장법 제38조).
② 장애인이나 법정대리인등은 이 법에 따른 복지조치에 이의가 있으면 해당 장애인복지실시기관에 이의신청을 할 수 있다(장애인복지법 제84조).
③ 보호 대상자 또는 그 친족이나 그 밖의 이해관계인은 이 법에 따른 복지 급여 등에 대하여 이의가 있으면 그 결정을 통지받은 날부터 90일 이내에 서면으로 해당 복지 실시기관에 심사를 청구할 수 있다(한부모가족지원법 제28조).
④ 개정 전에는 「기초노령연금법」 제15조에 "수급권자의 자격 인정, 그 밖에 이 법에 따른 처분에 이의가 있는 자는 보건복지부장관 또는 지방자치단체의 장에게 이의신청을 할 수 있다. 이의신청은 그 처분이 있음을 안 날부터 90일 이내에 서면으로 하여야 한다. 다만, 정당한 사유로 인하여 그 기간 이내에 이의신청을 할 수 없음을 증명한 때에는 그 사유가 소멸한 때부터 60일 이내에 이의신청을 할 수 있다."라고 규정했었으나, 개정 後 「기초연금법」 제22조 제1항 "제13조에 따른 결정이나 그 밖에 이 법에 따른 처분에 이의가 있는 사람은 특별자치시장·특별자치도지사·시장·군수·구청장에게 이의신청을 할 수 있다." 제2항 "제1항에 따른 이의신청은 그 처분이 있음을 안 날부터 90일 이내에 서면으로 하여야 한다. 다만, 정당한 사유로 인하여 그 기간 이내에 이의신청을 할 수 없었음을 증명한 때에는 그 사유가 소멸한 때부터 60일 이내에 이의신청을 할 수 있다."라고 규정하고 있다.

정답 ⑤

019

사회복지법령상 권리 구제 내지 권익 보호에 관한 설명으로 옳지 않은 것은? · 11회

① 사회보장기본법은 권리 구제에 관한 명문의 규정을 두고 있다.
② 국민기초생활보장 급여 변경 처분에 이의가 있는 경우, 시장·군수·구청장에게 이의신청을 할 수 있다.
③ 긴급복지지원법상 긴급복지 지원비용 반환명령에 이의가 있는 사람은 이의신청을 할 수 있다.
④ 노인복지법에 의한 복지조치에 대하여 이의가 있을 경우 노인 또는 그 부양의무자는 해당 복지 실시기관에 이의를 신청할 수 있다.
⑤ 한부모가족지원법에 따른 복지 급여 등에 이의가 있을 경우 보호대상자 또는 그 친족이나 그 밖의 이해관계인은 해당 복지실시기관에 심사를 청구할 수 있다.

해설
「국민기초생활보장법」에서의 권리 구제 절차는 2번의 이의신청으로 이루어진다. 우선은 시장·군수·구청장의 처분에 대하여 이의가 있는 경우에는 당해 보장기관을 거쳐 시·도지사에게 서면 또는 구두로 이의를 신청한다. 다음으로 시·도지사의 처분 등에 대하여 이의가 있는 자는 그 처분 등의 통지를 받은 날부터 90일 이내에 시·도지사를 거쳐 보건복지부장관에게 서면 또는 구두로 이의를 신청할 수 있다.

오답풀이
① 「사회보장기본법」제39조(권리구제) 위법 또는 부당한 처분을 받거나 필요한 처분을 받지 못함으로써 권리 또는 이익을 침해받은 국민은 「행정심판법」에 따른 행정심판을 청구하거나 「행정소송법」에 따른 행정소송을 제기하여 그 처분의 취소 또는 변경 등을 청구할 수 있다.
③ 「긴급복지지원법」제16조(이의신청) 제8조 제3항에 따른 결정이나 제15조 제1항 또는 제2항에 따른 반환명령에 이의가 있는 사람은 그 처분을 고지받은 날부터 30일 이내에 해당 시장·군수·구청장을 거쳐 특별시장·광역시장·도지사·특별자치도지사(시·도지사)에게 서면으로 이의신청할 수 있다.
④ 「노인복지법」제50조(이의신청 등) 제1항 노인 또는 그 부양의무자는 이 법에 따른 복지조치에 대하여 이의가 있을 때에는 해당 복지실시기관에 이의를 신청할 수 있다.
⑤ 「한부모가족지원법」제28조(심사청구) 제1항 보호대상자 또는 그 친족이나 그 밖의 이해관계인은 이 법에 따른 복지 급여 등에 대하여 이의가 있으면 그 결정을 통지받은 날부터 90일 이내에 서면으로 해당 복지 실시기관에 심사를 청구할 수 있다.

정답 ②

020

권리 구제에 관한 설명으로 옳은 것을 모두 고른 것은? · 13회

㉠ 국민기초생활 보장법상 이의신청은 서면으로 하여야 하며, 구두에 의한 것은 허용되지 않는다.
㉡ 국민연금법상 국민연금 재심사위원회의 재심사에 불복하려는 자는 행정심판법상 행정심판을 제기할 수 있다.
㉢ 사회보장기본법은 행정소송을 제기하기 위해서는 행정심판을 먼저 거쳐야 한다는 행정심판전치주의를 규정하고 있다.
㉣ 국민건강보험법상 보험급여에 관한 국민건강보험공단의 처분에 이의가 있는 자는 공단에 이의신청을 할 수 있다.

① ㉠, ㉡, ㉢
② ㉠, ㉢
③ ㉡, ㉣
④ ㉣
⑤ ㉠, ㉡, ㉢, ㉣

해설
㉣ 「국민건강보험법」제87조(이의신청) 제1항에서 "가입자 및 피부양자의 자격, 보험료 등, 보험급여, 보험급여 비용에 관한 공단의 처분에 이의가 있는 자는 공단에 이의신청을 할 수 있다."고 규정하고 있다.

오답풀이
㉠ 「국민기초생활보장법」상 이의신청은 서면 또는 구두로 한다.
㉡ 「국민연금법」상 재심사 청구 사항에 대한 재심사위원회의 재심사는 「행정소송법」제18조를 적용할 때 「행정심판법」에 따른 행정심판으로 본다.
㉢ 「사회보장기본법」은 행정심판전치주의를 규정하고 있지 않다. 행정심판전치주의란 원칙적으로 법령의 규정에 의하여 해당 처분에 대한 행정심판을 제기할 수 있는 경우에는 이에 대한 재결을 거치지 아니하면 이를 제기할 수 없게 하는 주의를 말한다.

정답 ④

021

각 법률의 권리구제절차 내용으로 옳은 것은? • 19회

① 국민연금법에 따르면 심사청구와 재심사청구의 순으로 진행된다.
② 국민건강보험법에 명시되어 있는 권리구제절차는 심사청구이다.
③ 고용보험법에 명시되어 있는 권리구제절차는 이의신청이다.
④ 한부모가족지원법에 따르면 이의신청과 심판청구의 순으로 진행된다.
⑤ 기초연금법에 명시되어 있는 권리구제절차는 이의신청과 재심사청구이다.

해설

국민연금법의 권리구제절차는 **심사청구와 재심사청구** 순으로 진행된다. 「국민연금법」 제108조(**심사청구**) 제1항에서 "가입자의 자격, 기준소득월액, 연금보험료, 그 밖의 이 법에 따른 징수금과 급여에 관한 공단 또는 건강보험공단의 처분에 이의가 있는 자는 그 처분을 한 공단 또는 건강보험공단에 심사청구를 할 수 있다." 제110조(**재심사청구**) 제1항에서 "제108조에 따른 심사청구에 대한 결정에 불복하는 자는 그 결정통지를 받은 날부터 90일 이내에 대통령령으로 정하는 사항을 적은 재심사청구서에 따라 국민연금재심사위원회에 재심사를 청구할 수 있다."라고 규정하고 있다.

✗ 오답풀이

② 「국민건강보험법」에 명시되어 있는 권리구제절차는 **심판청구**이다. 즉, 「국민건강보험법」에 따르면 **이의신청과 심판청구** 순으로 진행된다.
③ 「고용보험법」에 명시되어 있는 권리구제절차는 **심사청구**이다. 즉, 「고용보험법」에 따르면 **심사청구와 재심사청구** 순으로 진행된다.
④ 「한부모가족지원법」에 명시되어 있는 권리구제절차는 **심사청구**이다. 「한부모가족지원법」 제28조(**심사 청구**) 제1항에서 "지원대상자 또는 그 친족이나 그 밖의 이해관계인은 이 법에 따른 복지급여 등에 대하여 이의가 있으면 그 결정을 통지받은 날부터 90일 이내에 서면으로 해당 복지실시기관에 심사를 청구할 수 있다."라고 규정하고 있다.
⑤ 「기초연금법」에 명시되어 있는 권리구제절차는 **이의신청**이다. 「기초연금법」 제22조(**이의신청**) 제1항에서 "제13조에 따른 결정이나 그 밖에 이 법에 따른 처분에 이의가 있는 사람은 특별자치시장·특별자치도지사·시장·군수·구청장에게 이의신청을 할 수 있다."라고 규정하고 있다.

정답 ①

022

사회복지법령상 청문에 관한 설명으로 옳지 않은 것은? • 11회

① 아동복지법령상 아동복지시설의 개선을 명하려면 청문을 하여야 한다.
② 노인복지법령상 노인주거복지시설 사업의 폐지를 명하고자 하는 경우 취소하려면 청문을 하여야 한다.
③ 사회복지사업법령상 사회복지법인의 설립허가를 취소하려면 청문을 하여야 한다.
④ 장애인복지법령상 의지·보조기 기사의 자격을 취소하려면 청문을 하여야 한다.
⑤ 한부모가족지원법령상 한부모가족복지시설의 폐쇄를 명하려면 청문을 하여야 한다.

해설

청문(hearing, 聽聞) 은 행정청이 어떠한 처분을 하기 전에 당사자 등의 의견을 직접 듣고 증거를 조사하는 절차를 말한다. 즉 행정기관이 규칙 제정이나 행정처분 또는 재결(裁決) 등을 행하는데 그 필요성·타당성을 판단하기 위하여 상대방·이해관계인·증인·감정인 등의 변명이나 의견 등을 청취하고 증거를 제출하게 함으로써 사실을 조사하는 절차이다. 「아동복지법」 제67조(청문)에서 "보건복지부장관, 시·도지사 또는 시장·군수·구청장은 제56조(시설의 개선, 사업의 정지, 시설의 폐쇄 등)에 따른 **위탁의 취소 또는 시설의 폐쇄** 명령을 하고자 하는 경우에는 청문을 하여야 한다. 아동복지시설의 개선을 명하는 것은 청문에 해당되지 않는다."라고 규정하고 있다.

✗ 오답풀이

② 「노인복지법」 제44조(청문)에서 "시장·군수·구청장은 제43조의 규정에 의한 **사업의 폐지를 명하고자 하는 경우에는** 청문을 실시하여야 한다."라고 규정하고 있다.
③ 「사회복지사업법」 제49조(청문)에서 "보건복지부장관, 시·도지사 또는 시장·군수·구청장은 제26조 또는 제40조에 따른 **허가의 취소 또는 시설의 폐쇄를** 하려면 청문을 하여야 한다."라고 규정하고 있다.
④ 「장애인복지법」 제83조의2(청문)에서 "장애인복지 실시기관은 다음 각 호의 어느 하나에 해당하는 조치를 하려면 청문을 하여야 한다."라고 규정하고 있다.
  1. 제62조에 따른 장애인복지시설의 폐쇄 명령
  2. 제70조 제1항에 따른 의지·보조기 제조업소의 폐쇄 명령
  3. 제76조에 따른 의지·보조기 기사의 자격취소
⑤ 「한부모가족지원법」 제24조의2(청문)에서 "특별자치도지사·시장·군수·구청장은 제24조에 따라 **사업의 폐지를 명하거나 시설을 폐쇄하려면** 청문을 하여야 한다."라고 규정하고 있다.

정답 ①

제5장 사회복지 주체에 대한 법적 검토

제8영역 : 사회복지법제론

023
다음 중 공공사회복지의 주체로 옳은 것은? ·4회

㉠ 국가
㉡ 사회복지법인
㉢ 지방자치단체
㉣ 자원봉사자

① ㉠, ㉡, ㉢
② ㉠, ㉢
③ ㉡, ㉣
④ ㉣
⑤ ㉠, ㉡, ㉢, ㉣

해설
㉠ 국가와 ㉢ 지방자치단체는 **공공사회복지의 주체**에 해당한다.

오답풀이
㉡ 사회복지법인과 ㉣ 자원봉사자는 **민간(사적) 사회복지주체**에 해당한다.

정답 ②

OIKOS UP 사회복지의 주체

사회복지의 주체는 공적 사회복지주체와 사적(민간) 사회복지주체로 구분된다.
① 공적 사회복지주체 : 국가, 지방자치단체, 공공조합(공법상의 사단법인), 영조물 법인, 공재단(공법상의 재단), 특수공법인, 공무수탁인이 있다.
② 사적(민간) 사회복지주체 : 사회복지법인, 비영리법인, 종교단체, 민간단체 및 개인(자원봉사자)이 있다.

024
사회복지법상 서비스의 주체가 지방정부일 때 나타날 수 있는 현상은? ·6회

㉠ 지역 주민들의 의견을 쉽게 수렴할 수 있다.
㉡ 지방정부 간의 서비스의 차이로 불평등이 심화된다.
㉢ 지방정부 간의 경쟁으로 서비스가 개선된다.
㉣ 수급권자들의 의견을 반영할 수 없다.

① ㉠, ㉡, ㉢
② ㉠, ㉢
③ ㉡, ㉣
④ ㉣
⑤ ㉠, ㉡, ㉢, ㉣

해설
지역주민이 그 지역 지방자치단체의 의사결정에 참여하는 것이 중앙정부의 의사결정에 참여하는 것보다 용이하다. 자치단체의 의사결정권자들은 재정적 결정사항에 관해서 중앙정부의 요구보다는 지역주민의 의사를 우선적으로 고려할 가능성이 높다. 따라서 **수급권자들의 의견을 반영할 수 있다.**

정답 ①

제6장 사회복지사 등의 법적 지위와 권한

제8영역 : 사회복지법제론

025 ✓확인 ☐☐☐

사회복지사업법상 사회복지사 의무채용 제외시설이 아닌 곳은?
• 15회

① 영유아보육법에 따른 어린이집
② 노인복지법에 따른 노인복지관
③ 장애인복지법에 따른 점자도서관
④ 정신건강증진 및 정신질환자 복지서비스 지원에 관한 법률에 따른 정신재활시설
⑤ 성매매방지 및 피해자보호 등에 관한 법률에 따른 성매매피해상담소

해설

「노인복지법」에 따른 노인여가복지시설은 사회복지사 의무채용 제외시설이지만, 노인여가복지시설 중 노인복지관은 의무채용시설에 해당된다. 참고로 「노인복지법」에 따른 노인여가복지시설에는 노인복지관, 경로당, 노인교실이 있다.

정답 ②

OIKOS UP   사회복지사 의무채용 예외 시설

의무채용에 대해 '대통령령이 정하는 사회복지시설'은 예외를 두고 있다(사회복지사업 제13조 제1항과 시행령 제6조).
① 「노인복지법」에 따른 노인여가복지시설(노인복지관은 제외)
② 「장애인복지법」에 따른 장애인 지역사회재활시설 중 한국수어통역센터, 점자도서관, 점자도서 및 녹음서 출판시설
③ 「영유아보육법」에 따른 어린이집
④ 「성매매방지 및 피해자보호 등에 관한 법률」 제9조에 따른 성매매피해자 등을 위한 지원시설 및 같은 법 제17조에 따른 성매매피해상담소
⑤ 「정신건강증진 및 정신질환자 복지서비스 지원에 관한 법률」 제3조 제6호 및 제7호에 따른 정신요양시설 및 정신재활시설
⑥ 「성폭력방지 및 피해자보호 등에 관한 법률」에 따른 성폭력피해상담소

026 ✓확인 ☐☐☐

사회복지사업법상 사회복지사에 관한 내용으로 옳은 것은?
• 10회

① 벌금형을 선고받은 사람은 사회복지사가 될 수 없다.
② 현행 사회복지사 자격은 1급, 2급, 3급의 3단계로 구분된다.
③ 영유아보육법에 따른 어린이집은 사회복지사 의무채용시설이다.
④ 노인복지법에 따른 노인복지관은 사회복지사 의무채용시설이다.
⑤ 사회복지시설에 종사하는 사회복지사는 연간 6시간의 보수교육을 받아야 한다.

해설

「노인복지법」에 따른 노인여가복지시설은 의무채용 예외 시설에 속하지만, 노인복지관은 의무채용시설에 해당된다(「사회복지사업법 시행령」 제6조).

오답풀이

① 벌금형을 선고받은 사람은 사회복지사가 될 수 있다. 사회복지사의 결격사유로는 '피성년후견인, 금고 이상의 실형을 선고받고 그 집행이 끝나거나(집행이 끝난 것으로 보는 경우를 포함한다) 집행이 면제되지 아니한 사람, 금고 이상의 형의 집행유예를 선고받고 그 유예기간 중에 있는 사람, 법원의 판결에 따라 자격이 상실되거나 정지된 사람, 마약·대마 또는 향정신성의약품의 중독자에 해당되는 사람, 「정신건강증진 및 정신질환자 복지서비스 지원에 관한 법률」 제3조 제1호에 따른 정신질환자. 다만, 전문의가 사회복지사로서 적합하다고 인정하는 사람은 그러하지 아니하다.'이다(「사회복지사업법」 제11조의2).
② 사회복지사의 등급은 1·2급으로 하며(시행일 : 2019.1.1), 1급 자격증 교부를 받고자 하는 자는 국가시험에 합격해야 한다(「사회복지사업법」 제11조).
③ 「영유아보육법」에 따른 어린이집은 의무채용 예외시설이다(「사회복지사업법 시행령」 제6조).
⑤ 사회복지법인 또는 사회복지시설에 종사하는 사회복지사는 연간 8시간 이상의 보수교육을 받아야 한다(「사회복지사업법 시행규칙」 제5조).

정답 ④

제7장 우리나라 사회복지 입법 변천사

제8영역 : 사회복지법제론

027 ✓확인 ☐☐☐

사회복지법의 역사적 변천에 대한 내용으로 맞는 것은? ·9회

① 제헌헌법은 사회보장에 대한 법적 근거를 마련하지 못한 채 응급구호에 치중했고 외원 기관의 원조에 의존하였다.
② 제3공화국 시기에는 경제발전 계획의 수립을 비롯하여 경제적 발전에 치중하여 사회복지 관련입법은 미비하였다.
③ 신보수주의 정책 기조와 경제 위기의 영향으로 사회복지 부문에서도 민영화 현상이 두드러지게 나타나고 있다.
④ 경제적, 사회적 발전이 이루어지면서 고위 관료에 의한 엘리트주의적 정책결정론에 의한 입법이 지배적이다.
⑤ 국민기초생활보장법 등 공공부조 제도가 시행되면서 상대적으로 사회보험 제도는 축소되었다.

해설

신자유주의 정책 기조, 즉 복지공여상의 국가 역할의 축소, 자발적 부문 및 지역사회에 대한 강조를 특징으로 하는 **복지 다원주의의 영향과 경제위기로 인한 민영화 현상**이 두드러지고 있다.

✗ 오답풀이

① 정부 수립 이후 **제헌헌법(1948.7.17.)** 제19조에 "노령·질병, 기타 근로능력의 상실로 인하여 생활유지의 능력이 없는 자는 법률이 정하는 바에 의하여 국가의 보호를 받는다."고 규정하여 **사회부조의 법적 근거를 마련하였다**.
② 군사정부와 제3공화국에서는 **사회복지관련 입법의 폭발현상을 가져왔다**. 이 시기 사회복지 관련 입법의 특징은, ㉠ 공공부조제도의 난립 입법화, ㉡ 사회보험 중에서 실시가 비교적 용이한 계층의 보험을 선택하여 입법했다는 점, ㉢ 정치적 향배와 선거 시의 표를 의식하여 무질서한 복지목적 사업의 설정, ㉣ 정책 실현성 여부의 검토 없이 사회복지의 관련법들을 제정하였다는 것이다.
④ 1960년대 이래 약 30~40년간 경제사회적 발전에 힘입어 사회가 다양화해지고 다원사회로 변모해 감에 따른 결과로, 흔히 말하는 엘리트주의적 정책결정론에서 점진적으로 **다원주의적 정책결정론으로 사회복지정책의 결정과정이 달라지고 있다**는 사실을 반증한다.
⑤ IMF 경제 위기 이후 국민기초생활보장법의 제정 등 공공부조 제도에 관한 발전과 더불어 **4대 보험의 재정비 및 2007년 노인장기요양보험법의 제정 등 사회보험 제도의 발전도 함께 이루어지고 있다**.

정답 ③

028 ✓확인 ☐☐☐

사회복지법령의 역사적 변천에 관한 설명으로 옳지 않은 것은? ·12회

① 1973년 국민복지연금법이 제정되었으나 시행되지 못하고, 1986년 국민연금법으로 전부 개정되어 1988년부터 시행되었다.
② 1999년 국민기초생활보장법이 전부 개정되면서 자활후견기관에 관한 규정이 처음으로 도입되었다.
③ 의료보험법과 공무원 및 사립학교교직원 의료보험법을 통합하여 1999년 국민건강보험법을 제정하였다.
④ 사회복지사업법은 1970년 제정되었고, 1983년 개정 때 사회복지사 자격제도가 처음으로 도입되었다.
⑤ 사회보장에 관한 법률을 대체하여 1995년 사회보장기본법이 제정되었다.

해설

자활후견기관에 관한 규정이 처음으로 도입된 것은 「생활보호법」이 1997년 개정(1997.8.22. 일부 개정)에서이다. 즉 1997년 「생활보호법」 개정에서 **자활후견기관의 지정, 자활공동체의 설립·운영 등의 제도를 신설**하여 생활보호 대상자들의 자활을 촉진하는 등 당시의 생활보호 제도의 미비점을 개선·보완하였다. 1997년 「생활보호법」에 신설된 제11조의2 (자활후견기관) 제1항의 내용은 "보호기관은 보호 대상자와 생활이 어려운 자의 자활을 촉진하기 위하여 지역사회복지 및 이 법에 의한 자활지원사업에 경험이 있고 사업 수행능력이 있는 사회복지법인 등 비영리법인과 단체 또는 개인을 **자활후견기관으로 지정**하고 그 운영비용의 전부 또는 일부를 보조할 수 있다."는 것이다.

정답 ②

029

2000년대 제정된 사회복지법이 아닌 것은? · 15회

① 영유아보육법
② 긴급복지지원법
③ 노인장기요양보험법
④ 장애인연금법
⑤ 다문화가족지원법

030

법률의 제정연도가 빠른 순서대로 나열된 것은? · 17회

㉠ 국민연금법   ㉡ 고용보험법
㉢ 국민건강보험법   ㉣ 산업재해보상보험법

① ㉠ - ㉡ - ㉢ - ㉣
② ㉠ - ㉢ - ㉣ - ㉡
③ ㉣ - ㉠ - ㉡ - ㉢
④ ㉣ - ㉠ - ㉢ - ㉡
⑤ ㉣ - ㉡ - ㉠ - ㉢

해설
「영유아보육법」은 1991년에 제정되었다.

보충설명
② 「긴급복지지원법」은 2005년에 제정되었다.
③ 「노인장기요양보험법」은 2007년에 제정되었다.
④ 「장애인연금법」은 2010년에 제정되었다.
⑤ 「다문화가족지원법」은 2008년에 제정되었다.

정답 ①

해설
법률의 제정연도가 빠른 순서는 ㉣ 산업재해보상보험법(1963년) – ㉠ 국민연금법(1986년) – ㉡ 고용보험법(1993년) – ㉢ 국민건강보험법(1999년) 순이다.

보충설명
㉠ 「국민연금법」은 1986년 제정되어 1988년 시행되었다.
㉡ 「고용보험법」은 1993년 제정되어 1995년 시행되었다.
㉢ 「국민건강보험법」은 1999년 제정되어 2000년 시행되었다.
㉣ 「산업재해보상보험법」은 1963년 제정되어 1964년 시행되었다.

정답 ③

031

제정연도가 가장 빠른 것과 가장 늦은 것을 순서대로 짝지은 것은?
· 18회

| ㉠ 긴급복지지원법 | ㉡ 고용보험법 |
| ㉢ 노인복지법 | ㉣ 기초연금법 |

① ㉡, ㉠
② ㉡, ㉣
③ ㉢, ㉠
④ ㉢, ㉡
⑤ ㉢, ㉣

해설
법률의 제정연도가 빠른 순서는 ㉢ 노인복지법(1981년) – ㉡ 고용보험법(1993년) – ㉠ 긴급복지지원법(2005년) – ㉣ 기초연금법(2014년) 순이다.

정답 ⑤

032

사회복지에 관한 법들의 제정 시기가 바르게 배열된 것은?
· 10회

① 1960년대 - 재해구호법, 산업재해보상보험법
② 1970년대 - 사회복지사업법, 국민기초생활보장법
③ 1980년대 - 노인복지법, 긴급복지지원법
④ 1990년대 - 국민건강보험법, 노인장기요양보험법
⑤ 2000년대 - 영유아보육법, 다문화가족지원법

해설
재해구호법은 1962년 3월 30일, 산업재해보상보험법은 1963년 11월 5일 제정되었다.

오답풀이
② 사회복지사업법 1970년 1월 1일, **국민기초생활보장법 1999년 9월 7일** 제정되었다.
③ 노인복지법 1981년 6월 5일, **긴급복지지원법 2005년 12월 23일** 제정되었다.
④ 국민건강보험법 1999년 2월 8일, **노인장기요양보험법 2007년 4월 27일** 제정되었다.
⑤ **영유아보육법 1991년 1월 14일**, 다문화가족지원법 2008년 3월 21일 제정되었다.

정답 ①

033

법률과 그 제정연대의 연결이 옳은 것은? ・19회

① 산업재해보상보험법, 장애인복지법 - 1970년대
② 사회복지사업법, 국민기초생활보장법 - 1980년대
③ 고용보험법, 사회복지공동모금회법 - 1990년대
④ 국민연금법, 노인복지법 - 2000년대
⑤ 아동복지법, 국민건강보험법 - 2010년대

해설

고용보험법은 1993년 제정(1993.12.27.제정)되었으며, 사회복지공동모금회법은 1999년 제정(1999.3.31.전부개정)되었다. 참고로 사회복지공동모금회법은 1997년 제정되었던 사회복지공동모금법이 1999년 전부개정되면서 법제명이 사회복지공동모금회법으로 변경된 것이다.

오답풀이

① 산업재해보상보험법은 1963년 제정(1963.11.5.제정)되었으며, 장애인복지법은 1989년 제정(1989.12.30. 전부개정)되었다. 참고로 장애인복지법은 1981년 제정되었던 심신장애자복지법이 1989년 전부개정되면서 법제명이 장애인복지법으로 변경된 것이다.
② 사회복지사업법은 1970년 제정(1970.1.1.제정)되었으며, 국민기초생활보장법은 1999년 제정(1999.9.7.제정, 2000.10.1.시행)되었다. 참고로 국민기초생활보장법이 2000년 10월 1일 시행되면서 생활보호법은 폐지되었다.
④ 국민연금법은 1986년 제정((86.12.31.제정, 1988.1.1.시행)되었으며, 노인복지법은 1981년 제정(1981.6.5.제정)되었다.
⑤ 아동복지법은 1981년 제정(81.4.13.제정)되었으며, 국민건강보험법은 1999년 제정(1999.2.8.제정)되었다. 참고로 아동복지법은 1961년 제정되었던 아동복리법이 1981년 전부개정되면서 법제명이 아동복지법으로 변경된 것이다. 그리고, 1999년 제정된 국민건강보험법이 2000년 1월 1일 시행되면서 의료보험법 및 국민의료보험법은 각각 폐지되었다.

정답 ③

034

사회복지법의 역사적 변천에 관한 설명으로 옳은 것을 모두 고른 것은? ・21회

㉠ 2014년 기초노령연금법이 제정되면서 기초연금법은 폐지되었다.
㉡ 1999년 제정된 국민의료보험법은 국민건강보험법을 대체한 것이다.
㉢ 1973년 제정된 국민복지연금법은 1986년 국민연금법으로 전부개정 되었다.

① ㉠   ② ㉡   ③ ㉢
④ ㉠, ㉡   ⑤ ㉡, ㉢

해설

㉢ 1973년 제정된 국민복지연금법은 경제적 불황과 사회현실의 여건 부족을 이유로 그 시행을 10여 년 동안 보류하여 사실상 유명무실화되었으며, 1986년 국민연금법으로 전부개정 되었다.

오답풀이

㉠ 2014년 **기초연금법**이 제정되면서 **기초노령연금법**은 폐지되었다.
㉡ 1999년 제정된 **국민건강보험법**은 **국민의료보험법**을 대체한 것이다.

정답 ③

김진원 Oikos 사회복지사 1급

제8장 국제법과 사회복지

제8영역 : 사회복지법제론

035 ✓확인 ☐☐☐

경제적, 사회적 및 문화적 권리에 관한 규약(국제인권규약 A)에 포함되어 있는 권리는?
• 7회

㉠ 건강권 ㉡ 노동기본권
㉢ 민족자결권 ㉣ 사회보장권

① ㉠, ㉡, ㉢
② ㉠, ㉢
③ ㉡, ㉣
④ ㉣
⑤ ㉠, ㉡, ㉢, ㉣

해설
㉠, ㉡, ㉢, ㉣ 모두 국제인권규약 A에 포함되어 있는 권리이다.

정답 ⑤

OIKOS UP 국제인권규약의 A규약

① 국제인권규약은 A규약과 B규약으로 구분되어 있는데 모두 제1조에 민족자결권과 자연의 부(富) 및 자원에 대한 영구적 권리에 관하여 규정하고 있음이 특징이다.
② A규약은 생존권적 기본권을 대상으로 규정되어 1976년 1월에, B규약은 자유권적 기본권을 전제로 규정되어 1976년 3월에 발효되었다.
③ A규약은 생존권적 기본권을 대상으로 노동기본권(근로의 권리와 안전하고 건강한 노동환경)·사회보장권·생활수준(신체적 정신건강)의 향상·교육권 등을 각 체약국이 그들의 입법조치로써 실현하여 달성할 것, 이의 실시상황을 UN에 보고할 것을 의무화하였다.

036 ✓확인 ☐☐☐

1989년 UN이 채택한 아동권리협약 내용은?
• 3회

㉠ 아동이 실질적인 권리의 주체로 승인된 국제문서이다.
㉡ 우리나라는 1991년 비준하였다.
㉢ 서명국은 비준 2년 내에 이행보고서를 제출해야 하는 의무가 있다.
㉣ UN의 아동권리협약에 입각하여 아동복지법이 제정되었다.

① ㉠, ㉡, ㉢
② ㉠, ㉢
③ ㉡, ㉣
④ ㉣
⑤ ㉠, ㉡, ㉢, ㉣

해설
아동복지법은 1961년 제정된 아동복리법을 전면 개정하여 1981년 4월 13일 제정된 것으로 아동권리협약이 채택된 시기보다 앞선다.

오답풀이
㉠ UN의 아동권리협약은 1989년 11월 20일 유엔에서 채택되어 1990년 9월 2일부터 발효된 국제적인 인권조약이다.
㉡ 우리나라는 1991년 12월 20일부터 이 협약을 적용하기 시작하였다.
㉢ 가입국 정부는 가입 뒤 2년 안에, 그 뒤 5년마다 어린이의 인권상황에 대한 국가보고서를 제출해야 한다.

정답 ①

037

국제노동기구(ILO)를 통해 채택된 것은? ・10회

① 대서양헌장(1941년)
② 사회보장최저기준조약(1952년)
③ 아동권리에 관한 협약(1989년)
④ 세계인권선언(1948년)
⑤ 사회보장헌장(1961년)

해설
사회보장 최저기준에 관한 조약(Social Security Minimum Standards Convention, 102호 조약)은 **1952년 국제노동기구 총회에서 채택되**었다.

정답 ②

038

외국과의 사회보장 협정에 관한 규정을 두고 있는 법은? ・12회

① 국민연금법
② 고용보험법
③ 국민건강보험법
④ 노인장기요양보험법
⑤ 국민기초생활 보장법

해설
사회보장 협정의 적용을 받는 법령은 협정 당사국의 사회보장 법령체계에 따라 다소 차이가 있다. 우리나라는 일반적으로 **국민연금법만을 대상으로 하고 있으나**, 미국과는 산재보험법, 독일과는 고용보험법이 포함되어 있다.

정답 ①

제9장 사회보장기본법과 사회보장급여의 이용·제공 및 수급권자 발굴에 관한 법률

제8영역 : 사회복지법제론

01 사회보장기본법

039 ✓확인 ☐☐☐

사회보장기본법상 국가와 지방자치단체에 관한 설명으로 옳지 않은 것은?
· 20회

① 국가와 지방자치단체는 모든 국민의 인간다운 생활을 유지·증진하는 책임을 가진다.
② 국가와 지방자치단체는 사회보장에 관한 책임과 역할을 합리적으로 분담하여야 한다.
③ 국가와 지방자치단체는 사회보장제도의 안정적인 운영을 위하여 중장기 사회보장 재정추계를 매년 실시하고 이를 공표하여야 한다.
④ 국가와 지방자치단체는 지속가능한 사회보장제도를 확립하고 매년 이에 필요한 재원을 조달하여야 한다.
⑤ 국가와 지방자치단체는 가정이 건전하게 유지되고 그 기능이 향상되도록 노력하여야 한다.

해설
「사회보장기본법」 제30조의3(중장기 사회보장 재정추계) 제1항에 "보건복지부장관은 사회보장제도의 안정적인 운영을 위하여 중장기 사회보장 재정추계를 적어도 3년마다 실시하고 이를 공표하여야 한다."라고 규정하고 있다.

+ 보충설명
① 「사회보장기본법」 제5조(**국가와 지방자치단체의 책임**) 제1항에 규정된 내용이다.
② 「사회보장기본법」 제5조(**국가와 지방자치단체의 책임**) 제2항에 규정된 내용이다.
④ 「사회보장기본법」 제5조(**국가와 지방자치단체의 책임**) 제3항에 규정된 내용이다.
⑤ 「사회보장기본법」 제6조(**국가 등과 가정**) 제1항에 규정된 내용이다.

정답 ③

040 ✓확인 ☐☐☐

사회보장기본법상 용어의 정의에 관한 내용으로 옳은 것을 모두 고른 것은?
· 19회

㉠ "사회보험"이란 국민에게 발생하는 사회적 위험을 보험의 방식으로 대처함으로써 국민의 건강과 소득을 보장하는 제도를 말한다.
㉡ "공공부조"(公共扶助)란 국가와 지방자치단체의 책임 하에 생활 유지 능력이 없거나 생활이 어려운 국민의 최저생활을 보장하고 자립을 지원하는 제도를 말한다.
㉢ "평생사회안전망"이란 생애주기에 걸쳐 보편적으로 충족되어야 하는 기본욕구와 특정한 사회위험에 의하여 발생하는 특수욕구를 동시에 고려하여 소득·서비스를 보장하는 맞춤형 사회보장제도를 말한다.

① ㉠
② ㉠, ㉡
③ ㉠, ㉢
④ ㉡, ㉢
⑤ ㉠, ㉡, ㉢

해설
㉠, ㉡, ㉢은 모두 「사회보장기본법」 제3조(정의)에 규정된 내용이다. 제3조(정의)에서는 규정하고 있는 용어는 사회보장, 사회보험, 공공부조, 사회서비스, 평생사회안전망이다.

정답 ⑤

041

사회보장기본법상 사회보장수급권에 관한 내용으로 옳은 것을 모두 고른 것은? · 19회

> ㉠ 모든 국민은 사회보장 관계 법령에서 정하는 바에 따라 사회보장급여를 받을 권리인 사회보장수급권을 가진다.
> ㉡ 사회보장수급권은 정당한 권한이 있는 기관에게 구두로 통지하여 포기할 수 있다.
> ㉢ 사회보장수급권은 수급자 임의로 다른 사람에게 양도할 수 있다.
> ㉣ 사회보장수급권의 포기는 취소할 수 없다.

① ㉠
② ㉠, ㉣
③ ㉢, ㉣
④ ㉠, ㉡, ㉣
⑤ ㉠, ㉢, ㉣

해설
㉠ 「사회보장기본법」 제9조(사회보장을 받을 권리)에 규정된 내용이다.

오답풀이
㉡ 사회보장수급권은 정당한 권한이 있는 기관에게 **서면으로 통지**하여 포기할 수 있다(동법 제14조 제1항).
㉢ 사회보장수급권은 다른 사람에게 양도할 수 **없다**. 동법 제12조(사회보장수급권의 보호)에서 "사회보장수급권은 관계 법령에서 정하는 바에 따라 **다른 사람에게 양도하거나 담보로 제공할 수 없으며, 이를 압류할 수 없다**."라고 규정하고 있다.
㉣ 사회보장수급권의 포기는 취소할 수 있다. 동법 제14조(사회보장수급권의 포기) 제2항에서 "**사회보장수급권의 포기는 취소할 수 있다**."라고 규정하고 있다.

정답 ①

042

사회보장기본법상 사회보장위원회에 관한 설명으로 옳은 것은? · 16회

① 사회보장위원회는 대통령 소속으로 둔다.
② 부위원장은 기획재정부장관, 법무부장관 및 보건복지부장관이 된다.
③ 보궐위원의 임기는 2년으로 한다.
④ 공무원인 위원의 임기는 1년으로 한다.
⑤ 사회보장위원회는 위원장 1명, 부위원장 3명과 행정안전부장관, 고용노동부장관, 여성가족부장관, 국토교통부장관을 포함한 30명 이내의 위원으로 구성한다.

해설
「사회보장기본법」 제21조(위원회의 구성 등) 제1항에 규정된 내용이다.

오답풀이
① 사회보장에 관한 주요 시책을 심의·조정하기 위하여 **국무총리 소속**으로 사회보장위원회를 둔다(동법 제20조 제1항).
② 위원장은 국무총리가 되고 **부위원장은 기획재정부장관, 교육부장관 및 보건복지부장관**이 된다(동법 제21조 제2항).
③ 보궐위원의 임기는 **전임자 임기의 남은 기간**으로 한다(동법 제21조 제5항).
④ 위원의 임기는 2년으로 한다. 다만, **공무원인 위원의 임기는 그 재임 기간**으로 한다(동법 제21조 제4항).

정답 ⑤

043

사회보장기본법의 내용으로 옳지 않은 것은? · 17회

① 국내에 거주하는 외국인에게 사회보장제도를 적용할 때에는 상호주의의 원칙에 따르되, 관계 법령에서 정하는 바에 따른다.
② 보건복지부장관은 사회보장정보시스템의 구축·운영을 총괄한다.
③ 사회보장정보의 보호 및 관리는 사회보장위원회의 심의·조정 사항이 아니다.
④ 모든 국민은 자신의 능력을 최대한 발휘하여 자립·자활할 수 있도록 노력하여야 한다.
⑤ 국가와 지방자치단체는 사회보장에 관한 책임과 역할을 합리적으로 분담하여야 한다.

해설

「사회보장기본법」 제20조(사회보장위원회) 제2항 위원회는 다음 각 호의 사항을 심의·조정한다.
1. 사회보장 증진을 위한 기본계획
2. 사회보장 관련 주요 계획
3. 사회보장제도의 평가 및 개선
4. 사회보장제도의 신설 또는 변경에 따른 우선순위
5. 둘 이상의 중앙행정기관이 관련된 주요 사회보장정책
6. 사회보장급여 및 비용 부담
7. 국가와 지방자치단체의 역할 및 비용 분담
8. 사회보장의 재정추계 및 재원조달 방안
9. 사회보장 전달체계 운영 및 개선
10. 제32조제1항에 따른 사회보장통계
11. **사회보장정보의 보호 및 관리**
12. 그 밖에 위원장이 심의에 부치는 사항

보충설명
① 「사회보장기본법」 제8조(**외국인에 대한 적용**)에 규정된 내용이다.
② 「사회보장기본법」 제37조(사회보장정보시스템의 구축·운영 등) 제3항에 규정된 내용이다.
④ 「사회보장기본법」 제7조(**국민의 책임**) 제1항에 규정된 내용이다.
⑤ 「사회보장기본법」 제5조(국가와 지방자치단체의 책임) 제2항에 규정된 내용이다.

정답 ③

044

사회보장기본법상 사회보장위원회에 관한 설명으로 옳은 것은? · 21회

① 대통령 소속의 위원회이다.
② 위원장 1명, 부위원장 2명과 행정안전부장관, 고용노동부장관을 포함한 40명 이내의 위원으로 구성한다.
③ 위원의 임기는 3년으로 하되, 공무원인 위원의 임기는 그 재임기간으로 한다.
④ 고용노동부에 사무국을 둔다.
⑤ 관계 중앙행정기관의 장은 위원회의 심의·조정 사항을 반영하여 사회보장제도를 운영 또는 개선하여야 한다.

해설

「사회보장기본법」 제20조(사회보장위원회) 제4항에 규정된 내용이다.

오답풀이
① **국무총리 소속의 위원회이다.** 동법 제20조(사회보장위원회) 제1항에서 "사회보장에 관한 주요 시책을 심의·조정하기 위하여 국무총리 소속으로 사회보장위원회를 둔다."고 규정하고 있다.
② 위원장 1명, **부위원장 3명**과 행정안전부장관, 고용노동부장관을 포함한 **30명 이내**의 위원으로 구성한다. 동법 제21조(위원회의 구성 등) 제1항에서 "위원회는 위원장 1명, 부위원장 3명과 행정안전부장관, 고용노동부장관, 여성가족부장관, 국토교통부장관을 포함한 30명 이내의 위원으로 구성한다."고 규정하고 있다.
③ 위원의 임기는 2년으로 하되, 공무원인 위원의 임기는 그 재임기간으로 한다. 동법 제21조(위원회의 구성 등) 제4항에서 "위원의 임기는 2년으로 한다. 다만, 공무원인 위원의 임기는 그 재임 기간으로 하고, 제3항제2호 각 목의 위원이 기관·단체의 대표자 자격으로 위촉된 경우에는 그 임기는 대표의 지위를 유지하는 기간으로 한다."고 규정하고 있다.
④ **보건복지부에 사무국을 둔다.** 동법 제21조(위원회의 구성 등) 제8항에서 "위원회의 사무를 효율적으로 처리하기 위하여 보건복지부에 사무국을 둔다."고 규정하고 있다.

정답 ⑤

045

사회보장기본법상 사회보장위원회에 관한 설명으로 옳지 않은 것은?
• 23회

① 사회보장에 관한 주요시책을 심의·조정하기 위해 국무총리 소속으로 두고 있다.
② 실무위원회를 두며 실무위원회에 분야별 전문위원회를 둘 수 있다.
③ 위원은 30명 이내로 구성한다.
④ 위원의 임기는 4년이다.
⑤ 관계 중앙행정기관의 장과 지방자치단체의 장은 위원회의 심의·조정 사항을 반영하여 사회보장제도를 운영해야 한다.

해설

「사회보장기본법」제21조(위원회의 구성 등) 제4항에서 "위원의 임기는 2년으로 한다. 다만, 공무원인 위원의 임기는 그 재임 기간으로 하고, 제3항제2호 각 목의 위원이 기관·단체의 대표자 자격으로 위촉된 경우에는 그 임기는 대표의 지위를 유지하는 기간으로 한다."고 규정하고 있다.

+ 보충설명

① 동법 제20조(사회보장위원회) 제1항에서 "사회보장에 관한 주요시책을 **심의·조정**하기 위하여 **국무총리 소속**으로 사회보장위원회를 둔다."고 규정하고 있다.
② 동법 제21조(위원회의 구성 등) 제6항에서 "위원회를 효율적으로 운영하고 위원회의 심의·조정 사항을 전문적으로 검토하기 위하여 **위원회에 실무위원회를 두며, 실무위원회에 분야별 전문위원회를 둘 수 있다**."고 규정하고 있다.
③ 동법 제21조(위원회의 구성 등) 제1항에서 "위원회는 위원장 1명, 부위원장 3명과 행정안전부장관, 고용노동부장관, 여성가족부장관, 국토교통부장관을 포함한 **30명 이내의 위원으로 구성한다**."고 규정하고 있다.
⑤ 동법 제20조(사회보장위원회) 제4항에서 "관계 중앙행정기관의 장과 지방자치단체의 장은 위원회의 심의·조정 사항을 반영하여 **사회보장제도를 운영** 또는 개선하여야 한다."고 규정하고 있다.

정답 ④

046

사회보장기본법상 사회보장제도의 운영원칙에 관한 설명으로 옳지 않은 것은?
• 15회

① 국가와 지방자치단체가 사회보장제도를 운영할 때에는 이 제도를 필요로 하는 모든 국민에게 적용하여야 한다.
② 사회보험은 국가와 지방자치단체의 책임으로 시행하는 것을 원칙으로 한다.
③ 국가와 지방자치단체는 사회보장제도의 정책 결정 및 시행 과정에 공익의 대표자 및 이해관계인 등을 참여시켜 이를 민주적으로 결정하고 시행하여야 한다.
④ 국가와 지방자치단체가 사회보장제도를 운영할 때에는 국민의 다양한 복지 욕구를 효율적으로 충족시키기 위하여 연계성과 전문성을 높여야 한다.
⑤ 국가와 지방자치단체는 사회보장제도의 급여 수준과 비용부담 등에서 형평성을 유지하여야 한다.

해설

「사회보장기본법」제25조(운영원칙) 제5항 "**사회보험은 국가의 책임으로 시행**하고, 공공부조와 사회서비스는 국가와 지방자치단체의 책임으로 시행하는 것을 원칙으로 한다. 다만, 국가와 지방자치단체의 재정 형편 등을 고려하여 이를 협의·조정할 수 있다."고 규정하고 있다.

「사회보장기본법」 제25조(운영원칙)	
제1항	국가와 지방자치단체가 사회보장제도를 운영할 때에는 이 제도를 필요로 하는 모든 국민에게 적용하여야 한다.
제2항	국가와 지방자치단체는 사회보장제도의 급여 수준과 비용 부담 등에서 형평성을 유지하여야 한다.
제3항	국가와 지방자치단체는 사회보장제도의 정책 결정 및 시행 과정에 공익의 대표자 및 이해관계인 등을 참여시켜 이를 민주적으로 결정하고 시행하여야 한다.
제4항	국가와 지방자치단체가 사회보장제도를 운영할 때에는 국민의 다양한 복지 욕구를 효율적으로 충족시키기 위하여 연계성과 전문성을 높여야 한다.
제5항	사회보험은 국가의 책임으로 시행하고, 공공부조와 사회서비스는 국가와 지방자치단체의 책임으로 시행하는 것을 원칙으로 한다. 다만, 국가와 지방자치단체의 재정 형편 등을 고려하여 이를 협의·조정할 수 있다.

정답 ②

047

사회보장기본법상 사회보장제도의 신설 또는 변경에 따른 협의 및 조정에 관한 내용으로 옳지 않은 것은? · 18회

① 국가와 지방자치단체는 기존 제도와의 관계, 사회보장 전달체계와 재정 등에 미치는 영향 등을 사전에 충분히 검토하여야 한다.
② 지방자치단체의 장은 국무조정실장과 협의하여야 한다.
③ 중앙행정기관의 장은 보건복지부장관과 협의하여야 한다.
④ 국가와 지방자치단체는 사회보장급여가 중복 또는 누락되지 아니하도록 하여야 한다.
⑤ 중앙행정기관의 장은 협의에 관련된 자료의 수집·조사 및 분석에 관한 업무를 한국사회보장정보원에 위탁할 수 있다.

해설
「사회보장기본법」 제26조(협의 및 조정) 제2항에서 "중앙행정기관의 장과 **지방자치단체의 장은** 사회보장제도를 신설하거나 변경할 경우 신설 또는 변경의 타당성, 기존 제도와의 관계, 사회보장 전달체계에 미치는 영향, 지역복지 활성화에 미치는 영향 및 운영방안 등에 대하여 대통령령으로 정하는 바에 따라 **보건복지부장관과 협의하여야 한다.**" 라고 규정하고 있다.

+ 보충설명
⑤ 동법 제26조(협의 및 조정) 제3항에서 "**중앙행정기관의 장과 지방자치단체의 장은** 제2항에 따른 업무를 효율적으로 수행하기 위하여 필요하다고 인정하는 경우에는 관련 **자료의 수집·조사 및 분석에 관한 업무를 다음 각 호의 기관 또는 단체에 위탁할 수 있다.** 1. 「정부출연연구기관 등의 설립·운영 및 육성에 관한 법률」에 따라 설립된 정부출연연구기관, 2. 「사회보장급여의 이용·제공 및 수급권자 발굴에 관한 법률」 제29조에 따른 **한국사회보장정보원**, 3. 그 밖에 대통령령으로 정하는 전문기관 또는 단체"라고 규정하고 있다.

정답 ②

048

사회보장기본법상 비용부담에 관한 설명으로 옳은 것을 모두 고른 것은? · 15회

㉠ 사회보장 비용의 부담은 각각의 사회보장제도의 목적에 따라 국가, 지방자치단체 및 민간부문 간에 합리적으로 조정되어야 한다.
㉡ 국가만이 공공부조에 드는 비용의 전부 또는 일부를 부담한다.
㉢ 관계 법령에서 정하는 일정 소득 수준 이하의 국민에 대한 사회서비스에 대해서는 국가와 지방자치단체가 비용의 전부 또는 일부를 부담한다.
㉣ 부담능력이 있는 국민에 대한 사회서비스에 대해서는 관계 법령에서 정하는 바에 따라 지방자치단체가 그 비용의 일부를 부담할 수 있다.

① ㉠, ㉡　　② ㉡, ㉢　　③ ㉢, ㉣
④ ㉠, ㉡, ㉣　　⑤ ㉠, ㉢, ㉣

해설
공공부조에 드는 비용의 전부 또는 일부는 **국가와 지방자치단체가 부담**한다. 「사회보장기본법」 제28조(비용의 부담)에 관한 규정은 다음과 같다.

「사회보장기본법」 제28조(비용의 부담)	
제1항	사회보장 비용의 부담은 각각의 사회보장제도의 목적에 따라 국가, 지방자치단체 및 민간부문 간에 합리적으로 조정되어야 한다.(㉠)
제2항	사회보험에 드는 비용은 사용자, 피용자 및 자영업자가 부담하는 것을 원칙으로 하되, 관계 법령에서 정하는 바에 따라 국가가 그 비용의 일부를 부담할 수 있다.
제3항	공공부조 및 관계 법령에서 정하는 일정 소득 수준 이하의 국민에 대한 사회서비스에 드는 비용의 전부 또는 일부는 국가와 지방자치단체가 부담한다.(㉡, ㉢)
제4항	부담 능력이 있는 국민에 대한 사회서비스에 드는 비용은 그 수익자가 부담함을 원칙으로 하되, 관계 법령에서 정하는 바에 따라 국가와 지방자치단체가 그 비용의 일부를 부담할 수 있다.(㉣)

정답 ⑤

049 ✓확인 ☐☐☐

사회보장기본법상 국가와 지방자치단체가 구축·운영하여야 하는 사회보장급여의 관리체계로 명시되지 않은 것은?

•17회

① 사회보장제도의 평가 및 개선
② 사회보장수급권자 권리구제
③ 사회보장급여의 사각지대 발굴
④ 사회보장급여의 부정·오류 관리
⑤ 사회보장급여의 과오지급액의 환수 등 관리

해설

「사회보장기본법」 제30조(사회보장급여의 관리) 제1항 국가와 지방자치단체는 국민의 사회보장수급권의 보장 및 재정의 효율적 운용을 위하여 다음 각 호에 관한 사회보장급여의 관리체계를 구축·운영하여야 한다.
1. 사회보장수급권자 권리구제(②)
2. 사회보장급여의 사각지대 발굴(③)
3. 사회보장급여의 부정·오류 관리(④)
4. 사회보장급여의 과오지급액의 환수 등 관리(⑤)

✗ 오답풀이
① 사회보장제도의 평가 및 개선은 제20조(사회보장위원회) 제2항의 사회보장위원회의 심의·조정 사항에 해당된다.

정답 ①

050 ✓확인 ☐☐☐

사회보장기본법상 사회보장제도의 운영에 관한 설명으로 옳은 것은?

•22회

① 사회보험은 국가와 지방자치단체의 책임으로 시행한다.
② 국가는 사회보장 관계 법령에서 정하는 바에 따라 사회보장에 관한 상담에 응하여야 한다.
③ 일정 소득 수준 이하의 국민에 대한 사회서비스에 드는 비용은 수익자 부담을 원칙으로 한다.
④ 통계청장은 제출된 사회보장통계를 종합하여 사회보장위원회에 제출하여야 한다.
⑤ 지방자치단체의 장은 사회보장제도를 신설할 경우 보건복지부장관과 합의하여야 한다.

해설

「사회보장기본법」 제35조(사회보장에 관한 상담)에서 "국가와 지방자치단체는 사회보장 관계 법령에서 정하는 바에 따라 사회보장에 관한 상담에 응하여야 한다."고 규정하고 있다.

✗ 오답풀이
① 동법 제25조(운영원칙) 제5항에 "**사회보험은 국가의 책임으로 시행**하고, 공공부조와 사회서비스는 국가와 지방자치단체의 책임으로 시행하는 것을 원칙으로 한다."고 규정하고 있다.
③ 동법 제28조(비용의 부담) 제3항에 "공공부조 및 관계 법령에서 정하는 일정 소득 수준 이하의 국민에 대한 사회서비스에 드는 **비용의 전부 또는 일부는 국가와 지방자치단체가 부담**한다."고 규정하고 있다. 수익자가 부담함을 원칙으로 하는 것은 부담 능력이 있는 국민에 대한 사회서비스에 드는 비용의 경우이다.
④ 동법 제32조(사회보장통계) 제3항에 "**보건복지부장관**은 제2항에 따라 제출된 사회보장통계를 종합하여 **위원회에 제출하여야 한다**."고 규정하고 있다. 즉, 통계청장이 아니라 보건복지장관이 제출된 사회보장통계를 종합하여 사회보장위원회에 제출하여야 한다.
⑤ 동법 제26조(협의 및 조정) 제2항에 "중앙행정기관의 장과 **지방자치단체의 장은 사회보장제도를 신설하거나 변경할 경우** 신설 또는 변경의 타당성, 기존 제도와의 관계, 사회보장 전달체계에 미치는 영향, 지역복지 활성화에 미치는 영향 및 운영방안 등에 대하여 대통령령으로 정하는 바에 따라 **보건복지부장관과 협의하여야 한다**."고 규정하고 있다. 지방자치단체의 장은 사회보장제도를 신설할 경우 보건복지부장관과 합의가 아니라 협의하여야 한다.

정답 ②

02 사회보장급여의 이용·제공 및 수급권자 발굴에 관한 법률

051

사회보장급여의 이용·제공 및 수급권자 발굴에 관한 법률상 사회복지전담공무원에 관한 내용으로 옳지 않은 것을 모두 고른 것은?

· 18회

> ㉠ 시·군·구, 읍·면·동에 사회복지전담공무원을 둘 수 있고 시·도에는 둘 수 없다.
> ㉡ 사회복지전담공무원은 「사회복지사업법」에 따른 사회복지사의 자격을 가진 사람으로 한다.
> ㉢ 시·도지사 및 시장·군수·구청장은 「지방공무원 교육훈련법」에 따라 사회복지전담공무원의 교육훈련에 필요한 시책을 수립·시행하여야 한다.

① ㉠   ② ㉡   ③ ㉠, ㉡
④ ㉠, ㉢   ⑤ ㉡, ㉢

해설

㉠ 「사회보장급여의 이용·제공 및 수급권자 발굴에 관한 법률」 제43조(사회복지전담공무원) 제1항에서 "사회복지사업에 관한 업무를 담당하게 하기 위하여 **시·도**, **시·군·구, 읍·면·동 또는 사회보장사무 전담기구**에 사회복지전담공무원을 둘 수 있다."라고 규정하고 있다.

보충설명

㉡ 동법 제2항에서 "사회복지전담공무원은 「사회복지사업법」 제11조에 따른 사회복지사의 자격을 가진 사람으로 하며, 그 임용 등에 필요한 사항은 대통령령으로 정한다."라고 규정하고 있다.
㉢ 동법 제5항에서 "**시·도지사 및 시장·군수·구청장**은 「지방공무원 교육훈련법」 제3조에 따라 사회복지전담공무원의 교육훈련에 필요한 시책을 수립·시행하여야 한다."라고 규정하고 있다.

정답 ①

052

사회보장급여의 이용·제공 및 수급권자 발굴에 관한 법률의 설명으로 옳은 것은?

· 19회

① 2017년 12월 30일에 제정, 2018년 7월 1일부터 시행되었다.
② 지원대상자가 누락되지 않도록 하기 위해 보장기관의 업무담당자는 지원대상자의 동의를 받지 않고도 직권으로 사회보장급여의 제공을 신청할 수 있다.
③ 수급자란 사회보장급여를 받고 있는 사람을 말한다.
④ 보건복지부 장관은 사회보장급여 부정수급 실태조사를 5년마다 실시하고 그 결과를 공개해야 한다.
⑤ 이 법에 따른 처분에 이의가 있는 수급권자등은 그 처분을 받은 날부터 30일 이내에 처분을 결정한 보장기관의 장에게 이의신청을 해야 한다.

해설

「사회보장급여의 이용·제공 및 수급권자 발굴에 관한 법률」(약칭: 사회보장급여법) 제2조(정의) 제3호에 규정된 내용이다.

오답풀이

① 2014년 12월 30일에 **제정**, 2015년 7월 1일부터 **시행**되었다.
② 지원대상자가 누락되지 않도록 하기 위해 보장기관의 업무담당자는 직권으로 사회보장급여의 제공을 신청할 수 있으나, **이 경우 지원대상자의 동의를 받아야 한다**(동법 제5조 제2항).
④ 보건복지부 장관은 사회보장급여 부정수급 실태조사를 **3년마다** 실시하고 그 결과를 공개해야 한다. 동법 제19조의2(**사회보장급여 부정수급 실태조사**) 제1항에서 "보건복지부장관은 속임수 등의 부정한 방법으로 사회보장급여를 받거나 타인으로 하여금 사회보장급여를 받게 한 경우에 대하여 보장기관이 효과적인 대책을 세울 수 있도록 그 발생 현황, 피해사례 등에 관한 실태조사를 **3년마다 실시하고, 그 결과를 공개하여야 한다**."라고 규정하고 있다.
⑤ 이 법에 따른 처분에 이의가 있는 수급권자등은 그 처분을 받은 날부터 90일 이내에 처분을 결정한 보장기관의 장에게 이의신청을 해야 한다. 동법 제17조 제1항(**이의신청**) 제1항에서 "이 법에 따른 처분에 이의가 있는 수급권자등은 그 처분을 받은 날로부터 **90일 이내**에 처분을 결정한 보장기관의 장에게 이의신청을 할 수 있다. 다만, 정당한 사유로 인하여 그 기간 내에 이의신청을 할 수 없음을 증명한 때에는 그 사유가 소멸한 때부터 60일 이내에 이의신청을 할 수 있다."라고 규정하고 있다.

정답 ③

053

사회보장급여의 이용·제공 및 수급권자 발굴에 관한 법률상 수급자격 확인을 위해 지원대상자와 그 부양의무자에 대하여 조사할 수 있는 사항을 모두 고른 것은? · 20회

> ㉠ 인적사항 및 가족관계 확인에 관한 사항
> ㉡ 소득·재산·근로능력 및 취업상태에 관한 사항
> ㉢ 사회보장급여 수급이력에 관한 사항
> ㉣ 수급권자를 선정하기 위하여 보장기관의 장이 필요하다고 인정하는 사항

① ㉠, ㉡ ② ㉢, ㉣ ③ ㉠, ㉡, ㉢
④ ㉡, ㉢, ㉣ ⑤ ㉠, ㉡, ㉢, ㉣

해설

「사회보장급여의 이용·제공 및 수급권자 발굴에 관한 법률」(약칭: 사회보장급여법) 제7조(수급자격의 조사) 제1항에 "보장기관의 장은 제5조에 따른 사회보장급여의 신청을 받으면 지원대상자와 그 부양의무자(배우자와 1촌의 직계혈족 및 그 배우자를 말한다. 이하 같다)에 대하여 사회보장급여의 수급자격 확인을 위하여 다음 각 호의 어느 하나에 해당하는 자료 또는 정보를 제공받아 조사하고 처리(「개인정보 보호법」 제2조제2호의 처리를 말한다. 이하 같다)할 수 있다. 다만, 부양의무자에 대한 조사가 필요하지 아니하거나 그 밖에 대통령령으로 정하는 사유에 해당하는 경우는 제외한다. 1. 인적사항 및 가족관계 확인에 관한 사항(㉠), 2. 소득·재산·근로능력 및 취업상태에 관한 사항(㉡), 3. 사회보장급여 수급이력에 관한 사항(㉢), 4. 그 밖에 수급권자를 선정하기 위하여 보장기관의 장이 필요하다고 인정하는 사항(㉣)"라고 규정하고 있다.

정답 ⑤

054

사회보장급여의 이용·제공 및 수급권자 발굴에 관한 법률의 내용으로 옳지 않은 것은? · 20회

① 보장기관의 장은 「긴급복지지원법」 제7조의2에 따른 발굴조사를 실시한 경우를 제외하고 지원대상자에 대한 발굴조사를 1년마다 정기적으로 실시하여야 한다.
② 보장기관은 지역의 사회보장 수준이 균등하게 실현될 수 있도록 노력하여야 한다.
③ 누구든지 사회적 위험으로 인하여 사회보장급여를 필요로 하는 지원대상자를 발견하였을 때에는 보장기관에 알려야 한다.
④ 이의신청은 그 처분을 받은 날로부터 90일 이내에 처분을 결정한 보장기관의 장에게 할 수 있다.
⑤ 사회서비스 제공기관의 운영자는 위기가구의 발굴 지원업무 수행을 위해 사회서비스정보시스템을 이용할 수 있다.

해설

「사회보장급여의 이용·제공 및 수급권자 발굴에 관한 법률」(약칭: 사회보장급여법) 제12조의2(발굴조사의 실시 및 실태점검) 제1항에 "보장기관의 장은 지원대상자에 대한 발굴조사를 **분기마다** 정기적으로 실시하여야 한다. 다만, 「긴급복지지원법」 제7조의2에 따라 발굴조사를 실시한 경우에는 그러하지 아니하다."라고 규정하고 있다.

보충설명
④ 동법 제17조(이의신청) 제1항에 "이 법에 따른 처분에 이의가 있는 수급권자등은 그 처분을 받은 날로부터 **90일** 이내에 처분을 결정한 보장기관의 장에게 이의신청을 할 수 있다. 다만, 정당한 사유로 인하여 그 기간 내에 이의신청을 할 수 없음을 증명한 때에는 그 사유가 소멸한 때부터 60일 이내에 이의신청을 할 수 있다."라고 규정하고 있다.

정답 ①

055

사회보장급여의 이용.제공 및 수급권자의 발굴에 관한 법률의 내용으로 옳은 것은? · 21회

① 시장·군수·구청장은 중앙생활보장위원회를 둔다.
② 보건복지부장관은 사회보장급여 부정수급 실태조사를 3년마다 실시하고 그 결과를 공개하여야 한다.
③ "수급권자"란 사회보장급여를 제공하는 국가기관과 지방자치단체를 말한다.
④ 보장기관의 업무담당자는 지원대상자가 심신미약 등 대통령령으로 정하는 경우에 해당하면 지원대상자의 동의하에서만 직권으로 사회보장급여의 제공을 신청할 수 있다.
⑤ 보장기관의 장은 지원대상자 발굴체계의 운영 실태를 3년마다 점검하고 개선방안을 마련하여야 한다.

해설

「사회보장급여의 이용·제공 및 수급권자의 발굴에 관한 법률」 제19조의2(사회보장급여 부정수급 실태조사) 제1항에서 "**보건복지부장관은 속임수 등의 부정한 방법으로 사회보장급여를 받거나 타인으로 하여금 사회보장급여를 받게 한 경우에 대하여 보장기관이 효과적인 대책을 세울 수 있도록 그 발생 현황, 피해사례 등에 관한 실태조사를 3년마다 실시하고, 그 결과를 공개하여야 한다.**"고 규정하고 있다.

✗ 오답풀이

① **중앙생활보장위원회는 보건복지부에 두는 생활보장위원회**로, 「국민기초생활보장법」에 규정되어 있다. 「국민기초생활보장법」 제20조(생활보장위원회) 제1항에서 "이 법에 따른 생활보장사업의 기획·조사·실시 등에 관한 사항을 심의·의결하기 위하여 **보건복지부와 시·도 및 시·군·구에 각각 생활보장위원회를 둔다.**" 제2항에서 "**보건복지부에 두는 생활보장위원회(중앙생활보장위원회)**는 다음 각 호의 사항을 심의·의결한다."고 규정하고 있다.
③ **보장기관이란 사회보장급여를 제공하는 국가기관과 지방자치단체**를 말한다(동법 제2조 제5호). 수급권자란 「사회보장기본법」 제9조에 따른 사회보장급여를 제공받을 권리를 가진 사람을 말한다(동법 제2조 제2호).
④ 보장기관의 업무담당자는 지원대상자가 심신미약 등 대통령령으로 정하는 경우에 해당하면 **지원대상자의 동의 없이 직권으로** 사회보장급여의 제공을 신청할 수 있다(동법 제5조 제3항).
⑤ 보장기관의 장은 지원대상자 발굴체계의 운영 실태를 **매년 정기적으로** 점검하고 개선방안을 마련하여야 한다(동법 제12조의2 제2항).

정답 ②

056

사회보장급여의 이용·제공 및 수급권자 발굴에 관한 법률의 내용으로 옳지 않은 것은? · 22회

① 보장기관은 지역의 사회보장 수준이 균등하게 실현될 수 있도록 노력하여야 한다.
② 「청소년 기본법」에 따른 청소년상담사는 지원대상자의 사회보장급여를 신청할 수 있다.
③ 보장기관의 장은 위기가구를 발굴하기 위하여 노력하여야 한다.
④ 정부는 한국사회보장정보원의 설립·운영에 필요한 비용을 출연할 수 없다.
⑤ 특별자치시 지역사회보장계획은 사회보장급여 담당 인력의 양성 및 전문성 제고 방안을 포함하여야 한다.

해설

「사회보장급여의 이용·제공 및 수급권자 발굴에 관한 법률」 제29조(한국사회보장정보원) 제4항에 "**정부는 사회보장급여의 이용 및 제공이 원활히 이루어질 수 있도록 한국사회보장정보원의 설립·운영에 필요한 비용을 출연하거나 지원할 수 있다.**"라고 규정하고 있다.

➕ 보충설명

① 동법 제4조(기본원칙) 제6항에서 규정하고 있다.
② 동법 제5조(사회보장급여의 신청) 제1항에 "지원대상자와 그 친족, 「민법」에 따른 후견인, 「**청소년 기본법**」에 따른 **청소년상담사**·청소년지도사, 지원대상자를 사실상 보호하고 있는 자(관련 기관 및 단체의 장을 포함한다) 등(사회보장급여 신청권자)은 지원대상자의 주소지 관할 보장기관에 사회보장급여를 신청할 수 있다."라고 규정하고 있다.
③ 동법 제9조의2(위기가구의 발굴) 제1항에 "**보장기관의 장은 누락된 지원대상자가 적절한 사회보장급여를 제공받을 수 있도록 지원이 필요한 다음 각 호의 가구(위기가구)를 발굴하기 위하여 노력하여야 한다.**"라고 규정하고 있다.
⑤ 동법 제36조(지역사회보장계획의 내용) 제3항에서 "제35조제4항에 따른 **특별자치시 지역사회보장계획**은 다음 각 호의 사항을 포함하여야 한다. 1. 제1항 각 호의 사항, 2. 사회보장급여가 효과적으로 이용 및 제공될 수 있는 기반 구축 방안, 3. **사회보장급여 담당 인력의 양성 및 전문성 제고 방안**, 4. 그 밖에 지역사회보장 추진에 필요한 사항"라고 규정하고 있다.

정답 ④

제10장 사회복지사업법

제8영역 : 사회복지법제론

057

사회복지사업법상 기본이념에 해당하는 것은? • 19회

① 사회통합과 행복한 복지사회의 실현
② 국민의 복지증진에 이바지
③ 어려운 사람의 자활을 지원
④ 사회 참여와 평등을 통한 사회통합
⑤ 사회복지서비스를 이용하는 사람의 선택권 보장

해설
「사회복지사업법」 제1조의2(기본이념) 제4항에 "사회복지서비스를 제공하는 자는 필요한 정보를 제공하는 등 **사회복지서비스를 이용하는 사람의 선택권을 보장**하여야 한다."라고 규정하고 있다.

오답풀이
① 사회통합과 행복한 복지사회의 실현은 **사회보장기본법상 기본이념**에 해당한다.
② 국민의 복지증진에 이바지는 **사회보장기본법의 목적**에 해당한다.
③ 어려운 사람의 자활을 지원은 **국민기초생활보장법의 목적**에 해당한다.
④ 장애인의 완전한 **사회 참여와 평등을 통하여 사회통합**은 장애인복지법상 기본이념에 해당한다.

정답 ⑤

058

사회복지사업법의 내용으로 옳은 것은? • 19회

① 「사회보장기본법」상 사회서비스는 사회복지서비스의 범위에 포함되는 개념이다.
② 사회복지서비스 제공은 현물 제공이 원칙이다.
③ 사회복지사 자격은 1년을 초과하여 정지시킬 수 있다.
④ 사회복지법인은 보건복지부장관의 허가를 받아 설립한다.
⑤ 보건복지부장관은 시설에서 제공하는 서비스의 적정기준을 마련하여야 한다.

해설
「사회복지사업법」 제5조의2(사회복지서비스 제공의 원칙) 제1항에서 "사회복지서비스를 필요로 하는 사람에 대한 **사회복지서비스 제공은 현물(現物)로 제공하는 것을 원칙으로 한다.**"라고 규정하고 있다.

오답풀이
① 「사회보장기본법」상 사회서비스는 「사회복지사업법」상 사회복지서비스의 범위를 포함하는 개념이다. 「사회복지사업법」 제2조(정의) 제6호에서 "**사회복지서비스**란 국가·지방자치단체 및 민간 부문의 도움을 필요로 하는 모든 국민에게 「사회보장기본법」 **제3조제4호에 따른 사회서비스 중 사회복지사업을 통한 서비스**를 제공하여 삶의 질이 향상되도록 제도적으로 지원하는 것을 말한다."라고 규정하고 있다.
③ 사회복지사 자격은 **1년의 범위에서 정지**시킬 수 있다. 「사회복지사업법」 제11조의3(사회복지사의 자격취소 등) 제1항에서 "**보건복지부장관**은 사회복지사가 다음 각 호의 어느 하나에 해당하는 경우 그 자격을 취소하거나 1년의 범위에서 정지시킬 수 있다. 다만, 제1호부터 제3호까지에 해당하면 그 자격을 취소하여야 한다."라고 규정하고 있다.
④ 사회복지법인은 시·도지사의 허가를 받아 설립한다(동법 제16조 제1항).
⑤ 보건복지부장관은 시설에서 제공하는 서비스의 **최저기준**을 마련하여야 한다(동법 제43조 제1항).

정답 ②

059 ✓확인 ☐☐☐

사회복지사업법에서 열거하고 있는 사회복지사업 관련 법률에 해당하지 않는 것은?

· 18회

① 아동복지법
② 노인복지법
③ 국내입양에 관한 특별법
④ 국민건강보험법
⑤ 사회복지공동모금회법

해설

「사회복지사업법」 제2조(정의) 제1호에 열거되어 있는 사회복지사업법의 적용을 받는 복지입법에는 **사회보험법이 들어가 있지 않다**.

╋ 보충설명

「**사회복지사업법**」 제2조(정의) 제1호

"사회복지사업"이란 다음 각 목의 법률에 따른 보호·선도(善導) 또는 복지에 관한 사업과 사회복지상담, 직업지원, 무료 숙박, 지역사회복지, 의료복지, 재가복지(在家福祉), 사회복지관 운영, 정신질환자 및 한센병력자의 사회복귀에 관한 사업 등 각종 복지사업과 이와 관련된 자원봉사활동 및 복지시설의 운영 또는 지원을 목적으로 하는 사업을 말한다.

가. 「국민기초생활 보장법」
나. 「**아동복지법**」
다. 「**노인복지법**」
라. 「장애인복지법」
마. 「한부모가족지원법」
바. 「영유아보육법」
사. 「성매매방지 및 피해자보호 등에 관한 법률」
아. 「정신건강증진 및 정신질환자 복지서비스 지원에 관한 법률」
자. 「성폭력방지 및 피해자보호 등에 관한 법률」
차. 「**국내입양에 관한 특별법**」 및 「**국제입양에 관한 법률**」
카. 「일제하 일본군위안부 피해자에 대한 생활안정지원 및 기념사업 등에 관한 법률」
타. 「**사회복지공동모금회법**」
파. 「장애인·노인·임산부 등의 편의증진 보장에 관한 법률」
하. 「가정폭력방지 및 피해자보호 등에 관한 법률」
거. 「농어촌주민의 보건복지증진을 위한 특별법」
너. 「식품등 기부 활성화에 관한 법률」
더. 「의료급여법」
러. 「기초연금법」
머. 「긴급복지지원법」
버. 「다문화가족지원법」
서. 「장애인연금법」
어. 「장애인활동 지원에 관한 법률」
저. 「노숙인 등의 복지 및 자립지원에 관한 법률」
처. 「보호관찰 등에 관한 법률」
커. 「장애아동 복지지원법」
터. 「발달장애인 권리보장 및 지원에 관한 법률」
퍼. 「청소년복지 지원법」
허. 「스토킹방지 및 피해자보호 등에 관한 법률」
고. 그 밖에 대통령령으로 정하는 법률
  ↳ 동법 시행령 제1조의2(사회복지사업 관련 법률)「사회복지사업법」(이하 "법"이라 한다) 제2조제1호허목에서 "대통령령으로 정하는 법률"이란 다음 각 호의 법률을 말한다.
    1. 「건강가정기본법」
    1의2. 「노인 일자리 및 사회활동 지원에 관한 법률」
    2. 「북한이탈주민의 보호 및 정착지원에 관한 법률」
    3. 「자살예방 및 생명존중문화 조성을 위한 법률」
    4. 「장애인·노인 등을 위한 보조기기 지원 및 활용촉진에 관한 법률」
    5. 「치매관리법」

 ④

060

사회복지사업법상 사회복지서비스 제공의 원칙에 관한 설명으로 옳지 않은 것은? · 21회

① 사회복지서비스는 현물로 제공하는 것이 원칙이다.
② 지방자치단체는 사회복지서비스의 품질향상을 위하여 필요한 시책을 마련하여야 한다.
③ 지방자치단체는 사회복지시설의 서비스 환경 등을 평가할 수 있다.
④ 시장·군수·구청장은 보호대상자에게 사회복지서비스 이용권을 지급할 수 있다.
⑤ 보건복지부장관은 사회복지서비스 품질 평가를 위한 전문기관을 직접 설치·운영해야 하며, 관계기관 등에 위탁하여서는 아니 된다.

해설

보건복지부장관은 사회복지서비스 품질 평가를 위한 전문기관을 직접 설치·운영하거나, 관계기관 등에 위탁할 수 있다. 즉, 「사회복지사업법」 제5조의2(사회복지서비스 제공의 원칙) 제5항에서 "보건복지부장관은 제4항에 따른 평가를 위하여 **평가기관을 설치·운영하거나, 평가의 전부 또는 일부를 관계 기관 또는 단체에 위탁할 수 있다.**"고 규정하고 있다.

+ 보충설명

① 동법 동조 제1항에 "사회복지서비스를 필요로 하는 사람(보호대상자)에 대한 사회복지서비스 제공은 **현물(現物)로 제공하는 것을 원칙으로 한다.**"고 규정하고 있다.
② 동법 동조 제3항에 "국가와 **지방자치단체는** 사회복지서비스의 품질향상과 원활한 제공을 위하여 필요한 시책을 마련하여야 한다."고 규정하고 있다.
③ 동법 동조 제4항에 "국가와 **지방자치단체는** 사회복지서비스의 품질을 관리하기 위하여 사회복지서비스를 제공하는 기관·법인·**시설·단체의 서비스 환경**, 서비스 제공 인력의 전문성 등을 평가할 수 있다."고 규정하고 있다.
④ 동법 동조 제2항에 "**시장·군수·구청장은** 국가 또는 지방자치단체 외의 자로 하여금 제1항의 서비스 제공을 실시하게 하는 경우에는 **보호대상자에게 사회복지서비스 이용권을 지급하여** 국가 또는 지방자치단체 외의 자로부터 그 이용권으로 서비스 제공을 받게 할 수 있다."고 규정하고 있다.

정답 ⑤

061

사회복지사업법상 사회복지사에 관한 설명으로 옳지 않은 것은? · 23회

① 피성년후견인 또는 피한정후견인은 사회복지사가 될 수 없다.
② 보건복지부장관은 사회복지사가 거짓이나 그 밖의 부정한 방법으로 자격을 취득한 경우 사회복지사 자격을 취소하여야 한다.
③ 보건복지부장관은 사회복지사가 자격정지 처분 기간에 자격증을 사용하여 자격 관련 업무를 수행한 경우 그 자격을 취소하거나 1년의 범위에서 정지시킬 수 있다.
④ 보건복지부장관은 자격이 취소된 사람에게는 그 취소된 날부터 2년 이내에 자격증을 재교부하지 못한다.
⑤ 사회복지법인에 종사하는 사회복지사는 정기적으로 인권에 관한 내용이 포함된 보수교육을 받아야 한다.

해설

「사회복지사업법」이 2024년 1월 23일 일부개정(2024. 4. 24. 시행)되어 제11조의2(사회복지사의 결격사유)에서 **피한정후견인을 제외**하였다. 피성년후견인은 사회복지사가 될 수 없지만, **피한정후견인은 사회복지사가 될 수 있다.**

+ 보충설명

②, ③ 동법 제11조의3(사회복지사의 자격취소 등) 제1항에서 "보건복지부장관은 사회복지사가 다음 각 호의 어느 하나에 해당하는 경우 그 자격을 취소하거나 1년의 범위에서 정지시킬 수 있다. 다만, **제1호부터 제3호까지에 해당하면 그 자격을 취소하여야 한다.** 1. **거짓이나 그 밖의 부정한 방법으로 자격을 취득한 경우**, 2. 제11조의2 각 호의 어느 하나에 해당하게 된 경우, 3. 자격증을 대여·양도 또는 위조·변조한 경우, 4. 사회복지사의 업무수행 중 그 자격과 관련하여 고의나 중대한 과실로 다른 사람에게 손해를 입힌 경우, 5. 자격정지 처분을 3회 이상 받았거나, 정지 기간 종료 후 3년 이내에 다시 자격정지 처분에 해당하는 행위를 한 경우, 6. **자격정지 처분 기간에 자격증을 사용하여 자격 관련 업무를 수행한 경우.**"라고 규정하고 있다.
④ 동법 제11조의3(사회복지사의 자격취소 등) 제4항에 규정된 내용이다.
⑤ 동법 제13조(사회복지사의 채용 및 교육 등) 제2항에서 "보건복지부장관은 사회복지사의 자질 향상을 위하여 필요하다고 인정하면 사회복지사에게 교육을 받도록 명할 수 있다. 다만, 사회복지법인 또는 사회복지시설에 종사하는 **사회복지사는 정기적으로 인권에 관한 내용이 포함된 보수교육(補修敎育)을 받아야 한다.**"라고 규정하고 있다.

정답 ①

062

사회복지사업법에 명시된 날에 해당하는 것은? ·19회

① 장애인의 날 4월 20일
② 노인의 날 10월 2일
③ 아동학대 예방의 날 11월 19일
④ 사회복지의 날 9월 7일
⑤ 어버이 날 5월 8일

해설

「사회복지사업법」 제15조의2(사회복지의 날) 제1항에서 "국가는 국민의 사회복지에 대한 이해를 증진하고 사회복지사업 종사자의 활동을 장려하기 위하여 **매년 9월 7일을 사회복지의 날**로 하고, 사회복지의 날부터 1주간을 사회복지주간으로 한다."라고 규정하고 있다.

오답풀이

① 장애인의 날 4월 20일은 「장애인복지법」에 명시된 날이다.
② 노인의 날 10월 2일은 「노인복지법」에 명시된 날이다.
③ 아동학대 예방의 날 11월 19일은 「아동복지법」에 명시된 날이다.
⑤ 어버이 날 5월 8일은 「노인복지법」에 명시된 날이다.

정답 ④

063

사회복지사업법상 사회복지법인의 임원에 관한 내용이다. ( )에 들어갈 숫자를 옳게 짝지은 것은? ·16회

- 법인은 대표이사를 포함한 이사 (ㄱ)명 이상과 감사 2명 이상을 두어야 한다.
- 이사의 임기는 3년으로 하고 감사의 임기는 (ㄴ)년으로 하며, 각각 연임할 수 있다.
- 외국인인 이사는 이사 현원의 (ㄷ)분의 1 미만이어야 한다.

① ㄱ:5, ㄴ:3, ㄷ:2
② ㄱ:5, ㄴ:3, ㄷ:5
③ ㄱ:7, ㄴ:2, ㄷ:2
④ ㄱ:7, ㄴ:2, ㄷ:3
⑤ ㄱ:7, ㄴ:2, ㄷ:5

해설

법인은 대표이사를 포함한 **이사 7명 이상**과 감사 2명 이상을 두어야 한다(동법 제18조 제1항). 이사의 임기는 3년으로 하고 **감사의 임기는 2년**으로 하며, 각각 연임할 수 있다(동조 제4항). 외국인인 이사는 이사 현원의 **2분의 1 미만**이어야 한다(동조 제5항).

정답 ③

064

사회복지사업법령상 사회복지법인에 관한 설명으로 옳지 않은 것은?
• 13회

① 사회복지법인의 정관에는 사업의 종류가 포함되어야 한다.
② 사회복지법인을 설립하려는 자는 시·도지사에게 신고하여야 한다.
③ 사회복지법인은 대표이사를 포함한 이사 7명 이상과 감사 2명 이상을 두어야 한다.
④ 이사는 사회복지법인이 설치한 사회복지시설의 장을 제외한 그 시설의 직원을 겸할 수 없다.
⑤ 사회복지법인은 사회복지사업의 운영에 필요한 재산을 소유하여야 한다.

해설
사회복지법인을 설립하려는 자는 **시·도지사의 허가**를 받아야 한다.

보충설명
① 「사회복지사업법」 제17조 제1항 '**법인의 정관에는 다음 각 호의 사항이 포함되어야 한다**. 1. 목적, 2. 명칭, 3. 주된 사무소의 소재지, 4. **사업의 종류**, 5. 자산 및 회계에 관한 사항, 6. 임원의 임면(任免) 등에 관한 사항, 7. 회의에 관한 사항, 8. 수익(收益)을 목적으로 하는 사업이 있는 경우 그에 관한 사항, 9. 정관의 변경에 관한 사항, 10. 존립 시기와 해산 사유를 정한 경우에는 그 시기와 사유 및 남은 재산의 처리 방법, 11. 공고 및 공고방법에 관한 사항'라고 규정하고 있다.

정답 ②

065

사회복지사업법상 사회복지법인에 관한 설명으로 옳지 않은 것은?
• 16회

① 사회복지법인의 이사 중에 결원이 생겼을 때에는 3개월 이내에 보충하여야 한다.
② 사회복지법인의 이사는 해당 법인이 설치한 사회복지시설의 장을 제외한 그 시설의 직원을 겸할 수 없다.
③ 시·도지사는 임시이사가 선임되었음에도 불구하고 해당 사회복지법인이 정당한 사유 없이 이사회 소집을 기피할 경우 이사회 소집을 권고할 수 있다.
④ 해산한 사회복지법인의 남은 재산은 정관으로 정하는 바에 따라 국가 또는 지방자치단체에 귀속된다.
⑤ 사회복지법인을 설립하려는 자는 시·도지사의 허가를 받아야 한다.

해설
「사회복지사업법」 제20조(**임원의 보충**)에서 "이사 또는 감사 중에 결원이 생겼을 때에는 **2개월 이내에 보충**하여야 한다."고 규정하고 있다.

보충설명
② 동법 제21조(**임원의 겸직 금지**) 제1항에 규정된 내용이다.
③ 동법 제22조의3(**임시이사의 선임**) 제3항에 규정된 내용이다.
④ 동법 제27조(**남은 재산의 처리**) 제1항에 규정된 내용이다.
⑤ 동법 제16조(**법인의 설립허가**) 제1항에 규정된 내용이다.

정답 ①

066 ☑확인 ☐☐☐

사회복지사업법상 사회복지법인(이하 '법인'이라 한다)에 관한 내용으로 옳은 것은?
・18회

① 법인 설립 허가자는 보건복지부장관이다.
② 법인 설립은 시장・군수・구청장에 신고한다.
③ 해산한 법인의 남은 재산은 설립자에 귀속된다.
④ 이사는 법인이 설치한 사회복지시설의 장을 겸직할 수 있다.
⑤ 주된 사무소가 서로 다른 시・도에 소재한 법인이 합병할 경우 시・도지사에게 신고하여야 한다.

해설
「사회복지사업법」 제21조(임원의 겸직 금지) 제1항에서 "이사는 법인이 설치한 사회복지시설의 장을 제외한 그 시설의 직원을 겸할 수 없다."라고 규정하고 있다. 즉, 이사는 법인이 설치한 사회복지시설의 직원은 겸직할 수 없지만, 시설의 장은 겸직할 수 있다.

✗오답풀이
① 법인 설립 허가자는 **시・도지사**이다.
② 법인 설립은 **시・도지사의 허가**를 받아야 한다.
③ 해산한 법인의 남은 재산은 **정관으로 정하는 바에 따라 국가 또는 지방자치단체에 귀속**된다.
⑤ 주된 사무소가 서로 다른 시・도에 소재한 법인이 합병할 경우 **보건복지부장관의 허가**를 받아야 한다.

정답 ④

067 ☑확인 ☐☐☐

사회복지사업법상 사회복지법인(이하 '법인'으로 한다)에 관한 설명으로 옳지 않은 것은?
・22회

① 정관에는 회의에 관한 사항이 포함되어야 한다.
② 법인은 사회복지사업의 운영에 필요한 재산을 소유하여야 한다.
③ 감사 중에 결원이 생겼을 때 3개월 이내에 보충하여야 한다.
④ 법인은 임원을 임면하는 경우에 지체 없이 시・도지사에게 보고하여야 한다.
⑤ 법인이 목적사업 외의 사업을 하였을 때 설립허가가 취소될 수 있다.

해설
감사 중에 결원이 생겼을 때 **2개월 이내**에 보충하여야 한다. 「사회복지사업법」 제20조(임원의 보충)에서 "이사 또는 감사 중에 결원이 생겼을 때에는 2개월 이내에 보충하여야 한다."고 규정하고 있다.

➕보충설명
① 동법 제17조(**정관**) 제1항 제7호에 규정된 내용이다.
② 동법 제23조(**재산 등**) 제1항에 규정된 내용이다.
④ 동법 제18조(**임원**) 제6항에 규정된 내용이다.
⑤ 동법 제26조(**설립허가 취소 등**) 제1항 제4호에 규정된 내용이다.

정답 ③

068

사회복지사업법상 사회복지시설(이하 '시설'이라고 한다)에 관한 설명으로 옳은 것은? • 20회

① 지방자치단체가 시설을 설치·운영하려는 경우에는 보건복지부에 신고하여야 한다.
② 사회복지법인의 대표는 시설에 대하여 정기 및 수시 안전점검을 실시하여야 한다.
③ 시설을 설치·운영하는 자는 시설에 근무할 종사자를 채용할 수 있다.
④ 시설의 장은 시설의 운영에 관한 사항을 의결하기 위하여 시설에 운영위원회를 두어야 한다.
⑤ 지방자치단체는 시설의 책임보험 가입에 드는 비용의 전부를 보조하여야 한다.

해설

「사회복지사업법」 제35조의2(종사자) 제1항에 "**사회복지법인과 사회복지시설을 설치·운영하는 자는** 시설에 근무할 **종사자를 채용할 수 있다.**"라고 규정하고 있다.

✗ 오답풀이

① 지방자치단체가 시설을 설치·운영하려는 경우에는 **신고하지 않아도 된다.** 그러나, **국가 또는 지방자치단체 외의 자가** 시설을 설치·운영하려는 경우에는 보건복지부령으로 정하는 바에 따라 **시장·군수·구청장에게 신고하여야 한다**(동법 제34조 제2항).
② **시설장은** 시설에 대하여 정기 및 수시 안전점검을 실시하여야 한다(동법 제34조의4 제1항).
④ 시설의 장은 시설의 운영에 관한 사항을 **심의하기** 위하여 시설에 운영위원회를 두어야 한다. 참고로 동법 제36조(운영위원회) 제1항에 "시설의 장은 시설의 운영에 관한 다음 각 호의 사항을 심의하기 위하여 시설에 운영위원회를 두어야 한다. 다만, 보건복지부령으로 정하는 경우에는 복수의 시설에 공동으로 운영위원회를 둘 수 있다."라고 규정하고 있다.
⑤ 지방자치단체는 시설의 책임보험 가입에 드는 비용의 전부를 **보조할 수 있다.** 참고로 동법 제34조의3(보험가입 의무) 제2항에 "국가나 지방자치단체는 예산의 범위에서 제1항에 따른 책임보험 또는 책임공제의 가입에 드는 **비용의 전부 또는 일부를 보조할 수 있다.**"라고 규정하고 있다.

정답 ③

069

사회복지사업법상 사회복지시설(이하 '시설'이라 한다)의 운영위원회에 관한 내용으로 옳은 것은? • 18회

① 시설의 장은 운영위원이 될 수 없다.
② 운영위원회의 위원은 시설의 장이 위촉한다.
③ 시설 거주자 대표는 운영위원이 될 수 없다.
④ 운영위원회는 시설운영에 관하여 의결권을 갖는다.
⑤ 시설 거주자의 보호자 대표는 운영위원이 될 수 있다.

해설

「사회복지사업법」 제36조(운영위원회) 제2항에서 "운영위원회의 **위원은 다음 각 호의 어느 하나에 해당하는 사람 중에서 관할 시장·군수·구청장이 임명하거나 위촉한다.** 1. 시설의 장, 2. 시설 거주자 대표, 3. **시설 거주자의 보호자 대표**, 4. 시설 종사자의 대표, 5. 해당 시·군·구 소속의 사회복지업무를 담당하는 공무원, 6. 후원자 대표 또는 지역주민, 7. 공익단체에서 추천한 사람, 8. 그 밖에 시설의 운영 또는 사회복지에 관하여 전문적인 지식과 경험이 풍부한 사람"이라고 규정하고 있다.

✗ 오답풀이

① 시설의 장은 운영위원이 될 수 있다.
② 운영위원회의 위원은 **시장·군수·구청장이 임명하거나 위촉**한다.
③ 시설 거주자 대표는 운영위원이 될 수 있다.
④ 운영위원회는 시설운영에 관하여 **심의권**을 갖는다. 동법 동조 제1항에서 "**시설의 장은 시설의 운영에 관한 다음 각 호의 사항을 심의하기 위하여 시설에 운영위원회를 두어야 한다.** 다만, 보건복지부령으로 정하는 경우에는 복수의 시설에 공동으로 운영위원회를 둘 수 있다."라고 규정하고 있다.

정답 ⑤

070

사회복지사업법상 사회복지시설(이하 "시설"이라 한다)에 관한 설명으로 옳은 것은?
· 17회

① 국가가 시설을 설치·운영하려는 경우에는 소재지 관할 시·도지사에게 신고하여야 한다.
② 화재로 인한 손해배상책임을 이행하기 위하여 시설의 운영자는 손해보험회사의 책임보험 및 한국사회복지공제회의 책임공제에 각각 가입하여야 한다.
③ 시·도지사의 해임명령에 따라 사회복지법인의 임원에서 해임된 자는 해임된 날부터 7년 이내에는 시설의 장이 될 수 없다.
④ 시장·군수·구청장은 시설에 대하여 정기 및 수시 안전점검을 실시한 후 그 결과를 시·도지사에게 제출하여야 한다.
⑤ 국가나 지방자치단체가 설치·운영하는 시설 중 사회복지관은 지역사회의 특성과 지역주민의 복지욕구를 고려하여 서비스 제공 등 지역복지증진을 위한 사업을 실시할 수 있다.

해설

「사회복지사업법」제34조의5(사회복지관의 설치 등) 제1항에 규정된 내용이다.

오답풀이

① 국가나 지방자치단체는 사회복지시설을 설치·운영할 수 있다. 그러나, 소재지 관할 시·도지사에게 신고하여야 한다는 것은 올바르지 않다. **국가 또는 지방자치단체 외의 자가 시설을 설치·운영하려는 경우에는 보건복지부령으로 정하는 바에 따라 시장·군수·구청장에게 신고하여야 한다**(동법 제34조).
② 손해보험회사의 책임보험 및 한국사회복지공제회의 책임공제 모두에 각각 가입하여야 한다는 것은 올바르지 않다. **손해보험회사의 책임보험에 가입하거나 또는 한국사회복지공제회의 책임공제에 가입**하면 된다. 「사회복지사업법」 제34조의3(보험가입 의무) 제1항 시설의 운영자는 다음 각 호의 손해배상책임을 이행하기 위하여 **손해보험회사의 책임보험에 가입하거나 「사회복지사 등의 처우 및 지위 향상을 위한 법률」 제4조에 따른 한국사회복지공제회의 책임공제에 가입하여야 한다.**
  1. 화재로 인한 손해배상책임
  2. 화재 외의 안전사고로 인하여 생명·신체에 피해를 입은 보호대상자에 대한 손해배상책임
③ 시·도지사의 해임명령에 따라 사회복지법인의 임원에서 해임된 자는 **해임된 날부터 5년이 지나지 아니한 사람은 시설의 장이 될 수 없다**(동법 제35조 제2항).
④ 시설의 장은 시설에 대하여 정기 및 수시 안전점검을 실시하여야 한다. 시설의 장은 정기 또는 수시 안전점검을 한 후 그 결과를 **시장·군수·구청장에게 제출**하여야 한다(동법 제34조의4).

정답 ⑤

071

사회복지사업법상 사회복지시설에 관한 설명으로 옳은 것은?
· 21회

① 사회복지시설 운영위원회는 심의·의결기구이다.
② 사회복지시설은 손해배상책임의 면책사업자이다.
③ 사회복지시설의 장은 비상근으로 근무할 수 있다.
④ 사회복지시설은 둘 이상의 사회복지사업을 통합하여 수행할 수 있다.
⑤ 지방자치단체는 사회복지시설을 설치·운영하여서는 아니 된다.

해설

「사회복지사업법」 제34조의2(시설의 통합 설치·운영 등에 관한 특례) 제1항에에 "이 법 또는 제2조제1호 각 목의 법률에 따른 시설을 설치·운영하려는 경우에는 지역특성과 시설분포의 실태를 고려하여 이 법 또는 제2조제1호 각 목의 법률에 따른 시설을 통합하여 하나의 시설로 설치·운영하거나 **하나의 시설에서 둘 이상의 사회복지사업을 통합하여 수행할 수 있다.**"라고 규정하고 있다.

오답풀이

① 사회복지시설 운영위원회는 **심의기구**이다. 동법 제36조(운영위원회) 제1항에 "시설의 장은 시설의 운영에 관한 다음 각 호의 사항을 심의하기 위하여 시설에 운영위원회를 두어야 한다."라고 규정하고 있다.
② 사회복지시설은 손해배상책임의 **면책사업자가 아니다**. 동법 제34조의3(보험가입 의무) 제1항에 "시설의 운영자는 다음 각 호의 손해배상책임을 이행하기 위하여 손해보험회사의 책임보험에 가입하거나 「사회복지사 등의 처우 및 지위 향상을 위한 법률」 제4조에 따른 한국사회복지공제회의 책임공제에 가입하여야 한다. 1. 화재로 인한 손해배상책임, 2. 화재 외의 안전사고로 인하여 생명·신체에 피해를 입은 보호대상자에 대한 손해배상책임"라고 규정하고 있다.
③ 사회복지시설의 장은 **상근으로 근무하여야 한다**. 동법 제35조(시설의 장) 제1항에 "시설의 장은 상근(常勤)하여야 한다."라고 규정하고 있다.
⑤ 지방자치단체는 사회복지시설을 설치·운영할 수 있다. 동법 제34조(사회복지시설의 설치) 제1항에 "국가나 지방자치단체는 사회복지시설(이하 "시설"이라 한다)을 설치·운영할 수 있다."라고 규정하고 있다.

정답 ④

072

사회복지사업법령에 관한 설명으로 옳은 것은? · 13회

① 법인은 대표이사를 포함한 이사 5명 이상과 감사 2명 이상을 두어야 한다.
② 사회복지법인 감사의 임기는 2년이며, 연임할 수 없다.
③ 사회복지시설 거주자 대표는 해당 시설의 운영위원회 위원이 될 수 없다.
④ 국가나 지방자치단체는 사회복지시설을 설치·운영할 수 없다.
⑤ 대통령령으로 정하는 경우를 제외하고 각 사회복지시설의 수용인원은 300명을 초과할 수 없다.

해설
「사회복지사업법」제41조 "각 시설의 수용인원은 300명을 초과할 수 없다. 다만, 대통령령으로 정하는 경우에는 그러하지 아니하다."라고 규정하고 있다.

✗ 오답풀이

① 법인은 대표이사를 포함한 **이사 7명 이상과 감사 2명 이상을 두어야 한다.**
② 이사의 임기는 3년으로 하고 감사의 임기는 2년으로 하며, **각각 연임할 수 있다.**
③ 「사회복지사업법」제36조 제2항 '운영위원회의 위원은 다음 각 호의 어느 하나에 해당하는 사람 중에서 관할 시장·군수·구청장이 임명하거나 위촉한다. 1. 시설의 장, 2. **시설 거주자 대표**, 3. 시설 거주자의 보호자 대표, 4. 시설 종사자의 대표, 5. 해당 시·군·구 소속의 사회복지업무를 담당하는 공무원, 6. 후원자 대표 또는 지역주민, 7. 공익단체에서 추천한 사람, 8. 그 밖에 시설의 운영 또는 사회복지에 관하여 전문적인 지식과 경험이 풍부한 사람'이라고 규정하고 있다.
④ 국가나 지방자치단체는 사회복지시설을 설치·운영할 수 있다.

정답 ⑤

073

사회복지사업법의 내용으로 옳은 것은? · 22회

① 사회복지서비스는 현금과 현물로 제공하는 것을 원칙으로 한다.
② 국가는 사회복지 자원봉사활동을 지원·육성하기 위하여 자원봉사활동의 홍보 및 교육을 실시하여야 한다.
③ 사회복지에 관한 조사·연구 및 정책 건의를 위하여 한국사회복지사협회를 둔다.
④ 사회복지사 자격증을 다른 사람에게 빌려주거나 빌린 사람은 10년 이하의 징역 또는 1억원 이하의 벌금에 처한다.
⑤ 시·도지사는 사회복지에 관한 전문지식과 기술을 가진 사람에게 사회복지사 자격증을 발급할 수 있다.

해설
「사회복지사업법」제9조(사회복지 자원봉사활동의 지원·육성) 제1항에 "국가와 지방자치단체는 사회복지 자원봉사활동을 지원·육성하기 위하여 다음 각 호의 사항을 실시하여야 한다. 1. **자원봉사활동의 홍보 및 교육**, 2. 자원봉사활동 프로그램의 개발·보급, 3. 자원봉사활동 중의 재해에 대비한 시책의 개발, 4. 그 밖에 자원봉사활동의 지원에 필요한 사항."이라고 규정하고 있다.

✗ 오답풀이

① 사회복지서비스는 현물로 제공하는 것을 원칙으로 한다. 동법 제5조의2(사회복지서비스 제공의 원칙) 제1항에 "사회복지서비스를 필요로 하는 사람(보호대상자)에 대한 사회복지서비스 제공은 **현물(現物)로 제공하는 것을 원칙으로 한다.**"라고 규정하고 있다.
③ 사회복지에 관한 조사·연구 및 정책 건의를 위하여 **사회복지협의회를 둔다.** 동법 제33조(사회복지협의회) 제1항에 규정된 내용이다.
④ 사회복지사 자격증을 다른 사람에게 빌려주거나 빌린 사람은 **1년 이하의 징역 또는 1천만원 이하의 벌금에 처한다.** 동법 제54조(벌칙) 제1의2호에 규정된 내용이다.
⑤ 동법 제11조(사회복지사 자격증의 발급 등) 제1항에 "**보건복지부장관은** 사회복지에 관한 전문지식과 기술을 가진 사람에게 사회복지사 자격증을 발급할 수 있다."라고 규정하고 있다.

정답 ②

제11장 공공부조법

제8영역 : 사회복지법제론

01 국민기초생활보장법

074 ·18회

국민기초생활보장법상 용어의 정의로 옳은 것은?

① 수급권자란 이 법에 따른 급여를 받는 사람을 말한다.
② 기준 중위소득이란 국민 가구소득의 평균값을 말한다.
③ 보장기관이란 이 법에 따른 급여를 실시하는 사회복지시설을 말한다.
④ 소득인정액이란 보장기관이 급여의 결정 및 실시 등에 사용하기 위하여 산출한 개별가구의 소득평가액과 재산의 소득환산액을 합산한 금액을 말한다.
⑤ 최저생계비란 국민이 쾌적한 문화생활을 유지하기 위하여 필요한 적정선의 비용을 말한다.

해설

「국민기초생활보장법」 제2조(정의) 제9호에 규정된 내용으로 올바르다.

오답풀이

① **수급자란** 이 법에 따른 급여를 받는 사람을 말한다. 참고로, 수급자와 수급권자를 혼동해서는 안 된다. **수급권자란** 이 법에 따른 **급여를 받을 수 있는 자격을 가진 사람**을 말한다.
② **기준 중위소득이란** 국민 가구소득의 **중위값**을 말한다. 동법 동조 제11호에 "**기준 중위소득이란** 보건복지부장관이 급여의 기준 등에 활용하기 위하여 제20조제2항에 따른 중앙생활보장위원회의 심의·의결을 거쳐 고시하는 **국민 가구소득의 중위값**을 말한다."라고 규정하고 있다.
③ **보장기관이란** 이 법에 따른 급여를 실시하는 **국가 또는 지방자치단체**를 말한다. 참고로 보장기관과 보장시설을 혼동해서는 안 된다. 동법 제32조(보장시설)에 "이 법에서 **보장시설이란** 제7조에 규정된 급여를 실시하는 「사회복지사업법」에 따른 **사회복지시설로서** 다음 각 호의 시설 중 보건복지부령으로 정하는 시설을 말한다."라고 규정하고 있다.
⑤ **최저생계비란** 국민이 건강하고 문화적인 생활을 유지하기 위하여 **필요한 최소한의 비용으로서** 제20조의2제4항에 따라 보건복지부장관이 계측하는 금액을 말한다.

정답 ④

075 ·19회

국민기초생활보장법상 외국인에 대한 특례 규정이다. ( )에 들어갈 내용이 옳지 않은 것은?

> 국내에 체류하고 있는 외국인 중 (㉠)하여 본인 또는 배우자가 임신 중이거나 (㉡)하고 있거나 (㉢)과 (㉣)으로서 (㉤)으로 정하는 사람이 이 법에 따른 급여를 받을 수 있는 자격을 가진 경우에는 수급권자가 된다.

① ㉠: 대한민국 국민과 혼인
② ㉡: 대한민국 국적의 미성년 자녀를 양육
③ ㉢: 배우자의 대한민국 국적인 직계비속
④ ㉣: 생계나 주거를 같이하고 있는 사람
⑤ ㉤: 대통령령

해설

㉢ 배우자의 대한민국 국적인 **직계존속(直系尊屬)**이다. 즉, 「국민기초생활보장법」 제5조의2(외국인에 대한 특례)에서 "국내에 체류하고 있는 외국인 중 **대한민국 국민과 혼인**(㉠)하여 본인 또는 배우자가 임신 중이거나 **대한민국 국적의 미성년 자녀를 양육**(㉡)하고 있거나 배우자의 **대한민국 국적인 직계존속(直系尊屬)**(㉢)과 **생계나 주거를 같이하고 있는 사람**(㉣)으로서 **대통령령**(㉤)으로 정하는 사람이 이 법에 따른 급여를 받을 수 있는 자격을 가진 경우에는 수급권자가 된다."라고 규정하고 있다.

정답 ③

076

국민기초생활보장법상 소득의 범위에 해당하지 않는 것은?

· 15회

① 퇴직금
② 임대소득
③ 사업소득
④ 국민연금법에 따른 연금
⑤ 친족으로부터 정기적으로 받는 금품 중 보건복지부장관이 정하는 금액 이상의 금품

해설

국민기초생활보장법 시행령 제5조(소득의 범위) 제2항에서 "다음 각 호의 금품은 소득으로 보지 아니한다."라고 규정하고 있다.
1. **퇴직금**, 현상금, 보상금, 「조세특례제한법」 제100조의2에 따른 근로장려금 및 같은 법 제100조의27에 따른 자녀장려금 등 정기적으로 지급되는 것으로 볼 수 없는 금품
2. 보육·교육 또는 그 밖에 이와 유사한 성질의 서비스 이용을 전제로 받는 보육료, 학자금, 그 밖에 이와 유사한 금품
3. 법 제43조 제5항에 따라 지방자치단체가 지급하는 금품으로서 보건복지부장관이 정하는 금품

+ 보충설명

국민기초생활보장법 시행령 제5조(소득의 범위) 제1항에서 "법 제6조의3 제1항 각 호 외의 부분에서 실제소득이란 다음 각 호의 소득을 합산한 금액을 말한다."라고 규정하고 있다.
1. 근로소득: 근로의 제공으로 얻는 소득. 다만, 「소득세법」에 따라 비과세되는 근로소득은 제외하되, 다음 각 목의 급여는 근로소득에 포함한다.
    가. 「소득세법」 제12조 제3호 더목에 따라 비과세되는 급여
    나. 「소득세법 시행령」 제16조 제1항 제1호에 따라 비과세되는 급여
2. **사업소득**
    가. 농업소득 나. 임업소득 다. 어업소득
    라. 기타사업소득: 도매업, 소매업, 제조업, 그 밖의 사업에서 얻는 소득
3. 재산소득
    가. **임대소득** 나. 이자소득
    다. 연금소득: 「소득세법」 제20조의3 제1항 제2호 및 제3호에 따라 발생하는 연금 또는 소득과 「보험업법」 제4조 제1항 제1호 나목의 연금보험에 의하여 발생하는 소득
4. 이전소득[차상위계층에 속하는 사람(이하 "차상위자"라 한다)에 대해서는 생활여건 등을 고려하여 보건복지부장관이 정하여 고시하는 바에 따라 다음 각 목의 이전소득의 범위를 달리할 수 있다]
    가. **친족 또는 후원자 등으로부터 정기적으로 받는 금품 중 보건복지부장관이 정하는 금액 이상의 금품**
    나. 제5조의6 제1항 제4호 다목에 따라 보건복지부장관이 정하는 금액
    다. 「국민연금법」, 「기초연금법」, 「공무원연금법」, 「군인연금법」, 「별정우체국법」, 「사립학교직원 연금법」, 「고용보험법」, 「산업재해보상보험법」, 「국민연금과 직역연금의 연계에 관한 법률」, 「보훈보상대상자 지원에 관한 법률」, 「독립유공자예우에 관한 법률」, 「국가유공자 등 예우 및 지원에 관한 법률」, 「고엽제후유의증 등 환자지원 및 단체설립에 관한 법률」, 「자동차손해배상 보장법」, 「참전유공자예우 및 단체설립에 관한 법률」 등에 따라 정기적으로 지급되는 **각종 수당·연금·급여 또는 그 밖의 금품**

정답 ①

077

국민기초생활보장법상 기준 중위소득의 산정에 관한 내용이다. ( )에 들어갈 용어가 순서대로 옳은 것은?

· 14회

> 기준 중위소득은 통계법 제27조에 따라 통계청이 공표하는 통계자료의 가구 ( )의 중간값에 최근 가구소득 ( ), 가구규모에 따른 소득수준의 차이 등을 반영하여 ( )별로 산정한다.

① 경상소득, 평균 증가율, 가구규모
② 평균소득, 누적 증가율, 개별가구
③ 경상소득, 누적 증가율, 개별가구
④ 평균소득, 누적 증가율, 가구규모
⑤ 실질소득, 평균 증가율, 가구규모

해설

「국민기초생활보장법」 제6조의2(기준 중위소득의 산정) 제1항 기준 중위소득은 「통계법」 제27조에 따라 통계청이 공표하는 통계자료의 가구 **경상소득**(근로소득, 사업소득, 재산소득, 이전소득을 합산한 소득을 말한다)의 중간값에 최근 가구소득 **평균 증가율**, 가구규모에 따른 소득수준의 차이 등을 반영하여 **가구규모**별로 산정한다.

정답 ①

078

국민기초생활보장법령에 관한 설명으로 옳지 않은 것은?

· 13회

① 수급권자를 부양할 책임이 있는 부양의무자에는 수급권자의 손자는 포함되지 않는다.
② 수급권자의 친족도 수급권자에 대한 급여를 신청할 수 있다.
③ 보장기관은 급여를 개인 단위로 실시하되, 특히 필요한 경우는 개별가구 단위로 실시할 수 있다.
④ 부양의무자의 부양은 국민기초생활보장법에 따른 급여에 우선하여 행하여진다.
⑤ 수급자가 검진 지시에 따르지 아니한 것을 이유로 보장기관이 수급자에 대한 급여 결정을 취소하려면 청문을 하여야 한다.

해설
보장기관은 이 법에 따른 급여를 **개별가구** 단위로 실시하되, 특히 필요하다고 인정하는 경우에는 개인 단위로 실시할 수 있다.

+ 보충설명
① **부양의무자**란 수급권자를 부양할 책임이 있는 사람으로서 **수급권자의 1촌의 직계혈족(아버지, 어머니, 아들, 딸) 및 그 배우자(사위, 며느리)**를 말한다. 다만, 사망한 1촌의 직계혈족의 배우자는 제외한다.
② 수급권자와 그 친족, 그 밖의 관계인은 관할 시장·군수·구청장에게 수급권자에 대한 급여를 신청할 수 있다.
④ **부양의무자의 부양과 다른 법령에 따른 보호는** 국민기초생활보장법에 따른 급여에 우선하여 행하여지는 것으로 한다(보충성의 원리).
⑤ 「국민기초생활보장법」 제31조(청문)에서 "보장기관은 제16조 제3항에 따라 **지역자활센터의 지정을 취소하려는 경우**와 제23조 제3항에 따라 **급여의 결정을 취소하려는 경우에는 청문을 하여야 한다.**"라고 규정하고 있다.

정답 ③

079

국민기초생활보장법상 급여에 관한 설명으로 옳지 않은 것은?

· 10회

① 급여는 건강하고 문화적인 최저생활을 유지할 수 있는 것이어야 한다.
② 급여는 다른 법령에 의한 보호에 우선하여 행하여지는 것으로 한다.
③ 부양의무자의 부양은 급여에 우선하여 행하여지는 것으로 한다.
④ 국내에 체류하는 외국인의 일부도 수급권자가 될 수 있다.
⑤ 생계급여는 금전을 지급하는 것을 원칙으로 하지만, 이에 의할 수 없다고 인정되는 경우에는 물품을 지급함으로써 행할 수 있다.

해설
부양의무자의 부양과 다른 법령에 따른 보호는 이 법에 따른 급여에 우선하여 행하여지는 것으로 한다(「국민기초생활보장법」 제3조 제2항).

오답풀이
① 동법 제4조(급여의 기준 등) 제1항에 규정된 내용이다.
③ 동법 제3조(급여의 기본원칙) 제2항에 규정된 내용이다.
④ 동법 제5조의2(외국인에 대한 특례) "국내에 체류하고 있는 외국인 중 대한민국 국민과 혼인하여 본인 또는 배우자가 임신 중이거나 대한민국 국적의 미성년 자녀를 양육하고 있거나 배우자의 대한민국 국적인 직계존속(直系尊屬)과 생계나 주거를 같이하고 있는 사람으로서 대통령령으로 정하는 사람이 이 법에 따른 급여를 받을 수 있는 자격을 가진 경우에는 수급권자가 된다."라고 규정하고 있다.
⑤ 동법 제9조(생계급여의 방법) 제1항에 규정된 내용이다.

정답 ②

080

국민기초생활보장법상 급여의 종류와 방법에 관한 설명으로 옳은 것은?
• 21회

① 부양의무자가 「병역법」에 따라 징집되거나 소집된 경우 부양능력이 있는 것으로 본다.
② 보장기관은 차상위자의 가구별 생활여건을 고려하여 예산의 범위에서 급여의 전부 또는 일부를 실시할 수 있다.
③ 생계급여 선정기준은 기준 중위소득의 100분의 50 이상으로 한다.
④ 생계급여는 상반기·하반기로 나누어 지급하여야 한다.
⑤ 주거급여는 주택 매입비, 수선유지비 등이 포함된다.

해설

「국민기초생활보장법」 제7조(급여의 종류) 제3항에서 "차상위계층에 속하는 사람(차상위자)에 대한 급여는 **보장기관이 차상위자의 가구별 생활여건을 고려하여 예산의 범위에서** 제1항제2호부터 제4호까지, 제6호 및 제7호에 따른 **급여의 전부 또는 일부를 실시할 수 있다.** 이 경우 차상위자에 대한 급여의 기준 및 절차 등에 관하여 필요한 사항은 대통령령으로 정한다."라고 규정하고 있다.

오답풀이

① 부양의무자가 「병역법」에 따라 징집되거나 소집된 경우 **부양을 받을 수 없는 것으로** 본다.
③ 생계급여 선정기준은 기준 중위소득의 **100분의 30 이상으로** 한다.
④ 생계급여는 **매월 정기적으로** 지급하여야 한다.
⑤ 주거급여에 수선유지비는 포함되지만, **주택 매입비는 포함되지 않는다.** 동법 제11조(주거급여) 제1항에서 "주거급여는 수급자에게 주거 안정에 필요한 **임차료, 수선유지비,** 그 밖의 수급품을 지급하는 것으로 한다."라고 규정하고 있다.

정답 ②

081

국민기초생활보장법령상 급여에 관한 설명으로 옳은 것은?
• 13회

① 보장기관이 차상위자에 대해서 가구별 생활여건을 고려하여 지급하는 급여는 생계급여로 한다.
② 보장기관은 수급자의 소득·재산·근로능력 등이 변동된 경우 직권으로 급여의 종류·방법 등을 변경할 수 있다.
③ 수급자가 시장·군수·구청장의 처분에 대하여 이의신청을 하는 경우에는 보건복지부장관에게 하여야 한다.
④ 지방자치단체가 국민기초생활보장법의 급여 수준을 초과하여 급여를 실시하는 경우 그 초과 보장비용의 100분의 40은 국가가 부담한다.
⑤ 생계급여를 타인의 가정에 위탁하여 실시하는 것은 허용되지 않는다.

해설

「국민기초생활보장법」 제29조(급여의 변경) 제1항에서 "보장기관은 수급자의 소득·재산·근로능력 등이 변동된 경우에는 직권으로 또는 수급자나 그 친족, 그 밖의 관계인의 신청에 의하여 그에 대한 급여의 종류·방법 등을 변경할 수 있다."고 규정하고 있다.

오답풀이

① 차상위자에 대한 급여는 보장기관이 차상위자의 가구별 생활여건을 고려하여 예산의 범위에서 **주거급여, 의료급여, 교육급여, 장제급여, 자활급여에 따른 급여의 전부 또는 일부를 실시할 수 있다.**
③ 수급자가 시장·군수·구청장의 처분에 대하여 이의신청을 하는 경우에는 **시·도지사에게** 하여야 한다.
④ 지방자치단체의 조례에 따라 국민기초생활보장법에 따른 급여 범위 및 수준을 초과하여 급여를 실시하는 경우 **그 초과 보장비용은 해당 지방자치단체가** 부담한다.
⑤ **생계급여는 수급자에게 직접 지급한다.** 다만, 보장시설이나 타인의 가정에 위탁하여 생계급여를 실시하는 경우에는 그 위탁받은 사람에게 이를 지급할 수 있다.

정답 ②

082

국민기초생활보장법상 보장기관과 보장시설에 대한 예시이다. '보장기관 – 보장시설'을 순서대로 옳게 짝지은 것은? ・20회

> ㉠ 「장애인복지법」 제58조 제1항 제1호의 장애인 거주시설
> ㉡ 「사회복지사업법」 제2조 제4호의 사회복지시설 중 결핵 및 한센병요양시설
> ㉢ 대전광역시장
> ㉣ 전라남도지사
> ㉤ 인천광역시 교육감

① ㉠ – ㉡
② ㉡ – ㉤
③ ㉢ – ㉠
④ ㉣ – ㉢
⑤ ㉤ – ㉣

해설

[㉠ 「장애인복지법」 제58조 제1항 제1호의 장애인 거주시설, ㉡ 「사회복지사업법」 제2조 제4호의 사회복지시설 중 결핵 및 한센병요양시설]은 **보장시설**이며, [㉢ 대전광역시장, ㉣ 전라남도지사, ㉤ 인천광역시 교육감]은 **보장기관**에 해당한다.

보충설명

○ 「국민기초생활보장법」(약칭 : 기초생활보장법) 제19조(보장기관) 제1항에 "이 법에 따른 급여는 수급권자 또는 수급자의 거주지를 관할하는 **시·도지사**(㉢, ㉣)와 **시장·군수·구청장**[제7조제1항 제4호의 교육급여인 경우에는 특별시·광역시·특별자치시·도·특별자치도의 교육감(이하 "**시·도교육감**(㉤)"이라 한다)을 말한다. 이하 같다]이 실시한다. 다만, 주거가 일정하지 아니한 경우에는 수급권자 또는 수급자가 실제 거주하는 지역을 관할하는 시장·군수·구청장이 실시한다."라고 규정하고 있다. 제2항에 "제1항에도 불구하고 **보건복지부장관, 소관 중앙행정기관의 장과 시·도지사**는 수급자를 각각 국가나 해당 지방자치단체가 경영하는 보장시설에 입소하게 하거나 다른 보장시설에 위탁하여 급여를 실시할 수 있다."라고 규정하고 있다. 결론적으로, 보장기관은 「국민기초생활 보장법」에 따라 급여를 실시하는 **보건복지부장관, 국토교통부장관, 교육부장관, 특별시장·광역시장**(㉢)**·도지사**(㉣), **특별자치시장·특별자치도지사·시장·군수·구청장, 특별시·광역시·특별자치시·도·특별자치도의 교육감**(㉤)이다.

○ 동법 제32조(보장시설) 이 법에서 "보장시설"이란 제7조에 규정된 급여를 실시하는 「사회복지사업법」에 따른 사회복지시설로서 다음 각 호의 시설 중 보건복지부령으로 정하는 시설을 말한다. 1. **「장애인복지법」 제58조제1항제1호의 장애인 거주시설**(㉠), 2. 「노인복지법」 제32조제1항의 노인주거복지시설 및 같은 법 제34조제1항의 노인의료복지시설, 3. 「아동복지법」 제52조제1항 및 제2항에 따른 아동복지시설 및 통합 시설, 4. 「정신건강증진 및 정신질환자 복지서비스 지원에 관한 법률」 제22조에 따른 정신요양시설 및 같은 법 제26조에 따른 정신재활시설, 5. 「노숙인 등의 복지 및 자립지원에 관한 법률」 제16조제1항제3호 및 제4호의 노숙인재활시설 및 노숙인요양시설, 6. 「가정폭력방지 및 피해자보호 등에 관한 법률」 제7조에 따른 가정폭력피해자 보호시설, 7. 「성매매방지 및 피해자보호 등에 관한 법률」 제9조제1항에 따른 성매매피해자등을 위한 지원시설, 8. 「성폭력방지 및 피해자보호 등에 관한 법률」 제12조에 따른 성폭력피해자보호시설, 9. 「한부모가족지원법」 제19조제1항의 한부모가족복지시설, 10. **「사회복지사업법」 제2조제4호의 사회복지시설 중 결핵 및 한센병요양시설**(㉡), 11. 그 밖에 보건복지부령으로 정하는 시설"라고 규정하고 있다.

정답 ③

083

국민기초생활보장법상 자활 지원에 관한 내용으로 옳지 않은 것은?
• 18회

① 보장기관은 자활지원사업의 원활한 추진을 위하여 자활기금을 적립한다.
② 보장기관은 지역자활센터에 국유·공유 재산의 무상임대 지원을 할 수 있다.
③ 보장기관은 수급자 및 차상위자가 자활에 필요한 자산을 형성할 수 있도록 재정적인 지원을 할 수 있다.
④ 보장기관은 수급자 및 차상위자의 자활 촉진에 필요한 사업을 수행하게 하기 위하여 법인등의 신청을 받아 지역자활센터를 지정할 수 있다.
⑤ 수급자 및 소득인정액이 기준 중위소득의 100분의 70 이상인 자는 상호 협력하여 자활기업을 설립·운영할 수 있다.

> **해설**
> 「국민기초생활보장법」 제18조(자활기업) 제1항에서 "수급자 및 차상위자는 상호 협력하여 자활기업을 설립·운영할 수 있다."라고 규정하고 있으며, 제2항(정의) 제10호에서 "차상위계층이란 수급권자(제14조의2에 따라 수급권자로 보는 사람은 제외한다)에 해당하지 아니하는 계층으로서 소득인정액이 대통령령으로 정하는 기준 이하인 계층을 말한다."라고 규정하고 있다. 그리고, 동법 시행령 제3조(차상위계층)에서 "법 제2조제10호에서 소득인정액이 대통령령으로 정하는 기준 이하인 계층이란 소득인정액이 기준 중위소득의 100분의 50 이하인 사람을 말한다."라고 규정하고 있다. 따라서, 수급자 및 수급권자에 해당하지 아니하는 계층으로서 소득인정액이 기준 중위소득의 100분의 50 이하인 자는 상호 협력하여 자활기업을 설립·운영할 수 있다.
>
> **＋보충설명**
> ① 동법 제18조의3(자활기금의 적립) 제1항에 규정된 내용이다.
> ② 동법 제16조(지역자활센터 등) 제2항에 "보장기관은 제1항에 따라 지정을 받은 지역자활센터에 대하여 다음 각 호의 지원을 할 수 있다. 1. 지역자활센터의 설립·운영 비용 또는 제1항 각 호의 사업수행 비용의 전부 또는 일부, 2. 국유·공유 재산의 무상임대, 3. 보장기관이 실시하는 사업의 우선 위탁"라고 규정하고 있다.
> ③ 동법 제18조의4(자산형성지원) 제1항에 규정된 내용이다.
> ④ 동법 제16조(지역자활센터 등) 제1항에 "보장기관은 수급자 및 차상위자의 자활 촉진에 필요한 다음 각 호의 사업을 수행하게 하기 위하여 사회복지법인, 사회적협동조합 등 비영리법인과 단체를 법인등의 신청을 받아 지역자활센터로 지정할 수 있다."라고 규정하고 있다.
>
> **정답** ⑤

084

국민기초생활보장법의 내용으로 옳은 것은?
• 16회

① 국외에 체류하는 외국인도 수급권자가 된다.
② 기준 중위소득은 지방자치단체별로 중앙생활보장위원회가 고시한다.
③ 주거급여는 여성가족부소관으로 한다.
④ 보장기관은 차상위자가 자활에 필요한 자산을 형성할 수 있도록 재정적인 지원을 할 수는 없다.
⑤ 소관 중앙행정기관의 장은 수급자의 최저생활을 보장하기 위하여 3년마다 소관별로 기초생활보장 기본계획을 수립하여 보건복지부장관에게 제출하여야 한다.

> **해설**
> 「국민기초생활보장법」 제20조의2(기초생활보장 계획의 수립 및 평가)에 규정된 내용이다.
>
> **✗ 오답풀이**
> ① 국외에 체류하는 외국인은 수급권자가 될 수 없으며, 국내에 체류하고 있는 외국인은 수급권자가 될 수 있다(동법 제5조의2).
> ② "기준 중위소득"이란 보건복지부장관이 급여의 기준 등에 활용하기 위하여 제20조제2항에 따른 중앙생활보장위원회의 심의·의결을 거쳐 고시하는 국민 가구소득의 중위값을 말한다(동법 제2조 제11호). 지방자치단체별로 고시하는 것이 아니며, 중앙생활보장위원회가 고시하는 것도 아니다.
> ③ 주거급여는 국토교통부소관으로 한다. 「국민기초생활보장법」 제11조 제2항에서 "주거급여에 관하여 필요한 사항은 따로 법률에서 정한다."고 규정하고 있다. 이때 따로 법률은 「주거급여법」으로 「주거급여법」은 국토교통부소관이다.
> ④ 보장기관은 수급자 및 차상위자가 자활에 필요한 자산을 형성할 수 있도록 재정적인 지원을 할 수 있다(동법 제18조의4 제1항).
>
> **정답** ⑤

085

국민기초생활 보장법상 급여의 종류와 방법에 관한 설명으로 옳은 것은? · 22회

① 생계급여는 물품으로는 지급할 수 없다.
② 생계급여는 수급자에게 주거 안정에 필요한 임차료, 수선유지비, 그 밖의 수급품을 지급하는 것으로 한다.
③ 장제급여는 자활급여를 받는 수급자가 사망한 경우 장제조치를 하는 것으로 한다.
④ 자활급여는 관련 비영리법인에 위탁하여 실시할 수 있다.
⑤ 교육급여는 보건복지부장관의 소관으로 한다.

해설

「국민기초생활보장법」 제15조(자활급여) 제2항에서 "제1항의 자활급여는 **관련 공공기관 · 비영리법인** · 시설과 그 밖에 대통령령으로 정하는 기관에 **위탁하여 실시할 수 있다**. 이 경우 그에 드는 비용은 보장기관이 부담한다."라고 규정하고 있다.

오답풀이

① 생계급여는 물품으로는 지급할 수 있다. 동법 제9조(생계급여의 방법) 제1항에서 "생계급여는 금전을 지급하는 것으로 한다. 다만, 금전으로 지급할 수 없거나 금전으로 지급하는 것이 적당하지 아니하다고 인정하는 경우에는 **물품을 지급할 수 있다.**"라고 규정하고 있다.
② **주거급여**는 수급자에게 주거 안정에 필요한 임차료, 수선유지비, 그 밖의 수급품을 지급하는 것으로 한다. 동법 제11조(주거급여) 제1항에 규정된 내용이다.
③ 장제급여는 자활급여를 받는 수급자가 사망한 경우가 아니라, **생계급여, 주거급여, 의료급여 중 하나 이상의 급여를 받는 수급자가 사망한 경우 장제조치를 하는** 것이다. 동법 제14조(장제급여) 제1항에서 "장제급여는 제7조제1항제1호부터 제3호까지의 급여(1. 생계급여, 2. 주거급여, 3. 의료급여) 중 하나 이상의 급여를 받는 수급자가 사망한 경우 사체의 검안(檢案) · 운반 · 화장 또는 매장, 그 밖의 장제조치를 하는 것으로 한다."라고 규정하고 있다.
⑤ 교육급여는 **교육부장관의 소관으로 한다**. 동법 제12조(교육급여) 제2항에 규정된 내용이다.

정답 ④

086

국민기초생활 보장법상 자활지원사업 수행기관에게 요구되는 개인정보보호에 관한 설명으로 옳지 않은 것은? · 23회

① 보건복지부장관은 수행기관의 통합정보전산망 사용 요청에 대하여 특별한 사정이 없는 한 모든 정보를 제공하여야 한다.
② 수행기관은 보건복지부장관에게 통합정보전산망 사용을 요청하는 경우 보안교육 등 자활지원사업 참여자의 개인정보에 대한 보호대책을 마련하여야 한다.
③ 수행기관은 통합정보전산망을 이용하고자 하는 경우 사전에 정보주체의 동의를 받아야 한다.
④ 사회보장급여 수급이력 등 개인정보는 수행기관에서 자활지원사업을 담당하는 자 중 해당 기관의 장으로부터 개인정보 취급승인을 받은 자만 취급할 수 있다.
⑤ 자활지원사업 업무에 종사하였던 자는 자활지원사업 업무 수행과 관련하여 알게 된 개인·법인의 정보를 다른 용도로 사용해서는 아니 된다.

해설

「국민기초생활보장법」 제18조의11(개인정보의 보호) 제1항에 "보건복지부장관은 제18조의10제4항에 따른 수행기관의 통합정보전산망 사용 요청에 대하여 같은 조 제2항 각 호의 정보 중 업무에 필요한 **최소한의 정보만 제공하여야 한다.**"라고 규정하고 있다.

보충설명

② 동법 제18조의11(개인정보의 보호) 제2항에 규정된 내용이다.
③ 동법 제18조의11(개인정보의 보호) 제3항에 규정된 내용이다.
④ 동법 제18조의11(개인정보의 보호) 제5항에 규정된 내용이다.
⑤ 동법 제18조의11(개인정보의 보호) 제6항에 규정된 내용이다.

정답 ①

02 의료급여법

087

국민기초생활 보장법에 따른 의료급여 수급자로서 의료급여법상 1종 수급권자가 아닌 사람은? • 15회

① 18세인 자
② 65세인 자
③ 장애인고용촉진 및 직업재활법에 따른 중증장애인
④ 임신 중에 있는 자
⑤ 병역법에 따른 병역의무를 이행 중인 자

해설
「국민기초생활 보장법」에 의한 수급자 중 '18세 미만인 자'에 해당하는 자는 1종 수급권자이다. 따라서 「국민기초생활 보장법」에 의한 수급자 중 18세인 자는 2종 수급권자에 해당한다.

정답 ①

088

의료급여법령에 관한 설명으로 옳지 않은 것은? • 11회

① 수급권자는 1종 수급권자와 2종 수급권자로 구분한다.
② 1종 수급권자와 2종 수급권자에게는 색깔로 구별되는 의료급여증을 발급한다.
③ 수급권자의 건강관리 능력 향상 및 합리적 의료이용 유도 등을 위하여 사례관리를 실시할 수 있다.
④ 예방·재활, 이송도 의료급여의 내용에 포함된다.
⑤ 다른 법령에 따라 의료급여를 받고 있는 경우에는 이 법에 의한 의료급여를 행하지 아니한다.

해설
의료급여증에 대한 서식은 규정되어 있지만, 1종 수급권자와 2종 수급권자를 색깔로 구별하여 발급하지 않는다.

오답풀이
① 의료급여수급권자는 법 1종 수급권자와 2종 수급권자로 구분한다(「의료급여법」 시행령 제3조).
③ 보건복지부장관, 시·도지사 및 시장·군수·구청장은 수급권자의 건강관리 능력 향상 및 합리적 의료이용 유도 등을 위하여 사례관리를 실시할 수 있다(동법 제5조의2).
④ 제7조(의료급여의 내용 등) 제1항 '이 법에 의한 수급권자의 질병·부상·출산 등에 대한 의료급여의 내용은 다음 각 호와 같다. 1. 진찰·검사, 2. 약제·치료재료의 지급, 3. 처치·수술과 그 밖의 치료, 4. 예방·재활, 5. 입원, 6. 간호, 7. 이송과 그 밖의 의료목적의 달성을 위한 조치'라고 규정하고 있다. 즉 예방·재활, 이송도 의료급여의 내용에 포함된다.
⑤ 수급권자가 다른 법령에 따라 의료급여를 받고 있는 경우에는 이 법에 따른 의료급여를 하지 아니한다(동법 제4조).

정답 ②

089

의료급여법령의 내용으로 옳지 않은 것은? · 12회

① 약사법에 따라 등록된 약국은 처방전을 급여비용을 청구한 날부터 3년간 보존하여야 한다.
② 시장·군수·구청장은 장애인복지법에 따라 등록한 장애인인 수급권자에게 보조기기에 대하여 급여를 실시할 수 있다.
③ 의료급여기관은 의료급여를 하기 전에 수급권자에게 본인 부담금을 청구할 수 있다.
④ 시장·군수·구청장은 수급권자의 소득, 재산상황, 근로능력 등이 변동되었을 때에는 직권으로 의료급여의 내용 등을 변경할 수 있다.
⑤ 시장·군수·구청장은 수급권자에 대한 의료급여가 필요 없게 된 경우에는 의료급여를 중지하여야 한다.

해설

「의료급여법」제11조의4(의료급여기관의 비용 청구에 관한 금지행위) 의료급여기관은 진료 등의 의료급여를 행하기 전에 수급권자에게 본인 부담금을 청구하거나 수급권자가 이 법에 따라 부담하여야 하는 비용과 비급여 비용 외에 입원보증금 등 다른 명목의 비용을 청구하여서는 아니 된다.

보충설명

① 동법 제11조의2(서류의 보존) 제1항 의료급여기관은 의료급여가 끝난 날부터 5년간 보건복지부령으로 정하는 바에 따라 제11조에 따른 급여 비용의 청구에 관한 서류를 보존하여야 한다. 제2항 제1항에도 불구하고 약국 등 보건복지부령으로 정하는 의료급여기관은 처방전을 급여 비용을 청구한 날부터 3년간 보존하여야 한다.
② 동법 제13조(장애인 및 임산부에 대한 특례) 제1항 시장·군수·구청장은 「장애인복지법」에 따라 등록한 장애인인 수급권자에게 「장애인·노인 등을 위한 보조기기 지원 및 활용촉진에 관한 법률」제3조제2호에 따른 보조기기에 대하여 급여를 실시할 수 있다.
④ 동법 제16조(급여의 변경) 제1항 시장·군수·구청장은 **수급자의 소득·재산상황·근로능력 등에 변동이 있는 경우에는** 직권 또는 수급자나 그 친족 그 밖의 관계인의 신청에 따라 급여의 내용 등을 변경할 수 있다.
⑤ 동법 제17조(급여의 중지 등) 제1항 시장·군수·구청장은 수급권자가 [1. 수급권자에 대한 의료급여가 필요없게 된 경우, 2. 수급권자가 의료급여를 거부한 경우에 해당하는 경우]에는 의료급여를 중지하여야 한다.

정답 ③

090

의료급여법령에 관한 설명으로 옳지 않은 것은? · 13회

① 국민기초생활 보장법에 따른 수급자는 의료급여 수급권자이다.
② 수급권자가 다른 법령에 따라 의료급여를 받고 있는 경우에는 의료급여법에 따른 의료급여를 하지 아니한다.
③ 관할 시장·군수·구청장은 수급권자가 되려는 자의 인정 신청이 없더라도 직권으로 수급권자를 정할 수 있다.
④ 지역보건법에 따라 설치된 보건지소는 제1차 의료급여기관이다.
⑤ 의료급여기관은 의료급여를 하기 전에 수급권자에게 본인 부담금을 청구하여서는 아니 된다.

해설

의료급여수급권자가 되려는 사람은 보건복지부령으로 정하는 바에 따라 특별자치시장·특별자치도지사·시장·군수·구청장에게 수급권자 인정 신청을 하여야 한다. **직권으로는 수급권자를 정할 수 없다.**

보충설명

④ 「의료법」제33조 제3항에 따라 개설신고를 한 의료기관, 「지역보건법」에 따라 설치된 보건소·보건의료원 및 보건지소, 「농어촌 등 보건의료를 위한 특별조치법」에 따라 설치된 보건진료소, 「약사법」에 따라 개설등록된 약국 및 같은 법 제91조에 따라 설립된 한국희귀·필수의약품센터는 제1차 의료급여기관에 해당한다.

정답 ③

091

의료급여법의 내용이다. ( )에 들어갈 숫자를 옳게 짝지은 것은?
·16회

- 의료급여기관은 의료급여가 끝난 날부터 (ㄱ)년간 보건복지부령으로 정하는 바에 따라 급여비용의 청구에 관한 서류를 보존하여야 한다.
- 약국 등 보건복지부령으로 정하는 의료급여기관은 처방전을 급여비용을 청구한 날부터 (ㄴ)년간 보존하여야 한다.

① ㄱ:2, ㄴ:3
② ㄱ:3, ㄴ:3
③ ㄱ:3, ㄴ:5
④ ㄱ:5, ㄴ:3
⑤ ㄱ:5, ㄴ:5

해설

「의료급여법」 제11조의2(서류의 보존) 제1항에서 "의료급여기관은 의료급여가 끝난 날부터 **5년간** 보건복지부령으로 정하는 바에 따라 제11조에 따른 급여비용의 청구에 관한 서류를 보존하여야 한다."고 규정하고 있으며, 제2항에서 "제1항에도 불구하고 약국 등 보건복지부령으로 정하는 의료급여기관은 처방전을 급여비용을 청구한 날부터 **3년**간 보존하여야 한다."고 규정하고 있다.

정답 ④

092

의료급여법의 내용으로 옳은 것은?
·22회

① 시·도지사는 의료급여증을 발급하여야 한다.
② 급여비용의 재원을 충당하기 위하여 보건복지부에 의료급여기금을 설치한다.
③ 보건복지부에 두는 의료급여심의위원회는 의료급여의 수가에 관한 사항을 심의한다.
④ 시·도지사는 상환받은 대지급금을 의료급여기금에 납입하여야 한다.
⑤ 수급권자가 의료급여를 거부한 경우 시·도지사는 의료급여를 중지해야 한다.

해설

「의료급여법」 제6조(의료급여심의위원회) 제2항에서 "보건복지부에 두는 **의료급여심의위원회(중앙의료급여심의위원회)**는 다음 각 호의 사항을 심의한다. 1. 의료급여사업의 기본방향 및 대책 수립에 관한 사항, 2. **의료급여의 기준 및 수가에 관한 사항**, 3. 그 밖에 보건복지부장관 또는 위원장이 부의하는 사항"라고 규정하고 있다.

오답풀이

① 동법 제8조(의료급여증) 제1항에 "**시장·군수·구청장**은 수급권자가 신청하는 경우 의료급여증을 발급하여야 한다."라고 규정하고 있다.
② 동법 제25조(의료급여기금의 설치 및 조성) 제1항에 "이 법에 따른 급여비용의 재원에 충당하기 위하여 **시·도**에 의료급여기금을 설치한다."라고 규정하고 있다.
④ 동법 제21조(대지급금의 상환) 제3항에 "제1항 및 제2항에 따라 대지급금을 상환받은 **시장·군수·구청장**은 이를 제25조에 따른 의료급여기금에 납입하여야 한다."라고 규정하고 있다.
⑤ 동법 제17조(의료급여의 중지 등) 제1항에 "**시장·군수·구청장**은 수급권자가 다음 각 호의 어느 하나에 해당하면 의료급여를 중지하여야 한다. 1. 수급권자에 대한 의료급여가 필요 없게 된 경우, 2. **수급권자가 의료급여를 거부한 경우**"라고 규정하고 있다.

정답 ③

093 ✓확인 ☐☐☐

의료급여법의 내용으로 옳은 것은?   · 23회

① 「국내입양에 관한 특별법」에 따라 국내에 입양된 아동은 25세까지 수급권자로 특례 적용된다.
② 수급권자가 업무 또는 공무로 생긴 질병·부상·재해로 다른 법령에 따른 급여나 보상을 받게 되는 경우에는 이 법에 따른 의료급여를 하지 아니한다.
③ 의료급여에 관한 업무는 수급권자의 출생지를 관할하는 시장·군수·구청장이 한다.
④ 「지역보건법」에 따라 설치된 보건소는 의료급여기관이 될 수 없다.
⑤ 시장·군수·구청장은 수급권자가 정당한 이유 없이 의료급여기관의 진료에 관한 지시에 따르지 아니한 경우에도 의료급여를 제한해서는 아니 된다.

해설

「의료급여법」 제4조(**적용 배제**) 제1항에 "수급권자가 업무 또는 공무로 생긴 질병·부상·재해로 다른 법령에 따른 급여나 보상(**報償**) 또는 보상(**補償**)을 받게 되는 경우에는 이 법에 따른 의료급여를 하지 아니한다."라고 규정하고 있다.

✗ 오답풀이
① 「국내입양에 관한 특별법」에 따라 국내에 입양된 아동은 **18세 미만까지 수급권자로 특례 적용된다**(동법 제3조 제1항 제4호).
③ 의료급여에 관한 업무는 수급권자의 **거주지**를 관할하는 시장·군수·구청장이 한다. 동법 제5조(보장기관) 제1항에서 "이 법에 따른 의료급여에 관한 업무는 수급권자의 **거주지**를 관할하는 특별시장·광역시장·도지사와 **시장·군수·구청장**이 한다."고 규정하고 있다.
④ 「지역보건법」에 따라 설치된 보건소는 의료급여기관이 될 수 있다(동법 제9조 제1항 제2호).
⑤ 시장·군수·구청장은 수급권자가 정당한 이유 없이 의료급여기관의 진료에 관한 지시에 따르지 아니한 경우에는 **의료급여를 제한한다**(동법 제15조 제1항 제2호).

정답 ②

03 긴급복지지원법

094 ✓확인 ☐☐☐

긴급복지지원법상 "위기상황"에 해당하는 사유를 모두 고른 것은?   · 21회

㉠ 주소득자가 사망, 가출, 행방불명 등으로 소득을 상실하여 생계유지가 어렵게 된 경우
㉡ 본인이 중한 질병 또는 부상을 당하여 생계유지가 어렵게 된 경우
㉢ 본인이 가구구성원으로부터 방임 등을 당하여 생계유지가 어렵게 된 경우
㉣ 본인이 가구구성원으로부터 성폭력을 당하여 생계유지가 어렵게 된 경우

① ㉠, ㉡, ㉢　　　② ㉠, ㉡, ㉣
③ ㉠, ㉢, ㉣　　　④ ㉡, ㉢, ㉣
⑤ ㉠, ㉡, ㉢, ㉣

해설

「긴급복지지원법」 제2조(정의)에서 "이 법에서 '위기상황'이란 본인 또는 본인과 생계 및 주거를 같이 하고 있는 가구 구성원이 다음 각 호의 어느 하나에 해당하는 사유로 인하여 생계유지 등이 어렵게 된 것을 말한다. 1. **주소득자(主所得者)가 사망, 가출, 행방불명**, 구금시설에 수용되는 **등의 사유로 소득을 상실한 경우**(㉠), 2. **중한 질병 또는 부상을 당한 경우**(㉡), 3. **가구구성원으로부터 방임(放任)** 또는 유기(遺棄)되거나 학대 등을 당한 경우(㉢), 4. 가정폭력을 당하여 가구구성원과 함께 원만한 가정생활을 하기 곤란하거나 **가구구성원으로부터 성폭력을 당한 경우**(㉣), 5. 화재 또는 자연재해 등으로 인하여 거주하는 주택 또는 건물에서 생활하기 곤란하게 된 경우, 6. 주소득자 또는 부소득자(副所得者)의 휴업, 폐업 또는 사업장의 화재 등으로 인하여 실질적인 영업이 곤란하게 된 경우, 7. 주소득자 또는 부소득자의 실직으로 소득을 상실한 경우, 8. 보건복지부령으로 정하는 기준에 따라 지방자치단체의 조례로 정한 사유가 발생한 경우, 9. 그 밖에 보건복지부장관이 정하여 고시하는 사유가 발생한 경우."라고 규정하고 있다.

정답 ⑤

095

긴급복지지원법령의 내용으로 옳지 않은 것은? · 12회

① 시장·군수·구청장은 긴급 지원담당 공무원을 지정하여야 한다.
② 누구든지 긴급 지원대상자를 발견한 경우에는 관할 시장·군수·구청장에게 신고하여야 한다.
③ 사회복지사업법에 따라 긴급복지지원법에 따른 지원 내용과 동일한 내용의 지원을 받고 있는 경우라도 긴급복지지원법에 따른 지원을 하여야 한다.
④ 국가 및 지방자치단체는 긴급지원 업무를 수행하기 위하여 필요한 비용을 분담하여야 한다.
⑤ 보건복지부장관은 위기상황에 처한 사람에게 상담·정보제공 및 관련 기관·단체 등과의 연계서비스를 제공하기 위하여 담당기구를 설치·운영할 수 있다.

해설

「재해구호법」, 「국민기초생활 보장법」, 「의료급여법」, 「사회복지사업법」, 「가정폭력방지 및 피해자보호 등에 관한 법률」, 「성폭력방지 및 피해자보호 등에 관한 법률」 등 다른 법률에 따라 이 법에 따른 지원 내용과 동일한 내용의 구호·보호 또는 지원을 받고 있는 경우에는 이 법에 따른 지원을 하지 아니한다(「긴급복지지원법」 제3조 제2항).

정답 ③

096

긴급복지지원법상 긴급지원의 종류 중 직접지원에 해당하지 않는 것은? · 17회

① 생계지원
② 의료지원
③ 교육지원
④ 정보제공 지원
⑤ 사회복지시설 이용 지원

해설

정보제공 지원은 민간기관·단체와의 연계 등의 지원에 해당한다.

보충설명

「긴급복지지원법」 제9조(긴급지원의 종류 및 내용) 제1항 이 법에 따른 지원의 종류 및 내용은 다음과 같다.
1. 금전 또는 현물(現物) 등의 직접지원
   가. **생계지원**: 식료품비·의복비 등 생계유지에 필요한 비용 또는 현물 지원
   나. **의료지원**: 각종 검사 및 치료 등 의료서비스 지원
   다. **주거지원**: 임시거소(臨時居所) 제공 또는 이에 해당하는 비용 지원
   라. **사회복지시설 이용 지원**: 「사회복지사업법」에 따른 사회복지시설 입소(入所) 또는 이용 서비스 제공이나 이에 필요한 비용 지원
   마. **교육지원**: 초·중·고등학생의 수업료, 입학금, 학교운영지원비 및 학용품비 등 필요한 비용 지원
   바. **그 밖의 지원**: 연료비나 그 밖에 위기상황의 극복에 필요한 비용 또는 현물 지원
2. 민간기관·단체와의 연계 등의 지원
   가. 「대한적십자사 조직법」에 따른 대한적십자사, 「사회복지공동모금회법」에 따른 사회복지공동모금회 등의 사회복지기관·단체와의 연계 지원
   나. **상담·정보제공**, 그 밖의 지원

정답 ④

097

긴급복지지원법의 내용으로 옳지 않은 것은? · 18회

① 주거지가 불분명한 자도 긴급지원대상자가 될 수 있다.
② 국내에 체류하는 모든 외국인은 긴급지원대상자가 될 수 없다.
③ 위기상황에 처한 사람에게 일시적으로 신속하게 지원하는 것을 기본원칙으로 한다.
④ 누구든지 긴급지원대상자를 발견한 경우에는 관할 시장·군수·구청장에게 신고하여야 한다.
⑤ 국가 및 지방자치단체는 위기상황에 처한 사람에 대한 발굴조사를 연 1회 이상 정기적으로 실시하여야 한다.

해설

「긴급복지지원법」 제5조의2(외국인에 대한 특례)에 "**국내에 체류하고 있는 외국인 중 대통령령으로 정하는 사람이 제5조에 해당하는 경우에는 긴급지원대상자가 된다.**"라고 규정하고 있다. 따라서, 국내에 체류하는 외국인은 긴급지원대상자가 긴급지원대상자가 되는 경우도 있지만, 되지 못하는 경우도 있다.

보충설명
① 동법 제5조(긴급지원대상자) "이 법에 따른 지원대상자는 **위기상황에 처한 사람으로서 이 법에 따른 지원이 긴급하게 필요한 사람**(긴급지원대상자)으로 한다." 동법 제6조(긴급지원기관) 제1항 "이 법에 따른 지원은 긴급지원대상자의 거주지를 관할하는 시장·군수·구청장이 한다. 다만, 긴급지원대상자의 **거주지가 분명하지 아니한 경우에는 제7조에 따른 지원요청 또는 신고를 받은 시장·군수·구청장**이 한다."라고 규정하고 있다.
③ 동법 제3조(기본원칙) 제1항에 규정된 내용이다.
④ 동법 제7조(지원요청 및 신고) 제1항에 규정된 내용이다.
⑤ 동법 제7조의2(위기상황의 발굴) 제1항에 규정된 내용이다.

정답 ②

04 기초연금법

098

기초연금법에 관한 설명으로 옳지 않은 것은? · 15회

① 기초연금은 65세 이상인 사람으로서 소득인정액이 선정기준액 이하인 사람에게 지급한다.
② 기초연금 수급희망자는 특별자치시장·특별자치도지사·시장·군수·구청장에게 기초연금의 지급을 신청할 수 있다.
③ 부부가 모두 기초연금 수급권자인 경우 각각의 기초연금에서 기초연금액의 100분의 30에 해당하는 금액을 감액한다.
④ 수급권자가 국외로 이주한 경우 수급권을 상실한다.
⑤ 시장은 수급자가 법령에 따라 사망한 것으로 추정되는 경우 그 사유가 발생한 날이 속하는 날의 다음 달부터 그 사유가 소멸한 날이 속하는 달까지는 기초연금의 지급을 정지한다.

해설

「기초연금법」 제8조(**기초연금액의 감액**) 제1항 "본인과 그 배우자가 모두 기초연금 수급권자인 경우에는 각각의 기초연금액에서 **기초연금액의 100분의 20에 해당하는 금액을 감액한다.**"라고 규정하고 있다.

보충설명
⑤ 「기초연금법」 제16조(**기초연금 지급의 정지**) 제1항에 "특별자치시장·특별자치도지사·시장·군수·구청장은 기초연금 수급자가 다음 각 호의 어느 하나의 경우에 해당하면 그 사유가 발생한 날이 속하는 달의 다음 달부터 그 사유가 소멸한 날이 속하는 달까지는 기초연금의 지급을 정지한다."라고 규정하고 있다.
1. 기초연금 수급자가 금고 이상의 형을 선고받고 교정시설 또는 치료감호시설에 **수용되어 있는 경우**
2. 기초연금 수급자가 행방불명되거나 실종되는 등 대통령령으로 정하는 바에 따라 **사망한 것으로 추정되는 경우**
3. 기초연금 수급자의 **국외 체류기간이 60일 이상 지속되는 경우**. 이 경우 국외 체류 60일이 되는 날을 지급 정지의 사유가 발생한 날로 본다.
4. 그 밖에 제1호부터 제3호까지의 경우에 준하는 경우로서 대통령령으로 정하는 경우

정답 ③

099

기초연금법의 내용으로 옳지 않은 것은? ・14회

① 기초연금 수급권자에 대한 기초연금의 금액은 기준연금액과 국민연금 급여액 등을 고려하여 산정한다.
② 기초연금액이 기준연금액을 초과하는 경우 기준연금액을 기초연금액으로 본다.
③ 본인과 그 배우자가 모두 기초연금 수급권자인 경우에는 각각의 기초연금액에서 기초연금액의 100분의 20에 해당하는 금액을 감액한다.
④ 보건복지부장관은 3년마다 기초연금 수급권자의 생활수준 등을 고려하여 기초연금액의 적정성을 평가하여야 한다.
⑤ 기초연금 수급권자의 권리는 5년간 행사하지 아니하면 시효의 완성으로 소멸한다.

> **해설**
> 보건복지부장관은 제5조 제2항에도 불구하고 **5년마다** 기초연금 수급권자의 생활 수준, 「국민연금법」 제51조 제1항 제1호에 따른 금액의 변동률, 전국소비자물가변동률 등을 종합적으로 고려하여 **기초연금액의 적정성을 평가**하고 그 결과를 반영하여 기준연금액을 조정하여야 한다(동법 제9조 제1항).
>
> **정답** ④

100

기초연금법령에 관한 설명으로 옳은 것은? ・13회

① 보건복지부장관은 선정기준액을 정하는 경우 65세 이상인 사람 중 수급자가 100분의 60 수준이 되도록 한다.
② 소득 인정액은 본인의 소득평가액과 재산의 소득환산액을 합산한 금액을 말한다.
③ 본인과 그 배우자가 모두 기초연금 수급권자인 경우에는 기초연금액의 100분의 20에 해당하는 금액을 가산하여 지급한다.
④ 기초연금 수급권자는 국외로 이주한 때에 수급권을 상실한다.
⑤ 기초연금의 지급에 드는 비용은 전부 시·도 및 시·군·구가 나누어 부담한다.

> **해설**
> 「기초연금법」 제17조(기초연금 수급권의 상실)에서 "기초연금 수급권자는 다음 각 호의 어느 하나에 해당하게 된 때에 기초연금 수급권을 상실한다. 1. 사망한 때, 2. 국적을 상실하거나 국외로 이주한 때, 3. 제3조에 따른 기초연금 수급권자에 해당하지 아니하게 된 때"라고 규정하고 있다.
>
> **오답풀이**
> ① 보건복지부장관은 선정기준액을 정하는 경우 65세 이상인 사람 중 수급자가 100분의 70 수준이 되도록 한다.
> ② 소득 인정액이란 본인 및 배우자의 소득평가액과 재산의 소득환산액을 합산한 금액을 말한다.
> ③ 본인과 그 배우자가 모두 기초연금 수급권자인 경우에는 각각의 기초 연금액에서 기초 연금액의 100분의 20에 해당하는 금액을 감액한다.
> ⑤ 국가는 지방자치단체의 노인인구 비율 및 재정 여건 등을 고려하여 기초연금의 지급에 드는 비용 중 100분의 40 이상 100분의 90 이하의 범위에서 대통령령으로 정하는 비율에 해당하는 비용을 부담한다. 국가가 부담하는 비용을 뺀 비용은 특별시·광역시·특별자치시·도·특별자치도(시·도)와 시·군·구가 상호 분담한다.
>
> **정답** ④

101

기초연금법의 내용으로 옳지 않은 것은? ·16회

① 보건복지부장관은 선정기준액을 정하는 경우 65세 이상인 사람 중 기초연금 수급자가 100분의 70수준이 되도록 한다.
② 기초연금으로 지급받은 금품은 압류할 수 없다.
③ 기초연금의 지급이 정지된 기간에는 기초연금을 지급하지 아니한다.
④ 기초연금 수급권자가 국외로 이주한 때에 기초연금 수급권을 상실한다.
⑤ 기초연금 수급권자의 권리는 3년간 행사하지 아니하면 시효의 완성으로 소멸한다.

해설

「기초연금법」제23조(시효)에서 "제19조에 따른 환수금을 환수할 권리와 기초연금 수급권자의 권리는 **5년간** 행사하지 아니하면 시효의 완성으로 소멸한다."고 규정하고 있다.

+ 보충설명

① 「기초연금법」제3조(기초연금 수급권자의 범위 등) 제2항에 규정된 내용이다.
② 「기초연금법」제21조(기초연금 수급권의 보호) 제1항에 "기초연금 수급권은 양도하거나 담보로 제공할 수 없으며, 압류 대상으로 할 수 없다."고 규정하고 있으며, 제2항에 "기초연금으로 **지급받은 금품은 압류할 수 없다.**"고 규정하고 있다.
③ 「기초연금법」제14조(기초연금의 지급 및 지급 시기) 제2항에 규정된 내용이다.
④ 「기초연금법」제17조(기초연금 수급권의 상실)에 "기초연금 수급권자는 다음 각 호의 어느 하나에 해당하게 된 때에 기초연금 수급권을 상실한다. 1. 사망한 때, 2. **국적을 상실하거나 국외로 이주한 때**, 3. 제3조에 따른 기초연금 수급자에 해당하지 아니하게 된 때"라고 규정하고 있다.

정답 ⑤

102

기초연금법의 내용으로 옳은 것은? ·17회

① "소득인정액"이란 본인 및 배우자의 소득평가액과 재산의 소득환산액을 합산한 금액을 말한다.
② 기초연금 수급권자가 국외로 이주하더라도 기초연금 수급권을 상실하지 않는다.
③ 기초연금으로 지급받은 금품은 압류할 수 있다.
④ 기초연금은 기초연금의 지급을 신청한 날이 속하는 달의 다음 달부터 지급한다.
⑤ 본인과 그 배우자가 모두 기초연금 수급권자인 경우에는 각각의 기초연금액에서 기초연금액의 100분의 50에 해당하는 금액을 감액한다.

해설

「기초연금법」제2조(정의) 제4호에 규정된 내용이다.

✕ 오답풀이

② 기초연금 수급권자가 국적을 상실하거나 **국외로 이주한 때 기초연금 수급권을 상실한다**(동법 제17조).
③ 기초연금으로 지급받은 금품은 **압류할 수 없다**(동법 제21조 제2항).
④ 특별자치시장·특별자치도지사·시장·군수·구청장은 제13조 제1항에 따라 기초연금 수급권자로 결정한 사람에 대하여 **기초연금의 지급을 신청한 날이 속하는 달부터** 제17조에 따라 기초연금 수급권을 상실한 날이 속하는 달까지 **매월 정기적으로 기초연금을 지급한다**(동법 제14조 제1항).
⑤ 본인과 그 배우자가 모두 기초연금 수급권자인 경우에는 각각의 기초연금액에서 **기초연금액의 100분의 20에 해당하는 금액을 감액한다**(동법 제8조 제1항).

정답 ①

제12장 사회보험법

제8영역 : 사회복지법제론

01 국민연금법

103

국민연금법의 내용으로 옳은 것은? · 17회

① 이 법을 적용할 때 배우자의 범위에는 사실상의 혼인관계에 있는 자를 제외한다.
② 수급권을 취득할 당시 가입자였던 자의 태아가 출생하면 그 자녀는 가입자였던 자에 의하여 생계를 유지하고 있던 자녀로 본다.
③ 가입자의 종류는 사업장가입자와 지역가입자의 2가지로 구분된다.
④ 지역가입자가 사업장가입자의 자격을 취득한 때에는 그에 해당하게 된 날의 다음 날에 지역가입자의 자격을 상실한다.
⑤ 수급권자가 사망한 경우 그 수급권자에게 미지급 급여가 있으면 그 급여를 받을 순위는 자녀, 배우자, 부모의 순으로 한다.

해설
「국민연금법」 제3조(정의 등) 제3항에 규정된 내용이다.

✕ 오답풀이
① 이 법을 적용할 때 배우자, 남편 또는 아내에는 **사실상의 혼인관계에 있는 자를 포함**한다(동법 제3조 제2항).
③ 가입자는 **사업장가입자, 지역가입자, 임의가입자 및 임의계속가입자**로 구분한다(동법 제7조).
④ 지역가입자가 사업장가입자의 자격을 취득한 때에는 그에 해당하게 **된 날에 지역가입자의 자격을 상실**한다.
「국민연금법」 제12조(가입자 자격의 상실 시기) 제2항 지역가입자는 다음 각 호의 어느 하나에 해당하게 된 날의 다음 날에 자격을 상실한다. 다만, 제3호와 제4호의 경우에는 그에 해당하게 된 날에 그 자격을 상실한다.
  1. 사망한 때
  2. 국적을 상실하거나 국외로 이주한 때
  3. 제6조 단서에 따른 국민연금 가입 대상 제외자에 해당하게 된 때
  4. **사업장가입자의 자격을 취득한 때**
  5. 제9조제1호에 따른 배우자로서 별도의 소득이 없게 된 때
  6. 60세가 된 때
⑤ 수급권자가 사망한 경우 그 수급권자에게 미지급 급여가 있으면 그 급여를 받을 순위는 **배우자, 자녀, 부모, 손자녀, 조부모, 형제자매**의 순으로 한다(동법 제55조).

정답 ②

104

국민연금법의 내용으로 옳은 것은? · 22회

① 가입자의 가입 종류가 변동되면 그 가입자의 가입기간은 각 종류별 가입기간을 합산한 기간으로 한다.
② 국민연금사업은 기획재정부장관이 맡아 주관한다.
③ "수급권자"란 이 법에 따른 급여를 받을 권리를 말한다.
④ 국내에 거주하는 국민으로서 18세 이상 65세 미만인 자는 국민연금 가입 대상이 된다.
⑤ 「국민연금법」을 적용할 때 배우자에는 사실상의 혼인관계에 있는 자는 포함되지 않는다.

해설
「국민연금법」 제20조(가입기간의 합산) 제1항에서 "가입자의 자격을 상실한 후 다시 그 자격을 취득한 자에 대하여는 전후(前後)의 가입기간을 합산한다."고 규정하고 있으며, 제2항에서 "**가입자의 가입 종류가 변동되면 그 가입자의 가입기간은 각 종류별 가입기간을 합산한 기간으로 한다.**"고 규정하고 있다.

✕ 오답풀이
② 동법 제2조(관장)에 "이 법에 따른 국민연금사업은 **보건복지부장관**이 맡아 주관한다."고 규정하고 있다.
③ **수급권자**란 수급권을 가진 자를 말한다(동법 제3조 제14호). 참고로 **수급자**란 이 법에 따른 급여를 받고 있는 자를 말한다(동법 제3조 제15호).
④ 동법 제6조(가입 대상)에서 "국내에 거주하는 국민으로서 18세 이상 **60세** 미만인 자는 국민연금 가입 대상이 된다."고 규정하고 있다.
⑤ 동법 제3조(정의) 제2항에서 "이 법을 적용할 때 배우자, 남편 또는 아내에는 **사실상의 혼인관계에 있는 자를 포함**한다."고 규정하고 있다.

정답 ①

105

국민연금법상 급여의 종류에 해당하는 것을 모두 고른 것은?

· 19회

㉠ 노령연금 ㉡ 장해급여
㉢ 유족연금 ㉣ 반환일시금

① ㉠, ㉡, ㉢
② ㉠, ㉡, ㉣
③ ㉠, ㉢, ㉣
④ ㉡, ㉢, ㉣
⑤ ㉠, ㉡, ㉢, ㉣

해설

「국민연금법」 제49조(급여의 종류)에서 "이 법에 따른 급여의 종류는 다음과 같다. 1. **노령연금**(㉠), 2. **장애연금**, 3. **유족연금**(㉢), 4. **반환일시금**(㉣)"라고 규정하고 있다.

오답풀이

㉡ 장해급여는 산업재해보상보험법상 급여의 종류에 해당된다. 「산업재해보상보험법」(약칭 : 산재보험법) 제36조(보험급여의 종류와 산정 기준 등) 제1항에서 "**보험급여의 종류는 다음 각 호와 같다.** 다만, 진폐에 따른 보험급여의 종류는 제1호의 요양급여, 제4호의 간병급여, 제7호의 장례비, 제8호의 직업재활급여, 제91조의3에 따른 진폐보상연금 및 제91조의4에 따른 진폐유족연금으로 한다. 1. 요양급여, 2. 휴업급여, 3. 장해급여, 4. 간병급여, 5. 유족급여, 6. 상병(傷病)보상연금, 7. 장례비, 8. 직업재활급여"라고 규정하고 있다.

정답 ③

106

국민연금법상 유족연금에 관한 설명으로 옳지 않은 것은?

· 15회

① 노령연금 수급권자가 사망하면 그 유족에게 유족연금이 지급된다.
② 가입기간이 10년 이상인 가입자가 사망하면 그 유족에게 유족연금이 지급된다.
③ 유족연금수급권자인 배우자가 재혼한 때에는 그 수급권은 소멸한다.
④ 자녀인 유족연금 수급권자가 파양된 때에는 그 수급권은 소멸하지 않는다.
⑤ 장애등급이 3급인 장애연금 수급권자가 사망하면 그 유족에게 유족연금이 지급되지 아니한다.

해설

「국민연금법」 제75조(유족연금 수급권의 소멸) 제1항에서 "유족연금 수급권자가 다음 각 호의 어느 하나에 해당하게 되면 그 **수급권은 소멸한다.**"라고 규정하고 있다.

1. 수급권자가 사망한 때
2. 배우자인 수급권자가 재혼한 때
3. **자녀나 손자녀인 수급권자가 파양된 때**
4. 장애등급 2급 이상에 해당하지 아니한 자녀인 수급권자가 25세가 된 때 또는 장애등급 2급 이상에 해당하지 아니한 손자녀인 수급권자가 19세가 된 때

오답풀이

⑤ 「국민연금법」 제72조(유족연금의 수급권자) 제1항에서 "다음 각 호의 어느 하나에 해당하는 사람이 사망하면 그 유족에게 유족연금을 지급한다."라고 규정하고 있다.

1. 노령연금 수급권자
2. 가입기간이 10년 이상인 가입자 또는 가입자였던 자
3. 연금보험료를 낸 기간이 가입대상기간의 3분의 1 이상인 가입자 또는 가입자였던 자
4. 사망일 5년 전부터 사망일까지의 기간 중 연금보험료를 낸 기간이 3년 이상인 가입자 또는 가입자였던 자. 다만, 가입대상기간 중 체납기간이 3년 이상인 사람은 제외한다.
5. 장애등급이 2급 이상인 장애연금 수급권자

정답 ④

107 ☑확인 ☐☐☐

국민연금법상 국민연금기금을 운용할 수 있는 방법으로 옳은 것을 모두 고른 것은?
• 10회

> ㉠ 은행법에 따른 은행에 대한 예입 또는 신탁
> ㉡ 공공사업을 위한 공공부문에 대한 투자
> ㉢ 기금의 본래 사업 목적을 수행하기 위한 재산의 취득 및 처분
> ㉣ 노인복지법에 따른 노인복지시설의 설치·공급·임대

① ㉠, ㉡, ㉢   ② ㉠, ㉢   ③ ㉡, ㉣
④ ㉣   ⑤ ㉠, ㉡, ㉢, ㉣

해설

「국민연금법」 제102조(기금의 관리 및 운용)
① 기금은 보건복지부장관이 관리·운용한다.
② 보건복지부장관은 국민연금 재정의 장기적인 안정을 유지하기 위하여 그 수익을 최대로 증대시킬 수 있도록 제103조에 따른 국민연금 기금운용위원회에서 의결한 바에 따라 다음의 방법으로 기금을 관리·운용하되, 가입자, 가입자였던 자 및 수급권자의 복지증진을 위한 사업에 대한 투자는 국민연금 재정의 안정을 해치지 아니하는 범위에서 하여야 한다. 다만, 제2호의 경우에는 기획재정부장관과 협의하여 국채를 매입한다.
 1. 대통령령으로 정하는 금융기관에 대한 예입 또는 신탁
 2. 공공사업을 위한 공공부문에 대한 투자
 3. 「자본시장과 금융투자업에 관한 법률」 제4조에 따른 증권의 매매 및 대여
 4. 「자본시장과 금융투자업에 관한 법률」 제5조 제1항 각 호에 따른 지수 중 금융투자상품지수에 관한 파생상품시장에서의 거래
 5. 제46조에 따른 복지사업 및 대여사업
 6. 기금의 본래 사업 목적을 수행하기 위한 재산의 취득 및 처분
 7. 그 밖에 기금의 증식을 위하여 대통령령으로 정하는 사업

「국민연금법」 제46조(복지사업과 대여사업 등)
① 공단은 가입자, 가입자였던 자 및 수급권자의 복지를 증진하기 위하여 대통령령으로 정하는 바에 따라 다음 각 호의 복지사업을 할 수 있다.
 1. 자금의 대여
 2. 「노인복지법」에 따른 노인복지시설의 설치·공급·임대와 운영
 3. 제2호에 따른 노인복지시설의 부대시설로서 「체육시설의 설치·이용에 관한 법률」에 따른 체육시설의 설치 및 운영
 4. 그 밖에 대통령령으로 정하는 복지사업

정답 ⑤

02 국민건강보험법

108 ☑확인 ☐☐☐

다음 중 국민건강보험법상 국민건강보험종합계획에 포함되어야 할 사항을 모두 고른 것은?
• 16회

> ㉠ 보험료 부과체계에 관한 사항
> ㉡ 요양급여비용에 관한 사항
> ㉢ 취약계층 지원에 관한 사항
> ㉣ 건강보험에 관한 통계 및 정보의 관리에 관한 사항

① ㉠, ㉡   ② ㉡, ㉣   ③ ㉠, ㉢, ㉣
④ ㉡, ㉢, ㉣   ⑤ ㉠, ㉡, ㉢, ㉣

해설

「국민건강보험법」 제3조의2(국민건강보험종합계획의 수립 등) 제2항에서 "종합계획에는 다음 각 호의 사항이 포함되어야 한다. 1. 건강보험정책의 기본목표 및 추진방향, 2. 건강보험 보장성 강화의 추진계획 및 추진방법, 3. 건강보험의 중장기 재정 전망 및 운영, 4. **보험료 부과체계에 관한 사항(㉠), 5. 요양급여비용에 관한 사항(㉡),** 6. 건강증진 사업에 관한 사항, 7. **취약계층 지원에 관한 사항(㉢),** 8. **건강보험에 관한 통계 및 정보의 관리에 관한 사항(㉣),** 9. 그 밖에 건강보험의 개선을 위하여 필요한 사항으로 대통령령으로 정하는 사항"고 규정하고 있다.

정답 ⑤

109

국민건강보험법령상 직장가입자의 피부양자가 될 수 없는 자는? (단, 직장가입자에게 주로 생계를 의존하고, 그와 동거하며 보수나 소득이 없는 자에 한함)
· 14회

① 직장가입자의 배우자의 자매
② 직장가입자의 배우자
③ 직장가입자의 자녀
④ 직장가입자의 부모
⑤ 직장가입자의 조부모

해설

「국민건강보험법」 제5조 제2항에서 "제1항의 피부양자는 다음 각 호의 어느 하나에 해당하는 사람 중 직장가입자에게 주로 생계를 의존하는 사람으로서 보수나 소득이 없는 사람을 말한다. 1. 직장가입자의 배우자(②), 2. 직장가입자의 직계존속(배우자의 직계존속을 포함한다)(④, ⑤), 3. 직장가입자의 직계비속(배우자의 직계비속을 포함한다)과 그 배우자(③), 4. 직장가입자의 형제·자매"라고 규정하고 있다.

정답 ①

110

국민건강보험법상 가입자가 자격을 상실하는 시기로 옳은 것은?
· 17회

① 사망한 날의 다음 날
② 국적을 잃은 날
③ 국내에 거주하지 아니하게 된 날
④ 직장가입자의 피부양자가 된 다음 날
⑤ 수급권자가 된 다음 날

해설

국민건강보험법령상 건강보험 가입자가 '**사망한 날의 다음 날**'에 그 자격을 잃는다. 참고로 「국민건강보험법」 제10조(자격의 상실 시기 등) 제1항에서 "가입자는 다음 각 호의 어느 하나에 해당하게 된 날에 그 자격을 잃는다. 1. 사망한 날의 다음 날, 2. 국적을 잃은 날의 다음 날, 3. 국내에 거주하지 아니하게 된 날의 다음 날, 4. 직장가입자의 피부양자가 된 날, 5. 수급권자가 된 날, 6. 건강보험을 적용받고 있던 사람이 유공자등 의료보호대상자가 되어 건강보험의 적용배제신청을 한 날"이라고 규정하고 있다.

오답풀이

② '국적을 잃은 날의 **다음 날**'에 그 자격을 잃는다.
③ '국내에 거주하지 아니하게 된 날의 **다음 날**'에 그 자격을 잃는다.
④ '직장가입자의 피부양자가 **된 날**'에 그 자격을 잃는다.
⑤ '의료급여법에 따라 의료급여를 받게 **된 날**'에 그 자격을 잃는다.

정답 ①

111

국민건강보험법의 내용으로 옳지 않은 것은? • 22회

① 「의료급여법」에 따라 의료급여를 받는 사람은 건강보험의 가입자가 될 수 없다.
② 보건복지부장관은 국민건강보험종합계획에 따라 연도별 시행계획에 따른 추진실적을 매년 평가하여야 한다.
③ 건강보험 가입자는 국내에 거주하지 아니하게 된 날에 그 자격을 잃는다.
④ 건강보험정책에 관한 사항을 심의·의결하기 위하여 보건복지부장관 소속으로 건강보험정책심의위원회를 둔다.
⑤ 건강보험 지역가입자는 직장가입자와 그 피부양자를 제외한 가입자를 말한다.

해설
건강보험 가입자는 국내에 거주하지 아니하게 **된 날의 다음 날**에 그 자격을 잃는다. 「국민건강보험법」 제10조(자격의 상실 시기 등) 제1항 제3호에 규정된 내용이다.

보충설명
① 동법 제5조(**적용 대상** 등) 제1항 제1호에 규정된 내용이다.
② 동법 제3조의2(국민건강보험종합계획의 수립 등) 제3항에 "보건복지부장관은 종합계획에 따라 **매년 연도별 시행계획을** 건강보험정책심의위원회의 심의를 거쳐 수립·시행하여야 한다."라고 규정하고 있으며, 제4항에 "보건복지부장관은 **매년 시행계획에 따른 추진실적을 평가하여야 한다.**"라고 규정하고 있다.
④ 동법 제4조(**건강보험정책심의위원회**)에 규정된 내용이다.
⑤ 동법 제6조(**가입자의 종류**) 제3항에 규정된 내용이다.

정답 ③

112

국민건강보험법상 국민건강보험공단에 관한 설명으로 옳지 않은 것은? • 23회

① 요양급여 외에 임신·출산 진료비, 장제비, 상병수당, 그 밖의 급여를 실시할 수 있다.
② 가입자와 피부양자에 대하여 질병의 조기 발견과 그에 따른 요양급여를 하기 위하여 건강검진을 실시한다.
③ 회계연도마다 예산안을 독자적으로 편성하고 지출할 수 있다.
④ 고의 또는 중대한 과실로 인한 범죄행위에 그 원인이 있는 경우 보험급여를 하지 아니한다.
⑤ 보험료등의 납부의무자가 납부기한까지 보험료등을 내지 아니하면 그 납부기한이 지난 날부터 매 1일이 경과할 때마다 연체금을 징수한다.

해설
「국민건강보험법 제36조(예산)에서 "공단은 회계연도마다 예산안을 편성하여 이사회의 의결을 거친 후 보건복지부장관의 승인을 받아야 한다. 예산을 변경할 때에도 또한 같다."고 규정하고 있다. 즉, 공단의 예산은 독자적으로 편성할 수 있으나, **예산 지출은 보건복지부장관의 승인을 받은 예산안이 확정된 이후에만 가능**하다. 효력을 가지려면 이사회의 의결과 보건복지부장관의 승인을 거쳐야 하기 때문이다.

보충설명
① 동법 제50조(**부가급여**)에서 "공단은 이 법에서 정한 요양급여 외에 대통령령으로 정하는 바에 따라 임신·출산 진료비, 장제비, 상병수당, 그 밖의 급여를 실시할 수 있다."고 규정하고 있다.
② 동법 제52조(**건강검진**)에서 "공단은 가입자와 피부양자에 대하여 질병의 조기 발견과 그에 따른 요양급여를 하기 위하여 건강검진을 실시한다."고 규정하고 있다.
④ 동법 제53조(**급여의 제한**) 제1항에서 "공단은 보험급여를 받을 수 있는 사람이 다음 각 호의 어느 하나에 해당하면 보험급여를 하지 아니한다. 1. 고의 또는 중대한 과실로 인한 **범죄행위에 그 원인이 있거나** 고의로 사고를 일으킨 경우."라고 규정하고 있다.
⑤ 동법 제80조(**연체금**) 제1항에서 "공단은 보험료등의 납부의무자가 납부기한까지 보험료등을 내지 아니하면 그 납부기한이 지난 날부터 매 1일이 경과할 때마다 다음 각 호에 해당하는 연체금을 징수한다."고 규정하고 있다.

정답 ③

113 ✓확인 ☐☐☐

국민건강보험법상 국민건강보험공단이 관장하는 업무에 해당하지 않는 것은? ·19회

① 가입자 및 피부양자의 자격관리
② 자산의 관리.운영 및 증식사업
③ 의료시설의 운영
④ 건강보험에 관한 교육훈련 및 홍보
⑤ 요양급여비용의 심사

114 ✓확인 ☐☐☐

국민건강보험법상 요양급여에 해당하지 않는 것은? ·18회

① 예방·재활
② 이송(移送)
③ 요양병원간병비
④ 처치·수술 및 그 밖의 치료
⑤ 약제(藥劑)·치료재료의 지급

해설

①, ②, ③, ④는 「국민건강보험법」 제14조(업무)에 규정된 국민건강보험공단이 관장하는 업무에 해당된다.

✗ 오답풀이

⑤ 요양급여비용의 심사는 **건강보험심사평가원이 관장하는 업무**에 해당된다. 동법 제5장 건강보험심사평가원 제63조(업무 등) 제1항에서 "심사평가원은 다음 각 호의 업무를 관장한다. **1. 요양급여비용의 심사**, 2. 요양급여의 적정성 평가, 3. 심사기준 및 평가기준의 개발, 4. 제1호부터 제3호까지의 규정에 따른 업무와 관련된 조사연구 및 국제협력, 5. 다른 법률에 따라 지급되는 급여비용의 심사 또는 의료의 적정성 평가에 관하여 위탁받은 업무, 6. 건강보험과 관련하여 보건복지부장관이 필요하다고 인정한 업무, 7. 그 밖에 보험급여 비용의 심사와 보험급여의 적정성 평가와 관련하여 대통령령으로 정하는 업무"라고 규정하고 있다.

정답 ⑤

해설

「국민건강보험법」 제41조(요양급여) 제1항 "가입자와 피부양자의 질병, 부상, 출산 등에 대하여 다음 각 호의 요양급여를 실시한다. 1. 진찰 · 검사, 2. **약제(藥劑) · 치료재료의 지급**, 3. **처치 · 수술 및 그 밖의 치료**, 4. **예방 · 재활**, 5. 입원, 6. 간호, 7. **이송(移送)**"라고 규정하고 있다.

✗ 오답풀이

③ 요양병원간병비는 **노인장기요양보험법상 장기요양급여 중 특별현금급여**에 해당한다.

정답 ③

03 고용보험법

115

고용보험법의 내용으로 옳지 않은 것은? • 17회

① "일용근로자"는 1개월 미만 동안 고용되는 자를 말한다.
② 실업급여에는 취업촉진수당이 포함되지 않는다.
③ "실업"이란 근로의 의사와 능력이 있음에도 불구하고 취업하지 못한 상태에 있는 것을 말한다.
④ 구직급여를 지급받으려는 자는 이직 후 지체없이 직업안정기관에 출석하여 실업을 신고하여야 한다.
⑤ 65세 이후에 고용되거나 자영업을 개시한 자에 대한 고용안정·직업능력개발 사업에 관하여는 이 법을 적용한다.

해설

실업급여는 **구직급여와 취업촉진수당**으로 구분되며, 취업촉진수당의 종류는 조기(早期)재취업 수당, 직업능력개발 수당, 광역 구직활동비, 이주비이다(「고용보험법」 제37조(실업급여의 종류).

+ 보충설명

① 「고용보험법」 제2조(정의) 제6호에 규정된 내용이다.
③ 「고용보험법」 제2조(정의) 제3호에 규정된 내용이다.
④ 「고용보험법」 제42조(실업의 신고) 제1항에 규정된 내용이다.
⑤ 65세 이후에 고용되거나 자영업을 개시한 자에 대하여 **실업급여나 육아휴직급여 등**(육아휴직 급여 및 육아기 근로시간 단축 급여, 출산전후휴가 급여 등)은 제외되지만, **고용안정·직업능력개발 사업에 관하여는 이 법을 적용**한다. 「고용보험법」 제10조(적용 제외) 제2항 "65세 이후에 고용(65세 전부터 피보험 자격을 유지하던 사람이 65세 이후에 계속하여 고용된 경우는 제외한다)되거나 자영업을 개시한 사람에게는 제4장(실업급여) 및 제5장(육아휴직급여 등: 제1절 육아휴직 급여 및 육아기 근로시간 단축 급여, 제2절 출산전후휴가 급여 등)을 적용하지 아니한다."고 규정하고 있다.

정답 ②

116

고용보험법의 내용으로 옳은 것은? • 18회

① 고용노동부장관은 보험사업에 대하여 3년마다 평가를 하여야 한다.
② 국가는 매년 보험사업에 드는 비용의 20%를 특별회계에서 부담하여야 한다.
③ 피보험자는 이 법이 적용되는 사업에 고용된 날의 다음 달부터 피보험자격을 취득한다.
④ 실업급여로서 지급된 금품에 대하여 국가는 「국세기본법」에 따른 모든 공과금을 부과하여야 한다.
⑤ 고용보험사업으로 고용안정·직업능력개발 사업, 실업급여, 육아휴직 급여 및 출산전후휴가 급여 등을 실시한다.

해설

「고용보험법」 제4조(고용보험사업) 제1항에 "보험은 제1조의 목적을 이루기 위하여 **고용보험사업으로 고용안정·직업능력개발 사업, 실업급여, 육아휴직 급여 및 출산전후휴가 급여 등을 실시한다**."라고 규정하고 있다.

× 오답풀이

① 동법 제11조의2(보험사업의 평가) 제1항에 "고용노동부장관은 보험사업에 대하여 **상시적이고 체계적인 평가를 하여야 한다**."라고 규정하고 있다.
② 동법 제5조(국고의 부담) 제1항에 "국가는 매년 보험사업에 드는 **비용의 일부를 일반회계에서 부담하여야 한다**."라고 규정하고 있다.
③ 동법 제13조(피보험자격의 취득일) 제1항에 "**피보험자는 이 법이 적용되는 사업에 고용된 날에 피보험자격을 취득한다**. 다만, 다음 각 호의 경우에는 각각 그 해당되는 날에 피보험자격을 취득한 것으로 본다. 1. 제10조 및 제10조의2에 따른 적용 제외 근로자였던 사람이 이 법의 적용을 받게 된 경우에는 그 적용을 받게 된 날, 2. 보험료징수법 제7조에 따른 보험관계 성립일 전에 고용된 근로자의 경우에는 그 보험관계가 성립한 날."이라고 규정하고 있다.
④ 동법 제38조의2(공과금의 면제)에 "실업급여로서 지급된 금품에 대하여는 국가나 지방자치단체의 **공과금**(「국세기본법」 제2조제8호 또는 「지방세기본법」 제2조제1항제26호에 따른 공과금을 말한다)**을 부과하지 아니한다**."고 규정하고 있다.

정답 ⑤

117

고용보험법의 내용으로 옳은 것은? • 19회

① 구직급여를 지급받으려는 사람은 이직 후 지체없이 직업안정기관에 출석하여 실업을 신고하여야 한다.
② 농업·임업 및 어업 중 법인이 아닌 자가 상시 4명의 근로자를 사용하는 사업에 대하여 고용보험법은 적용된다.
③ 구직급여의 수급 요건으로서 기준기간은 피보험자의 이직일 이전 36개월로 한다.
④ 실업 신고일부터 계산하기 시작하여 14일간의 대기기간 중에는 구직급여를 지급하지 않는다.
⑤ 이주비는 구직급여의 종류에 해당한다.

해설

「고용보험법」 제42조(실업의 신고) 제1항에 규정된 내용이다.

오답풀이

② 농업·임업 및 어업 중 법인이 아닌 자가 **상시 4명의 근로자를 사용**하는 사업에 대하여 **고용보험법은 적용되지 않는다**. 동법 제8조(적용 범위)에서 "이 법은 근로자를 사용하는 모든 사업 또는 사업장(이하 "사업"이라 한다)에 적용한다. 다만, **산업별 특성 및 규모 등을 고려하여 대통령령으로 정하는 사업에 대하여는 적용하지 아니한다**."라고 규정하고 있으며, 동법 시행령 제2조(적용범위) 제1항에서 법 제8조 단서에서 "대통령령으로 정하는 사업"에 해당되는 사업 중 하나로 "농업·임업 및 어업 중 법인이 아닌 자가 **상시 4명 이하의 근로자를 사용하는 사업**"이라고 규정하고 있다.
③ 구직급여의 수급 요건으로서 기준기간은 피보험자의 이직일 이전 **18개월**로 한다(동법 제40조 제2항).
④ 실업 신고일부터 계산하기 시작하여 **7일간**의 대기기간 중에는 구직급여를 지급하지 않는다. 동법 제49조(대기기간)에서 "제44조에도 불구하고 제42조에 따른 실업의 신고일부터 계산하기 시작하여 **7일간**은 대기기간으로 보아 구직급여를 지급하지 아니한다."라고 규정하고 있다.
⑤ 이주비는 **취업촉진수당**의 종류에 해당한다. 즉, 실업급여는 구직급여와 취업촉진 수당으로 구분하며, **취업촉진 수당의 종류에는 조기(早期)재취업 수당, 직업능력개발 수당, 광역 구직활동비, 이주비**가 있다(동법 제37조).

정답 ①

118

고용보험법의 내용으로 옳은 것은? • 20회

① 고용보험기금은 기획재정부장관이 관리·운용한다.
② 국가는 매년 보험사업에 드는 비용의 일부를 일반회계에서 부담하여야 한다.
③ 취업촉진 수당의 종류로는 구직급여, 직업능력개발 수당 등이 있다.
④ "실업"이란 근로의 의사와 능력이 없어 취업하지 못한 상태에 있는 것을 말한다.
⑤ "일용근로자"란 6개월 미만 동안 고용되는 사람을 말한다.

해설

「고용보험법」 제5조(국고의 부담) 제1항에 규정된 내용이다.

오답풀이

① 고용보험기금은 **고용노동부장관이** 관리·운용한다(동법 제79조 제1항).
③ 취업촉진 수당의 종류에는 직업능력개발 수당은 해당되지만, **구직급여는 해당되지 않는다**. 참고로 동법 제37조(실업급여의 종류) 제1항에 "**실업급여는 구직급여와 취업촉진 수당으로 구분한다**." 제2항에 "취업촉진 수당의 종류는 다음 각 호와 같다. 1. 조기(早期)재취업 수당, 2. 직업능력개발 수당, 3. 광역 구직활동비, 4. 이주비"라고 규정하고 있다.
④ "실업"이란 근로의 의사와 능력이 **있음에도 불구하고** 취업하지 못한 상태에 있는 것을 말한다(동법 제2조 제3호).
⑤ "일용근로자"란 **1개월 미만** 동안 고용되는 사람을 말한다(동법 제2조 제6호).

정답 ②

119

고용보험법령상 중대한 귀책사유로 해고된 피보험자로서 구직급여 수급자격의 제한사유에 해당되는 것을 모두 고른 것은?

· 21회

㉠ 「형법」을 위반하여 금고 이상의 형을 선고받은 경우
㉡ 정당한 사유 없이 근로계약을 위반하여 장기간 무단 결근한 경우
㉢ 사업기밀을 경쟁관계에 있는 사업자에게 제공한 경우

① ㉠
② ㉢
③ ㉠, ㉡
④ ㉡, ㉢
⑤ ㉠, ㉡, ㉢

해설

「고용보험법」 제58조(이직 사유에 따른 수급자격의 제한) 제40조에도 불구하고 피보험자가 다음 각 호의 어느 하나에 해당한다고 직업안정기관의 장이 인정하는 경우에는 수급자격이 없는 것으로 본다.

1. 중대한 귀책사유(歸責事由)로 해고된 피보험자로서 다음 각 목의 어느 하나에 해당하는 경우
   가. 「형법」 또는 직무와 관련된 법률을 위반하여 금고 이상의 형을 선고받은 경우(㉠)
   나. 사업에 막대한 지장을 초래하거나 재산상 손해를 끼친 경우로서 고용노동부령으로 정하는 기준에 해당하는 경우(㉢)
   다. 정당한 사유 없이 근로계약 또는 취업규칙 등을 위반하여 장기간 무단 결근한 경우(㉡)
2. 자기 사정으로 이직한 피보험자로서 다음 각 목의 어느 하나에 해당하는 경우
   가. 전직 또는 자영업을 하기 위하여 이직한 경우
   나. 제1호의 중대한 귀책사유가 있는 자가 해고되지 아니하고 사업주의 권고로 이직한 경우
   다. 그 밖에 고용노동부령으로 정하는 정당한 사유에 해당하지 아니하는 사유로 이직한 경우

+ 보충설명

이직 사유에 따른 수급자격의 제한 기준(시행규칙 제101조 제1항) : 법 제58조제1호나목에서 "고용노동부령으로 정하는 기준에 해당하는 경우"란 별표 1의2를 말한다.

[별표 1의2] 사업에 막대한 지장을 초래하거나 재산상 손해를 끼친 경우

1. 납품업체로부터 금품이나 향응을 받고 불량품을 납품받아 생산에 차질을 가져온 경우
2. 사업의 기밀이나 그 밖의 정보를 경쟁관계에 있는 다른 사업자 등에게 제공한 경우 [㉣]
3. 거짓 사실을 날조·유포하거나 불법 집단행동을 주도하여 사업에 막대한 지장을 초래하거나 재산상 손해를 끼친 경우
4. 직책을 이용하여 공금을 착복·장기유용·횡령하거나 배임한 경우
5. 제품이나 원료 등을 절취하거나 불법 반출한 경우
6. 인사·경리·회계담당 직원이 근로자의 근무상황 실적을 조작하거나 거짓 서류 등을 작성하여 사업에 막대한 지장을 초래하거나 재산상 손해를 끼친 경우
7. 사업장의 기물을 고의로 파손하여 사업에 막대한 지장을 초래하거나 재산상 손해를 끼친 경우
8. 영업용 차량을 사업주의 위임이나 동의 없이 다른 사람에게 대리운전하게 하여 교통사고를 일으킨 경우

정답 ⑤

04 산업재해보상보험법

120 ✓확인 ☐☐☐

산업재해보상보험법상 용어에 관한 설명으로 옳지 않은 것은?

· 15회

① 업무상의 사유에 따른 근로자의 부상·질병·장해 또는 사망은 업무상의 재해이다.
② 근로자란 근로기준법에 따른 근로자를 말한다.
③ 사실혼 관계에 있는 배우자는 유족에 포함되지 않는다.
④ 치유란 부상 또는 질병이 완치되거나 치료의 효과를 더 이상 기대할 수 없고 그 증상이 고정된 상태에 이르게 된 것을 말한다.
⑤ 진폐는 분진을 흡입하여 폐에 생기는 섬유증식성 변화를 주된 증상으로 하는 질병이다.

해설
유족이란 사망한 자의 배우자(사실상 혼인 관계에 있는 자를 포함)·자녀·부모·손자녀·조부모 또는 형제자매를 말한다.

+보충설명
② 근로자·임금·평균임금·통상임금이란 각각 「근로기준법」에 따른 근로자·임금·평균임금·통상임금을 말한다. 다만, 「근로기준법」에 따라 임금 또는 평균임금을 결정하기 어렵다고 인정되면 고용노동부장관이 정하여 고시하는 금액을 해당 임금 또는 평균임금으로 한다.

정답 ③

121 ✓확인 ☐☐☐

산업재해보상보험법상 업무상 사고에 해당하지 않는 것은?

· 18회

① 출장기간 중 발생한 모든 사고
② 근로자가 근로계약에 따른 업무나 그에 따르는 행위를 하던 중 발생한 사고
③ 휴게시간 중 사업주의 지배관리하에 있다고 볼 수 있는 행위로 발생한 사고
④ 사업주가 주관하거나 사업주의 지시에 따라 참여한 행사나 행사준비 중에 발생한 사고
⑤ 사업주가 제공한 시설물 등을 이용하던 중 그 시설물 등의 결함이나 관리소홀로 발생한 사고

해설
「산업재해보상보험법」 제37조(업무상의 재해의 인정 기준) 제1항 제1호 업무상 사고에 "가. 근로자가 근로계약에 따른 업무나 그에 따르는 행위를 하던 중 발생한 사고(②), 나. 사업주가 제공한 시설물 등을 이용하던 중 그 시설물 등의 결함이나 관리소홀로 발생한 사고(⑤), 다. 삭제, 라. 사업주가 주관하거나 사업주의 지시에 따라 참여한 행사나 행사준비 중에 발생한 사고(④), 마. 휴게시간 중 사업주의 지배관리하에 있다고 볼 수 있는 행위로 발생한 사고(③), 바. 그 밖에 업무와 관련하여 발생한 사고"라고 규정하고 있다.

✗오답풀이
① 동법 시행령 제27조(업무수행 중의 사고) 제2항 "근로자가 사업주의 지시를 받아 사업장 밖에서 업무를 수행하던 중에 발생한 사고는 법 제37조제1항제1호가목에 따른 업무상 사고로 본다. 다만, **사업주의 구체적인 지시를 위반한 행위, 근로자의 사적(私的) 행위 또는 정상적인 출장 경로를 벗어났을 때 발생한 사고는 업무상 사고로 보지 않는다.**"라고 규정하고 있다.

정답 ①

122

산업재해보상보험법령의 내용으로 옳은 것은? ・12회

① 사망한 자와 사실상 혼인 관계에 있는 자는 유족의 범위에 포함되지 않는다.
② 장해급여의 결정과 지급은 한국장애인고용공단에서 수행한다.
③ 진폐에 따른 산업재해보상보험급여의 종류로는 요양급여, 휴업급여, 장해급여 등이 있다.
④ 휴업급여는 취업하지 못한 기간에 관계없이 지급한다.
⑤ 유족보상연금 수급권자인 사망한 근로자의 배우자가 재혼한 때에는 그 자격을 잃는다.

해설

「산업재해보상보험법」제64조(유족보상 연금 수급자격자의 자격 상실과 지급 정지 등) 제1항 유족보상 연금 수급자격자인 유족이 다음 각 호의 어느 하나에 해당하면 그 자격을 잃는다.
1. 사망한 경우
2. 재혼한 때(사망한 근로자의 배우자만 해당하며, 재혼에는 사실상 혼인 관계에 있는 경우를 포함한다)
3. 사망한 근로자와의 친족 관계가 끝난 경우
4. 자녀가 25세가 된 때
4의2. 손자녀가 25세가 된 때
4의3. 형제자매가 19세가 된 때
5. 제63조제1항제4호에 따른 장애인이었던 사람으로서 그 장애 상태가 해소된 경우
6. 근로자가 사망할 당시 대한민국 국민이었던 유족보상연금 수급자격자가 국적을 상실하고 외국에서 거주하고 있거나 외국에서 거주하기 위하여 출국하는 경우
7. 대한민국 국민이 아닌 유족보상연금 수급자격자가 외국에서 거주하기 위하여 출국하는 경우

오답풀이
① 사망한 자는 유족의 범위에 포함되지 않지만, **사실상 혼인 관계에 있는 자는 유족의 범위에 포함**된다.
② 장해급여의 결정과 지급은 한국장애인고용공단에서 수행하는 것이 아니라, **근로복지공단에서 수행**(공단의 사업 중 보험급여의 결정과 지급이 있음)한다.
③ 진폐에 따른 보험급여의 종류는 요양급여, 간병급여, 장례비(개정 前 : 장의비), **직업재활급여, 진폐보상연금 및 진폐유족연금으로 한다**.
④ 휴업급여는 업무상 사유로 부상을 당하거나 질병에 걸린 근로자에게 요양으로 취업하지 못한 기간에 대하여 지급하되, 1일당 지급액은 평균임금의 100분의 70에 상당하는 금액으로 한다. 다만, 취업하지 못한 기간이 3일 이내이면 지급하지 아니한다(동법 제52조).

정답 ⑤

123

산업재해보상보험법령상 유족급여에 관한 설명으로 옳지 않은 것은? ・21회

① 근로자가 업무상의 사유로 사망한 경우 유족에게 지급한다.
② 유족보상연금 수급권자가 2명 이상 있을 때 그 중 1명을 대표자로 선임할 수 있다.
③ 근로자와 「주민등록법」상 세대를 같이 하고 동거하던 유족으로서 근로자의 소득으로 생계의 상당 부분을 유지하고 있던 사람은 유족에 해당한다.
④ 근로자의 소득으로 생계의 전부를 유지하고 있던 유족으로서 학업으로 주민등록을 달리하였거나 동거하지 않았던 사람은 유족에 해당되지 않는다.
⑤ 유족보상연금 수급 권리는 배우자·자녀·부모·손자녀·조부모 및 형제자매의 순서로 한다.

해설

「산업재해보상보험법 시행령」제61조(생계를 같이 하는 유족의 범위)에서 "법 제63조제1항 각 호 외의 부분 전단에서 근로자와 생계를 같이 하고 있던 유족이란 근로자가 사망할 당시에 다음 각 호의 어느 하나에 해당하는 사람을 말한다. 1. 근로자와 「주민등록법」에 따른 주민등록표상의 세대를 같이 하고 동거하던 유족으로서 근로자의 소득으로 생계의 전부 또는 상당 부분을 유지하고 있던 사람(③), 2. **근로자의 소득으로 생계의 전부 또는 상당 부분을 유지하고 있던 유족으로서 학업·취업·요양, 그 밖에 주거상의 형편 등으로 주민등록을 달리하였거나 동거하지 않았던 사람**(④), 3. 제1호 및 제2호에 따른 유족 외의 유족으로서 근로자가 정기적으로 지급하는 금품이나 경제적 지원으로 생계의 전부 또는 대부분을 유지하고 있던 사람"고 규정하고 있다.

보충설명
① 「산업재해보상보험법」제62조(유족급여) 제1항에 규정된 내용이다.
② 동법 시행령 제60조 제1항에 규정된 내용이다.
③ 동법 시행령 제61조 제1호에 규정된 내용이다.
⑤ 동법 제62조(유족급여) 제5항에 규정된 내용이다.

정답 ④

05 노인장기요양보험법

124 ✓확인 ☐☐☐

노인장기요양보험법의 내용으로 옳은 것은? • 20회

① 장기요양보험사업은 보건복지부장관이 관장한다.
② "장기요양급여"란 장기요양등급판정 결과에 따라 1개월 이상 동안 혼자서 일상생활을 수행하기 어렵다고 인정되는 자에게 신체활동·가사활동의 지원 또는 간병 등의 서비스를 말한다.
③ 장기요양기관은 수급자에게 재가급여 또는 시설급여를 제공한 경우 시·도지사에게 장기요양급여비용을 청구하여야 한다.
④ "노인등"이란 60세 이상의 노인 또는 60세 미만의 자로서 치매·뇌혈관성질환 등 대통령령으로 정하는 노인성 질병을 가진 자를 말한다.
⑤ 재가급여에는 방문요양, 방문목욕, 특별현금급여가 있다.

해설
「노인장기요양보험법」제7조(장기요양보험) 제1항에 규정된 내용이다.

오답풀이
② "장기요양급여"란 장기요양등급판정 결과에 따라 **6개월 이상** 동안 혼자서 일상생활을 수행하기 어렵다고 인정되는 자에게 신체활동·가사활동의 지원 또는 간병 등의 서비스를 말한다. 동법 제2조(정의) 제2호에 "장기요양급여란 제15조제2항에 따라 **6개월 이상** 동안 혼자서 일상생활을 수행하기 어렵다고 인정되는 자에게 신체활동·가사활동의 지원 또는 간병 등의 서비스나 이에 갈음하여 지급하는 현금 등을 말한다."라고 규정하고 있다.
③ 장기요양기관은 수급자에게 재가급여 또는 시설급여를 제공한 경우 **국민건강보험공단에** 장기요양급여비용을 청구하여야 한다. 동법 제38조(재가 및 시설 급여비용의 청구 및 지급 등) 제1항에 "장기요양기관은 수급자에게 제23조에 따른 재가급여 또는 시설급여를 제공한 경우 **공단에** 장기요양급여비용을 청구하여야 한다."라고 규정하고 있다.
④ "노인등"이란 65세 이상의 노인 또는 65세 미만의 자로서 치매·뇌혈관성질환 등 대통령령으로 정하는 노인성 질병을 가진 자를 말한다(동법 제2조 제1호).
⑤ 방문요양, 방문목욕은 재가급여에 해당되지만, **특별현금급여는 재가급여에 해당하지 않는다.** 참고로 재가급여에는 방문요양, 방문목욕, 방문간호, 주·야간보호, 단기보호, 기타재가급여가 있다(동법 제23조 제1항 제1호).

정답 ①

125 ✓확인 ☐☐☐

노인장기요양보험법령의 내용으로 옳은 것은? • 12회

① 장기 요양 보험사업은 고용노동부장관이 관장한다.
② 장기 요양 보험사업의 보험자는 국민연금공단으로 한다.
③ 장기 요양 보험료는 건강보험료와 통합하여 고지하여야 한다.
④ 통합 징수한 장기요양보험료와 건강보험료를 각각의 독립회계로 관리하여야 한다.
⑤ 장기 요양급여는 시설급여를 우선적으로 제공하는 것을 기본원칙으로 한다.

해설
공단은 통합 징수한 장기 요양 보험료와 건강보험료를 각각의 독립회계로 관리하여야 한다(「노인장기요양보험법」제8조 제3항).

오답풀이
① 장기 요양 보험사업은 **보건복지부장관이 관장**한다(동법 제7조 제1항).
② 장기 요양 보험사업의 보험자는 **국민건강보험공단**으로 한다(동법 제7조 제2항).
③ 공단은 **장기 요양 보험료와 건강보험료를 구분하여 고지**하여야 한다(노인장기요양보험법 제8조 제2항).
⑤ 장기 요양급여는 노인 등이 가족과 함께 생활하면서 가정에서 장기 요양을 받는 **재가급여를 우선적으로 제공**하여야 한다(동법 제3조 제2항).

정답 ④

126

노인장기요양보험법상 장기요양인정에 관한 설명으로 옳지 않은 것은?
· 23회

① 장기요양기관은 수급자를 대리하여 장기요양인정을 신청한다.
② 대통령령으로 정하는 경우를 제외하고, 장기요양인정을 신청하는 자는 국민건강보험공단에 장기요양인정신청서에 의사 또는 한의사가 발급하는 소견서를 첨부하여 제출하여야 한다.
③ 국민건강보험공단은 장기요양인정 신청서를 접수한 때 소속 직원으로 하여금 신청인의 심신상태, 신청인에게 필요한 장기요양급여의 종류 및 내용 등에 대하여 조사하게 하여야 한다.
④ 등급판정위원회는 신청인이 신청자격요건을 충족하고 6개월 이상 동안 혼자서 일상생활을 수행하기 어렵다고 인정하는 경우 등급판정기준에 따라 수급자로 판정한다.
⑤ 국민건강보험공단은 등급판정위원회가 장기요양인정 및 등급판정의 심의를 완료한 경우 지체없이 장기요양인정서를 작성하여 수급자에게 송부하여야 한다.

[해설]

장기요양기관은 수급자를 대리하여 장기요양인정을 신청할 수 없다. 참고로 대리신청과 관련하여, 「노인장기요양보험법」 제22조(**장기요양인정 신청 등에 대한 대리**) 제1항에 "장기요양급여를 받고자 하는 자 또는 수급자가 신체적·정신적인 사유로 이 법에 따른 장기요양인정의 신청, 장기요양인정의 갱신신청 또는 장기요양등급의 변경신청 등을 직접 수행할 수 없을 때 **본인의 가족이나 친족, 그 밖의 이해관계인**은 이를 대리할 수 있다."고 규정하고 있으며, 제2항에 "다음 각 호의 어느 하나에 해당하는 사람은 관할 지역 안에 거주하는 사람 중 장기요양급여를 받고자 하는 사람 또는 수급자가 제1항에 따른 장기요양인정 신청 등을 직접 수행할 수 없을 때 본인 또는 가족의 동의를 받아 그 신청을 대리할 수 있다. 1. 「사회보장급여의 이용·제공 및 수급권자 발굴에 관한 법률」 제43조에 따른 **사회복지전담공무원**, 2. 「치매관리법」 제17조에 따른 **치매안심센터의 장**(장기요양급여를 받고자 하는 사람 또는 수급자가 같은 법 제2조제2호에 따른 치매환자인 경우로 한정한다)"라고 규정하고 있다.

[보충설명]

② 동법 제13조(장기요양인정의 신청) 제1항에 "**장기요양인정을 신청하는 자**는 공단에 보건복지부령으로 정하는 바에 따라 장기요양인정신청서(이하 신청서라 한다)에 **의사 또는 한의사**가 발급하는 **소견서**(이하 의사소견서라 한다)를 첨부하여 제출하여야 한다. 다만, 의사소견서는 공단이 제15조제1항에 따라 등급판정위원회에 자료를 제출하기 전까지 제출할 수 있다."고 규정하고 있으며, 제2항에 "제1항에도 불구하고 거동이 현저하게 불편하거나 도서·벽지 지역에 거주하여 의료기관을 방문하기 어려운 자 등 **대통령령으로 정하는 자는 의사소견서를 제출하지 아니할 수 있다.**"고 규정하고 있다.

③ 동법 제14조(장기요양인정 신청의 조사) 제1항에 "**공단은** 제13조제1항에 따라 **신청서를 접수한 때** 보건복지부령으로 정하는 바에 따라 소속 직원으로 하여금 다음 각 호의 사항을 조사하게 하여야 한다. 다만, 지리적 사정 등으로 직접 조사하기 어려운 경우 또는 조사에 필요하다고 인정하는 경우 특별자치시·특별자치도·시·군·구(자치구를 말한다. 이하 같다)에 대하여 조사를 의뢰하거나 공동으로 조사할 것을 요청할 수 있다. 1. 신청인의 심신상태, 2. 신청인에게 필요한 장기요양급여의 종류 및 내용, 3. 그 밖에 장기요양에 관하여 필요한 사항으로서 보건복지부령으로 정하는 사항"이라고 규정하고 있다.

④ 동법 제15조(등급판정 등) 제2항에 "등급판정위원회는 신청인이 제12조의 신청자격요건을 충족하고 **6개월 이상 동안 혼자서 일상생활을 수행하기 어렵다고 인정하는 경우** 심신상태 및 장기요양이 필요한 정도 등 대통령령으로 정하는 등급판정기준에 따라 수급자로 판정한다."고 규정하고 있다.

⑤ 동법 제17조(장기요양인정서) 제1항에 "공단은 **등급판정위원회가 장기요양인정 및 등급판정의 심의를 완료한 경우 지체 없이** 다음 각 호의 사항이 포함된 **장기요양인정서를 작성하여 수급자에게 송부하여야 한다.**"고 규정하고 있다.

정답 ①

127

노인장기요양보험법령상 심사청구 등에 관한 설명으로 옳은 것은?
・13회

① 국민건강보험공단의 장기 요양인정 처분에 이의가 있는 자는 처분이 있는 날부터 60일 이내에 공단에 심사청구를 할 수 있다.
② 심사청구는 구두, 문서 또는 전자메일로 할 수 있다.
③ 국민건강보험공단은 장기요양심판위원회를 구성하여 심사청구사건을 심의하게 하여야 한다.
④ 심사청구에 대한 결정에 불복하는 자는 결정처분을 받은 날부터 90일 이내에 장기요양심사위원회에 재심사청구를 할 수 있다.
⑤ 국민건강보험공단의 처분에 이의가 있는 자는 행정소송법으로 정하는 바에 따라 행정소송을 제기할 수 있다.

해설
국민건강보험공단의 처분에 이의가 있는 자와 심사청구 또는 재심사청구에 대한 결정에 불복하는 자는 「행정소송법」으로 정하는 바에 따라 행정소송을 제기할 수 있다.

오답풀이
① 장기요양인정・장기요양등급・장기요양급여・부당이득・장기요양급여비용 또는 장기요양보험료 등에 관한 공단의 처분에 이의가 있는 자는 공단에 심사청구를 할 수 있으며, 심사청구는 그 처분이 있음을 안 날부터 **90일 이내**에 하여야 한다.
② 심사청구는 그 처분이 있음을 안 날부터 90일 이내에 **문서**(「전자정부법」 제2조제7호에 따른 전자문서를 포함한다)로 하여야 하며, 처분이 있은 날부터 180일을 경과하면 이를 제기하지 못한다.
③ 공단은 **장기요양심사위원회**를 구성하여 심사청구사건을 심의하게 하여야 한다.
④ 심사청구에 대한 결정에 불복하는 사람은 그 결정통지를 받은 날부터 90일 이내에 **장기요양재심사위원회에 재심사를 청구**할 수 있다.

정답 ⑤

128

다음의 역할을 하는 노인장기요양보험법상 기구는?
・21회

- 장기요양요원의 권리 침해에 관한 상담 및 지원
- 장기요양요원의 역량강화를 위한 교육지원
- 장기요양요원에 대한 건강검진 등 건강관리를 위한 사업

① 장기요양위원회
② 등급판정위원회
③ 장기요양심사위원회
④ 장기요양요원지원센터
⑤ 공표심의위원회

해설
「노인장기요양보험법」 제47조의2(장기요양요원지원센터의 설치 등) 제1항에서 "국가와 지방자치단체는 장기요양요원의 권리를 보호하기 위하여 장기요양요원지원센터를 설치・운영할 수 있다."라고 규정하고 있으며, 제2항에서 "**장기요양요원지원센터는 다음 각 호의 업무를 수행**한다. 1. 장기요양요원의 권리 침해에 관한 상담 및 지원, 2. 장기요양요원의 역량강화를 위한 교육지원, 3. 장기요양요원에 대한 건강검진 등 건강관리를 위한 사업"이라고 규정하고 있다.

오답풀이
① 동법 제45조(장기요양위원회의 설치 및 기능)에서 "다음 각 호의 사항을 심의하기 위하여 보건복지부장관 소속으로 **장기요양위원회**를 둔다. 1. 제9조제2항에 따른 장기요양보험료율, 2. 제24조부터 제26조까지의 규정에 따른 가족요양비, 특례요양비 및 요양병원간병비의 지급기준, 3. 제39조에 따른 재가 및 시설 급여비용, 4. 그 밖에 대통령령으로 정하는 주요 사항"이라고 규정하고 있다.
② 동법 제52조(등급판정위원회의 설치) 제1항에서 "장기요양인정 및 장기요양등급 판정 등을 심의하기 위하여 공단에 **장기요양등급판정위원회**를 둔다."라고 규정하고 있다.
③ 동법 제55조(심사청구) 제3항에서 "제1항에 따른 심사청구 사항을 심사하기 위하여 공단에 **장기요양심사위원회를 둔다.**"라고 규정하고 있다.
⑤ 동법 제37조의3(위반사실 등의 공표) 제3항에서 "보건복지부장관 또는 특별자치시장・특별자치도지사・시장・군수・구청장은 제1항 및 제2항에 따른 공표 여부 등을 심의하기 위하여 <u>공표심의위원회</u>를 설치・운영할 수 있다."라고 규정하고 있다.

정답 ④

제13장 사회복지서비스법

김진원 Oikos 사회복지사 1급

제8영역 : 사회복지법제론

01 아동복지법

129 ✓확인 □□□

아동복지법의 내용으로 옳은 것은? • 20회

① 시장·군수·구청장은 보호조치 중인 보호대상아동의 양육상황을 3년마다 점검하여야 한다.
② 시·군·구에 두는 아동위원은 명예직으로 수당을 지급할 수 없다.
③ 보건복지부장관 소속으로 아동정책조정위원회를 둔다.
④ 아동권리보장원의 장은 아동학대가 종료된 이후에도 아동학대의 재발 여부를 확인하여야 한다.
⑤ 아동복지시설의 장은 보호하고 있는 12세 이상의 아동을 대상으로 자립지원계획을 수립하여야 한다.

해설
「아동복지법」 제28조(사후관리 등) 제1항에 **"보장원의 장** 또는 아동보호전문기관의 장은 **아동학대가 종료된 이후에도** 가정방문, 전화상담 등을 통하여 **아동학대의 재발 여부를 확인하여야 한다.** 다만, 재학대 등 보건복지부령으로 정하는 경우 가정방문 등 대면조사를 실시하여야 한다."라고 규정하고 있다.

✗ 오답풀이
① 시장·군수·구청장은 보호조치 중인 보호대상아동의 양육상황을 **매년 점검하여야 한다.** 동법 제15조의3(보호대상아동의 양육상황 점검) 제1항에 "**시·도지사** 또는 **시장·군수·구청장**은 제15조제1항제2호부터 제6호까지의 보호조치 중인 보호대상아동의 양육상황을 보건복지부령으로 정하는 바에 따라 **매년 점검하여야 한다.**"라고 규정하고 있다.
② 시·군·구에 두는 아동위원은 명예직으로 수당을 지급할 수 있다. 동법 제14조(아동위원) 제1항에 "**시·군·구에 아동위원을 둔다.**"라고 규정하고 있으며, 제4항에 "아동위원은 명예직으로 하되, 아동위원에 대하여는 **수당을 지급할 수 있다.**"라고 규정하고 있다.
③ **국무총리 소속**으로 아동정책조정위원회를 둔다. 동법 제10조(아동정책조정위원회) 제1항에 "아동의 권리증진과 건강한 출생 및 성장을 위하여 종합적인 아동정책을 수립하고 관계 부처의 의견을 조정하며 그 정책의 이행을 감독하고 평가하기 위하여 **국무총리 소속으로 아동정책조정위원회를 둔다.**"라고 규정하고 있다.
⑤ 아동복지시설의 장은 보호하고 있는 **15세 이상의 아동**을 대상으로 자립지원계획을 수립하여야 한다. 동법 제39조(자립지원계획의 수립 등) 제1항에 "보장원의 장, 가정위탁지원센터의 장 및 **아동복지시설의 장**은 보호하고 있는 **15세 이상의 아동**을 대상으로 매년 개별 아동에 대한 자립지원계획을 수립하고, 그 계획을 수행하는 종사자를 대상으로 자립지원에 관한 교육을 실시하여야 한다."라고 규정하고 있다.

정답 ④

130 ✓확인 □□□

아동복지법상 보호가 필요한 아동을 발견하고 양육환경을 개선할 수 있도록 지원하기 위하여 이용할 수 있는 자료와 정보에 해당하는 것을 모두 고른 것은? • 21회

> ㉠ 「국민건강보험법」 제41조제1항 각 호에 따른 요양급여 실시 기록
> ㉡ 「국민건강보험법」 제52조에 따른 영유아건강검진 실시 기록
> ㉢ 「초·중등교육법」 제25조에 따른 학교생활기록 정보
> ㉣ 「전기사업법」 제14조에 따른 단전 가구정보

① ㉠, ㉡, ㉢　　② ㉠, ㉡, ㉣　　③ ㉠, ㉢, ㉣
④ ㉡, ㉢, ㉣　　⑤ ㉠, ㉡, ㉢, ㉣

해설
「아동복지법」 제15조의4(아동보호 사각지대 발굴 및 실태조사) 제1항에서 "보건복지부장관은 보호가 필요한 아동을 발견하고 양육환경을 개선할 수 있도록 지원하기 위하여 「사회보장기본법」 제37조에 따른 사회보장정보시스템을 통하여 다음 각 호의 자료 또는 정보를 처리할 수 있으며, 해당 자료를 토대로 아동보호를 위한 실태조사 대상 아동을 선정할 수 있다. 1. 「국민건강보험법」 제41조제1항 각 호에 따른 요양급여 실시 기록(㉠), 2. 「국민건강보험법」 제52조에 따른 영유아건강검진 실시 기록(㉡), 3. 「초·중등교육법」 제25조에 따른 학교생활기록 정보(㉢), 4. 「사회보장급여의 이용·제공 및 수급권자 발굴에 관한 법률」 제12조제1항 각 호에 따른 정보(㉣)"라고 규정하고 있다.

＋ 보충설명
㉣ 「사회보장급여의 이용·제공 및 수급권자 발굴에 관한 법률」 제12조(자료 또는 정보의 처리) 제1항에서 "보건복지부장관은 보장기관이 제10조에 따른 업무를 효율적으로 수행할 수 있도록 지원하기 위하여 「사회보장기본법」 제37조에 따른 사회보장정보시스템을 통하여 다음 각 호의 자료 또는 정보를 처리할 수 있다."라고 규정하고 있으며, 해당 조항 제1호에 "1. **「전기사업법」 제14조에 따른 단전**(전류제한을 포함한다), **「수도법」 제39조에 따른 단수, 「도시가스사업법」 제19조에 따른 단가스 가구정보**"라고 규정하고 있다.

정답 ⑤

131

✔확인 ☐☐☐

아동복지법의 내용으로 옳지 않은 것은?　· 22회

① 지방자치단체는 아동이 항상 이용할 수 있는 아동전용시설을 설치하도록 노력하여야 한다.
② 시·도지사 또는 시장·군수·구청장은 보호조치 중인 보호대상아동의 양육상황을 분기별로 점검하여야 한다.
③ 아동정책조정위원회 위원장은 국무총리가 된다.
④ 아동위원은 명예직으로 하되, 아동위원에 대하여는 수당을 지급할 수 있다.
⑤ 보건복지부장관은 아동정책의 효율적인 추진을 위하여 5년마다 아동정책기본계획을 수립하여야 한다.

해설
「아동복지법」 제15조의3(보호대상아동의 양육상황 점검) 제1항에서 "시·도지사 또는 시장·군수·구청장은 제15조제1항제2호부터 제6호까지의 보호조치 중인 보호대상아동의 양육상황을 보건복지부령으로 정하는 바에 따라 매년 점검하여야 한다."라고 규정하고 있다.

+ 보충설명
① 동법 제53조(아동전용시설의 설치) 제1항에서 "국가와 지방자치단체는 아동이 항상 이용할 수 있는 아동전용시설을 설치하도록 노력하여야 한다."라고 규정하고 있다.
③ 동법 제10조(아동정책조정위원회) 제3항에서 "위원회는 위원장을 포함한 25명 이내의 위원으로 구성하되, 위원장은 국무총리가 되고 위원은 다음 각 호의 사람이 된다."라고 규정하고 있다.
④ 동법 제14조(아동위원) 제4항에 규정된 내용이다.
⑤ 동법 제7조(아동정책기본계획의 수립) 제1항에 규정된 내용이다.

정답 ②

02 노인복지법

132

✔확인 ☐☐☐

노인복지법령상 노인복지시설에 관한 설명으로 옳지 않은 것은?　· 13회

① 노인복지주택은 노인 주거복지시설이다.
② 노인교실은 노인여가복지시설이다.
③ 노인학대 신고전화 운영은 지역 노인 보호 전문기관의 업무이다.
④ 노인 공동생활가정은 노인의료복지시설이다.
⑤ 방문요양서비스의 제공을 목적으로 하는 시설은 재가 노인복지시설이다.

해설
노인공동생활가정은 노인주거복지시설에 해당한다.

정답 ④

OIKOS UP　노인복지시설의 종류

시설 형태	시설 종류	
생활 시설	노인 주거복지시설	양로시설, 노인공동생활가정 노인복지주택
	노인 의료복지시설	노인요양시설 노인전문병원(2011.6.7. 삭제) 노인요양공동생활 가정
	학대피해노인 전용쉼터	
이용 시설	재가 노인복지시설	방문요양서비스, 주·야간보호서비스, 단기보호서비스, 방문목욕서비스, 재가노인지원서비스, 방문간호서비스, 복지용구지원서비스
	노인 여가복지시설	노인복지관 경로당, 노인교실 노인휴양소(2011.6.7. 삭제)
	노인보호전문기관	
	「노인 일자리 및 사회활동 지원에 관한 법률」에 따른 노인일자리지원기관	

133

노인복지법상 노인학대에 관한 내용으로 옳지 않은 것은?

• 18회

① 「119구조·구급에 관한 법률」에 따른 119구급대의 구급대원은 65세 이상의 사람에 대한 노인학대 신고의무자에 속한다.
② 노인학대를 알게 된 때에는 신고의무자만 신고할 수 있다.
③ 법원이 노인학대관련범죄자에 대하여 취업제한명령을 하는 경우, 취업제한기간은 10년을 초과하지 못한다.
④ 노인학대신고를 접수한 노인보호전문기관의 직원은 지체없이 노인학대의 현장에 출동하여야 한다.
⑤ 국가와 지방자치단체는 노인학대를 예방하고 수시로 신고를 받을 수 있도록 긴급전화를 설치하여야 한다.

해설

「노인복지법」 제39조의6(노인학대 신고의무와 절차 등) 제1항에 "**누구든지 노인학대를 알게 된 때에는 노인보호전문기관 또는 수사기관에 신고할 수 있다.**"라고 규정하고 있다. 따라서, 신고의무자는 의무적으로 신고하여야 하지만, **신고의무자만 신고할 수 있는 것이 아니라 누구든지 신고할 수 있다.**

보충설명

① 동법 제39조의6(노인학대 신고의무와 절차 등) 제2항 제7호에 규정된 내용이다.
③ 동법 제39조의17(노인관련기관의 취업제한 등) 제2항 "제1항에 따른 **취업제한기간은 10년을 초과하지 못한다.**"라고 규정하고 있다.
④ 동법 제39조의7(응급조치의무 등) 제1항 "제39조의6의 규정에 의하여 **노인학대신고를 접수한 노인보호전문기관의 직원**이나 사법경찰관리는 **지체없이 노인학대의 현장에 출동하여야 한다.**"라고 규정하고 있다.
⑤ 동법 제39조의4(긴급전화의 설치 등) 제1항에 규정된 내용이다.

정답 ②

134

노인복지법의 내용으로 옳은 것은?

• 22회

① 노인복지주택에 입소할 수 있는 자는 65세 이상의 노인으로 한다.
② 국가는 지역 간의 연계체계를 구축하고 노인학대를 예방하기 위하여 중앙노인보호전문기관을 설치·운영하여야 한다.
③ 노인취업알선기관은 지역사회 등에서 노인에 의한 재화의 생산·판매 등을 직접 담당하는 기관이다.
④ 노인요양공동생활가정은 노인들에게 일상생활에 필요한 편의를 제공함을 목적으로 하는 노인주거복지시설이다.
⑤ 지역노인보호전문기관은 시·군·구에 둔다.

해설

「노인복지법」 제39조의5(**노인보호전문기관의 설치 등**) 제1항에서 "국가는 지역 간의 연계체계를 구축하고 노인학대를 예방하기 위하여 다음 각 호의 업무를 담당하는 **중앙노인보호전문기관을 설치·운영하여야 한다.**"고 규정하고 있다.

오답풀이

① 동법 제33조의2(노인복지주택의 입소자격 등) 제1항에서 "노인복지주택에 입소할 수 있는 자는 **60세 이상의 노인**(이하 입소자격자)으로 한다. 다만, 다음 각 호의 어느 하나에 해당하는 경우에는 입소자격자와 함께 입소할 수 있다. 1. 입소자격자의 배우자, 2. 입소자격자가 부양을 책임지고 있는 24세 미만의 자녀·손자녀, 3. 보건복지부령으로 정하는 장애로 인하여 입소자격자가 부양을 책임지고 있는 24세 이상의 자녀·손자녀"라고 규정되어 있다.
③ 노인인력개발기관, 노인일자리지원기관, 노인취업알선기관이 규정되었던 제23조의2(노인일자리전담기관의 설치·운영 등) 조문이 「노인복지법」에서 삭제(2024.11.1. 시행)되고, 2023년 10월 31일 제정(2024.11.1.시행)된 「노인 일자리 및 사회활동 지원에 관한 법률」(약칭 : 노인일자리법)으로 옮겨졌다. 지역사회 등에서 노인에 의한 재화의 생산·판매 등을 직접 담당하는 기관은 **노인일자리지원기관**이다. **노인취업알선기관**은 노인에게 취업 상담 및 정보를 제공하거나 노인일자리를 알선하는 기관이다.
④ **노인요양공동생활가정은 노인의료복지시설**로서, 치매·중풍 등 노인성질환 등으로 심신에 상당한 장애가 발생하여 도움을 필요로 하는 노인에게 가정과 같은 주거여건과 급식·요양, 그 밖에 일상생활에 필요한 편의를 제공함을 목적으로 하는 시설이다(동법 제34조 제1항). 노인들에게 가정과 같은 주거여건과 급식, 그 밖에 일상생활에 필요한 편의를 제공함을 목적으로 하는 시설은 노인주거복지시설 중 **노인공동생활가정**이다.
⑤ 지역노인보호전문기관은 시·도에 둔다. 동법 제39조의5(노인보호전문기관의 설치 등) 제1항에서 "학대받는 노인의 발견·보호·치료 등을 신속히 처리하고 노인학대를 예방하기 위하여 다음 각 호의 업무를 담당하는 지역노인보호전문기관을 **특별시·광역시·도·특별자치도(이하 시·도)에 둔다.**"고 규정하고 있다.

정답 ②

03 장애인복지법

135 ✓확인 ☐☐☐

장애인복지법의 내용으로 옳은 것은? · 23회

① 보건복지부장관 소속하에 장애인정책조정위원회를 둔다.
② 장애실태조사는 5년마다 실시하여야 한다.
③ 재외동포 및 외국인은 장애인 등록을 할 수 없다.
④ 장애인의 날은 매년 5월 20일이다.
⑤ 「장애인연금법」상의 중증장애인에게는 장애수당을 지급하지 아니한다.

해설

「장애인복지법」 제49조(장애수당) 제2항에서 "제1항에도 불구하고 「**장애인연금법**」 제2조제1호에 따른 중증장애인에게는 제1항에 따른 **장애수당을 지급하지 아니한다**."라고 규정하고 있다.

✗오답풀이

① 동법 제11조(장애인정책조정위원회) 제1항에서 "장애인 종합정책을 수립하고 관계 부처 간의 의견을 조정하며 그 정책의 이행을 감독·평가하기 위하여 **국무총리** 소속하에 장애인정책조정위원회를 둔다."고 규정하고 있다.
② 동법 제31조(실태조사) 제1항에서 "보건복지부장관은 장애인 복지정책의 수립에 필요한 기초 자료로 활용하기 위하여 **3년마다 장애실태조사를 실시하여야 한다**."고 규정하고 있다.
③ 재외동포 및 외국인은 장애인 등록을 할 수 있다. 동법 제32조의2(재외동포 및 외국인의 장애인 등록) 제1항에서 "**재외동포 및 외국인 중 다음 각 호의 어느 하나에 해당하는 사람은 제32조에 따라 장애인 등록을 할 수 있다.** 1. 「재외동포의 출입국과 법적 지위에 관한 법률」 제6조에 따라 국내거소신고를 한 사람, 2. 「주민등록법」 제6조에 따라 재외국민으로 주민등록을 한 사람, 3. 「출입국관리법」 제31조에 따라 외국인등록을 한 사람으로서 같은 법 제10조제1항에 따른 체류자격 중 대한민국에 영주할 수 있는 체류자격을 가진 사람, 4. 「재한외국인 처우 기본법」 제2조제3호에 따른 결혼이민자, 5. 「난민법」 제2조제2호에 따른 난민인정자."라고 규정하고 있다.
④ 동법 제14조(장애인의 날) 제1항에서 "장애인에 대한 국민의 이해를 깊게 하고 장애인의 재활의욕을 높이기 위하여 **매년 4월 20일을 장애인의 날**로 하며, 장애인의 날부터 1주간을 장애인 주간으로 한다."고 규정하고 있다.

정답 ⑤

136 ✓확인 ☐☐☐

장애인복지법상 장애인등록에 관한 설명으로 옳은 것은? · 15회

① 장애인등록을 할 수 있는 자는 장애인 본인에 한한다.
② 국가는 외국인이 장애인으로 등록된 경우 예산 등을 고려하여 장애인복지사업의 지원을 제한할 수 있다.
③ 장애인 등록증을 받은 자가 사망하면 그 등록에 따른 권한은 상속권자에게 상속된다.
④ 구청장은 장애 인정과 장애 정도 사정을 위하여 구청장 직속의 정밀심사기관을 두어야 한다.
⑤ 장애인의 장애 인정과 장애 정도 사정을 위해 고용노동부에 등급판정위원회를 둘 수 있다.

해설

「장애인복지법」 제32조의2(**재외동포 및 외국인의 장애인 등록**) 제2항에 규정되어 있는 내용으로 올바르다.

✗오답풀이

① 「장애인복지법」 제32조(장애인 등록) 제1항에 "**장애인, 그 법정대리인 또는 대통령령이 정하는 보호자는** 장애 상태와 그 밖에 보건복지부령이 정하는 사항을 특별자치시장·특별자치도지사·시장·군수 또는 구청장에게 등록하여야 하며, 특별자치시장·특별자치도지사·시장·군수·구청장은 등록을 신청한 장애인이 제2조에 따른 기준에 맞으면 장애인등록증을 내주어야 한다."라고 규정하고 있다.
③ 「장애인복지법」 제32조의3(장애인 등록 취소 등) 제1항에 "특별자치시장·특별자치도지사·시장·군수·구청장은 제32조 제1항에 따라 등록증을 받은 사람이 **사망한 경우에는 장애인 등록을 취소하여야 한다**."라고 규정하고 있다.
④ 「장애인복지법」 제32조(장애인 등록) 제6항에 "**특별자치시장·특별자치도지사·시장·군수·구청장은** 제1항에 따른 장애인 등록 및 제3항에 따른 장애 상태의 변화에 따른 장애 등급을 조정함에 있어 장애인의 장애 인정과 장애 정도 사정이 적정한지를 확인하기 위하여 필요한 경우 대통령령으로 정하는 「**공공기관의 운영에 관한 법률**」 제4조에 따른 공공기관에 장애 정도에 관한 정밀심사를 의뢰할 수 있다."라고 규정하고 있다.
⑤ 장애정도 심사는 「장애인복지법」 제32조제6항, 같은 법 시행령 제20조의2, 같은 법 시행규칙 제3조 및 제6조에 따라 **국민연금공단**에 업무 위탁 운영 중이다. 「장애인복지법」 제32조(장애인 등록) 제6항에서 "**특별자치시장·특별자치도지사·시장·군수·구청장은** 제1항에 따른 장애인 등록 및 제3항에 따른 장애 상태의 변화에 따른 장애 정도를 조정함에 있어 장애인의 장애 인정과 장애 정도 사정이 적정한지를 확인하기 위하여 필요한 경우 대통령령으로 정하는 「공공기관의 운영에 관한 법률」 제4조에 따른 공공기관에 장애 정도에 관한 정밀심사를 의뢰할 수 있다."라고 규정하고 있으며, 「장애인복지법 시행령」 제20조의2(정밀심사 의뢰기관) 제1항에서 "법 제32조제6항에서 '대통령령으로 정하는 「공공기관의 운영에 관한 법률」 제4조에 따른 공공기관'이란 「**국민연금법**」 제24조에 따른 **국민연금공단**을 말한다."라고 규정하고 있다.

정답 ②

137

장애인복지법의 내용으로 옳은 것은? · 20회

① 「난민법」 제2조 제2호에 따른 난민인정자는 장애인등록을 할 수 있다.
② 보건복지부장관은 3년마다 장애인정책종합계획을 수립·시행하여야 한다.
③ 보건복지부장관은 5년마다 장애실태조사를 실시하여야 한다.
④ 보건복지부장관은 피해장애인의 임시 보호 및 사회복귀 지원을 위하여 장애인 쉼터를 설치·운영할 수 있다.
⑤ 장애인복지시설의 장은 장애인 거주시설에서 제공하여야 하는 서비스의 최저기준을 마련하여야 한다.

해설

「장애인복지법」 제32조의2(재외동포 및 외국인의 장애인 등록) 제1항에 "재외동포 및 외국인 중 다음 각 호의 어느 하나에 해당하는 사람은 제32조에 따라 **장애인 등록을 할 수 있다.** 1. 「재외동포의 출입국과 법적 지위에 관한 법률」 제6조에 따라 국내거소신고를 한 사람, 2. 「주민등록법」 제6조에 따라 재외국민으로 주민등록을 한 사람, 3. 「출입국관리법」 제31조에 따라 외국인등록을 한 사람으로서 같은 법 제10조제1항에 따른 체류자격 중 대한민국에 영주할 수 있는 체류자격을 가진 사람, 4. 「재한외국인 처우 기본법」 제2조제3호에 따른 결혼이민자, 5. 「**난민법」 제2조제2호에 따른 난민인정자**"라고 규정하고 있다.

오답풀이

② 보건복지부장관은 **5년마다** 장애인정책종합계획을 수립·시행하여야 한다. 동법 제10조의2(장애인정책종합계획) 제1항에 "보건복지부장관은 장애인의 권익과 복지증진을 위하여 관계 중앙행정기관의 장과 협의하여 5년마다 장애인정책종합계획을 수립·시행하여야 한다."라고 규정하고 있다.
③ 보건복지부장관은 **3년마다** 장애실태조사를 실시하여야 한다. 동법 제31조(실태조사) 제1항에 "보건복지부장관은 장애인 복지정책의 수립에 필요한 기초 자료로 활용하기 위하여 3년마다 장애실태조사를 실시하여야 한다."라고 규정하고 있다.
④ **특별시장·광역시장·특별자치시장·도지사·특별자치도지사**는 피해장애인의 임시 보호 및 사회복귀 지원을 위하여 장애인 쉼터를 설치·운영할 수 있다(동법 제59조의13 제1항).
⑤ **보건복지부장관**은 장애인 거주시설에서 제공하여야 하는 서비스의 최저기준을 마련하여야 한다. 동법 제60조의3(장애인 거주시설의 서비스 최저기준) 제1항에 "**보건복지부장관**은 장애인 거주시설에서 제공하여야 하는 서비스의 최저기준을 마련하여야 하며, 장애인복지실시기관은 그 기준이 충족될 수 있도록 필요한 조치를 취하여야 한다."라고 규정하고 있다.

정답 ①

04 한부모가족지원법

138

한부모가족지원법의 내용으로 옳지 않은 것은? · 20회

① "청소년 한부모"란 24세 이하의 모 또는 부를 말한다.
② 한부모가족의 모 또는 부와 아동은 한부모가족 관련 정책결정과정에 참여할 권리가 있다.
③ 여성가족부장관은 자녀양육비 산정을 위한 자녀양육비 가이드라인을 마련하여 법원이 이혼 판결 시 적극 활용할 수 있도록 노력하여야 한다.
④ 국가와 지방자치단체는 청소년 한부모의 건강증진을 위하여 건강진단을 실시할 수 있다.
⑤ 국가나 지방자치단체는 아동양육비를 대여할 수 있다.

해설

국가나 지방자치단체는 복지급여의 신청이 있으면 **아동양육비 급여를 실시**하여야 한다. 「한부모가족지원법」 제12조(복지 급여의 내용) 제1항에 "국가나 지방자치단체는 제11조에 따른 복지 급여의 신청이 있으면 다음 각 호의 복지 급여를 실시하여야 한다. 1. 생계비, 2. 아동교육지원비, 3. 삭제 〈2011. 4. 12.〉, 4. **아동양육비**, 5. 그 밖에 대통령령으로 정하는 비용"라고 규정하고 있다.

보충설명

① 동법 제4조(정의) 제1의2호에 규정된 내용이다.
② 동법 제3조(한부모가족의 권리와 책임) 제1항에 규정된 내용이다.
③ 동법 제17조의3(자녀양육비 이행지원)에 규정된 내용이다.
④ 동법 제17조의5(청소년 한부모의 건강진단) 제1항에 규정된 내용이다.

오답풀이

⑤ 동법 제13조(복지 자금의 대여) 제1항에 "국가나 지방자치단체는 한부모가족의 생활안정과 자립을 촉진하기 위하여 다음 각 호의 어느 하나의 자금을 대여할 수 있다. 1. 사업에 필요한 자금, 2. 아동교육비, 3. 의료비, 4. 주택자금, 5. 그 밖에 대통령령으로 정하는 한부모가족의 복지를 위하여 필요한 자금"라고 규정하고 있다.

정답 ⑤

139

다음이 설명하는 한부모가족지원법상의 한부모가족복지시설은?
· 21회

> 배우자(사실혼 관계에 있는 사람을 포함한다)가 있으나 배우자의 물리적·정신적 학대로 아동의 건전한 양육이나 모 또는 부의 건강에 지장을 초래할 우려가 있을 경우 일시적 또는 일정 기간 동안 모와 아동, 부와 아동, 모 또는 부에게 주거 등을 지원하는 시설

① 일시지원시설
② 출산지원시설
③ 양육지원시설
④ 한부모가족복지상담소
⑤ 생활지원시설

해설

「한부모가족지원법」에 규정된 한부모가족복지시설 중 일시지원복지시설에 대한 설명이다. 참고로 「한부모가족지원법」에 규정된 한부모가족복지시설에는 ① 출산지원시설, ② 양육지원시설, ③ 생활지원시설, ④ 일시지원시설, ⑤ 한부모가족복지상담소가 있다.

보충설명

② 출산지원시설은 임신·출산 및 그 출산 아동(3세 미만에 한정한다)의 양육을 위하여 주거 등을 지원하는 시설이다.
③ 양육지원시설은 6세 미만 자녀를 동반한 한부모가족에게 자녀를 양육할 수 있도록 주거 등을 지원하는 시설이다.
④ 한부모가족복지상담소는 한부모가족에 대한 위기·자립 상담 또는 문제해결 지원 등을 목적으로 하는 시설이다.
⑤ 생활지원시설은 18세 미만(취학 중인 경우에는 22세 미만을 말하되, 「병역법」에 따른 병역의무를 이행하고 취학 중인 경우에는 병역의무를 이행한 기간을 가산한 연령 미만을 말한다) 자녀를 동반한 한부모가족에게 자립을 준비할 수 있도록 주거 등을 지원하는 시설이다.

정답 ①

140

한부모가족지원법의 내용으로 옳은 것은?
· 22회

① 여성가족부장관은 5년마다 한부모가족에 대한 실태조사를 실시하고 그 결과를 공표하여야 한다.
② "청소년 한부모"란 18세 이하의 모 또는 부를 말한다.
③ 교육부장관은 청소년 한부모가 학업을 계속할 수 있도록 여성가족부장관에게 협조를 요청하여야 한다.
④ "모" 또는 "부"에는 아동인 자녀를 양육하는 미혼자(사실혼 관계에 있는 자는 제외한다)도 해당된다.
⑤ 한부모가족에 대한 국민의 이해와 관심을 제고하기 위하여 매년 9월 7일을 한부모가족의 날로 한다.

해설

「한부모가족지원법」 제4조(정의) 제1호에서 "모 또는 부란 다음 각 목의 어느 하나에 해당하는 자로서 아동인 자녀를 양육하는 자를 말한다. 가. 배우자와 사별 또는 이혼하거나 배우자로부터 유기(遺棄)된 자, 나. 정신이나 신체의 장애로 장기간 노동능력을 상실한 배우자를 가진 자, 다. 교정시설·치료감호시설에 입소한 배우자 또는 병역복무 중인 배우자를 가진 사람, 라. **미혼자(사실혼(事實婚) 관계에 있는 자는 제외한다)**, 마. 가목부터 라목까지에 규정된 자에 준하는 자로서 여성가족부령으로 정하는 자"라고 규정하고 있다.

오답풀이

① 동법 제6조(실태조사 등) 제1항에서 "여성가족부장관은 한부모가족 지원을 위한 정책수립에 활용하기 위하여 **3년마다** 한부모가족에 대한 실태조사를 실시하고 그 결과를 공표하여야 한다."라고 규정하고 있다.
② 동법 제4조(정의) 제1의2호에서 "청소년 한부모란 **24세 이하**의 모 또는 부를 말한다."라고 규정하고 있다.
③ 동법 제17조의2(청소년 한부모에 대한 교육 지원) 제4항에서 "**여성가족부장관**은 청소년 한부모가 학업을 계속할 수 있도록 **교육부장관**에게 협조를 요청하여야 한다."라고 규정하고 있다.
⑤ 동법 제5조의4(한부모가족의 날) 제1항에서 "한부모가족에 대한 국민의 이해와 관심을 제고하기 위하여 매년 **5월 10일**을 한부모가족의 날로 한다."라고 규정하고 있다.

정답 ④

05 영유아보육법

141 ✓확인 ☐☐☐

영유아보육법의 내용이다. ( )에 들어갈 말은? • 13회

> 국공립어린이집 외의 어린이집을 설치·운영하려는 자는 특별자치도지사·시장·군수·구청장의 ( )를(을) 받아야 한다.

① 인가
② 보증
③ 인증
④ 허가
⑤ 특허

해설

「영유아보육법」 2004년 개정으로 어린이집 설치를 신고제에서 인가제로 전환함으로써, 현재 「영유아보육법」 제13조(국공립어린이집 외의 어린이집의 설치)에 "국공립어린이집 외의 어린이집을 설치·운영하려는 자는 특별자치시장·특별자치도지사·시장·군수·구청장의 **인가**를 받아야 한다."라고 규정되어 있다.

정답 ①

06 정신건강증진 및 정신질환자 복지서비스 지원에 관한 법률

142 ✓확인 ☐☐☐

정신건강증진 및 정신질환자 복지서비스 지원에 관한 법률상 정신질환자의 보호의무자가 될 수 있는 사람은? • 21회

① 후견인
② 파산선고를 받고 복권되지 아니한 사람
③ 해당 정신질환자를 상대로 소송 중인 사람
④ 행방불명자
⑤ 미성년자

해설

「민법」에 따른 **후견인 또는 부양의무자**는 정신질환자의 보호의무자가 될 수 있다. ②, ③, ④, ⑤는 보호의무자가 될 수 없는 사람들이다.

보충설명

「정신건강증진 및 정신질환자 복지서비스 지원에 관한 법률」(약칭: 정신건강복지법) 제39조(보호의무자) 제1항에서 "「민법」에 따른 **후견인 또는 부양의무자는 정신질환자의 보호의무자**가 된다. 다만, 다음 각 호의 어느 하나에 해당하는 사람은 보호의무자가 될 수 없다. 1. 피성년후견인 및 피한정후견인, 2. 파산선고를 받고 복권되지 아니한 사람(②), 3. 해당 정신질환자를 상대로 한 소송이 계속 중인 사람(③) 또는 소송한 사실이 있었던 사람과 그 배우자, 4. 미성년자(⑤), 5. 행방불명자(④), 6. 그 밖에 보건복지부령으로 정하는 부득이한 사유로 보호의무자로서의 의무를 이행할 수 없는 사람"이라고 규정하고 있다.

정답 ①

07 사회복지공동모금회법

143
사회복지공동모금회법의 내용으로 옳은 것은? • 20회

① 배분분과실행위원회는 위원장 1명을 포함하여 20명 이내의 위원으로 구성한다.
② 국가나 지방자치단체는 모금회의 관리·운영에 필요한 비용을 보조할 수 있다.
③ 기부금품의 기부자는 배분지역, 배분대상자 또는 사용 용도를 지정할 수 없다.
④ 사회복지공동모금회는 언론기관을 모금창구로 지정할 수 있으나 지정된 언론기관의 명의로 모금계좌를 개설할 수 없다.
⑤ 모금회의 정관으로 규정하지 아니한 사항은 「민법」 중 사단법인에 관한 규정을 준용한다.

해설
「사회복지공동모금회법」 제33조(보조금 등) 제1항에 "**국가나 지방자치단체는 모금회에 기부금품 모집에 필요한 비용과 모금회의 관리·운영에 필요한 비용을 보조할 수 있다.**"라고 규정하고 있다.

오답풀이
① 배분분과실행위원회는 위원장 1명을 포함하여 **20명 이상의 위원**으로 구성한다. 동법 제13조(분과실행위원회) 제3항에 "분과실행위원회는 위원장 1명을 포함하여 20명 이내의 위원으로 구성한다. 다만, **모금분과실행위원회 및 배분분과실행위원회는 각각 20명 이상의 위원으로 구성**한다."라고 규정하고 있다.
③ 기부금품의 기부자는 배분지역, 배분대상자 또는 사용 용도를 지정**할 수 있다**(동법 제27조 제1항).
④ 사회복지공동모금회는 언론기관을 모금창구로 지정할 수 있으며 지정된 언론기관의 명의로 모금계좌를 개설할 수 있다. 동법 제19조(모금창구의 지정)에 "모금회는 기부금품의 접수를 효율적이고 공정하게 하기 위하여 언론기관을 모금창구로 지정하고, 지정된 언론기관의 명의로 모금계좌를 개설할 수 있다."라고 규정하고 있다.
⑤ 모금회의 정관으로 규정하지 아니한 사항은 「민법」 중 **재단법인**에 관한 규정을 준용한다(동법 제34조).

정답 ②

144
사회복지공동모금회법상 사회복지공동모금회(이하 '모금회'라 한다)에 관한 설명으로 옳지 않은 것은? • 22회

① 모금회는 사회복지사업을 지원하기 위하여 연중 기부금품을 모집할 수 있다.
② 지방자치단체는 모금회에 기부금품 모집에 필요한 비용을 보조할 수 있다.
③ 배분분과실행위원회는 20명 이상의 위원으로 구성된다.
④ 모금회는 정관을 작성하여 보건복지부장관의 허가를 받아 등기함으로써 설립된다.
⑤ 모금회는 매년 8월 31일까지 다음 회계연도의 공동모금재원 배분기준을 정하여 공고하여야 한다.

해설
「사회복지공동모금회법」 제4조(사회복지공동모금회의 설립) 제3항에서 "모금회는 정관을 작성하여 보건복지부장관의 **인가**를 받아 등기함으로써 설립된다."고 규정하고 있다.

보충설명
① 동법 제18조(**기부금품의 모집**) 제1항에서 "모금회는 사회복지사업이나 그 밖의 사회복지활동을 지원하기 위하여 연중 기부금품을 모집·접수할 수 있다."라고 규정하고 있다.
② 동법 제33조(**보조금 등**) 제1항에서 "국가나 지방자치단체는 모금회에 기부금품 모집에 필요한 비용과 모금회의 관리·운영에 필요한 비용을 보조할 수 있다."라고 규정하고 있다.
③ 동법 제13조(**분과실행위원회**) 제3항에서 "분과실행위원회는 위원장 1명을 포함하여 20명 이내의 위원으로 구성한다. 다만, 모금분과실행위원회 및 배분분과실행위원회는 각각 20명 이상의 위원으로 구성한다."라고 규정하고 있다.
⑤ 동법 제20조(**배분기준**) 제1항에서 "모금회는 매년 8월 31일까지 다음 각 호의 사항이 포함된 다음 회계연도의 공동모금재원 배분기준을 정하여 공고하여야 한다."라고 규정하고 있다.

정답 ④

08 국내입양에 관한 특별법

145

국내입양에 관한 특별법에 관한 설명으로 옳지 않은 것은?
· 9회

① 양부모가 되려는 사람은 보건복지부령으로 정하는 바에 따라 소정의 교육을 마쳐야 한다.
② 양부모는 가정법원의 허가서를 첨부하여「가족관계의 등록 등에 관한 법률」에서 정하는 바에 따라 친양자 입양 신고를 하여야 한다.
③ 입양이 성립된 후 1년 동안 양부모와 양자의 상호적응을 위하여 정기적인 상담과 필요한 복지서비스를 지원하여야 한다.
④ 여성가족부장관은 보호대상아동의 국내입양을 활성화하기 위하여 입양에 대한 실태조사 결과를 토대로 5년마다 국내입양 활성화 기본계획을 수립·시행하여야 한다.
⑤ 건전한 입양문화의 정착과 입양에 대한 인식 개선을 통하여 국내입양이 활성화될 수 있도록 5월 11일을 입양의 날로 한다.

해설
「국내입양에 관한 특별법」제10조(국내입양 활성화 기본계획의 수립·시행 등) 제1항에서 "보건복지부장관은 보호대상아동의 국내입양을 활성화하기 위하여 입양에 대한 실태조사 결과를 토대로 5년마다 국내입양 활성화 기본계획을 수립·시행하여야 한다."고 규정하고 있다.

+ 보충설명
① 동법 제18조(양부모가 될 자격 등) 제3항에서 "이 법에 따라 양부모가 되려는 사람은 보건복지부령으로 정하는 바에 따라 소정의 교육을 마쳐야 한다."고 규정하고 있다.
② 동법 제26조(입양의 효력발생) 제1항에서 "이 법에 따른 입양은 가정법원의 인용심판 확정으로 그 효력이 발생한다. 이 경우 양부모 또는 양자는 가정법원의 허가서를 첨부하여「가족관계의 등록 등에 관한 법률」에서 정하는 바에 따라 친양자 입양 신고를 하여야 한다."고 규정하고 있다.
③ 동법 제31조(사후서비스 제공) 제1항에서 "보건복지부장관은 입양이 성립된 후 1년 동안 양부모와 양자의 상호적응을 위하여 보건복지부령으로 정하는 바에 따라 정기적인 상담과 필요한 복지서비스를 지원하고 아동 적응보고서를 작성하여야 한다. 다만, 양부모와 양자의 요구가 있는 경우 등 보건복지부령으로 정하는 사유가 있는 경우에는 그 기간을 연장할 수 있다."고 규정하고 있다.
⑤ 동법 제8조(입양의 날) 제1항에서 "건전한 입양문화의 정착과 입양에 대한 인식 개선을 통하여 국내입양이 활성화될 수 있도록 5월 11일을 입양의 날로 하고, 입양의 날부터 1주일을 입양주간으로 한다."고 규정하고 있다.

정답 ④

09 장애인·노인·임산부 등의 편의 증진보장에 관한 법률

146

다음 중 장애인·노인·임산부 등의 편의 증진보장에 관한 법률상 편의시설 설치 대상 시설은?
· 7회

㉠ 공중전화
㉡ 숙박시설
㉢ 아파트
㉣ 도로

① ㉠, ㉡, ㉢
② ㉠, ㉢
③ ㉡, ㉣
④ ㉣
⑤ ㉠, ㉡, ㉢, ㉣

해설
장애인·노인·임산부 등의 편의 증진보장에 관한 법률 제7조(대상시설)에서 '공원, 공공건물 및 공중이용시설, 공동주택, 통신시설, 기타 장애인 등의 편의를 위하여 편의시설의 설치가 필요한 건물 시설 및 그 부대시설'이라고 규정하고 있다.

✕ 오답풀이
㉣ 도로에 설치해야 하는 근거는「교통약자의 이동편의 증진법」에 있다.

정답 ①

10 농어촌 주민의 보건복지증진을 위한 특별법

147 ✓확인 ☐☐☐

농어촌 주민의 보건복지증진을 위한 특별법의 내용으로 맞는 것은?
· 5회

> ㉠ 노인을 위한 보건시설 설치
> ㉡ 영유아보육시설 우선 설치
> ㉢ 세금감면
> ㉣ 국민연금 보험료 50% 지원

① ㉠, ㉡, ㉢ ② ㉠, ㉢ ③ ㉡, ㉣
④ ㉣ ⑤ ㉠, ㉡, ㉢, ㉣

해설
㉡ 영유아보육시설 우선 설치는 「농어촌 주민의 보건복지증진을 위한 특별법」 제22조(영유아의 보육지원 등) 제1항에서 '국가 및 지방자치단체는 농어촌의 보육여건 개선을 위하여 국·공립 어린이집을 우선 설치하거나 그 밖에 어린이집이 설치될 수 있도록 필요한 조치를 하여야 한다.'라고 규정하고 있다.
㉣ 국민연금 보험료 50% 지원은 「농어촌 주민의 보건복지증진을 위한 특별법」 제31조(국민연금보험료의 지원)에서 '국가는 농어민이 「국민연금법」 제88조 제3항에 따라 부담하여야 하는 국민연금 보험료 중 100분의 50 이내의 금액을 동법이 정하는 바에 따라 예산의 범위 안에서 지원할 수 있다.'라고 규정하고 있다.

✗ 오답풀이
㉠ 노인을 위한 보건시설 설치와 ㉢ 세금감면은 해당 사항이 아니다.

정답 ③

11 식품등 기부 활성화에 관한 법률

148 ✓확인 ☐☐☐

식품등 기부 활성화에 관한 법률에 대한 설명으로 옳지 않은 것은?
· 6회

① 제공자는 고의 또는 과실에 상관없이 피해가 발생하면 민사상의 책임을 진다.
② 기부 받은 식품은 무료로 제공하여야 한다.
③ 국가는 기부식품 이용자 보호를 위하여 필요한 시책을 강구해야 한다.
④ 사업은 기부식품의 모집, 관리, 제공 및 식품기부 활성화에 관한 것이다.
⑤ 제공 과정을 투명하게 해야 한다.

해설
고의 또는 중대한 과실이 있는 경우에 민사상의 책임을 져야 한다(제8조).

✗ 오답풀이
② 제6조(기부식품의 무상 제공) 제1항 제공자 및 사업자는 이용자에게 기부식품등을 무상으로 제공하여야 한다.
③ 제7조(국가 등의 지원) 제1항 국가와 지방자치단체는 식품등 기부 및 기부식품등 제공사업을 지원·장려하기 위하여 필요한 시책을 강구하여야 한다.
④ 제4조(기부식품 제공 사업) 기부식품등 제공 사업의 범위는 다음 각 호로 한다.
  1. 기부식품등의 모집·관리 및 제공
  2. 식품등기부를 활성화하기 위한 홍보
  3. 그 밖에 기부식품등의 제공과 관련된 부수사업
⑤ 제5조(기부식품의 모집 및 제공) 제1항 사업자는 기부식품등의 모집 및 제공 과정을 투명하게 하기 위하여 기부식품등 모집과 제공에 관한 장부를 비치하여야 하고, 증빙서류를 작성하여 보관 하여야 한다.

정답 ①

OIKOS UP 민·형사상의 책임감면(제8조 제1항)

기부식품등의 취식 또는 사용으로 인하여 이용자가 피해를 입은 때에는 다음 각 호의 어느 하나에 해당하는 경우를 제외하고는 제공자(제3조에 따라 신고한 사업자를 제외한다) 및 기부식품등 제공활동에 참여한 자는 민사상 책임을 지지 아니한다.
1. 고의 또는 중대한 과실이 있는 경우
2. 「식품위생법」 제3조의 위생적 취급 기준을 위반한 경우
3. 「식품위생법」 제4조에 따른 위해식품 등인 경우

12 다문화가족지원법

149

다문화가족지원법의 내용으로 옳은 것은? · 16회

① 여성가족부장관은 다문화가족 지원을 위하여 3년마다 다문화가족정책에 관한 기본계획을 수립하여야 한다.
② 다문화가족의 삶의 질 향상과 사회통합에 관한 중요 사항을 심의·조정하기 위하여 여성가족부장관 소속으로 다문화가족정책위원회를 둔다.
③ 지방자치단체는 다문화가족의 현황 및 실태를 파악하고 다문화가족 지원을 위한 정책수립에 활용하기 위하여 5년마다 다문화가족에 대한 실태조사를 실시하고 그 결과를 공표하여야 한다.
④ 시·도에는 다문화가족 지원을 담당할 기구와 공무원을 두어야 한다.
⑤ 기업은 다문화가족에 대한 사회적 차별 및 편견을 예방하고 사회구성원이 문화적 다양성을 인정하고 존중할 수 있도록 홍보와 교육 및 재정상 필요한 조치를 하여야 한다.

해설
「다문화가족지원법」 제3조(국가와 지방자치단체의 책무) 제2항에서 "특별시·광역시·특별자치시·도·특별자치도 및 시·군·구에는 다문화가족 지원을 담당할 기구와 공무원을 두어야 한다."고 규정하고 있다.

오답풀이
① 여성가족부장관은 다문화가족 지원을 위하여 **5년마다** 다문화가족정책에 관한 기본계획을 수립하여야 한다(동법 제3조의2 제1항).
② 다문화가족의 삶의 질 향상과 사회통합에 관한 중요 사항을 심의·조정하기 위하여 **국무총리 소속으로** 다문화가족정책위원회를 둔다(동법 제3조의4 제1항).
③ **여성가족부장관은** 다문화가족의 현황 및 실태를 파악하고 다문화가족 지원을 위한 정책수립에 활용하기 위하여 **3년마다** 다문화가족에 대한 실태조사를 실시하고 그 결과를 공표하여야 한다(동법 제4조 제1항).
⑤ **국가와 지방자치단체는** 다문화가족에 대한 사회적 차별 및 편견을 예방하고 사회구성원이 문화적 다양성을 인정하고 존중할 수 있도록 다문화 이해교육을 실시하고 **홍보 등 필요한 조치를** 하여야 한다(동법 제5조 제1항).

정답 ④

150

다문화가족지원법의 내용으로 옳지 않은 것은? · 18회

① 다문화가족은 대한민국 국적을 취득한 자로 이루어진 가족이어야 한다.
② 다문화가족이 이혼 등의 사유로 해체된 경우에도 그 구성원이었던 자녀에 대하여 이 법을 적용한다.
③ 다문화가족지원센터는 결혼이민자등에 대한 한국어 교육 업무를 수행한다.
④ 국가와 지방자치단체는 다문화가족에 대해 가족생활교육 등을 추진하는 경우, 문화의 차이를 고려한 전문적인 서비스가 제공될 수 있도록 노력하여야 한다.
⑤ 여성가족부장관은 5년마다 다문화가족정책에 관한 기본계획을 수립하여야 한다.

해설
「다문화가족지원법」 제2조(정의)에 "다문화가족이란 다음 각 목의 어느 하나에 해당하는 가족을 말한다. 가. 「재한외국인 처우 기본법」 제2조 제3호의 **결혼이민자**와 「국적법」 제2조부터 제4조까지의 규정에 따라 **대한민국 국적을 취득한 자로 이루어진 가족**, 나. 「국적법」 제3조 및 제4조에 따라 **대한민국 국적을 취득한 자**와 같은 법 제2조부터 제4조까지의 규정에 따라 **대한민국 국적을 취득한 자로 이루어진 가족**"이라고 규정하고 있다. 다문화가족은 대한민국 국적을 취득한 자로 이루어진 가족이어야만 하는 것은 아니다. 결혼이민자와 대한민국 국적을 취득한 자로 이루어진 가족도 다문화가족에 해당된다.

보충설명
② 동법 제14조의2(다문화가족 자녀에 대한 적용 특례)에 규정된 내용이다.
③ 동법 제12조(다문화가족지원센터의 설치·운영 등) 제4항 "지원센터는 다음 각 호의 업무를 수행한다. 1. 다문화가족을 위한 교육·상담 등 지원사업의 실시, 2. **결혼이민자등에 대한 한국어교육**, 3. 다문화가족 지원서비스 정보제공 및 홍보, 4. 다문화가족 지원 관련 기관·단체와의 서비스 연계, 5. 일자리에 관한 정보제공 및 일자리의 알선, 6. 다문화가족을 위한 통역·번역 지원사업, 7. 다문화가족 내 가정폭력 방지 및 피해자 연계 지원, 8. 그 밖에 다문화가족 지원을 위하여 필요한 사업"
④ 동법 제7조(평등한 가족관계의 유지를 위한 조치) "**국가와 지방자치단체는** 다문화가족이 민주적이고 양성평등한 가족관계를 누릴 수 있도록 가족상담, 부부교육, 부모교육, **가족생활교육 등을** 추진하여야 한다. 이 경우 **문화의 차이 등을 고려한 전문적인 서비스가 제공될 수 있도록 노력하여야 한다.**"
⑤ 동법 제3조의2(다문화가족 지원을 위한 기본계획의 수립) 제1항 "**여성가족부장관은 다문화가족 지원을 위하여 5년마다 다문화가족정책에 관한 기본계획을 수립하여야 한다.**"

정답 ①

13 가정폭력 방지 및 피해자 보호 등에 관한 법률

151 ✓확인 ☐☐☐

가정폭력방지 및 피해자보호 등에 관한 법률의 내용으로 옳지 않은 것은?
· 23회

① 피해자란 가정폭력으로 인하여 직접적으로 피해를 입은 자를 말한다.
② 사회복지법인과 그 밖의 비영리법인은 시장·군수·구청장의 인가를 받아 보호시설을 설치·운영할 수 있다.
③ 국가나 지방자치단체는 피해자나 피해자가 동반한 가정구성원이 아동인 경우 주소지 외의 지역에서 취학할 필요가 있을 때에는 그 취학이 원활히 이루어지도록 지원하여야 한다.
④ 유치원의 장, 어린이집의 원장, 초·중등학교의 장은 가정폭력의 예방과 방지를 위하여 필요한 교육을 실시하고, 그 결과를 여성가족부장관에게 제출하여야 한다.
⑤ 단기보호시설은 피해자등을 6개월의 범위에서 보호하는 시설이다.

해설

「가정폭력방지 및 피해자보호 등에 관한 법률」 제4조의3(가정폭력 예방교육의 실시) 제1항에서 "국가기관, 지방자치단체 및 **「초·중등교육법」**에 따른 각급 학교의 장, 그 밖에 대통령령으로 정하는 공공단체의 장은 가정폭력의 예방과 방지를 위하여 필요한 교육을 실시하고, 그 결과를 여성가족부장관에게 제출하여야 한다."라고 규정하고 있다. 즉, 초·중등학교의 장은 해당되지만 **유치원의 장, 어린이집의 원장은 해당되지 않기 때문에 옳지 않다.**

보충설명

① 동법 제2조(정의) 제3호에 규정된 내용이다.
② 동법 제7조(보호시설의 설치) 제2항에서 "「사회복지사업법」에 따른 사회복지법인과 그 밖의 비영리법인은 시장·군수·구청장의 인가(認可)를 받아 보호시설을 설치·운영할 수 있다."고 규정하고 있다.
③ 동법 제4조의4(아동의 취학 지원) 제1항에서 "국가나 지방자치단체는 **피해자나 피해자가 동반한 가정구성원**(「가정폭력범죄의 처벌 등에 관한 특례법」 제2조제2호의 자 중 피해자의 보호나 양육을 받고 있는 자를 말한다. 이하 같다)**이 아동인 경우 주소지 외의 지역에서 취학**(입학·재입학·전학 및 편입학을 포함한다. 이하 같다)**할 필요가 있을 때에는 그 취학이 원활히 이루어지도록 지원하여야 한다.**"고 규정하고 있다.
⑤ 동법 제7조의2(보호시설의 종류) 제1항 제1호에 규정된 내용이다.

정답 ④

14 성매매 방지 및 피해자 보호 등에 관한 법률

152 ✓확인 ☐☐☐

성매매 방지 및 피해자 보호 등에 관한 법률상 성매매 방지 중앙지원센터가 수행하는 업무가 아닌 것은?
· 9회

① 지원시설 및 상담소 간 종합 연계망 구축
② 성매매 피해자 구조 활동의 지원
③ 지원시설에 인도 또는 연계
④ 성매매 피해자에 대한 지원대책 연구 및 홍보활동
⑤ 성매매 예방 교육프로그램의 개발

해설

「성매매 방지 및 피해자 보호 등에 관한 법률」 제19조의(성매매 방지 중앙 지원센터의 설치 등)
① 국가는 성매매 방지 활동 및 성매매 피해자 등에 대한 지원서비스 전달 체계의 효율적인 연계·조정 등을 위하여 성매매 방지 중앙 지원센터(이하 "중앙 지원센터"라 한다)를 설치·운영할 수 있다.
② 중앙 지원센터는 다음 각 호의 업무를 수행한다.
  1. 이 법에 규정된 지원시설·자활지원센터·상담소(이하 "상담소 등"이라 한다) 간 종합 연계망 구축(①)
  2. 성매매피해자등 구조체계 구축·운영 및 성매매피해자등 구조 활동의 지원(②)
  3. 법률·의료 지원단 운영 및 법률·의료 지원체계 확립
  4. 성매매피해자등의 자립·자활 프로그램 개발·보급
  5. 성매매피해자등에 대한 지원대책 연구 및 홍보활동(④)
  6. 성매매 실태조사 및 성매매 방지대책 연구
  7. 성매매 예방교육프로그램의 개발(⑤)
  8. 상담소등 종사자의 교육 및 상담원 양성, 상담기법의 개발 및 보급
  9. 그 밖에 여성가족부령으로 정하는 사항
③ 중앙지원센터의 운영은 여성가족부령으로 정하는 바에 따라 비영리법인 또는 단체에 위탁할 수 있다.

오답풀이

③ 지원시설에 인도 또는 연계는 **성매매피해상담소의 업무**이다. 동법 제18조(상담소의 업무)에서 "상담소는 다음 각 호의 업무를 수행한다. 1. 상담 및 현장 방문, 2. 지원시설 이용에 관한 고지 및 **지원시설에의 인도 또는 연계**, 3. 성매매피해자등의 구조, 4. 제11조제1항제3호부터 제5호까지의 업무, 5. 성매매 예방을 위한 홍보와 교육, 6. 다른 법률에서 상담소에 위탁한 사항, 7. 성매매피해자등의 보호를 위한 조치로서 여성가족부령으로 정하는 사항"라고 규정하고 있다.

정답 ③

15 성폭력방지 및 피해자보호 등에 관한 법률

153 ✓확인 ☐☐☐

성폭력방지 및 피해자보호 등에 관한 법률의 내용으로 옳지 않은 것은? ・19회

① 피해자의 의사에 반하여 피해자 상담을 할 수 있다.
② 보호시설의 장이나 종사자는 업무상 알게 된 비밀을 누설해서는 아니 된다.
③ 보호시설에 대한 보호비용의 지원 방법 및 절차 등에 필요한 사항은 여성가족부령으로 정한다.
④ 시장·군수·구청장은 민간의료시설을 피해자등의 치료를 위한 전담의료기관으로 지정할 수 있다.
⑤ 국가 또는 지방자치단체는 이 법 제27조제2항에 따른 치료 등 의료 지원에 필요한 경비의 전부 또는 일부를 지원할 수 있다.

해설

「성폭력방지 및 피해자보호 등에 관한 법률」(약칭: 성폭력방지법) 제24조(피해자등의 의사 존중)에서 "상담소, 보호시설, 통합지원센터 및 중앙디지털성범죄피해자지원센터등의 장과 종사자는 피해자등이 분명히 밝힌 의사에 반하여 제7조의 4(중앙디지털성범죄피해자지원센터등의 설치·운영), 제11조(상담소의 업무) 및 제13조제1항(보호시설의 업무)에 따른 업무 등을 할 수 없다."라고 규정하고 있다.

보충설명

② 동법 제30조(비밀 엄수의 의무)에서 "상담소, 보호시설 또는 통합지원센터 또는 중앙디지털성범죄피해자지원센터의 **장이나 그 밖의 종사자** 또는 그 직에 있었던 사람은 **그 직무상 알게 된 비밀을 누설하여서는 아니 된다.**"라고 규정하고 있다.
③ 동법 제14조(보호시설에 대한 보호비용 지원) 제2항에 규정된 내용이다.
④ 동법 제27조(성폭력 전담의료기관의 지정 등) 제1항에서 "여성가족부장관, 특별자치시장·특별자치도지사 또는 **시장·군수·구청장은** 국립·공립병원, 보건소 또는 **민간의료시설을 피해자등의 치료를 위한 전담의료기관으로 지정할 수 있다.**"라고 규정하고 있다.
⑤ 동법 제28조(의료비 지원) 제1항에 규정된 내용이며, 참고로 제27조(성폭력 전담의료기관의 지정 등) 제2항에서는 "제1항에 따라 지정된 전담의료기관은 피해자 본인·가족·친지나 긴급전화센터, 상담소, 보호시설, 통합지원센터 또는 중앙디지털성범죄피해자지원센터등의 장 등이 요청하면 피해자등에 대하여 다음 각 호의 의료 지원을 하여야 한다."라고 규정하고 있다.

정답 ①

16 건강가정기본법

154 ✓확인 ☐☐☐

건강가정기본법에 관한 설명으로 옳지 않은 것은? ・21회

① "가족"이라 함은 혼인·혈연·입양으로 이루어진 사회의 기본단위를 말한다.
② 모든 국민은 혼인과 출산의 사회적 중요성을 인식하여야 한다.
③ "1인가구"라 함은 성인 1명 또는 그와 생계를 같이하는 미성년자녀로 구성된 생활단위를 말한다.
④ 국가는 양성이 평등한 육아휴직제 등의 정책을 적극적으로 확대 시행하여야 한다.
⑤ 국가는 생애주기에 따르는 가족구성원의 종합적인 건강증진대책을 마련하여야 한다.

해설

「건강가정기본법」 제3조(정의) 제2의2호에서 "1인가구라 함은 **1명이 단독으로 생계를 유지하고 있는 생활단위를 말한다.**"라고 규정하고 있다.

보충설명

① 동법 제3조(정의) 제1호에 규정된 내용이다. 참고로 제2호에서 "가정이라 함은 가족구성원이 생계 또는 주거를 함께 하는 생활공동체로서 구성원의 일상적인 부양·양육·보호·교육 등이 이루어지는 생활단위를 말한다."라고 규정하고 있다.
② 동법 제8조(혼인과 출산) 제1항에 규정된 내용이다.
④ 동법 제22조(자녀양육지원의 강화) 제1항에 "**국가 및 지방자치단체는** 자녀를 양육하는 가정에 대하여 자녀양육으로 인한 부담을 완화하고 아동의 행복추구권을 보장하기 위하여 보육, 방과후 서비스, **양성이 평등한 육아휴직제 등의 정책을 적극적으로 확대 시행하여야 한다.**"라고 규정하고 있다.
⑤ 동법 제24조(가족의 건강증진)에 "**국가 및 지방자치단체는** 영·유아, 아동, 청소년, 중·장년, 노인 등 **생애주기에 따르는 가족구성원의 종합적인 건강증진대책을 마련하여야 한다.**"라고 규정하고 있다.

정답 ③

김진원 Oikos 사회복지사 1급

제14장 사회복지관련법

제8영역 : 사회복지법제론

01 자원봉사활동기본법

155 ✓확인 ☐☐☐

자원봉사활동기본법에 관한 내용으로 옳은 것을 모두 고른 것은?
· 10회

> ㉠ 자원봉사활동이라 함은 개인 또는 단체가 지역사회·국가 및 인류사회를 위하여 대가 없이 자발적으로 시간과 노력을 제공하는 행위를 말한다.
> ㉡ 학교·직장 등의 장은 학생 또는 직장인 등의 자원봉사활동에 대하여 그 공헌을 인정하여 줄 수 있다.
> ㉢ 자원봉사활동은 무보수성·자발성·공익성·비영리성·비정파성·비종파성의 원칙 아래 수행될 수 있도록 하여야 한다.
> ㉣ 국가 및 지방자치단체로부터 지원을 받는 자원봉사단체는 그 명의 또는 그 대표의 명의로 특정정당 또는 특정인의 선거운동(공직선거법에 따른 선거운동)을 할 수 있다.

① ㉠, ㉡, ㉢ ② ㉠, ㉢ ③ ㉡, ㉣
④ ㉣ ⑤ ㉠, ㉡, ㉢, ㉣

해설
㉠ 「자원봉사활동기본법」 제3조(용어의 정의)에 규정된 내용이다.
㉡ 동법 제11조(학교·직장 등의 자원봉사활동 장려) 제3항에 규정된 내용이다.
㉢ 동법 제2조(기본방향) 제2호에 규정된 내용이다.
✗ 오답풀이
㉣ 동법 제5조(정치활동 등 금지의무) 제1항 제14조·제18조 및 제19조에 근거하여 지원을 받는 자원봉사단체 및 자원봉사센터는 그 명의 또는 그 대표의 명의로 특정정당 또는 특정인의 선거운동을 하여서는 아니 된다.

정답 ①

156 ✓확인 ☐☐☐

자원봉사활동의 기본방향에 관한 자원봉사활동 기본법 제2조제2호 규정이다. ( )에 들어갈 내용이 아닌 하나는?
· 19회

> 자원봉사활동은 무보수성, 자발성, ( ), ( ), ( ), ( )의 원칙 아래 수행될 수 있도록 하여야 한다.

① 공익성 ② 비영리성
③ 비정파성(非政派性) ④ 비종파성(非宗派性)
⑤ 무차별성

해설
「자원봉사활동 기본법」(약칭 : 자원봉사법) 제2조(기본 방향) 제2호에서 "자원봉사활동은 무보수성, 자발성, **공익성**(①), **비영리성**(②), **비정파성**(非政派性)(③), **비종파성**(非宗派性)(④)의 원칙 아래 수행될 수 있도록 하여야 한다.

정답 ⑤

157

자원봉사활동 기본법상 자원봉사센터에 관한 설명으로 옳지 않은 것은?
· 14회

① 국가는 자원봉사센터의 설치·운영이 활성화될 수 있도록 적극 노력하여야 한다.
② 지방자치단체는 자원봉사센터의 운영에 필요한 경비를 지원할 수 있다.
③ 국가기관 및 지방자치단체는 자원봉사센터를 설치할 수 있다.
④ 지방자치단체는 설치한 자원봉사센터를 비영리 법인에 위탁하여 운영할 수 없다.
⑤ 지방자치단체로부터 운영경비를 지원받는 자원봉사센터는 그 명의로 특정인의 선거운동을 하여서는 아니 된다.

해설

「자원봉사활동기본법」 제19조(자원봉사센터의 설치 및 운영) 제1항 국가기관 및 지방자치단체는 자원봉사센터를 설치할 수 있다. 이 경우 **자원봉사센터를 법인으로 하여 운영하거나 비영리 법인에 위탁하여 운영하여야 한다.**

+보충설명
① 동법 제19조(자원봉사센터의 설치 및 운영) 제3항에 규정된 내용이다.
② 동법 제19조(자원봉사센터의 설치 및 운영) 제3항에 규정된 내용이다.
③ 동법 제19조(자원봉사센터의 설치 및 운영) 제1항에 규정된 내용이다.
⑤ 동법 제5조(정치활동 등의 금지 의무) 제1항에 규정된 내용이다.

정답 ④

02 장애인 고용 촉진 및 직업재활법

158

장애인 고용 촉진 및 직업재활법상의 내용으로 빈칸에 들어갈 내용은?
· 8회

- 국가와 지방자치단체의 장은 장애인을 소속공무원 정원의 (㉠) 이상 고용하여야 한다.
- 상시 (㉡)명 이상의 근로자를 고용하는 사업주는 그 근로자의 총수의 100분의 5 범위 내에서 대통령령이 정하는 비율 이상에 해당하는 장애인을 고용하여야 한다.

	㉠	㉡
①	100분의 2	50
②	100분의 2	100
③	100분의 3.8	50
④	100분의 3	150
⑤	100분의 5	200

해설

- 「장애인고용촉진 및 직업재활법」(약칭: 장애인고용법) 제27조(국가와 지방자치단체의 장애인 고용 의무) 제1항에서 국가와 지방자치단체의 장은 장애인을 소속 공무원 정원에 대하여 다음 각 호의 구분에 해당하는 비율 이상 고용하여야 한다.
  1. 2021년 1월 1일부터 2021년 12월 31일까지 : 1천분의 34
  2. 2022년 1월 1일부터 2023년 12월 31일까지 : 1천분의 36
  3. 2024년 이후 : 1천분의 38
- 동법 제28조(사업주의 장애인 고용 의무) 제1항에서는 "<u>상시 50명 이상의 근로자를 고용하는 사업주</u>(건설업에서 근로자 수를 확인하기 곤란한 경우에는 공사 실적액이 고용노동부장관이 정하여 고시하는 금액 이상인 사업주)는 그 근로자의 총수(건설업에서 근로자 수를 확인하기 곤란한 경우에는 대통령령으로 정하는 바에 따라 공사 실적액을 근로자의 총수로 환산한다)<u>의 100분의 5의 범위에서 대통령령으로 정하는 비율</u>(이하 "의무고용률"이라 한다) 이상에 해당(그 수에서 소수점 이하는 버린다.)하는 장애인을 고용하여야 한다."라고 규정하고 있다.

정답 ③

제15장 판례

제8영역 : 사회복지법제론

159 ✓확인 ☐☐☐

사회복지에 관한 헌법재판소나 대법원의 결정 또는 판결의 내용과 다른 것은?
· 11회

① 60세 이상의 국민에 대한 국민연금제도 가입을 제한하는 것은 헌법상의 인간다운 생활을 할 권리를 침해하는 것이 아니다.
② 국민연금 보험료의 강제징수는 헌법상 재산권의 침해가 아니다.
③ 일부 이사가 참석하지 않은 상태에서 소집통지서에 회의의 목적사항으로 명시한 바 없는 안건에 관한 사회복지법인 이사회 결의의 효력은 무효이다.
④ 대한민국 정부가 지방공무원에게 맞춤형 복지제도를 시행하기 위한 법규 제정을 하지 아니하는 것은 위헌이다.
⑤ 장애인을 위하여 저상버스를 도입해야 한다는 구체적 내용의 의무가 헌법으로부터 나오는 것은 아니다.

해설

헌법재판소 2007.5.31. 자 2006헌마186 결정 【맞춤형 복지제도 차별 적용 위헌확인】: 피청구인 대한민국 정부가 지방공무원에게 맞춤형 복지제도를 시행하기 위한 법규 제정을 하지 아니한 부작위의 위헌확인을 구하는 이 사건 심판청구의 적법 여부(소극) → 지방공무원법 제77조는 지방공무원의 보건·휴양·안전·후생 기타 능률증진에 필요한 사항의 기준 설정 및 실시 의무를 관할 지방자치단체의 장에게 부여하고 있고, 피청구인 대한민국 정부에게는 이를 위한 법령, 규칙 등 세부기준의 제정의무를 부여하고 있지 아니하므로, 그 부작위를 다투는 이 사건 심판청구는 부적법하다.

➕보충설명

① 국민연금법 제6조 등 위헌확인 (2001.4.26, 2000헌마390 전원재판부): 국민연금의 가입대상을 경제활동이 가능한 18세 이상 60세 미만의 국민으로 제한하고 있는 이 사건 법률 조항은 노후의 소득보장이라는 연금제도의 입법 취지에 따라 국민연금제도를 합리적으로 운영하기 위한 것으로 정당하고 60세 미만의 국민에 비하여 청구인들을 불합리하게 차별 대우함으로써 헌법상의 평등원칙을 침해한다고 볼 수 없다.
② 국민연금법 제75조 등 위헌확인(2001. 2. 22. 99헌마365 전원재판부): 국민연금제도에 소득재분배의 효과가 있지만, 이는 사회보험의 본질적 요소로서 소득재분배를 어느 정도로 할 것인지는 입법정책의 문제이며, 뿐만 아니라 연금보험료의 징수는 재산권 행사의 사회적 의무성의 한계 내에 있다고 볼 수 있다. 따라서 국민연금제도는 조세법률주의나 재산권 보장에 위배되지 않는다.
③ 대법원 2008.7.10. 선고 2007다78159 판결 【이사회결의부존재(무효)확인】: 사전에 통지되지 아니한 이사 해임 안건이 사회복지법인 이사회에 상정된 경우 그 해임의 대상이 된 이사가 자신을 해임하는 안건을 회의 목적 사항으로 추가하고 이로써 이사회 소집절차 위반의 하자가 치유되었다는 점에 동의하지 않는 한 당해 이사가 우연히 이사회에 출석하고 있어 재적이사 전원이 출석하여 있다는 사정만으로는 회의의 목적이 구체적으로 회의 7일 전에 각 이사에게 통지되지 아니한 이사회 소집절차 위반의 하자가 치유될 수는 없고, 당해 이사가 소집권자인 대표이사라고 하더라도 마찬가지이며, 이러한 동의가 있었다는 사실은 이사회 결의가 유효함을 주장하는 자가 증명하여야 한다.
⑤ 저상버스 도입의무 불이행 위헌확인(2002.12.18. 2002헌마52 전원재판부): 국가에게 헌법 제34조에 의하여 장애인의 복지를 위하여 노력을 해야 할 의무가 있다는 것은, 장애인도 인간다운 생활을 누릴 수 있는 정의로운 사회질서를 형성해야 할 국가의 일반적인 의무를 뜻하는 것이지, 장애인을 위하여 저상버스를 도입해야 한다는 구체적 내용의 의무가 헌법으로부터 나오는 것은 아니다.

🔍 **정답** ④

160 ☑확인 □□□

사회복지에 관한 헌법재판소나 대법원의 결정 또는 판결 내용인 것은?
• 13회

① 국민연금가입 연령을 18세 이상 60세 미만으로 제한한 것은 헌법상의 행복추구권, 평등권, 인간다운 생활을 할 권리를 박탈한 것이다.
② 사회복지법인의 대표자가 이사회의 의결 없이 법인의 재산을 처분할 경우에 그 처분행위는 이사회의 의결 여부를 알지 못한 선의의 제3자에게는 효력이 없다.
③ 국민건강보험법에서 보험료 체납의 경우에 보험료를 완납할 때까지 보험급여를 실시하지 아니할 수 있도록 한 것은 헌법상 행복추구권 등 기본권의 직접적 침해이다.
④ 헌법 제34조 제5항의 신체장애자 등에 대한 국가의 보호 의무에서 장애인을 위한 저상버스를 도입하여야 한다는 구체적인 내용의 의무가 발생하는 것은 아니다.
⑤ 국민연금 보험료의 강제징수는 헌법상 재산권의 침해이다.

해설
국가에게 헌법 제34조에 의하여 장애인의 복지를 위하여 노력을 해야 할 의무가 있다는 것에서 장애인을 위하여 **저상버스를 도입해야 한다는 구체적 내용의 의무가 헌법으로부터 나오는 것은 아니다.**

✗ 오답풀이
① **국민연금가입 연령을 18세 이상 60세 미만으로 제한한 것은 헌법상의 행복추구권, 평등권, 인간다운 생활을 할 권리를 박탈한 것이 아니다.**
② 사회복지법인의 대표자가 **이사회의 의결 없이 사회복지법인의 재산을 처분한 경우에 그 처분행위는 효력이 없다.**
③ 국민건강보험법에서 **보험료 체납의 경우에 보험료를 완납할 때까지 보험급여를 실시하지 아니할 수 있도록 한 것은** 그 자체로 직접 자유의 제한, 의무의 부과 또는 권리나 법적 지위의 박탈을 초래하는 것이 아니며, 국민건강보험공단의 보험급여 거부처분이라는 집행행위를 통하여 비로소 기본권에 대한 직접적 현실적 침해가 있게 되므로 **기본권 침해의 직접성이 없다.**
⑤ **국민연금의 강제가입과 연금보험료 강제징수에 관한 국민연금법의 각 규정은 헌법에 위반되지 아니한다.**

정답 ④

161 ☑확인 □□□

국민연금에 관한 헌법재판소의 결정 내용으로 옳지 않은 것은?
• 15회

① 국민연금제도는 다음세대에서 현재세대로 국민 간에 소득재분배의 기능을 한다.
② 국민연금보험료는 조세로 볼 수 없다.
③ 국민연금의 소득재분배 기능은 고소득자의 재산권을 침해하는 것이 아니다.
④ 국민연금제도는 헌법상의 시장경제질서에 위배되지 않는다.
⑤ 공적연금수급권은 재산권 보호의 대상이 된다.

해설
국민연금제도는 상호부조의 원리에 입각한 사회연대성에 기초하여 **고소득계층에서 저소득층으로, 근로세대에서 노년세대로, 현재 세대에서 다음 세대로 국민 간에 소득재분배의 기능을 한다.** 참고로 이 문제는 국민연금법 제75조 등 위헌확인(2001. 2. 22. 99헌마365 전원재판부) 헌법재판소의 결정 내용을 묻는 것이다.

＋ 보충설명
② 국민연금제도는 가입기간 중에 납부한 보험료를 급여의 산출근거로 하여 일정한 급여를 지급하는 것이므로 **반대급부 없이 국가에서 강제로 금전을 징수하는 조세와는 성격을 달리한다.**
③ 국민연금에 있어서는 연금보험료와 급여액이 비례관계에 있지 않으므로 고소득자가 자신이 원래 받아야 할 급여액보다 적게 받는다고 볼 수 없고 따라서 **고소득자의 구매력을 강제로 빼앗아 저소득자에게 이전시키는 것이 아니므로 재산권 침해가 있다 할 수 없다.**
④ 사회보험방식에 의하여 재원을 조성하여 반대급부로 노후생활을 보장하는 강제저축 프로그램으로서의 국민연금제도는 사회적 시장경제질서에 부합하는 제도로, **헌법상의 시장경제질서에 위배되지 않는다.**
⑤ 공적연금의 수급권은 사회보장수급권의 성격을 아울러 지니고 있으므로, **공적연금수급권은 재산권의 보호의 대상이 되면서도 사회보장법리의 강한 영향을 받는다.** 참고로 이 내용은 "국민연금법 제75조 등 위헌확인(2001. 2. 22. 99헌마365 전원재판부)"의 피인용판례인 "구 국민연금법 제67조 제1항 위헌소원 등(2004. 6. 24. 2002헌바15 전원재판부)"의 결정 내용이다.

정답 ①

162 ✓확인 ☐☐☐

사회보장과 관련한 헌법재판소 결정의 내용으로 옳은 것은?

• 17회

① 국민연금법상 연금보험료의 강제징수는 헌법상 재산권보장에 위배된다.
② 국민건강보험료 체납으로 인하여 보험급여가 제한되는 기간 중에 발생한 보험료에 대한 강제징수는 건강보험가입자의 재산권을 침해한다.
③ 국민기초생활 보장법령상 수급자등의 금융자산을 확인할 수 있는 자료의 제출요구는 급여신청자의 평등권을 침해한다.
④ 60세 이상의 국민에 대한 국민연금제도 가입을 제한하는 것은 헌법상의 인간다운 생활을 할 권리를 침해하는 것이라고 볼 수 없다.
⑤ 사회복지사업법의 규정 내용 중 사회복지법인의 재산을 기본재산과 보통재산으로 구분하도록 한 것은 명확성의 원칙에 위반된다.

해설

60세 이상의 국민에 대한 국민연금제도 가입을 제한하는 것은 그것이 헌법에 위반된다거나 청구인들의 인간으로서의 존엄과 가치, 행복추구권이나 **인간다운 생활을 할 권리를 침해한 것이라고는 볼 수 없다**[국민연금법 제6조 등 위헌확인(2001. 4. 26. 2000헌마390 전원재판부)].

오답풀이

① 국민연금법상 연금보험료의 강제징수는 헌법상 재산권보장에 **위배되지 않는다**[국민연금법 제75조 등 위헌확인 (2001. 2. 22. 99헌마365 전원재판부)].
② 국민건강보험료 체납으로 인하여 보험급여가 제한되는 기간 중에 발생한 보험료에 대한 강제징수는 건강보험가입자의 **재산권을 침해하지 않는다**[국민건강보험법 제5조 등 위헌확인 (2001. 8. 30. 2000헌마668 전원재판부)].
③ 국민기초생활 보장법령상 수급자등의 금융자산을 확인할 수 있는 자료의 제출요구는 급여신청자의 평등권을 **침해하지 않는다**[국민기초생활보장법 제23조 위헌확인 (2005. 11. 24. 2005헌마112 전원재판부)].
⑤ 사회복지사업법의 규정 내용 중 사회복지법인의 재산을 기본재산과 보통재산으로 구분하도록 한 것은 명확성의 원칙에 **위반되지 않는다**[사회복지사업법 제23조 제2항 등 위헌소원 (2005. 2. 3. 2004헌바10 전원재판부)]. 기본재산과 보통재산에 관한 사전적 의미 및 통상적 사용법이나 사회복지사업법의 관련조항들, 그리고 하위법령인 보건복지부령 제12조 제2항을 종합하여 보면, **사회복지법인의 기본재산은 사회복지법인이 정관에 정한 목적사업을 수행하는데 꼭 필요한 재산으로서**, 통상 사회복지시설 등을 설치하는데 직접 사용되는 재산(목적사업용 기본재산)과 임대수입이 있는 건물이나 주식 등 그 수익으로 목적사업의 수행에 필요한 경비를 충당하기 위한 재산(수익용 기본재산)이 속할 것이라고 충분히 해석이 가능하여 **집행당국에 의한 자의적 해석의 여지를 주거나 수범자의 예견가능성을 해할 정도로 불명확하다고 볼 여지는 없다.**

정답 ④

163

✓확인 ☐☐☐

장애인고용부담금 부과처분과 관련한 헌법재판소 결정(2001헌바96)의 내용으로 옳지 않은 것은? • 19회

① 기업의 경제상 자유는 공공복리를 위해 법률로 제한할 수 있다.
② 국가는 경제주체 간의 조화를 통한 경제민주화를 위해 규제와 조정을 할 수 있다.
③ 고용부담금제도는 장애인고용의무제의 실효성을 확보하는 수단이므로 입법목적의 정당성이 인정된다.
④ 고용부담금제도는 그 자체가 고용의무를 성실히 이행하는 사업주와 그렇지 않는 사업주간의 경제적 부담의 불균형을 조정하는 기능을 하기 때문에 고용부담금제도 자체의 차별성은 문제가 되지 않는다.
⑤ 대통령령이 정하는 일정수 이상의 근로자를 고용하는 사업주는 기준고용률 이상에 해당하는 장애인을 고용해야 한다고 규정한 구 장애인고용촉진등에관한법률 제35조제1항 본문은 헌법에 불합치한다.

해설

대통령령이 정하는 일정수 이상의 근로자를 고용하는 사업주는 기준고용률 이상에 해당하는 장애인을 고용해야 한다고 규정한 구 장애인고용촉진등에관한법률 제35조제1항 본문은 **헌법에 위반되지 아니한다.**

보충설명

① 청구인이 주장하는 계약자유의 원칙과 기업의 경제상의 자유는 무제한의 자유가 아니라 헌법 제37조 제2항에 의하여 공공복리를 위해 법률로써 제한이 가능한 것이다.
② 국가가 경제주체간의 조화를 통한 경제의 민주화를 위해 규제와 조정을 할 수 있다(헌법 제119조 제2항)고 천명하고 있는 것은 사회 · 경제적 약자인 장애인에 대하여 인간으로서의 존엄과 가치를 인정하고 나아가 인간다운 생활을 보장하기 위한 불가피한 요구라고 할 것이어서, 그로 인하여 사업주의 계약의 자유 및 경제상의 자유가 일정한 범위내에서 제한된다고 하여 곧 비례의 원칙을 위반하였다고는 볼 수 없다고 할 것이다.
③ 이 사건 법률조항은 장애인이 그 능력에 맞는 직업생활을 통하여 인간다운 생활을 할 수 있도록 장애인의 고용촉진과 직업재활 및 직업안정을 도모함을 목적으로(구법 제1조) 장애인고용의무 및 고용부담금 제도를 마련하고 있다. 고용부담금제도는 이러한 장애인고용의무제의 실효성을 확보하는 수단이므로 입법목적의 정당성이 인정된다.
④ 이 사건 고용부담금 규정은 일정한 요건에 해당하는 사업주에게는 일정한 방식에 따라 고용부담금을 차등없이 부과하고 있다. 따라서 고용의무가 적용되는 사업주와 그렇지 아니한 사업주 간의 구분자체에 불합리한 차별이 있는지 여부는 별론으로 하고, 고용부담금제도 자체의 차별성은 문제가 되지 않는다고 할 것이다. 고용부담금제도는 그 자체가 고용의무를 성실히 이행하는 사업주와 그렇지 않는 사업주간의 경제적 부담의 불균형을 조정하는 기능을 하기 때문이다.

정답 ⑤

164

의족 파손에 따른 요양급여 청구사건 대법원 판례(2012두20991)의 내용으로 옳지 않은 것은? • 21회

> (개요) 의족을 착용하고 아파트 경비원으로 근무하던 갑이 제설작업 중 넘어져 의족이 파손되는 등의 재해를 입고 요양급여를 신청하였으나, 근로복지공단이 '의족 파손'은 요양급여 기준에 해당하지 않는다는 이유로 요양불승인처분을 한 사안에 대하여 요양불승인처분 취소

① 업무상 재해로 인한 부상의 대상인 신체를 반드시 생래적 신체에 한정할 필요는 없다.
② 의족 파손을 업무상 재해로 보지 않을 경우 장애인 근로자에 대한 보상과 재활에 상당한 공백을 초래한다.
③ 신체 탈부착 여부를 기준으로 요양급여 대상을 가르는 것이 합리적이라 할 수 없다.
④ 의족 파손을 업무상 재해에서 제외한다면, 사업자들로 하여금 의족 착용 장애인들의 고용을 소극적으로 만들 우려가 있다.
⑤ 업무상의 사유로 근로자가 장착한 의족이 파손된 경우는 「산업재해보상보험법」상 요양급여의 대상인 근로자의 부상에 포함되지 않는다.

해설

해당사건에 대한 대법원 판결 이유에서 "의족은 단순히 신체를 보조하는 기구가 아니라 신체의 일부인 다리를 기능적·물리적·실질적으로 대체하는 장치로서, **업무상의 사유로 근로자가 장착한 의족이 파손된 경우는 산업재해보상보험법상 요양급여의 대상인 근로자의 부상에 포함된다고 보아야 한다.**"라고 기재되어 있다.

+ 보충설명

의족 파손에 따른 요양급여 청구 사건 (대법원 2014.7.10. 선고 2012두20991 판결)

1. 판시사항
의족을 착용하고 아파트 경비원으로 근무하던 갑이 제설작업 중 넘어져 의족이 파손되는 등의 재해를 입고 요양급여를 신청하였으나, 근로복지공단이 '의족 파손'은 요양급여 기준에 해당하지 않는다는 이유로 요양불승인처분을 한 사안

2. 이유
① 앞서 본 산업재해보상보험법과 장애인차별금지법의 입법 취지와 목적, 요양급여 및 장애인보조기구에 관한 규정의 체계, 형식과 내용, 장애인에 대한 차별행위의 개념 등에 의하면, 산업재해보상보험법의 해석에서 업무상 재해로 인한 부상의 대상인 신체를 반드시 생래적 신체에 한정할 필요는 없는 점(①), ② 의족 파손을 업무상 재해로 보지 않을 경우 장애인 근로자에 대한 보상과 재활에 상당한 공백을 초래하는 점(②), ③ 앞서 본 의족의 신체 대체성에 비추어 볼 때, 신체 탈부착 여부를 기준으로 요양급여 대상을 가르는 것이 합리적이라고 할 수 없는 점(③), ④ 의족 파손을 업무상 재해에서 제외한다면, 사업자들로 하여금 의족 착용 장애인들의 고용을 더욱 소극적으로 만들 우려가 있는 점(④), ⑤ 피고(근로복지공단)는 재해근로자의 재활 및 사회 복귀라는 설립 목적의 달성을 위해 장애인 근로자를 포함한 모든 근로자의 재활을 적극적으로 지원할 의무가 있는 점 등을 종합적으로 고려하면, 의족은 단순히 신체를 보조하는 기구가 아니라 신체의 일부인 다리를 기능적·물리적·실질적으로 대체하는 장치로서, 업무상의 사유로 근로자가 장착한 의족이 파손된 경우는 산업재해보상보험법상 요양급여의 대상인 근로자의 부상에 포함된다고 보아야 한다.

정답 ⑤

memo

2026 김진원 Oikos 사회복지사1급
시험에 꼭 나오는 핵심기출 1000제

발행	2025년 4월 25일
편저자	김진원
발행인	김신은
발행자	오이코스북스
주소	서울시 금천구 한내로 62, 9동 905호
주문공급	010-7582-1259

저자와의
협의하에
인지생략

ISBN 979-11-92648-59-0(13330)

가격 44,400원

이 책의 무단전재 또는 복제행위는 저작권법 제136조 제1항에 의거
5년 이하의 징역 또는 5천만원 이하의 벌금에 처하게 됩니다.